HITLER ET STALINE

Alan Bullock

HITLER ET STALINE
Vies parallèles

Préface de Marc Ferro

1.

Traduit de l'anglais
par Serge Quadruppani

Albin Michel
Robert Laffont

Édition originale anglaise :

HITLER AND STALIN - PARALLEL LIVES

© 1991 by Alan Bullock

Préface et traduction française :

© Éditions Albin Michel, S.A. - Éditions Robert Laffont, 1994
22, rue Huyghens, 75014 Paris
24, avenue Marceau, 75008 Paris

ISBN Tome I : 2-226-06491-5
ISBN Tome II : 2-226-06492-3

Pour mon épouse, Nibby,
nos enfants et nos petits-enfants

Sommaire

Préface
à l'edition française

Il fallait l'intelligence limpide et cristalline d'Alan Bullock pour réaliser ce qui pourtant allait de soi, ces vies parallèles dont l'existence... se croise au point où, finalement, l'un crée l'empire dont l'autre rêvait. Ils sont contemporains à dix années près et, indépendamment du destin qui les façonne, dès leur enfance certains traits apparaissent qui leur sont communs. Ils sont d'origine paysanne l'un et l'autre, nés aux marges des pays sur lesquels ils vont régner, avec des parcours différents, en deviennent chauvins tous les deux, s'identifient à des héros de la mythologie nationale, ratent leurs études, considèrent bientôt que leurs ennemis personnels sont ceux de leur propre pays. Mais, différence essentielle entre ces deux adolescents chéris par leur mère, abhorrant leur père : l'un, Adolf Hitler, s'extériorise, s'exalte, s'exhibe au théâtre et à la ville, jouant les dandys ; l'autre, Staline, au séminaire, en guise d'expérience spirituelle apprend à connaître l'hypocrisie, la duplicité de ces gens d'Église qui n'ont pas la foi, devient réaliste et cynique, dur.

On a compris pourtant que ce petit jeu des vies parallèles n'est qu'une procédure, un préambule. A propos d'Hitler, Alan Bullock avait déjà écrit une biographie pionnière en 1952 ; ces quarante années, il a suivi les travaux qui ont porté sur le nazisme, le régime stalinien également, dont il a su découvrir cette autre analyse pénétrante, l'œuvre de Tucker, ici utilisée à bon escient. Car, derrière le *Hitler et Staline* annoncé de cette biographie double, se cache un projet discrètement ambitieux : rendre intelligibles les systèmes politiques dont Hitler et Staline sont l'incarnation, à partir de leur vie et de leur comportement, et non en partant de systèmes de pensée prémédités.

Ce projet se situe ainsi à contre-courant de la pratique des sciences sociales, qui vérifient les modèles de société construits par Max Weber ou Hannah Arendt – ou de ces idéologues qui se demandent si la politique de Staline fut, ou non, du léninisme ; si le nazisme est une forme particulière du fascisme ou bien un système en soi, et considèrent comme subalterne toute marque d'intérêt à l'attitude des individus. Bien sûr, pas un instant, on l'imagine, Alan Bullock n'ignore ces interrogations, ou les dossiers qui les alimentent – observant bien, par exemple, que c'est à partir de la politique raciale de 1942 qu'on différencie le nazisme du fascisme –, mais ces questions ne sous-tendent pas sa démarche, qui se veut descriptive et analytique d'abord, en reliant l'existence de ces personnages aux événements dont ils ont été les maîtres d'œuvre.

Passer par la biographie, par l'étude de vies parallèles, pour analyser les grands phénomènes de l'histoire européenne au XXᵉ siècle était évidemment une entreprise risquée. Il fallait le savoir-faire d'Alan Bullock pour relever le défi.

Depuis que la discipline historique se veut une science, comme prétendent l'être la sociologie ou la démographie, le genre biographique avait été plus ou moins relégué au plus bas étage de l'activité de ses praticiens. Il présente en effet plusieurs handicaps. En premier lieu, la biographie est incertaine dans ses appréciations qui, sur un seul homme, peuvent varier du tout au tout. Il suffirait ici de rappeler les différentes figures de Napoléon Bonaparte, tyran ou libérateur selon les idéologies. Surtout, en ces temps de légitimation de l'Histoire comme activité érudite sinon scientifique, l'individu doit disparaître devant les classes sociales, les masses, comme la monarchie devant la démocratie. La valorisation, par l'Histoire, d'un individu apparaît comme une sorte d'insulte à l'esprit du temps. Cet opprobre atteint jusqu'à la forme cinématographique donnée à l'Histoire : par exemple, lorsque, dans *Napoléon* d'Abel Gance, Danton dit à la tribune : « Je pense que », Robespierre lui tapote l'épaule et lui glisse à l'oreille : « Non, il faut dire "le peuple pense que"... » Et Danton corrige... La troisième donnée, qui rend compte du désaveu qu'a pu connaître la biographie politique, est liée au fait qu'ayant à se légitimer aux yeux de ses électeurs, le personnel politique ne saurait se battre que pour un idéal et nulle tache ne saurait souiller ses membres ; leur vie personnelle doit rester hors de ces débats, demeurer privée, séparation qui est apparue lors de la Révolution française. Or, la biographie ne saurait ignorer la vie privée, et l'intérêt donné à cet aspect de la vie des hommes publics ne peut que nuire à la reconnaissance que les historiens attendent souvent, eux aussi, des institutions et de l'État. Toutes ces raisons militaient pour éloigner les historiens académiques des « vies » qui ne fussent point des hagiographies – sauf peut-être en Grande-Bretagne où la biographie critique a constitué une force d'appoint apportée à l'aristocratie de ceux qui avaient fondé la nation...

Or, pas un instant, bien sûr, on ne saurait soupçonner Alan Bullock de s'identifier à ses personnages. Son problème est ailleurs. Pour chacun des traits de Hitler ou de Staline, il garde la circonspection de l'entomologiste qui examine les faits et leur légende, les hypothèses et leur écho. A chaque fois, les sciences sociales sont convoquées, par conscience professionnelle, comme des instruments de laboratoire, sans plus, et pas à la façon des doctrinaires. La nature du régime nazi, celle du régime stalinien apparaissent ainsi par petites touches, comme sur une toile impressionniste : ce ne sont pas des constructions de l'esprit, mais l'effet de multiples observations.

Par exemple, comparant l'adolescence de Hitler et celle de Staline, Alan Bullock explique comment et pourquoi le premier manifeste sa haine à l'encontre de groupes sociaux – les marxistes, les juifs, les démocrates –, alors que chez Staline, sa méfiance s'exerce aux dépens d'individus, ses rivaux éventuels, ou envers tous ceux qui pourraient ne pas comparer positivement son œuvre à celle de Lénine ; il lui faut égaler le maître, le dépasser – une hantise que ne partage pas Hitler. Le narcissisme de l'un et de l'autre fonctionne ainsi différemment, et cela explique la nature des purges et assassinats commis par les deux chefs d'État ou plutôt leur *tempo*, car ce n'est qu'avec la défaite que Hitler supprime les rivaux éventuels, quand l'agonie du régime est manifeste. « Le seul trait humain de Staline, disait Boukharine, c'est qu'il n'arrive pas à se convaincre qu'il est plus grand que quiconque. » Hitler n'a pas à gérer ce problème, car aucune ombre de Lénine ne l'interpelle sur la nature de son génie. Il gère son propre mythe ou l'organise froidement, alors que pour Staline la construction de son culte fut au centre de ses préoccupations. En revanche, ils se ressemblent en refusant d'admettre, l'un et l'autre, les informations qui vont à l'encontre de leurs analyses. Staline nie les chiffres démographiques qui ne correspondent pas à ses dires ; il refuse de croire, en 1941, que Hitler peut l'attaquer le premier, etc. Hitler ne veut pas admettre l'existence d'armées de réserve soviétiques, ni que l'évacuation des usines de guerre a pu s'opérer vers l'Oural. Surtout, l'idée de la supériorité technique des chars soviétiques sur les panzers est pour lui inimaginable, car des « Untermenschen » ne sauraient dépasser en intelligence les ingénieurs de la race élue.

Dans cette histoire « croisée », la façon dont Hitler et Staline abordent l'entrée en guerre est un morceau de choix, car ce sont les réactions et les décisions de ces deux hommes, elles seules, qui rendent compte des données essentielles de l'épreuve qui s'annonce. Ni d'un côté ni de l'autre, le secret ne transpire et eux seuls disposent de ces informations qu'ils analysent à leur manière. Staline s'est bien trompé sur les intentions immédiates de Hitler ; c'est la guerre pourtant qui assure sa propre prééminence et il apporte aux Soviétiques la victoire de Stalingrad dont il est bien le coordinateur ; tout comme il remporte ensuite, seul, l'épreuve de la Conférence de Yalta, où Bullock montre bien, à la fois que Staline maîtrise tous les dossiers et qu'il sait jouer de la rivalité entre Churchill et Roosevelt. De même, Hitler est bien le Führer unique des armées qu'il commande quelquefois contre la volonté de ses généraux qu'il voue aux gémonies – comme Staline qui méprise également les spécialistes. L'analyse de sa stratégie personnelle rend compte à la fois des succès et des échecs de la Wehrmacht. On le voit prostré quand il apprend que la Luftwaffe n'est plus capable d'opérer des vols massifs sur Londres, au tout début de 1944.

On peut se demander si l'étude comparée n'aboutit pas, par instants, à la subversion de certains problèmes... Elle privilégie ainsi le rôle de la bataille de Stalingrad, volontiers considérée comme le tournant de la guerre, pour autant qu'elle fut bien une cassure dans l'esprit de Hitler, une défaite spectaculaire pour l'opinion à laquelle Goebbels ne cacha rien. Mais, avec le recul de l'histoire, on peut se demander si le vrai tournant de la guerre ne fut pas plutôt l'échec de la Wehrmacht devant Moscou, qui montra les limites de la capacité des Allemands à se défaire de l'armée soviétique, et la baisse des potentialités du régime nazi pour la campagne de 1942. Hitler ne le voit pas, Staline croit qu'il va marcher sur Berlin, et comme ils se trompent tous les deux, on voit d'autant moins le retournement qui a eu lieu qu'il est filtré par les événements de l'Extrême-Orient – Pearl Harbor et la chute de Singapour. Au reste, cette focalisation de l'histoire sur deux personnages ne permet pas de rendre compte d'une autre donnée : sûre de sa victoire en 1941, l'Allemagne ne souhaite pas que le Japon l'aide à vaincre l'URSS, mais lorsqu'en 1942 cette intervention militaire est sollicitée, le Japon refuse d'y répondre car le souvenir cuisant de ses défaites en 1938-1939 sur la frontière mandchoue l'en a dissuadé.

Il ne s'agit plus d'histoire comparée, mais bien parallèle, lorsque Alan Bullock confronte les phases de la vie des deux hommes, qui présentent des équivalences qu'on n'avait pas su repérer. Le fil conducteur éclaire leur vie et toute la période.

Après les origines, qu'on a vues, voici leur entrée dans la vie politique. Puis vient leur participation active, pour Staline, aux événements de Février et Octobre, où l'auteur suit quelque peu la légende trotskiste de cette histoire ; en vérité, Staline n'a pas eu, certes, un rôle central, mais il a constamment joué les arbitres et les modérateurs entre les tactiques qui s'opposaient ; correspond à cet apprentissage, celui de Hitler lors du putsch de 1923. Staline a alors 37 ans et Hitler 29. Parallèle aussi, la montée en responsabilité des deux hommes : Staline au sein du Parti de 1918 à 1923, Hitler créant le sien pendant les années qui suivent. Est mise en vis-à-vis, ensuite, la montée vers le pouvoir des deux leaders, qui s'en saisissent à peu près en même temps, Staline en 1924-1929, Hitler en 1930-1933. Chacun accomplit alors sa grande révolution, Staline avec l'industrialisation et les plans quinquennaux, Hitler avec l'instauration d'un régime totalitaire. Chez l'un et l'autre, il s'agit d'effacer, pour Hitler, le traité de Versailles, pour Staline, une politique économique qui rompait avec le « marxisme », en revenant à l'étatisation.

Dans l'analyse des deux évolutions qui précèdent la guerre, l'étude parallèle présente cet avantage sur les autres de partir sans a priori. Il peut ainsi se dégager plusieurs caractéristiques des deux régimes, qui expriment bien leurs différences.

En premier lieu, Alan Bullock montre que l'orientation des deux politiques est inverse. La terreur que Hitler institue vise, certes, à l'intérieur, des ennemis désignés, mais, sauf les juifs, ils ont la possibilité de se rallier à un régime dont l'agressivité est tournée vers l'extérieur. Il n'est pas question, par exemple, de détruire les structures de la société ou de l'économie en s'acharnant contre des magnats – qui du reste, à ses débuts, ont aidé Hitler à fonder et à renforcer son parti. Le sacrifice des SA a cette signification autant qu'il est nécessaire au ralliement de l'armée : perpétuer la société civile. L'union est l'objectif, l'Internationale « juive », chef d'orchestre clandestin des Anglais, des Américains et des Soviétiques, jouant les boucs émissaires. Cette stratégie rend compte de l'attachement des Allemands à leur Führer bien-aimé – les opposants se tenant tapis tant qu'une ouverture ne se manifestait pas. A l'heure des premières défaites et des bombardements, ces opposants s'expriment, mais contre le parti et les SS, plus qu'à l'encontre de Hitler à qui on demeure fidèle personnellement. Les vrais complots contre le Führer commencent avec la vision d'une capitulation inéluctable – et ils émanent de l'armée, en 1943-1944.

Au contraire, montre Alan Bullock, en URSS, l'énergie totalitaire est dirigée vers l'intérieur. Les purges dans le parti, la persécution des « bourgeois », les déportations au goulag visent des couches entières de la population, définies comme trotskistes, comme koulaks, comme agents de l'impérialisme, etc. La population ignore ce dont elle est accusée ; elle n'ose exprimer son malheur. Peut-être eût-il fallu ici revenir sur la croyance de Staline et des siens – qui avait été celle de Lénine et de bien d'autres – qu'en tant que marxistes et hommes de la « science de société », ils traitaient le corps social comme le médecin traite le patient ; le chirurgien l'ampute d'un organe, comme le marxiste-léniniste coupe les branches inutiles d'un arbre en supprimant les classes qui empêchent l'Histoire de s'accomplir... Le mécanisme des marxistes-léninistes ignore ainsi les états d'âme, croyant agir au nom du progrès dont ils sont les dépositaires.

Ces traits rendent compte de la brutalité avec laquelle une partie de la population a rejeté le stalinisme d'abord, le parti ensuite, Lénine enfin – la plupart des dirigeants actuels jouant ainsi les renégats, puisqu'ils ont tous construit leur carrière au sein du système. Ils doivent tous aussi leur promotion à ce radicalisme social et culturel qui a abouti, durant les années trente et quarante, à la plébéianisation du pouvoir – alors que depuis dix ans on assiste à sa déplébéianisation.

La deuxième observation d'Alan Bullock est plus familière : elle consiste à rappeler que la faillite du communisme a tenu à ses méthodes plus qu'à ses objectifs, car le socialisme demeure un horizon toujours attractif en son principe humain, alors que ce sont les objectifs de Hitler et du nazisme, racistes pour l'essentiel, qui allaient contre l'homme et son espérance en une société plus juste. Un ouvrage, par conséquent, qui nous apporte – aussi – deux sous d'espoir...

Marc Ferro

Avertissement

Un glossaire des abréviations et des termes allemands et russes peu courants est fourni aux pp. 463-470 (vol. 2). Bien qu'il soit placé à la fin du second volume par commodité, je conseille au lecteur de s'y référer dès le début et d'y insérer un signet afin de pouvoir s'y reporter à loisir.

La liste des cartes figure à la fin de chaque volume.

Les autres aides à la lecture sont trois appendices, situés à la fin du second volume, répertoriant les différents partis politiques allemands et donnant les résultats des élections dans les années 1919-1933 (appendice I, pp. 454-457) ; les pertes respectives des pays engagés dans les Première et Seconde Guerres mondiales (appendice II, pp. 458-460) ; et l'estimation du nombre des hommes, femmes et enfants juifs ayant péri dans l'Holocauste (appendice III, pp. 461-462).

Les références aux citations et déclarations faites dans le texte sont numérotées chapitre par chapitre, et les notes explicatives correspondantes sont réunies à la fin de chaque volume. De plus amples précisions concernant les sources citées dans les notes sont fournies dans la bibliographie (vol. 2, pp. 485-507).

Introduction

La période historique qui m'a occupé en tant qu'historien depuis le début de la Seconde Guerre mondiale est la première moitié du XXe siècle en Europe. J'ai été particulièrement attiré par des sujets qui me permettaient de combiner le fait d'avoir vécu cette période comme contemporain et l'investigation ultérieure comme historien ayant accès aux documents et aux témoins. J'avais déjà réussi à faire cela dans *Hitler ou les mécanismes de la tyrannie* grâce à la saisie des archives allemandes et aux procès des criminels de guerre à Nuremberg – la plus vaste mine que les historiens eussent jamais eue à leur disposition si peu de temps après la période dont ils traitaient. Je pus à nouveau combiner les deux dans mon étude de la politique étrangère britannique dans la période critique de la Guerre froide[1]. Il s'agissait d'une période que je me rappelais très bien et pour l'étude de laquelle j'avais pu utiliser le premier les documents inédits du cabinet du Premier ministre et du Foreign Office, quand je publiai mon livre, *Ernest Bevin, Foreign Secretary*, en 1983.

Les deux livres me dirigèrent sur un autre sujet qui avait attiré mon attention pour la première fois à la fin de la guerre, sous la forme, à l'époque, d'une étude comparative des révolutions bolchevique et nazie. Si rien n'en sortit, cela m'encouragea au moins à continuer à lire des ouvrages sur la Russie soviétique comme sur l'Allemagne nazie. Ensuite, à partir des années 70, je fus associé au séminaire international de l'Institut Aspen, à Berlin, et chacune de mes visites dans l'ancienne capitale de l'Allemagne puis dans la zone d'occupation soviétique me rappelait le tour ironique qu'avait pris la fin de la guerre, où la vision hitlérienne d'un empire nazi en Europe de l'Est et en Russie s'était retournée comme un doigt de gant et avait été remplacée par la réalité de l'empire soviétique en Europe de l'Est et en Allemagne.

D'une manière plus large, je me mis à concevoir l'histoire de l'Europe de mon vivant non pas selon l'axe Berlin-Occident, si familier aux historiens britanniques et américains, mais selon l'axe, beaucoup moins familier mais que je soupçonnais beaucoup plus important, Berlin-Orient ou germano-russe.

Je commençai par chercher un cadre qui me permettrait non seulement d'explorer cette dimension internationale mais de la combiner avec une comparaison des deux systèmes révolutionnaires de pouvoir, le stalinien et le nazi. Envisagés d'un certain point de vue, ils étaient irrémédiablement hostiles ; or, d'un autre point de vue, ils avaient beaucoup de traits communs, et chacun constituait un défi, tant idéologique que politique, à l'ordre existant en Europe. Leur apparition simultanée et l'interaction entre eux me parurent l'élément le plus frappant et le plus nouveau de l'histoire de l'Europe de la première moitié du XXᵉ siècle, et dont les conséquences continuèrent à dominer la seconde pendant longtemps.

Une fois parvenu à ce point, il n'y avait plus de doute dans mon esprit sur ce qui allait me servir de cadre – une étude comparative des deux hommes, Hitler et Staline, dont les seules carrières rassemblaient tous les aspects de la question : révolution, dictature, idéologie, diplomatie et guerre. Plusieurs historiens qui avaient écrit sur l'un ou l'autre avaient relevé les similitudes et les différences entre eux mais personne, autant que je pusse le savoir, n'avait encore tenté de placer leurs vies en parallèle et de les suivre du début jusqu'à la fin.

Il est vrai que dans les années 80 une tentative avait été faite en Allemagne de montrer que les crimes contre l'humanité commis en Union soviétique tempéraient la gravité de ceux commis dans l'Allemagne nazie*. Mais ce recours à une comparaison grandement sélective entre deux régimes à des fins polémiques, fortement critiqué par la majorité des historiens allemands, me parut non pas invalider mais rendre encore plus nécessaire une comparaison générale faite par un historien qui n'était ni allemand ni russe et qui n'avait aucun intérêt politique à l'affaire.

Il est également vrai que dans les années 50 et 60 la comparaison entre l'Allemagne nazie, la Russie soviétique et l'Italie fasciste avait fourni aux spécialistes des sciences politiques la base d'une conception générale du totalitarisme [2]. Ceux-ci visaient toutefois à isoler les similitudes entre ces trois pays afin de bâtir un modèle d'État totalitaire. Laissant de côté la critique qui a depuis conduit le terme à passer de mode [3], mon intérêt n'a jamais été de créer un modèle global mais de comparer deux régimes particuliers, limités dans le temps (la Russie de Staline, par exemple, et non la Russie soviétique après Staline, ni les États communistes et fascistes en général) et de faire ressortir les différences tout autant que les similitudes entre eux. Mon propos n'est pas de montrer que ce furent deux exemples d'une catégorie générale mais de me servir de la comparaison pour éclairer le caractère spécifique de chacun. D'où mon sous-titre, « Vies parallèles », emprunté à Plutarque : les vies parallèles, comme les lignes parallèles, ne se rencontrent pas.

Ayant décidé du cadre du livre, demeurait la question de sa structure. L'une des solutions était de me concentrer sur certains thèmes –

---

* Voir plus loin, chapitre 20.

Hitler, Staline et leurs partis, Hitler, Staline et l'État policier, Hitler et Staline comme seigneurs de guerre – et de traiter chacun d'entre eux séparément. Elle aurait présenté l'avantage d'aboutir à un livre plus court, mais j'ai trouvé que procéder de manière analytique m'aurait conduit à sacrifier la dimension chronologique que je jugeais essentiel de conserver.

Après avoir commencé à écrire, je fus confirmé dans ma décision par les événements extraordinaires de 1989-1990. Assis devant mon écran de télévision, stupéfait comme des millions d'autres personnes par ce qui se passait en Europe de l'Est, en Allemagne et en Union soviétique, j'eus l'impression de voir se démêler sous mes yeux chaque soir l'histoire des années 40, des années 30 et jusqu'à la révolution de 1917 que j'écrivais pendant la journée. Je découvris que pour la jeunesse, mais aussi pour la plupart des gens âgés de moins de cinquante ans, l'histoire de ces années était aussi lointaine que la Révolution française, et qu'elle devenait soudain vivante comme quelque chose qu'ils souhaitaient connaître. C'est cette interaction entre le présent et le passé qui rend l'histoire fascinante, et le récit que j'étais en train de reconstruire acquérait brusquement une nouvelle portée. C'est aux lecteurs de ce grand public que j'ai pensé en écrivant mon livre, estimant que si l'érudition est la base de toute recherche historique, les historiens ont le devoir de rendre les résultats accessibles aux autres, en dehors de leurs collègues.

C'est pour leur rôle public, non leur vie privée, qu'on se souvient d'Hitler et de Staline. Si j'ai parlé de leurs personnalités et tenté de pénétrer leur psychologie quand cela pouvait servir à les comprendre, l'ouvrage est essentiellement une biographie politique, brossée sur la toile de fond de l'époque où ils vécurent.

Mener de front un double récit et maintenir en parallèle les carrières d'Hitler et de Staline posaient bon nombre de problèmes. Pour certaines parties de la carrière d'Hitler et de Staline, leurs origines et leurs premières expériences, et, beaucoup plus tard, leur participation à la politique étrangère et à la guerre, il était possible d'écrire sur les deux personnages dans le même chapitre. Mais la plupart du temps, les dates et le canevas très différents de leurs carrières (Staline avait dix ans de plus que Hitler) imposent, pour faciliter la lecture, de les suivre séparément dans des chapitres alternés. Pour contrebalancer ce traitement séparé, j'ai interrompu la narration au milieu du livre, à la fin de 1934, pour consacrer un chapitre à une analyse et à une comparaison systématiques de la carrière des deux hommes.

Il y eut un autre problème à la fin. Staline n'était pas seulement né dix ans avant Hitler mais il vécut huit ans de plus que lui. Si j'allais au-delà de la mort d'Hitler en 1945, cela signifiait inclure des événements de l'après-guerre auxquels Hitler n'avait pas participé. J'étais convaincu toutefois que si Hitler n'y avait pas directement pris part, son fantôme (en termes métaphoriques) était présent dans toutes les discussions de

l'après-guerre en tant que personnage qui avait fait le plus – avec Staline
– pour établir un ordre du jour qui empêchât toute tentative d'aboutir à
un règlement amiable.

    Je décidai par conséquent de poursuivre mon récit jusqu'à la mort de
Staline en mars 1953, fin véritable, estimé-je, de l'ère Staline-Hitler.
Cela me permit aussi de prendre en compte la phase finale du règne de
Staline sur l'Union soviétique qui jette un éclairage supplémentaire sur
la façon dont elle se développa dans les années 30 et pendant la guerre.
Le livre se conclut par un court chapitre qui me permet de profiter du
fait qu'ayant vécu tout au long de la période Hitler-Staline, je peux
maintenant la reconsidérer avec le recul qu'offre la dernière décennie du
XXe siècle.

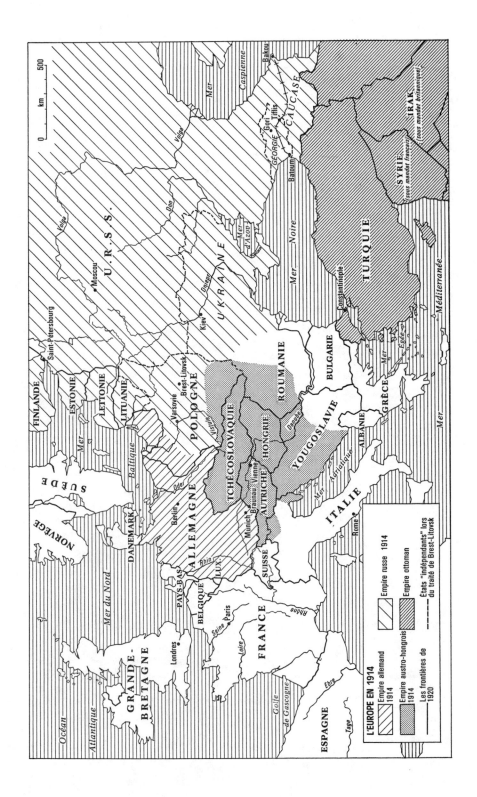

L'EUROPE EN 1914

Empire allemand 1914

Empire austro-hongrois 1914

Les frontières de 1920

Empire russe 1914

Empire ottoman

États "indépendants" lors du traité de Brest-Litovsk

NORVÈGE

SUÈDE

FINLANDE

ESTONIE

LETTONIE

LITUANIE

U.R.S.S.

Mer Baltique

Saint-Pétersbourg

Moscou

GRANDE-BRETAGNE

Londres

Mer du Nord

DANEMARK

Berlin

Oder

Vistule

POLOGNE

Varsovie

Brest-Litovsk

Kiev

U K R A I N E

Volga

Don

Dniepr

Volga

PAYS-BAS

BELGIQUE

LUX.

Rhin

ALLEMAGNE

TCHÉCOSLOVAQUIE

Braunau

Vienne

Munich

AUTRICHE

HONGRIE

Danube

ROUMANIE

BULGARIE

Mer d'Azov

Caspienne

Bakou

Tiflis

Gori

CAUCASE

GÉORGIE

Batoum

Mer Noire

Constantinople

FRANCE

Paris

Seine

Loire

Rhône

SUISSE

ITALIE

Rome

Mer Adriatique

YOUGOSLAVIE

ALBANIE

GRÈCE

Mer Égée

Mer

TURQUIE

SYRIE
(sous mandat français)

IRAK
(sous mandat britannique)

Méditerranée

ESPAGNE

Tage

Ebre

Golfe de Gascogne

Atlantique

Océan

0   500
km

1

Les origines

Staline : 1879-1899
Hitler : 1889-1908
(de la naissance à l'âge de 19 ans)

I

Qui étaient donc ces deux hommes qui devaient laisser une empreinte aussi indélébile sur l'histoire de l'Europe au XXᵉ siècle ?

Ils naquirent à dix ans d'intervalle, Staline le 21 décembre 1879 à Gori, en Géorgie, Hitler le 20 avril 1889 à Braunau, sur l'Inn. Cet écart d'âge est un fait qu'on ne devra jamais oublier dans toutes les comparaisons des différentes étapes de leurs carrières ; il s'accrut plus encore à la fin, Hitler mourant en 1945 à l'âge de cinquante-six ans alors que Staline lui survivait pour ne mourir qu'en 1953, à soixante-treize ans. Deux mille cinq cents kilomètres séparaient la Géorgie, aux confins de l'Europe et de l'Asie, entre la mer Noire et le Caucase, de la Haute-Autriche, au cœur de l'Europe centrale, entre le Danube et les Alpes. Une distance plus grande encore séparait leur évolution historique et sociale. Il y avait pourtant des traits communs dans les antécédents des deux hommes.

Ni l'un ni l'autre n'appartenait à la classe dirigeante traditionnelle et il est difficile d'imaginer que l'un ou l'autre eût pu accéder au pouvoir dans le monde où ils étaient nés. Leurs carrières ne furent possibles que dans le nouveau monde créé par l'effondrement de l'ordre ancien en Europe, conséquence de la Première Guerre mondiale – de la défaite d'abord de la Russie tsariste, puis des Empires centraux, et des révolutions qui s'ensuivirent. Leurs idées et les certitudes furent néanmoins formées et restèrent marquées par le moule du monde dans lequel ils avaient grandi. Le marxisme de Staline et la combinaison, chez Hitler, du social-darwinisme et du racisme étaient des systèmes du XIXᵉ siècle qui atteignirent le sommet de leur influence en Europe au tournant du siècle, dans la dernière décennie du XIXᵉ et la première du XXᵉ siècle. La même chose était vraie de leur goût en art, en architecture, en littérature et en musique, domaines où ils prétendirent faire la loi et où ni l'un ni l'autre ne manifesta la moindre sympathie pour le modernisme expérimental qui fleurit en Russie et en Europe centrale de leur vivant.

Ils naquirent tous les deux aux marges des pays sur lesquels ils allaient régner ; comme Alexandre, le Macédonien, et Napoléon, le Corse, ils étaient des pièces rapportées. Hitler, certes, était allemand, mais il naquit sujet de l'empire des Habsbourg, où les Allemands jouaient le rôle dominant depuis des siècles. Cependant, avec la création par Bismarck dans les années 1860 d'un empire allemand fondé sur la Prusse, dont les Allemands d'Autriche furent exclus, ces derniers se trouvèrent obligés de défendre leur prétention historique à gouverner contre les revendications d'égalité des Tchèques et autres « peuples sujets ». Cette situation eut une influence profonde sur le comportement d'Hitler. Il devint un nationaliste allemand enragé mais, au lieu de s'associer à l'expansion confiante et vigoureuse du nouvel empire allemand dirigé depuis Berlin, il adopta les manières angoissées et pessimistes d'un groupe minoritaire au sein de son « propre » État, conscient de son passé glorieux mais redoutant un avenir menacé par le nombre et l'influence croissants des races inférieures – les Slaves, les Polonais et les juifs russes – dans un « empire bâtard » dont les souverains avaient trahi la cause sacrée du *Deutschtum*, la conservation du caractère et de la puissance de la nation allemande.

En 1938, il inversait le sentiment d'exclusion des années 1860 et, avec l'annexion de l'Autriche, « restituait [sa] chère patrie au Reich allemand ». Mais tous les succès de ces années passées à recréer une Grande Allemagne ne purent éradiquer l'héritage des origines autrichiennes d'Hitler, le sentiment fondamental qu'il luttait pour défendre une tradition aryenne-allemande menacée par le raz de marée de la barbarie et de la pollution raciale.

L'influence des origines de Staline fut à peine moins importante, même si elle s'exerça de manière différente. L'une fut la réapparition dans les dernières années de personnages resurgis de son passé géorgien tels Ordjonikidze et Beria, à l'égard de qui son attitude fut affectée par les relations et inimitiés complexes de la politique géorgienne. Cela reste toutefois superficiel à côté de la décision cruciale dans la vie de Staline (seulement comparable à celle de devenir un révolutionnaire), la répudiation de son héritage géorgien et – en bon réaliste qu'il était – l'identification non avec les Géorgiens, victimes des Russes, mais avec les Russes, conquérants des Géorgiens.

La conséquence, comme Lénine le reconnut tardivement, fut la constitution d'un chauvinisme grand-russe, qui œuvra à renverser l'État tsariste mais non à briser l'empire russe. Comme tous les néophytes, il ne réussit jamais à faire comme si sa qualité de Russe allait de soi, ni à oublier que son accent géorgien rappelait toujours ses origines aux Russes de souche. Nommé, à cause d'elles, commissaire aux Nationalités par Lénine après la fin de la guerre civile, Staline traita les aspirations nationales des peuples non russes avec la brutalité d'un renégat. En 1920-1921, il mit fin à la courte période d'indépendance dont avaient joui la Géorgie et les États du Caucase, les réannexant à l'Union soviétique, et la façon dont il traita les Ukrainiens pendant la collectivisation reste une des pages les plus noires de l'histoire soviétique. L'identification de Staline au passé impérial de la Russie fut un des principaux thèmes de la Grande Guerre patriotique, et à l'issue de cette guerre, il mit un point d'honneur à reconquérir tous les territoires perdus par l'Empire russe dans les guerres de 1904-1905 et de 1914-1918, et à élargir les frontières de manière à englober une zone plus vaste que sous tous ses prédécesseurs tsaristes.

II

En 1879, quand naquit Staline, tout cela était encore si loin qu'on n'aurait pu seulement l'imaginer. La Géorgie était encore imparfaitement assimilée à la Russie d'Europe. Rattachée par la géographie à la Transcaucasie, elle appartient à l'Asie subtropicale, et ouvre une des voies terrestres historiques entre l'Asie centrale et l'Europe. partie intégrante du monde classique, terre légendaire de la Colchide et de la Toison d'or, berceau du mythe de Prométhée, la Géorgie avait été colonisée par les Grecs et rattachée à la province romaine d'Arménie. Ethniquement, elle fut toujours mélangée : Strabon comptait soixante-dix races dans le Caucase, qui parlaient des langues nombreuses. Les Géorgiens eux-mêmes étaient divisés en une dizaine de races secondaires mais conservèrent leur identité ethnique et la pureté de leur langue pendant deux mille ans. Constituée, à l'époque byzantine, en un royaume petit mais riche et indépendant, la civilisation géorgienne atteignit au XIIe siècle l'apogée d'un éclat qu'elle ne devait jamais retrouver par la suite. Plus tard, elle fut conquise par les Mongols, battue par les Turcs et les Perses et, finalement, au début du XIXe siècle, annexée par les Russes. La résistance continua sous la forme d'une guérilla dans les montagnes et ce n'est que dans les années 1860 que la pacification militaire du pays par les Russes fut achevée.

A ce moment-là, malgré la richesse de ses ressources naturelles et l'ancienneté de sa civilisation, la Géorgie avait été réduite à la misère. Les trois quarts de la population étaient illettrés, il n'y avait pas d'industrie et le brigandage sévissait partout.

Le passeport intérieur de Staline portait une mention qui fournit l'une des clefs de sa carrière politique : « Josef Djougachvili, paysan originaire de Gori, district de la province de Tiflis. » Il descendait en effet de paysans des deux côtés de sa parenté. Ses parents étaient illettrés, ou, au mieux, semi-illettrés, et étaient nés serfs. Ils n'avaient été affranchis qu'en 1864. Son père s'était ensuite installé dans la bourgade de Gori pour exercer son métier héréditaire de cordonnier et il y avait rencontré et épousé Ekaterina Gueladze.

Deux enfants moururent à la naissance avant la venue de Staline. Lui-même faillit mourir à l'âge de cinq ans de la variole, qui lui laissa le visage grêlé. Il souffrit toute sa vie d'une infirmité au bras gauche à la suite d'un accident survenu dans l'enfance. La famille logeait dans une maison en brique d'une seule pièce surmontée d'un grenier où l'on devait se tenir penché, et bâtie sur un entresol bien éclairé, qui fut par la suite transformée en sanctuaire et enchâssée dans un temple néoclassique soutenu par quatre colonnes de marbre. Son père était un homme fruste et violent qui buvait beaucoup, battait son épouse et son fils et gagnait sa vie difficilement. Iremachvili, l'ami qui le connut le mieux à l'école à Gori et au séminaire à Tiflis, écrivit dans ses Mémoires :

> Le fait de recevoir des coups (*Schläge*) qu'il ne méritait pas rendit le fils aussi dur et inflexible que le père. Aussi, comme tous ceux qui devaient leur autorité sur autrui à la puissance ou à l'ancienneté ressemblaient pour lui à son père, en vint-il à éprouver un sentiment de rancune à l'égard de tous ceux qui occupaient une position supérieure à la sienne. Dès l'enfance, la réalisation de ses désirs de vengeance devint chez lui le but auquel toute chose était soumise [1].

D'autres témoignages confirment les coups et la réaction qu'ils provoquèrent chez le garçon : il en voulait amèrement à son père pour le traitement que celui-ci lui infligeait mais cela ne brisa pas sa volonté. Il trouva une compensation dans l'affection et le soutien manifestés par sa mère, la rousse Ekaterina, dévote au caractère bien trempé, qui tenait tête à son mari, et qui pourvut à son propre entretien et à celui de Josef quand le père alla habiter à Tiflis, à une soixantaine de kilomètres de là, pour se faire embaucher dans une usine de chaussures. En 1883, elle s'installa comme bonne à tout faire chez un prêtre orthodoxe, le père Tcharviani, en emmenant son fils. Avec l'aide du prêtre, elle réussit à le faire inscrire à l'école de l'église orthodoxe. Quand il eut dix ans, le père de Josef voulut absolument le prendre avec lui pour qu'il apprenne le métier de cordonnier dans l'usine de chaussures de Tiflis. Mais sa mère était résolue à ce qu'il devînt prêtre et elle finit par le récupérer pour qu'il achève sa scolarité.

Réaliser l'ambition d'Ekaterina pour son fils signifiait trouver l'argent pour l'envoyer d'abord à l'école religieuse, à laquelle les enfants de paysans n'étaient admis que depuis peu, et ensuite à l'institut de théologie de Tiflis. A force de sacrifices personnels, et grâce à des bourses, elle mena son projet à bien et lui permit de rester à l'école puis au séminaire jusqu'à l'âge de dix-neuf ans. Des années plus tard, quand il fut devenu l'homme le plus puissant d'Union soviétique, elle lui dit en face qu'elle regrettait toujours qu'il ne fût pas devenu prêtre, déclaration qui l'enchanta.

Staline chantait dans le chœur de l'église, où sa voix attirait l'attention. Il quitta l'école avec une inscription spéciale au tableau d'honneur et fut assez brillant à l'examen d'entrée au séminaire pour être admis comme pensionnaire et entièrement pris en charge. Le fait que sa mère eût investi sur lui tous ses espoirs et ses ambitions ne fut pas sans effet sur sa personnalité. Il reprit à son compte la certitude maternelle : il deviendrait un jour quelqu'un et ferait de grandes choses. De ses relations avec son père, Staline acquit sa dureté de cœur et sa haine de l'autorité. La combinaison des deux devait se révéler un héritage puissant.

Deux autres éléments de ses débuts dans la vie méritent d'être mentionnés. Alors que Staline suivait les cours à l'école religieuse de Gori, le gouvernement russe mena une politique de russification. Le géorgien cessa d'être la langue de l'enseignement et fut brutalement remplacé par le russe, qui avait jusque-là été enseigné comme une langue étrangère. Cette mesure conduisit à une série d'affrontements avec les fonctionnaires russes chargés de la faire appliquer, et contre qui Staline fut un des rebelles les plus virulents. Cette transformation explique qu'il lui fallut six ans pour accomplir le cycle de quatre ans. Elle l'amena aussi à s'intéresser passionnément à la littérature géorgienne, dont il se procurait les ouvrages à la bibliothèque de prêt tenue par un libraire local. Parmi les livres qui le captivèrent figurent les contes romantiques d'Alexandre Kazbegi relatant la résistance héroïque des clans du Caucase aux conquérants russes de la Géorgie. L'un d'entre eux, fondé sur un épisode historique de 1840, laissa une impression durable à Staline. Le titre, *Le Parricide*, attira sans doute son attention. Il raconte l'histoire de Koba, sorte de Robin des Bois caucasien qui défie les Cosaques, défend les droits des paysans et venge ses amis tombés dans un piège tendu par des villageois traîtres. A partir de cette date, et jusqu'à ce qu'il se mette à utiliser le pseudonyme de Staline vingt ans plus tard, le jeune Djougachvili voulut être connu sous le nom de Koba. « Koba, note Iremachvili, était l'idéal, le personnage de rêve (*Traumgestalt*) de Sosso… Koba était devenu le dieu de Sosso, le sens de sa vie. A partir de ce moment-là, il s'appela lui-même Koba et n'accepta plus que nous l'appelions autrement. Son visage brillait de fierté à chaque fois qu'on l'appelait "Koba"[2].»

III

La famille d'Hitler venait aussi de la campagne, de Waldviertel, district de bois et de collines de la Basse-Autriche, coincé entre le Danube et la frontière de la Bohême, où le nom d'Hitler, peut-être d'origine tchèque et qui s'épelle de plusieurs manières, apparaît pour la première fois au xve siècle. Les ancêtres d'Hitler étaient des paysans mais non des serfs, petits fermiers indépendants ou artisans de village. Le premier à sortir du moule fut son père, Aloïs, qui gravit plusieurs degrés dans l'échelle sociale en devenant douanier dans le Service des douanes impériales des Habsbourg.

Les premières années de la vie d'Hitler, à la différence de Staline, ne furent pas marquées par la misère et les privations. Contrairement à l'impression qu'il laisse dans *Mein Kampf,* il n'était ni pauvre ni maltraité. Son père fit une carrière régulière et finit avec le grade le plus haut pour un fonctionnaire de son niveau d'éducation. Il avait des revenus stables et la situation sociale d'un fonctionnaire impérial, et quand il mourut il laissa sa veuve et ses enfants bien pourvus.

Hitler naquit alors que son père était en poste à Braunau, sur l'Inn, qui trace à cet endroit la frontière entre l'Autriche et la Bavière ; mais son père fut muté plusieurs fois et Adolf fut inscrit dans trois écoles primaires différentes. Comme Staline, il fut enfant de chœur, en l'occurrence dans le monastère bénédictin de Lambach, où la solennité et la splendeur des offices l'impressionnèrent profondément.

Aloïs Hitler n'a rien d'un personnage sympathique. Il était autoritaire et égoïste, ne se souciant pas beaucoup des sentiments de sa très jeune épouse et ne manifestant guère plus de compréhension à l'égard de ses enfants. Mais il ne se distinguait pas en cela de la plupart des hommes de son milieu et de son époque qui avaient réussi à la force du poignet. Il s'intéressait surtout à ses abeilles et attendait avec impatience le jour où il pourrait se retirer dans sa petite propriété et se consacrer à l'apiculture, ambition qu'il finit par réaliser à Leonding dans les environs de Linz en 1899.

La mère d'Adolf Hitler avait vingt-deux ans de moins que son père, qui était son cousin issu de germain. Elle avait été sa maîtresse et était enceinte de lui au moment de la mort de sa deuxième épouse. Aloïs ne réussit pas à rendre sa troisième femme plus heureuse qu'il n'avait rendu les deux premières, mais Klara Hitler fit contre mauvaise fortune bon cœur et, si avec le temps elle finit par devenir triste et désabusée, elle était fière de sa maison bien tenue et sut gagner l'affection de ses enfants comme de ses beaux-enfants. Jusqu'à l'âge de cinq ans, quand naquit un frère cadet, toute l'attention de sa mère se porta sur Adolf, mais il n'existe pas de preuve convaincante qu'il ait particulièrement souffert de jalousie quand cette période prit fin ; en fait, elle fut suivie par l'année la plus heureuse de son enfance, à Passau.

Bien qu'il se montrât déjà volontaire et rétif à la discipline d'un travail régulier, le garçon fut assez brillant en classe. Le passage au lycée de Linz se révéla toutefois catastrophique ; la seule matière dans laquelle il obtint des notes satisfaisantes était le dessin. Hitler essaya plus tard d'expliquer que son échec était dû à sa révolte contre le vœu de son père de le voir devenir fonctionnaire alors qu'il voulait devenir artiste. Mais l'histoire qu'on lit dans *Mein Kampf* se révéla pure fabrication et la mort de son père en janvier 1903 ne changea rien à son comportement. Bien qu'il fût déjà adolescent, il continua à fuir tout ce qui pouvait ressembler au travail pour s'adonner à ses passions – jouer à la guerre et lire les livres d'aventure de Karl May sur les Indiens d'Amérique du Nord. Le goût pour cet auteur lui resta d'ailleurs quand il fut devenu chancelier du Reich : il relisait inlassablement toute la série et exprimait souvent son enthousiasme pour Karl May lors de ses *Libres propos*.* Après qu'il eut été contraint de quitter la Realschule de Linz, sa mère tenta l'expérience de le mettre en pension à Steyr, mais cela ne changea rien : ses livrets scolaires continuèrent de décrire un garçon paresseux, entêté et insolent.

---

* De nombreuses conversations informelles d'Hitler ont été sténographiées entre 1941 et 1945. Elles ont été traduites en anglais et publiées sous le nom de *Hitler's Table Talks (1941-1944)* (Londres, 1953) et *The Testament of Adolf Hitler* (Londres, 1961).

Une infection pulmonaire dont Hitler souffrit pendant l'été 1905 l'aida à convaincre sa mère qu'il devait quitter le lycée et essayer d'entrer à l'Académie des beaux-arts de Vienne. Sous divers prétextes, Hitler renonça toutefois à se présenter à l'examen pendant deux ans, et entre l'automne 1905 et celui de 1907, il put profiter de la liberté. Entretenu par sa mère, il s'occupait en faisant des croquis et en peignant, s'habillant pour jouer le rôle du jeune oisif, espérant qu'on le prendrait pour un étudiant avec sa canne noire à pommeau d'ivoire, et s'abandonnant à des rêves éveillés extravagants où il se voyait dominer un jour le monde grâce à ses succès.

Ce fut la période, entre seize et dix-huit ans, où Hitler commença à bâtir l'image qu'il avait de lui-même. Comme le Koba de Staline, c'était celle d'un rebelle héroïque, mais sous les traits particuliers d'un génie artistique. Hitler ne cessa de se voir ainsi jusqu'à la fin de sa vie et il se plaignit souvent de ce que le monde avait perdu quand, par sens du devoir, il avait été contraint de se convertir à la politique.

Le seul ami d'Hitler, August Kubizek, qui avait deux ans de moins que lui, lui fournit – en plus de sa mère et de sa sœur – le public dont il avait besoin pour déverser son flot de fantasmes. La manière dont Hitler devait exprimer son génie restait incertaine – comme peintre, comme architecte (il fit des plans pour la reconstruction complète de Linz), comme musicien ou comme écrivain – mais c'était toujours comme artiste, rationalisation de son inaptitude à tout effort discipliné.

Les deux amis profitaient de toutes les occasions pour aller à l'opéra de Linz et au théâtre. Le grand héros d'Hitler était Richard Wagner, dont les drames lyriques l'enchantaient littéralement. Hitler devait déclarer par la suite qu'il n'avait pas de prédécesseur, à la seule exception de Wagner. On a beaucoup glosé sur le fait que Wagner était antisémite mais ce qui attira en premier Hitler vers lui fut le caractère théâtral et la dimension épique de ses opéras, qu'il ne se lassa jamais de voir, et qui furent la source du caractère théâtral et de la dimension épique de son propre style politique. Plus importantes encore furent la personnalité de Wagner et la conception romantique de l'artiste en tant que génie que Wagner avait largement créée, et qu'il mit à l'épreuve en triomphant de tous les obstacles concevables pour créer le sanctuaire de l'art germanique à Bayreuth. Tout comme Staline commença lui-même par s'identifier au héros Koba puis à Lénine, Hitler s'identifia à Wagner. Ce fut une inspiration qui ne lui fit jamais défaut. Chaque fois que sa confiance en lui vacillait, elle était aussitôt restaurée par la magie de la musique de Wagner et par l'exemple de son génie.

En août 1939, peu avant la guerre, Hitler pria Kubizek d'être son invité à Bayreuth. Son ami de Linz rappela le jour où Hitler avait été tellement emporté par une représentation de *Rienzi* qu'il avait traîné Kubizek jusqu'au sommet d'une montagne voisine, le Freiberg, et l'avait étourdi par un déversement visionnaire dans lequel il avait décrit comment il sauverait un jour le peuple allemand tout comme Rienzi avait lui-même sauvé les

Romains. Ravi de s'entendre rappeler ce souvenir, Hitler raconta à son tour l'histoire à Winifred Wagner, la belle-fille anglaise du compositeur qui était une de ses premières admiratrices, et déclara solennellement : « A cette heure-là tout commença[3]. »

Klara Hitler fit divers efforts pour amener son fils à réfléchir sérieusement à son avenir. Entre autres, elle lui offrit un séjour de quatre semaines à Vienne. Au bout du compte, elle accepta qu'il touche l'héritage laissé par son père ainsi que la pension à laquelle il avait droit en tant que fils de fonctionnaire et qu'il aille vivre à Vienne pour étudier la peinture à l'Académie des beaux-arts. Si elle donna ainsi son accord, ce fut surtout parce qu'on avait découvert qu'elle était atteinte d'un cancer du sein et qu'elle avait hâte de voir Adolf installé avant de mourir. Il parvint à Vienne à temps pour passer le concours d'entrée en octobre 1907, jusqu'à ce qu'on lui fasse savoir que le dessin qu'il avait rendu était insatisfaisant et qu'il était recalé. « J'étais si persuadé du succès que l'annonce de mon échec me frappa comme un coup de foudre dans un ciel clair[4]. » Son rêve d'adolescent volait en éclats. Il fut même si surpris qu'il demanda audience au directeur, lequel lui fit comprendre avec tact qu'il avait un talent d'architecte, et non de peintre.

Hitler fut bientôt convaincu que le directeur avait raison : « Dans les jours qui suivirent, je compris moi aussi que je devais devenir architecte un jour[5]. » Mais il lui manquait le certificat de fin d'études nécessaire pour s'inscrire à un cours de formation professionnelle. Si Hitler avait été sérieux, il n'aurait eu aucune difficulté à en obtenir un. Mais il ne s'embarrassa même pas de savoir ce qu'on lui demanderait. Sans en aviser sa mère, il demeura à Vienne comme si de rien n'était et poursuivit ce qu'il appelait avec grandiloquence ses « études », répétition de l'activité fiévreuse et sans but qu'il avait eue à Linz.

Il reçut un deuxième choc, plus brutal encore, en apprenant que sa mère était mourante. Comme Staline, Hitler devait beaucoup à sa mère. Freud notait que l'homme qui a été le préféré indiscutable de sa mère conserve toute sa vie ce « sentiment de conquérant » et cette « confiance dans le succès » qui favorise souvent la vraie réussite[6]. Cela a peut-être été le cas pour Staline ; ce fut certainement le cas pour Hitler. La différence c'est que Staline ne parut pas apprécier les sacrifices que sa mère avait consentis pour lui, qu'il ne la revit que quelques fois après s'être engagé dans l'activité révolutionnaire et choqua l'opinion géorgienne en n'assistant pas à son enterrement en 1936. Kubizek raconte au contraire que dès qu'il apprit la maladie de sa mère, Hitler rentra à Linz et consacra tout son temps à la soigner et à s'occuper d'elle. Sa mort, ajoutée à son échec, lui causa un choc profond.

Le choc ne le conduisit toutefois pas à regarder la réalité en face. Refusant d'écouter la famille qui lui suggérait de trouver du travail, et laissant croire à cette dernière qu'il était étudiant aux beaux-arts, il regagna Vienne et son monde de rêve protecteur dès que les formalités concernant l'héritage de sa mère et sa pension furent accomplies. Pour renforcer ses illusions, il persuada Kubizek de le rejoindre et convainquit les parents de ce dernier de le laisser venir.

Partageant une pièce dans laquelle s'entassaient un piano à queue sur lequel Kubizek pratiquait, deux lits et une table, ils réalisaient leur rêve de venir étudier un art à Vienne. Kubizek n'avait eu aucun mal à entrer à l'Académie de musique. Il partait tôt le matin pour ses cours, laissant Hitler au lit. Ce n'est que progressivement que Kubizek devint assez curieux pour interroger son ami sur ses études, provoquant de la part d'Hitler un éclat de fureur contre les autorités stupides qui avaient refusé de l'admettre aux beaux-arts. Hitler déclara cependant qu'il était déterminé à triompher d'elles en devenant un architecte autodidacte.

Ses « études » consistaient à arpenter les rues pour examiner les immeubles monumentaux du XIXᵉ siècle qui bordaient le Ring, à faire d'interminables croquis de leurs façades et à graver dans sa mémoire les détails de leurs dimensions. Il dépensait plus que de raison en billets d'opéra, rognant pour compenser sur les dépenses de nourriture. A Linz, il était tombé passionnément amoureux d'une jeune femme du nom de Stéphanie sans lui avoir jamais adressé la parole. Maintenant qu'il était à Vienne, il parlait beaucoup à Kubizek de l'amour et des femmes, sans jamais réussir à surmonter sa timidité pour en approcher une. Son imagination, comme celle de la plupart des jeunes gens, était enflammée par le désir sexuel, mais on ne dispose d'aucun élément prouvant qu'il eût alors des relations charnelles avec quiconque. Kubizek était gêné par l'alternance brusque chez son ami entre les états d'exaltation, dans lesquels il parlait avec une violence sauvage, et les périodes de désespoir où il dénonçait tout et tout le monde. Par rapport à l'époque où ils étaient à Linz, Kubizek dit d'Hitler à Vienne qu'il était « complètement déséquilibré ».

En juillet 1908, Kubizek rentra à Linz à l'issue de sa première année à l'Académie de musique. Des dispositions furent prises pour qu'il partage à nouveau le logement d'Hitler à son retour, et il reçut un certain nombre de cartes postales de son ami pendant l'été. Mais quand Kubizek revint effectivement en novembre, il ne trouva pas trace de lui.

Sans en parler à Kubizek ni à personne d'autre, Hitler avait fait une seconde tentative pour entrer aux beaux-arts en octobre, et s'était cette fois heurté à un refus avant même de pouvoir présenter le concours. Ce fut un revers si amer, l'effondrement de son alibi d'« artiste », qu'il fut incapable d'affronter le regard de ses connaissances. Il se coupa complètement de sa famille comme de son ami et disparut dans l'anonymat de la grande ville.

IV

Hitler a naturellement suscité l'intérêt des psychiatres et plusieurs études ont paru, qui mettent un accent particulier sur sa relation avec une mère hyper-protectrice et un père dominateur, schéma assez courant dans le monde germanophone du tournant de ce siècle, et l'un de ceux dans lequel Freud vit l'origine du complexe d'Œdipe[7]. La plupart des historiens ont toutefois eu du mal à accorder beaucoup de crédit à ces « explications » psychologiques du personnage d'Hitler, cela pour deux raisons. La première est le manque de preuves tangibles, qui obligent le psychiatre à trop compter sur les spéculations et sur les arguments d'ordre analogique. La seconde est que, même si l'on admet que cela puisse aider de décrire Hitler (ou Staline) sous les traits d'un homme souffrant des hallucinations d'une personnalité de psychopathe, de schizophrène ou de paranoïaque, comment distinguer l'effet normalement mutilant de pareils désordres, tels que les rencontrent les psychiatres dans leur pratique habituelle, de l'ampleur extraordinaire de la réussite qu'Hitler (et Staline) atteigni(ren)t en traduisant ses (leurs) hallucinations en une réalité terrifiante ?

En l'état actuel de l'art – et des preuves –, la meilleure voie semble être de traiter toute prétention à une analyse globale d'Hitler et de Staline avec scepticisme tout en se servant des éléments de compréhension particuliers qui peuvent ressortir des études psychologiques. Deux exemples éclaireront ce que je veux dire.

Le premier est la « crise d'identité de l'adolescence » vue par Erik Erikson, et qu'il place, dans le cas d'Hitler, entre son premier échec à l'entrée aux beaux-arts en septembre 1907, quand il avait dix-huit ans, et le deuxième en octobre 1908, période marquée aussi par le choc causé par la mort de sa mère. Selon Erikson, lorsqu'un jeune homme ou une jeune femme ne réussit pas à surmonter la crise de l'adolescence et à se créer une identité, il en résulte de graves troubles psychologiques. Erikson estime que c'est ce qui est arrivé à Hitler, qui est resté « l'adolescent indompté qui avait choisi une carrière différente du bonheur civil, de la tranquillité marchande et de la paix spirituelle[8] ».

Le second est l'argument d'Erich Fromm. Selon lui, la cause du conflit entre Hitler et son père ne fut pas, comme Hitler le prétendit, son refus de répondre à l'attente de son géniteur, qui voulait en faire un fonctionnaire, ni, comme l'affirment les freudiens, la rivalité œdipienne pour l'obtention de l'amour de sa mère. Fromm estime que l'échec d'Hitler au lycée est plutôt dû à un repli toujours plus profond dans un monde imaginaire. Il estime aussi que le conflit avec son père provient de ce que l'adolescent rejetait, comme mal venus, les efforts d'Aloïs pour le rappeler au sens des réalités et le mettre en face de la question de son avenir. L'affection que lui avait dispensée sans compter sa mère Klara dans les cinq premières années de sa vie devait favoriser la naissance du sentiment de son unicité – comme dans le cas de Staline. Fromm affirme que les deux hommes, malgré les différences entre eux, étaient des cas classiques de personnalités de type narcissique[9].

Le « narcissisme » est un concept formulé en premier par Freud au sujet de la petite enfance, mais qui sert plus largement aujourd'hui à décrire un désordre de la personnalité où le développement naturel des relations avec le monde extérieur ne s'est pas produit. Dans cet état, seule la personne elle-même, *ses* besoins, *ses* sentiments et *ses* pensées, tout et tous ceux qui se rattachent à *elle* sont vécus comme pleinement réels, tous les autres êtres et choses étant autrement dénués de réalité ou d'intérêt.

Fromm soutient qu'un certain degré de narcissisme peut être considéré comme une maladie professionnelle chez les dirigeants politiques, proportionnelle à leur certitude d'être investis d'une mission providentielle et à leur prétention à l'infaillibilité et au monopole du pouvoir. Quand ces prétentions sont élevées au niveau exigé par un Hitler ou un Staline au faîte de leur puissance, toute remise en cause sera perçue comme une menace dirigée autant contre l'image personnelle qu'ils ont d'eux-mêmes que contre leur image publique, et ils réagiront en allant aussi loin que nécessaire pour y mettre un terme [10].

Jusqu'à présent, les psychiatres se sont beaucoup moins intéressés à Staline qu'à Hitler. Le manque de matériaux probants explique cela en partie. Dans le cas de l'Union soviétique, il n'y a pas d'équivalent à la saisie de documents et aux interrogatoires de témoins qui ont suivi la défaite de l'Allemagne. Mais le plus important c'est le contraste frappant entre les tempéraments et les styles des deux hommes : le flamboyant Hitler, dont le manque de retenue et le langage extravagant justifièrent pendant longtemps aux yeux de beaucoup qu'on ne le prît pas au sérieux, comparé au Staline réservé, qui dut son accession au pouvoir à sa capacité non pas d'exploiter mais de dissimuler sa personnalité, et fut sous-estimé pour la raison inverse – parce que beaucoup ne surent pas deviner son ambition et sa volonté impitoyable. Il n'y a rien d'étonnant à ce que ce soit le premier et non le second qui ait attiré l'attention des psychiatres. L'idée que sous ce contraste résidait une obsession narcissique commune n'en est alors que plus intéressante.

Il y a une autre idée, que le biographe américain de Staline, Robert Tucker, a empruntée aux travaux de Karen Horney sur la névrose. Il émet l'hypothèse que le traitement brutal infligé par son père à Staline, en particulier les coups administrés au jeune garçon et à sa mère en sa présence, engendra l'angoisse fondamentale, le sentiment d'isolement dans un monde hostile, qui peut favoriser chez un enfant la formation d'une personnalité névrotique. Étant en quête d'une base solide sur laquelle bâtir sa sécurité interne, la personne qui, dans l'enfance, a connu pareille angoisse peut naturellement rechercher cette sécurité en constituant une image idéalisée d'elle-même puis adopter cette dernière comme véritable identité. « A partir de là, ses énergies sont investies dans l'effort toujours renouvelé d'affirmer ce moi idéal dans l'action et d'en obtenir la reconnaissance chez les autres. » Dans le cas de Staline, cela concorde avec son identification au héros hors-la-loi caucasien, dont il endossa le nom, et plus tard à Lénine, le héros révolutionnaire, sur qui il façonna sa propre « *persona* révolutionnaire », sous le nom de Staline, « l'homme d'acier », qui faisait écho au propre pseudonyme de Lénine [11].

L'adolescence s'avéra une période tumultueuse pour Staline – comme pour Hitler. En 1894, il quitta Gori pour devenir l'un des six cents élèves du séminaire de théologie orthodoxe russe de Tiflis. Les autorités tsaristes n'avaient pas autorisé l'ouverture d'une université dans le Caucase, craignant qu'elle ne devînt un centre d'agitation nationaliste et radicale. Le séminaire de Tiflis servait de substitut et était fréquenté par beaucoup de jeunes gens qui n'avaient aucune intention d'entrer dans les ordres. Son atmosphère répressive, à mi-chemin entre celle d'un monastère et celle d'une caserne, se révélait tout aussi productrice d'idées subversives que l'atmosphère plus libre d'une université.

Le Staline de quatorze ans avait plus de dureté morale que de force physique. (Il ne dépassa jamais 1,62 m.) Il savait néanmoins parfaitement se prendre en charge et ne montrait aucun signe de manque de confiance en soi dans ses relations avec ses condisciples ou ses maîtres.

Staline resta au séminaire jusqu'à ce qu'il eût presque vingt ans, de 1894 à 1899, mais le quitta alors brusquement et – comme Hitler – sans le diplôme habituel. Au début, il travailla suffisamment dur pour apprendre quelque chose d'un programme qui, outre le slavon d'église ancien et la théologie scolastique, comprenait du latin et du grec, de la littérature russe et de l'histoire. L'un des bénéfices que tira Staline de sa scolarité fut le développement d'une mémoire phénoménale, atout qui devait jouer un rôle non négligeable dans la suite de sa carrière. Le fait qu'il s'agit d'une éducation religieuse contribua à former l'esprit d'un homme qui devait se faire connaître par son dogmatisme et sa propension à voir les problèmes en termes absolus, en noir et blanc. Quiconque relit les discours et les écrits de Staline remarquera leur structure catéchistique, l'emploi des questions et des réponses, la réduction de questions complexes à une série de formules simplifiées, la citation de textes à l'appui de ses arguments. Les biographes ont noté la même influence de l'Église sur sa manière de parler ou d'écrire le russe : « Déclamatoire et répétitive, avec des inflexions liturgiques [12]. »

Outre la prière deux fois par jour, le dimanche et les jours de fête, les élèves devaient assister à des offices qui duraient trois à quatre heures. Comme on pourrait s'y attendre, cela causait une violente réaction anti-religieuse. Par contrecoup, les moines espionnaient leurs ouailles, écoutant aux portes, fouillant les habits et les cases et dénonçant les coupables au principal. Toute infraction à la règle, telle que l'emprunt de livres à des bibliothèques laïques en ville, était punie de l'enfermement dans les cellules. La politique officielle de russification fit du séminaire un bastion du nationalisme géorgien. Un élève exclu pour son attitude antirusse en 1886 avait assassiné le principal, et quelques mois seulement avant l'entrée de Staline, une grève de protestation de tous les élèves géorgiens avait entraîné la fermeture du séminaire par la police et l'exclusion de quatre-vingt-sept élèves.

Ceux qui avaient connu Staline comme un garçon vivant et expansif à Gori notèrent un changement marqué au bout d'un an ou deux au séminaire : il se replia sur lui-même et devint taciturne, préférant rester seul dans son coin ou se plonger dans un livre, prompt à se formaliser même quand il n'y avait pas lieu.

Staline apprit à cacher ses sentiments avec un art de la dissimulation qui devint chez lui une seconde nature. Sous ce masque, il nourrissait sa haine de l'autorité, non pas tant dans le principe que dans la manière dont les autres l'exerçaient sur lui. Il avait un égal mépris de ceux, fonctionnaires tsaristes ou moines, qui en étaient les détenteurs, que de ceux qui étaient assez stupides pour s'y soumettre. Pendant cinq ans, il apprit non seulement à survivre mais observa de près une société fermée dans laquelle le conformisme était imposé par un système d'espionnage, de dénonciation et de peur : la leçon ne devait pas être perdue. Sa fille Svetlana écrivit après sa mort :

> Je suis persuadée que l'éducation ecclésiastique qu'il a reçue pendant près de dix ans eut une influence déterminante sur le caractère de mon père, accentuant et affermissant ses propres défauts.
>
> Il n'a jamais eu de sentiment religieux. Les interminables prières, l'éducation religieuse imposée n'ont pu produire chez un jeune homme ne croyant pas un instant à l'esprit, à Dieu, qu'un résultat opposé : un scepticisme total à l'égard de tout ce qui était « céleste », « spirituel ». Il en résultait, au contraire, un matérialisme poussé à l'extrême, un réalisme cynique, une attitude terre à terre, « lucide », pratique et amoindrissante. Au lieu de l'« expérience spirituelle » il en fit une tout autre : celle de connaître de près l'hypocrisie, la bigoterie, la duplicité, caractéristiques pour une bonne part de certaines gens d'Église qui, en fait, n'ont pas la foi [13].

L'une des formes que prit la révolte chez Staline fut de passer le plus de temps possible à lire des livres proscrits obtenus dans une bibliothèque de prêt de la ville et introduits sous le manteau dans le séminaire. En dehors de la littérature occidentale en traduction, et des classiques russes – également interdits – Staline se familiarisa avec les idées radicales et positivistes qu'on dit qu'il tira de la lecture des traductions de Darwin, d'Auguste Comte et de Marx, ainsi que de Plekhanov, le premier marxiste russe.

Ne se satisfaisant plus des idéaux romantiques vagues du nationalisme géorgien, Staline organisa un cercle d'études socialiste avec d'autres étudiants, dont Iremachvili, et selon ce dernier, se montra bientôt intolérant à l'égard de tout membre qui n'était pas d'accord avec lui. Il se découvrit une attirance naturelle pour la théorie marxiste du caractère inéluctable de la guerre de classes et du renversement d'un ordre social injuste et corrompu. Cet attrait était aussi psychologique qu'intellectuel, flattant la haine et la rancune, émotions puissantes mais destructrices qui devaient se révéler comme une force extraordinaire dans le caractère de Staline, et offrant un exutoire positif à une ambition et à des aptitudes qui autrement auraient été condamnées à la frustration. Comme l'écrit Robert Tucker : « Il identifia ses ennemis à ceux de l'histoire [14]. »

Malgré le caractère répressif du régime tsariste, une tradition révolutionnaire existait en Russie depuis la révolte manquée des officiers décembristes en 1825. Lénine lui-même connaissait bien cette tradition et en 1912 il décrivit les bolcheviks comme la quatrième génération de révolutionnaires. Mais l'inspiration des premiers conspirateurs avait été la croyance populiste, formulée par Alexandre Herzen et N. Tchernychevski au cours des années 1850 et 1860, en une voie russe distincte vers le socialisme, qui éviterait le développement capitaliste de l'Occident, et, dans un pays comportant une population essentiellement paysanne, se fonderait sur la communauté villageoise russe traditionnelle avec sa forme primitive de gouvernement autonome. Ce n'est qu'après la désintégration de Zemlia i Volya (Terre et liberté), le premier parti révolutionnaire russe, à la suite de l'assassinat du tsar Alexandre II en 1881, que les idées marxistes commencèrent à pénétrer les cercles intellectuels russes et à rencontrer un écho dans une classe ouvrière en pleine croissance. Elles avaient été apportées en Géorgie par un groupe de jeunes gens, la plupart diplômés du séminaire de Tiflis, qui les avaient recueillies pendant leurs études à l'École vétérinaire de Varsovie. A leur retour, ils s'étaient consacrés à la promotion de la démocratie sociale marxiste et avaient pris le nom de Messamé (Troisième groupe) [15].

L'attrait du marxisme résidait dans ce qu'il offrait ce qui se voulait une base scientifique à la croyance en une future révolution, en appliquant à la Russie le modèle de l'Europe occidentale – où l'évolution du capitalisme devait conduire (inéluctablement, expliquait Marx), grâce à une phase bourgeoise démocratique et à ses contradictions, à un conflit de classes et à une révolution sociale. La manière dont le schéma marxiste devait être appliqué à la Russie, avec son énorme population paysanne, devait rester l'objet d'un âpre conflit mais le terrain propice à la propagande socialiste fut préparé par le développement rapide de l'industrie russe dans les vingt-cinq années qui précédèrent la Première Guerre mondiale et par la croissance d'une classe ouvrière soumise au même type d'exploitation que celui qui avait marqué le développement du capitalisme en Europe occidentale.

L'un des centres de ce développement était situé dans le Caucase, dans les champs pétrolifères de Bakou, sur la Caspienne, dans les raffineries et le port de Batoum à l'autre extrémité de l'oléoduc et sur le chantier de construction du chemin de fer transcaucasien. Les membres de Messamé établirent aussi des contacts avec les ouvriers des ateliers du chemin de fer à Tiflis, dont faisaient partie un certain nombre de personnes bannies dans le Caucase pour leurs sympathies socialistes. Les réunions devaient se tenir en secret, et c'est à l'une d'entre elles, organisée chez un cheminot de Tiflis, que Staline et Iremachvili rencontrèrent pour la première fois un révolutionnaire en fuite et écoutèrent, fascinés, le récit des souffrances des prisonniers politiques envoyés en Sibérie.

Alors qu'il était encore au séminaire, Staline fut admis au Messamé et autorisé à faire ses preuves auprès d'un cercle d'études de cheminots pour qui il jouait le rôle de répétiteur en idées marxistes. Un des membres du groupe, Lado Ketskhoveli, produisit une forte impression sur Staline. Âgé de trois ans de plus que lui, il avait fréquenté la même école à Gori et poursuivi ses études au séminaire de Tiflis. Il avait été un des meneurs de la révolte qui avait entraîné la fermeture du séminaire ; après son exclusion, il avait terminé ses études à Kiev et était revenu à Tiflis illégalement pour se consacrer à plein temps au travail clandestin. Par l'intermédiaire du frère cadet de Lado, Vano, qui était toujours au séminaire, Staline reprit contact avec lui, venant fréquemment à l'appartement des Ketskhoveli pour lire et restant souvent discuter avec Lado, pour qui il concevait une admiration proche du culte du héros. Staline était particulièrement impressionné par l'esprit pratique de Lado : ce dernier était allé travailler dans une imprimerie de Tiflis pour apprendre le métier d'imprimeur et avait continué en créant la première presse marxiste clandestine de la Transcaucasie, qui devint célèbre dans les milieux révolutionnaires russes pour son mélange d'audace et d'efficacité. Cachée dans une maison de Bakou appartenant à un musulman au nom improbable d'Ali Baba, elle produisit plus d'un million d'exemplaires de publications illégales (dont le journal de Lénine, *Iskra*) avant d'être découverte par la police, au bout de cinq ans de recherches, en 1906. Arrêté en 1902, Ketskhoveli fut abattu en 1903 par des gardiens après avoir crié de la fenêtre de sa cellule : « A bas l'autocratie ! Vive la liberté ! Vive le socialisme ! »

Pour Staline, il demeurait encore, des années plus tard, l'exemple du combattant révolutionnaire, et son influence contribua sans aucun doute à précipiter la rupture de Staline avec le séminaire. A partir de la cinquième année, les autorités de l'école considérèrent Staline comme un fauteur de troubles endurci, et il fut exclu en mai 1899 au motif que « pour des raisons inconnues » il ne s'était pas présenté aux examens de fin d'année. Iremachvili, qui l'avait accompagné au séminaire, écrivit plus tard qu'il emporta avec lui « une haine farouche et tenace contre l'administration de l'école, la bourgeoisie et tout ce qui dans le pays représentait le tsarisme [16] ».

Quoi qu'il en soit, ce fut la rupture après laquelle Staline ne revint jamais en arrière. Le marxisme lui fournissait un cadre intellectuel fixe, qui correspondait parfaitement à son besoin de remplacer le système de la théologie dogmatique dans lequel il avait été formé mais qu'il ne pouvait plus accepter. La continuité fut accentuée par les mêmes exigences d'orthodoxie, l'élimination du doute, l'intolérance à l'égard de la dissidence et la persécution des hérétiques dans les deux systèmes. Ainsi, à l'âge de vingt ans, Staline avait établi ses croyances, et sa profession : il était désormais condamné à la vie d'agitateur professionnel, de missionnaire dont l'objectif était le renversement révolutionnaire de l'ordre existant. Quelle que fût l'opinion d'autrui, Staline n'abandonna jamais le marxisme, qui fut toujours d'une grande importance pour lui.

V

Il allait falloir plusieurs années de plus à Hitler qu'il n'en avait fallu à Staline pour acquérir pareil sens de son orientation. La décision de Staline, prise en 1899, dans sa vingtième année, détermina le caractère de l'expérience qui suivit. Avec Hitler, ce fut l'inverse. Dans sa vingtième année, après avoir été refusé pour la seconde fois aux beaux-arts à l'automne 1908, il abandonna lui aussi l'idée de poursuivre ses études, mais dans son cas ce fut l'expérience qui suivit qui détermina la décision de ce qu'il allait faire de sa vie, décision qui ne fut finalement prise qu'à la fin de la guerre, en 1918-1919, alors qu'il était dans sa trentième année.

Entre 1899 et 1917, c'est-à-dire entre sa vingtième et sa trentième année, Staline vécut la vie d'un agitateur révolutionnaire, toujours à la merci d'une arrestation et fréquemment en prison ou, pendant de longues périodes, en exil. Il s'agissait d'un travail dur, rebutant, mais il savait ce qu'il voulait, acquérait de l'expérience et constatait que les événements – la défaite de la Russie dans la guerre contre le Japon, la Révolution de 1905, l'éclatement de la guerre en 1914, la Révolution de février 1917 – confirmaient sa croyance en la justesse du point de vue marxiste qu'il avait adopté et en la ligne de Lénine en tant que dirigeant de parti. Quelles que fussent les difficultés rencontrées – qu'il se créait pour la plupart lui-même – il n'était pas en proie au doute intellectuel. Sa confiance fut justifiée par la prise du pouvoir par les bolcheviks lors de la révolution d'Octobre et par sa propre émergence au rang des dirigeants du gouvernement révolutionnaire.

Comparons cela avec l'expérience d'Hitler en 1908-1919, approximativement au même âge, entre sa vingtième et sa trentième année. A l'issue des six premières années passées à Vienne et brièvement à Munich, il savait à peine plus ce qu'il voulait faire, et ne faisait guère plus que survivre, ballotté de-ci de-là, comme toutes les épaves d'une grande ville. Entre 1914 et 1918, il découvrit enfin ce qu'il voulait dans la vie militaire, dans la guerre et dans le *Fronterlebnis* (l'expérience du front), dans l'identification sentimentale avec le nationalisme allemand – jusqu'à ce qu'il subisse le choc profond de la défaite de l'Allemagne et de l'éclatement de l'armée, suivi par une révolution qui remettait en question ses certitudes les plus chères. Hitler se tourna vers la politique par désespoir, en démobilisé inconnu parlant furieusement d'inverser la défaite de l'Allemagne et de prendre sa revanche sur les « criminels de novembre » qui avaient poignardé l'armée dans le dos.

Il est évident que ce sont les années où les expériences d'Hitler et de Staline sont le plus éloignées l'une de l'autre ; pourtant elles sont d'une grande importance pour leur avenir et ne peuvent être traitées succinctement. Elles ne peuvent pas être comparées directement et devront donc être abordées l'une à la suite de l'autre. Les deux parties de l'histoire se rejoignent à la fin de la guerre de 1914-1918, quand Hitler, à la suite de Staline, s'engage dans la carrière politique.

2

L'expérience

Staline : 1899-1917 *(19 à 37 ans)*
Hitler : 1908-1918 *(19 à 29 ans)*

I

Quand Hitler disparaît de la circulation en novembre 1908, il lui restait une petite partie de son héritage. Il réussit donc à se maintenir la tête hors de l'eau pendant une année en choisissant des logements meilleur marché. Il n'avait personne à qui parler et se replia de plus en plus sur lui-même, passant le plus clair de son temps à lire dans sa chambre ou dans des bibliothèques publiques.

A l'automne 1909, cependant, il avait épuisé ses ressources ; il quitta sa chambre sans payer le loyer et se mit à coucher sur les bancs des squares et même sous des porches. Avec les frimas, il prit sa place dans la queue pour avoir droit au bol de soupe distribué par les cuisines d'un couvent puis trouva une place à l'Asyl für Obdachlose, refuge pour les déclassés géré par une association charitable. Au tournant des années 1909-1910, il touche le fond de la déchéance : affamé, sans logis, sans pardessus, affaibli physiquement, il n'a pas la moindre idée de ce qu'il pourrait faire. A l'échec de ses prétentions à la carrière d'artiste s'ajoute désormais l'humiliation sociale du jeune petit-bourgeois snob et gâté ravalé au rang de clochard.

Il fut sauvé de sa condition au début de 1910 par Reinhold Hanisch, clochard comme lui, qui savait beaucoup mieux qu'Hitler comment survivre quand on est au fond du trou. Hanisch persuada Hitler que si, comme il le prétendait, il savait peindre, ils pourraient s'associer : Hanisch démarcherait pour vendre ses œuvres et ils se partageraient équitablement les revenus. Trois années (1910-1913) suivirent au Foyer pour hommes de la Meldemannstrasse, autre institution charitable mais plusieurs crans au-dessus de l'Asyl, qui avait été construite depuis peu et était bien tenue. Il fut aidé par un héritage de sa tante et apprit à subvenir à ses besoins en peignant des scènes de Vienne, surtout des édifices connus qu'il copiait sur des photographies, et qu'il réussit à exécuter avec assez d'habileté pour continuer à les vendre à des encadreurs et autres petits marchands après qu'il se fut disputé avec Hanisch.

Hitler demeura dans le Foyer pour hommes non seulement parce qu'il lui fournissait de bien meilleures conditions de vie mais aussi parce qu'il y trouva le soutien psychologique dont il avait grand besoin. Il faisait partie d'un petit groupe de résidents permanents dont la situation était reconnue (par exemple, dans l'accès à la salle de lecture, où il peignait), et qui se considéraient comme des « intellectuels », nettement distincts des gens de passage, qu'ils traitaient comme des inférieurs sur le plan social. Le cercle de la salle de lecture lui fournit le peu de contact superficiel dont avait besoin le solitaire qu'il était, sans compromettre la réserve dont il s'entourait ni l'impliquer dans une relation humaine véritable quelle qu'elle fût. Le cercle lui fournissait aussi autre chose dont il avait besoin, un public. Selon Karl Honisch, qui fut membre du cercle en 1913, Hitler continuait à travailler tranquillement jusqu'à ce que fût abordé un sujet touchant à la politique ou à la question sociale qui l'irritait. Il se transformait alors, se dressait sur ses jambes et se lançait dans une harangue furieuse. Puis il s'arrêtait aussi brusquement qu'il avait commencé et, avec un geste de résignation, s'asseyait et se remettait à peindre [1].

Le récit fait par Hitler lui-même de ces années nous est fourni dans *Mein Kampf*, qu'il écrivit plus de dix ans après avoir quitté Vienne et à une époque, après le fiasco du putsch de novembre 1923, où il cherchait à impressionner ses lecteurs avec les souffrances qu'il avait endurées et la permanence des opinions qu'il s'était alors formées.

Toutefois, s'il fut pauvre et affamé, ce ne fut, comme il le reconnaît lui-même, que pendant une brève période avant qu'il s'installe au Foyer pour hommes, et, même avant cela, ses ennuis furent en grande partie son œuvre. Il refusa de se préparer sérieusement à une carrière ou de chercher du travail alors qu'il avait encore assez d'argent pour subvenir à ses besoins. La pire de ses souffrances fut la blessure d'amour-propre, le coup infligé à l'image de grand artiste, de grand écrivain – ou de grand « quelque chose » qui laisserait sa marque dans l'histoire – qu'il avait de lui-même, quand il se retrouva rabaissé au rang des clochards qu'il méprisait.

Sur le plan psychologique, l'importance de cette période viennoise réside en deux points. Le premier c'est que, malgré les coups qu'il encaissa, Hitler ne renonça pas, mais resta fidèle à l'image qu'il avait de lui-même. Alors qu'extérieurement le maximum qu'il réussit à faire fut de se maintenir sur les marges de la société, sachant moins que jamais comment il parviendrait à traduire l'idée de son destin dans la réalité, le fait qu'il réussit à la préserver tout au long d'une période d'essai de six longues années montre la force de caractère latente qui devait se révéler le fondement de sa réussite politique. En même temps et avec la même intensité qu'il continuait à subir échecs et humiliations, il en nourrissait son ressentiment et son désir de vengeance contre le monde qui le rejetait, fournissant un aliment supplémentaire à sa volonté de vaincre quand l'occasion finirait par se présenter.

La seconde évolution importante fut le fait qu'Hitler commença à sortir de l'isolement de son échec personnel pour l'expliquer en fonction des tensions et des conflits sociaux qu'il observait autour de lui. Dans ses écrits datant du milieu des années 20, Hitler surévalue le degré de formation de ses idées à l'époque où il quitta Vienne en 1913, sans tenir compte de l'impact de ce qu'il avait vécu pendant la guerre de 1914-1918 et de sa réaction à la défaite de l'Allemagne et à la période d'instabilité qui suivit. Cela dit, il n'y a pas de raison de mettre en doute son affirmation selon laquelle ce fut au cours de son expérience viennoise que sa *Weltanschauung* (vision du monde) « commença à prendre forme ». Il fournit un bon exemple de l'effet que cette expérience produisit sur lui quand il écrit dans *Mein Kampf* :

> L'entourage de ma jeunesse se composait de petits-bourgeois, c'est-à-dire d'un monde ayant fort peu de relations avec celui des véritables travailleurs manuels... Il y a presque inimitié – et la raison en est que des gens qui se sont élevés de fraîche date au-dessus du niveau des travailleurs manuels redoutent de retomber dans un ancien milieu qu'ils méprisent un peu, ou tout au moins de paraître encore en faire partie. Ajoutez à cela tout ce qu'il y a de repoussant dans le souvenir de la grossièreté des relations avec les basses classes, et de leur absence de toute culture : pour les gens de condition même modeste qui ont une fois dépassé ce niveau social, c'est une obligation insupportable que d'y retomber pour quelques instants...
> A celui-là, l'âpre combat qu'il a livré fait perdre bien souvent toute sensibilité et toute pitié pour les malheureux qui sont demeurés en arrière [2].

Ayant souffert cette humiliation à Vienne avant la guerre, Hitler put se servir de cette expérience pour s'identifier aux nombreux Allemands qui furent saisis de la même peur de devenir des *déclassés*** après la guerre.

Hitler était déjà un nationaliste allemand quand il arriva à Vienne. Ce qu'il y vit renforça son attitude défensive-agressive vis-à-vis des autres nationalités de l'Empire des Habsbourg, dont le nombre dépassait les Allemands dans la proportion de quatre pour un. Après la transformation, en 1867, de l'Empire en la double monarchie d'Autriche-Hongrie, la minorité germanophone de la moitié autrichienne sentit sa position traditionnelle de supériorité de plus en plus menacée par la conscience nationale et la confiance en soi croissantes des peuples slaves qui constituaient la majorité, en particulier par les Tchèques. Hitler estima que les tentatives du gouvernement de trouver un compromis quelconque qui satisfît les revendications d'égalité des Tchèques et des autres nationalités (dans l'usage de leur langue, par exemple) non seulement étaient vouées à l'échec mais – comme c'étaient toujours les Allemands qui devaient faire les concessions – étaient aussi des actes de trahison nationale.

Les deux nouvelles menaces qu'Hitler dit avoir découvertes pour la première fois à Vienne furent « le marxisme et la juiverie ». La croissance

---

* En français dans le texte (NdT).

de la population viennoise, de 259 % entre 1860 et 1900, augmentation beaucoup plus grande que celle de Londres ou de Paris et dépassée seulement par celle de Berlin, donnait à quiconque vivait dans la capitale autrichienne des occasions uniques d'entrer en contact avec l'un et l'autre – surtout quelqu'un vivant au bas de la pyramide sociale.

Les conditions sociales défavorables – misère, crise du logement, surpopulation, bas salaires, chômage – furent toutes aggravées par le flot rapide des nouveaux arrivants. Sur les 1 675 000 personnes qui vivaient à Vienne en 1900, moins de la moitié (46 %) étaient des autochtones. La masse des immigrants, dont beaucoup étaient tchèques, venaient chercher du travail et s'entassaient dans les quartiers ouvriers déjà surpeuplés dont Hitler avait une connaissance intime. « Je ne sais ce qui me parut le plus effarant à l'époque : la pauvreté économique de ceux qui étaient alors mes compagnons, leurs coutumes et leurs mœurs frustes ou le bas niveau de leur culture intellectuelle [3]. » Hitler était effaré mais non dénué de compassion. Il découvrit avec horreur que ce n'étaient pas seulement des travailleurs tchèques, mais aussi allemands, qui dépréciaient tout ce à quoi il attachait de l'importance.

> J'entendais rejeter tout : la Nation, invention des classes « capitalistes » – que de fois n'allais-je pas entendre ce mot ! – la Patrie, instrument de la bourgeoisie pour l'exploitation de la classe ouvrière ; l'autorité des lois, moyen d'opprimer le prolétariat ; l'école, institution destinée à produire un matériel humain d'esclaves, et aussi de gardiens ; la religion, moyen d'affaiblir le peuple pour mieux l'exploiter ensuite ; la morale, principe de sotte patience à l'usage des moutons, etc. Il n'y avait rien de pur qui ne fût traîné dans la boue... [4]

Staline n'aurait pu résumer plus succinctement les principes essentiels du marxisme. Pour lui, ils avaient été la révélation de la vérité. Ils produisirent exactement l'effet inverse sur Hitler. Lorsqu'il les entendit répétés pour la première fois par des travailleurs allemands, ils soulevèrent la question troublante : « Sont-ce donc là des hommes dignes d'appartenir à un grand peuple [5] ? »

Suivirent « des jours de désarroi mental », aggravés par la rencontre d'une manifestation de masse de travailleurs viennois défilant quatre par quatre en si grand nombre qu'il leur fallut deux heures pour passer et qui l'impressionnèrent profondément. Hitler fut finalement libéré de son angoisse et « amené à considérer de nouveau avec bienveillance [son] propre peuple », sans doute victime des dirigeants sans scrupules du Parti social-démocrate qui, grâce à une habile manipulation, exploitaient les souffrances des masses afin de les dénationaliser et de les couper des autres classes de la société.

Hitler pensa qu'il avait trouvé pourquoi les sociaux-démocrates étaient hostiles à la lutte visant à préserver l'identité nationale allemande en Autriche, où ils étaient partisans d'un compromis avec leurs « camarades » slaves et affirmaient que ce qui les unissait en tant que membres d'une même classe opprimée était plus important que ce qui les divisait en tant que membres de peuples différents. Au nationalisme germanique d'Hitler s'ajouta donc une haine aussi passionnée du marxisme.

Il restait le troisième élément de sa *Weltanschauung*, « la question juive ». En 1857, il y avait 6 217 juifs à Vienne, à peine moins de 2 % de la population ; en 1910, leur nombre avait atteint 175 318, et leur proportion 8,6 %. Dans une ville peuplée de deux millions d'habitants, cela faisait toujours plus de 90 % de non-juifs, mais deux facteurs attiraient l'attention sur la minorité juive. Le premier était le pourcentage beaucoup plus élevé de juifs, proportionnellement à leur nombre, dans l'enseignement secondaire et supérieur et dans les professions les plus éminentes, le droit, la politique, la médecine, le journalisme, la finance et les arts du spectacle. Le second, à l'autre extrémité de l'échelle sociale, était la concentration des juifs pauvres dans un ou deux quartiers (la Ville intérieure et le vieux ghetto, la Leopoldstadt, où ils constituaient un tiers de la population), beaucoup d'entre eux étant des immigrés d'Europe orientale, qui se faisaient remarquer par leur apparence étrange.

Selon le récit qu'en fait Hitler dans *Mein Kampf*, et qui donne toutes les apparences d'avoir été inventé, ce fut la rencontre avec un de ces derniers, vêtu d'un long cafetan et portant des papillotes noires, qui eut pour effet de lui ouvrir les yeux sur le caractère étranger du « juif ». Hitler continue en disant qu'il comprit désormais que les juifs étaient les chefs de la social-démocratie :

> Lorsque je découvris que le juif était le chef de la social-démocratie, les écailles commencèrent à me tomber des yeux. Ce fut la fin d'un long combat intérieur que j'avais eu à soutenir... Je connaissais enfin le mauvais génie de notre peuple[6].

Pendant son séjour à Vienne, Hitler prétend avoir lu « énormément et en profondeur ». Quelques pages plus loin dans *Mein Kampf*, il écrit toutefois :

> Pour moi, *lire* n'avait pas le même sens que pour la moyenne de nos prétendus *intellectuels*.
>
> Je connais des gens qui *lisent* interminablement livre sur livre, une lettre après l'autre, sans que je puisse cependant dire qu'ils ont « de la lecture »... Il leur manque l'art de distinguer dans un livre les valeurs à se mettre pour toujours dans la tête et les passages sans intérêt – à ne pas lire si possible, ou tout au moins à ne pas traîner comme un lest inutile... Mais dans les deux cas il est nécessaire, non pas que ces lectures prennent place dans la série des chapitres ou des livres que conserve la mémoire, mais viennent s'insérer à leur place comme le petit caillou d'une mosaïque et contribuent ainsi à constituer, dans l'esprit du lecteur, une image générale du monde[7].

Cela traduit la difficulté d'identifier les livres lus par Hitler. Il n'avait pas la moindre attirance pour la littérature, ni d'intérêt pour les livres en eux-mêmes. Il les considérait seulement comme la source d'où extraire les matériaux correspondant aux opinions qu'il avait déjà. La plupart de ses lectures semblent avoir été les éditions « populaires » de certains livres. Il y trouvait de nombreuses citations des œuvres originales qu'il relevait et citait à son tour comme si c'étaient celles-ci qu'il avait lues. Il avait une mémoire remarquable, en particulier pour les faits et les chiffres, les dimensions des bâtiments, les caractéristiques des armes, dont il se servait pour confondre les spécialistes et impressionner les gens dépourvus de sens critique. Comme la plupart des historiens ont fini par le reconnaître, ce serait une erreur de sous-estimer la puissance intellectuelle d'Hitler et du système mental qu'il mit au point à partir des matériaux tirés de ses lectures et de son expérience[8]. Mais tout ce qu'il dit ou écrivit révèle que son esprit manquait non seulement d'humanité mais du jugement critique, de l'objectivité et de la raison dans l'assimilation du savoir, qui sont généralement considérés comme les signes d'un esprit cultivé, et qu'Hitler méprisait ouvertement.

Comme pour la social-démocratie et le marxisme, Hitler prétend s'être tourné vers les livres pour y trouver des lumières sur les juifs. Dans ce cas, nous disposons d'une déclaration spécifique précisant que les « livres » étaient des brochures antisémites qu'il achetait pour quelques sous, et des magazines comme *Ostara*. Ce dernier était publié par un moine défroqué se faisant appeler Lanz von Liebenfels, et était consacré, sous le signe du svastika, « à l'application pratique de la recherche anthropologique à la préservation de la race maîtresse de l'Europe par le maintien de la pureté raciale ». Pareilles publications étaient typiques des productions de la sous-culture viennoise de l'époque, souvent pornographiques et sans la moindre retenue dans la violence et l'obscénité de leur langage. Les passages de *Mein Kampf* où Hitler parle des juifs dérivent de cette tradition, par exemple son obsession pour la sexualité et l'appauvrissement du sang germanique : « La vision de cauchemar de la séduction de centaines de milliers de jeunes filles par des bâtards juifs répugnants aux jambes torses. »

> Dès que je commençai à m'intéresser à la question... Vienne m'apparut sous un nouveau jour... Car, était-il une saleté quelconque, une infamie, sous quelque forme que ce fût, surtout dans la vie sociale, à laquelle un juif au moins n'avait pas participé ?
> Sitôt qu'on portait le scalpel dans un abcès de cette sorte, on découvrait, comme un ver dans un corps en putréfaction, un petit youtre tout ébloui par cette lumière subite[9].

Le « juif » était partout, responsable de tout ce qu'Hitler détestait et redoutait : le modernisme dans l'art et la musique, la pornographie et la prostitution, l'organisation de la traite des blanches (très présente dans la littérature antisémite) et la critique journalistique antinationale.

Hitler dit lui-même qu'il lui fallut énormément de temps pour saisir la signification de la « question juive ». La découverte cruciale fut que les juifs n'étaient pas, comme il l'avait cru jusque-là, des Allemands attachés à une certaine forme de religion, mais une race distincte. Rien ne donne à penser qu'à cette date précoce, alors qu'il avait tout juste une vingtaine d'année, Hitler eût une idée précise de ce qui devait être fait pour « résoudre » la question juive, ou qu'il eût envisagé la possibilité de leur extermination. Néanmoins, la race allait fournir la clef principale de sa conception de l'histoire et de son idéologie. L'importance qu'il lui donna s'accordait avec cette autre foi largement répandue au XIXᵉ siècle qui servit de fondement à sa philosophie : le darwinisme social, idée selon laquelle toute forme de vie était engagée dans un combat pour l'existence où seule la mieux adaptée survivait. Il confronta la croyance socialiste en l'égalité et « le principe aristocratique de la Nature », l'inégalité naturelle des individus et des races. La boucle fut bouclée avec la démonstration que le marxisme était une doctrine inventée par un juif, Karl Marx, et utilisée par les dirigeants juifs du Parti social-démocrate pour séduire les masses et les braquer contre l'État, la nation allemande et la race des maîtres – la race aryenne.

Hitler tira d'autres conclusions de son séjour à Vienne. L'une fut la facilité avec laquelle les masses pouvaient être manipulées par une propagande adroite. Une autre fut la futilité des institutions parlementaires (il lui arriva d'assister aux bruyants débats du Reichsrat autrichien), auxquelles il reprochait de détruire l'autorité, l'initiative individuelle et la responsabilité individuelle. Il attribua l'échec du Mouvement national pan-germanique de Schoenerer, dont le programme l'attirait, à sa décision de se transformer en un parti parlementaire. Il l'opposa au succès des groupes qui fondaient leur pouvoir sur l'organisation de partis politiques de masse en dehors du parlement, illustrés par le Parti social-démocrate et le Parti social-chrétien du célèbre maire de Vienne, Karl Lueger. Lueger était le dirigeant qu'Hitler admirait le plus. Il note ainsi dans *Mein Kampf* qu'il avait consacré son activité politique à « rallier les fractions de la population dont l'existence était en danger », les petits commerçants et hommes d'affaires, les artisans et les gens de métier, les petits fonctionnaires et les employés municipaux qui sentaient leur niveau de vie et leur statut menacés par les transformations économiques et sociales.

Il existait un autre parti dans l'Autriche de l'avant-guerre qu'Hitler ne mentionne pas, le Parti des ouvriers allemands ((DAP), fondé en Bohême en 1904, qui reprochait au Parti social-démocrate d'Autriche de vouloir abaisser le niveau de vie des ouvriers évolués, des Allemands, à celui des Slaves arriérés. Le terme de mépris utilisé par le DAP pour désigner les Tchèques était celui de *Halbmenschen*, demi-personnes. Il menait une violente campagne en faveur de l'accroissement du *Lebensraum* (espace vital) allemand, et, quand l'empire des Habsbourg éclata en 1918, il réclama que les colonies allemandes de Bohême et de Moravie soient incorporées dans le Reich allemand. Dans les débuts de l'existence du Parti nazi à Munich après la guerre, Hitler prit contact avec le DAP autrichien à Vienne et finit par s'en emparer pour en faire la branche autrichienne de son propre Parti national-socialiste des travailleurs allemands. Le programme nazi « race et espace » et l'occupation par l'Allemagne de la Bohême et de la Moravie dans les années 30 plongeaient leurs racines dans la politique de l'Autriche d'avant-guerre [10].

Avant de quitter l'Autriche, Hitler avait accumulé un certain nombre d'observations et d'aperçus de ce type dont il allait faire bon usage par la suite. Son expérience viennoise avait confirmé son nationalisme germanique fervent et lui avait ouvert les yeux sur les trois groupes dans lesquels il voyait une menace pour la place historique du *Herrenvolk* (la race des maîtres) allemand en Europe centrale – la race inférieure des Slaves, les marxistes et les juifs. Mais il continuait à n'avoir pas la moindre idée de la manière dont il pourrait contribuer à la bataille contre eux lorsqu'en mai 1913, à l'âge de vingt-quatre ans, il quitta l'Autriche et franchit la frontière allemande.

II

A l'âge où Hitler quittait Vienne pour Munich, Staline non seulement savait ce qu'il voulait mais avait déjà commencé son apprentissage de révolutionnaire.

Au début du XXe siècle, la Russie est la plus grande et la plus arriérée des grandes puissances. Alors que sa population atteint déjà 129 millions d'habitants à l'époque du recensement de 1897, son agriculture (dont dépend une masse de près de 90 millions de paysans) reste improductive, avec des rendements largement inférieurs à ceux des autres pays d'Europe. La grande majorité de son peuple est pauvre, sans qualification et non scolarisée. En Russie d'Europe, près des deux tiers des hommes et près de 90 % des femmes ne savent pas lire ; seules 104 000 personnes dans tout l'empire avaient une formation universitaire ou équivalente et à peine plus d'un million avaient fréquenté l'école secondaire.

La structure sociale de la Russie était déséquilibrée : une classe dirigeante de moins de deux millions de personnes, une classe moyenne (de professions libérales et de commerçants) encore moins nombreuse et une intelligentsia détachée de tout, face au reste de la population, qu'elle soit urbaine ou rurale, vivant en dessous ou au voisinage du seuil de pauvreté. L'État, autocratique, brutal et sans institutions représentatives, exerçait une censure arbitraire sur l'opinion et menait une politique de russification contre les Polonais, les Ukrainiens, les juifs, les Tatars, les Arméniens et les autres peuples soumis à la domination russe.

L'industrialisation offrait, à longue échéance, le meilleur espoir d'amélioration mais augmentait la vulnérabilité du système tsariste à plus court terme. L'industrie russe – le chemin de fer et le génie civil, le charbon, le fer et l'acier, le pétrole et les autres ressources minières (dans le Caucase), le textile – se développa rapidement entre 1880 et 1914. Mais ce fut aux dépens de l'agriculture, qui souffrait de la faiblesse des investissements, de la surpopulation rurale, du système archaïque de la jachère triennale qui était contrôlé par le *mir* (la commune villageoise) et du recours aux impôts indirects qui pesaient le plus lourdement sur la paysannerie et les pauvres des villes. L'arriération endémique de l'agriculture russe contrecarrait les progrès de l'industrie, et le mécontentement latent des paysans fut la cause principale de l'explosion révolutionnaire qui suivit la défaite de la Russie contre le Japon en 1905 [11].

A la même époque, la croissance de l'industrie produisit elle-même une deuxième source de révolte potentielle au sein de la classe ouvrière, qui comptait trois millions de personnes en 1900. Fortement concentrés dans un petit nombre de très grandes usines, mal payés, les ouvriers étaient contraints de vivre les uns sur les autres dans des conditions misérables et il leur était interdit de s'organiser pour se défendre. On avait là le prolétariat classique de Marx, dont il n'était pas exagéré de dire qu'il n'avait « rien d'autre à perdre que ses chaînes ». Les révolutions de 1905 et 1917 allaient montrer avec quelle efficacité il pouvait agir quand l'occasion se présentait.

Pendant les années 1880 et 1890, un certain nombre d'intellectuels russes qui s'étaient convertis au marxisme se mêlèrent aux cercles de travailleurs qui commençaient à se former à Saint-Pétersbourg et dans les autres centres industriels et qui se disaient eux-mêmes marxistes ou sociaux-démocrates. Outre les discussions et la propagande, leur principale activité était l'organisation et le soutien de grèves qui – bien qu'illégales – touchèrent près de 250 000 ouvriers dans les cinq premières années du siècle et leur permirent d'obtenir la réduction de la journée de travail. Aller au-delà des revendications économiques (l'« économisme ») comme celles-ci et s'engager dans l'agitation politique était le sujet d'un débat passionné dans les publications clandestines qui imprimaient les articles des intellectuels russes vivant en Suisse ou exilés en Sibérie.

Parmi ces derniers figurait Vladimir IlitchOulianov, qui fut connu à partir de la fin de 1901 sous le pseudonyme de Lénine. Né en 1870 à Simbirsk, sur la Volga, il était fils d'un inspecteur provincial de l'enseignement et appartenait à une famille unie et heureuse ; ses deux frères ainsi que ses deux sœurs furent néanmoins arrêtés à un moment ou un autre pour activité subversive. Son frère aîné, Alexandre, fut pendu en 1887 pour avoir participé à un complot visant à assassiner le tsar et cet événement laissa une profonde impression sur Lénine, qui avait dix-sept ans à l'époque.

Ayant reçu une bonne éducation et doué d'un esprit incisif, en 1893, Lénine alla s'installer à Saint-Pétersbourg où il entra dans un cabinet d'avocats, mais il passait beaucoup plus de temps dans les cercles de discussion socialistes que dans les tribunaux. Il se fit un nom en tant que marxiste par ses vives critiques du populisme et de l'« économisme » avant d'être emprisonné en 1895 et par la suite exilé, pour son rôle dans la vague de grèves. Quand il revint d'exil en 1900, c'était avec l'idée de créer un journal qui servirait de centre autour duquel réunir les comités clandestins de Russie. Ce fut *l'Iskra* (l'Étincelle), dont le premier numéro fut publié à l'étranger en décembre 1900 et introduit en contrebande en Russie.

La constitution d'un Parti travailliste social-démocrate russe avait été tentée lors d'un petit congrès illégal réuni à Minsk en 1898. Bien qu'on le considère toujours comme le premier congrès de ce type, il ne mena à rien. Encouragé par le succès de *l'Iskra* à tisser des liens entre les groupes clandestins éparpillés en Russie, Lénine se décida à faire une nouvelle tentative et, à titre préliminaire, publia en 1902 l'un des plus célèbres pamphlets révolutionnaires jamais écrits, *Que faire ?* Il y forgea sa conception d'un parti discipliné centralisé, réseau de révolutionnaires à plein temps qui devaient servir d'« avant-garde du prolétariat » et mobiliser ce dernier pour renverser le régime tsariste. Un an plus tard, au cours de l'été 1903, le groupe de *l'Iskra* organisa un nouveau congrès (toujours désigné comme le deuxième) qui se réunit à Bruxelles et, après l'avoir ajourné pour le transporter à Londres, fonda le Parti social-démocrate russe.

Dès que Staline eut entre les mains un exemplaire de *l'Iskra,* il devint un *iskrovets,* un « homme de *l'Iskra* » et fit siens les arguments de Lénine. Après avoir quitté le séminaire en 1899, il passa les dix années suivantes dans le Caucase à travailler comme agitateur et organisateur local, avec des interruptions lorsqu'il était jeté en prison ou exilé en Sibérie. Vivant au jour le jour, il devait compter sur les camarades et les sympathisants pour subvenir à ses besoins, trouver un endroit où dormir et se cacher. Ses activités s'adressaient aux ouvriers des trois villes où une classe ouvrière industrielle commençait à se former : le carrefour ferroviaire de Tiflis, les champs pétrolifères de Bakou (en 1904, le plus gros centre d'extraction de pétrole du monde) et les raffineries et le port de Batoum.

Il existait un noyau d'ouvriers d'usine russes bannis dans le Caucase pour leurs sympathies socialistes, qui travaillaient par exemple dans les ateliers du chemin de fer de Tiflis et à la centrale électrique de Bakou. Les champs pétrolifères attirèrent aussi des Arméniens, des Turcs, des Persans, des Tatars, ainsi que des Russes, et Batoum fut un pôle d'attraction pour un grand nombre de paysans géorgiens. Staline dut apprendre à expliquer le message marxiste en termes très simples, à convaincre les ouvriers que pour protester contre leur condition l'action collective était possible et à participer à l'organisation de grèves et de manifestations de rue. Il dut aussi apprendre à rédiger des proclamations et des tracts et à les faire imprimer sur des presses clandestines.

Staline joua un rôle dans les manifestations du 1er Mai 1901 à Tiflis, pendant lesquelles 2 000 ouvriers affrontèrent la police, et dans la grève des ouvriers des raffineries de Batoum en 1902, au cours de laquelle la troupe ouvrit le feu et tua quinze personnes. Une autre jeune militante du parti, F. Khunyanis, brosse de lui un portrait vivant quoique hostile, lorsqu'elle décrit sa première rencontre avec lui :

> J'ai trouvé Koba dans une pièce exiguë. Il était petit, mince et avait un air quelque peu abattu, et il me fit penser à un voleur à la tire attendant la sentence. Il portait une blouse de paysan bleu foncé, une veste ajustée et une calotte turque noire.
>
> Il me traita avec suspicion. Après m'avoir posé toutes sortes de questions, il me tendit un paquet de littérature illégale... Il me raccompagna à la porte avec la même expression de réserve et de défiance.

Elle poursuit en décrivant son comportement pendant les réunions du comité local.

> C'était l'heure de commencer et Koba n'était jamais là. Il arrivait toujours en retard. Pas de beaucoup, mais invariablement... Quand il arrivait, l'atmosphère changeait aussitôt. Non pas tant parce que l'activité routinière reprenait que par la tension qui s'installait. Koba arrivait avec un livre logé sous son bras gauche raccourci et s'asseyait quelque part sur le côté ou dans un coin. Il écoutait en silence jusqu'à ce que tout le monde eût fini de parler. Il parlait toujours en dernier. Prenant son temps, il comparait les différentes opinions, pesait tous les arguments... et présentait sa propre motion de manière très péremptoire comme pour conclure la discussion. Tout ce qu'il disait prenait ainsi un caractère d'importance particulière [12].

Après la grève de Batoum, Staline fut arrêté par la police pour la première fois et incarcéré, puis exilé à Vologda, en Sibérie. Khrouchtchev se rappelle l'évocation caractéristique qu'il faisait de son séjour là-bas :

> Staline disait souvent : « Il y avait quelques types bien parmi les droit-commun pendant mon premier exil. J'étais le plus souvent avec des droit-commun. Je me souviens que nous avions l'habitude de faire une halte dans les estaminets de la ville. Nous nous fouillions pour savoir qui avait un rouble ou deux sur soi puis nous tendions notre argent à la caisse, commandions quelque chose et buvions jusqu'à notre dernier kopeck. Un jour c'était moi qui payais, le lendemain quelqu'un d'autre et ainsi de suite, chacun son tour. Ces droit-commun étaient de braves types, c'était le sel de la terre. Mais il y avait tout un tas de salopards parmi les prisonniers politiques. Une fois, ils ont réuni un tribunal de camarades et m'ont fait passer en jugement pour avoir bu avec des prisonniers de droit commun, estimant que c'était un délit [13]. »

À la deuxième tentative, Staline réussit à s'enfuir de Vologda et revint au Caucase pour apprendre que le Parti travailliste social-démocrate de toutes les Russies avait enfin été fondé lors du congrès de Bruxelles-

Londres – et s'était immédiatement scindé en deux factions. Le sujet sur lequel la scission s'était manifestée pour la première fois pendant le congrès avait été celui de l'appartenance au parti. Lénine voulait qu'elle soit limitée à ceux qui participaient activement à l'une ou l'autre des organisations du parti mais Martov, l'un de ses plus proches collaborateurs à *l'Iskra*, proposait une formule plus souple, permettant d'admettre tous ceux « qui coopéraient sous la direction de l'une de ces organisations ». Le sujet ne paraissait pas important, d'autant que Lénine insista pour dire qu'il n'entendait pas par là que l'appartenance au parti fût limitée aux révolutionnaires professionnels. Néanmoins, quand la question fut soumise au vote, Lénine fut battu.

L'explication de la scission réside dans les efforts menés par Lénine en coulisse non seulement pour s'assurer que *l'Iskra* contrôlerait les activités du parti mais que lui-même contrôlerait *l'Iskra*. C'était une question qui divisait le groupe de *l'Iskra* même, en partie à cause de relations et de rivalités personnelles dans le petit monde clos des émigrés qui faisaient de la politique (le congrès tout entier ne comptait qu'une cinquantaine de délégués), et en partie à cause de la crainte chez ceux que Lénine appelait les « mous » que, si on le lui permettait, il transformât le parti en cet organisme strictement discipliné et étroitement contrôlé qu'il avait mis en avant dans *Que faire ?*

Toutefois, lors des sessions suivantes du congrès, le retrait d'un certain nombre de délégués extérieurs au groupe de *l'Iskra* qui avait voté pour l'autre proposition transforma la majorité de Martov en minorité. Lénine n'hésita pas à utiliser la majorité (en russe, *bolcheviki*) qu'il dirigeait désormais pour reprendre le contrôle du comité de rédaction de *l'Iskra* et du comité central du parti, à l'opposition de Martov et à la minorité (en russe, *mencheviki*).

La victoire de Lénine s'avéra de courte durée, et dans l'année il reperdit le contrôle de *l'Iskra* comme du comité central. De gros efforts furent déployés pour aplanir les différends entre les deux factions, surtout pendant la révolution de 1905. Ce n'est qu'en 1912 que Lénine poussa à la rupture finale avec les mencheviks. Cependant, la question fondamentale sur laquelle toutes les tentatives d'union échouèrent demeura la même qu'en 1903.

Les deux groupes acceptaient le schéma marxiste de développement historique et pensaient que la Russie devait traverser un stade capitaliste, condition nécessaire à une révolution socialiste. Mais ils ne pouvaient pas se mettre d'accord sur ce qui suivrait. Les mencheviks estimaient que, compte tenu de l'arriération économique de la Russie, il s'écoulerait beaucoup de temps avant que cette révolution eût lieu, et que la tâche immédiate était d'œuvrer en faveur d'une révolution libérale bourgeoise. Celle-ci permettrait de se débarrasser du régime autocratique tsariste, dégagerait la voie au capitalisme afin qu'il remplisse son rôle d'industrialisation et accomplisse les réformes constitutionnelles favorisant la croissance légale d'un parti de masse de la classe ouvrière sur le modèle des sociaux-démo-crates allemands.

Lénine n'était pas prêt à attendre ni à abandonner aux processus historiques la tâche de faire naître une révolution socialiste sur laquelle étaient centrées toutes ses pensées. Pour les mencheviks, il s'agissait d'une hérésie antimarxiste, d'un point de vue de conspirateur consistant à s'appuyer sur des « facteurs subjectifs » tels que la volonté révolution-naire, au lieu des « facteurs objectifs » de Marx, des lois du développe-ment social qu'il avait établies et qui ne pouvaient être accélérées artificiellement.

Lénine rétorquait qu'évidemment il ne croyait pas que les révolutions pussent être planifiées ni provoquées à volonté mais qu'elles pouvaient – et devaient – être préparées de façon à ce que le moment venu le parti fût porté par la vague de l'histoire. Il était convaincu que la croissance du mouvement ouvrier n'aboutirait à rien d'autre qu'à une conscience de type trade-unioniste, à la nécessité de faire des compromis pour obtenir des concessions. A son avis, cela revenait ni plus ni moins à accepter le système bourgeois. La tâche d'un parti social-démocrate tel que le conce-vait Lénine était d'élever la conscience de classe de la classe ouvrière et d'éveiller ainsi le désir de révolution qui seul la libérerait de l'exploitation et de l'injustice. Pareille tâche ne pouvait être entreprise que par un parti entièrement différent de celui envisagé par les mencheviks. Le noyau devait être constitué de révolutionnaires professionnels œuvrant avec le mouvement ouvrier mais sans dépendre de lui. Grâce à leur maîtrise de la théorie marxiste, ces derniers seraient en mesure de développer et d'orienter la compréhension par les ouvriers de leurs véritables intérêts de classe et de leur mission historique, à savoir : être l'agent du processus historique, avec un résultat assuré.

Lénine demeura intraitable sur son opposition au programme qui avait la faveur des mencheviks et qui aurait consisté à coopérer avec les constitutionnalistes de la bourgeoisie pour remplacer l'autocratie tsariste et obtenir des réformes libérales. Au lieu de cela, il proposa de coopérer avec la paysannerie dont les revendications insatisfaites d'octroi de terres et la saisie de ces terres par la force pendant la révolte de 1905 lui semblaient receler un fort potentiel révolutionnaire.

Lénine comparait lui-même le différend avec les mencheviks à la querelle entre les jacobins et les girondins pendant la Révolution française. Elle exprimait la différence fondamentale de point de vue et de tempéra-ment qui divise les mouvements radicaux et socialistes européens depuis deux siècles entre « militants » et « révisionnistes », « révolutionnaires » et « réformistes », « communistes » et « sociaux-démocrates ». L'étiquette change mais non ce qu'elle représente.

III

Staline était bolchevique par nature. Quand il lut le texte par lequel Lénine avait défendu sa position au congrès de Londres, *Un pas en avant, deux pas en arrière* (1904), il découvrit dans la notion de parti qui y était développée le complément parfait de la doctrine marxiste de la guerre de classes, le moyen de transformer l'analyse économique et sociologique en action révolutionnaire. Son expérience de la classe ouvrière ne lui laissait aucune illusion sur la « spontanéité » du développement du socialisme au sein du prolétariat. La conviction de Lénine sur ce sujet et l'accent qu'il mettait sur l'organisation plurent aussitôt à Staline. Dans un article publié dans la presse clandestine (1er janvier 1905), « La classe des prolétaires et le parti des prolétaires », Staline déclara :

> Le parti des prolétaires *combattants* ne peut pas être un agglomérat accidentel d'individus – ce doit être une organisation avec une cohésion, [une organisation] centralisée… Jusqu'à présent, notre parti a été pareil à une famille patriarcale hospitalière, accueillant n'importe quel sympathisant en son sein. Mais maintenant que notre parti est devenu une *organisation* centralisée, il s'est débarrassé de son apparence patriarcale et en vient à ressembler à une forteresse, dont les portes ne s'ouvrent qu'à ceux qui en sont dignes [14].

Le parti devait désormais veiller à ce qu'il y eût unité de vue non seulement sur le programme mais sur la tactique ainsi que sur l'organisation.
    Les propositions de Lénine ne plurent pas seulement à Staline à cause de leur caractère militant – les deux hommes appartenaient par tempérament à la gauche activiste « dure » – mais à cause du rôle central qu'elles attribuaient aux agitateurs révolutionnaires professionnels, engagés, et aux organisateurs, vivant d'expédients, toujours pourchassés par la police, en qui Lénine voyait « l'avant-garde du prolétariat », les véritables auteurs de l'histoire révolutionnaire. Cette affirmation fut une compensation importante à la manière méprisante dont Staline et les militants du parti issus d'un milieu similaire se sentaient traités par ceux qui se considéraient comme des membres de l'intelligentsia.
    La tradition révolutionnaire russe, depuis ses origines au XIXe siècle, était inextricablement liée à l'intelligentsia russe [15]. Le mot même d'intelligentsia est russe, forgé pour la première fois vers 1850 par un romancier oublié, Baborykine, et répandu par les romans de Tourgueniev, en particulier par le célèbre portrait du nihiliste Bazarov de *Pères et fils* (1862). L'intelligentsia était un mélange de groupe social et d'état d'esprit, défini par une haine commune du régime tsariste et par le projet d'y substituer une société juste et égalitaire. Le populisme, l'anarchisme, le marxisme fournirent chacun sous diverses formes l'idéologie et la rationalisation nécessaires aux hommes et aux femmes chez qui les idées générales de caractère utopique et universaliste, ainsi que le débat intellectuel qu'elles

alimentaient, jouaient un rôle beaucoup plus grand que l'expérience vécue. L'un des plus célèbres épisodes de l'histoire russe du XIXᵉ siècle fut la croisade menée en 1872-1874 par des centaines de jeunes gens instruits, « la marche vers le peuple » des narodniki (du mot *narod*, « peuple »), qui se rendirent dans les villages pour réveiller les masses paysannes et furent bien déçus de se voir chassés par ces paysans mêmes dont ils voulaient améliorer le sort. Un autre épisode fut, en 1878, la tentative d'assassinat du chef de la police, le général Trepov, par une jeune idéaliste, Véra Zassoulitch (qui devint par la suite membre du comité de rédaction de *l'Iskra*) et l'assassinat réussi du tsar en 1881.

La majorité des dirigeants des deux factions entre lesquelles se divisaient les marxistes partageaient la conviction d'appartenir à la même tradition révolutionnaire. Mais pas Staline, – ce qui fournit l'une des clefs de son caractère et de sa carrière. Ses parents étaient nés serfs, il avait grandi dans la pauvreté et son apprentissage de la politique révolutionnaire avant 1917 s'était fait à la base, en Russie, et non comme intellectuel émigré vivant en Europe. Cela le distinguait fortement d'hommes comme Lénine, Plekhanov, Trotski et Boukharine, qui étaient d'origine bourgeoise, avaient reçu une meilleure éducation, parlaient d'autres langues européennes et connaissaient le monde hors de Russie, où la plupart d'entre eux avaient vécu pendant de longues périodes d'exil et où ils avaient été en contact avec le socialisme occidental.

Pour ces hommes, l'exploitation et les autres maux de la société contre lesquels ils se révoltaient étaient beaucoup plus des notions sociologiques et économiques qu'une réalité vécue. Trotski, par exemple, écrivit rétrospectivement :

> L'empirisme morne, le culte servile, éhonté, du fait m'étaient odieux. Au-delà des faits, je recherchais des lois… Dans tous les domaines, j'estimais ne pouvoir bouger et agir que lorsque je tenais en main le fil du général. Le radicalisme révolutionnaire social qui est devenu le pivot permanent de ma vie tout entière est issu de cette hostilité intellectuelle à l'égard de la recherche de buts mesquins, à l'égard du pragmatisme à tout crin, à l'égard de tout ce qui idéologiquement est sans forme et qui n'est pas généralisé théoriquement [16].

Comparons avec la rétrospective toute différente que fait Staline :

> Je devins marxiste à cause de ma position sociale (mon père était ouvrier dans une fabrique de chaussures et ma mère était aussi une ouvrière) mais aussi à cause de l'intolérance brutale et de la discipline jésuitique qui m'accablaient sans miséricorde au séminaire [17]…

Les chefs de file sociaux-démocrates n'avaient de contacts personnels qu'avec l'élite de la classe ouvrière, déjà attirée par le socialisme. Ces masses arriérées, inertes et soupçonneuses qui, dans les années 1870 et 1880, avaient brisé le cœur des narodniki, quand par idéalisme ces derniers étaient « allés au peuple », ils ne les connaissaient que par les descriptions qu'ils en avaient lues dans les livres. Dans sa biographie, Isaac Deutscher montre un Staline à l'opposé :

> Le jeune Djougachvili devait avoir perçu d'une manière exceptionnelle, presque intuitive, les éléments de retard dans la vie et la politique russes. Ce sentiment devait s'amplifier dans les années à venir. Lui aussi s'intéressait maintenant surtout aux ouvriers avancés, parce que ce n'était que par eux que l'on pouvait toucher les masses arriérées et les sortir de leur inertie et de leur humilité, mais il ne se laissait pas emporter par d'ardents espoirs ou par des généralisations idéalistes concernant la classe ouvrière. Il traitait avec une méfiance sceptique non seulement les oppresseurs, les propriétaires, les capitalistes, les moines et les gendarmes tsaristes, mais aussi les opprimés, les ouvriers et les paysans dont il avait embrassé la cause. Il n'y avait aucune trace de sentiment de culpabilité à l'origine de son socialisme. Il avait sans aucun doute des sympathies pour la classe dans laquelle il était né, mais la haine qu'il ressentait envers les classes des dirigeants et des propriétaires a, semble-t-il, été beaucoup plus forte. La haine de classe ressentie et prêchée par les révolutionnaires venus des classes supérieures était une passion seconde qui grandissait en eux avec leurs convictions théoriques. La haine de classe de Djougachvili n'était pas une seconde nature, c'était ce qui primait. Les enseignements socialistes lui apparaissaient comme la sanction morale de sa propre passion. Il n'y avait pas un lambeau de sentimentalisme dans son choix. Son socialisme était froid, sobre et âpre [18].

Les relations de Staline avec les autres dirigeants sociaux-démocrates (toujours à l'exception de Lénine) montrent combien il souffrit de l'infériorité sociale et intellectuelle qu'il ressentait. Il était rare qu'il oubliât un affront ou qu'il leur pardonnât leur condescendance. Mais il apprit aussi à tourner à son avantage la sous-évaluation qu'ils faisaient de lui. Quand Trotski ne vit en lui qu'« une médiocrité grise et incolore », ce fut Staline qui sut profiter de l'erreur d'appréciation de l'autre, et Trotski qui paya pour cette erreur – en ne succédant pas à Lénine et, pour finir, en se faisant assassiner.

L'autre différence que Staline parvint à tourner à son avantage fut son expérience du terrain en Russie comme organisateur local, savoir auquel peu d'autres dirigeants bolcheviques ou mencheviques des débuts pouvaient prétendre, et qui le signala à l'attention de Lénine. Une autre partie importante de son expérience fut la répétition périodique des arrestations, emprisonnements, exils et évasions. En tout, il fut arrêté sept fois et réussit cinq fois à s'évader ; sur les neuf ans qui séparent mars 1908 et mars 1917, il ne passa qu'une année et demie en liberté. Dans la tradition révolutionnaire russe, pour beaucoup d'opposants politiques, la prison et l'exil furent les « universités », où ils lisaient énormément, acquéraient des bases solides en matière de littérature et d'idées radicales, souvent dispensées par des maîtres expérimentés, et participaient à de fréquents débats organisés par la communauté de la prison. Ce fut le lieu où Staline fit de son mieux pour compenser les faiblesses de sa formation, en particulier sa connaissance des écrits marxistes. Les souvenirs de la plupart de ceux qui le connurent en prison s'accordent pour décrire un homme qui s'imposait une discipline, avait toujours un livre à la main et prenait une part importante aux débats, où il se montrait sûr de lui, la langue acérée et volontiers méprisant.

Le Caucase, où il effectua son apprentissage, était un bastion des mencheviks, et cela permet d'expliquer l'aversion et la méfiance que continuèrent à éprouver pour Staline nombre de sociaux-démocrates de cette partie du monde. Mais elles résultaient aussi de la brutalité de ses méthodes et de la grossièreté de son langage, qui lui firent beaucoup d'ennemis.

Arsenidze, un des mencheviks géorgiens qui vécut assez vieux pour publier plus tard ses mémoires, affirme que lorsque Staline s'adressa aux ouvriers géorgiens de Batoum en 1905, il déclara :

> Lénine est outragé que Dieu lui ait envoyé des camarades comme les mencheviks ! Après tout, qui sont-ils ? Martov, Dan, Axelrod, des youpins circoncis. Et cette vieille femme de Véra Zassoulitch ! Essayez donc de travailler avec eux. Pas possible de se bagarrer ni de faire la fête avec eux. Rien que des pleutres et des radoteurs [19] !

Si l'on fait abstraction du fiel avec lequel les mencheviks, comme Trotski, continuèrent de le poursuivre longtemps après, il reste suffisamment d'éléments pour penser que dès 1905 Staline s'était acquis la réputation d'un homme avec qui il était difficile de travailler, un intrigant ambitieux, montant ses compagnons les uns contre les autres, qui n'accordait sa confiance à personne, à qui l'on ne devait pas faire confiance non plus, qui n'oubliait jamais un affront et ne pardonnait jamais à quiconque lui avait rabattu son caquet ou lui avait tenu tête.

/Ses capacités d'organisateur étaient indiscutables ; c'était un homme grâce à qui les choses se faisaient, et si en tant que marxiste Staline ne montra jamais rien qui ressemblât à l'originalité de Lénine, il devint un tribun efficace qui connaissait suffisamment ses classiques pour étayer ses arguments à l'aide de citations de Marx et d'Engels ainsi que de Plekhanov et de Lénine. Mais même dans les controverses qui étaient menées sans souci de civilité de part et d'autre, il choquait par sa grossièreté et son ton sarcastique.

Staline conserva des partisans ainsi que des ennemis de l'époque du Caucase mais toujours en des termes qui établissaient clairement qu'on l'acceptait comme chef. Comme Hitler, il faisait toujours cavalier seul, quoique d'une manière toute différente, froide et calculée, quand l'autre se montrait émotif et instable ; mais, tout comme Hitler, il gardait les gens à distance et donnait l'impression qu'il était incapable d'établir des relations humaines normales. En juin 1906, toutefois, il épousa Ekaterina, la fille d'un employé des chemins de fer, Semyon Svanidze, qui était lié au milieu politique clandestin. Le frère d'Ekaterina, Alexandre, avait été en classe avec Staline, qui le fit exécuter en 1938, en même temps que d'autres personnes qui l'avaient connu dans sa jeunesse.

Ekaterina, elle, ne s'intéressait pas à la politique, mais jouait le rôle d'une épouse géorgienne traditionnelle, priant comme sa mère que Staline renonce à ses ambitions politiques et se range. Pour faire plaisir à la mère de sa femme, Staline accepta même d'être marié à l'église par un ancien camarade du séminaire avant que le couple ne s'installe à Tiflis. Il essaya alors de se faire une réputation de théoricien marxiste en écrivant une série d'articles sur « Anarchisme ou socialisme ? » qui parurent en plusieurs livraisons dans des publications géorgiennes illégales en 1906-1907. Sa femme donna naissance à un fils, Yakov, mais six mois plus tard, le 22 octobre 1907, elle mourait du typhus, laissant l'enfant à la garde de sa sœur[20]. Iremachvili fut surpris d'apprendre qu'elle eut droit à des funérailles orthodoxes et, plus encore, que Staline, qui se flattait de toujours garder son sang-froid, montra son chagrin ; il ajoute que ce n'est qu'avec sa femme et son enfant, dans leur pauvre foyer, que l'esprit inquiet de Staline trouva jamais l'amour[21].

IV

Alors que bolcheviks et mencheviks débattaient sur le moyen de déclencher une révolution en Russie, au début de 1905, une vague de grèves spontanées, de soulèvements paysans et de révoltes au sein des nationalités non-russes déferla sur tout le pays et prit rapidement des proportions révolutionnaires. La défaite dans la guerre contre le Japon en 1904-1905 avait affaibli l'autorité de l'État face au mécontentement croissant suscité chez les ouvriers et les paysans par leurs conditions de vie et l'absence de droits. Quand une manifestation immense mais pacifique et disciplinée conduite par un prêtre se rassembla devant le Palais d'Hiver de Saint-Pétersbourg pour présenter une pétition au tsar, les autorités furent saisies de panique et donnèrent ordre à la troupe d'ouvrir le feu, tuant une centaine de personnes et en blessant plusieurs centaines d'autres. L'incident altéra irrémédiablement l'image traditionnelle du tsar, « père de son peuple » et déclencha les violences qui allaient suivre.

La classe ouvrière industrielle joua le premier rôle dans ces événements. A Saint-Pétersbourg, un soviet, conseil d'ouvriers improvisé, fut élu. Sous la présidence intraitable de Trotski, âgé de vingt-six ans, il rivalisa pendant un court moment avec l'autorité du gouvernement du tsar et appela à la grève des impôts. Des soviets analogues surgirent dans d'autres villes. Face à cette agitation, le gouvernement capitula et promit, pour la première fois, une constitution et l'élection d'une assemblée représentative (la Douma). Ce n'est qu'après la défaite du soulèvement de Moscou en décembre que la révolte se calma, et même alors, l'agitation continua tout au long de l'année 1906 et pendant une partie de 1907. Et il fallut attendre juin 1907 pour que le nouveau Premier ministre, Stolypine, se sente assez fort pour dissoudre la deuxième Douma et arrêter plus de cinquante députés, tous sociaux-démocrates.

Non seulement 1905 prit les sociaux-démocrates par surprise mais les dirigeants bolcheviques comme mencheviques ne réussirent pas à contrôler la situation ni à la transformer en révolution. Seul Trotski – qui à l'époque conservait son indépendance par rapport aux deux factions – joua un morceau de bravoure comparable à son rôle en 1917. Lénine ne rentra en Russie que dix mois après le début des troubles, et repartit sans jamais montrer la compréhension des possibilités offertes ni la capacité de décision qui firent de lui un dirigeant aussi remarquable en 1917.

Bien que le gouvernement tsariste réaffirmât son autorité et refusât d'accorder à la Douma un quelconque pouvoir, il ne se sentit pas assez fort pour l'abolir. Il s'ensuivit une période de régime semi-constitutionnel au cours de laquelle des partis politiques purent s'organiser – comme les démocrates constitutionnels, principal parti d'opposition (connu sous le nom de Cadets) et un certain nombre de partis nationalistes, comme les Polonais – et où les partis socialistes purent même exploiter la zone d'incertitude entre la légalité et la clandestinité.

Alors que les deux factions des sociaux-démocrates étaient divisées sur la question de la participation à la Douma, les députés individuels de leur obédience (jouissant de l'immunité parlementaire) furent au nombre de soixante-cinq dans la deuxième Douma et, même avec un droit de vote réservé à la droite, furent représentés dans les troisième et quatrième Doumas (1907-1917). Ce fut le cas de leurs rivaux, les socialistes révolutionnaires (SR), union de groupes populistes qui s'était formée au début du siècle comme un surgeon de Zemlia i Volya (Terre et liberté) et qui s'était attiré un soutien massif grâce à son programme de socialisation de la terre lors des révoltes paysannes de 1905-1906. L'aile gauche des SR renoua avec la tradition populiste des assassinats individuels : parmi ses réussites, figura l'assassinat, en 1904, de Plehvé, ministre de l'Intérieur du tsar.

Le rôle de Staline en 1905-1907 fut confiné au Caucase, qui fut le théâtre de certaines des scènes de révolte les plus violentes. Il joua un rôle actif mais non déterminant dans les événements au moment où les mencheviks asseyaient leur influence dans la région.

Les bolcheviks connurent l'une de leurs pires luttes de factions, et Staline s'exposa à des critiques supplémentaires pour son rôle dans les « expropriations ». Il s'agissait d'attaques de banques et de malles-poste menées par des groupes de combat du parti. Lénine recourut abondamment à ce type d'action pour se procurer des fonds mais elles étaient vive-ment condamnées par les mencheviks. La plus notoire fut l'expédition contre la Banque d'État de Tiflis, en juin 1907, où Staline fut accusé d'avoir joué un rôle en coulisse. Les mencheviks géorgiens, qui le traitè-rent comme un ennemi avéré et l'accusèrent d'être aussi indicateur de police, demandèrent son exclusion du parti, et, bien qu'elle ne fût jamais prononcée, Staline trouva plus sage de transférer ses activités de Tiflis à Bakou.

Pour la première fois, au cours de ces années, Staline réussit à se faire élire comme délégué aux congrès du parti. Le congrès de Stockholm de 1906 avait été convoqué pour tenter de refaire l'union au sein du Parti social-démocrate mais il créa plus de dissensions que jamais, les mencheviks réussissant à s'assurer sept sièges sur dix dans le nouvel exécutif.

Staline prit la parole plusieurs fois pour défendre le point de vue de Lénine, mais sur un sujet qui devait se révéler d'une grande importance dans l'avenir – que faire de la terre lorsqu'elle aurait été confisquée aux propriétaires terriens ? – il suivit une ligne qui lui était propre. Lénine voulait la nationaliser et la confier au gouvernement central ; les mencheviks voulaient la placer entre les mains des autorités locales. Ayant une compréhension directe de la mentalité paysanne, que ni Lénine ni les dirigeants menchéviques ne pouvaient égaler, Staline balaya les deux propositions, les jugeant irréalistes : « Même en rêve, les paysans considèrent la terre des propriétaires comme leur bien propre. » Staline sentait instinctivement que ce qui comptait ce n'était pas la manière dont la solution de la question agraire s'insérerait dans le schéma théorique de la révolution, sur lequel il n'y avait de toute façon aucun accord, mais de savoir comment satisfaire les paysans. Seul le partage de la terre permettrait de le faire. Il réussit à entraîner la majo-rité derrière lui et bien que Lénine critiquât âprement le réalisme étroit de la proposition de Staline, il devait lui-même adopter le même point de vue en 1917, car c'était le seul moyen de rallier les paysans à la prise du pouvoir par les bolcheviks.

Pour Staline, le résultat le plus important des réunions du parti fut qu'il avait rencontré Lénine et l'avait vu agir. Lénine avait alors une trentaine d'années, il n'était guère plus grand que Staline, il était bien charpenté et avait une calvitie naissante – qui ajoutait à l'impression donnée par son front déjà naturellement haut – et était affublé d'une bar-bichette pointue rousse. Staline fut d'abord interloqué par l'absence de cérémonie dans le comportement de Lénine : absorbé par ce qu'il faisait, il ne déployait aucun effort pour projeter sa personnalité en avant, il ne recourait à aucune rhétorique mais comptait sur ses arguments et sur ses pouvoir de persuasion. En même temps, bien qu'il fût à couteaux tirés avec une majorité d'émigrés marxistes, cela n'affectait pas la confiance en soi qu'il manifestait quand il s'exprimait. A la recherche d'un maître, Staline en avait trouvé un qui parlait avec autorité.

S'adressant à l'école militaire du Kremlin après la mort de Lénine en 1924, Staline rappela sa première rencontre avec Lénine :

> Quand je le comparais aux autres chefs de notre Parti, il me semblait toujours que ses compagnons d'armes – Plekhanov, Martov, Axelrod – avaient une tête de moins que lui et que, par comparaison avec eux, il n'était pas seulement un chef parmi d'autres mais un chef de plus grande envergure, un aigle des montagnes ignorant la peur au combat et conduisant hardiment le Parti de l'avant sur les chemins inconnus du mouvement révolutionnaire russe[22].

Cela pourrait ressembler à une hyperbole causée par la mort de Lénine mais la même expression – « un véritable aigle des montagnes » – et la comparaison avantageuse avec Plekhanov, Axelrod et les autres apparaissent dans une lettre que Staline écrivit en 1904. La phraséologie suggère aussi autre chose. Ce n'étaient pas seulement les arguments et les convictions politiques qui avaient entraîné Staline dans le mouvement politique mais le goût de s'associer à une entreprise où il se voyait jouer un rôle héroïque. Lénine prenait désormais la place de « Koba » en tant que héros auquel il s'identifiait lui-même, et la phraséologie caucasienne – « l'aigle des montagnes » – vient tout droit de la légende de Koba. Bien que Staline veillât à dissimuler son ambition, son admiration pour Lénine renforçait l'image qu'il avait de lui-même, d'abord comme bras droit, ensuite comme successeur de Lénine.

Il n'est pas difficile de voir pourquoi Staline devait être attiré par Lénine, mais que vit Lénine dans cette jeune recrue, souvent brutale, souvent difficile, issue de la base provinciale ? Lénine avait été intéressé par un ou deux articles qu'avait écrits Staline pour défendre le point de vue bolchevique, mais la contribution de Staline aux trois réunions du parti auxquelles il avait assisté ne l'avait pas particulièrement impressionné. Quand le dirigeant menchevique Martov objecta à la nomination de Staline et de trois autres personnes comme délégués au congrès de Londres en arguant que personne ne savait qui ils étaient, Lénine avait répondu : « C'est très vrai, nous ne le savons pas non plus. » Pourtant moins de cinq années plus tard – pendant plus de la moitié desquelles Staline se trouva en prison ou exilé – Lénine le coopta au comité central du Parti bolchevique après la rupture finale avec les mencheviks et lui confia un certain nombre de tâches importantes. Qu'est-ce qui joua dans cette promotion imprévue ?

Bien qu'il en fût un lui-même, Lénine avait une piètre opinion des intellectuels. Il leur manquait cette combinaison d'idées auxquelles on tient mordicus et d'instinct pratique, d'objectifs cohérents et de souplesse tactique, qui faisaient de Lénine un dirigeant révolutionnaire. Ils n'étaient pas fermes sur leurs propres principes et avaient tendance à remettre Lénine en question. Dans sa quête de recrues sur qui il pouvait compter pour accepter son rôle dirigeant et se mettre au travail, Lénine avait beaucoup plus à faire d'un esprit pratique comme Staline. Son jugement fut d'ailleurs confirmé par l'action de Staline dans les cinq années qui suivirent.

La révolution de 1905 avait été une explosion spontanée, et, comme Lénine l'avait toujours pensé d'un soulèvement spontané, elle échoua. Les années qui suivirent (1907-1912) représentèrent une période de contre-révolution pendant laquelle Lénine et les autres dirigeants de la social-démocratie russe s'exilèrent à nouveau en Occident, et les effectifs du parti à l'intérieur du pays diminuèrent fortement par rapport à leur accroissement considérable pendant la révolution. A Saint-Pétersbourg, par exemple, ils étaient tombés de 8 000 en 1907 à 300 quand Staline se rendit dans la capitale en 1909. Bakou, cependant, où Staline s'était installé à l'automne 1907 comme membre du comité bolchevique local, fut le dernier endroit de toute la Russie où, même sur la défensive, le mouvement clandestin continua à enregistrer des succès. L'expansion rapide de l'industrie pétrolière et la masse d'ouvriers mal payés offraient un champ propice à l'agitation, mais à la condition que ceux qui l'organisaient réussissent à convaincre ce mélange explosif de races et de religions de coopérer dans l'action.

L'élection à la Douma – en l'espèce, à la troisième Douma, au sein de laquelle le droit de vote était extrêmement limité – s'opérait en deux temps. Chaque État, votant en collèges séparés dans tout le pays, élisait des délégués, qui choisissaient à leur tour le député de leur district. A Bakou, le comité bolchevique réussit à faire élire des délégués ouvriers qui étaient membres de leur parti, et non des mencheviks ni des socialistes révolutionnaires. Staline écrivit l'*Instruction des ouvriers de Bakou à leur député*, qui allait devenir un modèle de tactique parlementaire bolchevique, adoptant la ligne de Lénine selon laquelle la Douma devait être utilisée comme un forum où aucune réforme sérieuse ne pourrait être entreprise tant que le tsarisme vivrait, mais qui pouvait servir à l'agitation révolutionnaire.

Après les élections, Staline et les autres membres du groupe de Bakou s'occupèrent des conflits du travail, persuadant les ouvriers du pétrole d'entrer dans un syndicat unique, et obligeant les employeurs à le reconnaître comme seul organe habilité à marchander au nom des « 50 000 ouvriers de Bakou ». Alors que les mencheviks et les socialistes révolutionnaires appelaient au boycottage des négociations, le groupe bolchevique les fit durer pendant plusieurs mois, discutant chaque point de l'accord collectif qu'ils finissaient par obtenir, appelant les ouvriers à la grève quand c'était nécessaire et utilisant les meetings comme un forum de plus où exposer la ligne du parti. Il ne se produisait rien de pareil ailleurs en Russie, et Lénine déclara admiratif : « Ce sont les derniers de nos Mohicans de la grève politique de masse. »

Staline avait désormais adopté le russe à la place du géorgien pour écrire comme pour parler (nouvelle étape de son adoption de l'identité russe) et des exemplaires de ses articles parus dans le bulletin légal des syndicalistes bolcheviques ainsi que le *Bakinsky Proletarii* clandestin, dont il était le rédacteur en chef, étaient envoyés régulièrement à Lénine. Si les articles de Staline ne contenaient pas grand-chose d'original, Lénine fut impressionné par la combinaison entre leur ton terre à terre et la dévotion intangible à la ligne bolchevique. Même quand Staline et les autres membres du comité furent arrêtés, les journaux continuèrent à publier un commentaire de l'actualité ainsi que des instructions aux ouvriers qu'on avait réussi à faire sortir de prison en cachette. Staline écrivit par la suite :

> Deux ans de travail révolutionnaire au milieu des ouvriers du pétrole de Bakou m'endurcirent comme lutteur pratique et firent de moi l'un des activistes dirigeants... J'appris pour la première fois ce que signifie diriger des grandes masses d'ouvriers. C'est ainsi que je reçus là, à Bakou, mon second baptême du feu révolutionnaire [23].

Au bout d'un an et demi en prison et en exil, Staline s'évada et reparut incognito à Bakou en juillet 1909. Mais alors, même dans « la forteresse Bakou » la vague révolutionnaire avait reflué, les fonds du parti étaient épuisés et le *Bakinsky Proletarii* n'avait pas paru depuis un an. Le premier numéro que Staline réussit à faire paraître après son retour contenait un article dans lequel il analysait la crise du parti dans une langue sans fard :

> Le Parti n'a aucune racine dans la masse des ouvriers. Pétersbourg ne sait pas ce qui se passe dans le Caucase, le Caucase ne sait pas ce qui se fait dans l'Oural... Ce Parti dont nous étions si fiers en 1905, 1906 et 1907 n'existe plus [24].

Les centres d'émigrés à l'étranger, bolcheviques et mencheviques, étaient tout aussi inefficaces, car ils étaient hors de portée et « décrochés de la réalité russe ». Il ne réclama pas le transfert de la direction en Russie mais il demanda au comité central la création d'un journal national publié en Russie qui servirait de point de mire et permettrait de rassembler les éléments disséminés du parti.

Dans le même numéro, il publia une résolution du comité de Bakou reprochant à Lénine de perdre son temps et de diviser la faction bolchevique à propos d'une controverse philosophique sur la révision du matérialisme dialectique [25]. Sur cette affaire, Staline se montra critique à l'égard de Lénine mais ses « Lettres du Caucase », qu'il écrivit à la fin de 1909 pour le *Social-démocrate* (publié à Paris et à Genève par un comité de rédaction mixte bolchevique-menchevique), montrent qu'il demeurait un fidèle partisan du point de vue de Lénine en termes de politique et de tactique. Tout ce qu'il voulait c'était rappeler Lénine à la tâche véritable qui était de préparer la prochaine phase de la lutte révolutionnaire dont il pensait qu'elle allait bientôt s'ouvrir.

Au moment où Staline s'apprêtait à lancer une grève générale dans l'industrie pétrolière, il fut à nouveau arrêté, en mars 1909, et écarté de la scène. Il était alors dans sa trentième année. Quand il refit surface à l'été 1911, ce ne fut pas pour retourner à Bakou et dans le Caucase, qu'il ne revit plus qu'à l'occasion de courtes visites. Néanmoins, les deux ans qu'il y avait passés, entre 1907 et 1909, même avec des interruptions, posèrent les bases à partir desquelles il put accéder à l'organisation centrale du parti.

V

Pendant que Staline était retiré de la circulation, Lénine décida, vers la fin de 1911, de renoncer à réaliser une fausse unité avec les autres éléments du Parti social-démocrate, de rompre nettement avec les mencheviks et avec les bolcheviks qui remettaient en question son rôle dirigeant, et de revendiquer le nom et l'autorité du parti pour son seul groupe. Il convoqua ceux à qui il pensait pouvoir faire confiance à une réunion à Prague en janvier 1912 et soumit à l'assemblée une liste de noms des membres d'un futur comité central. Parmi eux figurait celui de Staline, qui était absent et ne fut pas élu. Cependant, Lénine insista et persuada les autres membres du comité, élus, de coopter Staline.

Lénine rompit toutes relations avec les intellectuels de l'émigration – parmi lesquels plusieurs tels que Trotski, Kamenev et Boukharine – qui devaient jouer un rôle crucial dans la fondation de l'Union soviétique, ainsi que les dirigeants mencheviques Martov et Dan. Le seul qu'il garda avec lui fut Grigori Zinoviev, le fils d'un éleveur juif qui n'avait pas trente ans, qui avait travaillé comme employé et instituteur avant d'émigrer et de rejoindre Lénine en exil. Il se rendit si utile qu'il devint le principal collaborateur de Lénine. Pour trouver les autres membres du comité central, Lénine se tourna vers les militants actifs clandestins. Deux d'entre eux avaient été membres du comité de Bakou, Staline et G. K Ordjonikidze, géorgien comme Staline, qui avait été choisi par Lénine pour être formé dans une école du parti à Longjumeau, près de Paris, en 1911, et envoyé pour créer un comité d'organisation en Russie. Lui aussi devait jouer un rôle important par la suite, en devenant commissaire à l'Industrie lourde pendant l'industrialisation de la Russie par Staline, avant de rompre avec lui et de se tirer une balle dans la tête en 1937.

En 1912, Ordjonikidze, accompagné de Staline et d'un autre membre du comité de Bakou représentaient trois des quatre membres du bureau qui devait diriger l'activité du parti à l'intérieur de la Russie. Staline avait déjà suggéré la création d'un tel bureau dans une lettre écrite en exil en décembre 1910, dont il savait qu'elle serait montrée à Lénine. Il prenait soin d'éviter toute nuance de critique qui pût ruiner ses chances d'être considéré comme un membre éventuel, et fit tout ce qu'il pouvait pour exprimer son soutien à Lénine dans un langage très différent de celui des intellectuels : « Lénine est un *moujik* [paysan] sensé qui sait très bien où se cache l'écrevisse en hiver[26]. »

Plus tard, les panégyristes soviétiques de Staline gonflèrent sa promotion pour le montrer sous les traits du premier lieutenant de Lénine après la rupture avec les mencheviks. C'était loin d'être le cas. Les effectifs de la direction du parti avaient beaucoup diminué, et le renouvellement y était continuel. Staline ne fut actif que pendant l'une des cinq années séparant 1912 de la révolution d'Octobre, passant les quatre autres années, coupé du monde, en Sibérie.

La promotion de Staline ne marqua pas un changement radical de sa place au sein du parti mais ce fut pour lui la première occasion, courte, de montrer de quoi il était capable et de se faire connaître du reste du groupe dirigeant. Dès qu'il apprit la nouvelle, il n'attendit pas pour s'évader de l'exil. S'il voulait conserver son poste, il devait se hâter de combler les espoirs que Lénine avait placés en lui. Il mena à bien deux tâches, séparées par un nouveau séjour de cinq mois en prison. La première fut de faire paraître le premier numéro de la *Pravda*, le journal du parti publié en Russie qu'il avait proposé d'éditer ; l'autre fut d'organiser l'élection de députés bolcheviques à la quatrième Douma.

Sur les treize sociaux-démocrates élus, six étaient bolcheviques et sept mencheviques. Lénine convoqua en janvier 1913 une conférence mixte des députés bolcheviques et du comité central à Cracovie, dans la Pologne autrichienne, près de la frontière russe. Il voulait mettre fin à l'étroite collaboration qui avait prévalu entre les députés des deux partis dans la troisième Douma. Il y avait toutefois un fort courant en faveur de l'unité parmi les électeurs de la classe ouvrière, et Lénine, à contrecœur, dut accepter de repousser la confrontation avec les mencheviks. S'il se montra critique à l'égard de la réticence de Staline à le suivre sur ce terrain, Lénine fut impressionné par les entretiens qu'il eut avec lui, en particulier par sa maîtrise des relations complexes entre les différentes nationalités du Caucase. Il s'agissait de l'expérience pratique qui pourrait permettre à Staline – sous la direction de Lénine – d'écrire un essai sur la question cruciale de la politique des sociaux-démocrates à l'égard du problème des nationalités, en tenant non seulement compte des peuples du Caucase mais aussi des aspirations des Polonais, des Ukrainiens, des juifs, des Lettons, etc. Lénine suggéra à Staline de se rendre à Vienne et de se familiariser avec le programme que les socialistes autrichiens avaient mis au point pour régler les conflits nationaux de l'empire des Habsbourg – l'aspect de la social-démocratie autrichienne qui avait contribué plus que tout à braquer Hitler contre ses dirigeants.

La proposition de Lénine était flatteuse ; elle fournissait à Staline, pour la première fois, l'occasion d'apporter sa contribution à l'aspect théorique de la social-démocratie, chasse gardée reconnue des intellectuels du parti – et de le faire sous la houlette de Lénine en personne.

Ainsi, Staline vint à Vienne et y passa un mois en janvier-février 1913. Ce fut le séjour le plus long de sa vie hors de Russie ; le voyage à l'étranger suivant devait le conduire à Téhéran pour y rencontrer Churchill et Roosevelt en 1943. Hitler était toujours dans la capitale de l'Autriche et il se peut même que Staline l'ait côtoyé dans la foule. Les deux hommes qu'il rencontra à coup sûr et qu'il devait finir par détruire furent Boukharine et Trotski – le premier prêt à aider le nouvel arrivant, qui ne parlait qu'un allemand rudimentaire, à s'y retrouver dans la ville, le second engagé dans une furieuse controverse avec Lénine et daignant à peine remarquer la présence de ce protégé mal dégrossi, dont il se rappela seulement plus tard « le soupçon d'animosité » dans les « yeux jaunes ».

Lénine fut enchanté par les matériaux recueillis par Staline, et en particulier par son rejet du concept austro-marxiste d'« autonomie nationale-culturelle ». L'homme qui faisait autorité sur la question nationale parmi les dirigeants sociaux-démocrates autrichiens était Otto Bauer (1881-1938). Face au mélange de nationalités de l'empire des Habsbourg, compliqué par l'existence de zones de mélange linguistique et par un flux migratoire constant vers les villes, Bauer abandonna la base territoriale de la nationalité au profit du principe « personnel », à savoir que tout citoyen, où qu'il habitât, pouvait choisir lui-même son statut national. Chaque nation devait créer sa propre organisation afin de développer sa culture nationale et ses institutions. Des organes nationaux, autonomes seraient le fondement de l'État et de son autorité.

Staline estima que toute proposition de ce type poserait des problèmes insurmontables à un gouvernement révolutionnaire si elle était adoptée en Russie. Il n'incombait pas aux sociaux-démocrates, écrivit-il, de « préserver et de développer les attributs nationaux des peuples » (un des objectifs fixés dans le programme du parti autrichien) ; leur tâche était d'organiser le prolétariat pour la lutte des classes. La solution correcte de la question nationale en Russie était non d'accorder aux minorités nationales de chaque région le droit d'employer leur langue et d'envoyer leurs enfants dans leurs propres écoles, mais d'enrôler les ouvriers de toutes les nationalités dans un parti unique, intégré, en tant que membres, non pas de nations séparées, mais d'une classe unique. Lénine écrivit à Kamenev, « L'article est *très bon* », et fit à Maxime Gorki une description enthousiaste de son auteur – « un Géorgien merveilleux ».

Quelle que soit l'aide que Lénine pouvait apporter, l'essai, qui parut dans trois numéros de *Prosvechtchenié* (les Lumières) sous le titre « La question nationale et la social-démocratie », était signé K. (c'est-à-dire, Koba), Staline, « homme d'acier », nouveau pseudonyme qui lui resta. L'essai non seulement rehaussa la position de Staline dans le parti (et à ses propres yeux) par le fait qu'il était publié dans la principale revue théorique du parti, mais lui valut la réputation de spécialiste du sujet dans le parti, point de départ de sa nomination au poste de commissaire aux nationalités dans le gouvernement bolchevique cinq ans plus tard.

Une semaine après être rentré à Saint-Pétersbourg, Staline fut de nouveau arrêté. Il avait été trahi par un membre du comité central, également député bolchevique de Moscou à la Douma, Roman Malinovski, agent de longue date de la police secrète tsariste (l'Okhrana) qui renseignait en secret les autorités sur les activités du parti, mais occupait toujours une place élevée dans la confiance de Lénine. Staline fut condamné à quatre ans d'exil dans l'une des colonies pénitentiaires les plus reculées de Sibérie, la région de l'Ienisseï-Touroukhansk, zone de la taille de l'Écosse, peuplée de 12 000 personnes éparpillées dans de minuscules colonies éloignées les unes des autres de centaines de kilomètres*. Au nord du cercle Arctique, la température en hiver tombait en dessous de – 40°, et les longues nuits de l'hiver arctique duraient de huit à neuf mois. L'été, avec ses « nuits blanches » et la plaie des moustiques, était presque aussi désagréable. Le sol glacé ne donnait aucune nourriture et les indigènes vivaient de la chasse et de la pêche. S'échapper était quasi impossible : même en traîneau, il fallait six semaines de voyage pour atteindre le chemin de fer transsibérien à Krasnoïarsk. Rien d'étonnant à ce que la monotonie, la solitude et les privations détruisissent la santé physique et mentale de nombreux exilés.

Staline était assez endurci pour s'en sortir. Il ne participait guère à la vie des autres exilés (350 en tout). Jacob Sverdlov, bolchevik comme lui avec qui il partagea une cabane pendant quelque temps, alla s'installer ailleurs ; il écrivit à son épouse que son compagnon s'était « révélé impossible dans les relations personnelles. Nous avons dû cesser de nous voir et de nous parler [27] ». Staline ne favorisait pas les rencontres banales et gardait ses distances, préférant passer son temps à pêcher, à poser des pièges, à lire et à fumer la pipe. La famille Allilouïev, qu'il avait connue dans le Caucase et dont il épouserait une des filles, lui envoyait un colis de temps en temps : une lettre de remerciement en retour est l'une des rares manifestations de sentiments humains qui ressortent de ces années d'obscurité et de silence. Il demandait qu'on lui envoie des cartes postales avec des vues de la nature.

> Dans cette région maudite, la nature est rude et laide : la rivière en été, la neige en hiver… C'est tout ce qu'il y a comme spectacle par ici. Aussi éprouvé-je cette envie idiote de voir des paysages, ne serait-ce que sur du papier [28].

Il dut beaucoup souffrir de son éloignement de l'activité politique, juste au moment où il commençait à travailler en étroite collaboration avec Lénine. Isolé au milieu de la désolation arctique, les lettres et les journaux qu'il recevait prenant des semaines ou des mois à lui parvenir, il avait la plus grande difficulté à suivre ce qui se passait dans le reste du monde.

L'éclatement de la Première Guerre mondiale jeta le socialisme européen dans la confusion et détruisit la IIe Internationale, fédération des partis socialistes fondée en 1889. Lénine fut ulcéré par les socialistes qui

---

* Voir carte, vol. 2, pp. 210-211.

soutenaient la guerre et par ceux qui se déclaraient pacifistes. Son mot d'ordre fut de répondre à la guerre par la révolution et de « transformer la guerre impérialiste en guerre civile », en acceptant ouvertement l'accusation de défaitisme. La défaite du tsarisme serait le prélude de la révolution – ce qu'elle fut.

On dit que Staline avait réussi à se procurer un exemplaire des *Thèses sur la guerre* de Lénine et qu'il en faisait la lecture à un groupe d'exilés. En juillet 1915, il fit un long voyage pour participer avec d'autres dirigeants bolcheviques exilés à une discussion de la ligne de Lénine sur la guerre et sur la conduite des députés bolcheviques à la Douma qui l'avaient soutenue. Mais lui-même n'écrivit rien pendant quatre ans et il semble s'être peu préoccupé de discuter de questions de principes, tant qu'il fut éloigné du lieu de l'action. En 1916, il fut convoqué à Krasnoïarsk pour une visite médicale et fut réformé de l'armée pour une malformation du bras gauche qu'il avait depuis l'enfance. C'était un coup de chance. Au lieu d'être renvoyé dans le nord glacé, il fut autorisé à effectuer le reste de sa peine dans la ville proche d'Atchinsk, qui se trouvait le long du Transsibérien et à seulement quatre jours par train express de Petrograd. Quand la révolution de Février 1917 éclata, le tsar abdiqua et un gouvernement provisoire fut formé*. Staline et les autres prisonniers politiques s'associèrent pour envoyer un télégramme de « souhaits fraternels » à Lénine, et partirent pour la capitale, qu'ils atteignirent le 12 mars. Revenus au centre des événements, lui et Kamenev, qui avait aussi été exilé, firent valoir leur droit de prendre le contrôle de la *Pravda* et la direction du parti bolchevique jusqu'à ce que Lénine rentre de Suisse trois semaines plus tard.

VI

Pour Staline comme pour Hitler, la guerre joua un rôle décisif en leur offrant des possibilités politiques que ni l'un ni l'autre n'auraient peut-être eues autrement ; mais l'effet qu'elle produisit sur la vie personnelle des deux hommes fut tout différent. Extérieurement, les quatre années de désert vécues par Staline furent un vide. Leur signification réside dans l'effet qu'elles eurent sur son évolution intérieure. Un autre exilé, B. I. Ivanov, qui avait été choqué par le refus de Staline de se réconcilier avec Sverdlov, écrivit : « Djougachvili est resté plus fier que jamais, aussi renfermé sur lui-même, sur ses pensées et sur ses projets [29]. » Le résultat fut d'accroître la dureté, l'absence de sentiment et le soupçon déjà incrustés dans son caractère, tout en démontrant à la fois sa remarquable autonomie et sa capacité de suspendre, et en même temps d'entretenir, son

---

* Sur les trois changements qui se produisirent en Russie entre 1914 et 1924 et qui risqueraient de causer des confusions (le remplacement du calendrier ancien style par le calendrier nouveau style, les modifications du nom de Saint-Pétersbourg et le changement de capitale), voir la note à la fin du glossaire, p. 466.

ambition. Pour Hitler, par contre, la guerre fut, comme il le dit plus tard, « la plus formidable de toutes les expériences [30] ».

En juin 1913, alors que Staline partait pour l'Arctique, Hitler quittait Vienne pour Munich. Il ne semble pas qu'il y ait le moindre fondement à l'idée qu'il ait fait cela pour échapper au service militaire, pour lequel il avait omis de s'inscrire. Il ne cacha pas ses plans et dit à ses amis du Foyer pour hommes qu'il voulait se présenter au concours d'entrée à l'Académie des beaux-arts de Munich. « Presque dès le premier instant…, écrivit-il dans *Mein Kampf,* j'ai aimé cette ville plus que tout autre lieu. "Une ville allemande !" me suis-je dit. Si différente de Vienne… cette Babylone de races [31]. »

Hitler se fit enregistrer comme il convient à la police en tant que « peintre et écrivain », mais ne fit rien pour se faire admettre aux beaux-arts. Il ne profita pas non plus du fait qu'à l'époque Munich était la ville la plus vivante d'Allemagne, attirant en grand nombre artistes, intellectuels, écrivains et autres « libres esprits » en rupture avec les conventions étouffantes de l'Allemagne bourgeoise et officielle. La ville, et surtout son quartier nord, Schwabing, était un des points de départ du mouvement artistique moderne, un aimant pour toutes les formes d'expérience et de radicalisme, non seulement intellectuel et artistique, mais aussi politique, de droite comme de gauche. Or, Hitler, l'artiste déçu, se tint soigneusement à l'écart de toute cette fermentation à laquelle n'importe qui était convié à prendre part. Il vécut encore plus reclus qu'à Vienne ; il ne parlait presque à personne en dehors de la famille qui le logeait, continuait à peindre des scènes architecturales dans son style académique rigide, les vendait au porte-à-porte pour subvenir à ses besoins, passait le reste de son temps à lire dans les bibliothèques ou dans sa chambre et se laissait entraîner dans de furieuses disputes de café.

Selon le récit qu'il en fait, Hitler se plongea plus profondément dans l'étude du marxisme, « cet enseignement destructeur », et de son lien avec les juifs. Il critiquait de plus en plus la complaisance avec laquelle le danger qu'ils représentaient était traité en Allemagne. Il reprochait également à l'Allemagne de rester alliée à l'empire des Habsbourg, et de ne pas voir qu'il avait cessé d'être un État allemand pour devenir un facteur de risque qui pouvait entraîner l'Allemagne dans sa chute en cas de guerre. Perdu dans ces spéculations sublimes, il fut ramené sur terre quand on l'arrêta pour s'être soustrait au service militaire en Autriche et qu'on lui donna ordre de se présenter au rapport pour être enrôlé à Linz immédiatement. Notre jeune homme, terrorisé, réclama une mesure de clémence en raison de sa pauvreté et de son ignorance de la loi, et fit une impression si pitoyable sur le consul général autrichien qu'on l'autorisa finalement à se présenter à Salzbourg et non à Linz, où il fut déclaré « inapte au combat et aux tâches auxiliaires pour cause de débilité physique. Inapte au port d'armes ».

Six mois plus tard, cependant, après l'assassinat de l'archiduc François-Ferdinand à Sarajevo, il accueillit avec enthousiasme la nouvelle que l'Allemagne et l'Autriche s'étaient alliées pour déclarer la guerre à la Serbie et à la Russie. Une photographie célèbre (prise par Heinrich Hoffmann, qui devint par la suite son photographe officiel) montre Hitler debout dans la foule qui s'était assemblée sur l'Odeonplatz pour acclamer la déclaration de guerre. L'éclatement de la guerre fut pour Hitler, comme pour des millions d'autres, une libération de la monotonie de leur existence quotidienne – et pour Hitler, sans but. Les premiers jours d'août 1914 créèrent un senti-ment d'unité nationale sans précédent que n'oublièrent jamais ceux qui en firent l'expérience, un sentiment élevé de patriotisme, qu'exprima le Kaiser quand il dit à la foule massée sur la place du palais à Berlin qu'il ne recon-naissait plus ni partis ni confessions mais « seulement des frères allemands ».

Hitler ne partagea pas seulement l'atmosphère générale mais éprouva un sentiment personnel de libération après une si longue expérience d'échecs.

> Pour moi aussi, ces heures furent comme une délivrance des péni-bles impressions de ma jeunesse. Je n'ai pas non plus honte de dire aujourd'hui qu'emporté par un enthousiasme tumultueux, je tombai à genoux et remerciai de tout cœur le ciel de m'avoir donné le bonheur de pouvoir vivre une telle époque [32].

Hitler se porta aussitôt volontaire et fut transporté de joie d'apprendre que l'armée allemande voulait bien de lui. Après deux mois d'entraîne-ment, le 16e régiment d'infanterie de réserve de Bavière auquel il avait été affecté fut envoyé sur le front occidental. Il y parvint pour participer aux violents combats de la première bataille d'Ypres. C'était en octobre 1914, et Hitler demeura au front ou à proximité pendant deux ans. Il ne revint pas en Allemagne avant d'être blessé en octobre 1916, et on ne réussit pas à le convaincre de demander une permission pour rentrer chez lui avant octobre 1917.

Il ne fait aucun doute qu'Hitler fut un bon soldat, et qu'il vit de nom-breux combats, participant à plus d'une trentaine d'engagements sur le front occidental entre 1914 et 1918. Il servait d'estafette du régiment, transportant les messages quand les autres moyens de communication étaient en panne, comme c'était souvent le cas. C'était une mission dangereuse, mais elle lui convenait car elle lui permettait d'agir seul. Il fut blessé et s'en sortit plusieurs fois de justesse, mais son courage et son sang-froid au feu furent jugés exemplaires dans la citation qui lui valut la Croix de fer de Première classe.

Pour la majorité des combattants, l'expérience vécue des horreurs de la guerre réduisit à néant l'enthousiasme initial, mais ce ne fut pas le cas pour Hitler. Il demeura un patriote hors pair, qui ne se plaignait jamais des privations ni du danger ; il faisait preuve d'un sens du devoir excessif, et mettait en fureur ses compagnons en continuant à « déblatérer » comme un avis de recrutement. « Il y avait ce merle blanc parmi nous qui refusait de marcher à nos côtés quand nous maudissions la guerre [33]. » Il n'était pas rejeté et on le considérait comme un bon camarade, mais il se maintenait à l'écart, refusait les sorties, ne montrant aucun intérêt pour les femmes, ni pour le tabac et la boisson. Tous les souvenirs sur Hitler soldat contiennent une allusion au fait qu'il avait quelque chose de bizarre. C'est sans doute la raison pour laquelle il ne fut jamais promu à un grade supérieur à celui de caporal. Ses officiers étaient prêts à le recommander pour une décoration, mais estimaient qu'il lui manquait les qualités nécessaires au commandement, même comme sous-officier.

Il peut sembler paradoxal, à la lecture de ce qui précède, qu'Hitler ait tant vanté la camaraderie de la vie au front. Mais, comme Joachim Fest le fait remarquer, Hitler y trouva « le type de relation humaine qui convenait à sa nature ». Tout au long de sa vie, il se montra incapable de nouer des liens personnels étroits. Le logement chez l'habitant ou dans des abris de fortune du temps de guerre lui fournirent le « cadre social qui correspondait à la fois à sa réserve misanthrope et à son besoin de contacts. Par son caractère impersonnel, c'était le mode de vie du Foyer pour hommes[34] », conjugué au sentiment d'être partie prenante d'un plus grand dessein – l'armée, la nation – qui mutilait et en même temps donnait un sens aux existences individuelles qu'il absorbait.

Vienne lui avait donné une connaissance intime des angoisses de ceux qui sont menacés de devenir des *déclassés**. La guerre provoqua une autre révélation : l'identification, et si nécessaire le sacrifice, de l'individu au *Volk*** auxquels Hitler allait réserver une place centrale dans son argumentation politique. N'étant plus condamné à la vie sans but, solitaire, qu'il avait connue à Vienne et à Munich, il réagit avec ardeur à la discipline de l'armée, appréciant la sécurité d'être absorbé dans une organisation qui embrassait toute son existence et était tout entière consacrée à l'anéantissement des ennemis de l'Allemagne. La guerre transformait le monde imaginaire de l'adolescence en réalité, et il se sentit rempli de fierté et de joie de vivre en incarnant le rôle du héros « prêt à mourir pour la patrie » :

> Quand j'étais enfant et jeune homme, j'ai souvent attendu l'occasion de prouver que mon enthousiasme national n'était pas que pur verbiage… Comme des millions d'autres, j'ai éprouvé une joie fière d'avoir la possibilité de traverser cette épreuve inexorable… Pour moi, comme pour tout Allemand, commençait le moment le plus grand et le plus inoubliable de ma vie[35].

Ce fut le *Fronterlebnis*, l'expérience unique qu'Hitler partagea avec les autres combattants du front, les *Frontkämpfer*, qui jouèrent un si grand rôle dans la création du parti nazi.

---

* En français dans le texte.
** Traduire *Volk* par « peuple » n'en rend qu'imparfaitement le sens. Pour plus de détails sur la signification de ce mot, voir p. 72.

La guerre apporta autre chose, l'expérience pratique de cette croyance en la lutte, la force et la violence qu'Hitler avait déjà commencé à exalter comme la loi suprême de la vie humaine. Loin de lui inspirer de la répulsion, le contact quotidien avec la mort et la destruction sous leurs formes les plus hideuses non seulement renforça ses certitudes mais lui procura une satisfaction psychologique profonde. Dans tout ce qu'il dit et écrivit sur la guerre, dans *Mein Kampf,* dans ses discours et dans ses *Libres propos**, il n'exprima jamais la révulsion que la majorité de ceux qui firent leur temps dans les tranchées éprouvèrent devant le gâchis écœurant de millions de vies humaines, la destruction de toute forme d'existence civilisée – villes, villages, maisons – et de tout vestige de vie organique. La réaction d'Hitler fut la fierté que cette expérience ait non seulement endurci son corps mais ait affermi sa volonté, qu'il n'ait pas fléchi, que le jeune blanc-bec soit devenu un ancien combattant que plus rien ne pourrait choquer, insensible à tout appel à la pitié ou à la compassion. « La guerre, déclara-t-il, est pour un homme ce que l'enfantement est pour une femme » – c'était effectivement un aveu de son incapacité à distinguer la mort et la vie, mais qui, comme le montrent les interminables répétitions d'images de violence, de haine et de destruction dans ses discours, exerçait un bien plus grand attrait que la plupart des gens ne furent pendant longtemps prêts à l'admettre. Dans le refus d'Hitler de partir en permission, dans ses fréquentes allusions à la Première Guerre mondiale comme les années les plus heureuses et l'expérience la plus marquante de sa vie, on trouve la première preuve explicite de sa fascination pour la destruction qui devint sa passion dominante pendant la Seconde Guerre mondiale, sans retenue après l'attaque contre la Russie.

Ce qu'Hitler ne supportait pas c'était la vie loin du front. Au fur et à mesure que la guerre traînait en longueur, se prolongeant une deuxième puis une troisième année, l'unité et l'enthousiasme patriotiques qui avaient marqué les débuts de la guerre firent place à la désillusion, aux lamentations dues à la pénurie, au marché noir et à la renaissance des divisions politiques et sociales. Renvoyé chez lui pour se remettre de ses blessures en 1916-1917, il dénonça les embusqués qu'il rencontra, les profiteurs et ceux qui avaient échappé à la conscription, comme traîtres. Il ne reconnut plus Munich et trouva l'atmosphère du bataillon de relève détestable. Il supplia qu'on le laisse retourner au front : son régiment, dit-il, c'était son foyer. On accéda à sa demande et le mois où Staline rentrait à Petrograd, en mars 1917, Hitler était de retour dans les Flandres, enchanté d'arriver à temps pour l'offensive de printemps. Les combats qui suivirent autour d'Arras au cours du printemps 1917 et la troisième bataille d'Ypres pendant l'été firent de sérieux ravages dans le régiment d'Hitler. En août, ceux qui avaient survécu

---

* L'un des rares livres cités par Hitler et qu'il affirme avoir transporté dans son sac à dos est *Le Monde comme volonté et comme représentation*, de Schopenhauer, qui eut aussi une grande influence sur Wagner.

furent envoyés en Alsace pour récupérer et ne virent pas beaucoup d'actions pendant le reste de l'année.

1917 donna deux grands coups de fouet aux forces allemandes : l'effondrement de la Russie et la percée autrichienne sur le front italien. Cependant, l'hiver 1917-1918 éprouva le moral de toutes les forces combattantes : en Allemagne il provoqua une grave pénurie alimentaire, et un appel à la grève générale qui toucha 400 000 ouvriers à Berlin en janvier. Hitler fut furieux de ce « coup de poignard dans le dos », mais ses espoirs furent ravivés en mars 1918 quand le gouvernement révolutionnaire de Russie finit par accepter les termes dictés par les Allemands. Avec la fin de la guerre à l'est, le Haut Commandement allemand concentra ses forces pour imposer une solution militaire à l'ouest. Moins de trois semaines après le traité de Brest-Litovsk, le 21 mars 1918, Ludendorff lança une série d'attaques en France qui firent refluer les armées britannique et française et amena les troupes allemandes à une soixante de kilomètres de Paris.

Le régiment d'Hitler prit part à toutes les phases de l'offensive allemande qui dura quatre mois : sur la Somme, sur l'Aisne et sur la Marne. Son ardeur au combat n'avait jamais été si grande. L'été venu, il fut persuadé que la victoire était en vue, et le 4 août, on lui décerna la Croix de fer de Première classe « pour courage personnel et mérite général ». C'était une décoration rare pour un caporal, et Hitler la porta avec fierté le restant de ses jours.

Toutefois, les forces de l'armée allemande étaient épuisées. Ludendorff devait par la suite décrire la contre-attaque britannique qui enfonça les lignes allemandes à Amiens le 8 août comme « le jour noir de l'armée allemande ». Mais les revers qui suivirent en août et septembre, et le fait que le Haut Commandement avait recherché des termes de paix, furent cachés au peuple allemand. On le cacha aussi à l'armée allemande qui, bien qu'elle battît en retraite, le fit en bon ordre et se trouvait encore en dehors des frontières de l'Allemagne quand la guerre prit fin. Ce n'est que le 2 octobre que les chefs des partis du Reichstag furent avisés que c'était la défaite et non la victoire qui était en vue.

Pour la majorité du peuple allemand, le choc fut trop brusque pour qu'il saisisse ce qui lui arrivait. Pour Hitler ce fut doublement le cas à cause de l'excitation, de la satisfaction et de la délivrance que la guerre lui avaient apportées. Après la longue série d'échecs et de déceptions, il avait enfin découvert un sentiment d'utilité et d'identité en tant que soldat de l'armée allemande. Et voilà que, du jour au lendemain, tout son monde paraissait se désintégrer et tout ce à quoi il avait cru semblait être jeté à terre.

A la mi-octobre, il fut pris dans une attaque britannique aux gaz. Il était hospitalisé à Pasewalk, temporairement aveugle, quand la nouvelle lui parvint, d'abord d'une mutinerie de la marine allemande puis de la formation de soviets d'ouvriers et de soldats, et d'une insurrection ouverte. Finalement, le 10 novembre, Hitler apprit que le Kaiser avait abdiqué, que la république avait été proclamée, et que le lendemain le nouveau gouvernement accepterait les termes de l'armistice des Alliés.

Décrivant par la suite les émotions qui l'envahirent, Hitler prétendit que c'est alors et en ce lieu, à l'hôpital de Pasewalk, qu'il décida de faire de la politique et de se consacrer à inverser le cours de la défaite allemande. En fait, il lui fallut une bonne partie de l'année suivante, pendant laquelle il traîna jour après jour, sans idée très claire de son avenir, avant de se tourner vers la politique et de trouver un exutoire à l'énergie restée latente pendant si longtemps. Mais il est très vrai que c'est le choc de la défaite suivi par l'expérience de la révolution qui cristallisèrent finalement sa décision et fournirent l'arrière-plan permanent de sa carrière.

La révolution d'Octobre, le putsch de Novembre

Staline : 1917-1918 *(37 à 38 ans)*
Hitler : 1918-1923 *(29 à 34 ans)*

I

L'éclatement de la révolution de Février 1917, comme celle de 1905, prit les révolutionnaires russes par surprise. Quelques semaines auparavant, Trotski, désespérant des événements en Europe, était allé s'installer aux États-Unis, et en janvier Lénine disait à un groupe de jeunes socialistes à Zurich : « Nous autres de la vieille génération ne vivrons peut-être pas assez vieux pour voir les batailles décisives de la révolution à venir. » Février 1917 fut une nouvelle révolte spontanée des masses poussées au désespoir par la défaite et la perte de près de deux millions d'hommes dans une guerre infructueuse, par la faim et par l'effondrement de l'ordre social. La force qui l'animait vint du peuple russe, de soldats mutinés exigeant la fin de la guerre, d'ouvriers d'usine exigeant de quoi manger et des réformes du travail, et de paysans exigeant des terres. Comme en 1905, ce qui libéra ces forces contenues ne fut pas une conspiration révolutionnaire mais l'ordre donné à la troupe de tirer sur des manifestants à Petrograd, ce qui, cette fois, provoqua une mutinerie parmi les soldats. La mutinerie s'étendit rapidement au reste de la garnison de la capitale, et le gouvernement fut incapable de reprendre le contrôle de la situation.

Dans la confusion qui s'ensuivit, deux centres autoproclamés assumèrent autant que faire se pouvait la responsabilité gouvernementale. L'un était le soviet de Petrograd, formé sur le modèle de 1905, mais comprenant cette fois des délégués des ouvriers et des soldats, dont le comité exécutif prit des mesures pour organiser l'approvisionnement alimentaire et recruter une milice ouvrière afin de remplacer la police. L'autre était le comité provisoire de la Douma. Le régime tsariste qui durait depuis trois siècles ne fut pas renversé mais s'effondra du jour au lendemain. Le tsar abdiqua et on ne put lui trouver aucun successeur, ce qui laissa un vide dans lequel le peuple russe, pour la première fois de son histoire, jouit d'une liberté politique à peine contenue par l'autorité vacillante et divisée du comité provisoire et du soviet de Petrograd.

On aboutit en hâte à un accord entre les deux organes sur la formation d'un gouvernement provisoire dont le programme promettait d'accorder une amnistie immédiate ainsi que la liberté de parole, d'association et les autres libertés démocratiques, et d'organiser l'élection au suffrage universel direct d'une assemblée constituante qui serait chargée d'élaborer une constitution démocratique pour la Russie. Les partis socialistes, les socialistes révolutionnaires (SR) ainsi que les deux partis marxistes sociaux-démocrates, les mencheviks et les bolcheviks refusèrent de participer au gouvernement, estimant qu'ils devaient conserver leur liberté d'action et maintenir la pression sur lui afin qu'il remplisse le programme démocratique et engage les négociations de paix.

En fait, cela signifiait que le gouvernement provisoire ne pouvait faire exécuter ses ordres que si le soviet l'autorisait, étant donné que c'étaient les délégués des ouvriers et soldats qui contrôlaient les véritables instruments du pouvoir tels que l'armée, les chemins de fer et le télégraphe. Par ailleurs, le soviet de Petrograd ne se privait pas de donner des ordres de sa propre initiative. Le jour même où il accepta de former le gouvernement provisoire, il prononça, sans consulter personne, l'Ordre n° 1, qui prévoyait l'élection dans les casernes de Petrograd de comités autorisés à distribuer des armes, et abolissait les formes traditionnelles de la discipline militaire. Que cela ait été voulu ou non, cette mesure fut rapidement étendue à toute l'armée et fut le principal facteur de décomposition des forces russes face aux Allemands.

Les partis révolutionnaires étaient aussi divisés qu'ils avaient été surpris – divisés sur l'attitude à adopter vis-à-vis du gouvernement provisoire, des soviets qui surgissaient dans tout le pays, des négociations de paix, de l'unification des forces radicales. Cette confusion au sommet, l'absence d'autorité face aux conditions anarchiques qui régnaient dans le pays et à la continuation de la guerre, se prolongèrent jusqu'à l'automne.

Contrairement aux légendes postérieures, les bolcheviks ne jouèrent qu'un rôle marginal dans l'évolution de la révolution russe avant août 1917. A la veille des événements de février, leur effectif était inférieur à 25 000 membres et, bien qu'il augmentât rapidement, ils continuèrent à être beaucoup moins bien soutenus que leurs rivaux, les mencheviks et les socialistes révolutionnaires, les deux partis qui dominaient les soviets. Néanmoins, il y avait une différence entre la position des bolcheviks en 1905, où ils avaient joué un rôle marginal analogue, et 1917. Cette différence, c'était que Lénine était convaincu de savoir cette fois comment contrôler le flot révolutionnaire et l'empêcher de se perdre dans les sables.

Ni Lénine et les bolcheviks ni les autres partis socialistes ne « firent » la révolution ; ils ne suscitèrent pas les doléances des paysans au sujet de la terre, la colère plus récente des ouvriers contre leur exploitation, pas plus que la lassitude de la guerre au sein de l'armée et de la nation. Mais, là où les autres partis ne surent pas réagir de façon décisive au mécontentement de la masse, Lénine fit preuve de génie en trouvant les slogans

– la paix, la terre, du pain, pouvoir ouvrier – propres à « catalyser ces griefs en énergie révolutionnaire [1] ».

Toutefois, Lénine se trouvait encore à l'étranger, exaspéré par son inactivité forcée et séparé de la Russie par la guerre sur le front oriental. Ce n'est que lorsque les Allemands (dans l'espoir de saper la volonté russe de continuer à se battre) l'autorisèrent ainsi que d'autres révolutionnaires à traverser l'Allemagne pour se rendre en Suède neutre que le dirigeant bolchevique finit par arriver à la gare de Finlande à Petrograd, le 3 avril. Quand il les présenta, ses propositions firent l'effet d'un choc autant sur son propre parti que sur les autres ; mais six mois plus tard, elles devaient se révéler la clef qui avait transformé une situation révolutionnaire en révolution.

Staline était arrivé à Petrograd, venant de Sibérie, trois semaines avant Lénine et s'était installé chez les Allilouïev. Serguï Allilouïev était rentré du Caucase et vivait désormais avec sa femme et sa fille dans le quartier Viborg de la capitale. Leur maison devint la base de Staline pendant la révolution, et pendant quelques jours aussi la cache de Lénine.

Le rôle de Staline en 1917 ne fut pas aussi prépondérant qu'il a été décrit plus tard dans les récits officiels ni aussi insignifiant que Trotski et ses autres ennemis l'ont prétendu. Deux autres dirigeants du parti, Mouranov et Kamenev, étaient rentrés de Sibérie avec lui, et tous trois avaient aussitôt réclamé des places dans le Bureau russe du comité central du parti bolchevique, s'emparant de la rédaction de la *Pravda* et réussissant à se faire nommer représentants bolcheviques au comité exécutif du soviet de Petrograd.

Lev Kamenev, 34 ans, fils d'un technicien des chemins de fer, avait fait de courtes études à l'Université de Moscou avant de se consacrer à plein temps au travail révolutionnaire. Il avait passé les trois dernières années en exil en Sibérie et, peu après son retour à Moscou, fait équipe avec Zinoviev – association qui dura jusqu'à ce que tous deux soient exclus du parti par Staline à la fin des années 20 et mis à mort en 1936 pendant les purges staliniennes contre les vieux bolcheviks. Kamenev avait déjà adopté une ligne différente de celle de Lénine en appuyant la défense de la Russie pendant la guerre, au contraire du « défaitisme révolutionnaire » de Lénine, et pendant la courte période qui avait précédé le retour de Lénine en avril 1917, il s'était prononcé en faveur du soutien au gouvernement provisoire et à la réunification avec les mencheviks pour former un seul parti.

Staline ne semble pas avoir eu d'idées bien à lui. Il suivit Kamenev sur la question de la réunification dans des articles qu'il écrivit pour la *Pravda* et dans deux discours qu'il prononça devant la conférence pan-russe du parti qui se réunit à Petrograd entre le 27 mars et le 4 avril. Les « Lettres de loin » adressées par Lénine à la *Pravda* montraient clairement que leurs idées étaient carrément opposées. Mais Staline, sans tenir compte de la contradiction, continua dans sa voie ; il obtint un vote unanime de la conférence du parti en faveur de pourparlers exploratoires entre bolcheviks et mencheviks, et fut un des quatre membres du comité élu pour mener les négociations.

Lénine ne perdit pas de temps pour faire savoir son désaccord. Il n'attendit pas d'être descendu du train de la gare de Finlande pour commencer à attaquer la ligne de compromis que Kamenev et Staline avaient suivie : « Qu'est-ce que tu es allé nous écrire dans la *Pravda* ? Nous avons vu plusieurs numéros et nous t'avons véritablement agoni d'injures[2]. »

Les dix « Thèses d'avril », qu'il présenta à la conférence du parti avant qu'elle ne se sépare, écartèrent toute idée de retrouvailles avec les mencheviks ou d'appui au gouvernement provisoire. Jetant par-dessus bord l'idée marxiste traditionnelle selon laquelle une longue période devait s'écouler entre la révolution bourgeoise-démocratique et la révolution prolétarienne-socialiste, Lénine insistait pour qu'il y ait une transition immédiate vers la phase socialiste. Il rejetait l'appui à la guerre et réclamait, non pas une république parlementaire mais « une république de soviets de délégués des ouvriers, des soldats et des paysans de tout le pays... l'abolition de la police, de l'armée, de la bureaucratie... tous les fonctionnaires devaient être élus et révocables... la confiscation des terres de tous les propriétaires fonciers, la nationalisation de toute la terre, sous la supervision des soviets locaux... la fusion immédiate de toutes les banques en une banque nationale unique placée sous la supervision du soviet... le changement du programme du parti... le changement du nom du parti... et la reconstruction de l'Internationale socialiste[3] ».

La hardiesse de Lénine, qui abandonnait toute tentative de faire correspondre les événements ou les projets avec un schéma marxiste préconçu, choqua et accentua encore la division du parti. Au début, une majorité d'autres dirigeants bolcheviques s'opposèrent à lui, et certains, tels que Kamenev et Zinoviev, continuèrent à le faire jusqu'à la veille du soulèvement d'Octobre et même au-delà. Mais ses arguments plurent à la base du parti, aux ouvriers d'usine et aux soldats, qui s'impatientaient devant les préoccupations des intellectuels concernant des points théoriques, et ils réagirent à l'orientation claire de Lénine visant à s'emparer du pouvoir aussitôt que possible. Lénine ne croyait pas que cela pourrait être fait immédiatement ; il leur faudrait œuvrer pour obtenir la majorité au sein des soviets mais cela devrait toujours être avec ce seul objectif fondamental en tête, en étant prêts à profiter de toutes les occasions qui permettraient de s'en rapprocher.

Staline ne se distingua pas des autres en trouvant que les Thèses d'avril étaient trop radicales pour être assimilées ou même saisies d'un seul coup. A une réunion du Bureau russe des bolcheviks le 6 avril, il se prononça contre, et quand elles furent publiées dans la *Pravda* (dont il était toujours le corédacteur en chef), une note éditoriale précisait qu'elles représentaient le point de vue personnel de Lénine, non celui du parti. Néanmoins, avant que la VIIe conférence du parti bolchevique ne se réunisse le 24 avril, Staline s'aligna sur la position de Lénine*. Pendant cette période, il partageait un bureau et travaillait en collaboration étroite avec lui à la rédaction de la *Pravda*, et la bonne volonté qu'il montra à comprendre et à faire sien le point de vue de son aîné recréa le climat de confiance qui s'était établi entre eux en 1912.

Au cours de la conférence, à laquelle 150 délégués représentaient désormais un parti de 80 000 membres, Lénine en fit la démonstration en choisissant Staline pour soutenir sa position sur les deux points qui soulevaient la plus forte opposition – les Thèses d'avril et la question nationale. En échange, il intervint en faveur de l'élection de Staline au comité central, en tant que l'un des quatre membres du comité de direction.

Lénine constituait une équipe et il se rendait compte que Staline y avait sa place. Les qualités qu'il appréciait en lui étaient celles qu'il avait citées en le recommandant à la conférence – « un bon ouvrier pour toutes les missions de responsabilité ». Ce n'était ni un concepteur d'idées, ni un intellectuel, avec le don de Trotski pour faire bouger les masses, ou celui de Lénine pour diriger le parti, mais un homme à qui l'on pouvait confier une tâche avec l'assurance qu'elle serait menée à bien – fruste, encore inexpérimenté, mais avec une volonté d'apprendre (de Lénine, en tout cas, seule chose qui importait à ce dernier) et avec l'instinct du pouvoir.

Les tâches confiées à Staline en mai et juin peuvent se résumer ainsi : peu de discours ou d'articles dans la *Pravda*, aucune participation aux négociations prolongées grâce auxquelles Lénine amena Trotski et son groupe à entrer dans le parti, mais, en coulisse, beaucoup de travail utile, d'organisation et aussi de négociation avec les divers groupes d'opposition dans une période de tension et de confusion continuelles. L'une de ses missions les plus importantes fut d'organiser des manifestations de soldats et d'ouvriers contre la poursuite de la guerre.

La guerre était toujours une question cruciale. Les libéraux de la Douma qui constituaient la majorité du gouvernement provisoire cherchaient à rassurer les alliés de la Russie sur le fait qu'ils la poursuivraient. En mai 1917, le gouvernement fut renforcé par l'entrée de plusieurs mencheviks, tandis que le socialiste révolutionnaire Kerenski devenait ministre de la Guerre et faisait une visite au front pour tenter d'insuffler le même esprit de patriotisme que celui qui avait inspiré les armées pendant la Révolution française. Mais la démoralisation de l'armée était trop avancée pour pouvoir être enrayée. Pour les paysans qui en constituaient la base, la révolution signifiait la terre, et rares étaient ceux qui voulaient risquer de se faire couper l'herbe sous le pied par leurs voisins

---

* La succession des conférences et des congrès de toutes sortes qui se réunirent à Petrograd pendant l'année 1917 reflétait – et aggrava – la confusion de la situation politique. Le parti bolchevique tint une conférence du parti et trois congrès du parti. On doit distinguer ces réunions de la conférence des soviets pan-russes et des trois congrès des soviets pan-russes, auxquels les mencheviks et les SR étaient représentés aux côtés des bolcheviks, et ces derniers de l'assemblée constituante convoquée par le gouvernement provisoire.

dans le partage. On compta que plus d'un million d'hommes avaient déjà disparu de l'armée et les chiffres augmentaient régulièrement au fur et à mesure qu'elle retrouvait ses origines paysannes. Les Allemands, prompts à y voir leur avantage, ordonnèrent de cesser les attaques sur le front oriental et encouragèrent les fraternisations.

Contrairement aux hésitations et aux divisions des autres partis, les bolcheviks, adoptant la ligne de Lénine, insistaient désormais pour que le peuple russe fasse passer la révolution avant la guerre. Une manifestation organisée par Staline le 18 juin rassembla plusieurs centaines de milliers de personnes dans la rue, avec un nombre écrasant de banderoles portant des slogans bolcheviques. Cela marqua un triomphe du parti sur ses rivaux, qui accusèrent aussitôt Lénine de préparer un coup d'État.

Staline avait établi des relations efficaces avec les Organisations militaires (OM) bolcheviques, dont la réunion tenue lors de la conférence panrusse dans la capitale avait beaucoup contribué, par l'entremise de plus d'une centaine d'agitateurs expérimentés et énergiques, à la mainmise du parti sur la manifestation de juin. A la suite de cela, la pression monta dans les OM en faveur du renversement du gouvernement provisoire et du transfert du pouvoir aux soviets. Cette proposition avait tout pour plaire aux soldats, qui se voyaient repartir au front si la guerre continuait, et qui avaient l'appui d'un contingent armé de marins de Cronstadt, connus pour leur activisme. Cependant, après un temps d'hésitation, Lénine estima qu'une tentative de coup d'État risquait d'échouer, et le 4 juillet il appela à battre en retraite au lieu d'attaquer, juste au moment où le gouvernement provisoire, avec l'appui des mencheviks et des SR du comité exécutif du soviet de Petrograd, mobilisait ses forces pour enrayer la menace d'un soulèvement conduit par les bolcheviks. A ce stade, les bolcheviks étaient presque entièrement isolés et Lénine courait des risques très concrets.

Staline était au cœur de l'action, utilisant ses contacts avec les soldats et les marins bolcheviques d'une part, et avec l'exécutif du soviet d'autre part, pour éviter une effusion de sang et limiter les dégâts pour le parti dans une épreuve de force où il serait battu. Il réussit à rendre un service personnel à Lénine en persuadant l'exécutif du soviet de ne pas appuyer une campagne de presse du gouvernement provisoire contre Lénine affirmant qu'il avait accepté un soutien financier de l'état-major allemand et que c'était un agent de l'Allemagne, allégation que l'arrivée de Lénine à Petrograd grâce à un arrangement avec l'armée allemande rendait trop facilement plausible. Staline vint une nouvelle fois au secours de Lénine quand le gouvernement provisoire lança un mandat d'arrêt contre lui, en lui trouvant un refuge chez les Allilouïev avant de le faire passer discrètement en Finlande. Rien ne contribua autant à sceller la confiance de Lénine en Staline et en ses capacités pratiques que la façon dont il se tint à ses côtés dans une crise qui aurait pu ruiner sa carrière.

Les événements du début juillet menacèrent gravement les espoirs des bolcheviks. Très rapidement, Lénine et Zinoviev furent obligés de se cacher, Kamenev et Trotski se retrouvèrent en prison, et il ne resta plus que Staline et Sverdlov pour maintenir la cohésion du parti. Dès le début, toutefois, à partir du 10 juillet, lorsqu'il publia son article sur « La situation politique toute récente », Lénine insista sur le fait que les mesures hostiles prises par le gouvernement provisoire, et soutenues par les soviets, avaient clarifié la situation et montré la voie à suivre désormais par les bolcheviks. Tout espoir d'évolution pacifique avait disparu ; la Russie, affirmait-il, était désormais dirigée par une dictature de la bourgeoisie contre-révolutionnaire soutenue par la majorité menchevique et SR qui avait « trahi la révolution ». Les bolcheviks devaient abandonner le mot d'ordre « Tout le pouvoir aux soviets » et, à la place, se préparer à un soulèvement armé basé sur les ouvriers et les paysans pauvres. Comme précédemment, il fallut un moment à Staline pour s'adapter au nouveau saut de la pensée de Lénine. Ce n'est qu'à l'issue du VIe congrès du parti bolchevique (26 juillet – 3 août), dont il prononça les discours d'ouverture et de clôture, qu'il se prononça sans équivoque en faveur de la nouvelle politique de Lénine et entraîna le congrès derrière lui. A ce moment-là, les effectifs du parti bolchevique avaient triplé, passant à 240 000 membres.

Cependant, au cours des mois d'août et septembre, Staline passa à l'arrière-plan. Il fut encore une fois lent à saisir le sens de la querelle qui opposait Kerenski, le jeune avocat et ministre de la Guerre qui était devenu le chef du gouvernement provisoire remanié en juillet, et le général Kornilov, que Kerenski avait nommé commandant en chef de l'armée. Kornilov avait été convaincu par les éléments conservateurs d'intervenir pour mettre fin à la révolution et rétablir l'ordre. Sa tentative se solda par un fiasco ; quand il donna l'ordre de marcher sur Petrograd, ses troupes désertèrent en arrivant à la capitale. L'affaire amena toutefois le retrait des mencheviks du gouvernement provisoire et l'éclatement de la coalition, tandis que la menace ouverte de contre-révolution retournait l'opinion de la classe ouvrière en faveur d'un gouvernement purement socialiste. Lénine vit aussitôt que le changement de la situation politique offrait aux bolcheviks l'occasion de prendre le pouvoir, et, dès le 10 octobre, Staline était prêt à voter avec la majorité du comité central pour un soulèvement armé. A son grand dam, il découvrit que son rôle dans les jours d'octobre qui allaient suivre serait éclipsé par l'ascension météorique de Trotski.

Fils d'un paysan indépendant, juif russifié qui s'était installé dans la steppe ukrainienne, le jeune Lev Bronstein, alors qu'il était encore à l'école à Odessa, avait déjà montré des signes de son talent intellectuel et de ses dons littéraires et linguistiques. Comme beaucoup de révolutionnaires russes, il fut entraîné dans des activités clandestines alors qu'il n'avait pas encore terminé ses études et condamné à la prison et à l'exil avant d'avoir vingt ans. Il prit le pseudonyme de Trotski quand il s'évada avec un faux passeport et rejoignit le groupe de l'*Iskra* réuni autour de Lénine à l'étranger. Son activité de président du soviet de Saint-Pétersbourg en 1905 établit son prestige en tant qu'orateur révolutionnaire. Néanmoins, après 1905, il demeura une figure célèbre mais isolée parmi les émigrés russes, suivant sa propre ligne, aussi prompt à s'empoigner avec Lénine qu'avec les mencheviks, et montrant la même virtuosité à écrire qu'à parler.

En août 1917, Lénine réussit à persuader Trotski d'entrer au parti bolchevique, et il montra rapidement que ses dons intellectuels se combinaient à des talents analogues d'organisateur en faisant du comité révolutionnaire militaire du soviet de Petrograd, qu'il dominait, le centre des préparatifs du soulèvement. Staline eut de nombreuses occasions d'y participer mais ne vit pas l'importance du CRM, ne se montra pas au comité central à la session de la matinée du 24 octobre où furent données les dernières consignes pour le soulèvement, et fut laissé sur la touche quand l'action décisive fut engagée le lendemain.

Chose curieuse, la révolution fut terminée en quarante-huit heures et avec peu d'effusion de sang. Parmi les forces sur lesquelles les bolcheviks pouvaient compter, la Garde rouge des ouvriers, comprenant une vingtaine de milliers d'hommes, et les marins de la base de Cronstadt et de la Flotte de la Baltique étaient les plus sûrs. La garnison de Petrograd était le facteur d'incertitude, et ce fut le mérite de Trotski de les rallier à lui en leur lançant un appel direct qui réduisit à néant les espoirs de Kerenski et du gouvernement provisoire de réprimer le soulèvement.

En ayant établi les grands principes, Lénine ne prit guère part à son exécution. Il sortit de sa cachette au dernier moment et arriva, déguisé, au quartier général de Trotski à l'Institut Smolny juste avant minuit, le 24. Le 25 à 2 heures du matin, Trotski tira sa montre de son gousset et dit : « C'est commencé », à quoi Lénine répondit : « De la fuite au pouvoir suprême, c'est un comble ! » Le 26 à 3 heures du matin, Kamenev pouvait annoncer au IIᵉ congrès des soviets pan-russes nouvellement élu que le Palais d'Hiver avait été investi et que les membres du gouvernement provisoire étaient arrêtés.

Comme Trotski le remarqua par la suite : « L'acte final semble trop court, trop sec – d'une certaine manière, sans commune mesure avec l'ampleur historique des événements. » Mais il n'y avait aucun doute sur l'enthousiasme avec lequel Lénine fut accueilli pour présenter le nouveau gouvernement au congrès des soviets, dans lequel, pour la première fois, les bolcheviks avaient la majorité. Les mencheviks et quelques-uns des délégués socialistes révolutionnaires se retirèrent pour protester contre la prise du pouvoir par les bolcheviks. Trotski leur assura, alors qu'ils partaient : « Vous avez joué votre rôle. Allez à votre place : dans les poubelles de l'histoire. » Ceux qui restèrent continuèrent au cours d'une session unique à adopter des décrets marquant la détermination des bolcheviks à rechercher un armistice immédiat, à conclure la paix et à exproprier toutes les terres des propriétaires fonciers et de l'Église sans compensation, pour les distribuer aux paysans – deux points, la paix et la terre, qui devaient attirer le soutien maximal au nouveau gouvernement.

II

Il y a trois raisons pour lesquelles 1917 est la clef permettant de comprendre l'évolution de la psychologie de Staline. La première est que le fait de n'avoir pas réussi à jouer le premier rôle dont il avait rêvé lui causa un traumatisme profond et durable. Dès qu'il fut en mesure de le faire, à partir de la fin de 1929, il prit des mesures extraordinaires pour le guérir. Archives modifiées ou retirées de la circulation ; mémoires détruits ou censurés ; rédacteurs de journaux, historiens, peintres de cour et cinéastes mobilisés pour créer une version « révisée » de la plus importante série d'événements de l'histoire de l'Union soviétique.

Un exemple suffira. Les dirigeants bolcheviques déjà présents à Petrograd sortirent de la ville pour monter dans le train de Lénine avant qu'il n'atteigne la gare de Finlande. Balayant leurs souhaits de bienvenue, ce fut à ce moment-là que Lénine explosa contre la ligne qu'ils avaient suivie. Staline ne faisait apparemment pas partie du groupe ; personne ne remarqua s'il était là ou non. Dans la biographie officielle de Staline publiée en 1940, cela devint :

> Le 3 avril, Staline se rendit à Bielo Ostrov pour se porter au-devant de Lénine. C'est avec une grande joie que les deux dirigeants de la révolution, les deux chefs du bolchevisme, se retrouvaient après une longue séparation. Il s'apprêtaient tous deux à se lancer dans la lutte du peuple révolutionnaire de Russie. Pendant ce voyage jusqu'à Petrograd, Staline mit Lénine au courant de la situation dans le parti et de l'avancement de la révolution [4].

La figure de Trotski, qui avait incontestablement joué un rôle qui ne le cédait qu'à celui de Lénine – le premier rôle dans la prise du pouvoir proprement dite – était effacée et remplacée par celle de Staline. Lénine restait le grand dirigeant qui rentrait de l'étranger ; Staline était désormais élevé au même niveau que lui, à celui du dirigeant qui n'avait jamais quitté la Russie, et qui accueillait Lénine à son retour.

Bien que Staline cherchât à déguiser les faits sous l'apparence de la modestie, ces modifications n'auraient jamais été faites sans ses instructions. Elles visaient à rehausser le culte de Staline, qui fut aussi essentiel à son régime que fut le « mythe d'Hitler » pour le Troisième Reich. Mais c'est une explication trop simple en soi car, si Staline pouvait désavouer son culte, la « preuve » qu'il avait joué un rôle de commandement aussi important que celui de Lénine en 1917 était nécessaire à l'image qu'il avait de lui-même comme à celle qu'il voulait montrer en public, aussi nécessaire psychologiquement que politiquement. Ceux qui travaillèrent très près de lui apprirent que quiconque s'aventurait à remettre sa version en question ou même à oublier d'affirmer qu'ils y croyaient, pouvait le payer de sa vie. Les recherches sur ceux qui furent « gommés » lors des purges des années 30 révèlent un nombre surprenant de personnes qui, en tant que participants en 1917, avaient des souvenirs différents et qui même, dans certains cas, les avaient publiés.

La deuxième conséquence de son échec en 1917 fut pour Staline le besoin psychologique – en plus des raisons théoriques, économiques et politiques – de faire coïncider la révolution de Lénine avec la sienne. Cela conduisit au bouleversement encore plus radical de 1929-1933 à l'occasion duquel l'industrialisation de la Russie et la collectivisation de sa paysannerie furent réalisées par la force – la « deuxième révolution » sans laquelle, put soutenir Staline, celle de 1917 serait demeurée incomplète, sans avenir.

Ces deux raisons concernent l'avenir. La troisième raison pour laquelle 1917 fut si important pour Staline concerne directement la période 1917-1921 : non pas la contribution qu'apporta Staline à la révolution, qui ne fut en aucun cas décisive, mais la contribution décisive apportée par la révolution à sa propre évolution. Après les quatre années vides de l'exil, il eut l'occasion de tirer les leçons du fait de se trouver au centre de l'un des grands épisodes de l'histoire révolutionnaire, et de travailler en étroite collaboration avec l'un des plus remarquables – beaucoup diront le plus remarquable – dirigeant révolutionnaire moderne.

La capacité d'apprendre de Staline était l'un des avantages qu'il avait sur Trotski. Elle apparaît, par exemple – alors qu'il n'avait pas su saisir la hardiesse des deux retournements de la politique de Lénine en avril et en juillet – dans l'aptitude dont il fit preuve, dès qu'on lui en donna le temps, à les absorber et à les intégrer. C'étaient des qualités que Lénine savait apprécier et pouvait utiliser. Elles suffirent à assurer à Staline une place dans le Conseil des commissaires du peuple (abrégé en Sovnarkom), nom donné au nouveau cabinet gouvernemental, et même dans le cabinet restreint constitué de trois bolcheviks (Lénine, Trotski, Staline) et de deux socialistes révolutionnaires. Cela signifia travailler au coude à coude avec Lénine, ce qui – comme l'avait montré la première période d'avril à juillet – était la situation dans laquelle Staline apprenait le plus volontiers.

Comme il admirait indéniablement Lénine, il dut se demander quels étaient ses dons particuliers de dirigeant. Ce n'était pas seulement son intelligence et son pouvoir de conviction qui lui donnaient cette prééminence incontestée au sein du parti. Ce n'était certainement pas son aptitude à prévoir ni l'infaillibilité de son jugement, car plusieurs fois Lénine ne sut pas prévoir avec exactitude ce qui allait se passer. Il ne réussit pas, par exemple, à prévoir l'éclatement de la révolution en Russie en 1917 ; il se trompa totalement sur les chances d'une révolution en Europe, sur laquelle il comptait pour sauver la Russie ; et il ne vit jamais les conséquences pour la Russie ou pour le socialisme des méthodes auxquelles il recourut pour faire sa révolution. Non, les qualités de Lénine qui impressionnèrent le plus Staline étaient son obstination et son pouvoir de concentration ; sa capacité de voir et de saisir une occasion, puis de tout soumettre, y compris ses erreurs, à son objectif ; sa certitude inébranlable d'avoir raison et, ajoutées à cela, la volonté de réussir, la détermination de ne pas être battu.

Quand Lénine arriva à la gare de Finlande en avril 1917, c'est cette clarté d'esprit, cette force motrice et cet engagement total, par opposition à la confusion et aux conseils disparates des autres, qui retournèrent le parti, et lui permirent, contre toute attente, de s'emparer du pouvoir. Cependant, Lénine avait consacré très peu de temps à réfléchir à l'avance à la transition du capitalisme au socialisme dans un pays aussi arriéré que la Russie. Il répéta la boutade de Napoléon : « On s'engage – et puis on voit ! » Quand il prit la parole devant le congrès des soviets le lendemain de l'insurrection, il déclara : « Nous allons maintenant nous employer à construire l'ordre socialiste », comme s'il s'agissait simplement de tracer des plans et de promulguer des décrets.

Dans la pratique, la prise du pouvoir se révéla relativement aisée : la partie difficile commença seulement après que les bolcheviks se furent emparés du gouvernement, avec une guerre perdue sur les bras, un bouleversement social en cours, une économie quasi effondrée et la perspective d'une guerre civile.

La priorité de Lénine fut la même qu'avant la révolution : à ce moment-là, tout devait être subordonné à la prise du pouvoir ; désormais, tout devait être subordonné à sa conservation, à tout prix. « La question du pouvoir est la question fondamentale de toute révolution » – ou, selon l'une des plus célèbres remarques de Lénine : « *Kto kogo ?* » – « Qui à qui ? » (Qui commande à qui ?)

Marx avait proposé que la transition du capitalisme au socialisme fût opérée par une dictature du prolétariat. Mais il avait conçu que celle-ci serait établie à l'issue d'un long processus d'industrialisation, pendant lequel le prolétariat serait devenu l'élément le plus important de la société. En Russie, ce processus avait seulement commencé à la fin du XIXᵉ siècle et le prolétariat industriel ne formait qu'une petite minorité dans un pays où la majorité écrasante était constituée de paysans aux intérêts très distincts. La dictature du prolétariat en Russie signifiait par conséquent non le règne de la majorité comme Marx l'avait prévu mais celui d'une minorité imposant sa volonté à la majorité.

Lénine ne recula pas devant cette conclusion. Comme il l'avait fait pendant la révolution, le parti devait agir *au nom* du prolétariat. Une majorité de dirigeants du parti, dont Staline et Trotski, l'appuyèrent et réclamèrent la formation d'un gouvernement entièrement bolchevique ; quand ils acceptèrent à contrecœur d'admettre des socialistes révolutionnaires de gauche comme partenaires secondaires, c'était dans l'idée que les bolcheviks auraient la majorité des sièges et pourraient appliquer leur programme. Cependant, une minorité, comprenant Zinoviev, Kamenev et Rykov, était prête à donner sa démission du Conseil des commissaires du peuple plutôt que d'accepter le point de vue de Lénine, estimant qu'il était essentiel de former un gouvernement aussi représentatif que possible de tous les partis présents dans les soviets. Ils insistèrent pour que des mencheviks et des socialistes révolutionnaires de droite en fassent partie au même titre que les bolcheviks et des SR de gauche, estimant qu'un gouvernement purement bolchevique ne pourrait se maintenir que par la terreur politique, conduisant à la trahison et à la ruine de la révolution.

Leur objection fut écartée, Lénine rétorquant qu'une coalition aussi large ne pourrait aboutir qu'à des compromis et à la perte du pouvoir. Les dissidents se laissèrent convaincre d'entrer au gouvernement mais la même question refit surface quand le parti dut décider s'il fallait laisser organiser l'élection d'une assemblée constituante. Des générations de révolutionnaires russes avaient attendu la convocation d'une telle assemblée élue par tout le peuple ainsi que la constitution qu'elle aurait élaborée, comme le signe de l'ouverture d'une ère nouvelle en Russie ; avant sa chute, le gouvernement provisoire avait fixé une date en novembre pour la tenue de ces élections.

Lénine n'avait aucunement l'intention d'abandonner le pouvoir nouvellement acquis par le parti à une assemblée hostile, mais la majorité de la direction fut de l'opinion qu'il serait politiquement mal avisé d'annuler ou de reporter les élections, comme le souhaitait Lénine. Or, comme il l'avait prévu, les bolcheviks ne recueillirent qu'un quart des voix et, quand l'assemblée se réunit (le 5 janvier 1918), ils ne purent empêcher la majorité de rejeter les décrets adoptés par le IIᵉ congrès des soviets immédiatement après la révolution d'Octobre, et d'accepter à la place la proposition des socialistes révolutionnaires de droite d'inscrire leur programme, et non celui des bolcheviks, à l'ordre du jour.

Lénine n'hésita pas. Les bolcheviks, suivis par les SR de gauche, se retirèrent de l'assemblée. Des gardes rouges l'empêchèrent ensuite de se réunir à nouveau, et elle fut dissoute par un décret du comité exécutif central des soviets, que dominaient les bolcheviks.

Quand certains de ses partisans remirent en cause les arguments de Lénine en faveur de pareille action, il les avertit :

> Toute tentative, directe ou indirecte, de considérer la question de l'Assemblée constituante d'un point de vue formel, légaliste, dans le cadre d'une démocratie bourgeoise ordinaire, sans tenir compte de la lutte des classes et de la guerre civile, est une trahison de la cause du prolétariat, et revient à adopter un point de vue bourgeois [5].

Peu après, le IIIᵉ congrès des soviets répondit à la nécessité de légitimation du gouvernement en se déclarant l'autorité suprême et en approuvant la décision prise par le gouvernement de dissoudre l'assemblée constituante. La tâche d'élaborer une constitution fut confiée à un comité où les bolcheviks comptaient douze membres sur quinze. Staline en faisait partie afin de veiller à ce que la recommandation du congrès de confier officiellement le pouvoir législatif suprême au congrès des soviets et au comité exécutif central n'empiétât pas sur le pouvoir incontesté du parti bolchevique sur les deux organes et sur le gouvernement, le Conseil des commissaires du peuple (Sovnarkom). « Tout le pouvoir aux soviets » fut conservé comme une fiction constitutionnelle, avec l'idée que, comme le déclara explicitement Zinoviev au VIIIᵉ congrès du parti en mars 1919 : « Toutes les questions fondamentales de politique, internationale et intérieure, [furent] décidées par le comité central de notre parti. »

Bien avant cela, le nouveau régime s'était donné les moyens d'affronter toute menace contre son autorité. Redoutant une grève des employés des services publics, le 7 décembre, le Sovnarkom, avec l'approbation entière de Lénine, autorisa la création d'une Commission extraordinaire (connue en abrégé sous le nom de Tcheka), dirigée par le Polonais Felix Dzerjinski, chargée de réprimer les activités contre-révolutionnaires et le sabotage. S'adressant à ses collègues commissaires du peuple au sujet des dangers intérieurs auxquels ils devaient faire face, Dzerjinski déclara :

> Nous devons envoyer au front – le plus dangereux et le plus cruel des fronts – des camarades déterminés, durs, dévoués, prêts à tout faire pour défendre la révolution. Ne croyez pas que je recherche des formes de justice révolutionnaire ; maintenant, nous ne sommes pas en manque de justice. C'est désormais la guerre – face à face, un combat « au finish ». A la vie, à la mort[6] !

Dzerjinski n'exagérait pas : les dangers n'étaient que trop réels, et la Tcheka, la première organisation de police politique de l'Union soviétique (qui devait servir de modèle aux États policiers du XXᵉ siècle), était indispensable. Tel était le prix à payer pour « donner un coup de pouce à l'histoire », et Lénine ne blêmit pas devant cette mesure. Peu avant l'insurrection, en septembre 1917, il avait écrit :

> Une révolution, une révolution « populaire », profonde, véritable, pour reprendre l'expression de Marx, est le processus douloureux et incroyablement compliqué de la mort de l'ancien et de la naissance du nouvel ordre social, du mode de vie de dizaines de millions de personnes. La révolution est la lutte de classes et la guerre civile la plus intense, furieuse et désespérée. Pas une seule grande révolution n'a eu lieu dans l'histoire sans guerre civile[7].

Lénine avait trouvé chez Dzerjinski, qui avait déjà passé onze ans de sa vie sur quarante en prison ou en exil, l'homme qu'il cherchait – aussi profondément engagé et incorruptible que lui, prêt à jouer pour la révolution bolchevique le rôle de Fouquier-Tinville, le procureur du Tribunal révolutionnaire de Robespierre, qui avait envoyé des milliers de gens à la guillotine dans les années 1790. Au cours des cinq années qui précédèrent la mort de Lénine au début de 1924, on estime que la Tcheka procéda au moins à 200 000 exécutions, chiffre à mettre en regard des 14 000 personnes exécutées sous les tsars au cours du dernier demi-siècle de leur règne, jusqu'en 1917[8].

Toutefois, au cours de l'hiver 1917-1918, la menace la plus immédiate ne vint pas de l'ennemi intérieur mais de l'ennemi extérieur, représenté par l'armée allemande. Tous les calculs de Lénine étaient fondés sur l'idée que la révolution en Russie déclencherait une révolution mondiale ou, au moins, européenne. Sans cela, il pensait que la révolution russe ne pourrait pas survivre. Les négociations de paix avec les Allemands commencèrent à Brest-Litovsk en décembre 1917, et furent transformées par Trotski en une tribune d'où lancer un appel aux peuples des nations belligérantes contre leurs gouvernements respectifs. Mais la révolution en Allemagne et dans le reste de l'Europe ne se concrétisa pas, alors que les conditions de paix posées par les Allemands exigeaient la cession de la Pologne russe, des États baltes et d'une partie de l'Ukraine. Refusant de se sentir lié par les conventions diplomatiques, Trotski fit montre d'un brio de tribun qui déconcerta et exaspéra les représentants des États centraux. Mais quand, après plus de deux mois de manœuvres dilatoires, il chercha à couronner son exploit en déclarant que la Russie se retirait de la guerre, sans accepter les exigences allemandes, la réponse de l'armée allemande fut de reprendre son avance sur Petrograd. La tentative de Trotski de gagner assez de temps pour que la révolution en Europe centrale écarte la menace allemande n'avait abouti à rien.

Pendant deux mois, la direction russe, profondément divisée, s'était affrontée sur la question de savoir ce qu'il fallait faire. La majorité, conduite par Boukharine, et soutenue par les SR de gauche, réclamait une « guerre révolutionnaire contre l'impérialisme allemand ». Accéder aux exigences allemandes signifiait restituer tout le territoire que la Russie avait acquis depuis le XVIe siècle. Trotski souhaitait qu'ils votent « ni pour la guerre ni pour la paix », politique que Staline rejetait comme absence de politique tout court, relevant du domaine de la fiction et non de la réalité. Seul Lénine estimait qu'ils n'avaient pas d'autre solution que de signer en acceptant les termes de l'Allemagne.

Staline, dépassé par le sujet de la discussion, ne disait pas grand chose et avait du mal à se décider. « Nous ne sommes peut-être pas obligés de signer le traité ? » demandait-il. A quoi Lénine répondait : « Si tu ne le fais pas, tu signes l'arrêt de mort du régime soviétique dans les trois semaines. Je n'ai pas la moindre hésitation. Je ne cherche pas de "tournure révolutionnaire". » La fermeté de Lénine le convainquit. A ceux qui parlaient de trahison de la révolution, il rétorqua : « Il n'y a pas de mouvement révolutionnaire en Occident ; il n'y a pas de faits indiquant un mouvement révolutionnaire, seulement une potentialité ; et nous ne pouvons pas nous fonder sur une simple potentialité[9]. » Toutefois, sur aucun autre sujet, Lénine ne se heurta à pareille opposition, laquelle se reproduisit au congrès suivant du parti.

L'avance allemande ne rencontra aucune résistance de la part des troupes russes, qui se rendaient par légions. Dans les jours qui suivaient, les Allemands atteindraient la capitale. C'est seulement alors, quand l'existence du régime soviétique se trouva menacée, que six des quinze membres du comité central du parti en dehors de Lénine se résignèrent à accepter ses arguments, selon lesquels ils devaient troquer du temps contre de l'espace, et rester en vie pour pouvoir se battre plus tard, quand tout ce qui avait été abandonné pourrait être reconquis. Quatre (dont Boukharine) votèrent contre ; quatre (dont Trotski) s'abstinrent. Une fois de plus, la seule considération à laquelle tout devait être sacrifié était de ne pas risquer de perdre le pouvoir. Lénine ajouta que, s'ils n'acceptaient pas son point de vue, il donnerait immédiatement sa démission.

Le débat désespéré au sujet du traité, qui finit par être signé à Brest-Litovsk le 3 mars 1918 (NS), fut une expérience qu'aucun de ceux qui l'avaient vécue n'oublia jamais, surtout Staline, à qui elle fut rappelée de manière saisissante quand il se retrouva confronté à une deuxième menace allemande vingt ans plus tard. A la suite des pertes territoriales imposées par les Allemands, la population de l'empire tsariste se trouvait réduite de pas moins d'un tiers. En termes économiques, la perte représentait 32 % des terres cultivables, 27 % des chemins de fer, 54 % de l'industrie et 89 % des mines de charbon. Les conditions étaient beaucoup plus dures que celles qui allaient être imposées à l'Allemagne par le traité de Versailles, dont les Allemands dénoncèrent la sévérité inédite.

La conséquence immédiate fut le déplacement du gouvernement à Moscou, hors de portée des forces allemandes, qui n'étaient plus qu'à cent trente kilomètres de Petrograd. Une autre conséquence fut la double cassure dans la coalition dirigeante. Boukharine, scandalisé par la trahison des idéaux du socialisme révolutionnaire au nom de la raison pratique, prit la tête d'une révolte de gauche à l'intérieur du parti (désormais rebaptisé parti communiste). Au même moment, les SR de gauche quittèrent le gouvernement, dénonçant Lénine comme traître qui avait vendu la Russie aux Allemands.

La première scission fut empêchée après qu'un plus ample débat eut fait apparaître une écrasante majorité en faveur de Lénine tant au VIIe congrès du parti qu'au IVe congrès des soviets. Mais l'opposition socialiste révolutionnaire de gauche prit de l'importance et culmina le 6 juillet 1918 par une tentative avortée de soulèvements à Moscou et à Petrograd et par l'assassinat de l'ambassadeur d'Allemagne, le comte Mirbach. Le gouvernement ne disposait que d'une poignée de troupes sur lesquelles il pouvait compter, et sa position était si précaire que lorsque leur commandant, Vatsetis, fut convoqué au Kremlin, la première question de Lénine fut : « Camarade, pouvons-nous tenir jusqu'au matin ? »

A cette occasion, les socialistes révolutionnaires de gauche furent traités avec une certaine indulgence, mais quand Ouritsky, membre du comité central du PC, fut assassiné et que Lénine fut grièvement blessé à la fin août, une campagne officielle de terreur massive fut lancée contre tous ceux qui étaient soupçonnés d'opposition, avec prises d'otages et exécutions sommaires ainsi qu'arrestations en masse. En novembre, le nombre total des exécutions dans la seule région de Petrograd atteignait

1 300 [10]. Plus grave encore, le pays était désormais plongé dans une guerre civile tous azimuts, à quoi s'ajouta l'intervention des Alliés occidentaux.

III

Au contraire d'Hitler, Staline parvint au pouvoir à la suite d'une authentique révolution. Mais Staline ne déclencha pas plus cette révolution qu'il ne créa le parti qui l'accomplit. Dans les deux cas, le personnage central fut Lénine. Staline souffrait d'un désavantage qu'ignorait Hitler : il avait un prédécesseur dont le succès aurait forcément porté ombrage à n'importe quel successeur. La manière dont Staline régla ce problème est l'un des traits les plus intéressants de sa carrière. Toutefois, en 1918-1919, la question était de savoir comment les bolcheviks, même avec Lénine à leur tête, pouvaient espérer conserver le pouvoir dont ils s'étaient emparés.

La réponse de Lénine était : une révolution en Allemagne, à laquelle les bolcheviks pourraient se joindre pour révolutionner l'Europe entière. Ce que souhaitait Lénine, le reste de l'Europe le redoutait. La phrase d'ouverture du *Manifeste communiste* – « Un spectre hante l'Europe, le spectre du communisme » – était une description exagérée de l'Europe de 1848 mais non de l'Europe des années 1918-1923. C'est cela qui fournit le lien entre les événements qui amenèrent Staline et les autres dirigeants bolcheviques au pouvoir en Russie, et la situation en Allemagne qui donna à Hitler sa chance de se lancer dans la politique. Hitler avait souhaité que la révolution russe ouvre la voie à la victoire allemande ; à la place, c'était la défaite allemande qui semblait ouvrir la voie à une révolution en Allemagne.

Le brusque effondrement de la dictature guerrière des autorités militaires allemandes, l'abdication de l'empereur et la proclamation de la république en Allemagne semblèrent renforcer cette impression. Le 10 novembre, le *Berliner Tageblatt* écrivait que « la plus grande de toutes les révolutions » avait triomphé dans les rues de Berlin, où des foules enthousiastes acclamaient le drapeau rouge hissé sur le palais royal.

Des conseils (souvent appelés soviets) de soldats et d'ouvriers se créèrent dans toute l'Allemagne, et un conseil exécutif fut élu par ceux de Berlin. Ce dernier se considérait comme l'équivalent du conseil exécutif du soviet de Petrograd, et disputait le pouvoir au Conseil des commissaires du peuple (autre terme emprunté aux Russes) formé de six personnes, au gouvernement provisoire constitué par les deux partis socialistes, le SPD majoritaire et les socialistes indépendants (USPD), plus radicaux ; l'USPD fut créé en avril 1917, suite à la scission d'avec le SPD majoritaire sur la question du soutien à la guerre qu'il jugeait incompatible avec les principes du socialisme.

Il est évident aujourd'hui qu'il y avait peu de chances que la chute de la monarchie allemande se transformât en une révolution qui aurait véritablement renversé le rapport des forces au sein de la société allemande.

Le mouvement ouvrier allemand et les sociaux-démocrates majoritaires cherchaient leur inspiration dans la révolution de Février en Russie et non dans celle d'Octobre. Seule une minorité de la gauche allemande était favorable à l'orientation radicale suivie par les bolcheviks et en son sein tous étaient loin d'être prêts à adopter la tactique de Lénine consistant à tout subordonner à la prise du pouvoir. L'objectif des sociaux-démocrates majoritaires était de mettre fin à la guerre et de créer une république démocratique constitutionnelle qui s'engage dans un programme de réformes sociales. Un bouleversement révolutionnaire qui avait conduit à la guerre civile en Russie était la dernière chose qu'ils voulaient voir se reproduire en Allemagne.

Toutefois, en janvier 1919 et avril 1920, il y eut toute une série de grèves et de manifestations à Berlin et dans les régions industrielles d'Allemagne, qui débouchèrent fréquemment sur des affrontements. Au printemps 1920, dans la Ruhr, ces affrontements atteignirent les proportions d'une guerre civile, quand une force armée de 50 000 ouvriers commença par chasser l'armée et les Freikorps (Corps francs constitués d'officiers, de sous-officiers et de soldats de l'ancienne armée) de la Ruhr, et ne fut écrasée qu'au prix de lourdes pertes. Ces explosions spontanées étaient l'expression d'un mouvement social puissant et étendu mais qui ne trouva jamais les dirigeants capables de l'organiser et une force politique efficace. L'un des « possibles » les plus fascinants de l'histoire est ce qui aurait pu se passer si Lénine était né allemand dans le pays le plus fortement industrialisé d'Europe, avec le mouvement ouvrier le plus important, au lieu de naître en Russie, le pays le plus arriéré et le moins prometteur pour lancer une révolution marxiste.

Les dirigeants socialistes majoritaires considérèrent ces éruptions comme l'œuvre d'extrémistes désireux de saboter le régime républicain qu'ils étaient en train d'essayer de créer. Plutôt que d'y céder, ils furent disposés à rechercher l'appui des chefs de la Reichswehr (l'armée allemande) et à recourir aux unités régulières de l'armée ainsi qu'aux Freikorps pour les réprimer. Les Freikorps conservaient des liens étroits avec l'armée régulière, et ils jouèrent un rôle crucial dans le rétablissement de l'ordre et dans le renversement du pouvoir des Conseils d'ouvriers et de soldats, ainsi que dans la lutte contre les Polonais et les Russes dans les États baltes et dans les zones frontières germano-polonaises. Partageant avec Hitler la mentalité autoritaire et les conceptions nationalistes des *Frontkämpfer* (les « combattants du front »), ils devaient se révéler une précieuse source de recrutement pour les nazis et les autres organisations extrémistes.

Les groupes rivaux socialistes indépendants et communistes manquaient de dirigeants capables de susciter le soutien populaire de leurs programmes en faveur d'un socialisme révolutionnaire, et le mouvement demeura fragmenté, avec des objectifs mal définis. En dehors de l'exigence « sauvage » de nationalisation des mines avancée par les mineurs de la Ruhr, qui était plus une réponse syndicaliste (de « pouvoir ouvrier ») à leurs revendications matérielles immédiates que le premier pas vers une économie socialiste, ceux qui se mettaient en grève et se battaient étaient animés par une hostilité de classe envers les employeurs, une haine de l'armée et par l'amertume de voir des ministres socialistes du gouvernement faire donner la troupe contre des ouvriers. Avec la « pacification » de la Ruhr en avril 1920, la vague de grèves et de manifestations reflua, laissant la gauche radicale défaite et la classe ouvrière allemande divisée pour longtemps.

Pour ceux qui partageaient la conception marxiste selon laquelle aucune révolution n'était digne de ce nom à moins que, comme la révolution de 1917 en Russie, elle ne conduisît à une transformation permanente des relations entre les classes, la révolution allemande de 1918-1920 ne fut pas une révolution du tout. Au mieux, comme la révolution de 1848-1849, ce fut une *révolution manquée*. Pour reprendre l'expression appliquée par A. J.-P. Taylor à cette précédente révolution : en 1918-1920, également, l'histoire allemande était à un tournant... mais elle ne le prit pas.

Telle est l'impression qui en ressort aujourd'hui ; mais ce n'était pas du tout celle qu'on avait à l'époque. Devant l'exemple de ce qu'avait amené la révolution en Russie (et qui ne perdait rien quand on le racontait), la crainte qu'elle s'étende était un des traits dominants de la politique européenne de l'après-guerre, même dans un pays comme la Grande-Bretagne qui n'avait pas subi de défaite et qui ne connut rien de plus qu'une série de grèves. C'était beaucoup plus aigu en Europe centrale, où la guerre et la défaite furent suivies par de vastes remaniements de frontières, l'occupation étrangère, l'inflation, des troubles continuels et des combats. La propagande soviétique signalait l'imminence d'une révolution en Allemagne comme le pas décisif vers la révolution mondiale, et la nouvelle de l'établissement de républiques soviétiques en Hongrie et en Bavière au printemps 1919, de l'avance de l'Armée rouge en Pologne à l'été 1920 donnèrent corps aux appréhensions des populations. De nouveaux soulèvements communistes eurent lieu en Allemagne centrale en 1921 et en 1923, ainsi qu'à Hambourg en octobre 1923.

Le fait que toutes ces tentatives de prise du pouvoir aient échoué et aient été facilement écrasées, tout comme les Polonais avaient réussi à chasser l'Armée rouge de Pologne, n'ôtèrent pas l'impression qu'en 1918-1923 l'Allemagne avait échappé de très près à une révolution, impression que les communistes (Kommunistische Partei Deutschlands, en abrégé : KPD) firent tout ce qu'ils pouvaient pour entretenir, en arguant de ce que, si le mouvement ouvrier n'avait pas été divisé et « trahi » par le SPD majoritaire, la révolution aurait réussi – et qu'elle le ferait la prochaine fois, si les ouvriers s'unissaient derrière le KPD.

Maintenir en vie le mythe d'une révolution marxiste qui avait échoué de peu et pourrait se reproduire profita autant à la droite radicale qu'à la gauche radicale, et fut un des facteurs déterminants de la montée des partis fascistes dans toute l'Europe. L'avantage qu'ils en tirèrent fut encore accru en Allemagne par deux autres événements.

Le premier fut la tendance irrépressible du gouvernement républicain provisoire à se tourner vers le corps des officiers allemands et vers les fonctionnaires de l'ancienne administration impériale pour réprimer la menace de révolution, afin de maintenir la cohésion du pays après la défaite. Elle permit à l'ancienne élite étatique – les classes des officiers, fonctionnaires, magistrats, professions libérales et chefs d'entreprise – de conserver une bonne partie de son pouvoir sous la nouvelle administration.

Le second fut que, loin de se réconcilier avec le régime républicain, qui faisait de son mieux pour préserver l'Allemagne des affres qu'avait connues la Russie, les anciennes classes dirigeantes, toujours solidement installées, reprochèrent à la république la défaite allemande, l'acceptation des conditions de paix « carthaginoises » imposées par les Alliés, et le remplacement du régime autoritaire fort auquel les Allemands étaient habitués par un gouvernement démocratique « faible » qui « encourageait » le désordre et la révolte. Cette version des événements travestissait la vérité mais elle permettait à ses auteurs de rejeter la responsabilité de la perte de la guerre sur le régime parlementaire, et fournissait à une opinion publique furieuse le bouc émissaire des humiliations nationales qui avaient suivi.

Lors des élections organisées en janvier 1919 pour désigner une assemblée nationale chargée de rédiger la constitution de la nouvelle république, 76 % des suffrages étaient allés aux trois partis qui soutenaient la démocratie parlementaire*, ou du moins servaient de meilleur rempart contre le pouvoir des Conseils d'ouvriers et de soldats. L'assemblée élabora une constitution (appelée Constitution de Weimar, du nom de la ville où l'assemblée nationale se réunit) laquelle, pour la première fois dans l'histoire de l'Allemagne, donna naissance à un régime parlementaire authentiquement démocratique, la république de Weimar (souvent abrégée en « Weimar »). Toutefois, une deuxième élection, qui eut lieu en juin 1920 pour élire le premier Reichstag (parlement) vit fondre la majorité de 1919 de 76 % en une minorité de 47 %. Les partis soutenant le nouveau régime démocratique recueillirent onze millions de voix en 1920 contre dix-neuf millions en 1919, et furent confrontés à une double opposition – une opposition de droite dont les suffrages avaient presque doublé depuis 1919 (passant de 5,6 à plus de 9 millions) et une opposition radicale de gauche dont les suffrages avaient plus que doublé, passant de plus de 2 millions de voix à 5,3.

Ainsi, dix mois après la promulgation de la constitution démocratique, ses fondateurs et ses partisans constituaient une minorité qu'ils ne réussirent

---

* Il s'agissait des sociaux-démocrates majoritaires, du parti du centre catholique et du parti démocrate allemand (DDP), libéral. Le tableau des pp. 454-457 (vol. 2) donne la répartition des votes lors des élections nationales allemandes de janvier 1919 à janvier 1933. On trouvera une courte description des partis dans le glossaire.

jamais à convertir en majorité. En conséquence, le régime de Weimar se retrouva sur la défensive et ne fut jamais en mesure de mettre en place un gouvernement démocratique stable. Entre 1920 et 1930, la durée de vie moyenne des vingt gouvernements de coalition ne dépassa pas huit mois et demi, et la défaite de celui qui dura le plus longtemps, la Grande coalition de 1928-1930, fut suivie par la quasi-suspension de la constitution au profit de cabinets présidentiels extraparlementaires.

L'opposition radicale de gauche, les socialistes indépendants et les communistes furent systématiquement présentés comme la principale menace pour la démocratie allemande, mais le vrai danger venait de la droite. La base commune à tous les groupes de droite était le nationalisme et le désir de laver la « honte » de 1918, la blessure d'orgueil, qui avait touché en particulier l'orgueil de l'armée allemande, dont beaucoup d'Allemands refusaient d'accepter qu'elle eût jamais été battue.

Avant la défaite de 1918, le nationalisme avait joué un rôle plus unificateur que diviseur dans la société allemande. Le terme d'« impérialisme social » avait été forgé pour désigner sa fonction de détournement des tensions sociales vers l'extérieur sous la forme d'une politique étrangère et militaire agressive. C'était un phénomène qu'on pouvait observer aussi dans d'autres pays, comme en Grande-Bretagne (jingoïsme) mais particulièrement marqué en Allemagne, et dont l'image la plus populaire chez les gens était celle de l'« arrivée tardive » parmi les Grandes puissances qui devait être compensée par une affirmation vigoureuse de ses « droits ». La fonction du nationalisme allemand de l'après-guerre fut inverse : l'agressivité des partis nationalistes de droite se tourna vers l'intérieur, contre la république, le gouvernement des « criminels de novembre », qui avaient trahi le pays et accepté son humiliation. La patriotisme fut utilisé comme cri de ralliement pour renverser le régime, et non plus comme avant 1918 pour le soutenir.

Le rythme et l'ampleur des transformations économiques et sociales survenues en Allemagne entre l'unification des années 1860 et l'éclatement de la guerre en 1914 avaient provoqué des oppositions d'intérêts et des tensions sociales graves. Ces dernières avaient été momentanément suspendues pendant la guerre mais avaient déjà réapparu avant la fin, et avaient été renforcées par la déception des espoirs nationalistes et par la crainte d'une révolution. En 1919-1923, l'Allemagne était une société secouée jusque dans ses fondements. Cela touchait surtout le vaste *Mittelstand* allemand.

Dans la première partie du XXᵉ siècle, les Allemands distinguaient entre une grande bourgeoisie (formée des membres des professions libérales en vue, des entrepreneurs fortunés, des directeurs des grandes sociétés et des hauts fonctionnaires), de plus en plus assimilée à la classe dirigeante historique, et une petite bourgeoisie, le véritable *Mittelstand*. Cette dernière était à son tour divisée en *Alte Mittelstand*, formée de commerçants indépendants, de marchands et d'hommes d'affaires, opérant sur une échelle limitée, souvent en famille, ainsi que de paysans petits et moyens – travaillant généralement à leur compte – et le *Neue Mittelstand*, l'armée des employés de bureau, petits fonctionnaires et cols blancs du commerce et de la fonction publique (dont les enseignants) – dépendant essentiellement de leur salaire et très conscients de leur statut social.

Au cours des vingt-cinq ans qui précédèrent 1914, les membres du *Mittelstand* (souvent décrits comme les perdants du processus de modernisation) s'étaient retrouvés coincés entre une pression économique croissante des grandes entreprises exercée d'en haut et celle des travailleurs organisés d'en bas. Cela avait déjà entraîné un déplacement vers un radicalisme de droite – militant, antisémite, nationaliste – des tendances politiques du *Mittelstand*. Dans l'Allemagne de l'après-guerre, avec son instabilité politique, sa violence et son inflation, le *Mittelstand* se sentit encore plus menacé par l'écroulement des repères familiers et des valeurs admises et par l'incertitude de son avenir.

Les comportements sociaux et le nationalisme des vieilles générations se combinaient de manière assez caractéristique à un désir de voir restaurer la monarchie. Mais une radicalisation des attitudes avait aussi commencé à se produire avant la guerre dans la jeune génération, comme manifestation de la révolte qui se répandait par-delà les frontières et à laquelle des écrivains français et italiens ainsi qu'allemands fournissaient le fonds d'idées dans lequel les mouvements fascistes de l'après-guerre allaient puiser. Tocqueville avait montré son habituelle acuité de jugement quand il écrivit au prophète français du racisme, le comte de Gobineau, après l'*Essai sur l'inégalité des races humaines* publié par ce dernier en 1853-1855 :

> Je crois donc que la chance de votre livre est de revenir en France par l'étranger, surtout par l'Allemagne. Les Allemands, qui ont seuls en Europe la particularité de se passionner pour ce qu'ils regardent comme la vérité abstraite, sans s'occuper de ses conséquences pratiques ... [11]

Parmi ces « vérités » figuraient celles de la supériorité raciale, de l'antisémitisme et du darwinisme social. La « nouvelle vague » du tournant du siècle acclamait l'idéal héroïque et le fait de « vivre dangereusement » contre l'éthique bourgeoise du matérialisme et du conservatisme, le sentiment viscéral et l'intuition contre l'intellect, le culte de l'irrationnel contre la croyance à la rationalité des Lumières, l'action contre la raison.

La guerre fit culminer chez les intellectuels allemands le sentiment de leur séparation d'avec l'Occident, et le nationalisme fusionnel allemand avec la répudiation des valeurs occidentales : *Kultur* contre civilisation, la croyance *völkische* au caractère unique de la culture allemande, par opposition à l'universalisme des Lumières. *Kultur* et *Volk* (ainsi que l'adjectif *völkisch*) allemands étaient les maîtres mots de l'idéologie de la droite allemande, dont la force émotionnelle est imparfaitement exprimée dans leur traduction par « culture », « peuple » ou « race ». Selon Oswald

Spengler, dont *Le Déclin de l'Occident* eut un impact considérable quand il fut publié en allemand en 1918-1922, la *Kultur* a une âme, contrairement à la civilisation, concept français représentant « l'état le plus artificiel et le plus extérieur dont l'humanité soit capable ». L'emploi du mot en allemand traduisait l'affirmation de la supériorité de la *Kultur* allemande, en exprimant une intensité de sentiment et un idéalisme inconnus des autres cultures européennes.

De même, *Volk* et *völkisch* traduisaient ce qui était ressenti comme une expérience allemande beaucoup plus large et chargée d'émotion, imparfaitement comprise, voire partagée, par ceux qui se contentaient de se définir comme des « peuples » ou des « nations ». Ils signifiaient l'union d'un groupe de gens, liés ensemble par une identité raciale commune qui était la source de leur individualité et de leur créativité. *Volk* était un mot qui ne quitta jamais la bouche d'Hitler. Il était « enraciné » dans son sol natal, et sa communauté « organique » (*Volksgemeinschaft*) protégeait ses membres du sentiment d'aliénation. Traduite en termes politiques, l'idéologie *völkische* glorifiait la guerre et le « renouveau par la destruction » par opposition à l'internationalisme et au pacifisme, et elle exaltait la supériorité de la puissance nationale et de l'unité nationale sur la liberté individuelle ainsi que de l'état autoritaire et de l'élitisme sur la démocratie parlementaire et l'égalitarisme.

Ces sentiments ne furent pas dispersés mais renforcés par la débâcle de 1918. Pour les *Frontkämpfer*, qui trouvaient déjà assez difficile de s'adapter à la banalité de la vie en temps de paix, il était intolérable que la guerre se soit terminée par la défaite de l'Allemagne et le triomphe de l'Occident. Ils étaient prêts à écouter quiconque dévoilerait la tricherie par la faute de laquelle on en était arrivé là, désignerait des boucs émissaires sous la forme des juifs et des marxistes et offrirait un espoir de revanche.

L'homme qui allait remplir ce rôle sortit de l'hôpital à la fin novembre 1918 et regagna tant bien que mal Munich en traversant un pays qu'il ne reconnaissait pas. Ce qui lui assena un choc aussi violent que la défaite de l'Allemagne fut le spectacle (tel qu'il lui apparut) de ceux qu'il détestait le plus – sociaux-démocrates, bolcheviks, juifs (il ne faisait pas de distinction entre eux) – en nouveaux maîtres de l'Allemagne. A Munich, après un règne de plus de sept siècles, la dynastie des Wittelsbach avait abdiqué à la suite d'un soulèvement d'ouvriers et de soldats menés par un socialiste de gauche juif idéaliste, Kurt Eisner, et la république de Bavière avait été proclamée. Hitler, qui n'avait ni emploi ni foyer où rentrer, s'accrocha à son uniforme et se présenta au rapport à la caserne de Munich où était cantonné son régiment, pour y trouver des bâtiments crasseux, l'absence de toute discipline et un Conseil de soldats qui s'y était installé.

Il prit le large en se portant volontaire à un poste de garde dans un camp de prisonniers de guerre à Traunstein et ne revint pas à Munich avant mars 1919. A ce moment-là, la situation était devenue explosive à la suite de l'assassinat d'Eisner, abattu par un officier de droite, le comte Arco-Valley. Le congrès fondateur de la IIIe Internationale (communiste), qui avait réuni à Moscou des délégations de dix-neuf pays, avait appelé les ouvriers de tous les pays à s'unir pour soutenir l'Union soviétique, patrie des ouvriers. En Hongrie, une république des soviets s'était organisée sous la direction de Bela Kun, communiste juif, dont la presse allemande avait annoncé qu'il avait nommé vingt-cinq commissaires juifs sur un total de trente-deux. En avril, le gouvernement modéré social-démocrate de Bavière, qui avait assuré la relève après l'assassinat d'Eisner, fut chassé de Munich par un coup d'État de gauche qui proclama une république des soviets, dont la direction fut assurée par trois émigrés russes, dont deux étaient également juifs. Le jour de la cérémonie du 1er Mai, sur la place Rouge, Lénine déclara : « La classe ouvrière libérée célèbre son anniversaire non seulement en Russie soviétique mais en Hongrie soviétique et en Bavière soviétique. » Il avait parlé trop vite : à Munich et à Budapest, les Rouges furent écrasés par la force.

Hitler fut un témoin oculaire de la prise du pouvoir par les communistes à Munich, puis de la contre-attaque de l'armée et des Freikorps qui y mit fin et qui s'accompagna d'une série de massacres, qui coûtèrent la vie à des centaines de personnes. Ce n'est qu'après la fin de cet épisode qu'il refit surface, en fournissant des preuves à la commission de l'arméechargée d'identifier ceux qui avaient participé au régime soviétique. Il fut alors envoyé par le Commandement de région militaire suivre un cours d'endoctrinement donné par des « professeurs à l'esprit national » à l'Université de Munich.

L'un des professeurs, l'historien K. A. von Müller, trouva un jour la sortie de sa salle de cours bloquée par un groupe d'élèves,

> entourant, fascinés, un homme qui s'adressait à eux sans marquer de pause sur un ton de plus en plus passionné et avec une voix étrangement gutturale. J'eus l'impression étrange que l'homme se nourrissait de l'excitation qu'il avait lui-même provoquée. Je vis un visage mince et pâle sous une mèche de cheveux qui pendait de façon peu militaire, avec une moustache taillée de près et des yeux bleu clair étonnamment grands qui rayonnaient d'un fanatisme glacé [12].

A partir de là, Hitler, qui touchait encore la solde de l'armée, fut promu membre d'un « escadron d'illumination » rattaché au camp de Lechfeld, qui accueillait les soldats regagnant leur rattachement, où il commença à développer ses dons de persuasion. C'est à ce titre qu'Hitler rédigea pour son officier supérieur, le capitaine Mayr, une réponse à une demande de profession de foi sur « le danger que constitue la juiverie pour notre peuple aujourd'hui ». C'est la première déclaration de lui (datée du 16 septembre 1919) qui nous soit parvenue sur une question qu'il allait faire sienne de manière exceptionnelle. Il y opère une distinction significative :

L'antisémitisme fondé sur des bases purement émotives trouvera son expression ultime sous la forme de pogroms. En revanche, l'antisémitisme de la raison doit conduire à l'opposition légale et planifiée aux privilèges des juifs et à la suppression de ces privilèges. Seul un gouvernement de puissance nationale et non un gouvernement d'impuissance nationale sera capable de mener les deux à bien [13].

Dans son testament politique dicté dans son bunker souterrain de Berlin en 1945 juste avant sa mort, ses conceptions n'avaient pas changé. Le dernier paragraphe revient à ses premières obsessions :

Par-dessus tout, je charge les dirigeants de la nation et leurs subordonnés d'observer scrupuleusement les lois de la race, de s'opposer sans pitié à l'empoisonneur universel de tous les peuples, la juiverie internationale [14].

Hitler fut aussi employé par le Commandement de la région militaire de Munich à un autre titre, comme « homme de liaison », pour enquêter sur l'effarante variété de groupes radicaux de droite qui proliféraient en Bavière. C'est dans ce rôle que, le 12 septembre 1919, il rendit visite à l'un de ces groupes, le parti des ouvriers d'Allemagne, fondé par un serrurier des ateliers des chemins de fer de Munich, Anton Drexler, et un journaliste sportif, Karl Harrer. Au cours de la discussion, un autre visiteur proposa la sécession de la Bavière et son union avec l'Autriche. Hitler ne put entendre cela sans exploser et se lancer dans une furieuse attaque contre l'orateur. Drexler fut impressionné par sa facilité de parole et l'invita instamment à revenir, en lui confiant précieusement un pamphlet qu'il avait écrit, *Mon éveil politique*.

Le rapport d'Hitler n'était pas enthousiaste : le groupe n'avait pas la moindre idée de la manière de recruter des partisans plus nombreux et ne semblait guère désireux de le faire. Mais si Hitler voulait se lancer dans la politique, il fallait bien commencer quelque part. Aucun des partis existants ne le satisfaisait ni n'offrait de perspectives à un nouveau venu inconnu. Toutefois, il avait là le noyau d'une organisation, suffisamment petite et obscure pour être transformée en quelque chose de différent, en un parti capable (comme aucun des autres partis de droite existants ne s'était montré capable) d'attirer les masses à la manière dont Lueger et ses opposants, les sociaux-démocrates, l'avaient fait à Vienne.

Aussi, après une deuxième visite, cette fois à une réunion de comité, et deux jours d'hésitation (qui sera toujours une caractéristique des décisions d'Hitler), accepta-t-il l'invitation à entrer au parti des ouvriers allemands en tant que membre responsable du recrutement et de la propagande. Il se mit aussitôt à rédiger des invitations et à envoyer des annonces pour une réunion publique. Lorsqu'elle eut lieu, le 16 octobre 1919, avec à peine plus de cent personnes dans la salle, il électrisa ses auditeurs par ses effusions passionnées et réussit à recueillir trois cents marks.

J'ai parlé pendant une demi-heure, et ce que j'avais toujours ressenti au plus profond de mon cœur, sans pouvoir le tester, s'est vérifié : j'étais capable de faire un bon discours[15].

Cela devait s'avérer une découverte cruciale.

La réunion d'octobre 1919 n'était pas assez importante pour qu'Hitler pût montrer ce dont il était capable, à condition. L'occasion se présenta le 24 février 1920, quand un public de près de 2 000 personnes emplit la Festsaal de la Hofbräuhaus. Hitler n'était pas inscrit comme le principal orateur et quand il prit la parole, il dut faire face à une opposition bruyante qui provoqua une bagarre dans l'assistance. Mais il réussit à dominer le tumulte, et à obtenir un accord en vue du changement du nom du parti en parti national-socialiste des ouvriers allemands (bientôt abrégé en Nazi) ; il insista pour présenter les vingt-cinq points de son programme « immuable », en exigeant un « oui » ou un « non » de l'assistance.

Rétrospectivement, Hitler exagéra son succès pour en faire un triomphe, dont ne rendent pas compte les articles parus dans la presse de l'époque. Mais il est vrai que, pour lui, l'expérience fut décisive. Ce fut le point à partir duquel la décision de se consacrer à la politique devint effective. Désormais, il s'attacha à développer son don de faire naître des émotions dans les meetings de masse et en fit le fondement de sa carrière. Ce n'était pas son seul don mais c'en était un pour lequel aucun autre homme politique allemand ne pouvait rivaliser avec lui et qui le distinguait nettement de Staline, qui ne l'eut jamais.

IV

Peu après le discours du Hofbräuhaus (1er avril 1920), Hitler fut démobilisé, quoiqu'il conservât des liens étroits avec l'armée. Comme Staline vingt ans auparavant, il devint un agitateur à plein temps, avec le soutien financier qu'il trouvait et en vivant dans une chambre pauvrement meublée. Contrairement à Staline, il opérait au grand jour et avec des protecteurs vers qui il pouvait se tourner, mais comme Staline dans les années 1900, il avait pour objectif de mobiliser les masses, pour un renouveau national encore vague qui devait commencer par le renversement du régime en place, et non pas par la révolution.

« Être un chef, écrivit Hitler, signifie pouvoir faire bouger les masses. » Il était plein de mépris pour les nationalistes conservateurs qui demeuraient coupés de la majorité de la nation par la barrière de préjugés de classe ; il était tout aussi méprisant à l'égard des groupes *völkisch* de droite qui gardaient leurs certitudes pour eux-mêmes et ne parlaient – ou ne se disputaient – qu'avec ceux qui pensaient comme eux. Son propos était de créer l'équivalent nationaliste du parti de masse social-démocrate qui l'avait si vivement impressionné à Vienne.

Il est important de se rappeler que nous parlons d'une période de l'histoire antérieure à l'invention de la télévision, des cassettes vidéo et des magnétophones, et où la radio et le cinéma étaient encore dans l'enfance. S'il avait eu la télévision à sa disposition – ou encore la radio, avant son arrivée au pouvoir – il ne fait aucun doute qu'Hitler en aurait fait le plus grand usage possible. Aucun homme politique n'a jamais été plus passionné par les techniques ni mieux renseigné à leur sujet. Cela est illustré non seulement par son rôle pendant la Seconde Guerre mondiale mais par sa passion pour les automobiles et son utilisation des avions pour bâtir son image et celle de son parti. Mais le point central de son activité dans ces années-là fut la réunion publique de masse : une par semaine pour commencer, la plupart du temps à Munich, parfois dans les villes voisines, Hitler y jouant le rôle d'organisateur ainsi que de principal orateur. C'était la meilleure manière d'attirer l'attention et de faire des recrues.

On a fait de nombreuses descriptions d'Hitler orateur et de l'effet hypnotique qu'il produisait sur son public. Ses premiers efforts étaient grossiers par rapport à ses discours des années 30, avec leur mise en scène élaborée et la confiance que lui donnaient les années d'expérience. Mais les éléments sur lesquels il s'appuya furent présents dès le début.

Son but, déclara-t-il à plusieurs reprises dans *Mein Kampf*, n'était pas de persuader un auditoire par des arguments mais de toucher leurs sentiments :

> L'âme de la masse n'est accessible qu'à tout ce qui est entier et fort.
>
> De même que la femme est peu touchée par des raisonnements abstraits, qu'elle éprouve une indéfinissable aspiration sentimentale pour une attitude entière et qu'elle se soumet au plus fort tandis qu'elle domine le faible, la masse préfère le maître au suppliant, et se sent plus rassurée par une doctrine qui n'en admet aucune autre près d'elle, que par une libérale tolérance. La tolérance lui donne un sentiment d'abandon ; elle n'en a que faire. Qu'on exerce sur elle un impudent terrorisme intellectuel, qu'on dispose de sa liberté humaine : cela lui échappe complètement, et elle ne pressent rien de toute l'erreur de la doctrine. Elle ne voit que des manifestations extérieures voulues d'une force déterminée et d'une brutalité auxquelles elle se soumet toujours [16].

Pour obtenir cet effet, Hitler cherchait à convaincre son public de la sincérité et de la force de ses émotions. « Les hommes croient, écrivit Nietzsche, à la vérité de ce qu'on semble croire avec force [17]. » Hitler donnait fréquemment l'impression de se laisser tellement emporter par ce qu'il disait qu'il avait perdu tout contrôle, mais il apprit l'art de l'orateur et de l'acteur de s'arrêter juste avant de sombrer dans l'incohérence, et de varier ses effets en faisant retomber sa voix, en usant du sarcasme, ou en passant de la dénonciation amère des « criminels » qui avaient trahi l'Allemagne à une déclaration éclatante de la foi qu'il avait en sa capacité de se relever avec une force nouvelle.

Lors de ses interventions, qui duraient souvent deux heures et plus, il ne commettait pas l'erreur de haranguer ses auditeurs sans cesse. Il savait les faire rire par ses mimiques, obtenir leur approbation par la vivacité d'esprit avec laquelle il répondait à ses détracteurs. Il passait des heures à répéter ses gestes et ses expressions devant la glace, et à étudier les clichés que le photographe Heinrich Hoffmann prenait de lui pendant qu'il parlait, afin de choisir ceux qui étaient les plus efficaces, et d'éliminer le reste.

Dans *Mein Kampf,* Hitler insiste sur le fait que, pour réussir, la propagande doit combiner simplification et répétition : « Elle doit se confiner à quelques points et les répéter sans relâche. » Les notes de ses premiers discours qui nous sont parvenues montrent le soin qu'il prenait à prévoir la succession des thèmes et à trouver les expressions les plus parlantes. Il faisait tout autant attention au lieu et à l'heure des réunions :

> Il y a des locaux qui laissent froids, pour des causes qu'on ne perçoit que difficilement, mais qui opposent une résistance acharnée à toute tentative de créer une atmosphère… Dans tous les cas, il s'agit de l'affaiblissement du libre arbitre de l'homme. C'est surtout le cas pour les réunions où viennent des hommes à préjugés contraires, et qu'il s'agit de convertir. Le matin et encore pendant la journée, les forces de la volonté des hommes s'opposent avec la plus grande énergie aux tentatives de leur suggérer une volonté étrangère. Mais le soir, ils succombent plus facilement à la force dominatrice d'une volonté plus puissante [18].

Sa sensibilité aux réactions de son public l'aidait à exercer un contrôle sur ses prestations et à opérer des révisions constantes qui lui permettaient de parfaire ses préparatifs :

> L'orateur peut, autant qu'il veut, traiter le même sujet que le livre ; s'il est un grand orateur populaire, un orateur de génie, il ne traitera jamais le même plan et le même sujet deux fois de la même façon. Il se laissera toujours porter par la grande masse, de sorte qu'instinctivement il trouvera toujours les paroles nécessaires pour arriver droit au cœur de ses auditeurs actuels. S'il commet l'erreur la plus légère, il en trouvera la correction vivante devant lui [19].

Cela explique pourquoi il fallait souvent du temps à Hitler pour s'échauffer, jauger l'atmosphère de la salle, jusqu'à trouver le meilleur moyen de la toucher. Bien qu'il eût souvent du mal à entrer en contact avec les individus, sa relation avec les grands auditoires était exceptionnelle.

Mais aussi forte que fût l'impression de spontanéité, quel que fût le manque de retenue du torrent de mots qu'il déversait, ceux qui l'ont bien connu sont convaincus qu'il ne se laissait jamais submerger par l'enthousiasme qu'il provoquait mais qu'il savait exactement ce qu'il disait et connaissait parfaitement l'effet qu'il produisait. Ce qui rendit Hitler dangereux fut cette combinaison de fanatisme et de calcul.

Pour obtenir que les politiciens bavarois (en premier lieu) et l'opinion bavaroise le prennent au sérieux, Hitler devait créer une présence, se faire un nom à lui. « Qu'ils rient de nous ou nous méprisent ; qu'ils nous décrivent comme des fous ou des criminels, écrivit-il dans *Mein Kampf*, l'essentiel était qu'ils nous remarquent [20]. » Il fut énormément aidé dans son besoin de publicité quand (en décembre 1920) un certain nombre de ses commanditaires de Munich réunirent l'argent nécessaire pour racheter le *Völkischer Beobachter*, alors au bord de la faillite, et en faire l'organe du parti.

Pour Hitler, la défaite de l'Allemagne représentait la trahison de tout ce en quoi il croyait, et la révolution une attaque contre tout cela. Mais l'une et l'autre lui offrirent l'occasion de généraliser et de politiser ce qui avait été des sentiments personnels d'amertume et de haine, enracinés dans son propre échec avant 1914, et de susciter une réaction dans les auditoires qui partageaient ses sentiments. Désormais, et plus que jamais, il voyait le peuple allemand menacé par des ennemis de l'intérieur – les socialistes, les communistes, les juifs – œuvrant la main dans la main avec les ennemis de l'extérieur – les Français et leurs alliés qui avaient imposé le traité de Versailles et réduit l'Allemagne à la mendicité sous le poids des dommages de guerre ainsi que les bolcheviks qui la menaçaient de la terreur rouge. En Bavière, rien n'était plus facile que de faire porter le blâme par le gouvernement républicain de Berlin, les « criminels de novembre » qui devaient être chassés de leurs postes.

Ce fut une époque où les théories de la conspiration trouvèrent des oreilles prêtes à les entendre. Dans l'Allemagne des années 20, on accorda une attention extraordinaire aux *Protocoles des sages de Sion*, qui prétendaient décrire la « conspiration juive mondiale », destinée à corrompre la civilisation chrétienne et à ériger un État juif, et programmée lors d'une série de réunions à Bâle en 1897, à l'époque du premier congrès sioniste. Les *Protocoles* étaient en fait un faux réalisé par la police secrète tsariste et publié pour la première fois en 1903 [21]. Traduits dans plusieurs langues, ils étaient devenus un classique de la propagande antisémite, et Hitler, qui faisait de l'antisémitisme un des points centraux de ses discours au début des années 20, s'en empara avec ardeur. Mais il ne manqua jamais d'associer dénonciation et appel vibrant à l'orgueil national et au renouveau national, adressant ainsi à ses auditeurs le message d'espoir qu'ils attendaient, et qui les galvanisait au lieu de les démoraliser.

Hitler élabora progressivement tout un rituel compliqué autour du meeting de masse, et qui atteignit son point culminant dans le spectacle extraordinaire des rassemblements du parti à Nuremberg, dans les années 30. Des manifestations de cette ampleur exigeaient les ressources d'un État, et l'autorité d'un dictateur pour les ordonner, mais Hitler commençait déjà à en rassembler les éléments dès le début des années 20, quand ils étaient encore d'une grande nouveauté.

Parmi eux figuraient les affiches géantes et les bannières du parti – pour lesquelles il choisit délibérément le rouge, dans le but de provoquer la gauche – l'emblème à croix gammée, le salut « Heil Hitler ! », les défilés de masse et le style militaire ainsi que la consécration solennelle des drapeaux et des étendards du parti. Il passa des heures à fouiller dans de vieilles revues d'art et au département des blasons de la Bibliothèque d'État de Munich, pour trouver le dessin d'aigle qui ornerait le tampon officiel du parti, et sa première lettre circulaire en tant que président du parti (17 septembre 1921) accordait une grande place aux symboles du parti, qu'il décrivait en détail. Les adhérents reçurent l'ordre de porter l'emblème du parti en toutes circonstances [22]. Lors des réunions, la tension était créée à l'avance avec de la musique martiale et des chants patriotiques, l'entrée d'équipes triées sur le volet marchant en rang et inclinant leurs drapeaux pour saluer, le tout aboutissant à l'arrivée retardée de « der Führer ».

Ceux qui résistaient ou venaient pour semer la zizanie se faisaient tabasser et jeter dehors par des équipes de gros bras qu'Hitler recrutait parmi les anciens membres des Freikorps et les Frontkämpfer, ou qui lui étaient adressés par le Commandement de la région militaire. Hitler voyait d'un bon œil les scènes de violence, confiant dans sa capacité de les maîtriser et persuadé qu'elles attireraient ceux qui voulaient de l'action. Comme il le fit observer par la suite à Hermann Rauschning, un propriétaire terrien de Prusse orientale qui rompit plus tard avec les nazis et publia ses souvenirs sur Hitler, « N'avez-vous pas remarqué qu'après une bagarre à une réunion, ceux qui se sont fait tabasser sont les premiers à vouloir s'inscrire au parti [23] ? »

Un an après la réunion du Hofbraühaus, le parti avait tenu plus de quarante réunions à Munich et presque autant dans les villes environnantes. Dans la majorité d'entre elles, Hitler était le principal orateur. Ayant désormais trouvé sa vocation, il déployait une énergie prodigieuse. L'assistance dépassait fréquemment les deux ou trois mille participants : une fois, en février 1921, 6 500 personnes s'entassèrent sous l'immense chapiteau du Cirque Krone de Munich pour acclamer Hitler qui était venu parler de « L'avenir ou de la ruine » et attaquer les demandes de réparations des Alliés.

La manière brutale dont Hitler s'était quasiment emparé de la direction du NSDAP, l'orientation radicale qu'il était en train de lui donner et la notoriété qu'il avait acquise n'étaient absolument pas du goût des anciens membres du parti des ouvriers allemands qu'il avait absorbé. Leur mécontentement culmina en juillet 1921 quand, en l'absence d'Hitler, ils entamèrent des négociations pour s'associer avec un autre groupe *völkisch*, le parti socialiste allemand, et déménagèrent leur siège conjoint de Munich à Berlin.

La réaction d'Hitler fut de donner sa démission sur-le-champ, et comme il était clair pour tout le monde – même chez ceux qui le critiquaient – que, sans lui, le NSDAP n'avait aucun avenir, l'opposition s'effondra. Hitler profita de l'occasion pour rendre sa position inexpugnable. Il réclama, et obtint, « le poste de premier président avec pouvoirs dictatoriaux ». D'autres changements qu'il exigea, lui permirent de faire entrer Max Amann, son ancien sergent-major, comme secrétaire général, ainsi que Franz Xavier Schwarz, qu'il nomma lui-même trésorier, pour augmenter la taille du secrétariat. Munich devait être le siège du mouvement à perpétuité, et la fusion avec d'autres groupes fut exclue. Seules les affiliations inconditionnelles furent acceptées et toutes les négociations lui incombaient exclusivement.

Le coup de force d'Hitler assura la reconnaissance officielle de sa position dominante et établit en même temps le « principe de commandement » (*Führerprinzip*) comme schéma d'organisation central du parti. Une fois admis, le principe donna non seulement à Hitler le droit de prendre des décisions arbitraires mais substitua à la structure hiérarchique de l'administration et de l'armée et à son strict respect des règles, du précédent et de la procédure, le concept de loyauté personnelle et inconditionnelle au Führer. Le mouvement nazi tout entier (et finalement l'État nazi lui-même) suivit le même principe. Au fur et à mesure qu'il se développa, l'Allemagne fut divisée en districts (*Gaue*), dont les chefs (*Gauleiter*) jouissaient d'une liberté considérable pour arrêter des décisions et prendre des initiatives – à condition que leur loyauté à l'égard d'Hitler fût au-dessus de tout soupçon, et qu'Hitler lui-même n'en décidât pas autrement. Le résultat fut que le mouvement finit par reposer sur un réseau de relations personnelles, ce qui signifia qu'à tous les niveaux de pouvoir, des clientèles se formèrent, que le système des protections régna en maître et que les rivalités reproduisirent celles qui existaient au sommet du parti. Loin d'être accidentelle ou imprévue, cette situation fut la réponse autoritaire d'Hitler aux deux institutions politiques qu'il abhorrait, la bureaucratie (le gouvernement des fonctionnaires) et la démocratie (le gouvernement des commissions) [24].

L'autre notion nazi typique, complémentaire de celle du *Führerprinzip*, fut le *Kampf*, la « lutte », terme qu'Hitler utilisa comme titre de son livre et qui s'appliqua par la suite à toute la période antérieure à 1933 : le *Kampfzeit*, le « temps de la lutte ». Grâce à la liberté que lui conférait sa nouvelle position, Hitler donna à la notion de Kampf, ainsi qu'au Führerprinzip, une forme institutionnelle en créant durant l'été 1921 les SA. Ces initiales, qui à l'origine désignaient la Division des Sports, signifièrent désormais les *Sturmabteilung* (Sections d'assaut), l'organisation paramilitaire nazie, qui fut connue par la suite sous l'appellation familière de Chemises brunes.

Quelque temps auparavant, l'*Einwohnerwehr* (« milice des citoyens ») de Bavière et quelques-uns des Freikorps les plus connus (l'Oberlandkorp et l'Eppkorp ainsi que la Brigade Ehrhardt) avaient été dissous par ordre du gouvernement républicain de Berlin. Nombre de leurs membres, désespérés à l'idée de troquer leur vie de soldat contre la vie civile, se joignirent aux plus jeunes des membres du parti nazi, qui avaient le sentiment d'avoir manqué la guerre, pour former le « bélier » du mouvement et apporter à la politique l'« esprit du front ». Hitler décrivit ainsi sa double fonction dans la *Gazette* des SA : être « non seulement un instrument de protection du mouvement, mais aussi... principalement l'école préparatoire à la prochaine lutte pour la liberté sur le front intérieur ».

C'est précisément cet accent mis sur un objectif plus politique que militaire qui distingua les SA des autres organisations paramilitaires de la droite, lesquelles soit se séparèrent après 1923, soit devinrent des associations d'anciens combattants comme les Stahlhelm. Les SA furent mis à l'épreuve lors du soi-disant *Saalschlacht* (la « Bataille de la salle ») du Hofbräuhaus le 4 novembre 1921, où Hitler se retrouva confronté à un important groupe d'ouvriers socialistes venus des usines voisines dans l'intention d'interrompre la réunion, avec seulement cinquante SA pour leur faire face. Au cours de l'échauffourée qui éclata au milieu de son discours, ces derniers essuyèrent de lourdes pertes mais réussirent à l'emporter et, de ce jour, Hitler estima que les rues de Munich appartenaient désormais aux nazis.

Un an plus tard, en octobre 1922 (le mois où Mussolini tenta de s'emparer du pouvoir à Rome), Hitler marqua le calendrier fasciste d'une croix en faisant une expédition tapageuse dans le style de celles des groupes d'action italiens. Accompagné de 800 membres des Sturmabteilung (escortés d'une fanfare), il se rendit à Cobourg pour célébrer le « Jour de l'Allemagne » dans un bastion du SPD. Ils dispersèrent une foule hostile et traversèrent deux fois la ville en vainqueurs. Une médaille spéciale fut frappée pour ceux qui avaient été présents. Et Cobourg devint une base nazie sûre. La violence organisée n'était pas fortuite mais occupait un rôle central dans la pratique politique nazie. Les SA se virent confier des tâches nombreuses mais la plupart tournaient autour de la violence, ou, non moins important, de la menace de violence. Il s'agissait d'un usage politique et non-militaire de la violence. L'ennemi était la gauche, qu'il fallait défier, frapper et chasser des rues de ses propres bastions ouvriers.

Certes, Hitler admit aussi avec une grande franchise qu'il avait beaucoup appris de la gauche. Mais comme il refusa de faire la distinction entre les sociaux-démocrates et les communistes qu'il amalgama comme marxistes, il ne semble pas qu'il ait perçu une caractéristique très importante que le parti nazi avait en commun avec les seconds et non avec les premiers. Hitler et Lénine partageaient la certitude de la nécessité du soutien des masses avec celle de l'incapacité des masses à s'organiser d'elles-mêmes. Pour les nazis comme pour les communistes, elles étaient une ressource à mobiliser et non un ensemble à représenter.
S'adressant au Xe congrès du parti russe en 1921, Lénine déclarait :

> Seul le parti communiste peut unifier, éduquer et organiser une avant-garde du prolétariat et de la masse entière des travailleurs qui seule sera capable de résister aux hésitations petites-bourgeoises de cette masse.

Hitler écrivait dans *Mein Kampf* en 1924 :

> … l'intelligence politique de la masse n'est pas assez développée pour parvenir d'elle-même à des conceptions politiques générales et précises, et pour trouver elle-même les hommes qui seraient capables de les faire aboutir[25].

Cette mobilisation exigeait l'existence d'un parti dont le noyau soit constitué de membres dévoués qui organisent des meetings de masse, participent à des manifestations, des rassemblements, des combats de rue et consacrent toute leur vie à répondre aux exigences du parti. C'est cela qui distinguait les partis nazi et communiste des autres partis.

Hitler était suffisamment perspicace pour comprendre que ces exigences, loin de provoquer des résistances, liaient beaucoup plus étroitement au parti ceux qui les acceptaient et suscitaient un attachement qui était aussi religieux que politique, « la foi d'une Église associée à la discipline d'une armée[26] ». Beaucoup de ceux qui s'affilièrent dans les années 20 furent attirés par la satisfaction émotionnelle d'appartenir à un mouvement (mot souvent préféré à celui de parti) d'hommes, partageant les mêmes idées, également aliénés, qui rejetaient les valeurs pluralistes, démocratiques de Weimar, tout en profitant d'elles pour comploter en vue de renverser la république. Entre-temps, ils cherchaient à créer en miniature la société très différente, modelée sur le Front du temps de guerre, par laquelle ils se proposaient de la remplacer.

Au début, les cellules locales jouissaient d'une autonomie considérable, mais elles étaient soumises à une pression constante pour traduire dans la pratique l'idée du parti, avec sa notion d'autorité centralisée au sommet et de stricte discipline à l'égard des ordres venus d'en haut. A l'intérieur de ce cadre embryonnaire, la position exceptionnelle d'Hitler était déjà admise. A partir de là, se développa, du milieu à la fin des années 20, le mythe achevé d'Hitler (« Sauveur envoyé par la Providence, pour sauver le peuple allemand de sa condition, et restaurer sa grandeur »), le rôle du chef charismatique n'ayant de comptes à rendre qu'à lui-même, l'identification du mouvement à la personne d'Adolf Hitler, et de l'idéologie du mouvement à sa *Weltanschauung* et les liens personnalisés entre Hitler et ses Gauleiters, souvent décrits comme une relation néo-féodale entre un *dux* et ses vassaux.

V

Jusqu'en 1930, les nazis demeurèrent un parti mineur, sur les marges de la politique allemande. Mais qui entrait dans le parti, et quel était son pouvoir d'attraction ?

Les effectifs passèrent de 1 100 en juin 1920 à 6 000 au début de l'année 1922 et à près de 20 000 au début de 1923, après que le parti socialiste d'Allemagne se fut dissous et eut voté la décision d'entrer au NSDAP (aux conditions d'Hitler), amenant pour la première fois des membres d'autres régions que la Bavière. L'année de crise de 1923 vit un nouvel accroissement important, les effectifs atteignant 55 000 membres au moment du putsch de Novembre. Ce chiffre doit toutefois être comparé à l'ensemble de l'électorat allemand, qui comptait 38 millions de votants.

Les sources sur la première période, 1919-1923, restent fragmentaires mais des recherches approfondies ont permis d'obtenir un profil qui peut être comparé à la composition sociale de l'ensemble de la population allemande[27]. Au contraire des autres partis allemands, à l'exception du parti centriste catholique, les membres du parti nazi même à ses débuts étaient répartis dans toutes les classes et couches sociales. La classe ouvrière dans son ensemble était sous-représentée mais en son sein, les ouvriers qualifiés, et en particulier les artisans, étaient sur-représentés.

Le vieux *Mittelstand* (la petite-bourgeoisie) – maîtres artisans, boutiquiers et petits patrons – était aussi sur-représenté et constituait une force substantielle, en particulier dans le sud. En revanche, les paysans n'entrèrent pas en nombre avant 1923. Dans le nouveau *Mittelstand*, les employés en col blanc étaient représentés dans une proportion presque égale à celle qu'ils occupaient dans le Reich, quoique les petits fonctionnaires (y compris les enseignants) fussent sur-représentés.

Les membres de l'élite étaient aussi sur-représentés, bien que leur nombre réel restât faible (ils formaient moins de 3 % de la population totale). Figuraient parmi eux les cadres, les chefs d'entreprise, les universitaires, les professions libérales et les étudiants (dont de nombreux anciens officiers de l'armée et des Freikorps). Le seul groupe de l'élite sous-représenté était celui des hauts fonctionnaires.

La dominante du parti était donc la petite-bourgeoisie (classe à laquelle beaucoup d'ouvriers qualifiés espéraient accéder) – vulgaire, majoritairement masculine et buveuse de bière, chauvine, xénophobe, autoritaire, antisémite, anti-intellectuelle, anti-émancipationniste, antimoderniste.

Le programme du NSDAP élaboré par Hitler et Anton Drexler dès le début de 1920, et déclaré immuable, reflète leurs efforts pour trouver quelque chose qui satisfasse tout le monde, sauf les juifs. Pour les nationalistes, il y avait la promesse d'une politique étrangère révisionniste et expansionniste, la révocation du traité de Versailles, l'union de tous les Allemands dans un Grand Reich. Pour les *völkisch*, il y avait la revendication que les juifs soient traités comme des étrangers, bannis de la fonction publique et déportés s'il n'y avait pas assez pour nourrir tout le monde. Pour les ouvriers, il y avait la promesse d'abolir tous les revenus indus, de confisquer les profits réalisés grâce à la guerre et d'instituer le partage des profits dans de grandes entreprises industrielles. Pour la bourgeoisie, la socialisation des grands magasins et leur cession à bail à de petits artisans, l'abolition de l'« esclavage de l'intérêt » et des dispositions généreuses de l'État en faveur des malades et des personnes âgées.

Les ouvriers « trimardeurs » isolés continuèrent à entrer au parti nazi mais, malgré toutes les intentions de plaire à la classe ouvrière, il n'y avait pas grand-chose dans ce programme pour attirer les cols bleus conscients de leur appartenance de classe et membres du mouvement ouvrier organisé. Hitler ne manifesta jamais beaucoup d'intérêt pour les clauses anticapitalistes de son programme et ne fit jamais beaucoup d'efforts pour les mettre en pratique quand il fut parvenu au pouvoir. Mais il reconnaissait que la version petite-bourgeoise « nationale » du « socialisme » qu'elles exprimaient exerçait un fort attrait sur beaucoup de ses partisans originaires de la classe moyenne et c'est pour cette raison qu'elle ne fut jamais abandonnée.

En fait, Hitler ne prit jamais le programme du parti très au sérieux et la majorité de ses clauses ne furent jamais appliquées. Il insista pour qu'elles soient déclarées intangibles afin de couper court à toute discussion sur les objectifs du parti, erreur des partis parlementaires qu'il méprisait. Son instinct ne le trompait pas. Ce n'était pas pour le contenu de ses discours que son public venait l'écouter mais pour le don qu'il avait de présenter les lieux communs de la droite et du nationalisme avec une force et un impact qu'aucun de ses rivaux ne pouvait égaler.

Hitler commençait déjà à réunir un certain nombre de ceux qui restèrent avec lui et prirent du galon sous le Troisième Reich. Ils étaient d'origines très diverses. Deux, Rudolf Hess et Hermann Goering, étaient d'anciens pilotes. Hess était le fils d'un commerçant allemand né à Alexandrie et avait sept ans de moins qu'Hitler. Devenu étudiant à l'Université de Munich, il était sérieux, stupide, manquait totalement d'humour. Dévoué comme un chien à Hitler, il devint son secrétaire. Goering était le dernier commandant de l'illustre escadron de combat Richthofen et avait reçu la plus haute distinction allemande, la décoration *Pour le mérite*. Personnalité tapageuse, il était marié à une baronne suédoise fortunée, et il vivait dans un certain décorum tout en suivant en amateur quelques cours à l'université. Hitler le fit commandant des SA, première des nombreuses nominations qui le menèrent dans les années 30 à occuper le poste le plus élevé d'Allemagne après celui d'Hitler.

Gottfried Feder et Dietrich Eckart étaient entrés au parti des ouvriers allemands avant Hitler. Tous deux étaient des hommes instruits, connus à Munich. Feder était ingénieur et avait des idées hétérodoxes sur l'économie et l'abolition de l'« esclavage de l'intérêt » qu'il prêchait avec une obstination de maniaque. Pendant quelque temps, il fit grosse impression sur Hitler mais, comme les autres économistes radicaux, il perdit de son influence au fur et à mesure que le Führer se rapprochait du pouvoir, et il dut se contenter d'un poste de sous-secrétaire d'État au ministère de l'Économie, d'où il fut chassé à la fin de 1934.

Eckart fut l'homme de qui Hitler apprit le plus dans ces premiers temps du mouvement. Bohème haut en couleur, il avait près de vingt ans de plus qu'Hitler. Grand lecteur, traducteur de *Peer Gynt* d'Ibsen, il avait fini par publier une feuille ordurière, *Auf Gut' Deutsch* (franc-parler) dans laquelle il déversait ses opinions nationalistes, antidémocratiques et anticléricales. Raciste, amateur enthousiaste du folklore nordique et ne répugnant pas à harceler les juifs, Eckart était beau parleur même quand il était pris de boisson, et connaissait tout le monde à Munich. Il prêtait des livres à Hitler, corrigeait son style oral et écrit, et lui faisait en même temps de la publicité comme futur sauveur de l'Allemagne ; il lui ouvrit de nombreuses portes, l'aida à recueillir des fonds pour racheter le *Völkischer Beobachter* et lui fit connaître l'Obersalzberg, région montagneuse des environs de Berchtes-gaden, proche de la frontière austro-bavaroise, où Hitler installa plus tard ses pénates. Eckart mourut longtemps avant que les nazis n'accèdent au pou-voir, mais Hitler lui rendit hommage dans la dernière page de *Mein Kampf.*

Les Bechstein, riches et célèbres fabricants de pianos, étaient une des familles auprès de qui Eckart introduisit son protégé. Frau Hélène Bechstein se prit d'une grande affection pour lui et donna des réceptions pour présen-ter au monde le nouveau prophète ; c'est ce que firent aussi les Bruckmann célèbres éditeurs d'art de Munich, qui devinrent des amis pour la vie. Hitler, encore mal à l'aise dans les manifestations mondaines, fut assez adroit pour exploiter sa propre maladresse, se comportant volontairement de manière exagérée, arrivant en retard et repartant tôt. Il présentait ses hommages à son hôtesse dans le style autrichien, en lui baisant la main et en lui offrant un bouquet de roses. N'ayant pas de conversation, il restait assis en silence jusqu'à ce que, comme au Foyer pour hommes, une remarque le fît sortir de ses gonds. Il pouvait alors vociférer d'une voix suraiguë pendant une demi-heure jusqu'à ce qu'il s'interrompe aussi soudainement qu'il avait commencé. Il se tournait alors vers l'hôtesse, suppliait qu'elle l'excusât, lui baisait la main et s'esquivait, se contentant d'une petite courbette pour le reste de la compagnie.

Il s'agit là d'un résumé du récit que l'un des invités à une réception donnée en 1923 fit à Konrad Heiden*, qui nota qu'aucune des personnes présentes n'oublia jamais avoir rencontré Adolf Hitler[28]. Autre maison où il était le bienvenu, et qui était un lieu saint pour Hitler, la maison des Wahnfried, berceau de la famille Wagner à Bayreuth, où la bru anglaise du compositeur, Winifred, devint une admiratrice dévouée. La petite-fille de Wagner, Friedelind, se souvint d'Hitler jeune homme :

> Il portait une culotte de peau bavaroise, d'épaisses socquettes de laine, une chemise à carreaux rouge et bleu et une courte veste bleue qui tombait comme un sac sur sa carcasse squelettique. Ses pommettes proéminentes saillaient au-dessus de joues creuses et terreuses, et étaient surplombées par une paire d'yeux d'un bleu anormalement lumineux. Il y avait chez lui quelque chose d'à moitié affamé, mais autre chose aussi, une sorte d'air fanatique[29].

---

* Konrad Heiden fut l'un des premiers observateurs des mouvements nazis dans les années 1920-1930. Voir les trois livres cités dans la bibliographie, section 3.

Collaborateur d'une autre maison d'édition d'art, mesurant un mètre quatre-vingt-dix, d'ascendance germano-américaine et diplômé de Harvard, Putzi Hanfstaengl s'était attiré les faveurs d'Hitler grâce à sa capacité de le détendre après ses discours en lui jouant du Wagner au piano, et savait l'amuser en déversant un flot d'anecdotes et de remarques irrévérencieuses.

Secret, possédant des relations utiles, Max Erwin von Scheubner-Richter était un réfugié allemand des provinces baltes de Russie qui présenta Hitler à un groupe d'émigrés russes blancs violemment anti-bolcheviques et antisémites, dont le plus important était le général Skoropadski, le gouverneur d'Ukraine nommé par les Allemands en 1918. Scheubner-Richter servit d'agent de liaison avec le général Ludendorff, le héros de la guerre des nationalistes allemands, et fut abattu à côté d'Hitler lors du putsch de 1923. Un autre réfugié allemand de la Baltique, Alfred Rosenberg, appartenait au même groupe et impressionna Hitler parce qu'il avait reçu une formation d'architecte à Moscou. Il devint rédacteur en chef du *Völkischer Beobachter*, et se considérait comme le philosophe du mouvement nazi à cause de ses analyses laborieuses et pédantes sur la race et la culture développées dans *Le Mythe du XXᵉ siècle*, que personne n'avait lu, et sur lequel Goebbels rendit un jugement définitif en déclarant que c'était « un rot idéologique ».

Hitler se sentait beaucoup plus à l'aise « à l'office », avec les éléments plus rustres du parti : Max Amann, son ancien sergent-major, Ulrich Graf, son garde du corps, apprenti boucher et lutteur amateur qui aimait beaucoup la bagarre, et qui avait son exact pendant en la personne de Christian Weber, ancien maquignon, doté d'une grande force physique, qui avait travaillé comme « videur » dans divers débits de bière. Hoffmann, le photographe officiel du parti, était un autre rustre bavarois, qui avait un faible pour les beuveries et les plaisanteries gaillardes. Hitler disait lui-même de Hermann Esser que c'était une canaille, qui vivait aux crochets de nombreuses maîtresses et s'était fait une spécialité d'exhumer des scandales juifs, mais qui restait en grâce à cause de ses qualités naturelles d'orateur populacier. En dehors d'Hitler, le seul rival d'Esser sur ce terrain (et en tant que pornographe) était Julius Streicher, instituteur de Nuremberg, qu'on ne voyait jamais en public sans un fouet. Il fonda *Der Stürmer* (*L'Assaillant* – ou membre des SA), la plus notoire de toutes les publications antisémites, dans laquelle il publiait des descriptions fantastiques de meurtres rituels et de crimes sexuels juifs. On pressa constamment Hitler de se débarrasser de personnages aussi peu ragoûtants mais il conserva Esser et Streicher à des postes du parti en Bavière tout au long du Troisième Reich, et les défendit pour leur loyauté.

Opérant un retour en arrière dans les années 40, il n'exprima aucune illusion sur le type d'hommes que son mouvement attirait dans les débuts mais il défendit aussi leur valeur :

De tels éléments sont inutilisables en temps de paix, mais dans les périodes de turbulence c'est tout différent... Cinquante bourgeois n'auraient pas valu un seul d'entre eux. Avec quelle confiance aveugle ils m'ont suivi ! Fondamentalement, ce n'étaient que des enfants qui avaient grandi trop vite... Pendant la guerre, ils s'étaient battus à la baïonnette et avaient lancé des grenades. C'étaient des créatures simples, tout d'une pièce. Ils refusaient qu'on vende le pays aux salopards qui étaient le produit de la défaite. Dès le début, j'ai su qu'on ne pouvait bâtir un parti qu'avec des éléments comme ceux-là[30].

Un des personnages clés de la réussite d'Hitler fut Ernst Röhm, soldat de fortune né et capitaine d'état-major par qui s'établissaient les liens mystérieux entre le Commandement de la région militaire (de la Reichswehr), les organisations nationalistes antirépublicaines qui proliféraient en Bavière et les groupes de Freikorps qui s'étaient réfugiés là quand ils avaient été officiellement désavoués. C'est Röhm qui fournit à Hitler les subsides clandestins provenant de fonds secrets de la Reichswehr, le recommanda et le présenta à des officiers supérieurs, veilla à ce qu'on sache qu'il jouissait de la faveur de la Reichswehr et dirigea des recrues potentielles vers les SA, à la construction desquelles il contribua plus qu'Hitler ou que n'importe qui d'autre.

Il était également important pour Hitler d'avoir des amis dans la police et au parquet, lesquels veillaient à ce que toute tentative de le faire inculper pour trouble de l'ordre public fût bloquée. Après 1918, la Bavière était la région la plus mécontente d'Allemagne, et fournissait un refuge où les nationalistes allemands de droite et les particularistes bavarois pouvaient au moins s'entendre dans leur dégoût du régime républicain de Berlin. Les fonctionnaires bavarois faisaient semblant de ne pas voir les complots, les manifestations et l'entraînement qui avaient lieu pour préparer « le grand jour », et pour lesquels beaucoup d'entre eux éprouvaient de la sympathie. Le chef de la police de Munich, Pöhner, et son conseiller politique, Wilhelm Frick, ainsi que le ministre bavarois de la Justice, Gürtner, étaient tout prêts à accorder ce genre de protection à Hitler. Au procès d'Hitler après le putsch de Novembre 1923, Pöhner et Frick déclarèrent avec franchise pourquoi ils n'avaient pas pris de mesures répressives contre le parti nazi :

> Nous nous sommes volontairement abstenus parce que nous voyions dans le parti la graine du renouveau de l'Allemagne, parce que nous étions persuadés que ce mouvement était celui qui avait le plus de chances de s'enraciner chez les ouvriers infestés par la plaie marxiste et de les ramener dans le camp nationaliste. C'est la raison pour laquelle nous avons étendu nos mains protectrices sur le NSDAP et sur Herr Hitler[31].

Frick comme Gürtner entrèrent au parti et furent récompensés par des ministères quand Hitler devint chancelier.

A ses débuts, le parti nazi était très désargenté. Quand Hitler eut ses entrées dans les cercles fortunés de Munich, il y trouva des avantages autant mondains que financiers. Parmi ceux qui apportèrent leur contribution, figurent Dietrich Eckart, les Bechstein, les Bruckmann et Putzi Hanfstaengl, dont les revenus en dollars provenant de la galerie d'art familiale de New York se révélèrent précieux pendant la pire période de l'inflation. Hitler fit diverses avances en direction des milieux d'affaires de Bavière mais avec des résultats limités. Le plus important fut une introduction auprès du puissant Club national de Berlin qu'il dut à un ami de Dietrich Eckart, Emil Gansser. En 1922, Hitler fut deux fois invité à prendre la parole au Club, qui était principalement constitué d'officiers et de hauts fonctionnaires ainsi que d'un certain nombre d'hommes d'affaires. Il semble s'y être bien pris, en évitant toute référence aux clauses anticapitalistes du programme du NSDAP et en mettant l'accent sur son antimarxisme. Il réussit au moins à éveiller un vif intérêt chez l'un des industriels d'Allemagne les plus connus, Ernst von Borsig, patron d'une société de construction mécanique célèbre quoiqu'elle ne figurât pas parmi les premières d'Allemagne. Borsig procura certes des fonds au NSDAP mais ne parvint pas à obtenir de l'argent d'autres industriels pour permettre à Hitler de créer une antenne du siège à Berlin. D'autres tentatives d'obtenir des appuis des milieux industriels, dans la Ruhr cette fois, s'avérèrent tout aussi vaines, malgré des rumeurs persistantes, qui se sont révélées sans fondement, selon lesquelles le plus gros capitaliste d'Allemagne, Hugo Stinnes, serait venu en aide au parti.

Le principal donateur qui peut être identifié fut Fritz Thyssen, l'héritier malheureux du patron octogénaire de l'une des plus grandes aciéries d'Allemagne, qui publia par la suite avec l'aide d'un « nègre » un livre au titre sensationnel, *I Paid Hitler,* où il affirma avoir versé 100 000 marks-or au NSDAP en octobre 1923, juste avant le putsch. Mais, dans un autre passage, Thyssen déclare explicitement que l'argent fut remis, non pas à Hitler, mais au général Ludendorff, partenaire de Hindenburg dans le haut commandement pendant la guerre, qui était désormais à la tête d'une coalition de groupes de droite et dont on croit savoir qu'il aurait alloué une partie de la somme, mais non la totalité, aux nazis, l'ayant partagée entre eux et les autres groupes. Il ne fait aucun doute que, grâce à Röhm, Hitler put bénéficier de fonds de la Reichswehr, et que d'autres subsides vinrent d'associations de droite comme la Ligue pan-germanique. Mais on n'a pas trouvé d'éléments convaincants [32] pour corroborer la thèse selon laquelle Hitler aurait obtenu des sommes importantes des grandes entreprises allemandes.

A la vérité, il semble que, dès le début, le parti ait beaucoup exigé de ses membres. Ceux qui occupaient des postes à l'échelon local devaient effectuer de longues heures de travail bénévole (ce n'est qu'à partir de 1929 que les Gauleiter émargèrent au budget du parti) ; ils n'étaient pas défrayés et étaient soumis à une pression constante non seulement pour organiser les réunions et les manifestations et y participer mais aussi pour recueillir des fonds. Les nazis imitèrent une autre pratique sociale-démocrate consistant à percevoir des cotisations régulières de leurs militants. Les membres et les sympathisants étaient aussi harcelés pour fournir des prêts sans intérêts, payer leur entrée aux réunions et aux rassemblements et verser aux collectes faites après les discours d'Hitler. Des policiers auraient raconté que les sommes que les gens aux revenus modestes étaient prêts à donner « frisaient l'incroyable [33] ».

Aucun autre parti de droite d'Allemagne n'avait jamais tenté quoi que ce soit de semblable. Cela accréditait l'affirmation d'Hitler que le NSDAP était un mouvement authentiquement populiste, ayant la capacité de rallier les masses. C'était en effet l'affirmation qui séduisait ceux qui étaient en mesure d'apporter leur aide – la capacité d'Hitler d'utiliser ses talents d'agitateur et d'organisateur pour être (selon sa propre expression) le *Trommler zur Deutschheit* (« tambour du germanisme »).

Mais quel était l'objectif de toute cette activité ? Comment allait-elle donner des résultats politiques ? Hitler ne parlait presque jamais sans exprimer son mépris pour les méthodes parlementaires et sous-entendre sa préférence pour le recours à la force. Mais il fournissait des réponses vagues à la question de savoir comment la force devait être mobilisée et appliquée. La marche sur Rome qui, à la fin d'octobre 1922 avait assuré à Mussolini des pouvoirs dictatoriaux fournissait une réponse possible. Car la marche n'avait été qu'une menace. La réalité avait été un défilé triomphal après que Mussolini fut arrivé à Rome par le train de nuit régulier et eut été appelé par le roi à former un gouvernement. S'il y avait eu un gouvernement fort en place, ou si le roi d'Italie avait voulu en prendre le risque, l'armée régulière disposait de troupes suffisantes dans la capitale pour écraser toute tentative de coup de force. Mais les ordres ne furent jamais donnés. Personne ne voulant en prendre la responsabilité, la résistance s'effondra. L'occupation par la milice fasciste d'un certain nombre de capitales provinciales comme Florence et Pérouse et la seule menace d'un recours à la force suffirent à propulser légalement Mussolini au pouvoir.

Le succès de Mussolini fit une grosse impression sur l'opposition nationaliste d'Allemagne. En Bavière, en particulier, on parla beaucoup d'une marche sur Berlin, et alors que commençait l'année 1923, on eut l'impression que les conditions essentielles qui avaient rendu possible la tentative de Mussolini – l'affaiblissement de l'autorité du gouvernement central et de sa capacité de résistance – pouvaient être à nouveau remplies en Allemagne.

VI

Le facteur nouveau qui précipita le retour de l'insécurité et de la violence des années 1918-1920 fut l'exigence de dommages de guerre des Alliés et la déclaration par l'Allemagne de son incapacité de payer. Déterminés à mettre fin aux tergiversations de l'Allemagne, les Français occupèrent la Ruhr en janvier 1923, et les Allemands répliquèrent par un appel à une campagne de résistance passive conduite par le gouvernement et soutenue par tous les partis politiques.

En juin 1922, le ministre des Affaires étrangères, Rathenau, avait été assassiné par une bande de meurtriers de droite, et le gouvernement allemand avait fait adopter une loi pour la Protection de la république. Cette dernière s'était toutefois révélée sans effet ; sous le couvert de l'appel à la résistance aux Français, les organisations paramilitaires, nationalistes et communistes, qui avaient été interdites par le gouvernement, purent se montrer à nouveau au grand jour et recommencer à mener des actions violentes en toute impunité. En Bavière, la plaie ouverte par l'abolition de la monarchie et la suppression des prérogatives d'État dont le royaume avait joui sous l'empire ne s'était pas refermée, et le gouvernement de Munich refusa d'appliquer la nouvelle loi.

A l'insécurité politique provoquée par l'occupation de la Ruhr et par l'appel à la résistance du gouvernement allemand, s'ajouta l'insécurité économique causée par la chute du mark. L'origine du malaise résidait dans l'imprévoyance dont avait preuve le gouvernement en finançant la guerre avec des emprunts, qui avaient entraîné un accroissement énorme de l'endettement de l'État et de la masse monétaire détenue par le public. En 1922, le mark était tombé au dixième de sa valeur de 1920, et en 1923 il avait cessé d'avoir la moindre valeur. Le 1er juillet, le dollar valait 160 000 marks ; le 1er août, un million. Le 15 novembre 1923, il fallait un milliard de marks pour atteindre le pouvoir d'achat d'un mark de 1914.

En novembre, la stabilisation de la monnaie fut réalisée sans difficulté et quasiment sans aide étrangère, mais dans des conditions bien pires que celles qui auraient été nécessaires quelques mois plus tôt. Toutefois, jusqu'en novembre, les experts allemands déclarèrent que la stabilisation était impossible et se contentèrent d'incriminer la demande de réparations des Alliés. Certains Allemands firent fortune grâce à l'inflation, surtout les propriétaires terriens et les industriels qui épongèrent leurs dettes, et furent autorisés à rembourser leurs emprunts à la Reichsbank en marks dévalués. Mais la grande masse des Allemands souffrit cruellement. La majorité des membres des classes moyennes perdit pratiquement toutes ses économies et un grand nombre fut ruiné ; le pouvoir d'achat des ouvriers fut réduit à néant, et beaucoup ne purent plus se nourrir ni se loger. Le choc laissa une empreinte profonde dans la société allemande, causant une déstabilisation politique immédiate ainsi qu'un désarroi psychologique durable.

Au fur et à mesure que les semaines passaient et que le coût de la politique de résistance augmentait, il y eut de plus en plus de gens dans toute l'Allemagne pour dire : « Ça ne peut plus durer », et pour accuser le gouvernement d'avoir rendu cela possible. C'était une situation faite pour Hitler et les nazis. Il vit très clairement l'occasion qui s'offrait à lui ; le problème était de savoir comment la tourner à son avantage. Il n'était toujours le chef que d'un des nombreux groupes de droite qui proliféraient en Bavière. Pas encore assez puissant pour entreprendre quelque chose par lui-même, ce groupe était en outre en désaccord sur les objectifs avec ses alliés naturels. Ce désaccord est la clef de la manœuvre confuse qui s'ensuivit, et qui se termina par le fiasco du putsch de Novembre.

Pour comprendre la politique allemande des années 20, il est nécessaire de se rappeler que la République de Weimar, tout comme l'Empire allemand qu'elle avait remplacé, avait une structure fédérale. La taille des dix-sept États (*Länder*) qui la constituaient allait de celle de la Prusse, avec trente-huit millions d'habitants – les deux tiers du total – à celle du Schaumburg-Lippe avec 48 000. En dehors du gouvernement central (du Reich) – responsable des impôts, de la politique étrangère et de la défense – et du parlement national, le Reichstag, chaque État avait son propre gouvernement – responsable, par exemple, de la police et de l'Éducation – et son propre parlement (Landtag). Le plus important de tous était le gouvernement de Prusse, dont le siège était à Berlin, et qui, du fait de sa population nombreuse et de ses ressources, pouvait être facilement considéré comme un rival du gouvernement du Reich, installé lui aussi à Berlin.

Toutefois, en 1923, c'est le conflit entre le gouvernement du Reich à Berlin et le gouvernement bavarois de droite à Munich (la Bavière était le deuxième État après la Prusse) qui préoccupait Hitler. Il y avait trois questions en jeu. La première était le particularisme bavarois, le rêve qui hantait les hommes politiques de droite de rendre la Bavière aussi autonome que possible, de lui restituer son statut d'avant-guerre, sinon son indépendance, et de restaurer la monarchie des Wittelsbach. La deuxième était le projet de beaucoup d'officiers de la Reichswehr, dont Röhm, d'organiser une armée de réserve secrète à partir des SA et des anciennes unités de Freikorps pour les cent mille hommes auxquels était limitée l'armée allemande en vertu du traité de Versailles. Et la troisième était la forte poussée de sentiment nationaliste, face à l'agression française et à l'occupation de la Ruhr, tendant à unir le peuple allemand derrière le gouvernement républicain de Berlin et à renforcer ainsi le régime de Weimar.

Hitler était opposé aux trois. La Bavière ne l'intéressait que comme tremplin d'une marche sur Berlin qui renverserait le gouvernement fédéral et le remplacerait par un gouvernement unissant tous les Allemands, y compris les Autrichiens et les Bavarois, au sein d'un État national fort.

Il considérait principalement les SA comme un corps paramilitaire du parti devant servir à des fins politiques plutôt que comme une partie de l'armée allemande, estimant que le moyen de reconstruire la puissance militaire allemande n'était pas de jouer aux petits soldats dans les bois de Bavière ni de mener des actions de guérilla contre les Français dans la

Ruhr mais de s'emparer du pouvoir politique et de favoriser ainsi le réarmement du pays.

En ce qui concerne l'appel à l'unité nationale, il se plaça volontairement à contre-courant en soutenant que l'ennemi véritable du peuple allemand n'était pas la France mais le gouvernement des « criminels de novembre » toujours au pouvoir à Berlin, qui avait accepté les conditions du traité de Versailles. Hitler montra la même résolution que Lénine : la seule chose qui comptait était de s'emparer du pouvoir ; une fois qu'on s'en serait assuré, tout le reste suivrait. Mais s'il avait suivi une ligne aussi cohérente au grand jour, il aurait été isolé, et ne pouvait pas se le permettre. Pour demeurer dans le jeu politique qui se jouait en Bavière, il dut louvoyer et faire des compromis, mais il ne put jamais surmonter sa méfiance à l'égard des autres joueurs, qui étaient très contents de l'appui qu'il pouvait leur apporter (les effectifs du parti avaient augmenté de 35 000 membres, et ceux des SA de 15 000, entre février et novembre 1923) mais n'avaient aucunement l'intention de traiter d'égal à égal avec lui et encore moins de lui abandonner les rênes.

Une *Kampfbund* (une Ligue de combat) fut créée avec les autres groupes nationalistes militants, et Hitler prévit une manifestation de grande ampleur pour le 1ᵉʳ Mai 1923 visant à empêcher ou à troubler les célébrations traditionnelles de la gauche. Quand le gouvernement de Bavière donna son accord à une réunion de masse et à un défilé, mais interdit toute procession dans les rues, Hitler passa outre et décida de faire monter les enjeux. Avec l'aide de Röhm et malgré l'interdiction émanant directement du commandant de la région militaire, le général von Lossow, des hommes des SA se rendirent dans les casernes et se saisirent des armes, dont des mitrailleuses, que les « ligues patriotiques » y entreposaient. Les SA réunis pour le défilé étaient persuadés qu'ils allaient au moins participer à l'action révolutionnaire dont Hitler avait si souvent parlé, et quand Hitler les rejoignit il portait son casque et sa Croix de fer. Mais von Lossow était un homme qui ne se laissait pas bousculer : il intima à Röhm, qui était toujours officier, de veiller à la restitution des armes volées, et l'envoya avec une escorte de soldats et de policiers vérifier que ses ordres étaient exécutés. Quelques-uns des chefs de la Kampfbund étaient partisans d'une action immédiate, persuadés qu'ils entraîneraient la Reichswehr derrière eux, mais Hitler n'était pas prêt à prendre le risque. Il ordonna aux SA de rapporter les armes aux casernes et, bien qu'il eût déployé tous ses efforts dans le discours prononcé au Cirque Krone pour s'expliquer, l'issue fut considérée comme un grave revers pour lui. Hitler le reconnut d'ailleurs lui-même en disparaissant de Munich pour aller se réfugier pendant plusieurs semaines dans l'Obersalzberg. Sa confiance ébranlée, il redoutait en effet (étant toujours citoyen autrichien) d'être banni de Bavière.

Hitler fut encouragé à tenter de nouveau sa chance par l'aggravation de la crise en Allemagne au cours des mois d'août et septembre. Le gouvernement Cuno, qui avait lancé la campagne de résistance passive dans la Ruhr, démissionna le 11 août, reconnaissant ouvertement qu'il n'avait pas réussi à faire fléchir la France. L'unité économique et politique du Reich semblait désormais en danger : la première en raison de l'effondrement final de la monnaie, la dernière à cause de l'appui français au séparatisme rhénan, des grèves et des émeutes conduites par les communistes et d'un regain du séparatisme bavarois. Le seul choix offert au nouveau gouvernement formé par Stresemann en août fut d'annuler la campagne de résistance contre les Français, et cela servit évidemment de tremplin à l'accusation portée contre lui et les membres de son cabinet d'être des « traîtres à la patrie ». Le lendemain d'une gigantesque manifestation organisée à Nuremberg pour célébrer l'anniversaire de la défaite française de Sedan le 2 septembre 1870, au cours de laquelle Hitler avait prononcé une allocution, la Kampfbund fut reconstituée.

Retrouvant toute son énergie, Hitler se mit désormais à prendre la parole cinq ou six fois par jour.

> Le régime de novembre [1918] touche à sa fin [dit-il, devant un auditoire, le 12 septembre]. L'édifice chancelle ; la charpente craque. Deux choix seulement s'offrent désormais à nous : le svastika ou l'étoile soviétique, le despotisme mondial de l'Internationale ou le Saint Empire de la nation germanique. Le premier acte de réparation doit être une marche sur Berlin et l'installation d'une dictature nationale [34].

La question de savoir qui allait être le dictateur fut laissée pendante. Le général Ludendorff, qui avait accepté les fonctions de Président de la Kampfbund reconstituée, estimait que ce devait être lui ; qu'Hitler se soit déjà vu dans ce rôle, autrement que comme « tambour », n'est pas évident [35]. Cependant, le problème fondamental d'Hitler demeurait entier. Il ne suffisait pas qu'il entraîne la Kampfbund derrière lui : il lui fallait en plus le soutien du gouvernement de Bavière, et l'appui ou au moins l'assentiment de la Reichswehr. Le 26 septembre, pour fixer les limites de la liberté d'action de la Kampfbund, le gouvernement bavarois institua l'état d'urgence, et nomma von Kahr, un homme politique de droite, Commissaire d'État avec des pouvoirs dictatoriaux. Ce dernier s'empressa de les utiliser pour interdire les quatorze meetings de masse qu'Hitler avait convoqués pour relancer sa campagne.

Toutefois, la question décisive restait l'attitude de la Reichswehr. Le 26 septembre, le jour même où la nouvelle de la proclamation de l'état d'urgence parvint à Berlin, le président Ebert et le cabinet du Reich rencontrèrent le général Hans von Seeckt, commandant en chef de l'armée, et lui demandèrent quelle position adoptait la Reichswehr. La réponse du général – « La Reichswehr, monsieur le Reichspräsident, se tient derrière moi » – revenait à affirmer que l'armée, et non le gouvernement, était l'ultime gardien de l'unité du Reich et qu'elle agirait comme ses chefs le jugeaient bon pour la préserver. Cependant, les membres du cabinet n'étaient pas en position de discuter avec von Seeckt ; ils devaient déjà s'estimer heureux que, dans la situation présente, la Reichswehr fût prête à les soutenir contre la menace d'une guerre civile. Forts de cette assurance, ils purent, à leur tour, instituer l'état d'urgence national, et placer officiellement leur pouvoir exécutif entre les mains du ministre de la Défense, mais en fait entre celles de von Seeckt, en tant que commandant en chef.

Pendant six mois, par l'intermédiaire des chefs des sept régions militaires, l'armée (comme elle l'avait fait pendant la guerre) contrôla tout, y compris les prix, les règlements monétaires et les conditions de travail. Une tentative de putsch de la droite de l'armée, « la Reichswehr noire », fut immédiatement désavouée, et la menace du gouvernement de gauche de Saxe d'organiser une révolte avec la Milice rouge fut écartée par la force. Des menaces analogues à Hambourg et en Thuringe furent traitées de la même manière.

La Bavière se montra plus difficile à mater, et ce fut la scission ouverte qui commençait à se faire jour entre Munich et Berlin qui fournit à Hitler sa chance. Non seulement von Kahr refusa de reconnaître l'autorité du gouvernement du Reich, mais le général von Lossow, le chef de la région militaire de Bavière, refusa d'obéir quand von Seeckt lui ordonna d'interdire le *Völkischer Beobachter* pour sa violente campagne contre Berlin et d'arrêter les principaux nationalistes allemands de Bavière. Lorsque von Seeckt démit von Lossow de ses fonctions, von Kahr refusa d'accepter son successeur et nomma von Lossow commandant des troupes de la Reichswehr en Bavière. Von Seeckt rappela à ce dernier et aux troupes placées sous son commandement leur serment d'obéissance, mais von Kahr et von Lossow restèrent sur leurs positions, avec l'appui du colonel Seisser, le chef de la police d'État de Bavière.

On ne sait trop quelles étaient les intentions du triumvirat. Le plus vraisemblablement, ils voulaient voir comment la situation allait évoluer avant de décider. Von Kahr s'était prononcé ostensiblement en faveur d'une marche sur Berlin, et, le 24 octobre, von Lossow convoqua une conférence pour discuter de la mise en œuvre de l'opération. Mais on s'abstint délibérément d'inviter Hitler et les SA , et Hitler craignit que le triumvirat voulût soit agir sans lui, soit essayer d'amener von Seeckt à instaurer une dictature nationale, les Bavarois lui apportant alors leur appui et veillant à ce que les intérêts de la Bavière fussent préservés.

Hitler et la Kampfbund avaient déjà fait leurs propres préparatifs et, devant ce retard, leur impatience croissait. Hitler ne pouvait pas se permettre de renouveler le fiasco du 1er Mai ; il était conscient (tout comme le triumvirat) que le temps passait et que le gouvernement de Berlin risquait de surmonter rapidement la crise. Le 6 novembre, la Kampfbund décida d'agir de son propre chef en plaçant von Kahr et von Lossow devant le fait accompli, et de brûler leurs vaisseaux à leur place. Apprenant que von Kahr avait prévu une grande réunion pour le soir du 8 novembre à laquelle tous les notables de Bavière seraient conviés, Hitler décida de profiter de l'occasion. Ce ne fut pas tant le « putsch d'Hitler » que « le coup de poker désespéré d'un homme qui craignait d'avoir été abandonné par ses compagnons de conspiration[36] ».

Le jour de la réunion, 2 000 personnes s'étaient entassées à la Brasserie Bürgerbräu pour entendre les dirigeants de Bavière. Peu après le début, Hitler fit irruption dans la salle et investit l'estrade, pistolet au poing, en criant que la révolution nationale avait commencé. Après avoir poussé von Kahr, von Lossow et Seisser dans une salle voisine, il revint pour annoncer qu'un gouvernement provisoire venait d'être formé, dans lequel il assurait la direction politique, que Ludendorff devenait commandant en chef de l'armée allemande, et que tous les membres du triumvirat auraient des postes. Avec l'aide de Ludendorff, il ramena les trois hommes sur l'estrade où ils promirent de se montrer loyaux et serrèrent la main d'Hitler en une scène de réconciliation fortement applaudie – puis ils firent des excuses et disparurent dans la nuit pendant qu'Hitler était occupé à autre chose.

Quand le moment fut venu de mener une action décisive et de recourir à la force comme il avait affirmé sans relâche que c'était son objectif, Hitler se montra singulièrement inefficace. Rien n'avait été convenablement préparé, et quand Hitler fut finalement obligé de reconnaître que von Lossow et von Kahr avaient recouvré leur liberté d'action et prenaient des mesures en vue d'écraser le soulèvement, il fit une dépression nerveuse et traversa toute une série d'états – la colère, le désespoir, l'apathie, le regain d'espoir, l'hésitation. En fait, s'il s'était seulement donné la peine de sortir et d'aller parler à la foule – tâche qu'il délégua à Streicher – Hitler se serait rendu compte qu'il était encore possible d'obtenir un soutien populaire pour organiser une marche sur Berlin. Au lieu de cela, il resta enfermé dans la brasserie, isolé de la foule dont il avait toujours tiré sa force, et incapable de décider s'il fallait ou non prendre le risque d'appeler à une manifestation. Ce fut Ludendorff qui décida pour lui et le lendemain à midi conduisit Hitler et les autres chefs nazis à la tête d'une colonne de plusieurs milliers de personnes, qui traversa l'Isar et pénétra dans le centre de la ville.

Le récit des témoins donne fortement à penser qu'Hitler avait déjà perdu la foi en ce qu'il était en train de faire. Quand un cordon de policiers ouvrit le feu sur l'Odeonplatz, les rangs se disloquèrent, quatorze manifestants et trois policiers furent tués, et un beaucoup plus grand nombre blessés. Tandis que Ludendorff continuait à avancer et franchissait le cordon de police, Hitler, après avoir été jeté à terre et s'être démis le bras, réussit à se relever et à s'enfuir, pour finir par se réfugier à Uffing dans la banlieue de Munich. Il fut arrêté deux jours plus tard et jeté en prison dans un état de découragement complet, persuadé qu'il ne se remettrait jamais de la catastrophe qu'il venait de vivre, et que de toute façon il serait fusillé.

Il s'avéra que ce n'était pas la fin d'Hitler. Bien qu'il fût jugé pour trahison et condamné, il passa moins d'un an en prison. Néanmoins, quand il refit surface à la fin de 1924, il se retrouva confronté à la nécessité d'asseoir à nouveau sa position en repartant presque de zéro. En

1923, les chances de déclencher un coup de force comparable à la marche sur Rome de Mussolini un an plus tôt n'avaient jamais été que minimes. S'il avait réussi, il se serait retrouvé avec encore presque tout à jouer, mais on aurait au moins admis qu'il était un des joueurs de la partie. Au lieu de cela, il fallut plus de six ans à Hitler pour rentrer véritablement dans le jeu.

Comparés à l'importance historique et à l'ampleur des événements auxquels Staline prenait part à la même époque, les débuts de la carrière d'Hitler et le putsch de Novembre, qui firent tout juste l'objet d'un paragraphe dans la presse mondiale, doivent paraître extrêmement insignifiants. Néanmoins, comme les années d'apprentissage de Staline avant 1917, l'expérience d'Hitler en 1923, non moins que le fiasco qui y mit un terme, devaient avoir un effet formateur sur la manière dont il finit par accéder au pouvoir.

Le Secrétaire général

Staline : 1918-1924 *(38 à 44 ans)*

I

La révolution russe de 1917 demeure un des événements les plus extraordinaires et les plus lourds de conséquences du XXe siècle. Avec moins de 25 000 membres au début de 1917, les bolcheviks étaient le plus petit des partis socialistes russes. Il était dans l'opposition et resta politiquement isolé pendant la plus grande partie de l'année. Or, avant que celle-ci se termine, ses dirigeants étaient devenus, de manière imprévisible et presque du jour au lendemain, le premier gouvernement socialiste du monde, responsable d'un pays immense, avec une population de plus de 170 millions d'habitants. A l'automne 1918, ils étaient au pouvoir depuis un an, avaient mis fin à la guerre et instauré la dictature d'un parti unique prétendant représenter les ouvriers et les paysans de Russie. Mais leur capacité d'étendre leur autorité sur la totalité du pays, et même de survivre en tant que gouvernement, sans parler de mettre en pratique leur programme de révolution économique et politique, restait douteuse. La condition que Lénine comme Trotski avaient jugée indispensable à leur réussite, l'éclatement simultané de la révolution en Europe occidentale, en particulier en Allemagne, s'était révélée infondée. Au lieu de recevoir l'aide des gouvernements socialistes amis, ils se retrouvèrent confrontés à une intervention alliée destinée à appuyer les forces contre-révolutionnaires opérant en Russie.

L'Ukraine, la Pologne et les États baltes, occupés par l'Allemagne au cours de la dernière année de la Première Guerre mondiale, instaurèrent des gouvernements indépendants quand elle prit fin. Des armées russes blanches (c'est-à-dire antirouges) avaient été mises sur pied par les anciens généraux tsaristes Denikine, Ioudenitch et Wrangel, et l'amiral Koltchak. Pendant l'année 1918, les forces blanches, rejointes par la Légion tchécoslovaque, qui avait été constituée avec des prisonniers de guerre, occupèrent tous les grands centres industriels et stratégiques de Sibérie, de l'Oural et de la région de la moyenne Volga.

Au sud, les cosaques du général Krasnov avancèrent vers le nord dans le but d'opérer leur jonction avec les autres forces blanches à Kazan et de couper la liaison ferroviaire entre Tsaritsyne et Moscou, lien avec le dernier grenier à blé de la capitale au nord du Caucase. La ration de pain des ouvriers de Moscou et de Petrograd fut réduite à une trentaine de

LA RUSSIE DANS
LES ANNÉES 20

NORVÈGE

SUÈDE

Mourmansk

Kiev
Leningrad
Odessa
Moscou
Gorki
Perm
Oufa
U.   R.   S.   S.
Tiflis
Tcheliabinsk
Omsk
Chemin de fer
Transsibérien
Bakou
Angarsk
Kharbine
Vladivostok
MONGOLIE
JAPON
PERSE
CHINE

FINLANDE

Lac
Onéga

Lac
Lagoda
Leningrad
(Petrograd)

ESTONIE

Mer Baltique

Riga
LETTONIE

LITUANIE

PRUSSE
ORIENTALE

RÉPUBLIQUE   SOCIALISTE

FÉDÉRATIVE   Volga

Moscou

Minsk

BIÉLORUSSIE

SOVIÉTIQUE   DE   RUSSIE

U.   R.   S.   S

POLOGNE

Kiev

R.S.S.

R.S.S.
DU
KAZAKHSTAN

TCHÉCOSL.

HONGRIE

Boug

D'UKRAINE

Dniepr

Don

Tsaritsyne
(Stalingrad)

Volga

ROUMANIE

YOUGOSLAVIE

Danube

Mer
Caspienne

BULGARIE   Mer   Noire   Sotchi   C A U C A S E

GRÈCE

R.S.S.A.
DE GÉORGIE

D'AZERBAIDJAN

Mer

RÉPUBLIQUE SOCIALISTE
FÉDÉRATIVE SOVIÉTIQUE
DE TRANSCAUCASIE

R.S.S.A.
D'ARMÉNIE

R.S.S.A.

TURQUIE

Territoire
d'Azerbaidjan

PERSE

Égée

Lac
de Van

Lac
Urmieh

0   km   300

grammes par jour. Le Caucase même fut divisé entre divers régimes rivaux, combattant et les Blancs et les communistes et se battant aussi par intermittence entre eux.

A l'ouest, les Polonais étaient impatients de reconquérir les territoires d'Ukraine et de Biélorussie qui avaient autrefois fait partie de l'État polono-lituanien. En Extrême-Orient, les Japonais, rapidement suivis par les Américains, débarquèrent des troupes en Sibérie. Une force française occupa Odessa ; les Britanniques s'emparèrent d'Arkhangelsk au nord et de Bakou au sud. Pendant un temps, la zone contrôlée par le gouvernement de Lénine fut réduite à un peu plus que l'ancienne principauté de Moscou au XVe siècle.

La direction du parti, qui se retrouvait confrontée à la tâche gigantesque de dominer la situation, ne manquait pas d'hommes capables, mais aucun d'entre eux n'avait l'expérience du gouvernement ni de la gestion de l'économie. Non seulement ils savaient beaucoup de choses en théorie et peu dans la pratique, mais ils avaient une défiance profonde pour les pratiques gouvernementales traditionnelles tant de l'autocratie tsariste que des régimes bourgeois d'Europe occidentale – et rejetaient entièrement les méthodes de gestion économique capitalistes. Manquant d'expérience, ils manquaient aussi d'un modèle ou du plan d'un système de remplacement ; tout dut être improvisé.

Cependant, ni Lénine ni Trotski – l'un âgé de moins de cinquante ans, l'autre, comme Staline, de moins de quarante – ne se laissa abattre par ce qui l'attendait. Lénine avait atteint l'objectif auquel il avait consacré sa vie, s'emparer du pouvoir, et cela renforça non seulement la confiance qu'il avait en lui mais aussi son autorité. Jusqu'au Xe congrès, en 1921, les grandes orientations politiques firent toujours l'objet d'un vif débat au sein du parti, les différends et la critique étaient tolérés. Mais après la prise de position de Lénine contre la majorité du parti dans ses Thèses d'avril, la révolution d'Octobre et les négociations de Brest-Litovsk – justifiées dans chaque cas par le résultat – son rôle dirigeant ne fut jamais remis en question.

Trotski avait toujours été considéré par les vieux bolcheviks comme une pièce rapportée qui n'était entrée au parti qu'en août 1917, et ses manières autoritaires étaient ressenties comme de l'arrogance par les autres en dehors de Staline. Mais après son exploit au soviet de Petrograd, en 1905 ainsi qu'en 1917, et son rôle de cerveau dans la prise du pouvoir, sa stature de chef révolutionnaire fut quasiment incontestée, surtout quand il continua en déployant ses talents d' « organisateur de la victoire » – de Carnot de la révolution russe – pendant la guerre civile.

On n'aurait pas pu en dire autant du quadragénaire Zinoviev. Rares étaient les autres dirigeants du parti qui avaient du bien à dire de lui. Il s'était opposé à Lénine à propos de la décision de tenter de s'emparer du pouvoir en 1917 et avait donné sa démission du comité central à la suite du refus de Lénine de participer à un gouvernement de coalition. Malgré ces désaccords, Lénine lui avait pardonné et Zinoviev était devenu membre suppléant (c'est-à-dire, à titre probatoire) du politburo en 1919 et membre à part entière en 1921, ainsi que président de l'Internationale communiste dès sa fondation et président de l'importante Organisation du parti de Petrograd. Toutefois on considérait unanimement qu'il devait sa place au fait que Lénine s'était habitué à compter sur lui pendant les années d'exil entre 1908 et 1917 et avait continué à le faire par la suite – bien que Lénine eût lui-même dit : « Il imite mes erreurs. » Zinoviev était un orateur brillant et avait des dons de vulgarisateur mais ses prétentions au statut d'intellectuel n'étaient pas prises au sérieux. On disait aussi que Lénine avait déclaré qu'il n'était hardi qu'une fois le danger passé. « La panique personnifiée », avait tranché Sverdlov. Et sa vanité était légendaire. Mais étant parvenu au sommet, Zinoviev était décidé à y demeurer, et (au contraire de Trotski, qu'il détestait) il en fit au moins son combat.

Un facteur qui joua en faveur de Zinoviev fut son alliance avec Kamenev, né la même année que lui, en 1883, et né lui aussi de parents juifs. Après une période d'activité clandestine, Kamenev avait vécu à l'étranger de 1908 à 1914, où il était devenu le plus proche collaborateur de Lénine après Zinoviev. Exilé en Sibérie en même temps que Staline, il était rentré avec lui en 1917 et avait repris son association avec Zinoviev, laquelle dura jusqu'à ce que Staline les fît juger et exécuter en 1936. Homme de peu d'ambition personnelle, modelant sa conduite sur celle de Zinoviev, Kamenev encourut les foudres de Lénine à cause de son attitude conciliatrice en 1917-1918. Toutefois, lui aussi fut pardonné et réadmis au comité central et au politburo. Il figurait en effet parmi ces personnages familiers sur qui Lénine croyait pouvoir compter et ce dernier l'avait d'ailleurs nommé président de l'organisation de l'autre grande ville, Moscou. Personnage plus solide que Zinoviev, malgré sa tendance à suivre la ligne de ce dernier, Kamenev était plus apprécié et on le respectait pour ses talents d'écrivain et d'orateur aux idées claires, surtout comme président d'assemblée.

Deux autres partageaient avec Staline l'expérience d'une carrière pré-révolutionnaire passée pour l'essentiel en Russie et non à l'étranger. Tous deux avaient appartenu à l'aile droite du parti mais tous deux avaient l'expérience pratique que Lénine appréciait tant. Mikhaïl Tomski était le seul dirigeant bolchevique qui avait été ouvrier d'usine ; il était litho-graveur de métier et n'était entré au parti qu'à l'âge de vingt-quatre ans. Sa grande vertu fut qu'il put prendre la présidence des syndicats. Alexeï Rykov était recommandé par le fait qu'il était issu d'une famille paysanne et qu'il était russe de souche. C'était un avantage dans la situation où les trois postes les plus importants après Lénine étaient tenus par des juifs – Trotski, Zinoviev et Kamenev – et qu'un quatrième l'était par un Géorgien. L'antisémitisme était encore puissant en Russie et par la suite Hitler ne se lassa jamais d'assimiler « Moscou » au « complot juif international ». Rykov prit le poste de premier gestionnaire de l'industrie et, en février 1918, il fut nommé président du Conseil économique suprême, devenant membre du

Bureau de l'organisation du comité central du parti (l'orgburo), en même temps que Tomski, en 1921, et du politburo en 1922.

Le seul membre de la direction en dehors de Lénine et Trotski qu'on pouvait indéniablement définir comme un intellectuel était Nikolaï Boukharine. Autre Russe de souche, né en 1888, fils d'instituteur, il avait été comme Kamenev, durant une courte période, étudiant à l'Université de Moscou, avant de se consacrer à plein temps à l'activité révolutionnaire et d'émigrer en 1911. Boukharine était passionné de théorie économique et son livre, *L'Impérialisme et l'économie mondiale* précéda et influença le travail de Lénine sur le même sujet. Quand Boukharine revint en Russie en 1917, il devint l'un des chefs de l'aile gauche du parti, s'opposant à Brest-Litovsk au profit de la guerre révolutionnaire et fournissant une justification théorique aux méthodes du communisme de guerre dans *L'Économie de la période de transition*, tentative hardie d'estimer les « coûts de la révolution » et de défendre l'idée qu'ils étaient inévitables. Il avait le même brio que Trotski, encore qu'au contraire de ce dernier il était populaire, surtout parmi les jeunes membres du parti. Doué de charme autant que talentueux, c'était, selon l'expression de Lénine le « chouchou du parti ». Mais Lénine trouvait aussi qu'il manquait de fermeté dans ses opinions et qu'il était « mou comme de la cire », raison pour laquelle, peut-être, après avoir été élu membre suppléant au politburo en 1919 il n'accéda au titre de membre à part entière qu'en 1924, après la mort de Lénine. Boukharine n'occupa jamais de fonctions administratives importantes dans le parti ni dans le gouvernement, et il ne se montra jamais à la hauteur des autres comme politicien ; mais il fit preuve d'une grande indépendance intellectuelle, s'opposant fréquemment à Lénine sur des points théoriques. Boukharine devint un adepte de la Nouvelle politique économique et le principal défenseur de cette dernière en tant que changement d'orientation continuel. Il rassembla autour de lui un groupe de jeunes économistes à l'Institut des professeurs rouges. Ceux-ci jouèrent le rôle de propagandistes de ses idées, qu'il put aussi promouvoir en sa qualité de rédacteur en chef de la *Pravda* et de la nouvelle revue du comité central, *Bolchevik*.

Tel était le groupe d'hommes qui, avec Staline, se partageaient la direction de l'Union soviétique au début des années 20 et furent ses principaux opposants dans la lutte de succession qui suivit la mort de Lénine.

Heureusement pour eux, les querelles entre les Russes blancs, et l'absence de tout plan d'intervention concerté entre les puissances étrangères rendirent la situation moins désespérée pour les communistes qu'il ne parut à l'époque, mais cela à la seule condition qu'ils profitent de leur position centrale pour établir un commandement unifié et créer une force de combat efficace. Considérant l'état de l'armée russe, défaite, dont les communistes avaient tout fait pour saper le moral, c'était une entreprise redoutable. Ils découvrirent toutefois en Trotski, nommé commissaire à la Guerre en mars 1918, des talents insoupçonnés d'organisateur militaire. La conscription fut instituée et 800 000 hommes furent enrôlés dans l'Armée rouge à la fin de 1918 ; à son maximum, en 1920, on estime qu'elle dut en compter deux millions et demi. L'échec de sa tentative d'envahir la Pologne réduisit brusquement à néant les espoirs renaissants de Lénine d'utiliser l'Armée rouge pour propager la révolution dans le reste de l'Europe. Mais elle battit les gardes blancs, mit fin aux espoirs des Puissances interventionnistes d'inverser le cours du processus révolutionnaire en Russie même, et, en 1922, elle avait étendu l'autorité de l'État soviétique à la plus grande partie du territoire de la Russie d'avant-guerre, sauf à l'ouest, où la Bessarabie, la Pologne russe, les États baltes et la Finlande avaient été perdus.

Tel fut l'arrière-plan du sort personnel de Staline dans les années 1918-1921. Le problème d'Hitler pendant ces années était de créer un mouvement et de le consolider jusqu'au point où il serait pris au sérieux. S'il y parvenait, il était sûr d'y conserver sa place de chef. Staline était confronté au problème inverse. Le parti communiste avait été créé, et avait déjà formé un gouvernement. Staline avait joué dans les deux processus un rôle mais celui-ci n'était pas de nature à justifier qu'on le considérât par la suite comme le premier lieutenant de Lénine. A ce stade, aucun des dirigeants bolcheviques ne voyait en lui un successeur éventuel de Lénine, et nous n'avons pas le moyen de savoir à partir de quand Staline eut pareille ambition. Lénine (qui avait cinquante ans en 1920) n'avait que neuf ans de plus que Staline, lequel pouvait difficilement prévoir que son aîné allait avoir la première d'une série d'attaques en mai 1922 et qu'il serait mort avant la fin de janvier 1924, alors qu'il n'avait pas encore cinquante-quatre ans. La question est de savoir comment il allait réussir à consolider sa position au sein de la direction jusqu'au point où ses ambitions pussent être prises au sérieux.

Dans le Conseil des commissaires du peuple, Staline occupait le poste de commissaire aux Nationalités. Ses chances d'en tirer grand parti étaient limitées. Trois semaines après le coup de force bolchevique de 1917, Staline assista au congrès du parti social-démocrate finlandais et proclama le droit à l'indépendance nationale des Finnois. Le décret qui le leur accordait fut signé par Lénine et Staline et était en accord avec le principe d'autodétermination affirmé par Staline en 1913 dans son traité, *Le Marxisme et les nationalités*. Non seulement des mencheviks comme Martov, mais des bolcheviks comme Boukharine et Dzerjinski, critiquèrent cette politique qui revenait à céder du terrain « à vil prix » aux nationalismes des petites nations aux dépens de la Russie et de la révolution russe. Dans la situation de désintégration générale qui suivit le renversement du gouvernement tsariste, les mouvements nationalistes des régions frontières créèrent de nouveaux gouvernements qui étaient antibolcheviques et enclins à la séparation complète d'avec la Russie. Cela se produisit non seulement en Pologne et dans les États baltes mais aussi dans le Caucase, en Asie centrale et même en Ukraine.

En revanche, renier d'emblée le principe de l'autodétermination nationale risquait de mettre fin à tous les espoirs de conserver ces peuples au sein de l'Union soviétique et de les amener à rechercher un appui du côté des forces antibolcheviques. Staline réussit la quadrature du cercle en interprétant le droit à l'autodétermination « comme un moyen de la lutte pour le socialisme, subordonné aux principes du socialisme ». Autrement dit, l'autonomie nationale n'était acceptable que si elle était mise en œuvre sous contrôle communiste.

Ouvrant la séance de la conférence préparatoire à la création de la République soviétique autonome tatare-bachkire en mai 1918, Staline exprima clairement ce qu'il voulait dire.

> L'autonomie est une forme. Toute la question est de savoir quel contrôle de classe est contenu dans cette forme. Le gouvernement soviétique est partisan de l'autonomie quand tout le pouvoir reste entre les mains des ouvriers et des paysans, quand la bourgeoisie de toutes les nationalités est non seulement privée de pouvoir mais aussi empêchée de participer aux élections des organes gouvernementaux[1].

Un nouveau changement du point de vue que Staline avait exprimé dans sa thèse originelle permit plus facilement d'accommoder la nouvelle notion d'autonomie. Dans la commission chargée de rédiger la constitution soviétique en 1918, Staline abandonna son ancienne opinion en faveur d'une structure d'État centralisé au profit d'une forme de fédéralisme, fondé sur des unités territoriales-nationales. Mikhaïl Reisner, s'opposant à la recommandation de Staline, soutint qu'elle représentait un « centralisme dissimulé derrière une structure fédérale ». Il avait tout à fait raison ; mais Staline (avec l'appui de Lénine) eut gain de cause[2].

Ces changements devaient se révéler importants pour l'avenir, mais ils ne furent rien de plus que des gestes jusqu'à ce que la question de la survie du régime fût réglée. Alors que Lénine restait à Moscou pour garder toutes les ficelles en main, et que Trotski s'élevait vers de nouveaux sommets en tant que commissaire à la Guerre, les autres dirigeants soviétiques étaient envoyés en missions spéciales d'un lieu de crise à un autre au fur et à mesure des besoins. Lénine témoigna la même confiance dans les talents de Staline à régler les conflits qu'il l'avait fait en 1917, le chargeant d'intervenir dans certaines des situations les plus critiques. Et cette confiance ne fut pas mal placée. Dans les conditions chaotiques qui prévalaient en 1918-1919, Staline ne perdit pas son sang-froid mais prouva qu'il savait exercer son autorité et faire ce qu'il y avait à faire, quelle que fût la brutalité de ses méthodes, y compris les exécutions sommaires sans jugement. Différente de l'expérience d'Hitler comme *Frontkämpfer* au cours de la Première Guerre mondiale, celle de Staline dans la guerre civile fut celle d'un commissaire politique ou d'un délégué spécial à l'échelon du commandement, ailleurs qu'au Front. Mais cette première expérience de la guerre devait influencer les deux hommes dans leurs rôles de commandant suprême dans la Seconde Guerre mondiale.

La première affectation de Staline fut dans la ville clé de Tsaritsyne, sur la Volga (rebaptisée plus tard Stalingrad, et aujourd'hui Volgograd), avec la responsabilité de s'assurer que l'approvisionnement en vivres des deux capitales ne fût pas interrompu. Vingt-quatre heures après son arrivée le 6 juin, il raconta qu'il avait mis fin à une « bacchanale de profiteurs » en fixant les prix des denrées et en imposant le rationnement. Le 7 juillet, lendemain de la tentative de coup de force des socialistes révolutionnaires , il rassurait Lénine :

> … tout sera fait pour prévenir de possibles surprises. Soyez assurés que notre main ne tremblera pas… Je bouscule et je réprimande tous ceux qui en ont besoin. Soyez assurés que nous n'épargnerons personne, ni nous-mêmes ni les autres, et que nous amènerons le pain [3]…

C'est pendant que Staline se trouvait à Tsaritsyne qu'il entra pour la première fois en conflit ouvert avec Trotski. Le sujet du litige était la décision de Trotski, en tant que commissaire à la Guerre, de recruter d'anciens officiers tsaristes pour constituer l'Armée rouge, tout en leur attachant des communistes comme commissaires politiques pour s'assurer de leur loyauté. Beaucoup de communistes remirent en question la sagesse de pareille politique. Lénine ne leva son opposition que quand il apprit de Trotski qu'il y avait déjà plus de 40 000 de ces « spécialistes militaires » (comme on les appelait) employés dans l'Armée rouge, et que sans eux, et plus de 200 000 anciens sous-officiers tsaristes, elle risquait de s'effondrer. Aussi indispensable qu'il fût, ce n'était pas un dispositif qui fonctionnait sans heurt. Il y eut de fréquents cas de trahison pendant la guerre civile, et une puissante opposition continua de se manifester de la part de nombreux chefs de bandes de guérilla rouges, qui renâclaient à obéir à d'anciens officiers tsaristes conservateurs, ainsi que de la part de communistes de gauche, qui se rappelaient les anciennes promesses de Lénine et de Trotski de remplacer l'ancienne armée permanente (de même que la police politique) par une milice populaire.

La région militaire du Caucase nord devint rapidement le centre de l'opposition à la politique de Trotski, et l'une des sources, comme l'ancien comité bolchevique de Bakou, du recrutement par Staline d'hommes sur qui il pourrait compter par la suite. Parmi les individus étroitement liés à Staline figurait Kliment Vorochilov. Vieux bolchevik et agitateur politique de la manufacture d'artillerie de Tsaritsyne, il avait été secrétaire des ouvriers du pétrole et membre du comité de Bakou dix ans plus tôt. Malgré son manque d'expérience militaire, Staline réussit à nommer Vorochilov commandant de la 10ᵉ armée. Le commissaire politique de la 10ᵉ armée était Sergueï Ordjonikidze, autre allié de l'époque de Bakou, qui avait persuadé Lénine de coopter Staline au comité central du parti en 1912. Les deux hommes devinrent membres de la mafia de Staline, avec Boudienny ancien sergent de cavalerie de l'armée régulière devenu un brillant chef de guérilla. Trotski avait traité par le mépris cette « opposition de sous-off' » mais tous trois gravirent les échelons dans le sillage de Staline. Vorochilov finit par succéder à Trotski comme commissaire à la Guerre ; Ordjonikidze joua un rôle crucial dans le programme d'industrialisation de Staline et devint membre du politburo ; Boudienny devint (en même temps que Vorochilov) l'un des premiers maréchaux d'Union soviétique. En 1918, sur le Front du Caucase nord, le groupe de Tsaritsyne ne tenait aucun compte des ordres du centre, refusait de collaborer avec les officiers issus de l'armée régulière et fut périodiquement accusé d'insubordination par Trotski et le Conseil de guerre suprême.

Dans son message à Lénine du 7 juillet, déjà cité, Staline avait insisté pour qu'on l'investisse de l'autorité militaire autant que civile. Trois jours plus tard, Staline envoyait un nouveau message :

> Pour le bien de la cause, je dois avoir les pouvoirs militaires… mais je n'ai reçu aucune réponse. Très bien. Je m'en passerai et je prendrai sur moi la responsabilité de casser ces commandants et commissaires de l'armée qui sont en train de tout gâcher. C'est ce que m'ordonnent les intérêts de la cause, et il est bien clair que l'absence d'un papier de Trotski ne m'arrêtera pas [4].

Avec l'accord de Trotski, Staline finit par obtenir les pouvoirs qu'il réclamait et fut fait président du Conseil militaire du Caucase nord, mais on ne lui laissa aucun doute sur le fait que Lénine soutenait l'autorité du Conseil de guerre suprême. Cela ne limita pas Staline, qui encouragea les commandants locaux à ne pas tenir compte des ordres venus d'en haut, et, défiant les instructions de Moscou, annula les ordres de l'ancien général tsariste, Sytine, que Trotski avait nommé à la tête du Front du Sud et refusa de reconnaître son autorité.

Cette fois Trotski exigea catégoriquement le rappel de Staline et menaça de traduire Vorochilov en cour martiale s'il n'exécutait pas les ordres. Lénine céda, mais pour atténuer le coup, il envoya l'un de ses plus proches collaborateurs, Jacob Sverdlov, secrétaire du comité central du parti, par un train spécial pour ramener Staline avec tous les honneurs, et le nomma membre du Conseil de guerre révolutionnaire (rebaptisé) ainsi que du nouveau Conseil de défense des ouvriers et paysans constitué à la fin de novembre 1918 dans le but de mobiliser les ressources du pays pour la guerre.

Lénine conjura Trotski et Staline de mettre une sourdine à leurs dissensions et de travailler ensemble. Staline fit un effort et fit grand cas du rôle de Trotski dans un certain nombre de discours mais Trotski ne put dissimuler son sentiment de supériorité.

> Ce n'est que longtemps après [écrivit-il dans son autobiographie] que je compris que Staline avait essayé d'établir un certain type de relations familières. Mais je fus rebuté par les qualités mêmes qui renforceraient sa position… l'étroitesse de ses intérêts, sa grossièreté psychologique et le

cynisme particulier du provincial qui s'est libéré de ses préjugés par le marxisme mais qui ne les a pas remplacés par une perspective philosophique qui a été entièrement réfléchie et absorbée mentalement[5].

De la part de Staline également, il y avait plus que des questions de politique ou de tactique en jeu dans sa querelle avec Trotski. Avant la rupture de la coalition avec les SR de gauche, les bolcheviks avaient été représentés dans le cabinet restreint par trois hommes : Lénine, Trotski et lui-même. Par la suite, il avait été mis sur la touche, et pendant qu'il se retirait dans l'obscurité, le gouvernement soviétique s'était fait connaître de tous comme celui de Lénine et Trotski, tout comme l'était le parti. Staline avait toujours accepté l'autorité de Lénine, d'autant plus facilement que Lénine était son aîné de neuf ans. Mais Trotski était du même âge, étant né la même année. A ses facultés intellectuelles et à sa réputation d'orateur, Trotski allait désormais ajouter son renom de fondateur de l'Armée rouge et, à terme, d'« organisateur de la victoire » dans la guerre civile. Pour un homme aussi ambitieux que Staline, et aussi handicapé par son sentiment d'infériorité obsédant, la progression de Trotski était insupportable, et l'était d'autant plus que Trotski ne daignait pas le considérer comme un rival sérieux.

Lénine fit tout ce qu'il pouvait pour contenir le conflit entre les deux hommes, qu'il appréciait l'un et l'autre, même s'il les jugeait selon des critères différents. Le fait que Staline n'avait pas perdu la confiance de Lénine apparaît dans les missions ultérieures auxquelles il fut assigné au Front pendant le reste de la guerre civile. En janvier 1919, il fut dépêché sur le Front oriental pour rendre compte de la chute désastreuse de Perm ; en mai, il renforça les défenses de Petrograd contre les Blancs, et fit exécuter à Cronstadt soixante-neuf officiers de marine pour déloyauté ; plus tard dans l'année, il fut renvoyé sur le Front sud pour bloquer l'avancée des Blancs vers Moscou après la prise d'Orel par Denikine.

Staline finit l'année 1919 avec une réputation mitigée : c'était certes un homme capable, sur qui on pouvait compter, mais c'était aussi quelqu'un avec qui il était difficile de travailler, qui donnait un caractère personnel à toute situation. Revendiquant toujours à grands cris ce qu'il avait accompli, il critiquait durement les autres, voyant de la tromperie et du complot là où les autres voyaient de l'inefficacité et de la gabegie, rongé de jalousie et dépensant autant d'énergie à chercher querelle aux camarades en qui il voyait des rivaux qu'à combattre l'ennemi. D'après Trotski, lorsque le politburo décida de lui conférer l'Ordre du drapeau rouge pour son rôle dans le sauvetage de Petrograd à l'automne 1919, Kamenev proposa avec un certain embarras que la même décoration soit aussi décernée à Staline. « A quel titre ? » s'enquit Kalinine, et il fut alors pris à part par Boukharine, qui lui dit : « Ne comprends-tu pas ? C'est une idée de Lénine. Staline ne peut pas vivre s'il n'a pas ce que les autres ont. Jamais il ne le pardonnerait[6]. »

L'épisode final de la guerre civile auquel Staline participa donne une preuve supplémentaire des défauts qu'on lui reprochait. En mai 1920, l'armée polonaise envahit l'Ukraine et s'empara de Kiev. Les Polonais furent repoussés par une contre-offensive soviétique qui conduisit l'Armée rouge jusqu'à la rivière Boug. Les troupes soviétiques devaient-elles traverser et poursuivre leur avancée en territoire strictement polonais, dans le but de prendre Varsovie ? Staline et Trotski s'opposèrent l'un et l'autre à cette aventure. Lénine fut toutefois d'une autre opinion. Il espérait toujours que la révolution à l'étranger viendrait en aide à la Russie. En 1919, des délégations de dix-neuf pays étaient venues à Moscou pour l'assemblée inaugurale de l'Internationale communiste (généralement abrégée en Komintern). Marx avait été le leader de la Première association internationale des travailleurs en 1864-1976 ; la Deuxième internationale des partis socialistes et des syndicats, fondée en 1889, soutenait la démocratie parlementaire et avait éclaté quand ses membres s'étaient retrouvés dans des camps opposés en 1914. Lénine avait saisi l'occasion pour fonder une IIIᵉ Internationale dédiée à la révolution mondiale, sous la direction de la Russie, avec son siège à Moscou. En 1920, un IIᵉ congrès du Komintern réunit des délégués de trente-sept pays et accepta les vingt et un points que Lénine avait fixés pour y être admis. L'idée d'envahir la Pologne lui plaisait parce que, comme l'avait dit Clara Zetkin, une des déléguées du parti communiste allemand au Komintern, il avait hâte « de mettre l'Europe à l'épreuve des baïonnettes de l'Armée rouge », et d'essayer d'établir le lien avec une Allemagne encore en état d'instabilité. Trotski et les deux Polonais, Dzerjinski et Radek, continuèrent à s'opposer à lui, mais Staline se rangea à l'avis de Lénine et vota avec la majorité du politburo pour la poursuite de l'avancée vers Varsovie.

Staline ne participa pas à l'attaque principale, qui fut confiée à un ancien lieutenant tsariste de vingt-sept ans, Toukhatchevski, qui s'était distingué au cours de la guerre civile. Staline était le représentant du politburo auprès du Groupe d'armées du Sud-Ouest, avec comme responsabilités la surveillance des forces de Wrangel en Crimée, et l'intervention éventuelle de la Roumanie, ainsi que la partie sud du front contre la Pologne. Il s'engagea dans un échange acrimonieux avec Lénine et le politburo au sujet du redéploiement des fronts. « J'ai reçu votre note concernant le partage des fronts, télégraphia-t-il à Lénine. Le politburo ne devrait pas s'occuper de broutilles absurdes. » Staline et le commandant du front du Sud-Ouest, Egorov, reçurent toutefois l'ordre de détacher des forces substantielles pour les envoyer vers le nord afin d'appuyer le flanc gauche de l'avancée de Toukhatchevski sur Varsovie. Staline commença par retarder cette manœuvre, puis refusa de l'exécuter, poursuivant une opération indépendante avec la première armée de cavalerie, commandée par Boudienny, qui visait à s'emparer de Lvov, ville du sud de la Pologne. Quand les Polonais lancèrent une attaque contre Toukhatchevski le 16 août, l'Armée rouge essuya une défaite décisive, dans laquelle l'incapacité des Russes de couvrir leur flanc gauche exposé joua un rôle important. Une âpre controverse dura pendant des années sur la question de savoir qui était responsable, et eut un effet sur les relations entre Staline et Toukhatchevski dans les années 30.

Rappelé à Moscou, Staline fut blâmé par Lénine à la IXᵉ conférence du parti, et ne prit pas part à la campagne finale de la guerre civile contre les forces de Wrangel dans le sud. Mais sa position dans l'équipe dirigeante ne fut pas ébranlée. Au VIIIᵉ congrès du parti, tenu en mars 1919, son nom était l'un des six à figurer sur toutes les listes de délégués candidats au comité central du parti : il fut désigné comme membre des deux sous-comités du comité central créés par le congrès, le politburo de cinq membres et l'orgburo, et au commissariat aux Nationalités il ajouta celui aux ouvriers et paysans, abrégé en Rabkrin, chargé d'exercer un contrôle sur les organismes gouvernementaux. Dans cet impressionnant cumul de fonctions, aucune ne fut affectée par sa part de responsabilité dans la débâcle de Pologne et son retrait des affaires militaires.

Indéniablement, la raison principale en est que Staline s'était montré un membre trop utile et laborieux au sein du groupe restreint pour qu'on pût se passer de lui. Trotski se rappela avoir demandé à Leonid Serebriakov, un membre du comité central qui travaillait avec Staline au Conseil militaire du front sud, si deux membres du comité étaient réellement nécessaires, si Serebriakov ne pouvait pas se passer de Staline. « Après avoir réfléchi un instant, Serebriakov répondit : "Non, je ne sais pas exercer des pressions comme Staline sait le faire." La capacité d'exercer des pressions était ce que Lénine appréciait le plus chez Staline[7]. » L'attitude de Lénine fut décisive, et il semble avoir apprécié Staline non seulement pour sa promptitude à s'atteler à n'importe quelle tâche mais aussi, précisément, pour cette qualité de rudesse que dans la postface à ce qu'on a appelé son Testament (4 janvier 1923) il condamna sous le nom de *groubost* (grossièreté de langage et de comportement) et dont il prit argument pour recommander instamment que Staline fût déchargé de ses fonctions de Secrétaire général. Au début des années 20, Lénine y voyait encore la franchise prolétarienne d'un « pragmatique », qui avait d'abord attiré son attention sur Staline, et qu'il considérait comme un élément appréciable au sein de la direction du parti, principalement constituée d'intellectuels d'origine bourgeoise, comme lui. Staline ne fut pas long à comprendre que cela lui conférait une position privilégiée auprès de Lénine, et à en profiter largement.

II

Si la victoire dans la guerre civile régla la question de la survie du régime soviétique, son coût continua à exercer une influence déterminante sur son évolution future. L'effet le plus visible furent les effarantes pertes humaines, le premier d'une longue série de chiffres, à peine croyables et pourtant parfaitement authentifiés, à apparaître dans l'histoire de la première moitié du XXᵉ siècle : un total estimé à quinze millions d'hommes, femmes et enfants qui périrent dans la guerre civile proprement dite ou du fait de la famine qui s'ensuivit – seize ou dix-sept millions en tout pour les années 1914 à 1922, si l'on ajoute les militaires et les civils tués pendant la Première Guerre mondiale. Selon les démographes, la population de la Russie en 1923 était inférieure d'environ trente millions à ce que les projections des chiffres antérieurs auraient pu laisser prévoir. Les pertes matérielles et la dévastation furent à peine moins graves. La production industrielle de 1920 n'atteignit pas plus du septième de son niveau de 1913 ; la monnaie s'était effondrée ; les ouvriers devaient être payés en nature, et le troc devint le seul moyen d'échange.

Pareil recul, qui n'était pas loin d'effacer les progrès sociaux et économiques accomplis par la Russie depuis l'émancipation des serfs en 1861, aurait mis n'importe quel gouvernement aux prises avec des difficultés immenses pour retrouver les niveaux de l'avant-guerre. Ce fut particulièrement le cas pour un gouvernement qui dépendait du secteur industriel et urbain pour mettre en œuvre son programme de transformation radicale. Avant 1914, la totalité du secteur urbain représentait moins de 10 % de la population (dont la plupart dans les petites villes de province) et 2 % seulement étaient employés dans les industries manufacturières et mécaniques, alors qu'il atteignait plus de 11 % aux États-Unis. C'est ce secteur, bien davantage que le secteur rural, beaucoup plus vaste, qui souffrit le plus durement de la guerre civile, et en particulier les villes : la population urbaine tomba de 19 % à 15 % de l'ensemble ; Moscou perdit la moitié de sa population et Petrograd les deux tiers. La mort et l'émigration décimèrent l'élite bourgeoise administrative, gestionnaire et intellectuelle, et réduisirent de moitié la classe ouvrière sur laquelle reposait le système soviétique, beaucoup d'ouvriers ayant été tués en combattant dans l'Armée rouge, et beaucoup plus (un chiffre estimé à huit millions) ayant regagné leurs villages natals.

Ce furent le secteur rural et la paysannerie qui s'en sortirent le mieux. Sa proportion par rapport au reste de la population augmenta, aux dépens du secteur urbain, passant aux quatre cinquièmes du total, et à plus de 86 % de la population active. La paysannerie consolida aussi sa puissance sociale en tant que classe. Entre 1917 et 1921, une révolution rurale avait eu lieu en Russie. Comme Staline l'avait prédit, pour obtenir et conserver l'appui des paysans, le parti communiste dut abandonner toute idée de nationaliser la terre et de collectiviser l'agriculture et laisser les paysans (ils auraient pu difficilement les en empêcher) chasser les propriétaires fonciers et se partager la terre. Le résultat fut un nivellement de la taille des propriétés et un accroissement correspondant du nombre des paysans « moyens » (*serednyaki*), qui entraîna une diminution du nombre des paysans pauvres et sans terre d'une part, et du nombre des paysans riches d'autre part. Cela eut des effets économiques importants, en causant une réduction des excédents que ces derniers mettaient sur le marché, laquelle affecta gravement l'approvisionnement des villes et de l'Armée rouge.

Les conséquences sociales furent encore plus importantes. Car, si le secteur urbain-industriel, dont les communistes recherchaient l'appui dans le processus de modernisation, en sortit affaibli, le secteur rural-agraire, enraciné dans une culture plus ancienne, profondément conservatrice, en sortit renforcé, inversant les tendances de l'avant-guerre. Aux yeux des paysans, le partage de la terre, dont ils avaient toujours considéré qu'elle leur appartenait de droit et qu'ils en avaient été spoliés par les propriétaires, réparait un tort ancien et complétait l'émancipation de 1861 – qui avait aboli le servage mais les avait frustrés de la terre. Tout gouvernement qui allait tenter de leur reprendre la terre pour collectiviser l'agriculture était sûr de se heurter à une résistance farouche.

En dehors de cette modification de l'équilibre des forces sociales, l'autre effet principal de la guerre civile fut la transformation du caractère du parti communiste. Le « communisme de guerre », expression utilisée pour désigner cette phase de l'histoire du parti, désigne non seulement sa participation aux opérations militaires mais aussi la « militarisation » des autres aspects de l'activité du parti. Il faudrait le génie d'un Goya dans la version russe des *Désastres de la guerre* pour dépeindre le cauchemar de la guerre civile, et l'attitude blasée qu'elle fit naître dans les deux camps face au lot quotidien de tortures, d'atrocités, de villages incendiés et de prisonniers exécutés. Habitués à donner des ordres et à user de la force ainsi que de la terreur, les dirigeants communistes en vinrent à considérer la contrainte comme un moyen de résoudre aussi les problèmes économiques et sociaux insolubles. Karl Radek* décrivit cela comme une période où « ils espérèrent se frayer un chemin par un raccourci, le fusil à la main, vers une société sans classes ». Dans un décret du 2 septembre 1918 qui instaura l'état d'urgence, le gouvernement proclama que la République soviétique était « un camp armé », et de semblables métaphores militaires devinrent monnaie courante pour décrire les mesures destinées à régler les problèmes industriels, de main-d'œuvre et d'approvisionnement.

Le plus aigu de tous, dans un pays dévasté et désorganisé, était le problème de l'approvisionnement. Si Lénine accepta à contrecœur de remettre à plus tard la collectivisation de l'agriculture, il se montra déterminé à ne pas laisser continuer le commerce libre des grains, déclarant qu'il équivalait à la restauration du capitalisme. Un trait typique du communisme de guerre fut l'organisation de « détachements alimentaires » armés pour réquisitionner les surplus de grains (ou ce qui fut décrété surplus) chez les paysans. La résistance fut générale. Les paysans cachèrent leurs stocks et

---

* Né polonais, Karl Radek était un brillant journaliste politique qui joua un rôle important dans l'Internationale communiste au début des années 20. Exclu du parti comme trotskiste, il fit amende honorable et chercha à entrer dans les bonnes grâces de Staline. Cela ne l'empêcha pas de se faire arrêter et de mourir victime des purges de 1936-1938.

limitèrent leur production, réduisant plus que jamais la quantité de denrées alimentaires disponibles. Ainsi que Lénine le reconnut par la suite, ce fut une politique désastreuse [8] et elle dut être abandonnée. Mais pendant les années 1918-1920, il dit que c'était « une bataille véritablement fondamentale entre le capitalisme et le socialisme » et exigea qu'elle fût poursuivie avec fermeté sans tenir compte des conséquences de l'hostilité de la paysannerie.

Le procédé fut identique dans la manière de traiter la main-d'œuvre industrielle. Dans l'enthousiasme des débuts, on décréta le contrôle de l'industrie par les ouvriers. Mais les résultats furent catastrophiques. La production industrielle fut près de s'effondrer et Lénine fut obligé de faire appel à des spécialistes bourgeois pour obtenir les conseils techniques et organisationnels nécessaires, et faire pression sur les syndicats pour augmenter la productivité. Le gouvernement avait déjà commencé à militariser le travail. Tout d'abord, la troupe fut employée à des tâches telles que l'abattage du bois et le transport des vivres et du carburant. Puis, à l'initiative de Trotski, elle fut organisée en « armées du travail ». Le troisième stade, au lieu d'employer des conscrits dans l'industrie, consista à enrôler les ouvriers comme des conscrits, mesure que Trotski, nouvellement nommé commissaire aux Transports, défendit comme moyen de restaurer la discipline du travail.

En 1920, Trotski publia *La Défense du terrorisme*, affirmation la plus directe des principes du communisme de guerre. Écartant la démocratie parlementaire, l'égalité devant la loi et les droits civiques comme autant d'impostures bourgeoises, il expliqua que la guerre de classes ne pouvait être faite et gagnée que par la force, et non par les élections. Rejeter la terreur c'était rejeter le socialisme. Qui voulait la fin devait aussi vouloir les moyens : *à la guerre comme à la guerre**, selon l'une des expressions favorites de Lénine. L'État fut organisé dans l'intérêt des masses laborieuses, mais :

> cela n'exclut pas l'élément de contrainte dans toute sa force. Le principe du service du travail obligatoire a tout aussi radicalement et définitivement remplacé le principe de la libre embauche, tout comme la socialisation des moyens de production a remplacé la société capitaliste [9].

Cependant, aussitôt que la fin de la guerre civile fut en vue, la militarisation du travail et les réquisitions durent être abandonnées, à la suite du brusque changement de politique de Lénine au printemps 1921. On pourrait dès lors se demander pourquoi passer du temps à rappeler la période du communisme de guerre quand ce ne fut qu'une phase provisoire qui prit fin avec les circonstances exceptionnelles de la guerre civile. La réponse est que si, comme nous allons le voir, un nombre substantiel de membres du parti acceptèrent les arguments de Lénine en faveur de ce

---

* En français dans le texte (NdT).

changement d'orientation, ils le firent à contre-cœur, et continuèrent à évoquer avec fierté la guerre civile et le communisme de guerre, période héroïque de l'histoire du parti où la volonté révolutionnaire de rompre avec le passé et d'imposer un nouvel ordre à la société, à n'importe quel prix, était libre de tout compromis et avait réussi l'exploit apparemment impossible de transformer la défaite en victoire. Aussi, quand Staline, qui avait vécu cette expérience, décida à la fin des années 20 de renouveler la tentative d'achever la révolution d'un coup, ce fut pour lui un grand avantage, en cherchant à provoquer une nouvelle décharge d'énergie révolutionnaire, de pouvoir se tourner vers la tradition et en appeler au précédent du communisme de guerre.

Toutefois, au début des années 20, la tendance générale commença à s'inverser, et Staline, qui était à la remorque de Lénine, dut le suivre.

Tout au long de la guerre civile, la crainte que la défaite des Rouges ne fût suivie d'une restauration de l'ordre ancien et de l'exigence par les propriétaires de la restitution de leurs domaines avait freiné la résistance aux communistes. La victoire des Rouges étant désormais certaine, ce frein disparut. Les soldats démobilisés et les déserteurs renforcèrent la résistance des villages, et les soulèvements paysans, impliquant des bandes de plusieurs milliers d'hommes, atteignirent les proportions d'une guerre de guérilla à Tambov et dans d'autres provinces pendant l'hiver 1920-1921. Au même moment, l'insatisfaction croissante des ouvriers de Moscou, de Petrograd et de divers centres industriels s'exprima par des grèves et des manifestations, en particulier quand le gouvernement annonça que la ration de pain serait réduite d'un tiers.

Au fur et à mesure que la situation militaire des communistes s'améliorait, l'opposition à Lénine et à la politique de la direction commença aussi à apparaître au sein du parti. Au IXᵉ congrès du parti, en mars 1920, un groupe se faisant appeler les centralistes démocrates protesta contre la concentration croissante du pouvoir et le ton autoritaire que la direction avait adopté. Son chef, T. V. Sapronov, désigna le comité central comme « une petite poignée d'oligarques du parti ». Au cours de l'été et de l'automne 1920, c'est la question de la démocratie dans le secteur industriel qui devint la cible de la critique. Il y avait un courant d'opinion substantiel dans le parti, dans les syndicats et dans la classe ouvrière, qui avait du mal à abandonner l'idée du contrôle ouvrier des usines. Lénine avait écarté ce qu'il considérait comme une illusion utopique en restaurant la gestion par des professionnels et en ordonnant aux syndicats de donner la priorité à la discipline industrielle et à l'augmentation de la productivité. L'Opposition ouvrière, conduite par Alexandra Kollontaï et Alexandre Chliapnikov (ancien ouvrier métallurgiste et premier commissaire du peuple au travail) et bénéficiant de l'appui puissant de la base, réclama le renforcement du pouvoir de décision du prolétariat, l'autonomie des syndicats et l'accroissement du rôle des syndicats dans la gestion de l'industrie.

Dans les six mois qui précédèrent le Xe congrès en mars 1921, un débat ouvert se développa dans les échelons supérieurs du parti pour protester contre la centralisation croissante et la militarisation du pouvoir et contre le fossé qui se creusait entre ses dirigeants et le prolétariat qu'ils prétendaient représenter. Lénine était plus prêt que Trotski à faire des concessions concrètes aux syndicats mais il était déterminé à n'en faire aucune sur son principe fondamental, le rôle du parti en tant qu'avant-garde, que dirigeant autoritaire, du prolétariat. En 1902, il avait écrit dans *Que faire ?* : « Il n'est pas question que les masses laborieuses puissent développer une idéologie autonome toutes seules [10]. » L'expérience n'avait fait que confirmer cette opinion : sans le parti pour l'exercer, la dictature du prolétariat était un non-sens. Il n'avait pas l'intention maintenant de laisser détruire l'unité du parti par des revendications de gauche en faveur de la démocratie ouvrière. Jetant son autorité irremplaçable dans la balance et usant de toutes les ressources de l'équipe dirigeante pour obtenir un appui lors des élections, il réussit à s'assurer une majorité écrasante parmi les délégués au congrès du parti qui devait se réunir le 8 mars 1921.

Cependant, six jours avant qu'il se réunisse, le parti fut ébranlé jusque dans ses fondements par la révolte armée des marins et de la garnison de la base navale de Cronstadt, qui était un bastion bolchevique depuis 1917, mais qui appelait maintenant, au nom d'Octobre, à une troisième révolution pour renverser le régime oppressif des communistes, la « commissarocratie ». « Ce fut l'étincelle, admit plus tard Lénine, qui éclaira la réalité mieux que tout le reste », et révéla la gravité de la crise que traversait le parti.

La réaction de Lénine fut immédiate. Tout d'abord, le soulèvement devait être réprimé. Le fait que le comité révolutionnaire provisoire de Cronstadt justifiât son action en citant, contre les dirigeants communistes, des exigences et des slogans empruntés aux bolcheviks des premiers jours de la révolution n'entra pas en ligne de compte. Aux yeux de Lénine, c'était une contre-révolution, et la seule question qui se posa fut : « Qui, à qui ? » La réticence des soldats de l'Armée rouge à tirer sur des marins et des ouvriers fut contournée par une combinaison de promesses, de menaces et de mensonges. Grâce à une offensive dirigée de Moscou par Trotski et conduite par Toukhatchevski, la forteresse fut prise d'assaut et des centaines, peut-être des milliers, de ses défenseurs abattus sans jugement.

Lénine sauta sur l'occasion pour identifier ses critiques de gauche aux « forces contre-révolutionnaires » à l'œuvre à Cronstadt. Dans son discours d'ouverture au congrès du parti, il dénonça l'Opposition ouvrière comme une menace pour la sécurité de la révolution. Elle représentait une « déviation anarcho-syndicaliste », et « cachée derrière le dos de la révolution, un élément anarchiste petit-bourgeois ».

Lénine ne se contenta toutefois pas de réprimer la révolte et de retourner les arguments de l'Opposition ouvrière contre elle. Il entreprit de s'attaquer à la racine du problème, en montrant à nouveau sa capacité remarquable de tirer des conclusions pénibles et de les mettre en œuvre de manière décisive. Comme il le reconnut par la suite :

> Nous étions allés trop loin... nous n'avions pas assuré une base suffisante... Les masses avaient senti ce que nous-mêmes ne pouvions pas encore formuler consciemment... à savoir que la transition directe vers des formes purement socialistes était au-dessus de nos forces et qu'à moins de nous montrer capables de battre en retraite et de nous confiner à des tâches plus faciles, nous risquions de courir au désastre[11].

Suivant le même principe que celui qui l'avait conduit à accepter le traité de Brest-Litovsk, Lénine montra sa promptitude à sacrifier tout le reste pour conserver le pouvoir, non pas par ambition personnelle mais pour la réalisation ultime de ses objectifs. La concession décisive (« le Brest-Litovsk paysan », comme l'appela Riazanov, esprit indépendant) fut l'abolition immédiate des réquisitions forcées de grains et autres denrées, et son remplacement par une taxe ordinaire, d'abord en nature, puis en argent, laissant aux paysans la liberté de vendre tout excédent. A peine cette mesure fut-elle adoptée par le congrès que plus de deux cents délégués furent envoyés haranguer les soldats de l'Armée rouge récalcitrants, et les obliger à traverser la glace, un pistolet dans les reins, pour attaquer la garnison de Cronstadt. Selon un commissaire politique expérimenté, l'annonce que les réquisitions allaient être abolies produisit « un changement d'esprit radical chez les soldats paysans[12] ».

Les mesures que Lénine persuada le parti d'adopter étaient conçues comme des expédients plus que temporaires. Les changements qui s'ensuivirent permirent de réintroduire l'entreprise privée dans l'industrie et le commerce, petits et moyens ; le capital étranger fut invité à reprendre ses investissements en Russie, même dans la grande industrie, et le rouble fut stabilisé. Dans les faits, une économie mixte et une bonne dose de libre-échange furent rétablis en Russie à la place du communisme de guerre, ce qui représenta un changement de stratégie majeur.

Grâce à cette Nouvelle politique économique (NEP), Lénine espérait s'affranchir de la pénurie qui minait le pays et rétablir une économie qui fonctionnât.

> Nous sommes allés trop loin [dit-il au congrès du parti] sur la voie de la nationalisation du commerce et de l'industrie...Nous savons que seul un accord avec la paysannerie peut sauver la révolution socialiste en Russie, jusqu'à ce que la révolution éclate dans d'autres pays[13].

Entre-temps, dans une perspective à long terme, l'État se réservait la propriété de la grande industrie, du commerce extérieur et des transports, ainsi que le contrôle de l'ensemble de l'économie, en permettant aux secteurs nationalisés et privés de se faire concurrence sur une base commerciale, dans l'espoir confiant que le socialisme prouverait sa supériorité et s'étendrait progressivement tandis que le secteur privé diminuerait.

Sous le choc du soulèvement de Cronstadt, les propositions de Lénine furent exécutées presque sans débat. La question de savoir si c'était un repli tactique ou une « évolution » demeura sans réponse. Mais il y avait un réel danger qu'un renversement de politique aussi radical et subit n'approfondisse les divisions au sein du parti une fois que la crise serait passée. Lénine chercha à se prémunir contre cela en assortissant l'octroi d'une plus grande liberté dans la sphère économique d'un resserrement du pouvoir central dans le domaine politique. C'est là que l'importance de la crise de 1921 dans la carrière de Staline commence à apparaître.

Pendant les débats du congrès, Lénine avait avalisé la promesse de Boukharine qu'avec la fin de la guerre civile le style militaire de centralisation serait abandonné et que la démocratie à l'intérieur du parti serait rétablie. Mais ce n'était qu'un préliminaire à l'objectif réel de Lénine. « Le moment est venu, déclara-t-il, de mettre fin à l'opposition, de mettre un couvercle dessus ; nous avons eu assez d'opposition maintenant ! »

Dans les derniers jours du congrès, il brandit soudain deux nouvelles résolutions, sur « La déviation syndicaliste et anarchiste dans notre parti » et sur « L'unité du parti ». La première condamnait officiellement la revendication de l'Opposition ouvrière d'une gestion de l'économie par les syndicats comme une résurgence des hérésies syndicalistes, « incompatible avec l'appartenance au parti ». Ces conceptions, disait-il, allaient à l'encontre du marxisme ; mais le langage utilisé indiquait clairement que ce contre quoi elles allaient réellement était la propre conviction de Lénine que :

> Seul le parti politique de la classe ouvrière, c'est-à-dire, le parti communiste, [pouvait] unir, éduquer et organiser une telle avant-garde du prolétariat et des masses laborieuses comme il [pouvait] résister aux inévitables hésitations de ces masses… et à leur rechute dans l'étroitesse et les préjugés des syndicats[14].

La seconde résolution déclara dissous tous les groupes ayant une plate-forme distincte, tels que l'Opposition ouvrière et le groupe centraliste démocratique, sous peine d'exclusion immédiate de leurs membres du parti. Une clause supplémentaire (section 7), qui ne fut rendue publique qu'en janvier 1924, autorisait le comité central, « en cas d'infraction à la discipline ou de réveil ou de tolérance du fractionnisme, d'appliquer toutes les sanctions du parti, y compris l'exclusion », même aux membres du comité central.

Les deux résolutions furent portées par des majorités écrasantes, et Karl Radek résuma l'esprit du congrès avec des mots qui étaient prophétiques de son destin et de celui de beaucoup d'autres :

En votant cette résolution, j'ai le sentiment qu'elle peut très bien être tournée contre nous, et néanmoins je la soutiens. Que le comité central, dans un moment de danger, prenne les mesures les plus sévères contre les meilleurs camarades s'il le juge nécessaire... Que le comité central se trompe, même ! C'est moins dangereux que les hésitations qu'on observe actuellement [15].

Quand le Xe congrès se fut séparé, Lénine montra rapidement le peu d'importance qu'il attachait aux résolutions sur les syndicats et sur la démocratie dans le parti avec lesquelles il avait jugé commode de répondre à ceux qui le critiquaient. Mais il était déterminé à appliquer l'interdiction du « factionnalisme » dans le parti avec la même conviction que celle dont il avait fait preuve en utilisant la force pour réprimer le soulèvement de Cronstadt. Lors de la purge qui suivit, en 1921 et 1922, jusqu'à un tiers des membres du parti le quittèrent ou en furent exclus. Quand les dirigeants de l'Opposition ouvrière refusèrent d'abandonner leur droit de maintenir leur point de vue, en appelant même (en vain) à l'Internationale communiste, ils furent à nouveau condamnés par Lénine et le XIe congrès en mars 1922, et deux des chefs de la « faction » furent exclus.

III

Staline n'occupa pas une place prépondérante dans les controverses qui divisèrent le parti en 1921-1922. Il avait suivi la ligne de Lénine pendant la période du communisme de guerre, et quand Lénine fit volte-face pour promouvoir la NEP, il prit le virage avec lui. Toutefois, personne ne bénéficia plus de leurs conséquences, et cela pour deux raisons. A longue échéance, l'interdiction par Lénine du « factionnalisme » légitima les mesures ultérieures par lesquelles Staline franchit un cran de plus et transforma le parti en une structure monolithique, de la même manière que l'approbation par Lénine de l'emploi de la terreur par la Tcheka légitima le fait que Staline l'érige par la suite en un système de gouvernement.

La seconde raison produisit un effet plus immédiat que quiconque eût pu le prévoir à l'époque. Si Lénine entendait réellement éradiquer la dissidence et protéger le parti contre les effets destructeurs du factionnalisme, il lui fallait plus que l'emporter dans des débats et faire adopter des résolutions lors du congrès du parti ; il avait besoin d'une gestion quotidienne systématique du parti. Or ce n'était pas une tâche pour laquelle Lénine, le dirigeant reconnu tant du gouvernement que du parti, pouvait raisonnablement trouver du temps ; ce n'était pas une tâche pour laquelle aucun des trois autres membres du politburo, Trotski, Kamenev, Zinoviev, n'avait du goût ou des dispositions. Mais pour le cinquième membre, Staline, c'était une extension naturelle du rôle qu'il avait joué depuis 1917 et pour lequel il jouissait de la confiance de Lénine : celui de maintenir le contact entre le centre et les fonctionnaires et membres du parti installés ailleurs que dans les deux capitales, lesquels trouvaient plus facile de venir discuter avec un homme comme Staline, qui avait les mêmes origines provinciales qu'eux, qu'avec d'anciens émigrés et des intellectuels comme Trotski, Zinoviev et Boukharine.

Les fonctions ministérielles qu'occupait déjà Staline correspondaient au même schéma. En tant que commissaire aux Nationalités, position qui revêtait une nouvelle importance maintenant que la guerre civile avait été gagnée, il était le représentant du comité central et du politburo avec qui les patrons locaux d'Ukraine, du Caucase et d'Asie centrale devaient traiter, dans ce qui équivalait à la reconstitution de l'Empire russe. Son deuxième poste gouvernemental résultait d'une visite dans l'Oural au début de 1919, au cours de laquelle il avait découvert que la quasi-totalité des 4 766 fonctionnaires soviétiques de la province de Vyatka étaient des transfuges de la bureaucratie tsariste, que l'administration était ravagée par la corruption et l'inefficacité et qu'il n'existait pas de moyen de communication efficace par lequel le gouvernement central pût s'assurer que ses instructions étaient appliquées. Staline proposa de créer une « commission de contrôle-vérification », opérant par l'intermédiaire d'équipes mixtes d'ouvriers et de paysans. L'idée plut à Lénine, et c'est ainsi que Staline fut nommé commissaire du Rabkrin, l'Inspection des ouvriers et paysans.

La proposition de Staline et son acceptation par Lénine montraient toutefois combien ils étaient inexpérimentés dans la manière de traiter les problèmes de la bureaucratie. Bien qu'un premier pas eût été fait en formant une nouvelle génération de fonctionnaires, en attendant, le Rabkrin ne parvint pas à fournir de réponse. Le problème réel était beaucoup plus profond. Ce n'est qu'après la révolution d'Octobre, une fois au pouvoir, que Lénine se mit à réfléchir sérieusement au rôle du parti. En 1920, quand il écrivit *Le Gauchisme – maladie infantile du communisme*, il décrivait la dictature du prolétariat comme :

> Une lutte constante contre le pouvoir et les traditions de l'ancienne société… la force de l'habitude de millions et de dizaines de millions de personnes.
>
> Sans un parti de fer trempé dans la lutte, sans un parti jouissant de la confiance de tout ce qui est honnête dans une classe donnée, sans un parti capable d'observer et d'influencer l'état d'esprit des masses, il est impossible de conduire une telle lutte avec succès [16].

Lénine avait une vision assez claire du principe, mais beaucoup moins claire de la manière dont le parti devait jouer son rôle et des changements qui seraient nécessaires maintenant qu'il avait cessé d'être une conspiration pour devenir un gouvernement.

La réponse résidait dans la relation entre le partage officiel et le partage réel du pouvoir en Union soviétique. De par la constitution, le nouvel État russe avait été proclamé République des soviets. Son gouvernement, le Conseil des commissaires du peuple (Sovnarkom – souvent traduit en anglais par *Cabinet*) était officiellement le bras exécutif du congrès pan-russe des soviets, chaque commissaire était responsable d'un ou de plusieurs départements. Mais le pouvoir réel continuait à résider dans le parti communiste, organisme non mentionné dans la constitution de 1918 ni dans celle de 1924. La politique n'était décidée ni au congrès des soviets ni au Conseil des commissaires du peuple. Ce dernier était le bras exécutif, non pas, comme le stipulait la constitution, du congrès des soviets, mais du comité central du parti communiste et de son politburo. C'est là que la politique était décidée – par des membres du Conseil des commissaires du peuple qui se réunissaient en leur qualité, différente, de dirigeants du particommuniste, puis, reprenant leur titre de commissaires du peuple, donnaient des ordres par l'intermédiaire de la machine d'État, des différents départements gouvernementaux dont ils étaient responsables, afin que la politique soit mise en œuvre.

Mais qui devait effectivement la mettre en œuvre ? Cinq ans après la révolution, Lénine déclarait devant le IVᵉ congrès de l'Internationale communiste :

> Il y a des centaines de milliers de vieux fonctionnaires qui nous ont été légués par le tsar et la société bourgeoise et qui, parfois consciemment et parfois inconsciemment, travaillent contre nous. Il faudra des années de dur labeur pour perfectionner la machine, pour la réformer et recruter de nouvelles forces [17].

Il était hors de question que le parti se chargeât de l'administration de l'État ou de la gestion des secteurs qui étaient désormais nationalisés. Il manquait à ses membres la compétence nécessaire ; jusqu'à ce qu'une nouvelle génération fût formée – jusqu'à 1928 – le nouveau régime devait continuer à compter (comme l'Armée rouge) sur les administrateurs et les gestionnaires de la période pré-révolutionnaire qui avaient survécu. La tâche du parti pendant cette période était de jouer un rôle de supervision, de dynamisation, afin d'animer la machine d'État officielle. On avait déjà fait appel à lui pour renforcer l'armée par l'intermédiaire du réseau des commissaires politiques, et guider les élections et les débats dans les soviets, depuis l'assemblée de village jusqu'au Soviet suprême. Au cours des années 20, il étendit sa pénétration dans l'appareil gouvernemental à tous les niveaux, y compris l'administration des républiques de l'Union (telles que l'Ukraine), des grandes villes comme Petrograd et Moscou, des industries nationalisées et des syndicats.

La mise en œuvre d'une telle politique exigeait un travail systématique et détaillé du secrétariat du parti, et, en premier lieu, une restructuration radicale de l'organisation du parti elle-même. Une première tentative avait été faite en mars 1919, à la suite de la mort de Jacob Sverdlov, le gestionnaire du parti qui s'était contenté d'un personnel de quinze personnes et qui avait emporté les détails du fonctionnement de l'appareil dans sa tombe. C'est alors que le politburo, qui fixait la politique, obtint sa reconnaissance officielle, et que l'orgburo fut créé pour veiller à son exécution et à l'organisation du parti. Les dispositions prises après la mort de Sverdlov se révélèrent toutefois insatisfaisantes ; en même temps, le besoin d'organiser l'activité des organes centraux de manière à ce qu'ils ne fussent pas surchargés de travail devint de plus en plus visible. Après le Xᵉ congrès du parti (mars 1921), il était naturel que Staline assumât la responsabilité de diriger le travail des secrétariats, en tant qu'individu sur qui Lénine savait pouvoir compter et en tant que seul membre du comité central qui fût membre de l'orgburo, responsable de la répartition des forces du parti ainsi que du politburo, son organe de décision. Sa nomination officielle le 4 avril 1922, après le XIᵉ congrès, entérina l'autorité que Staline exerçait déjà *de facto* et ne fit l'objet que d'une mention ordinaire dans la presse. Rétrospectivement, c'est un fait remarquable, si l'on considère que c'est en tant que Secrétaire général du parti – il n'occupa pas d'autre fonction jusqu'en mai 1941* – qu'il créa une situation de pouvoir personnel arbitraire qui a rarement été égalée dans un État moderne. Mais il est presque certain qu'à l'époque il ne vit pas lui-même jusqu'où il pourrait étendre cette nouvelle fonction.

Quel usage fit Staline des possibilités que cela lui offrait ?

Robert Tucker a défendu le point de vue que, contrairement au stéréotype, Staline n'était pas un « homme d'organisation », et que, avec sa tendance à personnaliser chaque question, il n'était guère adapté, par tempérament, au rôle d'administrateur. C'est vrai, mais il ne fut pas un administrateur ordinaire, intéressé par l'administration en soi. Ce qui distingua Staline (aussi sûrement que ses dons d'orateur charismatique distinguèrent Hitler) fut sa compréhension instinctive de la manière dont le pouvoir administratif pouvait être transmuté en pouvoir politique. L'originalité des deux hommes consista à voir comment leurs dons, d'orateur dans le cas d'Hitler, d'organisateur et d'homme de comité dans celui de Staline, pouvaient être utilisés pour s'assurer le contrôle du parti, et comment cela pouvait ensuite devenir un moyen de créer une forme de pouvoir personnel hors de portée de toute contestation.

Pourquoi Lénine et les autres membres du politburo laissèrent-ils tant de pouvoir se concentrer entre les mains d'un seul homme ? Personne à l'époque ne perçut l'étendue de l'ambition de Staline, ni n'envisagea son cumul de fonctions en ces termes ; il y avait des tâches à accomplir dont aucun autre dirigeant ne voulait particulièrement, que Staline était prêt à assumer et que Lénine, Kamenev, Zinoviev et même parfois Trotski furent ravis de lui proposer. Le seul homme de qui on aurait pu attendre qu'il vît le danger à l'avance était Lénine, mais sa sensibilité politique habituellement aiguë fut émoussée par la nécessité

---

* Staline se nomma lui-même président du Sovnarkom, le conseil des ministres, six mois avant l'invasion allemande.

que quelqu'un se charge des tâches qu'il jugeait urgentes, et son sentiment que Staline était le seul dirigeant du parti sur qui il pouvait compter
pour s'y atteler.

Quand un ancien membre du secrétariat du parti, Preobrajenski, prit
la parole au XIᵉ congrès du parti (en mars 1922) et demanda comment
Staline ou n'importe qui d'autre pouvait combiner ses responsabilités de
Secrétaire général avec le travail de direction de deux commissariats,
Lénine répondit :

> Qui parmi nous n'a pas péché de cette façon ? Qui d'entre nous n'a
> pas assumé plusieurs responsabilités à la fois ? Et comment pourrions-
> nous faire autrement ?
>
> Que peut-on faire maintenant pour préserver la situation actuelle du
> Narkomnats et aller jusqu'au fond des problèmes que posent le
> Turkestan, le Caucase et autres. Ce sont là des problèmes d'ordre politi-
> que… Nous sommes en train de les résoudre, et il nous faut un homme
> auprès de qui les représentants de n'importe quelle nationalité puissent
> aller exposer les difficultés telles qu'elles sont. Où le trouver ? Je ne crois
> pas que Preobrajenski puisse nommer un autre candidat que le camarade
> Staline. Il en va de même pour le Rabkrin. Une tâche écrasante. Mais
> pour mener à bien ce travail d'inspection, il est indispensable qu'il soit
> dirigé par un homme doué d'autorité, autrement nous nous embourbe-
> rons et sombrerons dans les intrigues les plus mesquines [18].

Lénine ne s'aveuglait pas sur les insuffisances de Staline ; selon
Trotski, quand le nom de Staline fut proposé la première fois pour le
poste de Secrétaire général, Lénine observa : « Ce cuisinier ne va nous
concocter que des plats épicés. » Mais il ne proposa aucun autre nom [19].
Il avait toujours été impressionné par les aptitudes « pratiques » de
Staline et il était sûr de pouvoir le maîtriser. Il ne sentit certainement pas
que sa propre position était menacée – jusqu'à ce qu'il soit frappé
d'incapacité par sa première attaque en mai 1922, dans le mois qui suivit
la nomination de Staline au poste de Secrétaire général.

Dans les trois ans qui s'étaient écoulés entre la mort de Sverdlov et
l'arrivée de Staline, beaucoup avait déjà été fait. Le personnel du Secrétariat était passé de 30 à 600 personnes un an avant son arrivée, et ses
fonctions avaient été réparties entre un certain nombre de départements et
de services. En tant que Secrétaire général, Staline réunit autour de lui,
comme il l'avait fait à Tsaritsyne, plusieurs lieutenants qui assimilaient
leur carrière à la sienne et gravissaient les échelons avec lui. Le premier
d'entre eux était V. M. Molotov, compagnon inséparable de Staline et
quintessence du bureaucrate soviétique. Scriabine de son vrai nom, cousin
du compositeur, il rejoignit le parti en 1906 quand il était encore étudiant
et adopta le pseudonyme de Molotov (qui en russe, signifie « marteau »).
Au moment de la révolution de Février, il avait vingt-sept ans, était affecté
d'un fort bégaiement et arborait une expression impénétrable « de joueur

de poker » qui ne le quitta jamais. En 1921, il devint membre à part entière et « secrétaire responsable » du comité central et resta chef de l'exécutif du secrétariat quand Staline accéda un an plus tard au poste de Secrétaire général du parti. Dur à la tâche et d'une fidélité à toute épreuve pour accomplir les souhaits de Staline, il fut nommé membre du politburo en 1925 et en vint à remplir la fonction de président du conseil des ministres (Sovnarkom). Il connut la célébrité comme ministre des Affaires soviétiques signataire du pacte germano-soviétique.

Lazare Kaganovich, juif renégat, était un *apparatchik* dur, infatigable et sans pitié qui acquit la réputation de meilleur administrateur de l'URSS. Pourvu seulement d'une éducation minimale, mais déterminé à s'arracher à la pauvreté où il avait grandi dans son village d'Ukraine, il décida très tôt, comme Molotov, d'accrocher tous ses espoirs à une identification totale avec Staline. Comme Molotov, Kaganovich fonda sa carrière sur le secrétariat du comité central. Il s'impliqua énormément dans le programme d'industrialisation de Staline et se fit connaître comme l'homme qui bâtit le métro de Moscou. Kaganovich passa l'épreuve de loyauté pendant les purges quand Staline lui lança à l'improviste : « Lazare, sais-tu que ton frère Mikhaïl (qui était ministre de la Construction aéronautique) fréquente les droitiers ? Il y a des preuves solides contre lui. » Kaganovich avala sa salive mais répondit : « Alors, il doit être traité conformément à la loi. » Sa seule intervention fut de téléphoner à son frère, qui décida de ne pas attendre l'arrestation et se suicida le jour même. Molotov ne fut consulté que pour accepter l'envoi de son épouse en camp de travail. Après la mort de Staline, Molotov et Kaganovich furent exclus du comité central quand le soi-disant « groupe antiparti » fut vaincu par Khrouchtchev en 1957. Tous deux vécurent toutefois jusqu'à plus de quatre-vingt-dix ans, en touchant leur pension et en évitant la publicité. Molotov, qui était né en 1890, mourut en novembre 1986 et Kaganovich, né en 1893, mourut en juin 1991.

Le champion de la longévité fut toutefois l'Arménien Anastas Mikoyan, devenu comme son contemporain Kaganovich membre du comité central et candidat au politburo dans les années 20. Il devint le commissaire au Commerce permanent de l'Union soviétique, et se montra suffisamment prompt à retomber sur ses pieds pour dépasser tous les autres survivants de l'ère stalinienne en restant membre du politburo, rebaptisé plus tard présidium, jusqu'en 1966, et se retirer ensuite avec les honneurs.

A l'intérieur du secrétariat du comité central qui occupait un grand immeuble sur Staraya Ploschad (la Vieille Place), Staline créa son propre bureau personnel, appelé le Département secret. Le premier de ses assistants personnels était Ivan Tovstoukha, grand et mince intellectuel qui avait connu l'exil en Sibérie et avait vécu dans l'émigration en France. (Selon Bajanov, autre membre du Département secret, Staline déclara un jour à Tovstoukha « Ma mère avait un bouc qui te ressemblait tout à fait, sauf qu'il n'avait pas de pince-nez. ») L'une de ses tâches était d'organiser la « section spéciale » qui maintenait une liaison avec son propre service secret personnel, avantage unique dans la lutte pour le pouvoir qui suivit la mort de Lénine. Grâce à Tovstoukha, qui en était directeur adjoint, Staline s'assura aussi le contrôle de l'Institut Lénine et plus tard, de l'Institut Marx-Engels-Lénine, équivalent soviétique du Saint Office au Vatican, pour le maintien de la « pureté » de l'idéologie marxiste-léniniste.

Boris Bajanov fut le secrétaire de Staline pour les affaires du politburo de 1923 à 1925 ; réfugié à l'Ouest en 1928, il constitue une source valable pour les travaux internes du Département secret. Lev Mekhlis remplit la fonction de secrétaire personnel de Staline et joua plus tard un rôle sinistre dans les purges de l'Armée rouge. Gricha Kanner était responsable de la sécurité, des transports et des opérations clandestines ; en cette qualité, il supervisa l'installation d'un réseau de téléphone automatique comprenant un « poste de contrôle » placé sur le bureau de Staline, qui permettait à ce dernier d'écouter en secret les conversations de tous les autres, instrument de valeur dans la lutte pour le pouvoir qui porta Staline au sommet. Le technicien tchèque qui s'occupa de l'installation fut abattu comme espion sur l'ordre de Staline.

Parmi les autres personnages qui servirent un moment d'assistant personnel de Staline au Département secret et qui, par la suite, prirent de l'importance, figurent Malenkov et Iejov. Celui qui servit le plus longtemps fut celui dont la nomination fut la plus surprenante. Comme le secrétariat de Staline n'avait pas de travailleur manuel, Alexandre Poskrebychev fut recruté quand il travaillait au département des paquets du comité central. On le décrit comme un homme qui parlait tranquillement le langage le plus grossier qui soit et donnait l'impression d'être totalement dépourvu d'éducation. Il monta néanmoins en grade et devint l'un des assistants de Staline, et, au début des années 30, remplaça Tovstoukha aux postes de secrétaire principal et de chef de la Section spéciale. Doué d'une mémoire phénoménale, il servait Staline comme un esclave, travaillant seize heures par jour, faisant ce qu'on lui disait de faire sans jamais poser de question. Nul ne connut mieux les secrets de Staline ni ne sut mieux comment les garder. Il en vint à contrôler l'accès à Staline comme Bormann le faisait avec Hitler. Cela fit de lui l'un des hommes les plus puissants du Kremlin, mais, à la différence de Bormann, il se servit de sa position pour son propre bénéfice. Poskrebychev survécut à tous les changements et à toutes les purges, pour tomber finalement, dans la dernière année de la vie de Staline, victime de la suspicion dévorante du dictateur, et fut brutalement démis de ses fonctions.

Le Secrétariat du comité central créa un certain nombre de départements, dont un à l'Agitation et la propagande (Agit-prop) qui s'occupait de l'idéologie et de la culture ainsi que de la propagande et de la presse. Mais la fonction la plus importante du Secrétariat fut d'exercer une emprise sur les permanents du parti, les réorganiser et, en cas de besoin, les muter ou les exclure, sur tout le territoire du vaste arrière-pays qui s'étendait au-delà des deux capitales, Moscou et Petrograd.

Après la guerre civile, il y avait de grandes zones où les comités de région et de district du parti avaient pris l'habitude d'agir de leur propre initiative, ne maintenant que des liens ténus avec Moscou. Le Secrétariat s'était déjà attelé à la tâche herculéenne de rétablir l'autorité et les lignes de communication du parti. Sur la base de l'information récente que ses services avaient collectée, Staline fut en mesure, au cours de la première année de ses fonctions, d'établir que plus de 10 000 affectations de fonctionnaires du parti avaient été opérées dans les douze derniers mois. Mille autres nominations furent approuvées l'année suivante, dont 42 aux postes de secrétaires du parti à l'échelon régional. C'est pour diriger ces opérations que Staline fit entrer Lazare Kaganovich au Secrétariat. Ce dernier, en 1925, employait 765 personnes à plein temps.

Staline ne créa pas la machine du parti mais il acheva la tâche de l'organiser. Dès 1923, l'orgburo et le Secrétariat possédaient des renseignements détaillés sur chacun des 485 000 membres du parti et étaient en mesure d'affecter des candidats dignes de confiance à tous les échelons de la structure du parti. Tout autant qu'Hitler, non seulement Staline mais aussi Lénine et le reste des dirigeants communistes croyaient que l'autorité et le pouvoir devaient être exercés d'en haut, et que ceux des échelons inférieurs devaient répondre de la manière dont ils veillaient à ce que la « ligne juste » fût suivie. Staline pouvait affirmer qu'il leur avait fourni les moyens d'accomplir le travail modèle. « Les cadres déterminent tout » devint l'un de ses mots d'ordre favoris. « Une fois que la ligne juste a été décidée, la réussite dépend du travail organisationnel... et du choix correct des gens [20]. »

Mais il est vrai aussi que Staline allait en être le principal bénéficiaire. En pratique, les milliers de fonctionnaires du parti ne furent plus élus localement ni rendus responsables devant les organisations locales, même à Moscou et Petrograd ; leur nomination fut « recommandée » par le centre, ils furent absorbés dans une bureaucratie unifiée, dans laquelle les affectations et l'avancement étaient aux mains du Secrétaire général du parti. Les apparatchiks, dont beaucoup appartenaient à une nouvelle génération de durs trempés par la guerre civile et résolus (comme Khrouchtchev, par exemple) à gravir les échelons, formaient un groupe de cadres distincts qui avaient tout intérêt à défendre leur pouvoir et leurs prérogatives. Il ne leur fallut pas longtemps pour le comprendre, car ils dépendaient non seulement de la faveur de Staline mais de l'étendue du pouvoir qu'il pouvait exercer au sommet – pas plus qu'il ne fallut de temps à Staline lui-même pour découvrir qu'il existait entre eux et lui une dépendance réciproque et que la loyauté des apparatchiks était son meilleur atout dans une éventuelle lutte de pouvoir.

Personne d'autre au politburo n'avait une connaissance aussi étendue du parti non seulement à Moscou et Petrograd, mais aussi en Sibérie, en Ukraine et dans le Caucase ; personne d'autre ne connaissait autant de fonctionnaires de la génération montante dont il pouvait assurer l'« élection » aux congrès et conférences du parti, ou proposer comme candidats au comité central. Personne, pour emprunter un terme à l'histoire romaine, n'avait une telle suite de clients. Grâce à ses capacités de mémorisation, Staline oubliait rarement un visage ou un nom. Il était aussi, beaucoup plus que n'importe lequel de ses rivaux, l'homme à qui les secrétaires du parti pouvaient le plus naturellement s'identifier, un homme qui avait acquis toute son expérience en Russie, non en exil, un « pragmatique » comme eux-mêmes qui comprenait leurs problèmes et leurs conceptions, non un intellectuel qui les traitait de haut en bas. Homme difficile avec ses collègues, Staline était toujours accessible à quelqu'un qui était monté de sa province avec un problème, prêt à écouter patiemment et à donner conseil, se faisant du même coup un nouveau client.

En 1922, alors que Lénine se rétablissait de sa première attaque, Staline avait constitué sa base de pouvoir. Il n'y avait rien eu de spectaculaire dans le processus ; aux yeux d'un Trotski, amateur de grands gestes (et pour cela suspecté de tendances bonapartistes), il était typique de la médiocrité grisâtre qui constituait tout ce qu'il pût voir chez Staline. Mais il était efficace. Dans la nouvelle perspective ouverte par la maladie de Lénine, Staline était en position de faire peser l'influence qu'il avait imposée à la structure du parti dans tout le pays sur les organes de décision du centre – le congrès du parti, le comité central et le politburo, où l'issue du combat pour la succession serait décidée.

IV

Jusqu'à présent, l'avancement de Staline avait dépendu de la confiance et de l'appui permanents de Lénine. En 1922-1923, ils lui furent retirés et Staline traversa la crise la plus dangereuse de sa carrière. L'événement imprévu qui modifia tout le panorama fut l'attaque de Lénine de mai 1922. Lénine n'avait alors que cinquante-deux ans, et il recouvra suffisamment la santé pour revenir aux affaires pendant quelques mois dans la deuxième moitié de 1922. Mais la question de la succession fut aussitôt posée. Inévitablement, son autorité fut ébranlée ; et lui-même commença à considérer Staline et ses autres collègues sous un jour tout différent. Staline comme bras droit qu'il contrôlait c'était une chose. Staline comme successeur, commençant dès avant la fin de 1923 à mettre sur le tapis ses prétentions à une position indépendante, c'en était une autre.

Ce qui précipita le changement d'attitude de Lénine ce ne fut pas l'accumulation de pouvoir par Staline dans le parti mais sa manière de régler la question qui avait en premier attiré l'attention de Lénine sur lui avant 1914, la question des nationalités. Avec la fin de la guerre civile et de la reconquête par les communistes de la plus grande partie de l'Empire tsariste, cela devint une question de première importance, concernant près de la moitié de la population totale, 65 millions d'habitants sur 140, qui étaient soit non-slaves, soit, s'ils l'étaient, n'étaient pas grands-russes mais ukrainiens. Maintenant qu'ils étaient au pouvoir, jusqu'où les communistes étaient-ils prêts à aller dans la réalisation de leurs promesses d'autodétermination nationale ?

Personne au sein de la direction communiste, et certainement pas Lénine, ne remettait en question la centralisation du pouvoir sous le contrôle d'un parti unique. Mais Lénine distinguait cela du « chauvinisme grand-russe » qui considérait tous les non-Russes comme des inférieurs, et qu'il attaquait comme une survivance du régime tsariste et de la mentalité arrogante de ses fonctionnaires. Il critiqua les communistes qui voulaient un système scolaire unifié, dans lequel seule la langue russe serait enseignée, par cette réflexion : « A mon avis, un tel communiste est un chauviniste grand-russe. Il existe chez beaucoup d'entre nous et nous devons le combattre. » Mais pour Staline, qui avait renié ses origines géorgiennes et revendiquait l'identité russe, c'était une distinction chimérique. Il considérait la révolution bolchevique et le léninisme comme le « plus haut accomplissement de la culture russe », et était de moins en moins patient à l'égard du « nationalisme bourgeois » des Ukrainiens et des Caucasiens qui menaçaient ladite culture par leurs revendications d'autonomie culturelle-nationale.

Jusqu'à sa maladie, Lénine semble avoir traité tous les différends entre Staline et lui comme des questions de degré ou de tactique. C'est à propos du traitement du problème de la Géorgie que Lénine – qui n'était peut-être plus aussi confiant, depuis son attaque, dans sa capacité de contrôler Staline – fut convaincu de la gravité de leur désaccord. L'arrière-plan de ce dernier fut la nécessité de redéfinir les relations entre l'immense République russe, qui était elle-même une fédération dans laquelle bon nombre de petites nationalités telles que les Bachkhirs avaient reçu un statut « autonome », et les dites « républiques de l'Union », nationalités historiques, l'Ukraine, la Biélorussie, et les trois républiques caucasiennes, la Géorgie, l'Azerbaïdjan et l'Arménie. En sa qualité de commissaire aux nationalités, Staline fut désigné en 1922 pour diriger une commission et fournir une réponse. La solution de Staline était que les secondes incorporent la République russe sur la même base que les républiques « autonomes » existantes et que les organes gouvernementaux suprêmes de la République russe fédérée installés à Moscou deviennent l'autorité centrale pour toutes les républiques. La Géorgie et les deux autres républiques caucasiennes ne devaient pas entrer séparément dans la fédération russe, mais en tant que membres de la fédération caucasienne nouvellement créée.

L'Intérieur, la Justice, l'Éducation et l'Agriculture seraient, au moins formellement, administrées par les gouvernements des républiques ; les finances, l'économie, l'alimentation et le travail devaient être « coordonnés » depuis Moscou ; la Politique étrangère, la Défense, la Sécurité, le Commerce extérieur, les Transports et les Communications devaient être sous la responsabilité exclusive du gouvernement central. Quand il circula dans les républiques des régions frontières, le projet de Staline suscita peu d'enthousiasme ; le comité central du Parti communiste de Géorgie s'y opposa même ouvertement.

Une Géorgie indépendante dirigée par un gouvernement menchevique avait été instaurée durant la Guerre civile. Ce fut la dernière des républiques caucasiennes à être occupée par l'Armée rouge en février 1921, après une campagne brève, mais sanglante. Les bolcheviks locaux, conscients de la puissance des sentiments nationaux, étaient partisans d'une politique de conciliation. Staline n'était pas disposé à écouter de tels plaidoyers, surtout après avoir été fort mal reçu durant une visite à son pays natal. Il donna pour instruction à son compatriote Ordjonikidze, qui jouait le rôle de proconsul du comité central en Transcaucasie, de purger le parti géorgien des adversaires du projet de fédération. En même temps, sans attendre les commentaires de Lénine à son plan, il s'assura l'approbation du comité central, après que sa commission l'eut accepté à l'unanimité moins une seule abstention, celle du représentant géorgien, Mdivani.

Lénine était encore en convalescence à Gorki, mais sa réaction fut immédiate. Il déclara que la question était d'une suprême importance et demanda que le politburo attende son retour, en ajoutant : « Staline a une légère tendance à être trop pressé [21]. » A la place du projet de Staline, dont il critiqua l'hypercentralisation, il proposa la création d'un nouvel État, une Union des républiques socialistes soviétiques (l'URSS), dans laquelle la République russe serait au même niveau que les autres républiques nationales, avec des droits égaux pour chacune. Au lieu de faire du Comité exécutif central de la fédération russe l'organe suprême de la nouvelle Union, Lénine soutenait qu'un nouveau comité exécutif *fédéral* devait être créé, donnant ainsi de la substance au concept d'un nouveau *niveau*, fédération de républiques égales. Dans sa réponse, Staline n'essaya pas de dissimuler son irritation. Sur les cinq changements suggérés par Lénine, il en déclara un seul acceptable, un deuxième « absolument pas » ; le troisième, selon lui, n'était qu'une question de rédaction ; le cinquième était superflu. A propos du quatrième, Staline écrivit que c'était le camarade Lénine qui « était un peu pressé ». Retournant contre Lénine ses critiques, il ajoutait sur un ton sarcastique : « Il ne fait guère de doute que sa hâte "fournira des arguments aux avocats de l'indépendance", au détriment de la réputation de libéralisme du camarade Lénine sur les questions nationales [22]. »

Néanmoins, après une discussion de trois heures avec Lénine à Gorki, Staline retravailla son projet pour répondre aux objections de Lénine, conformément au cadre de l'Union des républiques socialistes soviétiques finalement proclamée en 1924. Le comité central, toutefois, ajouta une clause qui imposait l'entrée des Républiques caucasiennes dans l'Union, non pas individuellement mais comme parties de la fédération caucasienne de Staline. Le comité central géorgien rédigea une pétition pour l'entrée directe de la Géorgie dans la nouvelle union. C'en était trop pour Lénine. Il soutint la décision du comité central et réprimanda les Géorgiens pour les plaintes virulentes qu'ils avaient émises contre la manière dont Ordjonikidze les avait traités. Ce dernier, poussé par Staline, répliqua en menant une purge dans le parti géorgien et en chassant les chefs de l'opposition de leurs postes gouvernementaux.

Les protestations répétées du parti géorgien avaient toutefois convaincu les membres du politburo, ainsi que Lénine, qu'il était nécessaire de mener une enquête. Lénine était de nouveau au travail et il perçut qu'un changement s'était produit depuis sa maladie, dont le signe le plus évident était le nombre de questions pour lesquelles il fallait s'adresser à Staline pour savoir ce qui se passait. Un incident d'une curieuse banalité catalysa les doutes de plus en plus nombreux qu'il nourrissait sur le Secrétaire général. Rykov raconta qu'alors qu'il discutait avec un des dirigeants de l'opposition géorgienne dans l'appartement d'Ordjonikidze à Tiflis, une altercation avait éclaté entre les deux Géorgiens et qu'Ordjonikidze avait giflé l'autre. Lénine trouva le comportement d'Ordjonikidze intolérable. Même dans la Russie tsariste un haut fonctionnaire n'aurait pas levé la main sur un subordonné : en s'assimilant, Ordjonikidze et Staline avaient pris les pires habitudes des milieux officiels russes – le *khamstvo*, mélange de brutalité et de grossièreté.

Lénine refusa d'accepter le rapport qui les disculpait et ordonna à Dzerjinski, le chef du Guépéou, qui en était l'auteur, de retourner en Géorgie pour essayer d'en savoir plus sur ce qui c'était passé dans l'appartement d'Ordjonikidze. Quatre jours plus tard, Lénine rechutait et dans la nuit du 22 au 23 décembre, il avait une deuxième attaque.

Ce qui suivit n'a été connu que longtemps après, l'essentiel après la mort de Staline ; cela ne laisse planer aucun doute sur le fait que l'attitude de Lénine à l'égard de son ancien protégé s'était transformée en une défiance totale. Celle-ci fut encore augmentée par les mesures que prit le politburo pour contrôler la situation. Après une réunion entre Staline, Kamenev, Boukharine et les médecins le 24 décembre, il fut décidé :

> Vladimir Ilitch a le droit de dicter pendant cinq à dix minutes par jour, mais cela ne peut avoir le caractère d'une correspondance, et Vladimir Ilitch ne doit pas s'attendre à recevoir des réponses. Toutes les visites sont interdites. Ses amis et les gens qui l'entourent ne doivent pas le tenir au courant des affaires politiques [23].

La justification de ces mesures était la perspective que Lénine, quoique presque certainement incapable de reprendre ses fonctions, vive à demi paralysé pendant des années et reste en mesure d'intervenir dans la politique. Lénine réagit en se démenant pour échapper à ces consignes, avec une détermination qui ne fit que croître quand leur exécution fut placée par le politburo sous la surveillance de Staline.

Cherchant un allié, Lénine se tourna vers Trotski. Deux fois pendant l'année 1922 il avait pressé Trotski d'accepter le poste de vice-président du Conseil des commissaires du peuple, et deux fois Trotski avait refusé, ne voyant pas l'occasion que Lénine lui offrait d'établir sa position politique, en occupant la première place parmi ses collègues. Cependant, en novembre, quand Lénine s'opposa à une tentative de Staline de relâcher le monopole du gouvernement sur le commerce extérieur, il fut ravi de constater que Trotski acceptait de présenter son point de vue au comité central, et encore plus ravi quand le comité se laissa convaincre de revenir sur sa position originelle. « Nous avons conquis la position sans combattre, écrivit-il. Je propose que nous ne nous arrêtions pas mais que nous poursuivions notre attaque. » Dans un entretien privé avec Trotski, Lénine renouvela son offre du poste de vice-président et déclara qu'il était prêt à former un bloc pour lutter contre la bureaucratie dans l'État comme dans le parti. Mais quelques jours plus tard, Lénine subissait sa deuxième attaque et rien ne sortit d'une proposition qui aurait pu avoir des conséquences d'une portée considérable pour Staline [24].

Confiné comme il l'était dans son appartement du Kremlin, la seule voie de communication de Lénine passait désormais par son épouse Kroupskaïa, sa sœur Maria et ses secrétaires. Mais l'ancien conspirateur (statut auquel il était maintenant effectivement réduit) n'avait pas perdu son tempérament de lutteur. En menaçant de se mettre en grève et de refuser de se soumettre au traitement des médecins, il obtint le droit de travailler plus de quelques minutes par jour à ce qu'il appelait son « journal ». Ce n'était en rien un journal mais ce fut le dernier message au congrès du parti, que Lénine, se retrouvant face à la mort, dicta en secret par intervalles entre le 23 décembre 1922 et le 4 janvier 1923 et qui fut connu sous le nom de « Testament [25] ».

Redoutant que la bureaucratisation croissante du parti et de l'État ne conduise à leur aliéner les ouvriers et les paysans dont ils devaient servir les intérêts, Lénine réclamait instamment l'augmentation des effectifs du comité central. A l'époque, il comptait trente-sept membres et dix-neuf suppléants, dont Lénine et les autres membres du politburo. Lénine réclamait que le nombre de membres passe à cinquante ou cent. Une commission de contrôle étendue, dont l'effectif passerait également à une centaine de membres, assumerait la responsabilité du contrôle à la fois du gouvernement et du parti, et se joindrait au comité central dans un plénum qui deviendrait l'autorité politique suprême du parti. Dans les deux cas, Lénine insistait pour que les nouveaux membres fussent des ouvriers et des paysans, choisis

> de préférence non parmi ceux qui ont de longues années de service dans les organes soviétiques, parce qu'ils ont déjà acquis les traditions et les préjugés mêmes qu'il est nécessaire de combattre... Ils doivent être plus près des ouvriers et des paysans de la base.

Lénine espérait que ces nouveaux membres, en assistant à toutes les séances du comité central et du politburo et en lisant tous les documents,

« pourraient tout d'abord donner de la stabilité au politburo même et, ensuite, œuvrer efficacement au renouveau et à l'amélioration de l'appareil d'État ».

Par stabilité, Lénine entendait le moyen d'éviter une scission, dont le principal danger provenait des relations entre Staline et Trotski.

> Le camarade Staline, devenu secrétaire général, a réuni entre ses mains un pouvoir illimité, et je ne suis pas sûr qu'il puisse toujours s'en servir avec assez de circonspection. D'autre part, le camarade Trotski, comme l'a déjà montré sa lutte contre le comité central dans la question du commissariat du Peuple aux voies de communication, ne se fait pas seulement remarquer par ses capacités éminentes. Il est peut-être l'homme le plus capable de l'actuel comité central, mais qui pèche par l'excès d'assurance et par excès d'engouement pour le côté purement administratif des choses.

Lénine ne parlait ni de l'un ni de l'autre comme d'un successeur ; ce qui le préoccupait c'était le danger que les qualités des « deux membres les plus remarquables du comité central » ne conduisent sans qu'on y prît garde à une scission dans le parti. Il pensait que le meilleur moyen d'éviter cela était d'augmenter la taille du comité.

Lénine parlait au passage de Zinoviev et de Kamenev, mais ne faisait figurer ni l'un ni l'autre dans la même catégorie que Staline et Trotski, pas plus que les deux membres plus jeunes du comité central, Boukharine et Piatakov, dont il mentionnait les talents exceptionnels mais qu'il leur faudrait plus de temps pour développer.

Neuf jours plus tard, Lénine ajoutait un post-scriptum :

> … Staline est trop brutal, défaut qui, parfaitement tolérable dans notre milieu, dans les relations entre nous, communistes, ne l'est plus dans les fonctions de secrétaire général. Je propose donc d'envisager le moyen de déplacer Staline et de nommer quelqu'un d'autre qui aurait en toutes choses, sur le camarade Staline, cet avantage d'être plus tolérant, plus loyal, plus poli, plus attentif envers les camarades et serait d'humeur moins capricieuse, etc. Ceci pourrait sembler un infime détail. Mais je crois que pour nous préserver de la scission et en tenant compte de ce que je viens d'écrire plus haut sur les rapports entre Staline et Trotski, ce n'est pas un détail, ou bien c'en est un qui peut prendre une signification décisive. 4 janvier 1923 [26].

Une fois que la lettre fut achevée, on en fit plusieurs copies qui furent placées dans une enveloppe cachetée marquée « Secret, ne peut être ouvert que par V. I. Lénine et après sa mort par Nadejda Kroupskaïa ».

La lettre était adressée au XII⁰ congrès du parti (qui devait se tenir au printemps 1923), auquel Lénine espérait encore pouvoir assister. On a cru jusqu'à présent que la lettre resta inconnue des autres dirigeants russes jusqu'en mai 1924 quand Kroupskaïa, à la suite de la mort de Lénine en janvier, la présenta au plénum du comité central qui discutait des préparatifs du XIIIᵉ congrès. Cependant un article soigneusement étayé publié dans la *Pravda* en février 1988 donne à penser que Lydia Fotieva, secrétaire de Lénine, rendit compte à l'époque (décembre 1922) à Staline et à plusieurs membres du politburo de l'appréciation que Lénine avait faite de six d'entre eux, mais non de ce qui était dit dans le post-scriptum [27]. Toutefois, aucune allusion ne fut faite à la lettre au congrèsde 1923.

Trotski prétendit par la suite que Lénine avait eu l'intention de créer une fonction qui lui aurait permis de lui succéder au poste de président du Conseil des commissaires du peuple. C'est peut-être ce que Lénine avait en tête quand il pressa Trotski d'accepter d'être nommé vice-président, occasion que Trotski – au contraire de Staline acceptant le poste de Secrétaire général – ne saisit pas. Mais dans sa lettre (le pseudo « Testament ») au congrès, Lénine évita délibérément de nommer quiconque comme successeur ; cela suggère qu'il pensait à une direction collective, où les six qu'il cite auraient travaillé ensemble sous la stricte supervision du comité central et de la Commission centrale de contrôle.

Au moment même où il dictait sa lettre au congrès, dans des notes datées des 30 et 31 décembre 1922, Lénine revint sur la question des nationalités. Rendu furieux par les récits indiquant que Staline et Ordjonikidze avaient parlé de détruire les sentiments nationaux au fer rouge, Lénine indiquait que l'épisode de la gifle était symptomatique du « marécage dans lequel nous avons atterri ». Il était essentiel d'éviter pareille grossièreté (le mot qu'il avait appliqué à Staline, *groubost*) dans les transactions des Grands-Russes avec les nations minoritaires. Ordjonikidze méritait une punition exemplaire ; mais le véritable blâme s'appliquait à Staline et à sa précipitation, à sa rancœur contre le sentiment nationaliste géorgien, à son excès de zèle administratif et à ses méthodes dictatoriales. Cela ne protégerait pas les peuples non russes « de l'invasion de leurs droits par ce Russe typique, chauvin, dont la nature fondamentale est celle d'une canaille et d'un oppresseur, modèle classique du bureaucrate russe ». Le fait que ni Staline ni Dzerjinski (qui avait mené l'enquête) ne pussent prétendre être russes ne faisait qu'aggraver le délit : « Il est bien connu que les étrangers russifiés font toujours les choses avec excès quand ils essaient d'apparaître comme d'authentiques Russes d'adoption [28]. »

Tandis que les notes sur l'affaire géorgienne étaient mises de côté pour le XIIᵉ congrès du parti, Lénine dicta deux articles en janvier et février 1923 qui devaient être publiés dans la *Pravda*. Le sujet était la nécessité de trouver de meilleures façons d'enrayer la montée de la bureaucratie dans les administrations des soviets (c'est-à-dire gouvernementales) et du parti. L'objet particulier des reproches de Lénine dans le second article était le Rabkrin, que Staline avait présidé jusqu'à ce qu'il devienne Secrétaire général, et dont Lénine critiquait sévèrement les vices bureaucratiques qu'il avait été créé pour éradiquer. Staline n'était pas cité nommément mais l'attaque cinglante de Lénine contre la bureaucratie ne laissait aucun doute sur le fait qu'il en était la cible. « Tout le monde sait qu'il n'existe pas d'institutions plus mal organisées et que dans les conditions actuelles on ne peut rien attendre de ce commissariat. » Lénine ajoutait, songeant à un organisme parallèle, la Commission centrale de contrôle du parti que Staline dirigeait également : « Disons, entre parenthèses, que nous avons de la bureaucratie non seulement dans les institutions soviétiques mais aussi dans les institutions du parti. » Le manque de manières civilisées (toujours le même reproche) était à la racine du problème.

> Les gens s'étendent à perte de vue... sur la culture prolétarienne. Nous pourrions nous satisfaire de la véritable culture bourgeoise pour commencer et nous serions heureux, pour commencer, de nous passer des types plus grossiers de culture prébourgeoise, c'est-à-dire la culture des bureaucrates et des serfs. En matière de culture, la hâte et les mesures radicales sont la pire des choses possibles.

Le premier article parut dans la *Pravda* le 25 janvier 1923, mais Boukharine, le rédacteur en chef, hésita à publier le second, beaucoup plus radical, avec ses propositions précises de réforme. A une réunion spéciale du politburo, convoqué sur les instances de Trotski après que Kroupskaïa l'eut appelé à l'aide, une majorité se prononça contre ; Kouïbychev proposa même d'imprimer un numéro unique du journal contenant l'article pour faire plaisir à Lénine. Mais l'idée qu'un article de Lénine ne pouvait pas être caché au parti prévalut, et l'article parut le 4 mars sous le titre : « Mieux vaut moins, mais mieux [29].»

A ce moment-là, Lénine, peut-être mû par une prémonition, rassembla ses forces défaillantes pour tenter sa dernière manœuvre contre Staline. Le 5 mars, il dicta une lettre adressée à Trotski lui demandant de prendre la défense des Géorgiens au comité central. Jointes à la lettre, il envoya ses notes de décembre sur la question des nationalités. Le lendemain il expédia un télégramme à Mdivani et aux Géorgiens leur disant qu'il « suivait [leur] cas de tout son cœur » et qu'il s'apprêtait à les soutenir [30]. Mais Trotski refusa d'agir, pour raisons de santé, et Staline put écraser le groupe dirigeant de Mdivani en Géorgie en faisant une salle à sa dévotion lors de la conférence du parti et en les chassant de leurs fonctions.

Au moment où il écrivait à Trotski, Lénine écrivit aussi à Staline, pour relever un incident qui s'était produit à la fin décembre. Irrité par l'intervention de Lénine dans le différend au sujet du monopole du commerce extérieur, et profitant de la responsabilité qui lui était échue de surveiller le traitement médical de Lénine, Staline avait téléphoné à Kroupskaïa, la tançant violemment pour avoir laissé enfreindre les ordres des médecins et menaçant de la traduire devant le comité central. Sur le moment, Kroupskaïa ne dit rien à Lénine, se contentant d'une lettre digne à Kamenev pour lui demander sa protection et celle de Zinoviev.

Mais au début de mars, Lénine eu vent de ce qui s'était passé et écrivit à Staline :

> Cher camarade Staline,
> Vous avez eu la grossièreté [toujours le même mot, *groubost*] d'appeler ma femme au téléphone et de l'injurier. Bien qu'elle vous ait fait part de sa volonté d'oublier ce qui s'était dit, elle a cependant révélé cet incident à Zinoviev et à Kamenev. Je n'ai pas l'intention d'oublier si facilement ces agissements à l'encontre de ma personne, il va sans dire que je considère que tout ce qui est fait contre ma femme est fait contre moi-même. C'est pourquoi je vous demande de considérer si vous êtes disposé à retirer ce que vous avez dit et à présenter vos excuses, ou bien si vous préférez rompre toute relation entre nous.
>
> Tous mes respects,
Lénine.[31].

Une récente découverte dans les archives a permis d'exhumer un billet de Staline à Lénine dans lequel il écrivait : « Si vous considérez que je dois retirer mes paroles, je peux les retirer, mais je ne comprends pas de quoi il s'agit, de quoi je suis coupable [32]. » Lénine aurait été trop malade pour lire la lettre de Staline. Une manière d'excuses aurait aussi été envoyée à Kroupskaïa mais Lénine ne se réconcilia jamais avec Staline. Le 6 mars, son état de santé empira encore et le 10 il fut victime d'une nouvelle attaque qui le priva de l'usage de la parole et le paralysa du côté droit, l'empêchant de jamais plus participer aux affaires. Au cours de l'été et de l'automne 1923, sa santé s'améliora suffisamment pour qu'il pût marcher un peu et même faire secrètement une promenade d'adieu dans Moscou. Divers fonctionnaires du parti et du gouvernement lui rendirent visite, mais Staline ne fut pas du nombre ; les deux hommes ne se revirent jamais.

V

Cela dut être un choc pour Staline de constater que l'homme qu'il avait admiré plus que quiconque, et à la confiance de qui il devait son ascension, était devenu un ennemi. Il conserva la dernière lettre de Lénine jusqu'à la fin de sa vie ; à sa mort, on la retrouva dans un tiroir de son bureau, et elle fut lue en public pour la première fois par Khrouchtchev lors de son discours secret au congrès du parti en 1956. En 1923, Staline ignorait encore jusqu'où Lénine était prêt à aller, c'est-à-dire son intention de proposer qu'on le démît de ses fonctions de Secrétaire général ; mais il était parfaitement au courant de ce que quelque chose se tramait pour le prochain congrès du parti (le XIIe) ; et la nouvelle qu'il n'aurait plus à affronter Lénine en personne fut un grand soulagement.

En l'absence de Lénine, la politique du parti et la conduite des affaires quotidiennes étaient décidées par une troïka composée de Zinoviev, Kamenev et Staline. Ce n'était pas le grand amour entre eux mais ils étaient unis par une méfiance encore plus forte à l'égard de Trotski. Sur le papier, leur position paraissait forte. Kamenev, qui assumait les fonctions de président du politburo en l'absence de Lénine, était l'un de ses deux adjoints au poste de président du Conseil des commissaires du peuple ainsi que président en son nom propre du Soviet de Moscou ; Zinoviev était président de l'organisation de l'autre grande ville, le Soviet de Leningrad, ainsi que du Komintern, la IIIᵉ Internationale (communiste) ; Staline, outre ses fonctions de commissaire aux nationalités, occupait la position clef de Secrétaire général du parti. Ce qu'avait Trotski était tout différent, non pas une accumulation de fonctions, mais une stature et un charisme, l'aura du dirigeant révolutionnaire qu'il partageait avec Lénine et qui provoquait une ovation tumultueuse quand il apparaissait au congrès. Pour la plupart des membres du parti – et pour Trotski lui-même – il était toujours le successeur évident de Lénine, si besoin était.

Si Trotski devait se lancer dans la course à la succession, il y avait trois points au sujet desquels il existait déjà une lame de fond de critiques contre la direction du parti, et qu'il pouvait canaliser à son avantage. L'un était la bureaucratie et la menace contre la démocratie interne du parti ; le second était la politique économique ; et le troisième était le problème des nationalités et de la nouvelle constitution. En se détournant de Staline, Lénine avait montré que sur ces trois questions il était prêt à se tourner vers Trotski.

On en a assez dit sur la croissance de la bureaucratie et la réaction qu'elle provoquait. La politique économique ne redevint un problème que lorsque la NEP eut atteint ses objectifs immédiats. Au printemps 1923, l'économie avait suffisamment récupéré des revers de la guerre civile pour ouvrir la voie aux débats et aux désaccords à propos des choix à faire pour l'avenir. La question sous-jacente était de savoir comment résoudre ce qu'on appela la « crise des ciseaux », la chute des prix agricoles et la montée des prix industriels. L'option prudente de droite adoptée par la majorité de la direction conduite par la troïka de Zinoviev, Kamenev et Staline, donnait la priorité à un rétablissement du secteur paysan de l'économie qui permettrait de financer la croissance de l'industrie grâce à l'augmentation de la prospérité et des achats des paysans. Ces derniers, estimait-on, entraîneraient une expansion conduite par le marché de la petite industrie et du secteur des biens de consommation, ce qui, à son tour, stimulerait l'expansion de l'industrie lourde et du secteur des produits de base. Dans le cadre de l'extension de la NEP, on prévoyait un système fiscal plus clément pour se concilier la paysannerie, tout en imposant un contrôle strict du crédit qui stabiliserait la monnaie et forcerait l'industrie à concentrer la production dans les entreprises les plus rentables, même si cela devait entraîner une augmentation du chômage.

L'Opposition de gauche, conduite par Trotski, cherchait à donner la priorité au développement de l'industrie et aux intérêts des ouvriers qui, soutenait-on, devaient être au cœur de tout programme socialiste. « Les thèses sur l'industrie » préparées par Trotski pour le XIIᵉ congrès du parti, prônaient : « Seul le développement de l'industrie crée le fondement inébranlable de la dictature du prolétariat. » Soutenu par Lénine, Trotski réclamait l'extension de l'autorité du Gosplan, la commission d'État du plan, et un plan économique global, avec subvention de l'industrie, en particulier l'industrie lourde, grâce à l'allocation de capital par l'État, pour réaliser les objectifs à long terme du plan.

A la réunion du politburo destinée à définir les dispositions du congrès Staline proposa que Trotski prononce le discours principal à la place de Lénine. Trotski déclina l'offre, craignant qu'on le soupçonne de se lancer dans la course à la première place avant même la mort de Lénine ; il proposa Staline à sa place, mais ce dernier refusa aussi, obligeant le vaniteux Zinoviev à accepter. Trotski se trouva encore plus embarrassé quand Kamenev révéla au comité central que Lénine avait demandé à Trotski de prendre fait et cause pour les Géorgiens et lui avait envoyé une copie de son texte explosif, « Notes sur la question des nationalités », contenant des critiques contre Staline, que Trotski avait gardée par-devers lui pendant plus d'un mois sans en dire un mot à ses collègues. Staline reprocha froidement à Trotski d'agir de manière tortueuse et de chercher à tromper le parti. Le comité central, impressionné par la bonne foi de Staline, décida de ne pas publier les notes mais de les faire connaître aux délégués de confiance.

A l'ouverture du congrès, le 17 avril 1923, Trotski commit une nouvelle erreur en se tenant à l'écart du débat sur la politique à l'égard des nationalités, permettant ainsi à Staline de détourner la force des critiques de Lénine en s'identifiant à lui, en réaffirmant le principe de l'autodétermination et en dénonçant le chauvinisme grand-russe en des termes sans équivoque. Le mal n'affectait pas seulement le centre, ajouta-t-il, en réponse à ses critiques géorgiens : il réapparaissait dans le chauvinisme géorgien local, dirigé par le groupe communiste au pouvoir contre d'autres minorités de Géorgie comme les Arméniens. Une des raisons d'éliminer le chauvinisme grand-russe était que cela permettrait de « réduire à néant neuf dixièmes de ce nationalisme qui a survécu ou qui se développe dans chacune des républiques ».

En prévision du congrès, Staline avait réussi à utiliser les ressources de la machine du parti qu'il contrôlait pour s'assurer que la majorité des délégués le soutiendraient. Cinquante-cinq pour cent des votants étaient des fonctionnaires du parti à plein temps, soit plus du double de ce qu'ils représentaient au Xᵉ congrès seulement deux ans auparavant. Passant sous silence la tension qui était apparue entre le dirigeant du parti absent et lui-même, Staline parla de Lénine comme de son « maître », le chef qui leur montrait toujours quand ils s'étaient trompés, ajoutant avec une touche caractéristique : « Il y a longtemps que je n'ai pas vu un congrès aussi uni et inspiré que celui-ci. Je regrette que le camarade Lénine ne soit pas ici [33]. »

Si Lénine avait été là, il est peu probable que le camarade Staline serait resté Secrétaire général ; dans la situation présente, Staline eut toute liberté de se montrer vertueux en reprenant les propres mots de Lénine dans son article « Mieux vaut moins, mais mieux » afin de dénoncer à son tour la bureaucratisation des soviets et du parti. Il était désormais prêt à accepter le projet de Lénine de fondre le Rabkrin dans une commission centrale de contrôle élargie et de charger cette dernière d'enrayer la dégénérescence des deux. Il compléta cela en présentant sa propre version de l'autre proposition de Lénine, celle d'augmenter la taille du comité central et d'y subordonner le politburo. Il n'avait pas fallu longtemps à Staline pour voir qu'un tel déplacement de l'équilibre au centre pourrait être utilisé à son avantage. Alors qu'il ne pouvait pas – encore – être sûr d'avoir la majorité au politburo, il était déjà en mesure de contrôler les élections aux deux autres organes.

Les propositions de Staline n'allèrent pas sans susciter des critiques de la part des anciens membres de l'Opposition ouvrière. Elles furent toutefois adoptées par des majorités confortables et obtinrent même l'appui d'anciens oppositionnels, qui répondirent à sa demande d'apporter un sang neuf à la direction. Tout en acceptant ostensiblement les critiques de Lénine contre la bureaucratisation croissante du parti et son appel à une réforme de sa structure, Staline avait en fait retourné ses propositions comme un doigt de gant. Le comité central et la commission centrale de contrôle furent élargis, comme Lénine l'avait demandé, et les pouvoirs de la dernière augmentés, mais on n'entendit plus jamais parler de la requête de Lénine que les personnes recrutées fussent non pas des fonctionnaires du parti mais des ouvriers et des paysans de la base. Grâce au tour de passe-passe de Staline, le résultat des transformations fut d'augmenter et non de diminuer la centralisation du pouvoir, c'est-à-dire le contraire de ce qu'avait voulu Lénine.

Les élections qui suivirent montrèrent le bien-fondé du calcul de Staline. Alors que les membres du politburo demeurèrent quasi inchangés (un nouveau membre suppléant, Roudzoutak, qui était stalinien), l'ensemble des quatorze nouveaux membres suppléants du comité central (dont Lazare Kaganovich) se montrèrent des partisans sûrs de Staline tout au long des années 20. La commission centrale de contrôle, élargie de cinq à cinquante membres, et avec des pouvoirs fortement accrus, fut dirigée par un présidium de neuf membres qui eurent le droit d'assister aux réunions du comité central. L'attitude qu'adopta la nouvelle commission pour protéger le parti et l'État contre les maux de la bureaucratie fut précisée par l'un des membres du présidium, Goussev, dans un article sur ses attributions publié en janvier 1924 :

> Le comité central fixe la ligne du parti, tandis que la commission centrale de contrôle veille à ce que personne ne s'en écarte... L'autorité s'acquiert non seulement par le travail mais par la peur. Or maintenant la commission centrale de contrôle et l'Inspection des ouvriers et des

paysans [l'ancien Rabkrin] ont déjà réussi à imposer cette peur. En ce sens, leur autorité augmente [34].

En tant que président de la nouvelle commission de contrôle, Staline nomma un autre homme à lui, Valerian Kouïbychev, d'abord mis à l'épreuve au sein du Secrétariat puis installé au poste de président de la commission de contrôle jusqu'en 1926, où il devint l'homme de Staline au poste de président du Conseil économique suprême. Sa place fut prise par Ordjonikidze. Comme Kaganovich, Kouïbychev et Ordjonikidze (plus brièvement) furent tous deux membres du politburo, et jouèrent un rôle de premier plan dans l'exécution du programme industriel de Staline au début des années 30. Cependant, au contraire de Kaganovich, ils conservèrent suffisamment d'indépendance pour s'opposer à Staline ; en conséquence, ni l'un ni l'autre ne survécurent aux purges.

Ayant renforcé sa mainmise sur la machine du parti, Staline put tolérer que le congrès adopte une résolution sur la politique économique qui suivît de près les thèses de Trotski, lesquelles mettaient l'accent sur un développement planifié de l'industrie, considéré comme priorité essentielle. Après le congrès il suffit que la majorité du politburo veillât à ce qu'on ne prît aucune mesure visant à mettre la résolution en œuvre pour qu'elle devînt lettre morte. Ce n'est que cinq ans plus tard, quand non seulement l'opposition de gauche mais aussi de droite eurent été détruites, que Staline se montra prêt à mettre le programme de Trotski et de la gauche en pratique.

Trotski lui-même devait reconnaître qu'il avait laissé passer une occasion. Dans son autobiographie, il écrivit :

> Je ne doute pas que si je m'étais présenté la veille du XIIe congrès dans l'esprit d'un bloc de Lénine et Trotski contre la bureaucratie de Staline, j'aurais été victorieux… En 1922-1923, il était encore possible de s'emparer du commandement par une attaque ouverte contre la faction… des épigones du bolchevisme.

Ce fut un manque de volonté politique : « Une action indépendante de ma part aurait été… présentée comme mon combat personnel pour la place de Lénine dans le parti et dans l'État. Je ne pouvais penser à cela sans frémir [35]. »

Pareils scrupules ne gênèrent pas Staline, mais connaissant la force potentielle de la position de Trotski, il eut la prudence de ne pas le défier d'emblée, se contentant de tirer avantage de la crainte que la possibilité d'un coup de force de Trotski faisait encore naître parmi les autres dirigeants et dans le parti. La manipulation des élections par Staline lui-même avant et pendant le XIIe congrès n'était pas passée inaperçue. Zinoviev profita d'un jour de congé pour convoquer un certain nombre de collègues à une réunion officieuse, dans le décor de conspirateurs d'une grotte proche de la station thermale caucasienne de Kislovodsk, et obtint leur accord sur un plan visant à réduire les pouvoirs de Staline.

Quand la lettre fixant leurs propositions parvint à Staline, il réagit en se rendant à Kislovodsk en personne et en proposant que Zinoviev, Trotski et Boukharine, en tant que membres du politburo, obtiennent des sièges dans l'orgburo et puissent ainsi voir la « machine de Staline » de l'intérieur. En même temps, il offrit sa démission : « Si les camarades avaient poursuivi leur projet, j'étais prêt à dégager la piste sans faire d'histoire et sans discussion, qu'elle fût ouverte ou secrète. [36] » Zinoviev ne profita toutefois de l'offre de Staline d'assister aux réunions de l'orgburo qu'une fois ou deux et Trotski et Boukharine ne s'y montrèrent pas une seule fois. Quant à son offre de démission, Staline savait parfaitement que, s'il partait, cela laissait la voie libre à Trotski pour prétendre à la succession de Lénine, perspective qui suffit à empêcher Zinoviev et compagnie d'aggraver encore leur différend avec lui.

A l'été 1923, l'économie soviétique connut une nouvelle crise. Le gouvernement ordonna alors à l'industrie de mettre de l'ordre chez elle en réduisant et en concentrant la production dans les usines les plus efficaces. L'augmentation du chômage et les baisses de salaire provoquèrent une vague de grèves que les groupes d'opposition clandestins cherchèrent à exploiter ; les arrestations par le GPU (Guépéou) furent suivies par des exclusions du parti. A ce stade, une mesure d'un sous-comité du comité central, dirigé par Dzerjinski (le chef du Guépéou) recommandant que tous les membres du parti soient obligés de dénoncer au Guépéou toute personne impliquée dans une activité factionnelle clandestine, conduisit enfin Trotski à interrompre ses hésitations et à sortir de sa tente pour se battre.

La décision de Trotski fut influencée par deux autres facteurs. Le premier fut une manœuvre de la troïka destinée à le chasser de son bastion du commissariat à la Guerre en élargissant le Conseil militaire révolutionnaire et en lui adjoignant deux de ses vieux ennemis du temps de la guerre civile, Vorochilov et Lachevitch. Quand Trotski demanda une explication, Kouïbychev, le président de la commission centrale de contrôle, lui répondit : « Nous considérons qu'il est nécessaire d'engager une lutte contre toi mais nous ne pouvons pas te déclarer ennemi ; nous sommes donc obligés de recourir à de telles méthodes [37]. »

Le deuxième fut l'aggravation de la crise en Allemagne, provoquée par l'occupation de la Ruhr et l'emballement de l'inflation, qui placèrent les dirigeants russes (grâce à la position dominante qu'ils occupaient au sein du Komintern) devant la question de savoir s'il fallait ou non encourager le KPD (le parti communiste allemand) à tenter de prendre le pouvoir. Les Russes étaient profondément divisés : Trotski, allié cette fois à Zinoviev et Boukharine, y était grandement favorable ; Staline et Karl Radek (l'expert des questions allemandes au Komintern) y étaient tout aussi grandement hostiles. Ces avis opposés contribuèrent à la désastreuse pagaille qui s'ensuivit. Les communistes de Hambourg, qui lancèrent une révolte, persuadés que le soulèvement général avait commencé, furent victimes d'une répression sanglante ; en Saxe et en Thuringe, où les opérations furent annulées au dernier moment, la Reichswehr évinça les gouvernements de coalition communistes-socialistes. Une quinzaine avant le putsch manqué d'Hitler en Bavière, les nouveaux espoirs russes d'une révolution communiste en Allemagne finirent par voler en éclats, au milieu d'amères disputes sur les responsabilités.

Sur cet arrière-plan, le 8 octobre 1923 Trotski publia une lettre ouverte au comité central, dans laquelle il dénonçait les « erreurs radicales flagrantes de la politique économique » qui avaient provoqué la crise de l'été et faisait porter la responsabilité de la détérioration de la situation à l'intérieur du parti sur l'étouffement de la liberté de discussion par les méthodes que le secrétariat de Staline avait utilisées pour contrôler les élections.

> Il s'est créé une large couche de travailleurs du parti qui renoncent entièrement à leur propre opinion, du moins à son expression ouverte, comme s'ils admettaient que la hiérarchie du secrétariat soit l'appareil qui crée l'opinion du parti et les décisions du parti. Sous cette couche… s'étend la grande masse du parti, devant qui toute décision apparaît sous la forme d'une injonction ou d'un ordre. Dans cette masse de base du parti, règne une insatisfaction inhabituelle… qui ne peut pas s'exprimer par le moyen de l'influence de la masse sur l'organisation du parti (élection des comités et des secrétaires du parti) mais qui s'accumule en secret et conduit à des tensions internes [38].

Le politburo répliqua que les critiques de Trotski étaient motivées par l'ambition personnelle d'obtenir un pouvoir illimité dans les domaines de l'industrie et des affaires militaires. Toutefois, le 15 octobre, une déclaration secrète, qui ne put pas être rejetée aussi facilement, fut soumise au politburo, signée par quarante-six figures du parti qui avaient joué un rôle de premier plan dans l'opposition à la direction depuis la fin de la guerre civile. Cette « Déclaration des Quarante-six », qui fut bientôt connue, reprenait la même double critique contre « les décisions inconsidérées, incohérentes et prises à la légère par le comité central » qui risquaient d'entraîner une crise économique générale grave, et contre « le régime absolument intolérable régnant dans le parti [39] ».

Le comité central (Trotski étant encore absent pour cause de maladie) répondit à ces attaques, qu'il lia entre elles, en condamnant officiellement Trotski et les quarante-six pour factionnalisme et pour division du parti d'une part, tout en réaffirmant, de l'autre, le principe de la démocratie et, comme preuve de sa sincérité, ouvrit grandes les colonnes de la *Pravda* à une discussion de tout le parti dans le but de mettre au point un programme de réformes.

Zinoviev ouvrit le débat le 7 novembre avec une franchise rafraîchissante dans un article où on lisait : « Notre principal problème vient souvent de ce que presque toutes les questions importantes sont traitées de haut en bas, résolues à l'avance. » Une discussion animée s'ensuivit dans les organisations locales du parti, reflétée dans les pages de la *Pravda*, et qui dura jusqu'à la fin du mois. Vers la fin, les échanges devinrent plus vifs, Staline rappela qu'il était nécessaire « d'empêcher le parti, qui est l'unité combattante du prolétariat, de dégénérer en un club de discussion », tandis que Zinoviev déclarait : « Le bien de la révolution – telle est la loi suprême. Tout révolutionnaire dit : Au diable les principes "sacrés" de la "démocratie pure" [40]. »

S'efforçant de préserver l'apparence d'unité, le politburo tint de longues séances dans l'appartement de Trotski, qui était convalescent, dans le but d'élaborer une résolution qui mettrait fin au débat. Quand Trotski rejeta la première mouture, Staline et Kamenev s'installèrent avec lui pour mettre au point une version révisée qui le satisfît. Une longue liste de réformes fut dressée, dont l'élection réelle des fonctionnaires du parti, la promotion de nouveaux travailleurs du parti et le renforcement des efforts de la commission de contrôle en vue d'enrayer « la perversion bureaucratique ». En contrepartie, Trotski accepta une référence à l'interdiction du factionnalisme par le Xᵉ congrès. Le politburo publia la résolution le 5 décembre, proclamant à grands cris l'accord enfin obtenu sur une réforme véritable.

Toutefois, aucune des parties ne faisait confiance à l'autre. Tout en donnant son aval enthousiaste à la résolution, Trotski rappelait, dans une lettre ouverte du 8 décembre, qu'elle ne serait effective que si les 400 000 membres du parti faisaient en sorte qu'elle le fût. Il ne suffisait pas de laisser les bureaucrates « prendre note du Nouveau cours, c'est-à-dire, le rendre nul bureaucratiquement ».

> Avant toute chose, les postes dirigeants doivent être débarrassés de ceux qui, au premier mot de critique, d'objection ou de protestation, agitent les foudres du châtiment. Le « Nouveau cours » doit commencer par faire sentir à chacun que dorénavant personne n'osera terroriser le parti [41].

La lettre de Trotski, et un meeting de masse de l'Organisation du parti de Moscou auquel les représentants de la direction furent hués, causa un renouveau de la controverse originelle avec une fureur redoublée. Quand Trotski appela les jeunes membres du parti à sauver la vieille garde bolchevique de la dégénérescence qui la menaçait, Staline rétorqua que personne ne commettrait l'erreur de penser que Trotski, tardive recrue du parti, appartenait à sa vieille garde. Il enchaîna par une question qui mit Trotski et l'Opposition sur la défensive. Exigeaient-ils que les règles de Lénine lui-même, que Trotski avait reprises à son compte au Xᵉ congrès du parti en 1921 et qui interdisaient les factions et les regroupements à l'intérieur du parti, fussent mises de côté ? Oui ou non ?

A ce point critique, après avoir engagé l'*establishment* dans un conflit ouvert, Trotski fit brusquement machine arrière, apparemment à cause d'une rechute de sa maladie, mais en fait à cause de ce qui ressembla à de la paralysie politique. Laissant l'Opposition sans chef, il quitta Moscou et se retira sur les bords de la mer Noire pour s'y refaire une santé. Les autres membres du politburo, conduits par Staline, Zinoviev et Boukharine, s'employèrent à bâillonner l'Opposition grâce au contrôle de la presse et à l'application de la discipline du parti, interrompant la communication avec la base du parti.

Pour mener l'affaire à son terme, le comité central décida de réunir, non pas un congrès du parti élu, mais une conférence du parti à laquelle les sections locales seraient représentées par leurs secrétaires et permanents, non point élus mais nommés par le Secrétariat. Staline avait organisé les élections avec tant de succès que sur les 128 délégués votants, seuls trois appartenaient à l'Opposition.

La XIIIe conférence du parti se réunit en janvier 1924, et cette fois, en l'absence de Trotski, Staline l'attaqua directement, en répertoriant six erreurs principales[42]. Qui devait guider le parti, demanda-t-il, son comité central, ou un individu qui se prenait pour un surhomme, d'accord avec le comité central un jour, et s'opposant à lui le lendemain ?

> C'est une tentative de légaliser les factions [déclara-t-il], avant tout, la faction de Trotski... Par son agitation incontrôlée en faveur de la démocratie, l'Opposition... libère l'élément petit-bourgeois... Le travail factionnel de l'Opposition apporte de l'eau au moulin des ennemis du parti.

Quand Preobrajenski, un des quarante-six, rappela les critiques de Staline par Lénine dans ses notes sur la question nationale, Staline se jeta sur lui. Ils considéraient maintenant Lénine comme un génie, mais :

> « Permets-moi de te demander, camarade Preobrajenski, pourquoi étais-tu en désaccord avec ce "génie" au sujet du traité de Brest-Litovsk, pourquoi as-tu abandonné ce "génie" dans un moment aussi désespéré, et lui as-tu désobéi ? Où et dans quel camp étais-tu alors ? »

« Tu terrorises le parti ! » lui rétorqua Preobrajenski en hurlant. « Non, répliqua Staline, j'adresse seulement un avertissement à ceux qui sèment la discorde dans ses rangs. » Il continua en rendant publique pour la première fois la clause secrète de la résolution de Lénine de 1921 qui prescrivait l'exclusion du parti pour punir le factionnalisme. Il menaça aussi de prendre des mesures sévères contre tous ceux qui diffuseraient des documents confidentiels, allusion possible au Testament de Lénine et au post-scriptum proposant de démettre Staline de ses fonctions de Secrétaire général. Alignant sa conduite sur Staline, la conférence du parti, avec seulement trois voix contre, condamna Trotski et les quarante-six dissidents non seulement pour « activité factionnelle, manquement direct au léninisme », mais aussi « pour déviation petite-bourgeoise clairement exprimée ».

VI

La XIIIe conférence du parti de janvier 1924 marque un jalon important dans l'évolution du parti communiste russe. Jusque-là, les conférences et les congrès nationaux du parti étaient restés de véritables événements au cours desquels les opinions de l'Opposition étaient non seulement entendues mais écoutées, recueillant souvent un appui que les délégués ne craignaient pas d'exprimer. Si la direction réussissait normalement à s'imposer, c'était seulement après avoir défendu son point de vue et obtenu la majorité à l'issue d'un débat ouvert. La conférence de 1924 fut la première où la procédure fut orchestrée et les décisions prises à l'avance, précédent qui fut reproduit à toutes les occasions qui suivirent. Staline n'avait pas agi seul mais en tant que membre de la majorité du politburo, et il put prétendre avoir essayé d'aboutir à un compromis avec Trotski. Mais ce fut lui qui, grâce à la machine politique qu'il avait créée dans l'appareil du secrétariat, eut le pouvoir d'agir, de traduire les résolutions et les menaces dans la réalité. La XIIIe conférence du parti fut la première occasion où ce pouvoir fut utilisé avec une efficacité irrésistible, et où le changement qu'elle produisit sur le caractère du parti fut reconnu non plus comme une menace mais comme un fait.

Cependant, au moment où Staline put espérer qu'il avait réussi à supprimer une fois pour toutes l'opposition dans le parti, la situation fut bouleversée par la mort de Lénine. Pendant les neuf derniers mois de sa vie, Lénine fut dans la position tragique d'un dirigeant conscient de la crise qui déchirait le parti qu'il avait créé mais qui, totalement paralysé et incapable de bouger ou de parler, ne pouvait rien y faire. La *Pravda* publia un compte rendu de la XIIIe conférence du parti et Kroupskaïa le lui lut. Il montra de l'agitation devant ce qu'il entendait mais ne put manifester ce qu'il ressentait. Le lendemain matin, 21 janvier 1924, il eut une nouvelle attaque et mourut dans l'après-midi.

La question de la succession, bien que cela ne fût jamais admis ouvertement, fournit désormais un nouveau champ d'application à l'Opposition et aux luttes de factions qui opposèrent désormais les dirigeants non pas au parterre des congrès mais au sein d'un politburo constamment divisé. Or, loin d'être abattu par cette perspective, Staline (selon Bajanov, qui travaillait dans son Secrétariat) « jubilait. Je ne le vis jamais d'aussi bonne humeur que dans les jours qui suivirent la mort de Lénine. Il arpentait le bureau avec une satisfaction peinte sur tout son visage[43] ».

Ce n'était pas surprenant. Tant que Lénine était en vie et pouvait encore se rétablir, Staline était en danger. Au cours de l'année écoulée, il avait affiché un air assuré pour dissimuler son malaise, et avait fait preuve d'une dureté de caractère et d'une habileté manœuvrière, grâce auxquelles il était sorti d'une période pleine d'embûches avec un crédit plus grand que n'importe quel autre dirigeant. Staline devait encore affronter la nouvelle épreuve de la condamnation de Lénine dans son Testament. Mais il n'avait pas seulement fait la preuve de sa capacité de survivre : dès que Lénine fut mort, il fournit la première indication de la manière dont il allait reprendre l'avantage sur l'homme qui aurait pu l'éliminer en s'appropriant la légende de Lénine.

A nouveau, Trotski ne se montra pas, cette fois aux obsèques de Lénine, événement grandiose et plein d'émotion. « C'était comme il y a bien, bien longtemps, écrivit Nadejda Mandelstam, l'épouse du poète :

> Mandelstam s'émerveilla du spectacle : c'était le Moscou des jours anciens enterrant un de ses tsars… Ce fut la seule occasion de ma vie où la population de Moscou sortit dans les rues et fit la queue de son propre gré[44].

Un autre témoin, le correspondant d'un journal français, Rollin, écrivit : « Mon Dieu, comment manquer pareille occasion ! Achille boudant sous sa tente… Si Trotski était venu à Moscou, il aurait ravi la vedette[45]. »

Trotski prétendit par la suite qu'il avait été trompé par le politburo, qui lui donna une fausse date pour les obsèques. Mais sa volonté continuait d'être paralysée. Dans son autobiographie, il écrivit : « Je n'avais qu'un désir urgent, qu'on me laissât tranquille. J'étais incapable d'étendre la main pour prendre ma plume. »

Staline ne commit pas la même erreur. Il se plaça « discrètement en avant[46] » parmi les dirigeants qui portaient le cercueil de Lénine et qui le descendirent dans la voûte près du mur du Kremlin qui servit de sépulture temporaire, jusqu'à ce que le corps embaumé fût placé dans un mausolée spécialement érigé sur la place Rouge – proposition qui aurait été faite par Staline et à laquelle Kroupskaïa s'opposa. La veille au soir, une cérémonie commémorative avait eu lieu au théâtre Bolchoï, tendu de noir. Les comptes rendus soviétiques furent falsifiés par la suite pour accréditer l'idée que Staline avait été le seul orateur. En fait, il ne fut qu'un parmi plus d'une dizaine. Mais le style de sa contribution, tournée dans la forme catéchistique d'un vœu, rappelant sa formation de séminariste, fut si différente de celles de tous les autres orateurs qu'elle attira immédiatement l'attention.

Commençant par la déclaration : « Camarades, nous autres communistes sommes des gens d'une trempe particulière », Staline poursuivit en répétant, six fois en tout, une série d'affirmations et de réponses liturgiques :

> En nous quittant, le camarade Lénine nous a prescrit de tenir haut et de garder pur le grand titre de membre du parti. Nous te faisons le vœu, camarade Lénine, que nous exécuterons honorablement cela, ton commandement.
>
> En nous quittant, le camarade Lénine nous a prescrit de garder l'unité de notre parti comme la prunelle de nos yeux. Nous te faisons le vœu, camarade Lénine, que nous exécuterons honorablement cela, ton commandement, aussi…[47]

Kroupskaïa et les bolcheviks de la vieille garde furent scandalisés par ce qu'ils considérèrent comme une manifestation du plus mauvais goût possible, que Lénine aurait lui-même rejetée avec mépris. Bajanov ne vit que l'hypocrisie de Staline faisant publiquement vœu de loyauté à un dirigeant dont la mort l'avait réjoui en privé.

Les deux remarques sont justes, mais en dehors du calcul et de la comédie cagote jouée par lui, il se peut très bien que Staline se soit senti soulagé, non seulement de voir Lénine mort, mais aussi de pouvoir rétablir la relation étroite qui avait été interrompue par la maladie de Lénine et par l'hostilité que celui-ci lui avait manifestée au cours des dix-huit derniers mois, relation qui était nécessaire à Staline tant sentimentalement que politiquement – son identification avec le chef, le *vojd'*, de qui il se croyait destiné à devenir le successeur[48]. La conviction autant que l'ambition sous-tendaient cette certitude. Staline commençait à se considérer comme le seul homme ayant la volonté et la détermination de prendre les mesures nécessaires pour mettre en pratique les idées de Lénine, idées par rapport auxquelles ce dernier avait lui-même pris de la distance dès qu'il était tombé malade, et que des prime donne comme Zinoviev et Trotski n'avaient pas la constance de mener à bien.

Avait-il raison ? Le « stalinisme » était-il le produit, sinon inévitable, du moins logique de la révolution russe ? Ou y avait-il une autre possibilité ? Autant de questions sur lesquelles il faudra revenir. Pour le moment, il suffit de noter la part jouée par le hasard dans la maladie imprévue qui d'abord frappa d'incapacité puis, à l'âge encore jeune de cinquante-trois ans, tua le seul homme qui avait toujours eu l'autorité, et eut finalement la volonté, d'empêcher l'ascension de Staline vers le pouvoir quand c'était encore possible.

5

La création du parti nazi

Hitler : 1924-1930
(35 à 41 ans)

I

Un mois exactement après que Staline eut tenu au Théâtre du Bolchoï le discours « du serment », le 26 février 1924, s'ouvrait à Munich le procès pour trahison d'Hitler et des autres participants au putsch manqué. En apprenant qu'il aurait un procès public, Hitler sortit du désespoir où il était plongé depuis son arrestation. Confiant dans ses pouvoirs d'orateur, il vit là l'occasion d'effacer la mauvaise impression laissée par son échec comme homme d'action, et de transformer le fiasco de novembre en triomphe rétrospectif.

Le moyen utilisé était simple, mais fort efficace. Dans ce procès, officiellement, les accusés étaient Hitler, Ludendorff et les autres dirigeants de la Kampfbund, tandis que les principaux témoins de l'accusation étaient représentés par le triumvirat von Kahr, von Lossow et Seisser. Mais Hitler inversa les rôles. Loin de repousser l'accusation de haute trahison, il la reprit à son compte, ce qui eut pour résultat de placer les témoins à charge au banc des accusés, et il contre-attaqua en affirmant qu'ils étaient aussi gravement impliqués que les prévenus, mais qu'ils n'avaient pas le courage et l'honnêteté de le reconnaître. « Si notre entreprise était de la haute trahison, déclara Hitler dans son discours introductif, alors Lossow, Kahr et Seisser ont nécessairement commis une haute trahison en même temps que nous, car durant toutes ces semaines, nous n'avons parlé que des objectifs pour lesquels nous sommes maintenant accusés... » Comme chacun dans le tribunal savait qu'il disait vrai, Hitler réussit aussitôt à regagner l'initiative. « Je suis seul à porter la responsabilité, continua-t-il, mais je ne suis pas un criminel pour cela. Si je comparais ici aujourd'hui comme révolutionnaire, c'est en tant que révolutionnaire opposé à la Révolution. On n'a pas parlé de haute trahison pour les traîtres de 1918... [1] » Sa conclusion : « Je ne me considère pas comme un traître, mais comme un Allemand qui a souhaité ce qu'il y avait de mieux pour le peuple allemand », fut accueillie dans la salle bondée par de bruyants applaudissements.

Von Kahr et Seisser n'étaient pas de taille à se mesurer à un opposant si habile, mais von Lossow, qui avait vu sa carrière terminée après les événements de novembre et s'entendait maintenant traiter publiquement de lâche, n'était pas encore vaincu. Son discours exprima tout le mépris

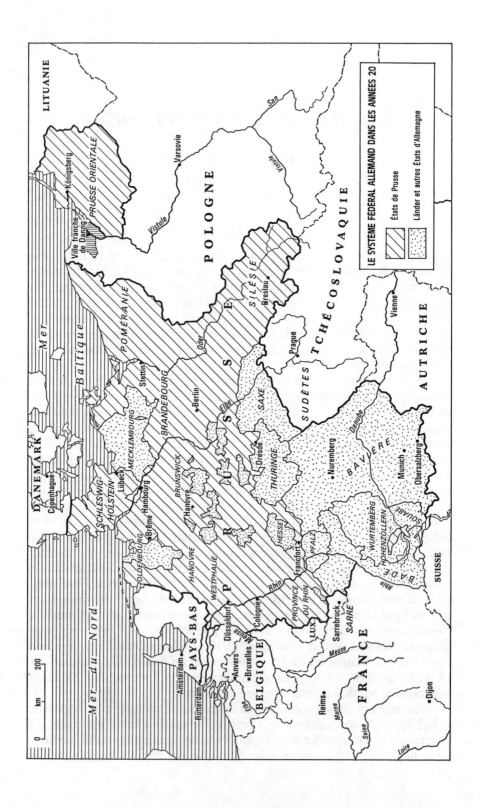

LITUANIE

POLOGNE

TCHÉCOSLOVAQUIE

AUTRICHE

SUISSE

FRANCE

BELGIQUE

PAYS-BAS

DANEMARK

Mer Baltique

Mer du Nord

San

Vistule

Varsovie

Königsberg

PRUSSE ORIENTALE

Ville franche de Danzig

POMÉRANIE

Stettin

Oder

Breslau

SILÉSIE

Prague

SUDÈTES

Vienne

Berlin

BRANDEBOURG

MECKLEMBOURG

Lübeck

SCHLESWIG-HOLSTEIN

Copenhague

Hambourg

Brême

OLDENBOURG

BRUNSWICK

Hanovre

HANOVRE

WESTPHALIE

Düsseldorf

Cologne

PROVINCE DU RHIN

LUX.

Sarrebruck

SARRE

Amsterdam

Rotterdam

Anvers

Bruxelles

Reims

Dijon

HESSE

Francfort

PFALZ

BADE

WURTEMBERG

HOHENZOLLERN

SOUABE

BAVIÈRE

Nuremberg

Munich

Obersalzberg

Danube

THURINGE

SAXE

Dresde

P R U S S E

Elbe

Rhin

Meuse

Marne

Seine

Loire

Rhin

Meuse

Vistule

LE SYSTÈME FÉDÉRAL ALLEMAND DANS LES ANNÉES 20

États de Prusse

Länder et autres États d'Allemagne

0   km   200

du corps des officiers pour ce caporal sorti d'on ne savait où et qui prétendait commander à la Reichswehr : « Il se considère comme le Mussolini ou le Gambetta allemand, et ses partisans le voient comme le messie allemand. » A son point de vue, dit von Lossow, Hitler n'était pas fait pour un autre rôle que celui de tambour politique. « Dans un premier temps, l'éloquence bien connue de Herr Hitler m'a fait forte impression. Mais plus je l'entendais, plus mon impression faiblissait. » Ses discours étaient tous semblables ; ses opinions étaient celles de tout nationaliste allemand et montraient qu'Hitler n'avait aucun sens des réalités. Von Lossow accusa à maintes reprises Hitler de mensonge et le décrivit comme « dépourvu de tact, limité, ennuyeux, parfois brutal, parfois sentimental et indubitablement inférieur. »

Mais Hitler fut à la hauteur de la situation. Lors d'un contre-interrogatoire rageur, il fit perdre son sang-froid au général et fut ensuite autorisé par un président bien disposé (poussé sans aucun doute par Gürtner, le ministre de la Justice), à transformer son discours final en un *tour de force**.

> Qu'en termes médiocres pensent les esprits médiocres... Ce que j'avais en tête dès les tout premiers jours était infiniment plus important que de devenir ministre. Je voulais devenir le destructeur du marxisme... Ce n'était certes pas par modestie que je voulais être un « tambour »... L'homme né pour être dictateur n'y est pas contraint ; il le veut. Il n'est pas poussé, mais se pousse lui-même en avant.

Ignorant le rôle rien moins qu'héroïque qu'il avait joué, il déclara que l'échec de novembre 1923 était l'échec d'individus, de gens comme von Lossow et von Kahr, mais que la Reichswehr, la plus solide des institutions allemandes, n'était pas concernée.

> Quand j'ai appris que c'était la police qui avait tiré, j'ai été heureux que ce ne fût pas la Reichswehr : la Reichswehr n'a pas été éclaboussée. Un jour viendra où la Reichswehr, ses officiers et ses hommes se tiendront à nos côtés...
>
> Ce n'est pas vous, messieurs, qui délivrerez un jugement sur nous ; il sera prononcé par le tribunal éternel de l'histoire... Cet autre tribunal ne nous demandera pas : avez-vous, oui ou non, commis un acte de haute trahison ? Ce tribunal nous jugera... comme des Allemands qui ont voulu ce qu'il y avait de mieux pour leur peuple et leur Patrie, qui voulaient se battre et mourir.

Le procès dura vingt-cinq jours et occupa quotidiennement les premières pages des journaux allemands. Pour la première fois, Hitler touchait une audience nationale. A la fin du procès, il avait atteint son

---

* En français dans le texte (NdT).

objectif, qui était de faire face à l'échec du putsch de Novembre et de restaurer sa crédibilité. Ses appels aux sentiments nationalistes avaient provoqué à maintes reprises les applaudissements du public. Toutes les preuves ayant été exposées, Ludendorff fut acquitté et Hitler reçut la peine minimale de cinq ans d'emprisonnement.

A sa sortie de prison, sa performance au procès donnait à Hitler un avantage sur ses rivaux dans la direction des groupes *völkisch*. Il avait réussi à se présenter comme le seul homme qui eût osé tenter un putsch et qui, ayant été trahi, loin de fuir ses responsabilités, avait déclaré qu'il continuerait de combattre la république haïe. Son flair en matière de propagande trouve sa meilleure illustration dans le fait qu'au lieu d'essayer d'oublier le putsch raté, il l'ait transformé en l'une des légendes durables du mouvement nazi. Chaque année, au jour anniversaire, il retournait à la Bürgerbräukeller et sur l'Odeonplatz pour raviver le souvenir des événements de novembre 1923, et saluer le courage de ceux qui étaient morts.

Les historiens ont eu tendance à reprendre à leur compte l'opinion d'Hitler qui considérait novembre 1923 comme le grand tournant, après lequel il abandonna toute idée de renversement du régime par la force et décida de travailler à l'intérieur de la constitution, en dissimulant ses intentions révolutionnaires derrière le respect affiché de la « légalité », et en s'efforçant de parvenir au pouvoir par des moyens politiques. Nul doute que la défaite de novembre 1923, qu'il devait plus tard décrire comme le « plus grand coup de chance de sa vie », contraignit Hitler à clarifier ses idées et à se dégager de l'ambiguïté qu'il avait cultivée par de constantes références à la « prise du pouvoir » et à la « Marche sur Berlin ». Désormais, comme Mussolini et sa prétendue « Marche sur Rome », il s'assurerait à l'avance de la réception qui l'attendrait et arriverait en wagon-lit par le train de nuit, avant ses partisans. Mais quand Hitler parlait d'une « nouvelle décision », il exagérait. Scheubner-Richter, qui était proche de lui, écrivit dans un mémoire du 24 septembre 1923 : « La révolution nationaliste ne doit pas précéder l'acquisition du pouvoir politique ; au contraire, le contrôle de la police de la nation constitue le préalable de la révolution nationaliste[2]. » Scheubner-Richter paya de sa vie le non-respect de cette position. Il fut abattu par la police alors qu'il se trouvait bras dessus bras dessous avec Hitler au premier rang de la marche du 9 novembre. Mais Hitler avait toujours subordonné toute tentative de renverser le gouvernement au soutien, ou du moins à la complicité passive des autorités bavaroises et de la Reichswehr – « une révolution par autorisation de Herr Präsident », comme disaient par dérision ses opposants. Poussé par la frustration et la crainte de voir l'occasion lui échapper, il tenta d'obtenir l'appui de von Kahr et de von Lossow par un coup de bluff ; mais quand il se fut aperçu qu'ils s'étaient joués de lui, et que son plan avait échoué, l'espoir l'abandonna. Non parce qu'il aurait été dépourvu de courage – sur ce chapitre ses états de service à la guerre étaient suffisamment convaincants – mais parce qu'il se persuada que la Kampfbund ne pouvait réussir seule, et que la cause était désormais perdue. Si l'échec de novembre 1923 constitue un tournant, c'est parce qu'il renforça la position d'Hitler dans la discussion avec ceux de ses critiques qui rêvaient toujours d'une prise de pouvoir par la force :

> Cette soirée et cette journée (8-9 novembre) nous permirent par la suite de mener pendant dix ans une bataille par les moyens légaux ; car, ne vous y trompez pas, si nous n'avions pas agi alors, je n'aurais jamais pu fonder un mouvement révolutionnaire et nous maintenir durant tout ce temps dans la légalité. On aurait pu me dire à juste titre : « Vous parlez comme les autres et vous agissez tout aussi peu que les autres[3].»
>
> Après le putsch, je pouvais dire à tous ceux du parti ce qu'autrement je n'aurais jamais eu la possibilité de leur dire. Ma réponse à mes critiques était : maintenant la bataille sera menée comme je le désire, et pas autrement[4].

Le discours final d'Hitler à son procès forme un contraste frappant avec la célébration de Lénine par Staline deux mois auparavant. Il y a là plus qu'une différence de tempérament et de style. L'insistance aiguë avec laquelle Hitler se présentait comme l'Homme du Destin n'exprimait pas seulement son égotisme mais révélait aussi un besoin désespéré de réaffirmer sa prétention à être pris au sérieux dans le monde politique allemand. L'égotisme de Staline ne le cédait en rien à celui d'Hitler, pas plus que son penchant pour le rôle d'homme providentiel. Toutefois l'issue de la crise, qui aurait pu le mettre aussi près d'un recul désastreux qu'Hitler, le laissa sur une position renforcée, où il n'avait nul besoin de rétablir sa réputation, et toute raison d'éviter d'attirer l'attention sur ses ambitions. Il lui fallait au contraire les dissimuler derrière le culte de Lénine, auquel nul n'était de taille à être comparé, ni lui ni, implicitement, aucun autre membre du politburo.

En dépit de la disparité de leurs positions dans les années 20, Hitler et Staline conservent un élément en commun : aucun d'eux ne songea à s'emparer du pouvoir par la force. En Russie, la révolution avait déjà été faite par Lénine ; Staline voulait prendre la suite de Lénine, mais pas par un coup d'État – c'était le dessein néfaste dont il accusait Trotski – mais par des voies légitimes, avec le consentement du parti. Il ne s'agissait pas seulement pour lui de se débarrasser de ses rivaux, mais de persuader la majorité des apparatchiks que la révolution – et ses bénéficiaires – avait une meilleure chance de surmonter ses contradictions si c'était lui, plutôt que n'importe quel autre dirigeant, qui se trouvait aux commandes.

En Allemagne, la révolution était encore à faire, mais seulement (comme l'avait soutenu Scheubner-Richter) après que les nazis seraient arrivés au pouvoir. Tout en gardant intact l'enthousiasme de ses partisans, Hitler devait persuader ceux sur lesquels il comptait pour l'aider à prendre le pouvoir – l'establishment conservateur, les autres partis nationalistes, et par-dessus tout la Reichswehr – qu'il était un allié digne de confiance, qui pouvait tenir des discours extrémistes capables d'emporter l'adhésion des masses (qualité essentielle à leurs yeux), mais qu'une fois reconnu comme partenaire, il se montrerait aux affaires sensé et compréhensif.

Pour l'un comme pour l'autre, ce fut seulement après avoir accédé au pouvoir avec au moins l'apparence de la légalité que Staline, au début de 1930, et Hitler trois ans plus tard, se lancèrent dans la « révolution par le haut » (suivant l'expression de Staline), représentée dans son cas par la collectivisation forcée de la paysannerie russe et le programme d'industrialisation d'urgence, et dans le cas d'Hitler, par la « coordination » (*Gleichschaltung*) des institutions allemandes.

Pour la plupart des partisans d'Hitler, quand la fureur soulevée par le procès de Munich se fut éteinte et qu'on l'enferma dans la geôle de Landsberg pour y purger sa peine, une telle perspective a dû paraître bien éloignée. Pourtant, bien que le parti nazi fût interdit, que ses dirigeants fussent dispersés et qu'Hitler, même après sa libération, dût tout recommencer, il ne manifesta quant à lui aucun doute sur le fait qu'il finirait par accéder au pouvoir.

Quelque quarante autres nationaux-socialistes étaient avec lui en prison, où ils menaient une vie facile et confortable. La chère était bonne, ils recevaient autant de visiteurs qu'ils le souhaitaient, et passaient la plus grande partie de leur temps hors des cellules, dans le jardin. Emil Maurice jouait pour Hitler le double rôle d'ordonnance et de secrétaire, avant d'abandonner cette dernière tâche à Rudolf Hess, qui revint volontairement d'Autriche pour partager l'emprisonnement de son chef.

Le personnel pénitentiaire ne considérait pas Hitler comme un prisonnier ordinaire, et le traitait avec respect. Le jour de son trente-cinquième anniversaire, qui tomba peu après le procès, les paquets et les fleurs qu'il reçut remplirent plusieurs pièces. Outre les nombreux visiteurs qui venaient le voir, il recevait une correspondance abondante et disposait de tous les livres et journaux qu'il désirait. Hitler présidait le repas de midi, exigeant et recevant les égards dus au chef du parti. Toutefois, à partir de juillet, il s'enfermait la plupart du temps dans sa cellule pour dicter *Mein Kampf,* qui fut commencé en prison et recueilli sous sa dictée par Emil Maurice et Rudolf Hess.

En fait, entre 1924 et 1928, il écrivit trois livres : le premier volume de *Mein Kampf,* dicté en prison en 1924 et publié en 1925 ; le volume II, dicté dans sa villa de l'Obersalzberg et publié fin 1926 ; et le dit *Zweites Buch* (deuxième livre), dicté à son éditeur Max Amann en 1928, mais resté inédit jusqu'en 1961, et dont l'existence même demeura inconnue jusqu'à ce que le manuscrit dactylographié fût exhumé, en 1958.

Étant donné ses habitudes indolentes et son mépris pour l'écrit, délaissé au profit de la parole, peut-être Hitler n'eût-il jamais commencé de livre s'il n'avait été reclus en prison puis, après sa libération, interdit de discours public. Mais il y avait au moins trois bonnes raisons de faire un effort. D'abord, soutenir sa prétention à recréer et diriger le mouvement national-socialiste après sa sortie de prison. Ce qui n'est pas incompatible avec le fait qu'avant l'essor du parti en 1930, *Mein Kampf* ne se soit guère vendu, même parmi les membres de l'organisation (en 1929, 23 000 exemplaires du volume I et 13 000 du volume II), et que beaucoup de ceux qui l'avaient acheté furent incapables d'en venir à bout. L'historien britannique Donald Watt a avancé que les mouvements qui font de la loyauté politique une question de foi considèrent comme essentiel d'avoir un équivalent de la Bible : *Les Questions du léninisme* de Staline et les œuvres de Karl Marx, le *Livre rouge* de Mao, les *Idées napoléoniennes* de Louis Napoléon. Comme la Bible qui languit sur les étagères de maints chrétiens qui ne l'ouvrent jamais, de tels textes n'ont pas besoin d'être lus ou compris : « Son message doit bien sûr pouvoir être réduit et simplifié... Mais sa complexité et ses obscurités constituent un avantage, puisqu'elles démontrent la profondeur de vision du chef... sa capacité à saisir des problèmes que ses sympathisants se reconnaissent incapables d'appréhender... Il suffisait pour eux qu'il ait existé[5]. »

La deuxième raison était qu'il y avait là une occasion de commencer à poser les fondations du mythe d'Hitler, cette image du Führer qui devait se révéler une force des plus puissantes, sinon la plus puissante, en s'attirant le soutien et la dévotion de millions d'Allemands. La troisième raison était la possibilité d'exprimer ses idées et de développer sa *Weltanschauung*, le soubassement d'idées qu'il jugeait indispensable à une action politique efficace.

Comme Staline, Hitler méprisait les intellectuels, en même temps qu'il était soucieux d'établir sa propre autorité intellectuelle. Staline chercha à le faire dans *Les Questions du léninisme* (publié l'année où Hitler écrivit *Mein Kampf*, en soutenant qu'il n'était pas lui-même un penseur original, mais l'interprète autorisé et l'héritier de la tradition marxiste-léniniste. En préservant une apparence de conformité et en répétant les phrases rituelles, il parvint à dissimuler à quel point, dans la pratique, il agissait en novateur et déviait de la tradition. Hitler, à l'inverse, ne reconnut jamais à quelles sources il avait tiré ses idées (« des siècles de détritus intellectuels », suivant la description de Trevor-Roper), exagérait constamment son originalité. Chaque élément composant sa doctrine est aisé à identifier parmi les écrits d'auteurs du XIXe et du début du XXe siècle, mais nul ne les avait jusqu'alors agencés de cette manière-là. Plus important est le fait qu'après avoir créé sa propre version, dont les éléments essentiels sont exposés dans *Mein Kampf* et complétés dans son *Zweites Buch* de 1928, Hitler ne la modifia jamais. Il y a une continuité visible entre les idées qu'il a exprimées en 1920, ses propos de table des années 40, et le testament politique qu'il dicta dans le bunker avant de se suicider en avril 1945.

Cette affirmation est souvent mal comprise, car Hitler combinait une inhabituelle cohérence dans ses idées directrices avec une tout aussi remarquable souplesse en matière de programmes, de tactiques et de méthodes. Il distinguait nettement le penseur politique de l'homme politique, et accordait à ce dernier une grande importance. Mais dans un passage bien connu de *Mein Kampf,* il écrivait : « Il peut parfois arriver que, durant de longues périodes de la vie humaine, le penseur et l'homme politique ne fassent qu'un[6]. » Hitler croyait sans aucun doute être un exemple d'une telle combinaison, et il y a beaucoup de vérité dans cette conviction : s'il ne fut pas le seul, il fut l'un des rares dirigeants politiques à avoir autant cherché à faire passer dans les faits sa conception du monde.

II

Par la répugnance que suscitent son langage, son ton, et surtout son contenu, *Mein Kampf* est presque sans rival. L'intérêt de ce livre est de fournir un éclairage sur les deux rôles d'Hitler – son esprit et sa vision du monde d'une part, la manière dont il concevait l'organisation d'un mouvement politique de l'autre, la création du mythe d'Hitler assurant la liaison entre les deux.

La base des croyances d'Hitler était un grossier darwinisme social : « L'Homme est devenu grand par la lutte... Chaque fois que l'homme a atteint un but, ce fut grâce à l'addition de son originalité et de sa brutalité... Toute la vie est soumise à ces trois réalités : le combat est le père de toute chose, la vertu est dans le sang, le commandement est premier et décisif[7]. » Dans *Mein Kampf,* il écrit : « Celui qui veut vivre doit lutter, et celui qui ne veut pas lutter dans ce monde où la lutte éternelle est la loi de la vie n'a pas le droit d'exister[8]. »

Hitler était fasciné par l'histoire, et comme Spengler, il la voyait comme une succession d'âges de l'humanité qui s'exprimaient chacun dans une culture distincte d'idées et d'institutions interdépendantes : la culture gréco-romaine de l'ancien monde, pour laquelle il professait une admiration, tout en montrant qu'il la connaissait mal ; le Moyen Age, dont il considérait la culture comme « germanique », éclipsé à la Renaissance par la société capitaliste moderne de l'Occident qu'il jugeait, comme Spengler, malade et en déclin. La capacité de créer de telles cultures était réservée à la race « aryenne », concept qu'Hitler ne définit jamais. « Si l'on répartissait l'humanité en trois espèces : celle qui a créé la civilisation, celle qui en a conservé le dépôt et celle qui l'a détruit, il n'y aurait que l'Aryen qu'on pût citer comme représentant de la première*. Il a établi les fondations et le gros-œuvre de tous les grands édifices de la civilisation humaine[9]. »

Chaque culture, chaque empire avait décliné pour la même raison : le mélange des races, qui avait affaibli, puis détruit la capacité à poursuivre le combat qui est la loi de la vie. « Toutes les grandes civilisations du passé ont sombré dans la décadence parce que leur race créative originelle s'est éteinte à la suite de la contamination de son sang[10]. » Hitler croyait que la civilisation occidentale était décadente et que le destin du peuple allemand était

---

* Hitler cite les Japonais comme un exemple des seconds, les troisièmes étant représentés par les juifs.

de la remplacer, comme les tribus germaniques avaient remplacé un empire romain devenu incapable de se défendre et avaient poursuivi leur marche en avant jusqu'à créer une nouvelle culture vigoureuse.

Pour y parvenir, les Allemands devaient conquérir un nouvel empire germanique qui dominerait le continent européen. C'était une politique étrangère qui allait bien au-delà des demandes de révision du traité de Versailles, par lesquelles Hitler avait commencé sa carrière d'agitateur politique. A peine esquissée dans le volume I de *Mein Kampf,* cette position devint dans le volume II une politique vigoureuse d'acquisition de *Lebensraum* (« espace vital ») en Europe orientale, aux dépens de la Russie. Mener une autre guerre pour le rétablissement de l'Allemagne dans ses frontières de 1914 serait criminel ; le seul objectif qui justifierait une telle action était « d'assurer au peuple allemand le sol et le territoire qui lui reviennent sur cette terre ».

> Aussi, nous autres nationaux-socialistes, biffons-nous délibérément l'orientation de la politique extérieure d'avant-guerre. Nous commençons là où l'on avait fini il y a six cents ans. Nous arrêtons l'éternelle marche des Germains vers le sud et vers l'ouest de l'Europe, et nous jetons nos regards vers l'Est.
>
> Nous mettons un terme à la politique coloniale et commerciale d'avant-guerre et nous inaugurons la politique territoriale de l'avenir.
>
> Mais si nous parlons aujourd'hui de nouvelles terres en Europe, nous ne saurions penser d'abord qu'à la Russie et aux pays limitrophes qui en dépendent [11].

Dans son *Zweites Buch,* Hitler explique que, grâce à la révolution bolchevique, ce serait une entreprise relativement simple : « Le gigantesque empire de l'Est est près de s'écrouler. » Les masses slaves étaient incapables de créer d'elles-mêmes un État, et le groupe dirigeant allemand qui les avait dominées jusque-là était maintenant remplacé par une direction juive bolchevique qui, pour des raisons qui devaient être expliquées brièvement, ne parviendrait jamais à organiser ni à maintenir un État. La guerre avec la France, qu'Hitler avait auparavant jugée nécessaire pour permettre la révision des frontières, devenait maintenant (comme il serait vérifié en 1940-1941), un préliminaire à l'objectif fondamental d'une attaque contre la Russie. Les autres préalables étaient une alliance avec l'Italie de Mussolini (à laquelle l'Allemagne devait être prête à rendre le Tyrol du Sud), et avec l'Angleterre, l'Allemagne devant à tout prix éviter la rivalité outre-mer qui s'était révélée fatale pour le Kaiser.

Les faiblesses d'une telle conception sont évidentes – par exemple, le fait que, loin de souffrir de surpopulation, l'Allemagne ne disposait pas des masses nécessaires pour prendre les territoires que ses armées occuperaient à l'Est et les développer. Mais ces lacunes étaient moins importantes que la correspondance entre les objectifs énoncés par Hitler dans les années 20 et ceux qu'il tenta d'accomplir dans les années 40.

Hitler partageait pleinement la conception traditionnelle de l'histoire allemande qui place au premier plan la politique étrangère, aux dépens de la politique intérieure. Il n'éprouvait aucun intérêt en soi pour les questions constitutionnelles, judiciaires, ou économico-sociales, et les considérait, en ces années 20, avant tout comme un moyen d'attirer les sympathies et de se ménager une place dans le jeu politique. Il étendait cette opinion à l'État lui-même : « L'État n'est qu'un moyen au service d'une fin. Sa fin et son but sont de préserver l'existence de la race... L'État n'est que le contenant, et la race est ce qu'il contient[12]. » Aussi loin qu'allait la forme de l'État, Hitler fondait tout sur le *Führerprinzip*, le principe du commandement. Celui-ci représentait dans les mains d'un chef la concentration d'un pouvoir qu'aucune espèce de contrôle parlementaire ou constitutionnel ne limitait, et qui disposait de l'autorité nécessaire pour diriger l'État en donnant priorité à la politique étrangère et au réarmement, ainsi qu'à la conquête d'un nouvel espace vital à l'Est.

En 1928, s'appuyant sur l'expérience accumulée depuis qu'il avait quitté Vienne et durant la période de réflexion dans la prison de Landsberg, Hitler résuma ainsi l'art de la politique : « mener la lutte d'un peuple pour l'existence », en subordonnant les politiques étrangère et intérieure à cette fin.

> La politique étrangère est l'art de préserver l'espace vital momentanément nécessaire, en quantité et en qualité, pour le peuple. La politique intérieure est l'art de préserver l'emploi nécessaire de la force pour cela, que ce soit en termes de valeur raciale (*Volkswert*) et de population[13].

La notion de « valeur raciale » mérite une explication. « La source de tout le pouvoir d'un peuple », dit Hitler, « ne réside pas dans la possession d'armes ou dans l'organisation de son armée mais dans sa valeur interne, c'est-à-dire, sa valeur raciale[14]. » Pour la préserver, il importait que l'État défendît son peuple contre la contamination par trois poisons, dont chacun était identifié par lui aux juifs. C'était : l'internationalisme, prédilection pour les choses étrangères qui découle d'une sous-estimation de ses propres valeurs culturelles, et conduit au métissage ; l'égalitarisme, la démocratie et la loi de la majorité, hostiles à la créativité individuelle et au commandement qui sont à l'origine de tout progrès humain ; et le pacifisme, qui détruit le sain et naturel instinct de conservation du peuple. Dans un discours prononcé à Nuremberg le 21 juillet 1927, Hitler déclarait :

> Un peuple a perdu sa valeur interne dès qu'il a incorporé en lui-même ces trois vices, quand il a éliminé sa valeur raciale, prêché l'internationalisme, abandonné son autodirection pour la remplacer par la loi de la majorité, c'est-à-dire de l'incompétence, et commencé à se complaire dans la fraternité pour le genre humain[15].

J'ai gardé pour la fin le trait le plus remarquable du système d'Hitler, son antisémitisme, afin de le replacer dans le cadre plus général de sa *Rassenpolitik* (politique de race). Celle-ci allait jusqu'à l'extermination des handicapés, à travers, en 1933, le programme de prévention contre une descendance atteinte de maladie héréditaire, qui concernait également les Allemands non juifs, et cela sur la base raciale de la politique agraire nazie. La *Rassenpolitik* allait aussi jusqu'à l'exploitation et l'extermination des Polonais et des Russes non juifs, considérés comme des *Untermenschen* (sous-humains). Il est certain, toutefois, que les juifs occupent une place unique dans sa *Weltanschauung*. Pour expliquer l'intensité de la haine qu'il leur vouait, aucune expérience personnelle ne saurait être avancée, bien que certains biographes aient cru pouvoir lui attribuer une origine sexuelle, en soulignant l'obscénité de ses propos dès qu'il abordait le sujet, oralement ou par écrit. Question troublante : quand donc, cet homme responsable de la mort de six millions de juifs, en a-t-il effectivement rencontré un personnellement ? Mais le « juif » qu'on trouve dans les pages de *Mein Kampf* et dans les délires d'Hitler ne présente aucune ressemblance avec des êtres de chair et de sang d'origine hébraïque : c'est une invention de l'imagination obsessionnelle d'Hitler, une création satanique, exprimant son besoin de produire un objet sur lequel il pût concentrer ses sentiments d'agressivité et de haine.

Hitler rationalisa ses sentiments en déclarant que les juifs se distinguaient des autres races par le fait qu'ils ne possédaient aucun territoire et ne pouvaient donc participer à cette lutte pour l'espace vital qu'il considérait comme un des fondements de l'histoire. Dépourvus de territoire, les juifs ne pouvaient mener à bien la construction d'un État, mais devaient devenir des parasites (métaphores obsessionnelles chez lui) qui s'engraissaient sur les activités créatives et le labeur des autres nations.

> Le but ultime de la lutte juive pour l'existence est la mise en esclavage des peuples producteurs... par la dénationalisation, la bâtardisation immorale des autres peuples, l'abaissement du niveau racial des peuples supérieurs ainsi que la domination de ce méli-mélo racial par l'anéantissement de l'intelligentsia *völkisch* et son remplacement par des membres de son propre peuple [16].

Dans les affaires internationales, après avoir peu à peu pris le pouvoir grâce à la puissance de l'argent et de la propagande, les capitalistes juifs s'efforcent de détourner les nations de leurs intérêts véritables, et de les plonger dans la guerre. En même temps, les dirigeants juifs de la révolution communiste internationale se sont dotés d'un quartier général mondial à Moscou, à partir duquel ils répandent la subversion interne. Celle-ci s'appuie sur la propagation par les partis marxistes de l'internationalisme, de l'égalitarisme et du pacifisme, idéologies qu'Hitler associe aux juifs et considère comme une menace pour les valeurs raciales aryennes.

En prenant la question dans l'autre sens, l'antisémitisme fournissait de nouvelles justifications à la poursuite par l'Allemagne d'une politique de conquête de nouveaux espaces vitaux à l'Est, aux dépens de la Russie bolchevique. La guerre contre celle-ci, qu'Hitler identifiait constamment à la « conspiration juive mondiale », ne renforcerait pas seulement le caractère racial du peuple allemand, mais détruirait les bases de la juiverie internationale, et trancherait à la racine la plante vénéneuse du marxisme.

Dans la vision cosmique perverse d'Hitler, l'ennemi éternel des Aryens, la race qui possédait le pouvoir de créer, c'était le juif, incarnation du mal, agent de la pollution raciale qui avait miné et détruit les civilisations l'une après l'autre.

> Si le juif, avec l'aide de sa croyance marxiste, doit conquérir les nations de ce monde, sa couronne deviendra la couronne mortuaire de l'humanité, et une nouvelle fois, notre planète, vide d'humanité, poursuivra son orbite à travers l'éther comme elle le faisait voilà des millions d'années [17]...

Hitler laissait dans l'imprécision ce qu'il entendait par l'« élimination » du danger juif, mais à un national-socialiste allemand qui lui rendit visite en prison, et qui lui demandait s'il avait changé de position sur les juifs, il répondit :

> Oui, oui, il est tout à fait exact que j'ai changé d'opinion sur les méthodes à adopter pour combattre la juiverie. Je me suis rendu compte que jusqu'à maintenant j'ai été beaucoup trop doux. En travaillant sur mon livre, je suis parvenu à la conclusion que dans l'avenir les méthodes de combat les plus sévères devront être utilisées pour que nous réussissions à en venir à bout. Je suis convaincu que ce n'est pas une question vitale seulement pour notre peuple, mais pour tous les peuples. Car le judaïsme est le fléau du monde [18].

Hitler ne se contenta pas de garder intacte sa double détermination à « éradiquer » les juifs (quel que soit le sens qu'il attribuât à ce terme) et à conquérir un *Lebensraum* en Europe de l'Est. Des années avant qu'il vînt au pouvoir, dans *Mein Kampf*, et dans de nombreux discours et interviews, il ne cessa de réaffirmer ces deux piliers de sa vision du monde.

Cependant, il serait erroné de voir dans son idéologie personnelle la clé de sa capacité à recruter des milliers d'adhérents pour le parti nazi dans les années 20, et à attirer des millions de votes dans les années 30. Au contraire, si l'antisémitisme était monnaie courante dans la droite allemande et considéré comme partie intégrante de la doctrine nazie, la prééminence qu'Hitler lui accorda – et ceci beaucoup moins dans la deuxième partie des années 20 que dans la première – ne suscita une forte attraction que dans un petit groupe d'initiés à l'intérieur du parti (chez Himmler, par exemple), qui prenaient cet aspect aussi sérieusement que lui. Ceci correspond à la distinction qu'il opère dans *Mein Kampf* entre la majorité des membres d'un mouvement, auxquels « suffit le simple effort de croire à la doctrine politique », et la minorité « qui représente l'idée et combat pour elle [19] ». Il apparaît qu'il en alla de même avec le *Lebensraum,* le rêve d'expansion germanique à l'Est. La matière première de ses discours des années 20 était très différente : c'était le révisionnisme, l'abolition du traité de Versailles et la récupération par l'Allemagne de ses frontières de 1914, si nécessaire, par une guerre avec la France, et non avec la Russie.

Dans cette période de formation, avant que le parti n'accédât au pouvoir, à côté d'Hitler, le national-socialisme puisa à beaucoup d'autres sources : par exemple, des penseurs néo-conservateurs tels que Moeller van der Bruck et d'autres chefs nazis comme Feder, les frères Strasser et Darré. Hitler n'avait pas encore imposé au parti sa vision personnelle ; au milieu des années 30, il y avait toujours plusieurs tendances en compétition (par exemple, sur la politique économique), et Hitler lui-même montrait une souplesse frappante en variant son discours pour séduire différents publics en différentes circonstances.

Mais il y parvint parce que, comme il le proclamait dans *Mein Kampf* : « Dans cette période se forma en moi une image du monde et une philosophie qui devinrent le fondement de granit de tous mes actes. Depuis, j'ai eu peu de choses à y ajouter, rien à y changer [20]. » Hitler date faussement ce processus en le faisant remonter aux années d'avant 1914 à Vienne ; s'il a commencé alors, il ne fut complet que lorsqu'il le coucha sur le papier dans le milieu des années 20. Mais, cela dit, il a tout à fait raison de dire que sa *Weltanschauung* lui a fourni un fondement de granit auquel il n'a rien ajouté. Son esprit n'était guère perméable à la discussion ou au doute. Ce fut grâce à cela, à cette assurance de posséder la clé de l'histoire, et de pouvoir ouvrir avec elle l'avenir, qu'il se sentit capable d'exploiter les occasions tactiques, sans courir le risque de perdre de vue ses objectifs, en attendant son heure, convaincu qu'elle arriverait et qu'il saurait alors entraîner le peuple allemand à réaliser un programme demeuré aussi brutal et primitif qu'au premier jour, quand il l'avait énoncé dans *Mein Kampf*. L'avantage que cela lui conférait était déjà évident avant 1930, quand les circonstances ne lui étaient pas favorables, et que peu de gens, hors du parti, le prenaient au sérieux, mais il était néanmoins préparé à un changement en sa faveur, changement qu'il ne pouvait prévoir mais dont il tenait néanmoins la venue pour certaine.

Durant toute cette période du *Kampfzeit* (l'époque du combat, avant son arrivée au pouvoir), le public venait écouter Hitler, moins pour le contenu de ses discours, composé pour l'essentiel de tous les lieux communs de la propagande de la droite nationaliste, que pour le talent avec lequel il les présentait. Il produisait un effet qu'aucun de ses rivaux ne pouvait égaler. Comme disait Otto Strasser, qui n'était pas un admirateur :

S'il essaie d'appuyer son argumentation sur des théories ou des citations tirées de livres qu'il n'a qu'imparfaitement compris, il peine à s'élever au-dessus de la médiocrité. Mais qu'il rejette ces béquilles, qu'il parle comme l'esprit le pousse, et il est promptement transformé en l'un des plus grands orateurs du siècle... Adolf Hitler entre dans une salle. Il hume l'air, trouve sa voie, sent l'atmosphère. Soudain, il se rue en avant. Ses mots filent comme une flèche sur leur cible, il touche en chacun une blessure à vif, libérant l'inconscient, dévoilant ses aspirations les plus profondes et lui disant ce qu'il désire le plus entendre [21].

Hitler était lui-même bien conscient de ce pouvoir. Dans *Mein Kampf,* il écrit sur la manière de vaincre une résistance émotionnelle : « Ici, un appel à ces forces cachées sera seul efficace. Seul l'orateur peut espérer y arriver [22]. » Non moins important était le talent qu'il avait pour dissimuler l'exploitation de ce pouvoir et convaincre son public que le fanatisme qu'il communiquait était l'expression de sa sincérité.

C'était le cœur de la séduction d'Hitler, sa capacité à éveiller la foi, non pas tant en des arguments, un programme et une idéologie, qu'en lui-même, dirigeant charismatique doué de pouvoirs surhumains capables de réaliser l'impossible. C'était ce que voulaient dire les nazis de base quand ils déclaraient : « Notre programme peut être exprimé en deux mots : "Adolf Hitler". »

III

Des recherches ultérieures ont montré le peu de crédit qu'il convenait d'accorder à la trame autobiographique de *Mein Kampf.* Pour construire sa propre mythologie, Hitler devait nécessairement commencer par peindre sa jeunesse de bon à rien jouisseur aux couleurs d'une période de pauvreté, de souffrance et de solitude, qui avait trempé sa détermination et sa confiance de futur dirigeant. Sur le putsch de 1923, il évita les révélations politiques qu'avait espérées son éditeur et remplit ses pages de fréquentes digressions sur les sujets qui lui passaient par la tête, manifestant la même outrecuidante ignorance d'homme inculte que plus tard dans ses propos de table. L'exception est représentée par ses explications sur le moyen de créer un mouvement de masse, sur l'usage de la propagande, sur l'attrait de la violence – en bref, sur les talents politiques nécessaires pour réaliser les convictions de l'idéologue.

L'étonnant est la franchise avec laquelle Hitler écrit sur la manipulation des publics, la stupidité des masses, l'exploitation des émotions, l'utilisation de slogans et d'affiches pour marteler les points fondamentaux. Son attention pour de tels sujets, aujourd'hui bien rebattus, montrait son originalité dans les années 20.

Le but de la propagande n'est point, par exemple, de doser le bon droit des divers partis, mais de souligner exclusivement celui du parti que l'on représente. Elle n'a pas non plus à rechercher objectivement la vérité... mais à poursuivre seulement celle qui lui est favorable à son propre à elle[23].

Et aussi :

> Dans sa grande majorité, le peuple se trouve dans une disposition et un état d'esprit à tel point féminins que ses opinions et ses actes sont déterminés beaucoup plus par l'impression produite sur les sens que par la pure réflexion... Ici il n'y a point de nuances, mais seulement la notion positive ou négative d'amour ou de haine, de droit ou de déni de justice, de vérité ou de mensonge ; il n'y a jamais de demi-sentiments[24].

Hitler était également convaincant quand il abordait le sujet de l'organisation politique. Analysant l'impossibilité de contrer le développement du marxisme et des partis marxistes après la défaite de 1918, il écrivit :

> Les prétendus partis nationaux étaient sans influence, parce qu'ils n'avaient pas de force dont ils pussent faire la démonstration effective dans la rue... Les ligues de combat avaient tout le pouvoir, elles étaient les maîtres de la rue mais n'avait pas d'idée politique et par-dessus tout pas de but politique défini en vue.
>
> Ce qui avait donné naguère la victoire au marxisme, ce fut la parfaite cohésion entre leur volonté politique et leur brutalité dans l'action. Ce qui priva entièrement l'Allemagne nationale de toute influence sur le développement du sort de l'Allemagne ce fut l'absence d'une collaboration de la force brutale avec une volonté nationale[25].

Hitler insistait sur le fait que les deux devaient marcher ensemble, ainsi que le montrait le succès des révolutions française et russe, et du mouvement fasciste en Italie.

> Le manque de toute grande idée réformatrice a toujours impliqué une limitation de la force combative. La conviction d'avoir le droit d'employer les armes les plus brutales est toujours liée à l'existence d'une foi fanatique en la nécessité de la victoire d'un nouvel ordre des choses révolutionnaires[26].

Les partis bourgeois en étaient incapables, et ne songeaient qu'à la restauration du passé. Pour cette raison, Hitler ne voulait passer aucune alliance avec eux, mais préférait voir le parti nazi compter sur lui-même. D'un autre côté, il continuait à insister pour que les SA ne fussent pas transformées en une ligue de combat dotée d'un projet militaire secret en lieu et place d'un objectif politique ; leur tâche était d'assurer la protection du parti et de garantir sa liberté dans les rues, comme ils l'avaient fait à Cobourg.

A l'époque où il dictait le deuxième volume de *Mein Kampf,* auquel appartiennent ces passages, les amis d'Hitler aux affaires avaient obtenu son élargissement, et il était libre de se consacrer à la refondation du parti nazi. La vague d'extrémisme de droite qui l'avait porté pendant les années de l'après-guerre avait reflué. Aux élections au Reichstag en mai 1924, la droite radicale avait attiré 6,5 % du vote national et remporté trente-deux sièges ; lors des consultations de décembre de la même année, son électorat avait diminué de moitié et le nombre de sièges était descendu à quatorze. L'extrémisme de gauche subit un recul comparable, le KPD perdant un tiers de ses sièges. C'est durant les années 1924-1928 que la république de Weimar approcha au plus près de la normalité, avec la stabilisation de la monnaie, le redressement économique, un règlement de la question des réparations (le plan Dawes), de larges prêts des États-Unis, le succès de Stresemann dans la négociation du traité de Locarno et l'admission de l'Allemagne dans la Société des nations.

Ce fut la seule période de sa carrière politique où Hitler se trouva à contre-courant et où, en même temps, il perdit la protection dont il avait bénéficié de la part des autorités bavaroises. Après un seul meeting au début de 1925, il lui fut interdit de prendre la parole en public en Bavière. Bientôt étendue à la Prusse et aux autres États allemands, cette interdiction dura jusqu'en mai 1927 en Bavière et en septembre 1928 en Prusse. Elle entama le principal capital d'Hitler ; il fut contraint de réserver ses discours à des réunions fermées de membres du parti. Pendant quelque temps, après sa sortie de prison, il resta en liberté conditionnelle et, ne possédant pas la citoyenneté allemande (il ne l'acquit qu'en 1932), il courut le risque d'être déporté en Autriche.

Le parti nazi avait été interdit et le journal nazi, le *Völkischer Beobachter* (*L'Observateur raciste*), supprimé immédiatement après le putsch de 1923. Rosenberg, qu'Hitler avait nommé à la tête du mouvement pendant qu'il était sous les verrous, se révéla un piètre choix. On a de fortes raisons de suspecter Hitler de l'avoir désigné précisément pour cette raison : son remplaçant était la dernière personne capable de rivaliser avec lui quand il reviendrait sur scène. Hitler fut fort mécontent quand – en dépit de son opposition connue aux manœuvres parlementaires – Rosenberg accepta une alliance électorale avec un groupe *völkisch*, le Deutschvölkische Freiheitspartei (DVFP, parti de la liberté raciste allemand). Il fut encore plus mécontent quand cette alliance – sans lui – remporta de manière inattendue près de deux millions de voix aux élections de mai 1924 au Reichstag.

Cette démonstration d'unité *völkisch* resta toutefois sans lendemain et bientôt le rassemblement éclata en petits groupes querelleurs. La division la plus importante à l'intérieur du parti nazi eut lieu entre les Bavarois, dont les dirigeants étaient nés avant 1890, et une tendance plus jeune, plus forte dans l'Allemagne du Nord, qui forma le NS Freiheits-partei (NSFP, parti de la liberté national-socialiste). Le premier courant comptait dans ses rangs plusieurs dirigeants nazis de premier plan –

Esser, Streicher, Schwarz et Amann – mais restait faible en dehors de Munich, Nuremberg et Bamberg. Les perspectives de ceux que Goebbels avait baptisés par dérision « les pionniers » étaient, selon Dietrich Orlow (dans son *Histoire du parti nazi*), celles de gens marqués par l'expérience d'une petite bourgeoisie, qui avait vu les statuts de boutiquier et de petits fonctionnaires mis en danger avant même la guerre, qui était opposée à l'industrialisation et faisait porter aux juifs la faute de tout ce qu'elle détestait. L'expérience formatrice du second groupe était celle de la « génération du front », qui considérait le programme *völkisch* comme le « socialisme de la ligne de front » (hostilité envers le pouvoir des grandes sociétés et du capital financier), qui voulait la révolution et non la réaction sociale, et s'adressait aux masses travailleuses plutôt qu'à la classe moyenne. Les deux groupes rejetaient la démocratie parlementaire au profit de la dictature, étaient antisémites et considéraient Hitler comme leur chef.

Celui-ci, quand il était encore en prison, écouta les appels et les accusations des deux tendances mais refusa d'arbitrer entre elles ou de s'engager avec l'une d'elles. En juillet 1924, il démissionna de son poste de dirigeant, sans se laisser émouvoir par les critiques qui disaient qu'il préférait une telle situation pour éviter qu'un des groupes prenne une position dominante. L'un de ses associés les plus proches, Kurt Lüdecke, écrivit : « C'était le seul qui avait le pouvoir de mettre de l'ordre ; mais il ne leva pas le petit doigt et ne dit pas un mot[27]. » Sa tactique réussit. Le résultat des secondes élections au Reichstag, qui eurent lieu dans les conditions plus stables de décembre 1924, et se traduisirent par la diminution de moitié du vote *völkisch*, signifiait le retour à une position marginale dans la politique allemande. Quand Hitler sortit de prison, une quinzaine de jours plus tard, le mouvement nazi était désespérément divisé et personne d'autre ne paraissait capable de le réunifier.

Grâce à l'influence de sympathisants, Hitler effectua moins de neuf mois sur sa peine de cinq ans de prison et fut de retour chez lui à Noël. Loin de changer d'attitude en matière d'arrangements, à présent qu'il avait retrouvé la liberté, il ne fit aucune concession à tous ceux qui le pressaient de former une nouvelle coalition avec les autres groupes nationalistes. Il s'aliéna, par son arrogance, la sympathie des députés *völkisch* au Landtag (parlement d'État) bavarois, se querella avec Ludendorff, qui l'avait éclipsé en 1923, et traita sans égards les dirigeants de la NSFP en Allemagne du Nord. Ce fut avec beaucoup de difficultés, et seulement après l'intervention de son vieux protecteur Gürtner qu'il obtint la levée de l'interdiction de son parti et du *Völkischer Beobachter* en Bavière. Après avoir fait lanterner partisans et opposants pendant deux mois, en refusant de s'engager, il annonça soudain, le 27 février, qu'il prendrait la parole le lendemain au Bürgerbräukeller, cadre du putsch manqué.

Il fallut fermer les portes après que trois mille fidèles s'y furent entassés, et deux mille autres ne purent entrer. A l'instant où il apparut, il fut salué par un déchaînement d'enthousiasme qu'aucun autre dirigeant de droite n'était capable de susciter. Il parla pendant deux heures, et à la fin, il y eut des scènes d'effusion et de réconciliation, au milieu desquelles Max Amann lança un appel : « Les disputes doivent cesser. Tous pour Hitler ! » Ce dernier n'avait laissé aucun doute sur ses positions :

> Si quelqu'un vient me voir avec le désir de me poser des conditions, je lui dis : « Mon ami, attendez d'entendre les conditions que je vous pose. Je ne courtise pas les masses, vous savez. » Au bout d'un an, vous serez mes juges, vous, mes camarades de parti. Si je n'ai pas agi correctement, alors je remettrai ma charge entre vos mains. Mais jusque-là, voici ma règle : moi, et moi seul, je conduirai le mouvement, et nul autre ne me posera de conditions aussi longtemps que je porterai personnellement la responsabilité. Et d'un autre côté, je porterai toute la responsabilité de tout ce qui arrivera dans le mouvement [28].

A la suite de cette démonstration qu'il n'avait rien perdu de ses puissants talents d'orateur, on lui renouvela l'interdiction de prendre la parole en public. Mais Hitler, qui, en 1923, aurait été plongé dans le désespoir par un tel revers, ne fut pas même affecté par la perte de revenus personnels qu'il signifiait. Cela confirmait l'impression, sur laquelle les témoins tombent d'accord, qu'au moment où il réapparut, après sa défaite et son année de prison, Hitler n'était pas seulement endurci. Il éprouvait une confiance inébranlable dans sa mission, même après ces années où il n'avait été rien de plus que le chef d'un parti insignifiant et marqué par l'insuccès.

Avant de sortir de prison, il dit à Rudolf Hess : « J'aurai besoin de cinq ans avant que le mouvement soit de nouveau à son apogée », prévision qui s'avéra remarquablement juste. Mais il entendait l'accomplir à sa manière. En avril 1925, il était prêt à se séparer de Röhm, qui lui avait été si utile dans les débuts, plutôt que de passer un compromis sur le rôle de la nouvelle SA. Röhm voulait la tenir à l'écart de la politique et l'intégrer dans une nouvelle force militaire secrète, le Frontbann, qui permettrait à l'armée allemande d'échapper aux restrictions d'effectifs imposées par le traité de Versailles ; Hitler se montra inflexible : la SA devait être subordonnée à sa direction politique et être l'arme défensive du parti. Quand Röhm démissionna, il ne répondit pas à sa lettre et ne réagit pas à ses appels à préserver leur amitié.

Avec l'aide d'Esser et de Streicher, Hitler retrouva son emprise d'autrefois sur le mouvement nazi d'Allemagne du sud. Toutefois la Bavière n'était plus une base adéquate, car le nord présentait de bien plus larges possibilités de recrutement. Le NSFP intérimaire du nord disparut de lui-même, mais l'hostilité de ses cadres plus jeunes et plus radicaux envers les « pionniers » du sud subsistait, et s'exprimait dans la résistance aux tentatives du quartier général de Munich d'étendre son contrôle sur les groupes extérieurs à la Bavière.

Dans le nord, le personnage le plus énergique était Gregor Strasser,

Frontkämpfer originaire de Landshut, une localité bavaroise. En 1923, il avait déjà constitué en Basse-Bavière un régiment de 900 SA. Il avait été l'un des artisans du relèvement du NSFP pendant le séjour d'Hitler en prison, et remporté un siège au Reichstag, comme député de la Westphalie. Quand le NSFP avait été dissous et le parti nazi refondé, Hitler avait donné carte blanche à Strasser pour constituer le parti dans le nord, où sa direction et ses talents d'organisateur avaient déjà eu un impact considérable. En même temps, Strasser était nommé Gauleiter de Basse-Bavière, son pays natal, où son ancien secrétaire, Heinrich Himmler, le représenta.

Dans les douze mois qui suivirent, tandis qu'Hitler passait la plus grande partie de son temps dans l'Obersalzberg à travailler au second volume de *Mein Kampf*, Strasser prit la parole dans près d'une centaine de meetings, principalement dans les zones industrielles de l'Allemagne du centre et du nord. Parmi les jeunes militants qu'il rassemblait autour de lui figuraient son jeune frère Otto, Goebbels, alors âgé de vingt-sept ans, et les futurs Gauleiter Karl Kaufmann, Erich Koch et Josef Terboven. Ils développèrent une forme de national-socialisme plus radicale que la version munichoise défendue par Esser et Streicher, en faisant appel à une génération plus jeune et en mettant en avant les éléments anticapitalistes du programme du parti : l'abolition des revenus non gagnés par le travail, de la rente et de la spéculation foncières ; l'attaque contre les « esclavagistes », le capital financier et les grands magasins ; l'appel à la nationalisation de l'industrie lourde, le partage des profits et la réforme agraire. Ces revendications étaient présentées comme une forme de socialisme idéaliste et nationale, « allemande », en opposition à la guerre de classe égalitariste, internationale et matérialiste prêchée par les marxistes. L'espoir des militants était d'opérer grâce à ce programme une « ouverture à gauche », dans des bastions industriels du SPD et du KPD tels que la Ruhr et de créer un mouvement syndicaliste *völkisch*. Strasser était également attiré par le national-bolchevisme, la proposition d'une alliance entre l'Allemagne et la Russie, les deux nations qui avaient perdu la guerre de 1914-1918, contre l'Ouest capitaliste, impérialiste, et dominé par les juifs.

La réponse d'Hitler fut évasive. Il était radical par tempérament, et lui aussi savait recourir à la rhétorique anticapitaliste quand cela lui convenait. Il n'avait pas l'intention de se lier les mains avec un tel programme, mais comme il ne pouvait se permettre de perdre la région du nord, il temporisa et évita de s'engager. Déçus, les dirigeants du nord agirent pour leur propre compte en août-septembre 1925, en organisant un parti ouvrier du nord-ouest (Arbeitsgemeinschaft, AG) pour contrecarrer l'ascendant du groupe de Munich. Ils espéraient libérer Hitler de l'influence munichoise et le gagner à leurs idées.

Mais la tentative de Strasser d'aboutir à une révision du programme dans un sens plus anticapitaliste échoua en raison des rivalités entre dirigeants du nord, et du fait de ses propres contradictions. On ne saurait dire avec certitude s'il alla jusqu'à envisager de remettre en cause la position dominante d'Hitler. Plus qu'aucun autre dirigeant nazi, il avait la personnalité et les capacités d'un chef, mais d'une autre espèce. Organisateur doué et bon orateur, bien plus loyal qu'Hitler, il n'avait pas son charisme. Strasser n'était pas de l'étoffe dont on fait les mythes, et c'était la conscience de cette supériorité d'Hitler qui le retenait toujours. Mais la possibilité qu'il pût devenir un rival dut leur venir à l'esprit – au moins à l'esprit d'Hitler.

Celui-ci eut beau ne pas vouloir intervenir, il y fut contraint par une combinaison d'événements durant l'hiver 1925-1926. Une proposition lancée par la gauche, d'exproprier les anciennes maisons princières souleva en Allemagne une tempête de controverses sur le droit de propriété. Hitler était contre l'expropriation, le groupe Strasser pour. Le projet de programme préparé par Strasser défiait directement Hitler, qui avait déclaré les vingt-cinq points originaux immuables ; il en était de même de la décision de créer une maison d'édition indépendante, le Kampfverlag, et de lancer un journal, *Der Nationale Sozialist*, sans autorisation. Enfin, en lançant un appel pour que le parti abandonne son timide légalisme et suive une « politique de catastrophe », Strasser s'opposait à Hitler qui refusait de tenter une nouvelle prise du pouvoir par la force.

Ayant décidé de passer à l'action, Hitler sut agir avec habileté et de manière décisive. Brusquement, il convoqua une réunion des dirigeants du parti à Bamberg, sur le territoire de Streicher, où il était sûr de faire une démonstration de force qui impressionnerait les Allemands – pas moins que la colonne de voitures dans laquelle il arriva.

Dans un discours qui dura quatre heures au total, il mit en pièces, point par point, la plate-forme de Strasser. « Le programme de 1920 », déclara-t-il, « est le fondement de notre religion, de notre idéologie. Y toucher serait une trahison envers ceux qui sont morts [dans le putsch de Novembre] en croyant à notre Idée[29]. » Dans les faits, Hitler évitait de choisir entre des interprétations rivales du programme et préférait « se transformer en mythe à travers un programme[30] ». Strasser tenta de répliquer, mais sans succès, et sans trouver de soutien. Hitler avait abattu son atout : sans lui comme chef, il n'y avait pas de mouvement, et son public le savait. Cependant, une fois sa victoire acquise, Hitler, rompant avec ses habitudes, évita d'humilier Strasser. Il alla ostensiblement vers lui et lui passa un bras autour de l'épaule, en un geste de camaraderie qui impressionna le reste du public, sinon Strasser lui-même.

Il n'en resta pas à cette seule démonstration. Il offrit à celui qui l'avait défié le poste de chef du bureau de la propagande du parti[31] et invita le lieutenant le plus doué de celui-ci, Goebbels, à lui rendre visite à Munich, où il le gagna complètement à lui. En novembre 1926, il le nommait Gauleiter de Berlin. Vingt-sept ans, une constitution frêle, affecté d'un pied bot, cet intellectuel manqué, à la fois vaniteux et manquant d'assurance, montra des talents inattendus de dirigeant agressif et dur, dans un bastion des communistes et du SPD ; et il développa des dons d'orateur et d'écrivain hors pair, qui faisaient de lui le second après Hitler dans le domaine de la propagande.

Ces deux nominations furent parmi les meilleures qu'Hitler eût jamais faites. Ainsi détournait-il les deux hommes des discussions sur le programme du parti, activité qu'il considérait comme futile et génératrice de divisions, pour les diriger vers les tâches réelles de la propagande et de l'organisation. A Bamberg, il répéta ce qu'il avait écrit dans le second volume de *Mein Kampf* : les nationaux-socialistes n'étaient pas un club de débat ou un parti d'intellectuels – opinion exprimée par Lénine à propos des bolcheviks au Xe congrès du parti communiste de Russie en 1921. Le travail des nazis était de bâtir la puissance du parti et de renforcer sa volonté de parvenir au pouvoir, objectif semblable à celui qu'avait proclamé Lénine. « Une telle lutte », déclara Hitler, « n'est pas menée avec des armes "intellectuelles", mais avec fanatisme [32]. »

Ayant ainsi évité une scission dans le parti, Hitler convoqua ensuite une réunion générale de ses partisans en mai 1926 à Munich et changea les règles de l'association. L'Association des ouvriers nationaux-socialistes allemands de Munich devint l'unique « support » du mouvement. Les directeurs choisis par les membres du groupe local de la capitale bavaroise prendraient automatiquement la direction de l'ensemble du parti. La loi allemande exigeait qu'ils désignassent aussi le premier président ; mais, une fois cela fait, il aurait le droit de nommer ou de démettre Gauleiter, présidents de comités et autres chefs locaux. Il avait aussi l'autorité de conduire le parti indépendamment des décisions de la majorité du comité directeur et des commissions. En pratique aucun comité directeur ne fut créé. Hormis le Secrétaire, responsable du registre des adhésions, le Trésorier, les tâches spécifiques furent confiées aux chefs de départements centraux (*Amtsleiter*, ce qu'était par exemple Strasser pour la propagande), choisis par Hitler et responsables devant lui.

Début juillet 1926, il se sentit prêt à tenir le premier grand rassemblement du parti depuis le putsch, à Weimar, en Thuringe, l'un des rares États où il avait encore le droit de parler. Seules furent admises les motions qui avaient reçu son approbation de Premier président, ce qui serait désormais la procédure modèle. De strictes limites furent posées aux discours (excepté ceux d'Hitler) ; il n'y aurait aucun vote, et Hitler manifesta clairement qu'il voulait « étouffer les discussions interminables ». Après la réunion plénière au Théâtre national (où en 1919, avait été adoptée la constitution de la république de Weimar), Hitler passa en revue une parade de 5 000 membres du parti et des SA, et, pour la première fois, copiant le salut fasciste, il salua le bras levé.

IV

Hitler avait réussi à réassurer sa position dans le parti nazi. Mais ce dernier n'était pas près de trouver un moyen de sortir de sa position marginale dans la politique nationale. En 1926, le nombre d'adhérents s'élevait à 35 000. Ce chiffre, comparé à celui des 15,6 millions d'Allemands qui avaient pris la peine de voter dans un référendum sur l'expropriation des princes, donne la mesure du chemin qu'il avait encore à parcourir.

Aussi longtemps que la politique de stabilisation du régime continuerait de produire des résultats, il était très peu vraisemblable que le parti fît de nouveaux progrès. Ces résultats étaient visibles, non seulement sur la scène internationale, où l'Allemagne améliorait sa position, mais aussi dans la sphère économique. Grâce aux prêts américains, l'industrie allemande s'était modernisée, et, entre 1923 et 1928, la productivité connut dans presque chaque secteur des hausses supérieures à celles des autres pays européens. En 1928, le revenu national était de 12 % supérieur à celui de 1913, en dépit de la perte de territoire consécutive à la guerre, et le nombre de chômeurs enregistrés avait baissé au-dessous du demi-million. En l'absence du désastre face auquel il pourrait se poser en sauveur unique de l'Allemagne, Hitler était un messie autoproclamé que peu d'Allemands prenaient au sérieux.

La faiblesse de la position du parti apparaissait à tous les niveaux : politique, organisation, recrutement, finance. Si un putsch était exclu, comment Hitler comptait-il s'emparer du pouvoir ? En gagnant les élections ou (sur le modèle de la marche sur Rome, qui avait largement ses faveurs) par la *menace* de la révolution ? Dans tous les cas, il était essentiel de gagner le soutien des masses. Mais où le trouverait-on ? Chez les ouvriers ? Les paysans ? Les classes moyennes ? Pour quelle politique ?

La plupart des organisations auraient cherché à répondre à de telles questions par un ensemble de positions qu'incarnerait un programme de parti. Mais le parti nazi était différent des autres ; la politique qu'il adopterait, quelle qu'elle fût, ne serait pas le résultat de réunions de commissions ou de décisions majoritaires, pas même d'un consensus de ses dirigeants. Comme la réunion de Bamberg l'avait fait apparaître clairement, la cohésion du mouvement tenait à la loyauté de ses membres, indépendamment de leurs opinions sur des points particuliers, envers un unique dirigeant, Adolf Hitler. Et celui-ci comprenait que, pour réussir dans ce rôle, il devait autant que possible se tenir à distance de la controverse sur des politiques spécifiques et éviter de trancher en faveur d'une faction au détriment d'une autre.

L'idéologie d'Hitler avait beau paraître, aux yeux de ceux qui ne la partageaient pas, grossière et peu convaincante, elle lui fournissait néanmoins une vision qui lui donnait la même assurance que le marxisme offrait aux dirigeants communistes. Comme Lénine et Staline, il traitait la politique et la tactique comme des questions, non de principe, mais d'opportunité, dont l'objet était de se ménager des soutiens et d'obtenir le pouvoir. La différence était que les communistes étaient prêts à changer de ligne du jour au lendemain, en invoquant les « circonstances objectives » pour se justifier, alors qu'Hitler préférait garder ses options ouvertes, et parler en termes généraux des maux du « Système », de renouveau national et de *Volksgemeinschaft* (le sentiment de la communauté de race), en s'engageant aussi peu que possible sur les affaires courantes en matière d'économie et de politique sociale, deux secteurs qu'il considérait en tout cas comme mineurs.

Une telle position donnait prise aux critiques qui mettaient en relief le manque de sérieux d'un parti nazi dépourvu de politique. Mais il voyait un plus grand avantage dans le fait de permettre à des gens d'opinions différentes, jusqu'en dehors du parti, de s'identifier à lui, à une époque où il ignorait dans quelles parties du peuple allemand il avait les meilleures chances de gagner un large soutien. Cette vision de l'attitude d'Hitler, dans les années 1926-1930, se dégage du contraste, que nous allons aborder, entre ses positions sur les questions politiques d'un côté, et sur les questions d'organisation de l'autre.

En dépit des divergences qui l'avaient conduit à convoquer la réunion de Bamberg, jusqu'à la fin de 1926 et l'année suivante, Hitler permit à Strasser et à son groupe de suivre ce qu'on appelait le « plan urbain », qui visait à obtenir des soutiens à un socialisme « national » anticapitaliste, en concentrant les efforts du parti sur les grands centres industriels de la Ruhr, de Hambourg, de Saxe-Thuringe et de Berlin. En 1927, Gregor Strasser déclarait dans un périodique du parti : « Nous, les nationaux-socialistes, sommes des ennemis, des ennemis mortels du présent système capitaliste qui exploite les économiquement faibles... et nous sommes résolus en toutes circonstances à le détruire [33]. » Goebbels suivait la même ligne à son poste de Gauleiter de Berlin, en défiant les communistes dans l'un de leurs bastions, en même temps qu'il utilisait ses talents de propagandiste pour attaquer les « cochons pleins d'argent de la démocratie capitaliste [34] ».

Cette tentative de se gagner le soutien de la classe ouvrière rapporta un certain nombre d'adhésions en 1926-1927, quoiqu'il apparaisse qu'elles furent surtout le fait d'ouvriers habitant des petites villes et des villages (par exemple, dans la Ruhr) et travaillant dans les grandes villes. Les cités industrielles restaient l'exclusivité du KPD et du SPD, et à son maximum, en 1927, le pourcentage d'ouvriers dans le parti nazi – aux alentours de 21 à 26 % – restait très inférieur à ce qu'il était dans la population active [35]. Les plus enthousiastes partisans de cette approche estimaient qu'elle aurait produit de bien plus grands résultats si les nazis avaient été autorisés à créer leurs propres syndicats *völkisch* et à soutenir sans équivoque des grèves.

Hitler s'opposa à ces deux démarches qui, à ses yeux, copiaient trop les tactiques marxistes. Néanmoins, quand la priorité passa du plan urbain à la mobilisation d'autres secteurs de la population, tels que la classe moyenne et les paysans, la campagne précédente ne fut pas reniée et il ne fut pas interdit à l'aile gauche du parti de tenter d'obtenir le soutien de la classe ouvrière. Par exemple, durant la période 1927-1930, le petit groupe nazi au Reichstag ne se contenta pas de présenter (sans espoir de les faire passer) des projets de loi en faveur de la confiscation des fortunes constituées d'actions et des profits de guerre. Il fut la seule force politique à soutenir en de nombreuses occasions la ligne ouvertement anticapitaliste des communistes [36]. Hitler approuva même le subterfuge par lequel les militants de gauche de son parti tournèrent son interdiction de former des syndicats. Ils créèrent dans les usines des cellules qui s'attaquaient au monopole du SPD et du KPD en diffusant la propagande nazie et en présentant des candidats aux élections aux comités d'entreprise. En janvier 1931, l'Organisation des cellules d'usine nazie (NSBO) fut acceptée comme un organe de plein droit dans le parti.

Ce qui n'empêcha pas Hitler d'opérer une série de tentatives pour obtenir le soutien des milieux d'affaires. Ce faisant, non seulement il taisait les propositions économiques radicales du programme nazi officiel, ou la campagne anticapitaliste de la gauche du parti, mais il passait sous silence des opinions aussi centrales chez lui que l'antisémitisme, le *Lebensraum* à l'Est, et le droit illimité d'intervention de l'État dans l'économie, positions dont chacune, reconnaissait-il, risquait de lui aliéner les sympathies de ses auditeurs [37]. Le but de son parti, expliquat-il à ses publics de patrons, était de débarrasser l'Allemagne du marxisme et de restaurer sa grandeur dans le monde. Il remporta quelques succès avec les chefs d'entreprise petites et moyennes, mais n'en eut aucun auprès du grand patronat, que ce fût dans la Ruhr ou ailleurs. L'exception était représentée par Emil Kirdorf, vieil original de 80 ans, autrefois surnommé le « Bismarck du charbon », qui, impressionné par Hitler, fit une seule donation de cent mille marks et entreprit d'influencer les industriels en sa faveur. Mais un peu plus d'un an après, en août 1928, il démissionnait du parti, choqué par les attaques des nazis contre le cartel du charbon qu'il avait contribué à fonder.

Hitler essaya une autre ligne d'approche en se rendant à Weimar en octobre 1926 pour plaider en faveur d'une union entre les nazis et les associations d'anciens combattants de droite, en particulier le Stahlhelm. Un succès lui aurait ménagé un accès à un million d'électeurs et à un bien utile réservoir de dirigeants potentiels, dont beaucoup avaient l'expérience des Freikorps. Cette fois, son échec découla non de divergences politiques mais du refus des dirigeants d'anciens combattants d'accepter sa prétention à bénéficier du statut unique de Führer. La rupture des négociations se traduisit par des récriminations et l'interdiction de fraterniser avec les autres groupes nationalistes, ce qui ne fit qu'isoler les nazis de leurs alliés naturels.

Après cet échec, l'autre possibilité était de développer les SA, avec pour objectif de parvenir à 100 000 membres. Dans le cadre de la réorganisation de 1926, Hitler trouva pour le poste d'OSAF (Oberster SA Führer) un successeur à Röhm, en la personne du capitaine Franz von Pfeffer, ancien chef de Freikorps. Dans une lettre à von Pfeffer, le Führer insistait sur le fait que « l'entraînement des SA (devait) être guidé par les besoins du parti plutôt que par le point de vue militaire ». La plupart des adhérents jeunes et actifs du parti étaient en même temps membres des

SA. Mais la désignation de Pfeffer ne mit pas fin aux vieilles jalousies et rivalités opposant le commandement du bras armé du parti, qui était formé principalement d'anciens officiers, à la *Reichsleitung*, direction nationale basée à Munich, aussi bien qu'aux Gauleiter locaux. En 1927, comme l'OSAF refusait de leur laisser « la bride sur le cou » pour préparer un nouveau putsch, les SA de la capitale bavaroise se rebellèrent contre son autorité. Il fallut l'intervention d'Hitler pour les calmer. A Berlin, la violence des batailles de rue opposant les SA aux communistes dressait contre eux l'opinion publique et conduisit la police à prononcer une interdiction à l'encontre de l'organisation nazie dans la capitale. Les difficultés avec les SA continuèrent même quand, en 1930, Hitler remplaça von Pfeffer et se nomma lui-même commandant suprême.

Entre 1924 et 1928, les efforts variés d'Hitler et des nazis pour gagner des partisans donnent un piètre et incohérent spectacle. Jusqu'au moment où les circonstances changèrent en leur faveur et que des masses de gens commencèrent à prêter l'oreille à leur message, la seule réalité claire qui apparaisse est qu'en dépit des talents de propagandiste d'Hitler et de Goebbels, ils ne parvenaient pas à gagner de l'audience.

Les efforts d'Hitler pour développer l'organisation révèlent toutefois un point différent : sa confiance dans un changement de circonstances à venir, et sa préparation dans ce sens. Les premières mesures pour la création d'un quartier général national à Munich avaient été prises avant la réunion de Bamberg, avec la désignation de deux administrateurs ternes mais efficaces, Philipp Bouhler, secrétaire exécutif, et Franz Xavier Schwarz, ancien comptable à la municipalité de Munich, trésorier. Bamberg ouvrit la voie à la deuxième étape, en remplaçant par une bureaucratie centrale une association lâche d'organisations locales habituées à suivre leur propre chemin, sans prendre trop garde aux instructions de Munich. Les Gauleiter aussi bien que les organisations locales devaient apprendre que la loyauté envers la personne d'Hitler ne suffisait pas ; ils devaient aussi accepter de faire partie d'une organisation nationale et d'être responsables devant le quartier général et la Reichsleitung qu'Hitler avait désignée. Il fallut vaincre des résistances et cela prit du temps, mais un contrôle central accru des finances et de l'admission de nouveaux membres imposa la discipline.

Hitler avait une conscience claire du fait que, si le parti devait un jour attirer une masse d'adhérents, il lui fallait disposer d'un appareil capable de prendre en main un grand nombre de membres. Dès 1926, il insista sur la nécessité d'augmenter le personnel et les moyens matériels du siège, d'acquérir un équipement de bureau dernier cri et de développer un système perfectionné pour enregistrer les adhérents, bien avant que leur nombre justifiât la dépense. Ces exigences juraient avec les habitudes de travail irrégulières d'Hitler, qui se rendait fréquemment dans l'Obersalzberg ou dans quelque autre retraite, et disparaissait ainsi pendant des jours, et même, vers la fin, des semaines. Il y a là plus que l'expression d'un tempérament rebelle au travail de bureau. Ce contraste était essentiel, dans sa conception du rôle de dirigeant, qui ne devait pas participer lui-même à de telles activités, mais devait laisser le travail détaillé de l'administration à une machine bureaucratique impersonnelle. Ceux qui dirigeaient la machine – Bouhler, Schwarz, et plus tard Hess – comprenaient très bien qu'Hitler prît seul les décisions mais qu'il était important de donner à leur exécution une force institutionnelle et de préserver la distance qui séparait la figure du Führer de ses partisans.

De la même manière, Hitler ranima le comité national d'enquête, l'USCHLA[38], pour exercer un contrôle quotidien sur les dirigeants locaux et prévenir chez eux toute tendance à remettre en cause les décisions du parti ou à s'écarter de sa ligne. Mais il prit soin de placer à ce poste quelqu'un d'autre, en qui il pût avoir confiance. « Le comité protégeait le mythe vivant d'Hitler en dirigeant sur lui-même le mécontentement que pouvaient provoquer ses décisions, en le détournant de la figure du chef dont il était la créature et l'instrument[39]. »

Après le congrès du parti à Nuremberg en 1927, Hitler estima que la réorganisation avait été suffisamment acceptée pour passer à l'étape suivante. La nécessité de cette dernière fut imposée par l'échec du « plan urbain », souligné par l'interdiction du parti à Berlin. Il fallait reconnaître que pour parvenir à hausser le niveau du recrutement, le parti devrait trouver une nouvelle stratégie. Ceci nécessitait l'acceptation tacite de deux choses.

D'abord, il n'y avait pas plus d'espoir qu'Hitler devînt le Mussolini allemand par la menace d'un putsch que par un putsch réel renversant le régime. Quelles que fussent les répugnances pour cette solution, le seul moyen d'accéder au pouvoir était désormais de participer aux élections et de gagner des voix. Ensuite, la meilleure chance d'y parvenir était de séduire les classes moyennes qui, si elles prenaient rarement part aux manifestations ou aux batailles de rue, pourraient être amenées à donner leur vote aux nazis.

De nouvelles nominations eurent lieu à la Reichsleitung – Gregor Strasser, par exemple, au poste de chef d'organisation du Reich, et parmi les Gauleiter, dont on attendait de plus en plus qu'ils eussent la formation et l'habileté nécessaires pour jouer leur rôle de dirigeants régionaux conduisant des campagnes électorales. Ils avaient la chance de figurer sur les listes de candidats du parti. Les SA pouvaient bien grogner que le parti était en train d'étouffer sous la routine bureaucratique – il y eut une seconde révolte chez les SA de Munich, et il fallut une nouvelle intervention d'Hitler pour la pacifier, cela n'empêchait pas la Reichsleitung de consacrer toutes ses énergies aux élections pour le renouvellement du Reichstag en mai 1928, en présentant des candidats dans les trente-cinq circonscriptions et en tenant dix mille réunions électorales.

Le résultat fut une défaite totalement inattendue : 800 000 voix sur 30 750 000 votants, soit 100 000 voix de moins qu'en décembre 1924. Le premier choc passé, la direction nazie fut prompte à tirer des enseignements de l'expérience. Alors que les résultats du parti en ville étaient mauvais, de manière inattendue, ils étaient bons dans nombre de zones rurales – à la fois dans le nord (Schleswig-Holstein et Hanovre) et dans le sud (Franconie). Ce sont sur ces caractéristiques que s'arrêta Hitler.

Au lieu d'un congrès national (que le parti, lourdement endetté après les élections, ne pouvait s'offrir), il convoqua en août 1928 à Munich une conférence de tous les dirigeants. Il demanda qu'on déplace les priorités, de la ville vers les campagnes, et qu'on redessine les frontières des districts (*Gaue*) qui composaient le parti. L'électorat rural était éparpillé, à la différence de celui des villes, et demandait pour être atteint beaucoup d'efforts – en fait une année entière de campagne électorale.

Après avoir énoncé la nouvelle ligne, Hitler laissa Schwarz et Strasser y travailler, et prit congé pour passer plusieurs semaines avec ses riches amis, les Bruckmann, à Berchtesgaden. En janvier 1929, une deuxième conférence vit s'achever la réorganisation mise en œuvre deux ans plus tôt, après la réunion de Bamberg. Les deux éléments les plus importants étaient la redéfinition du rôle des Gauleiter et la constitution ferme d'une structure verticale, dans laquelle chaque niveau était nettement subordonné à l'échelon supérieur.

En pratique, bien sûr, le parti était bien moins rationalisé que les statuts de l'organisation le donneraient à penser. Sa grande faiblesse était sa dépendance à l'égard d'un seul homme pour toutes les décisions qui sortaient de la routine, y compris la décision sur ce qui était ou n'était pas de la routine. Comme Hitler refusait de travailler au bureau, de régler les différends ou de répondre aux lettres avec une quelconque régularité, il en découlait un blocage au sommet, qui ne se résolut que lorsqu'Hitler eut trouvé en Rudolf Hess, son secrétaire personnel, un représentant officieux auquel il pouvait se fier pour exercer le pouvoir en son nom sans abuser de sa position ni porter atteinte au mythe d'Hitler, auquel il montrait une religieuse dévotion.

Hitler a toujours trouvé l'organisation importante, mais seulement comme un moyen subordonné à une fin. L'efficacité du parti serait jugée sur une seule épreuve – sa capacité à gagner des voix.

V

Hitler prit soin de ne pas répudier publiquement les éléments socialistes radicaux du parti, mais leur enthousiasme pour une stratégie sociale révolutionnaire qu'ils ne parvinrent jamais à définir fut désormais subordonné à la nécessité de gagner des sympathisants dans les classes moyennes rurales et urbaines. Hitler vit une occasion de répondre à la croissance du mécontentement suscité chez les paysans autrefois prospère du Schleswig-Holstein par la chute des prix, la hausse des impôts et les faillites, signes avant-coureurs de la dépression de 1929. En décembre 1927, il y eut des protestations furieuses quand fut annoncée la hausse des salaires des fonctionnaires, et le mouvement s'étendit très rapidement dans les districts agraires protestants d'Oldenbourg, de Basse-Saxe, de Poméranie et de Prusse orientale. Une chute mondiale des prix agricoles commença fin 1927, dont les effets furent aggravés par les traités commerciaux avec des pays comme la Pologne, par lesquels l'Allemagne acceptait d'augmenter ses importations de produits agricoles en échange de biens manufacturés allemands. La dépression rurale qui en résulta n'affecta pas que les paysans, mais toucha aussi les artisans et les petits commerçants des zones rurales, qui dépendaient de l'agriculture.

En décembre 1927, Hitler était allé dans le Schleswig-Holstein parler avec des protestataires et s'était assez convaincu de la possibilité de capter le vote rural pour introduire un changement dans l'« inaltérable » programme du parti. En avril 1928, il annonça que le point 17, sur l'expropriation de la propriété privée, ne concernait que la propriété juive. Ceci survint trop tard pour affecter en totalité le résultat de l'élection de 1928, mais dans certains districts ruraux du nord-ouest, où le mouvement de protestation se renforçait, les nazis dépassèrent 10 % des votes, alors qu'ils ne récoltaient en moyenne que 2 %. Ce fut le début d'une campagne nazie très réussie, habilement adaptée aux particularités politiques d'un électorat dispersé dans des petites villes et des villages.

Les artisans et petits commerçants du *Mittelstand* dans les zones industrielles aussi bien que rurales furent aussi parmi les premiers à sentir les effets de la dépression, à la suite d'un déplacement du pouvoir économique en faveur des grosses sociétés et du travail organisé, au détriment de l'agriculture et de l'ancienne classe moyenne. C'était la conséquence de la rationalisation de l'industrie allemande dans les années 20, qui accéléra la tendance historique à la concentration dans des grands trusts et cartels, aux dépens des petites entreprises qui avaient du mal à soutenir la concurrence. En même temps, les syndicats et le SPD réussissaient à obtenir des augmentations de salaires et de meilleures mesures de protection sociale. On peut citer, par exemple, l'importante nouvelle assurance-chômage introduite fin 1927, en même temps que la hausse des salaires des fonctionnaires. Cela signifiait pour les employeurs des contributions plus élevées qui s'ajoutaient aux hausses d'impôts.

Le résultat immédiat de cette détérioration économique fut une fragmentation du vieil électorat des classes moyennes et la multiplication des groupes d'intérêt spécialisés. Mais cela ne dura pas, et en 1929-1933, les nazis tirèrent des bénéfices de la multiplication de leurs attaques contre les grands magasins et contre les coopératives de consommateurs si violemment détestées par le petit commerce.

En même temps, la direction du parti rassembla toutes ses énergies pour organiser ou réorganiser les groupes affiliés, tels que la Ligue des avocats nazis, celle des médecins, ou des professeurs, ainsi que la Studentenbund, qui, toutes, avaient pour objet de gagner le soutien de la classe moyenne.

La politique étrangère ne fut pas négligée. Hitler redoubla les appels à « l'esprit nationaliste » dans toutes les classes en lançant une campagne hystérique contre le ministre des Affaires étrangères Stresemann et sa *Erfüllungspolitik* (politique de soumission aux clauses du traité de Versailles), qu'il dénonça comme une trahison des intérêts nationaux. Durant l'été 1929, un comité international d'experts présidé par un banquier américain, Owen D. Young, proposa de régler la question des réparations en demandant à l'Allemagne de faire une série de paiements annuels qui s'étendraient jusqu'en 1988, près de soixante ans plus tard. Le plan Young donna à Hitler l'occasion de raviver toute la colère provoquée chez les Allemands par la défaite de 1918, par la perte de territoires qu'imposait le traité de Versailles et par le célèbre article 231, selon lequel l'Allemagne était seule responsable de la guerre de 1914, et sur lequel s'appuyait l'exigence de réparations. Cela lui permit de stimuler le ressentiment contre les alliés et le régime de Weimar qui agissait comme leur instrument, et cela donna aussi un nouvel élan au rapprochement déjà amorcé avec d'autres groupes d'extrême-droite, tels que le Stahlhelm, dont les nazis étaient séparés depuis 1926.

L'*Erfüllungspolitik* permit encore davantage. A l'automne 1928, la direction du principal parti conservateur, les nationalistes (Deutschnationale Volkspartei – DNVP), était tombée aux mains d'Alfred Hugenberg, un baron de presse fanatique, ambitieux et dominateur qui avait fait fortune grâce à l'inflation et construit un empire médiatique comprenant un groupe entier de journaux, une agence de presse et la principale compagnie cinématographique allemande, l'UFA. Hugenberg était plus soucieux d'utiliser ces entreprises pour faire progresser ses vues réactionnaires que pour gagner de l'argent. Il s'était engagé à détruire la « république socialiste », en brisant le pouvoir des syndicats et en contrecarrant la guerre des classes inférieures par une guerre des classes supérieures. Dans ce but, il pouvait obtenir des fonds importants auprès des grands patrons. Une partie substantielle des membres conservateurs du DNVP avaient quitté le parti pour protester contre la politique de Hugenberg, mais il s'inquiétait bien davantage de s'attirer le soutien des masses et croyait avoir trouvé en Hitler l'homme qu'il lui fallait pour le gagner.

Hitler saisit l'occasion avec habileté. Quand il rencontra Hugenberg, il ne montra aucune hâte à accepter sa proposition de campagne commune contre le plan Young. Il savait qu'à part l'opposition certaine des groupes radicaux de son parti, beaucoup de nazis loyaux seraient troublés à l'idée qu'il eût soupé avec le Diable qu'incarnait un opposant aussi enragé, non seulement aux organisations de travailleurs, mais à toute espèce de réforme ou d'intervention étatique. S'il devait accepter la proposition de Hugenberg, ce serait seulement dans ses propres termes : il voulait l'indépendance complète des nazis dans la conduite de la campagne, et une part appréciable des fonds disponibles pour la financer. Quand ce fut accordé, Hitler ajouta comme touche finale la désignation de Gregor Strasser, le dirigeant nazi le plus marqué pour son anticapitalisme, comme son représentant à la commission des finances commune. Peu de dirigeants nazis apprécièrent l'accord passé par Hitler, mais il réussit à les convaincre d'attendre pour voir la suite : nul ne démissionna ni ne protesta publiquement.

Les 3 et 4 août 1929, Hitler mit en scène à Nuremberg le plus impressionnant congrès que le parti eût tenu jusqu'alors. Trente trains spéciaux amenèrent 200 000 membres et sympathisants de toute l'Allemagne et au cours d'une grande parade, 60 000 SA en uniforme défilèrent devant le Führer pendant trois heures et demie. Le nouveau ton nazi, plein d'assurance, s'exprima encore plus fortement dans la campagne contre le plan Young qui suivit. Pendant des années, Hitler avait accablé de son mépris la droite conservatrice pour son incapacité à aller aux masses : maintenant, il était en mesure de démontrer, sur une échelle qui dépassait les ressources dont le parti avait disposé jusque-là, comment on pouvait le faire. Pendant six mois, la presse de Hugenberg rendit compte de chaque discours d'Hitler et des autres dirigeants nazis, en leur accordant la première place. Pour des millions d'Allemands, qui avaient à peine entendu parler de lui jusque-là, Hitler devint une figure familière, grâce à la campagne de publicité payée par les fonds qu'avait rassemblés Hugenberg.

La campagne manqua son but proclamé qui était d'obtenir une majorité dans un plébiscite demandant au Reichstag de passer « une loi contre l'esclavage du peuple allemand » qui rejetterait le plan Young. Hugenberg et Hitler furent bien loin du compte, puisqu'il leur manqua six millions de voix pour aboutir aux vingt et un millions qui eussent été nécessaires. Mais la défaite de la campagne de Hugenberg et de sa « Loi de Liberté » ne fut pas la défaite d'Hitler. Le dirigeant nazi rompit brusquement avec Hugenberg et les nationalistes, en leur faisant porter la responsabilité entière d'un échec attribué à leur manque d'énergie. Le fait que le DNVP se fût divisé sur la tactique de son chef ajoutait du poids à ses critiques. Mais ce qui comptait par-dessus tout pour Hitler était qu'avec son parti, il s'était imposé au niveau national. Au mois de juin suivant, les nazis remportèrent 15 % des suffrages aux élections dans le Land de Saxe, qui était traditionnellement un bastion de gauche et où deux ans auparavant, ils n'avaient récolté que 3 % des voix. Le nombre d'adhérents augmenta aussi : entre octobre 1928 et septembre 1929, il passa de 100 à 150 000, et vers le milieu de 1930, il devait s'élever à 200 000.

Durant les élections locales et d'État en 1929, Gregor Strasser joua le rôle de directeur national de campagne, en agissant à travers les Gauleiter. Le palais Barlow à Munich, rebaptisé la Maison Brune, fut acheté au printemps 1930, pour fournir au parti un nouveau quartier général impressionnant, et abriter un personnel en constante augmentation. Entre autres fonctions centralisées, on y préparait avec beaucoup de soin les directives, les affiches et les tracts avant de les soumettre à l'approbation d'Hitler et de Hess.

Cependant, la clé du succès était, pour les nazis, de s'être aperçus que l'organisation centrale et la planification ne seraient efficaces que si elles étaient harmonieusement reliées à l'organisation sur le terrain. Pour cela, il fallait, au niveau des villages et des petites villes, des militants conscients des caractéristiques spécifiques de leur localité et disposant du pouvoir d'initiative et des ressources pour les exploiter. En réussissant à recruter un tel réseau de notables et de connaisseurs des situations locales, les nazis parvinrent à pénétrer dans la majorité des quelques milliers de collectivités qui composaient la nation.

L'exemple le mieux connu de cette liaison entre le centre et les localités est le plan mis sur pied par un Argentin d'origine, Walther Darré, qui reprit à son compte les idées de A.G. Kenstler, fondateur et éditeur du périodique *Blut und Boden* (Sang et sol), pour « l'avancement et l'extension du mouvement national révolutionnaire agrarien actif du Schleswig-Holstein à tout le Reich [40] ». Darré fut nommé conseiller du parti pour les affaires agraires et présenta en août 1930 à la Reichsleitung deux mémoires, dont le premier exposait l'importance de l'agriculture dans le combat à venir pour le pouvoir en Allemagne, et le second les « grandes lignes d'un plan pour développer un réseau agraire organisationnel à travers le Reich ».

Les associations paysannes constituaient une des cibles principales de l'Agrarpolitische Apparat (AA) créé par Darré. Dans les directives qu'il énonça en novembre 1930, il demandait :

> Qu'il n'y ait pas une ferme, un domaine, un village, une coopérative, une industrie agricole, une organisation de la Reichslandbund, etc., etc. où nous n'ayons – au moins – placé nos agents [*Vertrauensleute*], en nombre suffisant pour paralyser d'un seul coup toute la vie politique de ces structures [41].

Au début des années 30, le but avait été largement atteint et l'une après l'autre, les associations agricoles avaient été conquises. Le réseau de Darré ne limitait pas ses activités de propagande aux questions agraires, mais les étendit aux trois thèmes à succès : l'antisémitisme, la lutte contre le libéralisme et la république de Weimar, et la peur du bolchevisme.

Pour surmonter le manque d'orateurs nécessaires aux rassemblements et aux meetings locaux, en particulier à la campagne, une école créée par l'un des Gauleiter, Fritz Reinhardt, fut transformée en un institut du parti qui fournissait une formation rudimentaire dans l'art oratoire, une réserve de discours et des réponses types aux questions du public. C'était un moyen efficace de porter le message dans les villages au lieu d'attendre des paysans qu'ils fissent le voyage jusqu'à la ville de la région. Un service du film nazi remporta tant de succès, en particulier dans les campagnes, où le cinéma était une nouveauté, que toutes les branches locales reçurent l'ordre de s'équiper de projecteurs.

Suivant une suggestion faite pour la première fois par Goebbels deux ans plus tôt, la Division de la propagande de la Reichsleitung élabora en décembre 1928 un plan pour mener des « actions de propagande » concentrées qui submergeraient les districts les uns après les autres, non pas seulement durant les campagnes électorales, mais pendant toute l'année. En sept à dix jours, on tiendrait dans un seul *Gau* soixante-dix à deux cents rassemblements. Des parades de SA motorisées seraient organisées et les dirigeants du parti, y compris, si possible, Hitler, prendraient la parole dans les réunions publiques ; suivrait ensuite un programme systématique de *Sprechabende* (« discussions du soir »), où des orateurs implantés localement martèleraient dans les foyers les thèmes des grands rassemblements. La sélection de ces régions à partir des rapports locaux, et la planification de ces « actions » étaient soigneusement mises au point sous la supervision de Himmler (toujours à la tête de la Division de la propagande), Hitler et Hess. A titre d'exemple, citons la « saturation » de la Saxe lors des élections des Länder en juin 1929. Travaillant depuis deux bastions nazis, Hof et Plauen, les agitateurs du parti se répandirent sur tout le territoire de cet État, organisant au total 1 300 réunions durant la campagne électorale, dont plus de la moitié se tinrent dans l'Erzgebirge, où les travailleurs agricoles et les paysans marginaux étaient nombreux.

Comment toutes ces activités étaient-elles payées ? La recherche historique n'a jamais établi la croyance selon laquelle les nazis étaient largement subventionnés par le grand patronat. De 1930 à 1932, les fonds réservés par les grandes sociétés à des objectifs politiques continuèrent d'aller à leurs rivaux de droite, les partis conservateurs tels que le DVP, le DNVP et, après la dernière scission, le Konservative Volkspartei. Ceci confirme le point de vue de la police politique prussienne. A l'époque, elle estimait que les nazis recueillaient eux-mêmes la plus grande partie de leurs fonds, un grand nombre par d'innombrables petits dons, dont beaucoup en espèces, ou sous forme de bénévolat, de la part des membres dévoués du parti. Les nazis prenaient des droits d'entrée substantiels à leurs nombreuses réunions : un grand meeting présidé par Hitler pouvait rapporter un bénéfice de plusieurs milliers de marks. Le rapport de police dont ces renseignements sont tirés ajoute que les partis traditionnels dans la même région ne dépensaient pas plus de 22 000 à 30 000 marks au cours d'une campagne électorale entière [42].

Le réseau local établi par le parti était en fait responsable non seulement de l'organisation de la campagne, mais aussi, dans une mesure surprenante, de son financement. Outre les cotisations des membres, systématiquement collectées et notées, et les contributions exceptionnelles (par exemple, deux marks par adhérent pour aider à l'achat de la Maison brune de Munich), le parti déployait beaucoup d'ingéniosité pour trouver d'autres moyens de rassembler des fonds. Parmi ceux-ci figuraient un système d'assurance obligatoire et un fichier « sympathisants » contenant les noms des individus fortunés et des sociétés qui n'osaient soutenir le parti mais desquels on pouvait attendre à l'occasion des contributions secrètes.

L'enthousiasme avec lequel étaient conduites les entreprises de ce genre est remarquable. Au début de 1930, les membres du groupe dirigeant étaient, pour la plupart, avec Hitler depuis sept à dix ans ; leur foi en lui avait survécu à l'échec du putsch de 1923, et aussi aux longues années d'attente qui s'étaient écoulées depuis, et durant lesquelles la perspective du renversement de la république de Weimar n'avait cessé de s'éloigner, de plus en plus sûrement. La réorganisation de 1926-1928 avait été suivie d'une défaite écrasante aux élections de mai 1928 et, quoique la campagne contre le plan Young eût permis au parti de jouer pour la première fois un rôle politique national, le fait était qu'il avait échoué et que tout espoir de parvenir au pouvoir devait de nouveau être repoussé. Quelquefois, Hitler lui-même parlait de la nécessité d'attendre vingt ans et plus « avant que notre idée ne triomphe ». Et pourtant, en dépit du renouvellement rapide des militants de fraîche date, le noyau du mouvement demeurait loyal, plus prodigue de son temps et de son argent que dans n'importe quel autre parti allemand.

Ce fut l'une des réussites d'Hitler dans les années 20, quand son rôle de chef et son mythe d'homme élu par la Providence pour sauver l'Allemagne ne s'appuyaient pas encore sur la fascination du succès. L'autre était la réorganisation du parti, qui en 1929-1930 avait atteint le point où il était en mesure de tirer avantage du changement spectaculaire survenu dans le climat politique au début des années 30, et pouvait faire face à un brusque gonflement de ses rangs et de son électorat, qui excédait les prévisions les plus optimistes. Avoir créé un tel instrument avant que ne surviennent les circonstances favorables qui permettraient de l'utiliser de manière fructueuse – et justifieraient son coût – était bien plus important que les zigzags et les incohérences de la politique du parti.

Le succès ultérieur du parti aux élections nationales et par États donnait à penser que le changement de circonstances avait déjà commencé avec l'effondrement du système des partis de Weimar, et l'impact de la crise mondiale.

VI

La coalition dite de Weimar, à l'origine de la constitution républicaine, était formée de trois partis, les sociaux-démocrates (SPD), le parti démocrate allemand (DDP), libéral, et le Centre catholique. Ils perdirent la majorité aux élections de 1920, et le gouvernement du Reich fut réduit à une succession de coalitions instables, douze en huit ans, de 1920 à 1928. Durant les quatre dernières années de cette période, l'Allemagne fut gouvernée à droite et au centre, les sociaux-démocrates demeurant exclus des affaires.

La société allemande avait eu du mal à s'accommoder de la croissance d'un mouvement socialiste et syndicaliste qui avait été un phénomène européen avant même 1914. En interdisant toute activité sociale-démocrate entre 1878 et 1890, Bismarck avait tenté d'en venir à bout, mais sans grand résultat. En 1912, le SPD était devenu le plus grand parti au Reichstag, et pouvait être aisément considéré comme le parti prééminent dans la IIᵉ internationale (socialiste). Son essor inquiétait la classe dirigeante et les employeurs, qui considéraient le pouvoir organisé des ouvriers comme une menace pour l'ordre établi, et la classe moyenne qui les considérait comme ses inférieurs.

De tels sentiments furent exacerbés par les événements de 1918-1923, à l'origine desquels on trouve l'impact sur l'Allemagne de la révolution russe de 1917, les grandes grèves de janvier 1918 et les éruptions révolutionnaires de 1918-1920. C'est à ces troubles qu'on attribua la défaite et le remplacement de la monarchie par une république qui ne se défit jamais de la tâche d'être « socialiste ». Même lorsqu'il fut exclu du gouvernement du Reich, le SPD resta la principale composante de la coalition gouvernementale de la Prusse, le plus grand État du pays. Les syndicats étaient assez forts pour obtenir la législation sociale et industrielle la plus avancée d'Europe, tandis que le vote combiné des partis « marxistes », les sociaux-démocrates (29,8 %) et les communistes (10,6 %), dépassait, aux élections nationales de 1928, 40 % des 12,4 millions de votants.

Le succès électoral du SPD le ramena au gouvernement du Reich, avec l'un de ses dirigeants, Hermann Müller, comme Chancelier. Mais la tentative de faire revivre la coalition de Weimar originelle* se heurta bientôt à des difficultés. Les partenaires du SPD avaient perdu des sièges et s'alarmaient de la croissance du vote de gauche. En conséquence, ils commencèrent à dériver vers la droite, tout comme les sociaux-démocrates eux-mêmes, sous la pression de leur rivalité accrue avec les communistes, amorçaient un mouvement vers la gauche, compromettant de plus en plus la cohésion du gouvernement Müller. Celui-ci eut de plus en plus de mal à trouver des terrains d'entente, en particulier après la mort, en octobre 1929, du ministre des Affaires étrangères, Stresemann, le principal personnage produit par la république.

Le SPD avait d'autres ennuis. 1928 fut l'année où la IIIᵉ internationale (communiste), basée à Moscou et sous la coupe de Staline, arrêta que l'essentiel de l'activité du parti en Allemagne (où plus de trois millions d'électeurs votaient KPD) serait désormais dirigée contre les sociaux-démocrates, désormais baptisés « social-fascistes. » Imposée seulement pour servir les intérêts de la faction de Staline dans le parti communiste de Russie, ne tenant aucun compte de la classe ouvrière allemande ou du KPD lui-même, tous deux affaiblis par elle, cette directive fut appliquée durant la première manifestation de la Crise, alors que le parti national-

---

* La « grande coalition de Müller » différait de la coalition originelle de Weimar – SPD, DDP (parti démocrate allemand, libéraux progressistes) et parti catholique du centre – par l'addition du parti de Stresemann, le DVP (parti populiste allemand, libéraux de droite), qui lui donna la majorité au Reichstag. Pour d'autres détails sur les partis allemands et leur électorat durant la période de Weimar, voir l'appendice 1.

socialiste prenait son essor, et même après la prise du pouvoir par celui-ci, et la destruction consécutive du parti communiste allemand. Le bénéfice exact qu'en tirèrent les nazis est difficile à évaluer ; mais il ne fait aucun doute que, les sociaux-démocrates se voyant attaqués par les communistes au moment où les voix recueillies par ces derniers grimpaient jusqu'à cinq millions en 1932, la scission entre les deux partis de la classe ouvrière a dû être un facteur important d'affaiblissement de la résistance au nazisme et de démoralisation des directions du SPD et des syndicats. Staline se montra imperméable à toute tentative de le faire changer de politique. Si cela conduisait à la défaite de la démocratie allemande et du socialisme modéré, tant mieux ; la ligne officielle du Komintern restait qu'une victoire nazie serait suivie d'une révolte de la classe ouvrière et de la création d'une Allemagne soviétique.

Hitler s'aperçut bien vite que la déstabilisation et la polarisation accrue de la politique allemande entre 1928 et 1930 lui offraient de nouvelles occasions. Alors même que les nazis intensifiaient leurs attaques contre le SPD, en les amalgamant aux communistes sous le qualificatif de rouges menaçant de faire la révolution, les communistes attaquaient les socialistes en les traitant de traîtres à leur classe. Quant aux partis non socialistes, les pertes de voix qu'ils essuyaient démontraient de manière indubitable que beaucoup d'électeurs des classes moyennes qui avaient voté pour les nationalistes conservateurs (le pourcentage de suffrages en leur faveur était passé de 20 à 14 %) ou pour l'un des deux partis libéraux (DDP ou DVP), ou même pour le Centre catholique, ces électeurs s'étaient détachés, avec plus ou moins de brusquerie, des partis qui avaient traditionnellement leur sympathie, sans en avoir trouvé un nouveau qui les satisfît. S'il s'agissait, comme chacun le supposait, d'un glissement à droite de la politique allemande, les nazis étaient les mieux placés pour en profiter et surpasser les autres organisations antisocialistes en séduisant leurs partisans désillusionnés.

La « crise des partis bourgeois », au centre de tant de discussions, fut aggravée par un nouveau facteur, l'impact de la Crise. Elle avait déjà affecté l'agriculture et les métiers qui en dépendaient. Durant l'année 1929, ses effets se firent sentir sur le reste de l'économie : le nombre de chômeurs enregistrés, qui était descendu jusqu'à 400 000, passa pour la première fois le cap des trois millions. L'Allemagne était particulièrement vulnérable, une grande partie de son renouveau économique ayant été financé par des emprunts à l'étranger, dont beaucoup à court terme, qu'il fallait maintenant rembourser. La crise du marché mondial et l'effondrement des cours à la bourse de New York en octobre 1929 furent suivis d'un effondrement similaire en Allemagne, qui se traduisit par des saisies, une restriction des crédits, une vague de banqueroutes, des ventes forcées de biens privés et de propriétés agricoles, la fermeture d'usines. Ceux qui avaient pour l'instant échappé à la catastrophe étaient étreints par la peur d'en être victimes bientôt.

Car ce n'était pas seulement dans son économie que la population allemande était vulnérable. La psychologie aussi était fragile. La crise n'était que le dernier d'une série de chocs traumatiques qui avaient commencé avec les pertes de la guerre, s'étaient poursuivis par la défaite de 1918, le renversement de l'ancien régime, la menace de révolution et de guerre civile, l'inflation et l'expérience pas moins douloureuse de la stabilisation. Les quelques années de prospérité du milieu des années 20, en se terminant abruptement par une autre crise, ne faisaient qu'aggraver la sensation d'insécurité. Un sentiment de désespoir se répandit dans toutes les classes. Les ouvriers redoutaient la perte de leur emploi et les privations du chômage. Beaucoup de membres des classes moyennes craignaient autant la perte de leur statut social que l'abaissement de leur niveau de vie et la mise en cause de leur survie économique. La jeunesse se rebellait contre la disparition de toute perspective. Chacun s'en prenait au régime et aux membres de la coalition gouvernementale, auxquels on reprochait d'avoir fait subir à l'Allemagne une suite de désastres et d'être incapables de se mettre d'accord sur la moindre mesure pour en sortir.

Alors que tous les autres hommes politiques étaient consternés, Hitler exultait. Rien ne pouvait mieux s'accorder à son style apocalyptique que la perspective d'un désastre, dans lequel les peurs exagérées et les croyances irrationnelles gagnaient du terrain. Il saisit instinctivement que, avec l'approfondissement de la crise, un nombre croissant de gens seraient disposés à écouter un chef qui promettrait non un programme de réformes socio-économiques, mais une transformation spirituelle, un renouveau national, en rendant aux Allemands leur fierté et leur confiance dans le destin historique de leur nation, et en s'appuyant sur sa propre conviction passionnée que la volonté et la foi pouvaient triompher des difficultés.

Les communistes étaient aussi déchaînés que les nazis dans leur condamnation du présent « système », et tout aussi dogmatiques dans leur prétention à avoir l'histoire de leur côté. Mais l'instrument de cette dernière était, selon eux, la lutte de classe et leur insistance sur ce point limitait leur attrait et avait un effet de repoussoir, même chez les ouvriers. En revanche, Hitler ne s'adressait à aucune classe particulière. Il en appelait à l'aspiration de ses compatriotes à l'unité nationale, à la *Volksgemeinschaft*, communauté du peuple qui réunirait les Allemands de toutes les classes, en laissant à chacun la possibilité de croire qu'elle serait compatible avec la sauvegarde de ses propres intérêts. Les thèmes traditionnels étaient incarnés dans la figure d'un dirigeant autoritaire – plus de gouvernement par des comités ou des coalitions – combinée à un style original, radical, de propagande et de présentation qui attirait les jeunes et tous ceux qui étaient fatigués des compromis minables et mornes de la démocratie de Weimar.

A l'automne 1929 et au printemps 1930, la série d'élections locales et au niveau des États montra une courbe ascendante de résultats favorables aux nazis. Mais ce n'était pas encore assez pour permettre la percée que

Hitler attendait depuis si longtemps. Il était convaincu que, comme en 1923, le marasme provoqué par la Crise jouerait pour lui, et qu'il avait maintenant un parti organisé pour l'exploiter. Mais seules des élections au Reichstag pourraient montrer la rapidité et la profondeur de la radicalisation de l'électorat, en particulier dans les classes moyennes.

Mais il ne semblait y avoir aucune raison pour que de telles élections eussent lieu. En mars 1930, le gouvernement Müller tomba après une discussion prolongée sur le budget. Plutôt que de partager la responsabilité de réformes financières qui, estimaient-ils, menaceraient le système assurance-chômage, exposé aux attaques des communistes qui les accusaient de ne pas défendre les intérêts des travailleurs, le parti social-démocrate se résolut à retirer ses membres de la coalition.

Aucun groupe ne pouvait le remplacer pour réunir une majorité au Reichstag, et le blocage qui en résulta donnait au président, von Hindenburg, la possibilité d'utiliser ses pouvoirs d'urgence aux termes de l'article 48 de la constitution. Celui-ci lui permettait de désigner un chancelier qui gouvernerait si nécessaire par décret présidentiel. Mais les pouvoirs d'urgence n'étaient pas sans limites. Le chancelier désigné par le président n'avait pas besoin d'une majorité au parlement, mais les décrets d'urgence qu'il prenait en vertu de ses pouvoirs présidentiels pouvaient être remis en cause par un vote majoritaire du Reichstag. En ce cas, il avait la possibilité de le dissoudre mais de nouvelles élections devraient se tenir dans les soixante jours. Certains conseillers du président songeaient déjà à sortir de ce cadre, en créant une véritable forme de gouvernement « présidentiel » au-dessus des partis et indépendant du Reichstag. Cela viendrait en son temps mais, jusqu'au vote des pleins pouvoirs en mars 1933, même s'il ne pouvait former de majorité, il fallut tenir compte du parlement, parce qu'il pouvait entraîner des élections par un vote de défiance.

Hindenburg choisit Heinrich Brüning, chef du groupe parlementaire du parti du Centre. Celui-ci espérait pouvoir persuader les membres du Reichstag de la nécessité de gouverner malgré l'impasse à la Chambre, et éviter ainsi la procédure du vote de confiance. A l'époque, en mars 1930, on avait certainement l'impression que le président avait donné au régime de Weimar une nouvelle vie, surtout quand on considérait la fermeté nouvelle avec laquelle les autorités des grands États allemands commençaient à réagir devant les violences des communistes et des nazis. La Bavière et la Prusse prohibèrent le port d'uniforme – par exemple la chemise brune des SA – pendant les manifestations ; la Prusse interdit à ses fonctionnaires d'adhérer à un parti extrémiste, et le nombre de poursuites pour atteinte à l'ordre public s'accrut grandement. Hitler était rongé par la crainte de voir, comme en 1923, le parti laisser échapper le moment de l'action tant attendu, et perdre l'élan et la puissance qui comptaient tant dans l'attrait qu'il exerçait.

Les contradictions irrésolues qui pouvaient encore compromettre les chances de succès du parti sont illustrées par la confrontation entre Hitler et le frère cadet de Gregor Strasser, Otto. Quand Gregor se transporta à Munich, Otto demeura à Berlin. Son journal, *Arbeitsblatt* (qui était en fait toujours l'organe officiel des nazis dans le nord), et sa maison d'édition, Kampfverlag, maintinrent une ligne indépendante radicale qui irritait et embarrassait Hitler. En avril 1930, en Saxe, les syndicats lancèrent une grève, et Otto Strasser soutint totalement leur action à travers les journaux qu'il contrôlait, notamment le *Sächsischer Beobachter*, qui était le journal nazi en Saxe. Hitler émit l'ordre qu'aucun membre du parti ne prît part à la grève, mais il ne put réduire au silence les journaux de Strasser. Le 21 mai, il invita Strasser à venir discuter avec lui à son hôtel de Berlin [43].

La tactique d'Hitler fut un mélange caractéristique de corruption, de séduction et de menaces. Il offrit de prendre possession de Kampfverlag à des conditions généreuses, et de faire d'Otto Strasser son chef de presse pour tout le Reich ; il fit appel à lui, avec des larmes dans les yeux, et au nom de son frère Gregor, invoquant sa qualité d'ancien soldat et de vieux national-socialiste ; il menaça, si Strasser ne se soumettait pas à ses ordres, de les expulser du parti, ses sympathisants et lui, et d'interdire aux membres du parti tout rapport avec lui ou ses publications.

L'entretien débuta par une discussion sur la race et sur l'art, mais dériva bientôt sur des questions politiques. Hitler attaqua un article qu'avait publié Strasser, sur « Loyauté et déloyauté », qui distinguait entre l'Idée éternelle, et le chef, qui n'était que son serviteur.

> C'est [déclara Hitler] une solennelle idiotie, cela revient à donner à chaque membre du parti le droit de décider de l'Idée – même de décider si le Chef a raison par rapport à la prétendue Idée. C'est la démocratie dans ce qu'elle a de pire, et il n'y a pas de place pour une telle opinion chez nous. Chez nous, le Chef et l'Idée ne font qu'un, et chaque membre du parti doit faire ce que le Chef ordonne. Toi-même, tu as été soldat... Je te demande : es-tu prêt à te soumettre à cette discipline, ou non ?

Après que la discussion se fut poursuivie un moment, Otto Strasser en vint à ce qu'il considérait comme le cœur du problème. « Vous voulez étrangler la révolution sociale », dit-il à Hitler, « pour préserver la légalité et votre nouvelle collaboration avec les partis bourgeois de droite. »

Piqué au vif par cette suggestion, Hitler rétorqua avec colère :

> Je suis socialiste, et un socialiste d'une espèce très différente de votre riche ami, le comte Reventlow. J'étais autrefois un travailleur ordinaire. Je ne permettrai jamais que mon chauffeur mange moins bien que moi. Ce que tu entends par socialisme n'est rien d'autre que du marxisme. Maintenant, regarde : la grande masse des travailleurs ne veut rien d'autre que le pain et les jeux. Ils n'ont aucune compréhension pour les idéaux de quelque sorte que ce soit, et nous ne pourrons jamais espérer conquérir de grandes masses d'ouvriers en invoquant des idéaux...

Il n'y a pas d'autres révolutions que les révolutions raciales : il ne peut pas y avoir une révolution politique, économique ou sociale – c'est toujours, et uniquement le combat de la couche la plus basse de la race inférieure contre la race dominante de la couche supérieure, et si la race supérieure a oublié la loi de son existence, alors, elle perd la partie.

La conversation se poursuivit le lendemain en présence de Gregor Strasser, Max Amann et Hess. Quand Otto Strasser revendiqua la nationalisation de l'industrie, Hitler répondit dédaigneusement :

La démocratie a laissé le monde en ruine, et tu veux pourtant l'étendre à la sphère économique. Ce serait la fin de l'économie allemande... Les capitalistes se sont hissés au sommet grâce à leurs capacités, et sur la base de cette sélection, qui encore une fois ne fait que prouver une supériorité de race, ils ont le droit de commander.

Quand Strasser lui demanda ce qu'il ferait de Krupp s'il prenait le pouvoir, Hitler rétorqua aussitôt :

Je le laisserais tranquille, évidemment. Crois-tu que je serais assez fou pour détruire l'économie de l'Allemagne ? Dans le cas seulement d'un manquement aux intérêts de la nation, alors seulement l'État interviendrait. Mais pour cela on n'a pas besoin d'une expropriation... il faut seulement un État fort.

Sur le moment, la discussion n'eut pas de suite. Mais à la fin du mois de juin, Hitler donna instruction à Goebbels, en sa qualité de Gauleiter de Berlin, d'expulser Otto Strasser et ses sympathisants du parti. Très peu les suivirent. Gregor démissionna de ses tâches éditoriales dans les journaux du Kampfverlag, et se désolidarisa des opinions de son frère. Après avoir publié ses conversations avec Hitler, Otto fonda une Union des nationaux-socialistes révolutionnaires connue sous le nom de Front noir. Par la suite, il émigra et poursuivit son activité d'opposant dans l'exil, mais sans effet.

Peu après l'expulsion d'Otto Strasser, le 16 juillet 1930, le nouveau chancelier tranchait pour Hitler la question du rythme de l'action. Brüning avait fait usage de ses pouvoirs d'exception présidentiels pour imposer par décret son programme fiscal, et les partis d'opposition avaient remis en cause la constitutionnalité de la démarche. La réaction de Brüning, qui fut ensuite fort critiquée, fut de relever le défi en prononçant la dissolution du Reichstag et en fixant de nouvelles élections pour le 14 septembre.

Décision fatale, on le vit par la suite, car elle ouvrait la voie à Hitler, lui permettant d'entrer enfin dans le jeu politique. Celui-ci n'en revenait pas de sa chance. Son parti était bien mieux préparé que n'importe lequel de ses rivaux pour affronter une élection, et le climat politique lui était favorable comme jamais il ne l'avait été depuis 1923. Au printemps 1930, il avait nommé Goebbels à la tête de la Propaganda Division de la Reichsleitung et dans les six mois qui suivirent, le parti, pour la première fois, déchaînait à l'échelle nationale le genre de campagne qu'il avait déjà mise à l'épreuve dans les consultations locales et les élections d'État. Tous les efforts furent concentrés pour donner l'impression primordiale d'un parti énergique, confiant, impétueux, jeune, dynamique, tendu vers « l'action – assez de parlote », et pour mettre en relief combien il se distinguait, de toutes les manières, de rivaux tournés en dérision et déclarés démodés, vieillots, discrédités, divisés et inefficaces.

Le ton employé par Goebbels dans son discours d'ouverture rappelait l'aboyeur de cirque rameutant les foules devant le grand chapiteau, bien davantage que les mornes et verbeux manifestes de parti auxquels les électeurs allemands étaient habitués :

> Jetez dehors l'ordure ! Arrachez-leur le masque du museau ! Attrapez-les par la peau du cou ; le 14 septembre, allez-y à coups de pied dans leurs grosses bedaines et chassez-les du temple en grande pompe !

Le satiriste Kurt Tucholsky exécuta Hitler d'une plaisanterie acérée : « Cet homme n'existe pas. Il n'est que le bruit qu'il fait. » Mais c'était le bruit qui comptait. L'opération, centralisée à la Maison Brune, où l'on fixait même le dessin des affiches et les slogans, fut sérieusement planifiée et ne laissa rien au hasard. Le *Völkischer Beobachter* annonça que 34 000 rassemblements étaient prévus pour les quatre dernières semaines de la campagne. Un rapport de police au ministère prussien de l'Intérieur notait :

> Les meetings auxquels assistent de cinq cents à mille personnes ont lieu chaque jour dans les grandes villes. Souvent, en fait, un ou plusieurs meetings parallèles doivent être tenus parce que les salles prévues ne peuvent contenir le nombre de personnes qui désirent y assister[44].

Hitler lui-même fit au moins vingt grands discours entre le 3 août et le 13 septembre. Il était soutenu par un corps de cent orateurs, ayant tous, comme Goebbels et Strasser, l'expérience des foules, et par les deux ou trois mille « diplômés » de l'école de Reinhardt. Ces derniers étaient employés à couvrir les districts ruraux aussi bien que les villes d'une série continue de réunions qui attiraient les foules, ne fût-ce que par leur caractère spectaculaire.

Ce fut la première rencontre de l'Allemagne avec un cirque politique qui ne lui deviendrait que trop familier dans les années à venir. La plupart des commentateurs n'y virent qu'un battage publicitaire destiné à dissimuler le vide du programme nazi et ne le prirent pas au sérieux. Les supporters les plus enthousiastes du parti s'attendaient à ce qu'il envoie cinquante, peut-être soixante-dix députés au nouveau Reichstag. Le résultat devait montrer à quel point les uns et les autres sous-estimaient la polarisation aux extrêmes de la politique allemande : les communistes obtinrent quatre millions et demi de voix et 77 sièges, les nazis six millions et demi de voix et 107 sièges.

Ci-dessus : la classe de Staline, vers 1889. *Ci-dessous* : la classe d'Hitler, vers 1899. Ils avaient alors environ dix ans. Par une étrange coïncidence, tous deux sont placés au centre de la dernière rangée et l'on note chez l'un et l'autre un soupçon de défi dans la pose.

L'expérience la plus formatrice dans la vie de Staline fut celle de l'exil. Pour Hitler, ce fut la guerre. La photo du haut montre Staline *(au deuxième rang, le troisième en partant de la gauche)* en exil en Sibérie. Ceux avec qui il rompit par la suite disparurent des versions ultérieures de la photographie.
Ci-dessous: photographies de Staline provenant des dossiers de police d'avant-guerre.

Ci-dessus : photographie célèbre d'Hitler sur l'Odeonplatz, à Munich, le 14 août 1914, heureux d'apprendre la nouvelle de la déclaration de guerre. Hoffman, l'auteur du cliché, et qui devint par la suite le photographe personnel d'Hitler, réussit à reconnaître son visage dans la foule. *Ci-dessous* : Hitler, assis à droite, en convalescence après avoir été blessé au front.

Staline, secrétaire général, vers 1924, l'année de la mort de Lénine. *Ci-dessous, de gauche à droite* : avec Rykov, Zinoviev et Boukharine, à la même époque.

Ci-dessus : les accusés pendant le procès intenté aux auteurs du putsch raté de novembre 1923. *De gauche à droite* : Pernet, Weber, Frick, Kriebel, Ludendorff, Hitler, Brückner, Röhm et Wagner. *Ci-dessous* : Hitler parlant à une réunion des dirigeants du parti nazi en 1925. Les débuts modestes du parti apparaissent clairement.

Le VIIIᵉ congrès du parti bolchevique, en 1919. Trotski était au front, et Staline profite de l'occasion pour s'asseoir à la droite de Lénine. Kalinine est à sa gauche. *Ci-dessous* : les obsèques de Félix Dzerjinski, le fondateur de la Tcheka, à Moscou, en juillet 1926. *De gauche à droite* : Rykov, Iagoda (coiffé d'une casquette), Kalinine, Trotski, Kamenev, Staline, Rakovski (caché par l'épaule de Staline) et Boukharine. Rykov, Iagoda, Kamenev et Boukharine seront tous fusillés à l'issue des procès de Moscou. Trotski sera assassiné par un agent de Staline en 1940. Rakovski sera emprisonné, puis exilé par Staline pendant les purges.

La montée d'Hitler, d'orateur de rue à Munich (juillet 1923) *(en haut à gauche)*, en passant par les campagnes électorales des années trente, ici *(en haut à droite)* à la sortie d'une réunion du parti en 1930, jusqu'à sa nomination au poste de chancelier. *En bas à gauche* : accueillant le président von Hindenburg, à l'occasion du jour de Potsdam, le 21 mars 1933. *Ci-dessous* : en train de plaisanter avec Goering et Himmler après avoir consolidé son pouvoir en éliminant Röhm et la direction des SA en 1934.

La collectivisation de la paysannerie russe. *Ci-dessus* : communauté villageoise typique, vers 1930.
Au centre : l'organisation des groupes de travail. Sur la deuxième ligne de la banderole, on lit «liquider les koulaks en tant que classe».
Ci-dessous : une des rares photos conservées des effets de la famine en Ukraine dans les années trente.

6

Le successeur de Lénine

Staline : 1924-1929
(44 à 50 ans)

I

Durant la période 1924-1929, Staline fut aussi absorbé qu'Hitler par la conquête du pouvoir et, comme lui, il considérait le parti comme un moyen d'y parvenir. Les circonstances étaient toutefois très différentes. En Russie, le parti communiste était déjà au poste de commandement, il avait éliminé tous ses concurrents et quels que fussent les démentis qu'apportait la pratique, il n'acceptait en principe aucune limite à son droit de contrôler l'économie et la totalité de la vie de la société, ainsi que la machine étatique. En quelques années, Hitler et le parti nazi allaient se donner la possibilité d'avoir les mêmes prétentions, mais dans les années 20, Staline jouait manifestement sur une scène bien plus importante que celle d'Hitler. Les avantages n'étaient pas toutefois tous du côté de Staline.

A la différence d'Hitler, dont la position unique de Führer était acceptée sans réserve par tous les membres du parti comme la cheville ouvrière de leur union, Staline devait à la fois dissimuler son ambition et trouver le moyen de battre ses rivaux dans une impitoyable mais secrète lutte pour le pouvoir, dont, jusqu'à son cinquantième anniversaire en décembre 1929, il ne fut jamais sûr d'émerger victorieux.

Sur un point, la forme non publique de ce combat – une série de débats sur la politique du parti – était favorable à Staline : il se montra un maître dans l'art de la dissimulation, avec un don sans égal pour l'intrigue et la manœuvre. Il ne commit jamais l'erreur, à laquelle inclinaient les autres, de laisser les sujets débattus le distraire de la véritable question, qui était celle du pouvoir. Comme Secrétaire général, il était mieux placé que quiconque pour continuer à bâtir les bases de sa puissance à l'intérieur du parti. En revanche, il était essentiel pour un parti marxiste de relier chaque décision politique à une grille idéologique, et cela mettait Staline en position d'infériorité, puisque les autres le surpassaient dans la compréhension du marxisme et, au début, dans la facilité à l'utiliser.

Les deux hommes attachaient une grande importance à l'organisation du parti. Mais, si Hitler ne cédait pas un pouce de pouvoir quand il s'agissait de nommer les hommes et de répartir des responsabilités, il préférait l'exercer derrière l'écran d'un appareil impersonnel, protégeant ainsi le « mythe du Führer » de la compromission. De la même manière, il resta à l'écart des débats sur la politique, refusant de prendre parti et n'engageant son autorité que lorsqu'il était nécessaire de faire taire les controverses.

Lorsqu'il fut parvenu dans ses rapports avec le parti à la même position qu'Hitler, Staline mit en œuvre un « culte de la personnalité » – équivalent au « mythe du Führer » – proche de la déification ; mais dans les années 20, toute suggestion dans ce sens aurait été fatale. Le rôle qu'il adopta alors était celui de l'homme simple qui parlait le même langage pratique que les militants de base provinciaux et leur restait accessible. Au lieu de dissimuler l'exercice du pouvoir, il le personnalisait, et ne laissait aucun doute sur la porte à laquelle il fallait frapper. Dans ce rôle, il représentait aussi la voix du bon sens et de la modération, qui s'opposait aux exagérations des extrémistes des deux bords, et insistait sur le besoin d'unité.

L'arène dans laquelle Staline mena pendant six ans campagne pour devenir le successeur de Lénine était le monde clos des échelons supérieurs du parti et de l'Internationale communiste. Les adversaires – Staline et ses opposants – n'étaient en aucune manière désireux de porter les débats entre eux devant le peuple russe ou même devant des corps représentatifs comme les soviets.

Les plus importantes instances concernées, dont la composition fut de plus en plus contrôlée par Staline, étaient le congrès du parti et la conférence extraordinaire du parti, dont chacun se réunit trois fois entre la mort de Lénine en 1924 et la victoire de Staline à la fin de 1929. Au XIVᵉ congrès, en décembre 1925, il y eut plus de six cents délégués possédant le droit de vote, et celui-ci fut régulièrement repoussé jusqu'à ce que Staline fût assuré d'avoir la majorité, précaution nécessaire pour aller devant le corps qui avait le dernier mot. Mais les deux principaux organes où se déroulaient de la manière la plus ouverte les batailles politiques étaient le politburo (sept puis neuf membres avec quatre à huit suppléants), où l'on se confrontait directement autour d'une table, et le plénum du comité central. En même temps qu'il recommandait d'augmenter le nombre de participants au comité central et à la commission de contrôle, Lénine avait demandé avec insistance que les deux organes pussent se réunir plusieurs fois par an en plénum et jouer le rôle de conférence supérieure du parti. Avec un comité central qui (suppléants compris) passa de 85 membres en 1924 à 121 en 1928, la proposition de Lénine entraîna la participation de 250 à 300 personnes au plénum, celui-ci rassemblant l'ensemble de la direction du parti communiste.

Dans un tel dispositif, où les procédures prenaient la forme de débats soumis à interruption et se terminant par des votes, il n'y avait pas place pour la comédie hitlérienne. Ce que Staline dut développer, Hitler en était par tempérament incapable : la capacité de se confronter à des discussions raisonnées et de se montrer suffisamment maître de son arrière-plan pour manœuvrer le débat et pour appuyer sa démonstration d'une citation de Lénine ou d'un extrait de vieux textes de ses opposants qui puissent justifier l'accusation de déviationnisme ou d'opportunisme. Conscient de ses limites, il adopta un style oral simple, en utilisant à plein sa position de Secrétaire général pour préparer le terrain et manipuler les adhésions, les procédures et le calendrier de travail afin de mettre ses opposants en difficulté.

En comparaison avec les déclarations exagérées d'Hitler et l'appel hautement chargé aux émotions de son audience, un discours caractéristique de Staline de cette période, même devant l'auditoire étendu du congrès, suivait une ligne de raisonnement logique à l'intérieur d'une grille marxiste conventionnelle. La lecture en est ennuyeuse, à moins de posséder la clé, comme ses auditeurs, des références « codées » grâce auxquelles il marquait des points. Rien ne montre mieux sa finesse que le fait qu'il niât posséder, comme théoricien marxiste, la moindre originalité, et que cette dénégation lui permît d'être plus qu'un interprète de Lénine. Le temps passant, et comme il était de plus en plus assuré de parler devant des assemblées « sous influence » sa confiance grandit et ses manières se firent plus menaçantes.

On a souvent remarqué qu'en désignant Staline au poste de Secrétaire général, les autres membres du politburo ne se rendaient pas compte du pouvoir qu'ils plaçaient dans ses mains, et dont il se servirait dans son ascension. Ils ne surent pas non plus reconnaître les changements nécessaires dans le rôle et le caractère du parti qu'ils avaient connu avant la révolution. Il s'agissait d'abord de sa taille. Lénine avait insisté pour purger le parti de beaucoup de ceux qui y étaient entrés durant la guerre civile. Cela le fit passer de 557 000 à 350 000 membres à la fin de 1923, nombre insuffisant pour mener à bien les tâches qui se posaient à présent dans un pays immense et arriéré comme la Russie. En commençant par la « promotion Lénine », que le parti enrôla en 1924 à la mémoire du chef défunt, le nombre de membres (y compris les postulants) fit plus que doubler et passa d'un demi-million à plus d'un million en deux ans. Il continua à grimper jusqu'à atteindre trois millions et demi au début de 1933.

Si l'on juge d'après l'origine sociale des membres, la paysannerie, qui formait la très grande majorité de la population, était sérieusement sous-représentée dans le parti : une moyenne de 27 % en 1924-1926, tombant à 2 % en 1927-1929. En comparaison, la classe ouvrière figurait pour 52 % en 1924-1926, atteignant 58 % en 1927-1929. Si l'on tient compte non de l'origine mais de l'activité réelle, les chiffres sont encore inférieurs. Le 1er janvier 1928, par exemple, la composition du parti s'analysait ainsi :

Membres de l'Armée rouge	6,3 %
Salariés de l'industrie	35,2 %
Petits paysans	1,2 %
paysans plus aisés, employant souvent des salariés	9,2 %
Fonctionnaires du parti (y compris à temps partiel)	38,3 %
Autres métiers non manuels	9,8 %

En 1927, le nombre de communistes ruraux était d'à peine plus de 300 000 dans une population rurale de plus de 120 millions, et la plupart d'entre eux étaient des fonctionnaires du parti, non des paysans. Du début à la fin, à la différence des nazis, le plus grand problème du parti communiste russe fut d'établir des liens efficaces avec la paysannerie.

Les autres caractéristiques des nouveaux venus étaient leur jeunesse, leur inexpérience et leur bas niveau d'instruction. En 1927, moins de 1 % avaient reçu une éducation supérieure, moins de 8 % avaient reçu simplement une éducation secondaire. Comme le dit l'historien britannique Leonard Schapiro, la promotion Lénine fournit au secrétariat « une masse de recrues malléables pour contrebalancer les vieux communistes plus intraitables [1] ». Ce n'était pas tant que les dirigeants eux-mêmes fussent si vieux. Sur les 121 membres du comité central élus en décembre 1927, parmi lesquels figuraient la plupart des hommes qui devaient gouverner la Russie sous Staline, près de la moitié avaient moins de quarante ans, les trois quarts moins de quarante-cinq. Les « clandestins », comme on appelait ceux qui avaient adhéré avant 1917, n'étaient pas plus de 8 500 ; avec les anciens de la guerre civile, en 1927, ils dominaient encore les échelons supérieurs du parti mais à la base, plus de 60 % des secrétaires de cellule y étaient entrés après 1921.

Plus importante que la différence d'âge, il y avait la différence d'expérience. La tradition de démocratie à l'intérieur du parti, les questions idéologiques et théoriques qui avaient tant préoccupé les camarades de la génération précédente, en particulier ceux qui avaient vécu dans l'émigration et acquis une allure européenne, ne signifiaient pas grand-chose pour les nouveaux venus, dont beaucoup avait fait un rude apprentissage dans la guerre civile. Ils étaient prêts à accepter ce que leur disaient leurs instructeurs : que le devoir du militant de base était de soutenir les dirigeants afin de réaliser la tâche formidable de transformer la Russie en un État socialiste moderne. En retour, ils jouiraient de certains privilèges, et pouvaient compter sur un futur avancement. Tout ce qu'ils demandaient, c'était qu'on leur dise ce qu'ils devaient faire, et ils voyaient en Staline (dont Lénine avait critiqué la grossièreté et le manque de culture) un homme capable de leur tenir un langage qu'ils comprenaient. Molotov disait vrai quand il déclarait au congrès de 1924 « le développement du parti sera indubitablement basé sur cette promotion Lénine ».

La force de la position de Staline était que la concentration de pouvoir qui découlait « objectivement » d'un besoin de renforcement de l'organisation coïncidait avec son intérêt personnel. A ceux qui soutenaient, à juste titre, que le Secrétaire général utilisait le parti pour bâtir son propre pouvoir, Staline pouvait répliquer – avec autant de raison – qu'il construisait ce qu'avait réclamé Lénine. Quelle autre solution existait-il, si les décisions de la direction devaient être appliquées sur le terrain ?

Outre la possibilité de déplacer les permanents vers les niveaux supérieurs ou inférieurs de la hiérarchie, Staline avait celle d'éloigner ses opposants en proposant leur transfert – soit vers des postes diplomatiques à l'étranger soit vers des fonctions officielles dans quelque lointaine localité de Sibérie et d'Asie centrale. En 1926, ces pouvoirs combinés s'étendaient à 55 000 fonctionnaires supérieurs du parti, dont la nomination était réservée aux organes centraux. Ceux-là constituaient à l'origine le groupe auquel était réservé le terme de *nomenklatura*. Les plus importants parmi eux étaient les secrétaires de parti, en particulier au niveau régional (*obkom* et *kraikom*), puissants personnages disposant de leur propre clientèle, l'*apparat*, réseau vital sur lequel le centre devait s'appuyer pour appliquer sa politique. Comme la carrière des autres, dont le nombre s'élevait à 20 000 en 1925, dépendait de ceux qui étaient nommés par le centre, Staline n'avait pas de difficulté à faire sentir son influence jusqu'aux niveaux moyen et inférieur.

C'était à cet échelon provincial du parti qu'était opérée la sélection des délégués au congrès du parti, et il est à peine surprenant que le pourcentage de permanents parmi eux connût une croissance continue : 25 % au Xe congrès en 1921, 55 % au XIIe en 1923, 65 % au XIIIe en 1924, et 70 % au XIVe en 1925.

Loin de réduire les pouvoirs de Staline et de la bureaucratie, les propositions que Lénine avait faites pour renforcer le comité central et la Commission centrale n'aboutirent qu'à l'accroître. Comme Staline avait été assez perspicace pour s'en rendre compte au moment où il les avait soutenues au congrès, l'inclusion de plus de « militants locaux du parti » dont Lénine attendait tant, se traduisit en pratique par la nomination d'un plus grand nombre de fonctionnaires du parti.

Dès lors, la promotion clé pour un ambitieux fut l'appartenance comme suppléant au comité central, où il travaillait avec ses aînés, y compris avec les membres du politburo. A ceux qui voulaient monter jusque-là, aucun doute n'était laissé sur celui qu'ils devaient remercier de leur promotion, ni sur ce qu'on attendait d'eux, s'ils espéraient continuer leur ascension. Dans une étape ultérieure de la lutte pour le pouvoir, les vétérans de la révolution qui tenteraient de maintenir au comité central et au congrès le droit de discussion et de débat, seraient interrompus par les hurlements d'un public composé, en nombre croissant, de permanents convenablement informés sur les désirs du Secrétaire général.

II

Si les six autres membres du politburo, ou même la majorité d'entre eux, s'étaient unis pour empêcher Staline de se bâtir une position trop forte, il y a de bonnes raisons de croire qu'ils y auraient réussi, au moins dans la première année après la mort de Lénine. Une occasion évidente se présenta avec la réunion du comité central du 22 mai 1924, juste avant la date prévue pour le XIIIe congrès. Kroupskaïa, la veuve de Lénine, insista pour que le texte du testament de Lénine, y compris le post-scriptum qui demandait le départ de Staline de son poste de Secrétaire général, fût présenté devant le congrès et assura que c'était là la volonté expresse de Lénine. Si cette voie avait été suivie, il est impossible de dire avec certitude ce qui serait arrivé ; Lénine n'était mort que depuis quatre mois et son autorité était encore grande. Staline semble au moins avoir senti que son avenir était en question. Boris Bajanov, membre du secrétariat de 1923 à 1925, assistait à la réunion du comité central. Plus tard, il a raconté que, pendant que le testament était lu devant le comité,

> Staline, qui se tenait au bord de l'estrade basse sur laquelle la conférence se tenait, regardait au-dehors par la fenêtre avec l'attitude ostentatoire d'un homme rongé d'inquiétude. Il montrait tous les signes de quelqu'un qui se rend compte que son sort est sur le point d'être tranché – ce qui était inhabituel chez Staline qui, normalement, savait dissimuler ses sentiments. Et il avait raison de craindre pour son avenir, car dans l'atmosphère de révérence qui entourait tout ce qu'avait fait et dit Lénine, pouvait-on supposer que le comité central oserait passer outre à l'avertissement solennel de Lénine et laisser le Secrétaire général à son poste [2] ?

Staline fut sauvé par l'avertissement de Zinoviev et de Kamenev, qui estimaient que le seul à tirer bénéfice de la position de Lénine serait Trotski. Staline avait accepté que Zinoviev présente le rapport principal au congrès du parti ; en échange, ce dernier déclara que, heureusement, les craintes de Lénine à propos de Staline s'étaient révélées infondées, et Kamenev pressa le comité de garder Staline Secrétaire général. Trotski exprima son mépris pour cette comédie par des grimaces et des gestes, mais ne dit rien. Le comité décida alors que le contenu du testament de Lénine ne serait pas lu devant le congrès, mais communiqué confidentiellement aux chefs des délégations en réunions à huis clos. On n'alla pas plus loin et ni la lettre de Lénine, ni les réunions à huis clos ne figurèrent dans les actes du congrès.

Ce ne furent pas seulement Zinoviev et Kamenev, mais les autres membres du politburo qui, à leur tour, tombèrent dans le piège de considérer, dans la lutte pour le pouvoir, Staline comme un rival moins dangereux que d'autres. Ainsi Trotski refusa-t-il de s'allier à Zinoviev et Kamenev quand ils tombèrent victimes des manœuvres de Staline. Ce n'est qu'au printemps 1926 que tous trois se montrèrent disposés à former une Opposition unie contre Staline, pour découvrir alors que Boukharine, Rykov et Tomski jugeaient plus important d'aider Staline à les battre plutôt que de prendre garde à n'être pas les prochaines victimes. Jamais, durant les six ans qui séparent l'appel de Lénine de son triomphe final, Staline n'a dû faire face à un front commun.

Il était sous-estimé et sut en tirer profit grâce à son talent pour la dissimulation. Bajanov écrit dans ses Mémoires :

D'une façon générale, il parle très peu. Il ne confie à personne ses pensées secrètes. Même, il fait très rarement part de ses idées et de ses impressions à son entourage. Il possède à un haut degré la capacité de se taire, et c'est certainement une grande originalité dans un pays où tout le monde parle trop.

Bajanov poursuit en décrivant le comportement de Staline au politburo et au comité central. Il ne présidait jamais :

Il fumait la pipe et parlait très peu. De temps à autre, il se mettait à arpenter la salle de conférence sans se préoccuper de ce que nous étions en réunion. Quelquefois, il s'arrêtait juste devant l'orateur, observant son expression et écoutant ses raisonnements tout en tirant sur sa pipe...
Il était assez avisé pour ne jamais rien dire avant que chacun eût pleinement développé ses arguments. Il restait assis là, à observer la manière dont la discussion se poursuivait. Quand chacun avait parlé, il disait : « Bon, camarades, je pense que la solution à ce problème est telle et telle » et il répétait alors les conclusions vers lesquelles la majorité était en train de pencher[3].

Ainsi renforçait-il délibérément l'impression qu'on avait affaire à un homme modéré, qui se tenait à distance des extrêmes et n'appartenait ni à la droite ni à la gauche. Bajanov illustre cette attitude en décrivant le comportement différent des membres du triumvirat à l'égard de Trotski durant les sessions du politburo. Ils étaient les derniers à arriver, après la réunion préliminaire durant laquelle ils avaient établi l'ordre du jour : Zinoviev ignorait l'ancien chef de l'Armée rouge, Kamenev lui adressait un léger signe de tête, Staline seul se penchait par-dessus la table pour lui serrer la main.

Dans les années qui suivirent la mort de Lénine, Staline joua l'attentisme, laissant à l'adversaire l'initiative du premier mouvement, pour exploiter ensuite ses erreurs. Même quand la fracture entre eux fut ouverte, et en dépit des menaces et des avertissements nombreux, il ne se décida qu'à la fin de 1927 à expulser Trotski et Zinoviev du parti. Dans la dernière phase, quand il eut détruit l'Opposition de gauche et se fut tourné contre Boukharine et la droite, il prit bien soin, pendant plus d'un an, de maintenir la querelle enfermée dans un cercle étroit, jusqu'à ce qu'il fut sûr d'avoir isolé Boukharine. Alors seulement, il prit position contre lui en public. La ténacité de Staline était phénoménale ; il en fut de même, dans cette période, de sa patience et de sa prudence.

Un autre témoignage d'un contemporain de Staline nous est offert par Ruth Fischer, membre du parti communiste allemand (KPD), qui fut convoqué à Moscou en janvier 1924. Les dirigeants allemands et russes devaient discuter des leçons à tirer de l'échec de la révolution allemande l'automne précédent. De manière inattendue, puisque Staline n'était pas membre du présidium du Komintern, ni associé à des discussions officielles,

Fischer et Marlow, les dirigeants de la tendance de gauche du KPD, furent invités par lui à une série de discussions privées. Les Allemands furent surpris par l'étonnante capacité que montra Staline à saisir le moindre détail de l'organisation du parti allemand et de ses divisions internes. Il montra beaucoup moins d'intérêt pour les questions politiques, et Fischer fut choqué par l'insistance avec laquelle il parlait du moyen d'acquérir du pouvoir à l'intérieur du parti : « Il ne discutait pas au hasard de l'organisation et des regroupements, mais en relation directe avec l'idée de les arranger au mieux pour avoir le pouvoir[4]. »

> Il avait essayé, assurait-il, de surmonter les dissensions dans le parti russe résultant de la crise de Trotski, et de recréer une garde de fer de dirigeants qui coopéreraient sans discuter et seraient liés ensemble par la nécessité d'une autodéfense inaltérable. Nous allions bientôt rentrer en Allemagne, et il voulait découvrir si nous étions assez sûrs pour être acceptés dans le cercle dirigeant[5].

En une seule occasion, Staline demanda aux deux Allemands de venir discrètement dans ses appartements du Kremlin. Les visiteurs furent impressionnés par la modestie des lieux : il occupait une maison de deux pièces sur un seul étage, dans les anciens quartiers des domestiques du Kremlin, à l'ameublement délabré. Ceci, bien qu'il fût l'organisateur de

> dizaines de milliers d'employés salariés, y compris la police d'État... et pouvait offrir des postes dans le parti et dans l'État, nommer à des missions d'influence en Russie et à l'étranger, et très souvent « des tâches de responsabilité dans le parti », combinées à des avantages matériels substantiels – appartements, automobiles, maisons de campagne, soins médicaux spéciaux, travail pour les membres de la famille[6].

La simplicité du mode de vie de Staline n'était pas une pose. Il s'intéressait à la substance du pouvoir et non à ses pièges. Ce que confirment Bajanov et d'autres témoins : « Ce passionné politique n'a point d'autres vices. Il n'aime ni l'argent, ni le plaisir, ni le sport, ni les femmes. Les femmes…, à part sa propre épouse, n'existent pas pour lui[7]. »

En 1919, durant la guerre civile, Staline s'était marié pour la deuxième fois. Son épouse, Nadejda Allilouïeva, de vingt-deux ans sa cadette, était la fille d'un cheminot, Serguï Allilouïev, qui avait connu Staline durant son séjour à Tiflis et lui avait fourni un toit en 1917, à son retour de Saint-Pétersbourg. Nadejda avait été élevée dans une famille passionnément engagée dans la cause révolutionnaire ; elle devint l'une des secrétaires de Lénine et garda un travail indépendant après son mariage. Mais elle se montra aussi bonne ménagère, mettant deux enfants au monde, Vassili et Svetlana, et tenant la maison de campagne à trente kilomètres de Moscou, Zoubalovo, qui avait appartenu avant la révolution à un magnat du pétrole de ce nom, et qui était devenue la demeure de Staline. Celui-ci aménagea et entretint le domaine, et dans ses Mémoires, Svetlana évoque avec nostalgie les jours heureux qu'elle y passa. La maison était toujours pleine, car c'était l'habitude de son père d'inviter à y séjourner, accompagnés de leurs familles, ses plus proches collègues, parmi lesquels Ordjonikidze, Boukharine et Serge Kirov. D'autres, comme les Molotov, les Vorochilov et les Mikoyan se joignaient à eux pour des voyages d'été sur la côte de la Mer Noire. Ce n'était pas ainsi que vivait le prolétariat, mais c'était une solide existence bourgeoise, une vie discrète, simple et familiale, sans ostentation ni extravagance, et à l'abri du scandale.

Une des principales difficultés, quand on écrit sur le Staline des années 20, est de savoir à quel point on doit le considérer à la lumière des caractéristiques qu'il devait révéler à la fin des années 30, au sommet du pouvoir. Ses contemporains le considéraient déjà comme un politicien brutal, rusé, sournois et sans scrupules et ceux qui travaillaient avec lui n'ignoraient pas son tempérament violent et suspicieux, qu'ils prenaient soin de ne pas exciter. Mais la politique révolutionnaire est un domaine bien rude, et l'on peut en dire autant de beaucoup d'autres figures historiques qui n'en sont jamais venues à infliger à leur propre peuple la mort et la souffrance sur une échelle qui est littéralement sans comparaison. *A posteriori*, bien sûr, la continuité est claire, mais si les potentialités étaient déjà là, elles n'étaient pas encore reconnues, et Staline lui-même ne manifestait en rien le pressentiment de ce qui se trouvait devant lui.

Il s'agit là seulement d'une hypothèse ; mais il y a plusieurs raisons pour la trouver plus vraisemblable que son contraire, celle du « monstre en germe ». Entre autres, le fait que, si furieuses que devinssent les luttes de factions, elles étaient encore contenues dans certaines limites. Jusqu'à fin 1927, elles se déroulaient toujours ouvertement devant le plénum du comité central, le congrès ou la conférence du parti, où l'Opposition était libre d'attaquer la direction, où les questions étaient soumises à des votes et les débats rendus publics. Les orateurs de l'Opposition étaient de plus en plus souvent la cible d'interpellations et d'interruptions mais cela est vrai même dans les assemblées parlementaires ; ils avaient de plus en plus de difficultés à trouver des appuis dans le parti mais même lorsqu'en 1928-1929, l'affrontement entre Staline et l'Opposition de droite eut lieu derrière des portes closes, l'Opposition ne put être supprimée, il fallut la battre. Les dirigeants ne furent ni arrêtés ni tués ; même Trotski fut banni, et non emprisonné ou exécuté, et la plupart des autres, dont Zinoviev et Kamenev, furent autorisés à rentrer dans le parti – et même, comme Boukharine, à occuper des postes officiels.

Il ne fait pas de doute que l'assurance et la stature de Staline aient crû durant les années 20. Le Staline du début de cette période, que Bajanov décrit attentif à ne pas exprimer d'opinion personnelle dans les réunions du politburo, n'était pas le même que l'homme qui s'en prit violemment au défaitisme de l'Opposition, et souleva d'enthousiasme la conférence du parti en 1926 avec son appel à la création du socialisme dans un seul pays, ou qui s'en prit à Trotski et en octobre 1927, l'affronta au plénum du comité central. En même temps que sa confiance, son ambition grandit. Ce n'est pas seulement l'appétit de pouvoir qui augmentait avec son exercice, mais l'idée de l'étendue qu'il pouvait prendre. Dans la période du premier plan quinquennal (1928-1933), Staline put s'attribuer un rôle historique, plus grand que celui de simple successeur de Lénine, rôle qui, dans le milieu des années 20, se trouvait politiquement hors de portée de son imagination et de son activité politique.

Pour commencer, Staline se préoccupa de construire dans l'organisation du parti un instrument susceptible de renforcer l'unité et de vaincre les résistances opposées par d'autres groupes du parti. Avec l'adoption du slogan « le socialisme dans un seul pays », on eut l'occasion d'éprouver pour la première fois cet outil. Une fois vaincus Trotski et l'Opposition de gauche, il fut libre de développer l'idée de rupture avec la NEP, et de mener à bien la collectivisation de l'agriculture et la modernisation de l'industrie non pas graduellement, mais à marche forcée, dans le plus court laps de temps possible. De là, découla le recours aux méthodes du communisme de guerre, à la coercition appuyées sur la terreur. De là, à titre de justification, l'idée que plus on était proche de la réalisation du socialisme, plus la lutte des classes s'intensifiait. De cette grandiose conception, bien différente de la ligne éloignée des extrêmes, qu'il avait adoptée au milieu des années 20, émergea la figure du « Grand Dirigeant du Peuple soviétique », l'architecte de la Seconde Révolution, achevant la tâche que Lénine avait entamée mais n'avait pas terminée.

Cela adviendrait cinq ou six ans après cette année 1924. Quand, au XIVe congrès du parti, Kamenev se confronta à Staline et l'accusa de chercher à imposer son pouvoir personnel, ce dernier répondit par ces bonnes paroles :

> Diriger le parti autrement que de façon collective est impossible. Maintenant qu'Ilitch n'est plus avec nous, il est idiot d'y songer (applaudissements) et il est idiot d'en parler. Travail collectif, direction collective, unité du parti, unité dans les organes du comité central, avec la minorité se soumettant à la majorité – voilà ce dont nous avons besoin aujourd'hui [8].

La seconde partie de la réplique de Staline est aussi révélatrice que la première. Dans tous les débats de ces années, deux accusations types réapparaissaient constamment. Chaque groupe d'opposition qui se sentait acculé à la défensive et pressentait la défaite, réitérait à son tour les accusations de bureaucratisation et de suppression de la démocratie interne du parti. La contre-attaque se faisait en leur reprochant leur fractionnisme, le crime le plus noir dans les tables de la loi communiste. Quand, au Xe congrès (1921), Lénine convoqua une réunion informelle pour organiser le soutien à sa résolution de bannissement des fractions, Staline s'inquiéta de ce que le groupe de Lénine pût être lui aussi accusé de « fractionnisme ». Lénine éclata de rire et répondit :

> Qu'est-ce que j'entends d'un vieux fractionniste zélé ?... Vous devez savoir que Trotski s'emploie depuis longtemps à rassembler des partisans de sa plate-forme et qu'il a probablement convoqué une réunion à cet instant même où nous parlons. Chliapnikov et Sapronov font de même. Pourquoi fermerions-nous les yeux sur le fait, si déplaisant soit-il, qu'il existe des fractions dans le parti ? C'est justement la convocation de cette conférence d'adhérents de la « plate-forme des dix » qui permettra de réunir les conditions excluant à l'avenir tout fractionnisme dans le parti[9].

Staline retint bien la leçon. Il y fut aidé par l'un des traits les plus caractéristiques de la politique communiste, qui découlait logiquement de la croyance que le marxisme fournissait un guide unique, indiscutable et sans ambiguïté pour saisir le développement historique de la société, et pour fixer la politique correcte à suivre dans l'avenir. S'il en était ainsi, alors il n'y avait assurément pas de place dans le parti pour plusieurs opinions ou plusieurs politiques possibles. Le jeu consistait à se placer au sommet avant les autres, et à prétendre représenter le point de vue « correct » par rapport à la doctrine marxiste, et de continuer en accusant ceux qui s'y opposaient d'être coupables de « fractionnisme » et de mettre en danger l'unité du parti. Comme la trahison, la fraction était par définition perdante. Comme Lénine aussi bien que Staline l'avait clairement reconnu, quand elle réussissait – comme quand la trahison prospérait – elle était légitimée et prenait un autre nom. Une menace contre l'unité du parti affectait tous ses membres. C'était donc une accusation bien plus grave que la contre-accusation de suppression de la démocratie interne, qui n'inquiétait qu'une minorité d'intellectuels – et la plupart d'entre eux, suivant l'exemple de Trotski, Zinoviev et Boukharine, seulement quand ils avaient perdu leurs charges et se trouvaient dans l'Opposition.

Aucun des contestataires ne tenta d'en appeler à la nation dans son ensemble, à ces masses qu'ils prétendaient représenter. Tous acceptèrent que, si graves que fussent leurs différends, ils dussent être confinés aux échelons supérieurs.

Rien ne pouvait être plus favorable à Staline. Que des hommes comme Trotski, Zinoviev et Boukharine, qui se battaient pour leur survie politique et possédaient de bien plus grands dons de communication orale et écrite, se fussent volontairement soumis à cette restriction, montre la prégnance du dogme bolchevique. Même le fait de débattre devant la base exposait immédiatement à l'accusation de travail scissionniste, et c'était une possibilité que Boukharine rejetait, à son grand désavantage. Plus puissants encore, il y avait le sentiment sous-jacent, partagé par tous mais rarement reconnu, que le parti était une garnison assiégée en pays occupé, et la crainte qu'un appel aux masses pût rouvrir la question d'un règlement révolutionnaire qui leur serait imposé par la force et conduirait à la destruction du parti, et à la leur.

Le souci d'éviter l'accusation d'activité fractionnelle était directement lié à la seconde caractéristique de la politique communiste que Staline devait maîtriser s'il voulait battre ses rivaux – la dimension idéologique du communisme. Pour une organisation qui élevait l'unité, en théorie comme en pratique, au rang de valeur absolue, le parti communiste était remarquablement agité, et il l'avait été depuis la première apparition du marxisme en Russie dans les années 1890. Marx avait peut-être bien fourni à ses disciples les lois immuables du développement social, mais il y avait, sur leur interprétation et leur application, d'interminables discussions. Comme, en principe, il n'y avait pas place pour de tels désaccords, la divergence d'opinion devenait une erreur que le devoir imposait d'éliminer. Presque tous les écrits de Lénine ont un caractère polémique ; la dénonciation et l'interdiction du fractionnisme ne pouvaient étouffer la passion scolastique de la controverse.

Cette tendance se maintint aussi fortement après la mort de Lénine et la lutte pour le pouvoir entre ses héritiers fut menée à travers une série de discussions sur les problèmes auxquels se confrontait le régime, sur la ligne générale que le parti devait adopter pour les résoudre. La caractéristique principale de ces débats était que les deux partis, s'ils cherchaient à justifier leurs positions en montrant leur efficacité pratique, jugeaient plus important encore de prouver qu'elles étaient correctes du point de vue de l'idéologie marxiste. Comme disait le stalinien Lazare Kaganovich en 1929 : « La tricherie politique commence toujours par la révision de la théorie. »

Ceci constituait un défi particulier pour Staline, qui s'était un jour entendu dire par un érudit marxiste, Riazanov, directeur de l'Institut Marx-Engels : « Arrête, Koba, ne te couvre pas de ridicule. Tout le monde sait que la théorie n'est pas exactement ton domaine [10]. » La force de Staline gît dans ses dons de politicien pragmatique, de maître de l'intrigue, par-dessus tout dans cette obstination qui le poussait à vouer toutes ses heures de veille à chercher le meilleur moyen de manipuler les gens et les situations pour bâtir une formidable machine politique. Comme le dit Robert Tucker, cela lui permettrait de devenir le patron du parti (son *khozyain*, comme on l'appellerait durant ces années) mais pas d'être accepté comme son nouveau chef (son *vojd*), à la suite de Lénine. « Pour mériter la succession de Lénine, Staline devait se faire accepter dans le rôle de chef suprême, en acquérant aux yeux des bolcheviks une autorité politique à part. En outre,... il lui fallait s'imposer dans le rôle d'éminent porte-parole idéologique du parti et de penseur marxiste [11]. »

Staline releva le défi avec finesse. Quoique, comme tous les bolcheviks il citât Marx et Engels, il ne prétendit pas être un savant marxiste ; il ne tenta pas non plus d'apporter une contribution originale à la théorie comme Boukharine s'était déjà montré capable de le faire. Il se concentra plutôt sur la maîtrise des écrits et des discours de Lénine, de sorte qu'il pût tenir son rang dans les débats qui ressemblaient fréquemment à des controverses théologiques, avec échange continu de textes sacrés.

Immédiatement après la mort de Lénine, au milieu du déluge d'articles commémoratifs, Staline produisit quelque chose de différent – une série de conférences sur *Les Questions du léninisme*, qui furent prononcées dans une école de fonctionnaires du parti, l'université Sverdlov, avant d'être publiées sous le même titre. La présentation était souvent embarrassée, et l'écriture maladroite. On pouvait à juste titre critiquer ce texte pour sa concentration sur l'aspect dogmatique aux dépens des éléments plus vivants et plus souples de la pensée de Lénine ; il souffrait, pour emprunter une expression de Trotski, d'une « certaine pétrification idéologique ». Néanmoins, il fournissait, pour la première fois, quelque chose que les penseurs plus subtils du parti devaient considérer comme indigne d'eux de proposer, le premier recueil court, exhaustif et systématique des idées de Lénine, en moins de cent pages, copieusement illustrées de citations – pour lesquelles Staline avait contracté une dette considérable (non reconnue) envers son assistant de recherche, F. A. Ksenofontov [12]. La perspicacité de l'auteur apparaît dans le choix du moment de publication et dans la dédicace à la « promotion Lénine », la nouvelle génération d'employés du parti peu éduqués, qui trouvait les écrits de Lénine proprement dits difficiles et déroutants, et qui accueillit avec empressement cette œuvre de popularisation, dont l'autorité était garantie par quelqu'un d'aussi éminent que le Secrétaire général.

Les Questions du léninisme ne furent pas seulement un succès populaire. Ce livre renforça l'identification à Lénine, déjà entamée par Staline avec le lancement du culte du dirigeant défunt. Comme on pouvait s'y attendre, c'était une version de Lénine qui s'accordait avec la propre image de Staline. Le lien entre elles était le fait que, sans l'avoir jamais admis et peut-être même sans s'en être rendu compte, les deux hommes considéraient que la principale force motrice de l'histoire, c'était, non pas les mouvements sociaux, non pas le changement de mode de production cher à Marx, mais le parti. C'était celui-ci qui devait créer la conscience de classe prolétarienne qui manquait aux travailleurs.

> Le parti [écrivait Staline] doit guider le prolétariat dans sa lutte... il doit instiller aux masses de millions de travailleurs sans parti, inorganisés, un esprit de discipline... d'organisation et de ténacité... Le parti est la plus haute forme d'organisation du prolétariat [13].

Dans un autre passage, Staline définissait le léninisme comme un marxisme actualisé,

> le marxisme de l'époque de l'impérialisme et de la révolution prolétarienne... Le léninisme est la théorie et la tactique de la révolution prolé-

tarienne en général, et la théorie et la tactique de la dictature du prolétariat en particulier.

Il n'y avait rien là que Lénine n'eût approuvé, de même que les conclusions de Staline : « Le prolétariat a besoin du parti pour établir la dictature. Il en a besoin encore plus pour maintenir la dictature. » D'où le besoin d'une « discipline de fer », d'une « unité de la volonté », et la condamnation des factions qui détruisaient l'une et l'autre.

La manière dont Staline utilisait des citations de Lénine pour appuyer ses positions dans les débats ne manqua pas de susciter des réactions. Plus d'une fois, il se trouva en mauvaise posture, lorsqu'il s'affrontait à Trotski, à Zinoviev ou Kamenev et que ceux-ci lui montraient qu'il utilisait à l'envers un passage de Lénine ou le tirait de son contexte. Mais Staline persista dans sa tentative de s'emparer de la succession idéologique de Lénine en se présentant comme le défenseur de l'héritage de Lénine contre une Opposition qui cherchait à le réviser ou à l'abandonner. Quand il voulut trouver une justification à la doctrine du socialisme dans un seul pays, il soutint qu'elle avait été d'abord formulée par Lénine, et le maintint en dépit de preuves contraires convaincantes fournies par Trotski et Zinoviev. Sans se laisser décourager, il confia au congrès qui lui était tout acquis le soin de voter contre ses détracteurs ; peu après, lorsque, l'un après l'autre, ses autres critiques furent réduits au silence, sa prétention à être l'interprète autoritaire du marxisme-léninisme ne pouvait plus être remise en question. L'idéologie marxiste-léniniste, combinée avec la défense de l'unité contre le fractionnisme de l'Opposition, était devenue un instrument de pouvoir entre ses mains.

La victoire de Staline sur ses rivaux n'était ni inévitable ni planifiée en détail à l'avance. Il y eut des reculs, des retraites, une improvisation constante. La chance et les erreurs des opposants jouaient un rôle essentiel. Après sa nomination en avril 1922 au poste de Secrétaire général, sept ans passèrent avant qu'il eût la certitude d'avoir gagné.

Le pouvoir qu'il se bâtit grâce au contrôle du secrétariat et de la machine du parti était indispensable : grâce à celui-ci, il put de plus en plus promouvoir ses propres candidats, rétrograder et expulser les opposants. Staline avait le pouvoir de former des comités à sa dévotion et de s'assurer une majorité. Grâce à quoi, face à toute tentative d'organisation d'une opposition, il fut en mesure d'accuser ses initiateurs de se livrer à un travail fractionnel, scissionniste, à une activité contre-révolutionnaire, de trahir la révolution – en bref, de sombrer dans la trahison. A cela, il ajoutait l'accusation d'hérésie, de déviation petite-bourgeoise par rapport aux canons du marxisme-léninisme, que seul il avait l'autorité de fixer et, si nécessaire, d'étendre. En bref, pour emprunter une terminologie de l'histoire européenne plus ancienne, ce fut la combinaison des bras séculier et régulier qui le rendit invincible.

Mais l'invincibilité, le désarmement et la défaite de l'Opposition ne suffisaient pas à asseoir l'autorité que Staline recherchait ; il devait convaincre tout autant qu'emporter les suffrages d'un jury truqué. A la fin, comme nous verrons, il y parvint aussi en convainquant ceux qui partageaient la direction avec lui qu'il offrait une meilleure chance que quiconque de vaincre les problèmes auxquels était confrontée la Russie, et de préserver le régime.

III

Il y eut quatre phases dans la confrontation entre les héritiers de Lénine. La première, entre 1923 et 1925, quand Lénine était encore vivant mais diminué : durant celle-ci, la troïka Zinoviev, Kamenev et Staline était organisée contre Trotski. Staline et Boukharine se heurtèrent à Zinoviev et Kamenev durant la seconde phase (1925-1926) puis, dans la troisième (1926-1927), à l'Opposition unie de Zinoviev, Kamenev et Trotski. Quand celle-ci fut battue, vint le dernier acte du drame, en 1928-1929, au cours duquel Staline se tourna contre Boukharine, Rykov et Tomski. En 1929, lors de son cinquantième anniversaire, Staline avait chassé du politburo cinq des six membres qu'il comptait au début de la période ; le sixième, Rykov, ne perdait rien pour attendre.

Cette série de manœuvres par lesquelles Staline s'assura une victoire complète sur les trois factions du politburo a souvent été citée comme un exemple classique de l'art du pouvoir politique. On ne saurait douter des remarquables talents de politicien de Staline, mais il est erroné de supposer que celui-ci (et on commettrait la même erreur à propos d'Hitler) suivait un plan soigneusement élaboré, comme le suggèrent souvent les récits sommaires, en soutenant qu'il s'est allié à la droite pour battre la gauche, et puis a pris le programme de la gauche pour battre la droite. Comme Hitler, il était inébranlable dans sa résolution obstinée d'atteindre une position dominante, mais il était aussi souple que peu scrupuleux sur les moyens d'y parvenir, prêt à changer de position, à nouer et dénouer des alliances tactiques, et à tirer le maximum d'avantages de toute occasion inattendue que lui offriraient les erreurs de ses rivaux.

Avec beaucoup plus de perspicacité que les autres dirigeants soviétiques, Lénine avait saisi qu'après sa disparition, la lutte pour la succession serait entre Trotski et Staline. Ce dernier était parvenu à la même conclusion et agissait en conséquence ; ce n'était pas le cas de Trotski, lequel perdit en grande partie pour cette raison. Ce n'est qu'avec retard, en 1926, qu'il prit la véritable dimension de Staline et se montra prêt à s'unir aux autres pour tenter de contrer le pouvoir croissant du Secrétaire général.

Il est encore difficile d'expliquer pourquoi Trotski a si mal évalué la situation, à quel point il était affecté par la maladie, pourquoi il se montra si stupide sur le plan de la tactique et du choix des occasions (en étant, par exemple, absent à des moments cruciaux), pourquoi il a échoué, au grand désespoir de ses partisans, à rallier les soutiens qu'il pouvait encore gagner dans le parti. Néanmoins, Trotski ne savait jouer qu'un rôle dirigeant. Il était mal à l'aise avec ceux qui se considéraient comme ses égaux et manquait de l'instinct politique qui poussait Staline à se concentrer sur la construction d'une base de pouvoir dans le parti. Au lieu de quoi, comme le dit Walter Laqueur : « Il se lançait constamment dans des controverses idéologiques et politiques convenant mieux à un littérateur pré-révolutionnaire qu'à un homme d'État post-révolutionnaire. » Mais Staline avait raison : avec toutes ses fautes et ses erreurs, Trotski était l'homme qu'il devait le plus redouter ; c'était un chef-né, en dépit de ses faiblesses ; il ne le cédait qu'à Lénine pour le rôle qu'il avait joué dans la révolution d'Octobre et dans la guerre civile, et il possédait des dons d'intellectuel et d'orateur que Staline ne pourrait jamais égaler.

Ses antécédents n'incitent pas à croire que Trotski aurait été moins autocrate que Staline, moins disposé que lui à adopter des méthodes coercitives, ou moins brutal dans l'affirmation de sa volonté. Aux yeux de Staline, cela faisait de lui un rival des plus dangereux, d'une classe différente des autres membres du politburo. Quelque manœuvre qu'ait dû faire Staline, quels qu'aient pu être les opposants dont il eut à s'occuper, il ne perdit jamais de vue Trotski. Ce fut cette attention sans relâche, nourrie de haine et assortie d'une compréhension des faiblesses de son ennemi, bien plus profonde que ce dernier n'avait des siennes, aussi bien que sa patience, sa persévérance, un flair tactique et un sens de l'opportunité qui manquaient à Trotski, c'est tout cela qui permit à Staline de l'emporter dans un duel où les avantages naturels semblaient être du côté de Trotski. Même quand Trotski fut poussé à l'exil et son nom effacé, Staline ne fut pas satisfait. Il ne devait l'être qu'en 1940, lorsque l'opposant en exil fut assassiné sur son ordre, et même alors, la campagne de diffamation contre lui se poursuivit sans relâche.

En 1923, alors que Lénine, bien que diminué, était encore en vie, Trotski avait lancé deux puissantes attaques contre Staline mais avait échoué à les mener jusqu'au bout. La XIIIe conférence du parti, qui se réunit en janvier 1924, moins d'une semaine avant la mort de Lénine, après avoir écouté un discours menaçant de Staline, censura Trotski et les « quarante-six » pour fractionnisme. Staline avait perfectionné ses capacités de mise en scène : sur 128 délégués possédant le droit de vote, seuls trois appartenaient à l'Opposition.

Trotski s'attira une nouvelle réprimande en mai 1924, au XIIIe congrès mais il conserva son siège au politburo, et durant l'été, à certains signes, on pouvait prévoir que la troïka allait se briser. Au lieu d'aider à élargir la fracture, Trotski entama ce qui devait être appelé la « controverse littéraire », avec un long essai, *Les Leçons d'octobre*, publié pour le septième anniversaire de la révolution. Il s'agissait de répondre au reproche toujours fait à Trotski, d'avoir rejoint Lénine seulement à l'été de 1917, et d'avoir été, avant cette date, plus proche des mencheviks que des bolcheviks.

En citant les noms de Zinoviev et de Kamenev, qu'il considérait toujours, plutôt que Staline, comme ses ennemis, Trotski contre-attaquait en les accusant : c'étaient eux qui avaient été souillés par l'hérésie menchevique, qui avaient critiqué Lénine en 1917 et déclaré son plan d'insurrection « aventuriste », et qui avaient suivi la ligne menchevique selon laquelle la révolution bourgeoise démocratique devait être d'abord achevée et un certain temps s'écouler avant la révolution prolétarienne. C'était, ajoutait-il, la même attitude temporisatrice qui expliquait qu'en 1923, le Komintern (dont le président était Zinoviev) n'eût pas exploité avec suffisamment d'audace la situation révolutionnaire en Allemagne et en Bulgarie. De tous les dirigeants du moment, selon lui, il était le seul qui eût travaillé en complet accord avec Lénine, depuis le premier jour de son arrivée à Petrograd.

Plus tard, Zinoviev dut admettre devant Trotski que *Les Leçons d'Octobre* ne furent qu'un prétexte à la furieuse attaque qui se déchaîna contre lui. « S'il n'y avait pas eu celui-là, on aurait trouvé un autre motif [14]. » Mais la ligne particulière que Trotski choisit de prendre eut pour effet d'unir le reste du politburo contre lui – Boukharine, Rykov et Staline aussi bien que Zinoviev et Kamenev – tous avaient un intérêt personnel à démolir la version de 1917 de Trotski, précisément parce qu'elle était désagréablement proche de la vérité.

La réponse la plus efficace consista à détourner l'attention de 1917 en concentrant les attaques sur le passé de Trotski avant cette année-là. Après la scission de 1903 dans le parti social-démocrate russe, il avait suivi un chemin très individuel et engagé toute une série d'échanges polémiques, dont certains, parmi les plus âpres, avec Lénine. On les exhuma pour en tirer d'innombrables citations qui, souvent tirées de leur contexte, pouvaient donner l'impression que Lénine, dont l'autorité était à présent au-dessus de toute contestation, avait rejeté Trotski comme le dirigeant d'une tendance différente et opposée à la sienne.

Nul ne s'attela à cette tâche avec plus de zèle que Staline. Dans un discours du 19 novembre 1924, « Trotskisme ou léninisme ? », non content de récrire l'histoire de la révolution de 1917, il accusa Trotski d'essayer de discréditer le rôle d'inspirateur qu'y joua Lénine et celui de moteur qu'y remplit le parti – tout cela dans le but de substituer le « trotskisme » au « léninisme ». « La tâche du parti, déclara Staline, est d'enterrer le trotskisme comme idéologie. »

En inventant le « trotskisme », les adversaires de Trotski, et en particulier Staline, se donnèrent la possibilité de l'identifier à une hérésie permanente, antiléniniste et antibolchevique par définition, toujours susceptible d'être étendue à tout sujet qu'aborderait leur ennemi, ou qu'ils jugeraient utile de ramener à lui. Trotski raconte que Zinoviev dit aux membres de la fraction de Leningrad : « Vous devez comprendre que c'était une lutte pour le pouvoir. Le truc consistait à lier ensemble de vieux désaccords avec de nouvelles questions. C'est dans ce but que le "trotskisme" a été inventé [15]. »

L'autre accusation portée contre Trotski était d'avoir inventé la doctrine de la « révolution permanente ». Développée pour la première fois au moment du soulèvement de 1905, elle postulait le besoin d'une permanence de la révolution de deux manières. Il s'agissait d'abord de passer, sans marquer de pause, de la phase antiféodale (démocratique) à la phase anticapitaliste (socialiste). Il s'agissait aussi d'aller du stade national au stade international, en commençant par la Russie mais sans s'arrêter à ses frontières. Quand la révolution se serait étendue de la Russie à l'Europe occidentale, alors seulement le socialisme serait établi à coup sûr en Russie.

Lénine, qui était certainement internationaliste, n'en rejeta pas moins la formulation de Trotski – jusqu'en 1917. Alors, sans l'admettre, il adopta son point de vue pour en faire sa propre théorie, mettant la première partie en pratique et acceptant la seconde, la dimension internationale comme le préalable nécessaire au succès de la révolution en Russie. Si quelqu'un en doutait, il lui suffirait de jeter un coup d'œil à un document faisant autorité, le résumé des positions de Lénine dans l'ouvrage de Staline, *Les Questions du léninisme* :

> Pour la victoire finale du socialisme... les efforts d'un seul pays, en particulier d'un pays rural comme la Russie, sont insuffisants ; pour cela, les efforts des prolétaires de plusieurs pays avancés sont nécessaires.

Néanmoins, ignorant le contexte historique dans lequel les thèses de la « révolution permanente » avaient été formulées, et le fait qu'elles étaient largement identiques à la stratégie révolutionnaire de Lénine en 1917, Staline les fit passer pour la vision trotskiste de la situation du moment en Union soviétique et les déforma en une doctrine du « désespoir permanent » : « Le manque de foi dans la force et les capacités de notre révolution et du prolétariat russe – c'est ce qui gît à la racine de la théorie de la « révolution permanente" [16]. »

A un tel manque de foi, Staline opposait sa propre croyance en « la possibilité de la victoire du socialisme dans un seul pays », à savoir la Russie [17]. Ce fut en fait la contribution la plus originale et puissante de Staline au débat sur l'avenir de l'Union soviétique. Mais il se donna beaucoup de peine pour prouver le contraire et, en s'appuyant sur une courte déclaration de Lénine en 1915, prononcée dans un contexte tout différent, il prétendit que c'était ce dernier « et personne d'autre, qui [avait] découvert la vérité que la victoire du socialisme dans un seul pays [était] possible [18] ». En fait, Lénine n'avait jamais cessé de concevoir le socialisme comme un phénomène international, mais par cette double falsification, de ce qu'avaient dit et voulu dire Trotski et Lénine, Staline put faire apparaître un contraste destructeur entre le « léninisme », désormais identifié à la croyance au socialisme dans un seul pays, et le « trotskisme », dépeint comme une tendance défaitiste, semi-menchevique, antiléniniste particulièrement associée à la théorie « aventuriste » de la « révolution permanente ». Suivant les termes de Robert Daniels, cette manœuvre inaugurait « la pratique de la preuve par une manipulation de textes, qui ne remet pas en question l'autorité de référence, mais ne se préoccupe pas non plus de ce que l'autorité a bien pu vouloir dire [19] ».

Pour l'heure, Staline se contenta de montrer, comme il le prétendait, « que la révolution permanente" de Trotski [était] la négation de la théorie léniniste de la "révolution prolétarienne" ». Aux sessions du comité central de janvier 1925 qui condamnèrent Trotski, il ne fut pas fait mention du socialisme dans un seul pays. Mais, en dépit de son origine douteuse, c'était une thèse d'avenir. Elle renversait l'idée admise, selon laquelle le socialisme en Russie dépendait de la révolution socialiste dans d'autres pays, et faisait de la révolution en Russie, ainsi que Staline devait s'en vanter, « le début et le prélude de la révolution mondiale ». Une telle affirmation exaltait fortement le nationalisme russe, en mettant indiscutablement la Russie en premier. Elle permettait aussi de marquer ceux qui doutaient du sceau de l'infamie, en les faisant passer pour des pleutres dépourvus de confiance dans le peuple russe, sceptiques quant à sa capacité et sa volonté d'achever ce qu'il avait commencé.

Trotski ne fit pas l'effort de répondre à la tempête soulevée par ses *Leçons d'Octobre*. Sommé de se présenter devant le comité central en janvier 1925, il s'excusa de ne pouvoir y assister pour raison de santé, et démissionna de son poste de commissaire à la guerre. Zinoviev et Kamenev étaient partisans de l'expulser en même temps du parti, mais Staline conseilla la modération. Peu de biographes de Staline ont résisté à la tentation de citer le passage dans lequel, devant le congrès du parti, à la fin de l'année, il déclara :

> Nous, la majorité du Comité du Conseil, nous ne sommes pas d'accord avec les camarades Zinoviev et Kamenev parce que couper des têtes est une politique grosse de dangers graves pour le parti... Cette méthode de la saignée – et ils veulent bel et bien une saignée – est dangereuse et contagieuse ; aujourd'hui on couperait une tête, demain une deuxième, et puis une troisième. Qui resterait dans le parti [20] ?

Cette citation illustre très bien la difficulté qu'il y a à considérer le Staline des années vingt à la lumière des événements ultérieurs. Quand il fit cette remarque, envisageait-il – consciemment ou non – que vînt un moment où il deviendrait possible de se débarrasser ainsi des opposants ? Ou bien, est-ce nous qui, connaissant la suite, mettons une signification ironique dans ces mots ? Qui peut le dire ?

Après sa condamnation par le comité central, Trotski resta membre de ce dernier et du politburo, mais s'abstint de tout autre acte d'opposition en 1925. Non content de s'abstenir de participer à toute controverse, il publia en septembre un article qui désavouait Max Eastman qui, dans un livre publié en Amérique, reproduisait de longs extraits du testament de

Lénine. Trotski nia qu'un tel document existât et déclara que la version selon laquelle on l'avait dissimulé était une « invention malveillante ». Il est peut-être vrai, comme Trotski l'a plus tard soutenu, qu'il fit ces déclarations, comme Kroupskaïa, sous la pression de Staline ; l'important, en tout cas, ce fut l'effet qu'elles eurent sur ceux qui se tournaient encore vers lui pour conduire l'Opposition à Staline.

Trotski se plaçant, au moins pour l'instant, en retrait, Staline était libre d'attaquer les deux autres membres de la troïka. Pour cela, il mina les fondements de la position indépendante de Zinoviev en s'en prenant à son contrôle sur le Komintern et sur l'organisation du parti à Leningrad. Dans les deux cas, il utilisa la même méthode : il étudia soigneusement la personnalité des individus concernés pour les suborner par un mélange de menaces et de corruption.

Son agent au Komintern était un membre ukrainien du secrétariat du parti, Dmitri Manouilski, qui plus tard atteignit un certain rang comme délégué ukrainien aux conférences d'après-guerre de l'ONU. Staline obtint que le politburo nomme Manouilski au Komintern, officiellement pour aider Zinoviev, mais en fait pour bâtir un réseau stalinien dans le parti communiste allemand (KPD), qui, au sein de la IIIᵉ internationale, ne le cédait en importance qu'à son homologue russe. Aux élections allemandes de mai 1924, le KPD avait recueilli 3,7 millions de voix et fait passer sa représentation au Reichstag de quinze à soixante-deux sièges : aucun autre parti communiste n'approchait d'un tel succès électoral. Ceci explique l'envoi d'une mission du Komintern en Allemagne. Dirigée par Manouilski, elle avait son quartier général à Berlin et rendait compte directement à Staline.

En 1924, Staline commença à s'intéresser de près à la vie du Komintern, assistant pour la première fois au Vᵉ congrès mondial des partis communistes qui se tint à Moscou en juin de cette année. Il n'y prit pas la parole mais se présenta discrètement aux délégués. Ruth Fischer, qui était là, le décrit arpentant salons et couloirs autour de la salle historique de Saint-André, au Kremlin.

> Tirant sur sa pipe, portant la tunique caractéristique et les bottes de Wellington, il parlait poliment et doucement à de petits groupes, se présentant lui-même comme le nouveau type du dirigeant russe. Les jeunes délégués étaient impressionnés par ce révolutionnaire qui méprisait la rhétorique révolutionnaire, cet organisateur qui avait les pieds sur terre et dont les décisions rapides et les méthodes modernisées résoudraient les problèmes d'un monde transformé. Les hommes autour de Zinoviev étaient vieux, démodés et manquaient de simplicité [21].

L'objectif à long terme de Staline était de s'assurer de la soumission du parti communiste allemand au contrôle du communisme inter-national. Avec l'aide d'Ulbricht et de Pieck (futurs fondateurs de la République démocratique allemande d'après-guerre), il divisa le KPD et joua les différentes factions les unes contre les autres. Le processus a été décrit en détail par Ruth Fischer, que Staline essaya à maintes reprises de gagner à lui. En 1927, il avait réussi à arracher au KPD tout pouvoir d'action indépendante qui pût entrer en conflit avec les objectifs russes.

Les conséquences de cela pour la politique allemande et l'attitude des communistes devant la montée en puissance d'Hitler ont déjà été mentionnées. Mais le succès de Staline eut aussi des effets sur la lutte pour le pouvoir en Russie. Le Komintern, dominé dès l'origine par les Russes, était devenu une extension du jeu des factions et des politiques dans le parti soviétique. Aucun parti communiste ne souffrit ni ne ressentit cette subordination comme le parti allemand ; et nul ne poussa dans ce sens avec plus de vigueur que Zinoviev. L'intervention de Staline dans le domaine international ne mit pas seulement fin aux efforts du KPD pour garder son indépendance (dénoncée par Staline comme une tentative de créer une IVᵉ Internationale). L'ironie de l'histoire est qu'elle liquida l'autorité de Zinoviev sur l'appareil du Komintern. Au début de 1926, son titre de président du Komintern était de pure forme ; à la fin de l'année, même celui-ci lui fut retiré.

En même temps, Staline entreprit de priver Zinoviev de son contrôle sur son autre bastion, l'organisation du parti de Leningrad. A l'origine, Zinoviev et son allié Kamenev étaient présidents des Soviets et contrôlaient les organisations du parti à Moscou et à Leningrad. Kamenev fut le premier à sentir les effets des intrigues de Staline. En 1924, il perdit son poste de président du Conseil des commissaires du peuple, qu'il avait rempli *de facto* durant la maladie de Lénine, puis le contrôle de la machine du parti à Moscou quand son homme-lige, le secrétaire du comité du parti de la capitale, I. A. Zelenski, fut déplacé en Asie centrale et remplacé par N. A. Ouglanov, transfuge du camp Zinoviev-Kamenev. Leningrad fut un morceau plus gros à avaler. Après s'être débarrassé de deux partisans de Zinoviev, Staline rencontra une résistance inattendue lorsqu'il plaça un de ses hommes, Komarov, au poste clef de secrétaire du parti de Leningrad. Zinoviev rassembla ses forces, empêcha Komarov d'agir et protesta contre les interférences du comité central et de son secrétaire général. Pour l'heure, Staline jugea plus politique de ne pas presser le mouvement, mais il était tout à fait déterminé à revenir à la charge quand il aurait mieux préparé le terrain.

IV

Durant l'été 1925, Zinoviev lança une contre-attaque, en intervenant dans le débat sur la politique économique, qui avait commencé en 1924. La question fondamentale était de résoudre le problème posé par la prise du pouvoir par Lénine dans un pays qui n'était pas encore prêt, selon le schéma marxiste, pour une révolution socialiste, puisqu'il n'avait pas encore été industrialisé et modernisé par le capitalisme.

La première réponse, durant la période du communisme de guerre, avait été d'utiliser le pouvoir de l'État pour réorganiser l'économie et la société suivant des principes socialistes, pour aboutir à une dictature du prolétariat, économique aussi bien que politique, qui exercerait la coercition à l'encontre des paysans (réquisitions) et des ouvriers (militarisation du travail). Le principal avocat et théoricien de cette politique de gauche avait été Boukharine, qui avait publié *L'Économie de la période de transition* (1920) et avait auparavant collaboré avec E. A. Preobrajenski pour produire en 1919 l'*ABC du communisme*, qui faisait autorité.

Quand la tentative de construire le socialisme par les méthodes du communisme de guerre dut être abandonnée, Lénine se rabattit sur la démarche progressive de sa Nouvelle politique économique. Boukharine, comme les autres dirigeants, avait suivi Lénine dans son changement de cap, et après la mort de ce dernier, il devint le principal défenseur de la NEP, considérée non comme une position de repli, ou une phase temporaire, mais comme le modèle à suivre pour une longue période de coexistence avec l'économie paysanne, le marché libre des produits agricoles et une petite industrie privée tolérée. Cela voulait dire se concentrer sur l'agriculture, sur les vingt-cinq millions d'exploitations, et encourager les paysans les plus entreprenants à prospérer. « *Enrichissez-vous** » était la phrase de Guizot que Boukharine utilisait : « Enrichissez-vous, développez vos fermes, ne craignez pas d'être soumis à des restrictions [22]. » Pour les pousser à développer le socialisme, déclarait-il, il ne fallait pas compter sur la collectivisation, mais, comme Lénine l'avait préconisé dans sa phase finale, sur le développement de coopératives rurales.

Avant sa mort, Lénine avait parlé d'une époque historique entière, une ou deux décennies au minimum, qui serait nécessaire pour persuader les paysans d'adopter les coopératives, et Boukharine pensait que cela prendrait encore plus longtemps, en raison de l'arriération de la Russie. Pour réussir le processus, il fallait assurer aux paysans des stimulants matériels, un approvisionnement suffisant en biens de consommation et, pour qu'ils puissent acquérir ces derniers, un prix d'achat de leurs récoltes suffisamment élevé.

L'Opposition de gauche et ceux qui avaient toujours rechigné à accepter la NEP autrement que comme un repli tactique considérèrent que sa prolongation mènerait au capitalisme, et dénoncèrent dans la politique boukharinienne d'apaisement des paysans un abandon du socialisme et la trahison de la dictature du prolétariat. Leur contre-programme fut énoncé par Preobrajenski, qui avait été avec Boukharine l'avocat des méthodes du communisme de guerre, et qui critiquait maintenant le virage de son ancien compagnon de plume. Preobrajenski soutenait que la clé de la construction du socialisme en Russie était l'industrialisation, et que la clé de celle-ci était l'accumulation de capital pour un investissement accéléré dans l'industrie nationalisée, aux dépens du secteur privé, principalement agraire.

---

* En français dans le texte (NdT).

Marx avait déclaré que la mission historique de la bourgeoisie serait l'accumulation de richesse – « Accumulez, accumulez ! C'est Moïse et les prophètes ! » – et donc de fournir le capital avec lequel on pouvait lancer la révolution industrielle. Marx estimait que cela avait été permis par les pillages coloniaux et par la dépossession des paysans lors du mouvement des enclosures. C'est ce qu'il appelait « l'accumulation primitive du capital ». Preobrajenski estimait que l'industrialisation soviétique nécessitait une forme d'« accumulation primitive socialiste », qu'on obtiendrait par des moyens fiscaux tels que la manipulation des prix (bas prix des produits agricoles, prix élevés des produits industriels), des impôts élevés, des quotas pour la livraison de blé, etc. Un transfert de ressources s'opérerait du secteur privé (en fait des paysans) vers l'investissement dans l'industrie propriété de l'État. L'important était de prendre comme point de départ non la consommation, mais la production.

Boukharine répliqua que Preobrajenski proposait de substituer à l'exploitation de la paysannerie par les capitalistes, son exploitation par la classe ouvrière industrielle. Il s'agissait d'une « dictature prolétarienne en guerre avec la paysannerie », contraire à l'alliance (*smytchka*) entre ouvriers et paysans, que Lénine considérait comme l'axe du système soviétique. Boukharine soutenait qu'une paysannerie prospère assurerait l'approvisionnement alimentaire du pays, représenterait aussi une demande stimulante pour la croissance industrielle et fournirait des fonds d'investissement grâce à l'épargne volontaire et à un impôt progressif sur le revenu [23].

Quand la mauvaise récolte de 1924 suscita des inquiétudes, Boukharine avança que le moyen d'augmenter la production était de rassurer les paysans qui craignaient d'être pénalisés pour leurs succès. Son opinion fut suivie après la XIVᵉ conférence du parti en avril 1925, quand la direction prit des mesures pour abaisser les impôts agricoles et (dans certaines limites) pour légaliser l'embauche de main-d'œuvre et les baux à terme. Zinoviev, en particulier, demanda de nouvelles concessions aux paysans, pressant le parti de « se tourner vers la campagne ». Ce fut l'apogée de la NEP.

Ce fut donc une surprise quand, à l'été 1925, Zinoviev et Kamenev changèrent complètement de position et dénoncèrent la politique agricole, qu'ils avaient soutenue jusque-là, comme une concession dangereuse aux paysans aisés, les koulaks. Zinoviev soutenait à présent, avec de copieuses références à Lénine, que la NEP n'avait jamais été conçue comme une avancée, mais comme une « retraite stratégique » ; il fallait principalement s'appuyer sur le prolétariat industriel, sur les paysans pauvres, et non sur les plus riches.

On a toutes les raisons de croire que Zinoviev se préoccupait moins de politique économique que de la nécessité de trouver un moyen de reprendre l'initiative. En juin 1925, Kroupskaïa avait écrit une lettre dénonçant le favoritisme dont jouissaient les koulaks et le fait que Boukharine le défendît. C'était une opinion partagée par beaucoup à gauche du parti, et Zinoviev et Kamenev virent là une question sur laquelle ils pourraient mobiliser l'Opposition à la direction en l'accusant de dévier par rapport à la vraie foi léniniste.

Jusque-là, Staline n'avait pas lui-même joué un rôle particulier dans le débat. Comme les autres membres du politburo, il soutint la NEP et la politique agricole de 1925 mais se dissocia du langage sans précaution de Boukharine, particulièrement de son slogan « enrichissez-vous ». S'ils devaient lancer le mot d'ordre « frappez le koulak », dit-il en 1925, 99 % des communistes y adhéreraient. Mais il était d'autant plus important de ne pas laisser les émotions leur obscurcir le jugement. Un tel mot d'ordre, mis en pratique, conduirait à la guerre civile, puisque la masse des paysans moyens prendrait aussi pour elle le coup dirigé contre les koulaks. Staline était en fait responsable, avec Rykov, d'un brusque accroissement de l'investissement industriel, qui aidait à maintenir un équilibre. Mais il était disposé à relever le défi de Zinoviev, et forma une alliance avec Boukharine dans ce sens. Comme Rykov, successeur de Lénine à la présidence du Conseil des commissaires du peuple et paysan d'origine, était, avec Tomski, dirigeant des syndicats, généralement en accord avec la politique de Boukharine, Staline disposait d'une majorité de sept voix au politburo, d'autant que Trotski ne soutenait pas Zinoviev et Kamenev.

Quand le comité central se réunit en octobre 1925, il se trouva que l'Opposition comprenait Sokolnikov, le commissaire aux finances, aussi bien que Zinoviev et Kamenev. Ils se plaignirent de la politique envers les paysans et réclamèrent un débat ouvert. Celui-ci leur fut refusé et le XIVᵉ congrès du parti, qui devait avoir lieu au printemps fut de nouveau repoussé, ce qui permit à Staline de raffermir son emprise sur l'organisation du parti. Zinoviev lui rendit la monnaie de sa pièce en repoussant toutes ses tentatives de pénétrer dans l'organisation de Leningrad, en la purgeant de tous les partisans de la direction nationale connus et en faisant de même dans la délégation de Leningrad au congrès. Un vigoureux échange d'accusations et d'insultes suivit entre Moscou et Leningrad, où l'Opposition disposait de son propre quotidien, *Leningradskaïa Pravda*. L'atmosphère de tension était alourdie par les rumeurs largement répandues, selon lesquelles Staline était responsable de la mort de Frounze, qui avait succédé à Trotski comme commissaire à la guerre et auquel le politburo avait ordonné, contre son propre jugement, de subir une opération – question à l'heure actuelle toujours débattue [24]. Le successeur de Frounze fut le candidat de Staline, Vorochilov.

Juste avant que le XIVᵉ congrès du parti se réunisse enfin, en décembre 1925, Staline offrit un « compromis » pour éviter un conflit ouvert. Zinoviev considérait que cela revenait à une capitulation. Cependant, l'offre de Staline eut l'effet (sans aucun doute recherché) de faire porter la responsabilité de la rupture sur Zinoviev. En prétendant présenter au congrès un rapport de la minorité, ce qui ne s'était pas vu depuis 1918, il s'exposait soudain à l'accusation de travail fractionnel. L'Opposition accusait la direction de favoriser les koulaks aux dépens du prolétariat, de construire le capitalisme d'État et non le socialisme, d'abandonner l'internationalisme de Lénine au profit de l'hérésie du socialisme dans un seul pays, de Staline, de miner la démocratie interne, et de transformer la dictature du prolétariat en dictature sur le prolétariat.

Staline et Boukharine rejetèrent ces accusations avec indignation. Ils répliquèrent que l'attaque contre le socialisme dans un seul pays trahissait de la part de l'Opposition un manque de foi dans la capacité du peuple russe à créer une société socialiste. Zinoviev et Kamenev, déclarèrent-ils, remettaient maintenant en cause les mots d'ordre de défense de l'unité du parti et de suppression du fractionnisme qu'ils avaient défendues contre Trotski au dernier congrès. « Quand il y a une majorité pour Zinoviev », remarqua Mikoyan, « il est pour la discipline de fer, pour la subordination. Quand il n'a pas de majorité, il est contre. »

Le moment le plus fort du congrès fut quand Kamenev demanda la liberté pour les minorités d'affirmer leurs points de vue : « Retour à Lénine », lança-t-il. « Nous sommes contre la fabrication d'un chef [*vojd*]. Nous sommes contre le secrétariat, qui a en pratique combiné à la fois la politique et l'organisation, en surveillant de près l'organe politique. » Après avoir exigé que le politburo se subordonnât le secrétariat, Kamenev déclara au milieu des hurlements :

> J'ai acquis la conviction que le camarade Staline ne peut remplir le rôle d'unificateur de l'état-major bolchevique.

Les partisans de Staline criaient son nom tandis que le groupe de Leningrad répondait : « Le parti au-dessus de tout ! » Par-dessus le vacarme, Kamenev insista : « Nous sommes contre la théorie du gouvernement d'un seul ; nous sommes contre la création d'un *vojd*'. »

Staline s'empressa de reprendre à son compte l'exigence d'une direction collective : toute autre, déclara-t-il, était impossible. Retournant l'argument contre l'Opposition, il déclara que c'était ses membres qui voulaient diriger le parti « sans Rykov, sans Kalinine, sans Tomski, sans Molotov, sans Boukharine ».

> Il est impossible de diriger le parti sans les camarades que j'ai mentionnés. Pourquoi ces diffamations injustifiées contre Boukharine continuent-elles ? Vous demandez le sang de Boukharine ? Nous ne vous donnerons pas ce sang.

Après 1938, quand il eut lui-même pris le sang de Boukharine, de Rykov et de Tomski, toute mention de ceux-ci fut expurgée des nouvelles éditions des discours de Staline.

Ses conclusions contenaient quelques indices de la voie qu'avait désormais empruntée son esprit.

Peut-être les camarades de l'Opposition ignorent-ils que pour nous, pour les bolcheviks, la démocratie formelle n'est rien, tandis que les intérêts du parti sont tout...

Nous ne devons pas être distraits par la discussion. Nous sommes le parti qui dirige un pays – n'oubliez pas cela. N'oubliez pas que chaque échange de mots au sommet est un moins pour nous dans le pays ; nos différends risquent de réduire notre influence[25].

Le débat avait été sans retenue, mais les conclusions ne faisaient pas de doute. Quand le congrès vota sur les rapports au comité central présentés par Staline et Molotov, il y eut 559 voix pour, 65 contre. Quelques concessions furent faites dans la résolution du congrès. Le problème koulak était reconnu, ainsi que le besoin de stimuler le secteur socialisé de l'économie. Mais les axes politiques principaux demeuraient inchangés.

Trotski, qui était présent comme délégué sans droit de vote, mais ne prit pas part aux controverses, observa avec une sombre satisfaction la défaite de ceux qui avaient été ses principaux adversaires moins d'un an plus tôt. C'était maintenant leur tour d'être punis pour avoir défié Staline, bien que ce fût dans le style des années vingt et non des années trente. Le 5 janvier 1926, une équipe conduite par Molotov, et comprenant Kirov, Vorochilov et Kalinine, arriva à Leningrad. Ignorant la hiérarchie locale, ils allèrent expliquer directement aux organisations du parti dans les usines, les décisions du XIVe congrès, créant ainsi une mobilisation en leur faveur et contre la bureaucratie locale. Cette tactique leur permit de faire place nette, y compris dans la fameuse usine de machines Poutilov, qui était l'objet d'attentions spéciales. L'organisation de Leningrad fut purgée, et la *Leningradskaïa Pravda* reprise en main. Kamenev paya l'audace de son attaque directe contre Staline de la perte de ses postes gouvernementaux et de la rétrogradation au rang de simple membre suppléant du politburo. Zinoviev y conserva sa place, mais le nombre de membres du bureau politique passa de sept à neuf, trois des hommes-liges de Staline, Molotov, Kalinine et Vorochilov, remplissant les places disponibles. Des changements similaires renforcèrent la position de Staline au comité central, qui fut élargi à soixante-trois membres et quarante-trois suppléants. Parmi les représentants de la nouvelle génération qui faisaient leur première apparition dans la liste des suppléants, figurait Andreï Jdanov, premier secrétaire de l'importante province de Nijni-Novgorod (rebaptisée par la suite Gorki), qui devait accéder aux sommets du pouvoir à la fin de la Deuxième Guerre mondiale.

Le même mois, Staline recourut à la théorie d'une manière caractéristique. Il avait été mis en fureur par l'usage qu'avait fait Zinoviev d'une citation tirée de ses *Questions du léninisme* pour montrer qu'en 1924, sur la question du socialisme dans un seul pays, il avait défendu une position opposée à celle qu'il prêchait en 1925. Il reconnut qu'il avait « modifié » ses premières déclarations, mais uniquement dans un dessein de clarté : « Cette formulation pourrait donner à penser que l'organisation d'une société socialiste grâce aux efforts d'un seul pays est impossible – ce qui, bien entendu, est faux [26]. »

Pour citer de nouveau Robert Daniels, ceci est un exemple parfait du type de raisonnement qui s'imposerait bientôt à la totalité du pays : « Les changements de doctrine ne doivent jamais être reconnus ; les gens qui avancent la vieille interprétation sont attaqués pour avoir commis une mauvaise interprétation de ce qu'on était censé avoir toujours dit dans le passé [27]. »

La victoire de Staline à la fin de 1925 semblait assez complète ; pourtant les années 1926-1927 virent l'Opposition à sa direction se renouveler et le conflit eut une poussée de fièvre virulente en Union soviétique et dans l'Internationale communiste. Après trois ans de querelle, Trotski, Zinoviev et Kamenev reconnurent enfin leur intérêt commun à affronter Staline, et réussirent à créer une Opposition unifiée. La recherche de soutiens, nécessairement clandestine, commença au printemps 1926. En une occasion, que Staline et le politburo considérèrent aussitôt comme une preuve de conspiration, une réunion eut lieu dans les bois des environs de Moscou, au cours de laquelle Lachevitch, Commissaire adjoint à la guerre, prit la parole. Pour préparer la bataille du plénum du comité central et de la commission de contrôle en juillet 1926, l'Opposition rédigea la « Déclaration des treize », qui énumérait les points essentiels de ses accusations contre la direction.

Pour répondre à l'inévitable accusation de travail fractionnel et contre-révolutionnaire, Trotski développa un parallèle avec la Révolution française et Thermidor, le mois du calendrier révolutionnaire où, en 1794, Robespierre et le régime jacobin furent renversés. Dans la tradition révolutionnaire, la chute de Robespierre était en effet toujours présentée comme la victoire de la contre-révolution bourgeoise sur les vrais représentants de la révolution et des réformes sociales. Trotski soutenait que c'était là le vrai danger qui menaçait la Russie, et que les forces de « Thermidor », représentées par la bureaucratie du parti, vaincraient la tradition révolutionnaire qu'incarnaient les masses – dont l'Opposition affirmait à présent être l'authentique porte-parole.

Toutes les fautes du régime existant, poursuivaient les oppositionnels, étaient la conséquence du fossé qui s'était creusé entre la bureaucratie et le prolétariat. Les mesures répressives prises contre toute expression dissidente et la suppression de la démocratie du parti découlaient de la « divergence entre la direction de la politique économique et la direction des sentiments et des pensées de l'avant-garde prolétarienne ».

Sur ce, les dirigeants de l'Opposition en appelaient aux membres du parti, en particulier aux adhérents d'avant 1917, qui demandaient – neuf, bientôt dix ans après la révolution – ce qu'il était advenu des espoirs et des promesses qui avaient accompagné son déclenchement. La NEP avait ramené l'économie presque au niveau antérieur et en 1930, elle serait ramenée là où elle était en 1913 ; mais à cette époque, on dénonçait la pauvreté, la barbarie, l'arriération de la société russe. Était-ce tout ce que la révolution avait accompli ? Si la ligne politique actuelle était conservée, elle ne ferait qu'entraîner une nouvelle dégénérescence. On devait, soutenaient-ils, réaliser ce que l'Opposition avait réclamé à maintes reprises : il fallait accorder la priorité au développement de l'industrie, améliorer les conditions de vie des ouvriers industriels qui s'étaient appauvries, et donner un coup d'arrêt à cette menace pour le socialisme que représentaient l'accroissement des richesses et la puissance grandissante des paysans moyens et des koulaks.

Dans la sphère internationale, l'Opposition attribuait les échecs du Komintern (par exemple, le défaut de soutien à la grève générale britannique en mai 1926), au manque d'enthousiasme révolutionnaire, qui résultait de la concentration sur la politique du socialisme dans un seul pays et de l'abandon du lien entre la construction du socialisme en Russie et l'extension de la révolution en Europe et en Asie. Les deux étaient indissolublement liés : une politique authentiquement bolchevique menée dans l'intérêt du prolétariat à l'intérieur, avec une politique réellement révolutionnaire au Komintern. Sous la direction existante, les deux devaient être abandonnées.

La réunion du plénum du comité central, qui vit la première confrontation, dura du 14 au 23 juillet 1926. La petite cohorte d'oppositionnels menés par Trotski, Zinoviev et Kamenev, usa de ses pouvoirs de persuasion pour essayer de secouer l'emprise de la direction sur la majorité de ses membres. Les questions de l'industrialisation et de la politique envers les paysans firent l'objet de débats furieux, mais l'accusation la plus diabolique fut formulée par Staline, Boukharine et Rykov, et répétée par le comité dans ses conclusions. C'était celle de conspiration contre le parti :

> Toutes ces démarches désorganisatrices de l'Opposition attestent qu'elle a déjà décidé d'outrepasser la défense légale de ses opinions par la création à l'échelle nationale d'une organisation illégale en opposition au parti et préparant ainsi une scission dans ses rangs [28].

L'accusation de conspiration ne visait pas Trotski mais Zinoviev (sans aucun doute pour les diviser) et ce dernier fut chassé du politburo. Sa place fut prise par le Letton Ian Roudzoutak, à l'époque partisan de Staline, et cinq nouveaux suppléants furent désignés : Ordjonikidze, Andreïev, Kirov, Mikoyan, Kaganovich – tous apparatchiks résolus.

Fin septembre, l'Opposition décida de s'adresser à la base dans des réunions de cellule à travers les provinces. A Moscou, une manifestation fut organisée dans une usine d'aviation, avec parmi les orateurs, Trotski et Zinoviev ; ce dernier fit une autre tentative aux chantiers Poutilov de Leningrad. C'était attaquer l'organisation du parti dans ses fondements et l'appareil fut mobilisé pour ôter toute audience aux oppositionnels, grâce à des manœuvres d'intimidation et au harcèlement des orateurs. Soumis à une pression croissante, les dirigeants de l'Opposition signèrent une capitulation, désavouant toute activité fractionnelle future et répudiant leurs sympathisants de gauche dans le Komintern et dans l'Opposition ouvrière. Cette soudaine volte-face eut un effet désastreux sur beaucoup de leurs partisans, déjà persécutés par le GPU. Ils perdirent toute confiance en ceux qui les avaient abandonnés sans crier gare.

La capitulation était en tout cas vaine, et elle encouragea Staline à accentuer toujours plus la pression sur une Opposition qui se désintégrait. En octobre, la presse mondiale publia le texte complet du testament de Lénine, fourni par l'Opposition. Le plénum du comité central décida alors de mettre fin à la trêve et le 25, Staline présentait devant une réunion du politburo les « thèses » sur l'Opposition qu'il allait proposer à une conférence extraordinaire du parti. La réunion fut tendue. Trotski dénonça la rupture de la récente trêve, accusa Staline de mauvaise foi et avertit la majorité qu'ils étaient engagés dans une direction qui aboutirait à une lutte fratricide et à la destruction du parti.

« Le premier secrétaire pose sa candidature pour le poste de fossoyeur de la révolution ! » lança Trotski à la face de Staline. C'était une phrase que Marx avait appliquée à Napoléon et à Louis-Napoléon. Staline se dressa d'un bond, tenta vainement de se maîtriser, puis se rua hors de la salle, en claquant la porte derrière lui. Piatakov, décrivant la scène à l'épouse de Trotski, confia : « Vous savez, j'ai déjà senti l'odeur de la poudre, mais je n'ai jamais rien vu de semblable. Pourquoi, pourquoi Lev Davidovitch a-t-il dit cela ? Staline ne le lui pardonnera pas, jusqu'à la troisième ou quatrième génération [29]. »

Le lendemain matin, le plénum du comité central retirait à Trotski et à Kamenev leurs sièges au politburo et remplaçait Zinoviev par Boukharine à l'exécutif du Komintern. Quand la conférence du parti se réunit, elle ne dura pas moins de neuf jours (du 26 octobre au 3 novembre 1926). Les dirigeants de l'Opposition ne furent pas autorisés à présenter leur défense, mais durent écouter Staline qui les décrivait comme une « combinaison de forces castrées » et posait à sa manière la question du jour :

> La victoire du socialisme est-elle possible dans notre pays, si l'on garde à l'esprit que jusqu'à présent c'est le seul pays où s'exerce la dictature du prolétariat... et que le rythme de la révolution mondiale s'est ralenti [30].

Dans le débat qui suivit, la poignée de représentants de l'Opposition eut le plus grand mal à se faire entendre au milieu des huées et des interruptions. Cependant, plus la direction usait de son pouvoir pour étouffer l'Opposition, plus elle montrait combien elle se sentait menacée par des critiques faites à partir de positions communistes à l'intérieur du parti. Ce qui explique la fureur avec laquelle les oppositionnels furent attaqués, non seulement par Staline mais encore par des modérés tels que Rykov et Boukharine, alors que ce dernier s'était opposé à de nombreuses reprises aux tentatives d'exclusion de Trotski hors du parti. A présent, il ne se contentait pas de demander que l'Opposition abandonnât ses activités, il fallait que ses membres reconnussent publiquement s'être trompés.

> Venez dire, tête basse devant le parti : « Pardonnez-nous car nous avons péché contre l'esprit et contre la lettre et contre l'essence du léninisme. » Dites cela, dites-le honnêtement : « Trotski avait tort... » Pourquoi n'avez-vous pas le courage de dire que c'était une erreur[31] ?

Même Staline fut impressionné : « Bien joué, Boukharine, s'exclama-t-il, bien joué. Il ne parle pas, il taille au couteau. »

Tous les présents savaient que les dirigeants de l'Opposition ne pourraient obtenir une majorité, mais plus il devenait évident que la réunion avait été préparée pour les en empêcher, plus elle révélait de la part des dirigeants un manque de confiance dans leurs arguments, plus grand était le danger de concéder une victoire morale à l'Opposition.

Staline avait fait de son mieux pour légitimer ses positions en invoquant l'autorité de Lénine ; mais il se tira fort mal de la bataille de citations. Quand Trotski cita une déclaration de Lénine dépourvue d'ambiguïté : « La victoire complète de la révolution socialiste dans un seul pays est impensable », Staline ne put que s'empêtrer dans une tentative peu convaincante pour distinguer la « victoire » de la « victoire complète ». Pourtant, il ne fait pas de doute que, dans son discours de clôture, Staline emporta un triomphe oratoire et retourna la situation aux dépens de ses opposants. Plus Trotski et ses alliés prolongeaient leur Opposition et la concentraient sur Staline, plus ils renforçaient sa prétention à se poser en défenseur de l'unité du parti contre des fractionnistes disposés à le sacrifier à leurs propres ambitions. Ce qui séduisait la génération montante dans le parti, c'était la robuste confiance dans la Russie et dans l'avenir, qu'exprimait Staline. Après avoir discuté avec Zinoviev sur le sens d'une citation d'Engels, il ajouta, sous un tonnerre d'applaudissements, que si Engels vivait encore, il dirait : « Au diable les vieilles formules, vive la révolution victorieuse en URSS ! »

Staline martelait avec opiniâtreté les mêmes reproches à l'Opposition : son manque de foi dans les « forces internes de notre révolution », son défaitisme, sa sous-estimation de tout ce qui avait été réalisé en Russie, son insistance sur l'idée que l'avenir de la révolution se déciderait à l'étranger. Par contraste, il brossait le tableau de ce qui pourrait être accompli sur l'immense scène de la Russie, sans se préoccuper de ce qui se passait ailleurs. En 1917, alors qu'ils avaient toutes les chances contre eux, ils avaient surpris le monde en accomplissant un miracle politique ; pourquoi à présent, en dépit de tout, ne surprendraient-ils pas de nouveau le monde en accomplissant un miracle économique ?

Quand l'exécutif du Komintern se réunit en décembre 1927, Staline se montra d'humeur confiante et obtint l'exclusion totale de l'Opposition. Boukharine s'était déjà rendu à Berlin et avait organisé l'expulsion de cinq dirigeants de gauche du KPD ; un stalinien dévoué, Maurice Thorez, avait accédé à la tête du parti français. L'Internationale communiste avait été mise à contribution dans la lutte pour le pouvoir en Russie.

Cependant, ce fut une grave défaite de la politique internationale du politburo, en Chine, qui incita l'Opposition à relancer sa campagne de critiques. Depuis 1923, à la suite d'un accord entre le gouvernement soviétique et le Kouo-min-tang (le parti populaire national de Sun Yat-sen), les communistes chinois s'étaient engagés dans la collaboration avec les nationalistes. Trotski et Zinoviev soutenaient, entre autres, que la politique de « Front uni » et de confiance envers les alliés non communistes, imposés par Staline et Boukharine au Komintern, conduisait à sacrifier des occasions révolutionnaires. En mai 1926, les espoirs placés dans le Comité d'union syndicale anglo-russe avaient été anéantis par l'échec de la grève générale britannique. L'Opposition prévoyait une semblable déception en Chine, où l'on avait vraiment le sentiment que les dirigeants russes s'intéressaient moins aux perspectives révolutionnaires des communistes locaux, qu'à la possibilité d'influencer Tchang Kaï-chek, successeur de Sun Yat-sen, et le Kouo-min-tang, futur gouvernement chinois.

En avril 1927, Tchang Kaï-chek se retourna contre ses alliés communistes à Shanghai et en massacra un grand nombre. La « Déclaration des quatre-vingt-quatre » présentée par l'Opposition devant le politburo le 25 mai, non contente de critiquer sa politique « opportuniste » dans les affaires internationales, liait la série de défaites auxquelles avait conduit celle-ci, aux erreurs politiques intérieures, en particulier à l'adoption de « la théorie fausse, petite-bourgeoise, du socialisme dans un seul pays, qui n'a rien de commun avec le marxisme ou le léninisme. » L'appel à l'unité du parti n'était poussé que pour supprimer la vraie critique prolétarienne : « La ligne incorrecte est mécaniquement imposée d'en haut. »

Une descente de la police londonienne dans les bureaux des syndicats soviétiques, et la rupture consécutive des relations diplomatiques, en mai 1927, par le gouvernement britannique, firent croire à l'Opposition aussi bien qu'au gouvernement soviétique, qu'une guerre avec la Grande-Bretagne était imminente. Les oppositionnels exigèrent l'abandon de la politique de « front uni » et le remplacement de l'actuelle direction soviétique « maladroite et répressive ». Celle-ci appela à l'unité du parti contre « un front uni de Chamberlain à Trotski » et dénonça le défaitisme des dissidents face à la menace de guerre. Quand le trotskiste Smilga fut « transféré » en Extrême-Orient, il y eut une manifestation publique à la gare et Trotski fit un discours. L'OGPU* insista pour qu'on l'autorisât à arrêter les dirigeants de l'Opposition et Staline, pour qu'on les expulsât du parti.

Comme le politburo hésitait encore, le premier secrétaire se tourna vers le plénum commun du comité central et de la commission de contrôle. Là, Trotski déclara que l'Opposition seule était compétente pour conduire le pays à travers ses difficultés, et traça un parallèle avec la France où Clemenceau, face au désastre, avait maintenu son opposition au gouvernement jusqu'au moment où il eut l'occasion d'assurer la direction nécessaire. Ceci provoqua de nouveaux hurlements de fureur, l'organisation de commandos de gros bras pour empêcher l'Opposition de tenir des meetings, des préparatifs élaborés pour le XVe congrès, déjà plusieurs fois reporté. Staline était décidé à imposer définitivement silence à ses critiques.

Comme approchait le dixième anniversaire de la révolution d'Octobre (qui devait être célébré le 7 novembre), le champ politique fut dominé par la confrontation entre Trotski et Staline. En septembre, l'Opposition produisit sa troisième et plus longue déclaration et, le politburo refusant de l'imprimer, elle défia sa mise à l'index en utilisant une imprimerie clandestine, dans laquelle, en retour, l'OGPU fit une descente. Dans le dernier discours qu'il devrait prononcer comme dirigeant officiel du parti communiste soviétique, lors d'un autre plénum élargi (21 septembre-3 octobre), Trotski lança une attaque virulente contre les membres du politburo, accusés de trahir la révolution, contraignant ses adversaires à une discussion ouverte sur le testament de Lénine et ses critiques de Staline.

> La brutalité et la déloyauté dont parle Lénine [déclara Trotski] ne sont plus seulement des caractéristiques personnelles. Elles sont devenues le caractère fondamental de notre direction actuelle qui croit à l'omnipotence des méthodes de violence – même quand elle traite avec son propre parti [32].

Staline releva le défi. Il commença par rappeler que Trotski, deux ans plus tôt, avait nié l'existence d'un tel document (c'était sous sa pression à lui), puis il reconnut qu'il y avait bien sûr un tel document, et qu'il était toujours vrai que Lénine eût suggéré de remplacer le Secrétaire général en raison de sa brutalité. Il lut lui-même le passage à haute voix, en approuvant : « Oui, je suis brutal, camarades, avec ceux qui travaillent brutalement et déloyalement à ruiner et scinder le parti. Je ne l'ai jamais caché, et ne le cache pas plus maintenant. » Le Testament critiquait aussi Trotski, Kamenev et Zinoviev qui, aux yeux de Lénine, étaient politiquement peu fiables.

> Mais [poursuivait Staline] le Testament ne fait pas une seule allusion aux erreurs de Staline. Seule sa brutalité est mentionnée. Le manque de

---

* La Tcheka, la police politique, fut connue sous le nom de GPU à partir de février 1922, et devint l'OGPU en juillet 1923 pour marquer la création de l'URSS. Voir OGPU dans le glossaire.

politesse, en tout cas, n'est pas un défaut dans l'attitude ou la position politiques de Staline, et ne peut pas l'être.

Était-il vrai que les bolcheviks dissidents étaient arrêtés en grand nombre ? « Oui », dit Staline, « nous les arrêtons bel et bien. Et nous avons l'intention de continuer tant qu'ils ne cesseront pas leur travail de sape contre le parti et le gouvernement soviétique [33]. »

Le jour anniversaire de la prise du pouvoir par les bolcheviks, l'Opposition organisa des manifestations de rue à Moscou et Leningrad, mais elles furent dispersées par la police et leurs banderoles furent déchirées par des bandes organisées. Une semaine après, Trotski et Zinoviev étaient finalement exclus du parti, et au XVe congrès, en décembre 1927, soixante-quinze autres membres de leur tendance ainsi que dix-huit centralistes-démocrates subirent le même sort. Zinoviev et Kamenev présentèrent une demande de réadmission, on leur demanda de renoncer à leurs positions, qualifiées d'antiléninistes – puis leur requête fut rejetée. On leur déclara qu'ils pourraient la représenter six mois plus tard, ce qu'ils firent. Le congrès lui-même fut transformé en une démonstration de loyauté envers la direction. Un Staline qui n'avait jamais paru aussi sûr de lui accabla de sarcasmes les pratiques des intellectuels petits-bourgeois coupés de la vie, de la révolution, du parti et des travailleurs.

Khrouchtchev, alors âgé de 34 ans, était présent, en tant que membre de la délégation ukrainienne, et il apprécia beaucoup. Ses camarades et lui avaient été soigneusement avertis de ce qu'on attendait d'eux, et ils applaudirent bruyamment quand Rykov présenta un balai d'acier à Staline « pour qu'il puisse balayer tous nos ennemis ».

> A l'époque du XVe congrès [écrit Khrouchtchev dans ses *Mémoires*] nous étions persuadés que Staline et ses partisans avaient raison, et que tous ceux de l'Opposition avaient tort. Je pense encore aujourd'hui que fondamentalement, la position idéologique de Staline était correcte. Nous comprîmes qu'on n'éviterait pas un combat sans merci avec l'Opposition. Et nous justifiâmes ce qui se passait par un dicton de bûcheron : « Quand vous abattez une forêt, les copeaux volent. » Après tout, ce n'était pas par hasard si Staline était à la tête du parti... il avait fait beaucoup de chemin en peu de temps, entraînant avec lui notre parti et notre peuple [34].

Au premier plénum du comité central après le XVe congrès, Staline offrit sa démission de Secrétaire général. Durant la réunion élargie, il dit :

> Je pense que jusqu'à récemment, il y avait des circonstances qui faisaient que le parti avait besoin de moi à ce poste, parce que je suis une personne suffisamment brutale dans les rapports, pour constituer un certain antidote à l'Opposition... Maintenant, l'Opposition n'a pas été seulement écrasée, elle a été exclue du parti. Et nous avons toujours

la recommandation de Lénine, qui selon moi, devrait toujours être appliquée. C'est pourquoi je demande au plénum de me relever de mon poste de Secrétaire général. Je vous assure, camarades, que le parti a tout à y gagner [35].

Staline insista pour que sa proposition fût soumise au plénum. Comme il le savait parfaitement à l'avance, sa démission fut rejetée par un vote unanime moins une abstention. D'un seul coup, Staline avait enterré le Testament de Lénine et s'était assuré un vote de confiance massif pour justifier toutes les mesures qu'il pourrait prendre.

Suivirent 1 500 autres exclusions de militants de base. Trotski refusa de se rétracter, et en janvier 1928, il fut arraché à son appartement du Kremlin par l'OGPU, conduit, pour éviter toute manifestation, dans une gare de banlieue, et embarqué dans un train pour Alma-Ata, à 5 000 kilomètres de là, sur la plus lointaine frontière de l'Asie centrale soviétique. Il ne revint jamais.

V

L'expulsion de Trotski et de Zinoviev marqua la fin de l'Opposition ouverte et légale dans le parti. Dans la dernière phase de l'ascension de Staline, celle qui suivit, le terme « Opposition » tomba en désuétude : Boukharine et ses associés furent déclarés coupables, non d'« opposition » – ce qui ne pouvait plus être admis – mais de déviation. Du fait de ce changement, pendant un an, aucune mention publique ne fut faite de l'affrontement entre Staline d'une part et Boukharine, Rykov et Tomski, de l'autre, les deux camps démentant les rumeurs de division au politburo. L'Opposition devait désormais être secrète, et non plus ouverte, et Staline battit d'abord ses opposants en privé, pour ne les attaquer qu'ensuite en public.

Jusqu'à l'écrasement de l'Opposition unie, Staline avait pris soin de garder le groupe modéré du politburo – Boukharine, Rykov, Tomski – de son côté. Avec Boukharine, en particulier, Staline avait conservé longtemps des rapports amicaux. Ils s'appelaient toujours entre eux « Nikolaï » et « Koba » en ajoutant le diminutif familier « ty », et jusqu'en 1928, Staline avait accordé une grande confiance à Boukharine dans les questions économiques. A la différence de ses relations avec Zinoviev et Kamenev, l'alliance de Staline avec Boukharine avait été étroite, et Boukharine avait été aussi violent que Staline dans ses attaques contre Trotski. Le fossé qui à présent se creusait entre eux n'était pas l'œuvre de Boukharine ; la cause en était un renversement de politique effectué non par lui, mais par Staline. Les efforts de Boukharine et de ses associés pour résister à ce renversement furent stigmatisés comme une déviation, et ils furent invités à abjurer les positions qu'ils avaient jusque-là partagées avec Staline, et à accepter la nouvelle orthodoxie.

La confrontation finale de Staline avec Trotski, la hardiesse avec laquelle il avait repris aux oppositionnels la référence au testament de Lénine et l'avait retournée contre eux, montrèrent combien il avait gagné en assurance. La défaite publique de Trotski et de Zinoviev et leur retrait de la scène lui donnaient une plus grande liberté de manœuvre. Comme plus personne n'était en mesure de menacer sa position, il était libre de prendre l'initiative, et libre de considérer les questions de politique sans les restrictions imposées par la tactique dans une lutte pour le pouvoir.

A posteriori, il est possible de distinguer des nuances dans les priorités que Boukharine et lui distinguaient dans la politique économique. Mais à l'époque, on ne leur accordait pas une grande importance. En dépit d'une récolte exceptionnelle, il y eut certainement des inquiétudes devant la chute de l'approvisionnement en grain de 1927. Les paysans évitaient de mettre sur le marché une grande partie de la récolte parce que le prix qu'on leur en proposait était trop faible, Staline étant, dit-on, intervenu pour les maintenir à un bas niveau [36]. L'Opposition Trotski-Zinoviev proposait de prendre par la force aux paysans ce dont on avait besoin ; en août, le comité central avait repoussé cette idée « absurde et démagogique ».

Et il n'y eut pas non plus de signe de dissension dans les résolutions adoptées par la réunion du comité central en octobre et confirmées par le XVᵉ congrès du parti. Sur un ton prudent, celles-ci s'efforçaient de tenir la balance égale entre l'industrie et l'agriculture. L'une des formules récurrentes du discours de Rykov sur le plan économique était : « Il est essentiel de procéder à partir de la combinaison optimale entre l'agriculture et l'industrie. » Cependant que Molotov, en présentant la résolution sur l'agriculture, parlait avec confiance de la victoire des éléments socialistes et de la moyenne paysannerie sur les koulaks, soutenait la collectivisation du moment qu'elle était progressive et volontaire et désignait les coopératives comme la voie vers le socialisme.

Staline lui-même déclara au congrès :

> Les camarades qui croient pouvoir anéantir les koulaks par des mesures administratives, par l'intervention de la Guépéou ou la proclamation de décrets se trompent. Cette méthode est facile mais non efficace. Il faut agir par des mesures économiques, par des lois révolutionnaires. Or, la légalité révolutionnaire n'est pas une phrase vaine, elle n'exclut pas, naturellement, certaines mesures administratives indispensables prises contre le koulak, mais ces dernières ne peuvent remplacer les mesures économiques [37].

Ce n'est qu'à la dernière minute, sans discussion, au moment où l'on votait la résolution sur la politique agricole, qu'un amendement lui fut ajouté en hâte, qui déclarait : « A l'heure actuelle, la tâche de transformation et de fusion des petites fermes individuelles en grandes fermes collectives doit être considérée comme la tâche fondamentale du parti dans les campagnes[38]. » Rien n'était dit sur la dimension de la transformation ou la période de temps nécessaire pour la mener à bien.

Cependant, à peine les délégués étaient-ils rentrés chez eux, que Staline persuadait le comité central (avec l'accord de Boukharine, Rykov et Tomski) d'envoyer non pas une, mais trois directives ordonnant des « mesures extraordinaires » pour assurer la réquisition forcée du blé que le congrès et lui avaient rejetée. La dernière se terminait par des menaces contre les dirigeants locaux du parti qui ne réussiraient pas à augmenter notablement, dans le plus court laps de temps possible, l'approvisionnement en blé.

L'énergie avec laquelle Staline lançait ses ordres mit en branle un processus qui acquit son propre mouvement. Des milliers de membres du parti furent enrôlés pour aider ses organisations rurales. Accompagné de Molotov, Staline en personne se rendit, démarche sans précédent, en Sibérie occidentale (janvier 1928), et pour la seule et unique fois de sa vie, il passa trois semaines à parcourir une importante région agricole. Il réprimanda les responsables locaux, les accusa de reculer, par amour de leur tranquillité, devant l'usage de la force nécessaire pour contraindre les koulaks à remettre le blé dont, insistait-il, regorgeaient leurs granges. Afin d'inciter les paysans pauvres à dénoncer leurs voisins plus aisés, un quart du grain confisqué devait leur être vendu à bas prix. Ceux qui résistaient seraient poursuivis pour « spéculation », aux termes de l'article 107 du Code pénal. Quand on objectait que c'était une mesure d'exception pour laquelle les tribunaux n'étaient pas préparés, le premier secrétaire répliquait : « Admettons que ce soit une mesure d'exception. Et alors ? » Juges et procureurs « qui n'étaient pas prêts » devraient être démis de leurs fonctions. Le gouvernement soviétique n'allait pas attendre tranquillement que les koulaks eussent fini de rançonner le pays : « Il y aura des sabotages dans l'approvisionnement en grain aussi longtemps que les koulaks existeront[39]. »

Les mesures d'exception firent leur effet : la disette de grain fut surmontée. Mais les méthodes employées, perquisitions et réquisitions, même si elles visaient à répondre à une crise immédiate, eurent des conséquences en profondeur. Pour les koulaks et la paysannerie moyenne, elles apparurent comme un retour à la période du communisme de guerre, et produisirent une réaction en chaîne. Ils réagirent en limitant les semailles et souvent en vendant leurs fermes.

Les événements des premiers mois de 1928 marquèrent le début d'un des plus tragiques chapitres de l'histoire de la Russie, la collectivisation de l'agriculture soviétique, dont les désastreux effets ont continué de se faire sentir jusque dans les années 90. Ici, dès le début, il est important de montrer clairement comment Staline exploita l'ambiguïté du mot « koulak » (le mot russe pour « poing ») qu'il avait toujours à la bouche quand il parlait de collectivisation.

Dans une brochure publiée en 1926, A. P. Smirnov, commissaire à l'Agriculture de la République soviétique de Russie, distinguait entre deux

sortes de paysans aisés. L'un était le koulak, « dévoreur de la commune...
écorcheur » qui louait des ouvriers agricoles, faisait du commerce et prêtait
de l'argent. C'était le sens traditionnel du mot, mais Smirnov poursuivait
en affirmant que, depuis la révolution et la redistribution des terres, ce type
avait presque disparu des campagnes. Le second genre était celui du paysan
énergique et capable qui pouvait embaucher quelques ouvriers pour
accroître son revenu, mais n'était pas un usurier ou un capitaliste, et ne
devait pas être confondu avec le koulak de l'époque pré-révolutionnaire [40].
Boukharine opérait la même distinction entre « le riche aubergiste, l'usurier du village et le koulak », d'une part et le « paysan énergique » d'autre
part [41]. Staline, toutefois, ignorait cette distinction, et maintenait que la
NEP avait produit une nouvelle « classe koulak » qui s'engraissait et poursuivait délibérément une politique antisoviétique en gardant en réserve de
larges quantités de blé. Il s'ensuivait que la tactique correcte, pour le parti,
était de soutenir les paysans pauvres et d'exproprier les exploiteurs.

Les chiffres publiés plus tard par les économistes russes montrent
qu'en dépit d'une certaine croissance durant la NEP, il n'y avait en 1927
pas plus d'un million de koulaks en tout, soit 3,9 % de la paysannerie,
alors qu'ils en représentaient 15 % avant la révolution. Le critère généralement utilisé pour définir le koulak était la possession de 25 à 40 arpents
ensemencés. Soumis à un impôt discriminatoire, « ces paysans plus énergiques et plus prospères ne présentent aucune espèce de ressemblance
avec le koulak d'avant-guerre, qui était un possédant et un individu
socialement très supérieur au petit propriétaire paysan. Le koulak
d'avant-guerre, s'il n'a pas été éliminé physiquement [durant la guerre
civile] a été ramené à la base [42] ».

La tentative de Staline, ouvertement reconnue par lui, d'éradiquer la
classe haïe de la campagne, ignorait un autre changement important de
la population rurale, la croissance de la paysannerie moyenne. Ces *serednyaki*, qui exploitaient de cinq à vingt-cinq arpents, ne constituaient que
20 % de la population agricole avant la révolution, mais en 1927, ils
représentaient 62,7 % du total. Comme on refusait de distinguer entre
les koulaks et les paysans moyens beaucoup plus nombreux, la plus
grande partie de la persécution qui visait à anéantir les koulaks, s'abattit
sur le *serednyaki*, s'aliénant ainsi la partie la plus énergique et la plus
capable de la population rurale. C'est pourtant d'elle que dépendait le
succès de toute tentative de réorganisation de l'agriculture.

Staline était conscient que toute suggestion de relance du communisme de guerre et d'abolition de la NEP rencontrerait une opposition
au politburo. A son retour de Sibérie, en avril 1928, il jugea nécessaire
de déclarer que tout bavardage sur ce sujet était un « ragot contre-
révolutionnaire ». « La NEP est la base de notre politique économique
et le restera pendant une longue période historique [43]. » Néanmoins, le
même mois, comme le flot de blé se tarissait, des mesures d'exception
furent relancées avec une plus grande intensité.

Les réserves des koulaks étant déjà prises, on chercha désormais les grains conservés par les paysans moyens. En juin, on signalait des émeutes paysannes, particulièrement dans les riches terres à blé du Caucase du nord. Même les partisans de Staline au politburo et au comité central furent troublés et alarmés. Pour ranimer la confiance, les prix du grain furent élevés et entre juin et août 1928, 250 000 tonnes de blé furent importées.

En prévision du plénum de juillet 1928, Boukharine, Rykov et Tomski battirent le rappel de leurs alliés au comité central, dont nombre de membres n'avaient pas encore exprimé une position ferme sur la politique agricole. Mais la majorité théorique sur laquelle ils croyaient pouvoir compter s'effrita sous la pression qu'exerçait Staline grâce au contrôle de l'organisation du parti. Boukharine affirmait qu'aucune croissance industrielle soutenue ne pouvait avoir lieu sans une agriculture prospère, et que celle-ci était maintenant en déclin à la suite des réquisitions. Dans sa réponse, Staline stigmatisa les craintes « capitulardes » de son adversaire et ressortit les arguments de Preobrajenski (qu'il avait autrefois dénoncés) selon lesquels, la Russie étant dépourvue de colonies, la paysannerie aurait à payer « quelque chose de la nature d'un tribut » pour assurer un investissement croissant dans l'industrie.

Staline exécuta un de ses habituels tours de passe-passe et, en s'appuyant sur une sélection de citations de Lénine, donna à la NEP un nouveau sens : ce n'était pas une retraite, mais une « offensive victorieuse et systématique contre les éléments capitalistes de notre économie », au sein de laquelle des mesures vigoureuses contre les koulaks et pour la collectivisation du reste de la paysannerie, avaient naturellement leur place. Dissimulant son virage à gauche sous le manteau de l'orthodoxie, il manœuvra, comme se plaignit Boukharine, « de manière à nous faire passer nous pour les schismatiques ». Staline déclara que la source de toutes les difficultés était le sabotage des koulaks et l'antagonisme envers le régime soviétique. Mais, ajouta-t-il, une telle résistance était naturelle, et il poursuivait en proposant la thèse que la lutte de classe s'exacerberait inévitablement au fur et à mesure que le pays approcherait du socialisme. Ce qui deviendrait le dogme central de la version stalinienne du marxisme-léninisme était l'exact opposé de ce à quoi croyait Boukharine [44].

Au milieu des cris hostiles et des interruptions, ce dernier soutint qu'ils risquaient de s'aliéner les paysans moyens et mettaient en danger la *smytchka*, l'union du prolétariat et de la moyenne paysannerie que Lénine avait considérée comme essentielle pour surmonter l'arriération russe. Quant à savoir si cela avait jamais été autre chose qu'un slogan dissimulant une autre illusion, la question ne fut pas posée.

Au plénum de juillet, Staline ne remporta pas de victoire décisive, et il ne chercha pas à le faire. Comme il avait besoin de temps pour développer ses plans et isoler ceux qui s'opposaient à lui, il repoussa la confrontation ouverte jusqu'au moment où il serait prêt, ce qui ne fut pas le cas avant l'été suivant. Boukharine, Rykov et Tomski tenaient aussi beaucoup à éviter que tout désaccord devînt public. Ils avaient vu ce qui était arrivé à

Trotski et Zinoviev, avaient participé aux manœuvres qui les avaient politiquement détruits, et savaient quel usage Staline ferait de l'accusation d'activité fractionnelle, s'ils lui en fournissaient l'occasion. Ils continuaient de penser que, s'ils limitaient au politburo la défense de leurs positions, ils pourraient persuader Staline, ou du moins le contenir et empêcher une rupture trop brusque avec la NEP.

Au début, cette tactique parut réussir. La résolution publiée après la réunion de juillet 1928 suggéra qu'un compromis avait été atteint. Parlant devant l'Organisation du parti de Moscou, Rykov expliqua (qu'il le crût ou non), que le cours de gauche de l'hiver précédent avait été renversé, et Trotski (toujours en contact avec ses partisans), jugeant que Staline avait gaspillé tous ses atouts, prophétisa une victoire de la droite.

Immédiatement après le début de juillet, Boukharine prit le risque de rendre une visite secrète à Kamenev, qu'il avait contribué à chasser du parti. Redoutant, semble-t-il, un rapprochement entre Staline et le groupe Zinoviev-Kamenev, il était venu avertir ce dernier des dangers de la situation. Boukharine parlait sur le ton du désespoir (Kamenev remarqua qu'il « donnait l'impression d'un homme qui se sait condamné ») ; il décrivit Staline, qui était encore son allié quelques mois plus tôt, comme un « Gengis Khan » dont « la ligne est ruineuse pour la révolution tout entière. Je n'ai pas parlé avec Staline depuis des semaines... Nos discussions avec lui en sont au point où on se dit : "Tu mens !" Il n'a fait des concessions que pour pouvoir nous trancher la gorge plus tard. » Kamenev resta sur sa réserve, mais ajouta à son compte rendu de la conversation (que les trotskistes publièrent clandestinement six mois plus tard) : « Staline ne connaît qu'une méthode... planter un poignard dans le dos[45]. »

Boukharine était convaincu que le vrai but n'était pas de réformer la NEP mais de jeter par-dessus bord la politique réformiste et graduelle au profit d'une « deuxième révolution », un retour aux méthodes du communisme de guerre et à son style « ordre et commandement ». Commençant par la réquisition du blé et la guerre civile dans les campagnes, elle irait jusqu'à l'élimination du commerce privé, une accélération radicale de l'industrialisation et un renversement de la politique de droite que Staline lui-même avait imposée à l'Internationale – en bref une reprise du programme pour lequel l'Opposition de gauche avait été détruite l'année précédente.

Plusieurs indices poussaient à une telle conclusion. Le premier des procès à grand spectacle avec Andreï Vychinski faisant ses débuts de procureur, se tint à Moscou à la suite de l'annonce, en mars 1928, de la découverte d'un complot contre-révolutionnaire, impliquant des spécialistes techniques et des puissances étrangères, et visant à saboter les mines de Chakhty, dans le bassin du Don. Les correspondants étrangers furent invités à assister aux audiences et la plus large publicité leur fut donnée. Cinquante-cinq personnes, dont beaucoup avaient « avoué », furent accusées de sabotage, onze d'entre elles furent condamnées et cinq effectivement exécutées. Staline hissa l'affaire au niveau d'un scandale national, et déclara : « Nous avons des ennemis intérieurs. Nous avons des ennemis extérieurs. Ceci, camarades, ne doit pas être oublié un seul instant [46]. » Après cela, le thème de la conspiration, comme celui de l'intensification de la lutte des classes, devint une des constantes des discours de Staline, de la presse soviétique et du travail d'« agit-prop » du parti. Une atmosphère de tension et de peur était en train de se créer.

La commission du plan de l'État (Gosplan) avait travaillé sur l'hypothèse que l'essor de l'industrie devait être limité par la vitesse à laquelle le capital pouvait être accumulé grâce à la prospérité croissante de l'agriculture. En mai 1928, le Gosplan fut confronté à un rapport du conseil économique suprême, dirigé par une créature de Staline, Kouïbychev, proposant une croissance sensationnelle de l'industrie – 130 % en cinq ans. Fin mai, dans un nouvel appel aux militants, Staline déclara que la seule solution aux problèmes du pays était la collectivisation de l'agriculture et le développement rapide de l'industrie lourde. Les qualificatifs habituels quand on parlait de collectivisation – graduelle et volontaire – étaient omis.

De nouveaux indices furent donnés par le déroulement du VIe congrès mondial du Komintern, qui se réunit dans la salle des colonnes de Moscou, où le procès Chakhty avait pris fin cinq jours plus tôt. Le congrès se tint de la mi-juillet à septembre 1928. Secrétaire et chef officiel du Komintern, Boukharine était en apparence le personnage central, qui prononçait les discours d'ouverture et de clôture et présentait les trois principaux rapports. Mais la majorité de la délégation russe, favorable à Staline, remit en cause les thèses fondamentales de Boukharine et réclama une orientation radicalement nouvelle, selon laquelle les partis communistes étrangers devaient prendre un virage à gauche et concentrer leurs attaques contre les « social-fascistes », c'est-à-dire les sociaux-démocrates, faire scission dans les syndicats et purger leurs propres rangs déviationnistes de droite. Par rapport à la politique de Boukharine au Komintern, c'était une rupture aussi complète que le nouveau cours économique en regard de la NEP.

L'affaire ne trouva pas sa conclusion durant l'été 1928 : il fallut pour cela attendre un an de plus. En 1928, il y avait encore une forte opposition et la résolution, comme ce fut le cas au plénum de juillet, représenta une série de compromis ambigus. Mais de nouveau, la balance avait penché en faveur de Staline. Ses agents conduisirent une « guerre des couloirs » contre Boukharine, qui fut présenté comme un individu incarnant la déviation de droite, affecté de la « syphilis politique » et destiné à rejoindre Trotski à Alma-Ata. La campagne fut si efficace que le politburo publia une déclaration collective démentant toute division parmi ses membres – ce que nul ne crut. A la fin du congrès, une majorité des délégués étrangers accepta l'axiome de Staline selon lequel « la déviation de droite [représentait] maintenant le danger central » et Boukharine lui-même l'approuva. Une fois instaurées dans l'Internationale, les catégories du « déviationnisme de droite » et de l'« opportunisme de droite » pourraient, le moment venu, être transférées en Russie. Elles serviraient à désigner Boukharine et ses associés, ces déviationnistes qui divisaient le parti, alors que Staline défendait la continuité de la ligne correcte.

Fin septembre 1928, Boukharine publia un article, « Notes d'un économiste[47] », lequel, sans nommer personne, était une réponse directe au manifeste produit par Kouïbychev et le conseil économique suprême, qui demandait une accélération radicale de l'investissement dans l'industrie lourde, fût-ce au prix de déséquilibres économiques et d'« un mécontentement et [d']une résistance active » dans la population. Le nouveau slogan des planificateurs staliniens était une paraphrase de Marx par l'économiste Stroumiline : « Notre tâche n'est pas d'étudier l'économie mais de la transformer. Nous ne sommes liés par aucune loi. Il n'y a pas de forteresse que les bolcheviks ne puissent prendre d'assaut. La question du tempo est soumise aux décisions des êtres humains[48]. » Boukharine rétorqua que planifier l'économie signifiait porter attention aux conditions d'équilibre et non les défier. Selon lui, la politique de Kouïbychev plongerait l'économie tout entière dans le chaos. « Vous pouvez vous frapper la poitrine, jurer allégeance et prononcer un serment sur l'industrialisation, et damner tous les ennemis et les apostats, mais cela n'améliorera en rien la situation[49]. » La majorité du politburo adressa une réprimande à Boukharine pour cette publication « non autorisée ».

A l'automne 1928, Staline entreprit de détruire les bastions indépendants de la droite par les mêmes moyens qu'il avait utilisés pour saper la position de Zinoviev à Leningrad et de Boukharine au Komintern. Ouglanov, qui avait été placé par Staline à la tête de l'organisation du parti à Moscou mais était passé du côté de la droite, sut qu'il allait être expulsé quand son rapport habituel fut accueilli en silence par le comité de Moscou, sans les applaudissements coutumiers.

Il y eut une furieuse prise de bec avec Staline quand Boukharine, Rykov et Tomski protestèrent auprès de lui contre la chasse lancée contre leurs partisans et le menacèrent de donner leur démission. Le premier secrétaire, qui n'était pas encore prêt pour une rupture ouverte, fit des concessions (qui ne furent jamais mises en pratique) et persuada le trio d'accepter un compromis au plénum du comité central de novembre 1929. Avec l'accord de Rykov, Staline annonça au comité central qu'il n'y avait pas de différends au sein du politburo.

Le nouveau cours économique était maintenant associé au thème nationaliste du socialisme dans un seul pays. Staline fixa pour but de dépasser les nations capitalistes et de mettre fin à la « séculaire arriération de notre pays ». Le socialisme n'était plus le produit du capitalisme, comme Marx l'avait prédit, mais une autre voie permettant d'accélérer le développement des parties du monde laissées en arrière par le progrès industriel de l'Occident.

Le comité central condamna non seulement les droitiers et la tendance à chercher une conciliation avec eux, mais encore toute inclinaison à tenter une conciliation avec les conciliateurs. Dans leur crainte d'être désignés comme une faction, les boukharinistes soutinrent entièrement les condamnations. La futilité de leur geste fut démontrée par ce qui suivit. Les « démissions » d'Ouglanov et de trois autres membres du comité de Moscou furent acceptées. Kaganovich, âme damnée de Staline, prit la place d'Ouglanov. Après les délais nécessaires au déroulement d'une semblable campagne de subversion, le congrès des syndicats se réunit en décembre 1928. Quand cinq importants dirigeants staliniens furent élus, Tomski sut que ses jours à la tête des syndicats étaient comptés. Staline se présenta en personne au comité exécutif du Komintern pour demander l'expulsion des opportunistes de droite et des « conciliateurs » ; une vague d'exclusions suivit, au KPD et dans d'autres partis communistes étrangers.

La parution d'un article de Boukharine et la publication par les trotskistes de ses entretiens de juillet avec Kamenev fournirent à Staline l'occasion de faire comparaître le chef de la droite devant le politburo et le présidium de la commission de contrôle. Devant ces 22 personnes, il l'accusa de s'opposer à la ligne du parti à partir d'une « plate-forme opportuniste de droite et capitularde », et de former un « bloc antiparti avec les trotskistes ».

Boukharine n'était pas un manœuvrier de la trempe de Staline mais il ne manquait pas de courage. Il se défendit par une contre-attaque de trente pages aux dépens du premier secrétaire, refusa d'envisager une résolution de compromis et renouvela ses attaques lors d'une session ultérieure, le 9 février 1929, cette fois avec le soutien de Rykov et de Tomski. Staline, déclara-t-il, usurpait le pouvoir, organisait la « mise à mort politique » de ceux qui étaient en désaccord avec lui et suivait une politique de « scission, d'éclatement et de coteries » qui menait à la « décomposition de l'Internationale ». Il caractérisa la politique économique de Staline comme un « ralliement à la position trotskiste », et l'accusa de fonder l'industrialisation sur « l'exploitation militaro-féodale de la paysannerie ». Pour tous ceux qui la lurent, cette dernière expression mettait sur le même plan la politique paysanne de Staline avec les souffrances infligées aux moujiks par l'État despotique du tsar, accusation que le premier secrétaire ne pardonna jamais [50]. Le politburo blâma Boukharine pour son « travail fractionnel » et ses « intolérables diffamations », mais n'alla pas aussi loin que le désirait Staline. « Nous traitons Boukharine avec trop de libéralisme et de tolérance », déclara-t-il. « N'est-il pas temps d'en finir avec cette attitude ? » Mais aucun des trois dissidents ne perdit sa place au politburo, dont l'un des membres, Kalinine aurait dit en privé : « Hier, Staline liquidait Trotski et Zinoviev. Aujourd'hui, il veut liquider Boukharine et Rykov. Demain, ce sera mon tour. »

Staline renouvela son attaque au plénum du comité central, en avril 1929, alors que les boukharinistes n'étaient plus que trente dans une assemblée de plus de trois cents membres. Staline commença son discours en écartant le sujet de son amitié personnelle avec Boukharine :

Camarades, je ne m'attarderai pas sur des questions personnelles parce que l'élément personnel est insignifiant. Boukharine a lu plusieurs lettres dont il ressortait que, hier, nous étions amis et qu'aujourd'hui, nous nous séparons politiquement. Je crois que toutes ces plaintes et ces gémissements ne valent pas un clou. Nous ne sommes pas un cercle familial ou une coterie d'amis personnels ; nous sommes le parti politique de la classe ouvrière.

Staline accusa Boukharine et ses partisans d'Opposition complète à la politique du parti suivant la ligne : « Une trahison de la classe ouvrière, une trahison de la révolution. » Évoquant son exil en Sibérie, il demanda :

Avez-vous déjà vu les pêcheurs avant la tempête, sur un fleuve comme l'Ienisseï ? Moi oui, plus d'une fois. Il arrive qu'un groupe de pêcheurs mobilise toutes ses forces face à la tempête qui approche, inspire courage à ses hommes et affronte hardiment la tempête, en disant : « Tenez bon, les gars, serrez le gouvernail et coupez droit à travers les vagues. Nous vaincrons. »

Mais il y a une autre espèce de pêcheurs qui perdent courage en voyant venir la tempête, commencent à gémir et sèment la démoralisation dans leurs propres rangs. « Oh, malheur, la tempête va éclater. Couchez-vous, les gars, à l'arrière du bateau, fermez les yeux, peut-être arriverons-nous, d'une manière ou d'une autre, à accoster. » [éclat de rire général]

Est-il besoin de démontrer que les conceptions et le comportement du groupe de Boukharine ressemblent comme deux gouttes d'eau aux conceptions et au comportement du deuxième groupe de pêcheurs, ceux qui reculent, paniqués, devant les difficultés ?

Dans la traduction anglaise, le discours de Staline « Sur la déviation de droite dans le PCUS » remplit cinquante-trois pages imprimées serré[51]. Sûr de lui et de son public, il était déterminé à faire mordre la poussière à Boukharine. Depuis longtemps jaloux de la haute considération qu'avait Lénine pour les qualités intellectuelles de celui-ci, Staline prit un malin plaisir à citer des passages d'un échange entre les deux hommes, dans lesquels Lénine critiquait Boukharine pour son incapacité à comprendre la dialectique marxiste. Puis il lut un autre passage d'un article dans lequel son adversaire semblait avoir critiqué Lénine après sa mort et où (soutenait le premier secrétaire) il démontrait à quel point il l'avait mal compris. « Vous avez là un joli exemple de la prétention hypertrophiée du théoricien à demi éduqué. »

Boukharine lui-même garda le silence mais deux ou trois de ses partisans eurent la témérité d'interrompre Staline et de clamer qu'il faisait un portrait mensonger de leur camarade. Staline répondit :

Je vois que Rozit a juré de rendre service à Boukharine. Mais il est comme l'ours de la fable ; car dans sa hâte à secourir Boukharine, il l'étreint à mort. Ce n'est pas pour rien que le proverbe dit : « Un ours serviable est plus dangereux qu'un ennemi. » [énorme rire]

Le plénum vota la censure de Boukharine et de Tomski et les releva de leurs charges à la *Pravda*, au Komintern et dans les syndicats. Il adopta aussi le plan quinquennal de Staline pour la modernisation de l'industrie soviétique, avec son escalade d'objectifs, le triplement ou le quadruplement des investissements dans le secteur d'État, l'augmentation de 230 % en cinq ans des moyens de production. Cependant, les boukharinistes n'étaient pas encore privés de leurs sièges au politburo, et le spectacle public d'unanimité fut préservé à la XVIᵉ conférence du parti qui suivit.

Mais en juillet 1929, Staline abandonna toute réserve. L'exécutif du Komintern, où Molotov avait remplacé Boukharine, accomplit le changement radical d'orientation annoncé l'année précédente. En 1927, on s'était débarrassé des dirigeants de gauche du KPD et des autres partis communistes. A présent, on éliminait la droite, et dans les deux cas, il s'agissait de suivre les changements dans l'équilibre des pouvoirs entre les différentes factions d'Union soviétique. Face à la montée du nazisme et du fascisme, les nouvelles directives exigeaient de tous les partis communistes en Europe qu'ils considèrent les sociaux-démocrates, rebaptisés « social-fascistes », comme leurs principaux ennemis, qu'ils lancent contre eux des syndicats rivaux, et qu'ils provoquent délibérément une scission au sein du mouvement européen.

En 1929, la vie de Boukharine n'était pas en danger, mais l'assaut qui fut déclenché contre lui en août, et qui prit la forme de centaines d'articles, dont beaucoup écrits à l'avance, parfois un an plus tôt, cet assaut équivalait à une campagne d'assassinat politique. On utilisa jusqu'au moindre épisode, jusqu'au moindre écrit pour le présenter comme un personnage « antimarxiste, antiléniniste, antibolchevique, antiparti, petit-bourgeois et prokoulak ». L'objectif était d'éradiquer irrévocablement l'influence de l'homme que Lénine avait salué comme le principal théoricien du parti et d'avertir quiconque remettrait en question la nouvelle orthodoxie, de ce qui pourrait lui arriver.

En novembre 1929, quand le plénum du comité central se réunit, les trois dirigeants battus firent une première tentative pour produire l'aveu d'erreur politique qu'on leur demandait, et encensèrent Staline au passage. Le premier résultat fut l'exclusion immédiate de Boukharine du politburo. Ensuite seulement, on leur permit de reconnaître qu'ils s'étaient trompés et de s'engager à mener « une lutte décisive contre toutes les déviations de la ligne générale du parti et par-dessus tout contre la déviation de droite ».

La longue bataille pour la succession était terminée. Les oppositions de droite et de gauche étaient battues. Quand le comité central se réunit de nouveau, en avril 1930, il ne pouvait y avoir de doute sur l'usage que Staline entendait faire de sa victoire ni sur la raison d'être des avertissements que Boukharine avait été contraint de désavouer.

7

Hitler en vue du pouvoir

Hitler : 1930-1933 *(41 à 43 ans)*

I

Dans la carrière d'Hitler, la phase équivalant à l'ascension vers le pouvoir de Staline (1924-1929), que nous venons de retracer, fut la période de septembre 1930 à janvier 1933. Pour Staline, cette phase commença par la maladie et la mort de Lénine, qui précipitèrent la lutte pour la succession ; pour Hitler, elle commença avec les élections de 1930 qui opérèrent la percée qu'il attendait depuis dix ans. Le parti nazi recueillit alors 18,6 % de l'ensemble des voix, le total passant de 800 000 en 1928 à pas moins de 6,4 millions – huit fois plus – ce qui représente une augmentation à laquelle il est difficile de trouver un parallèle dans l'histoire de l'Europe. Avec 107 députés au Reichstag, Hitler se retrouvait à la tête du deuxième parti d'Allemagne (après le SPD) et ne pouvait plus être tenu à l'écart du jeu politique.

Il n'y a rien d'étonnant à ce que les élections de 1930 et celles qui suivirent en juillet 1932, où les nazis plus que doublèrent à nouveau leur score, passant de 6,4 à 13,75 millions de suffrages, aient suscité plus d'intérêt que n'importe quelles autres dans l'histoire de l'Allemagne. Qui vota pour les nazis ? Pourquoi ? Comme le scrutin fut secret, il est difficile de répondre avec certitude à la première question. On a toutefois déployé une grande ingéniosité pour examiner les éléments dont on disposait, même si l'interprétation des résultats reste encore controversée aujourd'hui [1].

Une partie de l'explication de cette évolution de la fortune des nazis est fournie par l'augmentation considérable des suffrages exprimés : 82 % du corps électoral, approximativement 35 millions de personnes contre les 31 millions de 1928, c'est-à-dire 4 millions de nouveaux électeurs qui soit ne s'étaient pas donné la peine d'aller voter jusque-là, soit s'inscrivaient pour la première fois sur les listes électorales.

L'autre source importante de l'augmentation du vote nazi figurait parmi les anciens électeurs des partis « bourgeois » : les nationalistes du DNVP, la droite libérale du DVP et les libéraux progressistes du DDP, connu à partir de juillet 1930 sous le nom de DSP, (*Deutsche Staatspartei*)*. En résumé, la part des suffrages des partis « bourgeois » fut presque réduite

---

* L'ampleur de leurs pertes apparaît dans le tableau de l'appendice 1.

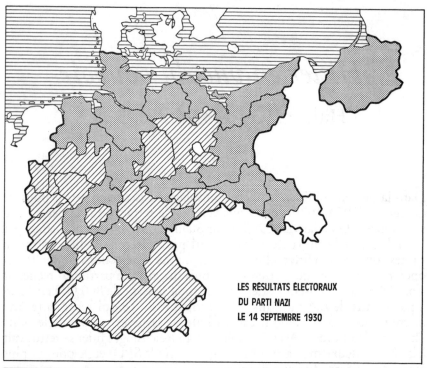

LES RÉSULTATS ÉLECTORAUX
DU PARTI NAZI
LE 14 SEPTEMBRE 1930

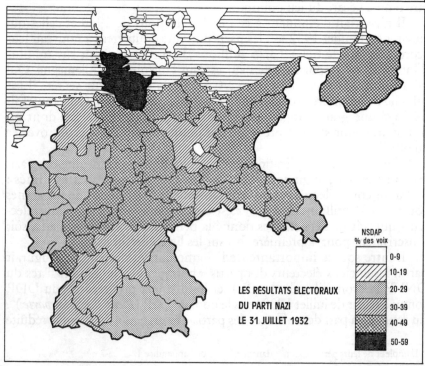

NSDAP
% des voix

0-9

10-19

20-29

30-39

40-49

50-59

LES RÉSULTATS ÉLECTORAUX
DU PARTI NAZI
LE 31 JUILLET 1932

de moitié en 1930 et encore une fois de moitié en juillet 1932. A titre de comparaison, le Parti catholique du Centre conserva les siens, et si la part du SPD (socialiste) connut une certaine érosion, le KPD (communiste) fut le seul autre parti en dehors des nazis dont le pourcentage augmenta, ce qui laisse fortement penser que la majorité des pertes du SPD allèrent aux communistes. Si l'on examine le suffrage combiné des deux partis des travailleurs, il montre une remarquable stabilité tout au long des années de la Crise, pendant lesquelles la classe laborieuse eut à souffrir d'un chômage sans précédent.

En Allemagne, l'appartenance confessionnelle jouait un rôle aussi important que la stratification sociale. Les nazis attirèrent une bonne partie de la population pratiquante des zones protestantes du pays ; beaucoup moins dans les zones catholiques (y compris la Bavière) jusqu'à ce qu'Hitler arrive au pouvoir et signe le Concordat avec le Vatican à l'été 1933. C'est aussi dans les régions protestantes plus que dans les catholiques qu'en 1930, pour la première fois, les nazis – et leur défense de la vie de famille traditionnelle – *Kinder, Kirche, Küche* (enfants, église, cuisine) – augmentèrent leurs suffrages parmi les femmes.

En septembre 1930, les diverses régions d'Allemagne présentèrent de grandes différences. On trouva les plus hauts pourcentages d'électeurs nazis dans les circonscriptions protestantes et agricoles du nord et de l'est, telles que le Schleswig-Holstein, la Poméranie et la Prusse orientale. Ils eurent aussi d'excellents résultats dans les circonscriptions d'économie mixte (agriculture et petite industrie) comme la basse Silésie-Breslau et le Chemnitz-Zwickau.

Les nazis réussirent beaucoup moins bien dans les zones d'industrie lourde, urbaines ou catholiques comme Berlin, la Westphalie du Nord ou la basse Bavière. Les deux régions qui se montrèrent le plus rétives furent la haute Silésie et le Wurtemberg, toutes deux dotées d'une économie à dominante industrielle et avec des attaches religieuses puissantes. Dans ce cadre très général, de nombreuses études ont été menées sur la sociologie électorale de circonscriptions particulières, qui ont permis d'apporter une réponse au moins provisoire à la question : qui vota pour les nazis ?

Le point le plus important mis en lumière par les études est l'ampleur du refus par les nazis, au contraire des autres partis allemands, à l'exception du Parti du Centre dont la base était catholique, de se laisser enfermer dans des catégories traditionnelles – économique, sociale, religieuse ou régionale – sur lesquelles le système des partis avait fonctionné depuis son apparition au XIXe siècle. L'ambition des nazis était de trouver des partisans dans toutes les catégories. Même après le renversement de leur stratégie après 1928, qui abandonna le soi-disant « plan urbain » pour se concentrer sur l'électorat bourgeois, en particulier dans les petites villes et dans les campagnes, ils refusèrent d'être tenus à l'écart des circonscriptions industrielles comme la Ruhr et les quartiers ouvriers des grandes villes, de renoncer à toucher autant les électeurs catholiques que protestants, ou de considérer qu'une région ou un groupe professionnel quel qu'il fût pût être hors d'atteinte. La boutade selon lequel c'était « un parti attrape-tout », offrant quelque chose à tout le monde, était justifiée, mais elle ne concernait que la revendication des nazis – au contraire des autres – d'être un parti populaire capable de s'élever au-dessus des divisions de classes et de religions et de représenter la nation tout entière.

Il est certain que les nazis ne réussirent pas à atteindre cet objectif. La tentative de surmonter les divisions qui s'étaient accentuées sous l'effet de la Crise les plongea dans un labyrinthe de contradictions et, au faîte de leur popularité, lors d'élections libres en juillet 1932, ils ne convainquirent jamais plus de 37 % des électeurs du bien-fondé de leur revendication. Mais qu'ils aient été le seul parti en dehors du Centre à faire cette tentative exerça un attrait sur beaucoup de ceux qui votèrent pour eux et leur permit de trouver des partisans, même en 1930, plus encore en 1932, dans un spectre plus large de l'électorat que n'importe lequel des autres partis.

En 1930, dans l'espoir d'attirer les suffrages de la classe laborieuse, les nazis profitèrent au maximum de la vague de chômage croissante, en arguant de ce que le SPD n'avait rien fait pour l'empêcher. Mais là où le SPD perdit des suffrages parmi les cols bleus des mines et de l'industrie lourde, dont les emplois étaient le plus menacés, ceux-ci allèrent au KPD, non aux nazis. L'exception furent les SA (les Chemises brunes), qui obtinrent certains succès en recrutant parmi les chômeurs de Berlin et de Hambourg. Toutefois, là où les nazis firent plus qu'une percée c'est dans l'attrait qu'ils suscitèrent auprès de la grande masse des ouvriers encore employés dans l'artisanat et la petite industrie manufacturière, qui ne s'étaient pas syndiqués et qui étaient souvent hostiles au collectivisme du mouvement ouvrier organisé.

1930 marque aussi pour les nazis le début de la réussite auprès des professions libérales, auxquelles s'adressaient des organisations comme la Ligue NS des avocats allemands, fondée en 1928, et la Ligue NS des médecins allemands, fondée en 1929. L'expansion des nazis dans les milieux académiques fut assurée par le succès de l'Union NS des étudiants allemands, qui réussit à faire entrer dans les rangs du parti, en 1930, un chiffre estimé à la moitié du corps des étudiants allemands, et à contrôler l'ASTA, l'organisation étudiante autonome.

Les nazis jouèrent beaucoup de leur attrait auprès de la jeunesse. Un article de Gregor Strasser s'intitulait : « Laissez la place, vous les anciens », et l'expression devint un nouveau slogan. Non moins de 43 % des 720 000 nouveaux membres qui entrèrent au parti entre 1930 et 1933 avaient moins de trente ans [2]. De nombreux récits de l'époque indiquent que c'étaient en particulier les jeunes gens issus des milieux libéral ou conservateur traditionnels, révoltés contre l'attitude politique de leurs parents, qui entraient au parti nazi. Il y en avait beaucoup à qui la Crise faisait perdre l'espoir de jamais trouver un bon métier, et chez qui, ainsi que l'écrivit Carlo Mierendorff à l'époque, « le désespoir social, le romantisme nationaliste et le conflit de générations [formaient] un composé absolument classique »[3].

Cependant, étant donné que largement plus de la moitié de la population appartenait à la classe laborieuse, et vu l'incapacité des nazis de menacer sérieusement le SPD et le KPD sur leur propre terrain, il est sûr que la seule autre source de soutien massif ne pouvait être que les classes moyennes, qui constituaient plus de 40 % de la population. Cela concorde avec le fait que, comme l'électorat nazi prit son envol en 1930 et en juillet 1932, ce furent les partis bourgeois traditionnels qui connurent les plus lourdes pertes.

L'élément le plus stable de l'électorat nazi fut le soutien croissant fourni par l'*Alte Mittelstand* (la vieille bourgeoisie), tant dans les villes que dans les campagnes*. En 1930, les nazis firent de gros efforts pour pénétrer un deuxième bastion conservateur, les rentiers, pensionnés et invalides de guerre, la *Rentnermittelstand* (la bourgeoisie pensionnée). Cette dernière avait souffert le plus de l'inflation et de la réévaluation insuffisante des dettes et des prêts hypothécaires qui avait suivi la stabilisation. Leur succès dans cette couche rééquilibre la tendance des analyses anciennes à faire trop grand cas de la jeunesse des électeurs nazis. Plus de la moitié de la *Rentnermittelstand* avait plus de soixante ans et moins de 10 % des petits commerçants et petits patrons de l'*Alte Mittelstand* avaient moins de trente ans.

Là où la vision traditionnelle semble devoir être corrigée c'est au sujet du troisième groupe, la *Neue Mittelstand* (la nouvelle bourgeoisie). Leur soutien aux nazis en 1930, quoique important, semble aujourd'hui avoir été inférieur à celui de l'*Alte Mittelstand*. Les travailleurs en cols blancs du secteur privé furent plus lents que les fonctionnaires, en particulier ceux de rang inférieur ou moyen, à voter pour les nazis. Toutefois, la conclusion générale ne change pas et est résumée ainsi par l'historien américain Thomas Childers :

> En 1930, le NSDAP avait commencé à dépasser ses origines petites-bourgeoises et à s'établir sur un terrain électoral traditionnellement occupé par la droite conservatrice... En 1930, [il] réussit une percée dans chacune des principales composantes de l'électorat bourgeois. Comme les libéraux et les conservateurs se désintégraient, le NSDAP était en passe de devenir le parti tant attendu de l'intégration de la bourgeoisie – un *Sammelbewegung*[4] (Front uni).

Le deuxième moyen d'analyser les résultats, utilisé dans les recherches récentes, est la taille de la collectivité. L'historien canadien Richard Hamilton en fait ressortir l'importance par deux généralisations frappantes. La première est qu'à la fin de la période de Weimar plus de

---

* Pour une définition de la bourgeoisie, voir plus haut, pp. 70-71.

la moitié des suffrages valides provenaient de collectivités rurales ou urbaines inférieures à 25 000 habitants. Malgré tout ce qui a été écrit sur l'impact de l'urbanisation et de l'industrialisation (aliénation, anomie), un plus grand nombre d'électeurs allemands vivaient dans des Diederfeld et des Schifferstadt que dans des Düsseldorf ou des Stuttgart – sans parler de Berlin qui, avec ses quatre millions d'habitants, était de loin la plus grande ville du pays, mais regroupait moins de 6 % de la population totale.

Cela amène la deuxième observation de Hamilton :

> Les voix nationales-socialistes varièrent inversement à la taille de la collectivité. Antérieurement à 1930, le national-socialisme était un phénomène urbain. Il commença dans les grandes villes et fut transporté, avec succès, vers les petites villes et la campagne[5].

Même lors des élections record qui précédèrent l'arrivée d'Hitler au pouvoir (juillet 1932) où ils recueillirent près de quatorze millions de voix, c'est toujours dans les collectivités (rurales autant qu'urbaines) de moins de 25 000 habitants que le pourcentage des voix atteignit son maximum de 41 % alors qu'il tomba à 32 % dans les collectivités de plus de 100 000 habitants[6].

Autre élément important dans la différence entre les villages et les petites villes ayant une population inférieure à 100 000 habitants : l'existence dans beaucoup de ces dernières d'une classe laborieuse syndiquée et d'organisations des partis SPD et/ou KPD. Dans les villes des régions protestantes cela eut un effet décisif. Dans son étude classique sur l'une de ces villes, qu'il appelle « Thalburg », avec une population de 10 000 habitants, W. Allen écrit : « C'est la haine du SPD qui jeta les Thalbourgeois dans les bras des nazis[7]. » En revanche, dans les villes catholiques, l'existence d'un Parti du Centre puissant évita pareille polarisation. Même là où les ouvriers fournirent un nombre de voix substantiel au SPD ou aux communistes, le Centre offrit une alternative antimarxiste au NSDAP, grâce à des revendications traditionnelles ayant un fort impact sur les électeurs des classes moyennes.

Il est plus difficile de faire des généralisations au sujet des grandes villes (les dix possédant une population supérieure à un demi-million d'habitants). Berlin demeura un bastion de la gauche avec plus de 55 % des suffrages en faveur des socialistes ou des communistes en septembre 1930, 54,6 % en juillet 1932 et 54,3 % en novembre 1932. Le seul changement fut celui des voix communistes, qui étaient égales à celles du SPD en 1930 et juillet 1932, et qui dominèrent nettement les voix socialistes en novembre 1932 avec 31 % contre 23 % pour le SPD. Les voix du Centre, bien que beaucoup plus faibles que celles de la gauche, augmentèrent en fait en septembre 1930 et à nouveau en juillet 1932. Les gains de voix nazies se firent entièrement au détriment des partis libéraux et conservateurs.

La seule autre ville ayant une population supérieure à un million d'habitants était Hambourg. Il y eut là plus de voix pour les nazis qu'à Berlin, leurs voix atteignant le tiers des suffrages en juillet 1932, par rapport aux 19 % obtenus en septembre 1930. Mais la gauche, bien qu'elle perdit plus de terrain qu'à Berlin, réussit encore à recueillir la moitié des voix en 1930 et 1932, et le Centre, quoique insignifiant, demeura stable. Comme à Berlin, les gains de voix nazies se firent aux dépens des partis bourgeois traditionnels.

Il est plus difficile de répondre à la question, *pourquoi* vota-t-on pour les nazis ? Étant donné le mélange fortement individuel de motivations qui entrèrent en ligne de compte dans le choix de six millions d'électeurs en 1930 et de treize millions en 1932, cela n'a rien d'étonnant. L'analyse de classe qui occupe une place si prépondérante dans l'approche socio-logique de la question : *qui* vota pour Hitler ? est beaucoup moins utile dès qu'on se demande pourquoi – ne serait-ce que parce que cela ne permet pas d'expliquer pourquoi des gens placés dans des conditions sociales identiques donnèrent leurs voix à des partis opposés. Si nous pre-nons les *Alte Mittelstand*, où les nazis trouvèrent un appui substantiel, il est clair qu'ils avaient des intérêts matériels différents et souvent contra-dictoires. Ce fut l'une des principales raisons pour lesquelles les partis bourgeois traditionnels perdirent de plus en plus de voix au profit des groupes d'intérêts particuliers et pour lesquelles ces derniers ne réussirent eux-mêmes jamais à fusionner pour constituer un parti bourgeois uni. Les nazis réussirent mieux à remplir ce rôle qu'aucun autre parti précisément parce que, s'ils ne firent preuve d'aucune retenue pour promettre la satisfaction des intérêts économiques et autres intérêts matériels des différents fractions de la classe moyenne, tout autant que des autres classes d'ailleurs, ils n'en firent jamais le point central de leur campagne. Confrontés aux intérêts divergents des paysans, par exemple, qui deman-daient une augmentation des prix des denrées, et de la population urbaine, qui en demandait la baisse, ils ne cherchèrent pas à expliquer comment ils les réconcilieraient. Mais ils enfourchèrent le cheval de bataille du « renouveau national » et du *Volksgemeinschaft*, de l'union nationale, au lieu de la guerre de classes, qui devait leur permettre de veiller sur les intérêts de chacun des groupes particuliers en veillant sur les intérêts de tous. C'est sur la dimension psychologique plus que socio-logique que nous devons porter notre attention [8].

Ce n'est pas un hasard si Hitler ne commença à trouver un soutien massif qu'au début de la Crise. Lui-même avait toujours cru que ce serait une catastrophe d'un genre ou d'un autre qui lui donnerait sa chance. Pour beaucoup de gens, elle se matérialisa par l'accroissement du nombre des chômeurs recensés qui s'éleva à trois millions, pour la première fois au début de 1929, et à plus encore dans le mois des élections, en septembre 1930. Le chiffre atteignit les six millions au cours des hivers de 1931-1932 et de 1932-1933. Mais justement parce que la catastrophe prit une forme économique – entraînant non seulement un chômage massif mais aussi des réductions des salaires et des gages, et une forte augmentation du nombre des faillites, fermes et entreprises se vendant à des prix sacrifiés, Hitler ne commit jamais l'erreur de penser que le meilleur moyen d'exploiter son impact à des fins électorales fût de prendre les promesses économiques comme pivot de l'attrait du parti. Il comprit, comme aucun autre politicien allemand ne le fit – et certainement pas Brüning – que l'effet de ces facteurs économiques sur la vie des gens était un choc psychologique et que c'étaient aux sentiments créés – la peur, la rancune, le désespoir, le besoin d'être rassuré et le regain d'espoir – qu'un chef politique devait s'adresser.

Il y eut une raison particulière que cela se produisît en Allemagne et que l'impact de la Crise y aggravât la situation plus que partout ailleurs. Entre 1918 et 1923, le peuple allemand avait déjà subi une accumulation de pareils chocs : la défaite à la suite de lourdes pertes pendant la guerre, Versailles, les dommages de guerre, la chute de la monarchie, la révolution, une quasi-guerre civile et l'inflation. Toutes les craintes et les incertitudes de cette période de l'après-guerre furent ravivées et rendues plus dures à supporter par le court interlude du rétablissement, considéré désormais comme une illusion trompeuse. Au début des années 30, des millions d'Allemands et d'Allemandes se sentirent comme les survivants d'un tremblement de terre qui, ayant commencé à réparer leur maison, voient pour la deuxième fois le cadre fragile de leur vie se fissurer et s'effondrer autour d'eux. Dans ces circonstances, les êtres humains perdent le nord et nourrissent des peurs extravagantes et des espoirs fantaisistes. Ce n'est pas cette situation qui fit Hitler mais elle créa ce qu'Ernst Deuerlein a appelé l'*Ermöglichung* (la « possibilité ») d'Hitler : « elle rendit Hitler possible », en lui fournissant l'occasion d'exercer des talents remarquablement adaptés à l'exploitation de la dite situation[9]. Hitler offrit à des millions d'Allemands la combinaison des deux choses qu'ils désiraient le plus entendre : le rejet total de tout ce qui était arrivé à l'Allemagne depuis la guerre, plus la promesse aussi inconditionnelle de rendre à une nation divisée le sentiment perdu de sa grandeur et de sa puissance. Il mit dans le même sac, en une condamnation globale, tout d'abord, les criminels de novembre qui avaient poignardé l'armée allemande dans le dos et avaient accepté les conditions revanchardes des Alliés, ensuite, les marxistes qui prêchaient la guerre de classes, l'internationalisme et le pacifisme, la société pluraliste permissive incarnée par Berlin l'athée et le *Kultur-Bolschewismus*, qui tournaient en ridicule les valeurs traditionnelles et considéraient que rien n'était sacré, et, en dernier lieu, les juifs qu'il dépeignait s'engraissant par la corruption et profitant de la faiblesse de l'Allemagne.

Au lieu de cette *Schweinerei* (« cochonnerie ») démocratique, Hitler proclama sa foi en le renouveau de la force morale et politique de l'Allemagne, en la restauration des vertus prussiennes – ordre, autorité, sacrifice, obéissance, discipline, hiérarchie – sur lesquelles elle s'était élevée à la grandeur, en la renaissance du sentiment de la communauté (*Volksgemeinschaft*) et en la création d'un gouvernement autoritaire fort, parlant d'une seule voix à l'intérieur et imposant à l'étranger le respect d'une Allemagne réarmée et rétablie dans sa position naturelle de grande puissance.

Fritz Stern a émis l'hypothèse que l'attrait particulier que suscita Hitler chez les protestants allemands, et pas seulement les pasteurs protestants, dut beaucoup à la « sécularisation silencieuse » du protestantisme au cours du siècle écoulé, où l'Église avait fini par être identifiée au sort de la nation et de la monarchie. La défaite, suivie du renversement de la monarchie et de l'ordre existant, avait donné aux Églises protestantes le sentiment d'être perdues et affolées dans un monde étranger. Pour beaucoup de protestants, la promesse d'Hitler d'une régénération structurelle de la nation, son appel au sacrifice et à l'unité, répondirent au besoin d'une revitalisation de la foi que les églises ne pouvaient plus satisfaire avec leurs ressources affaiblies [10].

Hitler réussit en même temps à attirer les intellectuels néo-conservateurs qui rejetaient le rationalisme et le libéralisme mou du monde moderne au profit de l'irrationalisme nietzschéen, de l'homme héroïque au lieu de l'homme économique. Il exerça un attrait aussi fort sur les membres des anciennes élites gouvernementales, rendues amères par la perte de leurs fonctions et de leur influence, sur l'*Alte Mittelstand* menacée par le processus de modernisation, dont la montée de la classe ouvrière, qui mettait en danger leur mode de vie et leur statut social, et sur beaucoup de gens de la jeune génération déçus par le manque de perspectives et poussés par le désir d'un engagement passionné pour l'avenir. Cette hétérogénéité, imparfaitement traduite par les analyses centrées sur les classes, est l'élément le plus marquant du soutien sur lequel Hitler put compter, déjà visible en 1930 et qui le devint encore plus lors des élections suivantes. Elle nous mène au cœur du phénomène nazi.

Car les nazis se démarquèrent de tous les autres partis en donnant plus d'importance au *style* de leur campagne qu'à son contenu : pour reprendre une formulation postérieure, il est indéniable que dans leur cas « le médium fut le message ». Non seulement les discours d'Hitler mais tout ce qui, dans le mouvement, contribua à dramatiser la politique et à en faire un mélange de théâtre et de religion visait à toucher non pas les facultés rationnelles mais sentimentales, ces « intérêts affectifs », contre lesquels (ainsi que l'a montré Freud) les spécialistes de la nature humaine et les philosophes ont admis depuis longtemps que les arguments logiques sont impuissants.

> Notre intellect ne fonctionne de façon sûre que lorsqu'il est débarrassé des impulsions émotionnelles fortes : sinon il se comporte seulement comme un instrument de la volonté et fournit la déduction que requiert la volonté [11].

Hitler avait parfaitement saisi depuis le début, comme le montre *Mein Kampf,* la vérité de cela. Son accomplissement le plus original fut de créer un mouvement qui était volontairement destiné à renforcer par toutes les possibilités de manipulation – symboles, langage, rituel, hiérarchie, défilés, rassemblements, le tout culminant dans le mythe du Führer – la suprématie des facteurs dynamiques, irrationnels de la politique : la lutte, la volonté, la force, l'immersion de l'identité individuelle dans les sentiments du groupe, le sacrifice et la discipline.

Il était parfaitement cohérent avec le caractère de ce mouvement qu'Hitler refusât de se laisser enfermer dans une politique et un programme spécifiques, remettant ce genre de décision au jour où il accéderait au pouvoir, objectif unique et primordial du parti, comme cela avait été le cas pour Lénine. Cela présentait l'avantage non seulement d'augmenter sa liberté de manœuvrer selon les circonstances mais aussi de permettre à des groupes aux intérêts et aux conceptions très différents et parfois mêmes opposés de les projeter sur le mouvement nazi, et de se persuader dans chaque cas qu'Hitler recherchait la même chose qu'eux.

Beaucoup de ceux qui dans la vieille génération conservatrice votèrent pour les nazis le firent parce qu'ils croyaient qu'Hitler restaurerait les valeurs traditionnelles du passé allemand. Les autres, surtout dans la jeune génération, votèrent pour les nazis parce qu'ils les crurent affranchis de l'image de classe de *Reaktion* qui collait aux autres partis de droite, et parce qu'ils crurent qu'Hitler balaierait ces reliques du passé ainsi que le présent, et accomplirait une révolution de droite radicale.

Les uns et les autres pouvaient être considérés comme « le renouveau moral et spirituel de la nation », et loin d'essayer de résoudre cette contradiction, les pages suivantes nous fourniront de multiples exemples montrant qu'Hitler fit tout ce qu'il put pour nourrir les attentes de ses partisans tant conservateurs que radicaux. Cela était essentiel s'il voulait convaincre les Allemands qu'ils tenaient là l'homme et le mouvement capables d'unir la nation, de la soulager de ses craintes et de montrer la voie pour sortir du désordre dans lequel elle stagnait. En 1930, il convainquit huit fois plus d'électeurs qu'en 1928 du sérieux de ses prétentions. En juillet 1932, ce chiffre allait encore doubler.

II

En 1930, Hitler avait atteint son premier objectif et fait son entrée sur la scène politique nationale. La question à laquelle il devait désormais répondre était de savoir comment il allait transformer ses six millions et demi de voix en un gouvernement national-socialiste dont il serait le chef.

Il y avait deux manières évidentes d'y parvenir. La première était la voie parlementaire, qui consistait à accumuler de plus en plus de voix jusqu'à ce que les nazis obtiennent la majorité au Reichstag, soit seuls en dominant tous les autres partis soit en faisant partie d'une coalition de droite. La seconde était de fomenter un coup d'État. Hitler vit des objections aux deux solutions. Il n'avait pas le pouvoir de décider quand seraient organisées de nouvelles élections, et dans tous les cas il rejetait l'idée de devenir un chancelier soumis aux voix du Reichstag. La campagne des nazis avait été basée, dès le début, sur l'affirmation d'être un mouvement qui débarrasserait le pays du marécage de la politique parlementaire, où les grands problèmes étaient résolus – ou plutôt, laissés sans solution – par des majorités réunies au sein de coalitions de compromis. Mais adopter l'autre solution et tenter de prendre le pouvoir par la force signifiait affronter les forces supérieures de l'État et risquer d'être battu dans la rue, comme il l'avait été en 1923. Ce que voulait Hitler c'était une révolution avec le pouvoir de l'État de son côté. Mais une révolution ne serait pas le moyen de prendre le pouvoir ; pour s'en emparer, il lui faudrait au moins une apparence de légalité.

Tout au long des années 1930-1932, quoi qu'il jugeât de bonne politique de déclarer en public, Hitler préféra laisser les deux options ouvertes. Mais il espérait pouvoir les combiner en une troisième solution. Cette possibilité lui était en effet offerte par le système particulier grâce auquel, depuis mars 1930, l'Allemagne était gouvernée par un chancelier et des ministres, non pas issus d'une majorité au Reichstag, mais désignés par le président, von Hindenburg, et qui recouraient aux pouvoirs exceptionnels du président pour promulguer des décrets, en vertu de l'article 48 de la constitution de Weimar. Le pouvoir de choisir le chancelier et de lui donner en fait les moyens de gouverner avait été transféré à un petit groupe d'hommes qui entouraient le président. Mais pareil système de gouvernement était insatisfaisant s'il devait durer plus qu'une période limitée puisqu'il était à la merci d'une nouvelle majorité au Reichstag. A terme, le chancelier devait soit réunir une majorité au Reichstag, soit rétablir un gouvernement parlementaire, soit, si le président et ses conseillers voulaient s'affranchir de la dépendance du Reichstag, obtenir suffisamment d'appui dans le pays pour amender la constitution.

Ce fut cette dernière solution que le président von Hindenburg et ses conseillers souhaitaient adopter, mais ni Brüning ni ses deux successeurs au poste de chancelier, von Papen et von Schleicher, ne réussirent à trouver l'appui électoral voulu. Dans le même temps, la nécessité de proposer une solution à l'impasse politique devenait pressante pour les conseillers du président au fur et à mesure que la Crise s'aggravait et que, comme dans les premières années de la république, la menace d'une rupture de l'ordre public devenait plus grande. La dernière chose que voulait l'armée était une répétition de 1923, avec des soulèvements simultanés des extrémistes de gauche et de droite.

Dans cette situation, Hitler avait deux atouts. Le succès des nazis aux élections de septembre 1930, maintenu lors des élections régionales organisées au cours de l'année 1931, constituait une promesse de l'appui qu'il pouvait fournir, s'il était entraîné dans le jeu politique. La violence organisée des SA était une menace de la révolution qu'il pourrait provoquer si on le maintenait à l'écart. La tactique d'Hitler fut donc d'utiliser la révolution qu'il ne voulait pas faire et le soutien populaire qu'il ne pourrait jamais transformer en majorité – la première comme menace, le second comme promesse – pour convaincre le président et ses conseillers de faire de lui un partenaire au sein du gouvernement. Grâce au passage du régime parlementaire au régime présidentiel, une troisième solution d'accéder au pouvoir s'offrit à Hitler, qui lui permit de se dispenser à la fois d'une majorité parlementaire qui lui échappait et du risque de tenter un second putsch.

Telle est la clef de la série interminable et tortueuse de changements politiques qui dura de la fin de 1930 à la fin de janvier 1933, date à laquelle Hitler atteignit enfin son objectif en devenant chancelier. Mais c'est une clef à utiliser avec précaution car, au contraire de l'historien, Hitler n'avait aucun moyen de savoir si sa tactique réussirait. Quand les négociations échouèrent ou ne menèrent à rien, comme elles le firent souvent, il dut se rabattre sur la possibilité d'une coalition avec les nationalistes, et même une fois avec le Centre, ou encore d'obtenir une majorité franche aux élections suivantes, dont il n'y eut pas moins de cinq, d'une sorte ou d'une autre, en 1932. Or, à chaque fois, il donna l'impression d'avoir toujours eu un œil sur la reprise des négociations, se servant des choix qu'il adoptait pour augmenter la pression sur l'autre partie et l'amener à reprendre les pourparlers.

Comme dans le cas de Staline, la constance avec laquelle il poursuivit son but à travers un labyrinthe d'embûches fut remarquable. Plus remarquable encore fut sa capacité de conserver la confiance de ses partisans et maintenir leur niveau d'activité tout au long des vingt-huit mois de déceptions qui séparèrent les espoirs suscités par les élections de septembre 1930 au moment de leur réalisation – vingt-huit mois ponctués de nombreux revers et, dans la phase finale, par la perte de deux millions de voix et la perspective de l'échec. Aucun des deux hommes ne fut brusquement propulsé au pouvoir. A Staline, il fallut d'ailleurs presque deux fois plus de temps qu'à Hitler : plus de cinq ans entre la mort de Lénine et le triomphe de son cinquantième anniversaire.

Après une courte entrevue entre Brüning et Hitler peu après les élections de 1930, laquelle ne mena à rien, il fallut encore douze mois avant que les négociations reprennent, à l'automne 1931. Brüning dit au dirigeant nazi que la crise économique durerait longtemps. Ce fut une nouvelle encourageante pour Hitler. Mais comment allait-il maintenir le moral et l'élan du parti et des SA pendant une aussi longue attente ?

Dix jours après les élections de 1930, il déclarait à un auditoire munichois :

> Nous ne sommes pas un parti parlementaire par principe, ce serait en contradiction avec l'ensemble de nos perspectives. Nous sommes un

parti parlementaire par obligation, sous la contrainte, et cette contrainte c'est la Constitution. La Constitution nous oblige à utiliser ce moyen… Ce n'est pas pour des sièges au Reichstag que nous nous battons, mais nous remportons des sièges au Parlement afin de pouvoir un jour libérer le peuple allemand [12].

Bien qu'ils fussent désormais le deuxième parti au Reichstag, les 107 députés nazis (Hitler lui-même, n'étant toujours pas citoyen allemand, n'en faisait pas partie) dirent clairement dès le premier jour qu'ils n'allaient pas s'engager dans la politique parlementaire mais qu'ils utiliseraient seulement le Reichstag comme un tremplin pour attaquer le « système » et vouer ses institutions aux gémonies. L'essentiel des énergies du parti continua à être consacré à maintenir la stratégie de la « campagne permanente » en dehors du parlement, dans l'ensemble du pays.

Au lendemain des élections de 1930, il y eut une forte augmentation des demandes d'adhésion ; 100 000 personnes vinrent s'ajouter sur les listes entre septembre et la fin de l'année 1930. Grâce à la préparation à l'avance par Hitler d'un cadre organisationnel, elles furent absorbées « dans la grande marmite de l'idée nationale-socialiste [13] » sans trop de difficulté, bien qu'il y eût des jalousies parmi les *Alten Kämpfer* (les Anciens combattants) vis-à-vis de l'ascension rapide des *Septemberlinge**, souvent plus instruits et plus qualifiés, qui entrèrent au parti après le succès électoral de septembre seulement.

Deux organisations affiliées connurent une croissance semblable : l'AA (*Agrarpolitischer Apparat*) de Darré, et les *Hitlerjugend* (les Jeunesses hitlériennes), qui attirèrent autant les parents que les enfants des classes moyennes, et que Baldur von Schirach prit en main et fusionna avec l'Association des étudiants nazis. L'Organisation nazie des cellules d'usine eut moins de succès. Ayant acquis une audience nationale sous la houlette de Reinhold Muchow après les élections de septembre, et appuyée par Gregor Strasser et Goebbels, elle atteignit à peine 300 000 membres à son maximum en 1932 (toujours à Berlin principalement), effectif relativement faible par rapport aux millions de membres des syndicats de cols bleus, et ce ne fut pas faute de moyens et d'efforts.

L'augmentation des effectifs permit de maintenir l'impression d'une activité incessante qui était pour le parti le moyen le plus important de renforcer son pouvoir. Les « campagnes de saturation », désormais tout à fait au point, lui permirent d'obtenir une moyenne de plus de 40 % des voix aux élections régionales de 1931. Entre avril et août, une autre campagne vigoureuse fut engagée aux côtés des Stahlhelm, des nationalistes et des communistes – étrange mariage – tous exigeant la dissolution du parlement de Prusse. Le référendum échoua mais la campagne permit au parti de rester très voyant. En décembre 1931, il organisa plus de

---

* Jeu de mots sur *Pfefferlinge*, variété courante de champignons.

13 000 rassemblements et réunions publiques dans tout le Reich, contre un total de moins de 500 organisés par ses rivaux [14].

Après les résultats obtenus aux élections, la domination d'Hitler sur le parti fut totale – symbolisée par son vaste bureau à la Maison brune, avec ses trois tableaux de Frédéric le Grand, et la photographie d'Hitler en personne assis à sa table de travail avec cette légende : « Rien ne se produit dans ce mouvement, sauf ce que je veux. » Plus que jamais, son image mythique de « chef unique et incontesté du NSDAP » (expression de Gregor Strasser dans le *Völkischer Beobachter*) fut ce qui maintint la cohésion du parti et lui tint lieu de programme.

En fait, Hitler passait peu de temps dans son bureau et en passait beaucoup plus à sillonner le pays pour rallier des appuis dans les rassemblements, qui étaient aussi une importante source de revenus. Mais il renforça l'institutionnalisation de son image de Führer en nommant de nouveaux responsables au Reichsleitung du parti, lesquels se chargeaient de l'organisation et prenaient les décisions de routine, sans douter un seul instant du droit absolu d'Hitler d'intervenir à tout instant. Le plus important d'entre eux était Goebbels, nommé officiellement chef de la Direction de la propagande du Reich (DPR), avec un contrôle exclusif sur l'organisation des diverses campagnes de propagande, le choix des orateurs et la ligne à adopter par le parti sur tous les sujets. Goebbels avait déjà affirmé ses dons remarquables de propagandiste lors de la campagne électorale. Procédé caractéristique de sa façon de faire : le système de rapports mensuels sur les sentiments de la base qu'il exigeait des Gauleiters ; il leur demandait en effet d'envoyer des agents dans « les boulangeries, les boucheries, les épiceries et les tavernes », pour savoir ce que les gens disaient, matériel que la DPR utilisait ensuite pour élaborer la littérature qui servait aux campagnes.

Le soudain afflux de nouveaux membres, l'augmentation des annonces commerciales dans le *Völkischer Beobachter* et la multiplication des journaux du parti, l'accroissement de la taille des auditoires aux rassemblements du parti et autres manifestations dont l'entrée était payante permirent au parti d'effacer les lourdes dettes qu'il avait contractées pour sa campagne électorale, et de faire face au développement permanent de ses activités. Il était toujours vrai en 1931, et encore largement vrai en 1932, que le parti nazi se finançait lui-même. Les grands industriels et les banquiers continuaient à manifester de la méfiance à l'égard d'un parti qui était incapable ou qui refusait d'afficher sans ambiguïté ou même de façon cohérente sa politique économique et ses intentions à l'égard des entreprises capitalistes qu'ils dirigeaient. Mais, en 1930-1931, les nazis commencèrent à tirer certains bénéfices non pas de sociétés mais des contributions individuelles d'un certain nombre de compagnons de route, parmi lesquels l'ancien président de la Reichsbank, Schacht, Fritz Thyssen et Ludwig Grauert, directeur de l'association patronale de l'industrie du fer et de l'acier. Toutefois, les sommes concernées allaient de quelques dizaines de milliers à une ou deux centaines de milliers de marks, et étaient souvent versées non au parti mais à des nazis, individuellement – non pas Hitler mais Goering, Strasser et Funk, journaliste et contact du parti nazi avec le monde de l'industrie.

L'engagement de la base était la principale ressource du mouvement ; mais il y avait toujours un danger que le développement de l'activité qui le soutenait franchisse la ligne mal définie entre ce qui était légal et ce qui ne l'était pas. Hitler devait maintenir l'équilibre entre l'« illégalité » – qui, si on lui laissait la bride sur le cou, menaçait sa crédibilité comme partenaire possible aux yeux des chefs de l'armée et du groupe qui entourait le président – et la « légalité » qui, si elle était trop rigide, risquait de décevoir la grande masse de gens qui étaient entrés au parti et dans les SA convaincus que la force, et non une majorité de voix, permettrait de résoudre les grands problèmes du pays, et qui espéraient toujours une Marche sur Berlin et la prise du pouvoir. L'habileté d'Hitler consista à entretenir volontairement une aura d'incertitude autour de ses promesses de « légalité », afin, d'une part, d'entretenir chez les éléments conservateurs avec qui il espérait négocier l'idée qu'il exerçait une influence modératrice sur le parti et, d'autre part, chez les radicaux du parti la certitude que ses propos sur la « légalité » étaient autant d'habile camouflage destiné à masquer son intention d'organiser un putsch le moment venu. Comme Goering l'exprima lui-même :

> Nous nous battons contre l'État et le Système actuel parce que nous voulons le détruire complètement, mais d'une manière légale – pour l'homme en civil aux longues oreilles. Avant que nous ne disposions de la Loi sur la protection de la république, nous disions que nous haïssions cet État ; sous cette loi nous disons que nous l'aimons – et pourtant tout le monde comprend ce que nous voulons dire [15].

L'aptitude d'Hitler à jouer ce double jeu fut mise à l'épreuve immédiatement après les élections de 1930. Il avait engagé une campagne visant à influencer l'opinion de l'armée par un discours prononcé à Munich en 1929, où il attaquait l'attitude que von Seeckt, chef du commandement militaire désormais à la retraite, avait maintenue systématiquement, selon laquelle la Reichswehr devait se tenir en dehors de la politique. Les arguments d'Hitler eurent de l'effet sur les jeunes officiers, qui ne voyaient guère de possibilités d'avancement dans une armée limitée à cent mille hommes par le traité de Versailles, et qui étaient attirés par les promesses d'Hitler, s'il arrivait au pouvoir, d'augmenter la taille de l'armée et de rendre à l'Allemagne la position à laquelle elle avait droit en Europe. Trois lieutenants, Scheringer, Ludin et Wentz, furent suffisamment impressionnés pour entrer en contact avec les nazis et entreprendre de rallier d'autres officiers à leur point de vue. Arrêtés sur l'accusation de diffuser de la propagande nazie dans l'armée, ils furent traduits en justice devant la Cour suprême de Leipzig quelques jours après les élections de 1930.

Hitler demanda immédiatement à être entendu et, adressant volontairement ses propos aux chefs de la Reichswehr, il déclara catégoriquement que les SA avaient été créés dans un but strictement politique et que toute idée de recourir à la force et d'entraîner l'armée dans une guerre civile ou de chercher à la remplacer (en particulier le traditionnel corps des officiers) par une armée nouveau modèle, de style nazi, était hors de question. « Nous veillerons à ce que, quand nous serons au pouvoir, une grande Armée du peuple allemand surgisse de l'actuelle Reichswehr. Il y a des milliers de jeunes gens dans l'armée qui ont la même opinion. » Quand le président de la cour l'interrompit pour dire que les nazis pouvaient difficilement espérer atteindre leurs buts légalement, Hitler opposa des dénégations indignées. Seuls ses ordres comptaient, « et mon principe de base est que si un règlement du parti est en contradiction avec la loi, il ne doit pas être appliqué ». Ceux qui ne s'y étaient pas soumis avaient été exclus, « parmi lesquels Otto Strasser, qui jouait avec l'idée de révolution ».

Puis, avec cette ambiguïté calculée qu'il entretenait sur la légalité comme sur la question de l'anticapitalisme du parti, il ajouta :

> Je suis ici sous la foi du serment prêté devant Dieu Tout-Puissant. Je vous déclare que si j'arrive au pouvoir légalement, il y aura aussi une Cour de justice nazie, la révolution de novembre 1918 sera vengée et bon nombre de têtes rouleront, légalement.

A ces mots, on entendit de forts applaudissements dans la galerie, mais quand le président lui demanda ce qu'il entendait par « Révolution nationale allemande », Hitler répondit sans se fâcher que cela n'avait rien à voir avec la politique intérieure mais que cela signifiait seulement « un sursaut patriotique allemand » contre les dispositions des traités de paix, « que nous considérons non pas comme une loi à laquelle nous sommes liés, mais comme quelque chose qui nous a été imposé ».

> Notre propagande est le révolutionnement spirituel du peuple allemand. Notre mouvement n'a pas besoin de la force… Nous entrerons dans les organismes légaux et ferons de notre parti un facteur décisif de cette manière. Mais quand nous disposerons effectivement de droits constitutionnels, nous formerons alors l'État de la manière que nous jugeons bonne.
> *Le président* : Cela aussi par des moyens constitutionnels ?
> *Hitler* : Oui [16].

Quand le général Jodl, le chef d'état-major d'Hitler pendant la guerre, fut interrogé aux procès de Nuremberg après la guerre, il dit au tribunal qu'il n'avait été rassuré que quand Hitler avait juré devant la cour qu'il était opposé à toute intervention en direction de l'armée. Cette déclaration explicite visait à ouvrir la voie à des négociations ultérieures avec les chefs de la Reichswehr. Mais les dangers inhérents à pareille tactique furent illustrés par l'histoire postérieure du lieutenant Scheringer. Condamné à dix-huit mois de prison, il passa aux communistes alors qu'il était encore incarcéré. Quand Goebbels télégraphia pour demander si la lettre de Scheringer annonçant son changement d'allégeance était véridique, Scheringer répondit par télégramme : « Déclaration authentique. Révolution Hitler trahie. »

Les dangers étaient plus graves chez les SA. Les Chemises brunes étaient indispensables à la campagne nazie : ils faisaient office de service d'ordre à l'interminable série de rassemblements, ils tenaient tête aux communistes dans la rue et ils offraient l'étalage de force essentiel à l'image nazie. Toutefois, dans l'esprit d'Hitler, il s'agissait de propagande, d'image du parti : les SA devaient être les troupes de choc d'une révolution qui n'aurait jamais lieu. Mais laisser cette idée gagner du terrain risquait d'affaiblir leur esprit combatif, qui devait être entretenu – sans le laisser jamais échapper à tout contrôle.

Le fait qu'Hitler était conscient du problème fut démontré par la promptitude de sa réaction quand les SA de Berlin, connus pour la violence de leurs affrontements avec le KPD, se mutinèrent juste avant les élections de septembre et refusèrent de protéger les rassemblements du parti. Leur principal grief portait certes sur la paie mais la structure séparée des SA causait des frictions constantes avec l'Organisation politique du parti, et ils éprouvaient un fort sentiment d'être sous-estimés par le Reichsleitung de Munich. Pour lui, écrivit un Oberführer SA, « les SA ne sont là que pour mourir ». Hitler se précipita à Berlin et se rendit d'une brasserie ou d'un club à l'autre, pour plaider sa cause auprès des gars de la base et leur promettre une paie et un traitement meilleurs en tant que « soldats de la révolution ». Pour fournir les fonds, il exigea un prélèvement spécial auprès de chaque membre du parti, et couronna l'effet de son apparition en personne en annonçant qu'il deviendrait lui-même Commandant suprême des SA à la place de von Pfeffer.

Dès qu'il le put, après les élections, Hitler convainquit Ernst Röhm de reprendre son poste de chef d'état-major des SA et lui donna carte blanche pour réorganiser une force dont les effectifs, au début de 1931, oscillaient entre 60 000 et 100 000 hommes, dont un grand nombre de chômeurs, attirés par la promesse d'une paie, de nourriture et d'aventure. En même temps, Hitler autorisa Himmler à gonfler le corps d'élite de l'Ordre SS (qui à l'origine comptait 280 hommes et que détestaient les SA, plus prolétaires) pour en faire une police interne du parti, à laquelle il donna pour devise : « SS-Mann, deine Ehre heisst Treue » (« Homme SS, ta loyauté est ton honneur »).

Cependant, les récriminations contre la politique de « légalité » d'Hitler continuèrent. A la fin mars 1931, quand le gouvernement promulgua un décret instituant pour tout rassemblement politique l'octroi d'une autorisation par la police vingt-quatre heures à l'avance,

Hitler ordonna à toutes les sections du parti d'obéir à la lettre de la loi. C'en était trop pour Stennes, le chef des SA de Berlin, qui reprocha à Hitler de se plier au décret, chassa la direction politique du parti de Berlin et plaça parti et SA sous son commandement. Des officiers SA de Poméranie, apportant leur soutien à Stennes, déclarèrent que le NSDAP s'était écarté de la voie révolutionnaire du vrai national-socialisme... et abandonnait l'« idéal pour lequel nous nous battons » [17].

Hitler mit à nouveau son prestige personnel dans la balance, démit Stennes de ses fonctions et imposa à tous les chefs SA une déclaration inconditionnelle de loyauté à sa personne. Bien que Stennes eût rejoint Otto Strasser pour s'opposer ouvertement à Hitler, sa révolte échoua et seule une poignée d'hommes le suivit. La puissance du mythe du Führer maintint fermement la majorité, même à Berlin. Goering opéra une purge des SA, un certain nombre de réformes furent entreprises pour répondre aux griefs de la base et Hitler et Röhm investirent de gros efforts dans les cours d'endoctrinement donnés aux chefs SA dans une École de commandement du Reich. Mais le problème était inséparable d'une politique qui ne pouvait résoudre la tension causée par ses propres contradictions que si elle menait au succès.

III

Hitler avait non seulement besoin de confiance mais aussi de patience. Il pouvait faire monter la pression de l'extérieur mais tant qu'il s'en tenait à sa tactique de la légalité, il était obligé d'attendre de ceux de l'intérieur qu'ils prissent l'initiative de le convier à des négociations. Ce jeu de l'attente fut une dure épreuve pour la foi du parti et d'Hitler dans leur réussite prédestinée, cœur du mythe du Führer. Mais il y avait quatre facteurs objectifs échappant à son contrôle qui pouvaient encore être tournés à son avantage.

Le premier était l'intensification de la Crise pendant les années 1931-1932, au cours desquelles le chômage recensé franchit le chiffre de six millions, atteignant un pourcentage plus élevé que dans aucun autre pays industrialisé.

Le deuxième était l'approfondissement de la crise politique qui accompagnait la Crise. L'augmentation du nombre de voix en faveur de la droite radicale (les nazis) et de la gauche radicale (le KPD), et la montée de la violence politique qui allait de pair avec elle, en constituaient une des formes. Une autre était la fin de la stabilisation temporaire de la république qui avait suivi l'élection aux fonctions de Président de la république, en 1925, du maréchal von Hindenburg, substitut symbolique de la monarchie. Pendant une courte période, les élites allemandes traditionnelles furent, sinon réconciliées, du moins plus amènes à l'égard de la république. La Crise mit fin à cela. La crise économique devint aussi une crise politique.

On mettait tous les maux dont souffrait l'Allemagne sur le compte du « Système », ce qui montrait combien la démocratie parlementaire était peu profondément enracinée en Allemagne et combien étaient éloignés de la république les groupes dont les privilèges et la position dans la société auraient dû faire les plus puissants appuis de l'État. Cela se voit clairement dans le cas du principal parti conservateur, les nationalistes (DNVP). Ils se mirent non seulement à céder de plus en plus de voix aux nazis dans les zones rurales mais ils assistèrent à la conquête de leur parti par le pan-germanique Hugenberg, réactionnaire et autocratique, qui tenta, sans grand succès, de rivaliser avec les nazis dans leur opposition tapageuse, incessante à la république, et parfois de s'allier avec eux.

L'invitation lancée par Hugenberg à Hitler de participer à la campagne en faveur du référendum contre le plan Young (voir p. 173) marqua une étape importante de l'accession d'Hitler à la respectabilité politique et de son accès éventuel à l'influence et aux ressources financières des cercles dirigeants de droite. Les membres les plus conservateurs du DNVP furent rebutés par le style politique de Hugenberg et rompirent pour former une scission, les Volkskonservativen. Mais Hugenberg, entêté et aucunement ébranlé, continua sur sa lancée, sans avoir rien appris de sa précédente expérience avec Hitler, et l'entraîna dans l'« Opposition nationale », le soi-disant Front Harzburg, qui réunit brièvement, en octobre 1931, tous les ennemis de droite de la république de Weimar. Ce fut la même coalition qui fut réactivée en janvier 1933 pour faire Hitler Chancelier, dans l'idée erronée qu'il avait été contraint d'aller là où ses partenaires voulaient qu'il allât.

Le troisième facteur qui œuvra en faveur d'Hitler fut un changement dans la politique de la Reichswehr. Une des anomalies les plus frappantes et dangereuses de la république de Weimar fut la capacité des chefs de l'armée de survivre à la défaite et à la chute de la monarchie pour émerger en tant qu'État dans l'État, loyal non pas au gouvernement du jour ni à la république mais à ce que le corps des officiers estimait être les intérêts et les valeurs de l'« Allemagne éternelle ».

L'architecte de la position exceptionnelle dont jouissait la Reichswehr fut le général Hans von Seeckt, son commandant en chef (*Chef der Heeresleitung*) de 1920 à 1926. Non content de réussir à défendre l'autonomie du commandement de l'armée contre les politiciens au motif que la politique n'avait pas sa place dans l'armée, il joua lui-même, en tant que représentant de l'armée, un rôle crucial dans la politique en affirmant que celle-ci était l'arbitre ultime de l'intérêt national. Lors de la crise intérieure de 1923, le gouvernement allemand avait confié à von Seeckt des pouvoirs exécutifs exceptionnels pour sauvegarder l'État, et il était responsable de la politique secrète de relations étroites avec l'Union soviétique sur laquelle comptait l'armée allemande pour se soustraire aux clauses militaires du traité de Versailles.

L'élection en 1925 du maréchal von Hindenburg, le dernier commandant de l'ancienne armée impériale, à la présidence de l'Allemagne, suivie par le départ à la retraite de von Seeckt en 1926, ouvrit la voie à un nouveau rapprochement entre l'armée et les autorités républicaines. L'initiative fut prise par un groupe influent de jeunes officiers qui étaient employés au ministère de la Défense et au Truppenamt, successeur déguisé de l'ancien État-major, interdit par le Règlement de paix. Ils étaient motivés non par leurs sympathies républicaines mais par la conscience du fait qu'ils ne pourraient atteindre leurs objectifs professionnels que par une coopération étroite avec les gouvernements du Reich et de Prusse. Leurs plans prévoyaient la création d'une nouvelle armée modèle de vingt et une divisions d'infanterie et de cinq divisions de cavalerie (le traité de paix en autorisait sept et trois), l'équipement de ces forces (et d'une force aérienne) avec les armes les plus modernes, presque toutes interdites par le traité, et un programme secret de réarmement et de formation en Union soviétique.

Les architectes de ces nouvelles relations furent Wilhelm Groener, le premier général à devenir ministre de la Défense, et Kurt von Schleicher, le chef du Ministeramt, nouvel organisme chargé de traiter toutes les questions politiques au nom de l'armée et de la marine. Groener avait succédé à Ludendorff au poste de commandant en chef adjoint dans les derniers jours de la Première Guerre mondiale, et avait fait preuve de son réalisme en disant au Kaiser (alors que Hindenburg s'était tu) que l'armée n'était plus derrière lui. Il avait alors poursuivi son action en concluant un accord avec le nouveau Chancelier socialiste, Ebert, et avait pris la responsabilité d'aviser le gouvernement républicain de ce que l'Allemagne était incapable de poursuivre la guerre et devait signer le traité de Versailles. L'idée de le rappeler à l'âge de soixante ans pour occuper le poste de ministre avait été lancée par von Schleicher, qui avait été très proche de lui en tant que commandant d'état-major en 1918-1920, et qui persuada Hindenburg de le nommer.

Intelligent, sûr de lui, doué de charme et d'une passion pour l'intrigue politique (on l'appela « l'éminence gris-kaki »), von Schleicher sut gagner la confiance non seulement de Groener mais aussi – grâce à son amitié avec Oskar von Hindenburg (avec qui il avait servi dans le Troisième régiment de gardes à pied, l'ancien régiment de Hindenburg) – celle du père d'Oskar, le Président. Très vite, il ne se passa guère de jour sans que le palais présidentiel ne demandât conseil à von Schleicher. Toutefois, malgré les efforts de Groener, la méfiance de part et d'autre (surtout chez les sociaux-démocrates) était trop profondément enracinée pour que la coopération réussît. Groener fut désillusionné par la faiblesse du gouvernement de coalition, dans laquelle les partis engagés manœuvrèrent les uns contre les autres, et, en décembre 1929, von Schleicher et lui cherchèrent un autre moyen d'obtenir la stabilité politique et les appuis dont la Reichswehr avait besoin pour mener à bien son programme de réarmement.

Cette quête par l'armée allait devenir le principal facteur qui rendît possible la nomination d'Hitler à des fonctions officielles. Il restait encore beaucoup de chemin à parcourir mais bien avant 1933 le changement de l'attitude de l'armée eut un effet puissant en contribuant au remplacement du régime parlementaire par un régime présidentiel, quatrième facteur à jouer en faveur d'Hitler. Von Schleicher fut un des plus actifs parmi les conseillers du Président pour mettre au point le plan permettant de nommer un Chancelier qui, en s'appuyant sur les pouvoirs exceptionnels du Président, pourrait apporter ce dont l'État comme la Reichswehr avaient besoin, un gouvernement fort capable de mener une politique à long terme sans être à la merci des dirigeants des partis.

Brüning fut nommé en bonne et due forme, avec les suites que nous avons déjà décrites : sa décision de dissoudre le Reichstag avait eu pour seul résultat de perdre les élections qui suivirent en septembre 1930.

Cependant, il est important de ne pas tirer de la progression imprévue d'Hitler aux élections de 1930 la conclusion hâtive que cela rendit son succès final inévitable. Il y avait d'autres scénarios possibles qui valent la peine d'être examinés.

Après les élections, les 107 députés nazis joignirent aussitôt leurs forces aux 41 nationalistes de Hugenberg et aux 77 communistes pour transformer le Reichstag en pétaudière et rendre impossible tout travail sérieux. Mais l'opposition se surpassa. Un revirement de la part du SPD permit de réunir la majorité requise pour modifier les règles du Reichstag et ramener l'ordre dans les débats (février 1931). La même combinaison, s'étendant de la gauche modérée (SPD) à la droite modérée (les Volkskonservativen, qui avaient rompu avec Hugenberg et le DNVP), aurait pu servir pour faire échec à tout vote de censure et donner la majorité dont le Reichstag avait besoin pour rétablir le régime parlementaire. Mais Brüning et le groupe qui entourait le Président ne voyaient aucun intérêt à cela ; la majorité ne leur servit qu'à obtenir un accord pour suspendre le Reichstag, nouvelle étape dans la voie du remplacement du régime parlementaire par un régime présidentiel.

Une autre possibilité qui aurait pu être explorée fut la proposition faite par Otto Braun, le premier ministre SPD de Prusse, de fusionner les gouvernements prussien et fédéral, et d'enrayer ainsi la menace d'extrémisme politique qui pesait non seulement sur la démocratie en Allemagne mais sur l'idée d'un gouvernement constitutionnel stable. Ce fut l'un des paradoxes de la période de Weimar que, au contraire du gouvernement fédéral, qui souffrait de crises endémiques issues de coalitions non viables, le gouvernement de Prusse était remarquable par sa stabilité et ses mesures progressistes, fondées sur une coopération entre les sociaux-démocrates et le Parti du Centre. Braun, ancien ouvrier agricole de Prusse orientale, occupa les fonctions de premier ministre, avec deux courtes interruptions de quelques mois, de 1920 à 1932.

Le gouvernement prussien avait déjà donné l'exemple en cherchant à refréner l'extrémisme nazi. Ces mesures comprenaient l'interdiction des réunions à l'extérieur et des défilés, l'interdiction du port de l'uniforme par les SA et une loi rendant l'appartenance au NSDAP et au KPD incompatible avec la situation de fonctionnaire ou d'employé de la fonction publique en Prusse. Le ministre prussien de l'Intérieur, Grzescinski, qui commandait à une force de police de 180 000 hommes, dont 80 000 vivaient dans des casernes, étaient motorisés et armés, refusa de se laisser intimider par les nazis qui exigeaient à grands cris sa démission. A la suite d'attentats contre les boutiques de juifs le jour de la rentrée du nouveau Reichstag, Otto Braun nomma Grzescinski au poste de Préfet de police de Berlin. La *Frankfurter Zeitung* fit ce commentaire : « Herr Braun sait gouverner la Prusse. » Grzescinski fit lui-même cette remarque à Braun : « Il faut être dur, dur comme le fer. » Il allait bientôt montrer que ce n'étaient pas des paroles en l'air.

Braun renouvela la proposition d'une fusion en novembre 1931, offrant de céder sa place et de laisser Brüning cumuler les fonctions de chancelier du Reich et de premier ministre de Prusse. Dans ses mémoires d'après-guerre, Brüning écrit que sa suggestion était « d'une extrême importance… Tous les événements de 1932 [dont sa propre mise à l'écart] auraient pu être évités [18] ». Mais à l'époque, il ne fit rien pour mettre en œuvre cette idée ni l'idée précédente de Braun. S'il l'avait fait, cette mesure se serait certainement heurtée à un veto de la part de Hindenburg, Groener et Schleicher. Une fusion avec le gouvernement prussien, réforme qui avait fait l'objet de longues discussions en Allemagne, ou la tentative de bâtir une majorité au Reichstag, aurait signifié coopérer avec le SPD, qui était toujours le plus grand parti, mais celui qui pour la droite résumait tout ce qu'elle détestait le plus dans la république. Quand Groener et von Schleicher avaient essayé d'effectuer un rapprochement avec la république, c'était cette hostilité de la droite, combinée au scepticisme social-démocrate à l'égard d'un réel changement d'attitude de la part du corps des officiers et de la classe des Junker, propriétaires terriens à laquelle il était identifié, qui fit échouer leur tentative. Pour l'armée, ce fut la fin de toute « ouverture à gauche ».

Toutefois, à l'automne de 1930, ni Groener ni von Schleicher n'étaient encore prêts à tirer la conclusion que la seule direction dans laquelle regarder était les nazis. Groener était responsable de l'arrestation et du jugement pour trahison de trois lieutenants qui avaient cherché à obtenir des appuis pour le national-socialisme dans l'armée, et à une conférence de chefs de division en octobre 1930 von Schleicher et lui s'étaient défendus vigoureusement contre les critiques que le procès avait soulevées dans l'armée. Le succès électoral nazi et la propagande nationaliste avaient cependant produit une forte impression. L'opinion des officiers qui parlèrent à l'attaché militaire britannique lors des manœuvres d'automne a d'ailleurs été souvent citée : « C'est le *Jugendbewegung* [Mouvement de la jeunesse], » dirent-ils ; « on ne peut pas l'arrêter. »

Dans le courant de 1931, von Schleicher changea d'avis, plus rapidement que Groener. Dès qu'il eut repris sa place à la tête des SA, Röhm entra en contact avec von Schleicher et souligna le fait qu'Hitler avait fait en sorte de se débarrasser de Stennes et des éléments les plus révolutionnaires parmi les SA. Hitler ainsi que Röhm rendirent visite à von Schleicher, à Groener et au général Hammerstein-Equord, le chef du haut commandement militaire, et von Schleicher commença à caresser l'idée de « dompter » les nationaux-socialistes en leur faisant partager la responsabilité de mesures impopulaires – partie d'un plan visant, cette fois, à « une ouverture vers la droite radicale ».

La nécessité de trouver plus d'appuis fut rendue plus pressante par l'incapacité de Brüning de faire face aux problèmes économiques causés par la Crise. Sa priorité était de mettre un terme aux dommages de guerre. Il pensait que le préalable à cela c'était que les anciens Alliés fussent impressionnés par les efforts de l'Allemagne pour mettre de l'ordre dans son économie en réduisant les dépenses et en augmentant les impôts afin de réussir à équilibrer le budget. Convaincu que c'était la politique à suivre, Brüning se résolut à l'idée qu'elle serait impopulaire ; mais l'opinion allemande ne s'y résolut pas et l'affubla du sobriquet de « Chancelier de la faim ».

A l'automne 1931, dix-huit mois après qu'il fut entré en fonction, Brüning n'avait rien de plus à offrir qu'avant, et entre-temps sa politique extérieure s'était heurtée à de graves problèmes. La proposition de son ministre des Affaires étrangères, Curtius, de créer une union douanière austro-allemande provoqua une violente réaction de Paris, et la puissance financière française fut mobilisée pour faire avorter le projet. La première banque d'Autriche, le Creditanstal, fut obligée de fermer, et la fuite des capitaux étrangers commença aussi en Allemagne, provoquant une panique financière et la clôture des principales banques allemandes pendant trois semaines au cours de l'été 1931. Le 3 septembre 1931, un gouvernement allemand humilié dut annoncer le retrait du projet. Un nouveau programme de réduction des salaires réunit les radicaux de droite et de gauche qui attaquèrent violemment les mesures prises par le Chancelier.

Depuis quelque temps, von Schleicher prévoyait de renforcer le gouvernement Brüning. Il profita de la démission du ministre des Affaires étrangères en octobre pour se débarrasser en même temps du ministre de l'Intérieur, Wirth, qui était particulièrement haï par la droite radicale, et obtenir la nomination de Groener, déjà ministre de la Défense, à sa place. Il eut moins de succès pour gagner le soutien actif des nazis et des nationalistes de Hugenberg.

Quand Hitler reçut un télégramme de Brüning le conviant à une réunion, il l'agita devant ses compagnons en s'écriant : « Je les ai désormais dans ma poche ! Ils me considèrent comme un partenaire égal pour négocier. » Son exaltation était prématurée. L'automne 1931 fut une mauvaise période pour Hitler. En septembre, sa nièce Geli Raubal, dont il était amoureux, s'était suicidée pour protester contre son caractère possessif*. A la réunion avec Brüning et par la suite avec Hindenburg (le 10 octobre), il était énervé et abusa de son avantage en se lançant dans un monologue qui laissa froids le Chancelier comme le Président. Une fuite volontaire du palais présidentiel permit d'apprendre que Hindenburg avait trouvé que « le caporal de Bohême était un drôle de personnage qui pourrait faire un secrétaire général des Postes, mais certainement pas un Chancelier ».

Le lendemain, Hitler dut se montrer à Bad Harzburg, où Hugenberg avait réuni toutes les principales personnalités conservatrices (dont Schacht, le général von Seeckt, tous les hommes politiques de droite et deux princes de Hohenzollern) ainsi que les troupes des Stahlhelm et des SA. Le but était de faire une démonstration de force d'une « Opposition nationale » unie et d'exiger la démission des gouvernements de Brüning et d'Otto Braun, et l'organisation de nouvelles élections dans le Reich et en Prusse.

Hitler était de la pire humeur. Il se sentait oppressé par tous ces manteaux à queue de pie, chapeaux hauts de forme, uniformes d'officiers et titres officiels – la *Reaktion* à la parade – au milieu desquels la grande tribune populaire paraissait déplacée. Quand il s'avéra que les Stahlhelm étaient venus plus nombreux que les SA, il dut partager le podium avec leur chef, Seldte, et Hugenberg. Hitler lut son discours pour la forme, et s'en alla avant que les Stahlhelm aient défilé. L'« Opposition nationale » unie s'effondra avant de s'être constituée, et les récriminations amères continuèrent jusqu'à la fin de l'année.

A l'opposé, quand Brüning défendit ses mesures devant le Reichstag le 13 octobre, il s'en tira mieux que la plupart des gens ne s'y attendaient. Avec l'appui du SPD et du Centre, il obtint la confiance par vingt-cinq voix. Hitler donna libre cours à sa fureur en écrivant une lettre incendiaire à Brüning où il attaquait sa prestation et, le lendemain du vote du Reichstag, il organisa un gigantesque défilé aux flambeaux à Brunswick, où trente-huit trains spéciaux et 5 000 camions amenèrent plus de 100 000 SA et SS pour défiler devant lui. C'était un spectacle comme personne d'autre en Allemagne ne pouvait en organiser : alors que les autres parlaient de la nécessité d'un soutien populaire, Hitler pouvait prétendre qu'il l'avait déjà. Mais il n'était pas plus près du pouvoir que l'année précédente.

IV

Il fallut encore à Hitler quinze mois, d'octobre 1931 à la fin janvier 1933, pour y parvenir. Ces quinze mois furent meublés de deux choses : d'élections et de négociations. Il y eut cinq élections en 1932 : deux à la

---

* Voir plus loin, p. 408.

présidence, deux au Reichstag, et une série d'élections en avril 1932 aux assemblées régionales, dont les plus importantes furent celles de Prusse et de Bavière. Les négociations furent intermittentes, tortueuses et infructueuses jusqu'au tout dernier jour.

Pour Hitler, les élections et les négociations représentaient deux tactiques possibles. Elles ne furent jamais complètement séparées, étant donné que les résultats des élections, même s'ils n'étaient pas décisifs, modifiaient l'équilibre des négociations. Elles représentaient néanmoins deux moyens différents de tenter de parvenir au pouvoir. Le premier consistait à devenir l'un des partenaires d'une alliance de la droite, à étendre l'influence des nazis dans tous les groupes d'intérêts possibles (comme ils l'avaient fait dans les associations de paysans) et à saisir toutes les occasions d'augmenter la participation des nazis au gouvernement, tant dans les États (les *Länder*) que dans le Reich, afin de s'emparer du pouvoir de l'intérieur. Le second signifiait faire cavalier seul et essayer d'opérer une percée en s'assurant une nette majorité aux élections.

Pour les autres, la situation était plus compliquée, car les acteurs étaient plus nombreux et avaient des intérêts différents, et, dans certains cas, opposés. Cependant, aucun de ceux qui participaient aux négociations – von Hindenburg, von Schleicher, Groener, von Papen, Hugenberg et même Brüning – ne voyait dans Hitler et dans le mouvement nazi la menace qui apparaît aujourd'hui évidente. Ils étaient d'accord avec l'essentiel de ce que disait Hitler : ses attaques contre le « système », sa dénonciation de la politique démocratique et des partis marxistes, son appel à l'unité nationale, l'abolition du règlement de paix impliquant des dommages de guerre et la restauration de la grandeur de l'Allemagne et de sa puissance militaire. Comme le déclara le chef du commandement militaire, le général von Hammerstein, après un entretien de quatre heures avec Hitler, « à part la rapidité », ce dernier réclamait véritablement la même chose que la Reichswehr.

Ni le Président, ni le cabinet, ni les généraux ne se sentaient tenus de défendre le système politique de Weimar qui, à leurs yeux, s'était montré incapable de mettre sur pied le gouvernement stable qui était nécessaire pour mettre fin à la crise et engager l'Allemagne dans la voie du rétablissement. Ils évoluaient du recours aux pouvoirs présidentiels pendant une courte période d'urgence – pendant laquelle la constitution parlementaire était suspendue, avec l'idée qu'elle finirait par être rétablie – à une forme permanente de gouvernement présidentiel, guère éloignée de l'ancienne monarchie, le Président prenant la place du Kaiser. Dans cette optique, les nationaux-socialistes apparaissaient non pas comme une menace à supprimer – même s'ils pouvaient l'être – mais comme une source de pouvoir utile, à condition qu'on pût les convaincre de s'associer aux autres forces de droite pour soutenir un programme commun.

Il y avait certains aspects du mouvement nazi que les représentants de l'establishment n'aimaient pas : la violence des SA, la vulgarité de la propagande du parti, son antisémitisme affiché, la persistance d'idées anticapitalistes. Mais ils trouvèrent divers moyens de se rassurer ; la grossièreté et la violence devaient être acceptées comme élément inséparable de la capacité des nazis de plaire aux masses et de s'assurer le soutien populaire qui, à leurs yeux, était l'atout majeur que pouvait apporter Hitler à un régime autoritaire. N'avaient-ils pas obtenu d'Hitler le serment, qu'il était toujours prêt à réitérer, de respecter « la légalité », ainsi que l'assurance absolue que les SA ne se substitueraient jamais à l'armée ni n'interviendraient dans ses affaires, de la même manière qu'il n'encouragerait jamais la moindre atteinte au droit de propriété et au droit des affaires ?

Après un entretien avec Hitler en janvier 1932, l'avisé Groener convint avec Schleicher qu'Hitler était « déterminé à éradiquer les idées révolutionnaires. » La note officielle consigne ainsi la vision d'Hitler par Groener :

> Impression sympathique, garçon timide, convenable, qui cherche à faire pour le mieux. Dans son comportement, typique de l'autodidacte sérieux… Le ministre a déclaré clairement qu'il soutiendrait par tous les moyens la démarche légale d'Hitler, mais qu'il s'opposerait aux fauteurs de troubles nazis comme par le passé…
>
> Les intentions et les buts d'Hitler sont bons, mais c'est un enthousiaste, enflammé, à plusieurs facettes. Le ministre a pleinement accepté d'appuyer ses propositions pour le bien du Reich. Le ministre enjoint également les [gouvernements des] États, de la manière la plus ferme, à se montrer loyaux avec les nazis : il s'agit de s'opposer à tous les excès, non au Mouvement en tant que tel[19].

Périodiquement, les doutes de Groener sur la confiance à accorder aux nazis refaisaient surface. Mais il se laissait alors convaincre par von Schleicher que rien ne s'opposait à ce qu'Hitler devînt Chancelier ou Président, que, comme tous les autres dirigeants de l'opposition, une fois en poste, Hitler se montrerait « maniable », se laisserait « dompter » et que ses partenaires au sein de la coalition sauraient l'empêcher de prendre des mesures radicales.

Groener avoua par la suite à son ami, l'historien Friedrich Meinecke : « Nous aurions dû les éliminer par la force[20]. » Mais quand il finit par se décider à interdire les SA en avril 1932 – initialement avec le ferme soutien de von Schleicher – ce fut pour se retrouver poignardé dans le dos et chassé de son poste par von Schleicher, au nom de l'armée. Le traitement réservé à Groener montra à Hitler avec quelle facilité l'unité de l'autre bord volait en éclats sous la pression. Après Groener, ce fut le tour de Brüning d'être mis à l'écart, puis de von Papen et finalement de von Schleicher. A chaque fois, c'était Hitler le gagnant.

L'erreur des groupes qui contrôlaient l'accès au pouvoir fut de sous-estimer non pas l'hostilité d'Hitler à la démocratique république de Weimar, car c'était cela qu'ils appréciaient en lui, mais le danger qu'il représentait pour la tradition prussienne autoritaire et conservatrice qu'ils cherchaient à restaurer. Malgré toutes les preuves fournies par les campagnes électorales et la violence organisée des nazis, ils ne surent pas voir le caractère dynamique du mouvement qu'Hitler avait créé, jusqu'où l'homme qu'ils considéraient avec mépris comme un démagogue parvenu était prêt à aller pour atteindre ses objectifs, et les forces destructrices qui seraient libérées avant qu'il en ait fini. Sans compter la dissimulation qu'Hitler comme Staline avait appris à pratiquer, cette sous-estimation de l'un comme de l'autre par les autres acteurs du jeu politique furent un autre facteur important de leur réussite.

Le premier choix entre élections et négociations se présenta au début de 1932. Hindenburg devait se retirer en mai. La dernière chose que le groupe qui entourait le Président voulait voir c'était que quelqu'un d'autre le remplace. A quatre-vingt-quatre ans, le vieil homme n'était guère désireux de continuer, surtout si cela signifiait affronter de nouvelles élections. Brüning chercha donc à obtenir un accord sur la prolongation du mandat du Président pendant un an ou deux, par un simple vote de confiance du Reichstag.

Bien qu'Hitler continuât à attaquer farouchement Brüning pour les conséquences désastreuses de sa politique, le Chancelier pensa qu'il pourrait accepter pareille proposition plutôt que de risquer de mettre son mythe à l'épreuve contre celui du Maréchal, en qui des millions d'Allemands voyaient l'unique symbole de stabilité dans ce monde chaotique. Il n'y avait aucun doute sur l'intérêt d'Hitler, et les pourparlers s'engagèrent avec Groener, von Schleicher et Brüning lui-même.

Il n'y avait qu'une question à laquelle Hitler voulait une réponse : qu'avait-il à gagner dans l'affaire ? La réponse semblait être : rien. La question devint alors : Hitler était-il prêt à risquer un conflit ouvert avec le Président ?

Les opinions dans le camp nazi étaient fortement divisées. Celle de Gregor Strasser était que von Hindenburg serait imbattable et qu'Hitler ne devait pas le défier. Cela correspondit à la préférence de Strasser tout au long de 1932 pour des négociations plutôt que pour un combat électoral, pour les compromis consistant à faire partie de coalitions avec d'autres partis (le Centre par exemple), à l'échelon local et national pour pénétrer les groupes d'intérêts et s'en emparer, et ainsi s'étendre et amasser du pouvoir par étapes plutôt que d'essayer de s'en emparer d'un seul coup et risquer d'échouer.

Le principal adversaire de Strasser était Goebbels, qui poussait Hitler à se présenter, en sachant parfaitement (ses journaux intimes le montrent) qu'une rencontre électorale ferait de lui, en tant que chef de la direction de la propagande, le plus important des lieutenants d'Hitler — tout comme la tactique de la négociation et de la coalition grandirait le rôle de Strasser comme chef de l'Organisation du parti. Goering et Röhm étaient les plus fermes partisans de Goebbels, Goering parce qu'il ne disposait d'aucune base de pouvoir dans le parti et ne pourrait s'imposer que si Hitler accédait au pouvoir et le faisait ministre, Röhm parce qu'il avait besoin de l'excitation et de l'activité d'une campagne électorale pour fournir un exutoire à l'énergie des SA.

Hitler hésita pendant un mois, manifestation caractéristique de l'indécision qui précéda tant de ses grandes décisions. Ce n'est que le 22 février, à tout juste trois semaines des élections, qu'il fut prêt à dire « oui », et qu'il se fit alors naturaliser allemand en toute hâte en se faisant nommer temporairement à un petit poste de fonctionnaire par le ministre de l'Intérieur nazi du minuscule État de Brunswick.

Déjà engagé dans les préparatifs de la campagne, le souci de Goebbels était de trouver de l'argent. « L'argent manque partout, écrivit-il dans son journal. Personne ne veut nous faire crédit. Dès qu'on a le pouvoir, l'argent frais coule à flots, mais alors on n'en a plus besoin. Sans le pouvoir, il faut de l'argent, mais alors on n'en trouve pas. [21] »

Goebbels finit par réussir à trouver l'argent dont il avait besoin pour planifier une campagne comme l'Allemagne, ni d'ailleurs aucun autre pays européen, n'en avait jamais vu auparavant. Le 4 février 1932, il écrivait dans son journal : « Les grandes lignes de la campagne électorale sont tracées. Nous n'avons plus maintenant qu'à presser le bouton pour que la machine se mette en marche. » Il pouvait s'appuyer sur le succès des élections de 1930, et depuis lors les rangs du parti avaient plus que triplé pour atteindre environ 450 000 membres [22]. L'Organisation du parti – aucun *Gau* n'avait moins de mille personnes dans son équipe – atteignait désormais tous les villages d'Allemagne, et l'ampleur de la manifestation de Brunswick avait montré ce dont elle était capable. Il n'y avait pas de radio ni de télévision disponible mais les murs de toutes les villes d'Allemagne furent entièrement recouverts d'affiches nazies, et des films sur Hitler et Goebbels furent tournés et projetés partout (une innovation en 1932). Comme en 1930, mais avec des forces beaucoup plus importantes et mieux organisées, la stratégie d'Hitler-Goebbels fut de couvrir tous les districts d'Allemagne par une campagne de saturation, avec une propagande dirigée vers chaque groupe social et économique distinct. C'est alors que la puissance de l'organisation locale nazie sur le terrain montra son intérêt.

La presse nazie et des millions de tracts faisaient passer le message écrit, mais conformément à la croyance d'Hitler dans la supériorité du verbe, l'effort principal fut mis dans l'organisation de plusieurs milliers de rassemblements, complétés par des défilés des SA, aux plus importants desquels les grands orateurs du parti chauffaient leur auditoire avec une éloquence de tribun qui ignorait la retenue. Le Président lui-même n'était pas épargné, ni personne d'autre, dans les attaques virulentes contre le « système ». Entre le 22 février et le 12 mars, Goebbels prononça dix-neuf discours à Berlin (dont quatre dans l'immense Sportpalast) et prit la parole à des réunions de masse dans neuf autres grandes villes, rentrant à toute vitesse à Berlin par le train de nuit pour superviser le travail d'organisation de la propagande de son parti.

Mais le personnage central, plus encore qu'en 1930, ce fut Hitler lui-même. Cette fois, il ne s'agissait plus d'une masse de candidats, dont beaucoup à peine connus, se présentant à l'élection au Reichstag ou à l'un des parlements régionaux, mais d'un candidat unique, le Führer en personne, l'incarnation du mouvement, qui appelait ses partisans à l'élire à la plus haute fonction de l'État. Ses apparitions provoquaient un enthousiasme hystérique. A Breslau, il parla devant 60 000 personnes ; ailleurs, la foule fut estimée à des chiffres plus élevés encore. Quand le vote eut lieu, le 13 mars, le parti, membres et dirigeants confondus, avait réussi à se persuader qu'il était parvenu au seuil du pouvoir, qu'Hitler était sur le point de devenir le Président d'Allemagne, et qu'il allait être en mesure d'utiliser les pouvoirs exceptionnels du Président pour entreprendre une révolution « légale ».

Le résultat les stupéfia. La campagne nazie avait fait monter les suffrages de six millions et demi en septembre 1930 à onze millions et demi, soit 30 % du total, avec une participation record. Mais c'était encore sept millions derrière le score de Hindenburg de 46,6 %. Le facteur décisif fut que les sociaux-démocrates, les syndicats et le parti catholique du Centre se rendirent compte qu'il valait mieux ne pas présenter de candidats propres mais voter, comme un moindre mal, pour un Président qui était protestant et prussien et pour un monarchiste qui détestait la social-démocratie et la république. De quelque manière qu'on l'expliquât, c'était la défaite, et Goebbels fut désespéré.

Cependant, le vote en faveur de Hindenburg était toujours à 200 000 en dessous de la majorité absolue requise. Il fallait donc organiser un second tour. Cette fois, Hitler n'hésita pas. Pendant qu'on publiait les résultats, il annonça qu'il se présenterait, et le lendemain des élections, à l'aube, les éditions spéciales du *Völkischer Beobachter* étaient vendues dans la rue avec un nouveau manifeste :

> La première campagne électorale est terminée, la seconde a commencé aujourd'hui. J'en prends la tête.

Dans l'espoir d'empêcher que la violence ne devînt incontrôlable à l'occasion de Pâques, le gouvernement limita la durée de la deuxième campagne à une semaine. Pour en tirer le meilleur profit, Hitler affréta un avion et se rendit dans vingt et une grandes villes où il y avait jusqu'à quatre ou cinq manifestations organisées pour l'accueillir. En dehors de son intérêt pratique, ce voyage aérien sans précédent, avec son côté futuriste, produisit un effet psychologique extraordinaire, surtout quand un violent orage cloua au sol tout le trafic aérien et qu'Hitler insista pour s'envoler vers Düsseldorf afin de tenir son engagement. C'était l'homme dont l'Allemagne avait besoin, avec le courage d'agir, clama la presse nazie, le sauveur qui descend du ciel. « Hitler au-dessus de l'Allemagne » était le slogan, d'autant plus efficace qu'il pouvait être pris à double sens.

Porté par la puissance de son propre mythe, Hitler déclara qu'il se sentait l'instrument de Dieu, choisi pour libérer l'Allemagne.

Il n'y eut jamais aucun doute qu'il serait battu, mais au contraire des candidats nationalistes qui abandonnèrent et des communistes dont les suffrages diminuèrent d'un million, la détermination d'Hitler transforma la défaite en triomphe, augmentant les suffrages nazis de plus de deux millions. Hindenburg l'emporta sans être inquiété avec une confortable majorité mais le succès des nazis qui réussirent à plus que doubler le suffrage des élections de 1930 (avec 13,4 millions de votes au lieu de 6,5) fut la grande nouvelle du jour. Hitler ordonna aussitôt la préparation des élections dans les États quinze jours plus tard. Elles allaient toucher les quatre cinquièmes de la population et fournir une occasion de renverser la coalition sociaux-démocrates – centristes en Prusse, dernier bastion de la République. « Nous continuons sans prendre le temps de respirer, » haleta Goebbels.

A ce stade, toutefois, les règles du jeu furent modifiées. L'hiver 1931-1932 avait été marqué par une recrudescence de la violence, dont l'essentiel, surtout dans les grandes villes comme Berlin et Hambourg, prit la forme d'une guerre de gangs entre les nazis et les communistes. Les preuves de la volonté des nazis de prendre le pouvoir s'étaient accumulées depuis que la police de Francfort était entrée en possession de brouillons de documents secrets (connus sous le nom de Papiers de Boxheim) rédigés par les dirigeants locaux nazis de Hesse. Il s'agissait des préparatifs d'un coup de force nazi qui aurait suivi un soulèvement communiste, et comprenait des décrets prévoyant l'exécution immédiate de quiconque résisterait, refuserait de coopérer ou serait trouvé en possession d'armes. Cette découverte avait été faite en novembre 1931, et causa une sensation qui obligea Hitler à nier qu'il eût connaissance de ces plans (sans doute à juste titre), mais n'entraîna aucune mesure du gouvernement contre les personnes incriminées. La police prussienne découvrit alors des copies d'instructions de Röhm et de cartes annotées confirmant le rapport selon lequel les SA et les SS avaient reçu l'ordre de se tenir en alerte en vue d'un coup de force au cas où Hitler remporterait l'élection présidentielle. D'autres instructions furent saisies ordonnant aux SA de Poméranie de ne pas participer à la défense des frontières en cas d'attaque surprise de la Pologne.

En conséquence, les gouvernements des États, conduits par la Prusse et la Bavière, délivrèrent un ultimatum : si le gouvernement du Reich ne prenait pas de mesures pour dissoudre les SA et les SS, ils en prendraient.

Croyant qu'il avait l'appui de von Schleicher et de l'armée, Groener, ministre de l'Intérieur ainsi que de la Défense, promulgua un décret dans ce sens immédiatement après le second tour des élections présidentielles. Röhm, qui revendiquait quatre fois plus de SA que les effectifs de l'armée autorisés par le traité de Versailles, envisagea un instant de résister ; mais Hitler exigea qu'on exécute l'ordre, prévoyant que si les SA se soumettaient et ôtaient leurs chemises brunes, ils pourraient reparaître comme d'ordinaires membres du parti, et l'organisation serait maintenue intacte. Brüning et Groener, déclara-t-il, recevraient une réponse aux élections de Prusse.

Cette fois, il se trompait. Voyageant à nouveau par la voie des airs, Hitler prit la parole dans vingt-cinq villes en huit jours. « Notre vie , écrivit Goebbels, n'est plus maintenant qu'une course frénétique à la réussite et au pouvoir. » Mais ce dernier leur échappa encore. En Prusse, les nazis obtinrent les mêmes 36 % des voix qu'ils avaient recueillis au second tour des présidentielles – assez pour priver de la majorité la coalition SPD – Centre établie de longue date, mais pas assez pour donner aux nazis, même avec l'appui des nationalistes de Hugenberg, de quoi constituer un gouvernement prussien. En Bavière et au Wurtemberg, ils furent encore plus loin de la majorité. Après trois campagnes exténuantes, même Goebbels en eut assez et dit d'un ton grimaçant : « C'est notre propre mort que nous allons gagner dans ces élections. »

Cependant, Hitler était loin de désespérer. Il avait en effet obtenu un renseignement qui lui rendit peut-être plus facile de se soumettre à l'ordre de Groener. Hindenburg étant confirmé dans ses fonctions, von Schleicher se sentait désormais libre de poursuivre son plan pour se débarrasser de Brüning, et de faire un nouveau pas vers une forme de gouvernement présidentiel indépendant de la majorité au Reichstag. Or il était essentiel à son programme qu'il s'assure le soutien d'Hitler et des nazis, et il utilisa tous ses talents d'intrigant pour saper l'interdiction des SA par Groener, et organiser une campagne de rumeurs contre lui.

Ce fut un acte de trahison personnelle de la part de von Schleicher, que Groener avait traité comme un fils et à qui il accordait une confiance implicite. Ce fut aussi un revirement par rapport au conseil qu'il avait lui-même antérieurement donné à Groener en faveur de l'interdiction. Toutefois, quand Hitler rencontra von Schleicher en secret (deux fois, le 26 avril et le 17 mai), il apprit que la mise à l'écart de Groener visait à préparer la voie à celle de Brüning. Les deux hommes, dont von Schleicher avait favorisé l'ascension, avaient rempli leur office et pouvaient être passés par pertes et profits. « Tout va pour le mieux..., nota Goebbels. Sensation délicieuse que personne ne se doute de rien. Brüning lui-même moins que quiconque [23]. »

Après une scène humiliante au Reichstag, au cours de laquelle Groener fut raillé et hué par les nazis, et un vain appel à l'intervention de Hindenburg, le général donna sa démission le 12 mai. Brüning fut soumis au même traitement. Sa politique lui avait valu d'autres ennemis qu'Hitler à droite. Un projet de décret prévoyant la mainmise sur les biens non solvables en Allemagne orientale et leur attribution à de nouveaux colons provoqua une vague de protestation passionnée de la part de la puissante classe des Junkers, à qui Hindenburg devait le cadeau de son domaine de Neudeck, et qui dénonça dans la proposition de Brüning du « bolchevisme agraire ». De retour d'une visite opportunément arrangée à son domaine après la démission de Groener, von Hindenburg refusa de signer le décret et dit à Brüning que s'il désirait le revoir, il devrait apporter sa lettre de démission. Quand il le fit, elle fut aussitôt acceptée. « Nous avons des nouvelles du général von Schleicher, nota Goebbels dans son journal. Tout se déroule comme prévu. »

La chute de Brüning marque une nouvelle étape dans l'écroulement de la république de Weimar. Aussi déjugée qu'ait été la politique qu'il poursuivait, et même s'il lui manquait l'attrait d'un dirigeant populaire, ou le talent d'un politicien, il avait fait une tentative honnête de s'attaquer aux problèmes de l'Allemagne. Tant que le cabinet Brüning fut en fonction, avec l'appui tacite des partis social-démocrate et centriste au Reichstag, la tradition de la responsabilité gouvernementale n'avait pas été totalement abandonnée en Allemagne. Avec la nomination de von Papen pour lui succéder, elle le fut, et von Hindenburg exprima son soulagement que le « temps des ministres républicains » fût terminé.

L'objectif de von Schleicher semble avoir été de faire disparaître les dernières traces du régime démocratique et de le remplacer par un gouvernement autoritaire de la classe dirigeante, dont la majorité serait issue de l'ancienne noblesse. Le choix de von Papen, dont l'ambassadeur de France aurait dit qu'il n'était « pris au sérieux ni par ses amis ni par ses ennemis », fut accueilli avec incrédulité. Ancien officier de cavalerie, il était assez convaincant pour avoir évité de se faire assassiner par Hitler en 1934 et vécut assez vieux pour plaider sa cause avec tant de brio aux procès de Nuremberg en 1946 qu'il réussit à échapper à la prison. Possédant tout le charme d'un courtisan-né, il gagna rapidement les faveurs du président, mais fut rageusement répudié par son propre parti du Centre ainsi que par les nationalistes de Hugenberg, et il ne disposa jamais de la moindre base politique. Von Schleicher le voyait dans le rôle de l'homme qu'on met en avant, et qui ferait ce qu'on lui dit de faire. Quand les amis de von Schleicher s'élevèrent contre le fait que c'était un homme sans tête, le général répliqua : « Je n'ai pas besoin d'une tête, j'ai besoin d'un chapeau. » Von Schleicher, prenant la place de Groener comme ministre de la Défense, fournirait lui-même la tête.

Hitler n'avait aucunement l'intention d'être associé à un montage aussi anachronique. Tout ce qu'il avait accepté de faire, c'était de tolérer le nouveau gouvernement contre la levée de l'interdiction des SA et l'organisation de nouvelles élections. Même après le résultat décevant de trois élections en moins de trois mois, le seul intérêt que voyait Hitler aux négociations n'était pas un partage du pouvoir mais la possibilité d'une nouvelle confrontation électorale, qui seule pouvait lui fournir ce qu'il voulait, la totalité du pouvoir à ses propres conditions.

Le Reichstag fut dissous le 4 juin ; l'interdiction des SA fut levée le 16 juin et les élections prévues pour le 30 juillet. Cependant, von Papen et von Schleicher omirent de s'assurer en retour la moindre promesse d'appui formelle de la part d'Hitler une fois que les élections seraient passées. Ce qu'ils obtinrent à la place fut une démonstration de ce dont les SA étaient capables dès qu'on leur lâchait la bride. Thaelmann, le dirigeant communiste, déclara que la levée de l'interdiction était une invitation ouverte au meurtre. La violence des batailles de rue créa une atmosphère de guerre civile : dans les cinq semaines qui précédèrent le 20 juillet, il y eut près de 500 affrontements en Prusse, qui se soldèrent par 99 morts et 1 125 blessés graves. La réaction du nouveau ministre de l'Intérieur, Freiherr von Gayl, fut de condamner la police prussienne pour ses interventions partiales consistant à prendre des mesures insuffisantes contre les communistes et à se montrer trop strict avec les nazis. Cette réponse visait à paver la voie au plus grand coup de force de von Papen, la proclamation de l'état d'urgence en Prusse et la nomination d'un Commissaire du Reich pour remplacer le gouvernement SPD-Centre.

Une bataille particulièrement âpre à Hambourg-Altona fournit le prétexte. Sept mille nazis défilèrent dans un quartier ouvrier et entraînèrent les communistes dans des combats de rue de part et d'autre de barricades, laissant dix-sept morts et un beaucoup plus grand nombre de blessés. Trois jours plus tard, le 20 juillet, von Papen s'employait à démettre le gouvernement prussien de ses fonctions. La légalité de la mesure de von Papen, fondée sur les pouvoirs spéciaux du Président prévus par l'article 48 de la constitution, était contestable, mais le SPD et les syndicats, qui avaient fait avorter le putsch de Kapp en lançant une grève générale en 1920 et envisageaient la possibilité de recourir à nouveau à une action similaire, ne le firent que pour la rejeter aussitôt. Rien n'impressionna plus l'opinion allemande que le fait que la Prusse, bastion de la social-démocratie pendant toute la période de Weimar avec les forces de police les plus puissantes d'Allemagne, se rendît sans résistance, ses dirigeants épuisés et leur confiance en eux sapée par la lutte interminable qu'ils avaient menée sur deux fronts, contre les extrémistes de gauche et de droite, les communistes et les nazis.

Le renversement de la « Prusse rouge », objectif nazi depuis longtemps, fut salué comme le présage d'un triomphe aux élections au Reichstag qui suivirent dix jours plus tard, le 31 juillet 1932. Grâce à une réorganisation administrative conduite par Gregor Strasser au cours de l'été, le parti était mieux préparé que jamais, et ses activités n'étaient plus gênées par les moindres restrictions. Dès qu'il était choisi comme candidat, chaque membre du parti devait personnellement prêter serment d'obéissance à Hitler, car il était « nécessaire qu'ils obéissent aveuglément »[24]. Pour la quatrième fois en cinq mois, toute la machine habituelle de battage nazi fut mise en branle. Hitler s'envola à nouveau dans les airs et pour son troisième « Vol au-dessus de l'Allemagne », il prit la parole dans une cinquantaine de villes au cours de la deuxième moitié de juillet. Et une fois de plus il souleva – et partagea – les émotions d'une campagne de réveil de la foi. Quand, retenu par le mauvais temps, il ne put arriver à Stralsund avant 2 h 30 du matin, une foule de plusieurs milliers de personnes l'attendait sous une pluie battante. Lorsqu'il eut fini son discours, elles saluèrent l'aube en entonnant « Deutschland über Alles ». Son message, assené à l'infini, faisait entrer l'idée qu'après plus de deux ans de crise économique et de chômage massif que le gouvernement s'était montré impuissant à juguler, il fallait un changement radical – et qu'un seul parti avait l'énergie et la volonté absolue de l'accomplir.

Quand on annonça les résultats, les nazis avaient plus que doublé leurs chiffres de 1930 et étaient devenus le plus grand parti d'Allemagne, avec 13 754 000 voix et 230 sièges au Reichstag : un gain de près de treize millions de voix en quatre ans. Les perdants, les sociaux-démocrates, venaient loin derrière avec moins de huit millions de voix, les communistes avec cinq un quart, et le Centre avec quatre et demi.*

V

Pourtant, une fois de plus, les nazis avaient remporté un succès retentissant sans obtenir la majorité écrasante qu'Hitler recherchait. Un examen attentif des chiffres ne montrait guère de progression des nazis par rapport au pourcentage des voix exprimées en avril – 36,7 % au second tour des élections présidentielles, 36,3 % aux élections de Prusse, 37,3 % au Reichstag. Les plus forts pourcentages avaient à nouveau été fournis par les zones rurales du nord et de l'est – Schleswig-Holstein 51 %, Prusse orientale 47,1 %. Mais ceux des régions industrialisées et des zones méridionales de l'Allemagne s'étageaient entre 20 et 30 %, nettement en dessous de la moyenne. Résumant le tableau général, l'ambassadeur de Grande-Bretagne rendait compte de Berlin :

> Hitler semble maintenant avoir épuisé ses réserves. Il a avalé les partis petits-bourgeois du Milieu et de la Droite, et rien n'indique qu'il sera en mesure d'effectuer une percée au Centre, chez les communistes et chez les socialistes… Tous les autres partis sont naturellement satisfaits qu'Hitler n'ait pas réussi à obtenir quelque chose qui ressemble à une majorité, d'autant qu'ils sont convaincus qu'il a désormais atteint son zénith [25].

Cependant, si Hitler était prêt à négocier, il était en position de force, en tant que chef du parti politique de loin le plus puissant d'Allemagne. La question était de savoir ce qu'il devait demander. A une conférence de la direction du parti, on envisagea une coalition avec le parti du Centre (qui avait toujours eu la faveur de Strasser), mais Hitler préférait la solution du « tout ou rien », tout le pouvoir et non une partie seulement.

Le 5, à Fürstenberg, il présenta ses exigences à von Schleicher : outre le poste de chancelier pour lui-même dans une quelconque coalition de droite, il demandait la nomination d'autres nazis aux postes de ministre

---

* Voir les résultats détaillés à l'appendice 1. Voir aussi la carte de la p. 234.

président de Prusse, ministre de l'Intérieur (avec contrôle de la police) du Reich et de Prusse, ministre de la Justice du Reich et au nouveau poste de ministre de l'Édification du peuple et de la Propagande, réservé à Goebbels. Pour mettre fin à la dépendance vis-à-vis tant du Président que du Reichstag, Hitler demandait aussi l'adoption d'une loi d'habilitation donnant au Chancelier le libre pouvoir de gouverner par décrets ; si le Reichstag refusait de faire passer cette loi, il serait dissous. Quoi que Schleicher ait pu dire, Hitler repartit convaincu que le général userait de toute son influence pour lui obtenir la chancellerie. Il était si satisfait qu'il proposa qu'on fixe une tablette sur le mur de la maison pour commémorer cette réunion historique.

Le 8, Goebbels nota dans son journal :

> L'air est plein de présages... Tout le parti est prêt à prendre le pouvoir. Les SA ont leurs moyens habituels pour l'appuyer. Si les choses se passent bien, tout ira pour le mieux. Si elles ne se passent pas bien, ce sera un terrible revers [26].

Pour calmer les SA tout en donnant du poids à ses exigences, Hitler les fit défiler dans Berlin. Partout ailleurs, la tension produisait un surcroît d'affrontements violents, et conduisit à un décret menaçant de la peine de mort quiconque tuerait un opposant. La nuit suivante, cinq SA en uniforme firent irruption chez un ouvrier communiste de Potempa, village de haute Silésie, le sortirent de son lit et le tuèrent à coups de pied sous les yeux de sa mère horrifiée.

Ne voyant rien venir de Berlin, Hitler fit demander une rencontre avec le chancelier, von Papen, et le président le 13. La veille au soir, il apprit de Röhm qu'il était fort douteux que von Papen renonce à la chancellerie en sa faveur, et il passa des heures à faire les cent pas chez Goebbels tout en discutant de la question de savoir jusqu'où il pourrait faire monter ses exigences – et jusqu'où il pouvait se permettre de descendre sans risquer de perdre le contrôle des SA et du parti.

Von Papen ne voyait en effet aucune raison de démissionner. Les résultats des élections, qui n'avaient pas donné de nette majorité, justifiaient le maintien du cabinet présidentiel ; personne n'avait jamais eu de meilleures relations avec Hindenburg, et le président lui-même ne souhaitait absolument pas remplacer l'aristocratique von Papen par le grossier Hitler qu'il n'aimait pas. La violence continuelle avait provoqué une réaction contre les nazis chez les nantis, et les éventuelles répercussions à l'étranger de l'arrivée d'Hitler au pouvoir avaient impressionné tant le cabinet que l'armée. Comme tout le monde, von Papen pensait que les nazis avaient atteint le sommet de leur ascension et qu'ils allaient commencer à perdre des voix. Quand von Schleicher et lui rencontrèrent Hitler, le maximum qu'ils étaient prêts à lui offrir était un poste de vice-chancelier dans le gouvernement von Papen existant et le ministère de l'Intérieur de Prusse pour un de ses partisans.

Hitler rejeta d'emblée la proposition et se mit dans un état de rage, parlant avec fureur de donner aux SA trois jours de liberté dans les rues et de balayer les « marxistes ». Après un nouvel échange de mots, pendant lequel il déclara qu'il ne voulait pas moins de pouvoir que celui qu'avait réclamé Mussolini en 1922, il refusa de poursuivre plus avant la discussion. On ne le convainquit de répondre à une convocation du président qu'en lui disant que rien n'était encore réglé. Mais le président le reçut debout et parla en termes vifs des éléments sauvages au sein de son parti qui échappaient à tout contrôle. Il était prêt à admettre Hitler et les nazis au sein d'une coalition mais non à lui donner le pouvoir exclusif. Pour parachever l'humiliation, le compte rendu officiel de l'entretien, contenant les reproches que lui avait adressés le président au sujet des excès des nazis et le rejet de ses exigences excessives, fut rendu public – et connu du parti – avant qu'Hitler ait pu présenter sa propre version.

La manière dont il avait été éconduit l'ulcéra autant que le refus. C'était la répétition de 1923 ; on acceptait volontiers le caporal dans le rôle d'un *Trommler,* un tambourinaire de la cause nationaliste, mais il n'était pas question d'en faire un chancelier. Tout le mépris et la haine qu'il éprouvait pour le monde bourgeois « respectable », la caste des officiers et les politiciens suffisants en queues-de-pie et chapeaux hauts de forme, débordèrent :

> Je sais ce que ces messieurs ont en tête. Ils voudraient nous donner quelques postes maintenant et nous réduire au silence. Non, messieurs, je n'ai pas créé le parti pour marchander, pour le vendre, pour le troquer... Pensez-vous vraiment qu'ils puissent m'appâter avec deux ou trois postes ministériels ? Ces messieurs n'ont pas idée à quel point je me fous de tout ça. Si Dieu avait voulu que les choses soient comme elles sont, nous serions venus au monde avec un monocle. Jamais de la vie ! Ils peuvent garder ces postes car ils ne leur appartiennent pas du tout[27].

La tentation fut plus forte que jamais de lâcher les SA et de leur montrer que ce n'était pas un effet oratoire quand il parlait de leur donner la « liberté dans les rues ». Quand les cinq SA responsables du meurtre de l'ouvrier de Potempa furent condamnés à mort, il leur télégraphia :

> Mes camarades : face à cette condamnation des plus monstrueuses et sanglantes, je me sens lié à vous par une loyauté sans limites. Dès l'instant présent, votre libération est une question d'honneur[28].

Pourtant, Hitler faisait encore la part entre émotions et calcul. Le jour même de son entretien humiliant avec Hindenburg, il rappela fermement à Röhm et aux autres chefs des SA qu'il n'était pas question d'organiser un putsch. Il restait fidèle à sa tactique de la « légalité », et la manifestation en faveur des assassins de Potempa fut conçue pour permettre à Röhm de tenir ses hommes, et non de les stimuler.

Von Papen et von Schleicher comprenaient suffisamment le jeu que jouait Hitler, et ils continuèrent à l'user avec l'idée qu'à la longue il finirait par accepter leurs conditions. De son côté, Hitler approuva la proposition de Strasser de reprendre les pourparlers avec le parti du Centre : une combinaison NSDAP-Centre permettrait en effet de constituer une majorité au Reichstag, et elle fut d'ailleurs utilisée pour élire Goering président de cette assemblée à la fin août. Strasser pensait que le parti avait atteint les limites de son attrait électoral et qu'une coalition avec la gauche et les éléments modérés du Centre était le meilleur moyen de toucher les électeurs non socialistes, et de parvenir au pouvoir avec une majorité parlementaire. Goebbels y resta aussi opposé que jamais mais vit l'intérêt de lancer des antennes en direction du Centre dans le but d'exercer une pression sur von Papen.

Le point culminant de ces manœuvres fut atteint lors de la première session plénière du Reichstag depuis les élections, le 12 septembre 1932. Von Papen, qui était désormais fermement installé auprès de Hindenburg, s'était doté secrètement à l'avance d'un décret de dissolution du Reichstag qu'il conservait comme atout à abattre en cas de besoin. Mais les événements prirent les deux parties par surprise. A la fin d'une session confuse et houleuse, les nazis votèrent une motion de censure communiste, infligeant une défaite écrasante à von Papen, par 512 voix contre 42 ; par mesure de rétorsion, von Papen sortit son décret de dissolution de la Chambre alors qu'elle siégeait depuis moins d'un jour, et les nazis se retrouvèrent face à la cinquième élection de l'année.

Attiré comme toujours par le coup de dés que représentaient des élections, Hitler, impénitent, était rempli de confiance. Mais Goebbels même pâlit à l'idée d'une répétition des campagnes précédentes. Au sein du parti, le moral était bas et bon nombre des *Gaue* avaient encore des dettes consécutives aux élections de juillet. L'opinion avait fortement réagi à l'affaire de Potempa, et bien des gens avaient la certitude, partagée par beaucoup de membres du parti, que les nazis allaient perdre des voix. Seule la détermination d'Hitler et la conviction inébranlable dans son destin les poussèrent à continuer. Quand la direction du parti se réunit à Munich au début d'octobre, la force du mythe du Führer fonctionna encore : « Il est formidable et nous surpasse tous, écrivit Goebbels. Il est capable de relever le moral du parti et de le sortir du marasme le plus noir. Avec lui comme chef, le Mouvement doit réussir. [29] » Cependant, peu après, Goebbels notait dans son journal : « L'argent est extrêmement difficile à trouver. Tous ces messieurs de « Propriété et éducation » se rangent du côté du gouvernement. [30] » C'était certainement vrai des grosses entreprises allemandes, alarmées par la radicalisation du soutien à Hitler. Pour la première fois, un groupe d'industriels et de cadres, actifs politiquement, des principales associations patronales se rencontrèrent à Berlin le 19 octobre 1932 et décidèrent de réunir le fonds politique de deux millions de marks réclamé par le cabinet von Papen [31].

Hitler ne fit toutefois aucune concession et se dépensa jusqu'à la limite. Pour sa quatrième campagne en avion, il se rendit dans un plus grand nombre de villes et prit la parole à un plus grand nombre de meetings encore qu'au cours de l'été. « Contre la réaction ! » – tel était le slogan radical sans fard qu'il adopta, et toute la puissance de la machine de propagande nazie fut dirigée contre von Papen et « le régime corrompu des Junkers ». Dans une tentative désespérée d'éviter de perdre du terrain dans son propre fief de Berlin, Goebbels donna ordre au parti et aux SA de collaborer ouvertement avec les communistes en participant à une grève des transports de cinq jours que le SPD et les syndicats avaient désavouée. La notation finale de Goebbels dans son journal indique :

> Dernière attaque. Effort désespéré du parti contre la défaite. Nous réussissons à trouver 10 000 marks au tout dernier moment. Ils vont être jetés dans la campagne samedi. Nous avons fait tout notre possible. Que le sort décide maintenant[32].

Pour la première fois depuis 1928, il y eut une baisse de la participation. Fatigués par l'agitation politique et alarmés par la violence, deux millions d'électeurs désertèrent les urnes par rapport à juillet, et les suffrages nazis diminuèrent du même chiffre. Ce ne fut toutefois pas une évolution dans le sens de la modération : les communistes dépassèrent le Centre pour devenir le troisième parti (16,9 %), le SPD tomba juste en dessous de 20 %, et les nazis restèrent de loin le plus grand parti. Les nationalistes de Hugenberg opérèrent un retour modeste. L'extrémisme était toujours sur la pente ascendante. Bien que 90 % (comme le fit remarquer Hitler) des électeurs s'étaient rangés contre lui, von Papen fut enchanté du résultat, et plus convaincu que jamais que les nazis devraient composer.

Cependant, la position de von Papen n'était pas aussi forte qu'il le croyait. Von Schleicher était furieux de son indépendance et de la relation étroite qu'il avait établie avec le président, et il fut troublé quand il entendit von Papen parler de convoquer de nouvelles élections pour forcer les nazis à accepter un arrangement, ou d'instaurer une dictature s'ils refusaient. Selon Brüning, von Schleicher avait toujours craint l'éventualité que l'armée ait à faire face à un soulèvement simultané des nazis et des communistes. Leur coopération effective dans la grève de Berlin et l'augmentation des suffrages communistes avaient produit une forte impression sur lui. En tant que ministre de la Défense, il commença à accréditer l'idée auprès des autres membres du cabinet que le maintien de von Papen dans ses fonctions risquait de conduire à la guerre civile. Il insista pour que von Papen démissionne et permette au président de consulter les dirigeants des partis – en premier lieu Hitler – pour essayer de trouver un moyen de sortir de l'impasse.

Von Papen releva le défi (le 17 novembre), confiant que les pourparlers de Hindenburg avec Hitler, qui suivirent les 18 et 21, ne conduiraient à rien, et qu'il reprendrait ses fonctions avec un pouvoir renforcé. Son scepticisme était justifié. Hitler exigea le poste de chancelier assorti des mêmes pouvoirs étendus que le président avait donnés à von Papen. Von Hindenburg (poussé par von Papen dans la coulisse) n'accepterait qu'Hitler devînt chancelier que s'il parvenait à réunir une majorité au Reichstag ; si l'Allemagne devait continuer à être gouvernée par les pouvoirs d'urgence d'un cabinet présidentiel, il n'y avait aucun intérêt à remplacer von Papen.

Les discussions entre le président et les chefs des autres partis ne donnèrent pas de meilleurs résultats, pas plus qu'une démarche de von Schleicher (par l'intermédiaire de Gregor Strasser), par laquelle il sonda la possibilité de faire entrer les nazis dans un gouvernement dont lui-même, et non von Papen, serait chancelier. Hitler ne se laissa pas entraîner, et von Papen proposa de reprendre ses fonctions de chancelier, de suspendre les sessions du Reichstag pour un temps indéterminé et de préparer une réforme de la constitution. Jusqu'à ce que cela soit fait, il proclamerait l'état d'urgence, gouvernerait par décrets et recourrait à la force pour écraser toute tentative de coup d'État. Passant outre aux objections de von Schleicher, Hindenburg accepta et chargea von Papen de former un nouveau gouvernement.

C'est alors que von Schleicher joua son atout. A la première réunion du cabinet après que von Papen eut repris ses fonctions (le 2 décembre), von Schleicher, en tant que ministre de la Défense, annonça que l'armée n'avait plus confiance dans le chancelier et n'était pas prête à prendre le risque d'une guerre civile.

L'acte final de cette extraordinaire intrigue politique s'ouvrit par la capitulation de von Hindenburg devant l'ultimatum de l'armée, tel qu'il avait été présenté par Schleicher, et le Président l'invita au lieu de von Papen à devenir chancelier, dans l'idée qu'il parviendrait à créer le front national, incluant les nazis, que von Papen n'avait pas réussi à réunir. Les espoirs de von Schleicher d'y parvenir dépendaient de la capacité de Gregor Strasser, avec qui il était en contact, de convaincre Hitler que c'était l'intérêt des nazis d'entrer dans un gouvernement von Schleicher.

Pendant plus d'un an, Strasser avait été pessimiste sur les chances d'Hitler d'obtenir les pouvoirs illimités de chancelier qu'il exigeait. Le revers essuyé par le parti aux élections de novembre, les lourdes dettes et l'atmosphère de désenchantement qu'il avait laissée derrière lui, conduisirent Strasser à penser que la politique d'Hitler – pas de concessions, pas de compromis, tout le pouvoir et rien d'autre – finirait par détruire le parti si elle était poursuivie. L'idée de von Schleicher était celle d'un large front allant des nazis modérés aux socialistes modérés, avec un programme énergique visant à réduire le chômage. En faisant cette proposition par l'intermédiaire de Strasser, il espérait de toute évidence que, si Hitler n'acceptait pas, Strasser pourrait accepter le poste de vice-chancelier et scinder le parti.

Il n'y a aucune preuve que c'était l'intention de Strasser, mais le fait qu'il soutînt l'offre de von Schleicher, quand elle fut débattue par la direction nazie, suscita bientôt des accusations de perfidie et de tentative de chasser Hitler de la direction. Après une réunion houleuse avec Hitler le 7 décembre, Strasser écrivit une longue lettre pour se défendre contre l'accusation d'avoir été de mauvaise foi et donna sa démission de toutes ses fonctions. Il ne fit toutefois aucun effort pour chercher des appuis dans le parti, et préféra disparaître et partir en vacances en Italie avec sa famille.

La démission du lieutenant d'Hitler et du chef de l'Organisation du parti causa un choc profond, à un moment où le moral était au plus bas. Nul ne fut plus abasourdi qu'Hitler lui-même. Mais en vingt-quatre heures il se convainquit que Strasser était un Judas qui l'avait « poignardé dans le dos cinq minutes avant la victoire finale ». Ayant convoqué tous les chefs du parti dans la résidence officielle de Président du Reichstag de Goering, en l'absence de Strasser, il le dénonça au cours d'une scène pleine d'émotion et le jeta dans les profondeurs de l'oubli. On demanda à tous ses vieux partisans de serrer la main d'Hitler et de promettre de ne jamais abandonner la cause. Goebbels, qui était le plus âpre ennemi de Strasser, écrivit à la fin de la soirée que cela avait été « un énorme succès pour l'unité du Mouvement... Strasser est maintenant complètement isolé. C'est un homme mort [33] ». Moins de deux ans plus tard, au cours de la purge de Röhm, cela deviendrait littéralement vrai.

Strasser ne tenta rien pour se défendre et Hitler entreprit de se rendre dans toutes les villes dont les Gauleiters étaient connus pour leurs sympathies à l'égard de Strasser, brisant l'organisation centralisée du parti que Strasser avait créée. Comme pour les SA, il se nomma chef de la structure organisationnelle, et nomma des hommes sur qui il pouvait compter : Hess, Ley, Darré, Goebbels – pour se charger des différentes tâches. Mais ses efforts destinés à réaffirmer son emprise sur le parti ne fournirent aucune solution aux problèmes financiers ou politiques. Il fallut réduire les salaires des permanents du parti ; Goebbels déclara que la situation du *Gau* de Berlin était désespérée, et des SA furent envoyés dans les rues avec des sébiles pour demander aux passants de donner quelque chose « pour les méchants nazis ». Pour ce qui est de la politique, Hitler avait réussi à étouffer la proposition de Strasser pour sortir de l'impasse dans laquelle le parti se trouvait enfermé, sans offrir de solution de remplacement. A la veille de Noël 1932, Goebbels écrivait dans son journal :

> Cette année nous a apporté une malchance durable... Le passé était triste ; l'avenir paraît sombre et morne ; toutes les occasions et l'espoir ont entièrement disparu [34].

Cette fois-ci, ce ne fut pas von Schleicher, mais von Papen cherchant à prendre une revanche sur Schleicher, qui offrit une ouverture imprévue. Comme chancelier, von Schleicher fit montre d'une bien meilleure compréhension que von Papen ou que Brüning des mesures positives à prendre pour sortir de la Crise qui continuait à paralyser l'économie allemande. Dans une allocution radiodiffusée à la nation le 15 décembre, il fit de l'emploi sa priorité absolue. Sur le papier, son programme était impressionnant, mais il souleva une forte opposition chez les industriels et les propriétaires terriens aux droits acquis desquels il proposait de s'attaquer, sans réussir à vaincre la méfiance des syndicats et des sociaux-démocrates, ni même du Centre. Après les intrigues grâce auxquelles von Schleicher avait chassé Groener, Brüning et von Papen de leurs postes, aucun des partis politiques n'était désireux de se joindre à lui au sein d'une coalition. Flairant l'occasion, le dernier nommé, von Papen, qui était resté dans les meilleurs termes avec le président, entreprit de mettre sur pied sa propre solution.

Le 4 janvier, von Papen rencontra Hitler en secret chez un banquier de Cologne, Schroeder. Ce n'était pas la folle passion entre eux mais tous deux se montrèrent prêts à mettre leurs différends en sourdine s'ils pouvaient avoir raison de von Schleicher. Hitler continua à exiger le poste de chancelier, mais il était désormais prêt à entrer dans une coalition avec von Papen et les nationalistes de Hugenberg, en fait le Front Harzburg ressuscité. Les conditions exactes d'une telle coalition firent l'objet de discussions fiévreuses tout au long de janvier, et faisaient toujours l'objet de controverses quand le nouveau gouvernement fut officiellement présenté au président le 30 janvier 1933.

Il n'est pas nécessaire de suivre le détail des négociations, au cours desquelles toutes les options imaginables furent passées en revue[35].

Le 23 janvier, von Schleicher dut reconnaître sa défaite : il était incapable de réunir une majorité parlementaire et en fut réduit à demander à Hindenburg le droit de gouverner par décrets d'urgence auquel il avait opposé son veto quand il avait été réclamé par von Papen au début décembre. Hindenburg ne voulait pas accorder à Schleicher ce que ce dernier avait exigé qu'il refuse à von Papen. Toutefois, que von Papen réussisse à faire mieux dépendait de son aptitude à surmonter trois obstacles. Le premier était la forte objection de Hindenburg à nommer Hitler chancelier. Le second était les vastes exigences de pouvoirs dictatoriaux sur l'économie posées par Hugenberg s'il participait au gouvernement. Le troisième consistait à trouver un ministre de la Défense qui pouvait s'assurer de l'appui de l'armée, au nom de laquelle von Schleicher avait affirmé parler pendant si longtemps.

Une réunion entre Hugenberg et Hitler le 27 janvier vira à l'aigre, et Goering eut toutes les peines du monde à persuader Hitler de ne pas partir pour Munich ni rompre les négociations. La menace d'Hitler de le faire fut suffisante. Jusque-là, von Papen n'avait pas abandonné l'idée de redevenir lui-même chancelier ; mais il était désormais conscient du danger que tous ses projets n'aboutissent à rien et, le lendemain, il dit carrément au président qu'on ne trouverait de solution que si Hitler était fait chancelier. Il rassura Hindenburg en lui promettant de devenir lui-même vice-chancelier et de ne nommer que deux autres nazis au gouvernement, au sein duquel ils seraient surpassés en nombre à plus de trois contre un par les conservateurs. Les deux hommes proposés étaient Goering, qui avait été hautement décoré pour ses faits d'armes comme pilote de chasse, et Frick, avocat et ancien fonctionnaire et qui était le moins haut en couleur et pouvait passer pour le plus respectable des chefs nazis. La résistance du président fut progressivement laminée, et toutes les exigences d'Hitler finirent par être concédées, en dehors du poste de commissaire du Reich pour la Prusse, que von Papen se réservait en même temps que la vice-chancellerie. En échange, Hitler, tout aussi à contrecœur, accepta l'exigence de Hugenberg d'avoir la mainmise sur les ministères économiques.

Le troisième problème, trouver un ministre de la Défense qui pût remplacer von Schleicher, était crucial pour obtenir l'accord du président. Von Papen et Hitler le trouvèrent chez le général von Blomberg, ennemi de Schleicher depuis que ce dernier l'avait écarté en 1929 du poste clé, au ministère de la Défense, de chef du Truppenamt, l'état-major déguisé, et l'avait nommé à la tête de la 1re Division en Prusse orientale. Il y avait été amené à considérer les nazis d'un œil favorable par son chef d'état-major, le général von Reichenau, et son aumônier de division, Müller, qui devint plus tard évêque du Reich. Homme ambitieux qui était désormais mieux placé que von Schleicher pour représenter l'opinion de l'armée, von Blomberg avait déjà été sondé et convoqué à Berlin tôt le matin du 30 janvier. Il parvint à un accord avec Hitler à huit heures, et fut intronisé ministre de la Défense devant Hitler et le reste du cabinet, rassurant par là Hindenburg sur le fait que la Reichswehr était en de bonnes mains.

Hugenberg continuait à tenir bon devant l'exigence d'Hitler de dissoudre le Reichstag afin que le nouveau gouvernement recherchât une majorité dans de nouvelles élections, les dernières, promettait-il. Ils discutaient encore quand on les appela pour prêter serment et recevoir leur nomination. Outre la chancellerie pour Hitler, seuls deux des onze postes étaient tenus par les nazis, et c'étaient tous deux des postes de second rang : le ministère de l'Intérieur du Reich pour Frick*, et un ministère sans portefeuille pour Goering. Le ministre des Affaires étrangères (Freiherr von Neurath) et le ministre de la Défense étaient des hommes promus à l'avancement dans la carrière des affaires étrangères et de l'armée, qu'avait approuvés Hindenburg. Le ministère de l'Économie et le ministère de l'Alimentation et de l'Agriculture (tant du Reich que de Prusse) étaient aux mains de Hugenberg ; le ministère du Travail entre celles de Seldte, le chef des Stahlhelm, à la satisfaction des intérêts terriens comme de l'industrie. Goering fut fait ministre de l'Intérieur de Prusse, avec autorité sur les forces de police, mais devait rendre compte à von Papen en tant que chef du gouvernement de l'État prussien. Outre la vice-chancellerie du Reich, von Papen bénéficia aussi du droit nouvellement créé d'être présent chaque fois que le chancelier rendait compte au président.

---

* Le commandement des forces de police n'était pas entre les mains du ministre de l'Intérieur du Reich, mais confié à chaque État séparé, dont le plus important était la Prusse avec Berlin pour capitale.

Devant ses amis, von Papen se vanta d'avoir réussi là où von Schlei-cher et Brüning avaient échoué, en permettant au chef du plus grand parti d'Allemagne d'apporter le soutien populaire que les conservateurs et les nationalistes n'auraient jamais pu se gagner par eux-mêmes. Et il avait fait cela, ajouta von Papen, sans rien abandonner de ce qui comptait : Hitler pouvait bien être chancelier, mais c'était lui, en tant que vice-chancelier qui avait la confiance du président, et c'étaient les conser-vateurs et les nationalistes qui avaient la majorité au sein du cabinet. A ceux qui lui demandaient s'il n'y avait pas des dangers à craindre, il répondait : « Pas de danger du tout. Nous l'avons embauché pour jouer dans notre pièce. »

Von Papen ne put s'en prendre qu'à lui-même de l'une des plus insignes erreurs de l'histoire du XXᵉ siècle. Bien qu'Hitler répétât constamment son intention d'observer « la légalité », il n'avait jamais fait mystère de ce qu'il entendait par là. Dans son témoignage au procès de Leipzig en 1930, il expliquait :

> La constitution ne fait que délimiter l'arène de la bataille, non le but. Nous entrons dans les organismes gouvernementaux et de cette manière nous ferons de notre parti la facteur déterminant. Cependant, dès que nous aurons le pouvoir constitutionnel, nous coulerons l'État dans le moule que nous jugeons souhaitable [36].

La réponse qu'Hitler donna à Brüning, quand le chancelier qu'il était encore le provoqua directement dans un échange de lettres publiques en décembre 1931, était encore plus claire. Brüning écrivit : « Quand un homme déclare que dès qu'il se sera emparé du pouvoir par des moyens légaux, il enfoncera les barrières, il n'adhère pas vraiment à la légalité. » Hitler répondit aussitôt :

> Herr Chancelier, la thèse fondamentale de la démocratie est « Tout le pouvoir vient du peuple ». La constitution établit le moyen par lequel une conception, une idée, et donc une organisation, doit obtenir du peuple la légitimation pour la réalisation de ses buts. Mais en dernier ressort c'est le peuple lui-même qui détermine la constitution.
>
> Herr Chancelier, si la nation allemande charge un jour le Mouve-ment national-socialiste d'adopter une constitution autre que celle que nous avons aujourd'hui, vous ne pourrez l'en empêcher... Quand une constitution se révèle inutile à sa vie, la nation ne meurt pas – c'est la constitution qu'on modifie [37].

C'était assez clair, et c'est pour cette raison que ceux qui cherchaient à amener Hitler dans un gouvernement le faisaient toujours avec l'idée de le « dompter » et s'opposaient – comme Groener, comme von Schleicher et, jusqu'aux tout derniers jours, comme von Hindenburg l'avaient fait – à le laisser devenir chancelier.

Hitler répétait avec la même constance qu'il n'entrerait jamais dans un gouvernement sauf comme chancelier, et quand il le fit, il était tout aussi sûr qu'aucun des freins avec lesquels von Papen cherchait à le contenir ne l'empêcherait de « couler l'État dans le moule qu'[il] juger[ait] souhaitable ». Il fallut moins de deux mois à Hitler pour montrer qu'il avait raison ; en six mois, il avait achevé la révolution, avec le pouvoir de l'État de son côté, ce qui avait toujours été son but.

La révolution de Staline

Staline : 1928-1934 *(de 48 à 55 ans)*

I

Alors qu'Hitler essayait toujours de s'emparer du pouvoir, Staline montrait comment le pouvoir pouvait être utilisé sur une échelle et avec une brutalité qui donnèrent aux années 1928-1933 le caractère d'une deuxième révolution, aussi convulsive que celle de 1917-1921 et encore plus décisive dans sa manière de briser le moule de l'histoire russe.

Dix ans après la révolution d'Octobre, malgré le rétablissement économique permis par la NEP, la Russie avait seulement rattrapé le niveau d'industrialisation de 1913 et était encore plus loin à la traîne derrière les pays industriels avancés. En 1927, le nombre d'ouvriers était encore à peine supérieur à deux millions et demi. Le parti, dix ans après la prise du pouvoir, devait encore établir le bien-fondé du pari de 1917, en vertu duquel Lénine avait précipité les choses avant que le pays ait constitué la base économique et sociale dont le marxisme faisait le préalable à une révolution socialiste. Lénine avait toujours cru que, dès qu'ils auraient la haute main sur l'État, les bolcheviks pourraient créer le préalable – *post festum*. Cependant, dix ans plus tard, cela restait à faire : il manquait toujours la base économique nécessaire à la structure de pouvoir du parti et de l'État .

Il n'y avait pas de désaccord au sein du parti sur le fait qu'une économie et une société socialistes ne pouvaient être créées que par la modernisation et le développement de l'industrie russe, qui étaient aussi nécessaires pour fournir à l'Union soviétique les moyens de se défendre dans un monde capitaliste hostile. Il n'y avait pas de désaccord non plus sur le fait que l'industrialisation ne pouvait avoir lieu sans modernisation de l'agriculture. Sans une augmentation constante de la productivité agricole, il serait impossible de fournir l'approvisionnement nécessaire pour soutenir une augmentation des effectifs et une élévation du niveau de vie de la force de travail industrielle, et de constituer des réserves en cas de guerre et de famine. Ramener les exportations de grain à leur niveau d'avant-guerre était également nécessaire pour payer l'importation de tracteurs et de machines agricoles et industrielles.

Les désaccords étaient axés sur les questions de savoir comment augmenter les excédents, jusqu'à quel point on pouvait *amener* les paysans à les fournir grâce à des mesures économiques (telles que l'augmentation des prix des denrées qu'ils produisaient, l'augmentation de la fourniture des biens dont ils avaient besoin et le développement des coopératives), jusqu'à quel point on devait les forcer à le faire par une « action administrative » – et combien de temps il faudrait pour obtenir des résultats. Jusque-là, Staline avait dû se contenter, du moins en public, d'accepter l'argument de Boukharine selon lequel le processus de remembrement des parcelles de terre éparpillées des paysans et de conversion de ces derniers aux avantages de méthodes de culture moderne et à l'action coopérative devait être mené « progressivement, en renonçant fermement aux méthodes coercitives, par la démonstration et la persuasion » – selon les propres paroles de Staline, prononcées à une date aussi tardive que décembre 1927 [1].

Boukharine et Lénine (à la fin de sa vie) reconnaissaient que cette politique signifiait prendre le temps, dix ou vingt ans, même plus, de mener à bien la modernisation de l'économie russe. A un certain moment – l'absence de documents interdit toute tentative de dire quand – Staline dut voir l'intérêt qu'il y aurait à recourir à une autre solution et à revenir aux méthodes coercitives du communisme de guerre afin de tenter à nouveau de trouver un raccourci (comparable au premier raccourci qu'avait emprunté Lénine en 1917) pour créer une Russie socialiste, modernisée. Tant que Staline fut engagé dans une lutte de pouvoir avec Trotski et la gauche, dont le programme suivait une ligne similaire, il n'eut pas le loisir de développer ses idées et de risquer de perdre l'appui de Boukharine, de Rykov et de la droite, qui avaient fini par s'attacher obstinément au maintien de la NEP et au fait de ne pas risquer de s'aliéner la paysannerie. Toutefois, à peine le XVᵉ congrès du parti de décembre 1927 avait-il mené à bien la défaite de Trotski et de l'Opposition unie, Staline obtint l'accord du comité central pour ordonner des « mesures administratives » (phrase codée désignant la coercition) de réquisitionner les grains par la force.

Ce fut le premier pas. Le canevas historique des deux années qui suivirent, et qui culminèrent par la célébration du cinquantième anniversaire de Staline en décembre 1929, est tissé de trois thèmes entremêlés.

L'un, déjà étudié au chapitre 6, fut le stade final de l'ascension de Staline vers le pouvoir avec l'élimination de l'Opposition de droite. Dans les premières phases, l'initiative avait été prise par Trotski, puis par l'Opposition unie de Trotski, Zinoviev et Kamenev, sous la forme d'un défi ouvert contre le pouvoir croissant exercé par Staline sur le parti. Dans la phase finale, l'initiative revint à Staline. Contrairement à Trotski, ni Boukharine ni Rykov ne constituèrent une menace sérieuse pour sa position dans le parti ; ce qui les conduisit dans l'Opposition fut la tentative d'empêcher leur ancien allié d'adopter de nouvelles mesures radicales.

Staline n'exerçait pas encore le pouvoir autocratique dont il disposa à la fin des années 30. Il n'avait pas non plus l'autorité de Lénine sur les questions de politique. Il devait donc obtenir l'appui du parti. La manière dont il le fit constitue le deuxième thème. Boukharine devait plus tard décrire Staline comme « un maître du dosage », sachant comment administrer le poison par degrés. Il n'y a pas de meilleur exemple de cela que l'habileté avec laquelle il habitua le Parti communiste à l'emploi de « mesures administratives » pour imposer les réquisitions, tout en les présentant comme une réponse à une urgence temporaire, sans jamais révéler avant l'hiver 1929-1930 jusqu'où il entendait aller en les rendant permanentes.

Il est probable que l'autorité qu'exerçait Staline sur la machine du parti lui aurait permis d'obtenir le soutien dont il avait besoin. Comme le remarqua un stalinien désillusionné : « Nous avons battu Boukharine non avec des arguments mais avec des cartes du parti. » La plupart des historiens admettent toutefois que les voix des délégués qui avaient gravi les échelons grâce au patronage de Staline ratifièrent une décision qui avait déjà été prise par un petit groupe informel de vingt ou trente « influents », les dirigeants du parti des délégations les plus importantes au comité central, en particulier celles qui représentaient Moscou, Leningrad, la Sibérie, le Caucase Nord et l'Ukraine [2].

C'étaient des hommes étroitement liés à Staline mais non ses créatures. Jouissant d'une certaine indépendance à titre personnel, ils étaient fermes, pragmatiques et avant tout préoccupés par la transformation de la Russie soviétique en un pays industriel moderne. Staline ne pouvait pas ne pas tenir compte de leur opinion, et leur influence est l'explication la plus plausible du délai qu'il lui fallut avant d'adopter contre les dirigeants de droite les mesures draconiennes qu'il aurait aimé prendre dès le printemps 1929.

A la fin, ils penchèrent en faveur de Staline plutôt que de Boukharine parce qu'ils préférèrent l'optimisme de Staline et la perspective d'un commandement résolu au pessimisme et à la politique de concessions et de compromis offerts par la droite. Trois citations de membres éminents du comité central illustrent leur désenchantement vis-à-vis du groupe de Boukharine :

Kouïbychev : « L'histoire ne nous laissera pas agir tranquillement... à pas mesurés. »

Kirov : « En un mot, ne vous pressez pas... En un mot, la droite est pour le socialisme, mais sans embarras particulier, sans lutte, sans difficultés. »

Ordjonikidze [concédant à Boukharine qu'il était animé de bonnes intentions] : « Ce n'est pas une question de souhait mais de politique, et la politique du camarade Boukharine va nous faire reculer, et non avancer.[3] »

Ce que les politiciens pragmatiques ne surent pas prévoir c'est que Staline les entraînerait beaucoup plus loin et beaucoup plus vite qu'ils ne l'imaginaient en votant pour lui. Boukharine avait été un proche allié, et, à une époque, un ami aussi intime qu'on pouvait l'être. Il vit à l'avance mieux que quiconque les conséquences qu'aurait pour la Russie et le parti le changement radical d'orientation de Staline, et ce dernier en fut conscient. En juin 1928, après qu'une brèche se fut ouverte entre eux, Staline dit à Boukharine : « Toi et moi sommes les Himalayas ; les autres sont des riens du tout. » S'il ne pouvait pas gagner Boukharine à lui, il fallait qu'il le discrédite. En cela, il réussit : on ne tint pas compte de ses mises en garde contre les « mesures d'aventurisme » et Boukharine dut se rétracter.

Cela nous amène au troisième thème, celui qui fait le lien entre 1928-1929 et les années 30. Les arguments économiques et politiques suffisaient pour convaincre la majorité de la direction du parti qu'un retour à la notion bolchevique originelle d'une « révolution par le haut » imposée par le pouvoir soviétique était le meilleur moyen de sortir de l'impasse dans laquelle ils se trouvaient. Mais ce qui donna à Staline la force psychologique de bousculer tous les obstacles fut autre chose – la compréhension qu'un nouvel « Octobre », identifié à lui personnellement comme le précédent l'avait été à Lénine, lui offrait l'occasion de justifier, comme rien d'autre ne pouvait le faire, sa prétention à combler la place laissée vide par la mort de Lénine.

II

La campagne contre la paysannerie qui était au cœur de la révolution de Staline mettait en jeu beaucoup plus que des questions économiques. Le trait remarquable de la société russe était la taille de la population paysanne. Représentant 80 % du total, les moujiks de la littérature et du folklore russes, le « peuple sombre », qui entourait et dépassait en nombre les habitants des villes, vivait dans un monde dense, impénétrable et dans un temps à lui, avec ses institutions et ses coutumes propres, son langage et ses croyances, richement exprimés par son réservoir de proverbes. Les bolcheviks/communistes n'avaient jamais réussi à s'accommoder de ce phénomène, qui n'avait pas sa place dans le schéma marxiste. Ils étaient irrités d'avoir à dépendre d'un vaste secteur rural, qu'ils avaient été incapables de faire entrer dans le cadre de la société socialiste qu'ils étaient en train d'essayer de créer et qui se retrouva en position de rançonneuse des bâtisseurs du nouvel ordre. Non sans justification, ils y voyaient la source de l'arriération de la Russie : « Une vaste masse de gens, inerte et pourtant quelque peu menaçante, qui barr[ait] à la Russie le chemin de l'industrialisation, de la modernité, du socialisme ; un royaume d'obscurité qui [devait] être conquis pour que l'Union soviétique dev[înt] la Terre promise[4]. »

L'hostilité du parti à l'égard de la paysannerie fut accrue, et la vision qu'il avait de cette dernière biaisée, par l'habitude qu'encouragea Staline de regarder la société rurale avec des lunettes marxistes et de lui appliquer

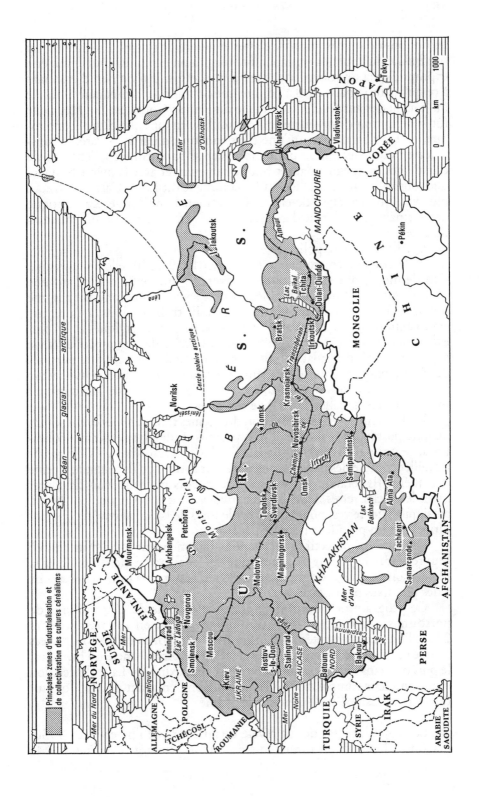

Principales zones d'industrialisation et
de collectivisation des cultures céréalières

les notions de stratification de classes et guerre de classes. L'identification par Staline du koulak à un capitaliste rural, à un exploiteur qui devait être exproprié joua un rôle crucial dans ce processus. Il n'y a rien d'étonnant à ce qu'on ait jamais réussi à donner une définition claire et convaincante du koulak des années 20. Comme le dit Robert Conquest : « Quelle que fût la définition qu'on en donnât, le koulak, en tant que classe économique, ne fut rien de plus qu'une construction du parti [5]. » Pareille construction était nécessaire pour mobiliser le parti contre « l'ennemi de classe » des campagnes dans le but de l'en extirper avec la même brutalité que tous les autres capitalistes. Ou, comme le dit E. H. Carr : « Il n'était plus vrai que l'analyse de classe déterminait la politique. La politique déterminait quelle forme d'analyse de classe était adaptée à une situation donnée [6]. »

Quelle était cette politique ?

Telle que finalement elle se fit jour en 1929-1930, elle ne revenait à rien de moins que de tenter de trouver, en une seule opération, une solution permanente aux problèmes tant sociaux qu'économiques que posait le secteur rural soviétique. Elle visait trois résultats. Le premier était l'élimination des koulaks, les paysans les plus énergiques et les plus expérimentés, qui devaient être totalement exclus de tout aspect de la vie soviétique. La « dékoulakisation » signifiait qu'ils devaient être expulsés de chez eux, privés de toutes leurs possessions et déportés avec leurs familles comme des hors-la-loi vers les régions les plus lointaines et inhospitalières de Sibérie et d'Asie centrale.

Le deuxième était la conversion des fermes individuelles et des lopins de terre possédés par tous les autres paysans en de grandes fermes collectives, regroupant souvent plusieurs villages. Désormais, ils devraient travailler comme des paysans sans terres sur la terre qu'ils venaient à peine d'acquérir. Ils seraient autorisés à garder leurs maisons mais devraient livrer leurs charrettes, leurs outils agricoles, leurs chevaux et leur bétail, ainsi que leurs terres, pour constituer le fond de la collectivité, et seraient dirigés par un président nommé par le parti.

Le troisième objectif, qui chronologiquement fut le premier mis en œuvre, était le retour à la pratique du communisme de guerre, la réquisition de quotas de grains et autres récoltes, par la force si nécessaire, à des prix fixés par l'État.

Ce programme devait affecter la vie de plus de 120 millions de personnes qui vivaient dans 600 000 villages, en réunissant leurs 25 millions de propriétés au sein de 240 000 fermes collectives placées sous le contrôle de l'État, et cette opération devait être menée à bien dans le plus bref laps de temps, un an ou deux au maximum. La seule décision d'une ampleur comparable fut le Grand Bond en avant de Mao, qui fut directement calqué sur l'exemple de Staline.

Le projet intégral ne fut révélé qu'au cours de l'hiver 1929-1930, mais des éléments en furent mis en œuvre plus tôt. Par exemple, le recours à la force pour réquisitionner les grains en 1928 se répéta au printemps 1929. Pendant l'été, la fixation de quota de livraisons de grains par village, adoptée au départ pour répondre à une urgence, fut transformée en une pratique régulière. En même temps, la cible de la collectivisation fut considérablement élargie à la fin de 1930, passant à 7,8 millions de propriétés familiales.

Des ordres secrets émis par le Secrétariat du parti mirent la pression sur les fonctionnaires du parti du haut en bas de la hiérarchie pour faire avancer la collectivisation, en usant de la menace pour « persuader » les paysans, afin que Staline pût affirmer publiquement que le processus se déroulait spontanément. A la fin de l'année, Staline déclara que 20 % de la population paysanne avaient déjà rejoint le kolkhoze (la ferme collective) local. Personne ne demanda ce que cela signifiait en pratique ni si c'était vrai. Ce qui comptait c'était de remplir le plan et de donner ainsi l'impression que la tendance à la collectivisation s'accélérait et qu'elle serait bientôt irrésistible. Pendant la même période, le processus parallèle de dékoulakisation, c'est-à-dire d'éviction et de déportation, chassa 33 000 familles de la seule Ukraine, soit plus de 200 000 âmes, pour reprendre la vieille expression russe, dont beaucoup moururent de froid, de faim ou d'épuisement pendant le long voyage vers l'est en camions à bestiaux[7].

Staline continua à affirmer que toutes les « difficultés locales » étaient dues à l'hostilité des koulaks au régime soviétique. La formule de la « guerre de classes » qu'il avait forgée en 1928 fournit une justification immédiate aux mesures de « représailles » : « L'avance vers le socialisme ne peut qu'amener une résistance à cette avance de la part des éléments exploiteurs [c'est-à-dire les koulaks] et la résistance des exploiteurs ne peut que conduire à une aggravation inexorable de la lutte de classe[8]. »

Dans un article, « L'année de la grande percée », publié dans la *Pravda* le 7 novembre, douzième anniversaire (nouveau style) de la révolution d'Octobre, Staline s'exprima enfin sans équivoque. Libéré de toute nécessité de retenue par la défaite et l'humiliation de l'Opposition de droite, il annonça comme un fait avéré

> le changement radical qui a eu lieu dans le développement de notre agriculture, par le passage de la petite exploitation arriérée à l'exploitation *collective*, avancée, sur une grande échelle.
>
> Le trait nouveau et décisif du mouvement paysan des fermes collectives est que les paysans rejoignent les fermes collectives non pas en groupes séparés, mais par villages entiers, régions entières, districts entiers, et même provinces entières.

Lorgnant sur la réunion du Plénum du comité central qui allait avoir lieu, Staline plastronna :

> Nous avançons à toute vapeur sur la voie de l'industrialisation – vers le socialisme, en laissant derrière nous l'arriération « russe » séculaire.

Nous sommes en train de devenir un pays de métal, un pays d'automobiles, un pays de tracteurs. Et quand nous aurons placé l'URSS sur une
automobile, et le moujik sur un tracteur, que les honorables capitalistes,
qui se vantent si fort de leur « civilisation », essaient de nous dépasser.
Nous verrons quels pays peuvent alors être « classés » arriérés et quels
pays avancés [9].

Il n'y eut désormais plus d'hésitation à accentuer ouvertement la
pression à partir du centre pour hâter le processus de collectivisation.
Molotov pressa les membres du comité central de profiter d'une occasion
à ne pas manquer de résoudre le problème agraire une fois pour toutes,
en une affaire de semaines ou de mois, parlant d'une « avancée décisive »
au cours des prochains quatre mois et demi.

Un nouveau commissariat à l'Agriculture de toute l'Union et une
nouvelle commission à la Collectivisation furent créés pour la mettre en
œuvre, mais leurs plans ne satisfirent pas Staline. Son anniversaire
tombait en décembre ; il fournit l'occasion d'une célébration jusqu'à la
nausée de son émergence comme successeur de Lénine, nouveau *vojd'* du
parti, dévoué à un « Octobre rural » qui ouvrirait la voie à la construction
du socialisme. Dans l'ivresse de la victoire, Staline exigea de nouvelles
dates limites pour l'achèvement de la collectivisation des zones de
céréales – un an, deux à l'extrême rigueur, pour l'Ukraine, le Caucase
nord et la Moyenne Volga.

Étant donné que les paysans moyens, selon la conception officielle,
s'étaient déjà convertis à la collectivisation, le moment était venu de
régler définitivement la question des koulaks, « les ennemis jurés du
mouvement des fermes collectives ». Le 27 décembre, Staline, dans une
adresse aux étudiants marxistes sur le problème agraire, condamnait en
fait à la déportation et à la mort plusieurs millions d'hommes, de femmes
et d'enfants, par cette formule d'épouvante :

> Nous sommes passés d'une politique de limitation des tendances
> exploiteuses du koulak à une politique de liquidation du koulak en tant
> que classe.
> Prendre l'offensive contre les koulaks signifie assener à la classe
> koulake un coup tel qu'elle ne puisse plus se relever. Voilà ce que les
> bolcheviks appellent une offensive [10].

La majorité des foyers paysans collectivisés à ce jour étaient issus des
30 % de la population rurale constitués de paysans pauvres et tâcherons
sans terre qui avaient le moins à perdre au change. Mais la paysannerie
moyenne qui constituait les deux tiers, et qui avait beaucoup plus à
perdre, hésitait toujours malgré les déclarations confiantes de Staline. Le
traitement brutal des koulaks était destiné à servir de leçon pratique de ce
qui arriverait aux paysans moyens s'ils continuaient à se montrer réticents. Un décret promulgué par le comité central le 5 janvier 1930,

faisant suite au revirement radical de Staline, multiplia par deux, voire par trois le rythme de la collectivisation dans certaines régions. Même cela ne suffit pas à Staline, qui exigea des rapports hebdomadaires : l'objectif étant de régler l'affaire de là à l'automne 1930. Le nouveau slogan pour les fonctionnaires du parti et des soviets harcelés fut : « Qui collectivisera le plus vite ? » Pour la population rurale, ce fut : « Quiconque n'entre pas dans le kolkhoze est un ennemi du pouvoir soviétique. » On fusionna la campagne de fourniture de grains et celle destinée à faire entrer les paysans dans les kolkhozes.

Malgré les efforts répétés visant à attiser la haine de classe et à monter les paysans pauvres contre les plus prospères, les résultats restèrent en deçà de ce qu'on espérait. Dans la plupart des régions, il y en eut bien sûr qui se montrèrent prêts à attaquer et à piller leurs voisins, surtout s'ils y étaient encouragés par les autorités. Mais la masse des paysans fut profondément choquée par les méthodes employées et il n'y eut rien qui ressembla à la spontanéité dont ils avaient fait preuve quand ils avaient saisi les grands domaines des propriétaires fonciers en 1917-1918.

« La collectivisation fut essentiellement une gigantesque opération police-parti [11]. » Au niveau régional et inférieur, elle fut confiée à une troïka, composée du secrétaire du comité du parti, du président du soviet régional ou local et du chef local de l'OGPU. Pour surmonter les inhibitions des militants locaux du parti, 25 000 activistes des villes, généralement totalement ignorants de la vie rurale, furent envoyés pour servir de brigades de choc, souvent comme présidents des fermes collectives nouvellement constituées. Ils suivirent un cours de deux semaines en janvier 1930 avant d'être affectés à leur poste. Leur tâche, que beaucoup accomplirent avec enthousiasme, consistait à arracher les paysans à leur condition arriérée et à les faire entrer de force dans le monde éclairé du socialisme. Si personne d'autre ne le faisait, c'étaient eux qui décidaient de qui était koulak, et de la manière de collectiviser. Au printemps 1930, 72 000 autres travailleurs furent mis à disposition pour affectation temporaire et 50 000 soldats et jeunes officiers reçurent un entraînement spécial pour la campagne.

Au-delà de la stricte déclaration d'intention et du besoin d'accélérer le processus, il n'y avait aucune directive sur la structure et l'organisation des fermes collectives, dont Staline exigeait constamment que la taille fût augmentée. Il n'existait rien non plus sur la manière dont les décisions devaient être prises ni même comment les membres devaient être rétribués. On n'avait pas le temps d'attendre que les planificateurs trouvent une réponse à ces questions : ce qui importait c'était d'amener les paysans à accepter que c'était là leur seul avenir.

L'attaque contre l'économie paysanne s'accompagna d'une campagne féroce contre l'Église orthodoxe, centre de la culture paysanne traditionnelle, que la direction stalinienne considéra comme l'un des principaux obstacles à la collectivisation. De village en village, non seulement l'église fut fermée mais la croix arrachée de la coupole, les cloches emportées et les icônes brûlées. Des églises russes chargées d'histoire furent détruites ou saccagées et beaucoup de prêtres furent arrêtés. Les monastères furent fermés, bien que nombre d'entre eux fonctionnassent comme des coopératives agricoles modèles, et des milliers de moines et de nonnes furent déportés en Sibérie. On estime qu'à la fin des années trente, 80 % des églises de village avaient été fermées.

Le 1er mars, on annonça qu'en moins de deux mois le nombre des foyers collectivisés avait plus que triplé – passant de 4 393 100 en janvier 1930 à 14 264 300. Le trouble et le malheur causés par ce viol d'une société traditionnelle par lequel 120 millions de personnes qui vivaient de la terre furent arrachés à leur vie coutumière défient toute description. C'était plus que la nature humaine ne saurait endurer. La résistance, d'abord sporadique et hésitante, s'étendit rapidement ; un trait caractéristique des formes qu'elle prit en Ukraine et dans le Caucase nord fut le rôle joué par les femmes. Il fallut faire appel à des unités de l'OGPU et de l'Armée rouge, et dans un certain nombre de zones, elles eurent le plus grand mal à réprimer ce qui avait pris l'ampleur de soulèvements paysans. Les arrestations, exécutions et déportations massives suivirent.

La résistance la plus efficace des paysans fut d'abattre leur bétail. En l'espace de deux mois, au début de l'année 1930, ils tuèrent 14 millions de têtes sur un total de 70,5 millions que comptait le pays en 1928, ainsi qu'un tiers des porcs, un quart des moutons et chèvres, plutôt que de les voir mener au kolkhoze. Staline était inaccessible à la souffrance humaine ; mais la perte d'un bien aussi précieux que des animaux de ferme était une autre affaire, une catastrophe économique dont l'Union soviétique mit vingt-cinq ans à se relever.

Divers membres du politburo, dont Ordjonikidze et Kalinine, s'étaient rendu compte de la situation dans les campagnes au cours de tournées effectuées en février, et le 24 de ce mois une réunion spéciale du comité central fut convoquée pour discuter de la situation. On était tombé d'accord qu'il fallait une déclaration publique et le politburo chargea Staline d'en préparer le brouillon. Il était prévu qu'il le soumettrait aux autres membres du politburo avant publication. Mais Staline avait d'autres projets et il présenta un article qui les prit complètement par surprise.

Le 2 mars, cinq mois après qu'elle eut publié « L'année de la grande percée », la *Pravda* produisit un nouvel article signé, ayant pour titre « Étourdis par le succès », dans lequel l'homme qui avait d'abord conçu puis qui avait été la force motrice de toute l'opération, reprochait carrément aux activistes du parti de s'être laissé intoxiquer par l'idée, « Nous pouvons faire n'importe quoi. »

> Ils sont étourdis par le succès, perdent tout sens des proportions, perdent la faculté de comprendre les réalités, révèlent une tendance à surestimer leur propre force et à sous-estimer la lutte de l'ennemi ; on tente de manière irréfléchie de régler tous les problèmes de la construction du socialisme le temps d'un « tic-tac »...

Qui profite de ses distorsions, du lancement par décrets bureaucratiques d'un mouvement de collectivisation des fermes, de ces menaces inconvenantes contre les paysans ? Personne d'autre que nos ennemis !

Et que dire de ces « révolutionnaires », si on peut encore leur donner ce nom, qui commencent le travail de création de fermes collectives en enlevant les cloches des églises. Prendre une cloche – pensez donc ! – comme c'est r-r-révolutionnaire !

Staline rappelait solennellement à ses lecteurs que le succès de la politique de collectivisation des fermes – dont il déclarait qu'il était déjà assuré – reposait sur son caractère *volontaire* :

Les fermes collectives ne peuvent être créées par la force. Le faire serait stupide et réactionnaire. Le mouvement des fermes collectives doit reposer sur le soutien actif de la grande masse des paysans...

Peut-on dire que le principe du volontariat et du respect des particularités locales n'a pas été violé dans un certain nombre de districts ? Non, on ne peut malheureusement pas le dire...

Appelant le parti à mettre fin à ces « distorsions » et à l'état d'esprit qui les avait rendues possibles, Staline concluait :

L'art de diriger est une affaire grave. On ne doit pas être à la traîne du mouvement, car ce faisant on s'isole des masses. Mais on ne doit pas non plus se précipiter en avant, car se précipiter en avant c'est perdre le contact avec les masses. Celui qui veut diriger un mouvement, et en même temps rester en contact avec les masses, doit mener une guerre sur deux fronts – contre ceux qui sont à la traîne et contre ceux qui se précipitent en avant [12].

L'article de Staline fit l'effet d'une bombe. Des milliers de fonctionnaires et d'activistes du parti qui avaient sué sang et eau et avaient travaillé jusqu'à la limite de leurs forces pour exécuter ce qu'ils croyaient être les ordres du Secrétaire général restèrent pantois en apprenant que c'étaient eux, et non Staline, qui avaient perdu le contact avec les masses. On prit des mesures, à grand renfort de publicité, pour punir les fonctionnaires locaux qui avaient « violé la légalité révolutionnaire » dans les campagnes ; rares furent ceux qui avaient donné les ordres qui furent traduits en justice. Même ses ennemis ne purent s'empêcher d'être impressionnés par l'habileté avec laquelle Staline avait détourné la critique en se faisant lui-même le porte-parole des critiques et en reprenant l'initiative, tout en affirmant que la collectivisation avait été un grand succès.

Les paysans n'attendirent pas pour profiter de ce brusque désaveu des mesures forcées. En tout, neuf millions de familles quittèrent les unités collectives. Le 1er août 1930, le chiffre du 1er mars de 50 % des foyers collectivisés était retombé à 21 %. Un nouveau statut modèle des kolkhozes autorisa leurs membres à conserver une vache, des moutons et des porcs, et les outils permettant de cultiver un lopin à eux, victoire qui était une petite compensation pour l'abattage de leur bétail.

Mais la retraite du gouvernement n'était que temporaire. Ceux qui se retirèrent des fermes collectives se heurtèrent à toutes sortes de difficultés. L'attribution de terres et de semences fut retardée. Quand elle fut faite, ils reçurent les plus mauvaises terres, la moitié de ce qu'ils avaient obtenu auparavant, des marais, des terres pauvres ou incultes, situées à des kilomètres de chez eux. Ils perdirent leurs potagers et ne purent récupérer leurs instruments aratoires, leurs chevaux ou leurs vaches. Quand vint la moisson, ils se retrouvèrent avec des quotas de grains plus élevés et des amendes à payer s'ils ne les atteignaient pas. Ceux qui firent des difficultés subirent le sort des koulaks lors d'une seconde vague d'arrestations et de déportations.

Au XVIᵉ congrès du parti, à l'été 1930, Staline put se vanter d'avoir mené à bien la collectivisation et la liquidation des koulaks. Il demanda la reconnaissance de son « Octobre rural » et la fit consigner dans la résolution du congrès :

> Si la confiscation de la terre aux propriétaires fonciers a été le premier pas de la révolution d'Octobre dans les campagnes, sa transformation en fermes collectives est le deuxième et le pas décisif qui marque une des plus importantes étapes dans la construction des fondements d'une société socialiste en URSS [13].

Pas un des 2 100 délégués ne remit en question l'affirmation de Staline, ou seulement ne fit référence à la crise qui avait bouleversé la Russie rurale au cours des douze derniers mois. Même les éléments œuvrèrent en sa faveur, en donnant une récolte abondante, la plus élevée depuis 1913, qui permit de qualifier d'exagérés les rapports indiquant qu'il y avait des difficultés, et de justifier le regain de pression sur les paysans pour les obliger à regagner les unités collectives.

Beaucoup s'enfuirent vers les villes pour chercher du travail dans les nouveaux chantiers de construction et projets industriels du plan quinquennal. Bien qu'on tentât de les en décourager, selon les sources soviétiques, pas moins de 4,1 millions de paysans gagnèrent les villes en 1931 et un total de 17,7 millions pendant les années 1929-1935 [14]. En 1932-1933, parmi les mesures de durcissement adoptées figura le retour au « passeport intérieur » détesté, dont l'abolition avait été une des principales revendications du mouvement révolutionnaire radical dans la Russie tsariste, et l'une des premières réformes de la révolution d'Octobre. Désormais, les employés et les ouvriers furent liés à leur travail par leur passeport, et les paysans à leur terre par le refus de leur en délivrer un.

A ce moment-là, l'échine de la résistance paysanne avait été brisée. Le nombre des foyers paysans collectivisés s'éleva à plus de quinze millions à la fin de 1933. A la fin de 1934, neuf dixièmes des surfaces ensemencées de l'URSS étaient sous le régime collectif. Cela ne fit toutefois que déplacer la bataille entre l'État et les paysans vers un autre terrain, vers le sujet qui avait déclenché le processus d'approvisionnement tout entier : comment assurer la livraison d'une quantité de grains suffisante pour répondre aux besoins d'une population en croissance rapide. Kaganovich déclara que ce n'était pas la collectivisation mais l'approvisionnement qui était « la pierre de touche par laquelle on mesurait notre force et notre faiblesse, et la force et la faiblesse de l'ennemi ».

La majorité des paysans pouvait bien être collectivisée, mais toutes les astuces de la ruse paysanne furent utilisées pour empêcher l'État de prendre tout ce qu'il voulait et les laisser sans rien. La nature eut beau donner une récolte abondante en 1930, il fallut tout de même une mobilisation spéciale d'ouvriers et de fonctionnaires du parti, de lourdes amendes, des perquisitions et des arrestations massives pour entrer en possession d'un peu plus du quart de la dite récolte (22 millions de tonnes sur 77). Et la bonne récolte ne se reproduisit pas. La désorganisation, les destructions et le gaspillage qui avaient accompagné le bouleversement, et la grossière incompétence avec laquelle les kolkhozes étaient gérés entraînèrent une succession de récoltes considérablement réduites et une pression encore plus forte sous la forme de réquisitions forcées. Alors que les récoltes (sauf avec le temps exceptionnel de 1937) demeurèrent en dessous des niveaux insuffisants de 1928-1932, la fourniture à l'État s'éleva en moyenne de 18,2 millions de tonnes entre 1928 et 1932 à 27,5 millions entre 1933 et 1937 [15]. Une fois que les exigences de l'État avaient été atteintes (et les kolkhozes qui fournissaient le plus furent le plus pressurées, les autorités revenant trois ou quatre fois), il ne restait plus grand chose pour le fourrage et les semences, et encore moins pour distribuer à la force de travail, qui selon les déclarations officielles avait la dernière priorité.

Un lourd réseau bureaucratique fut bâti pour surveiller et gérer cette opération cruciale, ajoutant pour les paysans une catégorie supplémentaire à supporter, dont la corruption et l'inefficacité devinrent proverbiales : « Le président de notre kolkhoze ne distinguerait pas la tête de la queue d'un cochon, et il passe le plus clair de son temps à boire avec ses compères. »

Vint s'ajouter une autre strate, les Stations de machines et tracteurs (SMT), qui eurent le monopole de la machinerie agricole et, à partir de juin 1931, furent chargées d'organiser le travail des fermes et la livraison de leur production. Le tracteur était le symbole tant vanté du caractère progressif de la révolution agraire soviétique, de l'« industrialisation » des campagnes. Le paiement en nature (20 % de la récolte en grains) des services de la SMT vint seulement au deuxième rang après la satisfaction des besoins de l'État. A partir de janvier 1933, un chef adjoint, toujours un agent de l'OGPU, fut nommé à la tête du département politique de chaque SMT, et ces départements devinrent bientôt un élément décisif des campagnes, avec des pouvoirs exorbitants.

La racine du problème, à laquelle la révolution par le haut de Staline ne sut pas répondre, était que le système tout entier continuait à dépendre du travail des paysans, mais leur offrait moins que jamais d'encouragement à travailler plus dur. S'ils le faisaient, on leur prenait le double. De nouveau liés au sol, avec des fonctionnaires du parti et de l'État à la place des propriétaires fonciers, ils se considérèrent à juste titre comme des serfs du XXᵉ siècle, pas mieux lotis – sinon plus mal – qu'ils ne l'étaient avant leur émancipation en 1861.

Cependant, le décret du comité central du 11 janvier 1933 donnant de nouveaux pouvoirs aux SMT n'admit que le sabotage et la conspiration pour expliquer les mauvais résultats de l'agriculture collectivisée.

> Des éléments antisoviétiques, qui pénètrent dans les kolkhozes en qualité de comptables, de gérants, de magasiniers, de chefs de brigade, etc., s'efforcent d'organiser des destructions, de mettre les machines en panne, de mal semer, de dilapider les biens du kolkhoze, de saper la discipline du travail, d'organiser des vols de semences, de constituer des greniers secrets et de saboter la récolte de grains. Ils réussissent parfois à démembrer les kholkozes [16].

Un tiers en moyenne de la bureaucratie agraire fut accusée de destructions. Les « koulaks », inutile de le dire, avaient réussi à s'infiltrer jusqu'au sommet. Les premiers procès des plus éminents d'entre eux, accusés d'être des « organisateurs de la famine et des agents de l'impérialisme », eurent droit à la vedette en septembre 1930. Kondratiev, ancien ministre de l'Alimentation, et un certain nombre de spécialistes de l'économie, furent montrés du doigt comme leaders d'un « Parti des paysans laborieux », qui fut accusé par l'OGPU de compter neuf sous-groupes rien qu'à Moscou, dans les ministères et les instituts de recherche et des effectifs compris entre cent et deux cents mille personnes dans les campagnes. Plus d'un millier de « membres » du « parti » furent arrêtés. La vérité dut attendre 1987, lorsque le tribunal du Soviet suprême déclara que le « parti des paysans laborieux » n'avait jamais existé, et procéda à l'annulation des condamnations et à la réhabilitation des quinze principaux accusés [17].

III

Il n'y eut pas d'endroit en Russie où la dékoulakisation et la collectivisation ne pesèrent aussi durement sur la paysannerie qu'en Ukraine, les problèmes économiques et sociaux qu'elles causèrent s'y compliquant d'un nationalisme ukrainien que Staline avait décidé d'écraser.

Les Ukrainiens étaient (et sont) la deuxième nationalité d'URSS. Avec une population en 1930 de vingt-cinq millions d'habitants, ils étaient plus nombreux que les Polonais. Leur pays est aussi grand que la

France, et à peine moins riche en ressources naturelles, constituées de minerais et de la célèbre terre noire. Kiev, qui se développa au IXe siècle sur la route commerciale entre la Baltique et la mer Noire par le Dniepr, devint le premier centre politique et culturel d'Europe orientale, et l'identité culturelle des Ukrainiens en tant que nation survécut à autant de calamités terribles que celle des Polonais.

S'étant affranchie de la suzeraineté polonaise au XVIIe siècle, l'Ukraine fut conquise par les Russes au XVIIIe. La paysannerie ukrainienne fut réduite en esclavage et ses institutions, dont l'Église ukrainienne, soumises à la même russification forcenée que les autres peuples assujettis à la domination russe. En 1740, dans l'Ukraine de la rive gauche qui s'étend à l'est du fleuve Dniepr qui sépare le pays, il y avait 866 écoles ; en 1800, il n'en restait aucune. En 1863, un édit déclara qu'il n'y avait pas de langue ukrainienne, seulement un dialecte du russe, et interdit les écoles, les journaux et les livres ukrainiens.

L'Occident fut disposé à accepter la revendication russe, sans tenir compte du fait qu'ailleurs en Europe, bien que deux langues pussent appartenir à la même famille linguistique (en l'occurrence l'ukrainien et le russe au slave oriental), cela n'indique pas forcément qu'on partage la même identité nationale et culturelle, comme les exemples du Portugal et de l'Espagne, de la Norvège et de la Suède, des Pays-Bas et de l'Allemagne le prouvent. Comme dans les autres pays slaves, l'idée nationale et l'emploi de l'ukrainien survécurent, non pas dans les professions libérales, qui soit étaient russes soit acceptaient l'assimilation, mais chez les poètes et les intellectuels, et surtout dans la paysannerie. Un mouvement national actif renaquit dans les premières années du XXe siècle, et un Conseil central ukrainien (Rada), qui proclama une éphémère République populaire ukrainienne, se constitua à la chute de la domination tsariste en 1917.

L'Ukraine fut toutefois le premier pays d'Europe orientale à subir, en 1918-1920, l'anéantissement de son indépendance par la Russie, expérience qui fut ensuite étendue aux États baltes, à la Pologne, à la Hongrie et au reste de l'Europe orientale en 1939-1945. Les Ukrainiens, le plus grand groupe d'Europe qui ne possédât pas son indépendance, ne devait la trouver qu'avec l'éclatement de l'Union soviétique en 1991.

Dans les années 20, l'Ukraine jouissait encore d'une liberté culturelle et linguistique assez considérable. Mais l'ancien commissaire aux Nationalités n'avait pas changé d'avis sur le caractère scissionniste du sentiment national, qu'il fût ukrainien ou géorgien, et dès que l'occasion se présenterait, son élimination serait encore à l'ordre du jour.

En 1929-1930, le moment était venu ; Staline était prêt à attaquer « la déviation nationaliste en Ukraine », en la liant à la collectivisation, qui accomplirait « la destruction de la base sociale du nationalisme ukrainien – la propriété terrienne individuelle ». « Le koulak fut accusé en tant que porteur des idées nationalistes, et le nationaliste en tant que garant des conceptions koulakes [18]. »

En juillet 1929, quelque 5 000 membres d'une prétendue organisation clandestine, l'Union pour la libération de l'Ukraine, furent arrêtés et parmi eux, les quarante-cinq savants et intellectuels les plus
éminents jugés au cours d'un procès public monté de toutes pièces, à
l'Opéra de Kharkov. Parmi les chefs d'inculpation, outre la conspiration en vue de s'emparer du pouvoir, figurait celle d'œuvrer à rendre la
langue ukrainienne aussi distincte que possible du russe. Après des
aveux qui avaient été obtenus par les méthodes habituelles, ils furent
condamnés à de longues peines d'emprisonnement. En février 1931,
de nouvelles arrestations eurent lieu, cette fois d'Ukrainiens de premier plan qui étaient rentrés d'exil au milieu des années 20, et qui
furent, eux, accusés d'avoir constitué un « Centre national
ukrainien ». On prétendit que leurs chefs étaient le doyen des intellectuels ukrainiens, Hrouschevski, et Holoubovich, l'ancien premier
ministre de la République ukrainienne pendant la courte période d'indépendance.

Au niveau des paysans, que Staline déclara être « l'essence même du
problème des nationalités » [19], la collectivisation fut imposée avec plus de
force, et se heurta à une résistance plus vive en Ukraine que dans le reste
de la Russie. Au milieu de l'année 1932, 70 % des paysans ukrainiens
étaient en kolkhozes, alors que le chiffre n'atteignait que 59 % pour
l'ensemble de la Russie. Mais cela signifiait seulement que la guerre de
classe devait désormais être poursuivie dans les kolkhozes, où (selon
Staline) beaucoup de koulaks et d'éléments antisoviétiques avaient
cherché refuge, et où ils étaient responsables de la résistance à la fourniture des quotas de produits alimentaires.

Staline fut exaspéré par les efforts de la direction du parti ukrainien
pour obtenir une réduction des objectifs fixés par Moscou. Kossior, le
premier secrétaire d'Ukraine, fit passer le message. S'adressant à une
réunion d'activistes au cours de l'été 1930, il leur dit :

> Le paysan a adopté une nouvelle tactique. Il refuse de faire la mois-
> son. Il a décidé de laisser le blé pourrir sur pied, pour déclencher la famine
> dans les villes et mettre aux abois le pouvoir soviétique. Mais notre
> ennemi a fait un mauvais calcul. C'est nous qui allons le réduire à la
> famine. Votre tâche consiste justement à faire échouer cette tactique de
> koulak, à moissonner jusqu'au dernier grain de blé et à livrer toute la
> récolte à l'État. Les paysans des steppes ont caché dans des trous une
> bonne partie de la récolte des années précédentes. C'est pour cela qu'ils ne
> travaillent point. Nous devrons les contraindre à découvrir leurs
> cachettes [20].

En temps normal, l'Ukraine et le Caucase nord fournissaient la
moitié du total des céréales commercialisables de l'Union soviétique.
Lors de la bonne moisson de 1930, l'Ukraine à elle seule fournit 27 % de
la récolte totale de céréales mais dut fournir 38 % des livraisons, soit

7,7 millions de tonnes. En 1931, où partout la récolte fut beaucoup moins bonne (18,3 millions de tonnes en Ukraine au lieu de 23,9 en 1930), on exigea le même quota de 7,7 millions de tonnes, c'est-à-dire cette fois 42 % du total des livraisons de grain.

Les protestations adressées à Moscou restèrent sans réponse, et 7 millions de tonnes furent effectivement prélevées mais en laissant si peu aux paysans eux-mêmes qu'ils furent réduits à un niveau de quasi-famine au printemps de 1932. Staline était convaincu que la racine du problème était le comportement antisoviétique des Ukrainiens. On ordonna des purges dans le parti et la fourniture du même quota de 7,7 millions de tonnes pour 1932, bien que la nouvelle récolte ait seulement donné 14,7 millions de tonnes. A une réunion avec Molotov et Kaganovich en juillet, les dirigeants du parti et du gouvernement ukrainiens parlèrent avec force des « projets irréalistes » qui avaient été acceptés par les kolkhozes et de l'impossibilité de les réaliser. Molotov balaya pareil discours, qu'il qualifia d'« antibolchevique ». « Il n'y aura ni concessions ni hésitations dans l'accomplissement de la tâche fixée par le parti et le gouvernement soviétique[21]. »

Les membres du comité central ukrainien ne se faisaient aucune illusion sur ce qui les attendait s'ils échouaient, mais malgré de gros efforts, l'objectif (finalement ramené à 6,6 millions de tonnes) ne put être atteint. Staline fut implacable : il fallait obliger ces paysans, ces paysans ukrainiens, à fournir le grain dont il était persuadé qu'ils l'avaient caché. Deux apparatchiks de haut rang furent dépêchés de Moscou pour renforcer la résolution du parti local et une deuxième réquisition fut annoncée. Un nouveau décret proclama que tous les biens des fermes collectives tels que le bétail et les grains étaient pro-priété de l'État, et menaça de la peine de mort les coupables de délits contre ces biens, notamment le vol. Un décret du 7 août 1932, couché sur le papier de la main de Staline, prescrivit que serait passée par les armes ou (en cas de circonstances atténuantes) condamnée à dix ans d'emprisonnement, toute personne reconnue coupable de vol de biens des fermes collectives, et interdit l'amnistie dans tous les cas de ce type. Étant donné que n'importe quelle quantité, aussi petite fût-elle, pouvait servir et servit souvent de base à une condamnation, cette loi fut connue des paysans sous le nom de « loi des cinq tiges ». Ce n'était pas une plaisanterie : 55 000 personnes furent condamnées en vertu de cette loi en moins de six mois, et 1 500 condamnations à mort auraient été prononcées en un mois par le seul tribunal de Kharkov. Des milliers de nouveaux activistes furent mobilisés hors d'Ukraine, pour perquisi-tionner chez les gens et les rudoyer afin de leur faire dire où étaient cachées leurs réserves.

Or, à ce moment-là, les gens mouraient déjà de faim, et pas seule-ment en Ukraine. Un des activistes, Lev Kopelev, qui devint par la suite l'un des plus célèbres écrivains russes en exil, décrit son expérience dans *The Education of a True Believer* :

J'ai entendu les enfants... étouffer, tousser à force de crier. Et j'ai vu les regards des hommes : effrayés, suppliants, haineux, frappés d'hébétude, éteints de désespoir ou s'emportant, à moitié fous, avec une audace féroce. « Prenez. Emportez tout. Il y a encore une marmite de bortsch sur la cuisinière. Il est nature, sans viande. Mais c'est quand même des betteraves, des patates et du choux. Et il est salé ! Feriez mieux de le prendre, camarades citadins ! Tenez, attendez. Je vais ôter mes chaussures. Elles sont rapetassées de partout, mais ils pourront peut-être en faire quelque chose pour le prolétariat, pour notre cher pouvoir soviétique. »

C'était atroce de voir et d'entendre tout ça. Et pire encore d'y prendre part... Je me persuadais, je m'expliquais que je ne devais pas céder à une pitié débilitante. Nous étions en train d'obéir à une nécessité historique. Nous accomplissions notre devoir révolutionnaire. Nous nous procurions des grains pour la patrie du socialisme...

J'ai vu ce que voulais dire la « collectivisation totale » – comme ils koulakisèrent et dékoulakisèrent, comme ils dépouillèrent sans pitié les paysans au cours de l'hiver 1932-1933. J'ai participé à ça moi-même, j'ai récuré la campagne, à la recherche de grains cachés, sondant la terre avec une baguette pour voir s'il n'y avait pas du grain enfoui. Avec les autres, j'ai vidé les buffets des vieilles gens, retenant mes larmes devant les cris des enfants...

Pendant le terrible printemps de 1933, j'ai vu des gens mourir de faim. J'ai vu des femmes et des hommes avec le ventre distendu, virant au bleu, respirant encore mais avec les yeux vides, sans vie. Et des cadavres – des cadavres vêtus de manteaux de peau de mouton en haillons et de pauvres bottes de feutre, des cadavres dans des cabanes de paysans, dans la neige fondue de la vieille Vologda, sous les ponts de Kharkov. J'ai vu tout cela et je ne suis pas devenu fou. Je n'ai pas maudit non plus ceux qui m'avaient envoyé prendre leur grain aux paysans pendant l'hiver et le printemps, convaincre ces gens enflés ou squelettiques, qui pouvaient à peine marcher, d'aller aux champs afin « de remplir le plan de semailles bolchevique à la manière des ouvriers de choc ». Je n'ai pas perdu ma foi non plus. Comme auparavant, j'ai cru parce que je voulais croire[22].

Malgré tous les efforts du parti, à la fin de 1932, seulement 4,7 millions au lieu de 6,6 millions de tonnes avaient été livrés. La réponse de Staline fut d'accuser les éléments koulaks de sabotage et les fonctionnaires locaux de manque de vigilance, teinté de nationalisme ukrainien. Il appela à un regain de la guerre contre l'« ennemi de classe ». Quand Terekhov, le premier secrétaire de Kharkov, lui dit que la famine faisait rage en Ukraine, Staline l'abreuva de sarcasmes :

On nous a dit que tu étais un excellent conteur, camarade Terekhov. Tu nous as monté une histoire de faim, c'était pour nous faire peur.

Mais rien à faire. Pourquoi n'abandonnes-tu pas ton poste de secrétaire régional et au comité central et ne vas-tu pas travailler à l'Union des écrivains ? Tu pourrais y écrire tes fables et les gens te liraient[23].

Staline, qui prit personnellement le commandement de ce qu'il considérait comme une opération militaire, demanda qu'on frappe « un coup écrasant » sur les *kholkozniki*, parce que « des escadrons entiers d'entre eux s'étaient retournés contre l'État soviétique »[24].

Une troisième réquisition fut annoncée, et Postychev, le secrétaire du comité central, fut envoyé pour réorganiser le parti ukrainien, opérer une purge complète et y injecter un sang neuf. Deux cent trente-sept secrétaires de comités de district et 249 présidents de comités exécutifs de district furent remplacés. Dans le Caucase nord, où vivait une population de trois millions d'Ukrainiens, Kaganovich expulsa la moitié des permanents du parti, dont beaucoup furent arrêtés pour sabotage et exilés en « des lieux lointains ». Dix mille activistes frais émoulus furent mutés en Ukraine, dont 3 000 pour assumer les tâches de présidents de kolkhoze, de secrétaires du parti et d'organisateurs. Animés d'une vigueur nouvelle, ils reprirent la lutte pour le grain contre une paysannerie affamée.

On mourut tout au long de l'hiver 1932-1933, mais la mort à grande échelle commença en mars 1933. Dans les autres régions de Russie, en dehors des zones où vivaient des populations ukrainiennes importantes, la pénurie de nourriture fut beaucoup moins grave, ou, comme dans la riche « région agricole centrale », il n'y eut pas de famine du tout. La récolte soviétique totale de céréales ne fut pas pire que celle de 1931, de 12 % inférieure seulement à la moyenne de 1926-1930, et largement au-dessus du niveau de famine. Ce ne fut pas une mauvaise récolte mais les exigences excessives de l'État, brutalement appliquées, qui coûtèrent la vie à pas moins de cinq millions de paysans ukrainiens, sur une population agricole de vingt à vingt-cinq millions d'habitants.

Il existait de grosses réserves de grains que Staline aurait pu faire mettre à disposition, comme le gouvernement tsariste l'avait toujours fait, ainsi que le gouvernement soviétique lors de la famine de 1918-1921. Mais en 1932-1933, il fut strictement interdit d'organiser des secours. Il y aurait même eu des réserves plus importantes si le gouvernement n'avait pas fait tout son possible pour exporter la quantité énorme de 4,8 millions de tonnes de céréales en 1930 et une quantité encore plus élevée (5,2 millions de tonnes) en 1931. En 1932 et 1933, ces exportations furent ramenées à moins de deux millions de tonnes. En fait, il y avait des stocks de grain en Ukraine même, certains dans les greniers locaux gardés par des hommes en armes – la plus grande partie en tas gigantesques à ciel ouvert (à la gare de Kiev-Petrovka, par exemple), où il était laissé à pourrir, toujours sous bonne garde.

Des hordes de gens affamés erraient à travers la campagne, s'agglutinant autour des gares jusqu'à ce que des gardes les chassent. Les corps étaient entassés sur le bord de la chaussée, même dans les villes : seulement dans les grandes villes, les cadavres étaient ramassés chaque matin et jetés dans des fosses. Des troupes étaient massées le long des frontières de l'Ukraine avec le reste de la Russie pour empêcher quiconque de fuir. Ceux qui tentaient de monter à bord des trains sans autorisations spéciales étaient renvoyés d'où ils venaient. Toute personne qui essayait de franchir la frontière en venant de Russie avec des provisions de pain risquait d'être arrêtée et de se faire confisquer ses paquets.

Victor Kravtchenko, activiste à l'époque, qui devait par la suite s'enfuir à l'étranger, s'entendit dire par Khatayevich, un des agents de Staline :

> Une lutte sans merci se déroule entre la paysannerie et notre régime. C'est une lutte à mort. Cette année a été un test de notre force et de son endurance. Il a fallu une famine pour lui montrer qui est le maître ici. Elle a coûté des millions de vies, mais le système des fermes collectives est fait pour durer [25].

Une partie importante de la politique de Staline fut ce que Pasternak a appelé « le pouvoir inhumain du mensonge ». Pas un mot sur la famine ne fut autorisé dans la presse et quiconque y faisait allusion risquait d'être arrêté pour propagande antisoviétique et condamné à cinq ans de camp de travail. Des comptes rendus commencèrent à apparaître dans la presse étrangère et des efforts furent faits pour monter une opération de secours internationaux à partir de l'étranger, comme cela s'était fait en 1921. Mais ils furent repoussés, parce qu'ils se seraient appuyés sur des mensonges, et la presse soviétique publia des résolutions de paysans de fermes collectives rejetant des offres de secours aussi insolentes. Kalinine, le seul membre du groupe dirigeant d'origine paysanne, fut mobilisé pour dire à un congrès des travailleurs des fermes collectives en juin 1933 : « Tout paysan sait que les gens qui sont en difficulté à cause du manque de pain, sont dans pareille difficulté non pas à cause d'une mauvaise récolte mais parce qu'ils sont paresseux et refusent d'accomplir une journée de travail honnête [26]. »

Les décès dus à la famine atteignirent leur maximum entre mars et mai 1933. Bien que le taux de mortalité demeurât anormalement élevé, le nombre des morts commença à baisser à partir du début juin. Les nouvelles d'Ukraine finirent peut-être par faire admettre l'ampleur du désastre, et de ses conséquences. Des témoins qui réussirent à voyager à travers les campagnes, dont un petit nombre d'étrangers, comme le journaliste anglais Malcolm Muggeridge, racontèrent que « certaines des terres les plus fertiles du monde ont été réduites à l'état d'un désert de mélancolie ». Un autre témoin anglais décrivit ces « champs après champs couverts de blé non engrangé qu'on a laissé pourrir... et des districts où il était possible de voyager pendant un jour entier entre des champs de blé en train de noircir » [27]. Si les paysans n'avaient plus la force de désherber les champs et de rentrer la récolte, quel espoir y avait-il qu'ils soient capables de faire les semailles pour la récolte suivante ?

C'était l'argument pratique qui pouvait produire une impression sur Staline et le politburo, quand les justifications humanitaires les laissaient froids. Le 25 février 1933, on autorisa une subvention en semences pour la récolte suivante, qui s'éleva à 325 000 tonnes pour l'Ukraine. La dernière réquisition de grains ne prit pas fin avant la mi-mars, mais dès avril on signala la présence de Mikoyan à Kiev qui ordonna la livraison de certaines réserves de grains de l'armée aux paysans. En mai, on fit enfin des efforts pour sauver les survivants, dont l'ouverture de cliniques et la fourniture de la nourriture disponible aux affamés, ainsi que de fourrage aux chevaux étiques.

A partir de mai, une force de travail dégarnie et exténuée fut pressée de commencer les semailles. Une fois de plus, des étudiants et des travailleurs du parti venus des villes, épaulés par des patrouilles de militaires, furent mobilisés pour apporter leur aide. La purge des cadres locaux du parti continua, et Staline avertit Kossior, le premier secrétaire d'Ukraine, dans une lettre personnelle recopiée pour les secrétaires de tous les comités du parti de province, de district et de municipalité :

> Pour la dernière fois, je te rappelle que toute répétition des erreurs de l'année dernière obligera le comité central à prendre des mesures encore plus radicales. Et alors, si tu me pardonnes mes paroles, même leurs vieilles barbes de membres du parti ne sauveront pas ces camarades[28].

La même lettre précisa que seulement 10 % de la totalité du blé battu pourraient rester dans les kolkhozes « pour la subsistance, après avoir assuré les livraisons, le paiement des Stations de machines et tracteurs, [et prélevé] les semences et le fourrage ». Après ces prélèvements sur la récolte et tous les autres tels que les exportations, la constitution de réserves pour l'armée et l'augmentation des rations des fonctionnaires et des activistes du parti, les derniers de la liste étaient les paysans, dont on attendait qu'ils fournissent tout le travail, en échange, au mieux, d'un niveau de vie de subsistance.

Malgré la difficulté qu'il y a à étayer par des documents et à quantifier la situation, on dispose de preuves suffisantes de ce que des paysans russes d'autres régions que l'Ukraine furent installés dans des villages abandonnés, afin de « répondre [ainsi] aux souhaits » des habitants des districts centraux d'URSS de s'établir dans « les zones libres d'Ukraine et du Caucase nord »[29]. Ces déménagements devaient être définitifs et des rations spéciales furent allouées à titre d'encouragement.

Ayant assené son « coup écrasant » à la paysannerie, Staline continua sa campagne contre l'identité nationale des Ukrainiens. Un des éléments grâce auxquels elle s'était maintenue de temps immémorial étant les *kobzars*, les bardes, souvent aveugles, qui allaient de village en village en chantant des chansons et en récitant des ballades, lesquelles rappelaient à la paysannerie ukrainienne son passé héroïque et son indépendance.

Pareille survivance était un anachronisme dans le monde tout beau tout nouveau du communisme soviétique. Les bardes – plusieurs centaines d'entre eux – ne furent invités à leur premier congrès pan-ukrainien que pour y être arrêtés et, pour la plupart, fusillés. Relatant cela, le compositeur russe Chostakovich dit dans son *Témoignage* que les *kobzars* étaient « un musée vivant, l'histoire vivante du pays : toutes ses chansons, toute sa musique et sa poésie. Et ils furent presque tous fusillés, presque tous ces hommes pathétiques tués… Faire du mal à un aveugle – que pourrait-il y avoir de plus bas [30] ?

Le suppôt de Staline, Manouilski (décrit par Trotski comme « le renégat le plus repoussant du communisme ukrainien ») fut nommé pour aider Postychev à extirper les « déviationnistes nationalistes petits-bourgeois » par une purge de tous les organismes culturels et scientifiques imaginables d'Ukraine. Kossior rendit compte : « Des nids contre-révolutionnaires entiers s'étaient constitués dans les commissariats populaires à l'éducation, à l'agriculture, à la justice, dans l'Institut ukrainien du marxisme-léninisme, l'Académie d'agriculture, l'Institut Chertchenko, etc. » Tous ces « agents de l'ennemi », déclara Postychev, se « cach[aient] derrière le large dos du bolchevik Skrypnyk », le commissaire ukrainien à l'éducation. Après s'être défendu trois fois devant le comité central d'Ukraine, Skrypnyk se tira une balle dans la tête (le 7 juillet 1933), pour se retrouver condamné pour « un acte de pusillanimité particulièrement indigne d'un membre du comité central du parti communiste de toute l'union ».

Une fois « la déviation nationaliste de Skrypnyk démasquée », Postychev put revendiquer la purge réussie de plus de « 2 000 nationalistes et pro-gardes blancs à [sa] connaissance personnelle ». En février 1934, il se vanta devant le XVIIe congrès du parti d'« avoir au cours de l'année passée annihilé la contre-révolution nationaliste, démasqué et détruit la déviation nationaliste » [31].

Les démographes ont fait de nombreuses tentatives pour évaluer les pertes humaines dues à la dékoulakisation et à la collectivisation ainsi qu'à la famine dans l'URSS tout entière. Si les chiffres globaux des pertes en bétail sont raisonnablement complets, plus de cinquante ans après les faits le gouvernement soviétique n'a toujours pas laissé accès aux chiffres qui permettraient d'établir l'ampleur réelle de la catastrophe. Tout ce que Khrouchtchev dit dans ses mémoires c'est : « Je ne peux pas donner un chiffre exact parce que personne ne tenait de comptes. Tout ce que nous savions c'est que les gens mouraient en grand nombre [32]. »

Il faut d'abord examiner l'estimation de ceux qui subirent la dékoulakisation et de la déportation. Selon des études soviétiques postérieures, le premier chiffre des personnes à expulser fut fixé par le politburo à 1 065 000 familles, c'est-à-dire entre cinq et six millions de personnes. On admet qu'en réalité le chiffre total fut beaucoup plus élevé, le mouvement ayant touché un grand nombre de paysans moyens et s'étant prolongé jusqu'en mai 1933, date à laquelle un décret signé de Staline et de Molotov mit fin aux déportations en masse et fixa les mouvements à venir au taux de 12 000 familles par an. L'économiste de l'agriculture soviétique, V. A. Tikhonov, estime qu'environ trois millions de foyers paysans furent liquidés entre 1929 et la fin de 1933, laissant pas moins de quinze millions de personnes sans abri ni la moindre place dans la société rurale future [33].

Qu'arriva-t-il à ces gens ? Tous perdirent leurs terres, leurs maisons et leurs possessions. Certains furent fusillés. Certains furent envoyés en camps de travail sur le canal de la mer Blanche ou dans les mines d'or de Magadan, la région la plus froide de l'hémisphère nord, où des camps entiers, y compris les gardiens et les chiens de garde, auraient péri lors d'hivers très durs. Certains s'enfuirent vers les villes et y trouvèrent du travail, au moins pendant un certain temps, dans des usines qui manquaient de main-d'œuvre. La majorité, dont les femmes et les enfants des familles de koulaks, fut déportée dans des camions à bestiaux vers les terres arides du Territoire du nord et de la Sibérie. Beaucoup d'enfants moururent en route. Souvent, les koulaks étaient déposés dans des régions non encore colonisées, sans abri ni nourriture, et livrés à eux-mêmes. Pour prendre un exemple particulier : l'ancien communiste allemand, Wolfgang Leonhard, a décrit comment les koulaks d'Ukraine et de Russie centrale furent conduits à pied jusqu'à une zone déserte située entre Petropavlosk et le lac Balkach, au Kazakhstan. Un survivant qu'il rencontra à Karaganda lui raconta :

> Il y avait juste quelques fiches plantées dans le sol avec de petites étiquettes indiquant : lotissement n° 5, n° 6, etc. Les paysans furent amenés là et on leur dit qu'il fallait désormais qu'ils se débrouillent tout seuls. Ils se creusèrent donc des trous dans le sol. Beaucoup moururent de froid et de faim dans les premières années [34].

Les tentatives de calculer le nombre total de koulaks déportés aboutissent à un chiffre grossier de dix à douze millions, dont un tiers étaient morts dès 1935, un tiers étaient en camps de travail et un tiers établis dans des colonies spéciales. Comme les juifs sous les nazis, les koulaks (ou quiconque était déclaré tel par un fonctionnaire local ou par un voisin qui avait un grief contre lui) étaient exclus de la société humaine et déclarés sous-humains. Dans les deux cas, ce qui comptait, et qui le condamnait, n'était pas ce qu'un koulak ou un juif avait fait, mais le simple fait d'être ce qu'il était, un membre d'une classe ou d'une race à qui on déniait tous droits humains.

La tentative la plus récente de réunir et de comparer les différentes estimations portant sur les morts a été faite par Robert Conquest. Il aboutit à la conclusion que le chiffre le plus proche de celui généralement admis pour ceux qui moururent prématurément au cours de la période 1930-1937 tourne autour de onze millions, auxquels il faut ajouter

3,5 millions arrêtés pendant la période mais qui moururent en camp par la suite.

Sur un total de 14,5 millions de morts, 6,5 millions moururent des conséquences de la dékoulakisation, un million mourut dans la république d'Asie centrale du Kazakhstan [35] et sept millions moururent lors de la famine de 1932. Sur ces sept millions, cinq millions moururent en Ukraine (près du cinquième de la population totale, soit environ un quart de la population rurale), un million dans le Caucase du nord et un million ailleurs en URSS. A titre de comparaison, Conquest ajoute : « Bien que limité à un seul État, le nombre de ceux qui moururent dans la guerre livrée aux paysans par Staline fut plus élevé que le total des morts de la Première Guerre mondiale, tous pays confondus. [36] »

IV

Pendant que Staline et l'équipe dirigeante soviétique faisaient la guerre à la population rurale russe – car ce ne fut guère moins que cela – se déroulait le processus parallèle de l'industrialisation, conformément au plan quinquennal.

Aux yeux de Staline, la collectivisation visait à briser ce monde étranger de la Russie paysanne et à faire entrer ses habitants de force dans le cadre de la société socialiste. Mais l'industrie était la matrice à l'intérieur de laquelle le socialisme s'était développé ; et la classe ouvrière en était la composante naturelle. Une fois libérée du carcan du capitalisme, l'industrialisation était considérée comme la clef de la nouvelle société socialiste, à laquelle une agriculture mécanisée, avec ses Stations de machines et tracteurs, ses « usines à blé » géantes et son exploitation industrielle serait assimilée.

La question qui se posait était de savoir à quelle vitesse l'Union soviétique pourrait opérer de nouveaux investissements dans l'industrie lourde. En 1926, Staline avait traité Trotski et la gauche de « superindustrialistes », pour s'opposer à leur projet de construire un grand barrage hydroélectrique sur le Dniepr, lequel avait à son avis autant de sens qu'un moujik qui achèterait un gramophone au lieu d'une vache. La conversion de Staline aux vertus de l'industrialisation fit toutefois du planquinquennal l'un des grands mythes de la première moitié du XXᵉ siècle, non seulement en Union soviétique mais dans le reste du monde – un symbole de la supériorité de la planification communiste par rapport à l'échec du capitalisme face à la Crise.

Il est typique du caractère mythique du « plan » qu'il ait été officiellement adopté à la mi-29, qu'il ait été simultanément antidaté à octobre de l'année précédente où on le fit commencer rétroactivement, et qu'il ait finalement été déclaré rempli en janvier 1933, non en cinq mais en quatre ans et un quart. Il serait difficile d'améliorer la description de Ronald Hingley :

Faisant toujours une grande publicité aux pourcentages et aux tonnages de ce qui prétendument avait été, était, devrait être, serait, pourrait être, aurait pu être produit en matière de charbon, de pétrole, de fonte, d'acier, de tracteurs, de moissonneuses-batteuses, d'usines, de centrales hydroélectriques et autres merveilles du genre, Staline faisait avec un air de fausse exactitude des déclarations essentiellement magiques et liturgiques[37].

Sous le slogan : « Il n'y a pas de forteresse qui ne puisse être conquise par les bolcheviks », Staline demanda systématiquement l'impossible. La Russie produisait 3,3 millions de tonnes de fonte en 1928. Staline fixa l'objectif annuel à dix millions de tonnes pour la fin de 1933, puis il l'éleva à dix-sept millions à la fin de 1932. En fait, la production russe s'approchait juste de ce dernier chiffre en 1941. La production d'acier de quatre millions de tonnes par an en 1928 reçut comme objectif 10,4 millions de tonnes et atteignit moins de six millions. Le secteur de l'électricité, qui produisait à peine plus de cinq millions de kilowattheures, reçut l'ordre d'atteindre l'objectif de 22 millions de kilowattheures, et atteignit 13,4 millions. Les économistes et les gestionnaires qui remettaient en cause ces objectifs, les jugeant irréalistes, étaient traités de saboteurs.

Mais la magie fonctionna. Après les ternes compromis de la NEP, le Plan ranima la foi chancelante du parti. Ses membres tenaient enfin la possibilité de déverser leur enthousiasme dans la construction de la Nouvelle Jérusalem qu'on leur avait promise. La hardiesse des objectifs, les sacrifices exigés et la vision de ce que la Russie « arriérée » pourrait réaliser faisaient un contraste vivifiant avec l'Occident « avancé », ses millions de chômeurs et ses ressources laissées sans emploi à cause de l'effondrement des cours. Aucun des objectifs de Staline ne serait peut-être jamais atteint, mais dans tous les cas la production fut augmentée : six millions de tonnes d'acier, c'était à peine plus de la moitié des dix millions prévus, mais ce fut 50 % de plus que le chiffre de départ.

Le gaspillage et l'inefficacité furent souvent aussi grands que dans les fermes collectives : il y avait des pannes continuelles, et des machines coûteuses restaient à rouiller ou étaient endommagées par des utilisateurs inexpérimentés, souvent des paysans qui avaient tout juste vu une machine auparavant. Des milliers moururent à cause du manque de mesures de sécurité ou périrent de froid. La nourriture était insuffisante, les conditions de travail rudimentaires et la vie ne coûtait pas cher. Mais la différence avec la collectivisation de l'agriculture fut nette : malgré toutes les insuffisances et les échecs, l'industrie soviétique des plans quinquennaux réussit le saut quantitatif qui permit de réaliser l'annonce prématurée de Staline de juin 1930, selon laquelle l'URSS était à la veille de passer d'une société agricole à une société industrielle. Si elle ne l'avait pas été, la Russie n'aurait pas pu récupérer suffisamment après l'attaque allemande de 1941 pour poursuivre la guerre et finir par la ramener jusqu'à l'Elbe.

C'est seulement au cours du deuxième plan quinquennal qu'on commença à rectifier les plus graves erreurs et à réduire le coût des privations et de la baisse du niveau de vie des ouvriers. Mais ce fut au cours du premier que les bases furent posées. Roy Medvedev [38], le premier historien soviétique qui, il y a une vingtaine d'années eut le courage de rompre la conspiration du silence au sujet de la période stalinienne, donne le chiffre approximatif de 1 500 grands projets, dont la plus importante centrale électrique d'Europe, sur le Dniepr, les complexes métallurgiques de Magnitogorsk et du Kouznetsk, la fabrique de machines-outils et les produits chimiques en Oural, l'usine de machines agricoles de Rostov, les usines de tracteurs de Tcheliabinsk, de Stalingrad et de Kharkov, les usines d'automobiles de Moscou et de Sormovo, l'usine de machines lourdes de Kramator, etc.

Des secteurs industriels qui n'existaient pas dans la Russie tsariste furent créés : machines-outils, construction d'automobiles et de tracteurs, construction aéronautique, production d'aciers de qualité, d'alliages ferreux, de caoutchouc synthétique. On entama la construction de milliers de kilomètres de chemins de fers et de canaux, ainsi que de villes nouvelles et de colonies de travailleurs. De nouveaux centres de l'industrie lourdes furent installés sur les territoires de populations non russes, les anciennes marches frontières de la Russie tsariste – Biélorussie, Ukraine, Transcaucasie, Asie centrale, Kazakhstan, Caucase du nord, Sibérie et Bouriate-Mongolie. Cette grande dispersion de l'industrie créa un second centre des industries métallurgique et pétrolière dans la partie orientale du pays.

John Scott, l'un des nombreux ingénieurs américains qui s'étaient retrouvés sans emploi aux États-Unis et s'étaient fait embaucher en Union soviétique, fit un récit célèbre de son expérience dans *Au-delà de l'Oural, Un travailleur américain dans la cité russe de l'acier*, Lausanne, Marquerat, 1945.

> A Magnitogorsk, j'ai été précipité dans une bataille. On nous a déployés sur le front du fer et de l'acier. Des dizaines de milliers de personnes enduraient les pires difficultés pour construire des hauts-fourneaux, et beaucoup d'entre elles le faisaient volontairement, avec un enthousiasme sans bornes, qui me contamina dès le jour de mon arrivée.
>
> Je serais prêt à parier que cette bataille de la métallurgie du fer fit à elle toute seule plus de victimes que la bataille de la Marne [39].

Au fur et à mesure que la tension augmentait, Staline fit de plus en plus ouvertement appel au nationalisme russe. Dans un discours, souvent cité, adressé à des directeurs d'usine en février 1931, il déclara :

> Non, camarades, le rythme ne doit pas être ralenti. Au contraire, nous devons l'accélérer...

> Ralentir le tempo [de l'industrialisation] signifie prendre du retard.
> Et ceux qui prennent du retard sont battus. L'histoire de l'ancienne Russie
> montre que, à cause de son arriération, elle était constamment défaite. Par
> les khans mongols, par les beys turcs, par les seigneurs féodaux suédois,
> par la noblesse polono-lituanienne, par les capitalistes anglais et français.
> Battue à cause de son arriération – son arriération militaire, culturelle,
> politique, industrielle et agricole… Vous vous rappelez les paroles du
> poète : « Tu es pauvre et tu es nombreuse, tu es puissante et tu es faible,
> Mère Russie. »
> …Nous avons cinquante ou cent ans de retard sur les pays avancés.
> Nous devons rattraper cet écart en dix ans. Ou nous le faisons ou ils nous
> écraseront [40].

Comme le remarque Adam Ulam, historien américain de la Russie soviétique, la version stalinienne de l'histoire russe était gravement trompeuse. L'ancienne Russie, « constamment défaite », avait néanmoins réussi à repousser ses frontières jusqu'à englober un sixième de la masse continentale du monde et avait englouti bon nombre de ses conquérants.

> Le sens véritable de l'histoire russe fut différent : « L'État enfla
> tandis que le peuple rétrécissait », comme l'écrivit un grand historien
> russe. Ses propres gouvernants avaient « battu » son peuple, et toujours
> sous le même prétexte : la grandeur de l'État l'exigeait [41].

Mais Staline ne se trompait pas dans sa compréhension intuitive de la force contenue dans la fierté nationale du peuple russe. L'ayant d'abord exploitée efficacement dans sa proclamation du « socialisme dans un seul pays », comme il l'exploiterait plus tard, pendant la guerre, dans la résistance à l'envahisseur allemand, Staline l'attela dans les années 30 à la transformation économique et sociale qu'il cherchait à imposer au pays. Dès le XVe congrès du parti, en décembre 1927, il compara la révolution dans laquelle les Russes allaient se lancer aux accomplissements du plus grand de ses prédécesseurs tsaristes :

> Quand Pierre le Grand, rivalisant avec les pays occidentaux les plus
> développés, construisit fiévreusement des ouvrages industriels et des
> usines pour approvisionner l'armée et pour renforcer la défense du pays,
> cela était aussi une tentative de liquider l'arriération [42].

La nouvelle ligne de Staline devait exercer un attrait sur les couches moyennes et inférieures du parti ainsi que sur la direction et les motiver. Ce processus consistant à augmenter la pression de la base et à obtenir son appui était le complément nécessaire de la « révolution par le haut ». Il commença en même temps que les « mesures extraordinaires » du début 1928, et continua tout au long des années 1928 et 1929, créant un esprit militant dans de grandes portions du parti, dont Staline put profiter quand il lança son « offensive socialiste » tous azimuts au début de 1930 [43].

Il y a trois thèmes qui fournissent un canevas dans la masse diffuse d'éléments émanant des différentes régions du pays. Le premier fut le mécontentement à l'égard des compromis de la NEP, et le retour à la tradition du communisme de guerre, conçue comme la « période héroïque » de la révolution. Le deuxième fut la présentation de la collectivisation, de l'industrialisation et de la prétendue « révolution culturelle » de la fin des années 20, comme une *guerre de classe*, destinée à extirper et à détruire les « ennemis de classe » de la révolution. Et le troisième fut le recrutement d'une nouvelle avant-garde du prolétariat, tirée en grande partie d'une génération d'ouvriers, plus jeune, désireuse de s'élever et prête à servir de « troupes de choc ».

Le premier exerça un attrait puissant sur les membres du Komsomol, le mouvement de la jeunesse du parti. Leur état d'esprit est bien décrit par un jeune habitant de Leningrad :

> Les Komsomols de ma génération – ceux qui connurent la révolution d'Octobre à l'âge de dix ans ou plus jeunes – étions scandalisés de notre sort. Quand notre conscience fut formée, nous sommes entrés au Komsomol. Quand nous sommes allés travailler dans les usines, nous nous sommes lamentés qu'il ne nous reste plus rien à faire, parce que la révolution était terminée, parce que les années difficiles [mais] romantiques de la guerre civile ne reviendraient pas, et parce que la vieille génération avait laissé aux gens comme nous une vie ennuyeuse et prosaïque, privée de lutte et d'exaltation [44].

Il sauta sur l'occasion d'organiser une brigade de choc en 1929.

Le second, la justification idéologique par Staline de son « offensive socialiste » en termes de guerre de classe, permit aux activistes de considérer ceux qu'ils chassaient de leur travail et de leur maison, qu'ils dénonçaient et faisaient condamner à mort, non comme des frères humains mais comme des « ennemis de classe », coupables d'un crime impossible à racheter pour la seule raison d'être nés dans une famille bourgeoise ou koulake. La thèse de Staline selon laquelle plus la société soviétique approchait de son aboutissement final – le socialisme – plus la haine et la guerre de classe s'intensifieraient, fournit la sanction d'une loi historique, objective et inéluctable, aux brutalités exercées au nom du règne futur de la vertu.

Le troisième thème était le produit des exigences créées par l'effort d'industrialisation et de rationalisation, le doublement et le quadruplement des objectifs de production, l'appel à un renforcement de la discipline du travail et à de plus grands sacrifices, sous la forme d'augmentations des quotas, de diminutions des salaires réels et de baisse du niveau de vie. Ces dernières pesaient le plus lourdement sur les ouvriers, qui avaient été le noyau de l'appui du parti en 1917 et pendant la guerre civile. L'effet se combinait au fait que l'expansion de l'industrie exigeait aussi l'expansion de la force de travail, qui conduisait à son tour à un afflux, mal supporté par les vieux ouvriers qualifiés, d'une masse de main-d'œuvre non qualifiée venue des campagnes, sans expérience de la vie d'usine.

Staline et les autres dirigeants durent reconnaître que le processus de dilution avait fait que la classe ouvrière plus petite, plus homogène de Leningrad et de Moscou, avec sa forte conscience de classe, sur laquelle ils s'étaient appuyés en 1917-1921, n'existait plus. Ils trouvèrent un remplacement à cette « avant-garde du prolétariat » chez les activistes de la jeune génération d'ouvriers. Ces derniers avaient vécu la révolution et la guerre civile enfants ou adolescents, et étaient tout aussi critiques de la résistance des vieux ouvriers au changement, que de l'ignorance et du manque de discipline des nouveaux arrivés d'origine rurale. Prenant l'initiative de former des brigades de choc, ils furent à l'origine de la campagne d'« émulation socialiste » destinée à élever le niveau de la productivité, qui souleva les usines et autres lieux de travail soviétiques à la fin de 1928. Staline et son groupe ne furent pas longs à saisir les possibilités d'un tel mouvement, et dès le début de 1929 ordonnèrent au parti, au Komsomol et aux directeurs de lui fournir toute l'aide possible, y voyant le catalyseur radical qu'ils cherchaient pour abattre les obstacles à l'accélération du développement industriel de la Russie.

L'impact du mouvement s'exerça bien au-delà des usines. C'est parmi les 70 000 ouvriers qui se portèrent volontaires que les 25 000 « Meilleurs fils de la patrie » furent choisis comme « troupes de choc » pour conduire l'effort de collectivisation dans les campagnes. Ce furent les mêmes jeunes organisateurs de l'« émulation socialiste » qui fournirent de nouveaux cadres pour remplacer les victimes de purges, jugées « inadaptées » au sein des bureaucraties de l'État, du parti et des syndicats. Aussi ambitieux qu'énergiques, partisans d'une ligne dure dont les slogans n'étaient pas adoucis par l'expérience, ils représentèrent le fer de lance de l'importante mobilité vers le haut des fils et des filles de la classe ouvrière qui accédèrent à des postes d'enseignement, d'administration et de gestion plus élevés dans les années 1928-1931.

Ce fut « la substance [cachée] derrière la rhétorique de la guerre de classe » [45], la « révolution culturelle » (le terme, écrivit la *Pravda*, « est maintenant vraiment dans l'air ») russe, qui créa « la nouvelle classe », la future élite communiste de la Russie de l'après-purges et de l'après-guerre, la génération Brejnev.

Bien que le processus de mobilité vers le haut se poursuivit, la « révolution culturelle » en tant que telle ne dura pas plus de trois ou quatre ans. Elle appartint à une période particulière de la Russie soviétique, qui commença avec l'interruption de la NEP en 1928-1929, quand le soutien radical contre l'Opposition de droite eut une valeur politique, et se termina en 1931-1932. Le signal du début et de la fin de l'encouragement officiel du processus fut donné à chaque fois par

Staline en personne. Il profita de l'affaire de Chakhty en 1928, comme il avait profité auparavant de la crise du blé, pour lancer un appel clair à la renaissance de l'activisme de classe à la place de la conciliation de classe de la NEP.

Le procès pour sabotage de cinquante ingénieurs des mines de Chakhty fut mené de manière maladroite mais ce fut la première grande occasion où la procédure judiciaire soviétique fut utilisée par l'OGPU pour faire passer un message politique à l'ensemble de la population. La première cible était les « spécialistes bourgeois », l'équivalent des koulaks dans l'agriculture. Ils furent accusés de conspirer avec les puissances étrangères (les souvenirs de la menace de guerre de 1927 étaient encore frais) et avec les anciens propriétaires de mines vivant à l'étranger, pour saper l'industrialisation qui devait « renforcer la dictature du prolétariat » et rendre ainsi impossible le retour au capitalisme. En dehors de son intérêt de servir de bouc émissaire aux insuffisances de l'économie soviétique, aux pannes et à la pénurie qui empoisonnaient la vie quotidienne, le procès fut le signal dramatisé de ce que dorénavant l'intelligentsia bourgeoise et les spécialistes non-membres du parti, les survivants de l'époque pré-révolutionnaire, qui avaient obtenu des privilèges sous la NEP au grand dam des ouvriers, seraient traités comme politiquement suspects et qu'on se passerait d'eux.

V

Le procès de Chakhty et les purges qui suivirent montrèrent clairement que Staline n'avait pas plus l'intention que Pierre le Grand de compter sur le seul enthousiasme. S'il n'y eut pas d'équivalent à la dékoulakisation ni à la résistance paysanne, dès que le nouveau pouvoir s'en empara, l'industrialisation, tout autant que la collectivisation, fut une révolution par en haut, et son rythme fiévreux fut maintenu avec le degré de contrainte qui fut jugé nécessaire, quel qu'il fût.

Au centre du système de gouvernement stalinien se trouvait la police secrète ou de sécurité, l'OGPU, dont les opérations finirent par couvrir de leur ombre toute la vie soviétique dans les années 30. Menant déjà la campagne contre la paysannerie, l'OGPU fut aussi utilisée, plus sélectivement, pour terroriser les directeurs, les ingénieurs et les fonctionnaires à qui Staline demandait d'atteindre les objectifs inaccessibles du Plan. Pour commencer, son activité fut spécialement dirigée contre les « spécialistes bourgeois » qui n'étaient pas membres du parti ; le tour de l'élite du parti devait venir plus tard.

Le procès de Chakhty de 1928 servit de précédent, et Staline voulut clairement qu'il en soit ainsi. En avril 1929, il dit au comité central :

> Les « chakhtistes » sont à présent cachés dans toutes les branches de notre industrie. Beaucoup ont été pris, mais pas tous. Le sabotage

auquel se livre l'intelligentsia bourgeoise est une des formes les plus dangereuses d'opposition au développement du socialisme. Le sabotage est d'autant plus dangereux qu'il est lié au capital international. Le sabotage bourgeois est un signe certain que les éléments capitalistes n'ont aucunement déposé les armes mais qu'ils regroupent leurs forces pour lancer de nouvelles attaques contre le régime soviétique[46].

En novembre-décembre 1930, les membres d'un prétendu « parti industriel », dirigé par le professeur Leonid Ramzine, furent systématiquement accusés de saboter l'industrie soviétique sur les instructions invraisemblables de l'ancien président français Poincaré, de Henry Deterding (de la Royal Dutch Shell), de Lawrence d'Arabie et d'autres « ennemis du peuple soviétique ». Les chefs d'inculpation étaient grotesques mais la culpabilité des accusés fut proclamée à grands cris avant le procès. Parmi les organismes qui réclamèrent la peine de mort figurait l'Académie des sciences. Un demi-million de travailleurs obéissants défilèrent devant le tribunal en criant « A mort ! A mort ! A mort ! » Quand le procès public commença, Vychinski siégeant à nouveau comme président, les accusés répétèrent les aveux rituels qui leur avaient été extorqués à coups de poing par l'OGPU et cinq sur les huit furent condamnés à mort. Le fait que les peines furent par la suite commuées, et que Ramzine lui-même fut gracié, libéré plus tard et même décoré, n'annula pas l'effet de propagande du procès, qui reçut une immense publicité dans toute l'URSS.

Trois mois plus tard, en mars 1931, un groupe d'anciens mencheviks qui occupaient des postes élevés dans les organismes économiques et de planification furent jugés sous l'accusation d'avoir constitué un « Bureau de l'Union » pour organiser le sabotage des plans de développement économique, et d'avoir formé un bloc secret avec le « parti industriel » et le « parti des paysans laborieux » pour préparer une intervention armée de l'étranger et une insurrection dans le pays. La majorité des personnes arrêtées ne parurent jamais en public mais leur cas fut réglé sur le champ ; les unes furent fusillées, les autres envoyées en camps de travail.

Staline réussit toutefois mieux à comprendre les problèmes de l'industrie qu'il ne comprit jamais ceux de l'agriculture. Par souci d'efficacité, il admit la nécessité d'affranchir les responsables de la production des interventions constantes sur les lieux de travail de fonctionnaires du parti et de représentants des syndicats, la fameuse « troïka », qui était caractéristique de l'industrie soviétique des années 20. A la place, il appela à la concentration de la responsabilité de la production sous l'autorité d'une « direction à un homme », appel réitéré par les réformateurs de la Chine d'après Mao dans les années 80.

Autre indice du désir de Staline de s'instruire en matière d'industrie, comme il ne le fit jamais pour l'agriculture, il admit que, du moins pour le moment, l'industrie russe dépendait des « spécialistes bourgeois » qu'il

avait dénoncés, même s'ils avaient acquis leurs compétences à l'époque
pré-révolutionnaire ou été recrutés à l'étranger. Prenant le contre-pied
de la politique qu'il avait proclamée en mars 1928, trois ans plus tard, en
juin 1931, il annonçait devant une conférence de directeurs de
l'industrie :

> Nous devons modifier notre politique à l'égard de l'ancienne intel-
> ligentsia technique... Alors qu'au plus fort des activités de sabotage
> notre attitude à leur égard s'exprimait principalement par une politique
> visant à les mettre en déroute, actuellement notre attitude doit s'expri-
> mer principalement par une politique consistant à les enrôler et à leur
> manifester notre sollicitude... Il serait faux et mal avisé de considérer
> pratiquement tout expert et tout ingénieur de la vieille école comme un
> criminel et un saboteur qu'on n'aurait pas détecté. Nous avons toujours
> considéré et considérons encore le « leurre des experts » comme un
> phénomène nuisible et infâme [47].

Il y a là une touche du cynisme qui caractérisa son article « Étourdis
par le succès » dans la dernière remarque de Staline, comme si c'étaient
d'autres, et non lui, qui avaient dirigé le « leurre des experts » à l'époque
du procès de Chakhty. Son discours n'empêcha pas un regain des persécutions quand les conditions de vie atteignirent leur point le plus bas
pendant l'hiver 1932-1933. En janvier 1933, par exemple, six ingénieurs
britanniques de chez Metro-Vickers et dix techniciens russes furent traduits en justice pour le sabotage de centrales électriques.

Néanmoins, l'annonce de Staline aux gestionnaires de l'industrie en
juin 1931 fut un signal aussi clair de la fin de la « révolution culturelle »
que l'affaire de Chakhty avait été celui de son début. Soulagés du risque
d'être harcelés, beaucoup de spécialistes non-membres du parti, dont un
nombre substantiel furent sortis des prisons ou des camps de travail,
retrouvèrent leurs fonctions de responsabilité. Staline non seulement
avait besoin de cette libération mais pouvait se la permettre parce que les
fondations d'une alternative à la vieille Russie avaient été posées grâce
aux possibilités désormais offertes aux plus doués et aux plus ambitieux
des travailleurs de la jeune génération .

Une indication de l'ampleur de cette mobilité vers le haut nous est
fournie par le fait que 43 % des 3,5 millions de membres que comptait
le parti en 1933 occupaient des fonctions de cols blancs, alors que seulement 8 % d'entre eux étaient à de tels postes quand ils étaient entrés au
parti. Entre janvier 1930 et octobre 1933, 660 000 communistes
ouvriers furent mutés à des postes administratifs ou politiques, ou retournèrent sur les bancs d'une institution éducative pour acquérir la
compétence nécessaire. La plupart des futurs ingénieurs, gestionnaires et
dirigeants politiques qui affluèrent dans les nouveaux instituts techniques
n'avaient pas terminé leurs études secondaires, mais venaient tout droit
de postes mineurs dans le parti ou l'industrie. Parmi eux figuraient

Khrouchtchev (entré à l'Académie industrielle de Moscou en 1929, à l'âge de trente-trois ans), Brejnev (entré à l'Institut métallurgique de Dnieprodzerjinsk en 1931, à vingt-cinq ans) et Kossyguine (entré à l'Institut du textile de Leningrad en 1930, à vingt-six ans).

Au fur et à mesure qu'ils prirent du galon, ils se retrouvèrent liés au système par des privilèges et des récompenses inégales que Staline avait créés pour ceux dont le régime dépendait, fonctionnaires du parti et des ministères, agents de l'OGPU et, désormais, membres de la nouvelle élite de gestionnaires. Ils comprenaient des primes, l'accès aux marchandises rares et aux magasins réservés, de meilleurs logements, de meilleures écoles et des moyens de transport privés. Ces privilèges et récompenses n'étaient pas garantis ; ils pouvaient être, et étaient souvent, retirés sans préavis, si le gestionnaire ou le fonctionnaire n'avait pas réussi à accomplir ce qu'on attendait de lui ou, pire encore, s'il montrait des signes de déviation de la ligne « juste », ce qui conduisait bientôt à des accusations de « sabotage » et de trahison. Pareille insécurité créait un lien puissant d'autoconservation parmi ceux qui avaient accédé à la nouvelle élite soviétique, « une nouvelle espèce d'unité morale » (pour reprendre l'expression de Kolakowski) au sein de laquelle tous les communistes devenaient complices des mesures de coercition et des brutalités de Staline, et s'embarquaient sur une trajectoire d'où l'on ne pouvait plus revenir en arrière.

Le problème crucial fut de trouver la main-d'œuvre supplémentaire pour mener à bien le colossal programme d'industrialisation et de construction du plan quinquennal. Dans les conditions chaotiques des premières années du plan, les gestionnaires recrutèrent de la main-d'œuvre comme ils purent et ne se posèrent pas de questions. De cette manière, des millions de paysans dékoulakisés ou de fugitifs des fermes collectives (estimés à plus de seize millions de 1929 à 1935) furent absorbés par les besoins en main-d'œuvre. Mais ils n'étaient ni formés ni habitués à la discipline du travail, et la rotation de la main-d'œuvre et l'absentéisme sévissaient grandement, les ouvriers abandonnant leur place dans l'espoir de trouver mieux. Le système des passeports intérieurs imposé en 1932 pour enrayer le phénomène fut durci en privant les « déserteurs » et les absentéistes de leur carte de rationnement et de leur logement. Ainsi, plus l'industrie soviétique s'organisa, plus l'ouvrier ordinaire fut lié à son travail, à moins qu'on eût besoin de le déplacer pour les besoins du Plan.

Dans son discours de juin 1931, Staline souligna une nouvelle approche, qui devait avoir des conséquences majeures pour la société soviétique. Dénonçant dans l'égalitarisme des salaires une déviation gauchiste, il appela à une distinction claire entre les rémunérations du travail qualifié et du travail non qualifié : « Marx et Lénine disaient que c'est seulement sous le communisme que cette différence disparaîtrait ; sous le socialisme, même après que les classes ont été abolies, les salaires doivent être payés selon le travail accompli, et non selon les besoins [48]. » Avec cette sanction, on commença à offrir des salaires plus élevés pour attirer les ouvriers vers l'Oural et vers l'est ; le travail à la pièce fut rapidement étendu afin de faire correspondre les taux de rémunération à la productivité. En outre, ceux qui voulaient travailler plus dur et faire de plus longues journées, bientôt connus sous le nom de stakhanovistes, non seulement touchèrent de fortes primes et obtinrent d'autres avantages mais firent monter les normes pour le reste de la force de travail.

Toutefois, pour la grande masse des travailleurs, il fallut encore attendre longtemps pour que l'augmentation de la productivité entraîne une élévation générale de leur niveau de vie. Tout au long du premier plan quinquennal, la priorité absolue fut donnée aux projets de construction, à la fabrication de produits de base et aux armements. La population urbaine, au contraire des paysans d'Ukraine, ne mourut pas de faim, mais souffrit non seulement du rationnement mais aussi de la pénurie alimentaire continuelle, des queues interminables, des brusques augmentations de prix, d'un manque de logements terrible et de l'entassement dans les logements existants.

Au point le plus bas, lors de l'hiver sinistre de 1932-1933, Staline déclara : « Il est évident que le niveau de vie des ouvriers s'élève sans cesse. Quiconque le nie est un ennemi du pouvoir soviétique [49]. » C'était une déclaration extraordinaire à faire, en contradiction flagrante avec la propre expérience quotidienne de la majorité des ouvriers. Cependant, Staline avait compris, tout comme Hitler, que plus le mensonge est gros, plus on a de chances que les gens croient qu'il recèle une part de vérité.

Cela devenait facile maintenant que (après trois décennies de discussions et de factionnalisme dans le parti) toute opposition avait été réduite au silence. Les anciens dirigeants de l'Opposition comme Kamenev, Zinoviev, Boukharine furent obligés d'avouer en public combien ils s'étaient trompés, et la direction stalinienne exerça son monopole sur la presse et la radio. A partir de la fin de 1929, plus une voix ne s'éleva publiquement pour remettre en question ou critiquer quoi que les dirigeants aient pu faire. Staline fit une série de déclarations sur la réussite de la campagne de collectivisation et du plan quinquennal que les membres du comité central et du congrès du parti qui les entendirent savaient fausses. Loin de le remettre en cause, ils l'applaudirent, et tous les journaux du pays reproduisirent en bonne place et les déclarations et la confirmation exprimée par les applaudissements. Si l'on se demande qui y crut, on n'a qu'à se rappeler combien de personnes en Occident, dont des gens qui se rendirent en URSS comme les Webb, Bernard Shaw et H. G. Wells, furent impressionnés par les réalisations que Staline mit au crédit de la planification soviétique, et taxèrent de propagande antisoviétique les comptes rendus faisant état de la famine en Ukraine ou des déportations en masse vers les camps. Staline aida les gens à croire, ou à croire à moitié, ce qu'il disait grâce à son habileté à manier le « double langage ». Son emploi du terme « koulak » permit pendant longtemps à beaucoup de membres du parti de s'abuser eux-mêmes sur ce qui se passait dans les campagnes. La « dékoulakisation », l'« expropriation de l'agriculture » étaient des termes aux sonorités marxistes qui déguisaient l'atroce réalité des expulsions, des déplacements, de la faim de masses de gens et la mort de millions d'entre eux.

Staline connaissait aussi bien qu'Hitler l'importance, et les possibilités de la manipulation de l'opinion publique, et son régime déploya beaucoup de techniques semblables en même temps que certaines qui lui étaient propres. La découverte de traîtres et de saboteurs fournit à la population urbaine, mal nourrie, mal logée et manquant de tout, un point d'application à la haine et à la fureur qui autrement aurait pu se tourner contre la direction du parti. L'incapacité d'atteindre les objectifs économiques, les pénuries de toutes sortes étaient dues non à des erreurs humaines ou à une planification fautive mais à des sabotages visant à saper le régime socialiste. On exhorta tous les Russes, et surtout les membres du parti et les Komsomols à se tenir sur leurs gardes vis-à-vis des « ennemis de l'intérieur », à surveiller leurs voisins et leurs collègues et à signaler tout ce qu'ils trouvaient suspect.

Staline, qui n'avait aucun des talents d'acteur d'Hitler, se retrouva confronté à une plus grande difficulté que ce dernier quand il fallut communiquer avec une population disséminée sur un pays immense, et de niveaux de vie et d'éducation bien plus bas. Un des moyens de le faire fut la série de procès publics, propagande en forme de théâtre politique, bâtie autour des aveux des accusés. Obtenus par avance – à l'aide de la torture psychologique et physique – ces aveux étaient les seuls éléments de preuve pris en compte par le tribunal, et bénéficiaient d'une couverture maximale de la presse et de la radio, dont la presse internationale, qui était citée à son tour, sélectivement, par la *Pravda* et les autres journaux soviétiques.

Une des leçons qui furent bien comprises tant dans la Russie stalinienne que dans l'Allemagne nazie fut que la propagande est le plus efficace quand elle est épaulée par la terreur. La Russie n'était pas encore l'État policier accompli qu'il devint à la fin des années 30, et il y avait encore des limites à l'exercice arbitraire du pouvoir par Staline. Mais la période 1930-1934 fut l'étape décisive de l'extension des deux. L'OGPU, comme la Gestapo et les SS en Allemagne, fut l'instrument qu'utilisa Staline chaque fois qu'il voulut s'assurer de l'exécution de ses ordres en dehors des procédures administratives et légales ordinaires, depuis l'expulsion forcée des koulaks, la fabrication de preuves et d'aveux falsifiés, l'arrestation et la « disparition » d'individus, jusqu'à la gestion des châtiments et des camps de travail.

La relation entre Staline et l'OGPU était étroite ; son chef (Iagoda, de 1934 à 1937) lui rendait compte directement et était aussi responsable de sa sécurité personnelle. Ses officiers figuraient parmi les fonctionnaires soviétiques les mieux payés et bénéficiant du plus grand nombre de privilèges, mais n'en étaient pas plus à l'abri que les autres de l'insécurité qui était la marque du régime. Iagoda et son successeur Nikolaï Iejov finirent l'un et l'autre par éveiller les soupçons de Staline et furent exécutés.

Le secret qui entourait les activités de l'OGPU – arrestations arbitraires, usage de la torture, existence des camps – était une puissante forme de pouvoir supplémentaire, par l'atmosphère omniprésente de crainte qu'il créait. Parler de l'une quelconque de ces activités en public revenait à s'attirer une dénonciation et une arrestation. Il y avait une conspiration du silence à leur sujet, à laquelle des millions de gens collaboraient, sachant, de façon trouble, ce qui était arrivé aux autres et ce qui pourrait leur arriver s'ils éveillaient le soupçon.

Ceux qui entraient en conflit avec le système, et étaient condamnés à une peine de plusieurs années dans un des camps de travail, n'étaient pas perdus pour l'économie. L'État soviétique avait dès le début utilisé le travail forcé, et son administration occupait le plus grand département de l'OGPU, connu sous l'abréviation de Goulag, l'Administration supérieure des camps de rééducation par le travail. C'était un sous-continent entier ou, comme l'a décrit Soljenitsyne, un archipel, l'archipel du Goulag, énorme réseau d'institutions pénales, habité par une population d'esclaves, qui constituaient près de 10 % de la force de travail soviétique et qu'on pouvait littéralement tuer au travail, au prix du tiers du salaire moyen d'un ouvrier. L'archipel absorba les millions de déportés de la dékoulakisation et de la collectivisation, et les attela à un « travail socialement utile ». Le travail forcé fut utilisé avec succès dans l'industrie minière (dont les mines d'or) et l'exploitation forestière et dans toute zone particulièrement dure ou dangereuse comme les Territoires du nord et la Sibérie. A la fin des années 30, le Goulag était aussi devenu la principale entreprise de construction d'URSS*.

Étant donné que le taux de mortalité dans les camps était élevé et que de nouveaux contingents de prisonniers arrivaient constamment, les estimations du nombre de détenus à un moment donné sont très variables. Les analyses soviétiques récentes permettent de penser que les chiffres oscillèrent entre deux et quatre millions.

VI

Jamais dans le passé une population de 150 millions de personnes n'avait été soumise par son gouvernement à une telle convulsion, une suite de changements aussi gigantesque en l'espace de quatre ans. Mais la seule ampleur du bouleversement risque de tant frapper l'imagination qu'elle finirait, inconsciemment, par apporter du crédit à l'affirmation de Staline[50] selon laquelle ce fut une réussite qui partout ailleurs aurait été

---

* A propos des camps du Goulag, voir la carte vol. 2, pp. 210-211.

considérée comme un miracle – sans qu'on se demande d'abord de quel sorte de miracle il s'est agi, et à quelle aune il fut mesuré.

Pour commencer, dans quelle mesure fut-ce une réussite économique, ainsi que Staline l'affirma à chaque étape, avec une avalanche de statistiques étincelantes et souvent incompatibles ?

En ce qui concerne l'agriculture, il serait difficile d'imaginer une politique plus désastreuse que la collectivisation forcée de Staline, qui commença par chasser les paysans les plus énergiques et les plus expérimentés de leurs terres à la poursuite de la chimère d'un capitalisme rural, et se continua bientôt par une guerre tous azimuts de l'État contre les paysans, qui constituaient quatre cinquièmes de la population. Staline dit lui-même par la suite à Churchill que cela avait été une guerre aussi dure que celle contre les nazis et qu'elle avait coûté dix millions de vies [51].

La force de travail rurale n'en fut pas seulement définitivement affaiblie mais devint aussi définitivement hostile. Se retrouvant de nouveau liée au sol, elle prit sa revanche en réduisant sa coopération avec le régime au strict minimum, obligeant l'État et le parti, qui ne connaissaient rien à l'agriculture – et encore moins à l'idée fétiche de Staline de la production extensive mécanisée – à intervenir de plus en plus, avec les conséquences qu'on peut imaginer. Moshé Lewin cite la description de Marc Bloch de la situation dans l'Europe médiévale : « Les abus de force des maîtres n'avaient plus guère d'autres contrepoids – à vrai dire souvent fort efficaces – que la merveilleuse capacité d'inertie de la masse rurale et le désordre de leurs propres administrations [52]. » Rien, ajoute-t-il, ne pourrait mieux décrire la situation de la Russie au XXe siècle. Les réels efforts de la paysannerie étaient réservés aux petits lopins privés qui assuraient en grande partie leur entretien et celui de leurs familles. Ironie du sort, en 1937, ces lopins assurèrent aussi la fourniture de la moitié des pommes de terre, des légumes et des fruits de la nation, et de plus de 70 % de son lait et de sa viande, cette relique de l'entreprise privée servant de colonne vertébrale de l'approvisionnement alimentaire de l'Union soviétique.

Si on laisse de côté, pour le moment, le coût humain de la collectivisation et qu'on en considère seulement l'aspect économique, les résultats ne sont guère impressionnants. Le niveau de la production de blé, qui s'était élevé pendant les années 20, commença à chuter à partir de 1928. La moyenne de 1928 à 1930 fut de 74 millions de tonnes par an. Elle tomba à 67 millions pendant les cinq années 1931-1935, remonta à 87 millions grâce à la récolte exceptionnelle de 1937 et retomba juste au-dessus de 67 millions en 1938 et 1939. C'est seulement le fait que l'État réussit à doubler le pourcentage de la récolte réquisitionné (passant d'une moyenne de 18 millions de tonnes en 1928-1932 à 32,1 millions entre 1938-1940) qui évita le retour de la famine alors que la population était en pleine croissance.

Les chiffres des pertes en bétail parlent d'eux-mêmes :

| | Millions de têtes | |
	1928	1933
Bovins	70,5	38,4
Porcins	26,0	12,1
Ovins et caprins	146,7	50,2 [53]

Ce n'est qu'après la mort de Staline en 1953 que ces pertes furent compensées. Aux réunions du comité central de 1953-1954, Khrouchtchev fit savoir que la production céréalière restait inférieure, par habitant, et la taille du cheptel inférieure en valeur absolue, aux chiffres de l'époque tsariste. L'agriculture, qui avait retrouvé les niveaux de 1913 dans les années 20 devait rester, après la collectivisation par Staline dans les années 30, le secteur le plus faible de l'économie soviétique jusqu'à la fin du siècle.

Si l'on prend en compte les effroyables souffrances humaines qu'elle coûta, la politique de collectivisation doit alors être considérée comme un échec spectaculaire. La seule justification serait que Staline n'avait pas d'autre choix, que (comme il le prétendit continuellement) les paysans étaient les agresseurs, qui cherchaient à faire le blocus de l'État et à le corrompre. Or, ce fut au contraire l'action unilatérale de Staline, ordonnant les « mesures extraordinaires » de décembre 1927-janvier 1928 et prenant ainsi le contrepied du résultat des discussions du XVe congrès du parti du début décembre (auquel il avait donné son accord), qui convainquit les paysans qu'il allait y avoir un retour aux réquisitions forcées du communisme de guerre. Il y avait indéniablement une crise d'approvisionnement pendant l'hiver 1927-1928, mais on a soutenu à l'époque, et l'on continue de le faire depuis [54], qu'elle était due à des erreurs de la politique économique du gouvernement, laquelle avait négligé le secteur rural, et qu'elle aurait encore pu être surmontée par des mesures économiques (telles qu'une modification de la politique des prix), sans faire appel aux méthodes « ouralo-sibériennes » de Staline.

Même si le « virage à gauche » de Staline de la fin 1927 et du début 1928 a pu être considéré comme le point de départ du « bond en avant », aucun préparatif sérieux d'un programme de collectivisation massive n'avait été fait quand elle fut lancée à la fin 1929 et au début 1930. L'image générale qui se dessine caractérise l'ensemble de ce soi-disant « deuxième Octobre » : une succession de crises résultant de décisions hâtives et mal étudiées, pour lesquelles il fallut trouver de nouvelles solutions de fortune et d'expédients désespérés, créant ainsi non seulement un chaos auto-entretenu mais aussi une politique de coercition auto-justifiée et des mesures d'urgence pour y faire face.

Staline n'avait certainement pas prévu l'ampleur du bouleversement que la collectivisation provoquerait ni de la résistance qu'elle soulèverait. Là où son autorité fut décisive c'est dans le refus du compromis. Se bouchant les yeux et les oreilles devant ce qu'on lui disait et devant les rapports qui lui étaient adressés, il exigea d'aller de l'avant après la pause momentanée du printemps 1930. Il ne vit pas de victimes, seulement des ennemis à abattre, quel que fût le degré de force auquel il faudrait avoir recours.

L'industrialisation de la Russie fut nettement plus une réussite économique que la collectivisation de l'agriculture. Combien elle dut, si elle lui dut quelque chose, à cette dernière est un sujet de débat. L'argument de départ de Preobrajenski en faveur du « pressurage » des paysans était la nécessité de réaliser une « accumulation primitive socialiste » afin de fournir les fonds pour le financement de l'industrialisation. Mais, dans la pratique, combien purent fournir une agriculture mutilée et des villages affamés ? Le maximum que l'on puisse dire c'est que moins de la moitié des excédents tirés de l'agriculture fut employée au développement industriel au début du plan quinquennal, 18 % en 1932 et quasiment rien à la fin.

D'où que soient venues les ressources, les fondements de l'URSS comme puissance industrielle majeure furent posés pendant le premier plan quinquennal et achevés au cours du deuxième. En 1937, on estime que la production totale était presque quatre fois plus élevée qu'en 1928[55]. Ce fut un résultat remarquable et durable. Mais ce n'est pas la même chose que d'accepter l'argument selon lequel, sans l'autorité de Staline et ses interventions constantes, il n'aurait pas été obtenu.

Contrairement aux problèmes présentés par l'arriération de l'agriculture russe, que les bolcheviks ne comprenaient ni ne pouvaient faire entrer dans leur schéma marxiste, l'industrialisation de la Russie avait toujours été considérée comme la clef de la réussite dans la création d'une société socialiste. Les bolcheviks bénéficièrent d'un avantage initial : il s'agissait d'un monde qui, contrairement à celui des moujiks, leur était familier, et dans lequel leurs plans d'expansion suscitaient l'enthousiasme du parti et ne rencontrèrent jamais la résistance ouverte que les paysans opposèrent à la « deuxième révolution » dans les campagnes.

Cela dit, l'idée que Staline était le seul homme ayant assez de détermination pour maîtriser le chaos et mener le plan jusqu'à son terme a été remise en cause par la question de savoir si le style de gouvernement et d'intervention de Staline ne contribua pas autant ou plus à créer le chaos qu'à l'enrayer. Les arguments ne manquent pas en faveur de l'idée qu'« au moins le même degré de développement industriel aurait pu être atteint par des méthodes moins radicales »[56].

Si elles n'eurent pas des conséquences aussi désastreuses sur l'industrie que sur l'agriculture, les même erreurs de jugement apparaissent. D'autres exemples montreront la substance de ce point de vue.

Premièrement, sans faire la moindre tentative pour présenter des arguments raisonnés, Staline fit une apparition surprise au conseil des commissaires et exigea que les chiffres que le Gosplan (la commission d'État du plan) proposait pour le plan quinquennal soient augmentés de 100 % et de plus dans certains cas.

Medvedev illustre les conséquences de la méthode « volontaire » de planification, que Staline inaugura, à partir du développement du caoutchouc synthétique. Le premier lot du matériau produit par une méthode expérimentale fut disponible en janvier 1931. Contre l'avis des ingénieurs, dont l'inventeur du procédé, l'académicien A.S. Lebedev, on décida de passer aussitôt à la construction d'une ou deux usines. Mais Staline exigea que *dix* usines soient construites avant la fin du premier plan quinquennal. En dehors des problèmes techniques non résolus, cela signifia que les ressources limitées en matière de construction furent éparpillées sur dix sites. Le dénouement fut que la mise en production n'eut lieu que dans trois usines en 1932-1933 ; les autres ne furent pas construites ni pendant le premier ni pendant le deuxième plan quinquennal. [57]

Deuxièmement, comme dans le cas des fermes collectives, Staline fut frappé de « gigantomanie ». Il exigea qu'on construise des complexes industriels sur une échelle dépassant les ressources de la Russie en matière de construction et de gestion. Le résultat fut que, d'abord, il fallut beaucoup plus de temps pour les achever que l'économie ne l'exigeait, et qu'ils furent ensuite constamment exposés à des pannes, ou furent laissés inachevés. L'accent similaire mis sur le spectaculaire, depuis les actions « héroïques », mais souvent inventées, des stakhanovistes, jusqu'aux programmes fracassants, montra combien Staline comprenait mal le rythme de travail régulier, systématique, nécessaire à une installation industrielle moderne pour qu'elle produise efficacement.

Troisièmement, l'obsession de Staline pour la taille trouva son équivalent dans l'obligation incessante d'aller vite. Non seulement il bouleversa l'équilibre du plan quinquennal en doublant les chiffres à atteindre, sans se soucier de savoir ce qui était faisable, mais il demanda ensuite qu'il soit réalisé en quatre ans au lieu de cinq. Cela produisit des effets négatifs : rupture permanente des programmes de production, gâchis maximal et encouragement à une ruée non planifiée sur les rares ressources en matériaux et en main-d'œuvre.

Finalement, face au non-respect de délais et d'objectifs impossibles, Staline accusa ceux qui en étaient responsables de sabotage, de destructions et de complot, s'attaquant en particulier aux anciens bourgeois et aux spécialistes étrangers qui lui fournirent des boucs émissaires commodes, mais dont l'industrie soviétique dépendait énormément sur le plan des techniques et de la gestion. Sur ce sujet, Staline fut obligé de reconnaître que la perte de leurs services pourrait être fatale à la réussite du plan mais il ne renonça jamais à ses soupçons ni à l'idée que la meilleure façon d'obtenir le maximum de gens occupant des postes de responsabilité était de les maintenir dans un état d'insécurité permanente.

Il y a toujours des choix dans l'histoire, et certains spécialistes estiment qu'il y avait une alternative aux excès du stalinisme dans la politique modérée représentée par Boukharine. Cette politique reposait sur la poursuite et la modification de la NEP. Elle devait permettre de conserver la confiance de la paysannerie – la *smytchka*, le lien entre la ville et la

campagne – de développer les coopératives rurales et de donner le temps
à la majorité des paysans et au secteur privé d' « entrer dans le socialisme
en grandissant », au travers de l'interaction avec le secteur socialiste de
l'économie. Les propositions de Boukharine, pensent ces spécialistes,
développaient les thèmes des derniers écrits de Lénine ainsi qu'une
élaboration de la NEP comme voie vers le socialisme et, en même temps,
anticipaient sur la recherche par les réformateurs tchèques de 1967-1968
d'un « socialisme à visage humain » [58].

Mais c'était une alternative de principe, non une alternative *tangible*
dans la situation réelle de la Russie de 1928-1929. Après la rupture avec lui,
il n'y avait personne dans les conditions politiques de l'époque – et
certainement pas Boukharine – qui était capable de faire adopter cette
politique. C'est cela qui convainquit les autres grandes figures du comité
central qu'appuyer Staline et sa politique, et non Boukharine et la droite,
était la seule voie réaliste à suivre s'ils voulaient voir la Russie se transformer
en un État industriel moderne.

Ce qui a jusqu'ici été laissé de côté dans cette tentative d'évaluation c'est
le facteur politique. Un des traits partagés par Staline et Hitler était l'idée
que c'était la politique, et non l'économie, qui décidait du développement
des nations. A condition d'avoir la volonté et le pouvoir de la faire
appliquer, tout était possible. On mesure à quel point cette idée donne une
vision incomplète de l'histoire *et* de la politique dans les exemples, cités plus
haut, de décisions politiques prises en Russie entre 1928 et 1933, entravées
et biaisées par les facteurs sociaux et économiques. Mais il est tout aussi
évident que sans la dimension politique il est impossible de comprendre le
caractère de la révolution de Staline et le système qu'il a créé.

L'affirmation la plus hardie de Staline, répétée fidèlement par
l'Internationale communiste, fut d'assimiler ce qui se produisit en Russie
entre 1928 et 1934 à la « construction du socialisme », affirmation
constamment réitérée par tous les organismes soviétiques. Au « congrès
des vainqueurs », le XVIIᵉ congrès du parti convoqué spécialement en
janvier 1934, Staline proclama que la lutte contre l'arriération russe avait
abouti à un succès, comme le prouvait le doublement de la production
industrielle et la collectivisation de 85 % de l'agriculture. Comment a-
t-il été possible, demanda-t-il au congrès, que ces changements colossaux
se produisent en l'espace de trois ou quatre ans sur le territoire d'un vaste
État doté d'une technique arriérée et d'une culture arriérée ? N'était-ce
pas un miracle ? C'en serait un, en effet, répondit-il, si tout cela avait eu
lieu sur la base du capitalisme et de la petite agriculture individuelle. Cela
ne pouvait cependant pas être appelé un miracle parce que cela avait eu
lieu sur la base du socialisme. Le socialisme régnait désormais de manière
incontestée sur l'économie nationale.

Le marxisme a atteint une victoire totale sur un sixième du globe.
Et cela ne peut pas être considéré comme un accident que le pays où a

triomphé le marxisme est désormais le seul pays au monde qui ne connaisse ni crises ni chômage, alors que dans tous les autres pays, dont les pays fascistes, la crise et le chômage règnent maintenant depuis quatre ans. Non, camarades, ce n'est pas un accident[59].

L'affirmation de Staline sema la confusion et la division dans l'opinion de gauche en dehors de la Russie pendant de nombreuses années. Il fallut beaucoup de temps à la gauche pour admettre que, aussi remarquable que fût la transformation effectuée par Staline, sa révolution par le haut n'était pas le remplacement d'une économie capitaliste par une économie socialiste mais quelque chose qui est devenu beaucoup plus familier depuis, dans les sociétés sous-développées : l'emploi du pouvoir d'État pour lancer un assaut contre une société arriérée, avec des méthodes et à un coût qui étaient une perversion des idéaux socialistes.

Il est clair que l'un des motifs sous-jacents de l'offensive de Staline contre la paysannerie fut sa détermination de mettre fin à la dépendance de l'État vis-à-vis d'une force extérieure échappant à son autorité – et qu'il fallait donc considérer comme hostile. Quand il se heurta à la résistance paysanne à la réquisition des céréales et à la dékoulakisation, il ne recula pas mais élargit le conflit afin de détruire, une fois pour toutes, la puissance potentielle de la classe la plus nombreuse et la plus conservatrice de la société russe. Sur le plan économique, cela peut être jugé comme un désastre ou, au mieux, comme une erreur, mais politiquement il considéra que cela représentait une grande victoire.

Bien que le programme d'industrialisation fût une plus grande réussite, il y eut là aussi un équilibre de pertes et de profits. La taille de la Russie et le manque d'administrateurs, d'économistes, de techniciens et de gestionnaires nombreux que l'industrialisation exigeait, firent qu'un tel système de planification et de décision centralisé ne pouvait qu'être lourd et inefficace, au moins au début. C'était une chose d'être installé à Moscou et de donner des ordres, et une tout autre chose de veiller à ce qu'ils soient exécutés, ou qu'il y ait quelqu'un de compétent pour les exécuter sur les lieux.

Pourtant, malgré ses défauts, la centralisation eut l'avantage décisif pour Staline de lui permettre de garder le contrôle, d'intervenir – arbitrairement, quand on s'y attendait le moins – en envoyant Molotov, Kaganovich ou Postychev faire une enquête et avoir la mainmise sur des situations qui avaient échappé à tout contrôle. Comme ils le firent en Ukraine, et comme lui-même l'avait fait pendant la guerre civile, ils furent en mesure de briser les obstructions, d'écarter les responsables – de les fusiller, si nécessaire – et de faire régner la peur chez les autres.

Ainsi, la révolution de 1928-1934 présenta une troisième caractéristique, prédominante, outre l'industrialisation et la collectivisation de l'agriculture : la création d'un État puissant face à une société faible.

VII

En Union soviétique, la place de l'ancienne classe dirigeante avait été prise par le parti ; c'était la direction du parti qui animait et dirigeait l'État. Staline lui-même n'était ni chef de l'État ni premier ministre, c'est-à-dire, président du conseil des commissaires du peuple, mais secrétaire général du parti. Son pouvoir sur l'État et la bureaucratie dérivait donc de sa capacité à commander au parti.

Staline ne considéra jamais que le pouvoir lui était acquis de façon définitive. Quand d'anciens membres de l'Opposition de gauche furent réadmis dans le parti et à nouveau placés à des postes, il n'oublia pas leurs antécédents. Même si un certain nombre d'entre eux, comme Piatakov, par exemple, qui devint président de la Banque d'État et commissaire adjoint à l'industrie lourde, jouèrent un rôle important dans l'exécution du premier plan quinquennal, tous furent arrêtés avant la fin des années 30 et fusillés ou (comme Radek) envoyés dans les camps. Mais Staline déclara avec insistance : « C'est l'Opposition de droite qui est la plus dangereuse : renforçons le feu contre la Droite [60] ! » La raison en est assez évidente : maintenant qu'il avait lui-même repris à son compte la politique de la gauche, c'est autour de la droite, et des positions énoncées le plus clairement par Boukharine, qu'il fallait s'attendre à voir graviter les membres du parti déçus par la politique de Staline et par les méthodes brutales utilisées pour l'appliquer, ou même opposés à cette politique et à ces méthodes.

Au XVIᵉ congrès du parti de l'été 1930, les « opportunistes » de droite furent accusés d'un nouveau crime : au lieu d'une opposition ouverte, on leur reprocha de reconnaître leurs erreurs passées afin de dissimuler leur hostilité secrète à la ligne du parti. L'attaque contre l'« opportunisme de droite » fut la principale caractéristique du congrès. L'un des suppôts de Staline résuma lui-même l'opinion des dissidents du parti dans les provinces, en ces termes : « La politique de Staline conduit à la ruine et à la misère... les propositions de Boukharine, Rykov et Ouglanov sont les seules justes, léninistes ; elles seules peuvent permettre de sortir le pays de l'impasse. [61] » Pour éradiquer ces positions, les purges continuèrent tout au long de l'année 1930, et le procès d'anciens mencheviks en mars 1931 servit à noyer dans un nuage de fumée les économistes et les planificateurs qui avaient exprimé leur scepticisme au sujet des objectifs du plan quinquennal et à éliminer le dernier universitaire marxiste indépendant, Riazanov, bolchevik vétéran et directeur de l'Institut Marx-Lénine.

Alors que le désordre et les souffrances atteignaient leur point culminant au cours de l'automne et de l'hiver 1932-1933, on vit croître le doute et l'inquiétude chez les membres du parti, reflétés par une tension de plus en plus grande chez ses dirigeants. Trois nouvelles manifestations de désaccord avec Staline furent découvertes, l'une à la fin de 1930, les deux autres en 1932-1933. La première concernait deux hauts fonctionnaires du parti qui avaient été des protégés de Staline. Sergueï Syrtsov avait été membre du comité central dans les années 20, avant de remplacer Rykov dans les fonctions de président du conseil des commissaires de la Fédération de Russie et de devenir en 1930 membre postulant du politburo. V. V. Lominadze, promu au comité central au XVIᵉ congrès, avait joué un rôle éminent dans les affaires du Komintern, avait organisé le soulèvement de Canton en décembre 1927 sur les ordres de Staline et était secrétaire du parti de l'importante Fédération transcaucasienne. Ces deux hommes se retrouvaient accusés d'avoir formé une faction contre-révolutionnaire, avec une plate-forme exprimant les idées « paniquardes » de la droite. Ils ne constituaient pas un groupe d'opposition organisé mais exprimaient une insatisfaction qui était répandue chez beaucoup de partisans de Staline qui l'avaient appuyé contre Boukharine mais qui maintenant se faisaient l'écho des critiques déjà formulées par ce dernier. Syrtsov critiqua les conséquences de l'« extraordinaire centralisation » et de la « bureaucratie effrénée », disant de projets industriels comme celui des Tracteurs de Stalingrad que c'était « de la poudre aux yeux ». Lominadze dénonça « l'attitude de seigneur féodal [du régime] à l'égard des besoins et des intérêts des ouvriers et des paysans ». Les deux hommes furent démis de leurs fonctions et affectés à des postes mineurs [62].

Au cours des années 1931-1932, la situation ne s'améliora pas. Alexandre Barmine, diplomate soviétique qui émigra par la suite, écrivit :

> La loyauté à l'égard de Staline à l'époque dont je parle [1932] était principalement fondée sur la certitude qu'il n'y avait personne pour le remplacer, que tout changement de dirigeant serait extrêmement dangereux et que le pays devait continuer sur sa lancée, car s'arrêter ou tenter de faire machine arrière aurait conduit à tout perdre [63].

En 1932 vint la famine et avec elle la diffusion de la « plate-forme Rioutine ». Rioutine, qui travaillait au secrétariat du comité central et dirigeait depuis plusieurs années le comité du parti de l'un des districts de Moscou, avait soutenu la droite en 1928, et en 1930 avait critiqué la politique de Staline au cours d'un entretien orageux avec lui. Il avait été arrêté et accusé d'avoir organisé un groupe contre-révolutionnaire mais avait été relâché faute de preuves. En 1932, irrité par la détérioration des conditions dans le pays, Rioutine élabora un document de 200 pages adressé « A tous les membres du PCUS » critiquant la politique de Staline dans les termes les plus nets. Le 21 août, dix ou douze membres du parti se rencontrèrent pour examiner et corriger le texte de son inculpation, qui fut ensuite transmis à d'autres (dont Zinoviev et Kamenev) mais ne fut pas diffusé largement. Un mois plus tard, Rioutine et les autres conspirateurs étaient arrêtés, ainsi que toute personne connue pour avoir lu le document.

Au cours des procès et des purges qui suivirent dans les années 30, le « complot Rioutine » fut monté en épingle et cité maintes et maintes fois comme la conspiration originelle, à laquelle tous les opposants notoires furent accusés d'avoir participé. La plate-forme était remarquable pour deux raisons. Elle reprenait les positions qui avaient été soutenues par les oppositions de droite comme de gauche, la première pour sa critique de la politique économique, la dernière pour la critique par Trotski du régime de parti. Parmi les réformes qu'elle préconisait figuraient une pause dans le domaine de l'économie, la réduction des investissements dans l'industrie, la liberté pour les paysans de quitter les fermes collectives et la réintégration de tous les exclus du parti dont Trotski. La deuxième raison est encore plus frappante. Dans une partie comptant cinquante pages, il décrivait Staline comme « le mauvais génie de la révolution russe, qui, mû par un désir personnel de pouvoir et de revanche, [avait] amené la révolution au bord de la ruine » et réclamait qu'il soit démis de ses fonctions.

Lors du procès de Boukharine-Rykov de 1938, on déclara que la plate-forme « marquait le passage à la tactique du renversement du pouvoir soviétique par la force ». En 1988, ce jugement fut cassé par la Cour suprême et Rioutine et ses associés furent innocentés d'avoir commis un quelconque acte criminel. Cependant, en 1932, Staline considéra la plate-forme de Rioutine comme un appel à l'assassinat et voulut que Rioutine soit fusillé. L'OGPU transmit son dossier à la commission centrale de contrôle qui, à son tour, le transmit au politburo. Bien que ce dernier organisme fût désormais entièrement composé d'hommes qui avaient soutenu Staline contre l'Opposition en 1929-1930, Kirov, Ordjonikidze, Kouïbychev et d'autres s'opposèrent à ce qui aurait été la première exécution d'un membre du vieux parti. A la place, lors d'un plénum du comité central (28 septembre-2 octobre), Rioutine fut condamné à dix ans d'emprisonnement, et lui et les autres membres du groupe furent exclus du parti comme :

> Dégénérés, ennemis du communisme et du régime soviétique, traîtres au parti et à la classe ouvrière qui, sous le drapeau d'un « marxisme-léninisme » falsifié, ont tenté de créer une organisation bourgeoise-koulake pour la restauration du capitalisme et en particulier des koulaks en URSS[64].

En même temps, d'autres mesures furent prises contre un grand nombre de vieux opposants, dont Zinoviev, Kamenev et Ouglanov.

L'échec de Staline, qui n'avait pas obtenu ce qu'il voulait, lui resta sur le cœur. Quatre ans plus tard, en septembre 1936, il envoyait un télégramme réclamant le remplacement du chef de l'OGPU, Iagoda, et déclarait avec fureur que l'« OGPU a[vait] mis quatre ans pour démasquer les trotsko-zinoviévistes » – accusation qui pour tous les spécialistes fait allusion au refus du politburo d'accéder à sa demande quatre ans plus tôt, en septembre 1932. Cela est confirmé par le fait qu'à chacun des procès spectaculaires de 1936, 1937 et 1938, l'accusé fut amené à avouer sa complicité dans le complot Rioutine, qui était désigné comme le premier rassemblement des oppositions sur la base du terrorisme. Le 1er janvier 1937, Staline eut sa revanche. A l'issue d'un procès de trois quarts d'heure, Rioutine fut exécuté sommairement, suivi par deux de ses fils et par bon nombre de ses associés[65].

En janvier 1933, un troisième centre d'opposition fut découvert, organisé par l'ancien commissaire à l'Agriculture, A. P. Smirnov. Lui et ses associés, deux autres vieux bolcheviks, Eismont et Tolmatchev (membres du parti depuis 1907 et 1904), avaient diffusé un manifeste semblable à la plate-forme de Rioutine, et parlé d'un remplacement de Staline au poste de secrétaire général. « Seuls des ennemis, déclara Staline devant le comité central, peuvent dire qu'on peut déplacer Staline et qu'il ne se produira rien[66]. » Mais toute idée de fusiller Smirnov et les autres fut à nouveau empêchée par le politburo : ils furent exclus du parti et condamnés par la suite à des peines de prison.

A la même réunion du plénum du comité central à laquelle le groupe Smirnov fut accusé, l'accord se fit sur une purge générale du parti qui conduisit à l'exclusion de 800 000 membres (sur 3,5 millions) au cours de l'année 1933, et 340 000 autres en 1934. La purge fut particulièrement dirigée contre ceux qui avaient été recrutés depuis peu dans les organisations rurales, ce qui laissa beaucoup de fermes collectives et de zones rurales sans organisation du parti ou avec un seul communiste. Jusqu'au XVIIIe congrès du parti en 1939, il n'y aurait eu que 12 000 organisations de base du parti pour 243 000 fermes collectives, avec des effectifs, comprenant les postulants, de 153 000 membres – ce qui indique que l'hostilité de la paysannerie à l'égard du parti était demeurée entière. De nouvelles mesures destinées à obliger les paysans à élever les rendements du secteur collectif au niveau qu'ils obtenaient sur leurs lopins individuels furent annoncées pendant l'été 1940, mais la campagne fut interrompue avant qu'elle put prendre son essor par l'invasion allemande en juin 1941. Cependant, les paysans n'oublièrent pas que c'était seulement à cause de l'attaque allemande qu'un nouvel assaut du parti leur avait été épargné[67].

L'opposition au sein du politburo à des peines plus sévères fut assez différente de celles des groupes de Rioutine et de Smirnov, et cela de deux manières. Ses membres figuraient parmi les meilleurs appuis de Staline, ils l'avaient aidé à battre Boukharine et la droite et à faire appliquer les mesures de la période du premier plan quinquennal. Ordjonikidze, le chef du conseil économique suprême et de l'important commissariat à l'industrie lourde, et Kirov, le chef de l'organisation du parti de Leningrad, étaient des hommes dont Staline ne pouvait pas négliger les opinions. Les noms les plus couramment associés aux leurs étaient ceux de Kouïbychev, Kossior (premier secrétaire du parti d'Ukraine) et Roudzoutak, qui avait abandonné sa place au politburo pour diriger la commission centrale de contrôle et était revenu au politburo comme membre suppléant en janvier 1934. Tous étaient nés entre 1886 et 1889, et appartenaient donc à un groupe d'âge plus jeune que Staline (né en 1879) et tous étaient entrés au parti entre 1903 et 1907. Deux au moins eurent assez d'indépendance d'esprit pour donner un emploi à d'anciens opposants, Ordjonikidze à Boukharine et Piatakov au sein de son commissariat, Kirov à l'un des membres éminents du cercle de Boukharine, Petr Petrovsky, qu'il nomma en 1934 chef du département idéologique du parti de Leningrad et rédacteur en chef de la *Pravda* de Leningrad, malgré son implication dans l'affaire Rioutine. Tous, doit-on ajouter, trouvèrent la mort au cours des purges qui suivirent, deux furent fusillés après leur arrestation, un assassiné (Kirov), et deux (Ordjonikidze et Kouïbychev) moururent dans des circonstances mystérieuses qui laissent au moins planer le soupçon qu'ils furent victimes d'un meurtre.

Aucun d'entre eux ne chercha à revenir sur la politique d'industrialisation et de collectivisation ni à remettre en cause la position dirigeante de Staline. Mais ils adoptèrent le point de vue qu'une percée avait été opérée et défendirent l'idée que le moment était venu d'admettre que le pire était passé, de mettre un terme à l'usage de la terreur et de la coercition, et de satisfaire les aspirations de la population dans son ensemble et du parti à un relâchement de la pression et à la possibilité de mener une vie plus normale. La désillusion et les protestations au sujet de la situation dans le pays et de la politique de Staline touchaient non seulement les vieux bolcheviks, mais certains des membres les plus actifs des Komsomols. Des groupes de discussion informels se constituèrent ; il y eut parfois des manifestations et des diffusions de tracts, qui conduisirent l'OGPU à arrêter plusieurs groupes de jeunes gens au cours de l'été 1933. Staline réclama des mesures extrêmes contre eux, qui furent à nouveau bloquées par le politburo. Les chefs de l'opposition réclamèrent instamment une politique de réconciliation avec les anciens opposants et appuyèrent leur argumentation sur la nécessité d'unir la nation face à la montée des dangers extérieurs depuis l'occupation de la Mandchourie par les Japonais et l'accession d'Hitler au pouvoir en Allemagne.

D'après ce qui suivit, il est évident que Staline ne fut pas convaincu par ces arguments, y vit une menace contre sa propre position et s'employa donc à abattre ceux qui les avaient formulés. Mais on ignore combien de temps il lui fallut pour aboutir à cette conclusion, puis pour préparer le terrain afin de la mettre en pratique. En 1933, il est clair qu'il jugea opportun de faire des concessions.

En janvier, le système d'approvisionnement en céréales avait été modifié, les réquisitions arbitraires ayant été remplacées par l'obligation de fournir une quantité fixée d'après la superficie des fermes collectives. En mai, une circulaire secrète ordonna que le nombre des déportations de paysans soit limité à 12 000 foyers par an. Le même mois, Zinoviev et Kamenev, qui avaient été exclus du parti une deuxième fois et déportés en Sibérie après l'affaire Rioutine, furent autorisés à revenir et à expier leur faute par de nouveaux aveux dans lesquels ils appelaient les anciens opposants à mettre fin à leur résistance. Rakovski, le vétéran révolutionnaire bulgare, dernier des principaux trotskistes à faire la paix, et Sosnovsky, un autre exilé, furent à nouveau accueillis dans le bercail.

Boris Nicolaïevski, menchevik émigré, dont la « Lettre d'un vieux bolchevik » était basée sur des entretiens avec Boukharine à Paris en 1936, souligne le soin que prit le groupe des modérés au sein de la direction pour éviter de se mettre Staline à dos :

> Même si autrefois toutes les formes d'opposition avaient été une opposition *contre* Staline et en faveur de son remplacement au poste de chef, il n'était plus question d'un tel remplacement... Tout le monde insistait sans relâche sur sa dévotion à Staline. C'était plutôt *une lutte visant à exercer une influence sur Staline*, une lutte pour son âme, si l'on on peut dire[68].

Ces indices furent confirmés par le XVIIe congrès du parti, qui se tint en janvier-février 1934 et fut appelé avec bonheur le « congrès des vainqueurs ». La date d'ouverture de la session, choisie délibérément le 26 janvier, était le dixième anniversaire du « discours du serment » prononcé par Staline après la mort de Lénine. L'article commémoratif de la *Pravda* déclara :

> Si l'on regarde le chemin parcouru en dix ans, le parti a le droit de dire que le serment de Staline à été tenu avec honneur. La décennie qui suivit la mort de Lénine a été une décennie d'un travail grandiose – la victoire historique du léninisme. Sous la direction de Staline, les bolcheviks ont ainsi fait que LE SOCIALISME DANS NOTRE PAYS A GAGNÉ.[69]

Staline lui-même était d'humeur confiante. Dans un long rapport au congrès il affirma le succès total du plan quinquennal et le compara à la situation des pays capitalistes dévastés par la Crise :

> L'abolition de l'exploitation, l'abolition du chômage dans les villes et l'abolition de la misère dans les campagnes sont un tel accomplissement historique en ce qui concerne les conditions matérielles des travailleurs d'Union soviétique qu'il dépasse même les rêves des ouvriers et des paysans des pays bourgeois, y compris les plus « démocratiques ».

Son auditoire ne démentit pas son triomphe : il lui fit une ovation. Il réagit par une déclaration qui provoqua, selon le compte rendu officiel, « un tonnerre d'applaudissements prolongé » :

> Au XVe congrès du parti [1927], il était encore nécessaire de démontrer que la ligne du parti était juste et de mener un combat contre certains groupes antiléninistes ; et au XVIe [1930], nous avons

dû assener le coup final aux derniers membres de ces groupes. En revanche, au présent congrès, il n'y a plus rien à prouver, et il semble qu'il n'y ait plus personne à combattre... On doit admettre qu'aujourd'hui notre parti est uni comme il ne l'a jamais été auparavant[70].

Cependant, en coulisse, c'était une tout autre histoire. Le congrès fut en fait la dernière réunion des vieux bolcheviks du parti de Lénine. A ce moment-là, ceux qui étaient entrés au parti avant la révolution ou pendant la guerre civile ne représentaient plus que 10 % de la totalité des effectifs, mais 80 % des délégués au congrès venaient de ce groupe, qui était toujours puissamment retranché au sein de la direction du parti. L'histoire officielle du parti fut révisée à l'époque de Khrouchtchev afin d'y inclure le paragraphe :

La situation anormale que le culte de la personnalité créait dans le parti suscita de graves préoccupations chez certains communistes, et surtout chez les vieux cadres léninistes. De nombreux délégués au congrès, en particulier ceux qui avaient eu connaissance du Testament de Lénine, estimèrent qu'il était temps de muter Staline de son poste de secrétaire général à d'autres fonctions[71].

Cela fait allusion au bloc informel qui se constitua lors du congrès et qui était principalement composé de secrétaires régionaux du parti et de secrétaires des comités centraux des républiques non russes qui connaissaient de première main les résultats désastreux de la politique de Staline. Des discussions eurent lieu dans les appartements moscovites des grandes figures du parti, parmi lesquelles Ordjonikidze, Mikoyan et Petrovsky. On suggéra que Staline fût fait président du conseil des commissaires du peuple ou président du comité central, et que Kirov fût élu secrétaire général à sa place. Les récits varient sur la question de savoir si Kirov refusa et en avertit Staline ou si, convoqué par Staline, il ne nia pas que la proposition lui eût été faite[72].

Quelle que soit la vérité, il n'y a aucun doute sur la réaction de Staline. Selon un extrait du journal de Mikoyan publié en 1987, Staline n'exprima qu'hostilité et vindicte à l'égard de l'ensemble du congrès et bien sûr à l'égard de Kirov lui-même[73]. Le fait que le congrès fût aussi « le lieu des louanges les plus excessives de Staline », noté par le même compte rendu officiel, a conduit l'historien Adam Ulam à suggérer qu'il ait pu y avoir un « complot-par-adulation », destiné à jouer sur la mégalomanie de Staline et à le persuader non pas de descendre de son piédestal mais de monter encore plus haut, et de se consacrer à la politique étrangère, aux questions militaires et aux affaires de l'État. La direction communiste chinoise tenta, sans succès, de convaincre Mao de faire la même chose au début des années 60[74].

Staline avait évidemment donné son accord pour que le congrès fût l'occasion d'une démonstration ostentatoire de réconciliation. Parmi les figures du passé autorisées à parler et à exprimer leur entière conversion à l'orthodoxie stalinienne figuraient Zinoviev, Kamenev, Boukharine, Rykov, Tomski, Preobrajenski, Piatakov, Radek et Lominadze. Certains furent autorisés à devenir membres (Piatakov) ou membres suppléants (Boukharine, Rykov, Tomski) du comité central. L'abjuration de Kamenev donna le ton à toutes les autres :

> Je tiens à dire à cette tribune que je considère le Kamenev qui combattit le parti entre 1925 et 1933 comme mort et je ne veux pas continuer à traîner ce vieux cadavre derrière moi... L'ère dans laquelle nous vivons... sera connue comme l'ère de Staline, tout comme l'ère précédente est entrée dans l'histoire comme l'époque de Lénine.

Boukharine salua en Staline « le maréchal des forces prolétariennes, le meilleur des meilleurs ». Il cita un philosophe nazi qui avait écrit : « La nation a besoin de prêtres-rois qui versent le sang, le sang... qui frappent et massacrent », et opposa cette barbarie à la philosophie si humaine qui prévalait en Union soviétique [75].

Kirov, en qui certains voyaient – et Staline le savait – un successeur éventuel, joua son rôle dans la réponse enthousiaste qu'il fit au rapport de Staline :

> Il me semble, camarades, qu'à la suite de l'examen détaillé... qui a eu lieu à ce congrès, il serait inutile de réfléchir à quelle sorte de résolution adopter au sujet du rapport du camarade Staline. Il sera plus juste, et plus utile pour le travail qui reste à faire, d'accepter comme une loi du parti toutes les propositions et considérations du camarade Staline... Le diable sait combien nos succès sont véritablement immenses, colossaux : pour parler franc, on aurait envie de vivre éternellement. Jetez seulement un coup d'œil à ce qui se passe effectivement. C'est bel et bien vrai [76].

Selon les minutes du meeting, le discours de Kirov fut constamment interrompu par une « tempête d'applaudissements ». Et suivant son conseil, le congrès franchit une nouvelle étape en votant que toutes les organisations du parti devraient « être guidées dans leur travail par les propositions et les tâches présentées par le camarade Staline dans son discours ».

Dans sa péroraison, Kirov parla du « discours serment » de Staline en ces termes : « Nous accomplissons ce vœu et nous l'accomplirons, parce que ce vœu a été prononcé par le grand stratège de la libération des travailleurs de notre pays et du monde entier – le camarade Staline [77] ! » Ce discours était ostensiblement un tribut offert à Staline, mais tandis que le flot des délégués s'écoulait hors de la salle, la plupart considérèrent que la longue ovation debout qui avait suivi était destinée à Kirov.

Staline ne fut pas dupe. Pendant son rapport, il avait d'ailleurs envoyé un signal que ceux qui le connaissaient bien comprirent – et dont il souhaitait qu'ils le comprissent. Immédiatement après avoir dit que le parti était plus uni que jamais, il poursuivit en s'étendant démesurément sur la confusion idéologique qui avait conduit « certains membres » à supposer que la société sans classes adviendrait par un processus miraculeux, qu'ils pouvaient relâcher la lutte des classes, modérer la dictature du prolétariat et se débarrasser complètement de l'État. Il ajouta :

> Si cette confusion de l'esprit et ces sentiments antibolcheviques s'emparaient de la majorité du parti, le parti se retrouverait démobilisé et désarmé…C'est pourquoi nous ne pouvons pas dire que le combat est terminé et qu'on n'a plus aucun besoin de la politique de l'offensive socialiste [78].

Cette allusion à la nécessité de maintenir la vigilance fut appuyée par la proposition de Staline que les dispositions existantes sur le contrôle politique du parti soient modifiées. Il avait déjà confié la purge de 1933 à une commission spéciale et non à la commission centrale de contrôle. Dans son esprit, les membres de cette dernière étaient trop enclins à réagir avec sympathie aux pourvois en appel faits devant elle, et à profiter de leur présence dans les réunions mixtes du plénum du comité central pour critiquer les insuffisances de la gestion de l'économie. L'ancienne commission devait être remplacée par une nouvelle Commission de contrôle du parti dont la tâche serait de veiller à l'exécution des décisions du comité central. Il ne fut pas fait mention d'un droit éventuel à examiner les recours en appel.

L'insatisfaction de Staline à l'égard du parti se mua en fureur quand il reçut les résultats des élections au comité central. On découvrit que lors du vote à bulletin secret, alors qu'il n'y avait eu que trois voix contre Kirov, 270 délégués (près du quart des votants) avaient voté contre Staline, qui ne fut élu que parce qu'il y avait exactement autant de candidats que de membres à élire. Quand la nouvelle fut rapportée à Staline, il exigea qu'on ne rende compte également que de trois voix contre lui, le même nombre que contre Kirov. Une commission spéciale du comité central qui examina les minutes du XVIIe congrès en 1957, après la mort de Staline, découvrit qu'il manquait 267 voix [79].

Le congrès de la réconciliation, pour reprendre l'expression de Robert Tucker, s'était transformé en congrès de « l'éloignement final de Staline du parti bolchevique » [80]. Au cours des années suivantes, Staline se vengea comme Mao devait le faire dans les années 60, avec la même application. D'après les chiffres fournis par Khrouchtchev au XXe congrès en 1956, pas moins de 1 108 sur les 1 966 délégués qui assistaient au « congrès des vainqueurs » en 1934 furent arrêtés et accusés de crimes contre-révolutionnaires, et 98 sur les 139 membres et membres suppléants du comité central élus lors du congrès furent arrêtés et fusillés.

Aussi trompeuse qu'elle fût, la nouvelle atmosphère d'unité au sommet du parti fut maintenue publiquement pendant le reste de l'année 1934, jusqu'au 1er décembre. Beaucoup d'anciens membres de l'Opposition furent autorisés à occuper des emplois utiles. Boukharine, par exemple, fut nommé rédacteur en chef des *Izvestia*, qui ne le cédait qu'à la *Pravda* comme voix de la politique officielle, et put désormais écrire régulièrement des articles, signés ou non.

Une série de décrets adoptés au mois de juillet qui faisaient de l'OGPU une partie d'un commissariat du peuple aux Affaires intérieures (NKVD) réorganisé fit naître l'espoir que ses compétences judiciaires, qui avaient été utilisées arbitrairement, jusques et y compris dans le recours à la peine de mort, seraient dorénavant réduites. Au cours du même mois, les procureurs locaux reçurent l'ordre de lever les poursuites non fondées contre les ingénieurs et les directeurs d'entreprise. Ces mesures n'étaient guère plus que des gestes mais elles favorisèrent l'espoir que les rigueurs et les horreurs du premier plan quinquennal et du mouvement de collectivisation appartenaient au passé et pouvaient être oubliées. Le fait que les objectifs du deuxième plan quinquennal, en grande partie grâce aux efforts d'Ordjonikidze, fussent beaucoup plus réalistes que ceux du premier laissait penser que l'avenir serait meilleur. On espéra même que cela serait aussi vrai pour les fermes collectives. La livraison de céréales de la moisson de 1933 avait dépassé de 27 % celle de l'année précédente, avait encore augmenté l'année suivante, conduisant le comité central à accepter en novembre 1934 que le rationnement du pain soit aboli en 1935, que les départements politiques spéciaux des stations de machines et tracteurs soient démantelés et que le droit des paysans de cultiver des lopins privés augmente substantiellement.

Un dénouement très différent continuait toutefois à se préparer en coulisses. L'important ce ne fut pas tellement qu'il y eût un complot ou non, mais que Staline se persuadât qu'il y en eût un. Une fois de plus, Staline montra sa maîtrise de l'intrigue politique. Il disposait de deux gros avantages. Grâce à l'OGPU/NKVD, qui lui rendait compte directement, il était beaucoup mieux informé de tous les contacts suspects que pouvaient établir ceux qu'il entendait éliminer. En même temps, en dissimulant ses propres intentions, il égara ses victimes comme il l'avait fait dans les années 20, en jouant l'une contre l'autre, et en veillant à ne jamais les laisser s'unir contre lui jusqu'à ce qu'il fût prêt à agir. A tout instant, l'initiative et le choix du moment restèrent entre ses mains.

Avec le recul, on peut discerner une série de changements opérés en 1933-1934, tels que le fait de placer à des postes clefs des hommes sur qui Staline savait pouvoir compter. Le plus important fut la nomination de Iagoda, avec Agranov comme adjoint, à la tête du NKVD réorganisé, la nomination de Kaganovich à la tête de la nouvelle commission de contrôle du parti et la création (en juin 1933) d'un département du procureur général de toute l'Union, où Andreï Vychinski, qui avait déjà acquis de l'expérience et avait su attirer l'attention de Staline comme juge complaisant lors du procès Chakhty, et devait atteindre l'infamie au cours des procès de Moscou de la fin des années 30, devint rapidement la figure dominante. De cette période date aussi la première mention publique du « secteur spécial » du secrétariat personnel de Staline, qui servit de lien avec le NKVD, dont Poskrebychev et Agranov, étaient les deux éléments les plus importants.

Une deuxième liste des personnes promues plus tard, en 1934, contient les noms de Iejov, Beria (qui devaient tour à tour diriger le NKVD), Malenkov, Jdanov et Khrouchtchev, qui devaient tous répondre à ses attentes. Parmi ceux dont ils prirent la place et qui l'avaient offensé en montrant trop d'indépendance et qui furent désormais réduits au rôle de membres suppléants, figuraient Boukharine, Rykov et Tomski, anciens membres non seulement du comité central mais aussi du politburo. Entre-temps, Staline fit montre de la même patience que dans les années 20, et laissa la situation se développer.

Au XVIIe congrès, le secrétariat du comité central avait été réorganisé de façon à faire entrer deux nouveaux venus aux côtés de Staline et de Kaganovich. Le mieux connu des deux était Kirov, membre suppléant du politburo depuis 1926, et membre à part entière depuis 1930, et l'autre Jdanov, de dix ans son cadet, jusque-là secrétaire de l'organisation du parti de Gorki. La nomination de Jdanov était certes une promotion – il n'était pas encore membre du politburo – mais celle de Kirov était plus équivoque. Figure populaire au sein du parti, Grand Russe de pure souche (au contraire du Géorgien Staline), et passant pour être le meilleur orateur depuis Trotski, il s'était taillé un succès en reconstruisant l'organisation du parti de Leningrad après l'éviction de Zinoviev (en 1926) et s'était bâti une base de pouvoir dans cette ville. Or Staline considéra toujours la personne qui contrôlait Leningrad avec suspicion, et par trois fois dans sa carrière en décima l'organisation du parti – en 1926 après le déplacement de Zinoviev, en 1934-1935 après l'assassinat de Kirov et en 1950 à la suite de la mort de Jdanov.

On ne sait pas avec certitude si Kirov fut élu secrétaire du comité central à l'initiative de Staline ou dans le cadre d'une manœuvre contre lui. Staline connaissait Kirov depuis les journées révolutionnaire d'octobre 1917. Sa nature dure, froide et introvertie avait été séduite par le tempérament joyeux, chaleureux et ouvert de ce dernier, qui attirait une foule où qu'il allât. A l'exception possible de Boukharine, il ne semble pas qu'il y ait eu d'autre figure du parti à qui Staline manifestât un tel sentiment. Leurs familles respectives étaient amies, ils étaient souvent allés en vacances ensemble et, en 1924, Staline lui avait envoyé un des rares exemplaires dédicacés de son livre, *Questions du léninisme*, avec la mention : « A S. M. Kirov, mon ami et frère bien-aimé, de la part de l'auteur, Staline »[81]. Dix ans plus tard, quand le président de séance annonça « le camarade Kirov a la parole », le XVIIe congrès tout entier s'était levé pour lui faire une ovation – à laquelle Staline s'était joint lui aussi. Mais Staline n'avait pas oublié non plus que quand il avait insisté pour faire exécuter Rioutine, c'était Kirov qui s'y était opposé sans l'avoir d'abord consulté : « Nous ne devons pas faire ça. Rioutine n'est pas un cas désespéré, il s'est seulement égaré... Qui diable sait combien de mains ont écrit cette "Plate-forme"... Nous ne serons pas compris [82]. »

Alors que Jdanov était libéré de son poste à Gorki pour lui permettre de prendre son nouveau poste à Moscou, Kirov fut autorisé – disposition sans précédent – à rester à Leningrad. Bien que cela ne soit pas certain, il semble probable que Staline ait voulu placer Kirov sous surveillance plus directe et que Kirov ait résisté. Il serait tout aussi vraisemblable qu'au début de juillet 1934 Staline ait été profondément impressionné par la nouvelle qu'Hitler avait étouffé l'agitation potentielle dans son parti par la purge brutale de Röhm, de la direction des SA et d'autres anciens chefs de l'opposition*. Seul de cet avis au sein de la direction soviétique, Staline aurait affirmé que la mesure d'Hitler allait renforcer, et non affaiblir, le régime nazi.

A la fin de l'été, Staline invita Kirov et Jdanov à passer les vacances avec lui à Sotchi, sur la mer Noire. A la fin d'un séjour empreint de gêne, Staline aurait à nouveau insisté auprès de Kirov pour qu'il s'installe à plein temps à Moscou, et Kirov aurait tenu bon pour rester à Leningrad jusqu'à la fin du deuxième plan quinquennal, c'est-à-dire jusqu'en 1937. Quelles qu'aient été les relations entre les deux hommes, après avoir assisté à une réunion du comité central à Moscou à la fin novembre, Kirov rentra à Leningrad et fut abattu au siège du parti par Leonid Nikolaïev, un membre du parti de trente ans qui avait des griefs contre lui.

Il ne fait aucun doute que Nikolaïev n'avait pas agi pour son propre compte. La question dont on débat depuis est de savoir dans quelle mesure Staline savait à l'avance ce que Nikolaïev prévoyait de faire. Dans son discours de 1956 au XXᵉ congrès, Khrouchtchev laissa entendre que Staline était impliqué, sans l'affirmer carrément. Ce qui est indiscutable c'est que Staline profita de l'occasion pour publier aussitôt une directive qui, selon Khrouchtchev, servit à priver quasiment de tout droit de se défendre les personnes accusées d'attentats terroristes. Un appel à la vigilance – « Les leçons des événements liés au meurtre crapuleux du camarade Kirov » – fut diffusé auprès de tous les comités du parti, qui mit brusquement fin à tout espoir de détente. Quelle que soit la vérité sur l'implication de Staline**, ceux qui survécurent à la terreur de la fin des années 30 considérèrent ce meurtre comme l'événement qui marqua le début de cette période.

---

* V. Berejkhov, citant Mikoyan dans *Nedelya*, 31 juillet 1989. Pour la purge de Röhm, voir pp. 365-370.
** Pour de plus amples développements sur le meurtre de Kirov, voir plus loin, pp. 504-506.

La révolution d'Hitler

Hitler : 1933-1934
(43 à 45 ans)

I

Hitler, pas plus que Staline, ne parvint au pouvoir en recourant au moyen révolutionnaire traditionnel auquel beaucoup de SA nazis rêvaient encore, à savoir l'usage de la force pour renverser de l'extérieur le régime existant. Tous deux prirent le pouvoir de l'intérieur, Staline en exploitant sa position de secrétaire général du PCUS, Hitler en exploitant celle de chancelier dans un gouvernement de coalition de centre droit. L'avantage de cette méthode était de leur permettre, à l'un comme à l'autre, de s'imposer en s'appuyant sur le pouvoir gouvernemental, et en se présentant comme des continuateurs, Staline, de l'indiscutable autorité de Lénine, figure fondatrice de la révolution bolchevique, et Hitler, de la tradition autoritaire de l'histoire allemande.

En Allemagne, l'opinion générale, à droite comme à gauche, était qu'Hitler serait prisonnier d'un cabinet dans lequel la réelle capacité de décision reviendrait à von Papen, Hugenberg et leurs amis. Mais il ne fallut pas plus de sept semaines, jusqu'au 23 mars, pour que le vote des pleins pouvoirs par le Reichstag transférât les principales fonctions dirigeantes au conseil des ministres et mît le gouvernement hors de portée du parlement et des pouvoirs d'urgence du président. D'un seul coup, Hitler avait renversé les rôles et s'était assuré un ascendant évident aux yeux de tous. Comme chef du gouvernement, il libérait son pouvoir des limites politiques et constitutionnelles tout en préservant une façade constitutionnelle, dans la ligne de la tactique légaliste à laquelle il avait adhéré après l'échec du putsch de 1923.

Sans attendre les pleins pouvoirs, Hitler venait à peine, en prenant sa charge, de jurer de défendre la constitution qu'il s'appliquait aussitôt à la détruire en utilisant les pouvoirs d'urgence du président, *prévus par cette même constitution*, réconciliant ainsi les faces contradictoires du national-socialisme, mouvement révolutionnaire décidé à respecter la « légalité ».

Von Papen et ses alliés conservateurs voyaient bien ce que faisait Hitler. Ils avaient eux-mêmes fourni de clairs précédents de l'usage des pouvoirs spéciaux, non pour protéger les institutions démocratiques de la République, comme l'avaient prévu les pères de la Constitution de

Weimar, mais pour la saper et la corrompre. Comme Hitler, ils visaient aussi à libérer le gouvernement de sa dépendance à l'égard du Reichstag, avec l'approbation du Reichstag. Ce faisant, ils préserveraient cette apparence de légitimité constitutionnelle, si importante pour rassurer et s'assurer la coopération continue de l'armée, de la fonction publique, des tribunaux, de l'appareil d'État. Ce qu'ils ne saisirent pas, ce fut qu'Hitler avait l'intention de mener jusqu'à sa conclusion logique le même processus, en utilisant les pouvoirs d'urgence pour se libérer de sa dépendance non seulement vis-à-vis du Reichstag, mais aussi vis-à-vis du président, du conseil des ministres, de ses partenaires de la coalition et de leurs partis. Ce fut la même erreur que celle commise à l'égard de Staline par les vieux bolcheviks, la même incapacité à comprendre combien l'homme auquel ils avaient affaire était prêt à prendre son indépendance à leur égard.

Von Papen et Hugenberg comprenaient si peu ce qu'Hitler avait à l'esprit que dès la première réunion de cabinet, ils acceptèrent de dissoudre le Reichstag et de tenir de nouvelles élections. Sans y être aucunement poussé par Hitler, von Papen déclara que ces élections devaient être les dernières. Pour les préparer, les nazis mobilisèrent toutes leurs ressources, dont la radio, à laquelle ils avaient désormais accès et dont Hitler et Goebbels firent un usage magistral, démontrant pour la première fois dans l'histoire ses possibilités politiques.

Toutefois, durant le premier mois, Hitler veilla à ne pas troubler ses partenaires nationalistes. Dans son « Appel au peuple allemand », diffusé sur les ondes le 1er février, il se présenta non comme un dirigeant de parti mais comme le chef de la coalition nationale, le « gouvernement de la révolution nationale », appelé à réunir une nation divisée et à restaurer son « unité d'esprit et de volonté ». Le parti nazi n'était pas mentionné une seule fois, et la totalité de la proclamation était rédigée en termes conservateurs, et non radicaux :

> Le gouvernement national préservera et défendra les fondations sur lesquelles repose la force de notre nation. Il prendra sous sa ferme protection le christianisme comme base de notre morale, et la famille comme le noyau de la nation. Se plaçant au-dessus des États et des classes, il ramènera notre peuple à la conscience de son unité politique et raciale, et aux obligations qui en découlent. Il désire fonder l'éducation de la jeunesse allemande sur le respect de notre grand passé et sur la fierté de nos traditions. C'est pourquoi il déclarera une guerre sans merci au nihilisme spirituel, politique et culturel. L'Allemagne ne doit pas et ne veut pas sombrer dans l'anarchie communiste [1].

Comme l'avaient fait à la fois les nazis et les nationalistes tout au long de la campagne, Hitler concentra ses attaques sur les « marxistes », amalgamant les sociaux-démocrates et leurs syndicats à leurs pires ennemis, les communistes.

Quatorze ans de marxisme ont sapé l'Allemagne. Un an de bolchevisme la détruirait. Si l'Allemagne doit expérimenter un renouveau politique et économique, un acte décisif est nécessaire : nous devons surmonter
la démoralisation de l'Allemagne par les communistes[2].

Hitler avait résisté à Hugenberg qui lui suggérait d'interdire immédiatement le parti communiste, préférant tirer avantage de son appel à la grève
générale et de sa campagne électorale pour diffuser la peur d'une montée
du communisme. Un autre décret d'urgence, « Pour la Protection du
peuple allemand », signé par le président le 4 février donna au gouvernement de larges pouvoirs en matière d'interdiction de journaux et de
réunions publiques. Leur application était entre les mains des *Länder* (les
États allemands), et le gouvernement annula le bénéfice du coup d'État de
von Papen en juillet 1932, qui avait placé la Prusse sous le contrôle provisoire d'un commissaire du Reich. Von Papen avait toujours cette charge,
mais le contrôle effectif de la police prussienne, la plus importante
d'Allemagne, et de l'administration de cet État, était aux mains de
Goering. Celui-ci, nommé commissaire du Reich pour le ministère de
l'Intérieur prussien, ignora purement et simplement le fait qu'il était
personnellement responsable devant von Papen.

Le contrôle de la Prusse par Goering joua un rôle clé, ouvrant la voie à
des actions dont le chancelier du Reich Hitler pouvait feindre de ne pas
avoir officiellement connaissance. Goering était dans son élément. Au bout
d'une semaine, il disposait d'une liste de policiers et de fonctionnaires à
purger. Des raids furent menés contre des bureaux communistes et l'ordre
que Goering adressa le 17 février à la police à travers toute la Prusse, ne
laissait aucun doute sur ce qu'il attendait d'elle :

> Je suppose qu'il est inutile d'insister sur le fait que la police doit
> éviter de donner ne fut-ce que l'apparence d'une attitude hostile envers
> les associations patriotiques « SA, SS, Stalhelm », et *a fortiori* de les
> persécuter.
> Les activités des organisations subversives doivent au contraire être
> combattues par les méthodes les plus rigoureuses. Les actes de terrorisme
> communiste doivent être poursuivis avec le maximum de sévérité, et si
> nécessaire les armes doivent être utilisées sans pitié. Les policiers qui,
> dans l'accomplissement de leur devoir, utilisent leurs armes à feu seront
> soutenus sans égard aux effets de leurs tirs ; d'un autre côté, ceux qui s'en
> abstiendraient en raison d'une fausse conception trop précautionneuse
> de leur tâche peuvent s'attendre à des poursuites disciplinaires[3].

Le 22 février, Goering publia un autre ordre qui eut des conséquences bien plus graves. La police prussienne devait se renforcer en enrôlant
des auxiliaires volontaires pour combattre « les excès croissants de la
gauche radicale, en particulier dans le camp communiste ». Le recrutement fut en pratique limité aux « associations nationales », les SA, les SS

et le Stahlhelm (quelque 50 000 hommes en tout), qui continuèrent à porter leur uniforme avec un brassard blanc et auxquels était donné pratiquement plein pouvoir sur la rue, sans interférence de la police régulière. Chez Hitler le respect de la « légalité » s'était toujours combiné avec la menace de la violence, personnifiée par les Chemises brunes des SA ; à présent qu'il assumait l'autorité d'un chef de gouvernement, loin d'être abandonnée, la menace était réalisée dans cette « symbiose de légalité et de terreur[4] » qui devait devenir la marque distinctive du IIIᵉ Reich.

La terreur qui régna dans les mois qui suivirent le 30 janvier eut un caractère différent des actes de violence systématique que les SS commirent par la suite. Principalement le fait des SA, ils étaient plutôt de l'ordre d'une explosion élémentaire de haine et de désir de vengeance, le « Jour J » longtemps promis aux militants de base et continuellement repoussé, leur était enfin concédé pour les récompenser de leurs bons et loyaux services. Le 10 mars, alors qu'Hitler dans une intervention à la radio faisait officiellement un geste envers l'opinion conservatrice en Allemagne et à l'étranger en recommandant la modération, Goering déclarait dans un discours à Essen : « Pendant des années, nous avons dit au peuple : "Tu pourras régler tes comptes avec les traîtres." Nous tenons parole. Les comptes sont en cours de règlement[5]. » Rudolf Diels, chef de la Gestapo prussienne, écrivit plus tard :

> Le soulèvement des SA de Berlin électrisa le pays jusque dans les coins les plus reculés. Autour de beaucoup de grandes villes dans lesquelles l'autorité de police avait été transférée aux dirigeants locaux de la SA, les activités révolutionnaires se déroulèrent dans toute la zone...
>
> En Silésie, en Rhénanie, en Westphalie et dans la Ruhr, des arrestations non autorisées, l'insubordination à l'égard de la police, la pénétration par la force dans les lieux publics, le saccage de domiciles et les descentes nocturnes ont commencé avant fin février et l'incendie du Reichstag.
>
> Aucun ordre ne fut publié pour constituer des camps de concentration ; un jour, ils furent là, tout simplement. Les dirigeants SA bâtirent « leurs » camps parce qu'ils ne confiaient pas leurs prisonniers à la police. Aucune information sur beaucoup de ces camps spéciaux ne parvint jamais à Berlin[6].

En conséquence, il n'existe aucun registre correct du nombre de personnes arrêtées, torturées et tuées, et les chiffres qu'on donne sous-estiment sérieusement l'étendue de la violence et de la terreur ainsi créée. Les vieux comptes pendants, hérités des batailles de rue des deux ou trois années précédentes furent largement réglés aux dépens des socialistes et des communistes. Les juifs, les prêtres catholiques, les hommes politiques et les journalistes constituèrent aussi des cibles évidentes. Les SA étendirent bientôt leurs activités à quiconque possédait une voiture ou des objets à leur goût et à ceux dont l'aisance ou l'éducation éveillait leur ressentiment et qui, à présent, comme pour réaliser le rêve secret des Chemises brunes, étaient tombés en leur pouvoir.

Moins d'une semaine après l'ordre de Goering, dans la nuit du 27 février, un mystérieux incendie éclata dans l'immeuble du Reichstag, au centre de Berlin, fournissant le prétexte qu'il avait attendu pour étendre l'action officielle et se mettre au diapason du « soulèvement national » lancé à la base. Présent sur place, Rudolf Diels interrogea l'incendiaire pris sur le fait, Marinus van der Lubbe, et il fut convaincu que ce jeune ex-communiste hollandais avait agi seul [7]. Mais ni Goering ni Hitler n'étaient prêts à l'écouter. « C'est le début de la révolte communiste », déclara Goering. Dans la lueur des lambris en flammes, Hitler était en proie à une grande excitation : « C'est un coup très astucieux, et préparé de longue date. » Diels continue :

> Hitler criait de manière incontrôlée, comme je ne l'avais jamais vu faire auparavant : « Il n'y aura pas de pitié maintenant. Quiconque se dressera sur notre route sera abattu. Le peuple allemand ne tolérera pas la clémence. Les députés communistes doivent être pendus cette nuit même. Quiconque a comploté avec eux doit être arrêté. Il n'y aura plus non plus de clémence pour les sociaux-démocrates [8]. »

Sans perdre de temps, Goering ordonna l'arrestation de tous les députés et des principaux dirigeants communistes, la fermeture des locaux du parti et l'interdiction de toutes leurs publications, ainsi qu'une interdiction pour quinze jours de la presse du SPD. Il y eut 4 000 arrestations. Mais l'occasion était trop belle pour en rester là. Le lendemain, Hitler fit signer un autre décret d'urgence par le président, pour « la protection du peuple et de l'État, la défense contre les actes de violence communistes mettant en danger l'État », dont l'article premier suspendait jusqu'à nouvel ordre les sept sections de la Constitution garantissant les droits fondamentaux du citoyen.

> De telles restrictions de la liberté personnelle, du droit de libre expression des opinions, y compris la liberté de la presse, du droit d'association et de réunion, et les violations de correspondance postale, télégraphique et téléphonique, et les mandats de perquisition, les ordres de confiscation ainsi que les restrictions du droit de propriété, sont autorisées au-delà des limites légales autrement imposées [9].

Ainsi était fournie la justification « légale » à la procédure de l'« incarcération protectrice » utilisée par la Gestapo pour emprisonner sans procès.

L'article 2 donnait au gouvernement du Reich le droit d'assumer, si nécessaire, les pouvoirs des gouvernements des *Länder* et de s'en servir pour restaurer l'ordre et la sécurité, tandis que d'autres articles instituaient la peine de mort pour toute violation du décret, la tentative d'assassinat de membres du gouvernement ou l'incendie volontaire. Contre la pratique habituelle, aucun décret d'application du décret d'urgence ne fut publié. En Prusse, les directives de Goering spécifiaient qu'outre les droits constitutionnels fondamentaux, « toute autre limite à l'action de la police, imposée par les lois du Reich et du *Land* était abolie, autant qu'il était nécessaire et approprié pour réaliser l'objet du décret ». Sur la base de rapports de police incomplets, on estime qu'en mars et avril, le nombre d'arrestations effectuées par la police prussienne régulière s'éleva à 25 000 environ.

Ne voyant là que des mesures temporaires dirigées contre la gauche, et aveugles à leurs implications à long terme, les partenaires conservateurs d'Hitler dans la coalition ne soulevèrent aucune objection et Hitler lui-même, quand Sefton Delmer, du journal londonien *Daily Express*, lui demanda si la suspension des libertés personnelles était permanente, répliqua : « Non ! Quand le danger communiste sera éliminé, les choses reviendront à la normale. » Mais la suspension des droits constitutionnels ne fut jamais annulée. Au lieu de quoi, ce décret d'urgence hâtivement improvisé durant la nuit de l'incendie du Reichstag servit de base légale à la police d'État nazie durant les douze ans que dura le IIIᵉ Reich.

La menace d'un soulèvement communiste fut prise au sérieux par l'homme de la rue, et les rapports confidentiels de la police et d'autres agences officielles de l'État sur la situation de l'opinion confirment que les mesures rigoureuses prises par le gouvernement suscitèrent peu de critiques, furent très largement applaudies et donnèrent un nouvel élan à la popularité d'Hitler, à la veille des élections [10]. S'appuyant sur la « preuve » à présent disponible de la subversion communiste et sur l'énergie impitoyable avec laquelle Hitler était disposé à défendre le peuple allemand, la machine de propagande nazie atteignit de nouveaux sommets dans la suggestion de masse et l'intimidation lors des élections que Goebbels appela « jour du réveil national ». Les pertes chez les anti-nazis s'élevèrent à cinquante et un morts et plusieurs centaines de blessés, chiffre très certainement sous-estimé. Les nazis eurent eux-mêmes dix-huit morts. L'apogée de la campagne fut la retransmission par toutes les radios allemandes du discours final d'Hitler devant une manifestation géante en Prusse orientale, la province dont le traité de Versailles avait imposé la séparation par le corridor polonais, et qui devait donner le plus de voix aux nazis. « Maintenant relevez bien haut la tête et soyez de nouveau fiers, » conclut le chancelier. « Maintenant, vous n'êtes plus dans les fers, vous n'êtes plus réduits à l'esclavage ; maintenant, vous êtes de nouveau libres... par la grâce de Dieu [11]. » A son ton messianique répondit le chant de milliers de voix, dont les dernières paroles furent saluées par les cloches de la cathédrale de Königsberg. Après l'émission, des « feux de la liberté » furent allumés sur les montagnes et le long des frontières du Reich, pendant que des colonnes de SA défilaient dans chaque ville.

En dépit de tous les efforts des nazis, les élections ne répondirent pas complètement à leur attente*. Avec une participation record de 88 %, ils ajoutaient 5,5 millions de voix à celles qu'ils avaient engrangées en novembre 1932, ce qui portait à plus de dix-sept millions le nombre de leurs électeurs, alors que leurs alliés nationalistes en avaient trois. Mais, bien qu'ils eussent les ressources du gouvernement entre leurs mains, les 43,9 % du vote nazi ne leur assuraient pas tout à fait la majorité, et ce n'est qu'avec les voix nationalistes qu'ils pouvaient se prévaloir de 51,8 %, et former un gouvernement de coalition. Le parti du Centre gagnait 200 000 voix, le SPD, en dépit du harcèlement auquel il était soumis, résistait bien, avec une perte de 60 000 voix seulement et les communistes eux-mêmes comptaient encore 4,8 millions d'électeurs, ce qui signifiait qu'ils n'en avaient perdu qu'un million par rapport aux élections précédentes.

C'était encore dans les provinces rurales de l'Allemagne du Nord et de l'Est (Prusse orientale, Poméranie, Schleswig-Holstein) que les nazis récoltèrent le plus de voix ; ils progressaient dans le Wurtemberg et la Bavière, où ils avaient été sous-représentés, mais se situaient toujours au-dessous de la moyenne, dans la zone des 30-40 %, à Berlin (31,3 %) et dans les centres urbains industriels de l'ouest catholique (Cologne–Aix-la-Chapelle, Düsseldorf, Westphalie du Sud). Les régions rurales protestantes et les petites villes continuaient de fournir le plus fort soutien au NSDAP.

Hitler n'hésita pas à présenter les résultats comme une victoire pour les seuls nazis, et déclara au conseil des ministres qu'ils équivalaient à une révolution. Il ne parlait plus comme le chef d'un gouvernement de coalition mais comme celui d'un parti triomphant qui ne voyait plus désormais la nécessité d'accorder à ses alliés autre chose qu'un regard méprisant. En arrêtant les députés du KPD mais en s'abstenant d'interdire formellement le parti, et en permettant même à une liste communiste de se présenter, Hitler jouait sur les deux tableaux. Le KPD attira près de cinq millions de voix qui auraient pu autrement se porter sur d'autres partis, mais comme tous les sièges communistes au Reichstag et dans le Landtag prussien demeuraient vacants à la suite des arrestations précédentes, les nazis disposaient d'une majorité absolue dans les deux parlements, sans le soutien des nationalistes.

Ce qu'il pouvait subsister encore de retenue dans les agressions et la rapacité nazie disparaissait à présent par le jeu très particulier des autorisations « légales » venues du plus haut niveau gouvernemental et d'un mélange de menace, de chantage et de terrorisme au niveau local. Sur le terrain, dans tout le pays, l'objectif fut de s'emparer de postes officiels – tous les postes, depuis celui de gouverneur d'État et de maire jusqu'à celui de receveur et d'employé de mairie – en même temps que des places de direction dans des sociétés privées (il y avait encore six millions de chômeurs enregistrés). C'étaient les « petits profits » de la révolution.

Usant de leurs pouvoirs de police auxiliaire, les détachements de SA et de SS occupèrent les mairies et les locaux des administrations, les

---

* Pour les résultats complets, voir appendice 1.

journaux et les locaux syndicaux aussi bien que les entreprises, les grands magasins, les banques et les tribunaux, contraignant à la démission les responsables « non fiables », exigeant la désignation de *Alte Kämpfer* (anciens combattants), et emportant même du matériel.

Durant la période où Hitler se préoccupa de ne pas soulever d'opposition à l'étranger ni de troubler l'image d'une prise de pouvoir « légale », il n'y eut pas de persécution *officielle* des juifs. En avril 1933, le parti lança bien le boycott des entreprises, des médecins et des avocats juifs mais celui-ci fut abandonné au bout de quatre jours, parce qu'il s'était avéré impopulaire à l'intérieur et avait soulevé des protestations à l'extérieur. En fait, Hitler en avait accepté l'idée, entre autres pour canaliser dans une initiative organisée et contrôlable les radicaux du parti qui réclamaient une action contre les juifs.

Néanmoins les attaques continuèrent, sans direction centrale. Les membres du parti et des SA attendaient depuis longtemps le jour où ils pourraient libérer leur rancune contre les juifs. Ceux de la fonction publique constituèrent la première cible des purges, ainsi que les médecins, avocats, universitaires, artistes et écrivains qui eurent à subir persécutions et exclusions, tandis que les entreprises et les commerces juifs étaient en butte au boycott et aux pillages. La police régulière était désormais parfaitement instruite de la nécessité de ne pas s'en mêler : si quiconque gênait, il était battu ou séquestré dans les maisons ou les camps improvisés des SA .

Au sommet, la priorité était d'utiliser la pression de la base pour donner au ministre de l'Intérieur du Reich, Frick, une excuse pour recourir au décret signé après l'incendie du Reichstag et nommer des commissaires du Reich dans les neuf *Länder* qui n'étaient pas encore pourvus d'un gouvernement nazi, dont la Bavière, le Hesse, la Saxe et le Wurtemberg. La « menace de désordres » qui servait de prétexte aux interventions de Frick n'avait rien à voir avec la « défense contre les actes communistes de violence nuisible à l'État », mais dérivait des tactiques provocatrices des nazis eux-mêmes. Néanmoins, la confusion ainsi produite, les hésitations et, dans le cas de la Bavière, la résistance des autorités existantes (qui projetaient de restaurer une monarchie constitutionnelle à Munich avec le prince héritier Rupprecht de Wittelsbach) donna suffisamment de prétextes à l'action de Frick pour qu'il installe des chefs locaux du parti nazi ou des SA en qualité de commissaires du Reich aux pouvoirs de police étendus. Fin mars, la prise du pouvoir était achevée et tous les *Länder* allemands avaient des administrateurs nazis.

Quand les alliés nationalistes protestèrent contre le terrorisme des SA, ils se firent rembarrer. La réponse d'Hitler fut une sèche réplique au vice-chancelier, von Papen, avec copie au président. Rejetant le « barrage systématique qui visait à arrêter le soulèvement national-socialiste », il déclara qu'il « s'émerveillait de l'impressionnante discipline » des SA et des SS : « L'histoire ne nous pardonnera pas si en ces heures historiques nous nous laissons infecter par la faiblesse et la couardise de notre monde bourgeois et si nous utilisons le gant de chevreau au lieu du poing d'acier. » Hitler assura à von Papen qu'il ne permettrait à personne de « le détourner de sa mission de destruction et d'extermination du marxisme » et l'invitait avec insistance « à ne plus formuler de telles plaintes à l'avenir. Vous n'avez pas qualité à le faire [12]. »

II

La « destruction du marxisme », corollaire de la « révolution nationale » fournit à Hitler une justification à sa « tolérance » à l'égard du terrorisme en même temps qu'elle préservait les apparences de la légalité. Mais Hitler veilla tout autant que Staline à ce que le terrorisme fût combiné avec la propagande, l'un et l'autre se renforçant mutuellement. A la première réunion du cabinet après l'élection, il annonça son intention de créer un ministère du Reich pour l'Information et la Propagande, et le 11 mars, il nomma Goebbels à sa tête, avec un siège au conseil des ministres. Celui qui, avec Goering, fut durant cette première année critique du IIIᵉ Reich le premier lieutenant d'Hitler, montra bientôt ce qu'il pouvait faire avec les ressources de l'État à sa disposition.

Hitler avait insisté pour tenir de nouvelles élections avec un seul objectif à l'esprit, utiliser une majorité au Reichstag pour lui faire voter un texte unique, qui donnerait au cabinet le pouvoir de promulguer des lois de sa propre autorité. Les résultats de l'élection avaient été décevants puisqu'ils ne lui avaient pas fourni cette majorité des deux tiers que réclamait la Constitution pour décréter les pleins pouvoirs. Mais Hitler ne se laissa pas arrêter un instant. Grâce au décret pris suite à l'incendie du Reichstag, la totalité des quatre-vingt-un députés communistes et dix députés SPD élus le 5 mars avaient été arrêtés ou étaient passés dans la clandestinité. Néanmoins, Hitler, qui ne perdait pas de vue la valeur d'un fondement constitutionnel formel pour l'exercice de son pouvoir, voulait une véritable majorité des deux tiers des 647 sièges (432) et croyait pouvoir l'obtenir si le Centre catholique, les partis divisés des classes moyennes, joignaient leurs votes, en même temps que les alliés nationalistes, à ceux des 288 représentants nazis.

Il avait deux avantages pour lui. Le premier était l'enthousiasme et le soulagement avec lesquels beaucoup d'Allemands non politisés de toutes les classes, y compris chez les intellectuels, considéraient un gouvernement qui, pour la première fois depuis des années, agissait avec décision et confiance dans l'avenir, et le faisait non pas en répudiant mais en réaffirmant sa foi dans les vertus allemandes traditionnelles : gouvernement fort et autoritaire, préoccupation d'ordre et de sécurité, respect de la morale et de la religion. Beaucoup comparaient les premiers jours du Troisième Reich avec les sentiments d'unité nationale et d'exaltation du début de la Première Guerre mondiale, ce climat qu'on avait appelé la *Bürgfrieden* (trêve des partis). Comment ont-ils pu s'abuser ainsi ? Cela reste matière à débat, mais le fait lui-même ne fait aucun doute. L'autre avantage, qui n'était pas sans rapport avec le premier, mais qui, parmi les plus réticents à l'égard du mouvement nazi, touchait beaucoup de monde, était ce sentiment d'être irrésistible qu'il donnait. Comme le notait le romancier autrichien Robert Musil (sans enthousiasme) : « Ce que ce sentiment signifie probablement, c'est que le national-socialisme a une mission et que son heure est venue, que ce n'est pas un feu de paille, mais une étape de l'histoire [13]. »

Le désir d'être « du côté de l'histoire » auquel les marxistes faisaient si souvent appel, avant et après la Deuxième Guerre mondiale, travaillait cette fois au profit des nazis, et était exploité à fond par la propagande qui utilisait tous les moyens – y compris l'effet de propagande du terrorisme – pour magnifier le dynamisme de la « vague de l'avenir ». Opportunisme et idéalisme, peur et fatalisme, tout contribua à grossir le flot de ceux qui rejoignaient les rangs des vainqueurs. Entre le 30 janvier et le 1er mai 1933, où les nouvelles adhésions furent interdites, il y eut 1 600 000 nouveaux membres* (deux fois l'effectif initial).

Ces puissants courants émotifs ne furent pas pour rien dans l'évolution d'une situation, où même Hitler et Goebbels s'étonnaient du caractère purement symbolique des résistances que rencontraient leurs propositions, et de la rapidité avec laquelle s'effectuait la prise du pouvoir par les nazis, alors même qu'ils s'étaient trouvés dans l'incapacité, y compris en mars 1933, de s'assurer une majorité dans l'élection qui leur avait été la plus favorable jusque-là. Les hommes politiques expérimentés présents chez les nationalistes (DNVP) et dans les partis du centre auraient dû prévoir les conséquences du vote des pleins pouvoirs. Mais ils s'obstinaient à croire qu'Hitler dirigerait ses attaques contre la seule gauche, se montrant incapables de comprendre qu'aussitôt la loi votée, eux aussi seraient vulnérables et qu'Hitler pourrait se passer d'eux.

Deux moments de la vie de l'État, séparés par à peine quarante-huit heures, révélèrent sous le masque le vrai visage du nazisme. Le premier fut la rentrée solennelle du Reichstag, appelée par Goebbels « jour du soulèvement national », autre formule magique à l'instar de « la légalité ». Elle fut mise en scène dans l'église de la garnison de Potsdam, devant la tombe de Frédéric le Grand, pour l'anniversaire de la séance inaugurale du premier Reichstag, qui eut lieu sous l'autorité de Bismarck, le 21 mars 1871, après l'unification de l'Allemagne. Le chœur et la galerie de l'église étaient pleins de généraux de l'armée impériale et de la nouvelle Reichswehr, tous en grand uniforme, de diplomates, de juges et de hauts fonctionnaires, les représentants de l'ancien système faisant, on le vit par la suite, leur dernière apparition. Assis dans la nef, le gouvernement était soutenu par la masse solide de députés en uniforme nazi se présentant pour la première fois.

---

* Les *Altekämpfer* du parti les surnommaient avec mépris les *Märzgefallene*, les « héros tombés en mars ».

La figure centrale était le vieux président, en uniforme de Feld-maréchal, qui salua le trône vide du Kaiser en s'avançant lentement vers son siège. Le président et le chancelier s'étaient rencontrés sur les marches de l'église, où ils s'étaient serré la main. Ce geste de réconciliation entre la vieille et la nouvelle Allemagne fut reproduit à des millions d'exemplaires sur des cartes postales et des affiches. Jouant sa partie avec une prestance qu'auraient pu lui envier bien des acteurs, Hitler, en jaquette de cérémonie noire, accentuait délibérément, semble-t-il, sa maladresse dans ce rôle d'effacement volontaire. Il s'inclina avec déférence devant le président qui incarnait la tradition nationale, puis lui emboîta le pas et toute l'assemblée se leva et entonna « Nun danket Gott », l'hymne que l'armée victorieuse de Frédéric le Grand avait chanté après avoir rendu la Silésie à la Prusse à la bataille de Leuthen, en 1757.

Dans son discours, von Hindenburg appela à l'unité nationale et invita la nation à soutenir le gouvernement dans sa tâche difficile, invoquant « le vieil esprit de ce lieu saint... et une bénédiction sur une Allemagne libre, fière, unie autour d'elle-même ». La réponse d'Hitler adopta le même ton solennel et respectueux, rendant hommage au président dont « la décision si courageuse » avait rendu possible l'union « entre les symboles de l'ancienne grandeur et ceux de la force juvénile ». A son tour, il demanda à la Providence de leur donner « ce courage et la persévérance que nous sentons tout autour de nous dans ce lieu de pèlerinage, sacré aux yeux de chaque Allemand, comme des hommes qui luttent pour la liberté et la grandeur de notre nation devant la tombe du plus grand roi de notre pays [14] ». Cet appel au sentiment national, après tant d'humiliations depuis la défaite de 1918, laissa une impression indélébile sur tous les assistants et fut partagé par les millions de personnes qui emplissaient les rues alentour, écoutèrent la radio ou regardèrent la cérémonie au cinéma. Rien n'aurait pu mieux rassurer les éléments conservateurs de la nation et les réconcilier avec le nouveau régime.

Deux jours plus tard, le 23 mars, quand le Reichstag nouvellement élu se réunit pour sa première et dernière séance de travail dans les locaux provisoires de l'Opéra Kroll, Hitler se montra dans un rôle tout différent, qui convenait bien davantage aux fidèles du parti, lesquels avaient supporté avec impatience la pompeuse comédie de Potsdam. La séance était dominée par une masse de drapeaux et de bannières frappés du svastika ; les couloirs et les travées grouillaient de SA en chemise brune.

Hitler avait lui aussi abandonné la tenue de cérémonie du chancelier pour la chemise brune de dirigeant du parti. Il commença son premier et seul discours parlementaire en donnant des assurances, quant à l'existence du Reichstag, aux droits du président, et aux *Länder*, dont la position ne serait pas affectée par les pleins pouvoirs.

Mais si le gouvernement devait négocier avec le Reichstag et demander son approbation à chacune des mesures prises, il irait contre la signification du soulèvement national et contrecarrerait son projet.

Avec une indiscutable majorité à sa disposition, le gouvernement ne devrait recourir qu'un nombre limité de fois à la législation des pleins pouvoirs.

Mais le gouvernement du soulèvement national insiste particulièrement pour passer cette loi. Il offre aux partis du Reichstag la possibilité d'un développement pacifique en Allemagne et d'une réconciliation... Mais il est résolu et également préparé à affronter un refus qu'il prendra comme une déclaration d'opposition. Vous, députés, devez décider pour vous-mêmes ce qui doit venir, la guerre ou la paix [15].

En cinq brèves clauses, la loi donnait au gouvernement le pouvoir de changer la Constitution ; autorisait le conseil des ministres à exécuter les lois ; transférait au chancelier le pouvoir de préparer la législation ; donnait au cabinet le pouvoir de passer des traités avec des États étrangers ; et limitait la validité de ces dispositions à quatre ans et au gouvernement en fonction.

Tandis que les partis discutaient de leur position sur ce vote, les détachements massifs de SA scandaient sans discontinuer un slogan menaçant : « Nous voulons la loi des pleins pouvoirs, ou ils le paieront très cher. » Hitler avait donné de nouvelles assurances au parti du Centre et promis de les mettre par écrit. En dépit de demandes répétées, aucune lettre n'avait été reçue, mais la majorité (contre l'avis de Brüning) trancha pour le vote favorable. Seuls résistèrent les sociaux-démocrates, qui avaient dû subir le harcèlement et les sarcasmes des SA. Le discours de leur président, Otto Wels, qui rejetait le projet de loi, mit Hitler en fureur. Repoussant von Papen, qui essayait de le retenir, il se lança dans une tirade insultante, criant que c'était seulement par goût de la justice et pour des raisons psychologiques qu'il en appelait au Reichstag « pour nous accorder ce qu'en tout cas nous pouvions prendre ». Et quant aux sociaux-démocrates : « Je puis seulement vous dire : je ne veux pas que vous votiez la loi. L'Allemagne se libérera mais pas grâce à vous [16] ! » Une ovation prolongée et de puissants « Heil ! » saluèrent l'explosion d'Hitler, comme ils saluèrent ensuite l'annonce du résultat : 441 pour, 94 contre.

Il est caractéristique de la tactique d'Hitler qu'il n'ait pas dissous le Reichstag sur-le-champ, et qu'il l'ait même utilisé de temps à autre comme un corps législatif, lorsque cela lui convenait – par exemple, en 1935, pour édicter les lois antijuives de Nuremberg. Déjà court-circuité par l'usage des pouvoirs d'exception du président, le Reichstag perdit finalement tout pouvoir de résister au gouvernement, et ne servit plus que de tribune pour les discours d'Hitler et ses déclarations de politique étrangère importantes.

Dans la continuité de cette politique de préservation de la façade constitutionnelle, la loi des pleins pouvoirs garantissait, outre l'existence du Reichstag, celle du Reichsrat, organe fédéral représentant les *Länder*. Les premières mesures avaient déjà été prises pour empêcher que cette concession affectât le monopole nazi sur le pouvoir qu'Hitler tendait à créer. Tous les *Länder* étaient maintenant administrés par les nazis et le Reichsrat qui les représentait vota comme il se doit à l'unanimité les pleins pouvoirs le même soir que le Reichstag. Le 31 mars, la loi pour la coordination (*Gleichschaltung*) des *Länder* donna aux gouvernements de ces derniers le pouvoir de passer des lois et de réorganiser leurs administrations indépendamment des assemblées de *Land*. Une semaine plus tard, une deuxième loi portant le même titre instituait des *Reichsstatthalter* (gouverneurs de Reich) chargés d'assurer « la mise en pratique dans les *Länder* de la politique arrêtée par le chancelier du Reich », mesure hâtive qui semble avoir eu pour principal objectif d'interdire toute action indépendante de la part des Gauleiter du parti, ainsi que des dirigeants des SA et des SS (Röhm et Himmler), problème plus politique que constitutionnel qui devait conduire en juin 1934, à la purge contre Röhm.

A ce moment-là, le processus constitutionnel avait été mené à sa conclusion logique par une nouvelle loi pour la reconstruction du Reich (30 janvier 1934), qui mettait fin aux dispositions fédérales bismarckiennes en abolissant les assemblées de *Land,* en transférant au Reich les droits souverains des *Länder* et en subordonnant les gouvernements et les gouverneurs de *Land* au gouvernement central. Comme il outrepassait là les termes de la loi des pleins pouvoirs originale, Hitler préserva les apparences en s'adressant au Reichstag, qui passa obligeamment une « loi des pleins pouvoirs améliorée » qui permettait d'abolir « légalement » le Reichsrat. En même temps, le gouvernement obtenait le droit d'adopter de nouvelles lois constitutionnelles, et six mois plus tard, les invoquait pour supprimer la fonction de président du Reich.

Tout ce changement de décor constitutionnel ne visait pas seulement à supprimer les obstacles à la volonté politique des nouveaux dirigeants. Il permettait aussi de s'assurer de la coopération de la fonction publique et du fonctionnement sans ratés de la machine gouvernementale.

La plupart des fonctionnaires acceptèrent volontiers de travailler pour le nouveau régime, qui trouvait un écho profond dans une administration aux traditions nationalistes, antidémocratiques et autoritaires. Une première purge avait frappé les serviteurs de l'État en raison de leur affiliation politique (par exemple, au SPD) ou de leur origine juive ; cette action fut régularisée rétrospectivement par une loi appelée par euphémisme, loi de restauration de la fonction publique (7 avril). Les fonctionnaires étaient les plus nombreux parmi ceux qui cherchaient à s'assurer une position ou une pension en adhérant au parti nazi. Tout ce qu'Hitler avait à faire, c'était de préserver les formes légales, de montrer clairement que la révolution nationale serait réalisée suivant les procédures administratives régulières, et de les rassurer (ainsi que l'armée) sur le fait que le parti ne s'emparerait pas de l'État, mais coexisterait avec lui, l'un et l'autre formant les deux piliers du IIIe Reich.

Les fonctionnaires allaient découvrir – tout comme les militaires, à la fin – que les assurances d'Hitler valaient plus pour lui, s'agissant de gagner leur collaboration, que pour eux, comme garantie contre son intervention dans leur sphère d'activité. Mais dans les premières années, Hitler ne serait pas parvenu à ses fins sans eux et le processus d'usurpation de leurs prérogatives fut graduel. Dans le cas des partis politiques, en revanche, leur raison d'être disparut avec la fin du gouvernement parlementaire du Reich comme des *Länder*, et la dissolution de toutes les organisations, à l'exception du parti nazi, eut lieu dans les quatre mois suivant les pleins pouvoirs.

Quoiqu'il n'ait jamais été formellement interdit, le KPD avait déjà été supprimé dans les faits. Ses dirigeants étaient en prison, en camps de concentration ou en exil ; ses journaux avaient été fermés, ses locaux occupés et ses fonds saisis. Il ne pouvait donc fonctionner qu'à l'étranger ou dans la clandestinité. Le SPD fut en mesure d'agir légalement pendant un peu plus de temps, mais l'installation d'une partie de sa direction à Prague fournit une excuse pour interdire ses activités en Allemagne et saisir son argent, en le déclarant « organisation hostile au peuple et à l'État allemands » (22 juin).

Les autres partis subirent des pressions pour qu'ils se dissolvent. Vigoureusement contrecarrés par les nazis, les efforts des nationalistes et du Stahlhelm pour demeurer des partenaires égaux, furent en outre sapés par le nombre croissant de défections en faveur de leurs heureux concurrents. Hugenberg, qui n'avait plus que quatre ministres du Reich et de Prusse, les démit tous en signe de protestation, mais le seul résultat qu'il put constater fut, non pas l'effondrement du gouvernement, mais celui de son propre parti, dont les membres actifs furent absorbés par les nazis. Le parti du Centre fut affaibli par une semblable fuite d'adhérents et d'accommodements avec le nouveau régime, mais le coup décisif fut porté quand le Vatican se montra empressé, et Hitler disposé, à conclure un concordat. Celui-ci promettait le maintien des écoles paroissiales en échange de l'interdiction des activités politiques des prêtres et des associations catholiques. Le parti du Centre prononça sa propre dissolution le 5 juillet et le Concordat fut signé trois jours plus tard.

Moins de six mois après qu'Hitler eut été nommé chancelier, les nationaux-socialistes achevaient de s'assurer le monopole du pouvoir politique grâce à la loi contre la formation de nouveaux partis, entrée en vigueur le 14 juillet 1933. Aux termes de celle-ci, le parti nazi était seul légal en Allemagne et menaçait de peines sévères toute autre forme d'activité politique. Le nombre de ministres nazis du cabinet passa de trois à huit, et les non-nazis encore en poste ne l'étaient plus comme représentants d'autres formations, mais par le bon vouloir d'Hitler. Pour finir, le 12 novembre, un nouveau Reichstag fut élu, le peuple allemand étant invité à voter pour une seule liste de candidats pré-arrangée, la « Liste du Führer ». Ce fut le premier d'une série de ces plébiscites positifs, que K. D. Bracher définit correctement comme « la méthode préférée d'auto-approbation pseudo-légale, pseudo-démocratique » des dictatures. En cette occasion, grâce à la menace pesant sur ceux qui voteraient non ou s'abstiendraient, le référendum obtint officiellement 95 % de oui.

Un an plus tôt, après la perte de deux millions de voix au Reichstag en novembre 1932, et le choc de la démission de Strasser, beaucoup pensaient que les nazis avaient amorcé leur déclin. S'ils eurent une seconde chance en janvier 1933, ce fut grâce à von Papen et au groupe entourant le président, mais ils ne devaient qu'à eux-mêmes l'usage qu'ils surent en faire.

C'était, à tous égards, une étonnante réussite. Hitler avait d'habiles lieutenants en la personne de Goering et de Goebbels, mais ce fut lui qui découvrit une combinaison originale de menace révolutionnaire venue d'en bas et de tactique « légale », et qui l'exploita avec assez de virtuosité pour désarmer l'opposition, et éliminer l'une après l'autre les garanties contre la concentration du pouvoir dans les mains d'un seul parti et de son dirigeant indiscuté.

Il est parfaitement vrai que, ce faisant, Hitler ne résolvait aucun des problèmes structurels, économiques et sociaux de l'heure, et ne fournissait qu'une très vague indication sur la manière dont il comptait y parvenir. Mais on pourrait en dire autant de Lénine en 1917. Après s'être emparé du pouvoir, celui-ci dut se lancer dans une guerre civile pour le garder ; la *Machtübernahme* (prise de pouvoir) d'Hitler fut achevée en moins de six mois, sans guerre civile, en préservant les formes de la constitution et en donnant tous les signes d'un renversement de l'atmosphère de pessimisme dans laquelle était plongée la nation depuis le début de la crise de 1929. Quoi qu'ils eussent pensé de ses partisans – et, à l'évidence, ils opéraient une distinction entre Hitler et son parti – il est manifeste qu'une majorité d'Allemands crurent que, pour la première fois depuis Bismarck, ils avaient trouvé un dirigeant capable de s'opposer au déclin national et à la désunion qu'ils faisaient remonter à l'humiliation de 1918.

III

La question qui se posait à présent était celle de l'usage qu'Hitler comptait faire du pouvoir qu'il avait accumulé. C'était la question à laquelle, plus de dix ans après avoir pris le pouvoir, le parti communiste russe n'avait pas trouvé de réponse indiscutée et à laquelle Staline avait entrepris de répondre. Le parti nazi n'était pas différent. Les sources de l'époque montrent à quel point on discutait sur les réponses. La controverse a été relancée dans les années 60 et 70 par une jeune génération d'historiens entrés dans l'âge adulte après la guerre. Ils réagirent vigoureusement contre

l'image toujours persistante d'un IIIᵉ Reich qui aurait été une société monolithique soumise au gouvernement personnel et à la volonté d'un seul homme. Dans cette vision, Hitler opérait au sommet d'une société étroitement organisée, qu'il manipulait sous tous ses aspects. Son régime était considéré comme centralisé et hautement efficace, et souvent opposé aux processus plus longs de prise de décision caractéristiques de la démocratie parlementaire [17].

Le mérite de la controverse historique a été non de substituer un nouveau stéréotype à celui qui était attaqué, mais d'ouvrir le sujet à la discussion de la même manière que tous les épisodes historiques importants –par exemple, la Révolution française – restent toujours ouverts au débat. On peut prévoir que, si le processus d'ouverture se poursuit en Union soviétique, il soumettra les révolutions de Lénine et de Staline au même processus de discussion critique.

Tout en réservant au prochain chapitre la question du rôle personnel d'Hitler, il paraît utile, au moment d'entamer la description de la première phase du IIIe Reich, de résumer les arguments essentiels avancés dans les principaux domaines de la controverse révisionniste – sans nécessairement les accepter.

Hitler, a-t-on soutenu, n'avait pas de politique économique ou sociale, et le IIIe Reich n'entraîna pas de restructuration de l'économie allemande ni de transformation révolutionnaire de la société allemande, l'une et l'autre demeurant dans une continuité fondamentale avec les périodes précédentes. Les éléments anticapitalistes du programme nazi furent ignorés : les grandes sociétés et les banques ne furent pas nationalisées, les grands magasins ne furent pas fermés, les grands domaines ne furent pas morcelés. Les idées corporatistes qui avaient obtenu beaucoup de succès auprès des classes moyennes quand les nazis étaient encore un mouvement furent délaissées quand ils formèrent un gouvernement. Les syndicats furent supprimés, on laissa les capitalistes diriger l'économie, et tirer de gros profits du réarmement, de la guerre et des conquêtes allemandes. Le mouvement nazi représentait non une révolution mais une contre-révolution, la forme allemande du fascisme. La vraie révolution fut la défaite, suivie de l'occupation et du partage de l'Allemagne.

Quand il eut éliminé les contrôles que la Constitution de Weimar prévoyait contre l'usage arbitraire du pouvoir, Hitler ne fit aucune tentative pour la remplacer par un nouveau dispositif constitutionnel. Le cabinet et le Reichstag ne furent pas abolis, mais réunis de moins en moins fréquemment, et enfin plus du tout, lorsque tout semblant de responsabilité collective eut été abandonné.

Il n'y eut pas plus de code Hitler susceptible de rivaliser avec le Code Napoléon, qu'il n'y eut de constitution hitlérienne. Plutôt que de le reconstituer à partir de principes nationaux-socialistes, il préféra corrompre, ignorer ou outrepasser le système juridique et judiciaire. Il ne montra pas davantage d'intérêt pour une réorganisation de l'administration étatique qui lui aurait permis une répartition plus cohérente des responsabilités. Quand il voulait que soit accomplie une chose à laquelle il attachait une grande importance, il créait des offices spéciaux extérieurs à la structure du gouvernement du Reich : par exemple, l'organisation de Goering pour le plan quadriennal, qui court-circuitait la juridiction d'au moins quatre ministères.

Les relations entre l'État et le parti restaient également mal définies. Le parti était déçu de n'avoir pu s'emparer de l'État comme l'avait effectivement fait le parti communiste d'Union soviétique, mais la fonction publique dut accepter les interférences constantes d'Hitler et des autres dirigeants nazis dans les procédures normales. Les dirigeants nazis les plus puissants se bâtirent des empires rivaux – Goering (plan et aviation), Goebbels (propagande et culture), Himmler (police et SS), Ley (travail) – en proie à de continuelles querelles de territoire.

Le débat continue entre les historiens sur le point de savoir si Hitler favorisait la perpétuation de cette situation parce qu'il était incapable de la maîtriser (le « dictateur faible » de Hans Mommsen) ; parce qu'en pratiquant la tactique « diviser pour régner », il protégeait sa propre position et obligeait chacun à s'adresser à lui pour prendre les décisions ; ou parce que cela correspondait à son style personnel de commandement, et à ses habitudes de travail désordonnées, non systématiques. Quelles qu'en soient les raisons, cet État « polycratique », avec des centres de pouvoir concurrents, est très différent du précédent modèle de dictature monolithique, totalitaire.

Il y a désaccord même dans le domaine pour lequel Hitler manifestait le plus grand intérêt personnel, la politique étrangère : poursuivait-il des objectifs idéologiques, ou n'était-il qu'un opportuniste qui recourait au bluff et à l'improvisation sans objectifs clairs pour le guider ? Certains historiens ont insisté sur la continuité avec les buts expansionnistes de la politique allemande dans la Première Guerre mondiale et plus tôt, à l'époque de Bismarck. D'autres ont soutenu que son succès était d'abord dû à la faiblesse, aux divisions et aux illusions des autres puissances, qu'il sut exploiter de la même manière qu'il réussit sa marche au pouvoir en exploitant l'aveuglement et le défaut de jugement des partis nationalistes et de droite. D'autres encore ont considéré ses coups de dés en politique étrangère et son jeu avec le risque de guerre en 1939, comme une manière de masquer et de diminuer les tensions sociales intérieures et les problèmes économiques pour lesquels il n'avait pas de solution, suivant une forme renouvelée de l'impérialisme social de la fin du XIXe siècle.

Tel est l'arrière-fond historiographique sur lequel doit se dérouler toute tentative sérieuse de comprendre les deux premières années du régime nazi, sans oublier que la révolution d'Hitler fut une « révolution par fractions », dont le caractère (comme le « dosage » de Staline) ne devenait clair qu'au fur et à mesure que les différentes étapes se succédaient. Cette remarque s'applique particulièrement à la première période, celle où Hitler dissimulait mal ses pensées et ses objectifs véritables.

Le 8 février, une semaine exactement après être venu au pouvoir, Hitler exposa sa priorité secrète en déclarant devant le cabinet : « Les cinq prochaines années doivent être consacrées à rendre au peuple allemand sa capacité de porter les armes. » Quand le ministre du Travail (Seldte) approuva, mais en ajoutant qu'à côté des tâches purement militaires, il y avait aussi une autre œuvre économique importante qu'il ne fallait pas négliger, Hitler insista :

> Toute mesure soutenue par la puissance publique pour créer des emplois doit être considérée du point de vue de sa nécessité pour rendre le peuple allemand de nouveau capable de porter les armes pour le service militaire. Il faut que ce soit la pensée dominante, toujours et partout[18].

Pour se résumer, à la fin, il répéta : « Dans les quatre à cinq ans à venir, le premier principe doit être : tout pour les forces armées. »

Le concept hitlérien de *Wiederwehrhaftmachung* (« rendre le peuple allemand de nouveau capable de porter les armes ») concernait bien plus que le réarmement. Celui-ci était essentiel, mais la tâche fondamentale, sans laquelle les préparatifs de guerre matériels seraient du gaspillage, résidait dans la mobilisation psychologique du peuple allemand, la restauration du sentiment national, de cette unité et de cette fierté nationales victimes, selon Hitler, d'un travail de sape qui avait entraîné l'effondrement de 1918 et la division nationale lors de l'intermède de Weimar.

Goebbels, dont le ministère de l'Éducation populaire et de la Propagande fut le premier créé par Hitler, comprenait très bien les directives de ce dernier. A sa première conférence de presse, il déclara :

> Je considère la création du nouveau ministère comme un acte révolutionnaire, dans la mesure où le nouveau gouvernement n'a plus l'intention de laisser le peuple s'occuper comme bon lui semble...
>
> Il ne suffit pas pour le peuple d'être plus ou moins réconcilié avec notre régime, d'être persuadé d'adopter une attitude neutre envers nous ; nous voulons plutôt travailler le peuple jusqu'à ce qu'il se soit rendu à nous, jusqu'à ce qu'il ait saisi idéologiquement que ce qui se passait aujourd'hui en Allemagne ne *devait* pas seulement, être accepté, mais *pouvait* aussi l'être[19].

Ayant battu ses rivaux dans le parti, Goebbels persuada Hitler de lui donner le contrôle non seulement de la presse, de la radio, du cinéma et du théâtre, mais encore des arts, y compris la littérature, la musique et les arts visuels, tous placés sous l'autorité de la chambre de la culture du Reich. Ce fut Goebbels qui salua « la destruction des livres par le feu » organisée par la corporation étudiante allemande le 10 mai 1933 : « Ce fut un acte grandiose et symbolique, qui témoignait devant le monde que les fondements spirituels de la république de novembre ont disparu. De ces cendres se lèvera le phénix d'un nouvel esprit[20]. »

Le mot « propagande » est inadéquat pour exprimer le caractère révolutionnaire de l'objectif d'Hitler, rien moins que la transformation de la conscience du peuple, correspondant à sa conviction maintes fois réaffirmée, que la politique, la foi et la volonté, et non les circonstances économiques et matérielles, étaient les forces décisives dans l'Histoire, correspondant aussi à son habileté unique à toucher les masses.

Dans l'esprit d'Hitler, c'était le parti qui devait jouer le rôle principal, d'éducation et de mobilisation idéologique. « Car la *Weltanschauung* », écrit-il dans *Mein Kampf,* « est intolérante... et exige péremptoirement sa reconnaissance exclusive et complète ainsi que la complète adaptation de la vie publique à ses idées [21]. » Comme le terme « propagande », le mot incolore *Gleichschaltung,* ordinairement traduit par « coordination », déguise plutôt qu'il n'exprime l'esprit agressif dans lequel les nazis entreprirent la « politisation » de la vie allemande. Étendant un processus déjà entamé avant 1933, les nazis quadrillèrent la société d'associations et d'institutions du parti, infiltrant, s'appropriant ou évinçant les organisations professionnelles existantes et les centaines de sociétés de bénévoles investies dans des activités sportives ou charitables, dans l'éducation, les arts, la défense des anciens combattants, dans les mouvements de femmes, de paysans, de jeunesse. Comme dit Joachim Fest :

> L'une des intuitions fondamentales d'Hitler, acquise dans la solitude de sa jeunesse, était que les gens ont besoin d'une appartenance... Ce serait une erreur de ne voir que de la coercition dans la pratique consistant à placer chacun dans un enclos particulier suivant son âge, sa fonction et même ses préférences en matière de sport ou de divertissement, consistant à ne laisser aux gens que leur sommeil pour tout domaine privé, ainsi que l'a remarqué Robert Ley [22].

Hitler et Goebbels ne comptaient pas seulement sur les mots, écrits et parlés, pour faire passer leur message. Le mythe, le rituel, la cérémonie avaient également un rôle important à jouer. Les observateurs de l'époque ne furent pas seulement impressionnés par la mise en scène de spectacles comme le festival annuel de la moisson qui se tenait sur le Bückeberg, près de Hameln, ou le rassemblement de Nuremberg de 1934, dans lequel l'architecte d'Hitler, Albert Speer, et sa cinéaste préférée, Leni Riefenstahl, coopérèrent pour célébrer *Le Triomphe de la volonté.* Les mêmes observateurs furent aussi frappés par la joie de vivre que connaissaient ceux qui laissaient leur identité se fondre dans la *Volksgemeinschaft* ressuscitée, l'« être ensemble » de la communauté ethnique, qui les englobait tous, et que personnifiait la figure mythique d'Adolf Hitler. C'était plus que de la manipulation ; c'était la mise en commun d'une expérience profondément vécue par les chefs aussi bien que par leurs partisans.

Mis à part les sentiments nationalistes, partagés par la majorité des Allemands, les nazis exagéraient quand ils prétendaient avoir réussi à convertir la nation à l'ensemble de leurs valeurs, même dans la première période d'euphorie. On en a la plus claire illustration avec la scission qui se produisit dans les Églises protestantes. Au printemps de 1933, le Mouvement nazi des Allemands chrétiens (qui s'étaient eux-mêmes surnommés les « SA de Jésus-Christ ») s'efforça de mener à bien la *Gleichschaltung* des Églises protestantes sous la direction d'un seul évêque, l'aumônier de l'armée Ludwig Müller ; d'abolir toutes les institutions d'Église élues au profit du *Führerprinzip* ; de réaliser un programme de « purification raciale, et de mettre fin à la séparation de l'Église et de l'État.

La résistance prit la forme d'un appel en faveur d'une église confessionnelle « indépendante de l'État et de la pression du pouvoir politique », lancé par deux pasteurs berlinois, Martin Niemoeller, ancien capitaine de sous-marin, et le jeune Dietrich Bonhoeffer, avec le soutien de l'éminent théologien luthérien Karl Barth. Elle atteignit son apogée avec la Déclaration de Barmen de mai 1934 (article 5 : « Nous rejetons le faux enseignement selon lequel l'État est considéré comme l'ordre unique et total de la vie humaine... ») et un autre avec le mémoire de juin 1936 qui attaquait l'idéologie nazie, la persécution des juifs, les actions hors-la-loi de la Gestapo et le culte du Führer.

La résistance intransigeante ne fut poursuivie que par une minorité de braves ; la majorité accepta un compromis inconfortable, mais les nazis durent aussi modifier leur tactique, et la tentative de *Gleichschaltung* fut abandonnée.

Lors des discussions de cabinet, Hitler reconnut au début de son gouvernement, qu'il faudrait trente ou quarante ans pour achever la conversion du peuple allemand à l'idéologie nazie ; et il rejetait les groupes âgés qui avaient acquis leurs valeurs dans un monde différent, en les qualifiant de « générations perdues ». Raison de plus donc, pour concentrer les efforts sur la jeunesse.

Chose caractéristique, il y eut plus de rivalité que de coordination entre les différentes institutions qui se préoccupaient d'endoctriner les nouvelles générations. La structure fédérale de l'éducation allemande fut remplacée par un ministère de l'Éducation mais les tentatives du ministre (Bernhard Rust) pour émettre des directives à l'intention des écoles furent bloquées par une lutte permanente de juridiction entre Hess et Bormann au quartier général du parti, ainsi que par le conflit entre Ley et Goebbels.

« La tâche principale de l'école », selon la directive de Rust du 18 décembre 1934, « est l'éducation de la jeunesse au service de la nation et de l'État dans un esprit national-socialiste ». Tout aussi claire fut la définition du rôle de la Ligue nationale-socialiste des enseignants allemands (NSLB) à laquelle appartint très vite une majorité et, en 1937, 97 % des professeurs (toujours sur-représentés dans le parti) :

> Le national-socialisme est une *Weltanschauung* dont la prétention à
> la validité est totale et qui ne souhaite pas être soumise à la formation
> hasardeuse de l'opinion... La jeunesse allemande ne doit plus – comme

dans la soi-disant objectivité de l'ère libérale – avoir à choisir d'être élevée dans un esprit de matérialisme ou bien d'idéalisme, de racisme ou d'internationalisme, de religion ou d'athéisme, mais elle doit être consciemment formée selon... les principes de l'idéologie nazie.

Ceci sera accompli suivant les mêmes méthodes par lesquelles le mouvement a conquis la nation entière : endoctrinement et propagande [23].

L'influence de l'idéologie nazie fut particulièrement évidente dans l'enseignement de l'histoire, de la biologie (la « théorie des races »), de la langue et de la littérature allemandes, et dans l'allongement notable du temps consacré au sport et à l'éducation physique. Hors de l'école, Baldur von Schirach, nommé Chef de la jeunesse du Reich en juillet 1933, installa les Jeunesses hitlériennes dans une position de monopole, finalement reconnue par la loi de mars 1939, qui rendait obligatoire l'appartenance à celles-ci entre dix et dix-huit ans, pour les deux sexes.

Le parti avait été fortement représenté dans l'éducation supérieure avant 1933 et l'appartenance à la Deutsche Studentenschaft (qui organisa les autodafés de livres) fut rendue obligatoire en avril 1933. Les étudiants devaient accomplir quatre mois de service du travail et deux mois dans un camp de SA pour participer aux cultes jumeaux de la communauté (*Volksgemeinschaft*) et de l'expérience (*Erlebnis*), distincts du savoir (*Erkenntis*) sur lequel l'université mettait l'accent. Les nazis manipulaient maintenant dans leurs propres buts idéologiques ces deux cultes qu'ils avaient pris au Mouvement de la jeunesse.

La pénétration nazie de l'université ne fut pas limitée aux étudiants. Les années 1933-1934 connurent une purge qui se traduisit par la destitution ou la démission de 15 % des 7 700 professeurs en fonction, le pourcentage atteignant 18 % dans les sciences naturelles. Toutefois, la majorité des professeurs allemands apportèrent leur soutien au régime : 700 signèrent une déclaration à cet effet en novembre 1933, et Martin Heidegger, l'un des philosophes qui ont eu le plus d'influence dans le siècle, déclara dans son discours inaugural de recteur de l'université de Fribourg : « Ni les dogmes ni les idées ne seront plus les lois de votre être. Le Führer lui-même, et lui seul, est la réalité présente et future pour l'Allemagne et sa loi [24]. »

En mars 1935, Hitler restaura le service militaire universel et il fit savoir clairement ce qu'il attendait des forces armées. Non seulement elles devaient rester fidèles à la conception nationale-socialiste de l'État – cela allait sans dire – mais elles devaient en outre sélectionner leurs officiers « suivant les très stricts critères raciaux, en allant au-delà de la réglementation légale » (qui demandait déjà des preuves d'une origine aryenne) [25], et ne nommer officiers de réserve que ceux qui montraient une attitude positive envers le national-socialisme « qui n'[avaient] pas une attitude indifférente, et à plus forte raison hostile envers lui [26]. »

La Wehrmacht était donc invitée à devenir, suivant le mot d'Hitler, « éducatrice à l'école militaire de la nation [27]. » On attendait encore davantage des SS, de ce fief nazi qui connaissait la croissance la plus rapide et dont le chef, Heinrich Himmler, promoteur fanatique d'un racisme biologique, s'employait à créer une nouvelle élite nazie fondée sur des critères raciaux, une idéologie explicitement antichrétienne et l'obéissance inconditionnelle aux ordres, quels qu'ils fussent.

IV

Quoique Hitler affirmât constamment la primauté du politique, c'était un politicien trop perspicace pour ne pas reconnaître que la crise et la prétention des nazis à trouver un moyen d'en sortir avaient exercé une attraction puissante sur les électeurs et qu'en conséquence, ce qui soutiendrait le mieux la renaissance nationale qu'il promouvait, ce serait un succès économique.

Certes, il avait volontiers écouté les discours économiques radicaux de gens comme Otto Wagener, hostiles aux grosses entreprises, mais il avait toujours refusé de faire plus que les écouter, et il était arrivé aux affaires libre d'engagements. S'il voulait mettre fin au chômage – en quatre ans, proclamait-il publiquement – et réarmer l'Allemagne aussi vite que possible – c'était la priorité secrète qu'il annonçait au cabinet – de puissantes raisons pratiques plaidaient pour qu'il travaillât en restant aussi proche que possible du système existant et en évitant de troubler l'économie avec des schémas non éprouvés. Mais il y avait plus que de l'opportunisme dans l'attitude d'Hitler. L'historien de Princeton, Harold James, le met succinctement en évidence quand il écrit :

> Il n'y avait rien de socialiste dans la politique économique d'Hitler...
> Le collectivisme nazi était politique, non pas économique, et il laissait aux individus le rôle d'agents économiques. Les déclarations répétées des nazis proclamant leur intention de socialiser les gens plutôt que les usines signi-fiaient que des programmes étendus de contrôle étatique de l'économie n'étaient pas nécessaires [28].

Comme James le relève encore, le rôle prédominant qu'Hitler accordait à la volonté le portait à insister, de manière inhabituelle pour l'époque, sur l'importance des innovateurs et des créateurs industriels tels que Porsche, et la famille Junkers, fabricants d'avions qu'il admirait beau-coup. Il considérait de tels entrepreneurs individuels, menacés par les trusts bureaucratisés, comme la clé de l'innovation, et l'innovation, comme la clé de l'avenir. A la différence des nazis tenants du romantisme agraire, qui voyaient l'industrialisation comme un mal, il était plein d'enthousiasme pour le progrès technologique, et ne craignait pas ses effets négatifs sur l'emploi : « Je n'aurai qu'à construire deux fois plus de kilomètres d'autoroute, s'il faut deux fois moins de travail. »

Hitler croyait aussi que le succès économique l'aiderait à atteindre son objectif idéologique de reconquête de la classe ouvrière allemande en faveur de « l'idée nationale ». La découverte, à Vienne, de l'aliénation des travailleurs allemands, l'avait fortement impressionné, de même que l'adoption par eux de l'idéologie marxiste de la guerre des classes, en lieu et place de la solidarité nationale. Mais aux élections de mars 1933, il n'avait pas réussi à ébranler la loyauté des électeurs sociaux-démocrates et communistes, qui représentaient toujours plus de 30 % du total. Il était d'autant plus déterminé à briser l'emprise des « mensonges judéo-marxistes » et à obtenir le retour de la classe ouvrière dans la *Volksgemeinschaft* allemande.

Parallèlement à l'interdiction des deux partis ouvriers, Hitler attaqua les syndicats. Les syndicats chrétiens furent épargnés pendant quelques semaines de plus, le temps de conclure le concordat avec le Vatican ; la cible d'Hitler fut la bien plus importante fédération socialiste, qui avait quatre millions et demi de membres. Ses dirigeants, démoralisés par une hémorragie d'adhérents concomitante au raz de marée nazi et par l'échec de la résistance politique, offrirent de couper leurs liens avec le SPD et de coopérer loyalement avec le gouvernement. Mais tout espoir de préserver ainsi leur organisation fut bientôt balayé. Tandis qu'un Comité d'action pour la protection des travailleurs allemands, conduit par Robert Ley, préparait en secret le futur Front du travail allemand, Goebbels ouvrait la voie par un autre spectaculaire coup de propagande comparable au Jour de Potsdam.

Le 1er mai, journée du mouvement ouvrier international, fut rebaptisé Journée du travail allemand et décrété jour férié. Un meeting géant sur l'aéroport de Tempelhof à Berlin réunit un million d'ouvriers et leurs familles, honora « les travailleurs productifs de toutes les classes » et célébra le national-socialisme comme un mouvement qui aplanirait les distinctions sociales dépassées, mettrait fin à l'arrogance et à la guerre des classes et établirait le respect mutuel entre les différents groupes composant la nation. Dans son discours, Hitler exprima sa réprobation envers ceux qui regardaient de haut et sous-estimaient le travail manuel ; il fit l'éloge de l'application au travail de son peuple, la plus grande richesse de la nation, et annonça que les mesures pour mettre fin au chômage étaient la première priorité du régime.

Le lendemain matin, celui-ci montrait son autre visage : à 10 heures, les SA et les auxiliaires de police occupèrent tous les locaux des syndicats et saisirent leurs biens et leurs finances. Une semaine plus tard, le premier congrès du Front du travail allemand fondait une nouvelle organisation qui engloberait bientôt tous les ouvriers et employés allemands.

La NSBO (Organisation nazie des cellules d'usine) que Gregor Strasser avait développée pour lancer une politique anticapitaliste radicale dans les relations industrielles, et qui comptait un million de membres en août 1933, vit là une occasion de confisquer les fonctions des syndicats et d'utiliser le Front du travail allemand pour représenter les intérêts des ouvriers face aux employeurs. Mais Hitler n'avait pas supprimé les syndicats pour voir les négociations collectives continuer sous une autre forme. La NSBO fut placée sous le contrôle de l'Organisation politique du parti à Munich et purgée de ses dirigeants radicaux.

Par une loi du 19 mai 1933, l'État ôta aux travailleurs et aux employeurs la responsabilité de réglementer les salaires, et créa des Mandataires du travail pour le Reich, douze en tout, qui couvraient chacun un district particulier, et en pratique étaient formés d'un mélange de fonctionnaires et d'avocats des organisations d'employeurs.

Quelle que fût l'opinion des ouvriers à ce sujet, la politique du travail des nazis rassurait les employeurs. Les relations du grand patronat allemand avec les nouveaux maîtres politiques avaient eu des débuts difficiles. Le 20 février, convoqués par Goering pour rencontrer Hitler avant ce qui serait, leur promit-il, « la dernière élection », vingt-cinq industriels s'entendirent demander de constituer un fonds électoral de trois millions de marks. Ils espéraient que leur principale association, la Reichsverband der Deutschen Industrie (RDI, président : Krupp von Bohlen), serait autorisée à garder son indépendance, mais cet espoir reçut un rude coup le 1er avril, quand un groupe de gardes nazis conduit par Otto Wagener envahit le quartier général berlinois de la RDI et s'empara des lieux par la force. Les protestations n'eurent aucun effet ; en mai la Reichsverband prononça sa dissolution « volontaire » et fusionna avec d'autres associations patronales dans une nouvelle organisation soutenue par les nazis.

Mais la crainte que des radicaux comme Wagener ou les militants de la NSBO dictent la politique économique se révéla bientôt sans fondement. Avec la suppression des syndicats et des comités d'entreprise, les industriels se retrouveraient, à leur grande satisfaction, maîtres chez eux. Cependant, ce qui eut encore plus d'influence sur l'attitude des employeurs comme des ouvriers fut la spectaculaire amélioration de l'activité économique qui, entre 1933 et 1936, permit de passer, de six millions de chômeurs à la pénurie de main-d'œuvre.

Dans le parti nazi, l'hostilité envers les grosses entreprises n'était pas le seul fait de la NSBO. Elle émanait aussi des groupes d'intérêts des classes moyennes représentant les petits patrons, les artisans et les commerçants de détail. Absorbés par le parti, ils espéraient que sa venue au pouvoir se traduirait par la satisfaction de leurs demandes, telles que la fermeture des grands magasins et des coopératives de consommateurs. Cela avait été un des thèmes principaux aussi bien des campagnes électorales du parti que de son programme original, et il n'était pas facile pour Hitler de l'ignorer.

Ceci explique la désignation, comme commissaire du Reich à l'économie, d'Otto Wagener, dont les plans corporatistes prévoyaient de morceler les grandes concentrations impersonnelles de propriété, et qui tenta de s'emparer de la citadelle du grand patronat, la RDI. Dans les premiers temps du nouveau régime, beaucoup d'actions locales furent lancées par le parti et les SA sans attendre les décisions du sommet. Elles culminèrent dans un boycott national des entreprises juives, lancé le 1er avril, le jour même où Wagener faisait irruption dans le quartier général de la RDI à Berlin.

Cette tactique agressive suscita néanmoins une forte résistance de la part du patronat et de ceux, parmi les dirigeants nazis, qui les défendaient, en particulier Goering. Pour empêcher que Wagener devienne ministre de l'Économie, Goering persuada Hitler de désigner à sa place Kurt Schmitt, directeur général du groupe d'assurances Munich Allianz, et de nommer un secrétaire d'État supplémentaire – Hans Posse, ancien fonctionnaire de Weimar – pour travailler au ministère de l'Économie avec Gottfried Feder, ce personnage du passé nazi qui avait autrefois tant impressionné Hitler et qui, dans le programme de 1920, avait fait prendre au parti l'engagement de « briser la servitude de l'intérêt. » L'affaire qui servit de test fut la demande de rééchelonnement de ses dettes d'une entreprise juive, Herman Tietz, importante chaîne de grands magasins. Hitler lui-même était fortement opposé à ce qu'on lui donnât satisfaction, mais il dut se rendre à l'argument que, en cas de refus, la banqueroute de Tietz et d'autres grands magasins entraînerait la perte de milliers d'emplois ainsi qu'une vague de hausse des prix.

Durant l'été 1933, la ligue de combat nazie des classes moyennes et des commerçants fut dissoute et Otto Wagener disparut enfin dans l'obscurité. Une nouvelle organisation pour petits patrons, la HAGO nazie fut créée sous le contrôle beaucoup plus étroit de Hess et de la bureaucratie du parti. Dans son important discours au Reichsstatthalter, le 6 juillet, Hitler fit bien comprendre que la révolution était finie et qu'on ne permettrait pas qu'elle s'étende au domaine économique : « Beaucoup de révolutions ont réussi leur premier assaut, moins nombreuses sont celles qui ont su se stabiliser et s'en tenir là. La révolution n'est pas un état permanent[29]. »

Il y avait toutefois un secteur économique où il était permis à l'idéologie de surpasser les considérations économiques et sociales : l'agriculture. « Il est nécessaire, à partir de maintenant, de séparer l'économie paysanne de l'économie capitaliste de marché[30]. »

Des réductions d'impôts et de dettes donnèrent un soulagement immédiat aux districts ruraux, qui avaient été les plus durement frappés durant la crise et avaient fourni les plus gros contingents de voix aux nazis. Il y avait dans le national-socialisme une forte tendance au romantisme agraire qui exprimait une méfiance profondément enracinée à l'égard de la civilisation urbaine et industrielle, exigeait la protection de la paysannerie, « source biologique de sang nouveau pour le corps politique », et était liée à ce fantasme, propre aux SS de Himmler, d'une politique de colonisation basée sur la race, dans le *Lebensraum* qui devait être conquis à l'Est.

Le responsable agricole du parti, Walter Darré, était bien placé pour donner une expression pratique à ces idées. Sous sa direction, dès avant 1933 les nazis s'étaient déjà fermement implantés dans les associations agraires (telle la Ligue de la terre du Reich) et les chambres de l'agriculture.

Quand Hugenberg démissionna de toutes ses fonctions économiques ministérielles, Hitler nomma Darré ministre de l'Agriculture, faisant de lui le quatrième nazi membre du cabinet. Il put donc combiner le contrôle de l'Appareil politique agraire (AA) avec celui des organisations agricoles autonomes et du ministère correspondant. C'est dans une large mesure grâce à cela qu'il fut capable de lancer un programme visant à obtenir une stabilisation de la propriété terrienne, et une maîtrise totale des marchés et des prix, et à réaliser un projet de colonisation agricole.

Alors que Staline considérait les *koulaks* comme le plus grand obstacle à sa politique de modernisation, Hitler faisait l'éloge des paysans, « fondement permanent de la nationalité allemande ». Pour marquer l'importance que le gouvernement nazi attachait à ceux qui représentaient « l'avenir de la nation », un *Ehrentag* (Jour de commémoration) pour la paysannerie allemande fut institué le 1er octobre 1933, pour faire pendant au 1er Mai, fête du travail. Celui-ci devint l'occasion d'une manifestation annuelle sur le Bückeberg, au cours de laquelle, cinq cent mille paysans en 1933, un million en 1935, écoutèrent un discours d'Hitler.

En dépit du *Führerprinzip* et du mythe d'Hitler, dans la première période de son pouvoir, jusqu'au 30 juin 1934 en tout cas, Hitler, comme n'importe quel autre politicien, dut louvoyer, faire des promesses contradictoires, et accepter des compromis qui lui déplaisaient. Ses critiques avaient toujours cru qu'un parti qui avait tant promis à tant de groupes différents pour parvenir au pouvoir se désintégrerait lorsqu'il y serait. Alors que l'attente de millions de partisans devenait fiévreuse, Hitler fit de son mieux pour se maintenir sur la vague et ne pas être submergé. Dans de nombreuses régions, les dirigeants nazis et SA locaux n'attendirent pas le feu vert de Berlin pour lancer des actions de leur propre initiative, et le discours d'Hitler en juillet 1933 devant le Reichsstatthalter montre que Goering et lui avaient du mal à garder la maîtrise de la situation.

Cependant, si l'on tient compte de la confusion et des changements tactiques caractéristiques de tout épisode révolutionnaire, il n'est pas difficile de distinguer sur les questions économiques la ligne de conduite cohérente à laquelle Hitler revint après des diversions temporaires. Dans le mouvement nazi, il y avait sans aucun doute un nombre considérable de gens qui pensaient que la prise de pouvoir dans le premier semestre de 1933 devait être suivie d'une restructuration radicale de l'économie. Hitler n'était pas de ce nombre : dire qu'il « n'a pas réussi » à réaliser une réforme aussi fondamentale, c'est ignorer l'évidence, à savoir qu'il n'a jamais réellement voulu l'accomplir. Pour lui, la révolution restait politique, c'était un changement décisif dans l'équilibre interne du pouvoir, dont la pièce centrale était l'élimination des partis « marxistes » de gauche, y compris du mouvement syndical. Cela accompli, l'usage qu'il comptait faire de la position ainsi atteinte devait rester secret jusqu'à ce qu'il eût préparé la voie par la mobilisation matérielle et psychologique des Allemands, cette *Wiederwehrhaftmachung* dont il avait dit au cabinet qu'elle prendrait cinq ans.

Hitler ne sous-estimait pas l'importance de l'économie, mais il en avait une conception instrumentale. Aux ouvriers qui construisaient son domaine de Berchtesgaden, il déclara :

> On discute beaucoup pour savoir s'il faut une économie d'entreprise privée, ou une économie coopérative, une économie socialisée ou une économie de propriété privée. Croyez-moi, le facteur décisif n'est pas la théorie mais la performance de l'économie [31].

Si, sous le système existant, l'économie pouvait produire les résultats qu'il souhaitait – le rétablissement économique et l'élimination du chômage à court terme, le réarmement allemand à long terme mais aussi vite que possible – il ne voyait aucune raison pour gâcher ses performances par une série de changements radicaux qui, de son point de vue, étaient inutiles. L'avenir de la nation allemande serait assuré non par des réformes économiques et sociales mais par la conquête d'un nouveau *Lebensraum* une fois que le pouvoir de l'acquérir aurait été créé.

V

On peut dire à peu près la même chose en matière de réarmement et de politique étrangère : continuité avec la politique et les plans des gouvernements précédents ; coopération avec les gens en place dans l'industrie, l'armée et le ministère des Affaires étrangères. Dans chaque cas, la même impression trompeuse est donnée si on limite la perspective à 1933-1935.

Les efforts des prédécesseurs d'Hitler, Brüning, von Papen et von Schleicher, assurèrent en 1932, à la conférence de Lausanne, l'annulation des réparations et la concession de la parité à la Conférence générale sur le désarmement. La production d'armes interdites (par exemple, les avions et les gaz de combat) avait commencé en 1922 en Russie, et le plan secret de réarmement avait été lancé en Allemagne en 1926. En 1928, le ministère de la Défense avait ratifié un programme prévoyant seize divisions pour 1932 ; quand cette année arriva, le programme fut de nouveau étendu pour produire une armée de vingt et une divisions (300 000 hommes) en 1938. Même les plans hitlériens d'expansion à l'Est (soigneusement dissimulés à l'époque) reprenaient le thème d'une *Mitteleuropa* allemande qu'affectionnait la propagande pangermaniste de la fin du XIXe. Le but de cette dernière, la restauration de l'hégémonie allemande sur l'Europe orientale, avait été atteint en 1917 avant de se dérober après Brest-Litovsk.

Ce qu'Hitler offrit aux généraux allemands quand il les rencontra, le 3 février 1933, quatre jours après être devenu chancelier, n'était pas une nouvelle politique, mais des perspectives élargies de réalisation de l'objectif nationaliste commun : « rejeter les entraves du traité de Versailles » et recréer la puissance militaire allemande. A la question de l'usage qui serait fait de cette puissance une fois qu'elle serait conquise, la réponse d'Hitler fut délibérément vague. Selon les notes prises par le général Liebmann, il déclara : « Il est encore impossible de le dire. Peut-être [s'agira-t-il] de combattre pour de nouvelles possibilités d'exporter, peut-être, et plus probablement, de conquérir un nouvel espace vital à l'Est et de le germaniser brutalement [32]. »

Hitler promit à l'armée allemande qu'elle ne serait pas appelée à intervenir dans la politique intérieure ; mais l'inquiétude demeurait, que sa position soit minée par les SA, dont les deux millions cinq cent mille membres étaient la principale réserve d'urgence, et dont le chef, Röhm, ne cachait pas son ambition de remplacer la Reichswehr traditionaliste par une milice populaire. Cette inquiétude semble être à l'origine du nouveau programme que le ministre de la Défense présenta en décembre 1933, qui prévoyait que l'armée de temps de paix proposée passerait de vingt et une divisions à soixante-trois en temps de guerre. Un tel programme ne pouvait être mené à bien que si la conscription était instaurée, mettant fin, en matière de réserves, à la dépendance de l'armée par rapport à la SA de Röhm.

Pour commencer, le principal souci d'Hitler fut de trouver le camouflage nécessaire durant la période de réarmement. Ce serait, comme il le rappela le 3 février aux généraux, la période durant laquelle l'Allemagne serait le plus vulnérable. « Nous verrons si la France a ou non des *hommes d'État* : si oui, elle ne nous laissera pas le temps, mais nous attaquera, sans doute avec ses satellites de l'Est. » Il utilisa une série d'entretiens avec des correspondants de presse étrangers pour calmer les craintes françaises et britanniques, et dans son premier discours de politique étrangère (le 17 mai), combina habilement les assurances quant à ses intentions pacifiques et une affirmation mesurée des « justes revendications » allemandes en faveur d'une révision de Versailles.

> La présente génération de cette nouvelle Allemagne [déclara-t-il], qui a tant connu la pauvreté, la misère et la détresse de son propre peuple, a souffert trop profondément de la folie de notre temps pour envisager de traiter les autres de la même manière. Notre amour de nos traditions nationales et notre loyauté envers elles nous rendent respectueux des revendications nationales des autres et nous font désirer du fond du cœur de vivre avec eux dans la paix et l'amitié... Les Français, les Polonais sont nos voisins et nous savons qu'aucun développement historique ne peut altérer cette réalité.
>
> Il eût mieux valu pour le monde que dans le cas de l'Allemagne, ces réalités aient été prises en compte dans le traité de Versailles. Car l'objectif d'un traité réellement durable ne devrait pas être de provoquer de nouvelles blessures ou de garder les anciennes ouvertes, mais de les

fermer et de les guérir... Néanmoins, de son propre mouvement, aucun gouvernement allemand ne brisera un accord à moins que son annulation ne conduise à son remplacement par un meilleur.

Mais le caractère légal d'un tel traité doit être reconnu par TOUS. Ce n'est pas seulement le vainqueur, mais aussi le vaincu qui peut réclamer les droits accordés par le traité[33].

A la Conférence de Genève sur le désarmement, qui continua de se tenir tout au long de l'année 1933, ce furent les ministres allemands de la Défense et des Affaires étrangères qui, allant plus loin qu'Hitler, plus enclin à la prudence, donnèrent pour instructions à leurs représentants d'adopter une position dure et de menacer de se retirer. Von Blomberg ne parvint qu'en octobre à convaincre Hitler de mettre la menace à exécution ; mais, une fois convaincu, ce dernier exécuta le premier de ses coups de politique étrangère, en combinant le retrait de la conférence sur le désarmement (14 octobre) avec la sortie de la SDN, pour laquelle le Japon avait créé un utile précédent en mai. Hitler soutint l'essentiel de l'argumentation selon laquelle, si les autres puissances étaient sérieuses en proclamant le principe de l'égalité, elles devaient soit désarmer elles-mêmes, soit accepter le réarmement de l'Allemagne. Suivant une technique qui n'allait devenir que trop familière, Hitler accompagna son annonce d'une émission de radio pleine d'émotion dans laquelle il nia toute intention d'agression, en nommant la France « notre ancien mais glorieux adversaire » et en déclarant que « quiconque peut imaginer une guerre entre nos deux pays est fou ».

Convaincu que les Allemands applaudiraient à sa déclaration d'indépendance, après toutes les humiliations qu'ils estimaient avoir souffertes entre les mains des puissances victorieuses et du fait du double langage de la SDN, Hitler les appela à un plébiscite pour le 12 novembre, lendemain du quinzième anniversaire de l'armistice de 1918, et lança une autre campagne de propagande géante : « Nous voulons l'honneur et l'égalité ! » Son instinct politique était sûr. Le référendum récolta 95 % de votes favorables à l'action d'Hitler et lors des élections au Reichstag qui se tenaient en même temps, trente-neuf millions de voix se portèrent sur les candidats d'« unité » nazis. Même si ces chiffres trahissent la manipulation et l'intimidation qui faisaient partie de la technique de propagande nazie, nul ne contesta sérieusement le fait que ces résultats reflétaient le sentiment très largement majoritaire de la nation.

En réussissant à semer la confusion et la division dans l'opinion des démocraties occidentales, Hitler se sentit confirmé dans son mépris pour leurs dirigeants. Ses assurances de paix eurent le même succès dans les affaires étrangères que ses promesses de respecter la légalité dans les affaires intérieures. Ne demandant qu'à être rassurés, Britanniques et Français succombèrent à la même illusion désastreuse que la droite allemande, en se persuadant qu'il serait possible de contenir la dynamique nationale-socialiste. En conséquence, ils se laissèrent entraîner dans une politique d'apaisement qui mina le système de la sécurité européenne construit pour empêcher la renaissance de la puissance allemande, et donnèrent à Hitler la liberté de mener à bien le réarmement de l'Allemagne et de lever les restrictions imposées par le traité de Versailles, en préliminaire à la reprise de l'expansion germanique. C'était là des objectifs qui présentaient pour Hitler l'avantage d'unifier mieux que tout autre le peuple allemand. Le réarmement était la meilleure réponse aux problèmes allemands, politiques et économiques, également acceptable par l'industrie, l'armée, une fonction publique fortement imprégnée de nationalisme, les Affaires étrangères et le corps diplomatique, aussi bien que le parti et l'homme de la rue.

Paradoxalement, les deux premières puissances à garantir une reconnaissance internationale au nouveau régime allemand furent le Kremlin, qui garantit en mai 1933 le maintien du traité de Berlin, traité d'amitié et de neutralité négocié avec Weimar en 1926, et le Vatican, qui signa le concordat en juillet. Les efforts que déployait simultanément Mussolini pour promouvoir un traité quadripartite entre l'Italie, la Grande-Bretagne, la France et l'Allemagne supposaient l'acceptation tacite de l'Allemagne nazie dans leurs rangs.

Tout en continuant de fournir un camouflage diplomatique, Hitler donnait à Goering, commissaire du Reich à l'aviation civile, le feu vert pour créer en secret l'aviation de combat que le traité de Versailles interdisait. Malgré l'opposition de l'armée, Goering insista pour faire de la Luftwaffe un service indépendant, placé sous l'autorité d'un ministère particulier, avec à sa tête un secrétaire d'État, l'habile Erhard Milch, chef de la Lufthansa et nazi enthousiaste.

La nouvelle force aérienne avait pour fonction essentielle de poursuivre le même objectif que la célèbre « théorie du risque » de l'amiral von Tirpitz, qui justifia le développement de la marine allemande avant 1914 : c'était le moyen le plus rapide pour augmenter les risques de guerre auxquels s'exposerait tout ennemi potentiel et donc de réduire le danger d'une guerre préventive contre l'Allemagne en cours de réarmement. Bien qu'Hitler n'admît publiquement qu'en mars 1935 l'existence d'une aviation de combat allemande, l'inquiétude suscitée en Grande-Bretagne dès l'été 1933 par des informations non officielles donna du poids à la théorie du risque et fournit à Hitler l'occasion d'enfoncer un coin entre l'Angleterre et la France. En novembre 1933, Hitler envoya à Londres son émissaire personnel, Ribbentrop, en qualité de « représentant pour les questions de désarmement ». Celui-ci avança l'idée d'un accord entre la Grande-Bretagne et l'Allemagne, dans lequel cette dernière « garantirait l'empire britannique » en échange de la liberté d'action en Europe orientale. Un accord maritime fut proposé comme base d'un pacte de non-agression, suggestion réitérée fin novembre par le commandant en chef de la marine allemande, Raeder, à l'attaché naval britannique, et par Hitler lui-même en décembre, devant l'ambassadeur anglais.

Le recours à Ribbentrop était significatif. Au cours de sa première année aux affaires, Hitler avait donné une autre preuve apparente de continuité en laissant von Neurath poursuivre tranquillement sa tâche aux Affaires étrangères, en prenant l'avis des fonctionnaires permanents, et en ne remplaçant aucun des représentants à l'étranger, à l'exception de Washington, où l'ambassadeur démissionna. Mais durant l'année 1934, Hitler commença à manifester plus d'indépendance, et les diplomates ne tardèrent pas à découvrir qu'ils avaient dans le parti des rivaux nourrissant de vastes ambitions en politique étrangère. Parmi eux, il y avait Goebbels, Goering, Ribbentrop, le Gauleiter Bohle, chef de l'Organisation du parti pour les pays étrangers (Auslandsorganisation, AO), qui constituaient de petits groupes ethniques allemands à l'étranger, et Rosenberg, chef du Département des affaires étrangères du parti (Aussenpolitisches Amt, APA).

Ribbentrop, ancien négociant en champagne, dont Goebbels disait « Il a acheté son nom, il a épousé son argent, et il a escroqué son poste », était le plus insistant. Il persuada Hitler (impressionné par la connaissance que ce commerçant avait des langues et des pays étrangers) de l'envoyer en missions occasionnelles à l'étranger. Créant son propre « Ribbentrop Büro », il se concentra sur l'idée d'une alliance avec la Grande-Bretagne, qui avait la faveur d'Hitler, flattant et entretenant ses espoirs contre le scepticisme des professionnels. Il réussit si bien à capter la confiance du Führer qu'en 1938, il parvint à supplanter von Neurath au ministère des Affaires étrangères, et à réduire ce dernier au rôle d'« appareil technique » – suivant l'expression qu'utilisa von Weizsäcker, son secrétaire d'État, pour désigner cette humiliante réduction.

Le deuxième coup d'éclat d'Hitler, qui prenait à contre-pied la politique étrangère traditionnelle de l'Allemagne, fut son pacte de non-agression de janvier 1934 avec la Pologne. S'il y avait un pays dont la simple existence était une offense aux yeux des nationalistes allemands, c'était la Pologne, à laquelle l'Allemagne avait, après la Première Guerre mondiale, abandonné Posen, la Prusse occidentale et la haute Silésie, et dont le corridor polonais séparait Danzig et la Prusse orientale du Reich. La Pologne était la clé du cordon sanitaire que les Français avaient installé en Europe orientale contre l'Allemagne.

Quand Hitler était entré en fonction, le maréchal Pilsudski avait proposé aux Français une attaque préventive contre l'Allemagne. Le manque d'enthousiasme des Français devant cette proposition incita Pilsudski à choisir une autre voie, suggérée par Hitler, pour protéger la Pologne avec la garantie de l'Allemagne. Le Führer pouvait voir un grand avantage à une telle politique qui, tout à la fois, mettait fin à la menace d'une attaque polonaise, longtemps redoutée par l'armée allemande ; dévaluait le système d'alliance français ; et présentait un accord germano-polonais comme le fondement de la défense de l'Europe contre le bolchevisme. Cette démarche n'était pas populaire en Allemagne ; la récupération des territoires abandonnés à la Pologne à la fin de la guerre était l'une des priorités du programme révisionniste. Mais l'intérêt d'Hitler pour l'Europe orientale était mobilisé par une perspective plus vaste qu'une révision de frontière : l'objectif bien plus large de conquête d'un *Lebensraum*. Le moment n'était pas encore venu ; entre-temps, comme Hitler l'avait prévu, sa volonté de signer un pacte avec la Pologne fit une profonde impression à l'étranger et constitua un précédent pour une série de pactes bilatéraux grâce auxquels il put détruire toute tentative d'organiser la sécurité collective.

Au même moment, les relations avec la Russie étaient détériorées au point de tourner à une guerre de propagande (autre brèche dans la tradition de Weimar d'amitié soviéto-allemande qui remontait au traité de Rapallo en 1922) mais cela ne fit aucun mal à Hitler. Il y avait de gros profits à tirer, dans les cercles conservateurs d'Europe aussi bien qu'en Allemagne, d'une transformation en croisade antibolchevique, de la campagne antimarxiste qui avait été la matière même de la propagande nazie. La possibilité que la Pologne pût devenir alliée dans une telle croisade a persisté jusqu'en 1939.

La troisième initiative d'Hitler dans les affaires étrangères fut aussi inepte que son pacte avec la Pologne fut avisé. Pilsudski aurait été poussé à considérer favorablement l'offre d'Hitler par le fait que ce dernier, Autrichien, ne partageait pas la traditionnelle hostilité des Prussiens envers les Polonais. Il était encore plus naturel qu'Hitler, l'Autrichien devenu chancelier allemand, pense à réaliser le plus ancien de ses rêves politiques en ramenant les Allemands d'Autriche dans la Grande Allemagne. Les nazis autrichiens le reconnaissaient déjà comme leur chef et un programme massif de soutien en leur faveur fut lancé, renforcé par un boycott économique visant à obtenir qu'un coup d'État renverse le gouvernement Dollfuss à Vienne.

Le pacte polonais fut affaire de calcul ; en Autriche, le jugement d'Hitler fut obscurci par l'émotion. Il était mal informé sur la force des nazis autrichiens, et se montra maladroit, dans son incapacité à saisir l'effet qu'avaient ses menaces et le boycott de l'Autriche sur la France, qui avait opposé son veto à un Anschluss en 1931, aussi bien que sur ses relations avec l'Italie, l'autre pays avec la Grande-Bretagne qu'il avait toujours considéré comme un allié essentiel s'il devait isoler la France. Mussolini, qui nourrissait ses propres ambitions sur l'Europe centrale, se nomma lui-même protecteur de Dollfuss, le chancelier autrichien, et en février 1934, il se joignit à la France et à l'Angleterre pour publier une déclaration sur la nécessité pour l'Autriche de conserver son indépendance. L'épouse et la famille de Dollfuss séjournaient en fait auprès de Mussolini quand les nazis autrichiens tentèrent leur coup (25 juillet 1934), faisant irruption dans la chancellerie et blessant mortellement Dollfuss. Ce fut un autre putsch manqué : les nazis furent écrasés et fuirent par milliers de l'autre côté de la frontière avec l'Allemagne. Mussolini dépêcha des troupes Italiennes au col du Brenner et envoya au gouvernement autrichien la promesse de l'aider à défendre l'indépendance de leur pays.

Hitler n'avait pas d'autre choix que de nier tout lien avec le complot et d'ordonner qu'on livre les meurtriers de Dollfuss. Le ministre allemand à Vienne fut rappelé, et von Papen, catholique et toujours vice-chancelier dans le cabinet d'Hitler, fut envoyé pour réparer les dégâts.

L'année 1934 se termina mal pour la diplomatie d'Hitler, le ministre des Affaires étrangères français, Louis Barthou, relançant les alliances françaises en Europe orientale, et la Russie acceptant un siège permanent au conseil de la SDN. Hitler répondit par de nouveaux entretiens avec des journalistes étrangers, dans lesquels le mot « paix » revenait sans cesse. « Si cela dépend de l'Allemagne », déclara-t-il à Ward Price du *Daily Mail*, « la guerre ne reviendra plus. Notre pays a une connaissance bien plus profonde que tout autre des maux que provoque la guerre[34]. »

Le fiasco autrichien fit clairement apparaître la marge de manœuvre limitée dont disposait Hitler dans les relations internationales, durant la première moitié des années 1930, tout comme le programme révisionniste qu'il reprit souligne la continuité de sa politique étrangère avec celles des précédents gouvernements. Mais il serait erroné de juger ces faits incompatibles avec les plans à long terme d'Hitler, déjà exposés dans *Mein Kampf*, comme il serait erroné de juger ses éloquentes déclarations de dévouement à la paix incompatibles avec l'acceptation et la préparation du risque de guerre. Comme ses menaces contre les juifs, ces plans à long terme n'étaient pas du type du « projet d'agression » à échéances précises. Ils étaient plutôt semblables à un pôle magnétique vers lequel les aiguilles de sa boussole et sa propre route se dirigeaient après chaque diversion tactique ou nouvel agencement du programme. Le premier jalon posé dès ses premières années de pouvoir fut le pacte germano-polonais, et il était caractéristique de sa souplesse qu'il eût laissé pendante la question de savoir si la Pologne deviendrait un allié dans une croisade antibolchevique, ou devrait être détruite – voire, comme il advint, partagée avec les Russes – en préliminaire à l'invasion de l'Union soviétique.

VI

La première étape de la révolution d'Hitler s'ouvrit par la spectaculaire suite d'événements qui suivit sa nomination comme chancelier en janvier 1933, et culmina en juillet avec la reconnaissance des nazis comme l'unique formation d'un régime de parti unique. Cette série se termina avec les événements encore plus spectaculaires du 30 juin 1934, justifiés par la prétention d'Hitler à être le « juge suprême du peuple allemand » et atteignit son point culminant lorsqu'il assuma, après la mort de von Hindenburg, les charges de président, de chancelier et de Führer. La politique de cette période initiale « oscillait entre faire la révolution et arrêter la révolution[35] », en se concentrant sur le rôle que le parti devait jouer dans un régime de parti unique, à présent que la phase d'agitation de son histoire était terminée. Hitler chercha à régler la question en juillet

1933 avec le slogan « Unité du parti et de l'État ». « Le parti est maintenant devenu l'État. Tous les pouvoirs résident dans le gouvernement du
Reich. » Mais ceci allait poser la question, sans la régler.

En Union soviétique le sens du régime de parti unique était suffisamment clair : le parti fixait la politique et donnait des ordres à l'État.
Beaucoup dans le parti nazi présumaient que, une fois au pouvoir, ils
s'empareraient de l'État et donneraient les ordres. Durant l'été 1934, il
fut décidé que ce ne serait pas le cas. Le nouveau modèle mis au point en
Allemagne, la triade parti-État-Führer, ce dernier placé au sommet du
triangle, n'était toutefois pas encore nettement dessiné, et restait
constamment sujet à des fluctuations.

La « révolution par le bas », l'action spontanée du parti et des dirigeants des SA, commissaires du Reich et commissaires spéciaux au niveau
des *Länder* et au niveau local, était la force motrice qui assurait la pression
et la menace grâce auxquelles Hitler pouvait frayer sa voie à la « révolution
par le haut ». Mais une fois celle-ci accomplie, il était essentiel, comme
Bracher le suggère, « de protéger le pouvoir acquis contre les ingérences
incontrôlées du parti [36] ».

L'extension de la révolution rencontra une forte opposition de la part
des patrons, mais aussi des hauts fonctionnaires qui redoutaient que
l'administration s'effondre si on laissait la purge se poursuivre. C'était un
risque que le nouveau gouvernement ne pouvait se permettre de courir.
Frick, le ministre de l'Intérieur du Reich, et Goering, ministre de l'Intérieur de la Prusse (qui avait de loin la plus importante administration),
s'entendirent avec les ministres conservateurs pour soutenir la loi de
restauration de la fonction publique professionnelle (7 avril 1933), et
avant la fin du mois Goering agissait en Prusse pour abolir l'« armée des
commissaires » qui menaçaient de saper et d'ébranler l'autorité de l'Etat [37].
Au même moment, Hitler décidait de conserver le quartier général de
l'organisation du parti à Munich, et faisait de Hess son délégué avec
pouvoir de régler en son nom toutes les questions concernant la direction.
Cette mesure visait à empêcher le parti d'exercer une influence directe sur
le gouvernement. Personnalité insignifiante, mais d'une solide loyauté
envers Hitler, Hess (avec l'aide de son adjoint Bormann) était celui sur qui
on pouvait compter pour jouer le rôle d'écran entre les chefs individuels
du parti et Hitler, à présent que ce dernier était devenu chancelier.

De par sa taille accrue, le parti correspondait bien davantage au rôle
qu'Hitler prévoyait pour lui, c'est-à-dire, non point celui d'une élite triée
sur le volet et destinée à fournir la direction du pays, mais plutôt celui
d'une organisation dont la large implantation permettait de contrôler et
de mobiliser la nation. Quoique le parti eût constitué à l'avance des
ministères fantômes correspondant aux principales fonctions du gouvernement, il n'y avait eu aucune fusion entre la bureaucratie de l'État et le
parti et seuls quatre dirigeants de ce dernier, Goering, Goebbels, Frick et
Darré réussirent à devenir chefs de services gouvernementaux. En 1937
encore, sept des douze départements ministériels étaient dirigés par des

ministres extérieurs au parti et cinq seulement par de vrais membres du parti [38].

Ce qui, bien davantage que le parti, posait un problème, c'étaient les SA, qui s'étaient eux aussi accrus en taille par l'absorption du Stahlhelm en juin. A la différence des autres dirigeants nazis qui, au niveau du Reich ou du Land, cherchaient à mettre un pied dans l'État aussi bien que dans les bureaux du parti, Röhm garda délibérément sa massive armée de Chemises brunes à l'écart de l'État. Cela lui donnait une base de pouvoir indépendante, dont il proclamait que la tâche serait d'« achever la révolution national-socialiste », et de submerger le « roc gris » de la Reichwehr, l'armée régulière, « sous un flot brun » de SA. En juin 1933, il publia un article dans les *NS Monatshefte*, dans lequel il parlait des SA et des SS qui, aux côtés de l'armée et de la police, constituaient « le troisième facteur de pouvoir du nouvel État assumant des tâches spéciales ».

> Le cours des événements entre le 30 janvier et le 21 mars 1933 ne représente pas le sens et la signification de la révolution nationale-socialiste...
>
> Les SA et les SS ne toléreront pas que la révolution allemande s'endorme ou soit trahie à mi-chemin par des non-combattants...
>
> Si ces bourgeois niais croient qu'il suffit que l'appareil de l'État ait reçu une nouvelle étiquette, que la révolution nationale n'a déjà que trop duré, pour une fois nous sommes d'accord avec eux. Il est en fait grand temps que la Révolution nationale s'arrête et devienne une révolution nationale-socialiste. Que cela leur convienne ou non, nous continuerons notre combat. S'ils comprennent enfin tout ce qui est en jeu : avec eux ! S'ils ne veulent pas : sans eux ! Et si besoin est : contre eux [39] !

Les SA en venaient à représenter de plus en plus l'armée des insatisfaits qui voulaient que la révolution continue jusqu'à ce qu'eux aussi voient leurs désirs réalisés.

Cette attente était contredite par les remarques qu'Hitler fit le 6 juillet à la conférence des gouverneurs du Reich sur le besoin de mettre fin à la révolution [40]. Frick et Goebbels firent des déclarations dans le même sens, ce dernier proclamant « le règlement de la révolution nazie » dans un avertissement contre « des éléments bolcheviques camouflés qui parlent d'une seconde révolution ». En Prusse, sur l'ordre de Goering, la police auxiliaire fut dissoute ; des efforts furent faits pour placer les camps de concentration des SA et des SS sous le contrôle de la police et réprimer les actes terroristes.

Ces mesures n'impressionnaient pas Röhm, et Hitler lui permit d'installer des délégués SA spéciaux en Prusse, en dépit de la précédente interdiction de Goering, tout en déclarant encore aux gouverneurs du Reich, à leur conférence de septembre que les partisans d'une seconde révolution étaient ses ennemis « auxquels nous finirons par régler leur compte sans crier gare ». Mais ce n'était pas encore le moment : plusieurs remarques d'Hitler durant cet automne montrent qu'il n'avait pas une idée claire sur la manière de procéder, et la loi de réalisation de l'unité du parti et de l'État, préparée par Frick, ne fit rien pour lever la confusion. Déclarer que « après la victoire de la révolution nazie », le parti était « dépositaire du concept de l'État allemand et inséparablement lié à l'État » ne signifiait rien de plus que proclamer, comme on l'avait fait six mois plus tôt, « l'unité du parti et de l'État ». Hess et Röhm étaient nommés ministres, mais dans la mesure où cela créait un lien « indissoluble » entre le parti et l'État, il jouait en faveur du second, Hess et Röhm entrant comme ministres sans portefeuille et sans pouvoirs exécutifs dans son organe directeur, le cabinet.

Dans la première moitié de l'année 1934, les rapports réguliers sur l'opinion publique, qui émanaient de toutes les régions du Reich, et qu'Hitler connaissait bien, montraient une détérioration significative de l'humeur populaire[41]. Brièvement ravivé par le retrait à l'automne de la Conférence sur le désarmement et de la Société des nations, l'enthousiasme de l'été 1933 s'était évanoui. Le nouveau régime n'avait pas accru son crédit avec le procès des dirigeants communistes accusés d'avoir préparé l'incendie du Reichstag, qui se termina sur un fiasco, avec l'élargissement de tous les accusés à l'exception du jeune Hollandais van der Lubbe[42]. Les bénéfices économiques promis ne s'étaient pas encore matérialisés, et tandis qu'Hitler lui-même restait populaire, le ressentiment montait contre la corruption et le comportement insolent des chefs locaux du parti.

> Par-dessus tout [selon Ian Kershaw, historien britannique, auteur d'une étude sur le *Mythe Hitler*, qui résume les rapports], la « face inacceptable du IIIe Reich » se reflétait dans la brutale arrogance et les désordres tapageurs des SA fous de pouvoir, dont le comportement désagréable, une fois les « fauteurs de troubles » de la gauche et les autres « éléments antisociaux » éliminés, offensait profondément le sens de l'ordre et de la moralité publique des classes moyennes allemandes[43].

Röhm et les SA posaient un problème délicat à Hitler, pour deux raisons très différentes. Les SA, la force armée du parti, et l'armée, la force armée de l'État, représentaient la relation parti-État sous sa forme la plus dangereuse, qui pouvait conduire au-delà même d'un conflit de juridictions, à des hostilités réelles. Et la relation que le Führer avait avec Röhm était la plus difficile qu'il eût à conduire. Dans les premiers temps du mouvement, quand il était au commandement de district de l'armée à Munich, Röhm avait été son premier protecteur. Le conflit entre eux sur la fonction des SA – la conception politique d'Hitler contre celle, paramilitaire, de Röhm – avait déjà entraîné une querelle et la démission de Röhm en 1925. Confronté à des SA rebelles, qui renâclaient devant les contraintes de la légalité, Hitler l'avait rappelé en 1931, mais ce fut pour découvrir que refaisait surface la même question, à savoir l'incompatibilité entre la mentalité des politiciens et celle des *Freikorps*.

A présent qu'Hitler était devenu chancelier, Röhm ne fit pas plus d'efforts que dans les années 20 pour surveiller ses propos ou déguiser son mépris pour les compromis d'Hitler avec l'ordre établi. Sa nomination au cabinet et la lettre de remerciement particulièrement cordiale que le Führer lui adressa à la fin de l'année, renforcèrent sa conviction que « Adolf » était secrètement d'accord avec lui. Non content de continuer de critiquer librement le régime et sa politique, il organisa une série ostentatoire de défilés, d'inspections et de démonstrations SA à travers l'Allemagne et se mit à constituer des réserves supplémentaires d'armes, venues en partie de l'étranger.

Les activités intensifiées des SA, même sans but défini pour l'instant, constituaient un défi à son autorité qu'Hitler ne pouvait ignorer et qui ne pouvaient survenir à un plus mauvais moment. S'il ne le relevait pas et ne persuadait pas Röhm de renoncer à son discours sur la deuxième révolution – pis encore, si les chefs des SA, avec leurs deux millions et demi d'hommes commençaient à prendre le discours de l'« action » au sérieux, et menaçaient de se confronter à l'armée – toute la base du régime risquait d'être ébranlée. Le nouveau plan de conscription de l'armée, qui avait pour but d'évincer les SA, montrait qu'elle ne resterait pas passive – et qu'elle rencontrerait un puissant soutien dans les forces conservatrices de l'État et dans l'opinion publique de plus en plus lassée du comportement des sections d'assaut. Hitler n'avait jamais oublié la leçon qu'il avait tirée du putsch de 1923 : ne jamais entrer en conflit ouvert avec l'armée, et surtout pas à un moment où il dépendait de ses dirigeants pour mener à bien la tâche prioritaire du réarmement et où l'Allemagne était encore vulnérable à une intervention de l'étranger. Enfin, du fait de la santé défaillante du vieux président, il devenait très vraisemblable que la question de sa succession devrait être tranchée dans un futur proche. Hitler était décidé à ce que nul autre que lui ne devînt chef de l'État mais une mutinerie des SA, ou même la menace de celle-ci, pourrait compromettre ses chances, en particulier auprès de l'armée dont la voix serait certainement décisive pour décider qui devait devenir le successeur de Hindenburg aussi bien comme commandant en chef que comme président.

Dans les premiers jours de 1934, Hitler convoqua Rudolf Diels, chef de la Gestapo prussienne (*Geheime Staatspolizei*, Police secrète d'État), et lui ordonna de rassembler toutes les informations compromettantes sur « Röhm et ses amitiés » (Röhm et quelques autres dirigeants SA étaient homosexuels) et sur la participation des SA à des actions terroristes. « C'est la plus importante mission qui vous ait jamais été confiée », déclara-t-il à Diels[44]. Il espérait toujours éviter un affrontement mais aucun doute n'était possible sur le côté où il pencherait s'il devait choisir. Le 21 février, quand il reçut Anthony Eden (déjà ministre dans le gouvernement britannique) à Berlin, il lui confia qu'il avait l'intention de réduire les SA des deux tiers et de s'assurer que les formations restantes ne recevraient ni armes ni entraînement militaire[45]. Une semaine plus tard, il convoquait les chefs de l'armée et les dirigeants SA et SS à une réunion au ministère de la Défense pour poser les bases d'un accord entre eux, cantonnant les SA à des fonctions militaires mineures et confiant à leurs chefs la même tâche qu'au reste du parti : l'éducation de la nation. Il demanda instamment aux dirigeants SA de ne pas le gêner dans un moment si critique, ajoutant qu'il écraserait quiconque le ferait.

Les généraux étaient ravis. Röhm garda son sang-froid en public mais en privé, il jura qu'il n'accepterait jamais pareil accord. La remarque fut dûment rapportée à Hitler par l'un des principaux officiers du chef des SA, Viktor Lutze. Un autre rapport, émanant cette fois du général von Blomberg, ministre de la Défense, informa Hitler que les SA avaient placé des gardes armés autour de leurs différents quartiers généraux : dans un seul district militaire, leur nombre s'élevait à 6 000-8 000 hommes munis de mitraillettes ou de fusils.

L'isolement systématique des SA récalcitrants commença en mars. L'attitude arrogante de Röhm et de ses principaux lieutenants leur avait suscité de dangereux ennemis : la Reichswehr, les Gauleiter et l'organisation du parti, Goering et enfin Himmler, dont les SS prenaient de plus en plus leurs distances d'avec les SA. Himmler s'était déjà assuré le contrôle de la police politique en Bavière et l'avait rapidement étendu aux autres *Länder*, y compris à la Prusse, où était né le terme Gestapo. Tandis que la Gestapo maintenait une surveillance étroite des SA et de leurs dirigeants, les SS et la Reichswehr conduisaient des préparatifs en vue de toute action qui pourrait s'avérer nécessaire.

Au mois de juin, une pesante atmosphère de crise s'installait en Allemagne. Avant de partir pour ses vacances d'été, Hindenburg dit au vice-chancelier : « Les choses vont mal, Papen. Essayez de les arranger. » Conscient que le président, qui avait 86 ans et était affaibli, risquait de ne jamais retourner à Berlin, Hitler eut une entrevue avec Röhm le 4 juin et, au cours d'une longue discussion, fit une dernière tentative pour le persuader d'accepter un règlement et d'éviter le conflit. Röhm accepta d'exécuter son plan de mise en congé des SA en juillet, en promettant à ses lieutenants de les rencontrer avant, à Bad Wiessee pour discuter de l'avenir du mouvement. Mais le langage de l'ordre du jour, par lequel il annonçait le mois de permission, ne donnait à Hitler guère de raisons d'espérer l'avoir convaincu :

> Si les ennemis des SA croient qu'ils ne reviendront pas de leur congé, laissons-les jouir de leurs illusions tant qu'ils le peuvent encore. Quand le jour viendra, ces gens recevront une réponse adéquate, sous la forme que la nécessité dictera. Les SA sont, et resteront, le destin de l'Allemagne[46].

VII

Durant le restant du mois de juin, Goering et Himmler rassemblèrent les « preuves » d'une conspiration des SA visant à renverser le régime par la force et à absorber l'armée, les SA et les SS se retrouvant sous le commandement unique de Röhm. Hitler lui-même devait rester chancelier, avec von Schleicher (présenté comme une figure centrale de la conspiration) pour vice-chancelier. Les preuves restaient peu convaincantes, mais elles remplissaient leur objet, qui était de justifier les préparatifs de Goering et de Himmler pour prévenir cette action en arrêtant et en abattant les prétendus conspirateurs, dont la liste était rigoureusement tenue, comme celle des vieux comptes à régler.

Il est impossible de dire jusqu'à quel point Hitler croyait ce qu'on lui racontait et ce qu'on lui montrait. A la fin, quand il décida d'agir, peut-être s'était-il convaincu lui-même. Toutefois, ce qui comptait à ses yeux n'était pas de savoir si Röhm préparait effectivement un putsch, mais le fait qu'aussi longtemps que ce dernier nourrissait le projet de remplacer l'armée par les SA, le chef de ces dernières représentait, comme le remarque Joachim Fest « la menace permanente d'un putsch potentiel » qui pourrait le faire entrer en conflit avec l'armée et détruire le régime.

Une fois parvenu à cette conclusion, Hitler dut décider s'il pourrait laisser une telle menace peser sur lui, en particulier au moment où la succession de von Hindenburg était à l'ordre du jour. S'il ne le pouvait, alors le choix était limité. Röhm était trop puissant pour être simplement destitué ; cela risquait de déclencher le soulèvement qu'Hitler voulait éviter. D'un autre côté, Röhm savait trop de choses pour qu'on pût risquer le scandale d'un autre procès de l'incendie du Reichstag. La seule manière d'en sortir était de trancher dans le vif et, pour parler le langage de gangster approprié, de monter un coup contre Röhm.

Cependant, Hitler n'était pas pressé d'arriver à cette conclusion, et pour une bonne raison. S'attaquer aux SA signifiait s'attaquer au mouvement qui l'avait porté au pouvoir, rompre avec de vieux camarades et donner satisfaction à ces éléments conservateurs allemands que (là-dessus Röhm avait deviné juste) Hitler haïssait secrètement. Von Papen se fit leur porte-parole à Marburg, pour avertir le gouvernement que la révolution devait prendre fin, intervention inattendue qui plongea Hitler dans une fureur extrême. Mais une visite au président malade dans son lieu de villégiature, et trois jours de réflexion dans le sien, sur l'Obersalzberg, le convainquirent que la situation ne pouvait durer.

Il est probable que ce fut à son retour à Berlin le 26 juin qu'Hitler approuva les plans préparés par Goering et Himmler : ils étaient allés si loin qu'il aurait été difficile de revenir en arrière. La date fut fixée au samedi 30 juin. Ce jour-là, très tôt, Hitler surgit à l'improviste à l'hôtel de Bad Wiessee, où il avait convoqué tous les dirigeants, se rua dans les chambres où ils dormaient encore et les fit tous arrêter et transporter sous bonne garde à Munich. Dans cette ville et à Berlin, d'où Goering et Himmler dirigeaient les opérations, les exécutions sommaires se poursuivirent tout le week-end. Ce n'est que le dimanche au soir qu'Hitler ordonna d'abattre Röhm, en lui laissant la possibilité de se suicider, qu'il repoussa.

Le nombre de tués reste inconnu : 87 selon certaines sources, mais généralement on suppose qu'ils furent quelques centaines, si l'on inclut les nombreux comptes réglés par les dirigeants locaux. Tandis que Röhm et les chefs des SA étaient liquidés, on allait dénicher un bon nombre de personnages du passé pour les assassiner aussi. Parmi eux figuraient Gregor Strasser, autre collaborateur principal d'Hitler avec Röhm, le général von Schleicher, ancien chancelier, et son associé le général von Bredow, von Kahr (de l'époque du putsch de 1923) et Edgar Jung, qui avait écrit le discours de Marburg de von Papen. Brüning, qui avait écouté une mise en garde que von Schleicher avait ignorée, sauva sa peau en quittant le pays.

Bien qu'Hitler eût agi avec décision, et se fût personnellement confronté avec Röhm, la tension de ses nerfs se trahissait dans l'agitation qui frappa chacun de ceux qui le rencontrèrent le 30. Son premier mouvement fut de minimiser l'importance de ce qui était arrivé. Goering ordonna à la police de détruire « tous les documents concernant l'action des deux derniers jours » ; il fut interdit à la presse de publier des notices nécrologiques, et un décret de deux lignes – « Les mesures prises les 30 juin, 1er et 2 juillet pour contrecarrer les attaques traîtresses sont légales en tant qu'actes d'autodéfense de l'État » – fut glissé au milieu de vingt autres textes approuvés par le cabinet le 3 juillet.

Le lendemain, lors d'une cérémonie à Berlin, tous ceux qui étaient impliqués dans l'opération, de Himmler jusqu'aux exécuteurs SS, furent récompensés par la remise d'une dague d'honneur. Mais Hitler, d'une manière inhabituelle, garda le silence pendant dix autres jours, silence sans doute dû à la révulsion et au choc éprouvés après une rupture si violente avec son passé, et à l'incertitude sur la manière de présenter ce qui n'était rien d'autre qu'un meurtre de masse – « par ordre du Führer », la phrase effectivement utilisée pour commander le feu aux pelotons.

Les rapports provenant de toute l'Allemagne, confirmés par ceux qui parvinrent à la direction du Parti social-démocrate en exil (Sopade) à Prague, montraient non seulement que l'on s'abstenait, à la quasi-unanimité, de critiquer le Führer, mais encore qu'on l'admirait pour la puissance avec laquelle il avait agi. Il semble qu'on ait fort peu douté de la réalité du complot, et l'hostilité à l'égard des SA se refléta dans la satisfaction générale que le Führer leur eût porté un coup si décisif. La machine de propagande de Goebbels s'appuya sur cette réaction favorable, mais il y avait aussi un désir grandissant d'entendre Hitler parler au peuple, et expliquer plus clairement ce qui s'était passé.

Décousu et verbeux, le discours d'Hitler au Reichstag (13 juillet) ne fut pas de ses meilleurs. Mais il montra encore son habileté à répondre au sentiment populaire, en insistant sur le style de vie immoral, en particulier sur l'homosexualité, de Röhm et des autres dirigeants SA, en rejetant l'idée de la révolution comme condition permanente, et en justifiant ses actions par la nécessité de garantir l'ordre et la sécurité.

Vers la fin, il affirma hardiment et sans équivoque, sa prétention à être au-dessus des lois :

> Si quelqu'un me demande, sur le ton du reproche, pourquoi je ne me suis pas adressé aux tribunaux réguliers pour faire condamner les accusés, alors tout ce que je puis lui dire est ceci : en cette heure, j'étais responsable du destin du peuple allemand, et donc je suis devenu le juge suprême du peuple allemand...
>
> J'ai donné l'ordre d'abattre les chefs de cette trahison, et j'ai ensuite donné l'ordre de cautériser sur la chair à vif les ulcères qui empoisonnent les sources de notre vie nationale... Que la nation sache que son existence – qui dépend de l'ordre et de la sécurité interne – ne peut être impunément menacée par personne ! Et qu'elle sache pour tous les temps à venir que si quelqu'un lève la main pour frapper l'État, alors une mort certaine sera son lot [47].

L'opinion politique en Occident fut aussi choquée par la prétention d'Hitler à se tenir au-dessus des lois que par l'approbation officielle du meurtre comme moyen de se débarrasser d'adversaires potentiels. Néanmoins, en Allemagne, il est évident qu'on approuva massivement non seulement l'action d'Hitler, qui passait pour avoir évité une effusion de sang bien plus importante, mais aussi son refus d'être lié par les conventions judiciaires et le courage qu'il montrait en agissant en accord avec la justice naturelle. « Les gens disent d'un air approbateur qu'aucun autre chancelier du Reich avant lui n'aurait osé agir ainsi [48]. »

Cette opinion n'était pas limitée à l'homme de la rue. Carl Schmitt, très éminent professeur de droit public à l'université de Berlin, publia le 1er août 1934 dans le *Journal de droit allemand* un article titré « Le Führer protège la loi », dans lequel il fit l'éloge des exécutions de masse, la « justice du Führer » qui réunissait la « justice directe » et la « plus haute loi » de l'Ordre nouveau [49]. Neuf ans plus tard, dans son discours aux commandants SS de Posen (4 octobre 1943), qui justifiait la politique d'extermination des peuples de race inférieure et des ennemis politiques, Himmler cita précisément les meurtres du 30 juin 1934 pour établir que la brutalité, hors de toute entrave légale, était un principe du régime [50].

Dans le courant de son discours, Hitler promit de nouveau à l'armée qu'elle serait seule détentrice des armes et qu'il la préserverait comme « instrument apolitique ». Les généraux étaient très satisfaits, leurs rivaux avaient été éliminés. Le fait que deux des victimes, von Schleicher et von Bredow fussent des leurs, n'atténua pas la chaleur des félicitations que von Blomberg présenta au nom du corps des officiers.

Pour l'heure, Hitler était heureux d'avoir rassuré l'armée et les autres forces conservatrices de l'État en rompant de manière si décisive avec les éléments radicaux du parti. En retour, il accepta avec joie leur soutien et celui de l'armée quand, trois semaines après son discours au Reichstag, von Hindenburg mourut. La charge de président et celle de commandant en chef des armées fut transférée en douceur au chancelier, sans hésitation ni délai.

Cela donnait à Hitler, déjà dirigeant du parti et chef unique du gouvernement, une position exceptionnelle. Il le souligna en abolissant la charge de président du Reich et, à travers elle, il rompit le lien avec le passé représenté par Hindenburg. A la place, il créa son propre titre. Au lieu de jurer fidélité à la Constitution, tous les officiers, les soldats et les fonctionnaires, y compris les ministres du Reich, étaient invités à prononcer « devant Dieu » un serment de loyauté personnelle envers « Adolf Hitler, Führer du Reich allemand et du Peuple allemand ». « Avec le retour du serment personnel d'allégeance », note l'historien allemand Martin Broszat, « une partie de la monarchie était en même temps restaurée ».

Mais, comme Broszat dit encore :

> En réalité, le pouvoir d'Hitler en tant que Führer excédait celui de n'importe quel monarque. La notion de « droit divin » était remplacée par l'affirmation que le Führer était le sauveur désigné par la Providence en même temps que l'incarnation et le médium de la volonté inarticulée du peuple [51].

Pour célébrer la succession pacifique, jeter le voile sur les événements du 30 juin et marquer la fin de la révolution, Hitler et Goebbels mirent au point une nouvelle version du Jour de Potsdam sous la forme d'un grandiose Acte de vénération envers le défunt président. Hitler présida une séance du souvenir au Reichstag, qui fut suivie par la marche funèbre du *Crépuscule des dieux* de Wagner et d'un défilé de l'armée devant son nouveau commandant en chef. La célébration se termina par le dépôt de la dépouille de Hindenburg dans le mémorial de Tannenberg, commémorant la victoire sur les Russes en 1914, et par l'adieu wagnérien d'Hitler : « Et maintenant entrez dans le Walhalla. »

Un plébiscite, pour légitimer les changements constitutionnels, obtint l'habituelle approbation, avec une baisse de « Ja » par rapport à novembre 1933. La raison en est peut-être que la campagne qui l'avait précédé était plus discrète et qu'Hitler lui-même n'y avait pas pris part. Si tel était le cas, le congrès du parti à Nuremberg le mois suivant fit plus que réparer cette double erreur. Aucune démonstration de virtuosité nazie en matière de propagande ne laissa une impression plus profonde que *Le Triomphe de la volonté*, le film que Leni Riefenstahl tourna au congrès de 1934, avec le chef-d'œuvre architectural de Speer, la « Cathédrale de lumière » formée par 130 projecteurs. La première version du film avait été faite au Rassemblement de la victoire un an plus tôt et appelée *Sieg des Glaubens* (« triomphe de la foi ») ; une nouvelle mouture était nécessaire en raison de la place qu'occupait Röhm dans la première version. Ce fut Hitler qui choisit le nouveau titre et fixa le double thème de la Volonté renversant les obstacles et de l'unité du Führer, du parti et du peuple. L'image d'Hitler éclipsait tout le reste, choses et gens, depuis le début, où son avion descendait en projetant la forme d'une croix au-dessous, sur les troupes de choc en marche et les foules extatiques, jusqu'à l'incantation mystique finale de Hess : « Le parti c'est Hitler. Mais Hitler, c'est l'Allemagne, comme l'Allemagne c'est Hitler. Hitler ! Sieg Heil ! »

Hitler joua son rôle de figure rituelle au service d'un mythe, le mythe du Chef surgi de l'obscurité pour présider aux destinées d'une nation. Une partie du message était assez claire : « La révolution nationale-socialiste comme processus révolutionnaire est terminée. » La relation entre le parti et l'État avait été réglée par la confirmation d'Hitler à la tête de l'un et de l'autre, par la purge des SA pour le parti, et par la succession de Hindenburg pour l'État. Au congrès du parti en septembre 1934, il le rassura : « Ce n'est pas l'État qui nous commande, mais plutôt nous qui commandons à l'État. Ce n'est pas l'État qui nous a créés, mais plutôt nous qui avons créé l'État[52]. »

En sa qualité de ministre de l'Intérieur, Frick s'empressa de publier une déclaration pour préciser qu'Hitler n'entendait pas par là que le parti était devenu supérieur à l'État, mais simplement que « les dirigeants du parti occupaient les postes au sommet de l'État et le gouvernaient[53]. » Toutefois, Frick ne dit pas ce que le Führer voulait signifier lorsque, après avoir déclaré que la direction « en Allemagne aujourd'hui a le pouvoir de tout faire », il poursuivit en ajoutant que « la consolidation finale du pouvoir national-socialiste » serait suivie par « la réalisation du programme national-socialiste dirigé d'en haut ».

Cependant la crise de 1934 suggère un moyen de réconcilier l'opinion de ceux qui voient essentiellement en Hitler un opportuniste, avec la conviction de ceux qui estiment qu'en parlant d'un « programme dirigé d'en haut », il avait certains objectifs clairs en tête. En effet, si le Führer géra la crise de 1934, dont il pouvait difficilement prévoir le cours, d'une manière essentiellement opportuniste, l'issue de celle-ci peut difficilement être considérée comme fortuite. Elle montre la fermeté avec laquelle il sut saisir les occasions appropriées à atteindre la fin qu'il poursuivait, en transformant ce qui aurait pu être pour lui et le parti un désastre, en triomphe personnel qui le plaçait au-dessus du parti et de l'État.

De la même manière, nul n'avance qu'Hitler prévoyait les difficultés qui devaient entourer son programme de réarmement, non plus que l'opportunité d'un pacte avec l'Union soviétique. Mais quand, trois semaines après avoir écrasé les SA, il élevait les SS, jusque-là subordonnés aux SA, au rang d'organisation indépendante, constituée sur le principe de l'obéissance aveugle à la volonté du Führer, la coïncidence est beaucoup trop forte pour ne pas supposer qu'il avait des objectifs à long terme. Ce faisant, il remplaçait les SA indisciplinées et donc peu fiables par un bien meilleur instrument, capable de remplir toutes les fonctions des SA et bien d'autres en même temps, particulièrement dans la création de cet empire raciste à l'Est qui était son but ultime. Cette conception est renforcée par le fait que, une semaine après avoir solennellement promis à l'armée qu'elle demeurerait seule détentrice des armes dans l'État, Hitler accordait le même privilège aux SS, limités d'abord à une division, mais susceptibles, comme les événements allaient le montrer, de fournir cet instrument révolutionnaire apte à prendre la relève de l'armée régulière que Röhm avait conçu prématurément et qu'il ne vécut pas assez longtemps pour voir.

Staline et Hitler comparés

Fin 1934,
Staline : *54 à 55 ans*
Hitler : *45 ans*

I

Dans une série de conférences célèbres sur la philosophie de l'histoire tenues à l'université de Berlin, cent ans avant qu'Hitler devînt chancelier, Hegel montra le rôle des individus « cosmo-historiques » comme agents par lesquels la « Volonté de l'Esprit du Monde », le plan de la Providence, se réalise.

> On doit les nommer des *héros* en tant qu'ils ont puisé leurs fins et leurs vocations non seulement dans le cours des événements, tranquilles, ordonnés, consacrés par le système en vigueur mais à une source dont le contenu est caché, et n'est pas encore parvenu à l'existence actuelle, dans l'esprit intérieur, encore souterrain qui frappe contre le monde extérieur comme à un noyau et le brise parce qu'il n'est pas l'amande qui convient à ce noyau ; – ils semblent donc puiser en eux-mêmes et leurs actions ont produit une situation et des conditions mondiales qui paraissent être uniquement *leur* affaire et *leur* œuvre. [Ainsi furent Alexandre, César, Napoléon.] C'étaient aussi des gens qui pensaient et qui savaient ce qui *est* nécessaire, et ce dont *le moment est venu*. C'est à savoir la vérité de leur temps et de leur monde, pour ainsi parler... C'était leur affaire de connaître cette valeur générale, l'échelon nécessaire, prochain, de leur univers, d'en faire leur fin, d'y consacrer leur énergie. C'est pourquoi les hommes de l'histoire universelle, les héros d'une époque, doivent être reconnus comme les sages ; leurs actes, leurs discours sont ce qu'il y a de mieux à leur époque[1].

Comme on lui objectait que l'activité de tels individus outrageait souvent la morale et entraînait de grandes souffrances pour les autres, Hegel répliqua :

> Car l'histoire universelle se meut dans une sphère supérieure à celle où la moralité (*Moralität*) trouve sa vraie demeure et que constituent les sentiments particuliers, la conscience des individus, leur volonté propre

et leur façon d'agir... A ce point de vue toutefois, il ne faut pas émettre à l'encontre d'actions historiques de portée universelle et de leurs auteurs des exigences morales qui leur sont étrangères. La litanie des vertus privées, modestie, humilité, amour des hommes, bienfaisance, ne doit pas leur être opposée[2].

Une forme [ajoute-t-il ailleurs] doit très puissamment écraser beaucoup de fleurs innocentes – réduire en morceaux des objets sur son passage[3].

Hitler et Staline n'ont peut-être jamais lu ces passages mais ils décrivent fort bien la conviction partagée par les deux hommes, d'être destinés à jouer un tel rôle, et donc hors des canons ordinaires de la conduite humaine. Et cette croyance, en retour, fournit la base d'une comparaison directe entre eux.

La fin de 1934 est un bon moment pour marquer une pause et opérer une telle comparaison, cela pour deux raisons. Une fois la tension entre les SA et l'armée réglée, et la succession de Hindenburg assurée, Hitler avait consolidé son emprise sur le pouvoir, et dès lors toute comparaison entre lui et Staline peut se faire en termes plus égaux. L'autre raison est que 1934 fut un tournant pour les deux hommes, ce qui permet non seulement de regarder en arrière pour comparer leurs carrières jusqu'à la fin de cette année-là, mais aussi de se tourner vers le futur et de repérer des signes d'avenir.

Hitler se voyait appelé par la Providence à tirer le peuple allemand de l'humiliation de la défaite et de la décadence de Weimar ; à le restaurer dans sa légitime position historique de race dominante et à lui garantir un avenir en créant un nouvel empire germanique en Europe orientale. Staline se donnait pour mission de mettre fin à l'arriération séculaire de la Russie, de transformer une société paysanne en un moderne pays industrialisé et de créer en même temps le premier État socialiste du monde. L'une et l'autre tâches ne pouvaient être menées à bien sans d'innombrables sacrifices matériels et humains, mais au niveau de l'histoire mondiale où ils agissaient, le coût n'avait jamais compté. L'histoire les justifierait et leur pardonnerait, comme elle avait pardonné à leurs prédécesseurs – pourvu qu'ils réussissent.

Le processus par lequel ces convictions prirent possession de leurs esprits reste un mystère. Dans l'exemplaire des *Pensées* de Napoléon trouvé dans sa bibliothèque, Staline avait souligné ce passage : « Ce fut précisément ce soir-là, à Lodi, que j'en vins à croire en moi comme en un être d'exception, et que l'ambition s'alluma en moi de faire les grandes choses qui jusque-là n'avaient été que des rêveries. » Toutefois, ni Staline, ni Hitler n'ont jamais signalé un tel instant de révélation. Dans un chapitre précédent*, j'ai exploré la relation entre de telles croyances et le narcissisme, terme utilisé pour désigner l'état psychologique dans lequel le

---

* Voir pp. 10-11.

sujet devient si absorbé par lui-même qu'en comparaison, rien ni personne d'autre au monde n'est réel. Les personnalités narcissiques sont convaincues de leurs qualités spéciales et de leur supériorité sur les autres, et toute menace contre leur image de soi – critiques, révélations ou défaites – produit une violente réaction et souvent un désir de revanche.

Même si une telle explication est acceptée, elle laisse entière la question de savoir pourquoi, sur la multitude de cas dans lesquels le narcissisme a joué un rôle, il a produit dans ces deux-là seulement une énergie psychologique si exceptionnelle, qu'elle leur a donné le sens d'une mission historique et la capacité de résister aux déceptions et aux échecs, à la culpabilité et au remords, au scepticisme et à l'opposition, si exceptionnelle qu'elle dura toute leur vie, les porta l'un et l'autre à d'extraordinaires sommets de réussite et survécut même, dans le cas d'Hitler, à la défaite.

Toutefois, l'incapacité à aller au-delà de pures spéculations sur l'origine d'une telle conviction n'invalide pas l'hypothèse, que soutient une masse de preuves, selon laquelle cette conviction-là fut le fait crucial de la carrière des deux hommes, en dépit de la grande différence de tempéraments et de circonstances, et de leur identification à des idéologies irréconciliables.

Dans le cas de Staline, cette conviction rencontra deux obstacles dont l'un seulement gêna aussi Hitler. Les débuts des deux hommes ont ceci de commun qu'ils démarrèrent au bas de l'échelle, sans aucun avantage naturel ou hérité. Staline avait un peu d'avance sur Hitler dans la mesure où il savait ce qu'il voulait faire avant l'âge de vingt ans. Cependant, durant les dix-neuf années suivantes, il passa la moitié de son temps en prison ou en exil. Hitler dut attendre d'avoir trente ans pour trouver sa vocation, non pas en art, mais en politique, et découvrir qu'il avait un don d'orateur. Aux yeux de quiconque rencontra l'un d'eux avant sa trentième année, la suggestion qu'il pût jouer un rôle de premier plan dans l'histoire du XXe siècle eût paru incroyable.

Pour Staline, les obstacles matériels à une carrière politique furent plus que compensés par le coup de chance qui le porta de l'exil sibérien à un poste dans le gouvernement révolutionnaire avant la fin de 1917. Mais l'expérience de la première partie de sa vie, qu'il passa aux marges de la société, souvent en compagnie de voleurs et d'autres personnages peu recommandables – devenant, pour utiliser une expression géorgienne, un *kinto*, un « type au parfum » – lui laissa des handicaps psychologiques dont il ne se libéra jamais. Il se fit connaître comme un homme brutal, grossier, difficile, dont la motivation révolutionnaire originelle était bien plus la haine et le ressentiment que l'idéalisme, qui ne faisait confiance à personne et à qui personne ne faisait confiance, qui croyait (comme a dit Trotski) « que la violence bien organisée est le plus court chemin d'un point à un autre ». Un autre héritage, peut-être dû à ses origines géorgiennes, était son goût de la vindicte, sa mémoire infaillible pour les insultes ou les torts subis, qu'accompagnait une implacable détermination de se venger, quel que fût le nombre d'années passées depuis. Une des histoires les plus connues à propos de Staline est racontée par Serebriakov, membre du parti qui le connaissait depuis l'époque de la guerre civile. Comme un groupe de camarades discutaient de l'idée que chacun se faisait d'une journée parfaite, Staline dit : « La mienne est de concevoir le plan d'une vengeance artistique contre un ennemi, de le réaliser à la perfection et puis de rentrer chez moi pour me coucher en paix[4]. »

Cette *grubost* (grossièreté, absence de culture) que Lénine décrit comme une « vétille qui peut prendre une signification décisive », se dissimula par la suite mais fit partie du caractère de Staline jusqu'à la fin de sa vie. Longtemps après qu'il fût devenu le souverain de fait de la Russie, il pouvait encore perdre son calme et tourner sa colère contre quiconque le contre-carrait ou même l'irritait, et le retrait soudain de sa confiance n'était que trop souvent suivi d'une arrestation et d'une disparition.

Ces caractéristiques primitives (« asiatiques » était le terme que Trotski et les autres membres du politburo lui appliquaient) se détachaient plus clairement dans un groupe dont la plupart des autres membres avaient passé des années en exil en Europe et qui avaient, quels que fussent par ailleurs leurs défauts, acquis une patine de raffinement. Ceci aggravait les difficultés de Staline car il nourrissait du ressentiment contre la meilleure éducation des autres, leur familiarité avec les pays et les langues étrangers, l'aisance avec laquelle ils écrivaient ou débattaient des questions théoriques. Il apprit à transformer cette différence en avan-tage en s'adressant à la nouvelle génération de militants, dont l'expé-rience était bien plus proche de la sienne, mais pendant longtemps il ne put se débarrasser d'un complexe d'infériorité qui menaçait l'image qu'il s'était formée de lui-même, celle du successeur naturel de Lénine.

L'autre handicap que Staline dut surmonter fut l'hostilité profondé-ment ancrée du parti communiste contre toute espèce de culte de la personnalité, ses membres dirigeants tirant leur fierté – en bons marxistes – de l'exclusion de toute considération personnelle, de leur prétention à prendre des décisions à partir de l'analyse scientifique de facteurs objectifs. La pratique était fort loin de correspondre à la théorie, mais Staline était bien conscient que laisser le moins du monde transpa-raître sa conviction d'avoir une mission historique serait fatal à sa carrière.

Staline apprit très tôt à garder ses secrets pour lui, et ceux qui le fréquentèrent dans le milieu des années vingt furent plus tard étonnés en découvrant quelle image de lui-même il nourrissait déjà à l'époque. Maître dans l'art de la dissimulation et comédien consommé, il prit à cœur le reproche de brutalité que lui adressa Lénine, sut tenir sa langue et dans les quelques années qui suivirent, joua le rôle d'un modéré, du porte-parole du sens commun, défenseur d'une démarche à égale distance des extrêmes. L'agression par le truchement des autres ayant tou-jours sa préférence, il laissa Zinoviev et Kamenev prendre l'initiative des hostilités contre Trotski, tout en minimisant l'importance du désaccord et quand ils réclamèrent l'exclusion de leur adversaire, conseilla la retenue. Plus tard seulement, Trotski comprit que son plus dangereux ennemi n'était ni Zinoviev ni Kamenev, mais le troisième membre de la troïka. En 1925, lorsque Kamenev, désormais parfaitement conscient du danger représenté par Staline, dénonça la « théorie du gouvernement d'un seul » au XIVe congrès du parti, Staline répondit tranquillement que, bien entendu, seule une direction collective était possible. C'était l'Opposition, soutint-il, qui essayait de chasser de la direction les autres membres, et il nomma cinq d'entre eux qui étaient indispensables, dont trois qu'il devait par la suite condamner à mort.

Les manœuvres par lesquelles, sur une période de six ans, Staline élimina à la fois ses rivaux et l'Opposition furent un modèle de politique machiavélique, dans laquelle toutes les ruses et tous les stratagèmes recommandés par le maître florentin trouvèrent leur place. Comme Hitler, il prêta grande attention au choix du moment, et montra le même talent intuitif pour cerner les faiblesses et la mentalité de l'adversaire. Ses grandes qualités d'organisateur et de dirigeant ne font aucun doute, mais elles étaient affaiblies par ses défauts de caractère et de tempérament. Il combinait, par exemple, une remarquable aptitude au détail avec une suspicion instinctive, en particulier à l'égard de ses alliés et de ceux qui protestaient de leur loyauté. La tromperie et la traîtrise étaient chez lui naturelles. Chaque fois qu'il pouvait, il préférait la dissimulation et la manœuvre en coulisse à la confrontation ouverte, laissant l'adversaire opérer le premier mouvement, avant de le prendre par surprise, en trouvant quelqu'un d'autre pour planter le poignard dans un dos confiant.

Couchés sur le papier, les grands traits de sa campagne dessinent un impressionnant modèle d'approches indirectes, de reculs tactiques, de coups du cavalier, de changements de direction, de tous les éléments de l'opportunisme combinés avec la conscience d'un but unique, pas un instant perdu de vue : l'élévation de sa position personnelle. Les progrès de l'entreprise se reflétèrent dans la confiance croissante avec laquelle le secrétaire général – non le Führer – dénonçait travail fractionnel et déviation, dissimulant ses propres intrigues derrière la prétention à agir seulement au nom du parti et sous l'autorité de Lénine. Ce fut seulement lors de la célébration de son cinquantième anniversaire, en décembre 1929, que sa part de responsabilité fut admise avec quelque hésitation, avant de l'être pleinement, par un congrès reconnaissant, le congrès des Vainqueurs de janvier 1934. Mais Staline lui-même ne l'avait jamais revendiquée. L'apogée du processus aussi bien que le processus lui-même portent la marque de fabrique de Staline comme politicien des années 20, à savoir l'exercice occulte du pouvoir, alors que, dès le début, Hitler exigea publiquement une position unique dans son parti.

La citation de Hegel au début du chapitre montre qu'à l'avantage d'Hitler figurait l'existence d'une croyance profondément enracinée dans les « héros », qu'exprimaient la pensée et la littérature allemandes du XIXe

siècle et caractérisée par J.-P. Stern (spécialiste anglais de l'histoire des idées, né en Tchécoslovaquie) comme « la puissante personnalité, encerclée par l'ennemi, qui impose ses exigences au monde et tente de le façonner à son image [5] ».

Nietzsche résume cette tradition d'une manière inimitable. L'avenir, déclara-t-il, appartenait à l'homme politique artiste, au dirigeant politique, artiste dans sa partie.

> On ne peut faire de comptes avec de tels êtres, ils arrivent comme le destin, sans cause, sans raison, sans égards, sans prétexte, ils sont là comme la foudre, trop terribles, trop soudains, trop convaincants, trop *différents* pour qu'on puisse même les haïr… En eux règne cet effrayant égoïsme de l'artiste au regard d'airain qui, à l'avance et de toute éternité, se sait justifié dans son « œuvre » comme la mère dans son enfant [6].

Stern complète sa citation de Nietzsche par une double citation de Mussolini, un autre « artiste au regard d'airain » : « Quand les masses sont de la cire entre mes mains, quand je ranime leur foi, ou quand je me mêle à elles et que je suis presque écrasé par elles, je sens que je suis une part d'elles » et « Lénine est un artiste qui a travaillé sur les hommes comme d'autres sur le marbre ou le métal [7] ».

L'expérience de la défaite, la fragmentation de la société allemande d'après-guerre et le rejet des valeurs de la démocratie de Weimar par les secteurs de la population « d'orientation nationaliste » donnèrent une nouvelle force à ces idées. Mussolini montra en Italie comment elles pouvaient être mises en actes, exemple qui exerça une profonde impression sur Hitler. Quand celui-ci décida de réaliser sa vocation dans la politique plutôt que dans l'art, il existait en Allemagne une tradition et un public auxquels il pouvait naturellement faire appel. Alors que Staline était freiné par la tradition marxiste d'hostilité aux politiques personnelles, et devait donc dissimuler ses ambitions et sa personnalité, Hitler était libre de les exploiter à plein.

Une illustration précoce de la manière dont Hitler pouvait toucher « l'orientation nationaliste » nous est fournie par la manière dont il se remit de l'humiliant échec du putsch de 1923 grâce à sa performance au procès qui suivit. Néanmoins, quand il sortit de prison, à la fin de 1924, il dut commencer à reconstruire le parti nazi à partir de zéro dans l'environnement beaucoup moins favorable de la brève période de stabilité et de prospérité que connut l'Allemagne à la fin des années 20. Hitler ne pouvait savoir qu'elle ne durerait pas ; et ces années constituent un test de sa foi dans son « rôle mondial-historique » et de la puissance de sa volonté.

Sa confiance dans le pouvoir décisif de la volonté humaine, Hitler pouvait l'appuyer sur l'enseignement des penseurs allemands du XIXᵉ siècle, deux en particulier. Le premier était Schopenhauer, auteur de *Le Monde comme volonté et comme représentation,* dont, selon son secrétaire, il pouvait citer des passages entiers. Le second était Nietzsche : il en présenta les œuvres complètes à Mussolini, « cet homme d'État sans égal » dont la marche sur Rome montra à Hitler qu'il était possible de renverser le déclin historique. Ce dernier refusait de considérer les difficultés comme inhérentes au problème. Pour lui, il n'y avait que l'incompétence et la mauvaise volonté humaine. Ceci correspondait à la conviction de Staline que les difficultés rencontrées dans la collectivisation étaient dues au manque de détermination des fonctionnaires locaux du parti dans l'application du programme, et à la résistance malveillante des koulaks et des autres éternels ennemis et saboteurs, dont il se voyait entouré.

Mais la puissance de la volonté, l'unicité du but étaient dans les deux cas toujours combinées avec la souplesse de la tactique. L'affirmation répétée par Staline de son attachement au principe de la « direction collective », alors même qu'il travaillait à la remplacer par son commandement unique, était au même niveau que la proclamation par Hitler du principe de la « légalité », façade derrière laquelle il accomplirait une révolution politique et abolirait le règne du droit.

Staline avait l'avantage d'être membre dirigeant d'un parti déjà au pouvoir. A aucun moment de sa carrière, il n'eut à conduire une bataille électorale ou à gagner les suffrages populaires. A la différence d'Hitler, il n'alla jamais aux masses ; « le peuple », dont les souffrances et les besoins fournissaient au communisme une légitimation, demeura une abstraction. C'est comme organisateur et homme d'appareil qu'il se fraya sa voie, en s'emparant de l'appareil du parti de l'intérieur. Presque tous ses discours furent prononcés devant l'une ou l'autre des réunions du parti, où il risquait certes de rencontrer des critiques et des oppositions, mais toujours à l'intérieur d'une grille marxiste, et cela eut lieu de plus en plus souvent, devant un public dominé par une clique prête à harceler ses adversaires et à voter contre eux.

Pas plus que Staline, Hitler n'avait grand-chose à faire de la politique démocratique mais il reconnut, malgré qu'il en eût, que pour se mettre en position de l'abolir, il n'existait que deux possibilités : soit une autre tentative de putsch – il excluait d'y recourir autrement que comme une menace – soit participer à ce système démocratique auquel il attribuait tous les maux, et gagner les élections.

L'originalité d'Hitler en tant qu'homme politique réside entre autres dans la compréhension de la faiblesse des partis de la droite traditionnelle. Des marxistes autrichiens et allemands, il avait appris le besoin d'aller vers le peuple, et il bâtit ainsi le premier mouvement de masse reposant sur une plate-forme nationaliste antidémocratique, anti-marxiste. Goebbels et lui mirent au point un style politique qui permettait de ridiculiser les institutions mêmes qui leur donnaient la liberté de travailler à leur renversement. Les nazis ne firent pas mystère de leur activité. En 1928, quand Goebbels se présenta aux élections au Reichstag et emporta l'un des douze sièges nazis, il écrivit à la veille du vote, un article pour *Der Angriff* :

Nous allons au Reichstag pour prendre les armes de la démocratie dans son arsenal. Nous devenons députés au Reichstag pour paralyser la démocratie de Weimar avec son aide. Si la démocratie est assez stupide pour nous donner des possibilités de voyager et des allocations quotidiennes pour ce service, c'est son affaire... Nous prendrons tous les moyens légaux pour révolutionner la situation existante. Si, durant ces élections, nous réussissons à mettre soixante ou soixante-dix agitateurs de notre parti dans les différents parlements, alors à l'avenir, l'État lui-même approvisionnera et financera notre machinerie de combat... Mussolini aussi est entré au parlement, et pourtant peu après, il marchait sur Rome avec ses Chemises noires... Il ne faudrait pas croire que le parlementarisme est notre chemin de Damas... Nous venons en ennemis ! Comme le loup se glissant dans le troupeau de moutons, voilà comme nous venons. Désormais, vous ne serez plus entre vous [8].

En 1928, nul n'y prêta attention, mais quand les nazis récoltèrent sept millions de voix et gagnèrent 107 sièges deux ans plus tard, devenant le second parti au Reichstag, la prédiction de Goebbels s'accomplit à la lettre.

En créant son propre parti, Hitler s'épargna les contorsions auxquelles Staline dut recourir pour dissimuler ses ambitions. Il n'était nul besoin de déguiser la position unique d'Hitler comme Führer, seul détenteur de l'autorité quand il s'agissait de décider de la politique et d'émettre des ordres. Quiconque entrait dans le NSDAP, même au milieu des années 20, le savait et l'acceptait. A la différence des vieux bolcheviks qui considéraient avec regret le temps où Lénine commandait, où la ligne du parti était librement débattue, et qui dans leur cœur ne reconnurent jamais Staline comme son égal et son successeur, les *Alte Kämpfer* nazis grognaient peut-être, mais ne mettaient jamais en question la position de Führer d'Hitler.

En conséquence, Hitler ne fut jamais troublé par le besoin de reconnaissance qui hantait Staline, et le parti nazi ne connut aucune des séries de purges que Staline imposa à la direction du parti communiste. Hitler n'avait nul besoin de s'efforcer de diviser pour régner ; il n'avait aucun rival à craindre. Gregor Strasser ou Röhm avaient beau être en désaccord avec lui, ils reconnaissaient qu'ils ne pouvaient le remplacer. La purge contre Röhm en 1934 ne contredit pas cette affirmation. Car les griefs de Röhm et des SA ne venaient pas de leur rejet d'Hitler, mais de leur peur que celui-ci ne les rejette ; tandis qu'Hitler lui-même accepta à contrecœur la purge pour des raisons politiques, dans le but de conserver le soutien de l'armée en assurant la succession de von Hindenburg.

Hitler était aussi plein de ressentiments que Staline – contre les « criminels de novembre » qui avaient trahi l'Allemagne, contre les marxistes qui avaient séduit l'honnête ouvrier allemand, contre les juifs qui conspiraient pour saper la suprématie de la race aryenne, contre le monde bourgeois qui l'avait rejeté à Vienne, contre les nationalistes conservateurs en frac et chapeau haut de forme qui regardaient de haut les nazis trop bruyants et trop vulgaires pour être admis comme alliés. Il jura de se venger d'eux – et il le fit. Mais, quelle qu'ait pu être son inadaptation sociale et si nombreux qu'aient été les comptes qu'il avait l'intention de régler, Hitler ne souffrit pas d'un complexe d'infériorité ; il méprisait et raillait la plus grande partie de ces gens qu'il jugeait veules, incapables de grandeur. « La haine est comme un vin pour lui », écrivit Rauschning, « elle l'enivre. Il faut avoir entendu ses tirades de dénonciation pour comprendre à quel point il peut se délecter de haine [9]. »

À l'origine, la certitude d'une mission à accomplir découla pour Staline de son identification avec un credo, le marxisme-léninisme, qui, croyait-il, avait découvert les lois du développement historique, et avec le parti, instrument de leur réalisation. Hitler aussi considérait que son destin appartenait à l'histoire. « Un homme qui n'a pas le sens de l'histoire », déclara-t-il, « est comme un homme sans oreilles ou sans yeux. » Mais il en faisait une lecture très différente de celle de Staline, son esprit parcourant les siècles pour former une structure préconçue à partir des pièces et des morceaux cueillis au hasard de ses lectures. « Je me suis souvent demandé », spéculait-il dans ses propos de table, « pourquoi le monde antique s'est effondré. » Son explication favorite était que le christianisme – invention du juif Saul de Tarse, plus connu sous le nom de saint Paul – avait joué le même rôle destructif que le bolchevisme – l'invention du juif Karl Marx – dans l'Europe de son époque [10].

En se voyant dans cette perspective de l'histoire mondiale, Hitler croyait qu'il était né à une époque également critique, où le monde bourgeois libéral du XIXᵉ siècle était en train de se désintégrer. L'avenir appartiendrait à l'idéologie « judéo-bolchevique » des masses conduites par les marxistes, à moins que l'Europe ne soit sauvée par l'idéologie nazie raciste de la nouvelle élite qu'il lui revenait de créer. Les tribus germaniques qui avaient conquis l'Empire romain étaient barbares, mais elles avaient remplacé un ordre décadent en posant les fondements d'une nouvelle civilisation vigoureuse. Les nazis avaient une tâche comparable, remplacer la civilisation mourante de l'Occident.

Les deux hommes partageaient la passion de dominer, étaient dogmatiques dans leurs assertions, la discussion et les critiques les mettaient en colère. Mais leurs tempéraments étaient à l'opposé.

Hitler parlait constamment de la puissance de la volonté comme facteur décisif en politique, mais l'impression de force qu'il cherchait à donner, loin d'être naturelle, comme chez Staline, semblait nécessiter un effort. Artificielles et mélodramatiques, ses manières n'avaient rien de spontané ; ses gestes étaient théâtraux, ses mouvements gauches et saccadés.

Confronté à la nécessité d'une décision, Hitler repoussait le moment de la prendre, hésitait. Il n'avait pas seulement du mal à trancher, mais une fois qu'il l'avait fait, il changeait fréquemment d'idée et ce processus durait parfois des semaines, au grand désespoir de ses subordonnés. Il avait besoin de se convaincre que la situation était mûre pour agir, et il était toujours sensible à l'effet d'une décision sur l'opinion publique et sur son image de Führer. L'illustre son refus d'envisager une dévaluation, toute espèce d'inflation ou la conscription des femmes en temps de guerre. Même quand il avait pris une décision, il manifestait souvent son anxiété sur le résultat, se plongeant dans un état nerveux qui s'exprimait dans des explosions de rage, des récriminations et même des accès de désespoir. En période de crise, alors que les nerfs de Staline tenaient bon, Hitler était à leur merci.

Toutefois, cette apparente inconstance, qui passait aisément pour un manque de fermeté dans les perspectives, dissimulait en fait, comme le montre l'examen de n'importe quelle période un peu étendue, une grande détermination, une hardiesse qui prenait constamment les adversaires (et les alliés) par surprise, un refus d'accepter la défaite et une brutalité qui, à l'instar de celle de Staline, ne tenait aucun compte du coût en souffrances et en vies humaines.

Il n'était pas moins facile d'être abusé par la versatilité de ses humeurs. Alors que Staline donnait une impression de maîtrise de soi et d'assurance, Hitler était aisément excité. Staline ne parlait guère plus qu'il n'était nécessaire et dissimulait ses émotions. Hitler exploitait les siennes et parlait sans arrêt. Ce qu'il dissimulait était l'élément de calcul. Quand Hitler se mettait dans une de ses rages, il semblait perdre tout contrôle de lui-même. La fureur marbrait et gonflait son visage, il criait à pleins poumons, crachant des injures, gesticulant violemment et tapant du poing sur la table. Mais ceux qui le connaissaient bien étaient sûrs qu'il demeurait – pour utiliser une expression qu'il employait souvent – « en dessous, froid comme la glace ».

Staline jouait la comédie tout autant qu'Hitler, mais ne le montrait pas. Ses passions restaient cachées, mais elles étaient d'autant plus fortes. Le premier signe public de sa paranoïa ultérieure fut sa déclaration au procès Chakhty : « Il y a des ennemis intérieurs, camarades. Il y a des ennemis extérieurs. On ne doit jamais l'oublier. » Ce n'est qu'avec la déclaration de guerre aux koulaks considérés comme une classe ennemie, qu'il lui lâcha la bride.

Dans le cas d'Hitler, ce fut la paranoïa qui éveilla en premier lieu sa conscience nationale et le fit entrer en politique : la défense des Allemands assiégés contre leurs ennemis dans l'empire des Habsbourg, slaves, marxistes, juifs ; la trahison de l'empire allemand par ses ennemis internes, qui le poignardèrent dans le dos en 1918 ; le traité de Versailles et les réparations imposées par les ennemis extérieurs de l'Allemagne. Depuis le début de sa carrière politique, il s'adressait ouvertement à ses très nombreux compatriotes qui partageaient ses émotions paranoïaques et s'estimaient victimes d'une conspiration ourdie par d'invisibles ennemis – les capitalistes, les sociaux-démocrates et les syndicats, les bolcheviks, les juifs, les puissances alliées. Ils étaient prêts à se laisser séduire par un politicien qui ne se contentait pas de partager leurs soupçons, mais les confirmait puissamment. Cette masse de convertis potentiels attendait le messie qui libérerait et concentrerait leurs énergies.

Leur réaction est résumée dans un simple sentiment, constamment répété dans la collection d'interviews recueillies en 1938 par le sociologue Theodore Abel auprès de quelque 600 membres du NSDAP, adhérents d'avant 1933 : « Je crois que le destin a donné notre Chef, Adolf Hitler, à la nation allemande, pour être notre Sauveur, pour apporter la lumière dans les ténèbres [11]. »

L'efficacité de l'appel d'Hitler était grandement accru dans la mesure où, contrairement à Staline la paranoïa, chez lui, se combinait au charisme. « Grâce divine » à l'origine, don propre aux chefs religieux et aux prophètes, même sa version sécularisée (identifiée pour la première fois par Max Weber) peut être utilisée à des fins bénéfiques ou destructrices. Des exemples du premier type nous sont fournis au XXe siècle par Gandhi ou par Franklin Roosevelt ; Hitler est l'exemple classique du deuxième [12].

Hitler a toujours été personnellement convaincu d'avoir été choisi et d'avoir reçu des dons extraordinaires ; le charisme apportait la possibilité de recruter un groupe de partisans liés à lui par leur reconnaissance de ces dons et de cet attrait surhumains. Le signe en était leur volonté à accepter tout ce qu'il disait, parce qu'il le disait, exactement comme ils étaient disposés à exécuter ses ordres sans poser de questions simplement parce qu'il les donnait.

Cette relation, et aussi le don qu'avait Hitler de se mettre en scène, trouvèrent à s'exprimer grâce à ses remarquables capacités d'orateur. Celles-ci étaient d'une espèce bien différente de ce qu'exigeaient les discours traditionnels, y compris de la part d'orateurs accomplis. De fait, suivant les critères de ces derniers, Hitler commettait des fautes évidentes. Il parlait trop longtemps, se répétait souvent et se montrait verbeux, commençait maladroitement et terminait abruptement. Mais ces défauts comptaient peu en regard de la force directe des passions, de l'intensité de la haine, de la fureur et des menaces que le seul son de sa voix convoyait. La phrase de Nietzsche déjà citée explique l'effet qu'il produisait : « Les hommes croient à la vérité de tout ce qu'ils voient qu'on croit fortement. »

Hitler avait du flair pour deviner ce qui était dissimulé dans l'esprit de ses auditeurs, et pour cette raison montrait souvent de l'incertitude au début d'un discours, tandis qu'il sentait et éprouvait l'humeur du public. Des années après qu'il eut rompu avec lui, Otto Strasser, le frère de Gregor, écrivit :

> Hitler réagit aux vibrations du cœur humain avec la sensibilité d'un sismographe, ou peut-être d'un récepteur sans fil, ce qui lui permet, avec une certitude qu'aucun don conscient ne pourrait lui donner, d'agir comme le haut-parleur proclamant les désirs secrets, les instincts les moins avouables, les souffrances, les révoltes personnelles d'une nation entière [13].

Mais Hitler fit plus qu'exploiter les émotions de son auditoire. Dans un passage d'un autre texte publié en 1878, qui pourrait pourtant être lu comme une description d'Hitler, Nietzsche écrivait :

> Tous les grands imposteurs présentent un phénomène remarquable auquel ils doivent leur puissance. Dans l'acte même de la tromperie, parmi tous les préparatifs, les frissons qui passent dans la voix, la mine, les gestes, au milieu de cette mise en scène impressionnante, il leur arrive soudain de *croire en eux-mêmes* : c'est cette foi qui parle alors à leur entourage et le soumet comme par miracle [14].

C'était une relation réciproque. Hitler ne se contentait pas de rendre espoir et assurance à son auditoire, mais il recevait en retour un regain de confiance et la confirmation de son image de soi. En ce sens le mythe d'Hitler était autant créé par ses partisans – l'incarnation de leurs besoins inconscients – qu'imposé à eux par le Führer.

Ce don, Staline ne le possédait pas. Il eût été hors de propos et contre-productif devant le public qu'il devait convaincre, c'est-à-dire non celui des meetings de masse d'une campagne électorale, mais le monde clos des organes centraux du parti communiste de Russie. L'exemple de l'énorme résistance que rencontrait quiconque était suspecté de jouer le rôle de Napoléon Bonaparte dans une réaction thermidorienne, nous est donné par Trotski, le seul successeur de Lénine qui possédât une personnalité charismatique, et le paya très cher.

La tradition à laquelle se rattachait Hitler lui permettait de se déclarer ouvertement et de prouver qu'il était à la hauteur de ses prétentions. Staline, lui, se voyait refuser cette intense relation, non seulement parce qu'il ne possédait pas les dons spéciaux d'orateur d'Hitler (qui d'autre les possédait ?), mais parce que cela n'entrait pas dans la tradition à laquelle il appartenait.

Les croyances paranoïaques dans la conspiration et la persécution trouvèrent un sol fertile dans l'histoire du marxisme russe durant sa période clandestine, aussi bien que dans l'histoire russe en général, qui, depuis la révolte des décembristes en 1825, manifestait une passion pour les sociétés secrètes. Mais tout ce qui avait un parfum de charisme était suspect, ne fût-ce qu'en raison de son association avec la religion et les puissantes forces irrationnelles de la vie russe qu'a décrites, par exemple, Dostoïevski, et auxquelles s'opposaient résolument les vieux intellectuels marxistes russes. Pour devenir objet d'un culte, il fallait que Lénine fût mort ; vivant, il s'était opposé avec véhémence à toute tendance de ce genre.

En s'identifiant à Lénine, Staline, le moment venu, put prétendre à une part de la magie de son nom, et trouver un précédent au « culte de la personnalité » dont il bénéficiait. Mais il est inconcevable qu'en 1934, Staline eût pu recevoir un accueil spontané comme celui que Speer décrit quand il roulait avec Hitler dans la campagne de Thuringe. Comme il sortait de l'auberge où ils avaient fait un arrêt imprévu, et qu'une pluie de fleurs tombait sur lui tandis que des milliers de gens l'ovationnaient, Hitler se tourna vers Speer et lui dit : « Jusqu'à présent, un seul homme avait été acclamé ainsi : Luther. Quand il chevauchait à travers le pays, les gens accouraient de loin pour l'applaudir. C'est ce qu'ils font pour moi aujourd'hui [15] ! »

Staline affectait d'être ennuyé ou irrité par les éloges et les flatteries, mais son besoin d'une reconnaissance qu'Hitler pouvait considérer comme acquise, restait insatisfait, et le stratagème auquel il recourut est décrit par Khrouchtchev dans ses mémoires : « Il insinuait avec précaution, mais délibérément, dans la conscience de son entourage l'idée qu'en privé, il n'était pas de la même opinion sur Lénine que celle qu'il professait publiquement. » Lazare Kaganovich ne fut pas long à saisir :

> Kaganovich avait l'habitude de repousser sa chaise, de se dresser de toute sa hauteur et de hurler : « Camarades ! Il est temps de dire la vérité au peuple ! Tout le monde dans le parti ne cesse de parler de Lénine et du léninisme. Il nous faut être honnêtes avec nous-mêmes. Lénine est mort en 1924. Combien d'années a-t-il travaillé dans le parti ? Qu'est-ce qui a été accompli sous sa direction ? Comparez-le à ce qui a été réalisé sous celle de Staline. L'heure est venue de remplacer le slogan « Vive le léninisme » par celui de « Vive le stalinisme ! »
>
> Tandis qu'il tonitruait ainsi, nous restions silencieux, les yeux baissés. Staline était toujours le premier, et le seul à quereller Kaganovich à ce propos :
>
> « Qu'est-ce que tu racontes ? Comment oses-tu dire une chose pareille ? » Mais dans son ton on percevait l'espoir d'entendre l'un de nous le contredire. Ce truc est bien connu dans la vie villageoise...
>
> Il aimait le réprimander en avançant cette comparaison : « Qu'est-ce que Lénine ? Une haute tour ! Et Staline ? Un petit doigt. » Kaganovich se sentait encouragé à continuer et il répétait, insistant, ses louanges à Staline... Ces « querelles » entre Kaganovich et Staline devinrent de plus en plus fréquentes, et se poursuivirent jusqu'à la mort de Staline. Personne n'intervenait jamais et Staline avait toujours le dernier mot [16].

II

Staline ne parvenait pas à se débarrasser du soupçon que le reste de la direction, même quand elle soutenait sa politique et l'applaudissait, ne l'accepterait jamais comme l'égal de Lénine, et à plus forte raison, ne le considérerait jamais comme il se considérait lui. Sa méfiance à leur égard renforça un de ses traits de caractère, reconnu par ceux qui le croisèrent même dans ses premiers jours, à savoir son indépendance et sa confiance exclusive en lui-même. Parmi ceux qu'il rencontra, rares furent ceux qui l'impressionnèrent (Lénine est peut-être la seule exception certaine) et il n'avait que peu d'intérêt pour ce qu'on pensait de lui. Ceux qui se dressèrent contre lui ne tardèrent pas à reconnaître la force de sa volonté, associée à un remarquable manque de sympathie pour les hommes, qui lui permit de survivre trois ans dans les étendues glacées de la Sibérie sans que la compagnie humaine parût beaucoup lui manquer. Longtemps frustrée, sa conviction d'être élu pour quelque destin spécial le rendit morose et difficile ; mais quand elle se cristallisa autour de l'ambition de devenir le successeur de Lénine, sa puissance de volonté lui fournit une formidable force intérieure.

Aux yeux de Staline, comme à ceux d'Hitler, la brutalité était une vertu souveraine qui ne devait être contenue qu'en fonction de son opportunité. La tradition révolutionnaire russe fait une vertu de la complète indifférence envers la vie humaine dans la recherche d'une société plus égale et plus juste. Les socialistes révolutionnaires y trouvaient une justification pour le terrorisme individuel, les bolcheviks pour un terrorisme collectif, dirigé contre des classes entières comme la bourgeoisie et les koulaks. Le terrorisme avait été publiquement revendiqué par Lénine et Trotski et mis en pratique dans un esprit fanatique de sacrifice de soi par le premier chef de la Tcheka, l'incorruptible Dzerjinski. Si des restes d'inhibitions avaient subsisté dans l'esprit de Staline, ils auraient été exorcisés par ce sentiment d'une mission qui fournissait une justification automatique, et le cuirassait contre tout sentiment de compassion ou de culpabilité pour les millions de vies que détruisait l'agent de la nécessité historique qu'il était.

Si difficile que ce soit à accepter, je crois que la clé de la compréhension de Staline et d'Hitler est dans la reconnaissance de leur parfait sérieux dès qu'il s'agissait de leur rôle historique ; quiconque le remettait en cause ou s'en moquait ne méritait pas de vivre. Sceptiques sur les déclarations et les mobiles des autres, leur cynisme s'arrêtait net quand on abordait les leurs. Ils se considéraient, non comme des tyrans ou des hommes mauvais, mais comme des dirigeants disposés à dévouer leur vie entière à une cause supérieure, et qualifiés pour appeler les autres à faire de même, libérant ainsi en eux-mêmes et chez ceux qui acceptaient leur discours, une énergie morale et une confiance en soi perverties.

Chez Staline, si la quête et l'exercice du pouvoir n'avaient pour but que la jouissance du pouvoir pour lui-même, il ne se serait jamais lancé, immédiatement après qu'il eut éliminé l'Opposition de droite et celle de gauche, dans une entreprise aussi risquée que sa « deuxième révolution ». S'il n'avait été qu'un esprit positif et réaliste, la défaite de ses rivaux dans la conquête de la direction lui aurait suffi, et il aurait au moins marqué une pause pour goûter sa victoire. Mais cette façon de le voir ne permet pas de comprendre son besoin de se mettre lui-même à l'épreuve et de gagner, auprès de ceux qu'il avait battus, sa reconnaissance comme successeur et égal de Lénine.

Ceci ne vise pas à redonner vigueur à la théorie du « Grand Homme » ou à suggérer que Staline aurait pu conduire seul un changement si profond de la vie russe sans la coopération enthousiaste – ou au moins, par la suite, l'accord – de milliers et de milliers de membres du parti. Frustrés par le piteux compromis de la NEP, ils étaient convaincus que le plan de Staline raviverait le militantisme du parti et produirait une percée vers une société socialiste. Maintenir l'élan exigeait un prodigieux effort de volonté de la part de Staline : il était capable de le soutenir, au-delà de ses qualités personnelles de chef, grâce à sa conviction et à sa capacité d'assurer sa propre mise en scène dans le rôle que, croyait-il, la dynamique de l'histoire avait créé pour le parti communiste russe et pour lui-même, son chef.

L'expérience de la « révolution imposée par le haut » laissa une marque durable sur Staline. Celle-ci ne suscita chez lui ni doute ni remords, mais renforça plutôt les tendances paranoïaques déjà apparentes et contribua à l'extraordinaire épisode des procès et des purges de la fin des années 30, exemple classique du phénomène décrit par le spécialiste américain de sciences politiques Harold Lasswell comme « le déplacement des affects privés sur des objets publics [17] ».

Le premier diagnostic de paranoïa enregistré à propos de Staline semble avoir été énoncé en décembre 1927, quand une conférence scientifique internationale se tint à Moscou. Un éminent neuro-pathologiste russe, le professeur Vladimir Bekhterev, de Leningrad, fit grande impression sur les délégués étrangers et attira l'attention de Staline, qui lui demanda de lui rendre visite. Après un entretien (22 décembre 1927), Bekhterev déclara à son assistant Mnoukhine que Staline était un cas typique de paranoïa sévère et qu'un homme dangereux était maintenant à la tête de l'Union soviétique. Le fait que Bekhterev fût soudain tombé malade et mourut alors qu'il se trouvait encore à l'hôtel a fait soupçonner Staline de l'avoir empoisonné. Que ce fût vrai ou non, quand l'information sur le diagnostic de Bekhterev fut reproduite en septembre 1988 dans la *Literatournaïa Gazeta*, elle fut reconnue comme correcte par un important psychiatre soviétique, le professeur E. A. Lichko. Il ajouta que l'expérience montrait que les attaques paranoïaques étaient provoquées par des circonstances extérieures et des situations difficiles, et suivaient normalement une ligne en dents de scie. Le professeur Lichko suggéra que Staline avait été victime d'une telle attaque psychotique en 1929-1930, suivie de la campagne contre les koulaks, et d'une autre en 1936-1937, suivie par les purges dans le parti et dans la direction de l'armée. « Peut-être y eut-il une attaque juste avant le début de la guerre, dans les tout premiers jours, quand il abandonna de fait la direction de l'État. Enfin, à la fin de sa vie, durant le « procès des blouses blanches [18] ».

Sans entrer dans une controverse sur la validité de la psycho-histoire, deux points peuvent être relevés, sans grand risque d'être contredit. Le premier est qu'il est important de distinguer entre une maladie mentale qui provoque l'incapacité du patient, et divers états anormaux de la personnalité, dans lesquels la personne qui manifeste des traits psycho-pathologiques reste parfaitement compétente, sait ce qu'elle fait et peut être tenue pour responsable de ses actions.

Il ne fait aucun doute que c'est au second état, et non à la maladie mentale, qu'on se réfère quand on parle des tendances paranoïaques de Staline et d'Hitler. Selon deux des manuels classiques de psychiatrie, *The Harvard Guide to Modern Psychiatry* et *The Oxford Textbook of Psychiatry*, les composantes essentielles d'une telle personnalité paranoïaque apparaissent sous la forme d'un système illusoire inébranlable et bien systématisé, qui se développe à la maturité, et qui est si bien enkysté qu'il n'affaiblit pas les autres fonctions mentales et que la personnalité reste pour l'essentiel intacte et peut fonctionner dans une relation correcte avec l'environnement.

Mais – c'est le deuxième point – qu'on emploie ou non des termes psychiatriques et des mots grecs comme paranoïa ou qu'on s'en tienne au langage quotidien, les symptômes associés à des états paranoïaques – suspicion chronique, égoïsme, jalousie, hypersensibilité, mégalomanie – sont ceux qui reviennent le plus souvent dans les descriptions de Staline par les personnes qui ont été en contact étroit avec lui.

Staline réagissait vivement à tout – critique, opposition ou mauvaises nouvelles – ce qui pouvait menacer son image de lui-même et susciter les pénibles émotions de la remise en cause de soi ou du reproche à soi-même. Pour se préserver de ces menaces, il développa des stratégies psychologiques variées, que Robert Tucker rassemble sous les rubriques répression, rationalisation et projection [19].

La première était la plus simple. Staline niait purement et simple-ment la vérité des faits gênants ou alarmants auxquels il était confronté, et accusait ceux qui les lui présentaient de sabotage, d'exagération malveillante ou d'autres actes périlleux, ce qui avait un puissant effet d'intimidation à l'égard de quiconque aurait été tenté de prendre les mêmes risques.

L'exemple de rationalisation le mieux connu est l'initiative d'admettre les critiques de Lénine sur sa brutalité, en même temps qu'il les tournait à son avantage, en les présentant comme une preuve de zèle : « Oui, je suis brutal, camarades... envers ceux qui frappent et divisent brutalement et traîtreusement le parti [20]. »

Le troisième stratagème, la projection, lui permettait d'attribuer aux autres les mobiles et les attitudes qu'il refusait d'admettre pour lui-même. On ne manque pas d'exemples d'actes de trahison de Staline envers un ami ou un allié, qu'il justifiait à ses yeux et à ceux des autres en accusant la victime de la trahison qu'il avait lui-même l'intention de perpétrer.

Il est inutile de perdre du temps à prouver que Staline sut manier l'hypocrisie et le mensonge avec la même maîtrise qu'il montra dans tous les autres arts de la politique. Mais un grand nombre de ses proclamations sur les succès de la collectivisation, les progrès du plan quinquennal et les conditions de vie du peuple russe étaient de si énormes contre-vérités – ce que savaient ceux qui l'entendaient – qu'elles ont pu aussi bien être l'effet de l'auto-aveuglement sur ce qu'il avait la volonté, et le besoin, de croire vrai.

Cependant, le symptôme le plus commun de l'état paranoïaque est la combinaison d'illusions de grandeur avec la conviction d'être victime de persécutions et de complots, produisant une suspicion et une méfiance excessives envers les autres, et une hâte à abattre les ennemis avant qu'ils ne puissent vous atteindre. Également caractéristique est la nature systématique des illusions : la saisie de détails « significatifs », leur agencement suivant un modèle logique susceptible d'adaptations ingénieuses pour conserver sa crédibilité. Dans le monde du paranoïaque, rien n'arrive par hasard.

Deux autres caractéristiques ont une importance particulière pour le type de politique dans laquelle Hitler et Staline s'étaient engagés. Premièrement, la force de ces illusions est d'autant plus grande qu'elles ont un noyau de vérité. Dans le cas de Staline, il s'agissait de la tradition de conspiration de la politique révolutionnaire russe, avec la formation constante de fractions et la virulence des différends. Il n'était que trop facile à Staline de détecter, puis d'exagérer les menaces potentielles contre sa position – avant d'intervenir pour les contrecarrer.

Deuxièmement, le développement d'une personnalité paranoïaque n'est pas nécessairement incapacitant. Il est compatible avec l'exercice de hautes capacités politiques, d'orateur, d'organisateur, de chef. En situation de crise, il peut donner des avantages positifs, de l'énergie et de la confiance en soi, la conviction d'avoir raison, et un coup de fouet à la poursuite inlassable des ennemis.

Staline avait toujours été soupçonneux, mais durant l'expérience de la collectivisation, ses soupçons devinrent obsessionnels. Il projeta la faute de tout ce qui n'allait pas sur les victimes. La responsabilité était du côté de la résistance des koulaks ; de la fourberie des paysans qui dissimulaient leur blé et refusaient de le remettre ; de la perfidie des nationalistes ukrainiens qui conspiraient contre l'État soviétique. Il ne pouvait faire confiance qu'à lui-même ; même sa propre épouse l'avait trahi en se suicidant. Il voyait des ennemis partout et suspectait ses collaborateurs les plus proches. La fille de Staline, Svetlana, écrit :

> Lorsque « les faits » avaient convaincu mon père que l'ami de jadis était manifestement une canaille, une véritable métamorphose se produisait en lui... Mais une logique rigoureuse et implacable le dominait alors... Il lui était psychologiquement impossible de revenir en arrière. Le passé, les années de lutte en commun pour la même cause et l'amitié, tout cela paraissait ne jamais avoir été, il l'effaçait d'un geste intérieur, incompréhensible, et l'autre était condamné. Là s'exprimait son impitoyable cruauté. « Ah, tu m'as trahi, murmurait un démon au fond de son âme, eh bien, je ne te connais plus [21]. »

Dépourvu du pouvoir charismatique par lequel Hitler attirait et conservait la loyauté de ses partisans, Staline construisit sa position sur le pouvoir d'inspirer la peur. Il croyait être le seul dirigeant communiste capable de mener à bien la révolution parce que, étant lui-même un homme du peuple et non un intellectuel ou un ancien émigré, lui seul comprenait que le peuple russe avait toujours été gouverné, et le serait toujours, par la peur et la souffrance. Et la clé du système, comme l'avaient compris avant lui Pierre le Grand et Ivan le Terrible, c'était de maintenir l'appareil lui-même dans un état de peur qu'il retournerait ensuite contre le peuple. Les convictions changent, la peur reste.

Après que Iagoda eut dirigé pendant deux ans la police secrète, Staline décida que le temps était venu de le liquider. Iejov lui succéda et la pire période de terreur fut connue en russe sous le nom de *Iejovchina* ; Iejov aussi vivait dans la peur, et, quand Staline décida que le moment était venu, lui aussi fut liquidé.

L'une des maximes de Staline était qu'en politique, il n'y avait pas place pour la confiance. Là aussi, il y a un contraste frappant avec Hitler. Ce dernier faisait confiance à ses collaborateurs les plus proches au point qu'il autorisa Goering et Himmler, par exemple, à prendre en charge de larges zones de pouvoir, et sa confiance ne fut jamais trahie*. Mais c'était la direction du parti que Staline considérait avec les plus grands soupçons, même après qu'il l'eut purgée de ses rivaux. Trop d'entre ceux qui s'étaient ralliés à lui en 1929-1930 et l'avaient aidé à mener à bien la « seconde révolution » jugeaient avoir leur part de la victoire, conservaient des liens entre eux, prétendaient garder une opinion indépendante et ne se rendaient pas compte, à la différence de Molotov et de Kaganovich, que sans Staline, ils ne seraient rien. Dès que cette attitude avait suscité la suspicion, il ne se passait guère de temps avant que Staline se convainquît qu'ils étaient ses ennemis, qu'ils conspiraient contre lui, et qu'il devait les devancer, en les remplaçant par un politburo et un comité central dont tous les membres comprendraient qu'ils étaient de simples instruments de sa volonté.

La contrepartie des soupçons de Staline était son besoin de se rassurer, comme pour répondre aux doutes et au sentiment d'infériorité qui, si bien refoulé qu'il fût, vivait encore au niveau inconscient et troublait sa sécurité intérieure. Extérieurement, Staline donnait l'impression d'être complètement maître de lui, d'une confiance en soi inébranlable ; mais sous la surface les passions bouillaient – la passion du pouvoir auto-cratique qui le soulagerait du besoin de consulter et d'écouter quiconque, la passion de la vengeance, l'intolérance à l'égard de l'opposition et, comme nous l'avons déjà vu, la soif de reconnaissance.

Une fois parvenu au poste de contrôle du parti, de la bureaucratie et des forces de sécurité, Staline n'avait guère à craindre de défi direct, et on

---

* A cet égard, la fuite de Hess en Angleterre n'est pas une exception : il s'agissait pour lui de regagner la confiance d'Hitler, non de le trahir. Voir vol. 2, pp. 162-163.

pouvait commencer à récrire l'histoire de la révolution pour le présenter comme le collaborateur principal de Lénine. Le culte de Staline fut créé pour projeter sa vision de lui-même comme successeur de Lénine à la masse du peuple russe éloignée de la politique du parti. Mais il voulait aussi être reconnu par les hommes qu'il avait battus, par les survivants du parti léniniste originel, le premier cercle de ceux qui constituaient les organes centraux et avaient assisté à son ascension à huis clos vers le pouvoir. Il voulait qu'ils reconnaissent non seulement qu'il avait gagné, mais que sa victoire était méritée et qu'ils l'acceptent, ainsi qu'ils avaient accepté Lénine, de leur propre gré, comme leur *vojd'*. Ceci explique son insistance, son acharnement à obtenir, durant la période des procès, que les accusés, la génération des vieux bolcheviks, confessent dans des termes humiliants qu'ils avaient eu tort, et Staline toujours raison.

Juste avant le début des procès de 1936, Nikolaï Boukharine, qui n'était plus membre du politburo mais directeur des *Izvestia*, se rendit à Paris pour acheter les archives de l'ancien parti social-démocrate allemand (comprenant des manuscrits de Marx). Il s'entretint longuement avec deux mencheviks émigrés, Boris Nicolaïevski et Fyodor Dan, qui s'occupaient de la transaction. Boukharine ne dissimula pas ses positions et déclara même à André Malraux et aux autres que Staline allait le tuer. Mais ce qu'il dit à Paris et lors de son arrestation et de son procès deux ans plus tard, montre qu'il comprenait, comme aucune autre victime de Staline ce qui motivait ce dernier et pourquoi lui et les autres ne devaient pas seulement mourir, mais aussi se confesser.*

Boukharine connaissait bien Staline, en tant qu'allié et ami de la famille (il fut un des hôtes assidus de Zoubalovo), puis en tant qu'adversaire, ennemi de celui qui devait finalement le détruire. Ce qu'il avait à dire sur Staline fut publié en 1964 par la veuve de Dan :

> Vous dites qu'on le connaît mal, mais si, on le connaît. Il est malheureux de ne pouvoir convaincre tout un chacun, y compris lui-même, qu'il est plus grand que quiconque, et ce malheur pourrait bien être son trait le plus humain, peut-être le seul trait humain en lui. Mais ce qui n'est pas humain, ce qui est plutôt diabolique, c'est qu'en raison de ce malheur, il ne peut s'empêcher de se venger des gens, de tous les gens, et particulièrement de ceux qui, d'une manière ou d'une autre, sont supérieurs à lui ou meilleurs que lui. Si quelqu'un parle mieux que lui, cet homme est condamné ! Staline ne le laissera pas vivre, parce que cet homme demeurera comme le rappel que lui, Staline, n'est pas le premier ni le meilleur[22].

Les tendances paranoïaques d'Hitler sont assez évidentes dans ses débuts et dans *Mein Kampf*. Mais les ennemis contre lesquels il s'imaginait en lutte restaient impersonnels et collectifs (les juifs et les marxistes),

---

* Voir plus loin, chapitre 12.

et non pas personnalisés et individualisés comme dans le cas de Staline. Par comparaison avec la suspicion diffuse que Staline faisait peser sur son propre parti et sur ceux qui travaillaient avec lui, Hitler manifestait, à un degré surprenant, sa confiance et sa loyauté. A partir du début des années 30, comme la courbe de son succès montait, sa confiance et son agressivité se renforcèrent. Les symptômes paranoïaques ne réapparurent qu'après Stalingrad (janvier 1943), lorsque la victoire se transforma en bataille pour éviter la défaite et qu'il en vint à considérer les généraux et le corps des officiers allemands comme un repaire de traîtres. En 1944-1945, il s'était convaincu que chaque revers était une nouvelle preuve de trahison, et qu'il ne pouvait plus faire confiance à personne, pas même, sur la fin, à ses plus proches associés.

Lorsqu'on relève les éléments psychopathologiques dans le comportement des deux hommes, il est toutefois important de reconnaître – ce que beaucoup ne surent faire à l'époque – la surprenante habilité politique d'Hitler aussi bien que de Staline. Tous deux étaient dissimulés : « J'ai un vieux principe », déclara Hitler à Kurt Lüdecke, qui était très proche de lui dans les années 20, « je ne dis à quelqu'un que ce qu'il doit savoir, et seulement quand il doit le savoir. » Schacht, qui eut de violentes disputes avec lui, écrivit : « Il ne laissait jamais échapper un mot de manière inconsidérée. Il ne disait jamais ce qu'il n'avait pas l'intention de dire, et il ne laissait jamais échapper un secret. Tout était le résultat d'un calcul [23]. » Les deux dirigeants pratiquaient l'art de dresser les individus les uns contre les autres ; de dire à l'un une chose et à l'autre son contraire. Tous deux employaient l'imprévisibilité comme instrument de pouvoir, rendant difficile même à leurs proches de savoir avec certitude ce qu'ils allaient faire. Nul, convoqué par Staline, ne savait ce qui l'attendait. Il commencerait une conversation par une question inattendue, ou bavarderait sur un sujet anodin, puis sans crier gare placerait le visiteur devant la vraie question, avec des manières totalement différentes et pleines de menace. Il se jetait dans des remarques insignifiantes ou banales que son interlocuteur laissait échapper par nervosité, et en fabriquait une preuve de déviation, d'hostilité ou de trahison.

Hitler montrait la même méfiance invétérée des experts, en particulier des économistes, que Staline ; en temps de guerre, ce sentiment s'étendit aux généraux allemands. Refusant de se laisser impressionner par la complexité des problèmes, il soutenait qu'avec de la volonté, n'importe quel problème pouvait être résolu. Staline et Hitler étaient des maîtres dans l'art de la simplification. Ce fut cette particularité, combinée avec leur dogmatisme, qui séduisit si fortement ceux qui avaient besoin de l'assurance de déclarations tranchées, qui ne souffraient ni doute ni restriction. Schacht, dont il refusait d'écouter l'avis, l'admettait à contrecœur : « Hitler trouvait souvent des solutions étonnamment simples à des problèmes qui auraient semblé insolubles à d'autres... Ses solutions étaient souvent brutales, mais presque toujours efficaces [24]. » La plus grossière des simplifications d'Hitler était aussi la plus efficace : selon lui, dans presque chaque situation, la force ou la menace de la force régle-raient la question. Staline n'aurait pas été en désaccord.

La comparaison avec Staline est valable parce que lui aussi, comme Hitler, devait son succès initial aux circonstances historiques, à l'aide des autres et à la chance. Ainsi, sans les circonstances historiques de la guerre et de la défaite, il n'aurait pas eu plus de chances de se lancer qu'Hitler. Il n'avait pas eu à créer son propre parti comme celui-ci, et avait obtenu des responsabilités à la suite d'une révolution à laquelle il était à l'origine opposé et dans laquelle son propre rôle, comparé à celui de Lénine ou de Trotski, fut modeste. Ce fut aussi grâce à la faveur de Lénine qu'il garda sa place dans un gouvernement où sa présence était déplacée, et où on lui confia l'activité qui devait être le fondement de sa carrière ultérieure.

Enfin, grâce à cette même part de chance, visible chez Hitler lorsque von Papen lui renouvela ses offres de négociation alors même qu'avec la perte de deux millions de voix et la démission de Gregor Strasser, la fortune des nazis était en train de tourner, avec cette part de chance, Staline fut sauvé en 1924 par la mort prématurée de Lénine, au moment où ce dernier s'était tourné contre lui et s'apprêtait à demander son départ du poste de secrétaire général. Pourtant, nul ne prétendrait que ces facteurs essentiels mais extérieurs diminuent l'importance du rôle de Staline lui-même. Je crois qu'il en va de même pour Hitler.

Il est parfaitement vrai qu'en 1929-1933, Hitler était aussi dépendant qu'il l'avait été auparavant en Bavière, du bon vouloir de l'« opposition nationale » et de sa volonté de le considérer comme un partenaire. Mais, en se gardant, une nouvelle fois, d'exonérer de leur erreur von Papen, von Schleicher et le groupe autour de Hindenburg, on est frappé par l'habileté avec laquelle Hitler sut saisir la situation et l'exploiter grâce à l'intelligente tactique « légaliste », tout en continuant de laisser croire à ses propres partisans que, le moment venu, la légalité serait jetée par-dessus bord. Ceci correspond au moment où Staline montrait sa maîtrise en jouant l'un contre l'autre les membres du politburo, tout en se bâtissant son propre courant dans le parti. Durant cette période, l'un et l'autre apprirent à dissimuler leurs véritables objectifs et à attendre que leurs adversaires leur donnent des occasions d'agir.

Si des hommes politiques comme Hugenberg et von Papen ont cherché, en se bouchant le nez, une alliance avec les nazis, ce n'est pas parce qu'ils les aimaient, mais parce qu'Hitler pouvait leur offrir quelque chose qu'ils voulaient, à savoir un soutien de masse. Telle était la création propre à Hitler : à la fois l'idée d'une droite radicale séduisant les masses – qu'il avait prise aux sociaux-démocrates de la Vienne d'avant-guerre – et son applica-tion effective. De même, lui revenait en propre l'originalité apportée dans le recours à la propagande et à de nouvelles méthodes de battage électoral. Avant même les succès des années 30 aux élections en vue desquelles il écha-fauda son organisation, Strasser, Goebbels et les autres dirigeants avaient reconnu que sans Hitler il n'y aurait pas eu de parti nazi.

Après le succès sans égal de septembre 1930, il est naturel que l'attention se concentre sur la campagne radicale menée par Hitler pour obtenir une majorité – et sur son échec. Mais, au milieu du tapage propagandiste et des coups publicitaires, il montra sa puissance de jugement en reconnaissant qu'il ne pouvait pas gagner et que la négociation seule lui permettrait de parvenir au pouvoir, tout en refusant avec insistance de restreindre ses exigences et d'accepter une charge inférieure à celle de chancelier. S'il réussissait sur ce point, il était sûr que le reste suivrait, et c'est ce qui advint – autre exemple de sa capacité à calculer avec un coup d'avance.

Le jour où il devint chancelier, il prit l'initiative et ne la laissa jamais lui échapper pendant six mois, jusqu'à ce que sa révolution politique, déguisée à sa manière caractéristique derrière le mot *Gleichschaltung* (« coordination »), fût achevée. Sa tactique était un mélange d'effronterie, de terreur et de gestes rassurants, balançant entre la pression de la « révolution par en bas » – laisser la bride sur le cou aux SA et aux chefs locaux du parti – et la prise du pouvoir par Goering en Prusse, pendant qu'il continuait de duper ses alliés conservateurs, le président, la Reichswehr et l'administration, avec ses invocations rituelles de la « légalité », de la « continuité », de « l'unité nationale », du « respect de la Constitution ».

Comme toutes les révolutions, ce fut une période de grande confusion, d'improvisation, d'initiatives non autorisées. Hitler n'aurait pu la mener à bien sans le soutien puissant des autres, notamment Goering, Goebbels et Frick. Mais, au milieu de la confusion et de ses propres oscillations caractérielles, il ne perdit jamais le sens de son orientation et de ses limites. A l'été 1933, il annonça la fin de la révolution et, un an plus tard, agit pour renverser ceux qui ne voulaient pas l'accepter. En dépit des hésitations, des rumeurs, des compromis, des changements de direction, du désordre normal de la politique révolutionnaire, la cohérence profonde du projet et de son déroulement dans le temps – un œil sur la succession – ne doit pas plus nous échapper dans le cas d'Hitler que dans celui de Lénine en 1917-1918 ou celui de Staline quand il élimina ses rivaux (sur une période de cinq à six années) et quand il conduisit la « seconde révolution » de 1929-1933.

Oubliez l'image immortalisée par Charlot dans *Le Dictateur*, et considérez plutôt le bilan. A voir le déroulement de la politique allemande entre septembre 1930 et le point que nous avons maintenant atteint, quatre ans plus tard, qui manifesta le meilleur jugement politique et la meilleure capacité de prévision : Hugenberg, von Papen et von Schleicher ; Brüning et Kaas ; les sociaux-démocrates et les dirigeants syndicaux ; les communistes ; von Blomberg et la Reichswehr ; Gregor Strasser et Röhm – ou Hitler, l'homme que tous les autres sous-estimaient ?

Tous les autres partis, ainsi que les syndicats, avaient été dissous. Hugenberg et Kaas avaient été poussés hors de la vie politique ; von

Schleicher, Strasser et Röhm étaient morts. Ce qu'on pouvait dire de mieux de Brüning était qu'il avait eu la bonne idée de quitter l'Allemagne à temps, et de rester à l'étranger jusqu'à la fin de la guerre ; von Papen, qui avait assuré à qui voulait l'entendre qu'Hitler et les nazis étaient neutralisés, pouvait remercier le ciel d'avoir la vie sauve et d'être envoyé à Vienne après que l'auteur de ses discours, Edgar Jung, eut été tué. Les sociaux-démocrates et les communistes avaient vu détruire leurs impressionnantes organisations et se trouvaient soit en prison soit en exil, les communistes poursuivant leur vendetta contre les sociaux-démocrates et se consolant avec la ligne « correcte » du parti, qui prédisait qu'une victoire nazie ne serait qu'un prélude à leur propre triomphe. Seuls Blomberg et la Reichswehr, et les grands patrons, avaient des raisons de se féliciter que les menaces radicales des SA et des factions anticapitalistes dans le parti nazi eussent été éliminées. Mais Hitler était satisfait de les voir ainsi contents : il pouvait continuer à compter sur eux. Collaborateurs zélés, ils soutiendraient ses priorités, la reconstruction de la puissance militaire allemande et l'élimination du chômage.

Chose étonnante, c'est le « mythe d'Hitler » qui fait apparaître le plus clairement la relation entre les deux faces de sa personnalité politique : d'un côté son appel aux forces émotionnelles, non rationnelles chez les hommes et chez les femmes, de l'autre, le temps qu'il passait à ruminer et à peser les différentes voies d'action possibles.

J'ai déjà cité le dirigeant « héroïque » comme l'un des éléments caractéristiques du « culte de la nation allemande » du XIXe siècle romantico-*völkisch*. La colère et le trouble ressentis par tant d'Allemands après 1918 raviva sous une forme radicale le désir d'un Chef, souvent exprimé dans un langage proche de celui du charisme (« le détenteur de la puissance divine du destin et de la grâce »). Ce qu'illustrent bien deux tracts antidémocratiques publiés durant les années de Weimar :

> Dans notre misère, nous désirons ardemment un Chef. Il nous montrerait la voie et les actes qui pourraient rendre notre peuple à nouveau honnête.
> Le Chef ne peut pas être fabriqué, en ce sens il ne peut pas non plus être sélectionné. Le Chef se fait lui-même en ce qu'il comprend l'histoire de son peuple[25].

Les débuts d'un « culte du Führer » spontané à l'intérieur du parti nazi ont été retracés jusque dans l'année précédant le putsch de 1923, l'année de la Marche sur Rome de Mussolini. Il semble que ce soit seulement durant son emprisonnement qu'Hitler ait fini par se convaincre de préférer le rôle du Führer à celui de *Trommler* (tambour), en réponse aux appels de ceux qui avaient admiré sa performance au procès de 1924 et qui le considéraient comme le seul espoir d'un parti démoralisé. Sa direction était, en fait, le seul point d'unité autour duquel le NSDAP fut reconstruit en 1925. Avec la désignation de Goebbels comme chef de la propagande et le triomphe des nazis aux élections de 1930, le « mythe d'Hitler » était bien lancé.

Il existe des éléments convaincants montrant que, en l'absence d'un programme consistant, la personnalité d'Hitler, même si elle a été largement sous-estimée par les adversaires du nazisme, était ce qui attirait le plus les électeurs et les nouveaux adhérents. Goebbels devait plus tard prétendre, avec quelque raison, que la création du mythe d'Hitler était la principale réussite de sa propagande. Mais Goebbels, à bien des égards le plus cynique des chefs nazis, était aussi – comme Hitler lui-même – un fidèle du culte qu'il promouvait. La dernière scène bizarre du IIIᵉ Reich, dans le bunker souterrain de Berlin, vit Goebbels, seul des dirigeants nazis, se joindre à Hitler dans une dernière affirmation de leur foi, scellée par le meurtre de sa famille et son propre suicide.

La puissance du mythe dérivait précisément du fait qu'il combinait une authentique croyance populaire et une manipulation perfectionnée. Après la prise du pouvoir par les nazis, Hitler fut présenté et vu par le parti ainsi que par des millions d'Allemands à l'extérieur de ce dernier, comme l'incarnation de la *Volksgemeinschaft*, l'« unité nationale » qui se tient au-dessus des intérêts particuliers ; l'architecte du redressement du pays, personnellement incorruptible ; défenseur fanatique de l'honneur et des justes droits de l'Allemagne contre les ennemis intérieurs et extérieurs – et pourtant homme du peuple, simple caporal qui avait gagné la Croix de fer de première classe, et partagé l'expérience des hommes du rang au front. Sa popularité connut des fluctuations, mais fut toujours très au-dessus de celle du parti nazi, atteignant des sommets, par exemple, après la suppression des SA en 1934, la remilitarisation de la Rhénanie en 1936 et l'occupation de Prague suivie par son cinquantième anniversaire en avril 1939. La fascination qu'il exerçait traversait les frontières de classe, de région et de religion, affectait les jeunes comme les vieux, les hommes et les femmes, combinant la force et la vulnérabilité, la première éveillant fanatisme et agressivité, la seconde suscitant de forts sentiments de dévotion et de protection.

Nul ne prenait le mythe d'Hitler plus au sérieux qu'Hitler lui-même, qu'il s'agît de sa manipulation ou de la réaction suscitée. Avant toute décision, il prenait soin d'en peser les effets sur l'opinion publique et sur son image. Aussi longtemps que le sentiment de sa mission, qui était au cœur du mythe d'Hitler (« Je suis le chemin que la providence me dicte avec l'assurance d'un somnambule [26] »), fut contrebalancé par les « calculs glacés » du Realpolitiker, il représenta une grande source de puissance. Mais le succès fut fatal. Quand la moitié de l'Europe fut à ses pieds, Hitler s'abandonna à la mégalomanie et se convainquit de sa propre infaillibilité. Mais quand il commença à se tourner vers l'image qu'il avait délibérément créée pour accomplir des miracles, au lieu de l'exploiter, ses dons s'abîmèrent et son intuition le trompa. Sa croyance dans les pouvoirs spéciaux dont la providence l'avait dotée le faisait persévérer, alors que Mussolini, plus sceptique, hésitait. Hitler joua son rôle « mondial-historique » jusqu'à la fin amère. Mais ce fut la même croyance qui l'enveloppa d'illusions et l'aveugla sur ce qui se passait réellement, le conduisant à commettre le péché que les Grecs appelaient *hybris*, se croire plus qu'un homme. Aucun homme ne fut jamais aussi sûrement détruit par l'image qu'il avait créée.

Au milieu des années 30, on était à dix ans de la fin. A cette époque, Hitler se rendit compte que la capacité du peuple à s'enthousiasmer et son zèle dans le sacrifice tendaient à fléchir s'ils n'étaient pas relancés par des succès spectaculaires et récurrents. Le Führer fut capable de les fournir, sans trop de difficultés, jusqu'à la fin de 1941. Aucun effort ne fut épargné pour engranger un maximum de voix dans les plébiscites qui l'acclamèrent ; mais ils reflétaient aussi une authentique approbation des réussites dont il se prévalait en politique étrangère et dans les campagnes victorieuses de la première partie de la guerre.

Le soutien populaire sur lequel Hitler pouvait compter produisit un effet chez ceux qui considéraient le régime nazi d'un œil critique, que ce fût à l'extérieur (Staline y compris) ou à l'intérieur du pays. Les puissances étrangères qui espéraient que le régime ne durerait qu'une brève période durent réviser leurs estimations. Les élites nationalistes-conservatrices, si sûres, en s'alliant à Hitler en janvier 1933, d'être en mesure de contenir le radicalisme nazi, se félicitèrent que la menace d'une « seconde révolution » eût été éloignée par l'élimination des dirigeants SA en 1934 ; mais elles durent reconnaître que le mythe d'Hitler lui donnait une position indépendante qui lui permettait de se passer de leur soutien et le mettait à l'abri des pressions.

Le fait frappant, que Ian Kershaw met en évidence, est qu'en dépit de l'« institutionnalisation du pouvoir charismatique d'Hitler » après qu'il fut porté à la tête du gouvernement puis de l'État, le mythe a conservé sa prise sur les « paladins », les dirigeants nazis de second rang et les Gauleiter, dont beaucoup étaient des *Alte Kämpfer* d'avant 1933, qui le voyaient maintenant beaucoup moins. Avec son absorption par la vie publique, les compromis inhérents à sa charge, la répudiation des SA et de la seconde révolution, la fin de leur espoir de conquête de l'État, on aurait pu s'attendre à ce qu'ils fussent désillusionnés et cyniques à propos du mythe du Führer, considéré désormais comme un simple instrument de propagande de masse. Au contraire, pour eux comme pour beaucoup de militants plus jeunes dans le parti et chez les SS, c'était la figure d'Hitler, tel qu'ils le percevaient à la lumière du mythe, qui, non seulement assurait leur loyauté, mais continuait de représenter pour eux l'« idée » du nazisme, maintenant ainsi la cohérence du parti et garantissant que le programme idéologique hitlérien de confrontation avec le bolchevisme, la conquête du *Lebensraum* et l'élimination des juifs, restait le but ultime.

Au contraire d'Hitler, Staline évita délibérément le contact direct avec le peuple russe. Hanté par la crainte d'une tentative d'assassinat, mal à l'aise dans la foule et, dépourvu du rapport d'Hitler avec les audiences de masse, il reconnaissait que moins il serait vu par ceux sur lesquels il régnait, plus il lui serait facile de créer l'image de l'être lointain qui voyait tout, qu'il voulait projeter de lui-même. C'est pourquoi le culte de Staline, équivalent du mythe d'Hitler, s'il remplissait les mêmes fonctions, était d'un caractère très différent.

L'une des différences était, par exemple, les circonstances de son apparition – brièvement, pour son cinquantième anniversaire, en 1929, mais sur un mode permanent seulement à la fin de 1933. Le mythe d'Hitler datait des tout débuts de sa carrière, quand il avait la trentaine – et non, comme Staline, la cinquantaine – et il naquit de manière spontanée dans le parti avant d'être repris par Hitler lui-même, bien avant d'accéder au pouvoir. Il n'y avait rien de spontané dans le culte de Staline. Dès sa première apparition en octobre 1929, il présentait toutes les marques d'une inspiration officielle. Des articles parurent avec des titres comme « Sous la sage direction de notre grand et génial chef et professeur, Staline » et une biographie officielle soulignait l'identification à Lénine par l'usage d'un titre qui lui était jusque-là réservé.

> Dans les années qui ont suivi la mort de Lénine, Staline, le plus éminent continuateur de la cause de Lénine et son plus orthodoxe disciple, l'inspirateur de toutes les plus importantes mesures du parti dans la lutte pour construire le socialisme, est devenu le *vojd'* généralement reconnu du parti et du Komintern* .

Une seconde différence fut l'association avec Lénine, captation d'héritage rétrospective destinée à maintenir la continuité apostolique, en remontant à travers Lénine jusqu'à Marx et Engels, ce dont Hitler n'avait nul besoin.

A partir de la fin de 1933 – peut-être sous l'influence du succès d'Hitler en Allemagne – un rituel établi se développa. Peintres, sculpteurs, musiciens, aussi bien que poètes et journalistes, furent mobilisés ; des médailles furent frappées et des portraits peints, à l'instar de ce qui se passa dans l'Empire romain lorsqu'on distribua les bustes d'Auguste. Bientôt, il n'y eut pas d'école, de bureau, d'usine, de mine ou de ferme collective en URSS qui n'eût son portrait de Staline sur un mur ou qui s'abstînt d'envoyer d'interminables félicitations au « Chef bien-aimé » lors d'importants anniversaires.

La direction du parti collaborait. A la conférence du parti de Lenin-

---

* Dans un autre morceau de bravoure d'inspiration officielle, le poète publiciste Demyan Bedny revendiquait : « Par conséquent, nous avons le droit de voir dans le portrait de Lénine par Staline (l'image puérile de l'aigle volant toujours plus haut que les majesteux pics caucasiens) un autoportrait inconscient. » Ceci n'a pu venir que de Staline lui-même. Ces deux citations sont extraites de *Stalin as revolutionary*, pp. 470-473.

grad qui précéda le congrès de la victoire de janvier 1934, nul autre que Kirov déclara : « Il est difficile de concevoir un personnage aussi grand que Staline. Ces dernières années, nous n'avons connu aucun changement dans notre travail, aucune grande initiative, slogan, directive dans notre politique dont l'auteur n'ait pas été Staline[27]. » Le même mois, la *Pravda* publiait un hommage poétique au couplet significatif.

> Maintenant, quand nous parlons de Lénine
> Cela signifie que nous parlons de Staline.

Mais il est très douteux que Kirov et les autres membres du politburo eussent la même foi que Gregor Strasser en personne quand, dès 1927, il décrivait la relation des membres du parti avec Hitler en termes néo-féodaux germaniques, comme celle du duc et du vassal :

> Duc et vassal ! Dans cette ancienne Allemagne, à la fois aristocratique et démocratique, la relation entre le chef et son subordonné, pleinement compréhensible seulement par la mentalité et l'esprit germains, est l'essence de la structure du NSDAP... Amis, levez le bras et criez avec moi fièrement, impatients de combattre et loyaux jusqu'à la mort, « Heil Hitler[28] ! »

Une telle relation personnelle avec l'homme, et non la fonction, était difficile à réconcilier avec la tradition socialiste et le génie d'un parti marxiste-léniniste dans lequel l'autorité appartenait au parti lui-même, non à son chef. Mais le culte de Staline, qui prit beaucoup de traits nationalistes russes, quasi religieux, permit à ce dernier de manipuler les puissantes émotions séculaires refoulées par l'abolition de la royauté et la suppression de l'Église orthodoxe. Celles-ci recevaient maintenant un nouvel objet auquel s'identifier, à savoir non pas le parti, mais l'État et son chef absolu, le successeur des tsars aussi bien que l'héritier de Lénine et de la révolution. L'identification avec des souverains russes comme Pierre le Grand et Ivan le Terrible séduisait autant Staline que les travailleurs et paysans russes. Elle aidait à combler le fossé béant entre le gouvernement et le peuple, et avec la Grande Guerre patriotique, Staline, connu seulement par son nom et ses photographies, devint le point de référence pour un ample essor du patriotisme et de la fierté russes, une icône miraculeuse au nom de laquelle des millions de gens marchaient au combat et à la mort.

Ce dernier développement conduisit à une convergence entre le culte de Staline et le mythe d'Hitler, dans lequel se faisait sentir le même besoin d'un substitut de religion, d'un messie en guise de chef, du salut plutôt que de solutions. Ian Kershaw donne des éléments montrant dès 1932-1934 une disposition croissante à distinguer entre le Führer et ses partisans. « Le mythe du "Si seulement le Führer le savait" était déjà à l'œuvre[29]. » Pour beaucoup, l'élimination de Röhm prouvait à quel point

Hitler était disposé à agir de manière décisive, dès lors que ceux qui l'entouraient ne parvenaient plus à dissimuler à quel point les dirigeants SA avaient trahi sa confiance. C'est exactement le même phénomène qui apparut en Union soviétique, avec la volonté d'excuser Staline pour les erreurs de ses subordonnés, et pas seulement dans les masses paysannes, mais aussi bien chez les intellectuels. Dans ses mémoires, Ilya Ehrenbourg confesse qu'il pensait à Staline comme à une espèce de dieu de l'Ancien Testament, et raconte que lors d'une rencontre avec Pasternak durant les purges, ce dernier utilisa exactement la même phrase : « Si seulement *il* savait. » Qui peut dire combien de Russes ordinaires, lisant le récit des purges et des procès dont Staline accablait le parti et l'intelligentsia, n'ont pas conclu que, comme Hitler avec les SA, il était en train de se débarrasser de mauvais conseillers et des responsables de leurs souffrances – et qui peut dire combien l'ont applaudi ?

III

Grâce aux techniques modernes, Hitler et Staline purent, comme aucun dirigeant politique avant eux, rendre omniprésentes leur image publique : on rencontrait leur regard sur chaque palissade, dans chaque bureau et à toutes les actualités, et des populations entières devaient écouter leurs voix à la radio. Mais peu de figures historiques sont aussi difficiles à saisir que les êtres humains individuels, et c'était vrai même pour ceux qui les voyaient fréquemment de près et qui travaillaient avec eux. En 1946, dans l'attente du procès de Nuremberg, le plus proche collaborateur militaire d'Hitler, le général Jodl, écrivit à sa femme :

> Je me suis demandé : « Qu'est-ce que je connais de cette personne, à côté de qui j'ai pendant tant d'années mené une existence si épineuse ? »... Même aujourd'hui, je ne sais pas ce qu'*il* pensait, savait et voulait faire, mais seulement ce que, *moi*, je pensais et soupçonnais à ce sujet[30].

Les collaborateurs de Staline – ceux qui ont survécu comme Khrouchtchev – le trouvaient également impénétrable, également imprévisible dans ses réactions, également « illisible ».

Les deux hommes faisaient des efforts particuliers pour dissimuler, aussi bien que pour exploiter, leur personnalité. Tous deux devaient une grande partie de leur succès en politique à leur capacité de cacher, à leurs alliés comme à leurs adversaires, leurs pensées et leurs intentions. Ceci s'appliquait non seulement à ce qu'ils entendaient faire dans le présent et l'avenir, mais aussi au passé. Quiconque tentait d'explorer les premières années d'un des deux hommes ou d'en trouver des témoins allait immanquablement rencontrer des obstacles et, après leur arrivée au pouvoir, des dangers. Le mythe d'Hitler et le culte de la personnalité de

Staline ont joué un rôle central dans leur exercice du pouvoir, et tout ce qui pouvait troubler la version officielle, soigneusement construite devait être supprimé.

Tandis qu'ils faisaient la promotion des images publiques d'eux-mêmes, les deux hommes cherchaient en même temps à protéger leurs vies privées – telles qu'elles étaient. La restriction est importante, car la plus forte impression, même quand il est possible de pénétrer derrière l'écran protecteur – par exemple dans les Mémoires de Speer ou dans les *Vingt Lettres* de Svetlana Allilouïeva – c'est qu'en aucun des deux cas, leur vie privée n'aide à comprendre leur carrière publique. Bien plutôt, la banalité et le manque de sentiments humains qu'elles présentent, le rend plus difficile.

Dans les années 20, quand Staline, secrétaire général du parti et membre du politburo, jouissait d'une influence croissante mais n'était pas encore libre des contraintes de la direction collective, il fut aussi près qu'il le fût jamais, de mener une vie familiale normale. Ce sont ces années-là que, rétrospectivement, sa fille Svetlana considère comme les plus heureuses de sa vie à elle, alors que le foyer familial que sa mère, Nadejda Allilouïeva, avait créé à Zoubalovo était plein de parents et d'amis (dont Kirov, Ordjonikidze et Boukharine - tous trois amis de sa mère), qu'ils passaient leur temps en pique-niques et en petites fêtes, et que leur père prenait plaisir à développer le domaine.

En 1934, cette époque était déjà loin. Les pressions destructrices créées par la campagne que Staline déchaînait contre la paysannerie firent une victime sous son propre toit. Un peu de l'horreur de ce qui se passait atteignit la femme de Staline. De vingt ans sa cadette (elle n'avait que trente et un ans lorsqu'elle mourut) et militante fervente, elle idéalisait son mari dans les premiers temps de leur union. Mais le trouble la gagna devant le pouvoir et les privilèges qu'il acquit avec son poste et devant le changement qui s'opéra chez lui à la fin des années vingt et au début des années trente. Essayant de se faire une vie indépendante, elle s'inscrivit en chimie à l'Académie industrielle où elle suivit un cours sur les fibres synthétiques, en insistant pour y aller en empruntant les transports publics.

Des compagnons d'études qui avaient été appelés à participer à la campagne de collectivisation lui auraient appris ce qui se passait en Ukraine et elle en aurait fait le reproche à son mari. Les relations personnelles entre eux étaient déjà tendues et en une occasion au moins, elle l'avait quitté en emmenant les deux enfants. L'idée du suicide lui était évidemment déjà venue, car elle avait demandé à son frère, quand il était en mission officielle à Berlin, de lui ramener un revolver, sans lui dire pourquoi elle voulait un tel cadeau.

Le soir du 8 novembre 1932, à une réception donnée au Kremlin par les Vorochilov, une dispute éclata entre Nadejda et son époux. Quand Staline l'insulta devant les autres convives, elle sortit de la pièce. Après avoir fait le tour de la cour du Kremlin avec son amie, Paulina Molotov, Nadejda regagna sa chambre. Elle téléphona à la datcha pour savoir si Staline était là. Selon Khrouchtchev, qui tenait l'histoire du majordome de Staline, Vlassik, le garde de service lui répondit par l'affirmative et quand elle lui demanda s'il était seul, il répondit : « Non, il a une femme avec lui. » (Khrouchtchev dit qu'elle fut plus tard identifiée comme l'épouse d'un membre du parti du nom de Gousev.) On ignore l'influence qu'eut sur elle cette découverte. En tout cas, durant la nuit, elle se tua d'un coup de feu.

Svetlana sentit son père profondément affecté et exaspéré par la mort de sa mère. « Il était ébranlé parce qu'il ne comprenait pas pourquoi c'était arrivé. Qu'est-ce que cela signifiait ? » Sa mort fut annoncée sans aucune allusion au suicide et le billet qu'elle avait laissé fut détruit. Staline vint, en compagnie de parents et d'amis, voir le cercueil ouvert. Après un moment de silence, il eut soudain un geste comme pour repousser le cercueil et, se détournant pour partir, lança : « Elle m'a quitté en ennemi ! » Loin d'éprouver un sentiment de culpabilité ou de responsabilité pour la mort de sa femme, il n'y vit qu'un acte de trahison. Il n'assista ni au service funéraire ni à l'enterrement et ne se rendit jamais sur sa tombe [31].

Staline ne laissa pas cette perte affaiblir sa résolution : le 27 novembre, il prononça un discours devant le comité central, qui était si déchaîné dans le ton et les menaces contre la paysannerie, qu'il ne fut jamais publié. Mais il ne put jamais accepter l'acte de Nadejda, et ce suicide mit fin à sa vie de famille. Il quitta l'appartement du Kremlin où elle était morte, et délaissa Zoubalovo pour une nouvelle datcha qu'il fit construire à Kountsevo, dans les environs de Moscou.

Il n'y eut pas de coupure abrupte avec les parents de sa femme. Le père et la mère de celle-ci, qu'il avait connus à l'époque de Tiflis, furent autorisés à aller s'installer à Zoubalovo. Mais Staline rompit peu à peu avec les relations humaines ordinaires. Ses enfants ne vivaient plus avec lui, demeurant dans le nouvel appartement du Kremlin, où il ne dormait jamais. Les dispositions pratiques concernant sa vie et celle de ses enfants furent prises par la police de sécurité. Pour Svetlana, c'était comme vivre dans une prison. Le système tout entier était sous le contrôle de Nikolaï Vlassik, ancien garde du corps de Staline à l'époque de la guerre civile, à présent commandant (il finit général) du NKVD, qui s'arrogea des pouvoirs croissants et se bâtit un empire indépendant au nom de Staline, comprenant plusieurs autres résidences, avec un personnel complet, où Staline se rendait rarement. Staline n'était pas intéressé par la possession de biens, mais par le pouvoir. Dans ses dernières années, il s'installa dans une petite maison construite près de sa datcha et, selon Volkogonov, l'inventaire dressé après sa mort montre qu'il ne possédait rien qui eût de la valeur. L'ameublement était bon marché, les tableaux aux murs étaient des reproductions. Il dormait sous une couverture de l'armée et hormis son uniforme de maréchal, il n'avait qu'une paire de costumes ordinaires (dont l'un de toile), des bottes de feutre brodé et une veste de paysan en peau de mouton.

Au contraire, sans doute, d'Hitler, il n'y avait rien d'anormal dans la sexualité de Staline. Il n'avait toutefois jamais montré beaucoup d'intérêt pour les femmes et aucune considération pour leur personne et leurs droits. Une domestique de Zoubalovo, Valechka (décrite par Svetlana comme une « jeune femme au nez retroussé, au rire joyeux et sonore ») devint la gouvernante de Kountsevo. Elle était « dodue, propre, servait doucement à table et ne participait jamais à aucune conversation », et s'accordait donc bien davantage au goût de Staline que la première épouse que choisit son fils Vassili et que Staline décrivait avec mépris comme une « femme qui a des idées... un hareng avec des idées – la peau sur les os ». Valechka demeura auprès de lui jusqu'à sa mort et resta farouchement attachée à sa mémoire [32].

En 1934, la vie de Staline prenait un tour régulier. Au début des années 30, il avait transporté son bureau au Kremlin. Il se levait un peu avant midi, allait en voiture de Kountsevo à son bureau, où il travaillait jusqu'au soir. Il dînait souvent avec d'autres dirigeants du parti dans une pièce attenante et quelquefois dans l'appartement au-dessous de son bureau, où vivaient son fils et sa fille, mais où il ne dormait jamais. Une de ses habitudes consistait à téléphoner au milieu de la nuit aux chefs de service du gouvernement ou aux fonctionnaires du parti pour les accabler de questions, ce qui incitait la plupart d'entre eux à rester dans l'angoisse à leur bureau jusqu'au petit matin. Staline avait une chambre dans son bureau, où il dormait quelquefois. Plus souvent, même quand il était fort tard, il rentrait à sa datcha.

Après le dîner, une ou deux fois par semaine, Staline pouvait aussi emmener ses compagnons voir de nouveaux films soviétiques ou étrangers, suivis d'un souper tardif. Pour les deux dictateurs, le cinéma était pratiquement la seule possibilité de voir la vie dans d'autres pays, et pour Staline, reclus dans son monde officiel, le 7e art lui ouvrait des fenêtres sur son propre pays, même si les films soviétiques qu'il voyait présentaient une image très peu fidèle de la réalité soviétique. Staline sortait rarement de Moscou, excepté pour les vacances d'été, qu'il passait en général à Sotchi, sur la mer Noire. Après 1928, il ne se rendit plus jamais, selon Khrouchtchev, dans la Russie rurale qu'il avait dévastée. Et après le meurtre de Kirov début décembre 1934, il ne retourna jamais à Leningrad, pas même après l'épique résistance de la ville pendant la guerre –900 jours de siège. L'essentiel de ce qu'il voyait de Moscou, c'était ce qu'il apercevait de derrière les rideaux de sa Packard américaine blindée, tandis qu'il roulait à grande vitesse en compagnie d'une phalange de gardes de la sécurité, sur les grandes voies spécialement dégagées entre Kountsevo et son bureau. Presque toutes les réunions auxquelles il assistait avaient lieu au Kremlin, les plus importantes dans son bureau (où figurait en bonne place le masque mortuaire de Lénine). Là, suivant sa vieille habitude, il laissait la présidence à quelqu'un d'autre, généralement Molotov, tandis qu'il arpentait la pièce ou s'asseyait brièvement sur l'accoudoir d'un fauteuil.

Le rôle historique que s'assignait Staline, les tensions et les obsessions que cela entraînait, ne mirent pas seulement fin au peu de vie personnelle qu'il eût jamais eue, mais détruisit aussi les vies de ceux de sa famille. Ses deux fils connurent une fin malheureuse. Il traita l'aîné, Yakov, fils de son premier mariage, avec mépris, sans doute parce qu'il lui rappelait ses propres origines géorgiennes. Quand, au début de la guerre, Yakov fut capturé par les Allemands, son père le répudia comme un traître, au motif qu'« un vrai Russe ne se serait jamais rendu », et plus tard refusa une offre allemande de l'échanger. Le cadet, Vassili, après une désastreuse carrière d'officier dans l'aviation, mourut en épave alcoolique à quarante et un ans. Les personnes en relation avec ses deux mariages eurent également à souffrir de Staline. Du côté de sa première femme, Ekaterina Svanidze, le frère de celle-ci, Alexandre, qui avait été l'un des meilleurs amis de Staline, fut abattu comme espion ; à la même époque, son épouse était arrêtée et mourait dans un camp, tandis que leur fils, traité en « fils d'un ennemi du peuple », était exilé en Sibérie. La sœur d'Ekaterina, Maria, était aussi arrêtée et mourait en prison. Du côté de sa seconde épouse, Nadejda Allilouïeva, la sœur de cette dernière, Anna, fut arrêtée en 1948 et condamnée à dix ans de prison pour espionnage ; le mari d'Anna, Stanislas Redens, avait déjà été arrêté en 1938 comme « ennemi du peuple », et abattu par la suite. Ksenia, veuve de Pavel, frère de Nadejda, et Ievguenia, épouse de l'oncle de Nadejda, furent arrêtées toutes deux après la guerre et ne furent relâchées qu'après la mort de Staline.

Le seul être humain dont Staline semble s'être efforcé, quoique maladroitement, de retenir l'affection fut sa fille Svetlana. Après la mort de sa mère, elle passa son enfance et son adolescence dans le triste environnement, impersonnel et confiné, du Kremlin. Staline essayait de suivre ses progrès en classe, l'appelait son « intendante » et insistait pour qu'elle s'assît à sa droite lors des dîners de travail. Après dîner, ils allaient assister à une projection dans la salle spéciale à l'autre bout du Kremlin.

> Il me poussait devant et disait en riant : « Eh bien, emmène-nous, patronne ! Sans guide, on risquerait de s'égarer ! » Et je marchais au-devant d'un long cortège en route vers l'autre extrémité du Kremlin. Derrière nous se traînaient en file indienne de lourdes voitures blindées et la garde innombrable. Le cinéma finissait tard, vers deux heures du matin, car nous voyions toujours deux films, sinon davantage [33]...

De temps en temps, pour changer, Staline emmenait Svetlana à l'opéra ou au théâtre. En vacances à Sotchi, il lui envoyait des fruits avec un petit mot adressé à « ma petite fauvette » ou « ma petite intendante ». Mais tout signe d'indépendance de la part de Svetlana – par exemple quand elle voulut porter une jupe courte – provoquait sa colère. Après l'avoir fait pleurer par ses réprimandes et ses cris, il insista pour qu'elle s'habille comme les jeunes filles de sa jeunesse. Quand elle grandit et essaya de vivre sa vie, notamment quand elle noua une amitié avec un homme qui ne plaisait pas à son père, ce dernier intervint brutalement. Son intolérance entraîna en 1942-1943 une longue brouille entre eux. Néanmoins, elle précise : « Je n'oublierai jamais son affection, son amour et sa tendresse pour moi quand j'étais enfant. Je l'aimais tendrement, comme il m'aimait [34]. » Les lettres de Svetlana sont un pathétique commentaire de ses tentatives manquées pour atteindre un homme qui s'était enfermé en lui-même, possédé par le rôle qu'il avait endossé et incapable de répondre à l'affection humaine.

Hitler, « solitaire » type, n'a plus jamais eu de vie de famille depuis le moment où il est parti de chez lui pour Vienne. Le seul épisode qui peut être rangé sous cette rubrique est la période où sa demi-sœur Angela vint s'occuper de son foyer dans la villa qu'il avait d'abord louée à l'Obersalzberg en 1928, en emmenant ses deux filles avec elle. Il se préoccupait fort peu de ses autres relations, bien que dans un testament rédigé en 1938, il attribuât des legs à Angela, à sa sœur Paula, à son demi-frère Aloïs et à quelques autres du village de Spital, où habitait la famille de sa mère, et où il avait passé plusieurs vacances d'été.

Superficiellement, Hitler attirait bien plus les femmes que Staline, et était bien plus attiré par elles. Il dut beaucoup au début de sa carrière aux encouragements de femmes mariées de la bonne société comme Hélène Bechstein et Winifred Wagner. Bon nombre d'entre elles étaient fascinées par son pouvoir hypnotique, et l'hystérie qui affectait les femmes dans ses meetings est bien attestée. Hitler lui-même attachait beaucoup d'importance au vote des femmes, et c'était une des raisons qu'il donnait pour ne pas se marier. Il aimait la compagnie des belles femmes. Lorsqu'il se trouvait avec elles, Speer remarque dans ses mémoires :

> Vis-à-vis de ces femmes, l'attitude d'Hitler était celle d'un élève d'un cours de danse, au bal de fin d'année. Il mettait un certain zèle timide à ne pas faire de faux pas, à distribuer des compliments en nombre suffisant, à faire le baise-main à l'autrichienne pour les recevoir ou leur dire au revoir [35].

La seule chose impardonnable, pour une femme, était d'avoir des prétentions intellectuelles, ou d'essayer de discuter avec lui : il avait la même opinion méprisante que Staline sur les femmes dotées d'opinions personnelles, et elles n'étaient plus invitées.

Il n'y eut que deux femmes pour qui il éprouva plus qu'un intérêt, toutes deux de vingt ans plus jeunes. Geli Raubal, le plus grand amour de sa vie selon lui, était la fille de sa demi-sœur, Angela Raubal. Geli avait alors dix-sept ans et pendant les trois années qui suivirent, Hitler en fut entiché, et fit d'elle sa compagne de tous les instants à Munich. Geli aimait suivre partout son oncle, en particulier quand son ascension politique en 1929-1931 commença de le rendre célèbre. Mais elle souffrait de son esprit possessif et de la jalousie qu'il manifestait devant toute tentative de vie indépendante. Il y eut une scène furieuse quand il découvrit qu'elle avait laissé Emil Maurice, son chauffeur, lui faire l'amour ; il lui interdit toute relation avec d'autres hommes et refusa de la laisser aller à Vienne travailler sa voix.

En septembre 1931, Geli se tua, suicide qui eut autant d'effet sur Hitler que celui de Nadejda sur Staline. Pendant des jours, il fut inconsolable et il semble que ce soit à la suite de ce choc qu'il refusa de toucher à la viande et à l'alcool pendant le reste de sa vie. La chambre de la jeune fille dans la villa de l'Obersalzberg fut laissée exactement en l'état où elle l'avait laissée, quand le Berghof fut rebâti ; sa photographie était accrochée dans la chambre d'Hitler à Munich et à Berlin, et des fleurs étaient toujours placées devant celle-ci pour les anniversaires de sa naissance et de sa mort, qu'Hitler n'oublia jamais.

D'Eva Braun, Speer écrivit : « Pour tous les écrivains de l'histoire, elle va être un sujet de déception. » Cette jolie blonde sans cervelle au visage rond et aux yeux bleus travaillait comme réceptionniste du photographe Hoffmann, où Hitler la rencontra. Il lui fit quelques compliments, lui offrit des fleurs et l'invita à se joindre occasionnellement à des promenades. L'initiative, toutefois, revint entièrement à Eva ; elle mit le grappin sur lui, déclarant à ses amis qu'Hitler était amoureux d'elle et qu'elle obtiendrait qu'il l'épouse. Comme elle ne parvenait pas à attirer son attention autrement, à l'automne 1932, elle fit une tentative de suicide. C'était une année critique pour Hitler, qui était particulièrement vulnérable à la menace d'un scandale, un peu moins d'un an après que Geli se fut donné la mort. Selon Hoffmann, qui avait suivi ce qui se passait depuis le début : « Ce fut de cette manière que Eva Braun parvint à ses fins et devint la *chère amie** d'Hitler [36]. »

Elle en tira peu de joie. Son journal, qui survécut à sa mort, déborde de plaintes sur la négligence d'Hitler et les humiliations qu'il lui faisait subir, qui entraînèrent une deuxième tentative de suicide en 1935, de nouveau dans le but d'attirer son attention. Hitler se donna beaucoup de mal pour dissimuler leur relation, et, hors de l'entourage immédiat, on lui refusa d'être reconnue même comme la maîtresse du Führer. En 1936, elle réussit à prendre la place de Frau Raubal comme *Hausfrau* (maîtresse de maison) au Berghof, et s'assit à gauche d'Hitler quand il présidait un déjeuner. Mais ce dernier lui permettait rarement de venir à Berlin, ou d'apparaître en public à ses côtés ; et lors des grands dîners et réceptions, alors qu'elle brûlait du désir d'y assister, elle était confinée dans les pièces de l'étage. Elle souffrit de la même tyrannie mesquine qu'Hitler avait essayé d'imposer à Geli. Il lui fut interdit de fumer ou de danser ou de jouir de la compagnie d'autres hommes, interdiction qu'elle ne pouvait transgresser qu'en secret.

L'attitude méprisante d'Hitler envers les femmes, ainsi que son égotisme et sa vanité apparaissent dans un passage des mémoires de Speer où il raconte qu'Hitler déclara, devant Eva Braun :

---

* En français dans le texte (NdT).

Les hommes très intelligents doivent prendre une femme primitive et bête. Vous me voyez avec une femme mettant le nez dans mes affaires ! A mes heures de loisir je veux la paix… De toute façon, je ne pourrai jamais me marier. Quels problèmes si j'avais des enfants ! Ils finiraient bien par faire de mon fils mon successeur. En plus, un homme comme moi n'a aucune chance d'avoir un fils capable. C'est presque toujours comme ça, dans ces cas-là. Regardez le fils de Goethe, un incapable ! De nombreuses femmes tiennent à moi parce que je ne suis pas marié. Le célibat était pourtant essentiel dans les années de lutte. C'est la même chose pour un acteur de cinéma, quand il se marie, il perd pour les femmes qui l'adulent un certain quelque chose, il n'est plus autant leur idole[37].

Ce n'est qu'avec la guerre, quand la vie sociale a virtuellement cessé, que la position d'Eva est devenue plus sûre, bien qu'elle vît alors beaucoup moins Hitler. Du moins fut-il, en sa compagnie, aussi humain qu'il pouvait l'être, se laissant aller dans un fauteuil à côté d'elle près de la table à thé, s'assoupissant souvent, ou jouant avec les chiens sur la terrasse du Berghof. La plus grande vertu d'Eva aux yeux d'Hitler était sa loyauté, et celle-ci finalement obtint sa récompense. Le plus cher désir qu'elle eût nourri, celui de la respectabilité du mariage, celui de devenir Frau Hitler, le Führer le réalisa, l'avant-dernier jour de leur vie, dans le bunker de Berlin. Moins de quarante-huit heures plus tard, cette fois sur le souhait d'Hitler, ils se suicidaient.

Sans qu'on en ait la preuve absolue, il existe de fortes présomptions pour croire qu'Hitler était incapable de relations sexuelles normales, que ce fût pour des raisons physiques, psychologiques, ou les deux. Putzi Hanfstaengl, qui fut l'un des plus proches compagnons d'Hitler jusqu'au milieu des années 30, soutenait qu'il était impuissant et que son « abondante énergie nerveuse » ne trouvait pas d'issue normale pour s'épancher*.

> Dans le no man's land sexuel où il vivait, il ne fut qu'une fois sur le point de trouver la femme [Geli] et ne fut même jamais l'homme qui aurait pu l'aider… Ma femme le résumait en peu de mots. « Putzi », disait-elle, « crois-moi, c'est un neutre[38]. »

Après avoir examiné les toutes pièces disponibles, Erich Fromm concluait : « Ce qui est le plus vraisemblable, me semble-t-il, c'est que ses désirs sexuels étaient largement voyeurs, sadiques-anaux avec les femmes de type inférieur, et masochistes avec les femmes admirées[39]. »

---

* Dans une interview que je fis de Hanfstaengl pour la radio après la guerre, alors que nous étions assis au piano et que nous évoquions certaines des transcriptions de Wagner qu'il jouait habituellement pour Hitler, il illustra la condition sexuelle de ce dernier avec une inimitable vulgarité : « Vous voyez, tout ce qu'il pouvait faire, c'était jouer sur les notes noires, jamais les blanches. »

Jusqu'à ce qu'il devînt chancelier, Hitler ne vécut jamais à Berlin. Quand il se rendait dans la capitale, il prenait une suite au Kaiserhof Hotel. A Munich, à l'époque où le parti nazi installa son quartier général au Barlow Palace (1929), il quitta son studio pour l'un des quartiers à la mode de l'autre côté de l'Isar, et loua un appartement de neuf pièces occupant tout le second étage du 16, Prinzregentenstrasse. Mais sa vrai maison resta le Berghof sur l'Obersalzberg, non loin de la frontière germano-autrichienne et de Berchtesgaden, où il avait été amené pour la première fois par Dietrich Eckart au début des années 20.

D'abord, il séjourna là dans une pension ; puis, en 1928, il loua, à flanc de montagne, une villa sans prétention, Haus Wachenfeld. A la fin des années 30, une bien plus grande et plus luxueuse maison, le Berghof, fut construite autour de la première, et Bormann la fit entourer de tout un complexe de routes, de clôtures barbelées, de casernes, de garages, d'un hôtel pour les hôtes et d'autres bâtiments en contradiction totale avec le style du lieu. Mais rien ne pouvait altérer l'affection d'Hitler pour celui-ci. Jusqu'à la fin de sa vie, le Berghof resta sa maison. « Ici et ici seulement », dit-il à un journaliste qui l'interviewait en 1936, il pouvait « respirer et penser – et vivre... Je me souviens de ce que j'étais et de ce que j'ai à faire[40]. »

Quand Hitler devint chancelier, Speer créa pour lui un nouveau bureau plus impressionnant dans sa résidence officielle (autrefois celle de Bismarck). En janvier 1938, la construction d'une nouvelle chancellerie fut confiée à ce dernier. 4 500 ouvriers, travaillant jour et nuit, furent mobilisés pour l'achever en douze mois.

A la tête du parti, Hitler avait déjà pris ses distances avec le travail administratif, abandonnant les décisions non essentielles à Hess, au trésorier Schwarz et aux autres membres du quartier général de Munich. Durant une année environ, après qu'il eut pris ses fonctions – aussi long-temps que Hindenburg vécut – Hitler affecta de diriger les affaires depuis la chancellerie et d'observer des horaires réguliers. Mais ceci allait contre son tempérament. Il détestait les commissions, et bientôt les intervalles entre les réunions du cabinet s'allongèrent de plus en plus. Il préférait travailler avec une personne à la fois, et même cela, aussi peu souvent que possible. Il n'avait aucun intérêt pour l'administration, qui ne correspon-dait ni à l'image nietzschéenne d'artiste en politique qu'il avait de lui-même, ni aux habitudes irrégulières qui allaient avec.

Après la mort d'Hindenburg, Hitler reprit son ancien mode de vie, s'absentant de plus en plus, et laissant traiter les affaires par l'un ou l'autre des deux bureaux de la chancellerie, la chancellerie du Reich dont le directeur, Lammer, était fonctionnaire, et celle de la présidence, placée sous les ordres de Meissner, fonctionnaire lui aussi. Une troisième chan-cellerie vint finalement s'ajouter, celle du parti ou du Führer, avec Bor-mann à sa tête. Les ministres et les dirigeants du parti avaient du mal à le joindre ; il refusait de lire les documents de plus d'une page, mais insistait toujours pour prendre seul les décisions importantes. A la place des demandes d'audience ou de la participation à des discussions formelles, l'art de la politique sous le IIIᵉ Reich se réduisit à l'art d'être le dernier à avoir capté l'attention d'Hitler, sans formalisme, n'importe où, à n'importe quel moment, et à espérer (souvent à raison) qu'Hitler dirait « d'accord », laissant aux ministres, aux fonctionnaires et aux dirigeants du parti le soin de deviner avec quoi, exactement, il était d'accord.

Comme Staline, Hitler était un oiseau de nuit. Il apparaissait rarement avant midi, ayant lu les journaux et ne se couchant pas avant les premières heures de la matinée. Souvent, le déjeuner à la chancellerie commençait à deux ou trois heures et durait jusqu'à quatre heures et demie. Selon Speer, de quarante à cinquante personnes avaient un accès facile à la table, et la compagnie comprenait un ou deux Gauleiter ou d'autres dirigeants du parti de passage dans la capitale, quelques ministres et les membres de son entourages, mais aucun officier de l'armée ou membre d'autres professions.

Goebbels et Goering ne venaient que quand ils voulaient obtenir quelque chose. « Pour dire la vérité », dit à Speer ce dernier, « la chère est trop lamentable là-bas pour mon goût. Et puis ces lourdauds munichois du parti ! Insupportables [41]. » Les deux parties du commentaire étaient justes. Hitler, qui était un végétarien et un antialcoolique forcené, interdisait de fumer et tenait une table simple. Et quant à la compagnie, elle était remarquable par son manque total de distinction ou de vivacité d'esprit. Hitler prenait garde à ne pas admettre quiconque risquait de troubler l'ascendant qu'il exerçait sur son cercle familier. La conversation était banale, ravivée seulement à l'occasion par l'apparition de Goebbels, qui faisait rire Hitler avec ses ragots malicieux, généralement dirigés – à dessein – contre d'autres dirigeants du parti. « Je me faisais souvent la réflexion », ajoute Speer, « que ce groupe médiocre se réunissait à l'endroit même où Bismarck avait l'habitude de bavarder brillamment avec ses amis et ses alliés politiques [42]. »

La vie sur l'Obersalzberg était encore plus ennuyeuse, puisqu'il n'y avait nulle part où se réfugier : c'était la même routine, le même répertoire répétitif d'anecdotes et de commentaires. Entre le déjeuner et le souper, Hitler conduisait une petite procession jusqu'au salon de thé. « La compagnie s'émerveillait toujours du panorama avec les mêmes phrases. Hitler approuvait toujours dans les mêmes termes. » Là, Hitler se lançait fréquemment dans l'un de ses interminables monologues, tandis que la compagnie luttait pour rester éveillée ; parfois lui-même s'endormait en parlant. Deux heures après, le même groupe réapparaissait pour le souper, suivi d'une projection en nocturne de films, souvent projetés pour la énième fois [43]. Speer écrit : « Je me demandais : "Mais quand donc Hitler travaille-t-il [44] ?" » Mais les longues périodes d'inactivité, en particulier sur l'Obersalzberg, n'étaient pas perdues : Hitler les utilisait pour mûrir ses décisions, pour réfléchir ou recharger ses énergies avant un grand discours. Quand la période de gestation était terminée, il explosait soudain d'activité, avec une énergie apparemment inépuisable.

Hitler n'était pas quelqu'un avec qui on pouvait avoir une conversation normale. Soit le Führer parlait et chacun des présents l'écoutait, soit les autres parlaient et il restait plongé dans ses pensées, sans prêter attention à ce qui se disait. Son incapacité à écouter, sa répugnance à s'engager dans une discussion, signifiaient qu'il s'isolait intellectuellement, enfermé dans les convictions qu'il s'était formées au début de sa vie, résistant instinctivement à l'idée de les exposer à la critique. Ainsi parlait-il constamment de son intérêt pour l'histoire mais il ne semblait pas du tout se rendre compte que les conclusions des historiens sont constamment soumises à révision à la lumière de nouveaux éléments ou de débats ultérieurs. Nul historien, nul expert d'aucune sorte, hormis dans les matières techniques, ne fut jamais admis auprès de lui ; ils auraient pu ébranler les « fondements de granit » de sa *Weltanschauung*, qui en fait dérivait des opinions d'un racisme vulgarisé et pseudo-scientifique circulant en Allemagne et en Autriche au début du siècle.

Mais Hitler était convaincu – ou décidé à se convaincre – que l'originalité était une part essentielle du rôle qu'il était appelé à jouer. Rauschning décrit l'espèce de monologue hitlérien à quoi cela aboutissait :

> Il essayait d'acquérir des dehors de créativité en parlant sans arrêt... Ses opinions étaient un mélange de Nietzsche mal compris et de conceptions sommaires de philosophie vulgarisée. Tout cela, il le déversait avec l'air d'un prophète et d'un génie créateur. Il semblait certain que c'étaient ses idées. Il n'avait aucune conscience de leur origine réelle, et considérait qu'il les avait trouvées tout seul, et que c'était des inspirations, le produit de sa solitude dans les montagnes [45].

Administré avec toutes les apparences de la confiance en soi, cela suffisait à impressionner les membres du parti nazi et les électeurs qui ne prétendaient pas comprendre ce qu'il disait ou n'y prêtaient guère attention, mais approuvaient le Führer dans sa prétention à se poser en penseur original qui aurait révélé le secret de l'histoire, capable d'égaler les marxistes en fournissant une idéologie pour soutenir la politique du parti.

Pour presque chacun de ces traits, Staline est à l'opposé d'Hitler. L'homme qui avait assis sa position, non sur ses capacités d'orateur, mais sur la maîtrise qu'il avait acquise de la machine du parti, cet homme était la dernière personne à sous-estimer l'importance de l'administration, celle-ci étant considérée non pour elle-même, comme le stéréotype d'un petit bureaucrate, mais pour le pouvoir de contrôle qu'elle lui donnait. Là est la différence, remarquée au début de ce chapitre, entre la plus grande sécurité d'Hitler et le plus grand contrôle de Staline, entre le Führer et le secrétaire général. A la différence d'Hitler, Staline vivait pour son travail, passant de longues heures chaque jour à son bureau, plongé dans un flot ininterrompu de rapports et de projets qu'il annotait d'instructions très brèves. A la fin de sa vie, il aimait intervenir à l'improviste dans des affaires de peu d'importance, en particulier si elles avaient quelque chose à voir avec la nomination ou les fautes de fonctionnaires locaux ; cela lui donnait l'occasion d'expédier des télégrammes personnels, donnant ainsi l'impression que rien de ce qui se passait en Union soviétique n'échappait au regard d'un secrétaire général toujours vigilant.

Du fait de la taille de la Russie et des difficultés de communication, il a dû toujours subsister de larges zones sur lesquelles le contrôle de Staline était beaucoup moins assuré qu'il ne le croyait ou ne le désirait. Mais ce ne fut pas manque d'intérêt de sa part, ou faute d'avoir essayé, et tout secrétaire régional, si puissant fût-il dans sa propre satrapie, si éloigné fût-il de Moscou, risquait de voir l'un des lieutenants de Staline, Molotov, Kaganovich ou Vorochilov, débarquer chez lui sans crier gare, et balayer toute son organisation, envoyant certains en exil ou en prison, d'autres devant le peloton d'exécution.

De telles purges furent pratiquement inconnues en Allemagne, après l'élimination de Röhm et des chefs SA. Le IIIᵉ Reich eût été bien mieux administré si de nouvelles purges avaient liquidé les réseaux de clientélisme et de corruption établis par beaucoup de Gauleiter, ou s'étaient attaqués aux doublons, aux conflits d'autorité et à l'inefficacité dans les ministères et donc aussi à des empires bâtis par des personnages comme Goering ou Ley. Mais Hitler, s'il était disposé à démettre des généraux ou des ministres qui n'étaient que formellement membres du parti (par exemple, Schacht), répugna toujours à agir contre tout membre de la vieille garde - même contre Röhm. Quels que fussent leurs défauts, auxquels il était indifférent, il appréciait leur loyauté et leur fidélité et (c'est l'un de ses traits les plus humains) en retour, se montrait loyal et tolérant envers eux, à un degré surprenant chez lui.

Staline ne disposait pas de grandes réserves de loyauté et de confiance, non plus que de gratitude. Sa suspicion ne se relâchait jamais : c'était précisément de la vieille garde bolchevique qu'il se méfiait le plus. Même des hommes qui, au comité central ou au politburo, avaient été étroitement associés à lui dans la mise en œuvre de la seconde révolution, furent exécutés, se suicidèrent ou moururent dans les camps*. Il n'y eut rien de comparable dans l'histoire du IIIᵉ Reich, où le groupe original de dirigeants nazis survécut en grande partie jusqu'à la fin.

Staline semble n'avoir eu aucun ami personnel, aucun familier, et presque toujours ses compagnons à dîner appartenaient au petit groupe avec lequel il dirigeait le pays, plus le visiteur du jour – généralement un président ou un secrétaire du parti venu d'Ukraine ou du Caucase, de passage à Moscou. Ils parlaient surtout boutique, mais on buvait beaucoup et, s'ils n'allaient pas voir un film, Staline, qui avait un sens de l'humour sardonique, s'amusait à harceler ses camarades et à les enivrer.

---

* Voir ci-après, chapitre 12.

Ces dîners semblent avoir été sa seule forme de détente régulière. « Je ne crois pas », écrivit Khrouchtchev, « qu'il y ait jamais eu un dirigeant à ce niveau de responsabilité qui ait perdu autant de temps que Staline devant la table du dîner, à boire et à manger[46]. »

Staline n'avait pas besoin de se laisser aller à des explosions de colère comme Hitler, il lui était inutile de parler sans arrêt ou d'élever la voix ; il parlait en général doucement. Doté d'un physique guère impressionnant (il ne mesurait pas plus d'un mètre soixante-trois et les photographes devaient tenir compte de sa susceptibilité sur ce point), il dominait n'importe quel groupe du simple fait d'être « le Chef » et par la brutalité éprouvée avec laquelle il pouvait agir.

Fier de sa perspicacité – « ce n'est pas facile d'avoir Staline » – il n'aurait eu que mépris pour les divagations d'Hitler sur la race, l'essor et le déclin des nations. Si, en vieillissant, des fantômes et des visions à la Goya commençaient de le hanter, il les gardait pour lui et prenait bien garde de ne pas révéler ses pensées.

Les deux hommes étaient conscients de l'importance des arts et de leur contrôle pour changer la manière de penser et de sentir du peuple. Toutefois, en 1934, leur absorption totale par la politique ne leur laissait pas plus le temps de goûter les œuvres artistiques pour leur propre compte, que d'avoir des relations personnelles.

Outre le cinéma, l'un des rares plaisirs de Staline était le théâtre. Il en devait la découverte à son épouse, et on les voyait souvent ensemble à des représentations de pièces, d'opéras et de ballets. Après la mort de Nadejda, il continua à fréquenter le théâtre, en particulier le Bolchoï. Généralement seul, il prenait place dans sa loge après l'extinction des lumières. Il s'intéressait de près (souvent d'un œil critique) à ce qu'on jouait, comme il le faisait pour ce qu'on publiait. Il conserva jusqu'à la fin de sa vie un certain respect pour les artistes et les écrivains, alors même qu'il en persécutait certains. Sa bibliothèque a été examinée et tant le nombre des livres que les passages soulignés montrent qu'il avait, bien plus qu'Hitler, l'habitude de lire[47]. La majorité des livres de Staline traitaient de politique, de marxisme et d'histoire. Cependant, sa connaissance des classiques de la littérature russe était évidente dans sa conversation – bien plus que la familiarité d'Hitler avec les auteurs allemands. Parmi les écrivains qu'il citait figuraient, à ce qu'on rapporte, Tchekhov, Gogol, Gorki et le satiriste Saltykov-Chtchedrine, Tolstoï, et même Dostoïevski et Pouchkine.

Hitler restait un admirateur de Wagner et dans les années 1930, ne manquait jamais de faire une apparition au festival de Bayreuth. Il semble avoir eu peu d'attirance pour d'autres musiques, hormis l'opérette – *La Chauve-souris* et *La Veuve joyeuse* de Lehar. Au cinéma, ses goûts le portaient également vers le divertissement léger, peu exigeant. C'était pour les arts dans lesquels il croyait qu'il aurait pu réussir – la peinture et le dessin – et l'art sur lequel il comptait pour atteindre la grandeur – l'architecture – qu'il éprouvait un intérêt passionné. Là-dessus, il ne permettait à personne de remettre en cause son jugement.

En peinture, son intérêt se manifesta par les purges drastiques qu'il imposa aux galeries allemandes*, et par son activité de collectionneur. Son goût artistique restait aussi fixe que sa *Weltanschauung* historique et raciste ; les fondements de l'un et de l'autre remontaient à la Vienne d'avant-guerre. S'il admirait le classique et la Renaissance italienne, Hitler s'enthousiasmait réellement pour la peinture romantique allemande du XIXᵉ siècle, depuis la peinture sentimentale – les buveurs de Eduard Grützner – jusqu'aux thèmes héroïques, idylliques, allégoriques, historico-patriotiques, l'équivalent visuel de Wagner sans le génie. Parmi les artistes qu'il prisait beaucoup figuraient Hans Makart, Carl Spitzweg et Adolf Menzel. Dès 1925, il dessina le plan d'une Galerie nationale, et dans les années 30, commença une collection d'œuvres allemandes du XIXᵉ pour le musée qu'il voulait ouvrir à Linz, dans la ville autrichienne où il avait pris conscience pour la première fois de sa fascination pour Wagner et pour l'architecture.

Hitler revint de son voyage en Italie en 1938, si impressionné par ce qu'il avait vu, qu'il décida d'égaler Rome et Florence en faisant du futur établissement de Linz « le plus grand musée du monde ». La guerre et l'occupation de la moitié du continent fournirent l'occasion de mener à bien une redistribution des trésors de l'art européen. Guidé par Hans Posse, directeur général de la galerie de Dresde et par une équipe d'assistants, Hitler rassembla – en partie par achat forcé, en partie par confiscation – une collection qui, à la fin de la guerre, comprenait 10 000 tableaux, plus des dessins, des gravures, des tapisseries, des sculptures et du mobilier. Sous l'influence de Posse, Hitler se laissa persuader d'élargir ses choix à des siècles antérieurs à son XIXᵉ favori. Parmi les 6 755 tableaux entreposés dans une mine de sel à Alt-Aussee, se trouvaient le retable de Gand des frères Van Eyck, et des œuvres de Rubens, Rembrandt, Vermeer, Léonard de Vinci et Michel Ange [48]. Durant les dernières semaines, la guerre, l'ordre de détruire le dépôt à l'explosif fut envoyé par le quartier général d'Hitler, assorti de la menace de mort en cas de non-exécution. Heureusement, cet ordre ne fut pas appliqué.

Mais ce fut en architecture qu'Hitler s'approcha le plus près du génie artistique qu'il croyait posséder. Avec l'aide de Speer et d'autres architectes, il vit ses idées et ses dessins de bâtiments se transformer en croquis de travail, puis en maquettes à grande échelle qu'il ne se lassait pas de contempler. C'étaient là ses créations, avec lesquelles il était déterminé à éclipser les monuments qu'il admirait le plus, les Opéras du XIXᵉ siècle de Paris et de Vienne, le palais de justice de Bruxelles, la Ringstrasse de Vienne, le même « baroque enflé » qui avait attiré l'empereur Guillaume II, « le style [note Speer] qui accompagnait le déclin de l'Empire romain [49] ».

---

* Voir plus loin, p. 441.

Hitler connaissait par cœur et dans le détail les mesures de tous les bâtiments qu'il appréciait le plus. Sa mégalomanie l'incitait à exiger que ses immeubles à lui fussent deux, trois, quatre fois plus grands, exigence qui sacrifiait tout sens du style à la taille. Comme tant de tyrans depuis les pharaons, il considérait cet équivalent personnel des pyramides comme l'« impérissable confirmation » de son pouvoir.

En Albert Speer, Hitler croyait avoir trouvé le jeune architecte doué qu'il aurait pu, imaginait-il, devenir lui-même. « J'étais fou de joie à l'idée d'accomplir quelque chose à vingt-huit ans », écrivit Speer dans ses mémoires. « J'aurais vendu mon âme comme Faust. Maintenant, j'avais trouvé mon Méphistophélès [50]. » Ils devinrent aussi proches qu'Hitler le pouvait être d'un autre être humain. Avec Speer, il se détendait et parlait comme il l'avait fait avec Kubizek, le seul ami de sa jeunesse. « Sa philosophie », écrivit par la suite Speer, « était qu'en fin de compte, tout ce qui restait pour rappeler aux hommes les grandes époques de l'histoire, c'était leur architecture monumentale. Que restait-il des empereurs de Rome ? Qu'est-ce qui témoignerait encore de leur existence aujourd'hui, si leurs monuments n'avaient pas survécu [51] ? » Prenant au pied de la lettre la vision d'Hitler, Speer projeta même d'utiliser des matériaux spéciaux et des méthodes de construction qui lui permettraient « de construire des structures qui, même dans un état de décrépitude, après des centaines ou (tels étaient nos calculs) des milliers d'années, ressemble-raient encore plus ou moins aux modèles romains [52] ».

Parmi les missions dont Hitler chargea Speer, figurait le plan grandiose d'un stade et d'un groupe de bâtiments destinés à abriter le congrès annuel du parti à Nuremberg : la colonnade seule avait deux fois la longueur des thermes de Caracalla à Rome. Mais ce projet fut éclipsé par le plan qu'Hitler conçut en 1936, de reconstruction de tout le centre de Berlin sur une échelle surpassant ce que Haussmann avait fait pour Paris – « comparable seulement à l'ancienne Égypte, à Babylone et à Rome ». Une grande avenue de 5 kilomètres devait relier un arc de triomphe de 73 mètres de haut, à une salle sous une coupole d'une capacité de 180 000 personnes. La coupole elle-même devait s'élever à près de 274 mètres et serait bâtie sur le modèle du Panthéon de Rome, avec la différence que l'ouverture ronde au sommet, qui aurait 46 mètres de diamètre, serait plus large que les dômes entiers du Panthéon et de Saint-Pierre. Son palais personnel du Führer couvrirait 55 hectares. Le coût de telles constructions était balayé d'un geste méprisant. Hitler avait une maquette du nouveau Berlin de trente mètres de long, qu'il se faisait une joie de montrer à ses visiteurs préférés en les assommant de statisti-ques. Chaque heure du jour et de la nuit, chaque fois qu'il était à Berlin – et aussi bien durant la guerre – Hitler emmenait Speer inspecter une fois de plus ce qu'il considérait comme son chef-d'œuvre.

Une seule chose gâchait le plaisir d'Hitler, la découverte que les Russes préparaient la construction à Moscou d'un palais des congrès encore plus grand en l'honneur de Lénine. Car Staline lui aussi s'était mis en tête de reconstruire sa capitale et assistait à toutes les réunions de la commission de construction du palais des soviets, qui devait être le plus vaste bâtiment du monde, surmonté d'une statue de Lénine de trente mètres de haut. Afin de dégager la place nécessaire devant le Kremlin, il ordonna la démolition de la plus grande cathédrale de Moscou. Staline repoussa les propositions de construction d'une nouvelle métropole formulées par Le Corbusier et d'autres éminents architectes d'avant-garde au profit d'un plan plus conventionnel qui fut approuvé en 1936, dix ans étant accordés pour sa réalisation. A la même époque, le métro de Moscou, dont Kaganovich et Khrouchtchev se virent confier la construction, donnait un avant-goût (sa première ligne fut ouverte en 1935) de ce à quoi la capitale pourrait ressembler.

La guerre survint (« Maintenant, ça va être pour de bon la fin de leurs constructions », remarqua Hitler avec satisfaction) et le palais des soviets, comme le bâtiment à coupole d'Hitler, ne fut jamais construit. Mais à la différence d'Hitler, qui mit fin à ses jours dans les ruines de Berlin, Staline vécut assez pour voir la suite de son plan de restructuration de Moscou mené à bien, avec six gratte-ciel à la place du palais.

Un régime marxiste était par définition « impie », et Staline s'était moqué des croyances religieuses depuis l'époque du séminaire de Tiflis. Hitler avait reçu une éducation catholique et était impressionné par l'organisation et le pouvoir de l'Église, la manière dont elle savait traiter la nature humaine lui ayant, à ce qu'il disait, beaucoup appris. Il n'avait que faire du clergé protestant : « Ce sont d'insignifiants petits individus, soumis comme des chiens, et ils transpirent d'embarras quand on leur parle. Ils n'ont pas de religion qu'ils puissent prendre au sérieux et pas non plus une formidable position à défendre comme Rome [53]. » C'était la « formidable position » de l'Église qu'Hitler respectait, le fait qu'elle eût duré des siècles. Il n'avait que faire de sa doctrine, qu'il considérait comme une religion d'esclaves, et détestait son éthique. « Si l'on poussait sa logique jusqu'au bout, le christianisme signifierait la culture systématique de l'échec humain [54]. »

Hitler déclarait que la conscience était « une invention juive, une tare comme la circoncision », et (sauf quand cela servait ses buts politiques, comme dans la dénonciation de l'homosexualité des chefs des SA), balayait d'un revers de main les plaintes sur les obscénités d'un Streicher ou sur la corruption et les abus de pouvoir des autres dirigeants du parti, sans importance à ses yeux en comparaison de leur loyauté et des services rendus par eux au mouvement. Staline ajoutait simplement ce type d'information aux dossiers tenus sur tous les membres du parti, pour le jour où il pourrait être nécessaire de les livrer au NKVD.

Hitler couvrait de sarcasmes les efforts sérieux de ceux de ses partisans qui, comme Himmler, essayaient de rétablir la mythologie et les rites païens ou qui, comme Hess, se fiaient à l'astrologie et consultaient les astres. Dans de telles matières, il partageait le point de vue matérialiste de

Staline, fondé sur la certitude des rationalistes du XIXe siècle, que le progrès de la science détruirait tous les mythes et avait déjà prouvé que la doctrine chrétienne était une absurdité. D'un autre côté, le mythe d'Hitler lui-même devait au moins être protégé, et cela le conduisit souvent, comme Napoléon, à parler de la Providence, projection nécessaire quoiqu'inconsciente de son sens du destin, qui lui fournissait justification et absolution. « Les Russes », remarqua-t-il un jour, « avaient raison d'attaquer leurs prêtres, mais ils n'avaient pas le droit de s'en prendre à l'idée d'une force suprême. C'est un fait que nous sommes de faibles créatures et qu'il existe une force créatrice [55]. »

L'assaut de Staline contre la paysannerie russe avait été conduit aussi bien contre leurs biens individuels que contre leur religion traditionnelle, et la défense de celle-ci avait joué un rôle déterminant dans la résistance paysanne, en particulier chez les femmes. C'est seulement quand Staline commença à cultiver le nationalisme russe, que son hostilité envers l'Église orthodoxe se modéra. Des raisons politiques poussèrent Hitler à contenir son anticléricalisme et à refuser de se laisser entraîner dans des attaques publiques contre l'Église, comme Bormann et d'autres nazis l'auraient voulu. Mais il se promit que, lorsque le moment serait venu, il réglerait ses comptes avec les prêtres des deux croyances. Quand il le fit, aucun scrupule juridique ne le retint.

Staline et Hitler n'étaient pas seulement matérialistes dans leur rejet de la religion mais aussi dans leur insensibilité à l'humanité. Les seuls êtres humains qui existaient pour eux, c'était eux-mêmes. Le reste des hommes était considéré soit comme des instruments permettant d'atteindre leurs objectifs, soit comme des obstacles à éliminer. Ils ne considéraient la vie qu'en termes de politique et de pouvoir : tout le reste – les relations et les émotions humaines, le savoir, les croyances, les arts, l'histoire, la science – n'avait de valeur qu'en fonction de son exploitation possible dans un but politique.

Les deux hommes ne furent remarquables que pour le rôle qu'ils jouèrent. En dehors de ceux-ci, leurs vies privées étaient insignifiantes et pauvres. Et chacun de ces rôles était consacré à une vision du monde qui, en dépit des énormes différences entre eux, était également inhumaine – de mondes où des populations entières pouvaient être déracinées et déplacées ; où des classes entières pouvaient être éliminées, des « races » réduites en esclavages ou éliminées ; des millions de vies sacrifiées dans la guerre et même en temps de paix ; des individus des deux sexes écrasés par la structure monolithique – État, *Volk*, parti, armée, complexes industriels géants, fermes collectives, camps de travail et de concentration – dans laquelle ils étaient organisés.

IV

L'instrument au moyen duquel les deux hommes vinrent au pouvoir était le parti : le parti communiste de l'Union soviétique (PCUS) dans un cas ; le parti national-socialiste ouvrier allemand (NSDAP) dans l'autre. Leur idéologie et leurs objectifs affirmés les opposaient, de manière ouverte et irréconciliable, mais dans leur structure et dans leur fonction, ils avaient beaucoup en commun. Tous deux, par exemple, différaient radicalement des partis démocratiques, qui existent pour organiser une compétition publique et constitutionnelle pour le pouvoir politique ; le but du PCUS et du parti nazi était d'abolir cette compétition et d'assurer un monopole permanent du pouvoir. Tous deux se présentaient, à raison, comme un nouveau type de parti, exigeant beaucoup de leurs membres et leur imposant une stricte discipline dans l'exécution des ordres de la direction.

Les différences les plus importantes entre eux étaient dues à leurs expériences historiques différentes. A la différence des nazis, les bolcheviks, presque jusqu'au jour de leur arrivée au pouvoir, n'étaient pas seulement dans l'opposition : c'était une organisation illégale. La conception qu'avait Lénine d'un parti révolutionnaire d'avant-garde, avec ses cellules pénétrant la société qu'il cherchait à remplacer, dérivait des populistes russes du XIXᵉ siècle. Elle était adaptée à la situation des bolcheviks, parti clandestin, aussi bien qu'à la conviction de Lénine, que la révolution devait être menée par des révolutionnaires professionnels et ne pouvait être abandonnée au développement des forces historiques ou à l'action spontanée de la classe ouvrière.

Cette tradition léniniste d'un parti d'avant-garde cherchant à mobiliser le soutien des masses, mais se maintenant toujours à distance d'elles et ne laissant jamais sa direction et sa politique dépendre de leur consentement, resta caractéristique du PCUS longtemps après qu'il eut formé le gouvernement du pays et éliminé ses rivaux.

Les nazis, au contraire, n'avaient jamais formé un parti clandestin et, suivant la politique « légaliste » d'Hitler, avaient réussi à opérer à visage découvert. Au début des années 30, le NSDAP devint un parti de masse (800 000 membres à la fin de 1932) qui, loin d'être isolé de la population, obtenait le plus fort pourcentage de voix de l'histoire des partis en Allemagne.

La différence d'expérience historique affectait aussi la position personnelle de Staline et d'Hitler. La tradition de direction collective du PCUS était encore trop forte à la fin de 1934 pour que Staline n'en conservât pas au moins l'apparence. L'une des raisons pour la maintenir était l'accusation d'abandonner la tradition européenne de social-démocratie. Ceci avait déjà commencé sous la direction de Lénine, ainsi que les mencheviks exilés et les chefs socialistes occidentaux n'avaient jamais cessé de le soutenir.

Plus la voie russe divergeait de celle des partis socialistes de l'Occident, avec la collectivisation forcée du début des années 1930 – et plus

s'exacerbaient les attaques du Komintern dominé par les Russes contre les
« sociaux-fascistes » – plus Staline avait avantage à maintenir une façade
de continuité et à s'agripper à des phrases fétiches qui étayaient sa prétention à être le véritable héritier de la tradition marxiste. La relation de Staline avec le parti devait changer radicalement après 1934, mais au début
des années 30, le « culte du parti », dont il était le gardien, était la
meilleure réponse aux accusations de culte de la personnalité.

Ne devant rien à aucun prédécesseur, Hitler exigea et obtint l'acceptation de sa position unique de Führer par le parti nazi, dès les années 20.
Aucune disposition ne prévoyait la discussion de la politique ou de la
tactique ; les décisions en ces matières n'étaient pas votées, mais réservées
au Führer. Hitler n'avait aucun goût pour les élections de responsables et
pour les commissions : c'était au Führer de les désigner ou de les démettre
quand il le jugeait convenable. Quant à l'opposition à l'intérieur du parti,
elle était terminée avec l'élimination de Strasser et de Röhm. Le parti,
comme ses membres le proclamaient fièrement, était fait pour l'action, pas
pour la discussion.

Hitler et les nazis continuaient de regarder leur organisation comme
un parti révolutionnaire. La politique légaliste n'impliquait pas une
conversion au constitutionnalisme, il s'agissait seulement d'exploiter les
libertés démocratiques promises par la Constitution de Weimar pour
travailler à son abolition. Maintenant que cela avait été mené à bien, la
question à laquelle Hitler devait répondre était celle du rôle que le parti
devrait jouer après l'accession au pouvoir de ses dirigeants.

Dans le cas de l'Union soviétique, la réponse était assez simple : le
Parti communiste s'était emparé du gouvernement. Après dix-sept ans
aux affaires, ce n'est pas seulement l'administration de l'État, mais aussi
l'économie, les industries nationalisées, l'agriculture collectivisée et les
forces armées, qui toutes opéraient sous les ordres directs du parti. Le
centre du pouvoir n'était pas le conseil des commissaires du peuple (plus
tard rebaptisé conseil des ministres), mais le politburo. Les membres de
ce dernier réapparaissaient au conseil comme président, vice-président et
commissaires principaux pour s'assurer que la politique décidée par le
politburo était suivie par l'administration. Rien ne le démontre mieux
que le fait que l'homme le plus puissant en Russie n'était pas chef de
l'État, chef du gouvernement ni même membre du conseil des commissaires, mais se contentait d'exercer le pouvoir au poste de secrétaire
général du parti et comme membre du politburo.

Le plus gros problème en Russie était le manque de gens expérimentés
et formés pour gouverner le pays. Pendant des années, les communistes
durent se fier aux « spécialistes bourgeois » qui restaient de l'époque
tsariste ou recrutés à l'étranger et toujours suspectés d'hostilité au nouveau
régime. En 1928, Staline lança une campagne pour s'en débarrasser, mais
dut se rétracter trois ans plus tard et demander qu'on reconnaisse leurs
services comme indispensables. Le parti avait des hommes capables dans
ses rangs, mais ils ne furent jamais en nombre suffisant. Les purges qu'il

conduisit – quatre entre la guerre civile et 1934 – visaient les corrompus, les incapables et les opportunistes aussi bien que les « déviationnistes » et les « oppositionnistes ». Le nombre d'adhérents reflétait le problème. En mars 1921, il s'élevait à 730 000 (y compris les candidats) dans un pays qui comptait environ 120 millions d'habitants. Le chiffre monta jusqu'à 3,5 millions au début de 1933, mais les purges le ramenèrent à 2,35 millions à la fin de 1934 et à un peu plus de 2 millions en 1937, soit beaucoup plus une élite qu'un parti de masse. Le mot d'ordre de Staline, « les cadres sont tout », résuma la priorité absolue donnée au recrutement et à la formation d'une génération plus jeune d'adhérents, en nombre suffisant pour combler les vides.

Hitler aussi déclara que « la conquête du pouvoir est un processus sans fin », et une fois que le parti nazi se fut assuré le monopole du pouvoir, ses membres, en particulier les *Alte Kämpfer* qui avaient fait des sacrifices pour cette entreprise et avaient souffert pendant le *Kampfzeit*, comptaient bien s'emparer du gouvernement – et de tous les postes et les petits profits qui allaient avec, dans un pays hautement organisé – comme l'avait fait le parti communiste en Union soviétique. Les membres les plus radicaux visaient à plus que cela : Röhm et les SA à remplacer l'armée ; les zélateurs de l'État corporatiste, à briser l'emprise du grand patronat et des banques sur l'économie (comme le promettait le programme original du parti) ; la NSBO (organisation d'usine nazie), à rétablir l'équilibre entre travail et capital.

Pendant une brève période, durant le printemps de 1933, on eût pu croire qu'ils allaient y parvenir ; en juillet 1934, il était clair que ce ne serait pas le cas. Ce fut pour Hitler une décision difficile à prendre, mais une fois celle-ci arrêtée, il agit de manière si brutale et si dépourvue d'ambiguïté en éliminant les SA comme force indépendante, qu'il ne laissa aucun doute sur le fait que la révolution – ou sa présente étape – était terminée.

Les arguments politiques en faveur d'une telle démarche étaient assez puissants : c'étaient la succession de von Hindenburg et l'attitude de l'armée. Mais pour autant que le parti fût concerné, la raison principale en était qu'Hitler s'était aperçu que ce dernier ne possédait pas assez d'hommes capables de prendre en charge la gestion du pays. La même constatation avait déjà été tirée en Russie, avec cette importante différence qu'en Allemagne étaient déjà en place une fonction publique, des dirigeants économiques et des forces armées d'un niveau que peu d'autres États pouvaient égaler. En considérant les choses de haut, Hitler reconnut que, s'il tentait de les remplacer, ou les mettait sous le contrôle de camarades du parti dont l'éducation, le savoir-faire et l'expérience étaient nettement inférieurs, son objectif immédiat de rétablissement économique et de restauration du pouvoir allemand serait sérieusement compromis.

Mais, d'une manière caractéristique, Hitler ne donna aucune indication claire du rôle qu'il réservait au parti pour l'avenir. Il préférait, comme toujours, garder son choix ouvert et éviter une décision, refusant (par exemple) de définir de manière satisfaisante pour les deux bords, la relation future entre la fonction publique et le parti, du point de vue des tâches et des juridictions.

Les militants pouvaient participer aux succès du nouveau régime par procuration, ils pouvaient encore être unis à leur Führer et exaltés par lui, dans les rassemblements annuels du parti. Le mythe d'Hitler était toujours vivant et beaucoup s'accrochaient aux espoirs que celui-ci ravivait à coup d'allusions aux grandes tâches futures. Les Gauleiter locaux jouissaient d'un grand pouvoir au niveau régional et, ce qui n'était pas moins important, disposaient d'une clientèle régionale. La plupart des adhérents trouvèrent un emploi, mais hormis une minorité de dirigeants, ce fut aux niveaux inférieurs, très gonflés, de l'appareil du parti, et à l'échelon local. Ceux qui parvinrent aux responsabilités les plus élevées (comme Goering, par exemple) prirent l'allure et les habitudes d'une autorité ministérielle ou d'un haut fonctionnaire. Les autres ne pouvaient plus nourrir l'illusion d'être un corps d'élite dans lequel on recruterait une nouvelle classe gouvernante. Après juillet 1934, il n'y eut plus de purge et le nombre d'adhérents continua de croître. Fin 1934, il atteignait 2 millions et demi, dans un pays considérablement moins peuplé que l'URSS, et se trouvait être bien plus un parti de masse qu'une élite. Le rôle des militants, après la prise du pouvoir, était essentiellement le même qu'auparavant, mobiliser et éduquer les masses pour soutenir les objectifs proclamés par Hitler.

Hitler ne répudierait jamais le parti, qui était sa création et l'instrument de son accession au pouvoir ; mais il ne dépendait plus de lui. Il n'était plus seulement chef du parti, il était aussi chef de l'État, chef du gouvernement, et plus important que tout cela, « Führer du Reich allemand et du peuple allemand ». C'était le début d'un processus par lequel l'Allemagne passait d'un régime de parti unique à celui d'une autocratie.

En dépit de la position bien plus puissante du Parti communiste en Union soviétique, ce furent les indices tendant à prouver que Staline suivait le même chemin, d'un gouvernement oligarchique à un gouvernement autocratique, qui en 1933-1934 alarmèrent les membres du politburo et du comité central inexactement appelés l'Opposition. En revanche, en Allemagne, même s'il y avait des militants déçus qui grognaient qu'Hitler avait trahi les idées originales du mouvement, il n'y avait plus de résistance ni dans le parti ni chez les SA. Cependant, en Russie, que l'opposition fût réelle ou non, Staline se convainquit qu'elle existait et il agit pour la supprimer, par les mêmes moyens auxquels Hitler avait recouru pour supprimer Röhm et les SA, mais sur une bien plus grande échelle.

Créer et maintenir un gouvernement autocratique nécessitait un instrument spécial, responsable devant un seul homme et organisé pour exécuter ses ordres arbitraires sans les discuter, sans égard pour la loi, et sans aucune forme de retenue. Le parti ne correspondait plus aux buts des deux hommes. En Russie, ces objectifs devaient inclure la destruction de ce qui restait de l'organisation que Lénine avait connue. La place du parti fut prise par la police secrète, le NKVD dans le cas de Staline, les SS dans celui d'Hitler.

La police secrète soviétique fut fondée par décision du conseil des commissaires du peuple, le 20 décembre 1917, la Tcheka (commission extraordinaire pour la répression de la contre-révolution et du sabotage) et s'installa à la Loubianka, ancien immeuble d'une compagnie d'assurances à Moscou. C'était moins d'un an après que le gouvernement provisoire eut aboli l'Okhrana, la police tsariste haïe, bien connue des chefs du parti bolchevique, et qui avait réussi à s'infiltrer *. Lénine n'eut aucun scrupule à en créer un équivalent bolchevique. Il admirait grandement la Terreur jacobine et dès 1905, prévoyait la nécessité de la répéter en Russie. Trotski et lui défendaient la terreur comme un élément essentiel de la révolution. La première exécution sans jugement de la Tcheka qu'on connaisse remonte au 24 février 1918 et son activité sous les ordres de Dzerjinski a déjà été décrite.

La Tcheka perdit son nom en février 1922 mais ne subit en fait qu'une série de transformations (GPU-NKVD-KGB)** sans que son caractère fût changé pour l'essentiel. Le tournant de son histoire fut la campagne de collectivisation antikoulak. Les arrestations arbitraires et les exécutions sans procès devinrent pratique courante et il y eut un énorme accroissement du nombre de prisonniers envoyés dans les prétendus camps de travail, installés dès 1918-1919. Les règlements qui gouvernaient leur grande expansion dans les années 30 furent établis le 7 avril 1930, organisant le Goulag, l'Administration principale des camps de travail. Le premier nommé à sa tête fut Iagoda, qui était chef-adjoint de l'OGPU et en deviendrait chef par la suite. En cette année 1930, le nombre de prisonniers des « lieux de détention » est estimé à 600 000. Pour 1931-1932, le nombre de détenus s'élève, selon les estimations, à près de deux millions, dont la majorité dans des camps. Ce fut avant les purges et les procès des années 30, où ces chiffres furent triplés ou quadruplés.

En Allemagne, l'usage qui pouvait être fait de la violence et de la terreur avait été bien compris dès le début par Hitler et par les autres chefs nazis, longtemps avant qu'il vienne aux affaires. Une fois au pouvoir, et particulièrement après l'incendie du Reichstag, une campagne de terreur fut déclenchée contre les communistes et les sociaux-démocrates. Les SA

---

* L'un des plus célèbres agents de l'Okhrana, Roman Malinovski, devint l'agent principal et l'homme de confiance de Lénine en Russie avant d'être le chef des députés communistes à la quatrième Douma. En 1908-1909, quatre des cinq membres du comité des bolcheviks de Saint-Pétersbourg étaient des agents de l'Okhrana. Les rumeurs persistantes selon lesquelles Staline était aussi un agent n'ont jamais été confirmées.
** Voir glossaire.

profitèrent de la possibilité d'arrêter, de battre et souvent de torturer des milliers de gens avec qui ils avaient de vieux comptes à régler remontant aux batailles de rue des deux dernières années. A l'été de 1933, leurs excès devinrent un embarras pour Hitler, et l'emploi des SA comme police auxiliaire fut abandonné. Mais, abolis en 1933, les droits fondamentaux, dont la protection contre l'arrestation arbitraire, ne furent pas rétablis.

La confrontation avec Röhm et les SA durant l'été 1934 fit sentir à Hitler la nécessité d'une force d'élite beaucoup plus disciplinée et mieux formée qui, comme le NKVD, serait responsable devant lui seul et d'une obéissance absolue. Ni les SA, ni le parti, organisation de masse, ne pouvaient répondre à ce besoin. Hitler trouva ce qu'il voulait dans les SS (*Schutzstaffeln*, sections de protection) créées à Munich en 1925, qui reprirent les insignes et la fonction de l'ancien « escadron d'assaut d'Hitler » et se chargèrent de la protection d'Hitler et des autres dirigeants nazis. Elles formaient une partie de l'empire des SA mais sous les ordres de l'ambitieux Himmler, nommé Reichsführer SS en janvier 1929, elles commencèrent à repousser leur nombre limite (de 10 000 fin 1929 à 50 000 au printemps 1933) et à changer de caractère. Himmler s'employa à les distinguer du reste des SA, qui étaient aussi, en 1929-1930, en plein développement et recrutaient chez les jeunes chômeurs et ouvriers. Himmler prit le parti inverse et par un strict contrôle de l'enrôlement et des activités commença à bâtir un corps d'élite.

En avril 1934, Himmler et Heydrich achevèrent de mettre la main sur la police politique, la Gestapo, et durant l'été, ce furent les escouades armées de SS qui exécutèrent les dirigeants SA. En récompense, Himmler obtint la reconnaissance des SS comme organisation indépendante ; le droit de former des unités SS armées (*Verfügungstruppe*, ancêtre des Waffen SS de la guerre) ; et la responsabilité des camps de concentrations (de là viennent les *Totenkopfverbänden*, les gardiens de camp SS à la tête de mort).

Juillet 1934 a donc une double importance, la réduction des SA au rang d'organisation d'anciens combattants qui, une fois la révolution politique accomplie, n'avait plus d'autre rôle ; et la création, avec les SS, de l'organe exécutif du nouvel État du Führer qu'Hitler allait développer, indépendant à la fois du parti et de l'État, responsable devant lui seul et hors du cadre de la constitution et de la loi.

Il est peu vraisemblable qu'Hitler ait prévu en 1934 le plein développement de ses conceptions. Mais l'orientation générale, l'instinct du pouvoir personnel comme fonction de sa mission providentielle étaient là depuis le début de sa carrière, comme il l'avait déjà montré dans le parti. S'il ignorait jusqu'où cela le conduirait, il savait instinctivement dans quelle direction aller. Les choses se ralentirent vers le milieu des années 30 – en 1937, il n'y avait pas plus de 10 000 prisonniers et de 4 000 gardes dans les trois principaux camps de concentration – avant de s'accélérer avec l'éclatement de la guerre. A son apogée (en 1944), la rivale SS de la Reichswehr, la Waffen SS, comprenait trente-huit divisions, pour la plupart motorisées et blindées, rassemblant 910 000 hommes, tandis que les trois camps de concentration de 1937 avaient pris les dimensions, à l'est, d'un empire esclavagiste nazi, placé sous le contrôle des SS, rivalisant en taille et en horreur avec celui que Staline et le NKVD avaient créé en Russie*.

V

Outre le renseignement et la sécurité, il y avait un grand nombre d'autres domaines clés sur lesquels Staline et Hitler entendaient exercer leur monopole. La plupart étaient les mêmes dans les deux régimes. Le contrôle de l'économie était néanmoins celui qui les différenciait le plus.

Marxiste, Staline considérait la question de savoir qui contrôlait l'économie comme la clé de toutes les autres, sociales et politiques. Candidat à la succession de Lénine, il avait fait d'une rupture avec les compromis de la Nouvelle politique économique le terrain de la défaite de ses rivaux. Ayant succédé à Lénine, il se consacra à l'achèvement de la nationalisation des moyens de production, de distribution et d'échange – en agriculture autant que dans l'industrie et le commerce – comme dans ce qui manquait pour consolider l'incomplète prise du pouvoir par Lénine en 1917. Dirigeant d'un énorme pays sous-développé, il tenait le développement économique planifié par le haut comme le seul moyen de créer la base industrielle qui permettrait au peuple russe de se débarrasser de son arriération.

Une fois que Staline eut projeté d'y parvenir grâce au plan quinquennal, tout devait être subordonné au succès de celui-ci, à n'importe quel prix. La concentration de l'investissement dans une industrie lourde produisant du capital et non des biens de consommation ; la création de cadres gestionnaires et de la force de travail qualifiée pour réaliser les premières avancées ; l'élévation de la productivité – tout ceci devint pour Staline la priorité.

Toutefois, ce que Staline cherchait à faire en Russie, avait déjà été accompli en Allemagne au siècle précédent, et avait été la base du pouvoir économique et militaire allemand dans la Première Guerre mondiale. Le but d'Hitler était de recréer ce pouvoir et d'assurer l'avenir de l'Allemagne par l'expansion à l'Est, un retour à la formule classique de l'impérialisme. Le préalable était de se débarrasser des limites imposées par le traité de Versailles ; la priorité, de réarmer.

Hitler était assez perspicace pour voir que rien ne pouvait mieux gagner une adhésion enthousiaste au nouveau régime, que la restauration de l'économie et la réduction du chômage. Mais il insista lors d'une des premières réunions du cabinet après son arrivée à la chancellerie, sur le fait que le rétablissement économique n'était pas une fin en soi. C'était un moyen au service d'une fin – « rendre le peuple allemand à nouveau

---

* Voir la carte vol. 2, pp. 210-211.

capable de porter les armes » – qui était, elle, le critère selon lequel chaque mesure de création d'emploi devait être jugée.

La conviction, chez Hitler, que le réarmement et le rétablissement économique devaient être accomplis en même temps était justifiée par le résultat : l'économie allemande redressée et l'Allemagne réarmée. La relation entre les deux – la contribution exacte que le réarmement apporta au redressement – peut être abandonnée aux historiens de l'économie. Ce qui est clair, c'est la conception instrumentale qu'Hitler avait de l'économie. C'était celle-ci, et non une prédilection pour le capitalisme, qui le poussa à supprimer la campagne anticapitaliste dans le parti nazi. Sa décision était pragmatique : le moyen le plus rapide de réaliser le réarmement et le rétablissement était de travailler avec le système économique existant, et non de se lancer dans une période de troubles par des expériences nouvelles et radicales qui susciteraient une forte opposition. Mais pas plus qu'avec les généraux, l'empressement d'Hitler à travailler avec eux dans la phase initiale ne signifiait qu'il était désireux de laisser les industriels ou les banquiers (comme Schacht) déterminer une politique à long terme. La relation, dans les deux cas, changea dans le cours des années 30, et la question du contrôle de l'économie par l'État d'Hitler reçut en 1936 une réponse différente quand celui-ci lança son propre plan quadriennal en Allemagne.

Dans un second domaine, la politique étrangère et la défense, 1934 marqua un tournant, Staline reconnaissant la réalité de la menace nazie contre l'Union soviétique. Ce fut la première phase d'une relation entre les deux régimes qui en vint à dominer les années 1940, et eut des répercussions, après la mort d'Hitler, dans la guerre froide.

Jusqu'en 1934, préoccupé par la révolution qu'il avait lancée chez lui, Staline manifesta peu d'intérêt pour la politique étrangère. Au VIe congrès du Komintern, en 1928, il avait établi sa position de chef du mouvement communiste mondial, mais le considérait seulement du point de vue de la Russie. Une résolution du congrès arrêta : « Le communisme international doit être exprimé en lui subordonnant les intérêts locaux et particuliers du mouvement, et en exécutant sans aucune réserve les décisions prises par les corps dirigeants de l'Internationale communiste [56]. » En pratique, cela signifiait que l'exécutif du Komintern, présidé initialement par Molotov, puis par un partisan de second rang de Staline, Manouilski, devait siéger à Moscou. Comme la seule fonction de cette organisation était de transmettre les ordres aux partis allemand, français, italien et autres, il n'était nul besoin de discuter, et il n'y eut plus de congrès de l'Internationale communiste jusqu'au VIIe – qui s'avéra être le dernier – en 1935.

Ce fut sur l'insistance de Staline que le VIe congrès adopta la résolution selon laquelle les communistes partout devaient concentrer leurs attaques contre les partis socialistes, dénoncés comme « ennemis du prolétariat particulièrement dangereux, plus dangereux que les partisans avoués de l'impérialisme prédateur ».

C'était d'une importance particulière en Allemagne, où le KPD, qui ne le cédait qu'au parti russe pour la taille, rassemblait cinq millions de voix aux élections de 1932. S'ils avaient coopéré, le KPD et le SPD auraient représenté un solide bloc de 13,2 millions d'électeurs contre les 13,7 millions des nazis en juillet 1932, et 13,2 contre les 11,7 des nazis en novembre – les surpassant, dans ce dernier cas, d'un million et demi de voix. Au lieu de quoi, suivant la politique que Staline leur imposait, les communistes allemands concentrèrent leurs attaques sur les « sociaux-fascistes » du SPD, allant même jusqu'à collaborer avec les nazis contre les socialistes, dans la grève des transports à Berlin en 1932.

Ce qui attirait Staline et obscurcissait son jugement, c'était l'importance de l'aide que pourrait apportait une Allemagne communiste amie, qui contribuerait à la modernisation de la Russie – Lénine avait nourri la même illusion en 1917-1919. Cela conduisit Staline à prendre ses désirs pour des réalités et à croire que le succès croissant des nazis radicaliserait les masses allemandes, les unirait derrière le KPD et entraînerait la victoire communiste.

Le grand succès de la diplomatie soviétique avait été la relation spéciale avec l'Allemagne de Weimar, établie par le traité de Rapallo (1922), et fondé sur une opposition commune des deux puissances parias au système européen établi par les puissances victorieuses après 1918. Politiquement, Rapallo mettait fin à l'isolement russe et réduisait la menace d'une coalition capitaliste antibolchevique. En 1926, les deux pays signaient le traité de neutralité de Berlin, renouvelé en 1931. Économiquement, l'Allemagne devenait le premier partenaire commercial de la Russie, représentant un quart de la totalité des importations et des exportations soviétiques. Militairement, le traité se traduisit par une collaboration militaire clandestine qui permit à l'Allemagne de fabriquer et d'essayer des armes interdites par les traités de paix, y compris des avions et des chars, et de faire des exercices en territoire soviétique, tout en offrant aux Russes le bénéfice de la technique et du savoir militaires allemands.

La coopération militaire et commerciale entre les deux pays atteignit son apogée au début des années 1930, et Staline tenait beaucoup à ce que cette relation spéciale continue. Il ne souleva pas d'objection et ne tenta pas d'intervenir lorsque le KPD fut liquidé, et les représentants soviétiques (Litvinov, Krestinski, Molotov) se donnèrent beaucoup de mal, dans les premiers mois du nouveau régime, pour convaincre les Allemands qu'il n'y aurait pas de changement dans la politique soviétique et soutenir le renouvellement du traité de Berlin de 1926 entre les deux pays.

En janvier 1934 encore, alors qu'il reconnaissait le danger croissant de guerre, Staline déclarait devant le XVIIᵉ congrès du parti :

> Bien sûr, nous sommes loin d'éprouver de l'enthousiasme pour le régime fasciste en Allemagne. Mais le fascisme n'est pas la question, ne

serait-ce que pour la raison que le fascisme en Italie, par exemple, n'a pas empêché l'Union soviétique d'établir les meilleures relations avec ce pays [57].

Le jour même où Staline disait cela, Hitler concluait un pacte de non-agression avec la Pologne, qui non content d'opérer un renversement de la politique prussienne traditionnelle, était largement dirigé contre l'URSS. Quoique Staline n'admît jamais l'erreur qu'il avait commise, il fut obligé, bien à contrecœur, de changer de politique face à l'indéniable menace que faisaient peser contre la Russie, sur un front l'Allemagne nazie, et sur l'autre, un Japon agressif qui, depuis 1931, occupait la Mandchourie. Le mobile déterminant chez Staline, ce n'était ni le Komintern et la révolution mondiale, ni un goût pour les aventures périlleuses comme le fiasco autrichien d'Hitler, mais bien la protection des intérêts propres à la Russie. Il était sincère quand, dans ce même rapport de janvier 1934, il déclarait : « Celui qui veut la paix et qui cherche à avoir des relations d'affaires avec nous sera toujours le bienvenu », même s'il jugeait à présent nécessaire d'ajouter : « Et ceux qui oseraient attaquer notre pays recevraient un contrecoup écrasant, de sorte qu'ils ne seraient plus tentés de fourrer leur groin dans notre jardin soviétique [58]. »

En ce qui concerne la politique étrangère et la défense, l'attitude d'Hitler était aussi différente de celle de Staline que dans le domaine économique. C'était là qu'était sa priorité, et sa conception de l'économie était gouvernée par la contribution que le redressement économique pouvait apporter à la restauration de la puissance allemande. La priorité de Staline était exactement l'inverse : la modernisation de la structure économique et sociale de la Russie, et sa conception de la politique de défense étaient gouvernées par le besoin de fournir la protection nécessaire pour achever sa seconde révolution.

Hitler se préoccupait également de la sécurité extérieure en 1933-1934. La chasse aux sorcières contre les juifs, les socialistes et les communistes ; les arrestations en masse, les camps de concentration et les récits de tortures ; le boycott des entreprises juives ; la suppression des syndicats et l'autodafé de livres − tout cela, dont on était largement informé à l'étranger, renforcé par l'arrivée de 50 000 réfugiés, avait produit un choc profond dans les démocraties occidentales et l'on s'était alarmé de la tonalité hystérique prise par le fanatisme et le nationalisme nazis. La possibilité que les Français et leurs alliés polonais intervinssent par la force était prise au sérieux aussi bien par l'armée que par Hitler. A peine dix ans plus tôt, les Français occupaient la Ruhr et il n'y avait que trois ans qu'ils avaient évacué la Rhénanie. En 1933-1934, une intervention pour appliquer le traité de Versailles, avant que le réarmement allemand produisît des résultats, eût pu être désastreuse pour les plans d'Hitler.

En politique étrangère comme dans le domaine économique, certains, dans le parti nazi, avaient hâte de supplanter le ministère des Affaires étrangères conservateur et de remplacer le ministre, von Neurath, qui n'était pas nazi. Hitler permit à Rosenberg et à Ribbentrop de mettre sur pied leurs propres organisations rivales, liées au parti mais ce fut Goering, autre intrus en politique étrangère, qui négocia le pacte de non-agression avec la Pologne, l'un des plus grands succès diplomatiques d'Hitler durant ses deux premières années de pouvoir.

Les dangers que des initiatives plus radicales pourraient provoquer à ce stade critique initial apparurent clairement avec la tentative mal avisée de renversement du gouvernement Dollfuss en Autriche. L'isolement diplomatique de l'Allemagne fin 1934 était complet. Le coup réussi du pacte polonais était contrebalancé par le fait que la France fût parvenue à ranimer ses liens avec ses alliés en Europe orientale (la Petite Entente)*, tandis que le retrait de la Conférence sur le désarmement et de la Société des nations, ce geste qui flattait si bien le sentiment nationaliste allemand, était compensé par le renversement de politique de la Russie qui adhérait à la Société des nations en septembre 1934.

Si Staline savait tirer les leçons d'une situation, Hitler en était aussi capable. 1935 vit l'alliance franco-soviétique et l'adoption par le Komintern de la politique de Front populaire dirigée vers la création de la large coalition antifasciste que, sous la direction de Staline, les communistes avaient fait de leur mieux pour empêcher. Mais cette année-là enregistra aussi la dénonciation réussie des restrictions de Versailles sur le réarmement allemand et le traité maritime anglo-allemand, premiers fruits de l'habile exploitation par Hitler de la crainte de la guerre et de l'anticommunisme des démocraties.

Hitler jugeait avantageux de laisser en place von Neurath et le service diplomatique allemand traditionnel, pendant qu'il était libre d'utiliser Ribbentrop et Goering pour des missions spéciales et que l'Organisation du parti pour l'étranger (*Auslandsorganisation* - AO) sous les ordres du Gauleiter Bohle organisait les minorités allemandes au-dehors, les vingt-sept millions de membres de la diaspora allemande dans le monde – pratique parallèle à l'usage par Staline du Komintern pour organiser les autres partis communistes. Le moment venu, il n'aurait plus besoin de la façade de respectabilité que fournissait von Neurath pour rassurer l'opinion conservatrice à l'intérieur et à l'étranger ; mais alors l'Allemagne serait assez forte pour qu'Hitler apparaisse sous son vrai visage et franchisse le Rubicon.

Bien plus importante était la relation d'Hitler avec les généraux. A la fin de 1934, la prétention historique de l'armée à n'en faire qu'à sa tête semblait intacte. L'accord de l'armée avait été crucial pour la désignation du successeur de von Hindenburg et Hitler lui-même l'admettait : « Nous savons tous que si, à l'époque de la révolution, l'armée ne s'était

---

* Voir plus loin, p. 566.

pas tenue de notre côté, alors nous ne serions pas ici aujourd'hui [59]. » Par
la suite, Hitler prétendit qu'il avait évité les conflits avec l'armée durant
les premières années de son pouvoir, seulement parce qu'il savait qu'il
pouvait compter sur l'effet de l'introduction de la conscription :

> Une fois celle-ci instaurée, l'affluence de masses de gens dans la
> Wehrmacht, associée à l'esprit du national-socialisme et avec la puissance
> toujours croissante du mouvement national-socialiste, me permettrait,
> j'en étais sûr, de renverser toute opposition dans les forces armées et en
> particulier dans le corps des officiers [60].

Si cela est vrai, c'est un bon exemple de la sagacité d'Hitler, car le corps
des officiers allemands, qui comptait 4 000 membres en 1933, constituait
une base totalement inadéquate pour une armée qui quadrupla en quatre
ans. Avec 25 000 nouveaux officiers enrôlés, dont beaucoup d'une
génération plus jeune, sympathisant davantage que les contemporains de
von Reichenau avec le mouvement nazi, la cohésion du corps des officiers
et son traditionnel conservatisme furent dilués. Si Hitler jugeait qu'il était
temps de la remettre en question, ce corps ne pourrait plus espérer conserver sa position autonome. Il était significatif qu'au moment de faire, le
16 mars 1935, l'annonce spectaculaire du réarmement de l'Allemagne et
de l'introduction du service militaire obligatoire, il ne consulta pas préala-
blement le Haut Commandement ou l'État-major de l'armée, et ce fut
une surprise pour eux d'entendre annoncer le but : la création d'une
armée de temps de paix de douze corps et de trente-six divisions.
Hitler avait jusque-là présumé que l'armée allemande participerait
avec enthousiasme au réarmement, dès qu'il lui en donnerait la possibilité. Mais lors d'une réunion des généraux durant l'été 1941, il parla avec
amertume de la désillusion qu'il avait subie au cours de ses cinq premières
années de pouvoir.

> Avant que je devienne chancelier, je pensais que l'État-major était
> comme un chien qui devait être tenu par le collier parce qu'il menaçait
> tout le monde. Depuis lors, j'ai dû reconnaître que l'État-major est tout
> sauf cela. Il a régulièrement essayé d'empêcher chaque action que j'ai
> jugée nécessaire... C'est moi qui ai toujours dû aiguillonner le chien [61].

Fin 1934, le moment n'était pas encore venu de donner de
l'aiguillon, mais les généraux qui croyaient que l'accord passé avec Hitler
pendant l'été durerait s'abusaient. À deux reprises, ils auraient dû être
alertés. D'abord, quand Hitler invita Goering à poursuivre la création
d'une aviation et accéda à la demande de ce dernier d'en faire, contre
l'avis de l'armée, une arme indépendante dotée d'un ministère séparé.
Ensuite, quand Himmler et les SS progressèrent dans la faveur d'Hitler,
représentant une menace bien plus grave que celle qu'avaient été Röhm
et les SA contre l'indépendance de l'armée.

L'Armée rouge n'était plus celle que Staline avait connue pendant la guerre civile. Les officiers tsaristes qui étaient alors 48 000, soit les trois quarts du total, avaient vu leur nombre réduit à 4 500 du total (10 %) en 1930. En 1934, 68 % des officiers, y compris dans les organes de commandement, étaient membres du parti communiste. Les effectifs de l'armée permanente étaient de 562 000 hommes ; sa force résidait dans ses cadres qui représentaient entre un dixième et un sixième du total, le plus fort pourcentage se trouvant dans les branches techniques. Le reste était composé de l'élite des conscrits qui effectuaient un service de deux ans, après deux années de formation. L'armée territoriale à laquelle les autres étaient affectés, principalement dans l'infanterie, fonctionnait sur le principe d'un service à temps partiel.

Si elle n'était plus une armée de paysans, il existait toujours une large composante recrutée à la campagne, et l'éducation et l'endoctrinement politique (au moins deux heures par jour) recevait la même priorité que l'instruction militaire. La sûreté politique de l'armée fut mise à l'épreuve durant les années de la collectivisation. Staline et la direction du parti n'auraient pas survécu s'ils n'avaient pu appeler l'armée pour réprimer les révoltes paysannes et opérer le blocus de l'Ukraine. Pour autant qu'on sache, la discipline tint bon et il n'y eut pas de graves problèmes. Les chiffres des purges sont, à cet égard, parlants : en 1929, 3,5 % des membres du parti dans l'armée furent épurés, contre 11,7 % dans les organisations civiles. Les chiffres pour 1933 sont respectivement de 4,3 et de 17 %.

A aucun moment, toutefois, il ne fut permis à l'Armée rouge de prendre la position indépendante dont jouissait l'armée allemande. « Pour empêcher toute institution de devenir un nid de conspirateurs », comme le précise un décret original de Trotski en 1918, et pour organiser le travail d'éducation politique, un système de commissaires politiques fut institué. Celui-ci constitua un réseau indépendant d'agents dans les bases et les unités de l'armée, directement responsable devant le département militaire du comité central.

Dans les années 20, la forme originelle de commandement double fut modifiée pour donner au commandant la responsabilité unique et faire du commissaire son assistant politique, mais ce dernier maintint des relations indépendantes avec ses supérieurs politiques hors de la hiérarchie militaire, et les frictions se poursuivirent, particulièrement graves là où les officiers étaient des anciens de la guerre civile. Mais il n'était pas question pour Staline d'abandonner le système des commissaires, et celui-ci était doublé d'un contrôle séparé assuré par l'OGPU. Responsable de la sécurité dans l'armée, la police secrète conservait son propre réseau d'agents à tous les niveaux, opérant indépendamment aussi bien du commandement militaire que des commissaires politiques et surveillant de près la loyauté des uns et des autres.

La plus grande faiblesse de l'Armée rouge était le manque d'équipements modernes mécanisés et de formation technique des soldats. L'un des principaux arguments du programme choc d'industrialisation de Staline était le besoin de créer une industrie d'armement techniquement avancée. Le premier plan quinquennal réussit à en poser les fondations et, Staline commençant à reconnaître le danger extérieur représenté par une Allemagne et un Japon hostiles, les besoins de l'Armée rouge reçurent la toute première priorité. Durant le deuxième plan quinquennal (1933-1938), les industries de défense de la Russie se développèrent deux fois et demi plus vite que l'ensemble de l'industrie.

Staline tenait beaucoup à poursuivre l'étroite coopération entre les armées allemande et russe, qui avait rendu possible le réarmement de la Wehrmacht et produit aussi des bénéfices pour l'Armée rouge. Contraint et forcé d'en accepter la fin, sur l'insistance d'Hitler, Staline s'employa à égaler l'expansion des forces armées de l'Allemagne : en 1934, la puissance militaire russe passa de 562 000 hommes à 940 000 et en 1935, à 1 300 000, et les plans prévoyaient que tous les cadres seraient formés en 1939. Le budget militaire et naval passa de 1 milliard 420 millions de roubles en 1933 à 23 milliards 200 millions en 1938, et fut de nouveau plus que doublé en 1940. Une insistance particulière fut mise sur le développement de l'artillerie, des chars et des avions, et sur l'autosuffisance industrielle, avec de nouvelles usines d'armement implantées au-delà de l'Oural.

Comme le NKVD, l'Armée rouge et la marine tirèrent de substantiels bénéfices de la politique de Staline. Ceci alla jusqu'à l'amélioration de la solde et du statut des officiers, qui attira un flot d'étudiants dans les académies militaires. En même temps, le système des commissaires politiques, ainsi que la surveillance du NKVD, parurent fournir des garanties adéquates contre le développement de cet esprit de corps des militaires professionnels qu'Hitler avait dû combattre. Fin 1934, tout observateur en mesure de comparer la situation des deux pays en aurait conclu que Staline était bien plus près qu'Hitler d'établir son contrôle sur les forces armées. Pourtant, ce fut Staline qui décida brusquement, en 1937, d'exécuter les principaux commandants de l'Armée rouge pour trahison, en prélude à une purge rigoureuse de tout le haut commandement et du corps des officiers russes*. En 1938, Hitler renforça sa propre position vis-à-vis de l'armée allemande, mais sans rien faire qui approchât en importance de l'action de Staline ; ce n'est que beaucoup plus tard, après la tentative d'attentat de juillet 1944 qu'il exprima le regret de ne pas avoir suivi plus tôt l'exemple de Staline et accompli une purge d'une égale sévérité dans l'état-major allemand.

---

* Voir plus loin, pp. 533-534.

VI

Les deux autres domaines clés, le contrôle sur les communications de masse et sur tous les groupes et organisations, étaient étroitement liés et, dans les deux régimes, occupaient une place centrale.

Fin 1934, Hitler et Staline prétendaient se trouver à la tête d'un peuple unifié. L'opposition n'était plus tolérée ni admise. En Russie aussi bien qu'en Allemagne, le gouvernement pouvait compter, comme dans n'importe quelle société, sur l'indifférence politique, le désir de croire, les habitudes d'obéissance et le conformisme aussi bien que sur l'ambition, le carriérisme et les intérêts particuliers, pour s'assurer un minimum de docilité. Mais aucun des deux régimes ne laissa rien au hasard – ou à la spontanéité. Ils partageaient une méfiance fondamentale pour tout individu ou groupe agissant de sa propre initiative, et classaient parmi leurs principales priorités la mobilisation perpétuelle du soutien des masses. Sous aucun autre aspect, les deux régimes ne furent aussi proches.

Il y avait, bien sûr, de grandes différences entre les conditions dans lesquelles tous deux opéraient. Les nazis avaient affaire à une nation hautement alphabétisée et éduquée qu'ils pouvaient atteindre aisément par la radio et la presse, le cinéma et le théâtre. Sous la direction de Staline, le parti communiste était confronté à une nation que les médias – journaux, radio ou cinéma – touchaient peu. La marche forcée par laquelle Staline faisait passer le peuple russe de son état d'arriération économique et culturelle à l'âge moderne nécessitait une campagne contre l'analphabétisme de masse et les habitudes de vie primitives de millions de paysans qui avaient afflué dans les villes avant que le message de la propagande la plus grossière ait pu avoir un impact. L'éducation de base, qui était la première tâche du parti communiste, en plus d'inculquer la discipline du travail et d'élever la productivité, avait été accomplie en Allemagne au siècle précédent dans le cadre de l'industrialisation. En s'appuyant sur l'éducation et la discipline sociale et industrielle allemandes, Hitler et Goebbels pouvaient utiliser des moyens techniques avancés pour atteindre la masse du peuple allemand.

Staline rencontrait un obstacle supplémentaire avec les sentiments de rancœur laissés par la brutale politique qu'il avait menée contre la plus nombreuse classe du pays, la paysannerie, que les agitateurs et propagandistes soviétiques devaient maintenant convaincre des avantages de la dite politique. Hitler, au contraire, n'eut pas de mal à soulever l'enthousiasme avec sa politique de redressement économique et de rejet des accords de Versailles.

Les communistes disposaient de quelques avantages. La Russie était un énorme pays, beaucoup plus éloigné que l'Allemagne du reste de l'Europe. Dans ce pays, les liens avec le courant principal de la tradition politique et culturelle européenne avaient toujours été plus ténus qu'en Allemagne. La classe éduquée, dont beaucoup de membres avaient une attitude ambiguë à l'égard de l'Occident, était bien moins nombreuse, et ses rangs furent encore considérablement éclaircis par la révolution et la guerre civile. Ces données historiques et géographiques permettaient d'isoler beaucoup plus aisément la Russie du monde extérieur, ce que la propagande soviétique sut exploiter.

Dans les désavantages, il fallait compter la pauvreté de la Russie, son manque de ressources, et l'arriération technique, aussi bien que le faible pourcentage de personnes éduquées disponibles, non seulement pour la propagande mais aussi pour répondre aux autres exigences pressantes adressées au parti. Incapable d'atteindre le peuple à travers les moyens de communication faiblement développés, les chefs durent se fier à l'agitation orale et à la propagande individuelle des membres. Il fallait employer une approche directe, par l'exhortation et l'exemple personnel sur le terrain, dans l'usine, la mine ou la ferme collective. En Allemagne, où le développement économique était beaucoup plus avancé et le niveau culturel supérieur, les nazis purent faire grand usage des méthodes indirectes, qui permirent de dissimuler le message de la propagande et de le diffuser à travers différentes autres activités. Il est extrêmement frappant qu'en dépit de ces différences, il y ait eu un parallèle si clair entre la priorité donné au contrôle social par les deux régimes et les moyens par lesquels ils l'assuraient.

En Russie comme en Allemagne, l'énorme appareil des forces de police et de sécurité joua un rôle essentiel dans la pratique de la « persuasion coercitive ». Son impact, sur ceux *qui n'étaient pas* arrêtés ou envoyés en camps de concentration ou de travail, était aussi important que la disparition des autres. Nadejda Mandelstam a décrit comment en Russie, pendant les purges, nul ne faisait allusion à ceux qui disparaissaient soudain, nul n'osait admettre, même devant des amis, qu'il connaissait l'existence des camps. Cette conspiration du silence, à laquelle chacun était mêlé, produisait une peur envahissante qui, non seulement détruisait la confiance entre les gens mais créait aussi le sentiment de quelque chose d'inéluctable contre lequel il était inutile de se battre [62].

En Allemagne, il y avait plus de soutiens et moins d'arrestations, mais le principe était le même – nul n'était libre de ne pas participer et ceux qui le faisaient savaient quel risque ils couraient. Dès le 21 mars 1933 (« Jour de Potsdam »), un décret contre les rumeurs malveillantes prévoyait la prison – dans les cas graves, les travaux forcés – pour propos critiques contre le gouvernement.

Mais aucune société, certainement aucune société industrielle moderne, ne peut fonctionner avec une population intimidée et effrayée. Même un soutien passif ne suffit pas. Une fois que l'arrière-plan « la contrainte si... » eut été établi, toutes les ressources sociales disponibles ont été mises en jeu pour gagner une soumission volontaire*, pour per-

---

* En Russie, on appelle cela le principe du *dobrovol'no-obyazatel'no*, « volontairement-obligatoirement ». Voir A. L. Unger, *The Totalitarian Party* (Cambridge 1974), p. 31.

suader les gens que, s'ils coopéraient, tout était possible et pour leur offrir des occasions et des récompenses, non seulement pour leurs carrières, mais aussi dans les activités éducatives, sociales et culturelles. La seule condition était que de telles activités devaient être assurées soit par l'État, soit par le parti, ou être contrôlés par eux et avoir une approbation officielle. Une interaction réciproque fut ainsi établie entre la terreur, la propagande et l'organisation, Staline s'appuyant principalement sur la première dans les années trente, Hitler sur la deuxième et tous deux mettant également l'accent sur la troisième.

Aucun mouvement politique de l'histoire n'a jamais autant prêté attention aux facteurs psychologiques que les nazis. C'est sur ce terrain qu'Hitler avait montré ses talents particuliers dans les années 20 ; cette attitude compta beaucoup pour les succès nazis au début des années 30, et fut la marque distinctive du régime quand il arriva au pouvoir. Formulant le concept de « propagande totale » au congrès du parti de 1934, Goebbels déclara :

> De tous les arts qui permettent d'atteindre un peuple, celui-ci occupe la première place... Sans lui, la réalisation de grandes choses est devenue à peu près impossible dans le siècle des masses... Il n'existe aucun secteur de la vie publique qui puisse échapper à son influence [63].

Lors des élections de 1933, Hitler et Goebbels avaient déjà montré l'usage sans précédent qu'ils pouvaient faire de la radio. Mais en coordonnant les nouveaux services, en tenant des conférences de presse quotidiennes au ministère, en publiant un flot de directives et en fixant la terminologie à utiliser, Goebbels étendit effectivement son contrôle de la radio à la presse. Les journaux non-nazis – tels le *Frankfurter Zeitung* – étaient tolérés pour préserver la variété de style et éviter une uniformité ennuyeuse qui aurait fait perdre des lecteurs et réduit ainsi l'impact de la propagande. Les instructions de Goebbels aux médias étaient d'être « uniformes dans la volonté, polyformes dans son expression ».

En URSS, où le parti dominait l'État, les fonctions équivalentes étaient remplies non par un ministre, mais par deux des six principales sections du secrétariat du comité central, sous la supervision du secrétaire général. Il s'agissait des sections Agitation et campagnes de masse, et Culture et propagande. A la suite de Georges Plekhanov, père du marxisme en Russie (1856-1918), l'usage soviétique distinguait entre la *Propaganda* – « présenter beaucoup d'idées à peu de personnes », en se préoccupant d'une élucidation plus intellectuelle du marxisme-léninisme – et *l'agitation* – « présenter une ou plusieurs idées à une masse de gens », en faisant comprendre un petit nombre d'arguments et de slogans. Au cours de la réorganisation en 1934 et 1935, les deux sections furent d'abord fondues en une seule (Kult'prop) puis scindées en cinq : Propagande du parti et agitation, Presse et publications, Écoles, Travail d'instruction culturelle, Science.

Dresser des plans, émettre des directives et préparer le matériel, c'était bel et bon, mais qui les utiliserait ? La réponse était fournie par le troisième élément de la triade terreur-propagande-organisation. Dans les deux pays, c'était le parti qui fournissait la force organisatrice, directement à travers son propre réseau, indirectement à travers le contrôle de différents groupes associés – syndicats, groupes professionnels, organisations de jeunesse (telles que les Hitler Jugend ou les Komsomol), organisations culturelles et sportives.

Ce fut la réponse d'Hitler à la question du rôle que le parti nazi devait jouer après qu'il fut devenu le seul parti de l'État. Tout en le décourageant dans son ambition de gouverner, il affirmait avec insistance que le nouveau Reich ne pouvait exister sans lui. « La conquête du pouvoir », déclara-t-il au congrès de 1935, « est un processus sans fin ». Les révolutions du passé avaient échoué faute d'avoir saisi que « l'essentiel n'est pas la prise du pouvoir, mais l'éducation des hommes [64] ». L'« Éducation », signifiait imprimer la nouvelle idéologie sur l'Allemagne comme le lien unissant les Allemands. En accord avec ce rôle, Hitler envisagea un parti de masse représentant 10 % de la population, pourcentage que le NDSAP avait presque atteint en 1939, quand il eut passé les cinq millions d'adhérents.

A la fin des années 20, les nazis s'étaient mis à l'œuvre pour infiltrer ou créer des groupes professionnels, et le parti communiste s'était depuis longtemps emparé, d'une manière ou d'une autre de chaque corps autonome, quand il ne l'avait pas supprimé – à l'exception de l'Église orthodoxe, qu'il persécutait. Les plus importantes des organisations auxiliaires ou associées étaient celles responsables de la jeunesse et des travailleurs.

La Jeunesse hitlérienne (HJ) apparut pour la première fois comme organisation du parti en 1926 ; sous la direction de Baldur von Schirach, elle annexa en 1933 tous les autres mouvements de jeunes. Fin 1934, elle comptait 3,5 millions de membres. Fin 1936, l'adhésion devint obligatoire pour tous les jeunes gens et jeunes filles de dix à dix-huit ans, et la HJ devint une partie de l'État hitlérien, avec son chef responsable devant le Führer, tout en étant toujours financièrement dépendante du parti.

La Ligue de la jeunesse communiste (Komsomol) naquit à Petrograd en 1917 et tint son premier congrès en 1918. Elle avait joué un rôle dirigeant dans la campagne de collectivisation et dans le plan quinquennal, fournissant beaucoup de chefs des brigades de choc. Le nombre de ses membres passa de trois millions en 1931 à quatre millions en 1936. Sa principale tâche fut alors élargie de l'activité économique d'urgence à l'endoctrinement communiste de la jeunesse, y compris dans beaucoup d'activités culturelles, sociales et sportives. En 1939, elle atteignait neuf millions d'adhérents. L'organisation de la Komsomol, et de sa section junior, les Pionniers (de neuf à quinze ans), fut modelée sur celle du parti, avec le même réseau aux niveaux des régions et des districts. Bien que formellement autonome elle était, en tant que pépinière de cadres, étroitement contrôlée par le parti.

Le travail des organisations de jeunesse doit être vu dans le contexte d'une prise de pouvoir communiste et nazie du système d'éducation : la réorganisation du système scolaire et de la formation des maîtres ; la révision des manuels, et la purge des programmes pour y faire de la place à l'interprétation marxiste-léniniste – ou raciste, en Allemagne – de l'histoire, à l'économie marxiste-léniniste et à la biologie raciste. La pénétration nazie du mouvement étudiant avant 1933 et l'empressement de beaucoup d'universitaires à accepter le nouvel ordre signifiaient la fin de la tradition de pensée critique dans les universités allemandes, tandis qu'en Union soviétique, le système existant d'éducation supérieure fut remplacé par une décision consciente de rupture avec les traditions de l'éducation russe et européenne.

Aux effets de ces changements doit être ajouté celui du service du travail obligatoire, et de la conscription pour le service militaire, qui comportaient tous deux un élément d'éducation politique. C'est seulement en mettant tout cela ensemble qu'on peut mesurer l'effort que chaque régime accomplit pour s'emparer des esprits et obtenir l'allégeance de la nouvelle génération, créant, suivant une expression utilisée dans les deux pays, le « Nouvel Homme », doté d'un ensemble de valeurs et de croyances hostiles et intolérantes aux autres.

En Russie communiste aussi bien qu'en Allemagne, les syndicats étaient privés de leur fonction originelle de représentants des ouvriers dans la négociation des salaires et des conditions de travail. En Russie, ils survivaient nominalement mais avaient reçu mission d'organiser la classe ouvrière (en particulier les nouvelles recrues venues de la campagne) pour répondre aux objectifs de la direction, l'éduquer à la discipline de l'atelier, administrer l'assistance sociale et par-dessus tout élever la productivité. En Allemagne, les syndicats, qui avaient été l'une des principales cibles de l'hostilité des nazis et de la droite, furent dissous et leurs fonds confisqués par le Front du travail allemand, qui, en 1934, dut renoncer à son ambition de participer à l'élaboration des politiques sociale, économique et du travail. En Allemagne, comme en Russie soviétique, la réintroduction du « livret de travail » représentait un retour au contrôle des déplacements de travailleurs, équivalent de l'abandon des libres négociations collectives. En compensation, le Front du travail eut pour tâche d'élever le statut du travail manuel (« le travail anoblit ») et de remplacer dans la classe ouvrière l'allégeance au marxisme par l'allégeance à la *Volksgemeinschaft* fondée non plus sur la solidarité de classe mais sur l'unité nationale.

Les employeurs aussi bien que les employés étaient obligés d'adhérer à cette organisation géante de « soldats du travail », qui finit par rassembler vingt-cinq millions de membres, presque la moitié de la population allemande, bien plus grande et disposant de ressources plus larges que le parti dont elle n'était qu'une organisation auxiliaire. Dans son programme pour l'élimination des distinctions de classe, elle étendit sa compétence à l'organisation des loisirs des travailleurs (problème qui ne se posait pas encore dans l'URSS des années 30), offrant des avantages complémentaires tels que des logements sociaux et des congés payés (en 1938, les trois cinquièmes des ouvriers, soit dix millions, participèrent à des voyages de vacances « la force par la joie ») et un programme massif d'activités sportives et culturelles.

Staline et Hitler virent l'avantage qu'il y avait à enrôler la littérature et l'art au service de leur régime. Ils virent aussi l'avantage de le faire par le biais d'organisations donnant une apparence d'autonomie. En mai 1933, Goebbels déclara dans une réunion de directeurs de théâtre que le nouveau régime « lierait toute la vie culturelle à une propagande consciente politico-idéologique » et l'arracherait à l'orientation judéo-libérale qu'elle avait suivie durant la période de Weimar. La chambre culturelle du Reich, fondée sous sa présidence, créa des chambres du Reich séparées pour la littérature, le théâtre, la musique, les beaux-arts et les films, ainsi que pour la presse et la radio.

Les ambitieux, les opportunistes et les créateurs de second ordre offrirent leurs services pour aligner leur profession ou leur genre artistique sur les désirs des nouveaux maîtres. Quiconque appartenait à l'une de ces activités, y compris les éditeurs, les techniciens et les fournisseurs de moyens techniques, était tenu par la loi d'appartenir à la chambre du Reich appropriée. Le refus d'admission ou l'exclusion signifiait l'interdiction d'exercer. Richard Strauss accepta la présidence de la chambre du Reich pour la musique ; mais on mit à l'index l'œuvre de la majorité de ces artistes, musiciens, écrivains et scientifiques allemands (et juifs allemands) dont les noms plaçaient l'Allemagne au premier rang de la culture du XXᵉ siècle, et ceux-ci préférèrent l'exil. L'Allemagne eut du mal à se remettre de cette perte.

Dans les premières années du siècle, y compris durant les dix premières années de la révolution, la contribution des Russes à la littérature et à l'art avait été frappante*. Vers le milieu des années 30, la plupart de ces créateurs étaient soit morts (un ou deux, comme Maïakovski, se suicidèrent), soit en exil, soit réduits au silence. Pendant un court moment, à la fin des années 20 et au début de la seconde révolution, Staline jugea opportun d'encourager et de laisser se développer la prétendue révolution culturelle menée par la jeune génération de la Komsomol et de la RAPP (Association pour le progrès de la littérature prolétarienne), qui, selon Boukharine, était affectée d'« avant-gardisme littéraire ». Cela permit à Staline de prétendre que sa « révolution par en haut » répondait à un soulèvement militant du bas. Mais au début des années 30, il intervint directement pour aligner l'activité culturelle et intellectuelle sur la politique du parti qu'il dominait de plus en plus.

---

* Parmi eux, Blok, Chagall, Diaghilev, Naum Gabo, Kandinsky, Malevitch, Maïakovski, Meyerhold, Pasternak, Prokofiev, Scriabine, Stanislavski, Stravinski.

En décembre 1930, Staline se rendit en personne à l'Institut des professeurs rouges et leur déclara : « Nous devons bouleverser et retourner tout le tas d'engrais qui a été accumulé sur les questions de philosophie et de science naturelle », en particulier l'hérésie de l'« idéalisme menchevik ». Prise en charge en 1931 par le *Bolchevik,* organe du comité central, la philosophie soviétique fut orientée suivant une nouvelle ligne, « l'élaboration de la dialectique matérialiste sur la base des œuvres de Marx, Engels, Lénine et Staline », reconnaissance, enfin, de la prétention de Staline à être pris au sérieux comme théoricien.

On a un éclairage fascinant sur le sérieux avec lequel il soutenait cette prétention dans le fait qu'entre 1925 et 1928, au plus fort du combat contre l'Opposition de gauche, il demanda au philosophe Jan Sten, directeur adjoint de l'Institut Marx-Engels, de lui rendre visite deux fois par semaine pour lui donner des cours particuliers sur la dialectique et les origines philosophiques du marxisme, y compris Hegel et Kant. Sten fut déprimé non seulement par le mépris de Staline pour l'intérêt que portaient les philosophes aux idées abstraites, mais aussi par les conversations qu'il eut avec lui sur la politique et les aperçus qu'elles lui donnèrent de son ambition. C'était contre l'école de A. M. Deborine (1881-1963), à laquelle appartenait Sten, que son élève lança l'accusation d'« idéalisme menchevique » dans son discours de décembre 1930 :

> Tout ce qui a été écrit par le groupe de Deborine doit être démoli. On peut se débarrasser de Sten et Kayev. Sten plastronne un peu, mais c'est un fieffé paresseux. Tout ce qu'il sait faire, c'est parler.

Quand on lui demanda sur quoi l'Institut devait se concentrer en philosophie, Staline répondit :

> Frapper, voilà la question. Frapper de tous côtés et là où on n'a jamais frappé auparavant. Les Deboriniens considèrent Hegel comme une icône. Plekhanov doit être démasqué. Même Engels n'avait pas raison sur tout. Ce ne serait pas une mauvaise chose si nous pouvions impliquer Engels quelque part dans les écrits de Boukharine[65].

Le discours de Staline est un bon exemple de la manière dont il pouvait utiliser délibérément d'un langage brutal pour créer une atmosphère de menace. La menace n'était pas imaginaire : en 1937, Sten fut arrêté sur l'ordre direct de Staline et abattu le 19 juin de la même année dans la prison de Lefortovo.

En octobre 1931, ce fut au tour des historiens soviétiques d'essuyer les réprimandes de Staline, cette fois dans un article signé et publié par le *Bolchevik*, et dans la revue d'histoire *Révolution prolétarienne*. Ils étaient accusés d'une fausse objectivité et de « libéralisme pourri ». « Qui, hormis des rats de bibliothèque, ne s'aperçoit que les partis et les dirigeants doivent être évalués selon leurs actes et non simplement d'après leurs déclarations ? » Les historiens étaient invités à « étudier l'histoire du parti sur des bases scientifiques et à aiguiser leur vigilance contre les trotskistes et autres falsificateurs de l'histoire de notre parti, en leur arrachant systématiquement leur masque[66]. » La lettre de Staline produisit la consternation dans l'Académie communiste, qui appela ses instituts et ses journaux, dans les secteurs Économie et Droit, comme en Technologie, ainsi que les historiens, à purger leurs travaux de la « contrebande menchevique-trotskiste » et à intensifier la chasse à l'hérésie. Une adresse de Kaganovich à l'Institut des professeurs rouges précisa dans un style péremptoire que l'article de Staline devait être compris comme une directive adressée à toute l'intelligentsia soviétique pour qu'elle voue ses énergies à l'endoctrinement marxiste-léniniste de la nouvelle génération du parti et des membres de la Komsomol, et pour qu'elle reconnaisse que le parti n'était pas un lieu de rencontre de nombreux courants, comme Radek l'avait faussement soutenu, mais un « flot monolithique » capable de détruire tous les obstacles sur son passage.

Pour commencer, on demanda aux historiens de débarrasser l'histoire du parti des « infectes calomnies », c'est-à-dire du peu d'importance accordé au rôle de Staline et de la « grossière exagération » de celui de Trotski, en 1917 et plus tard. La majorité d'entre eux, qui dépendaient du parti pour leur emploi, les facilités et les privilèges qu'on leur accordait, se bousculèrent dans leur hâte à obéir, comme ils l'ont fait dans d'autres pays, tels que la Chine, où des régimes semblables ont été instaurés.

Une autre caractéristique commune à Hitler et à Staline était leur hostilité à l'expérimentation, en particulier à l'égard du mouvement moderne dans les arts et à l'égard des idées « progressistes » en matière d'éducation, de famille et de traitement du crime, qui avaient, les unes et les autres, fleuri dans la Russie soviétique des années 20 et dans l'Allemagne de Weimar. Quand Hitler condamnait le *Kultur-Bolschewismus*, Staline attaquait le « formalisme » et l'« individualisme bourgeois ». Quand Hitler faisait porter le blâme sur l'« inspiration juive » du modernisme, Staline dénonçait l'étendue de la contamination par le monde capitaliste corrompu. En 1934, tous deux avaient pris des dispositions pour établir une censure intellectuelle et artistique tout autant que politique. Bormann parlait pour les deux hommes quand il écrivait : « L'œuvre culturelle est une œuvre politique... non une déviation de celle-ci, mais la réalisation de la tâche de direction pratique dans cette sphère qui parle le plus directement et le plus profondément au peuple[67]. »

Staline jugeait fort important d'influencer l'œuvre des écrivains contemporains favorables au régime. Il se faisait une grande gloire d'avoir réussi à convaincre le romancier Maxime Gorki, le plus grand écrivain russe vivant, qui avait de fortes sympathies socialistes, de quitter l'Italie pour retourner en Union soviétique. En 1932, Staline participa à la réunion de la commission créée par le comité central pour appliquer le décret sur la « reconstruction des organisations littéraires-artistiques », approuvant le slogan du « réalisme socialiste » lancé par Gorki en 1934. Il s'agissait, comme on l'a résumé, d'« employer les techniques du xixe siècle de l'art, de la fiction et du théâtre pour peindre le portrait d'exemplaires personnages soviétiques (« le héros positif ») et un avenir rose (« la conclusion positive [68] ») ». On pouvait compter sur l'Union des écrivains soviétiques et l'Union des compositeurs instaurées par le décret, pour faire la police dans l'œuvre des contemporains, à la satisfaction du parti.

Mais cela ne suffisait pas à satisfaire Staline et il continua ses interventions arbitraires personnelles pour louer ou condamner des livres, des pièces de théâtre, des opéras et mêmes des théories scientifiques. Un exemple célèbre est sa réaction furieuse au puissant opéra de Chostakovich, *Lady Macbeth de Mtsensk*. Un éditorial non signé de la *Pravda*, « De la bouillie en guise de musique », dénonçait cette œuvre cacophonique, pervertie et souffrant de la même « difformité gauchiste » qui marquait tant d'œuvres artistiques et musicales modernes. L'opéra fut immédiatement retiré de l'affiche (Chostakovich n'en écrivit plus jamais) et le parti organisa des meetings où ses fautes furent condamnées et brandies comme une menace pour les autres.

Staline voulait un art dépeignant la vie soviétique non comme elle était, mais comme il souhaitait qu'elle fût, ou comme il avait besoin de croire qu'elle était. C'était l'expression non seulement d'une politique, mais de la pulsion intérieure qu'il ressentait à combler le gouffre entre la réalité et sa vision. Les écrivains et les artistes qui cherchèrent à suivre la « ligne générale » d'éloge de la vie soviétique et de ses réussites, découvrirent bientôt qu'ils avaient encore beaucoup plus de chances de gagner les faveurs de Staline s'ils contribuaient à son culte en donnant le premier rôle au Grand Dirigeant guidant un peuple soviétique reconnaissant vers la Terre Promise.

Hitler se contenta de déléguer la responsabilité du contrôle de la littérature et des arts à Goebbels et à la Chambre du Reich pour la culture. Ses interventions personnelles étaient limitées aux domaines dans lesquels il se considérait comme une autorité – les arts visuels et l'architecture. Comme Staline, il ne goûtait rien au-delà des styles conventionnels des années 1880-1924 ; comme lui encore, il détestait toutes les formes d'art moderne et y voyait la preuve manifeste de la maladie spirituelle et de la décadence du monde occidental. La sélection de peintures pour l'exposition de la Maison de l'art allemand de Munich, dont il posa la première pierre en 1933 et qui devait ouvrir en 1937, le mit dans une telle fureur qu'il menaça d'abord de l'annuler, avant de confier à son photographe Hoffmann le soin d'opérer un nouveau choix. Même ce dernier ne put le persuader d'accepter qu'une seule pièce fût consacrée à d'autres œuvres modernes. Une exposition concurrente à Munich de 730 exemples de l'« Art dégénéré », comprenant des artistes comme Nolde, Grosz, Klee, Picasso, Matisse, Van Gogh et Cézanne, attira des foules bien plus nombreuses, mais Hitler était déterminé à chasser la peinture moderne de toutes les galeries allemandes. En mai

1938, il publiait la loi sur le « retrait des produits de l'art décadent », qui supprimait l'art d'une époque entière.

Dans les deux pays, le parti maintenait un contact direct avec les masses à travers ses propres organisations de base. Le PCUS organisait ses membres selon leur lieu de travail (usine, bureau, ferme collective, unité de l'armée), le NSDAP selon leur lieu de résidence. Le premier continuait une tradition de la période pré-révolutionnaire, quand les bolcheviks trouvaient que le maintien du contact avec les lieux de travail était le meilleur moyen de réduire les risques de l'activité illégale. Dans les années 1930, cela reflétait la préoccupation d'élever la productivité et ces organisations de base passèrent de 39 000 en 1927 à 102 500 dix ans plus tard. Dans une grande entreprise industrielle ou dans un service gouvernemental, celles-ci étaient réparties en nombreuses subdivisions de manière à faire éclater la masse des employés en petits groupes.

Le parti insistait toujours sur le vieux slogan : « Que chaque bolchevik soit un agitateur ! » Dans les rangs du parti, de la Komsomol et chez les militants sans parti, une armée d'agitateurs fut recrutée pour servir dans les organisations de base. Ils étaient choisis pour leur capacité à convaincre, non seulement par des arguments, mais plus important encore, par l'exemple personnel : d'où la nécessité d'être « bien versé dans la production ». La capacité à suivre les normes du plan aussi bien que la ligne du parti figurait parmi les qualifications demandées aux chefs d'équipes et aux contremaîtres. On attendait de l'agitateur qu'il connût bien tous les membres de son groupe, qu'il travaillât avec eux et s'inquiétât de leurs problèmes personnels autant que de leurs résultats au travail dans l'usine ou dans la ferme collective. Ceci resta longtemps la méthode la plus efficace par laquelle le Parti communiste essayait de réaliser son objectif d'atteindre chaque individu.

Le parti nazi, avec une masse de plusieurs millions d'adhérents, était également conscient de la valeur de la propagande personnelle, et l'on rappelait fréquemment aux membres que leur devoir était « partout et toujours de se considérer comme les porteurs de la parole du Führer ». La propagande de personne à personne pouvait atteindre les gens d'une manière qui échappait aux médias, et elle était doublement efficace quand elle était présentée comme une opinion personnelle plutôt que comme la répétition d'un slogan officiel. Les adhérents étaient invités, quand ils entendaient des opinions subversives ou des propos malicieux, à ne pas rester silencieux et à intervenir – avant de rapporter ce qu'ils avaient entendu. Le mouchardage avait un effet corrosif en détruisant la confiance entre les individus, effet bien compris par la police secrète, qui recrutait des informateurs dans ce but autant que pour les renseignements qu'ils pouvaient apporter. En Union soviétique, la délation est décrite par beaucoup de témoins comme un vice national, une manière de régler des comptes ou de s'approprier le travail ou l'appartement de quelqu'un.

Moins obsédés de productivité que les Russes, les nazis fondèrent leur cellule de base sur le « bloc » résidentiel de quarante ou de cinquante familles avec lesquelles le « chef de bloc » devait être en contact personnel

Le plan quinquennal.
Ci-dessus : ouvriers
examinant un «tableau
de l'émulation
socialiste» vers 1930.
Ci-dessous :
photographie intitulée
«sur le front de
l'édification socialiste».

ПЯТИЛЕТКА В ДЕЙСТВИИ. НА ФРОНТЕ СОЦИАЛИСТИЧЕСКОГО СТРОИТЕЛЬСТВА.

Staline et Hitler à la veille de prendre le pouvoir.
Staline en 1927 et (en médaillon) dans les années
trente, avec Iejov, le «nain malfaisant» qui dirigea le
NKVD pendant les purges des années trente. Hitler
à la Maison Brune à Munich en 1931 et (en
médaillon) avec Röhm.

Ci-dessus : le congrès des vainqueurs, en 1934. *De gauche à droite* : Enoukidze, Vorochilov, Kaganovich, Kouïbychev. *Devant* : Ordjonikidze, Staline, Molotov, Kirov. *Ci-dessous* : à la fin de la même année, Kirov était mort. Staline, fortement soupçonné d'être responsable de sa mort, occupe la première place dans le cortège.

Staline dans la vie privée. *Ci-dessus à gauche* : avec son fils Vassili et sa fille Svetlana, à Kountsevo. *Ci-dessus à droite* : la seconde épouse de Staline, Nadejda, qui se suicida. *Ci-dessous* : Staline en train de travailler à Kountsevo, pendant que Svetlana joue sur les genoux de Beria.

Hitler dans la vie privée.
À droite : somnolant en
compagnie de Geli Raubal.
Ci-dessus : avec Eva Braun
et son berger alsacien Blondi.
Ci-dessous : examinant des
plans avec Speer. *Ci-dessous
à droite* : le Berghof.

L'enthousiasme populaire, soigneusement orchestré, mais authentique, suscité par Hitler. *Ci-dessus* : en septembre 1933, à Nuremberg. *Ci-dessous* : au rassemblement du Bückeberg en 1934.

Hitler orateur. «Les hommes croient à la vérité de tout ce qui a l'air d'être cru fortement.» (Nietzsche)

constant. Il lui était demandé de visiter régulièrement chaque famille, de vérifier qu'elles étaient au courant des slogans et des exigences du régime, qu'elles assistaient aux meetings du parti, versaient leur contribution à ses campagnes, etc. Il n'était pas seulement la courroie de transmission du parti, mais aussi son chien de garde, surveillant de près les activités de chacun et signalant toute anomalie qu'il voyait ou soupçonnait. Avec la Gestapo, c'étaient les membres les plus impopulaires du quartier, et pour la même raison nul ne se sentait en sécurité avec eux – et nul ne devait l'être.

VII

La plupart des partis politiques peuvent prétendre – ou admettre – posséder une idéologie, au sens général d'ensemble cohérent de convictions, même s'ils n'aiment pas le mot. Mais les régimes créés par Staline et par Hitler étaient idéologiques dans un sens plus spécifique : un ensemble de croyances, que chacun devait obligatoirement accepter, toute déviation devenant crime capital.

Pour le croyant de l'idéologie communiste ou nazie, l'opposition entre elles était absolue : le nazi, par définition était antimarxiste, le communiste, antifasciste. Aucun compromis n'était possible. Mais pour l'observateur, dès cette époque et aujourd'hui certainement, la similarité des fonctions entre les deux idéologies semble aussi importante que le conflit des croyances.

Cette opinion a été développée par Georges Sorel, dont les influentes *Réflexions sur la violence*, publiées en 1908 (lues par Lénine et Mussolini, que Sorel admirait), développaient le concept de « mythe social ». Sorel ne le concevait ni comme un plan d'action calculé, ni comme une prédiction scientifique, ni comme un projet utopique, toutes choses auxquelles il ne croyait pas, mais comme une vision qui pouvait inspirer, galvaniser les masses et les faire agir. Son exemple le plus connu était la grève générale, dont il ne croyait pas qu'elle aurait jamais lieu, mais dont l'idée pouvait avoir une puissante influence en persuadant les classes ouvrières de leur capacité d'action collective : « Le but n'est rien ; le mouvement est tout. »

Considérées du point de vue de la fonction plutôt que du contenu, les deux idéologies présentent un parallèle clair. « Race », « classe », « la bourgeoisie », « les juifs » jouent le rôle de symboles mythiques plutôt que de catégories sociologiques, et il existe des symboles, comme « *Volk* » et « prolétariat » avec lesquels les masses peuvent s'identifier positivement, ou qu'elles peuvent rejeter, comme « capitalistes » ou « koulaks ». A une époque de bouleversement (la collectivisation en Russie) ou d'inquiétude (la réapparition de la crise en Allemagne avec la grande dépression), ils furent d'une grande efficacité, particulièrement en fournissant un objet sur lequel concentrer les craintes et les haines. Hitler aussi bien que Staline décrivaient l'histoire comme une lutte, le premier comme une lutte entre les races, avec les « juifs » dans le double rôle des capitalistes et des communistes, le second comme une lutte entre les classes, ou entre « la révolution » et les « ennemis du pouvoir soviétique », « les agents des puissances étrangères », « les impérialistes » qui cherchaient à détruire ses conquêtes et à restaurer l'ordre ancien.

Tous les mouvements révolutionnaires s'appuient sur le besoin de justification pour soutenir leur défi au statu quo. S'ils réussissent, ils s'appuient alors sur le besoin de légitimation comme substitut de l'autorité normative des formes traditionnelles de gouvernement. Ce sont les deux fonctions premières de toute idéologie révolutionnaire. Elles ne furent pas affectées par le fait que, dans un cas, Hitler trouvait naturel de les présenter en termes personnels – le Führer et sa mission de défense de la race aryenne contre la pollution raciale, de la civilisation européenne contre le bolchevisme, et que, dans l'autre cas, Staline exaltait le « Parti » et la « Révolution » (qu'il identifiait tous deux à lui-même) et appelait à leur défense contre les ennemis de classe à l'intérieur, contre les agresseurs fascistes et capitalistes à l'extérieur.

L'autre objectif principal de l'idéologie est la mobilisation, celle du parti pour rassembler les suffrages nazis en 1932, l'année des cinq élections, et la mobilisation du Parti communiste pour mener à bien la collectivisation et le plan quinquennal en quatre ans. Les deux dirigeants en appelaient aux sentiments nationalistes, Hitler en exacerbant la colère contre l'injuste verdict de la guerre perdue et contre les humiliations de Versailles ; Staline en proclamant le but du « socialisme dans un seul pays », ce pays arriéré qui surpasserait les puissances capitalistes et dont le peuple se soulèverait (ce qu'il fit, en dépit de tout) pour le défendre contre l'invasion et une nouvelle intervention guerrière.

Il y avait deux éléments distincts dans les idéologies de l'Allemagne nazie et de l'Union soviétique. Dans le nazisme, le premier, officiel et publiquement avoué, était de caractère nationaliste et conservateur. L'autre était raciste et radical, et s'il n'était pas secret, en pratique il restait largement réservé aux chefs du parti et à ses membres originels. Dans le cas soviétique, le front idéologique présenté au monde, et de fait au parti communiste, était le marxisme-léninisme ; le second élément, jamais ouvertement reconnu, était le stalinisme. La relation entre les deux éléments est dans chaque cas différente, et importante dans la comparaison des deux régimes.

Si Hitler parvint à se constituer un électorat de masse et à accéder aux affaires en tant que membre d'une coalition de droite, c'est sans aucun doute parce qu'il pouvait être considéré comme appartenant à la large coalition conservatrice-nationaliste qui rejetait Weimar et Versailles, et parce qu'il sut se faire soutenir par elle. Ceci découlait de son exaltation de la *Volksgemeinschaft* et de l'unité nationale au-dessus de la politique de classe ; de son antimarxisme ; de sa haine du modernisme et de son évocation des valeurs autoritaires telles que la volonté, la discipline, l'ordre, la hiérarchie, qui avaient fait la grandeur passée de l'Allemagne.

Deux traits inhabituels distinguaient les nazis des autres partis de droite. Le premier était la combinaison de la réaction culturelle et politique avec l'enthousiasme pour la modernisation technologique. L'expérience de la guerre, la *Fronterlebnis*, était censée avoir révélé à une génération de jeunes Allemands que la technologie n'avait pas besoin d'être « sans âme et impersonnelle », mais pouvait être réconciliée avec les autres valeurs romantiques, antinationalistes qu'ils chérissaient toujours. Hitler lui-même était fasciné par le progrès technique, qu'il voyait comme l'expression de la « volonté aryenne ». L'*Autobahn* devint le symbole culturel du nouveau régime, et en ouvrant, en 1939, le Salon de l'auto de Berlin, Goebbels résuma cet aspect de l'idéologie nazie par cette déclaration :

> Nous vivons dans un âge qui est à la fois un âge romantique et un âge du fer. Alors que la réaction bourgeoise était étrangère et hostile à la technique et que les sceptiques modernes croyaient que c'était en elle que s'enracinait au plus profond l'effondrement de la culture européenne, le national-socialisme a compris comment prendre la forme sans âme de la technique pour la remplir du rythme et des impulsions brûlantes de notre temps [69].

L'autre trait, qui attirait particulièrement le regard de l'Allemand de la rue n'était pas l'idéologie des nazis, mais leur style politique : leur liberté par rapport aux préjugés vieillots et au snobisme de l'Allemagne d'avant-guerre ; leur empressement à aller sur le terrain courtiser les masses ; et leur adoption sans vergogne de tous les trucages et techniques modernes pour y parvenir.

La vieille génération des *Bildung und Besitz* (les possédants cultivés) se boucha le nez et accepta cet aspect des nazis comme le prix à payer pour racoler des voix. Même après le choc de la *Gleichschaltung*, ils se rassuraient en se disant que la suppression des SA, et le refus d'Hitler de soutenir les militants nazis partisans du radicalisme économique, signifiaient qu'il était sincère en déclarant que la phase révolutionnaire du national-socialisme était terminée. En cela, ils se trompaient. Le style nazi en politique était plus qu'un moyen de récolter des voix ; il exprimait un sentiment radical et un dessein qui, frustré dans la sphère économique et sociale, s'exprimeraient dans une autre direction.

Néanmoins, ceux qui avaient voté pour Hitler sur des bases nationales-conservatrices ne furent pas déçus. En avril 1939, il passa en revue les réussites qu'il revendiquait : la restauration d'un gouvernement autoritaire à la place de la démocratie ; le redressement économique et la fin du chômage ; le réarmement allemand ; la récupération des « provinces qu'on nous avait volées en 1919 » et la « recréation de l'unité millénaire de l'espace vital allemand » par l'annexion de l'Autriche et la destruction de la Tchécoslovaquie. Dans la réalisation d'un programme « national » autour duquel s'unissait la grande majorité du peuple allemand, ceci allait plus loin que quiconque en 1933-1934 ne l'eût cru possible.

Quoique le peuple allemand entrât en guerre, fin 1939, avec fort peu de cet enthousiasme qui avait tant ému Hitler en 1914, la série étonnante de victoires rapides en 1939-1940, à un coût minimal, scella une période de renouveau national et de triomphe sans égal dans l'histoire allemande. Le rêve nationaliste d'une Grande Allemagne était réalisé, et l'hégémonie germanique établie sur l'Europe, la France défaite, la Grande-Bretagne humiliée et isolée, la Russie neutralisée. Pourquoi, parvenu à ce sommet de réussite, Hitler ne voulut-il ou ne put-il marquer une pause ? La question nécessite une réponse provisoire, afin de jeter la lumière sur le développement de l'idéologie nazie dans les années 30.

Dans *Mein Kampf*, écrit dans les années 20, Hitler élabora la *Weltanschauung* raciste, qui est sa contribution spéciale au nazisme et le trait particulier qui distingue cette idéologie du courant principal de la tradition nationaliste allemande et des autres mouvements fascistes.

Dans les années 40, à la suite de l'attaque contre la Russie, un effort majeur fut fait pour établir en Europe orientale un empire esclavagiste qui dans sa conception semble correspondre aux idées premières d'Hitler.

Beaucoup de ceux qui vinrent adhérer en masse au parti, quand il eut réussi, ne prenaient pas trop au sérieux les idées racistes d'Hitler ou son antisémitisme. Beaucoup de ceux qui ont écrit depuis sur Hitler ont adopté le même point de vue, trouvant plus facile et plus acceptable d'expliquer le phénomène du nazisme en le rationalisant en termes familiers, intérêt de classe, capitalisme, nationalisme, militarisme ou quête du pouvoir pour lui-même, plutôt que de prendre en compte l'importance politique des bizarres mythes racistes qui enflammaient son imagination, et d'accepter de les considérer comme davantage qu'une idiosyncrasie personnelle. D'un tel point de vue, l'attaque contre la Russie et la tentative de fonder un nouvel empire allemand à l'Est sont considérées comme un produit des contradictions non résolues de la société allemande et de l'économie qu'elle n'arrivait pas à maîtriser. Dans cette conception, ce sont ces contradictions qui poussèrent ou incitèrent le régime à chercher une issue dans la guerre et dans une expansion toujours plus large, conduisant à l'effondrement final.

Mais présenter l'intentionnalisme et le structuralisme comme des points de vue entre lesquels le choix est obligatoire me paraît une polarisation inutile que rien, dans les faits connus, n'impose. Loin de sentir qu'on lui forçait la main ou de chercher à sortir d'une impasse, Hitler était disposé à accueillir à bras ouverts tout argument socio-politique ou tout bénéfice économique apparent qui renforcerait les objectifs qu'il avait à l'esprit depuis le début. On peut discuter de l'importance relative de la vision d'Hitler et des forces sociales et économiques qui pouvaient être mises à leur service, mais il s'agit toujours, je crois, de deux facteurs qui s'additionnent et non pas qui s'excluent.

Pendant les vingt années restantes de sa vie, l'« idéologie raciste » d'Hitler est restée le pôle magnétique de son imagination et de ses visées à long terme. Même après qu'il fut parvenu au pouvoir, Hitler n'avait aucune idée sur le moment ou la manière dont il pourrait en pratique réaliser ses buts. Jusqu'à l'hiver 1940-1941, durant lequel furent dressés les plans de l'opération Barberousse, c'est-à-dire de l'invasion de la Russie, il n'exista aucune espèce de schéma directeur ou de calendrier et dans les années 30, le Führer commença à s'inquiéter pour sa santé et se demanda s'il vivrait assez pour « achever sa tâche ».

Hitler lui-même disait souvent que tant que le moment n'était pas mûr pour une idée, il était inutile d'essayer de la mettre en pratique. Lors de la campagne électorale du début des années 30, il reconnut que les éléments racistes qui, pour lui, étaient le cœur de l'idéologie nazie, attiraient peu de voix et il abandonna la priorité qu'il avait donnée au début des années 20 à l'antisémitisme pour brandir le danger marxiste. Avant d'accéder au pouvoir, il insista auprès de Otto Wagener et d'autres : « Nous seuls pouvons et devons penser clairement les questions raciales. Pour nous ces questions sont cruciales et lourdes de signification. Mais pour le public en général, ce sont des questions empoisonnées[70]. »

L'idéologie raciste d'Hitler aide à expliquer une autre contradiction que beaucoup ont jugé déroutante : le paradoxe d'un dirigeant politique qui, par tempérament, semble le parangon du révolutionnaire, un homme qui prêchait le fanatisme, qui réclama et finalement adopta des mesures extrêmes et qui, pourtant, en venant au pouvoir dans les années 30, refusa que la révolution s'étendît du domaine politique aux sphères économiques et sociales.

Certes, dans les débuts, en 1933-1934, quand il devait encore consolider sa position et qu'il avait besoin du soutien, ou du moins de la tolérance des forces nationalistes-révolutionnaires et conservatrices allemandes, la tactique exigeait la prudence. Mais plus tard, quand il se sentit assez fort pour renvoyer Schacht, lancer le plan quadriennal, et, début 1938, remplacer les responsables conservateurs aux Affaires étrangères et dans l'armée, il ne s'engagea pas pour autant dans des réformes intérieures tendant à relancer le projet nazi originel d'État corporatiste morcelant les grandes sociétés et recréant le contrôle ouvrier ou celui des corporations.

Comme il le dit à Otto Strasser, de telles idées ne valaient pas mieux que le marxisme. Elles présentaient la même caractéristique : diriger l'agression vers l'intérieur et diviser la nation, au lieu de l'unir et de diriger l'agression vers l'extérieur. Sa solution à lui était tout aussi révolutionnaire, sinon plus : diriger les énergies et les tensions de la société allemande vers la création d'un nouvel empire dans l'Est slave, d'un équivalent de l'Empire romain antique ou de l'Empire britannique en Inde – exploité avec beaucoup plus de brutalité – pour donner au peuple allemand, bien mieux que ne l'eût fait une quelconque révolution intérieure, la satisfaction psychologique de devenir une race de maîtres, ainsi que les avantages matériels d'une telle situation.

Durant les années 30, il fut essentiellement préoccupé de restaurer la puissance allemande, d'élaborer l'idéologie du renouveau national : programme nationaliste et non pas raciste. Mais, entre 1933 et 1940, il ne considéra jamais les succès remportés en politique étrangère et dans la guerre comme une fin en soi. Il continua de nourrir l'ambition qu'ils lui ouvriraient la voie à la solution radicale du problème de l'avenir allemand qu'il avait en tête. Rien de la sorte ne fut dit en public. Jusqu'à la fin de 1939, la politique allemande fut présentée en fonction de l'objectif de l'annulation du traité de Versailles et de la réalisation du rêve historique de la Grande Allemagne. L'idéologie nationaliste ne fut non plus jamais remplacée par le racisme, bien qu'il inspirât de plus en plus la politique allemande à l'Est, en particulier après la décision d'attaquer la Russie. Même après les succès qui portèrent les troupes allemandes en vue de Moscou et Leningrad et plus tard, vers l'Est, jusqu'au Caucase, l'énorme effort développé pour réorganiser les territoires occupés d'après des principes racistes fut dissimulé.

Mais chacun, dans le cercle restreint des chefs nazis, était bien conscient de la fascination que le *Lebensraum* à l'Est exerçait sur l'imagination d'Hitler. Beaucoup d'autres nazis – par exemple, Darré, Himmler, Rosenberg, Koch – considéraient le nouvel empire allemand à l'Est comme le but final de la révolution nazie, et, durant les années 40, furent profondément engagés dans son organisation.

Durant l'été de 1932, l'été d'avant la prise du pouvoir, Darré aurait fait un rapport devant un petit cercle de dirigeants du parti, dont Hitler, sur la mission que lui avait donnée Himmler de créer un registre détaillé de l'héritage biologique de l'élite nazie, en particulier des SS, dans l'optique de la production contrôlée d'une nouvelle aristocratie raciale. Après avoir exposé la « politique de l'espace oriental » s'étendant des États baltiques au Nord à la mer Noire et au Caucase au Sud, Darré avança que cet espace ne pourrait être correctement organisé que si l'Allemagne suivait une politique de dépopulation et de colonisation [71]. C'était le genre d'initiative que, à la différence de réformes économiques et sociales, Hitler ne décourageait pas.

Deux ans plus tard, durant cette même semaine de juillet 1934 où Hitler mettait fin aux espoirs SA d'une seconde révolution, il conférait aux SS le statut d'une organisation indépendante, qui permettrait à Himmler et à Heydrich de constituer l'instrument d'une idéologie raciste. Au conseil des ministres du 4 septembre 1934, Goering expliqua que le réarmement allemand « partait de l'idée de base qu'une confrontation avec la Russie était inévitable [72] ».

Cette interprétation est confortée par le fait qu'Hitler ne fit aucune tentative sérieuse pour régler le conflit entre intérêts rivaux et blocs de pouvoir dans les domaines constitutionnel, administratif et économique, alors qu'il imposa son intervention dans ceux qui l'intéressaient et étaient en rapport avec son idéologie raciste – sur la politique étrangère, le réarmement et la stratégie. Cette interprétation s'accorde bien aussi avec le fait correspondant que les intrigues et les chamailleries sempiternelles entre les chefs nazis sur des questions de compétences et de pouvoir se poursuivirent jusqu'à la fin, alors qu'il y avait absence complète de conflit idéologique au sein de la direction. Jusqu'à la fin, l'autorité du Führer et son idéologie restèrent indiscutées.

Les deux faits, en réalité, se résumaient à un seul, l'identification dont Hitler avait fait le fondement de son rôle dirigeant depuis la recréation du parti dans les années 20, quand les nazis de base avaient l'habitude de dire : « Notre idéologie, c'est Adolf Hitler. » Comme le spécialiste américain de sciences sociales Arthur Schweitzer l'a fait remarquer, en fusionnant son personnage charismatique avec son idéologie, Hitler réussit à surmonter le principal défaut que Max Weber voyait dans l'autorité charismatique, son instabilité[73]. Plus important encore, il fournit au mouvement une vision exprimée avec des accents millénaristes : le « Reich de mille ans » – littéralement le millenium – le « Troisième Reich », en écho au Troisième Age de Joachim de Flore, le visionnaire du XIIe siècle italien, et la conspiration juive, constante du millénarisme médiéval. Cette vision apportait un impératif moral permettant à l'homme SS de sentir que, s'il était appelé à tuer, c'était pour obéir aux ordres et se faire l'agent d'une « loi supérieure » (tout comme Dzerjinski, et en la matière, Lénine et Trotski croyaient en leur justification du terrorisme). Loin de rejeter des « valeurs intérieures » telles que la loyauté, l'obéissance, l'honnêteté, l'autodiscipline, la camaraderie et la bravoure, que Himmler ne cessait d'inculquer à ses recrues SS, la vision révolutionnaire d'Hitler permettait leur appropriation et leur perversion au service d'un idéal inhumain.

L'idéologie raciste d'Hitler n'était pas une contradiction, mais une extension, une version plus extrême du nationalisme allemand. Pour la majorité de l'armée et de la nation allemandes, ce fut toujours l'appel au nationalisme traditionnel qui compta, même après l'ouverture du front de l'Est. Mais pour les SS et les dirigeants du parti servant dans les territoires occupés de l'Est, ce furent les éléments racistes qui les lièrent dans une relation spéciale à Hitler, leur offrant la légitimation des terribles crimes contre l'humanité dont ils étaient responsables. Ceux-ci, qui comportaient la déportation forcée et souvent le massacre de millions d'autochtones (Polonais, Russes, Ukrainiens), culminèrent dans l'Holocauste, l'extermination forcée, délibérée de la population juive de l'Europe. Avant Hitler, d'autres Allemands, d'autres Européens avaient, par la parole et par l'écrit, produit un discours raciste, mais lui seul s'employa à mettre son idéologie en acte, en commençant, dans les années 30, par le développement et l'endoctrinement des SS et en finissant par gager tout l'avenir de l'Allemagne, à l'apogée du succès, sur la fatale tentative de réaliser ses fantasmes. L'originalité d'Hitler ne réside pas dans ses idées, mais dans le fait qu'il les appliqua à la lettre.

VIII

De même qu'Hitler revendiqua la tradition nationaliste-autoritaire de l'Allemagne, Staline revendiqua l'héritage marxiste-léniniste de la Russie soviétique. Depuis le moment où il entra dans le parti social-démocrate russe, le marxisme lui offrit un ensemble distinctif de concepts et un langage dans lequel il pensa et s'exprima durant le restant de sa vie. Avec le reste du parti bolchevique, il adopta les ajouts que Lénine avait fait au dogme marxiste, tel que le rôle du parti ou sa théorie de l'impérialisme, et l'une des plus importantes raisons dans le succès de Staline contre ses rivaux était de s'être établi dans le rôle de l'interprète autorisé de Lénine.

A la différence d'Hitler, Staline ne prétendait nullement, même en privé, à l'originalité idéologique. Quand ses interviewers l'interrogeaient sur ses idées, il répondait invariablement qu'elles avaient été fixées une fois pour toutes par Marx et Lénine, et qu'il n'avait rien à ajouter. Considérant la propension de Staline à tout s'attribuer, cette modestie inattendue demande des explications.

Le maître de l'URSS se heurtait à des difficultés qui n'affectaient pas Hitler. Il s'agissait des critiques que Lénine d'abord, puis Staline, durent essuyer des mencheviks et des dirigeants socialistes occidentaux qui les accusaient de ne pas être les héritiers, mais les traîtres du marxisme et du socialisme, ce à quoi Trotski ajouta par la suite l'affirmation que Staline avait trahi le léninisme. Cette accusation hanta Staline tout au long des années 30. Elle faisait ressortir une double contradiction, d'abord entre les conditions de la vie soviétique et une idéologie officielle exposée dans le langage socialiste traditionnel de la démocratie, de la justice sociale, de la liberté et de l'égalité, ensuite, entre l'idéologie communiste dans sa forme marxiste, ou même marxiste-léniniste, et la contrefaçon déformée, développée par Staline sous le même nom. Le double langage et la falsification systématique auxquels s'adonnait le Parti communiste conduisit à une corruption morale et intellectuelle dont il ne réussit jamais à se libérer.

Le nazisme a nourri ses formes particulières de corruption, mais pas celle-ci en particulier. Dans sa course vers le sommet, Hitler avait été disposé à adopter tout slogan ou clause qui servirait son propos – « légalité », « continuité », « anticapitalisme », respect pour les valeurs traditionnelles et chrétiennes, et, dans les premiers temps du pouvoir, amour de la paix et respect des droits des autres nations. Mais la tactique opportuniste d'Hitler n'affecta jamais sa cohérence idéologique. Si, pour des raisons tactiques, il était souhaitable de mettre l'accent en public sur les objectifs nationalistes et de rester discret sur les buts racistes, les derniers n'étaient pas un secret ; ils étaient connus de quiconque lisait *Mein Kampf.* Tout à l'inverse de Staline et du Parti communiste il n'y eut pas, dans le cas d'Hitler et des nazis, de conflit entre leurs objectifs et les moyens auxquels ils recoururent quand le moment vint, en 1941-1945, de les atteindre. La corruption au cœur de l'idéologie nazie réside dans ses fins. La domination, l'esclavage, l'extermination sont mauvais en eux-mêmes et corrompront tout mouvement qui cherchera à les réaliser.

La corruption au cœur de l'idéologie communiste réside dans les moyens. La justice sociale, une égalité et une liberté plus grandes, la fin de l'exploitation et de l'aliénation sont des fins nobles, humaines. Ce qui les a compromises fatalement, ce furent les méthodes inhumaines employées pour les atteindre. C'était vrai aussi bien de Lénine et Trotski que de Staline. Leszek Kolakowski, lui-même ancien communiste polonais et philosophe marxiste, l'a très bien montré.

> Si tu bâtis l'égalité en accroissant l'*in*égalité, il ne te restera que l'*in*égalité ; si tu veux atteindre la liberté en employant la terreur de masse, le résultat sera la terreur de masse ; si tu veux travailler pour une société juste par la peur et la répression, tu auras la peur et la répression plutôt que la fraternité universelle...
>
> La suppression de l'« ennemi de classe », l'abolition des libertés du citoyen et la terreur de fait ont été acceptées comme le mal nécessaire qui précède la nouvelle société. Aujourd'hui nous pouvons voir assez claire-ment que les moyens définissent les fins, mais la pensée communiste a toujours soutenu que le contraire était vrai[74].

Lénine avait fondé la prise du pouvoir en 1917 sur le pari que le développement social et économique de la Russie rattraperait le coup de poker politique des bolcheviks. On put voir que c'était raté dès qu'il devint clair que la révolution n'allait pas s'étendre, que les bolcheviks étaient isolés et qu'aucune aide ne leur viendrait de l'étranger. La guerre civile repoussa le moment de le reconnaître, mais quand elle fut terminée, les chefs communistes durent faire face au fait que, loin d'hériter d'une économie et d'une société déjà transformées par le capitalisme – condition nécessaire, selon Marx, au succès de la révolution socialiste – ils se trouvaient confrontés à une économie et une société trop appauvries, arriérées et épuisées pour produire d'elles-mêmes les forces à même de mener une telle transformation.

Durant le peu de temps qui lui fut laissé, Lénine ne trouva pas de solution au problème mais laissa des indications dans deux directions opposées. L'une était réformiste. Il s'agissait, sur la base de la Nouvelle Politique Économique, de mener une « révolution culturelle » graduelle qui transformerait à long terme la population, en l'éduquant – et d'abord en l'alphabétisant – et obtiendrait son acceptation volontaire du dévelop-pement d'un socialisme coopératif, tâche qui occuperait « une époque historique entière », une ou deux décennies au minimum. C'était le « Testament politique de Lénine » (tel que Boukharine l'a présenté) de ses dernières années. L'autre direction était révolutionnaire, décrite par Lénine en novembre 1920 comme « un changement qui détruit le vieil ordre dans ses fondations même, et non point un changement qui le remodèle prudemment, lentement et graduellement, en prenant soin de détruire le moins possible ». C'était la ligne qui à l'origine avait eu les faveurs de Lénine, celle d'une rupture violente et radicale avec le passé de la Russie. Elle avait été suivie durant la période du communisme de guerre et puis brusquement abandonnée en faveur de la NEP, au regret de beaucoup de communistes.

Staline bâtit son pouvoir en convainquant la majorité des chefs communistes que, s'ils avaient toujours en tête d'achever la révolution dans les trois ou quatre ans à venir – comme ils avaient espéré le faire dix ans plus tôt, avec Lénine – leur seule chance d'y parvenir était de reprendre le cours révolutionnaire primitif. Il les gagna à lui en abandonnant l'idée que l'intervention limitée de l'État pouvait produire les changements nécessaires. C'était plutôt les pleins pouvoirs de l'État qui devaient être utilisés, aussi massivement et brutalement qu'il était nécessaire, pour briser le moule existant et imposer à la société – c'est-à-dire à des dizaines de millions d'êtres humains – de nouveaux modes de vie, non en vingt ou trente ans, mais en quatre ou cinq. La tactique délibérée était de comprimer dans le laps de temps le plus court possible l'assaut de l'État contre la société, et d'attaquer sur les fronts industriel et agricole en même temps ; ainsi était accru l'effet de déstabilisation, de crise totale dont aucun aspect de la vie n'était exempt. Le résultat fut l'effacement de tout repère familier, ce qui entraînait la désorientation et sapait la résistance.

Kolakowski n'exagère pas quand il appelle cet assaut « sans doute l'opération de guerre la plus massive qu'un État ait jamais conduite contre ses propres citoyens[75] ». La conséquence pour l'idéologie soviétique fut l'émergence – jamais reconnue – d'une version stalinienne particulière, la plus grande de toutes les déviations.

Le processus avait commencé dès l'adoption par Staline du slogan du « socialisme dans un seul pays », abandon de la perspective internationale que Marx et Lénine avaient considéré comme une partie essentielle de l'idéologie marxiste, mais que Staline cherchait à présenter, à coup de citations sélectionnées, comme venant de Lénine[76]. Il recourut au même procédé pour justifier deux autres thèses centrales de l'idéologie stalinienne. La première était sa conviction, présentée comme une loi inéluctable du développement historique, que plus une société approchait de la percée finale vers le socialisme, plus la guerre de classe et la résistance des exploiteurs devenaient féroces, et plus dures devaient être les mesures à prendre pour atteindre la victoire. « Il n'y a pas d'exemple dans l'histoire », déclara Staline en avril 1929, « où des classes agonisantes ont quitté volontairement la scène[77]. » L'incapacité de Boukharine à le comprendre, ajoutait-il, était dû au fait qu'il abordait la lutte de classe en philistin, et non en marxiste.

Les possibilités des thèses de Staline firent leurs preuves dans les mesures coercitives prises pour mettre en œuvre la collectivisation, ce que Staline appelait la lutte de classe à la campagne. Hitler avait dit dans *Mein Kampf* : « L'art du dirigeant consiste à concentrer l'attention du peuple sur un adversaire unique, de sorte que les différents adversaires semblent appartenir à la même catégorie[78]. » Hitler trouva son « adversaire unique » dans « le juif » ; Staline dans le koulak, plus tard dans « les ennemis du peuple » – personnification des « forces du mal » que chacun devait subjuguer.

Staline et Hitler étaient dotés de la même capacité à appliquer littéralement des slogans tels que « pollution raciale » (dans le cas d'Hitler) et « guerre de classe » (dans le cas de Staline), comme base pour l'extermination. Durant les vingt-cinq années suivantes, le concept d'ennemis de classe put être invoqué, « objectivement », chaque fois que l'Union soviétique – ou, après la Deuxième Guerre mondiale, les gouvernements des autres pays communistes – voulut lancer des campagnes de répression et détruire toute résistance. Quiconque s'opposait, ou était accusé de s'opposer, à la collectivisation, pouvait être classé comme « koulak ». Staline lui-même n'évaluait pas à plus de 5 % la proportion de koulaks dans la population russe ; mais toute la violence employée pour rassembler de force les paysans dans les fermes collectives fut placée sous la rubrique « liquidation de la classe des koulaks », derniers adversaires à détruire avant que l'agriculture ne soit socialisée.

La seconde thèse fut annoncée par Staline en juin 1931. Pour arrêter l'importante rotation du personnel ouvrier, il fallait en finir avec l'égalité des salaires. Aux chefs d'entreprise et aux syndicalistes qui pensaient que le principe de l'égalité devait prévaloir dans le système soviétique, il déclara que c'était eux qui étaient en train de « rompre avec le marxisme, avec le léninisme ». Marx et Lénine avaient toujours compris que :

> ... la différence entre le travail qualifié et le travail non qualifié existerait même sous le socialisme, même après que les classes auraient été abolies, et que cette différence disparaîtrait seulement sous le communisme... sous le socialisme les salaires doivent être payés selon le travail accompli et non selon les besoins. Qui a raison, Marx et Lénine, ou les égalitaires[79] ?

Une fois le principe de l'inégalité admis, la voie était ouverte pour faire de la productivité la priorité absolue ; pour maintenir des normes de travail et, finalement, introduire les livrets ouvriers, qui liaient les travailleurs à leur tâche – pour l'abandon des principes pour lesquels à l'Ouest, sous le capitalisme, les syndicats continuaient de se battre. Lorsque Marx rencontra des idées semblables dans les *Bases de la future structure socialiste*, œuvre de Netchaïev, où ce révolutionnaire russe du XIXᵉ siècle disait que « le peuple doit produire le plus possible et consommer le moins possible », et que toutes les relations personnelles devaient être strictement réglementées, il s'exclama avec indignation : « Quel splendide modèle de communisme de caserne[80] ! » Il ne saurait exister de plus brève description du stalinisme des années 30 ; mais Staline le répétait constamment, l'exploitation et l'aliénation avaient « cessé d'exister » sous le régime socialiste soviétique.

Le développement le plus important fut l'ajustement de l'idéologie soviétique au trait principal de la révolution de Staline, l'utilisation du pouvoir de l'État, la construction d'une société socialiste étant remplacée par la construction d'un État, non point d'un État-providence mais, comme dit Robert Tucker, « d'un État russe soviétique puissant, hautement centralisé, bureaucratique, militaro-industriel [81] ».

Pour exécuter le programme de collectivisation, et gérer l'énorme expansion des camps de travail, Staline fit de plus en plus appel à l'OGPU, les services secrets de l'État, et même à l'armée. L'État stalinien à son plein développement, dans les années 30, eut pour marque distinctive d'une part le pouvoir de la police secrète, les camps et la terreur qu'ils inspiraient, d'autre part la puissance et les privilèges de la bureaucratie du parti-État, qui ne cessaient de croître aux dépens de la société civile émasculée qu'elle dominait.

Comment réconcilier ceci avec la doctrine marxiste de l'« extinction de l'État » ? De nouveau, Staline se montra à la hauteur de la situation. En 1930, au XVIe congrès du parti, il déclara :

> Nous sommes pour l'extinction de l'État. Mais en même temps, nous sommes partisans du renforcement de la dictature du prolétariat, qui constitue le plus puissant, le plus fort de tous les pouvoirs dirigeants qui aient jamais existé. Le plus haut développement du pouvoir dirigeant pour préparer les conditions de l'extinction du pouvoir dirigeant, telle est la formule marxiste. Est-ce « contradictoire » ? Oui, c'est « contradictoire ». Mais cette contradiction est la vie, et elle reflète complètement la dialectique marxiste [82].

Tout comme la lutte de classe s'intensifierait au fur et à mesure qu'approcherait l'abolition des classes, l'État devait d'abord se renforcer au maximum pour se préparer à disparaître, conformément à la dialectique marxiste*.

Parmi les membres du parti réunis pour chanter les louanges de Staline au congrès des Vainqueurs (janvier 1934), il a bien dû y avoir, outre Boukharine, d'autres vieux bolcheviks pour reconnaître, comme les chercheurs l'ont fait depuis, que Staline était bien près d'avoir remplacé l'idéologie originale qui les avait attirés dans le parti par un nouveau credo de son cru, bien plus dur. Il avait peut-être quelques bons arguments pour ce faire. Marx lui-même était resté vague sur la manière dont une société socialiste d'abord, et communiste enfin, devait être construite. En particulier, ni lui ni Engels, ne donnaient des indications sur la façon dont on pouvait transformer une société rurale arriérée comme la Russie, dans laquelle le capitalisme était encore embryonnaire, en société socialiste industrialisée. Et Lénine non plus, en dépit de sa

---

* Voir ci-après vol. 2, pp. 75-78.

hardiesse de chef révolutionnaire, ne réussit pas à trouver une réponse. Staline crut qu'il en avait une, et qu'il n'y avait pas d'autre voie ; sur ce point, avait-il raison ou tort ? On en débat encore.

Il aurait pu avancer que, sous sa direction, la Russie était le seul pays au monde à avoir réalisé les deux points les plus importants du programme de Marx : l'abolition de la propriété privée, dans la campagne et l'agriculture comme dans l'industrie et le commerce, et l'abolition des classes traditionnelles, avec l'élimination de la bourgeoisie, des capitalistes et des propriétaires fonciers, y compris les capitalistes ruraux, les koulaks. Il aurait pu poursuivre en soutenant que, si les méthodes utilisées et leurs conséquences étaient très différentes de ce que beaucoup de marxistes avaient prévu, aucun communiste n'avait jamais supposé, et Lénine moins que tout autre, qu'une révolution pouvait être accomplie sans beaucoup de souffrances et la perte de nombreuses vies. La différence, cette fois, était que cette révolution, à la différence de 1905, et même de 1917, avait opéré une rupture décisive, irréversible, avec le passé, et ouvert la voie à une perspective entièrement nouvelle pour le peuple russe.

Mais ce ne fut pas ce que Staline proclama en janvier 1934. C'est le marxisme, déclara-t-il, qui « a remporté une victoire complète sur un sixième » du globe – dans le pays précisément où le marxisme était censé avoir été éradiqué.

> A quoi notre parti doit-il sa supériorité ? Au fait d'être un parti marxiste, un parti léniniste. Il le doit au fait qu'il est guidé dans son œuvre par les dogmes de Marx, Engels et Lénine... Oui, camarades, nos succès sont dus au fait que nous avons travaillé et combattu sous la bannière de Marx, Engels et Lénine [83].

Manifestement, il était très important pour Staline que les membres du parti – y compris les anciens opposants à présent autorisés à revenir – reconnaissent, comme ils le faisaient, ce qu'il avait accompli. Mais il était au moins aussi important qu'ils reconnaissent publiquement que c'était bien la réalisation de la vision marxiste originale d'une société socialiste.

Il y avait certes des avantages politiques évidents. Du vivant de Staline, le marxisme parvint plus qu'aucun autre mouvement millénariste, à convertir des foules, et le marxisme-léninisme s'imposa comme le modèle le plus répandu pour les mouvements révolutionnaires. Staline lui-même avait suscité l'enthousiasme avec la certitude que l'idéologie marxiste-léniniste pourrait mener à bien la seconde révolution. Cet enthousiasme se répandit bien au-delà de la Russie. L'image de la Russie, patrie du socialisme, à laquelle la classe ouvrière et les intellectuels du monde entier faisaient allégeance, permit à Staline de maintenir la domination soviétique sur le mouvement communiste international, et de conserver le soutien actif des sympathisants de gauche en Occident, empressés à préserver, à n'importe quel coût, la croyance que la Russie de Staline représentait le meilleur espoir pour l'avenir.

Mais, si importantes que soient ces considérations, elles ne touchent pas le cœur du problème. Celui-ci gît dans la nature du Parti communiste, dont l'essence était une idéologie commune. Celle-ci était constituée à partir d'un ensemble de propositions sur l'histoire et la société que les adeptes croyaient scientifiquement prouvées, avec le même degré de certitude que les fidèles catholiques croyant aux doctrines de l'Église.

Pour Hitler, l'idéologie comptait, mais elle n'était pas un objet de débat dans le parti ; la majorité se contentait de dire « Adolf Hitler est notre idéologie », et de le laisser lui, le Führer, proclamer ce qu'elle était. Pour un communiste, l'équivalent du « mythe du Führer » était le « culte du parti », du parti gardien de la doctrine originale inaltérable, hors de portée de la discussion, et de l'incarnation de l'autorité dans son interprétation et l'application, la ligne du parti. C'était à travers le parti et le « mystère » de la doctrine, l'idéologie marxiste qu'il incarnait et protégeait, que la légitimité était conférée. Dans l'impossibilité, donc, de défier l'autorité du parti ou de le démystifier en prenant à son compte l'élaboration d'une idéologie révisée – c'eût été le crime de déviationnisme reproché aux opposants – Staline ne put jamais s'avouer, ni avouer au parti que, derrière la façade originale, il avait changé la substance. Ayant toujours en mémoire les dégâts que les autres membres de la troïka et lui avaient infligé à la position de Trotski en inventant et en lui imposant le trotskisme, il n'avait nulle intention de laisser quiconque faire de même avec le stalinisme, terme dont l'usage fut absolument interdit. Dans le cas d'Hitler, l'idéologie était ce que le Führer disait ; dans le cas de Staline, c'était ce que le secrétaire général disait que Marx et Lénine avaient dit.

11

L'État-Führer

Hitler : 1934-1938 *(45 à 49 ans)*

I

Tant en Allemagne qu'en Union soviétique, l'automne 1934 fit naître l'espoir que, avec l'élimination des SA par Hitler, et avec les signes de détente qui avaient suivi le congrès du parti communiste dit « des Vainqueurs », la période révolutionnaire était terminée, et qu'on allait pouvoir revenir à une vie plus normale.

Pour des raisons et sur des échelles de temps certes différentes, cet espoir allait être déçu. Ni Hitler ni Staline ne pouvaient se satisfaire du maintien du statu quo. Hitler était parvenu à une situation personnelle sans précédent dans l'histoire de l'Allemagne moderne mais il devait encore s'en servir pour atteindre ses véritables objectifs. Staline avait achevé sa « deuxième révolution », mais du fait des méthodes par lesquelles elle avait été accomplie et du bouleversement qu'elle avait produit, il en garda une suspicion obsessionnelle à l'égard d'éventuels ennemis au sein du parti, la détermination de les détruire et l'ambition d'être reconnu, comme Hitler, sans égal, seulement responsable devant « l'Histoire ».

Hitler avait admis qu'il ne pouvait espérer obtenir le redressement économique et le réarmement de l'Allemagne sans la coopération des élites traditionnelles de l'armée, de la fonction publique et des milieux d'affaires. Mais il n'avait pas envie que cet « accommodement temporaire », ainsi qu'il le concevait, devînt permanent, comme tant de conservateurs le souhaitaient et pensaient qu'il le deviendrait. L'intérêt de la période 1934-1938 réside donc dans la manière dont Hitler réussit à tirer le meilleur parti des avantages que cette coopération lui procurait, sans laisser le mouvement nazi ni lui-même se faire absorber par elle. Au contraire, il renforça sa position jusqu'au point où, en 1938-1939, il ne dépendit plus que de lui-même et se retrouva libre d'engager son programme impérialiste révolutionnaire.

Staline arriva au même point dans l'ordre inverse. Il rompit la coopération avec les cadres dirigeants du parti communiste sur qui il s'était appuyé pour faire avancer la révolution par le haut et remplaça cette coopération par l'exigence d'une fidélité inconditionnelle à sa personne. Il réalisa cela en opérant une purge sur une échelle sans précédent qui détruisit en fait ce qui restait du parti bolchevique originel de Lénine.

L'intérêt de la même période en Russie réside donc dans la manière dont Staline mena son extraordinaire assaut contre le parti grâce auquel il avait bâti son pouvoir, sans sacrifier les changements réalisés par la « deuxième révolution » ni saper sa propre position. Au contraire, il la renforça jusqu'au point où, successeur du tsar de toutes les Russies, il cessa lui aussi de dépendre de quiconque, sans pour autant menacer sa prétention à être en même temps le chef du seul État socialiste-marxiste victorieux du monde.

Dans le cas d'Hitler, la politique étrangère – qui signifia toujours pour lui une combinaison de diplomatie et de politique militaire – finit par absorber toute son attention à partir du début de 1938. Mais pour parvenir à ce point, il fallut une période de préparation, dont on aura la meilleure idée à partir de trois grands domaines : l'État, l'économie et la société.

Curieusement, si l'on considère les pouvoirs qu'il concentrait désormais entre ses mains, Hitler se montra le moins actif dans le premier. L'ampleur de son intervention durant l'été 1934, en vue de mettre un terme aux espoirs d'une « deuxième révolution » avait laissé non résolus la plupart des conflits et des contradictions concernant la redistribution des fonctions entre l'État et le parti comme au sein de l'État même. Toutefois, pendant la période qui suivit, il résista plus qu'il n'apporta son appui aux tentatives de dissiper la confusion. Deux exemples illustreront comment il y ajouta, même, par sa propre action.

Le premier fut la tentative de mettre en œuvre la Loi de reconstruction du Reich (30 janvier 1934) qui, en une demi-douzaine de lignes, supprimait la structure fédérale de l'Allemagne et transférait les droits souverains des *Länder* au Reich, subordonnant les ministres-présidents et leurs gouvernements, ainsi que les gouverneurs du Reich, au gouvernement central. Cette loi, élaborée par Frick, l'ancien fonctionnaire devenu ministre de l'intérieur du Reich, visait à créer une structure uniforme, centralisée pour toute l'Allemagne – « un rêve séculaire réalisé », dit Frick. Elle alla jusqu'à la fusion de la plupart des ministères du Reich et de Prusse puis fut bloquée. La raison en fut la résistance des gouverneurs du Reich dans les autres États. Tous sauf un étaient des Gauleiter nommés en tant que représentants personnels d'Hitler dans les *Länder*, et ils étaient déterminés à défendre leurs situations privilégiées. Frick insista, et les deux parties en appelèrent à Hitler.

Hitler ne se serait jamais opposé aux Gauleiter. Il décréta que, « d'une manière générale », s'il existait des divergences d'opinion entre le gouvernement central et le gouverneur du Reich dans l'un des États elles devraient être aplanies comme l'exigeait la nouvelle loi. Mais il ajouta « qu'une exception [devait] être faite sur les sujets d'importance politique particulière », invitation que les gouverneurs du Reich, tous vieux combattants du parti, ne furent pas longs à exploiter.

Les tentatives de Frick de subordonner les ministres-présidents des

Länder (autre fonction souvent occupée par les Gauleiter) et de sub-
diviser le Reich en régions et en *Gaue* de tailles uniformes se heurtèrent à
la même résistance des caciques du parti qui se sentirent menacés de
perdre leurs places ou la souveraineté de leurs territoires. Ces dissensions
ayant épuisé sa patience, Hitler ordonna que « toutes les discussions
publiques écrites ou orales sur la réforme du Reich, en particulier sur les
questions concernant la réorganisation territoriale » cessent (mars 1935).
Cela n'empêcha pas Fritz Sauckel, gouverneur et Gauleiter de Thuringe,
de présenter à Hitler en janvier 1936 un mémoire de trente-six pages
dans lequel il affirmait que :

> Les hommes du parti, qu'ils soient gouverneurs du Reich, ministres-
> présidents ou ministres d'État, sont de plus en plus exclus de l'adminis-
> tration. L'ensemble du processus montre le désir infiniment subtil, secret
> et persistant des cliques de hauts fonctionnaires de monopoliser l'auto-
> rité et de neutraliser l'influence des représentants du parti [1]...

En fait, la réforme du Reich fut interrompue et les relations entre le
gouvernement central et les services tels que ceux des gouverneurs du
Reich, des Oberpräsidenten de Prusse (leur équivalent dans les provinces
prussiennes) et des ministres-présidents, tous monopoles du parti,
demeurèrent sans solution. Et les conflits internes reprirent chaque fois
que l'occasion se présenta et que l'équilibre de la lutte endémique pour le
pouvoir se modifia.

Le deuxième exemple est la tentative de Frick, en tant que ministre de
l'Intérieur du Reich, de faire adopter une nouvelle Loi sur la fonction
publique en Allemagne, comprenant un code de conduite et un système
de droits uniforme pour les fonctionnaires du Reich et ceux des *Länder*.
Un projet avait déjà reçu l'approbation du ministre des Finances en 1934
mais son adoption avait été différée pendant plus de deux ans à cause des
objections d'Hitler et de Hess (ce dernier représentant le point de vue du
parti, en tant que premier adjoint du Führer). La querelle se déplaça
d'une clause à l'autre mais le sujet sous-jacent demeura l'antagonisme
entre le principe d'un service public impartial, où les droits de ses membres, dont la stabilité de l'emploi, l'avancement et la retraite, fussent à
l'abri des interventions extérieures, d'une part, et l'exigence du parti (et
d'Hitler) que la fonction publique ne fût pas plus dispensée que n'importe quel autre organisme des ingérences nécessaires pour faire prévaloir
le point de vue nazi, et que les personnes qui se montreraient « peu sûres
politiquement » ne fussent pas protégées.

Hitler finit par accepter, de mauvaise grâce, la promulgation de la loi,
à la fin janvier 1937. Mais les attaques du parti contre une fonction
publique « réactionnaire » se poursuivirent, et Hitler leur témoigna sa
sympathie. Il continua pourtant à utiliser les fonctionnaires et à profiter
de leur professionnalisme. Mais Frick – *Alter Kämpfer*, ainsi que ministre
responsable de la Fonction publique – finit par désespérer de voir aboutir

ses efforts en vue de combler le fossé, « et de développer dans le service la vieille conception prussienne du devoir ainsi que le caractère national-socialiste ». Dans une lettre à Hitler des débuts de la guerre, il écrivit :

> L'évolution des dernières années me fait douter que mes efforts puissent en aucune façon être considérés comme fructueux. Avec une ampleur chaque jour croissante, un sentiment d'amertume se développe chez les fonctionnaires, qui ont l'impression que leurs capacités et les services qu'ils rendent ne sont pas appréciés et qu'on les néglige de manière injustifiée[2].

Hitler enfreignit encore plus le principe d'une structure gouvernementale unifiée en ne tenant pas compte des services existants et en créant des Organisations spéciales, qui devinrent des Autorités suprêmes du Reich, chargées d'exécuter les tâches qu'Hitler jugeait prioritaires. En 1942, il en existait déjà onze de ce type, de taille et d'importance diverses. La première fut l'Organisation Todt (1933), la plus spectaculaire fut le plan quadriennal (septembre 1936) et la plus fatale la fusion de la police et de la SS sous la direction de Himmler, déjà Reichsführer SS et, à partir de juin 1936, également chef de la police allemande.

Sans consulter le ministre des Transports, Hitler confia la responsabilité du programme des *Autobahn* (autoroutes) à Fritz Todt, qu'il nomma inspecteur général des routes allemandes en dehors du ministère et directement responsable devant lui en tant que chancelier. A partir de cette base, Todt s'employa à créer un vaste empire en s'emparant de tous les travaux de construction de l'État (dont les défenses frontalières du Mur de l'Ouest) et en devenant en outre, en 1940, ministre du Reich pour les armes et munitions. Le caractère particulier de l'organisation Todt était la combinaison d'un grand nombre d'entreprises du secteur privé de la construction et des pouvoirs d'un organisme de construction d'État, dont l'autorité sur la main-d'œuvre et la conscription dans le secteur de la construction. Grâce à la relation directe qu'elle entretenait avec le Führer, elle était libre de tout contrôle de la part de l'administration et, comme la SS et la police, elle devint un des éléments du contre-exécutif qui finit par exister parallèlement à la structure gouvernementale héritée du passé.

Le deuxième exemple, le plan quadriennal, fournit une base de pouvoir personnelle à Goering. Sa situation initiale de ministre-président et de ministre de l'Intérieur de Prusse avait été érodée par l'amalgame des ministères de l'Intérieur du Reich et de Prusse sous la houlette de Frick, et par le monopole de l'autorité sur la police bâti par Himmler et Heydrich. L'atout unique qu'il conservait de son épisode prussien était son agence personnelle de renseignement et de recherche, le Forschungsamt, fondée sur les écoutes téléphoniques et le contrôle des communications radio et télégraphiques, qui lui conférait un avantage important sur les chefs nazis rivaux. Mais il n'avait pas réussi à s'assurer la position dominante qu'il aurait souhaité avoir en politique étrangère et dans les affaires militaires, et il n'occupait pas de fonction dans le parti lui permettant de rivaliser avec Himmler, Goebbels et Ley qui, tous trois, conjuguaient leur pouvoir propre et des fonctions gouvernementales.

Goering reconsolida sa position en élargissant l'envergure du ministère de l'Aviation du Reich qu'Hitler avait créé en tant qu'Autorité suprême du Reich sous sa direction en mai 1933. Il réduisit à néant les tentatives de l'armée et du ministère de la Défense de conserver le contrôle de la nouvelle Luftwaffe et de son programme d'armement massif, et se servit de ce dernier pour opérer une percée dans le domaine économique, en y prenant non seulement une position dominante mais en regagnant la confiance d'Hitler, au point qu'on finit par le considérer comme le bras droit du Führer.

Cependant, une troisième évolution de la structure de pouvoir, en dehors du cadre gouvernemental établi, fut la fusion de la SS et de la police, créant le noyau de l'« empire » SS qui finit par éclipser tous les autres. La décision de retirer au ministre de l'Intérieur du Reich le contrôle de la police fut violemment contestée par Frick. Quand il finit par accepter en juin 1936, ce dernier exigea que le titre de Himmler soit « Reichsführer SS et chef de la police allemande au sein du ministère de l'Intérieur du Reich ». Mais la clause prévoyant que Himmler, en sa deuxième qualité de chef de la police allemande, fût placé « sous la subordination personnelle et directe du ministre de l'Intérieur du Reich et de Prusse » fut annulée par le fait que, en sa première qualité de Reichsführer SS, Himmler était directement responsable devant Hitler. L'identification de Frick au corps des fonctionnaires le mit en position défavorable et, au fur et à mesure que son étoile déclina, Himmler réussit à inverser la relation en s'emparant finalement (en août 1943) du ministère de l'Intérieur lui-même, ainsi que de la police.

La notion d'« État policier » peut être trompeuse. Elle ne fait pas ressortir que, en adoptant le décret de juin 1936, l'objectif d'Hitler et de Himmler était de soustraire la police – instrument traditionnellement chargé de faire respecter la loi – à l'autorité de l'État, et de la fondre dans la SS, organisme qui plus que tout autre constituait l'instrument par lequel le Führer pouvait exercer son autorité arbitraire en dehors de la loi. Il est significatif que Himmler n'ait pas créé de fonction séparée de chef de la police allemande, marquant ainsi son intention d'incorporer la police dans la SS, qui se considérait elle-même comme un corps d'élite inconditionnellement dévoué à l'exécution de la volonté du Führer. Ayant divisé la police en deux sections – l'Ordungspolizei, la police régulière en uniforme, et la Sicherheitspolizei, la police de sécurité – Himmler plaça police politique (la Gestapo) et police criminelle dans la seconde, sous le commandement de Heydrich, qui avait le grade de SS-Obergruppenführer, équivalent à celui de général de division dans l'armée.

Bien qu'organisé sous la forme traditionnelle, avec un ministre qui était membre du cabinet, le ministère des Lumières populaires et de la Propagande présentait les mêmes caractéristiques offensives et le même mépris des procédures et des intérêts établis que les autres organisations spéciales déjà décrites. Cela résultait en grande partie de la personnalité du ministre lui-même. Contrairement à la plupart des chefs nazis, Goebbels démontra des capacités et une confiance en soi hors du commun dans l'activité centrale de son ministère, associées à une attitude naturellement radicale et agressive et à une ambition démesurée. Il avait certes l'immense avantage d'avoir déjà bâti avec succès une direction de la propagande du parti depuis 1930, laquelle servit de modèle à son ministère de la Propagande.

La position et l'influence personnelles de Goebbels furent renforcées par le fait qu'il combinait les fonctions de ministre avec une position dominante dans le parti, non seulement comme membre de sa direction pour le Reich mais aussi comme Gauleiter de Berlin et parce qu'il avait été l'un des plus proches associés d'Hitler pendant la lutte qui avait conduit ce dernier au pouvoir. Avec l'appui d'Hitler, Goebbels réussit non seulement à créer une direction centralisée de la radio et de la presse allemande mais aussi à s'assurer le contrôle de toute une série d'activités culturelles, grâce à la création de la Chambre de la culture du Reich, avec des départements distincts pour la littérature, le théâtre, le cinéma, la musique et les arts créatifs. Sous la direction de Goebbels, le ministère de la Propagande et la Chambre de la culture du Reich firent partie intégrante de l'exécutif parallèle, au même titre que le plan quadriennal de Goering et la SS de Himmler.

On a déjà signalé le retrait personnel d'Hitler des affaires courantes de l'État après qu'il eut succédé à Hindenburg. Ajouté à sa résistance à des réformes globales destinées à supprimer la confusion et les contradictions dans l'administration, ce retrait laissa aux plus puissants des chefs nazis les mains libres non seulement pour se bâtir des empires rivaux mais pour batailler continuellement entre eux et contre les ministères constitués dans le but de s'approprier des parts du territoire les uns des autres. Le résultat, aggravé par les interventions imprévisibles d'Hitler, a été décrit par les expressions diverses d'« anarchie autoritaire », d'« improvisation permanente » ou de « chaos administratif ». Quelle que soit sa définition, cet État polycratique, avec ses centres de pouvoir concurrents, fut très différent de l'image qu'il donna au monde extérieur d'un État totalitaire monolithique gouverné avec une efficacité toute germanique.

Cet état de choses rejaillit sur l'action politique et législative du gouvernement comme de l'administration. La constitution de Weimar ne fut jamais remplacée officiellement. A la place, en vertu des dispositions « provisoires » de la loi d'habilitation de mars 1933, le cabinet du Reich promulgua des lois. Celles-ci étaient préparées par le chancelier et, une fois qu'elles avaient été approuvées par le cabinet (sans qu'une décision collective fût exigée), elles étaient simplement publiées au *Journal officiel*.

En fait, cette procédure abolit la distinction entre lois et décrets. De manière tout aussi caractéristique, le Reichstag ne fut pas aboli, ni ses pouvoirs supprimés : mais il ne fut appelé à voter que sept lois nouvelles. De même, le président ne perdit pas son droit de signer les décrets, mais cela ne fut plus nécessaire non plus, et Hindenburg n'en signa que trois nouveaux. Désormais lois et décrets furent promulgués sous l'autorité du chancelier.

Hitler détestait les discussions et il ne fit jamais voter les membres de son cabinet, qui continuait de compter des ministres non nazis en son sein. Il diminua régulièrement le nombre des réunions du cabinet – il y en eut douze pour toute l'année 1935, quatre en 1936 et six en 1937. La toute dernière réunion eut lieu le 5 février 1938. L'autorité d'Hitler était indiscutée et, chaque fois qu'il décida d'intervenir, elle fut décisive. Mais il évita de plus en plus les discussions avec les ministres, faisant de la chancellerie une Autorité suprême du Reich indépendante, et laissant son chef, le secrétaire d'État de carrière Lammers (avec rang de ministre du Reich à partir de novembre 1937) gérer les affaires gouvernementales. Le droit de légiférer et de promulguer des décrets fut de plus en plus délégué aux ministres, et le nombre de ceux qui eurent rang de ministre augmenta. Hitler exigea que les projets de lois ne lui fussent soumis que pour signature, quand l'accord avait été obtenu entre les différents ministères concernés. Quand le cabinet cessa de se réunir, cela signifia que, au lieu d'être discutés oralement, les projets faisaient des aller et retour jusqu'à ce que les sujets de discorde eussent été aplanis.

Pour éviter ce processus laborieux, les lois (*Gesetze*) finirent par être remplacées par des édits (*Erlasse*) au bas desquels on pouvait obtenir rapidement la signature du Führer. Pour la majorité des ministres, qui voyaient rarement Hitler sinon jamais, cela signifiait passer par Lammers ; mais Goering, Goebbels et Himmler avaient directement accès au Führer et pouvaient obtenir son accord sans consulter les autres ministres ni coordonner leurs travaux avec les leurs. Le même manque de coordination marquait les propres initiatives d'Hitler. Ainsi que le résume Martin Broszat, qui fait autorité en Allemagne sur l'État nazi :

> La volonté autoritaire du Führer ne s'exprimait que de manière irrégulière, non systématique et incohérente...
>
> ... La fin des discussions politiques régulières dans le cabinet, l'absence d'information régulière et fiable sur la volonté du Führer pour les membres du cabinet et la transmission sporadique et brutale des directives émanant du Führer, dont la signification et les effets étaient souvent obscurs, et qui étaient acheminées par des intermédiaires différents et souvent peu sûrs, engendraient une incertitude paralysante même au sujet de projets législatifs sans importance politique...
>
> En conséquence, la désintégration du gouvernement en une polycratie de départements séparés s'accéléra... Et la prolifération de décrets promulgués par les départements... devint encore plus marquée du fait de

l'augmentation du nombre des autorités centrales directement subordonnées au Führer[3].

II

Le modèle de comportement d'Hitler en tant que chef de gouvernement et chef d'État avait été fixé par la manière dont il avait dirigé le parti nazi. Hans Frank, l'éminent juriste nazi, qui avait autant de bonnes raisons que Frick de savoir combien Hitler méprisait les règles légales et les procédures bureaucratiques, écrivit dans ses mémoires :

> Hitler avait été un homme de parti... Sa volonté était la loi du parti. Il était l'autocrate absolu du NSDAP. Toutefois, le Reich, et particulièrement les organes de l'appareil d'État, liés entre eux par des domaines de juridiction et une hiérarchie de commandement, ne lui étaient pas familiers, ils lui étaient même étrangers... Au lieu de transférer sur le parti la forme traditionnelle d'un exécutif étatique ordonné par des lois, supervisé par des spécialistes, contrôlé par un système juridique et officiellement indépendant, son but tout entier fut de transférer la position indépendante dont il jouissait au sein du NSDAP ainsi que la structure interne de ce dernier sur l'État. Le 30 janvier 1933 il apporta ce but avec lui[4].

Le *Führerprinzip*, principe dont Hitler avait fait la base du parti, plaçait toute l'autorité entre les mains du chef, qui était libre de toute interférence d'un quelconque comité et n'était obligé de consulter personne. Il était opposé à la conception de l'autorité tant hiérarchico-bureaucratique que démocratique. Hitler tirait son autorité non de sa *fonction*, ni d'une quelconque forme d'élection, mais des dons exceptionnels, charismatiques de sa *personne*, reconnue et acceptée par tous les membres du parti.

La même idée commandait les relations entre le chef et ses associés principaux. Ils étaient nommés par Hitler, et leur situation dépendait non pas de la fonction qu'ils occupaient mais du maintien de leur relation et de leur contact personnels avec le Führer. Le « devoir », qui dans une bureaucratie comme dans une armée signifie l'acceptation de règles et de règlements impersonnels liant tous les rangs de la hiérarchie, y compris les plus élevés, était remplacé par la « fidélité », l'inféodation personnelle due par tous les partisans à leur chef. Cela signifiait que la « structure interne » du parti, comme l'appela Frank, ne correspondait pas à des divisions et des subdivisions tranchées dans l'organigramme organisationnel mais à un réseau constamment mouvant de relations interpersonnelles entre individus et au développement de clientèles personnelles, de rivalités et d'inimitiés à tous les niveaux.

Ayant établi une position d'autorité exceptionnelle, Hitler veilla à ce qu'elle ne fût pas institutionnalisée. Il délégua les tâches quotidiennes de la gestion du parti et, autant que possible, le règlement des différends sur les questions de juridiction – qui avait le droit de faire quoi – à Hess et aux autres membres du secrétariat à Munich. Cela convenait non seulement à ses habitudes irrégulières de travail, son dégoût pour la lecture de documents, la participation à des comités ou le respect des rendez-vous, mais aussi à son style politique de dirigeant inspiré, se fiant à son intuition, qui se maintenait en dehors des querelles de factions et refusait de prendre parti dans un sens ou un autre sur les questions d'orientation.

Hitler admettait que l'organisation était indispensable et avait su préparer à l'avance la croissance des effectifs du parti. Mais au-delà du minimum nécessaire exigé par l'évolution de ces effectifs et le contrôle des finances, il résista aux tentatives de transformer la direction d'un mouvement de combat en une bureaucratie de parti, pour établir le partage des responsabilités et coordonner les activités des divers départements.

La relation entre les Gauleiter et les différentes parties de l'organisation centrale fut un sujet de querelle continuelle. Même Schwarz, le trésorier du parti à qui Hitler donna le pouvoir légal de créer un contrôle financier centralisé, était en conflit permanent avec les Gauleiter et les trésoriers de *Gaue* à cause de leur accaparement arbitraire de fonds du parti et de cotisations, pour lequel ils affirmaient souvent avoir obtenu l'autorisation personnelle du Führer. Hitler lui-même demeurait en dehors de la hiérarchie, libre de traiter directement avec les Gauleiter, d'opérer de nouvelles nominations et d'intervenir quand et où il jugeait bon. Sa conception du pouvoir n'était pas seulement personnelle mais arbitraire et imprévisible.

Toutefois, si Hans Frank eut raison de dire que le but d'Hitler en devenant chancelier « fut de transférer la position indépendante dont il jouissait au sein du NSDAP ainsi que la structure interne de ce dernier sur l'État », Hitler comprit vite que c'était impraticable, il dut admettre qu'il n'y avait pas assez d'éléments compétents et expérimentés dans le parti pour s'emparer de l'État et le faire fonctionner, pas plus qu'il n'y en avait dans les SA pour s'emparer de l'armée et la faire fonctionner. Quoique sous une forme différente, l'alliance avec les forces conservatrices de l'État devait continuer, et le pacte avec elles fut renouvelé par leur acceptation d'Hitler comme successeur de Hindenburg.

C'est sa situation personnelle, non celle du parti, qu'Hitler transféra dans l'État. La notion traditionnelle de magistrature suprême de l'État, qu'elle fût détenue par un président ou un Kaiser, fut remplacée par sa conception du commandement personnel. A la mort de Hindenburg, la Loi sur le chef de l'État du Reich allemand (1er août 1934) fondit les fonctions de président du Reich et de chancelier du Reich pour aboutir à la création de la nouvelle fonction de Führer du Reich et du peuple allemand, bientôt abrégée en « Der Führer ».

La théorie constitutionnelle entérina comme il convenait. Dans son

Verfassungsrecht (« Droit constitutionnel ») de 1939, qui faisait autorité, le grand juriste de la constitution E. R. Huber, écrivit :

> La fonction de Führer émane du Mouvement national-socialiste. A l'origine, il ne s'agit pas d'une fonction gouvernementale. Ce fait ne doit pas être négligé si l'on veut comprendre la situation actuelle.
>
> Toute l'autorité publique tant dans l'État que dans le Mouvement découle de celle du Führer. Le terme exact désignant l'autorité politique dans le Reich du peuple n'est donc pas « l'autorité de l'État » mais « l'autorité du Führer ». Il en est ainsi parce que l'autorité politique est exercée non par une entité impersonnelle, l'État, mais par le Führer en tant qu'exécutant de la volonté unie du peuple[5].

L'État-Führer consistait en deux types d'autorité parallèles : la bureaucratie étatique traditionnelle, et un contre-exécutif, extra-constitutionnel et extra-légal, auquel en cas de conflit entre les deux Hitler donnait presque invariablement la primauté. Ce diagnostic fut fait il y a une cinquantaine d'années par Ernst Fränkel, dans *The Dual State,* étude écrite en exil et publiée à New York en 1941. Fränkel décrit L'État-Führer comme la fusion entre l'« État normatif » avec ses normes et ses règles établies, et l'« État prérogatif », qui exprimait l'affirmation par Hitler d'une autorité prédominante pour laquelle il n'était responsable que devant l'histoire. « Fusion » n'est pas à proprement parler le mot juste étant donné qu'Hitler ne fit aucun effort pour concilier leurs activités contradictoires, ou leurs conflits de compétence. Dans la pratique, il se servit de l'un ou de l'autre, selon son bon vouloir.

Aucun des deux secteurs n'était complet à lui tout seul : la bureaucratie d'État n'avait pas de pouvoir coercitif à sa disposition, ayant perdu le contrôle de la police au profit de la SS ; alors que le contre-exécutif, qui commença par être un assemblage *ad hoc* de fonctions séparées, n'avait pas de budget séparé ni d'administration financière propre, mais puisait dans le ministère des Finances, dont le patron, Schwerin von Krosigk, membre non nazi de la coalition de départ, resta en poste de 1933 à 1945. Les relations entre les deux secteurs ne se stabilisèrent d'ailleurs jamais, permettant au second de gagner régulièrement du terrain sur le premier, qu'il entendait certainement supplanter au bout du compte.

L'hostilité d'Hitler à l'idée de droit et de procédure réglementaire, et son mépris pour les juristes étaient une plus grande rupture avec la tradition germanique que ses attaques contre la démocratie. Si les idées démocratiques n'avaient pas réussi à s'enraciner en Allemagne, la notion de *Rechtsstaat,* d'État de droit, garantissant l'autorité de la loi et l'indépendance de la justice, était acceptée comme principe en Prusse et dans les autres États d'Allemagne depuis la fin du XVIIIᵉ siècle, et avait été consolidée dans la pratique tout au long du XIXᵉ.

On oublie souvent que le point 19 du programme nazi originel de

1920 exigeait que « le droit romain, qui sert un ordre mondial matérialiste, soit remplacé par le droit coutumier allemand ». Les juristes nazis
tels que Hans Frank espéraient restaurer ce qu'ils considéraient comme
des principes de droit germaniques dans un État *völkisch-Führer* doté
d'une justice allemande indépendante. Cela se révéla un souhait aussi vain
que la création par Frick d'une constitution autoritaro-*völkisch*. Hitler se
méfiait de tout système de droit et de toute constitution, craignant qu'ils
ne réduisent son autorité arbitraire de Führer, rôle dont il affirmait être
investi par le Destin pour exprimer la volonté du peuple allemand. Il
préféra d'instinct conserver officiellement le système juridique existant,
comme il fit de la constitution existante, tout en supplantant et en
érodant les deux par l'exercice de ses pouvoirs d'exception, et en créant des
instruments de remplacement *ad hoc* quand le besoin s'en faisait sentir.

Le droit civil (et le principe de la propriété privée) fut le domaine le
moins affecté par cette attitude ; dans ce domaine, c'est à peine si le parti
nazi et ses rejetons bénéficièrent d'un statut spécial dans les tribunaux
après 1933. Mais dans le domaine du droit public et du droit pénal, les
intentions d'Hitler furent clairement exprimées dès les premières semaines de son arrivée au pouvoir par le décret « Pour la protection du peuple
et de l'État », qui suspendit toutes les garanties de liberté individuelle et
établit ce qui devint un état d'urgence permanent, au lendemain de l'incendie du Reichstag. Cela donna à la Gestapo le droit, qu'elle continua à
exercer pendant toute la durée du régime, de placer tout individu en
« garde à vue protectrice » et de le maintenir en détention indéfiniment
sans qu'il ait le droit d'être jugé ou d'interjeter appel. Un deuxième
décret, « Contre la trahison de la nation allemande et contre les activités
de trahison », promulgué le même jour (28 février 1933), étendit la
notion de trahison au-delà des stipulations du code pénal.

Trois autres décrets, signés par le président von Hindenburg le
21 mars 1933 (le « jour de Potsdam* »), accordèrent l'amnistie pour tous
les délits commis (par les nazis) « dans la lutte pour le renouveau national
du peuple allemand » (dont le meurtre de Potempa**), firent des ragots
malveillants un délit condamnable (motif très utilisé par les indicateurs
contre leurs voisins) et créèrent des Tribunaux spéciaux, avec des
procédures « simplifiées » pour traiter ce délit et d'autres, en vertu du
décret sur l'incendie du Reichstag. Un autre décret durcissant les
stipulations concernant les « attaques malveillantes contre l'État et le
parti » fut promulgué en décembre 1934.

Après l'incendie du Reichstag, les nazis membres du cabinet, Hitler,
Goering et Frick, s'insurgèrent contre le fait que la loi n'eût pas prévu la
peine de mort pour incendie volontaire, et que les communistes accusés
de complicité avec van der Lubbe dans l'incendie aient été acquittés par
la Cour suprême faute de preuve. Ils exigèrent une loi introduisant la

---

* Voir pp. 340-341.
** Voir p.267.

peine de mort par pendaison pour incendie volontaire, laquelle fut appliquée rétroactivement à van der Lubbe, enfreignant ainsi le principe naturel du droit de *nulla pœna sine lege* (« pas de crime sans loi »). Ils continuèrent en retirant les procès pour trahison à la Cour suprême pour les confier à un nouveau Tribunal du peuple, jury constitué de deux juges, soigneusement choisis pour leur loyauté à l'égard du régime, et de cinq fonctionnaires du parti.

L'effet de ces diverses mesures prises pour faire face aux crises politiques apparaît dans la comparaison entre le nombre (268) de personnes accusées des dits délits au cours de l'année déjà troublée de 1932 et les 11 156 personnes accusées pendant l'année révolutionnaire de 1933, dont 9500 furent reconnus coupables. Ces chiffres ne tiennent évidemment pas compte des personnes arrêtées, emprisonnées et même torturées par la Gestapo et la police auxiliaire SA sans aucune forme de procès [6].

L'essence de la conception nazie du droit était la distinction entre les amis et les ennemis de la communauté nationale telle qu'elle était définie par les nazis. Hitler l'énonça quand il parla au Reichstag à propos de la loi d'habilitation (23 mars 1933) :

> Le gouvernement de la révolution nationale juge de son devoir de mettre la nation à l'abri de l'influence de ceux qui, consciemment et intentionnellement agissent contre elle. On ne peut tolérer que la théorie de l'égalité devant la loi conduise à accorder l'égalité à ceux qui traitent la loi avec mépris... Mais le gouvernement garantira l'égalité devant la loi à tous ceux qui, en prenant part à la formation d'un front national contre ce danger, soutiennent l'intérêt national et ne manquent pas d'apporter leur appui au gouvernement.
>
> Notre système légal doit servir à maintenir cette communauté nationale. L'irrévocabilité des juges doit, dans l'intérêt de la société, être associée à l'élasticité des peines. La nation, plutôt que l'individu, doit être considérée comme le centre de nos préoccupations légales [7].

Comme d'habitude Hitler ne clarifiait pas les implications de ce qu'il disait. Il n'y eut jamais de code de droit nazi et les codes existants continuèrent à être utilisés, en étant modifiés par des décrets et des lois sur des sujets spécifiques, ce qui plaça un lourd fardeau sur les épaules des juges chargés d'interpréter la loi. Bien qu'ils fussent nommés à vie et ne pussent être démis de leurs fonctions, les juges étaient des fonctionnaires de carrière et beaucoup d'entre eux virent la « révolution nationale » d'un œil sympathique. Les autres furent soumis à une pression continuelle pour se conformer à la nouvelle orthodoxie. En particulier, ils s'entendirent répéter par les autorités et par leur propre Ligue NS des juristes allemands que la base de leurs interprétations ne devait pas être les précédents juridiques mais l'idéologie nazie, les discours et les décisions du Führer et « le bon sens du peuple ».

Quand les tribunaux jugeaient une affaire de manière trop clémente aux yeux de la Gestapo, cette dernière pouvait toujours arrêter la personne acquittée ou ayant accompli sa peine et la maintenir en détention préventive ou l'envoyer en camp de concentration. Les tentatives de limiter ces mesures ou de les soumettre à des règles n'aboutirent qu'à des compromis qui n'arrêtèrent pas la Gestapo, tout en amenant les tribunaux à se faire de plus en plus complices d'un organisme qui opérait sciemment en dehors de la loi.

Il faut s'efforcer de répondre à la question de savoir pourquoi Hitler ne fit pas de tentative sérieuse pour clarifier l'incertitude et les conflits d'autorité qui persistaient dans tant de domaines de l'administration.

Trois éléments se combinent pour fournir une réponse.

Le premier déjà ébauché est l'attitude d'Hitler concernant son « accommodement » avec les élites en place, qu'il était déterminé à ne pas considérer comme permanent. Pour éviter que ce fût le cas, il refusa d'accepter le remplacement de la loi d'habilitation par un nouveau règlement constitutionnel, ou des décrets d'urgence par un nouveau code, préférant que tout reste fluide. Cela lui permit d'intervenir de manière aléatoire, et de maintenir la bureaucratie existante dans l'incertitude sur ses intentions et, en même temps, le laissa libre de la déborder en créant des organismes spéciaux pour accomplir les tâches qu'il jugeait urgentes.

Le second élément fut la conception qu'avait Hitler de sa propre situation et l'intérêt qu'il avait à la préserver. Il se voyait, selon l'expression de Nietzsche déjà citée, comme un politicien-artiste, le chef inspiré qui modelait les pensées et les sentiments de la nation et les élevait jusqu'à la vision de leur unité et de leur grandeur. Cette image, à laquelle il attachait une importance prépondérante, ne devait pas être affectée par l'interférence des problèmes administratifs, des disputes, des conflits d'intérêts et des décisions controversées qu'est la gestion quotidienne des affaires de l'État.

Cette séparation des rôles correspondait à la force et à la faiblesse d'Hitler en tant qu'homme politique. Elle tenait compte, d'une part, de ses dons d'orateur et de virtuose de la scène obligé de toujours maintenir une distance entre lui et son public et, d'autre part, du sentiment instinctif d'être toujours à son désavantage dans les situations exigeant une discussion et la recherche patiente de solutions plutôt que l'autodramatisation et l'appel à la force de la volonté.

S'il ne pouvait pas jouer le rôle de dirigeant opérationnel, d'autres devaient effectuer le travail à sa place. Hitler admit cela et, à un point impensable chez Staline, il se montra prêt à laisser les autres dirigeants nazis – Goering et Himmler, Goebbels et Ley – se bâtir leurs propres empires jalousement gardés. Il protégea sa propre position en partageant les responsabilités, en veillant à ne surtout pas les définir précisément et à ne pas abandonner son droit de les révoquer et de nommer d'autres responsables dans le même domaine sans consulter personne. Son habitude de laisser les décisions ouvertes à différentes interprétations, ou de différer carrément une décision, encouragea les rivalités et la méfiance et favorisa la possibilité de jouer un patron nazi contre un autre et de les maintenir tous sous sa dépendance.

Le troisième élément fut la conception étroite qu'avait Hitler du pouvoir et de l'État. Il eut peu d'égaux comme homme politique mais n'avait guère de don pour le gouvernement dont il avait une compréhension limitée. Il ne concevait le pouvoir qu'en termes purement personnels. Il était opposé non seulement à la bureaucratie et au corps de lois qu'il avait hérités du passé de l'Allemagne, mais à toute forme de bureaucratie et de loi en tant que telles, les rejetant comme des limites à son droit de ne rendre compte à personne qu'à lui-même de l'usage qu'il faisait du pouvoir. Il n'avait aucune notion de la nécessité dans un État moderne complexe que le pouvoir soit articulé et qu'il ait une forme institutionnelle pour être exercé de manière efficace.

Cela allait de pair avec la conception tout aussi rudimentaire de l'État, qu'il concevait avant tout comme instrument de coercition contre ses ennemis à l'intérieur et contre les puissances rivales à l'extérieur. Il déclara à plusieurs reprises que l'État n'était qu'un moyen et non une fin, et que la fin était définie par la conquête d'un *Lebensraum* supplémentaire à l'est et la protection de la pureté raciale, comprenant l'élimination des juifs : « Nous devons faire une distinction bien tranchée entre l'État qui n'est qu'un contenant et la race qui en est le contenu. Ce contenant n'a de raison d'être que lorsqu'il est capable de conserver et de protéger son contenu ; sinon il n'a aucune valeur [8]. » Toutes les autres destinations de l'État, ainsi que les autres besoins à satisfaire par l'économie étaient subordonnés dans l'esprit d'Hitler à la conservation du régime nazi (d'abord et avant tout de sa propre situation) et à la préparation d'une guerre de conquête – ni plus, ni moins que le programme classique des souverains ambitieux de la plus grande partie de la période historique antérieure.

Dans les années 30, il put se convaincre et convaincre les autres chefs nazis que pareil programme fournirait des réponses à tous les problèmes de l'Allemagne. Or cela ne fit que les renvoyer à un avenir indéfini. Et rien dans les vagues déclarations qu'il fit à propos du Grand Reich allemand ne laisse supposer qu'il comprît jamais les problèmes qu'il créait en le fondant ou, même s'il avait gagné la guerre, qu'il était capable d'y trouver des réponses autres que de nouvelles improvisations épaulées par la force.

III

L'économie fournit une variante du schéma déjà décrit au sujet de la gestion gouvernementale et du droit [9].

En arrivant au pouvoir, les nazis avaient donné de grands espoirs aux groupes au sein du parti qui avaient des programmes de réforme économique radicaux. La dissolution de la NSBO (l'Organisation des cellules d'usine) et de la ligue de combat des commerçants de la classe moyenne les avait réduits à néant. Quelques concessions furent faites par la suite aux groupes d'intérêt de la petite bourgeoisie en réduisant la part des coopératives de consommateurs et des grands magasins dans le commerce de détail, et en autorisant les artisans à créer une version moderne des guildes médiévales avec affiliation obligatoire – et contrôlée – pour toutes les personnes exerçant un métier artisanal. Mais ces mesures furent secondaires par rapport à une économie industrialisée et ne gêna pas la coopération du nouveau régime avec les grandes entreprises.

Hitler n'avait jamais montré d'intérêt réel pour aucune de ces initiatives. L'agriculture fut une autre affaire. A cause de ses liens avec la race et avec le programme de colonisation envisagé dans le futur *Lebensraum* à l'Est – et la forte participation électorale en faveur des nazis dans les régions agricoles – elle fut initialement plus favorisée que n'importe quel autre secteur de l'économie. Cela est d'autant plus frappant que, quand l'idéologie entra en conflit avec les réalités économiques, c'est l'idéologie qui dut céder.

Pour rassurer les paysans et enrayer l'exode rural, l'*Erbhofgesetz* (la Loi sur les fermes inaliénables) du 15 mai 1933 créa des unités agricoles familiales d'une superficie normalement comprise entre 18 et 25 arpents, qui étaient protégées contre la saisie et qui ne pouvaient être ni vendues, ni hypothéquées ni divisées entre les héritiers. Bien que la propagande nazie en fît grand cas, cette loi ne s'appliqua qu'à 35 % des unités de production existant en 1933. Des dispositions furent prises pour en créer plus mais peu le furent et pour une bonne raison. Le terme honorifique de paysan (Bauer) fut réservé à ceux qui possédaient des fermes inaliénables, mais le statut et la garantie de sécurité, sauf pour les paysans aisés, ne suffirent pas à compenser le fait que le paysan se retrouvait lié à sa terre, dont il n'était plus libre de faire ce qu'il voulait.

Une seconde innovation fut la création, en septembre 1933, du *Reichsnährstand* (Domaine alimentaire du Reich), qui utilisait le même langage corporatiste que l'organisation des artisans mais qui, pratiquement, instaura le contrôle par l'État de la production, de la commercialisation et des prix ainsi que de l'importation des produits agricoles. Au départ, ce système réussit à maintenir des prix élevés, mais en 1935, quand il devint indispensable de fournir des denrées à bon marché pour soutenir l'expansion industrielle demandée par le réarmement, il se mit à produire l'effet inverse, en maintenant les prix bas, et en favorisant un transfert des ressources réelles d'un secteur agricole peu rentable vers un secteur industriel qui l'était plus.

Le résultat fut une baisse des marges de profit, et une augmentation de l'endettement des paysans , en particulier des propriétaires de petites et moyennes exploitations. Demeurer à la ferme signifia faire des journées de plus en plus longues pour un revenu toujours plus faible. Une enquête de 1940 révéla que 65 % des fermes n'avaient pas l'eau courante. Rien d'étonnant à ce que l'exode des campagnes s'accélérât et qu'il devînt de plus en plus difficile de trouver de la main-d'œuvre agricole [10]. Quant à la mécanisation, substitut du travail humain, elle était de moins en moins à la portée du petit paysan.

Dans ces conditions, le nombre de nouvelles exploitations créées par le Troisième Reich, troisième élément du programme de Darré, représenta à peine plus de la moitié de celles créées par la république de Weimar [11].

Ironie du sort, ce furent les domaines traditionnels des Junkers de la rive orientale de l'Elbe qui survécurent le mieux, principalement parce qu'ils étaient de taille suffisante pour profiter des subventions et rationaliser les techniques agricoles. Le résultat net devait montrer qu'un régime qui s'était engagé idéologiquement à réserver aux paysans un traitement de faveur dont ils n'avaient jamais bénéficié avant ne réussit cependant pas à les mettre à l'abri des pressions exercées par le reste de l'économie [12].

Les nazis étaient aussi loin du monde de la grosse entreprise et de la banque qu'ils l'étaient du reste de l'élite en place. Si Hitler se montra désireux de coopérer avec ses dirigeants quand il devint chancelier, c'est pour les mêmes raisons pratiques que celles qui l'avaient conduit à rechercher l'appui des chefs de l'armée. De même que c'était le seul moyen envisageable d'atteindre son objectif immédiat, le réarmement, de même se concilia-t-il les industriels et les financiers pour obtenir le rétablissement économique de l'Allemagne. Tout comme il réussit à lever les doutes qui subsistaient dans le corps des officiers en accordant la priorité à la reconstitution de la puissance militaire allemande, il sut aussi surmonter les réserves des industriels en supprimant les syndicats et les négociations collectives, et celles des banquiers en acceptant d'avoir une politique fiscale conservatrice. Au moins jusqu'en 1936, l'économie allemande continua à fonctionner au sein du même cadre institutionnel du capitalisme industriel qu'avant 1933.

Le rétablissement économique qui eut lieu dans les premières années du régime est indéniable. Pour prendre le chiffre qui fit la plus forte impression sur l'opinion : entre janvier 1933 et juillet 1935, le nombre d'emplois passa de 11,7 à 16,9 millions (plus de 5 millions de nouveaux emplois), et le nombre de chômeurs tomba de 6 millions à 1,8 million. En 1936, le nombre de chômeurs le plus élevé d'Europe avait été transformé en une pénurie de main-d'œuvre.

On peut faire toutes sortes de réserves au sujet de l'affirmation d'Hitler selon laquelle ce fut un miracle économique et qu'il était à porter au crédit des nazis. Les autres pays industriels le partagèrent, ce qui donne à penser qu'il résulta en partie du déroulement d'un cycle économique normal. Des signes de la fin de la Crise étaient déjà apparus avant qu'Hitler devînt chancelier. La négociation du règlement du problème de la dette extérieure de l'Allemagne revenait au gouvernement Brüning, et la fin du versement des dommages de guerre à celui de von Papen. En outre, un grand nombre de mesures économiques avaient été prises sous la république de Weimar et pas seulement par les nazis. Il est également vrai que pendant toute la période de l'entre-deux-guerres, l'économie allemande ne réussit pas à atteindre les taux de croissance de la période antérieure à 1913 ou postérieure à 1950. Le rétablissement de l'Allemagne surpassa celui des autres pays parce que la Crise l'avait frappée plus durement, et que la remontée était partie de plus bas. Si l'on compare les performances économiques de l'Allemagne avec celles des autres pays industrialisés sur une période plus longue (1913-37/38), elles sont moins impressionnantes non seulement que celles des États-Unis mais aussi que celles de la Suède, de la Grande-Bretagne et de l'Italie de Mussolini[13].

Mais il s'agit là d'arguments compliqués développés *post facto*. A l'époque, voir c'était croire, et ce que les gens virent (puissamment aidés par la machine de propagande nazie) c'est que depuis l'arrivée d'Hitler au pouvoir, l'économie avait été remise sur ses pieds.

Le désaccord subsiste entre les historiens de l'économie sur l'importance relative des différents facteurs qui contribuèrent au rétablissement. En dehors d'un regain général de confiance, inquantifiable, produit par l'impression que l'Allemagne avait de nouveau trouvé un gouvernement prêt à agir avec décision, on estime que trois autres facteurs particuliers eurent la plus grande importance : les projets créateurs d'emploi, tels que la construction de logements et d'autoroutes, le réarmement et les mesures destinées à contenir l'inflation et à maintenir des salaires et des prix bas.

L'importance du premier facteur a sans doute été exagérée. Les plans avaient été tracés avant l'accession d'Hitler au pouvoir. Même si un total de 5,2 milliards de marks furent dépensés par le gouvernement central pour le bâtiment et la construction de routes entre 1932 et 1935, ils furent contrebalancés par la diminution des débours des communes qui avaient beaucoup dépensé pendant les années 20. Les routes, par exemple, bénéficièrent d'un investissement total moindre en 1934 qu'en 1927, et le niveau de l'investissement dans le logement resta aussi inférieur aux niveaux de Weimar. Ce n'est qu'après 1935 que des montants vraiment importants furent consacrés aux autoroutes.

Là où le Troisième Reich dépensa indéniablement beaucoup plus que la république de Weimar c'est pour le réarmement. La Wehrmacht avait déjà commencé à faire des plans pour une armée de seize divisions en 1928, et, entre cette date et 1933, on inspecta et répertoria plus de 5 000 entreprises auxquelles on pouvait faire appel. Sous Hitler, ces plans furent mis à exécution sur une beaucoup plus grande échelle (pour équiper une armée de vingt et une divisions ainsi qu'une aviation et une marine plus grandes), encore que l'obligation de discrétion rendît difficile de distinguer entre les dépenses d'armement et les travaux publics, surtout au début. Harold James donne le chiffre de 10,4 milliards de marks comme minimum des sommes dépensées pour le réarmement jusqu'en mars 1936, soit 5,2 % du PNB sur la période 1933-1935 ou plus du double de ce qui fut dépensé pour la création d'emplois[14]. Le fait que ces dépenses, au contraire des programmes de construction de routes et de logements, aient entraîné des commandes de travaux de conception faisant appel à de la main-d'œuvre qualifiée eut un effet particulièrement stimulant sur l'économie.

Après toutes les attaques de la propagande nazie contre le fait que le régime de Weimar avait « placé les copains », on découvre que le plus fort accroissement de l'investissement de l'Allemagne nazie eut lieu dans l'administration, ce que reflète le nombre d'emplois créés dans les bureaucraties de l'État et du parti. Comparé aux 19,3 % du total des investissements allemands en 1928 et aux 25,9 % en 1932, celui-ci atteignit 35,7 % en 1934. Mais il y eut une différence. Alors que la taille de l'administration n'avait pas beaucoup augmenté dans les dernières années de Weimar, grâce aux syndicats, les salaires avaient augmenté. En revanche, sous le national-socialisme, la taille de la bureaucratie crût rapidement mais les salaires furent maintenus aux bas niveaux de l'époque Brüning.

Cela fut vrai pour tous les types de salaires. Du fait du remplacement des négociations collectives par le contrôle étatique, les salaires évoluèrent à peine après 1932, et la part des salaires dans le revenu national tomba de 56 % en 1933 à 53,3 % en 1936 et à 51,8 % en 1939. S'il y avait de l'agitation au sujet des salaires, comme ce fut le cas sur certains chantiers de construction, on faisait appel à la Gestapo. « La première cause de stabilité de notre monnaie », dit un jour Hitler au banquier Hjalmar Schacht, « c'est le camp de concentration. » La même remarque s'appliquait aux prix. « Je veillerai à ce que les prix restent stables », garantit Hitler à Rauschning. « Pour cela j'ai les SA. Malheur à l'homme qui augmente les prix ! Nous n'avons pas besoin de mesures légales, nous pouvons faire cela avec le parti seulement [15]. »

Après l'expérience de Weimar, Hitler considérait le contrôle de l'inflation comme un élément vital, et il refusa d'envisager la possibilité d'une dévaluation. En 1933, il nomma Schacht, qu'il n'aimait pas, gouverneur de la Reichsbank et, en 1934, également ministre de l'Économie parce qu'il pensait que cet homme était le meilleur rempart contre l'inflation. La politique fiscale resta stable : le projet de réforme des impôts fut annulé et les taux d'imposition changèrent à peine par rapport à la période Brüning, et il n'y eut pas de véritable tentative d'utiliser les réductions d'impôts comme stimulant de l'économie. Le déficit budgétaire de l'État augmenta mais il fut comblé par des mesures conservatrices, 56 % grâce aux impôts et aux ressources publiques, entre 1933 et 1939, et seulement 12 % grâce à des emprunts à court terme.

Suivant l'exemple donné à l'époque de von Papen et de von Schleicher, une grande partie des programmes de création d'emplois furent financés avec des bons qui pouvaient servir ultérieurement à payer des impôts et qui, entre-temps, étaient escomptés par les banques. Un dispositif de dissimulation analogue fut utilisé pour financer le réarmement, les effets dits MEFO. Ce sigle était l'abréviation de Metallurgische

Forschungsgesellschaft, Société de recherche métallurgique, institution au nom anodin créée pour émettre les effets au profit des entreprises contractantes. Les effets MEFO furent lancés par Schacht en 1934, imitant cette fois un précédent des années Brüning. C'était un moyen de financer les dépenses publiques qui devait finir par provoquer une poussée inflationniste, mais celle-ci n'apparut pas avant 1935, date à laquelle Hitler put se vanter d'avoir tenu sa promesse en mettant fin à la Crise. Les problèmes économiques de la fin des années 30 ne furent plus dus à la sous-utilisation des ressources mais à leur insuffisance.

En dehors du contrôle des salaires et des prix, le rétablissement économique exigea aussi un contrôle du change et du commerce extérieur. Ces mesures avaient été utilisées en 1931 pour défendre l'économie allemande contre les effets de la crise mondiale. Mais elles étaient encore nécessaires car la reprise de l'économie en 1933-1934 risquait d'entraîner un surcroît des importations, surtout de matières premières, dont l'industrie allemande était fortement dépendante. Exporter restait difficile du fait de l'effondrement du commerce mondial, du protectionnisme des pays étrangers, du refus de suivre la dévaluation de la livre sterling (le mark se trouvant surévalué) et de l'attrait grandissant du marché intérieur. Le résultat fut un déséquilibre de la balance commerciale qui atteignit un niveau de crise quand les réserves de la Reichsbank en or et en devises passèrent sous la barre des 100 millions de marks en juin 1934.

La réaction de Schacht en devenant ministre de l'Économie en même temps que gouverneur de la Reichsbank fut le système global de contrôles fixé par son Nouveau plan de 1934. Sa caractéristique la plus notoire était un ensemble d'accords commerciaux bilatéraux, qui en 1938 couvrait les échanges avec vingt-cinq pays et qui régulait plus de la moitié du commerce extérieur allemand. Un taux de change du mark différent fut fixé avec chaque pays, et le change « libre » fut strictement limité aux importations les plus urgentes.

Schacht était un maître de la manipulation financière et fiscale, nécessaire pour que ce système de contrôles fonctionne – et, pour cette raison, il s'estimait indispensable. Mais le système exigeait aussi que les différents intérêts allemands concernés se montrent prêts à s'imposer des contraintes pour maintenir l'équilibre requis. Or même si les grosses entreprises pouvaient au moins apprécier les arguments économiques qui sous-tendaient le système, les industriels furent irrités par les règlements compliqués qu'il imposait. Hitler et les dirigeants nazis pensaient plus en termes politico-idéologiques qu'économiques.

Les querelles de 1936, qui conduisirent à la défaite de Schacht et à la mise en place du plan quadriennal, commencèrent par une pénurie de matière grasse et de viande à la fin de 1935. Le régime prenait très au sérieux toute pénurie alimentaire à cause de ses effets sur le moral de la population. Schacht mit la crise sur le dos de la mauvaise planification du ministère de l'Agriculture de Darré, et réclama que la politique agricole soit ramenée sous le contrôle du ministère de l'Économie. Darré répliqua en exigeant plus de devises pour payer les importations de produits alimentaires. La réaction d'Hitler fut de charger Goering de jouer les arbitres. A la surprise générale, Goering prit parti pour Darré contre Schacht.

Derrière la question immédiate de l'allocation de devises aux importations alimentaires se profilait la question beaucoup plus importante de l'approvisionnement en matières premières et du financement du programme de réarmement. Le rétablissement de l'économie ayant résolu la question du chômage, le réarmement était désormais pour Hitler la question numéro un à l'ordre du jour, préalable indispensable à tout le reste, et qui devait passer en priorité avant toutes les autres considérations. En 1936, il était devenu clair que ce n'était pas un point de vue partagé par Schacht et le ministère de l'Économie, ni par les dirigeants des grandes sociétés industrielles. Maintenant que l'Allemagne approchait du plein emploi, ils aspiraient à un retour à des conditions économiques plus normales. Cela signifiait pour eux la poursuite de la croissance économique et des profits, qui exigeait à son tour une réduction des dépenses et des investissements de l'État, et un accroissement des exportations. Ces dernières permettraient de faire rentrer plus de devises et de supprimer les contrôles du Nouveau plan, considéré désormais comme une solution provisoire à une situation d'urgence qui touchait à sa fin.

Au lieu de ces objectifs économiques, qui auraient entraîné une réduction du programme de réarmement, Hitler donna la priorité à l'augmentation des dépenses de l'État. Celles-ci étaient nécessaires pour investir dans l'infrastructure industrielle requise par le maintien du programme de réarmement, aux dépens de la demande des consommateurs et du commerce extérieur. Les exportations n'étaient importantes que parce qu'elles procuraient les devises étrangères nécessaires pour importer des matières premières stratégiques telles que pétrole, minerai de fer et caoutchouc dont manquait l'Allemagne. Les contrôles du commerce extérieur et du change seraient maintenus et seraient renforcés par un programme de substitution des importations, qui signifiait l'augmentation de la production intérieure et la mise au point de produits synthétiques de remplacement, même si ces dernières étaient anti-économiques. Ayant à l'esprit les leçons de 1914-1918, Hitler voulait une économie affranchie de la dépendance des approvisionnements étrangers, et à l'abri d'une répétition du blocus et de la guerre économique qui avaient frappé si durement l'Allemagne.

Parmi les proches d'Hitler, le plus enthousiaste partisan des idées d'autarcie et d'autosuffisance économique était Wilhelm Keppler. Originaire d'une famille typique de petits industriels de la chimie du Sud-Ouest, il était entré au parti nazi à la fin des années 20. Nommé conseiller économique par Hitler au début de 1932, il n'avait pas eu plus de succès pour faire accepter ses conseils par Hitler ni pour établir des liens avec la grosse industrie que les autres personnes qui avaient été recrutées ou s'étaient recrutées elles-mêmes à ce titre. Mais, au contraire de la plupart, il avait survécu, et bien que sa mauvaise santé lui eût interdit de succéder à Schmidt au poste de ministre de l'Économie, lequel était échu à Schacht, sa défense opiniâtre d'une économie orientée vers l'autosuffisance plutôt que vers le commerce extérieur contribua à convertir Goering et Himmler ainsi qu'Hitler à une politique d'autarcie.

Pareille politique flattait le reste d'hostilité du parti nazi à l'égard de la grande entreprise, et des liens avec la finance internationale et le marché mondial qui étaient le fonds de commerce de Schacht. Au congrès du parti de Nuremberg de 1935, alors que Schacht déversa son mépris sur la notion « primitive » d'autarcie, qu'il jugeait impraticable, Hitler prit fait et cause pour elle.

Dans les premiers mois de 1936, une nouvelle série d'accrochages eut lieu, au cours desquels Schacht fit porter la responsabilité des problèmes de devises étrangères sur les dirigeants nazis qui ne tenaient aucun compte de la réglementation. L'idée de nommer quelqu'un à la tête d'une commission spéciale chargée d'enquêter sur les questions de devises et de matières premières était déjà dans l'air. Le choix par Hitler de Goering pour cette tâche fut facilité par le fait que Schacht et le ministre de la Défense, le général von Blomberg, le recommandèrent. Mais ce fut quand même une surprise étant donné que Goering avait admis avec franchise qu'il n'entendait rien à l'économie. C'était précisément la raison pour laquelle Schacht et von Blomberg l'avaient recommandé, dans l'idée que, Goering ayant un large cercle de relations dans les affaires et la politique mais n'ayant aucune connaissance des problèmes techniques en jeu, sa nomination satisferait le parti mais les laisserait eux-mêmes, avec les experts, libres de prendre les décisions pendant que Goering ferait office de potiche.

Grâce à son éducation de cadet, ses remarquables états de service comme pilote pendant la guerre et son assurance dans le monde, Goering était un des rares dirigeants nazis qui pouvaient évoluer dans les hautes sphères de la société allemande sans éprouver ni causer de gêne. Il n'avait jamais occupé de poste important dans le parti nazi, et sa valeur pour Hitler avait toujours été sa sociabilité et sa personnalité autoritaire, qui lui conféraient un avantage évident comme homme de contact avec l'*establishment* conservateur. Il s'était ainsi acquis dans ces milieux – et ne fit rien pour la dissiper – la réputation d'être un modéré, le type d'homme avec qui les officiers et les hommes d'affaires, comme Schacht, se sentaient plus à l'aise qu'avec Hitler, et dont ils pensaient qu'il pourrait utiliser son influence auprès d'Hitler pour maintenir l'« arrangement » avec la classe dirigeante traditionnelle qui avait été confirmé en 1934.

Ils ne pouvaient pas se tromper davantage. Goering n'était pas seulement profondément fidèle à Hitler mais il dépendait de lui, il acceptait le caractère inspiré de son autorité, et il avait fait sienne la *Weltanschauung* raciste radicale d'Hitler. C'était aussi, sous son aspect extraverti,

brillant, un intrigant sans scrupule, qui pouvait se vanter de n'y rien
connaître en économie mais dissimulait une ruse politique naturelle,
une ambition illimitée et une brutalité envers quiconque tentait de lui
barrer le chemin.

Goering n'avait toujours pas trouvé de substitut à la situation de
puissance qu'il avait perdue en Prusse, et voyait s'offrir une ouverture
dans le domaine clef du pouvoir économique qu'aucun dirigeant nazi
n'avait encore réussi à pénétrer. Il avait exactement la combinaison de
qualités requises pour transformer une ouverture en percée : il dévoila ses
intentions à sa première allocution où il annonça qu'il n'était pas « à la
tête d'on ne sait quelle commission d'enquête mais qu'il assumerait la
responsabilité du contrôle nécessaire ». Quand Schacht, se rendant
compte de l'erreur que lui et von Blomberg avaient commise, appela en
conseil des ministres à continuer la politique modérée, à rechercher « une
économie stable, prospère... et à renoncer à l'exécution d'autres idées et
objectifs irrationnels du parti », Goering rejeta son appel. Sa version des
objectifs qui devraient gouverner la politique économique fit écho à celle
d'Hitler : « La nécessité politique primordiale est de maintenir le même
rythme de réarmement [16]. »
Goering avait un autre motif de poids, son ambition personnelle de
créer l'aviation la plus puissante du monde. Depuis le jour où Hitler
avait pris ses fonctions et l'avait fait entrer dans le cabinet comme commissaire à l'aviation du Reich ainsi que ministre sans portefeuille,
Goering avait poussé et intrigué, d'abord pour s'emparer de l'Office de
l'air créé au sein du ministère de la Défense afin de gérer le réarmement
secret de l'Allemagne dans le domaine de l'aviation puis, quand cela lui
avait été accordé, pour créer un organisme indépendant chargé de
fournir des avions et des armes en dehors du contrôle du ministère de la
Défense et de la Wehrmacht. En avril 1936, le mois où Goering fut
nommé pour « enquêter » sur la question des matières premières, il fit
échouer une dernière tentative de von Blomberg de défendre l'unité des
forces armées et un programme de réarmement équilibré.
Créer une force aérienne quasiment à partir de zéro – avec de lourdes
dépenses en constructions d'aérodromes et en techniques de pointe –
allait coûter particulièrement cher. Goering avait déjà persuadé Hitler en
1935 d'accepter de doubler sa puissance. Cela fut fait malgré les efforts
déployés par Schacht, von Blomberg et le ministre des Finances pour l'en
empêcher. S'il réussissait à transformer ses entrées dans la sphère économique en une situation de commandement, il n'y aurait plus de limite à
ce qu'il pourrait exiger et obtenir, non seulement pour le réarmement
dans son ensemble mais pour le secteur particulier auquel il s'était
identifié. Ses espoirs ne furent pas déçus. Les dépenses militaires totales
de l'Allemagne passèrent de 1 953 milliards de marks en 1934-1935 à
8 273 milliards en 1937-1938, et la part de la Luftwaffe dans ce quadruplement des dépenses passa de 32,9 % à 39,4 %.

Il devait encore se battre pour cela, mais la double perspective de briser l'emprise des spécialistes sur l'économie et le monopole du contrôle de la Wehrmacht sur les armements et les forces armées explique l'énergie que mit Goering à élargir sa tête-de-pont initiale ainsi que l'appui dont il avait besoin de la part d'Hitler. En outre, le coup de force qui consista à réoccuper la Rhénanie (en mars 1936) contre l'avis des généraux avait contribué à renforcer l'assurance d'Hitler et son impatience à l'égard des dirigeants conservateurs de l'armée et de l'économie.

A longue échéance, la nomination de Goering se révéla désastreuse tant pour l'économie que pour la Luftwaffe. Mais sur le moment elle promettait à Hitler d'atteindre trois de ses principaux objectifs : la politisation des prises de décisions économiques, la préparation de la transition vers une économie de guerre et le début de la nazification des forces armées. L'aviation était la plus jeune et la plus prestigieuse des trois armes. Ayant toujours été fasciné par la technique militaire et prêt à croire la prédiction de Goering que l'aviation serait une arme décisive dans la prochaine guerre, Hitler fut enchanté par la possibilité qui lui était offerte de briser le moule de la tradition militaire prussienne et de créer une éthique de la Luftwaffe (comme plus tard dans le cas similaire de la Waffen SS [SS armée]) plus proche de celle du national-socialisme.

Schacht et les chefs de l'armée étaient opposés à un accroissement supplémentaire du pouvoir de Goering, mais pour des motifs différents. Schacht peignit en noir les dangers de l'inflation et les difficultés que rencontrerait l'Allemagne pour augmenter ses importations et assurer l'approvisionnement en produits alimentaires et en matières premières stratégiques si Goering continuait à exiger un réarmement aussi important. De son côté, l'armée était favorable au réarmement mais elle voulait limiter le rôle de Goering et maintenir les préparatifs de guerre sous le contrôle militaire unifié du ministère de la Défense.

Grâce aux écoutes téléphoniques de son Forschungsamt, Goering put tenir Hitler informé des manœuvres de l'opposition. Tous deux passèrent beaucoup de temps ensemble pendant l'été et, en août, lors de son séjour dans l'Obersalzberg, Hitler rédigea un mémorandum qui servit de base au plan quadriennal. Avec l'éclatement de la guerre civile en Espagne, il avait déjà chargé Goering de mettre sur pied à Séville une commission aux matières premières et au commerce, connue sous le nom de Hisma-Rowak, chargée des relations économiques avec l'Espagne nationaliste de Franco et de garantir l'accès de l'Allemagne au minerai de fer espagnol. Il décida alors de confier la charge de son nouveau plan à Goering, lui laissant le soin, de manière tout à fait caractéristique, de régler le problème du partage des responsabilités avec Schacht et von Blomberg, défi que Goering fut ravi d'accepter.

Le 4 septembre, Goering informa le cabinet de la nouvelle tâche dont il avait été chargé et lut le mémorandum d'Hitler, qui donnait la priorité absolue au réarmement et à l'autosuffisance. Goering ajouta : « Toutes les mesures doivent être prises comme si nous étions en fait au stade de la mobilisation imminente [17]. »

Un décret conférant à Goering le pouvoir de promulguer lui-même des décrets et « de donner des instructions à toutes les autorités » fut publié le 18 octobre, et dix jours plus tard, Goering déclarait à une foule de nazis en liesse au Sportpalast de Berlin :

> Le Führer m'a confié de lourdes fonctions... je ne les assume pas en tant que spécialiste. Le Führer m'a choisi seulement, simplement et seulement, en tant que national-socialiste. Je suis debout devant vous et j'accomplirai cette tâche comme un combattant national-socialiste, comme son plénipotentiaire, comme plénipotentiaire du parti nazi [18].

IV

L'adoption du plan quadriennal marqua plus qu'un changement de politique économique : elle marqua aussi un déplacement de l'équilibre du pouvoir en Allemagne. Le fait qu'un *Alter Kämpfer* autoproclamé fût mis aux commandes de l'économie et du réarmement à la place d'un banquier, d'un industriel ou d'un représentant de l'armée indiquait que les termes de l'alliance entre les chefs nazis et les élites traditionnelles allemandes, réaffirmée en 1934, avaient changé, non à la suite d'un accord mais sous l'effet de l'action unilatérale d'Hitler, et sans que personne eût été consulté. Rien ne montre cela plus nettement que le traitement que réserva Hitler au mémorandum exprimant le point de vue de l'armée à l'égard du plan quadriennal que von Blomberg lui adressa en février 1937.

L'armée posait trois conditions. En tant que ministre de la Défense, von Blomberg devait avoir la charge des préparatifs de guerre et du fonctionnement de l'économie de guerre ; Schacht et non Goering devait être responsable des préparatifs économiques en temps de paix ; et la fonction de Goering devait être supprimée si la guerre éclatait, et en temps de paix, réduite à un nombre de matières premières limitées sous la supervision du ministre de la Défense. Si ces conditions n'étaient pas remplies, l'armée n'était pas prête à travailler avec Goering [19].

Hitler ne répondit pas. Il ne tint aucun compte de la protestation et laissa Goering poursuivre son travail. Pour la première fois dans l'histoire de l'Allemagne moderne, le veto de l'armée n'avait pas produit d'effet.

Le propre mémorandum d'Hitler, dont, selon Speer, il y eut seulement trois copies et dont le texte resta secret*, fournit aussi la confirmation d'autre chose, la continuité de son point de vue sur l'inéluctabilité de la guerre. Il est vrai que, à cette occasion, Hitler choisit d'accentuer la menace

---

* Schacht affirma ne l'avoir pas vu avant d'être jugé à Nuremberg après la guerre ; Speer lui montra alors son exemplaire.

qui pesait sur l'Allemagne plutôt que la possibilité de garantir son avenir, mais l'idée de base restait la même que dans *Mein Kampf* (« la lutte historique des nations pour la survie »), et menace et possibilité (deux faces de la même pièce) étaient, comme avant, placées à l'Est.

> Depuis la Révolution française, le monde se dirige vers un nouveau conflit, dont la solution la plus extrême est le bolchevisme ; et l'essence et le but du bolchevisme sont l'élimination de ces strates de l'humanité qui ont jusqu'ici fourni des chefs et leur remplacement par la juiverie mondiale.
>
> Aucune nation ne pourra éviter ce conflit historique ni s'y soustraire. Depuis que le marxisme, grâce à sa victoire en Russie, a fait d'un des plus grands empires une base avancée pour ses opérations futures, la question est devenue menaçante.

Seule l'Allemagne était capable de se défendre elle-même et de défendre le reste de l'Europe contre la catastrophe d'une victoire du bolchevisme.

> L'étendue de l'exploitation militaire de nos ressources ne sera jamais trop vaste, ni son rythme trop rapide. Tous les autres désirs sans exception doivent passer au second rang après cette tâche…
>
> Le ministère de l'Économie a seulement fixé les tâches économiques nationales, et l'industrie privée doit les accomplir. Si, toutefois, l'industrie privée se croit incapable de le faire, l'État national-socialiste saura résoudre le problème lui-même… L'entreprise allemande assumera les nouvelles tâches économiques ou elle s'avouera incapable de survivre à l'époque moderne, alors que l'État soviétique met sur pied un plan géant. Dans ce cas, cependant, l'Allemagne ne sombrera pas, tout au plus quelques industriels.

Hitler répéta que la solution finale des problèmes économiques de l'Allemagne résidait dans l'extension du *Lebensraum* de son peuple, mais dans la période transitoire tout devait être subordonné aux préparatifs de guerre.

> Je fixe donc les tâches suivantes :
> 1. Les forces armées allemandes doivent être opérationnelles dans quatre ans.
> 2. L'économie allemande doit être prête pour la guerre d'ici quatre ans [20].

En le présentant au cabinet, Goering répéta ce qu'il avait dit en 1934 : « Le mémorandum part du principe de base que la confrontation avec la Russie est inévitable. Ce que la Russie a fait dans le domaine de la reconstruction, nous pouvons le faire aussi [21]. »

Manifestement, le plan quinquennal de Staline, réalisé en quatre ans, avait fait grosse impression sur Hitler comme sur Goering. Ce qui suivit en Allemagne n'eut toutefois rien d'aussi net que l'expropriation de l'industrie capitaliste par l'État qui avait eut lieu plus tôt en Russie. On a parlé d'un « capitalisme désorganisé », dans la sphère économique, équivalent au « chaos administratif » de la fonction publique – et pour la même raison : le refus d'Hitler de délimiter les domaines de compétence. Cela laissa la voie libre à la tactique de pénétration et d'annexion pratiquée par Goering et Himmler dans la mise en œuvre de la « révolution par acomptes » nazie, version hitlérienne du « dosage » stalinien.

Dans le cas de Goering, cette tactique le mit en conflit avec les ministères, l'industrie, l'armée et le parti. Son atout était la certitude – qu'il ne déguisa pas – qu'Hitler l'appuierait. Quand il ne pouvait pas compter là-dessus, il était capable de se surpasser, comme dans sa tentative de remplacer von Blomberg au poste de ministre de la Défense. Mais Goering avait du flair pour repérer les endroits les plus favorables où exercer des pressions et, comme il l'avait montré auparavant en Prusse, pour déconcerter ses opposants par son refus de se sentir lié par les règles, les conventions et les autres attributs de l'autorité. L'initiative était toujours de son côté, et la première chose qu'un ministre ou un industriel pouvait apprendre de ses intentions, c'était la nouvelle qu'un décret avait déjà été publié, sans préavis, qui lui ôtait une partie bien établie de sa compétence ou de ses droits.

Au cours de l'année 1937, les opérations du plan quadriennal furent étendues au commerce, à l'industrie et aux transports ainsi qu'aux investissements. Quand l'armée voulut une augmentation de son financement, von Blomberg s'adressa à Goering, et non à Schacht. Les contrôles sur le marché des capitaux et sur les émissions d'actions furent resserrés, et Goering se donna des pouvoirs lui permettant de saisir les avoirs étrangers des citoyens allemands et de les changer contre des marks. Pour accélérer son ambitieux programme de fabrication de produits synthétiques et d'approvisionnement en matières premières, il se donna des pouvoirs supplémentaires pour affecter la main-d'œuvre et allouer les ressources nationales. Schacht protesta mais n'obtint pas l'annulation des mesures. Quand il devint évident que c'était Goering, et non Schacht, qu'Hitler avait choisi pour mettre sa politique en pratique, le pouvoir produisit son propre effet d'attraction, et un nombre croissant de bureaux et d'entreprises qui avaient jusque-là pris leurs ordres auprès de Schacht et de son ministère se tournèrent vers l'organisme de Goering. Le résultat, selon les calculs qui ont été faits, fut que près des deux tiers du total des investissements en capitaux de 1937 et 1938 furent faits par l'intermédiaire du plan quadriennal, du ministère de l'Air et des autres bureaux placés sous l'autorité de Goering[22].

En juillet 1937, Hitler se laissa convaincre par l'armée de proposer un règlement du différend qui opposait les deux hommes sur les questions de compétences mais Goering n'en tint pas compte, et dès lors Schacht suspendit ses propres activités d'abord de ministre plénipotentiaire à l'Économie de guerre, puis de ministre de l'Économie. Cela n'eut pas plus d'effet que la tentative de réconciliation. Selon Schacht, Goering lui dit devant Hitler : « Mais je dois pouvoir vous donner des instructions », à quoi Schacht aurait répondu : « Pas à moi – à mon successeur, peut-être [23]. » En novembre 1937, Hitler finit par accepter la démission de Schacht, dans le cadre d'un remplacement général simultané des dirigeants conservateurs de l'armée et des affaires étrangères. Selon Schacht, le premier geste de Goering en s'installant dans le bureau de l'ancien ministre fut de lui téléphoner pour lui annoncer, triomphant : « Je suis maintenant assis dans votre fauteuil [24]. »

A ce moment-là, Goering avait déjà transformé le quatrième plan en un centre de contre-pouvoir économique, non pas en balayant la structure existante (comme en Russie) mais par un continuel transfert des activités et des initiatives vers la nouvelle structure. Schacht ne fut pas seulement défait politiquement mais discrédité en tant que prophète économique et par le fait que sa prédiction d'un désastre causé par la politique de réarmement tous azimuts se révéla infondée. Les dépenses de l'État, les investissements de l'État, la dette publique, tout augmenta d'année en année entre 1935 et 1938. En revanche, en 1938, les exportations ne furent pas plus élevées qu'en 1932, tandis que les réserves en or et en devises étaient tombées au septième des avoirs allemands de 1933. Pourtant, la remarque adressée par Goering au conseil des ministres en mai 1936 se révéla plus près de la vérité que les prédictions de Schacht : « Les mesures qui, dans un État doté d'un gouvernement parlementaire, auraient sans doute provoqué l'inflation ne donnent pas le même résultat dans un État totalitaire [25]. » Il n'y eut pas d'inflation, et l'État contrôlant le flux des investissements, il ne fut pas difficile de faire des emprunts de 3,1 milliards de marks en 1937 et de 7,7 milliards en 1938.

La réussite de Goering sur le plan politique lui facilita la tâche pour séduire le personnel administratif sans lequel le plan quadriennal n'aurait été qu'une façade. Mais sur le plan administratif également, Goering chercha aussi à favoriser les nominations qui lui permettraient d'étendre son influence et d'attirer des ministères ainsi que des secteurs importants de l'économie dans son réseau. Un des moyens de cela fut de donner aux secrétaires d'État des ministères économiques d'autres fonctions importantes dans le plan quadriennal. De cette manière, Darré, le ministre de l'Agriculture, s'aperçut rapidement qu'il perdait de l'influence au profit de son ambitieux secrétaire d'État, Herbert Backe, qui avait été nommé directeur de la production agricole, une des sept divisions du plan quadriennal, et qui rendait directement compte à Goering et régentait en fait le ministère de l'Agriculture et de l'Alimentation en tant qu'agent de Goering. Goering veilla à rester en bons termes avec Himmler et Goebbels, mais les autres dirigeants du parti (Hess et Ribbentrop, en particulier) étaient jaloux de ses liens étroits avec Hitler et de sa popularité personnelle, qu'il prenait grand soin de cultiver. Il eut donc de bonnes raisons de donner des postes à un certain nombre de vétérans du parti, partisans enthousiastes de l'autarcie et des idéaux économiques nazis – « la création d'un empire bâti autour du petit producteur et des casernes [26]. » Ils avaient tous la même origine, la petite entreprise provinciale, souvent familiale, et c'étaient des nazis convaincus.

Toute différente fut la nomination de Carl Krauch, un des meilleurs chimistes d'IG Farben, à la tête du service de la recherche du Plan, avec la responsabilité de favoriser l'autosuffisance maximale du Reich pour vingt-cinq à trente produits cruciaux, parmi lesquels les textiles, le caoutchouc, le pétrole, le cuivre, les matières grasses, le fourrage et les phosphates. Cela aboutit à la connexion entre le plan et la plus grande société industrielle d'Europe, qui évita désormais à IG Farben d'être la principale cible des attaques nazies en tant que citadelle du « capitalisme international juif » (il y avait dix juifs dans ses divers conseils d'administration). Elle fut même si étroitement identifiée au régime nazi (ayant construit et fait fonctionner une usine à Auschwitz) qu'après la guerre les survivants de son principal conseil d'administration furent jugés comme criminels de guerre.

Entre 1936 et 1938, les contrôles auxquels les entreprises allemandes étaient soumises furent étendus aux importations et au change, à l'attribution de matières premières, à l'affectation de main-d'œuvre, aux prix, aux salaires, aux bénéfices et aux investissements. Leur ampleur varia d'un secteur à l'autre mais toucha l'agriculture autant que l'industrie, le plan étant responsable de la fabrication et de l'attribution des tracteurs et des engrais. Les entreprises demeurèrent la propriété d'individus ou de sociétés mais, dans une large mesure, l'État, par l'intermédiaire du plan quadriennal, leur dicta ce qu'elles devaient produire, quels nouveaux investissements elles pouvaient faire, où devaient être situées les nouvelles implantations, quelles matières premières elles pouvaient obtenir, quels prix pratiquer, quels salaires payer, quels bénéfices réaliser et comment les employer (après paiement des impôts, qui avaient aussi augmenté) – pour opérer les réinvestissements obligatoires dans l'entreprise ou pour acheter des obligations d'État.

Outre les contrôles officiels, Goering nomma des ministres plénipotentiaires dans les secteurs qui étaient essentiels pour le réarmement : le fer et l'acier, le pétrole, les machines-outils, la construction (Fritz Todt), le textile et l'automobile. Leur tâche consistait à veiller à ce que les mesures soient appliquées et les objectifs atteints, et à exercer des pressions sur les fabricants pour qu'ils rationalisent et standardisent leurs méthodes d'achat – afin d'obtenir « la plus forte production avec les plus faibles ressources ». Derrière les rodomontades et la propagande, les résultats furent inégaux. Si, à l'une des extrémités du spectre, IG Farben et l'industrie chimique sont l'exemple évident d'une coopération réussie entre l'industrie et le plan, à l'autre, la Ruhr et les secteurs du charbon, du fer et de l'acier furent les exemples patents de la réticence à coopérer.

Ce fut Keynes qui le premier fit remarquer qu'il était plus vrai de dire que « l'Empire allemand avait plus été construit avec du charbon et du fer qu'avec du sang et du fer ». « La Ruhr », organisée au sein d'institutions telles que le Syndicat du charbon de Rhénanie-Westphalie, fondé en 1893 et souvent considéré comme le premier cartel industriel moderne, était depuis longtemps une force qui jouait un rôle puissant sur la politique comme sur l'économie allemandes. « Sans charbon, rien ne fonctionnait, et quand il devenait trop cher, rien ne se vendait [27]. » Les gouvernements impériaux et républicains avaient appris à traiter le puissant syndicat patronal avec respect, et les Français durent abandonner leur occupation de la Ruhr en 1923 quand le blocage des livraisons de charbon menaça la tenue du franc.

Au commencement, les industriels de la Ruhr se montrèrent bien disposés à l'égard du gouvernement nazi. Les différends qui apparurent entre eux furent d'origine économique et non politique. Partout, la production de charbon avait connu une période de crise prolongée dans les années 20, du fait de l'augmentation des coûts et d'une capacité de production excessive mais surtout de la concurrence faite par les nouvelles formes d'énergie. Cette expérience avait rendu les exploitants de la Ruhr obstinément conservateurs : ils résistèrent à toutes les tentatives visant à les amener à augmenter la capacité de production des mines ou à les associer aux programmes de recherche de carburants synthétiques, et ils s'opposèrent à l'exploitation antiéconomique des ressources allemandes en minerai de fer à faible teneur. Au début de la période de rétablissement qui suivit la Crise, la production charbonnière de la Ruhr (qui constituait les trois quarts de la production allemande totale) retrouva son niveau de 1929, et en 1937, stimulée par la récupération de la Sarre, elle le dépassa sensiblement. Elle atteignit le record de 130 millions de tonnes en 1939, chiffre qui ne fut jamais plus égalé pendant la guerre. C'était largement inférieur à ce qu'exigeait le programme de réarmement [28]. Les spécialistes des mines évaluait le déficit annuel à une valeur comprise entre 7,5 et 11,5 millions de tonnes et Hitler, dans une évaluation dictée par l'exaspération (en janvier 1937), l'estima à 20-30 millions [29]. Mais la pénurie continua de 1937 à 1945.

Tant que Schacht fut chargé de l'économie, il défendit le droit des industriels de la Ruhr de prendre des décisions correspondant à ce qu'ils considéraient comme leur intérêt : « L'État ne doit pas gérer les affaires lui-même, et ôter ses responsabilités à l'entreprise privée [30]. » Goering exigea que la Ruhr, comme le reste de l'économie allemande, subordonne ses intérêts privés aux besoins nationaux, en soulignant le fait que l'Allemagne dépendait fortement des sources d'approvisionnement étrangères en minerai de fer (la Suède, la France et l'Espagne, dans cet ordre), et donc était plus vulnérable qu'en 1914, comparaison à laquelle Hitler revenait constamment [31]. Sur les 21 millions de tonnes de minerai de fer fondues en 1935, seulement un quart avait été fourni par les sources domestiques. Goering exigea donc que les industriels de la Ruhr se lancent dans l'exploitation des minerais à faible teneur du centre et du sud de l'Allemagne. Quand ils refusèrent, il déclara que « l'État devait se substituer à l'industrie privée quand elle s'avérait défaillante [32] ».

Pendant l'été 1937, Goering annonça le projet, approuvé par Hitler, de création d'un complexe industriel (qui devait être baptisé Hermann Goering Reichswerke) pour l'extraction et la fonte du fer à partir du minerai à faible teneur de Salzgitter, dans le Brunswick. Quand les industriels de la métallurgie du fer et de l'acier présentèrent un document dans lequel ils rejetaient la politique d'autarcie de Goering, il menaça de les faire arrêter comme saboteurs et obligea les firmes privées à investir une partie de leurs fonds chez ce concurrent du secteur public auquel il les confronta. On offrit en même temps à Krupp un gros contrat d'armement afin de briser toute tentative de l'opposition de former un Front uni. C'est cet affrontement et la défaite de la Ruhr qui finirent par ruiner la position de Schacht et conduisirent à sa démission.

La fondation des Hermann Goering Reichswerke marqua un nouveau déplacement de l'équilibre du pouvoir économique, déjà modifié par le plan quadriennal. Car non seulement il fit passer l'État-Führer du stade du contrôle de l'économie à celui de la propriété et de la gestion étatiques de l'industrie, mais Goering décida rapidement d'étendre les activités de ce secteur, à nouveau avec l'accord d'Hitler, et de faire des Reichswerke « le noyau de l'ensemble du réarmement allemand, de la fourniture de l'industrie de l'armement en temps de paix et de guerre [33] ». Au début de 1938, il autorisa l'augmentation des fonds d'État destinés à la nouvelle entreprise, en portant le capital de 5 à 400 millions de marks. Il en parla comme d'un instrument économique et politique qui non seulement accélérerait le réarmement en fournissant plus d'acier à partir du minerai national, mais permettrait de dépasser le conflit d'intérêt entre l'État-Führer et les grandes entreprises en créant une contre-économie, l'équivalent du secteur privilégié de l'État double de Fränkel. Le second objectif se refléta dans le rôle important, confié, dans la gestion des Reichswerke, à des hommes identifiés de longue date au parti et à l'économie populiste nazie. Son directeur général, Paul Pleiger, avait été un petit producteur d'acier et était hostile au grand capital ; l'un de ses plus proches associés, Wilhelm Meinberg, avait été un dirigeant paysan nazi dans les années 20 ; un autre directeur, Klagges, était un ancien instituteur et un vieux membre du parti.

Goering poursuivit l'expansion des Reichswerke, qu'il considérait comme un monument personnel érigé à sa mémoire et à celle du mouvement nazi, en y affectant tout le capital industriel sur lequel il réussissait à mettre la main. Figuraient dans le lot les sociétés juives « aryanisées » sur ordre, les avoirs charbonniers de Thyssen dans la Ruhr, confisqués en décembre 1939, les usines d'armement comme Rheinmetall Borsig et la plus grande partie des industrie saisies en Autriche et en Tchécoslovaquie. Quand la guerre éclata, les Reichswerke avaient remplacé IG Farben en tant que première entreprise industrielle d'Europe et étaient sur le point de devenir l'instrument économique de l'expansion impérialiste nazie.

Peter Hayes, l'historien d'IG Farben, dit que les opérations économiques de Goering consistèrent à « dépouiller l'économie allemande » pour les besoins du réarmement ; il fait remarquer qu'en visant au degré le plus élevé d'autosuffisance, quel qu'en fût le coût, Hitler « durcit la politique économique allemande de telle sorte que sa prophétie se réalisa » :

> Hitler put de plus en plus justifier une poussée volontariste vers l'Est comme solution à des problèmes économiques qu'il avait dans une large mesure imposés [34].

On peut discuter de l'équilibre entre les aspects positifs et négatifs de cette politique en termes économiques, mais au bout du compte l'épreuve fut la guerre, objectif vers lequel Hitler l'avait orientée. Les questions sont de savoir jusqu'à quel point les échéances fixées par Hitler en 1936 furent atteintes, quel type de guerre il envisageait, quelle sorte de programme d'armement fut adopté et, surtout, dans quelle mesure il atteignit son objectif de rendre l'Allemagne assez puissante pour réaliser ses objectifs à long terme. Nous attendrons d'examiner la politique étrangère, au chapitre 13, pour tenter d'y apporter des réponses.

V

Après l'État et l'économie, la société. Dans le premier domaine, Hitler n'alla jamais au-delà de l'improvisation. Il traita le second comme un instrument et abandonna, d'abord à Schacht, puis à Goering, le soin de l'organiser. C'est dans le troisième, la société, qu'il s'impliqua le plus personnellement. C'est là qu'il chercha à prouver la supériorité de « socialiser le peuple » sur la méthode marxiste de socialiser la production, à unir le peuple allemand en une *Volksgemeinschaft* à la place de l'individualisme libéral et de la guerre de classe marxiste, et à faire renaître sa promptitude à prendre les armes et à faire la guerre afin de conquérir un *Lebensraum* pour le *Herrenvolk* allemand à l'est. Mettant Marx la tête en bas, Hitler voulut que la transformation de la conscience du peuple allemand soit le préliminaire à la transformation de ses conditions matérielles.

Outre ces convictions de base du nazisme, avec ses principes racistes et eugéniques, qui furent tous systématiquement inculqués et appliqués, il y avait toute une litanie de valeurs secondaires qui mêlaient des traits archaïques et modernes souvent contradictoires les uns avec les autres. « *Blut und Boden* » (sang et sol), par exemple, était un vieux rêve de la droite allemande, qui exprimait le désir d'échapper à la dégénérescence et à la complexité de la vie urbaine, et la nostalgie de l'ère préindustrielle avec son agriculture paysanne et sa simplicité rurale.

Un autre exemple fut l'abolition de la structure des relations industrielles établies en 1918-1919. Le caractère de la nouvelle structure fut
indiqué par le langage quasi féodal de la Loi sur l'organisation du travail
national de janvier 1934. L'employeur y est décrit comme « le Chef de
l'usine » et la force de travail est sa « suite », qui lui doit fidélité selon les
principes de la « communauté d'entreprise » (*Betriebsgemeinschaft*). A la
place de la négociation collective, les salaires devaient désormais être
fixés par des mandataires du Reich à la main-d'œuvre nommés par
l'Etat[35].

Il était difficile de concilier pareille nostalgie du passé avec le mépris
qu'éprouvaient Hitler et bon nombre d'autres nazis pour la société aux
classes rigides, hiérarchisées de l'Allemagne d'avant 1914, qui se manifestait par le goût du statut et des titres, lequel culminait dans le snobisme
du corps des officiers (y compris les officiers de réserve). Il fut tout aussi
difficile de combiner la campagne destinée à briser les grandes entreprises
industrielles et les grands magasins et à faire revivre les guildes d'artisans
avec l'exigence de fournir les techniques les plus modernes à l'armée et à
l'aviation.

Cependant, le mouvement nazi avait toujours compté sur sa capacité
à faire appel à des intérêts et des buts incompatibles et, grâce à sa propagande dynamique, agressive, qui utilisait les techniques de publicité les
plus modernes, il ne cessa de les mêler à la large vague d'enthousiasme en
faveur de l'unité nationale, du renouveau national et de la puissance
nationale.

La propagande continua à être combinée à l'organisation. Il y eut
quelques ajouts au cadre des thèmes déjà fixés en 1933-1934, et dans de
nombreux cas avant. Le nouveau facteur qui renforça à la fois la
propagande et l'organisation fut la réussite : les nazis avaient en effet
réussi à mettre fin à la Crise, à se débarrasser des dommages de guerre et
à restaurer la puissance de l'Allemagne et son prestige à l'étranger. Non
seulement le message de la réussite fut martelé par tous les moyens, jour
après jour, mais son effet fut doublé par le fait que toute manifestation de
scepticisme et de critique fut réprimée. La réussite exerça ainsi à la fois
une force de coercition et d'attraction, qui donna l'impression que rien
ne pouvait lui résister.

Ce furent les années au cours desquelles les nazis, avec les ressources de
l'État à leur disposition, perfectionnèrent l'art de la propagande visuelle à
l'aide des manifestations et défilés grandioses qu'ils organisèrent, et qui,
même aujourd'hui, ont rarement été égalés par n'importe quel autre
régime.

Le calendrier des fêtes était désormais bien établi :

30 janvier	Accession d'Hitler au poste de chancelier du Reich
24 février	Refondation du parti en 1925
24 mars	Journée nationale de deuil pour les victimes de la guerre, transformée en « Jour du souvenir des héros »

20 avril	Anniversaire de la naissance d'Hitler
1ᵉʳ mai	Journée nationale du travail
2ᵉ dim. de mai	Dimanche de la maternité
juin	Solstice d'été
septembre	Rassemblement du parti à Nuremberg
1ᵉʳ octobre	Action de grâce pour la moisson (« *Blut und Boden* ») organisée à Bückeberg, près de Hamelin
9 novembre	Anniversaire du putsch de 1923 à Munich

L'ampleur de ces commémorations était extraordinaire. Elles réunissaient des centaines de milliers de personnes qui y participaient directement, et étaient ensuite répétées *ad nauseam* (surtout le moindre discours d'Hitler) par la radio et le cinéma. Le sommet fut atteint avec les Jeux olympiques de 1936, où Berlin en fête accueillit le monde entier.

Le refus d'assister à une fête annuelle ou particulière ou au moins d'accrocher un drapeau à sa fenêtre était noté soigneusement par le chef de bloc du parti, et pouvait très bien amener à être repéré comme « peu sûr politiquement », avec des conséquences allant du blocage de toute promotion dans le travail – ou de la mise à pied – à l'arrestation et la traduction devant un tribunal. La même conséquence pouvait résulter du refus de contribuer aux quêtes continuelles pour le Programme d'aide d'hiver et les Jours de solidarité nationale. Il en allait de même au sujet de l'obligation d'appartenir à une association professionnelle dite « bénévole ».

L'objectif était, littéralement, de ne laisser personne seul, de ne permettre à personne de s'échapper ou de refuser de participer, pendant les activités de loisir comme au travail ou à la maison. Évidemment, l'objectif ne fut jamais atteint. L'« émigration intérieure » fut plus qu'une simple formule, et beaucoup de gens firent tout ce qu'ils pouvaient pour s'isoler contre le tintamarre continuel de la propagande et afficher le minimum de conformité nécessaire pour survivre – exactement comme on faisait en Russie soviétique. Néanmoins, l'effet prédominant que cela produisit sur la plupart des gens, même s'ils maugréaient, fut l'acceptation du national-socialisme comme une chose inévitable. Les autres ne purent que se retirer dans l'isolement. Comme le raconta un observateur socialiste au Sopade (le SPD exilé à Prague), en novembre 1935 :

L'objectif de toutes les organisations de masse nazies est le même. Quoi qu'on pense du Front du travail, de la Force par la joie ou de la Jeunesse hitlérienne, ils servent partout le même objectif : enrôler ou surveiller les « camarades nationaux », ne pas les laisser livrés à eux-mêmes, et si possible ne pas les laisser penser du tout... afin d'empêcher tout terrain d'entente réel, toute association volontaire d'apparaître... L'essence du contrôle des masses par les nazis est l'organisation obligatoire d'une part, et la domination de l'autre [36].

L'hostilité entre les partis communiste et socialiste, qui avait détruit toute possibilité de Front uni contre les nazis, ne changea rien au fait qu'il y avait eu treize millions de votants de la classe ouvrière hostiles aux nazis et qu'il en resta encore plus de douze millions prêts à braver leurs menaces après leur arrivée au pouvoir, et à voter contre eux en mars 1933. La priorité d'Hitler avait été depuis longtemps de détruire les organisations du KPD et du SPD, d'arrêter et de passer à tabac leurs dirigeants, de fermer leurs journaux et de saisir leurs biens. Cela fait, l'objectif majeur devint toutefois de rallier leurs partisans à la « communauté nationale ». Les nazis pouvaient compter sur l'idée d'unité nationale pour obtenir un soutien massif des classes moyennes. L'épreuve cruciale fut de savoir jusqu'à quel point, au-delà des classes moyennes, cette idée pouvait exercer son emprise dans ce secteur de la société allemande où depuis plus d'un demi-siècle le mouvement ouvrier allemand s'était bâti sur la croyance à l'inéluctabilité d'un conflit de classes.

Une des réussites du régime, mais dont on pouvait difficilement s'attendre à ce qu'elle fût appréciée des ouvriers, avait été sa capacité à maintenir des bas salaires. La valeur réelle moyenne des salaires hebdomadaires s'était élevée de la base 100 en 1932 (au plus bas de la Crise) à 123 en 1939, soit d'à peine plus de cinq points au-dessus du chiffre de 1929, quand la Crise n'avait pas encore commencé à frapper. Les prix furent aussi contrôlés, et tout particulièrement les prix alimentaires : ils s'élevèrent au-dessus du chiffre moyen de 1933-1934 mais restèrent, jusqu'à la dernière année de la guerre, en dessous de ceux de 1928-1929. Cependant, les niveaux de la consommation alimentaire n'augmentèrent que faiblement entre l'année de crise de 1932 et 1938, et furent assortis de plaintes continuelles au sujet de la pénurie de matière grasse. Il y eut aussi des plaintes constantes au sujet de la qualité des textiles et d'autres produits pour lesquels un fort pourcentage d'*Ersatz* (produits de remplacement) était utilisé. Enfin, au fur et à mesure que la pénurie de main-d'œuvre s'aggrava, on imposa des limites à la liberté de changer de travail, en commençant par des secteurs spécifiques de l'industrie et par l'agriculture, lesquelles culminèrent en 1938 avec le droit de réquisitionner systématiquement de la main-d'œuvre pour travailler à la construction du Mur de l'Ouest et dans les usines de munitions [37].

Mais ces faits donnent une image imparfaite de la situation. Par exemple, sur une main-d'œuvre totale de vingt-trois millions de personnes, seulement un million furent réquisitionnées pour le travail en 1938-1939, dont moins de 300 000 sur une base régulière et le reste pour des périodes limitées. De même, le chiffre global indiquant de faibles augmentations de salaires cache le fait que les ouvriers employés dans les industries touchant à l'armement étaient beaucoup mieux lotis. Et surtout, Hitler avait mis fin au chômage. Cela fut de très loin le fait le plus important pour les millions de familles ouvrières qui avaient vu ce que voulait dire être sans travail, sans espoir d'en retrouver, seulement quelques années plus tôt. Là résida la grande différence entre le début des années 30 et le milieu et la fin de la décennie.

Exclu des activités syndicales et de la négociation collective, le Front du travail ((DAF) de Ley avait bâti le plus grand des empires nazis avant la fin de la décennie, éclipsant le parti lui-même. Il opérait à une échelle qui dépassa de très loin son modèle originel, le *Dopo il lavoro* de l'Italie fasciste, et Ley n'exagérait pas quand il affirma qu'aucun autre pays du monde de l'époque, capitaliste ou socialiste, ne pouvait offrir autant d'avantages à ses ouvriers.

Une des raisons du succès du DAF fut les ressources dont il put disposer. Il commença avec les biens confisqués aux syndicats et finit par avoir un revenu de plus du triple de celui du parti, à partir des cotisations théoriquement volontaires mais quasi obligatoires des membres – les ouvriers de l'industrie et leurs employeurs. En 1939, il employait 44 500 permanents rétribués, et possédait des banques, des compagnies d'assurances, des associations pour le logement, des agences de voyage, et même l'usine d'automobiles Volkswagen, destinée à fabriquer – un jour – la Voiture du peuple.

Le lien entre les multiples activités du DAF fut la tentative de fournir des satisfactions psychologiques en plus – ou, comme dirent les sceptiques, à la place – des satisfactions matérielles. Comme les Jeunesses hitlériennes et le Service du travail du Reich (et sa période obligatoire de travail physique pour tous les jeunes gens, à commencer par tous les étudiants), le DAF s'employa à élever le statut du travail manuel. Hitler mit à maintes reprises l'accent sur la plus grande égalité des statuts et l'augmentation de l'égalité des chances et de la mobilité sociale (par exemple, dans l'armée), offrant, comme le dit le sociologue David Schoenbaum, une idéologie du travail à la place d'une politique du travail. La dernière chose qu'il pensa faire fut d'accomplir une révolution sociale sur le modèle stalinien : « Sous le couvercle de l'idéologie allemande, les groupes sociaux historiques continuèrent de s'affronter comme des lutteurs sous une couverture [38]. »

Jusqu'à quel point les ouvriers furent-ils convaincus ? Avec une force de travail de vingt-trois millions de personnes, c'est une question à laquelle il est impossible de répondre. Toutefois, selon les nombreux rapports, tant de la Gestapo que des autres organismes nazis, et à partir de ceux envoyés au siège du SPD en exil, il semble possible de distinguer trois grandes tendances [39]. L'une reflète les attitudes de ceux qui avaient été étroitement engagés dans l'activité du KPD, du SPD et des syndicats, et qui continuèrent de considérer les nazis comme l'ennemi. Beaucoup avaient été arrêtés et traités brutalement en 1933-1934 ; certains firent de l'opposition active, comme la diffusion de brochures, au moins jusqu'au grand coup frappé par la Gestapo contre les organisations marxistes clandestines en 1935 ; tous cherchèrent d'une manière ou d'une autre à rester en contact, à s'aider à survivre et à ne pas renoncer à leurs idées. A l'extrémité opposée, il y eut une autre tendance, constituée dans l'ensemble de gens plus jeunes que dans la précédente, qui soit avalèrent sans objecter tout ce qu'on leur disait, soit avaient de l'ambition et estimèrent que le meilleur moyen de s'élever était de monter à bord du train nazi.

Les éléments dont on dispose donnent à penser que le groupe le plus nombreux ne fut pas celui des irréconciliables ni celui des convertis. Ce furent ceux qui acceptèrent ce que leur offrait le DAF, et le mirent au crédit du régime, comme ils y mirent le plein emploi ; ils grognèrent contre la pénurie et les restrictions, mais d'une manière non politique, absorbés dans leurs propres affaires, et ils acceptèrent le régime passivement, sans enthousiasme. C'était une réalité dont on s'accommode, comme du temps qu'il fait.

Leur attitude est bien décrite dans un rapport au SPD de juin 1936, peu après l'un des grands succès du régime, la remilitarisation de la Rhénanie :

> Où qu'on aille, on voit que les gens acceptent le national-socialisme comme quelque chose d'inévitable. Le nouvel État avec toutes ses institutions est là ; on ne peut pas s'en débarrasser. La grande masse s'est fait une raison de la situation, au point qu'elle n'imagine plus comment la situation pourrait changer...
>
> Les nazis ont réussi à accomplir une chose : la dépolitisation du peuple allemand... en persuadant les masses d'abandonner la politique aux gens placés au sommet... Les nazis essaient de transformer tout le monde en national-socialiste engagé. Ils n'y parviendront jamais. Les gens ont plutôt tendance à se détourner du nazisme intérieurement. Mais les nazis veillent à ce que les gens ne s'intéressent plus à rien. Et cela est au moins aussi grave de notre point de vue[40].

Examinant le spectre plus large de l'opinion publique, dont l'opinion de la classe ouvrière n'était qu'une partie, la plupart des observateurs convinrent qu'au milieu des années 30 il y avait certains traits du régime que les gens trouvaient positifs. Avant tout, s'imposait l'image d'un Hitler homme du peuple, au-dessus de la politique, nettement distinct du parti nazi, lequel ne partageait en aucune façon sa popularité. On estimait qu'Hitler dotait l'Allemagne, pour la première fois depuis Bismarck, du commandement autoritaire que beaucoup d'Allemands, toutes classes confondues, considéraient comme une authentique tradition politique allemande. Le contraste avec Weimar était souligné par sa réussite, pas encore entamée par la crainte de l'implication dans une seconde guerre, que rien ne laissa présager jusqu'à la crise tchèque de 1938. Au contraire, Hitler, l'ancien combattant, se présentait et présentait les Allemands comme des gens aimant la paix, qui en avaient trop vu de la guerre pour jamais en envisager une autre. Et il n'y a rien dont on ne parlait moins que de l'ordre du jour secret d'Hitler, une guerre de conquête et la fondation d'un empire raciste à l'Est.

Jusqu'à quel point les nazis réussirent-ils dans leur effort de constituer une nation engagée idéologiquement, en particulier dans les tranches d'âge inférieures à quarante ans ? Il s'agit là d'une des questions concernant le Troisième Reich à laquelle il est peu probable qu'on trouve jamais de réponse. Même si l'on réussissait à quantifier les attitudes individuelles et à fournir, disons, pour les besoins du raisonnement, des arguments convaincants indiquant que 50 % de cette tranche d'âge étaient à plus de 50 % convertis au système de valeurs nazi, le résultat apparaîtrait sensiblement différent suivant que les chiffres servent à montrer que « la bouteille était à moitié pleine » ou « à moitié vide ». L'opinion des spécialistes est aussi partagée sur la réponse que sur la question de savoir si les nazis représentèrent plus une rupture ou une continuation des attitudes déjà adoptées plus tôt, dans l'Allemagne de l'avant-1914. Il y eut, bien sûr, une certaine continuité ; le point sur lequel personne ne s'entend est celui de son importance et de son caractère représentatif.

Donc, si l'on pousse la question pour tenter de savoir dans quelle mesure les nazis réussirent à endoctriner la moitié la plus jeune de la population allemande – celle qui supporta le choc de la Seconde Guerre mondiale –, on peut choisir entre deux réponses. La première est le propre constat d'échec d'Hitler confié en privé dans son bunker pendant les derniers jours du Reich (25 février 1945) et recueilli par Martin Bormann :

> A mon point de vue, l'idéal aurait été... de former une jeunesse profondément imbue de la doctrine nationale-socialiste – puis de confier aux générations futures le soin de mener l'inévitable guerre...
> La tâche que j'ai entreprise n'est malheureusement pas une tâche qui puisse être accomplie par un seul homme ni en une seule génération[41].

La seconde est le fait, pour lequel Hitler ne manifesta pas la moindre trace de gratitude, qu'après six ans de guerre (dont les deux dernières années et demie pendant lesquelles les armées allemandes furent obligées de reculer pas à pas et les villes allemandes furent ravagées d'abord par les bombes, puis par l'artillerie et les chars) le peuple allemand, sans espoir et face à la supériorité écrasante des Alliés, ne lâcha pas pied avant qu'Hitler lui-même ne le libère en se suicidant.

A moitié pleine ou à moitié vide ?

VI

Derrière la propagande et l'organisation se trouvait la troisième et ultime ressource : la terreur. Au milieu des années 30, la menace implicite d'y recourir fut plus importante que son emploi réel. Non seulement la réussite et la popularité d'Hitler étaient dans leur phase ascendante, mais le réarmement étant toujours sur la sellette, il se préoccupa d'éviter les réactions hostiles de l'étranger – telles qu'un boycottage des produits allemands ou la tentative d'empêcher la tenue des Jeux olympiques à Berlin – qui risquaient de gêner la coopération avec ses alliés conservateurs.

La vague d'arrestations de la Gestapo de 1935 avait brisé les organisations clandestines des communistes, des socialistes et des syndicats, et le nombre des détenus dans les trois camps de concentration encore en activité tomba à son niveau le plus bas, 7 500, au cours de l'hiver 1936. Même pour les juifs, le principal ennemi idéologique des nazis, 1936-1937 fut, relativement parlant, la période la plus tranquille du Troisième Reich, et un certain nombre de juifs qui avaient émigré se risquèrent à rentrer.

Cela ne signifia pas un relâchement de la campagne insidieuse, dans les écoles ainsi que dans les médias, destinée à « fixer » l'image des juifs comme parias, comme « vermine », étrangère à la race humaine. La discrimination professionnelle contre eux fut étendue, et les attentats ponctuels continuèrent contre les familles ou les entreprises juives. Mais on sait aujourd'hui que les lois de Nuremberg, qui attirèrent tant l'attention à l'époque, furent adoptées en hâte lors du congrès du parti de septembre 1935 pour donner un os à ronger à un parti impatient de passer à l'action plutôt que pour encourager les violences supplémentaires*. Ce n'est qu'en 1938, à la suite de l'adoption par Hitler d'une politique radicale généralisée, que le venin de la haine nazie s'exprima sans retenue dans les attentats hargneux contre les juifs en Autriche, au lendemain de l'occupation, et en Allemagne au cours de la Nuit de cristal du 9 au 10 novembre.

Les années 1936-1938 virent toutefois la préparation de la SS au rôle qu'elle devait jouer plus tard dans les pays occupés par l'Allemagne, surtout en Europe de l'Est. Après la période initiale de terreur de 1933-1934, les ministres de l'Intérieur et de la Justice s'efforcèrent de ramener l'activité de la Gestapo dans les limites de la loi. La fusion de la police et de la SS en juin 1936 marqua leur échec. Himmler exprima clairement l'étendue des prérogatives qu'il exigeait pour cette unité combinée quand il s'adressa aux spécialistes de droit policier de l'Académie de droit d'Allemagne le 11 octobre de la même année. Il dit à son auditoire que depuis le jour où il était devenu préfet de police de Munich en mars 1933 :

> J'ai travaillé dans l'idée que cela n'avait pas la moindre importance si nos actions étaient contraires à certains paragraphes de la loi ; en travaillant pour le Führer et pour le peuple allemand, fondamentalement

---

* Les lois de Nuremberg interdirent le mariage et les relations sexuelles hors mariage entre Allemands et juifs, et interdirent aux juifs d'employer des Allemands comme domestiques et d'arborer le drapeau national allemand. La loi sur la citoyenneté du Reich adoptée en même temps priva les juifs de la citoyenneté allemande, et redéfinit leur statut en tant que « sujets ». En 1933, il y avait, selon le Bureau des statistiques du Reich, 503 000 juifs en Allemagne, soit moins de 1 % de la population.

j'ai fait ce que me dictaient ma conscience et le bon sens. Le fait que d'autres déplorent des « violations de la loi » était totalement négligeable quand la vie et la mort du peuple allemand étaient en jeu... Ils ont appelé ça illégalité parce que cela ne correspondait pas à leur conception de la loi. En fait, par ce que nous avons accompli, nous avons posé les fondements d'un nouveau code de loi, la loi du destin du peuple allemand[42].

La principale expansion de la SS eut lieu au début de la guerre, avec la nomination de Himmler pour exécuter la politique de « recolonisation » raciale dans la Pologne occupée. Mais Himmler renforça continuellement sa puissance tout au long des années 30, lui donnant volontairement un caractère élitiste, en recrutant chaque fois qu'il le pouvait dans l'aristocratie et la grande bourgeoisie ainsi que chez les diplômés de l'université. Simultanément, Heydrich œuvra pour élever le niveau de la Gestapo et l'intégrer à la SS, pendant que Theodor Eicke, qui avait établi les règlements de base quand il était commandant de Dachau et combinait brutalité et efficacité, se chargeait de la formation des bataillons de gardes SS en tant qu'Inspecteur des camps de concentration.

Parmi les protégés de Heydrich figurait Adolf Eichmann, nommé chef adjoint de la section qui en décembre 1937 eut la responsabilité de « la centralisation de tout le travail sur la question juive entre les mains de la SD et de la Gestapo ». Parmi les protégés de Eicke figurait Rudolf Hess, le futur commandant d'Auschwitz. En mars 1938, les premiers détachements de SS à servir en dehors du Reich étaient prêts à entrer en Autriche immédiatement derrière l'armée et à effectuer une répétition générale des activités qui feraient redouter et haïr leur nom dans toute l'Europe.

Quand, durant l'automne 1937, Hitler décida d'adopter une politique plus radicale et plus offensive, il y avait plusieurs raisons à cela.

La première fut l'impatience croissante qu'il éprouvait à l'égard des contraintes imposées par l'alliance avec les éléments conservateurs de l'armée, de l'État et du monde des affaires. Celle-ci fut illustrée par l'interminable querelle avec Schacht au sujet de la politique économique. Aux procès de Nuremberg après la guerre, Speer se rappela une visite au Berghof au cours de l'été 1937 :

Pendant que j'attendais sur la terrasse, j'entendis une discussion orageuse entre Schacht et Hitler provenant de la chambre d'Hitler. La voix d'Hitler monta très haut dans l'aigu. Quand la discussion fut terminée, Hitler sortit sur la terrasse, l'air manifestement très excité, et il déclara à ceux qui l'entouraient qu'il ne pouvait pas travailler avec Schacht. Il venait d'avoir une grave dispute avec lui. Avec ses méthodes financières, Schacht gênait ses plans[43].

Hitler avait toujours eu du mal à accepter les disputes ou les désaccords, mais il s'était jusqu'alors accommodé des critiques formulées par Schacht contre Goering et le plan quadriennal parce qu'il pensait que le maintien de Schacht au ministère des Finances était indispensable pour que le régime garde la confiance des milieux d'affaires en Allemagne et à l'étranger. Naturellement, Schacht était d'accord. Mais Hitler commençait désormais à se demander si cela avait encore une quelconque importance que Schacht restât ou s'en allât.

La deuxième raison fut qu'il était conscient de la déception des *Alten Kämpfer* du parti. Ceux-ci voyaient que la révolution qu'ils avaient souhaitée s'était terminée, comme tant de révolutions dans le passé, par un compromis avec l'ordre existant et par la répudiation des SA et des autres éléments qui constituaient l'aile radicale du parti. Les lois de Nuremberg avaient été un geste dans leur direction, un signe que leur confiance dans le Führer n'avait pas été mal placée. Mais il leur fallait plus que des gestes pour lui conserver leur appui. En outre, plus d'un an et demi avait passé depuis le dernier grand succès, la Rhénanie, et le mythe d'Hitler avait besoin d'être rehaussé par une nouvelle preuve de sa qualité de chef inspiré.

Martin Broszat signale un troisième facteur quand il décrit chez Hitler son « angoisse confinant en 1937-1938 à la panique à l'idée que – après la période précédente de modération relative – il ne soit peut-être plus possible de repartir vers le grand but final [44] ». Plus tard, se penchant sur les transformations qu'il avait opérées, Hitler dit à une réunion privée de rédacteurs en chef de journaux le 10 novembre 1938, après Munich :

Les circonstances m'ont obligé à parler presque exclusivement de paix. Ce n'est qu'en insistant constamment sur le désir de paix de l'Allemagne que j'ai pu petit à petit obtenir la liberté pour le peuple allemand et fournir à la nation les armes qui étaient nécessaires comme préalable à la nouvelle étape.

Il est évident que pareille propagande de paix a aussi des aspects douteux ; car elle peut très facilement conduire à fixer dans l'esprit de beaucoup de gens l'idée que le régime actuel s'identifie aux décisions et au désir de préserver la paix en toutes circonstances.

Or cela conduirait à une vision fausse des buts de ce système. Avant tout, cela amènerait le peuple allemand … à se pénétrer d'une idée qui, à longue échéance, reviendrait à du défaitisme, et anéantirait les réalisations du régime actuel.

Je n'ai parlé de paix pendant tant d'années que parce que je devais le faire. Il est devenu nécessaire de favoriser un changement psychologique graduel dans l'évolution du peuple allemand afin qu'il se rende compte, lentement, qu'il y a des choses qui doivent, si elles ne peuvent pas être réalisées par des moyens pacifiques, être réalisées par la force et la violence…

Ce travail a demandé des mois ; il a commencé systématiquement ; il continue et se renforce [45].

La certitude qu'il devait agir rapidement pour reprendre l'initiative fut renforcée par son inquiétude au sujet de sa santé. En octobre 1937, dans une adresse aux responsables de la propagande, il dit, si l'on en croit les notes prises par l'un des participants :

> Autant que l'homme pût savoir, il n'en avait plus pour longtemps à vivre. Les gens ne vivaient pas vieux dans sa famille...
>
> Il était donc nécessaire de résoudre les problèmes à résoudre [le *Lebensraum*] aussi vite que possible... Les générations futures ne pourraient pas le faire. Lui et lui seul était en position de le faire...
>
> Après de graves conflits intérieurs, il s'était libéré de ce qui lui restait de notions religieuses de son enfance. Hitler ajouta : « Je me sens maintenant aussi frais qu'un poulain dans un pré[46]. »

Toutefois, ce n'étaient pas les scrupules religieux ni moraux qui avaient retenu Hitler mais l'incertitude sur les risques qu'il pouvait se permettre de prendre. L'armée et l'industrie cesseraient-elles de coopérer pour réarmer l'Allemagne s'il congédiait Schacht et se débarrassait des dirigeants conservateurs avec qui les nazis avaient renouvelé le pacte tacite de l'été 1934 ? Si elles le faisaient, cela mettrait-il en danger sa propre position ?

Hitler donna sa réponse au nouvel an 1938. Tout ce qu'il se contenta de dire en public en novembre 1937 fut :

> Je suis convaincu que la partie la plus difficile du travail préparatoire est déjà accomplie... Nous sommes aujourd'hui confrontés à de nouvelles tâches, car le *Lebensraum* de notre peuple est trop étroit[47].

12

La révolution dévore ses enfants

Staline : 1934-1939 *(54 à 59 ans)*

« Il est à craindre que la Révolution, comme Saturne,
finisse par dévorer tous ses enfants. »
Pierre Vergniaud, Paris, 1793[1].

I

Alors qu'entre 1934 et 1938 Hitler admettait la nécessité de refréner les excès radicaux et de prévoir une phase d'accommodements et de retenue Staline, à la même époque, s'engageait dans la direction opposée. Les rigueurs de la campagne de collectivisation et le premier plan quinquennal furent suivis, non par une période de détente que beaucoup de communistes jugeaient nécessaire, mais par une reprise de la « révolution par le haut », qui culmina dans le règne de la terreur, dirigée cette fois non plus contre la paysannerie et les survivants du capitalisme mais, par vagues successives d'arrestations, de procès et de purges, contre le parti lui-même.

Dans les années 50, quand des spécialistes des sciences politiques tentaient de décrire l'État totalitaire type, les purges russes furent considérées comme la réponse aux besoins fonctionnels d'un régime de parti unique, c'est-à-dire l'« instrument de l'instabilité permanente » constituant l'élément indispensable du totalitarisme *en tant que système*[2]. Il s'agit toutefois d'une de ces généralisations rassurantes par leur caractère impersonnel mais qui n'expliquent rien. Car les questions cruciales qui se posent sont « Aux besoins de *qui* était-ce une réponse ? » et « A qui était la main qui guida l'instrument ? »

Loin de répondre aux besoins du régime soviétique en tant que système, Khrouchtchev avait certainement raison quand il déclara devant le XXe congrès du parti que les purges et les procès des années 30 ne furent pas loin de le détruire.

> Ce n'est que parce que notre parti possède cette grande force morale et politique qu'il a pu survivre aux événements difficiles de 1937-1938 et former de nouveaux cadres. Il ne fait toutefois aucun doute que notre marche en avant vers le socialisme et vers la préparation de la défense de notre pays aurait été beaucoup plus réussie s'il n'avait subi une perte de cadres aussi terrible du fait de la répression massive, infondée et fausse, de 1937-1938[3].

Évidemment, une fois le processus enclenché, il s'amplifia et eut un effet de multiplication propre, ne fût-ce que du fait de la méthode de dénonciation forcée pratiquée par le NKVD, le successeur de l'OGPU. Mais qui, à l'intérieur du système, enclencha le processus, continua à l'orienter et décida quand il risquait d'aller trop loin ? Ce ne fut pas la direction du parti dans son ensemble, le politburo et le comité central. Ce ne fut pas la bureaucratie gouvernementale ni le haut commandement des forces armées qui fournit la force motrice. C'était contre eux qu'il était dirigé et ce furent eux qui fournirent les victimes les plus notoires. Ce ne fut pas non plus le secrétariat du parti ni le NKVD ; ils furent les instruments du processus, non ses initiateurs.

Le point culminant des purges finit par être connu en Russie sous le nom de *Iejovchina*, le « temps de Iejov », du nom du chef du NKVD en 1937-1938 ; mais, comme Khrouchtchev l'exprima clairement, Iejov ne fut que la créature de Staline, et fut lui-même éliminé quand Staline trouva commode d'en faire le bouc émissaire des « excès ». Ce ne fut pas la *Iejovchina* mais la *stalinechina*, le « temps de Staline ». Car ce fut Staline qui comprit l'intérêt de la terreur, non seulement en tant que réponse à l'urgence − comme dans la campagne de collectivisation − mais en tant que « formule de gouvernement » permanente[4]. Ce fut Staline qui commença les purges du milieu des années 30 et qui renouvela le processus après la guerre, ne se contentant pas de le répéter en Russie mais en exportant la formule pour purger les régimes satellites de l'Europe de l'Est.

Selon les critères humains ordinaires, Staline et Hitler étaient tous deux anormaux. Cependant, que les profanes débattent pour savoir si cela signifie qu'ils étaient soit cliniquement, soit légalement aliénés n'est pas un exercice très fécond. Car, quelle que fût leur condition psychologique, ni dans l'un ni dans l'autre cas, cela ne les empêcha pas d'exercer de manière magistrale leurs talents de politiciens, au moins jusqu'à la période finale de leur vie. Parmi les personnes qui eurent affaire à Staline de très près, et qui vécurent assez vieux pour faire connaître leurs impressions, il est difficile de trouver quelqu'un qui soit prêt à dire qu'il était fou. Au contraire, il laissa l'impression d'un homme en pleine possession de ses facultés qui savait ce qu'il faisait, qui garda le contrôle de la situation et qui conserva ses habitudes routinières, même quand la peur et la tension à Moscou devinrent presque insupportables. A chaque étape, Staline garda quelques coups d'avance sur les autres participants au jeu sinistre qui se joua en Russie entre 1934 et 1939, les surprenant constamment par la subtilité de ses calculs, la profondeur de sa duplicité et surtout par le degré de brutalité qu'il était prêt à employer. En fait, les tendances paranoïdes qui étaient sa caractéristique psychologique la plus distincte furent parfaitement opératoires dans pareille situation, lui permettant de satisfaire en même temps ses exigences politiques et psychologiques, les unes renforçant les autres.

Au milieu des années 30, ses exigences *politiques* étaient triples. La première était de surmonter l'opposition et la critique de sa politique au sein du parti. Cette dernière avait existé, quoique rendue muette, pendant la crise de la collectivisation. Elle refit surface en 1933-1934 sous la forme d'une pression exercée dans le sens d'un relâchement de la tendance à obtenir de meilleurs résultats économiques par la coercition, de concessions faites à la population laborieuse et d'une réconciliation avec les anciens opposants. Bien que, pour des raisons tactiques, Staline donnât l'impression qu'il était prêt à réaliser au moins une partie de ce programme, même au congrès des vainqueurs (janvier 1934), où il déclara « il n'y a rien de plus à prouver et, semble-t-il, personne à combattre », il avait aussitôt poursuivi en mettant en garde contre la « confusion idéologique » qui conduisait certains membres du parti à croire que la lutte des classes était terminée et que la dictature du prolétariat pouvait donc être modérée. En réalité, il n'y a aucune raison de penser que Staline changea jamais d'avis sur l'idée qu'un relâchement risquait de faire perdre tout ce qui avait été gagné, que la pression devait être maintenue, non réduite – et que dans tout autre scénario, il n'y aurait pas de place pour lui ni pour les pouvoirs d'urgence qu'il exerçait.

La deuxième exigence de Staline était non seulement de battre l'opposition sur ce point particulier mais d'attaquer et de déraciner la source d'opposition et de critique dans la structure collégiale de la direction du parti et dans la tradition de démocratie interne du parti. Staline trouva de plus en plus pénible d'avoir à écouter les opinions de collègues comme Kirov et Ordjonikidze, qui prétendaient avoir des idées autonomes et, à l'occasion, être en désaccord avec lui. Seuls ceux qui, comme Molotov et Kaganovich, acceptaient que leur rôle fût d'exécuter ses désirs, et non de les remettre en question, lui parurent acceptables, non comme collègues mais comme agents.

Il avait encore moins confiance dans les anciens opposants comme Zinoviev, Kamenev, Boukharine et Rykov, qui avaient fait leur soumission et avaient été à nouveau admis dans le parti, mais dont il n'avait ni oublié ni pardonné les faits et gestes antérieurs. Tôt ou tard, ils devraient être éliminés pour de bon, en même temps que tous les autres Vieux bolcheviks qui se prenaient toujours pour des membres du parti de Lénine et n'avaient pas compris que c'était désormais le parti de Staline, et que Staline, au contraire de Lénine, ne se considérait pas comme le premier parmi les égaux, n'admettait pas qu'il y eût des égaux et se voyait déjà lui-même comme un autocrate dont le moindre mouvement de tête était sans appel.

La conclusion logique de cela fut le passage d'un État de parti unique à un État de souverain unique. Ce fut une conclusion à laquelle Staline ne se déroba pas. Croyant être le seul homme à comprendre comment gouverner la Russie et mener la révolution à son terme, il fut également convaincu d'être le seul homme à avoir la volonté d'appliquer les mesures nécessaires – à condition de n'être pas gêné par l'obligation de tenir compte de tout autre personne ou institution (telle que le parti).

Le troisième et dernier stade du programme de Staline fut donc de se débarrasser de tous ces obstacles et de gouverner seul.

Staline, pas plus qu'Hitler, ne vit à l'avance comment il allait réaliser ce programme. Mais il y eut dès 1932 des signes de la direction dans laquelle il allait probablement s'engager, dans la colère qu'il manifesta quand l'opposition au politburo et au comité central l'empêcha de faire fusiller Rioutine et ses associés pour avoir diffusé une « plate-forme » de 200 pages qui réclamait le remplacement de Staline en tant que « mauvais génie de la révolution ». Cependant, la capacité de Staline de déguiser et de dissimuler ses pensées lui fut d'un grand secours au congrès des vainqueurs et après. Tout en acceptant en apparence la détente que Kirov, Ordjonikidze et les autres « modérés » réclamaient instamment, il faisait déjà tranquillement les préparatifs d'une contre-attaque et plaçait des subordonnés sur qui il pouvait compter à des postes clés à partir desquels il pourrait profiter d'une occasion propice. On ignore à quel stade ces préparatifs se cristallisèrent en un plan d'action, et dans quelle mesure il put prévoir en 1934-1935 jusqu'où il les poursuivrait – de même que lorsqu'il lança la collectivisation. Comme Hitler, Staline pouvait se permettre d'être opportuniste parce que, au contraire de ses opposants, il avait une idée précise de ses objectifs.

L'autre grand avantage que Staline partageait avec Hitler est que ses objectifs politiques correspondaient à sa nature et à ses besoins psychologiques. J'ai déjà évoqué les deux traits les plus importants de la psychologie de Staline. Le premier était sa personnalité narcissique, caractérisée par un égocentrisme total, son incapacité à donner aux autres la même réalité qu'à lui-même et sa conviction d'être un génie désigné pour jouer un rôle historique exceptionnel.

Le second était sa tendance paranoïde qui le conduisit à se mettre dans la peau d'un grand homme confronté à un monde hostile peuplé d'ennemis jaloux et fourbes organisés en une conspiration qui l'abattrait s'il ne frappait pas et ne les détruisait pas le premier. Typique du monde mental paranoïde, le caractère systématique des délires qui l'obsédaient : il était constamment occupé à réunir les preuves avec lesquelles bâtir puis étayer la structure logique qui les corroborait.

Tout au long de sa vie, Staline éprouva le besoin psychologique de confirmer ces deux idées – sa mission historique et la vérité de l'image qu'il avait formée de lui-même par rapport au monde extérieur – et de se rassurer à leur sujet. Il y a une convergence évidente entre la première des deux et l'objectif politique ultime de Staline. L'obsession qui lui avait fourni l'énergie pour battre ses rivaux et égaler avec sa propre révolution celle de Lénine, le stimulait désormais pour surpasser son prédécesseur en se libérant des entraves du parti et en devenant le souverain unique de l'État soviétique.

La coïncidence est encore plus frappante entre le deuxième besoin psychologique de Staline – celui de réaffirmer et de confirmer l'idée qu'il avait de lui-même en faisant cadrer les événements du monde extérieur avec son schéma mental personnel – et son objectif politique, dans les années 1934-1939, de détruire le parti bolchevique originel créé par Lénine et de le remplacer par un nouveau, en conservant une façade de continuité mais en le recréant en fait selon sa propre image.

Dans cette nouvelle version, un rôle central avait été trouvé pour Trotski, comme « chef des ennemis » du peuple soviétique. Non content d'exiler Trotski à Alma-Ata, où il restait un point de ralliement, Staline ordonna en 1929 de l'expulser en Turquie, d'où il se rendit en France, puis en Norvège, avant de trouver asile au Mexique en 1936. Au lieu de le réduire au silence cela eut pour effet de lui donner une plus grande liberté. En 1933, il fonda une IVe Internationale de groupes socialistes qui acceptaient sa direction. Ceux-ci ne connurent pas un grand succès, mais la plume polémique acérée de Trotski donna une audience mondiale à sa dénonciation de la « dégénérescence » du régime soviétique, à travers un flux d'articles, de pamphlets et de livres (dont, parmi ces derniers, *Ma Vie, Histoire de la révolution russe, L'École stalinienne de la falsification* et *La Révolution trahie*).

Les écrits de Trotski furent interdits en Union soviétique, mais ses attaques mettaient Staline en fureur. Chaque article, chaque livre de son opposant était spécialement traduit à son intention. Les activités de Trotski, développées à l'échelle d'une conspiration complète, fournissaient le point d'ancrage parfait de la paranoïa de Staline. Quelles que fussent les autres allégations, un chef d'accusation standard figurait toujours dans les procès : « appartenance à et agissements sous les ordres du centre trotskiste ». Pour prendre un seul exemple, dans le résumé du second procès de Moscou de Piatakov et de 16 autres accusés, le nom de Trotski apparaît pas moins de cinquante et une fois.

Le scénario de la conspiration et de la fourberie que des centaines d'enquêteurs du NKVD furent employés à fabriquer pour fournir la base des inculpations pour les purges et les procès remodelait de l'histoire afin de la faire correspondre au mythe personnel de Staline et de satisfaire ses exigences politiques. Les millions d'individus qui furent arrêtés, fusillés ou envoyés en camps – comme les koulaks avant eux – jouèrent dans la vie réelle une pièce moralisante dont Staline fut le metteur en scène et dans laquelle Trotski jouait le rôle de Satan. Quelle confirmation plus probante pouvait-il y avoir de sa vérité objective que les trois grands procès-spectacles auxquels aucune preuve ne fut avancée mais où, l'un après l'autre, les membres survivants de l'ancien parti de Lénine se dressèrent pour répéter les aveux écrits pour eux par le NKVD et s'accuser en public des crimes les plus invraisemblables qui, sans la vigilance de Staline, auraient abouti à la trahison de la révolution et à la destruction de l'Union soviétique ?

Les versions successives permirent d'affiner les détails et d'élargir le cadre de l'accusation. Celle du procès final de 1938 réunit, en un document global, tous les chefs d'inculpation – contre les opposants de gauche, les opposants de droite, les trotskistes : destructions et actes de sabotage dans l'industrie et l'agriculture, tentatives d'assassinat et espionnage au profit de services de renseignement étrangers. L'accusé principal n'était autre que Boukharine, l'homme dont Lénine avait dit qu'il était « l'enfant chéri du parti », et qui désormais, comme Lucifer, autre « enfant chéri », était chassé du paradis sous l'accusation de rébellion et de complot en vue d'assassiner son maître adoré Lénine. Tout le groupe qui entourait Lénine – Trotski, Zinoviev et Kamenev, Boukharine, Rykov et Tomski – fut impliqué et condamné ; tous, à l'exception de Staline.

Quand on examine de l'extérieur les événements étranges qui secouèrent la Russie entre 1934 et 1939, il est difficile de ne pas y voir l'expression de la folie mais non si l'on se replace dans le contexte où opéra Staline. Dans ce contexte, Staline poursuivit ses objectifs non seulement avec brutalité mais rationnellement, avec une logique qui était cohérente tant au point de vue politique que psychologique.

II

Evguenia Guinzbourg ouvre son livre *Le Vertige*, où elle décrit sa propre arrestation en 1937, par ces mots : « Cette année-là, 1937, commença vraiment le 1er décembre 1934 » – le jour de l'assassinat de Kirov. A première vue, c'est surprenant. Après une explosion d'activité initiale au cours de décembre et pendant les six premiers mois de 1935, la crise sembla refluer, et la période qui alla de juillet 1935 à août 1936 fut, vue de l'extérieur, une période de détente. Toutefois, Evguenia Guinzbourg avait raison. L'affaire Kirov donna à Staline l'occasion dont il avait besoin. Elle réapparut dans chacun des procès de Moscou et lui fournit le point d'appui à partir duquel soulever le monde soviétique.

Il y a deux façons d'expliquer ce qui se passa, et pourquoi le meurtre de Kirov devait immédiatement prendre autant d'importance[5].

La première explication, officielle, fut qu'il montra à Staline et aux autres membres du politburo le danger dans lequel le régime et euxmêmes étaient placés, la nécessité de ne pas relâcher mais de redoubler les efforts pour éliminer les éléments qui ne se tiendraient jamais tranquilles avant que la révolution n'eût été enrayée. Les honneurs rendus à l'homme assassiné, dont des funérailles nationales où Staline fut l'un des gardes d'honneur, appuyèrent la version officielle. Kirov fut présenté comme une victime de la violence contre-révolutionnaire – opinion confirmée par les enquêtes et les procès, qui continuèrent pendant encore quatre ans, et qui révélèrent, grâce aux aveux des accusés, l'étendue et le caractère menaçant de la conspiration qui se tramait derrière l'attentat.

L'autre explication, plus probable, est que Staline organisa lui-même le meurtre ou au moins le laissa commettre, et qu'il visait à abattre l'homme en qui il voyait le dirigeant potentiel d'un éventuel mouvement destiné à le remplacer et à orienter la politique du pays dans le sens de la modération. S'étant débarrassé de lui et ayant ainsi administré un coup sévère – ainsi qu'un puissant avertissement – à tout groupe d'opposition qui aurait pu se former au sein du parti, Staline doubla l'avantage que cela lui apportait en faisant de Kirov, mort, et donc incapable de répliquer, un partisan fidèle, « le meilleur ami et compagnon d'armes de Staline », un héros révolutionnaire qui était mort à son poste. Cela lui permit d'accuser la tendance critique, à laquelle Kirov vivant s'était identifié, du terrorisme contre-révolutionnaire responsable de sa mort. « L'ennemi, écrivit la *Pravda*, n'a pas tiré sur Kirov personnellement. Non ! Il a tiré sur la révolution prolétarienne[6]. »

On ne saura peut-être jamais la vérité sur le meurtre de Kirov. Mais comme pour un autre mystère – qui mit le feu au Reichstag ? – le plus important ne fut pas tant de savoir qui fut responsable de sa mort, mais l'usage qui en fut fait. Aussitôt qu'il apprit la nouvelle de la mort de Kirov, Staline publia un décret d'urgence, sans attendre l'approbation du politburo. En trois courtes parties, le texte chargeait les organismes enquêteurs d'accélérer l'instruction des affaires concernant les individus accusés de préparer des actions de terrorisme, recommandait aux instances judiciaires de ne pas surseoir à l'exécution de la peine de mort dans ces affaires (l'éventualité d'une grâce ne pouvant pas être envisagée) et ordonnait au NKVD d'exécuter les condamnations à mort aussitôt après qu'elles avaient été prononcées.

Cela fait, Staline partit aussitôt pour Leningrad, voyageant de nuit par train spécial, accompagné de ses plus proches associés, Molotov, Vorochilov et Jdanov, ainsi que d'une puissante équipe du NKVD. Dès son arrivée, il se chargea de l'enquête personnellement, prenant ainsi l'initiative et avec elle la justification parfaite de toutes les mesures qu'il pourrait adopter pour liquider les personnes impliquées à la suite des investigations du NKVD.

Il ne fait aucun doute que l'assassin, Nikolaïev, avait agi pour des motifs personnels plus que politiques. C'était un inadapté qui n'avait pas réussi à conserver le poste officiel auquel il estimait avoir droit, et qui avait été exclu du parti pour en avoir refusé un autre qui comportait du travail manuel. Il en avait conçu une haine profonde de la bureaucratie et avait décidé de tuer Kirov pour protester contre l'injustice dont il estimait avoir été victime.

Nikolaïev n'aurait toutefois jamais obtenu l'autorisation d'accéder à l'Institut Smolny, le quartier général du parti à Leningrad, si les gardes postés habituellement à chaque étage n'avaient pas été retirés. Au même moment, le garde du corps personnel de Kirov fut retenu et empêché d'accompagner son patron dans l'immeuble. Au cours de l'enquête, il apparut que le NKVD était responsable du déplacement des gardes, savait tout de Nikolaïev et de ses griefs, l'avait déjà arrêté à deux occasions après l'avoir trouvé à proximité de Kirov avec un revolver – et l'avait relâché deux fois malgré les protestations de ceux qui étaient de garde. On a appris plus tard que le NKVD avait organisé le faux « accident » où

Borissov, le garde du corps de Kirov, avait trouvé la mort alors qu'on le conduisait à l'Institut Smolny pour témoigner devant Staline et les autres enquêteurs. Tous ceux qui avaient été impliqués dans l'« accident » furent liquidés par la suite[7].

Après son arrestation, Nikolaïev se rendit évidemment compte qu'il avait été utilisé par le NKVD. Et quand Staline lui demanda pourquoi il avait tué Kirov, il répondit en montrant du doigt les agents du NKVD présents et cria que Staline devrait leur demander *à eux*. Cependant, Staline n'était pas intéressé par les motifs personnels de Nikolaïev ni par la complicité du NKVD. Pour commencer, en vertu du nouveau décret du 1er décembre, cent deux gardes blancs, qui avaient été arrêtés depuis peu pour terrorisme (dont un certain nombre d'intellectuels ukrainiens), furent jugés sommairement et exécutés. Ils n'étaient pas inculpés du meurtre de Kirov mais l'annonce de leur exécution fut le signal d'une intense campagne de presse contre les « ennemis du peuple ». Voilà ce à quoi s'intéressait vraiment Staline – montrer que l'assassinat de Kirov faisait partie d'une vaste conspiration. Telle fut la directive qu'il donna à Iejov, personnage clef du secrétariat du comité central, à qui il confia le contrôle politique de l'affaire, et à Agranov, qui fut désormais désigné pour mener l'enquête.

Le fait que le meurtre ait eu lieu à Leningrad, l'ancien fief de Zinoviev, donna à penser que les anciens associés de Zinoviev au sein de l'organisation du parti et des Komsomol de Leningrad seraient les premiers arrêtés et interrogés. Iejov, qui se trouvait à Moscou pour attendre de nouvelles instructions, revint avec une liste, dressée de la main de Staline, des membres de ce qui devait être connu comme le Centre terroriste de Leningrad, ainsi que d'un Centre moscovite. L'inculpation, quand elle fut publiée, stipulait que Nikolaïev avait tué Kirov sur les ordres du Centre, dans le cadre d'un plan à longue échéance prévoyant l'assassinat de Staline et d'autres dirigeants du parti. Contre la promesse de lui laisser la vie sauve, Nikolaïev « avoua » que sa première déclaration selon laquelle il avait agi pour des motifs personnels avait été inventée, en accord avec le groupe zinoviéviste, afin de cacher la participation de ce dernier et de présenter le meurtre de Kirov comme un acte de terrorisme individuel.

A la fin décembre, le procès du Centre de Leningrad eut lieu à huis clos devant trois juges, conduits par l'inqualifiable Ulrikh qui, avec Vychinski comme procureur, devait jouer la même parodie de justice, procès après procès, tout au long des années 30. La préparation de cette affaire particulière avait été menée tambour battant et ne put avoir lieu en public, parce que la majorité des inculpés admirent seulement avoir fait partie du groupe et refusèrent de reconnaître toute implication dans le meurtre. Ils furent tous condamnés à mort, Nikolaïev y compris, malgré la promesse qui lui avait été faite, et furent abattus le soir même dans les caves de la prison Liteïni.

A la mi-décembre, Zinoviev et Kamenev, qui avaient déjà été arrêtés deux fois auparavant et deux fois réhabilités, avaient de nouveau été arrêtés à Moscou, en même temps que cinq autres anciens membres du comité central. Quand leur inculpation leur fut signifiée à la mi-janvier 1935, ils avaient été rejoints par neuf autres anciens membres éminents du parti exclus en 1927 puis admis à nouveau, portant à dix-neuf en tout le nombre de ceux qui furent accusés d'avoir constitué un « Centre moscovite contre-révolutionnaire clandestin » qui « pendant un certain nombre d'années avait systématiquement dirigé les activités contre-révolutionnaires des centres de Moscou et de Leningrad ». Toutefois, les charges alors retenues contre eux se limitèrent à la responsabilité morale et politique du recours au terrorisme par le groupe de Leningrad sans preuve de leur participation directe au meurtre de Kirov. Ils furent condamnés à des peines allant de cinq à dix ans de prison.

Simultanément, les agents du NKVD de Leningrad responsables de n'avoir pas assuré la protection de Kirov furent accusés de négligence criminelle ayant conduit à son assassinat. Tous plaidèrent coupables, mais au lieu de l'exécution sommaire qui aurait dû normalement suivre, tous, à une exception près, reçurent des peines légères de deux à trois ans d'emprisonnement. Un seul d'entre eux, qui fut en outre reconnu coupable d'« actions illégales au cours de l'enquête » – peut-être l'« accident » survenu au garde du corps de Kirov, Borissov – eut droit à une peine de dix ans. Contrairement à tous les précédents, ils furent traités avec une « sollicitude exceptionnelle et inhabituelle » par Iagoda, le chef du NKVD, et quand ils échouèrent à Kolyma, l'île la plus isolée de l'archipel du Goulag, ils y obtinrent rapidement des postes de responsabilité, assortis de tous les privilèges possibles, dans l'administration du camp. Cette situation enviable dura jusqu'à la fin de 1937, date à laquelle ils furent ramenés à Moscou et fusillés.

On en apprit plus lors du procès de Iagoda lui-même en mars 1938. Au moment du meurtre de Kirov, Iagoda était chef du NKVD, et directement responsable devant Staline de toutes les opérations de la police de sécurité. A son procès, Iagoda avoua qu'il avait alors donné ordre au chef du NKVD de Leningrad, Zaporojets, « de ne mettre aucun obstacle sur le chemin de l'action terroriste contre Kirov », et ordonné entre autres de relâcher Nikolaïev après qu'il eut été arrêté avec un revolver, des cartouches et un plan de l'itinéraire qu'empruntait habituellement Kirov, deux mois avant l'assassinat de ce dernier. Iagoda reconnut par la suite qu'il avait veillé à ce qu'on prît bien soin de Zaporojets et des autres hommes du NKVD.

Pourquoi Iagoda avait-il agi ainsi ? Parce que, raconta-t-il devant le tribunal, il avait reçu des ordres dans ce sens d'Enoukidze, le secrétaire du comité exécutif central du congrès des soviets depuis 1918 et également, affirma-t-on, membre du groupe terroriste – qui avait été opportunément abattu six mois plus tôt, en octobre 1937. Quand il avait émis des objections, déclara Iagoda, Enoukidze n'en avait pas tenu compte et avait exigé qu'il obéisse aux ordres du groupe. Cela n'était guère plausible étant donné qu'Enoukidze n'était pas en position d'exiger quoi que ce fût d'un Iagoda, beaucoup plus puissant que lui. Une question restait donc sans réponse, qui d'autre avait pu donner de tels ordres à Iagoda ?

Dans son « Discours secret » adressé au XXᵉ congrès du parti en 1956, Khrouchtchev dit aux délégués :

> Il faut avouer que jusqu'à ce jour, les circonstances entourant l'assassinat de Kirov dissimulent beaucoup de choses inexplicables et mystérieuses et exigent un examen très attentif… Après l'assassinat de Kirov, de très légères peines avaient été prononcées contre de hauts fonctionnaires du NKVD de Leningrad, mais en 1937, ils furent fusillés. On peut supposer qu'ils ont été fusillés afin de faire disparaître les traces des organisateurs de l'assassinat de Kirov [8].

L'examen attentif proposé par Khrouchtchev fut mené en 1956 ou 1957 par une commission d'enquête qui eut accès à toutes les archives et entendit des centaines de témoins. Mais le rapport de la commission ne fut jamais rendu public. Au XXIIᵉ congrès, en 1961, Khrouchtchev répéta que les hommes du NKVD avaient été « tués dans le but de recouvrir toutes les traces » et ajouta : « plus on étudie en profondeur les matériaux concernant la mort de Kirov, plus il y a de questions qui se posent ». Il n'était toujours pas prêt à citer le nom qui était sur toutes les lèvres. Toutefois, dans un extrait de ses mémoires, finalement publiés en 1989, Khrouchtchev ne laissa aucun doute sur sa véritable opinion : « Je crois que le meurtre fut organisé par Iagoda, qui ne put décider de cette action que sur les instructions secrètes de Staline, données de vive voix [9]. »

Les accusations portées contre Zinoviev et Kamenev, Boukharine et Rykov, et les procès intentés contre eux , ont été supprimés des publications soviétiques officielles telles que l'histoire du parti, et Enoukidze, désigné en 1938 comme l'homme qui avait donné ses ordres à Iagoda, fut totalement réhabilité en 1962. A ce jour, aucun autre nom n'a été mis à la place du sien.

La situation politique à la fin de janvier 1935 était très différente de ce qu'elle était un an plus tôt quand le congrès des vainqueurs se réunissait. A ce moment-là, sous les louanges étalées à son sujet, Staline s'était bien rendu compte de la tendance dans le parti en faveur d'une politique de détente et il avait fait quelque effort pour la satisfaire. Désormais, l'homme en qui il avait, de toute évidence, décelé un rival potentiel était mort, et, du jour au lendemain, il avait repris l'initiative aux cris de « la révolution est en danger ». Le parti et la machine de propagande lancèrent une campagne pour démasquer les « ennemis du peuple », et tout individu qui put être associé à l'ancienne opposition Zinoviev-Kamenev, d'aussi loin que ce fût, se sentit désormais sous la menace d'être dénoncé et arrêté. Pour servir d'exemple au reste du pays, la purge de Leningrad – qui toucha les partisans de Kirov comme ceux de Zinoviev – avait conduit à des arrestations et des déportations massives, dont celles de familles entières, dans de nombreux cas d'ouvriers comme d'aristocrates, de fonctionnaires et d'officiers, et atteignait fin mars un total proche de 100 000 personnes.

Une purge générale du parti ordonnée en janvier 1933 avait déjà conduit à l'exclusion pour insuffisances de 800 000 des trois millions et demi de membres qui constituaient les effectifs du parti, après leur gonflement au cours du premier plan quinquennal. A la suite de l'assassinat de Kirov, la pression augmenta et prit une orientation beaucoup plus politique. Une lettre secrète du comité central de décembre 1934, « Leçons des événements liés au meurtre sinistre du camarade Kirov », première d'une série de circulaires analogues, fut envoyée à toutes les organisations du parti, les pressant de débusquer, exclure et arrêter tous les suspects – ou accusés lors des séances de dénonciations mutuelles – de tendances oppositionnelles.

Les membres du groupe des Komsomol de Leningrad que les enquêteurs du NKVD avaient « associés » avec Nikolaïev dans un complot visant à tuer Kirov, bien que soumis à un « interrogatoire sévère » et finalement fusillés, refusèrent d'avouer jusqu'au bout, et ne fournirent aucune preuve de l'implication de Zinoviev et de Kamenev. En conséquence, les poursuites intentées contre les deux anciens dirigeants de l'Opposition furent abandonnées faute de preuves. De nouvelles pressions exercées contre eux permirent de monter un procès en janvier, mais le maximum qu'on put établir, ou qu'ils voulurent bien reconnaître, fut les liens avec le Centre de Leningrad, et une responsabilité générale, morale et politique dans la diffusion d'idées contre-révolutionnaires, mais pas d'implication directe dans le meurtre de Kirov. Le procès eut aussi lieu à huis clos et ne fut certes pas relaté en détail dans la presse.

La tendance modérée au sein de la direction politique continua de refuser de traiter trop durement d'anciens membres du politburo et du comité central, attitude que Staline jugea de bonne politique de reconnaître en proposant lui-même au sein du politburo de ne pas envisager la peine de mort pour Zinoviev et Kamenev.

Staline n'avait pas renoncé à ses objectifs, mais il lui fallait apparemment plus de temps et de préparation. D'où l'impression, que beaucoup partagèrent tant en Russie qu'à l'étranger, que la crise qui avait suivi le meurtre de Kirov était terminée et que le retour à la normale reprenait. Le nouveau slogan lancé par Staline fut : « La vie s'est améliorée, camarades ; la vie est devenue plus joyeuse [10]. » Les conditions matérielles commençaient en effet à donner des signes d'amélioration : les conditions atmosphériques permirent une bonne récolte en 1935, et il fut possible d'abolir le rationnement. Une plus grande quantité de marchandise apparut dans les boutiques et les prix baissèrent. Le second plan quinquennal commençait à porter ses fruits : il y avait augmentation régulière de la production de fer, d'acier, de charbon et de ciment, au moins en comparaison avec les chiffres très bas de 1932 et 1933. Le mouvement stakhanoviste démarra dans la dernière partie de l'année 1935, amenant une augmentation de la productivité qui fit l'objet d'une grande publicité. Au même moment, les grades furent réintroduits dans l'Armée rouge, la solde et les privilèges du corps des officiers augmentèrent, ce qui fit monter le moral en flèche, et les cinq premiers maréchaux de l'Union soviétique furent nommés – changements que Trotski, le fondateur de l'Armée rouge, jugea révolutionnaires.

Les espoirs de voir se lever une ère nouvelle semblèrent confirmés par la décision d'adopter une nouvelle constitution. Staline se nomma lui-même président de la commission constitutionnelle et, en un geste d'apparente réconciliation, il admit Boukharine et Radek parmi ses trente membres. En juin 1936, le projet fut publié et toute la population fut invitée à une discussion de son contenu à l'échelle de la nation. Le projet aurait été « accueilli avec un enthousiasme immense et approuvé d'un commun accord ». Boukharine joua un rôle central dans la rédaction de la charte, en particulier des dispositions concernant le suffrage universel, les élections directes à bulletin secret et la garantie des droits du citoyen, dont la liberté de parole, la liberté de la presse, la liberté de réunion, la liberté de manifester dans la rue et le droit à la propriété personnelle protégée par la loi.

Le texte stipulait que l'existence d'un seul parti était autorisée et que tous les droits accordés devaient être exercés « en conformité avec les intérêts de la classe ouvrière et dans le but de renforcer le système socialiste ». Malgré le fatalisme qui l'amena à dire à des amis à Paris au cours de ce même été 1936 – à juste titre – que Staline avait l'intention de le tuer, Boukharine ne pouvait dissimuler ses espoirs. Grâce à la nouvelle constitution, « le peuple aura plus de place, dit-il. On ne peut plus l'écarter [11]. » En présentant le projet final au congrès extraordinaire des soviets de toute l'Union, Staline ne le nia pas. Au contraire, il déclara hardiment que la nouvelle constitution, à laquelle il prit soin de donner son nom, « procède du fait qu'il n'y a plus de classes antagoniques dans notre société, que celle-ci consiste en deux classes amies, d'ouvriers et de paysans, que ce sont ces classes, les classes laborieuses, qui sont au pouvoir [12] ». C'est à cause de cette absence de conflit social qu'il était possible d'accorder le suffrage universel, le vote secret et tous les droits du citoyen.

La place exceptionnelle réservée à la constitution (qui resta « en vigueur » jusqu'en 1989) et au processus de « discussion » par lequel elle avait été élaborée visait autant à impressionner le monde occidental que le peuple russe. La politique étrangère soviétique, après l'entrée de la Russie dans la Société des nations en 1934, était destinée à bâtir une sécurité collective pour contenir Hitler, et la constitution de Staline avait pour fonction d'impressionner l'opinion occidentale – ce qu'elle fit indéniablement – en faisant admettre que l'Union soviétique était une société qui évoluait vers la démocratie avec le plein appui des peuples qui la constituaient. Staline conclut son discours au congrès des soviets par cette déclaration :

> La constitution de l'URSS est la seule constitution totalement démocratique du monde. Ce dont des millions d'honnêtes gens des pays capitalistes ont rêvé, et rêvent encore, est déjà réalisé en URSS... la victoire d'une démocratie cohérente, entière et complète. On ne saurait exagérer... sa portée internationale. Aujourd'hui, alors que la vague turbulente du fascisme éclabousse le mouvement socialiste de la classe ouvrière et salit les luttes démocratiques des meilleurs peuples du monde civilisé, la nouvelle constitution de l'URSS mettra le fascisme en accusation, en affirmant que le socialisme et la démocratie sont invincibles. Elle fournira une aide morale et un appui véritable à tous ceux qui aujourd'hui luttent contre la barbarie fasciste [13].

Staline avait raison de croire que la constitution de 1936 produirait une impression extraordinaire à l'étranger ; mais au moment où il prononçait son discours (le 25 novembre 1936), le peuple russe – et en particulier la parti communiste – avait commencé à apprendre que ses dispositions étaient en fait compatibles avec le règne de la terreur.

Staline lui-même n'avait jamais douté qu'elles fussent compatibles. Pendant qu'il laissait les autres former l'espoir d'un relâchement de la pression, en faisant à l'occasion quelques gestes d'encouragement, il continuait à mener des préparatifs pour reprendre son attaque contre l'ancienne Opposition en la discréditant, lors d'un procès public soigneusement mis en scène, et en démontrant que personne, même les anciens membres du politburo, n'était à l'abri de la peine de mort.

La mort de Valerian Kouïbychev, chef du Gosplan, la commission d'État du plan, laissa une nouvelle place vacante au politburo, outre la place de Kirov. Kouïbychev, comme Kirov, aurait été membre du groupe favorable à une politique plus modérée, et se serait opposé à ce qu'on traduise Zinoviev et Kamenev en justice. A l'époque, le 26 janvier 1935, on annonça qu'il était mort de maladie cardiaque, mais au procès de Iagoda en 1938, sa mort fut attribuée à un mauvais traitement médical volontairement administré sur les ordres de Iagoda. On ne fit rien pour identifier la personne de qui Iagoda avait reçu de tels ordres, et à moins que de nouveaux éléments ne soient mis au jour, la question reste ouverte.

Staline réussit à faire en sorte que Mikoyan, un homme sur qui il pouvait compter, occupe l'une des places (l'autre échut à Tchoubar, qui fut exécuté par la suite) et qu'un autre, Andreï Jdanov, qui avait succédé à Kirov au poste de premier secrétaire de Leningrad, devienne l'un des deux nouveaux membres suppléants. L'autre poste clef, celui de premier secrétaire de Moscou, alla à Khrouchtchev, qui commençait alors, comme Jdanov, à prendre de l'importance. Iejov, un des favoris de Staline en pleine ascension, fut promu chef de la commission centrale de contrôle du parti, avec Malenkov, qui était déjà en charge du département des cadres du secrétariat, comme adjoint, postes à partir desquels il fut possible d'exercer une pression continuelle sur les organisations régionales du parti afin de hâter la purge[14]. En tant que chef du NKVD, Iagoda rendait déjà compte directement et en secret à Staline et, en juin 1935, Vychinski, qui allait devenir le principal accusateur aux procès de Moscou, fut nommé procureur général.

Il est très peu probable qu'un seul membre du groupe ait été dans la confidence de Staline. Ce dernier opérait en effet selon le principe que chacun ne doit pas en savoir plus que ce qui est nécessaire pour exécuter les ordres : ceux qui paraissaient douter ou qui posaient des questions ne faisaient pas de vieux os. Même certains qui ne firent ni l'un ni l'autre, mais qui en savaient trop, pouvaient être sacrifiés, comme allaient le découvrir Iagoda et Iejov.

Deux modifications de la loi soviétique introduites au printemps 1935 fournirent à Staline des moyens de pressions qui purent être utilisés avec une grande efficacité pour réunir des éléments de preuve ainsi que des aveux. L'une étendit l'application de toutes les peines, y compris la peine de mort, jusqu'aux enfants de douze ans (décret du 7 avril 1935). L'autre (décret du 9 juin) prescrivit la peine de mort pour la fuite à l'étranger, et rendit les membres de la « famille du traître », si ce dernier était dans l'armée, passibles de peines pouvant aller jusqu'à vingt ans d'emprisonnement s'ils avaient eu connaissance du délit à l'avance, et de cinq ans d'exil s'ils ne savaient rien mais vivaient avec lui ou étaient entretenus par lui. Ce fut l'introduction du système des otages, qui fut bientôt étendu pour mettre les familles, y compris les jeunes enfants, automatiquement en danger, si l'un de ses membres était soupçonné ou dénoncé pour le moindre signe de dissidence. La réforme du système juridique prescrivit aussi que les cas de trahison seraient jugés par un collège de militaires de la cour suprême, spécialement créé, et présidé par V. V. Ulrikh, sur qui on put compter pour mener ces procès en étroite collaboration avec le NKVD.

Les relations personnelles étroites que Staline avait établies avec l'OGPU pendant la collectivisation se révélaient désormais précieuses. Le commissariat du peuple aux affaires intérieures (NKVD) était responsable de l'administration des camps de travail (GOULAG), des gardes frontières et des gardes de l'intérieur, et de la milice. Un bureau spécial du NKVD reçut le droit de prononcer des peines administratives (c'est-à-dire non judiciaires) allant jusqu'à cinq ans d'exil, de déportation ou d'emprisonnement dans des camps.

Toutefois, le noyau central demeurait l'Administration supérieure de la sécurité d'État (GUGB), groupe de vieux bolcheviks qui avaient acquis une longue expérience de la sécurité et des opérations terroristes, qui remontait dans bien des cas à l'époque de la Tcheka de Dzerjinski. Pendant que le parti poursuivait ses opérations de purge aux niveaux moyen et inférieur, aiguillonné en permanence par la commission de contrôle du parti réorganisée et du Secteur spécial de Poskrebychev, la GUGB devint l'instrument des assauts de Staline contre les échelons supérieurs des bureaucraties du parti et de l'État, la direction soviétique même.

Les agents du NKVD furent traités comme un corps d'élite, avec leur uniforme spécial, leurs quartiers et leurs privilèges. Nommé commissaire général en 1935, Iagoda avait le même rang que les maréchaux de l'Union soviétique nouvellement créés. Son premier adjoint, Agranov, qui était responsable de la GUGB, la branche sécurité du NKVD, et fut souvent décrit comme un ami intime de Staline, avait le même rang que les cinq autres commissaires de la sécurité d'État, avec le grade 1, équivalant à celui de général de division de l'Armée rouge. Les treize commissaires de grade 2, qui étaient en poste en novembre 1935, et comprenaient les chefs des six principaux départements de la GUGB [15], avaient l'équivalent du grade de général de brigade dans l'armée. Cela ne les rendit pas plus indispensables, aux yeux de Staline, que le corps des officiers de l'Armée rouge : sur les vingt commissaires du NKVD répertoriés en novembre 1935, dont le commissaire général et son successeur, il n'y en a pas un qui, tôt ou tard, ne fût fusillé comme ennemi du peuple, à l'exception d'un d'entre eux, qui fut tué de façon moins officielle. Le NKVD fut la dernière des élites soviétiques liquidées par Staline.

III

Au printemps de 1935, une quarantaine de personnes furent arrêtées dans le cadre d'un prétendu complot visant à tuer Staline au Kremlin. Staline chercha de nouveau à impliquer l'Opposition. Kamenev avait un frère, le peintre Rosenfeld, qui était marié à une doctoresse travaillant au Kremlin. Ne disposant de rien de plus que ce lien ténu sur lequel s'appuyer, Iejov, en tant que président de la commission de contrôle, réclama la peine de mort pour Kamenev. Cependant, la résistance restait assez forte pour faire échouer son projet. Au lieu de cela, à la fin de juillet 1935, Kamenev fut condamné à une peine supplémentaire de dix ans de prison ; son frère fut cité comme témoin contre lui. Deux autres bolcheviks importants perdirent leurs postes ; Abel Enoukidze, responsable de la surveillance générale du Kremlin, et le Letton Peyterson, le commandant du Kremlin, qui avait dirigé le train du quartier général mobile de Trotski pendant la guerre civile. Cette mesure fut suivie par la dissolution de la Société des vieux bolcheviks et de la Société des anciens prisonniers politiques, qui fut exécutée par des commissions spéciales, dirigées dans le premier cas par Chkiryatov, et dans le second par Iejov, deux des porte-couteaux les plus virulents de Staline.

La rancune mesquine avec laquelle Staline réglait ses comptes personnels est illustrée par le cas de Enoukidze. Enoukidze avait entretenu des relations étroites avec Staline qui remontaient à une trentaine d'années, à l'époque où ils étaient tous deux de jeunes activistes en Géorgie. Il avait occupé le poste de secrétaire de l'exécutif central du congrès des soviets et n'avait jamais eu le moindre lien avec aucun des groupes d'opposition. Il avait toutefois publié ses mémoires des débuts du mouvement révolutionnaire en Transcaucasie. Ceux-ci furent portés à l'attention de Staline par Beria, autre aspirant aux faveurs de Staline, et Enoukidze fut obligé de rédiger un article signé dans la *Pravda* (16 janvier 1935) dans lequel il avouait avoir commis de graves erreurs en exagérant son propre rôle et en omettant de rendre justice à l'importance de Staline dès cette époque lointaine. (Un des défauts reprochés à la Société des vieux bolcheviks était qu'elle avait sa propre maison d'édition qui imprimait les mémoires de ses membres. Celle-ci était désormais fermée.) Ami intime de la famille Allilouïev, Enoukidze avait été le parrain de l'épouse de Staline, Nadejda Allilouïeva, s'était occupé des obsèques après son suicide, et était considéré par la fille de Staline, Svetlana, comme un oncle. Cela fut peut-être considéré comme un délit supplémentaire par Staline.

Peu après l'exclusion d'Enoukidze du parti, Jdanov et Khrouchtchev cherchèrent à plaire à leur patron en lançant des attaques parallèles contre Enoukidze à Leningrad et à Moscou. Le premier l'accusa , « au cours de son infâme travail subversif contre le parti et l'État soviétique, de regrouper les restes méprisables de groupes fascisto-zinovievo-kamenevo-trotskistes et le menu fretin des contre-révolutionnaires bourgeois-propriétaires fonciers ». Arrêté en 1937 et fusillé comme espion et traître, Enoukidze fut rendu responsable à titre posthume de l'assassinat de Kirov en étant désigné au procès de Moscou de 1938 comme l'homme qui aurait donné ordre à Iagoda d'organiser le meurtre. Il a depuis été totalement réhabilité.

Non seulement les vétérans mais aussi les Komsomol attirèrent l'attention de Staline. Le NKVD rendit compte de ce que, à la suite du meurtre de Kirov, divers groupes plus jeunes avaient commencé à parler de se débarrasser de Staline. Le NKVD n'eut aucune difficulté à les identifier et à les arrêter, mais Staline décida que le Komsomol dans son ensemble avait besoin d'être purgé. Sa réorganisation, destinée à éliminer les « ennemis du peuple », fut annoncée à la fin juin 1935.

Un des groupes de Komsomol découverts par le NKVD nichait à l'Institut pédagogique de la ville de Gorki. Ses membres allaient être jugés quand l'affaire fut suspendue sur ordres venus d'en haut. Un des agents du NKVD impliqués, Valentin Olberg, avait auparavant travaillé comme indicateur clandestin dans un groupe trotskiste à Berlin et avait essayé de se faire embaucher comme secrétaire de Trotski. Cela fournit l'occasion d'établir un lien entre le groupe de Gorki et Trotski, et Olberg reçut l'ordre d'« avouer » qu'il avait été envoyé par Trotski pour recruter des professeurs et des étudiants désireux d'entrer dans la conspiration visant à tuer Staline lors du défilé du 1er mai 1936 à Moscou. Après un travail supplémentaire destiné à améliorer l'histoire d'Olberg, la décision définitive fut prise au début de 1936 d'en faire la base de l'opération lancée contre les anciens dirigeants de l'opposition que Staline réclamait instamment.

Le chef du département politique secret du NKVD, Moltchanov, réunit alors une conférence d'une quarantaine d'officiers du NKVD à qui il annonça qu'une vaste conspiration avait été découverte et qu'ils seraient tous libérés de leurs tâches habituelles afin d'enquêter sur ce sujet. Le politburo considérait que les « preuves » réglaient la question de la culpabilité des personnes accusées ; tout ce qu'ils avaient à faire c'était de découvrir les détails. Ce qu'on demandait, ce n'étaient pas des preuves (aucune ne fut jamais présentée) mais des aveux et des dénonciations. Selon Alexandre Orlov, agent du NKVD qui a fait défection et publia un compte rendu en 1954 [16], les agents, qui étaient responsables de la surveillance des opposants depuis des années, se rendirent compte que l'affaire était montée de toute pièce. Mais la tradition des procès publics fondés sur des complots fabriqués avait été établie avec l'affaire Chakhty en 1928, et suivie par toute une série de procès semblables, la majorité à huis clos, mais certains publics, tels que ceux du Parti industriel de Ramzine en 1930, des mencheviks en 1931 et de la Metro-Vikers en 1933. Les agents comprirent donc ce qu'on attendait d'eux et comment s'atteler à l'affaire.

Qu'est-ce que Staline essayait de faire ?

Khrouchtchev fournit deux indices essentiels dans son discours secret de 1956 devant le XXᵉ congrès du parti :

> C'est Staline qui a conçu la notion d'« ennemi du peuple ». Cette expression rendait automatiquement inutile d'établir la preuve des erreurs idéologiques de l'homme ou des hommes engagés dans une controverse ; cette expression rendit possible l'utilisation de la répression la plus cruelle, en violation de toutes les normes de la légalité révolutionnaire, contre tous ceux qui, de quelque manière que ce soit, n'étaient pas d'accord avec lui, contre ceux qui étaient seulement suspectés d'intentions hostiles…
>
> Cette notion d'« ennemi du peuple » supprimait en fait toute possibilité de lutte idéologique, toute possibilité de faire connaître son point de vue sur telle ou telle question même de caractère pratique [17].

En fait, tout désaccord avec Staline sur un sujet quelconque devint non un motif d'opposition politique mais un crime capital, preuve, *ipso facto*, de la participation à une conspiration criminelle, représentant un acte de trahison et impliquant l'intention de renverser le régime soviétique.

Staline savait parfaitement que cette conspiration était une pure fiction, dont le scénario avait été mis au point sur ses ordres et était constamment révisé pour répondre à ses critiques. Pourtant, à un autre niveau de sa conscience, il n'avait aucune difficulté à croire qu'au fond elle était vraie. Il avait passé toute sa vie dans une atmosphère de conspiration, ce qu'a parfaitement montré l'ancien dirigeant communiste yougoslave, Milovan Djilas, quand, à la question posée par G. R. Urban lors d'un entretien radiodiffusé : « Est-ce la tradition d'un parti de conspirateurs, où Staline et ses lieutenants plongeaient leurs racines, qui survécut longtemps après que le besoin de conspiration eut disparu ? » Djilas répondit :

> Ah, mais là est toute la question – le besoin de conspiration avait-il *vraiment* disparu ? Ce que m'a appris la visite que j'ai faite à Staline c'est que ces hommes se croyaient nommés pour régner sur le peuple et contre la volonté du peuple. Ils se comportaient comme un groupe de conspirateurs... [dans] un pays conquis, non dans le leur propre. Pour Staline, le pouvoir était un complot dont il était le comploteur principal ainsi que le personnage désigné par le sort pour qu'on complote contre lui [18].

Si cela était vrai dans les années 40, quand la position de Staline était beaucoup plus assurée, cela avait plus de chance encore d'être vrai en 1935-1938 quand il cherchait à établir sa suprématie. Si c'était lui et non ses rivaux qui avait été battu, Staline ne doutait pas un instant qu'il aurait été en train de chercher l'occasion de prendre sa revanche et de renverser ceux qui auraient été au pouvoir. En fait, même s'il dut y avoir des individus et des groupes parmi les accusés qui envisagèrent la possibilité de se débarrasser de Staline, on n'a pas découvert la preuve qui pût confirmer les accusations portées contre eux. Il s'agissait de fabrications montées par le NKVD sur les instructions de Staline.

Comme l'a dit Robert Tucker : « Il n'est pas nécessaire de supposer que Staline y ait cru littéralement. Mais elles ont dû lui sembler assez vraies en principe, et fausses, si ce fut jamais le cas, en ce qu'elles étaient des enjolivures de la réalité elle-même [19]. » C'est là que l'on rejoint le deuxième indice fourni par Khrouchtchev : « En réalité, la seule preuve de culpabilité utilisée fut l'« aveu » de l'accusé lui-même ; et comme le démontrèrent les preuves recueillies par la suite, les « aveux » étaient obtenus à l'aide de pressions physiques exercées sur les accusés [20]. »

Dzerjinski avait toujours insisté sur l'importance des aveux, et il n'y eut d'ailleurs pas d'autres preuves fournies au procès Chakhty de 1928. La même pratique fut adoptée au procès du Parti industriel de Ramzine et, de nouveau, avec moins de succès, dans l'affaire Metro-Vickers. Pour satisfaire Staline, les accusés devaient se condamner eux-mêmes de leur propre bouche. La méthode (le recours à des prisonniers comme témoins pour en incriminer d'autres) avait été essayée et admise avant les procès de Moscou, et le NKVD put s'appuyer sur cette expérience. Du point de vue de Staline, l'avantage est évident. En faisant en sorte que de grandes figures de l'histoire soviétique s'accusent elles-mêmes publiquement de trahison, il fournit la preuve convaincante des accusations politiques, et satisfit en même temps ses propres besoins psychopathologiques.

Au cours des préparatifs du procès, Staline aurait fait examiner par le NKVD pas moins de 300 anciens membres de l'opposition déjà emprisonnés ou en exil, afin d'identifier les huit personnages politiques et les huit complices, principalement des agents provocateurs, convenables pour être produits devant le tribunal.

Un « centre trotsko-zinoviéviste » devait désormais être rendu directement responsable du meurtre de Kirov, dans le cadre d'une campagne terroriste visant à éliminer Staline et le reste des hauts dirigeants soviétiques. Zinoviev, Kamenev et deux autres de leurs principaux complices, G. E. Evdokimov et Ivan Bakaïev, étaient détenus depuis décembre 1934 et avaient été soumis à un long processus d'interrogatoires et de négociations destiné à obtenir des aveux. Trotski étant lui-même hors d'atteinte, il était difficile de trouver un représentant convaincant de la fraction trotskiste du Centre. Le choix finit par tomber sur Ivan Smirnov, ancien ouvrier d'usine qui avait été un révolutionnaire actif depuis l'âge de dix-sept ans, et qui s'était battu pendant la révolution de 1905-1906 et pendant la guerre civile, au cours de laquelle il avait conduit la cinquième Armée rouge jusqu'à la victoire en écrasant Koltchak en Sibérie. Il avait d'ailleurs été proposé pour le poste de secrétaire général du parti – que serait-il advenu si... ? – avant que celui-ci n'échût à Staline. Exilé avec les autres trotskistes en 1927, il avait de nouveau eu des ennuis au début des années 30 quand il avait exprimé son soutien à la proposition de Rioutine de remplacer Staline, et il était incarcéré depuis janvier 1933. Pendant le procès, Smirnov ayant fait valoir qu'étant en prison il pouvait difficilement avoir joué un rôle central dans quelque conspiration que ce soit, Vychinski balaya l'objection qu'il qualifia d'« assertion naïve ». Un code secret avait été découvert, affirmat-il, qui permettait à Smirnov de maintenir le contact avec les autres membres : cela « prouvait » qu'il avait pu communiquer avec eux, bien qu'aucune copie du code – et encore moins d'un message quelconque – ne fût jamais présentée.

A la mi-mai, Staline tint une réunion avec les fonctionnaires du NKVD et leur donna ordre de fournir la preuve d'autres liens entre la conspiration et Trotski. En dehors d'Olberg, deux autres agents du NKVD furent choisis pour cela, Fritz David et Berman-Iourine, qui avaient milité au parti communiste allemand et au Komintern. Ils furent arrêtés à la fin mai et reçurent pour instruction d'avouer qu'ils avaient l'un et l'autre rendu visite à Trotski et reçu de lui l'ordre de tuer Staline.

Cependant, Smirnov et Serge Mratchkovsky, un autre trotskiste qui s'était battu en Sibérie et avait édité la presse clandestine de Trotski en 1927, nièrent tout et refusèrent d'avouer, bien que l'interrogatoire de Mratchkovsky ait été assuré par des enquêteurs qui se seraient relayés pendant quatre-vingt-dix heures d'affilée, Staline téléphonant périodiquement pour savoir s'il avait craqué. Zinoviev, Kamenev et Evdokimov se montrèrent tout aussi inflexibles, malgré la brutalité particulière du traitement infligé au dernier des trois. Quand Mironov, le commissaire du NKVD chargé de l'interrogatoire, en rendit compte à Staline, Orlov raconte avoir assisté à l'échange suivant :

– Tu penses que Kamenev risque de ne pas avouer ? demanda Staline.

– Je ne sais pas, répondit Mironov. Il ne cède pas à la persuasion.

– Tu ne sais pas ? s'enquit Staline, en fixant Mironov. Sais-tu ce que pèse notre État, avec toutes les usines, les machines, l'armée, avec tous les armements et la marine ? »

Mironov et tous ceux qui étaient présents regardèrent Staline avec surprise. « Réfléchis et dis-moi », reprit Staline. Mironov sourit, croyant que Staline s'apprêtait à faire une plaisanterie.

« Je te demande combien pèse tout ça ? » le pressa-t-il. Mironov fut troublé. Mais Staline continua à le fixer du regard et à attendre sa réponse. Mironov haussa les épaules et, comme un écolier qu'on interroge, dit d'une voix incertaine : « Personne ne peut savoir ça, Iossif Vissarionovitch. C'est du domaine des chiffres astronomiques.

– Bien, et un homme peut-il supporter la pression d'un poids astronomique ? demanda Staline d'un ton sévère.

– Non, répondit Mironov.

– Bon, alors ne me dis pas que Kamenev, ou tel ou tel prisonnier, peut supporter cette pression. Pas la peine de te présenter à nouveau devant moi sans les aveux de Kamenev dans cette serviette [21]. »

Pendant que ces préparatifs se déroulaient derrière des portes closes, survint une nouvelle mort. Maxime Gorki, le plus grand des écrivains russes vivants, que Staline avait convaincu de rentrer et d'apporter son soutien au régime, était tombé en disgrâce parce qu'il désapprouvait le harcèlement dont était victime l'Opposition. Il tomba malade à la fin mai et mourut le 18 juin. Au procès de 1938, les mêmes médecins, qui furent accusés du meurtre de Kouïbychev, furent reconnus coupables d'avoir aussi empoisonné Gorki, sur les ordres de Iagoda. La mort des deux hommes tomba à point nommé pour Staline –, comme bien d'autres, la question de savoir s'il en fut responsable ou non reste ouverte.

Pendant le mois de juillet et au début d'août 1936, la pression monta encore afin d'obtenir les aveux nécessaires à temps pour le procès, qui devait avoir lieu pendant la période des vacances, à un moment où un grand nombre de membres du comité central et du politburo, dont Staline lui-même, seraient loin de Moscou. La pression prit des formes variées : coups répétés, torture, obligation de rester debout ou de marcher sans dormir pendant des jours et des jours, interrogatoires des nuits durant, menaces contre les familles des détenus, confrontations entre eux. Iejov aurait dit à Zinoviev que les services de renseignement soviétiques étaient sûrs que l'Allemagne et le Japon attaqueraient l'Union soviétique en 1937. Il était donc nécessaire de détruire le trotskisme avant, et Zinoviev devait apporter son aide en impliquant Trotski dans le complot. Si les accusés refusaient, la solution serait un procès à huis clos et l'exécution de l'opposition tout entière, dont les milliers de détenus des camps [22].

Par ailleurs, on leur promit qu'eux et leurs familles seraient épargnés s'ils acceptaient de coopérer. Zinoviev et Kamenev finirent par accepter ces promesses, dont la garantie que leurs partisans auraient la vie sauve et que leurs familles conserveraient leur liberté. Ils réclamèrent une rencontre avec le politburo pour confirmer les termes de l'accord mais durent se contenter des assurances données lors d'un face à face avec Staline, Vorochilov et Iejov, agissant (affirmèrent-ils) au nom du politburo.

Les aveux ne furent terminés que dans les derniers jours avant le début du procès. Il fut plus facile de les faire signer après la publication, le 11 août, d'un décret rétablissant les audiences publiques et le recours à des avocats ainsi que le droit pour les accusés de faire appel dans les trois jours suivant la condamnation. Iejov eut une dernière réunion avec Zinoviev, Kamenev et les autres principaux inculpés au cours de laquelle il renouvela les assurances de Staline qu'ils auraient la vie sauve mais les avertit que toute tentative de « perfidie » par l'un d'entre eux – en revenant sur ses aveux – engagerait le groupe tout entier.

L'inculpation fut rendue publique le 15 août, quatre jours seulement avant le début du procès. Une violente campagne de presse, exigeant la « mort pour les traîtres », fut lancée afin de la faire coïncider avec la nouvelle. Des résolutions réclamant qu'ils soient fusillés furent adoptées par les travailleurs de centaines d'usines, de kolkhozes et d'organisations du parti et reproduites dans la presse. Au milieu de pages bourrées de ces textes apparurent aussi des « manifestes » émanant de trois grands dirigeants du parti, Rakovski, Rykov et Piatakov, exigeant aussi la peine de mort. Piatakov écrivit :

> On ne peut trouver de mots pour exprimer pleinement son indignation et son dégoût. Ces gens ont perdu le dernier semblant d'humanité. Ils doivent être détruits comme la charogne qui pollue l'air pur et vivifiant du pays des soviets, la dangereuse charogne qui risque de provoquer la mort de nos dirigeants[23].

Ce geste de soumission n'empêcha pas les trois hommes d'être traduits en justice aux procès suivants, et Piatakov et Rykov d'être condamnés à la peine de mort qu'ils avaient exigée pour leurs prédécesseurs dans le box.

Le procès eut lieu dans un tribunal ouvert, en présence d'une trentaine de diplomates et de journalistes étrangers et d'un public de 150 citoyens soviétiques, la majorité choisis par le NKVD dans ses propres effectifs au cas où il serait nécessaire de faire entendre une clameur. Les interrogateurs qui avaient extorqué les aveux aux prisonniers étaient assis en face d'eux dans la salle d'audience. Il n'y avait pas de places disponibles pour les membres du comité central ni pour les parents des accusés. La ligne officielle avait présenté les accusations comme une affaire concernant les instances judiciaires*, et non politiques, et Staline lui-même prit soin de se tenir à l'écart dans sa retraite des bords de la mer Noire.

L'audience dura deux jours, pendant lesquels Vychinski promena les accusés à travers leurs « aveux » dans lesquels ils reconnaissaient pleinement le rôle qu'ils avaient joué dans l'organisation d'un centre terroriste inspiré par Trotski. Deux des partisans de Trotski, Smirnov et Holtzmann, reconnurent leur appartenance au centre mais nièrent toute participation à des actes terroristes tels que le meurtre de Kirov et les diverses tentatives infructueuses, attribuées au centre, de tuer Staline et d'autres. Toutefois, comme les autres affirmèrent qu'ils y avaient participé, cela ne fit pas grande différence.

Vychinski commença son réquisitoire final en se référant à la sagesse de Staline qui avait prévu, trois ans plus tôt : « L'inévitable résistance d'éléments hostiles à la cause du socialisme... et la possibilité d'une renaissance de groupes contre-révolutionnaires trotskistes [24]. » Il termina par l'« exigence que ces chiens devenus fous soient fusillés – chacun d'entre eux ».

Les dernières plaidoiries des accusés furent la suite de leur autocondamnation. Zinoviev, dont la première exclusion et abjuration avait eu lieu en 1927, résuma ainsi sa chute progressive dans l'erreur : « Mon bolchevisme défectueux s'est transformé en antibolchevisme, et en passant par le trotskisme, j'en suis arrivé au fascisme. Le trotskisme est une variété de fascisme et le zinoviévisme une variété de trotskisme [25]. » Khrouchtchev devait révéler au XXᵉ congrès du parti que, dans les affaires jugées par le collège militaire de la cour suprême, les condamnations étaient préparées à l'avance, avant le procès, et soumises à l'approbation personnelle de Staline. Cependant, pour sauver les apparences, on laissa s'écouler un intervalle de plusieurs heures pendant lequel la cour « réfléchit à son verdict », puis, de manière typique, elle siégea à nouveau à deux heures et demie du matin pour l'annoncer. Avec un total mépris des promesses faites, tous furent condamnés à mort, emmenés à la prison de la Loubianka, descendus dans les caves et abattus. L'annonce de leur exécution, faite vingt-quatre heures plus tard, précisa que les condamnés avaient fait appel mais que leur pourvoi avait été rejeté. Les rares parents qu'on put retrouver furent envoyés en camps ou, dans le cas du fils d'Evdokimov, fusillés.

IV

Maintenant qu'on a admis depuis longtemps que les accusations étaient fausses, qu'on a révélé les méthodes par lesquelles les « aveux » avaient été obtenus et que les condamnés ont été réhabilités, il est difficile de mesurer à nouveau le choc que le procès et les condamnations produi-

---

* Parmi les trois juges figurait Nikitchenko, qui fut traité avec beaucoup de respect par ses collègues américains, britanniques et français quand il les rejoignit dix ans plus tard pour présider le procès des principaux criminels de guerre à Nuremberg.

sirent. Tout comme Zinoviev et Kamenev croyaient eux-mêmes qu'ils auraient la vie sauve, il semble également évident que la majorité du parti, y compris certains agents du NKVD, ne s'attendaient pas à ce que Staline mît effectivement à mort les dirigeants de l'opposition, après avoir obtenu qu'ils reconnaissent leur culpabilité. Une fois de plus, il montra sa capacité à prendre ses adversaires par surprise en allant plus loin qu'ils n'auraient jamais cru possible.

Aussi âpres qu'aient pu être les querelles de factions dans le passé, le châtiment des vaincus avait toujours été l'exclusion du parti, l'exil ou l'enfermement dans les camps pour prisonniers politiques. Non seulement c'était la première fois que des membres du parti étaient mis à mort, mais la perspective d'autres arrestations et procès était désormais ouverte. Pendant les audiences, Zinoviev et Kamenev avaient nommé d'autres personnes – Tomski, Boukharine, Rykov, Ouglanov, Radek, Piatakov, Serebriakov et Sokolnikov – sur qui Vychinski entreprit d'ouvrir des enquêtes et qu'il fit passer en jugement si une preuve le justifiait. L'annonce de Vychinski fut imprimée conjointement avec une résolution promptement adoptée par les ouvriers de l'usine Dynamo réclamant que les affaires soient « instruites impitoyablement ». Au moins une des personnes impliquées – Mikhaïl Tomski – n'attendit pas mais se suicida dans sa datcha aussitôt après avoir lu le réquisitoire de Vychinski. On pouvait désormais considérer que la peine prévue pour quiconque s'opposait à Staline était la mort.

La menace ne fut pas limitée aux notables du parti. A la fin de 1935, le comité central avait déclaré que la purge générale était terminée. Mais dès le mois suivant, en janvier 1936, le même organisme en lança une nouvelle sous la forme d'un ordre d'échange de toutes les cartes du parti. Cette procédure dura jusqu'en mai et conduisit à un nombre encore plus grand d'exclusions. A peine l'échange des cartes était-il achevé que, le 29 juillet 1936, une lettre secrète était envoyée à tous les comités du parti du sommet jusqu'à la base, ayant pour titre « De l'activité terroriste du bloc contre-révolutionnaire trotskiste zinoviéviste ». Elle appelait à « la vigilance révolutionnaire contre les ennemis cachés ». L'annonce des jugements et des condamnations à mort provoqua des efforts fiévreux pour envoyer des listes de personnes dénoncées, exclues ou arrêtées parce qu'elles avaient été soupçonnées d'avoir des activités antisoviétiques, ou des idées dangereuses. Si une grande partie d'entre elles furent envoyées en camps, Orlov raconte qu'une semaine après l'exécution de Zinoviev, Staline ordonna à Iagoda de choisir et de faire fusiller 5 000 des opposants déjà détenus dans les camps.

On dispose d'une masse de preuves fournies par ceux qui survécurent au long de ces années en Russie que la grande majorité des citoyens soviétiques, non seulement les ouvriers et les employés mais aussi les intellectuels, crurent que ceux qui avaient été arrêtés et jugés étaient de véritables ennemis du peuple engagés dans une conspiration authentique. Il aurait été difficile qu'il en fût autrement. Les expériences violentes et amères de la guerre civile étaient encore fraîches dans toutes les mémoires ; il n'était pas difficile d'imaginer les vaincus encore en train de comploter pour renverser le régime. L'arrivée d'Hitler au pouvoir en Allemagne et la guerre civile en Espagne donnaient de la substance à la prédiction d'une guerre inévitable avec le fascisme, précédée par des activités d'espionnage et de subversion.

Les gens n'avaient pas accès à d'autres informations que celles fournies par la presse et la radio soviétiques, qui jour après jour répétaient la version officielle, que les accusés ne contestaient pas mais renforçaient en avouant leur culpabilité. Quelle autre explication pouvait-il y avoir ? Le culte de Staline et l'image qu'il avait de lui-même, propagée consciencieusement par tous les moyens – sage, bienveillant, vigilant, protecteur de la nation contre ses ennemis, le Grand Timonier, comme l'appelait la *Pravda* – rendaient quasi impossible de l'imaginer dans le rôle exactement opposé, celui du principal conspirateur en personne. Cela aurait signifié mettre le monde la tête en bas de la manière la plus inquiétante et saper tout sentiment de sécurité. Même les personnes arrêtées et convaincues de leur innocence n'accusèrent pas Staline de leurs malheurs mais s'accrochèrent à la certitude que si seulement elles réussissaient à entrer en contact avec lui et à lui dire ce qui se passait, il interviendrait et donnerait l'ordre de les libérer. Penser autrement serait revenu à sentir le sol ferme se dérober sous ses pieds.

La réaction au procès à l'étranger tend à confirmer cette opinion. Après les changements de la politique soviétique à l'égard de l'Occident et l'annonce de la constitution dont Staline affirma qu'elle était « la seule constitution entièrement démocratique du monde », la nouvelle fut accueillie avec étonnement. L'opinion eut tendance à se diviser selon deux axes préconçus. En dehors des fidèles communistes qui, comme il se doit, se firent l'écho de ce que disait Moscou, plusieurs observateurs étrangers au procès et ceux qui en firent le commentaire furent impressionnés par le concours de circonstances : le meurtre de Kirov proprement dit, la possibilité que Trotski et d'autres aient pu envisager, ou conspirer dans le but, de renverser Staline, les aveux publics des accusés, et l'absence d'hésitation pour les exécuter en comparaison avec le traitement qui leur avait été réservé à de précédentes occasions. Tous ces facteurs donnèrent à penser que les accusations pouvaient être fondées. Pour ceux qui voyaient déjà dans l'Union soviétique le meilleur espoir de résister au fascisme – surtout après l'éclatement de la guerre civile en Espagne à la mi-juillet – il était moins gênant de croire que d'anciens révolutionnaires pussent fomenter un assassinat (surtout quand ils admettaient pareille méthode) que de croire que le seul État socialiste au monde pût mentir et extorquer des aveux.

En résumé, Staline avait réussi à donner un sérieux avertissement à quiconque en Russie aurait été tenté de critiquer ou de remettre en question sa politique et sa situation, sans affecter sa crédibilité au sein du peuple russe ni dans le monde extérieur. Mais cela n'était pas dans la nature de Staline de se contenter d'un avertissement, et sa détermination fut renforcée par ce qui semble avoir été une renaissance de l'opposition dans le politburo. Staline resta dans le sud, à Sotchi, mais tous les autres membres, en dehors de Mikoyan, étaient à Moscou à la fin août, dans la semaine qui suivit les exécutions et le suicide de Tomski. Selon Nicolaïevski [26], c'est face à la pression exercée par certains d'entre eux que l'instruction des charges retenues contre Boukharine et Rykov fut abandonnée, et qu'une déclaration discrète sur le sujet fut publiée dans une page intérieure de la *Pravda* [27].

Staline choisit de passer sa colère non sur le politburo mais sur Iagoda. Un télégramme rédigé sèchement, expédié de Sotchi et seulement signé de Staline et Jdanov, signala que son remplacement par Iejov était « absolument nécessaire et urgent ». Iagoda, écrivit Staline, s'était montré incapable de démasquer le bloc trotsko-zinoviéviste. Iejov devait quitter la commission de contrôle et donner une nouvelle vigueur aux enquêtes du NKVD qui, ajouta Staline, avaient quatre ans de retard.

Le travail avait déjà commencé pour constituer le dossier d'un second procès et c'est à cela que Iejov consacra désormais toute son énergie. Il fallait plus de temps pour préparer les accusations contre Boukharine et Rykov, et Gregori Piatakov fut choisi à la place du personnage central. Ni lui ni aucun des seize autres inculpés finalement choisis n'avaient jamais été membres du politburo, mais Piatakov avait tellement impressionné Lénine par ses capacités d'organisateur et son aptitude à diriger qu'il l'avait inclus parmi les quatre autres membres du parti, en dehors de Staline et Trotski, dont il avait examiné le cas dans son testament politique. Exclu du parti avec les autres trotskistes en 1927, Piatakov avait découvert qu'il n'y avait pas de vie possible pour lui sans le parti et que, comme il le dit à un ancien collègue en 1928, pour y être intégré il renoncerait à sa propre personnalité et serait prêt à dire que le noir était blanc et le blanc noir, si le parti l'exigeait [28]. Ayant rompu avec Trotski, il était rentré en Russie et était devenu commissaire adjoint à l'industrie lourde. Selon Ordjonikidze, le commissaire, personne n'avait autant contribué à la création de la base industrielle de la Russie que lui, en tant que cerveau et que force motrice des plans quinquennaux. Un des principaux critiques de Staline dans les années 20, Piatakov avait depuis abandonné toute opposition et accepté sans réserve l'autorité de Staline. Mais sa loyauté allait au parti, non à la personne de Staline, ce qui ne suffisait plus. De plus, le fait qu'il avait apporté une contribution aussi importante à l'industrialisation de la Russie en faisait, aux yeux de Staline, le meilleur bouc émissaire possible pour les échecs et le sabotage économiques qui devinrent l'élément central du deuxième procès de Moscou.

Ordjonikidze, qui savait et appréciait tout ce que le régime devait à Piatakov, était déterminé à tout faire pour le sauver. Il lui aurait rendu visite en prison, aurait protesté auprès de Staline et aurait obtenu la promesse que lui, son épouse, son fils de dix ans auraient la vie sauve.

La même source, Orlov, ajoute que, ayant obtenu cela, Ordjonikidze lui rendit visite une deuxième fois, et le persuada qu'on ne pouvait rien faire de plus [29]. Piatakov accepta alors, en décembre 1936, de faire les aveux demandés, et les autres lui emboîtèrent le pas.

Comme l'affaire avait été montée par le NKVD, elle reposait sur la mise en cause de Piatakov, Serebriakov et d'un groupe d'anciens partisans de Trotski réhabilités depuis, accusés d'avoir organisé trois groupes de sabotage. L'objectif du premier aurait été de plonger les chemins de fer dans le chaos. Le deuxième, le « Centre trotskiste antisoviétique de Sibérie occidentale » implanté à Novossibirsk, fut tenu responsable de graves accidents survenus dans les mines et les usines de la nouvelle région industrielle du « Kouzbas », qui avaient déjà fait l'objet d'un procès préliminaire sur les lieux en novembre 1936. Le troisième groupe fut rendu responsable de sabotages dans l'industrie chimique. Et pour faire bon poids, on jeta dans la balance des accusations d'espionnage au profit des Allemands et des Japonais et de préparation d'attentats terroristes. On nomma au moins quatorze groupes distincts de cadres de l'industrie qui avaient reçu pour mission d'assassiner Staline et d'autres membres du politburo, mais qui néanmoins se révélèrent incapables de mener une seule action visible, en dehors d'un accident, fort peu convaincant, survenu à la voiture de Molotov, et dans lequel il n'y eut pas de victime.

Le procès commença en public le 23 janvier et dès le premier jour, la totalité du groupe Boukharine-Rykov-Tomski fut à nouveau incriminé. Sans raison évidente, Karl Radek, brillant journaliste jamais pris au sérieux comme homme politique, qui avait trahi l'opposition chaque fois qu'il en avait eu l'occasion et léché les bottes de Staline, avait été arrêté et adjoint au groupe de prévenus du procès Piatakov. Une fois qu'on l'eut convaincu de coopérer – après une longue réunion avec Staline et Iejov [30] – il collabora de tout son cœur avec le NKVD pour réécrire le scénario du complot et faire un grand numéro d'acteur à l'audience. Ce n'est que lorsque Vychinski exerça des pressions trop fortes contre lui qu'il répliqua : « Vous connaissez en profondeur le cœur de l'homme, mais je dois néanmoins décrire mes propres sentiments avec mes propres mots. » Et, à nouveau, quand Vychinski suggéra que le long silence qui précédait ses aveux jetait un doute sur la sûreté de ses informations, la réponse de Radek fit planer la menace de révéler tout le jeu : « Oui, si vous ne tenez pas compte du fait que c'est seulement grâce à moi que vous avez pu connaître le programme [du Centre] et les instructions de Trotski – oui, cela jette en effet un doute sur ce que j'ai dit [31]. »

Un des grands services que rendit Radek fut d'indiquer en passant qu'en 1935 le général de corps d'armée Poutna, déjà cité comme trotskiste lors du précédent procès, lui avait transmis une requête – dont il ne se souvenait plus – de la part du maréchal Toukhatchevski. Cette allusion imprévue à l'un des grands personnages de l'Armée rouge était délibérée, et reproduisait le recours à Kamenev lors du précédent procès pour citer les noms d'autres personnes faisant l'objet d'une enquête (dont Radek lui-même ainsi que Piatakov et Boukharine). L'allusion fut aussitôt transmise à Moscou – et faite pour qu'elle le soit – comme une menace contre le maréchal. De manière caractéristique, un nouvel échange eut lieu dans la soirée, quand Vychinski rappela Radek pour qu'il répète qu'il n'avait en aucune façon cherché à incriminer le maréchal – « Je sais que l'attitude de Toukhatchevski vis-à-vis du parti et du gouvernement est celle d'un homme absolument dévoué. » Toutefois, la mention du nom du maréchal répétée dix fois au cours de l'échange permit que la menace fût entendue. C'est, sans aucun doute, pour le remercier de ces services que Radek ne fut pas condamné à mort mais à une peine d'emprisonnement.

Dans son réquisitoire final, Vychinski se surpassa : « C'est l'abysse de la dégradation ! C'est la limite, la dernière frontière de la décadence morale et politique ! » Répondant aux critiques venues de l'étranger, il déclara : « Une conspiration, dites-vous, mais où sont les documents ? J'ai la hardiesse d'affirmer, conformément aux exigences fondamentales de la science de la procédure pénale, que dans les cas de conspiration, ces exigences ne peuvent pas être respectées. » Il énuméra les centaines d'ouvriers, « les meilleurs fils du pays », qui avaient été tués à cause des activités criminelles des accusés.

> Je ne suis pas seul ici ! Je sens les victimes debout à côté de moi, qui pointent sur le box, sur vous, accusés, leurs bras mutilés !…
> Je suis rejoint dans mon réquisitoire par l'ensemble de notre peuple ! J'accuse ces criminels haineux qui ne méritent qu'un châtiment – mourir fusillés [32] !

Après tous les mensonges qui avaient été dits à l'audience, Piatakov termina sa plaidoirie finale par une phrase à double sens qui exprimait la vérité :

> Dans quelques heures, vous allez rendre vos sentences. Et moi je suis devant vous, debout dans la saleté, écrasé par mes propres crimes, dépossédé de tout, par ma propre faute, un homme qui a perdu son parti, qui n'a pas d'amis, qui a perdu sa famille, qui a perdu jusqu'à son propre moi [33].

Le tribunal se donna vingt-quatre heures pour « examiner les preuves », puis, se réunissant à trois heures du matin, suivit les réquisitions de Vychinski en prononçant la peine de mort pour tous sauf quatre des accusés. Radek, comme les trois autres, fut envoyé en camp, où il aurait été tué dans une bagarre en 1939. Toutes les autres promesses faites auparavant furent passées à la trappe, et les exécutions eurent lieu sur-le-champ.

Dès que les comptes rendus du procès apparurent dans la presse, les autres membres de l'élite du parti s'en emparèrent, pour tenter anxieusement de trouver des éléments permettant de lire dans l'esprit de Staline et de découvrir qui seraient les prochains à disparaître à la Loubianka. Au moins, au précédent procès, Zinoviev et Kamenev, qui avaient manifesté leur opposition ouverte à Staline, pouvaient être présentés comme ses ennemis irréconciliables, et ils étaient accusés du meurtre de Kirov qui avait effectivement eu lieu. Mais rien de cela n'était vrai de Piatakov et de ses camarades inculpés avec lui. C'étaient des administrateurs et des ingénieurs et non des personnages politiques ; et les actions de sabotage dont ils avaient été accusés, accidents miniers et déraillements, même si elles étaient vraies, pouvaient difficilement passer pour des moyens de renverser un régime ou de détruire les réalisations de l'industrialisation et de la collectivisation.

Au moment où l'on conduisait Iakov Livchits, le commissaire adjoint aux chemins de fer, au poteau d'exécution, ses dernières paroles furent *Zatchto ?* (« Pourquoi ? ») C'est cette histoire, qui circulait dans le parti, qui amena le général Iakir, membre du comité central, à dire que c'était une bonne question, étant donné que les accusés étaient de toute évidence innocents des crimes retenus contre eux[34]. De quoi étaient-ils alors coupables ? La seule réponse sembla être, qu'aux yeux de Staline, un épisode passé d'opposition, quels qu'aient pu être les mérites de l'homme par la suite, suffisait à le cataloguer comme susceptible de cette attitude critique, indépendante qu'il avait décidé d'éradiquer – même si cela obligeait à sacrifier quelqu'un d'aussi précieux pour le régime que Piatakov. Comme les événements de 1937-1938 allaient le montrer, le seul critère de Staline était devenu l'obéissance totale et aveugle à sa volonté.

Un homme comprit parfaitement ce qui se passait – Ordjonikidze. L'un des personnages les plus humains et les plus populaires de la direction soviétique, il avait connu Staline intimement depuis leurs débuts ensemble en Géorgie, plus de trente ans auparavant. Il avait fait partie du groupe de Staline à Tsaritsyne pendant la guerre civile, et avait mené à bien avec lui la Fédération forcée de la Transcaucasie qui avait suscité la colère de Lénine en 1922-1923. En 1926, il avait été choisi, en tant qu'*apparatchik* dévoué, pour devenir membre suppléant du politburo, aux côtés de Kirov, Mikoyan et Kaganovich, avait ensuite présidé la commission centrale de contrôle et contribué à la destruction de l'opposition à la fin des années 20. En 1929, toujours avec Kirov ainsi que Kouïbychev, il avait appartenu au petit groupe des notables du parti dont l'appui avait joué un rôle décisif dans la course au pouvoir de Staline ; pendant la révolution de Staline, il avait occupé le poste clef de commissaire à l'industrie lourde – mais dans le mouvement en faveur de la détente qui suivit 1933-1934, on le désigne toujours, à nouveau aux côtés de son ami intime Kirov et de Kouïbychev, comme un des principaux membres du groupe modéré qui s'opposa à Staline.

Il était désormais le dernier des trois à être encore vivant. Son cinquantième anniversaire, le 28 octobre 1936, avait été fêté avec force louanges dans la presse et dans les réunions. Mais l'arrestation de Piatakov, son adjoint, était à l'évidence une manœuvre également dirigée contre lui. Ordjonikidze était intervenu, avait obtenu la promesse de Staline que la peine de mort serait épargnée à Piatakov et à sa famille et, c'est en comptant là-dessus qu'il avait conseillé à ce dernier de coopérer et d'« avouer ». La fourberie qui avait suivi conduisit à une querelle ouverte avec Staline et, selon certaines sources, à la menace suivante : « Je suis toujours membres du politburo, et je vais faire un foin d'enfer, Koba, si c'est la dernière chose que je dois faire avant de mourir[35] ! » Les agents du NKVD recueillaient déjà des « preuves » contre Ordjonikidze, et presque chaque jour apportait la nouvelle de l'exécution d'un ami proche ou d'un associé. Staline lui envoya les dépositions obtenues de prisonniers par la torture, avec ce commentaire : « Camarade Sergo, regarde ce qu'ils écrivent sur ton compte. » Le politburo, sur proposition de Staline, invita Ordjonikidze à faire un rapport sur la « destruction » de l'industrie au prochain plénum du comité central. Il fut soumis personnellement à un harcèlement croissant, et dut subir une nuit entière une perquisition de son appartement par la sécurité. Quand il s'en plaignit à Staline, ce dernier lui répondit que rien ne s'opposait à ce que la police lui fasse la même chose à lui aussi ; qu'il n'y avait rien d'extraordinaire à cela.

Le 17 février, Ordjonikidze eut une longue conversation avec Staline au cours de laquelle il tenta de le persuader que des « forces obscures » exploitaient sa suspicion de toujours et que le parti était en train de perdre ses meilleurs cadres. Un deuxième entretien entre eux au téléphone se transforma en un furieux échange d'insultes et de jurons en russe et en géorgien. Le jour suivant, le 18 février, Ordjonikidze resta au lit et passa son temps à travailler. Peu après cinq heures, son épouse entendit un coup de feu et se précipita dans sa chambre où elle le trouva mort. Après avoir convoqué Staline, qui attendit les autres membres du politburo pour venir, elle ramassa les feuilles de papier qu'Ordjonikidze avait écrites, mais Staline les lui arracha des mains. Malgré ses protestations, Staline ordonna que la mort d'Ordjonikidze fût attribuée à une crise cardiaque : « Ciel, quelle maladie tordue ! L'homme était allongé pour se reposer et le résultat fut une attaque et un arrêt du cœur[36]. » Le certificat de décès, signé par le commissaire du peuple à la santé et trois autres médecins, confirma le diagnostic de Staline.

Comme Kirov, Kouïbychev et Gorki avant lui, Ordjonikidze fut honoré dans la mort et incorporé au culte de Staline. L'Encyclopédie soviétique, qui faisait autorité, le décrivit comme « le compagnon d'armes préféré du grand Staline... qui mourut à son poste comme un guerrier du parti de Lénine-Staline[37] ». Trois des quatre médecins qui avaient signé le certificat de décès furent liquidés par la suite, mais aucune accusation de meurtre ne fut retenue contre eux ni contre qui que ce fût d'autre. Ce n'est que dans le discours secret de Khrouchtchev de 1956 qu'on apprit que « Staline autorisa la liquidation du frère d'Ordjonikidze et mit Ordjonikidze lui-même dans un tel état qu'il fut contraint de se tirer une balle dans la tête[38] ». Quelle que soit la manière dont Ordjonikidze fut « persuadé » de quitter la scène, il s'avéra que sa mort, comme celle de Kirov, Kouïbychev et Gorki avant lui, tombait à point nommé par rapport aux projets de Staline. Car une session cruciale du comité central, dont Ordjonikidze avait été un des principaux membres, commençait quatre jours après sa mort.

V

Bien qu'officiellement abandonnée, l'instruction des affaires de Boukharine et Rykov continua. Au fur et à mesure que le NKVD obtenait des dépositions et des dénonciations, Staline les diffusait auprès des 139 membres du comité central, y compris des deux personnes les plus lourdement impliquées dans le scénario sur lequel travaillaient les enquêteurs. Boukharine écrivit lettre sur lettre à Staline, rejetant les accusations, mais il ne reçut pas de réponse.

Lors des cérémonies de 1936 pour l'anniversaire de la révolution, Staline remarqua que Boukharine était assis avec son épouse dans une des tribunes installées sur la place Rouge et il envoya un garde lui dire de venir prendre la place à laquelle il avait droit aux côtés des autres dirigeants du parti au sommet du mausolée de Lénine. Cela faisait partie de la pression psychologique à laquelle Staline soumettait son ancien ami et allié. Un autre procédé fut d'exiger que Boukharine soit confronté personnellement aux « témoins » qui déposaient contre lui.

Au début décembre, des agents du NKVD envahirent l'appartement de Boukharine au Kremlin avec un ordre d'éviction. Comme il se disputait avec eux, le téléphone intérieur sonna. C'était Staline. « Comment ça va pour toi, Nikolaï ? » lui demanda-t-il. Quand Boukharine lui dit qu'on était en train de l'expulser, Staline gronda dans le téléphone : « Fous-les dehors, nom de Dieu ! » Peu après, Staline convoqua une réunion secrète du comité central à laquelle Iejov fut chargé d'accuser Boukharine et Rykov d'être les meneurs de la plus grave de toutes les conspirations.

Il s'agissait de la répétition générale de la session régulière du plénum de février-mars 1937. Elle eut lieu à l'ombre de la condamnation et de l'exécution des accusés du procès Piatakov de la fin janvier et de la mort imprévue d'Ordjonikidze. Quand Boukharine reçut l'ordre du jour du plénum et constata que le principal point était la décision à prendre à son sujet et à celui de Rykov, il entama une grève de la faim pour protester.

Au moment où il arriva à la réunion du comité central, Staline s'approcha de lui et lui dit :

> Contre qui est dirigée ta grève de la faim ? Contre le comité central du parti ? Regarde-toi, Nikolaï ; tu es complètement squelettique. Demande le pardon du plénum pour ta grève de la faim.

– Pourquoi donc ? répliqua Boukharine. Vous vous apprêtez à m'exclure du parti de toutes façons. »

– Personne ne t'exclura du parti, répondit Staline[39].

Boukharine ne fit les excuses appropriées à la séance d'ouverture que pour s'entendre violemment attaqué par Iejov, Molotov et Kaganovich. Quand il déclara : « Je ne suis pas Zinoviev ni Kamenev, et je ne porterai pas de fausses accusations contre moi-même », Molotov lui dit : « Si tu n'avoues pas, cela prouvera que tu es bien un agent des fascistes. Leur presse dit que nos procès sont des provocations. Nous t'arrêterons, et tu avoueras[40] ! »

Quand une motion demandant l'arrestation de Boukharine et de Rykov fut proposée, il y eut une autre scène orageuse. Radek et Sokolnikov, amenés sous bonne garde, fournirent la preuve de leur implication dans la conspiration ; mais Boukharine et Rykov rejetèrent chacune des accusations. Constamment interrompu et harcelé par Molotov, Vorochilov et d'autres dirigeants du parti, Boukharine lut une déclaration conjointe dans laquelle il affirmait qu'il y avait en effet une conspiration, mais que ses dirigeants étaient Staline et Iejov, qui complotaient pour créer un État-NKVD et donner à Staline un pouvoir illimité. Boukharine appela le comité à prendre la bonne décision en nommant une commission chargée d'enquêter sur les activités du NKVD. « Eh bien, nous t'y enverrons et tu pourras constater par toi-même », s'exclama Staline.

Après la session, Boukharine rentra chez lui et dicta une dernière lettre « A une future génération de dirigeants du parti », qu'il demanda à son épouse d'apprendre par cœur :

> Je ressens toute mon impuissance [commençait-elle] devant cette machine infernale, qui sans doute à l'aide de méthodes moyenâgeuses a acquis un pouvoir gigantesque, ... et qui utilise l'autorité passée de la Tcheka pour alimenter la suspicion morbide de Staline... Tout membre du comité central, tout membre du parti peut être éliminé, transformé en traître ou en terroriste[41]...

Larina, l'épouse de Boukharine, réussit finalement à publier la lettre à sa sortie de prison, et elle vivait toujours quand « la future génération de dirigeants du parti » à qui Boukharine avait lancé son appel autorisa enfin sa réhabilitation en 1988.

Une commission fut en effet nommée, mais pour décider du sort de Boukharine et Rykov. Personne ne s'opposa à leur exclusion et à leur procès. Néanmoins, tous n'étaient pas disposés à approuver l'exécution –un procès suivi d'une fusillade. Pressentant la division des opinions, Staline était disposé à suivre la suggestion de les exclure et, au lieu de les juger, de laisser le NKVD régler l'affaire. L'idée fut approuvée à l'unanimité. Quand les deux dirigeants déposés revinrent pour entendre le verdict, ils furent arrêtés à la porte et emmenés à la Loubianka, et ne reparurent qu'au dernier des procès de Moscou, treize mois plus tard.

Le plénum continua encore six jours, dominé par Staline et son groupe. Staline lui-même prononça deux discours, qui furent tous deux reproduits intégralement dans la *Pravda* et qui fixaient la ligne de la campagne qui allait suivre.

Dans le premier, il décrivait la situation telle qu'il la voyait, ou plus certainement comme il voulait que le parti et le peuple russe la vissent. L'Union soviétique était encerclée par des puissances hostiles dont les agents, recrutés parmi les trotskistes possédant des cartes du parti et cachés derrière des masques bolcheviques, avaient pénétré dans tous les organismes du parti, du gouvernement et des instances économiques, étaient engagés dans des activités de destruction et d'espionnage, et n'hésitaient pas à tuer. Ils étaient parvenus à cela parce que « nos camarades » à tous les niveaux étaient aveugles à tout ce qui se passait et s'étaient laissés bercer par la réussite économique du plan quinquennal jusqu'à faire preuve de complaisance. Le parti, à tous les niveaux, devait se réveiller afin de faire preuve d'une vigilance inconnue dans le passé, devait « liquider [sa] confiance politique », abandonner les vieilles « méthodes de discussion » et les remplacer par les nouvelles méthodes nécessaires pour combattre le trotskisme d'aujourd'hui, reconnaissant que, au fur et à mesure que le socialisme se renforçait, la lutte des classes ne faiblirait pas mais se renforcerait aussi.

Pour s'orienter face aux dangers de la situation, la direction du parti, depuis les secrétaires des républiques et des régions jusqu'aux secrétaires des cellules locales, devaient se soumettre à une rééducation idéologique. De nouveaux cadres, prêts à obtenir de l'avancement, devaient être recrutés. Staline donna une indication du caractère radical de la purge qu'il avait en tête en exigeant que tous les secrétaires, du haut en bas de l'échelle du parti, « sélectionnent deux travailleurs du parti, chacun capable d'être leur véritable remplaçant [42] ».

Le plénum ne se passa pas sans que des doutes soient exprimés sur la façon dont la purge devait être opérée dans les cas particuliers ; mais la majorité des présents furent soit refroidis par l'exemple de ce qui était arrivé à Boukharine et à Rykov, soit trop désireux de montrer leur ardeur à soutenir la ligne stalinienne. Staline n'en fut pas si facilement satisfait. Ayant déjà par le passé reproché leur « aveuglement » aux fonctionnaires du parti, il critiqua cette fois-ci leur excès de zèle et leur manque de discernement pour n'avoir pas su faire la part entre les « vrais trotskistes » et ceux qui s'étaient repentis de leurs erreurs et s'étaient réformés. N'oubliant pas qu'il serait lu dans tout le pays, il s'employa à conclure son discours par des critiques dirigées, non vers les opposants, mais vers les chefs du parti qui se conduisaient comme s'ils étaient tout puissants dans leur région, s'entouraient d'une « cour » de clients et perdaient le contact avec « les gens simples du bas de l'échelle » à qui le secrétaire général s'identifiait désormais.

Nous, les dirigeants, ne devrions pas être vaniteux et devrions comprendre que si nous sommes des membres du comité central ou des commissaires du peuple, cela ne veut pas dire que nous possédions tout le savoir nécessaire pour diriger de manière juste. Le rang en soi ne confère ni savoir ni expérience. Et encore moins le titre[43].

Avec cet avertissement plein de présages pour les stimuler dans leur action, les membres du comité central furent autorisés à se disperser.

Le plénum de février-mars est un jalon dans l'histoire soviétique pour deux raisons. La première parce que l'exclusion et l'arrestation de Boukharine et de Rykov marquèrent non seulement la défaite finale de l'Opposition dans le parti mais l'émasculation du comité central. Désormais, Staline se sentit assez fort pour ordonner l'arrestation de n'importe lequel de ses collègues sans en référer au comité central ni à qui que se fût d'autre – définition classique du pouvoir d'un tyran. La seconde parce qu'il ouvrit la voie au décuplement du nombre des arrestations entre 1936 et 1937, dont parla Khrouchtchev dans son discours secret au congrès du parti vingt ans plus tard.

L'objectif de Staline ne se limita plus à détruire le reliquat de l'ancienne opposition mais, comme ses remarques adressées au plénum le laissaient présager, alla bien au-delà. Il s'agissait d'une purge visant délibérément à déstabiliser le parti en supprimant la sécurité des fonctions qui risquait de permettre le développement d'une nouvelle opposition. En outre, la terreur ne se limita plus au parti. Les purges au sein du NKVD et du corps des officiers qui suivirent montrent qu'il voulut détruire toute opposition potentielle (désignée de l'appellation « ennemis du peuple » ou « ennemis du pouvoir soviétique ») où qu'elle pût apparaître. Le choix de ces cibles par Staline, dès que la possibilité d'un veto du parti eut été écartée, montre avec quel esprit logique il procéda. Comme tous les tyrans dans l'histoire, il vit dans l'armée la plus grande menace potentielle contre son pouvoir. Le haut commandement de l'Armée rouge n'avait qu'à décider de boucler le Kremlin avec des troupes triées sur le volet et arrêter les membres du politburo pour que le régime soit décapité. En revanche, il était indispensable, avant de tenter quoi que ce soit contre l'armée, de s'assurer de la fidélité du NKVD, sur lequel il devrait s'appuyer.

Il avait déjà fait les préparatifs préliminaires nécessaires en construisant un instrument de terreur de remplacement au sein du secrétariat du parti où le rôle clef fut joué par Iejov. Aucune autre figure de l'histoire soviétique n'a inspiré un aussi fort mélange de haine et de mépris que ce nain malveillant, mesurant à peine plus d'un mètre cinquante, que Staline avait découvert quand il était secrétaire du parti du Kazakhstan, muté au département des cadres et affectations du comité central (où Malenkov était son adjoint), puis placé à la tête de la commission centrale de contrôle. Le seul sujet de controverse est de savoir si Iejov était méchant et cruel par nature ou s'il avait acquis ces traits en incarnant le rôle de créature de Staline, totalement dévouée à son maître et prête à accomplir n'importe quelle tâche, aussi repoussante fût-elle – ce qui était sa recommandation suprême aux yeux du dictateur. Avec l'expérience acquise par Iejov dans les purges du parti et dans l'exercice du contrôle de la police de sécurité au nom du comité central, Staline disposait d'un remplaçant venant d'ailleurs que du NKVD quand il prit la décision de se débarrasser de Iagoda en tant que commissaire-général aux affaires intérieures.

Iejov arriva avec un nombre substantiel d'hommes à lui issus du secrétariat du parti, et après avoir passé six mois à son poste il engagea une purge totale de l'organisation du NKVD, au cours de laquelle pas moins de 3 000 agents de Iagoda auraient été exécutés pendant l'année 1937. Un des trucs utilisés fut d'ordonner aux chefs et chefs adjoints des services du NKVD de partir pour les différentes régions du pays afin de procéder à une grande inspection. Les différents trains qu'ils prirent furent stoppés à la première gare en venant de Moscou, et les chefs du NKVD furent alors arrêtés et ramenés pour être jetés en prison. Iagoda lui-même fut arrêté en avril 1937 et jugé avec Boukharine en 1938 ; sa datcha fut reprise par Molotov. Simultanément, Vychinski opéra une purge massive dans les services centraux et provinciaux de l'organisation du parquet général, autre élément de la machine à purges. Tous deux étaient désormais prêts pour leur nouvelle tâche.

Le 11 juin, on annonça, sans préavis, que neuf des principaux personnages du haut commandement de l'Armée rouge avaient été arrêtés sur l'accusation de conspiration et de trahison et, le jour suivant, qu'ils avaient été jugés et exécutés. Les accusés, tous âgés d'une quarantaine d'années sauf un, formaient le gratin du groupe qui avait engagé la réorganisation de l'Armée rouge dans les années 30. Figuraient parmi eux le maréchal Toukhatchevski, le chef du groupe, les généraux d'armée Ion Iakir et I. P. Ouborevich, qui commandaient les deux régions militaires les plus étendues et les plus importantes, celles de Kiev et de Biélorussie, le général d'armée A.I. Ork, directeur de l'académie militaire de Frounze, et Ian Gamarnik, premier commissaire-adjoint à la défense et chef de l'administration politique de l'Armée rouge depuis 1923, qui se suicida.

Le prétendu complot fut centré autour du « plan préféré » de Toukhatchevski, s'emparer du Kremlin et tuer les dirigeants politiques. Toutefois, à l'époque, aucune preuve ne fut rendue publique et il n'y eut aucune autre déclaration que l'annonce de la nouvelle. Le propre complot de Staline avait en fait commencé à prendre forme onze mois plus tôt, en juillet 1936, quand Dimitri Shmidt, qui commandait une unité de chars dans la région militaire de Kiev, avait été arrêté. Comme si souvent avec Staline, c'est la revanche d'un affront personnel qui présida au choix de ceux qui devaient faire l'objet d'une enquête. Fils d'un savetier juif pauvre, membre du parti depuis 1915 et officier de cavalerie audacieux pendant la guerre civile, Shmidt avait été impliqué avec les trotskistes. A l'époque du congrès du parti de 1927, au cours duquel les trotskistes avaient été exclus du parti, Shmidt, vêtu de sa capote caucasienne noire, le bonnet de fourrure enfoncé sur les oreilles, était tombé sur Staline qui sortait du Kremlin et s'était mis à l'insulter. Menaçant de dégainer son sabre, il avait dit au secrétaire général qu'un jour il lui décollerait les oreilles [44]. L'incident fut vite oublié mais pas par Staline. Ce fut auprès de cet officier que le NKVD eut ordre de commencer à recueillir sous la forme d'« aveux » les éléments d'une conspiration trotskiste dans le parti. Après des mois d'interrogatoires, de coups et de tortures, Shmidt s'effondra et accepta de signer ; on raconta que l'homme avait beaucoup changé, qu'il était devenu grisonnant, maigre et apathique. Pour finir, son témoignage ne fut pas utilisé, et il fut fusillé sans autre forme de procès le 20 mai 1937.

A ce moment-là, un certain nombre d'autres officiers avaient été arrêtés, et Toukhatchevski comprit parfaitement que quelque chose se tramait contre le commandement de l'armée – et donc contre lui. Né dans une famille ruinée mais aristocratique en 1893, Toukhatchevski avait été nommé au grade de sous-lieutenant dans les gardes Semeonovsky en 1914. En 1918, il rallia les communistes, estimant que c'était le parti qui avait le plus de chances de restaurer le prestige de la Russie, et fut nommé par Trotski à la tête de la Première Armée rouge, pendant la guerre civile. Son talent et ses succès militaires furent tels qu'il fut nommé commandant de toutes les forces soviétiques dans la guerre de 1920 contre la Pologne, réalisant ainsi son but de connaître la gloire ou la mort avant l'âge de trente ans.

Cette même campagne et le différend au sujet de la responsabilité de l'échec dans la prise de Varsovie scellèrent l'inimitié entre Toukhatchevski et « ce triumvirat d'intrigues guerrières et politiques – Staline, Vorochilov et Boudienny », qui tous trois étaient liés à l'ancienne Première armée de cavalerie basée à Tsaritsyne (Stalingrad) pendant la guerre civile.

Un portrait imprévu de Toukhatchevski apparaît dans les mémoires de Chostakovich [45]. Le violon d'Ingres de Toukhatchevski était en effet la lutherie, et les deux hommes étaient devenus amis du temps que le compositeur était étudiant. Chostakovich le décrit comme « une personne très ambitieuse et impérieuse » qui semblait être l'« élu de la fortune ». Personnalité la plus remarquable de l'Armée rouge – impétueux, généreux, avec un soupçon d'arrogance – l'homme suscita la jalousie de Staline ainsi que son désir de vengeance.

Au début de mai 1937, la désignation de Toukhatchevski pour représenter l'URSS au couronnement de George VI à Londres fut annulée au dernier moment, et Vorochilov, le commissaire à la défense de Staline, l'écarta de son poste de commissaire-adjoint et l'affecta à un commandement secondaire à Kouïbychev, sur la Volga. Une série de mutations semblables furent opérées, afin d'éloigner de leur base de pouvoir ceux qui allaient être arrêtés. En même temps, l'ancien système du « double commandement » fut rétabli grâce à un net renforcement du pouvoir des commissaires politiques par rapport à celui des officiers combattants.

Le choix du moment est peut-être dû à un sous-complot extraordinaire qui plaça entre les mains de Staline, à la mi-mai, un dossier contenant des lettres échangées secrètement entre Toukhatchevski et des officiers du haut commandement allemand. L'accusation que Toukhatchevski et le haut commandement soviétique étaient engagés dans une conspiration avec l'état-major allemand – avec qui ils avaient eu des contacts étroits avant 1934 – provient du NKVD, qui avait « monté un coup », ce dont Staline était très vraisemblablement au courant. Le Service de sécurité SS de Heydrich s'était emparé du dossier pour un usage éventuel contre l'armée allemande. Cependant, en 1936, Hitler et Himmler décidèrent de le retourner à Staline, dans l'intention de compromettre Toukhatchevski et le commandement de l'Armée rouge. Il fallut du temps pour falsifier tous les documents nécessaires, mais une fois que des fuites eurent permis de faire connaître l'histoire des contacts à Staline (et aux Français, alliés de la Russie) par l'intermédiaire du président tchèque, Benes, le matériel fut acheminé à Moscou grâce aux contacts clandestins entre la SS et le NKVD.

Finalement, Staline ne se servit pas des fausses lettres, flairant peut-être le coup monté, et il préféra s'appuyer sur le système éprouvé des aveux extorqués à des officiers arrêtés. A une réunion du Soviet militaire révolutionnaire avec des membres du politburo du 1er au 4 juin, à laquelle assistaient plus d'une centaine d'officiers, il présenta personnellement un rapport sur la découverte d'une conspiration « militaro-fasciste » contre le gouvernement soviétique, dont les chefs étaient Trotski, Rykov, Boukharine, Enoukidze et Iagoda ainsi que les généraux arrêtés.

> Ces hommes [déclara Staline] sont des pantins entre les mains de la *Reichswehr*. La *Reichswehr* veut que notre gouvernement ici soit renversé et elle s'est employée à cela, mais n'a pas réussi. La *Reichswehr* voulait que l'armée s'engage dans la voie de la destruction afin qu'elle ne soit pas en mesure de défendre le pays… Elle voulait créer une deuxième Espagne en URSS [46].

Sur la base de cette déclaration verbale de Staline, seulement étayée par les « aveux » obtenus par la torture et le chantage, un procès sommaire eut lieu à huis clos devant un tribunal présidé par l'inévitable Ulrikh. Il était assisté par deux des cinq maréchaux d'URSS (Vassili Blioukher et Semion Boudienny), cinq généraux d'armée et un général de corps d'armée, dont cinq d'entre eux furent fusillés par la suite. L'exécution des condamnés eut lieu sur-le-champ, et fut suivie par l'arrestation, l'exécution ou la déportation en camps de leurs épouses, leurs proches parents et leurs enfants. Chaque stade de l'opération était dirigé de près par Staline, qui ultérieurement ordonna l'exécution de l'épouse, des deux frères et d'une des sœurs de Toukhatchevski, la déportation en camp de trois autres de ses sœurs, et l'internement de sa fille, Svetlana, dès qu'elle atteignit l'âge de dix-sept ans, parce qu'elle fut déclarée « socialement dangereuse ».

Alors que le tribunal siégeait encore, Staline envoya des lettre revêtues de sa propre signature aux autorités des républiques et des régions, pour leur ordonner d'organiser des réunions d'ouvriers, de paysans et de soldats exigeant la peine capitale. Dans le même temps, le NKVD entama une série d'arrestations et d'exécutions, sur une échelle sans précédent, dans tout le corps des officiers et des commissaires politiques de l'Armée rouge, de la marine et de l'aviation. Une deuxième vague suivit au printemps 1938, qui culmina du 27 au 29 juillet avec l'exécution du commandant en chef de la flotte, l'amiral Orlov, et de pas moins de six généraux d'armée, ainsi que de dix-huit figures politiques, dont l'ancien membre du politburo, Roudzoutak, et neuf membres du comité central. Le commandement de l'Extrême-Orient fut attaqué simultanément. Le maréchal Blioukher, ancien ouvrier d'usine qui avait bâti les défenses de la Russie contre le Japon avec beaucoup de succès, fut rappelé à Moscou et arrêté en octobre 1938, sur l'accusation d'avoir été un espion japonais depuis 1921. Il mourut des blessures reçues lors d'un passage à tabac dont il était sorti « méconnaissable » – sans avoir signé les aveux qu'on lui présentait.

Telle qu'elle est aujourd'hui présentée par la presse soviétique[47], la purge de l'armée toucha :

    3 des 5 maréchaux
    13 des 15 généraux d'armée
    8 des 9 amiraux de la flotte et amiraux de 1re classe
    50 des 57 généraux de corps d'armée
    154 des 186 généraux de division

    les 16 commissaires politiques d'armée
    25 des 28 commissaires politiques de corps d'armée
    58 des 64 commissaires politiques de division

    les 11 vice-commissaires à la défense
    98 des 108 membres du soviet militaire suprême.

L'action ne se limita pas aux échelons supérieurs. Entre mai 1937 et septembre 1938, ce furent 36 761 officiers de l'armée de terre et plus de 3 000 officiers de marine qui furent démis de leurs fonctions. En retranchant les 13 000 qui furent ré-enrôlés et en ajoutant ceux qui furent « supprimés » après septembre 1938, cela donne pour la période 1937-1941 un total de 43 000 officiers au grade de commandant et de capitaine soit arrêtés et fusillés ou envoyés en camps (la grande majorité), soit définitivement licenciés. Roy Medvedev résume cette opération sans parallèle par cette phrase frappante : « Jamais le corps des officiers d'une armée ne subit d'aussi lourdes pertes dans une guerre que l'armée soviétique n'en subit en ce temps de paix[48]. »

Les seuls chiffres ne fournissent pas de critère d'évaluation adéquat des dommages infligés. Depuis la révolution et la guerre civile, de gros efforts avaient été déployés pour créer une armée moderne et un commandement professionnel capable de répondre aux exigences d'une guerre mécanisée. Ce furent précisément les hommes qui avaient le plus contribué à ce processus et montré une capacité de réflexion indépendante qui furent éliminés. L'ensemble de leur expérience et de leurs aptitudes était désormais perdu. A un moment où la menace d'une guerre avec l'Allemagne ou avec le Japon, voire avec les deux, était plus grande que jamais, il fallut quasiment créer de toutes pièces un nouveau commandement des trois armes – au moins un millier d'officiers supérieurs – dans des circonstances qui n'encourageaient guère le développement de la confiance en soi. A tout le moins, cela demandait plusieurs années. La faiblesse dont pouvait profiter un ennemi entre-temps fut utilisée comme principal argument par Hitler pour surmonter les doutes des généraux allemands quant à l'opportunité d'attaquer la Russie en 1941. Au bout du compte, les Russes se montrèrent capables de constituer un groupe de chefs militaires aussi doués que ceux qui avaient été fusillés en 1937-1939. Mais ni Staline ni personne d'autre ne pouvait être sûr de cela au moment des purges, et ce fut seulement au prix de pertes effarantes qu'on y parvint, dans les premières années de la guerre – quand l'Armée rouge et Staline tirèrent les leçons des amères expériences et que les généraux victorieux de la Deuxième Guerre mondiale se hissèrent au sommet.

VI

Staline ne peut évidemment pas être tenu pour responsable de toutes les décisions individuelles qui furent prises. C'est certainement ce qu'il voulut dire quand il trouva plus tard commode de parler des « excès » commis. Mais il fut le seul homme qui pouvait laisser les purges prendre de telles proportions ou assumer le risque qu'elles impliquaient. La plupart des officiers, quasiment tous les officiers de haut rang, étaient membres du parti et soumis à son contrôle. Dès les tout premiers jours de son existence, l'Armée rouge se distingua par l'existence non pas d'une mais de deux structures parallèles de contrôle intrinsèques : les commissaires politiques, qui opéraient dans toutes les unités et formations, et l'OGPU-NKVD, qui entretenait des services spéciaux à tous les niveaux supérieurs au bataillon, possédant toutes deux leur hiérarchie indépendante propre. Il y avait peu de chance que la moindre conspiration pût se former sans qu'on s'en aperçoive, dans une atmosphère si chargée de suspicion. Jamais la moindre preuve qu'il y en ait eu une n'a d'ailleurs été apportée par la suite, après l'enquête officielle soviétique qui aboutit à la réhabilitation de Toukhatchevski et de ses collègues officiers. Les seuls contacts secrets avec le régime nazi furent ceux que Staline lui-même tenta d'établir par l'intermédiaire de l'attaché commercial soviétique à Berlin, David Kandelaki, qu'il avait affecté à ce poste dans ce but.

La seule explication possible est que Staline fut prêt à courir le risque d'affaiblir gravement la capacité de défense de l'Union soviétique pour s'assurer qu'il n'y aurait pas de groupes d'officiers qui, dans l'éventualité d'une guerre et de graves revers initiaux, profiteraient de l'occasion pour tenter un coup d'État contre lui. Ce n'est pas l'action des généraux soviétiques – pas plus que celle des vieux bolcheviks comme Kirov et Ordjonikidze – qui éveilla les soupçons, mais cette même attitude d'esprit qui le conduisit à les juger capables d'agir de façon indépendante, et donc à craindre de ne plus pouvoir compter sur eux. Si les soupçons peuvent être justifiés sur des bases politiques rationnelles de cet ordre, l'ampleur des mesures qu'il prit pour se prémunir du danger – qui consista littéralement à « tuer plusieurs fois » ses adversaires supposés – donne à penser qu'ils furent exacerbés par les tendances psychopathiques de son caractère.

Parallèlement à l'attaque contre le corps des officiers, la Iejovchina vit aussi l'intensification des purges de l'élite du parti, de l'État et de l'industrie dans tout le pays. Comme indicateur de leur gravité, Medvedev donne le chiffre de 90 % des membres des comités régionaux et municipaux et des comités centraux des républiques chassés de leurs postes en 1937-1938.

Nulle part la purge ne fut aussi radicale qu'à Leningrad, qui fut toujours le point de mire des soupçons de Staline, et qui avait déjà été durement frappée après le meurtre de Kirov. Jdanov lança un nouvel assaut en mai 1937 lors d'une conférence de l'organisation régionale qui permit, selon la formule rituelle, de « démasquer et d'exclure de ses rangs les fourbes trotsko-droitistes antisoviétiques, les diversionnistes et espions germano-japonais ». Un des hommes sur qui Jdanov s'appuya le plus fut Leonid Zakovsky, vétéran de la Tcheka , de l'OGPU puis du NKVD. Les méthodes de Zakovsky furent décrites par Khrouchtchev dans son discours secret de 1956 quand il cita l'expérience de Rozenblum, membre du parti depuis 1906, arrêté en 1937. Après avoir été battu et torturé, il fut amené devant Zakovsky, qui lui offrit la liberté s'il acceptait de témoigner devant le tribunal au sujet des activités d'un centre terroriste à Leningrad.

> Zakovsky m'a dit : « Le dossier a besoin d'être solidement étayé et pour cette raison nous avons besoin de témoins. L'origine sociale (dans le passé, bien sûr) et la position dans le parti du témoin joueront plus qu'un petit rôle. Toi-même, tu n'auras besoin de rien inventer. Le NKVD te préparera un canevas tout fait pour chaque antenne du centre, tu devras l'étudier soigneusement et bien te rappeler les réponses aux questions que le tribunal pourrait te poser. Le dossier sera prêt dans quatre-cinq mois, peut-être six mois. Pendant tout ce temps, tu te prépareras afin de ne pas risquer de compromettre l'enquête et toi-même. Ton avenir dépendra de la façon dont le procès se déroulera et des résultats. Si tu te

mets à mentir et à faire de faux témoignages, il ne faudra t'en prendre qu'à toi-même. Si tu réussis à endurer cela, tu sauveras ta tête et nous te nourrirons et t'habillerons aux frais de l'État jusqu'à ta mort [49]. »

Khrouchtchev parlait de science sûre. A l'époque où Jdanov pourchassait les gens de Leningrad, lui-même était en charge des purges à Moscou. Aucune mention de cela, ni aucun exemple pris à Moscou, ne figura dans son discours de 1956.

En même temps que les travailleurs du parti étaient arrêtés par centaines et envoyés en camps ou fusillés, les chefs des principales entreprises industrielles de Leningrad étaient déplacés. Au fur et à mesure que les anciens cadres étaient éliminés, Jdanov comblait les places vides avec ses propres protégés – parmi lesquels Voznessenski, Kouznetsov et Popkov, qui devaient tous périr dans une « affaire de Leningrad » ultérieure, après la guerre.

Ce qui se produisit à Leningrad se reproduisit dans tous les grands centres du pays. Ailleurs, toutefois – en dehors de Beria en Géorgie et en Transcaucasie – Staline ne pouvait pas compter sur les premiers secrétaires des régions et des républiques, comme il avait pu compter sur Jdanov et Khrouchtchev, pour détruire leurs propres *apparats* et les remplacer par de nouveaux. Staline envoya donc ses propres hommes de Moscou pour veiller à ce que les purges soient opérées avec suffisamment de rigueur. Kaganovich, par exemple, fut envoyé à Ivanovo, dans le Kouban et à Smolensk, Malenkov en Biélorussie et (avec Mikoyan) en Arménie, et Andreïev à Tachkent.

On fixa des quotas du nombre de trotskistes, d'espions et de saboteurs que chaque district devait fournir et fusiller ou déporter dans les camps. Kaganovich, quand il se trouvait à Ivanovo, rendit compte plusieurs fois à Staline par téléphone, et finalement le quota initial fut fixé à 1 500. Une troïka locale fut mise sur pied, formée du chef régional du NKVD, du premier secrétaire du parti et du président du comité exécutif soviétique. La recommandation de Staline que le secrétaire à chaque niveau se choisisse deux remplaçants ne leur laissait aucun doute sur le fait que s'ils ne réussissaient pas à fournir le nombre requis, eux-mêmes seraient liquidés. Après avoir fait fusiller la plupart des fonctionnaires du parti et de l'État d'Ivanovo, la troïka réunit tous les prisonniers politiques déjà incarcérés dans les prisons locales et tous les individus sur qui elle put mettre la main (par exemple, d'anciens employés des chemins de fer chinois qui étaient revenus chez eux après qu'ils eurent été fermés) afin d'atteindre les quotas – pour découvrir finalement qu'ils avaient encore augmenté à la suite de nouvelles pressions de Moscou [50].

L'Ukraine avait déjà souffert plus que n'importe quelle autre région de Russie pendant la campagne de collectivisation ; en 1937-1938, elle fut à nouveau la victime de la détermination obstinée et malveillante de Staline à briser ses manifestations d'indépendance. Une commission du politburo composée de Molotov, Khrouchtchev et Iejov arriva à Kiev en août 1937 avec un fort contingent de troupes du NKVD et ordonna de mener à bien plus de 30 000 exécutions supplémentaires, dont les victimes devaient être sélectionnées par le NKVD local. Au cours de l'année qui suivit, ils procédèrent à une quasi-élimination des responsables de chacune des institutions de la république, depuis le gouvernement d'Ukraine (ses dix-sept membres furent arrêtés, bientôt rejoints par leurs successeurs) et le comité central ukrainien (seuls trois de ses 102 membres survécurent), jusqu'au système éducatif, aux organismes scientifiques et à l'Union des écrivains ukrainiens. Le parti ukrainien fut radicalement détruit et la république ne devint « guère plus qu'un fief du NKVD où mêmes les simples formalités administratives du parti et des soviets étaient tout juste accomplies [51] », jusqu'à ce qu'il fût rebâti à partir de zéro. Ce fut la tâche laissée à Khrouchtchev, qui fut nommé premier secrétaire et, en 1938, éleva 1 600 membres du parti – parmi lesquels le jeune Leonid Brejnev – au rang de secrétaires de comités de district et de municipalité. Ce fut la nouvelle garde qui partout en URSS occupa les postes vacants.

La plus grande partie de ceux qui souffrirent de la Iejovchina étaient originaires des provinces. Aucune région de l'Union soviétique n'y échappa, même les plus reculées comme l'Extrême-Orient, non plus que les dirigeants des autres républiques, hors d'Ukraine et de Russie, depuis la Biélorussie jusqu'au Caucase et à l'Asie centrale.

Toutefois, en tant que secrétaire général, Staline savait mieux que quiconque que s'il voulait effectuer une purge totale du reste de l'*establishment* soviétique ainsi que des forces armées, l'opération cruciale devait avoir lieu à Moscou. C'est là qu'étaient concentrés les principaux détenteurs du pouvoir – au politburo, au comité central et au secrétariat du comité central, chez les commissaires du peuple et dans leurs ministères ainsi que chez les responsables de l'industrie soviétique, aux sièges du NKVD, du Komsomol et des syndicats, et dans les institutions intellectuelles, culturelles et scientifiques de la capitale.

Staline ne faisait confiance à personne d'autre qu'à lui-même pour diriger l'opération, que Iejov fut chargé d'exécuter. Afin de la préparer, des procédures de jugement simplifiées furent instituées par un décret du 14 septembre 1937, qui interdisait les pourvois en appel et les recours en grâce ainsi que la publicité pour les procès publics.

Selon Khrouchtchev, qui participa lui aussi à l'opération en tant que premier secrétaire de l'organisation du parti de Moscou, pendant la période 1937-1938 Iejov envoya à Staline 383 listes de noms de gens dont l'importance exigeait qu'il donnât son accord personnel à leur exécution. La forme de ces listes était la suivante :

> Camarade Staline,
> je t'adresse pour approbation quatre listes de personnes dont les cas sont examinés par le Tribunal militaire :
> Liste n° 1 (général)
> Liste n° 2 (anciens militaires)

Liste n° 3 (anciens agents du NKVD)
Liste n° 4 (épouses d'ennemis du peuple)
Je requiers ton autorisation pour les condamner tous au premier degré.

Iejov [52]

La condamnation au « premier degré » signifiait le peloton d'exécution, et les listes, après avoir été examinées, dans le cadre, semble-t-il, du travail habituel du bureau de Staline, étaient renvoyées avec la mention :

Approuvé – J. Staline
V. Molotov

En une seule journée, le 12 décembre 1938, Staline et Molotov approuvèrent l'exécution de non moins de 3 167 prisonniers [53]. On a calculé qu'en tout, les listes de mort que Iejov soumettait à la décision personnelle de Staline ont contenu quelque 40 000 noms. Les pourvois en appel étaient traités par des injures. Au plénum du comité central de juin 1957, le maréchal Joukov lut les commentaires ajoutés à une lettre d'un général qui plaidait sa grâce à la veille de son exécution. Elle était ainsi annotée par les membres du politburo qui la rejetèrent :

Tas de mensonges ! Fusillez-le. J. Staline.
D'accord. Garde noir ! Un chien doit mourir comme les chiens. Beria.
Maniaque. Vorochilov.
Porc ! Kaganovich [54].

Fait remarquable, tout au long de la période des purges et des procès, alors qu'un flot ininterrompu de rapports de conspirations, de sabotages et de complots pour l'assassiner – impliquant des personnages de premier plan dans le parti, l'État et l'armée était déversé sur son bureau, Staline ne manifesta par aucun signe que son moral ou ses nerfs fussent affectés. Il ignorait la pitié. Il poursuivait ses occupations habituelles, dictant des lettres, recevant des fonctionnaires, tenant des réunions et assistant aux représentations théâtrales. Il se montrait aussi totalement dépourvu de compassion quand des hommes avec lesquels il avait travaillé en contact étroit pendant des années étaient exécutés. Ses commentaires occasionnels exprimaient seulement la satisfaction de déraciner la trahison, jamais le regret.

Dans certains cas, ceux dont l'arrestation était autorisée avaient le droit de rester à leur poste pendant des semaines et des mois ; dans d'autres, bien qu'écartés de leurs fonctions, ils n'étaient pas arrêtés immédiatement mais on les faisait attendre, procédure qui visait délibérément à réduire la résistance des victimes – et de leurs épouses – en prolongeant l'incertitude destructrice dans laquelle elles vivaient.

Ce n'étaient plus les anciens opposants, dont peu d'entre eux étaient encore en liberté, qui étaient menacés. Beaucoup de ceux qui s'étaient montrés actifs dans la mise en œuvre de la collectivisation et des plans quinquennaux s'étaient attiré la colère de Staline en résistant à l'arrestation et à l'exécution de membres du parti, ou au moins en exprimant des doutes ou en montrant trop peu de zèle.

Par exemple, dans le Conseil des commissaires du peuple (responsable des services les plus importants de l'État), on a pu identifier deux vice-présidents du conseil, Arkady Rosengolts (commerce extérieur) et Andreï Boubnov (éducation), G. M. Kaminski (santé), V. I. Mejlaouk (Gosplan et industrie lourde), M. Roukhimovitch (industrie de la défense), G. F. Grinko (finances), M. A. Tchernov (agriculture) et encore dix autres qui avaient été victimes des purges. Dans la plupart des cas, leur remplacement entraînait aussi la liquidation de leur personnel, lequel comprenait non seulement des fonctionnaires de l'administration centrale mais des directeurs d'entreprises et de complexes industriels ainsi que des ingénieurs en chef.

Pour prendre un autre exemple dans un secteur entièrement différent : non seulement des fonctionnaires du Komintern mais plusieurs milliers de communistes étrangers qui avaient trouvé asile en Union soviétique – réfugiés de l'Allemagne nazie, d'Autriche, d'Italie, de Pologne, d'Espagne et d'autres pays où le parti était interdit – furent arrêtés et fusillés ou envoyés en camp.

VII

Le dernier grand procès public eut lieu à Moscou en mars 1938. Sa fonction fut différente de celle des deux premiers, qui avaient servi à diffuser et à justifier l'idée que quiconque, y compris les membres du comité central et du politburo, exprimait son opposition ou même émettait des réserves à l'égard de la politique de Staline se mettait soi-même ainsi que sa famille en danger de mort. Le dernier fut destiné à réunir publiquement tous les différents types d'opposition, de terrorisme, de contre-révolution, de sabotage, d'espionnage et de trahison et à les présenter comme les différents rameaux d'une conspiration unique. L'Opposition de droite, représentée par Boukharine et Rykov, fut reliée à Trotski, aux précédents conspirateurs zinoviévistes et trotskistes, aux autres trotskistes non encore jugés, à Toukhatchevski et à l'armée, aux groupes d'action des différents centres terroristes qui avaient été identifiés et à au moins quatre services de renseignement étrangers. Les vingt et un inculpés représentaient les différents secteurs de l'*establishment* soviétique impliqués dans la « conspiration » : trois membres du politburo de Lénine (Boukharine, Rykov, Krestinski) ; Iagoda, l'ancien chef du NKVD, quatre commissaires du peuple, chefs de services gouvernementaux chargés de l'économie qui avaient avoué avoir encouragé des sabotages de grande envergure, quatre diplomates qui confirmaient la collusion avec l'Allemagne nazie et les liens avec Trotski, quatre dirigeants de républiques fédérées, l'Ouzbékistan, l'Ukraine et la Biélorussie qui plaidaient coupables d'avoir encouragé le nationalisme bourgeois. Les secrétaires de Kouïbychev, Gorki et Iagoda fournissaient la preuve que les deux premiers avaient été assassinés sur les ordres du troisième, et trois médecins, dont le patron de la profession médicale d'URSS, le professeur Pletnev, avouaient avoir perpétré les meurtres, y ajoutant la mort du fils de Gorki et de Menjinsky, le prédécesseur de Iagoda à la tête du NKVD.

L'acte d'accusation comprenait tous les crimes du répertoire contre-révolutionnaire, depuis l'espionnage au profit de puissances étrangères et l'assassinat jusqu'au complot visant au démembrement de l'URSS et au renversement du système social dans le but de restaurer le capitalisme. Une nouveauté toutefois, l'accusation, portée contre le seul Boukharine, d'avoir comploté pour s'emparer du pouvoir en 1918 en assassinant en même temps Staline et Lénine. La réunion des pièces à conviction — constituées comme toujours d'aveux qui se recoupaient — avait demandé un an de préparation à Iejov et à son équipe, lesquels furent eux-mêmes tous liquidés l'année suivante.

Malgré cela, il y eut des surprises, la première dès l'ouverture du procès quand on demanda aux accusés s'ils plaidaient coupables ou non. Alors que tous les autres plaidaient coupables, un homme répondit fermement : « Je plaide non coupable. Je ne suis pas un trotskiste. Je n'ai jamais été membre d'un bloc de droitiers et de trotskistes, dont j'ignorais l'existence. Je n'ai pas commis non plus les crimes dont je suis personnellement accusé[55]. » L'orateur, que Fitzroy Maclean, de l'ambassade d'Angleterre, qui était présent, décrit comme « une petite figure pâle, terne, usée, ses lunettes à monture d'acier perchées sur son nez crochu[56] », se nommait Nikolaï Krestinski. L'un des cinq membres avec Staline du premier politburo de Lénine, un temps doyen des secrétaires du comité central, il avait été exclu du parti avec Trotski mais, réintégré en 1929, il était devenu commissaire-adjoint aux affaires étrangères.

Quand Vychinski lui demanda pourquoi il avait induit le parquet en erreur en faisant de fausses déclarations dans ses aveux pendant les interrogatoires et en ne les récusant qu'à l'audience, Krestinski répondit : « J'ai seulement considéré que si j'avais dit ce que je dis aujourd'hui – que ce n'était pas en accord avec les faits – ma déclaration n'aurait pas atteint les dirigeants du parti et du gouvernement[57]. » Maclean raconte que cette déclaration hardie provoqua un « silence effaré » dans le tribunal[58].

Vychinski ne poursuivit pas sur le sujet avant le lendemain soir. Mais Krestinski avait alors passé plus de vingt-quatre heures entre les mains du NKVD. Lorsqu'il revint, son ton et son apparence avaient entièrement changé. Quand Vychinski lui demanda : « Que signifie alors la déclaration que vous avez faite hier ? », Krestinski répondit, comme s'il récitait sa leçon :

Hier, sous l'empire d'un sentiment fugitif et aigu de fausse honte, dû à cette ambiance et au fait que je me trouve sur le banc des accusés, de même qu'à l'impression pénible que m'a laissée la lecture de l'acte d'accusation, le tout aggravé par mon état maladif, je n'ai pu dire la vérité...

Je n'ai pas été à même de dire la vérité à la face de l'opinion publique mondiale, de dire que j'avais tout le temps mené une lutte trotskiste. Je prie la Cour d'enregistrer ma déclaration, que je me reconnais coupable, entièrement et sans réserve sur tous les points de l'accusation qui pèse sur moi, et que je revendique la pleine responsabilité pour ma félonie et ma trahison [59].

Le grand moment du procès fut l'audition contradictoire de Boukharine et Rykov. Boukharine avait été choisi par Staline pour incarner la dégénérescence et le caractère criminel de l'ensemble des vieux bolcheviks de la direction du parti. Ainsi que le nota Fitzroy Maclean : « C'est à Boukharine que revint le rôle de démon. Il avait été derrière toutes les vilenies, il avait trempé dans tous les complots. Chaque prisonnier, en se noircissant lui-même, veillait en même temps à noircir Boukharine [60]. »

Pendant les trois mois qui suivirent son arrestation, Boukharine tint bon face à la demande qui lui était faite de coopérer, dans « ce rôle symbolique de bolchevik représentatif [61] », en s'accusant lui-même. On raconte qu'il n'aurait pas été torturé mais qu'il aurait finalement accepté sous la menace qu'on tue son épouse et son fils nouveau-né. Il continua à batailler avec ses interrogateurs et avec les émissaires de Staline, Vorochilov et Iejov, sur le texte de ses « aveux » jusqu'à la veille du procès. Son plan, que suivit aussi Rykov, était d'accepter la responsabilité générale de tous les crimes du « bloc », mais de ramener cela à une formalité en refusant d'endosser celle de chaque cas particulier. Sa réponse à l'acte d'accusation fut la suivante :

> Je me reconnais coupable d'avoir été l'un des principaux leaders de ce « bloc des droitiers et des trotskistes ». Par conséquent je me reconnais coupable de ce qui en découle directement, coupable de tout l'ensemble des crimes accomplis par cette organisation contre-révolutionnaire, indépendamment du fait que je connaissais ou que j'ignorais tel ou tel acte, du fait que je prenais ou non une part directe à tel ou tel acte, puisque je réponds comme un des leaders de cette organisation contre-révolutionnaire et non comme aiguilleur [62].

Loin de se laisser intimider par les tentatives de Vychinski de le rudoyer, Boukharine, soutenu par Rykov, l'emporta dans toute une série d'échanges et fit perdre son sang-froid au procureur général.

Vychinski : « Accusé Boukharine, plaidez-vous coupable [du crime] d'espionnage ? »

Boukharine : « Non. »

Vychinski : « Après ce que dit Rykov, après ce que dit Charagonovitch ? »

Boukharine : « Je ne plaide pas coupable. »

Vychinski : « Quand l'organisation de droitiers fut mise sur pied en Biélorussie, vous étiez au cœur de celle-ci ; le reconnaissez-vous ?

Boukharine : « Je vous l'ai déjà dit. »

Vychinski : « Je vous demande si vous le reconnaissez ou non ? »

Boukharine : « Je ne m'intéressais pas aux affaires biélorusses. »

Vychinski : « Vous intéressiez-vous aux affaires d'espionnage ? »

Boukharine : « Non. »

Vychinski : « Et qui s'y intéressait ? »

Boukharine : « Je ne recevais aucune information concernant les activités de cette nature. »

Vychinski : « Accusé Rykov, Boukharine recevait-il des informations concernant les activités de cette nature ? »

Rykov : « Je ne lui en ai jamais parlé. »

Vychinski, se tournant vers Boukharine : « Je vous pose à nouveau la question, sur la base des témoignages produits ici contre vous : choisissez-vous de reconnaître devant le tribunal soviétique par quel service de renseignement étranger vous aviez été enrôlé – le britannique, l'allemand ou le japonais ? »

Boukharine : « Aucun [63]. »

Considérant le lien étroit que Boukharine avait eu avec Lénine, Staline avait ajouté l'accusation contre lui, et lui seul, d'avoir projeté d'assassiner le dirigeant bolchevique en 1918 – en même temps que Sverdlov et Staline lui-même. Boukharine nia fermement et, quand on le confronta aux témoins, il dit que leurs déclarations étaient fausses :

Vychinski : « Comment expliquez-vous le fait qu'ils ne disent pas la vérité ? »

Boukharine : « Vous feriez mieux de le leur demander [64]. »

Staline n'était pas présent dans le tribunal mais, comme lors des précédents procès, la salle d'audience avait été équipée de microphones qui lui permettaient de suivre les débats en privé. Fitzroy Maclean raconte :

A un moment, pendant le procès, une lampe à arc maladroitement orientée révéla clairement aux observateurs attentifs une moustache tombante sur un visage jaunâtre scrutant derrière le verre fumé de l'une des loges privées qui donnaient sur la salle d'audience [65].

Dans son réquisitoire final, Vychinski déclara :

L'importance historique de ce procès consiste tout d'abord en ceci qu'on y a montré, prouvé, établi avec une précision et une netteté exceptionnelles, que les droitiers, les trotskistes, les mencheviks, les socialistes révolutionnaires et les nationalistes bourgeois, etc., ne sont rien d'autre qu'une bande sans principe et sans idéologie d'assassins, d'espions, d'agents de diversion et de saboteurs... le « bloc des droitiers et des trotskistes »... ne constitue pas un parti politique, ni un courant politique ; c'est une bande de criminels et non pas de simples criminels, mais de criminels vendus aux services d'espionnage ennemis [66]...

Vychinski fut particulièrement exaspéré par la tactique de Boukharine – « ce croisement maudit entre un renard et un porc » – et de Rykov, refusant de plaider coupable du meurtre de Kirov ou d'aucune des accusations spécifiques retenues contre eux, tout en acceptant la responsabilité politique générale de toutes les activités du « bloc ».

De cette façon, tout en admettant la recevabilité de l'accusation portée contre lui, Boukharine « s'employa », écrivit le correspondant du *New York Times*, « de manière ininterrompue cette fois, à la tailler en pièce, pendant que Vychinski, incapable d'intervenir, mal à l'aise à sa place, avait l'air gêné et bâillait de manière ostentatoire [67] ».

Cependant, dans la partie finale de sa déclaration, Boukharine se soumit et accepta la justice du châtiment qui l'attendait, déclarant qu'il méritait plusieurs fois la mort parce qu'il avait dégénéré en ennemi du socialisme.

> ... dans ma prison [dit-il], j'ai révisé tout mon passé. Car lorsqu'on se demande : Si tu meurs, au nom de quoi mourras-tu ? – C'est alors qu'apparaît soudain avec une netteté saisissante un gouffre absolument noir. Il n'est rien au nom de quoi il faille mourir, si je voulais mourir sans avouer mes torts. Et au contraire tous les faits positifs qui resplendissent dans l'Union soviétique prennent des proportions différentes dans la conscience de l'homme. Et c'est ce qui m'a en fin de compte désarmé définitivement : c'est ce qui m'a forcé à fléchir devant le parti et devant le pays... Le résultat est une victoire morale intérieure totale de l'URSS sur ses opposants agenouillés [68].

Il n'y a rien qui indique dans quelle mesure l'acte de soumission de Boukharine résultait du constat que, si à la fin il ne respectait pas le marché qu'il avait conclu avec Staline, son épouse et son enfant souffriraient, et dans quelle mesure il résultait du sentiment que c'était seulement en se sacrifiant lui-même en tant qu'individu au parti qu'il donnait un sens à sa vie et mourait avec quelque chose de meilleur en quoi espérer dans l'avenir.

Staline ne s'intéressait pas aux motifs ; du moment que Boukharine et les autres avouaient, on pouvait laisser la mort régler le reste. Les accusés furent déclarés coupables de toutes les charges, et tous sauf trois furent condamnés à mort. Boukharine demanda un crayon et une feuille de papier sur lequel il écrivit une courte note pour Staline. « Koba, commençait-elle, pourquoi as-tu besoin que je meure ? » Staline ne répondit pas mais on découvrit la note parmi les documents qui se trouvaient dans son tiroir à sa mort, quinze ans plus tard [69].

Les peines furent exécutées sans délais et, par mesure de sécurité, l'histoire de l'Union soviétique fut réécrite afin d'effacer Boukharine et de ne donner que la version de Staline. L'appel qu'il avait adressé à la génération future dans la lettre dictée à son épouse ne fut pas vain. Dans les années 80, ses idées suscitèrent un regain d'intérêt chez ceux qui étaient en quête d'un « socialisme à visage humain », de la Tchéco-slovaquie et la Hongrie à la Chine, et en 1988, exactement cinquante ans après son procès, une « future génération de dirigeants du parti » en URSS réhabilita son nom et condamna Staline.

Il n'y eut pas d'autre procès public après mars 1938, quoique ce ne fût que durant l'été 1938 que la terreur atteignit son point culminant, avec l'exécution à la fin juillet des grandes figures de l'armée et du monde politique dont on a déjà parlé. Après cela, les purges se poursuivirent. C'est ainsi que les affaires étrangères soviétiques et l'administration centrale des Komsomol, ainsi que le commandement de l'armée d'Extrême-Orient furent soumis au processus arrestation-exécution-déportation en 1938-1939. Ce n'est qu'en février 1939 que Stanislas Kossior et Vlach Tchoubar, les anciens membres du politburo d'Ukraine, furent exécutés après de longues tortures ; les autres ne le furent qu'en 1940-1941.

Néanmoins, l'intensité de la terreur diminua à partir de l'automne 1938. Le NKVD lui-même, au niveau opérationnel, ne pouvait plus suivre les chiffres que son propre système de dénonciations mutuelles introduisait dans la machine. Il y aurait eu trois mille interrogateurs à l'œuvre dans la seule ville de Moscou, mais si chaque victime qui se faisait frapper jusqu'à ce qu'elle avoue, donnait le nom de cinq ou dix personnes de plus, les chiffres risquaient de devenir rapidement ingéra-bles. Même Staline fut obligé de reconnaître que la purge allait désor-mais si loin qu'il n'y avait plus une seule institution de l'Union soviétique dont le fonctionnement ne fût affecté par la perte de son personnel le plus expérimenté.

Bien que Staline fût sans aucun doute la force motrice de la terreur – il voyait Iejov chaque jour et lui donnait des instructions détaillées – il réussit à éviter d'en porter la responsabilité et le blâme. L'un des moyens d'y parvenir fut d'apparaître rarement en public et de ne prononcer aucun discours important pendant les deux ans qui suivirent le Plénum de mars, en 1937. Il déménagea également son bureau et son secrétariat personnel des locaux du comité central, place Stavaïa, pour les installer au Kremlin, plaçant des murs épais entre lui et le peuple. Cela favorisa la croyance à laquelle tant de gens se raccrochèrent, dont beaucoup de ceux qui en souffrirent, que le NKVD lui dissimulait la terreur qu'il faisait régner.

En 1938, il se mit en devoir de fournir un bouc émissaire, à qui l'on pouvait reprocher les « excès », en la personne de Iejov. Ce fut la répétition de la manœuvre qui avait détourné les reproches au sujet des excès de la collectivisation au moyen de l'article « Étourdis par le succès » en 1930.

En juillet 1938, Staline nomma Beria chef-adjoint du NKVD ; en août, Iejov fut nommé commissaire du peuple aux transports fluviaux, tout en conservant son poste de commissaire à la sécurité intérieure. Une commission nommée sur la proposition de Kaganovich, dont Beria était membre, mena une enquête sur le travail du NKVD et découvrit des irrégularités et excès nombreux. En conséquence, deux résolutions furent adoptées par le comité central : « Sur les arrestations, le contrôle assuré par le parquet et la conduite des investigations », et « Sur le recrutement de gens honnêtes pour travailler dans les organes de sécurité ». Dans les deux semaines qui suivirent (décembre 1938), Beria remplaça Iejov comme chef du NKVD, laissant ce dernier dans les limbes de l'incertitude. Il était toujours à la tête du commissariat aux transports fluviaux et y assistait occasionnellement à des réunions, sans jamais intervenir. Parfois, il fabriquait des petits avions en papier ou des oiseaux, qu'il lançait puis qu'il allait récupérer, en rampant sous une chaise s'il le fallait, mais toujours en silence.

Quand le XVIIIe congrès du parti se réunit en mars 1939, Iejov, qui était devenu un « non-individu » mais était toujours membre du comité central, assista à une réunion du Senioren Kovent (le comité des anciens). E. G. Feldman, le premier secrétaire du comité du parti de la région d'Odessa, qui était présent, fit cette description à Medvedev :

> Alors que le congrès touchait à sa fin, le *Senioren Kovent* se réunit dans un des vestibules du Kremlin. Assis à une longue table se trouvaient Andreïev, Molotov et Malenkov. Derrière eux, loin derrière dans un coin à gauche… Staline prit un siège, tirant des bouffées de sa pipe. Andreïev prit la parole. Il dit que comme le congrès achevait ses travaux, il était temps de proposer les candidats à l'élection au comité central. Les premiers à être nommés furent les membres sortants du comité, à l'exclusion bien sûr, de ceux qui étaient tombés comme victimes. Puis ce fut le tour de Iejov.
>
> « Il y a des avis ? » demanda Andreïev.
>
> Après un court silence, quelqu'un fit remarquer que Iejov était un bon commissaire stalinien, connu de tous, et qu'il devait être conservé.
>
> « Des objections ? » Il y eut un silence. Puis Staline demanda la parole. Il se leva, se dirigea jusqu'à la table et, tirant toujours sur sa pipe, appela :
>
> « Iejov ! Où es-tu ? Viens ici ! » Iejov sortit d'une rangée du fond et vint jusqu'à la table.
>
> « Alors, qu'en penses-tu, toi ? demanda Staline. Es-tu en mesure de faire partie du comité central ? »

Iejov devint pâle et d'une voix cassée répondit qu'il ne comprenait pas la question, que toute sa vie avait été consacrée au parti et à Staline, qu'il aimait Staline plus que sa propre vie et qu'il n'avait pas la moindre idée de ce qui avait pu provoquer pareille question.

« Vraiment ? » demanda Staline d'un ton ironique. « Et qui était Frinovski ? Le connaissais-tu ? »

« Oui, bien sûr que oui, répondit Iejov. Frinovski était mon adjoint. Il... »

Staline interrompit Iejov et commença à lui poser des questions au sujet d'autres personnes : qui était Schapiro ? connaissait-il Ryzhov [le secrétaire de Iejov] ? et Fedorov, etc. [tous ces gens avaient été arrêtés]...

« Ioussif Vissarionovitch ! Mais tu sais que c'est moi – moi-même – qui ai dévoilé le complot. Je suis venu te voir et je t'ai fait savoir que... »

Staline ne le laissa pas continuer. « Oui, bien sûr ! Quand tu as senti que l'affaire était dans le lac, tu es venu me voir à toute vitesse. Mais avant ? Il y avait un complot, un complot pour tuer Staline. Tu voudrais peut-être me faire croire que des pontes du NKVD étaient en train de fomenter un complot et que tu n'étais pas dans le coup ? Tu crois que je suis aveugle ? » Staline poursuivit : « Allons ! Réfléchis ! Qui as-tu envoyé pour protéger Staline ? Avec des revolvers ! Pourquoi des revolvers près de Staline ? Pourquoi ? Était-ce pour tuer Staline ? Et si je ne m'en étais pas aperçu ? Qu'est-ce qui se serait passé, alors ? »

Staline accusa Iejov de mener le NKVD à un train d'enfer, d'arrêter des innocents tout en couvrant d'autres personnes.

« Alors ? Déguerpis ! Je ne sais pas, camarades, cet homme peut-il être membre du comité central ? J'ai des doutes. Bien sûr, réfléchissez... c'est à vous de décider... mais j'ai des doutes. »

Iejov fut bien sûr rayé de la liste à l'unanimité des voix ; il ne revint pas dans le vestibule après la pause et on ne le revit plus au congrès[70].

Iejov ne fut arrêté que quelques jours plus tard au milieu d'une réunion à son commissariat. Quand les agents du NKVD finirent par se montrer, il se leva et dit : « Combien de temps ai-je attendu cela ! » Il posa son pistolet sur la table et on l'emmena[71].

Pour Staline, le XVIIIe congrès du parti, en 1939, bien plus que le XVIIe en 1934, fut le véritable congrès des vainqueurs – ou des survivants. L'appel des noms des délégués montra combien il avait réussi à créer un parti entièrement nouveau dans les cinq ans qui venaient de s'écouler. Sur les 1966 délégués au congrès de 1934, 1 108 (chiffre de Khrouchtchev) avaient été arrêtés pour crimes contre-révolutionnaires. Sur ceux qui avaient eu assez de chance pour sauver leur peau, seulement cinquante-neuf étaient encore délégués en 1939. Le roulement des effectifs du comité central fut tout aussi effarant. Sur les 139 membres et suppléants élus en 1934, 115 ne reparurent pas en 1939. Khrouchtchev déclara que 98 d'entre eux avaient été fusillés, mais Medvedev donne le chiffre réel de 110[72].

Beria avait donné un coup de balai aussi radical dans les postes supérieurs du NKVD que Iejov l'avait fait avant lui. Les rares qui avaient survécu au passage de Iagoda, comme Frinovski et Zakovsky qui avaient préparé le procès de Boukharine, suivirent leurs collègues au poteau d'exécution. Il en fut de même de la génération Iejov. En tout, on estime que plus de 23 000 membres du NKVD avaient péri à la fin des années 30. En mars 1939, les hommes de Beria finissaient par prendre les commandes, et parmi eux les Géorgiens de la suite que Beria avait amenée à Moscou avec lui étaient bien représentés. Après que la commission d'enquête eut remis son rapport, les poursuites engagées contre 50 000 personnes furent abandonnées, geste qui ne marqua pas tant un changement de politique qu'une modification de sa mise en œuvre. Sous Beria, la purge, que Iejov avait utilisée comme une mesure d'urgence pour faire face à une crise, fut institutionnalisée en un instrument de pouvoir permanent.

Iejov ayant été identifié comme bouc émissaire, Staline fut prêt à concéder qu'il y avait eu des erreurs de commises. Dans son rapport au congrès, il dit aux délégués : « On ne peut pas dire que les purges aient été menées sans de graves erreurs. Malheureusement, il y a eu plus d'erreurs qu'on ne pouvait le prévoir. » Cependant, il rassura les délégués : « Il ne fait aucun doute qu'il n'y aura plus besoin de recourir à la méthode des purges de masse. Néanmoins, la purge de 1933-1936 était inévitable et ses résultats ont, dans l'ensemble, été bénéfiques. »

Les délégués, dont l'ouïe était certainement aiguisée par le sentiment d'insécurité, n'auront pas manqué de noter le fait que Staline n'avait parlé que des années 1933-1936, quand les exclusions du parti avaient été constitutionnellement autorisées par le comité central. Mais les années 1937-1938, où le nombre des exclusions et des exécutions avait été dix fois plus grand, et où toutes, à l'exception d'une poignée qui avait fait l'objet d'un procès, avaient été ordonnées par Staline et un ou deux membres du politburo agissant en secret, étaient passées sous silence. Ce n'est qu'à la fin de son rapport, parlant de la rapide promotion de la jeune génération, qu'il ajouta cette touche caractéristique d'humour noir, « Mais... il y a toujours moins de vieux cadres que nécessaire, et leurs rangs commencent à s'éclaircir par la force des lois de la nature [73]. »

Combien de personnes en tout furent arrêtées, fusillées ou envoyées en camps reste une question à laquelle on n'apportera peut-être jamais de réponse satisfaisante. Robert Conquest, dont *La Grande Terreur* avait été publiée pour la première fois en 1968, a fourni une réévaluation en 1990 en tenant compte des sources soviétiques fournies à ce jour. Ses estimations révisées sont les suivantes :

1. *Fin 1936*
Déjà en prison ou en camp : environ 5 millions
2. *Janvier 1937 – décembre 1938*
Arrêtés : env. 8 millions

Sur ces 8 millions
env. 1 million furent exécutés
env. 2 millions moururent en camp

3. *Fin 1938*
En prison : env. 1 million
En camp : env. 7 millions[74]

Ces estimations correspondent à trois dates différentes et ne doivent pas être additionnées pour donner un chiffre global. Volkogonov donne une estimation plus basse pour les années 1937-1938 :
4,5 à 5,5 millions d'arrêtés, sur lesquels
800 à 900 000 furent condamnés à mort
et 3 à 4 millions détenus dans des camps ou des prisons.

Dans aucun de ces cas, ces chiffres ne comprennent les personnes, plus nombreuses encore, déportées, exécutées ou mortes de faim pendant la campagne de collectivisation (voir plus haut, p. 290). Elles ne comprennent pas non plus les personnes exécutées ou qui moururent en camps ou en prison pendant les années 1939-1953.

VIII

Discuter du nombre total de ceux qui souffrirent, un ou deux millions de plus ou de moins – la question quantitative – obscurcit le fait, qualitatif, que sur les millions de victimes, quel que fût leur nombre, ce qui arriva à chaque individu fut une expérience personnelle unique en soi. Ce fut la conscience de cela qui conduisit Soljenitsyne, qui avait lui-même passé onze ans en camp de travail, à écrire l'histoire aujourd'hui classique, *Une journée d'Ivan Denissovitch*, puis à continuer, malgré les risques, à recueillir secrètement les expériences de plusieurs centaines d'anciens prisonniers, à partir desquelles il éleva – sans avoir eu accès aux documents officiels – son mémorial aux victimes de la terreur stalinienne, *L'Archipel du Goulag*. L'« archipel » se composait d'« îles » habitées par des millions de zeks* ; certaines de ces îles étaient aussi étendues qu'un grand pays d'Europe, d'autres aussi petites qu'une cellule de détention dans une gare. L'archipel était éparpillé géographiquement mais fusionné psychologiquement en un continent presque invisible à l'intérieur d'un autre continent, celui de l'Union soviétique.

Au début du chapitre I, Soljenitsyne écrit :
Le monde recèle autant de centres qu'il compte d'êtres vivants.
Chacun de nous est le centre du monde, et l'univers se fend en deux lorsqu'on vous jette dans un sifflement : « Vous êtes arrêté ! »...

---

* Goulag est le sigle russe de l'Administration supérieure des camps de rééducation par le travail, dépendant du NKVD. *Zek* : mot de l'argot des prisons russes signifiant « prisonnier ». Voir la carte de l'enfer, vol. 2, pp. 210-211.

Tout au long de cette rue tortueuse qu'est notre vie, filant d'un cœur allègre ou nous traînant comme une âme en peine, il nous est arrivé maintes et maintes fois de passer devant des palissades et encore des palissades – palis de bois pourri, murettes de pisé, enceintes de béton ou de fonte. Nous ne nous étions jamais demandé ce qu'il y avait derrière... Or c'est là justement que commence le pays du GOULAG, sous notre nez, à deux pas. Autre chose encore avec ces palissades : nous n'y avions jamais remarqué la présence, en quantité innombrable, de portillons, de portes basses solidement ajustées, soigneusement camouflées. Eh bien, ces portes, toutes ces portes, c'est à notre intention qu'elles étaient préparées, et voici que l'un d'elle, fatidique, vient de s'ouvrir toute grande, cependant que quatre mains d'hommes, quatre mains blanches qui n'ont pas l'habitude du travail, mais des mains préhensiles, nous agrippent par la jambe, par le bras, par le col, par la chapka, par l'oreille, elles nous balancent à l'intérieur comme un sac, tandis que la porte dans notre dos, la porte qui donnait sur notre vie passée, est claquée sur nous pour toujours.

Terminé. Arrêté. Vous êtes arrêté !

Et rien, vous ne voyez toujours r-r-rien d'autre à répondre que ce bêlement d'agneau :

« Moi ?? Pourquoi ?? »

Voici ce qu'est l'arrestation : une lueur aveuglante et un coup qui refoulent, sur-le-champ, le présent dans le passé et font de l'impossible un présent à part entière[75].

Au contraire de la collectivisation, qui fut proclamée publiquement et qui affecta des villages entiers, la terreur était toujours une expérience individuelle, qui frappait en silence et de manière imprévisible, comme un éclair dans un ciel bleu, et cette différence explique pourquoi, vis-à-vis de cette dernière, il n'y eut pas de résistance organisée. Car quiconque vit dans pareilles conditions finit par se convaincre que le meilleur moyen d'éviter les ennuis est de ne rien savoir de ce qui se passe chez le voisin, de n'entendre aucun des cris qui retentissent au milieu de la nuit, de détourner les yeux à la gare, de ne pas demander pourquoi soudain tel collègue ne vient plus travailler. Comme l'écrit Soljenitsyne :

Et si on *n'allait pas encore* vous cueillir ? Et si tout allait s'arranger ?... La majorité s'engourdit dans le mirage de l'espoir. Puisque vous êtes innocent, quelle raison aurait-on donc de vous cueillir ? *C'est une erreur !* On vous entraîne déjà par le collet que vous en êtes encore à conjurer le sort : « C'est une erreur ! Les choses tirées au clair, on me libérera ! » Les autres sont emprisonnés en masse, c'est absurde, mais là encore, chaque cas reste enveloppé de ténèbres : « Celui-là, peut-être bien tout de même que... ? Mais vous, en tout cas, à coup sûr, vous êtes innocent !... A quoi rime, dans ces conditions, de prendre la fuite ? Et comment pourriez-vous, dans ce cas, opposer de la résistance ?... Vous ne feriez qu'aggraver votre cas, empêcher de tirer cette erreur au clair[76].

L'instinct de se détourner dans l'espoir de ne pas se faire remarquer fut renforcé par la crainte des indicateurs. Tout le monde avait peur de parler, ce qui provoqua cette atomisation de la société où, il y a bien longtemps, Aristote voyait déjà l'un des remparts de la tyrannie – « la création de la défiance, car on ne peut renverser un tyran que quand les hommes commencent à avoir confiance les uns dans les autres [77] ».

Le sentiment d'impuissance individuelle était maintenu après l'arrestation par l'incapacité du prisonnier à découvrir pourquoi il avait été arrêté, l'égarement qui naissait de ne pas pouvoir comprendre ce qui se passait, déchiffrer les intentions de ceux qui exerçaient désormais un contrôle total sur votre destin. Pourtant, ce que le prisonnier vivait comme un cauchemar inexplicable était le produit d'un calcul méticuleux. Derrière la brutalité et l'indifférence apparemment banales, il y avait un corps de savoir bâti sur l'expérience séculaire de l'art de briser la résistance et l'identité des êtres humains, transmise d'une génération d'interrogateurs et de tortionnaires à une autre. Ainsi que Soljenitsyne finit par le comprendre, il y avait une « théorie scientifique ». Elle permettait de classer les arrestations selon une variété de critères : de nuit, de jour, au domicile, au travail, pendant un voyage ; première fois ou répétition ; l'ampleur de la perquisition requise ; ce qui devait être fait de l'épouse – arrêtée, déportée avec ou sans ses enfants. Les opérations du NKVD, comme celles de la Gestapo, étaient scientifiques en cela qu'elles étaient solidement fondées sur l'expérimentation et l'observation constantes et ainsi régulièrement mises à jour, et qu'elles puisaient dans l'ensemble des recherches médicales et psychologiques sur le comportement des êtres humains sous tension.

Le secret qui enveloppait l'existence des camps et tout leur fonctionnement les rendait encore plus effrayants. Aucune liste des arrestations n'était publiée ; les camps de travail n'étaient jamais mentionnés dans les journaux. Pourtant tout le monde savait que ces choses-là faisaient partie de la vie soviétique mais sans jamais en parler à autrui. Cela créa, comme le dit Kolakowski, « une double conscience… et rendit les gens complices de la campagne de mensonges menée par le parti et par l'État [78] ».

Ceux qui occupaient ou qui avaient occupé un poste élevé devaient avoir une meilleure idée de ce qui leur arriverait s'ils étaient arrêtés. Mais ce qu'ils ignoraient c'est s'ils le seraient ou non ; et les longues périodes d'incertitude dans lesquelles ils étaient volontairement maintenus, parfois pendant des semaines, parfois pendant des mois, avaient le même effet destructeur. Une fois arrêtés, ils étaient dépouillés de tous privilèges et laissés aussi nus et vulnérables que n'importe qui. Ainsi, dans son rapport secret, Khrouchtchev choisit non pas d'anciens opposants comme exemples de ceux qui avaient subi de graves tortures mais des membres du politburo, staliniens – Roudzoutak, Eikhe, Tchoubar et Kossior – qui furent tous lavés des accusations portées contre eux dès la mort de Staline. Boukharine semble être le seul à n'avoir pas été torturé et qui conserva suffisamment de liberté pour pouvoir se défendre lui-même devant un tribunal public.

Tous les bolcheviks furent d'autant plus désarmés par le fait qu'eux-mêmes, à partir de l'époque de la guerre civile, avaient participé à des actes de violence massive, par exemple, à la campagne de collectivisation. Aucun d'entre eux n'avait protesté contre les faux procès et les exécutions quand les victimes n'étaient pas des membres du parti, et ils n'avaient pas non plus remis en question le droit des dirigeants du parti de décider qui était un ennemi de classe, un koulak ou un agent impérialiste. Quand les règles d'un jeu qu'ils avaient accepté se retournèrent contre eux, ils n'avaient plus de principe moral indépendant vers lequel se tourner.

L'effet de tout cela fut encore renforcé par la mystique du parti comme unique source de la vérité et de toutes les autres valeurs. Trotski exprima le sentiment de beaucoup quand il dit :

> Les Anglais ont un dicton, « *My country, right or wrong* [Mon pays, qu'il ait tort ou raison]... Nous sommes beaucoup plus justifiés à dire, qu'il ait tort ou raison dans certains cas particuliers, c'est mon parti... et si le parti adopte une décision que l'un ou l'autre d'entre nous trouve injuste, c'est mon parti, et je soutiendrai les conséquences de la décision jusqu'au bout[79].

Piatakov déclara dans une conversation de 1928 déjà citée :

> D'après Lénine, le parti est fondé sur le principe de la coercition qui ne reconnaît ni limites ni interdits... Ce principe de coercition infinie revient à une absence de limitation quelle qu'elle soit – morale, politique, et même physique...
>
> Un vrai bolchevik a englouti sa personnalité dans la collectivité du parti... Afin de faire un avec ce grand parti, il doit se fondre en lui, abandonner sa propre personnalité, de manière à ce qu'il ne reste pas une particule en lui qui n'appartienne au parti[80].

En 1936, Boukharine dénonça l'ambition démente de Staline, au cours d'une conversation à Paris avec Nicolaïevski ; mais quand ce dernier demanda pourquoi, alors, l'Opposition s'était soumise à lui, Boukharine répondit : « Tu ne comprends pas, ce n'est pas du tout comme ça. Ce n'est pas en lui que nous avons confiance, mais dans l'homme en qui le parti a placé sa confiance. Il se trouve simplement qu'il est devenu une sorte de symbole du parti[81]. » Piatakov s'était dit en 1928 qu'il n'y avait pas de vie pour lui en dehors du parti. Dix ans plus tard, Boukharine, qui n'avait plus d'illusion sur le point jusqu'où Staline avait perverti le parti, avait pourtant terminé sa plaidoirie finale par le même aveu :

> Il n'y avait rien qui vaille la peine de mourir si l'on veut mourir sans repentir... Et lorsqu'on se demande : Eh bien ! soit, tu ne mourras pas.

Si par un miracle quelconque, tu restes à vivre, quel sera alors ton but ? Isolé de tout le monde, ennemi du peuple, dans une situation qui n'a rien d'humain, totalement coupé de tout ce qui fait l'essence de la vie[82]...

Le système de base du NKVD consistait à obtenir des aveux, par lesquels les prisonniers reconnaissaient leur culpabilité et accusaient d'autres personnes. Staline exigea des aveux même dans les affaires beaucoup plus nombreuses qui ne furent jugées qu'en secret. Comme les affaires étaient basées sur des crimes, non pas réels mais imaginaires, il était beaucoup plus commode et efficace d'établir la culpabilité de cette manière qu'en forgeant des preuves extérieures qui auraient alors pu être niées. Il est indéniable que ce fut le fait que les accusés furent vus et entendus dans un tribunal, en train de s'accuser eux-mêmes et de s'accuser les uns les autres, qui produisit une si forte impression sur les observateurs occidentaux et sur le peuple soviétique. La construction de cette masse de minutieuse falsification occupa le temps de plusieurs milliers d'agents et d'interrogateurs du NKVD. On aurait très bien pu, et cela aurait épargné beaucoup de temps et de soucis, faire suivre les arrestations d'exécutions et de déportations sur simple décision administrative. Mais l'aveu, comme la procédure officielle des procès devant un tribunal, contribua à maintenir l'apparence de la légalité et à masquer le terrorisme et le meurtre. Même si on ne les croyait pas, les accusés qui reconnaissaient leur culpabilité étaient discrédités politiquement – et, à leurs propres yeux, moralement. Leur autocondamnation et leur auto-humiliation faisaient partie de la peine que leur infligeait Staline pour avoir éveillé ses soupçons.

Ce que l'on n'a guère compris à l'époque, mais qui a été établi depuis de façon probante, c'étaient les méthodes par lesquelles le NKVD obtenait les aveux. La méthode de base était celle connue sous le nom de « convoyage » – interrogatoire continu par des hommes qui se relayaient pendant des heures et des jours d'affilée, souvent sans laisser le prisonnier dormir ni manger. D'après les témoignages, une semaine suffisait presque toujours à faire craquer n'importe qui. Une autre solution consistait à répartir de longs interrogatoires sur plusieurs mois, voire sur un an ou deux. Un Polonais qui fut victime de ce traitement parle de l'effet du froid, de la faim, de la lumière aveuglante dans les yeux et surtout du manque de sommeil : « Au bout de cinquante ou soixante interrogatoires associés au froid, à la faim et au manque de sommeil presque total, l'homme devient comme un automate – il a les yeux brillants, les jambes gonflées, les mains qui tremblent. Dans cet état, on réussit souvent à le convaincre qu'il est coupable[83]. » Il ajoute que la plupart de ses coaccusés atteignirent ce stade entre le quarantième et le soixante-dixième interrogatoire.

Les passages à tabac et les tortures étaient monnaie courante. Le fait fut reconnu avec franchise par Khrouchtchev dans son discours secret quand il cita une circulaire de Staline adressée aux secrétaires du parti des républiques et des régions en 1939, confirmant que cela avait été autorisé par le comité central en 1937. Staline se faisait le défenseur des « méthodes d'influence physiques » en arguant du fait que c'était la pratique des services de renseignements bourgeois « sous leur forme la plus scandaleuse ». Le comité central considérait que c'était « à la fois justifié et adapté » quand cela s'appliquait à « des ennemis du peuple avérés et obstinés[84] ».

Les méthodes les plus efficaces étaient une combinaison de tortures physiques et psychologiques : la menace d'arrêter et de torturer l'épouse du prisonnier, avec audition d'effets sonores – les cris et les pleurs d'une femme dans la pièce voisine, ou la menace de fusiller ses enfants tout en l'obligeant à rester debout sans manger, sans boire ni dormir pendant trois, quatre, cinq jours.

Le travail des indicateurs et la dénonciation constituaient une partie essentielle du système. La rancune et la jalousie étaient des motifs puissants qui pouvaient être mobilisés contre ceux qui appartenaient à la classe privilégiée des détenteurs de fonctions importantes. « Le cafardage était un des principaux moyens de s'en sortir dans la vie. » Le NKVD utilisa le chantage et la menace pour obliger un grand nombre de gens à « coopérer » en dénonçant leurs voisins et leurs collègues de travail ; d'autres virent dans la dénonciation le moyen de détourner l'attention d'eux-mêmes et d'obtenir les faveurs de ceux qui avaient le pouvoir. L'effet destructeur de cela fut de supprimer ce minimum de confiance mutuelle sur lequel s'appuient les relations humaines et d'isoler les individus les uns des autres. Beaucoup de récits décrivent l'atmosphère de peur et de silence qui baignait Moscou, Leningrad et les autres grandes villes de Russie en 1936-1938.

Seule une minorité des gens arrêtés furent exécutés. La grande majorité furent déportés dans un des camps de rééducation par le travail qui constituaient les plus grandes îles de l'archipel du Goulag. Une liste détaillée des camps fut publiée dès 1937, décrivant avec précision trente-cinq agglomérats, formés chacun de 200 camps environ. On a estimé qu'en 1935-1937, leur population totale était de l'ordre de cinq à six millions d'hommes et de femmes. Beaucoup ne survivaient pas à l'horreur du voyage en chemin de fer qui pouvait durer des mois, dans des wagons de marchandises bondés, sans chauffage l'hiver, horriblement chauds l'été, et où le manque de nourriture, d'eau et de soins médicaux était la règle. Ceux qui y résistaient pouvaient encore mourir de froid – beaucoup de camps étaient implantés dans les régions arctiques – d'épidémies ou de maladie, d'épuisement au travail, de mauvais traitements infligés par les gardes, qui terrorisaient les prisonniers politiques, ou à la suite d'ordres de Moscou exigeant un nouveau quota d'exécutions massives. Ces dernières avaient généralement lieu dans l'une des Prisons centrales d'isolement. Une cinquantaine de milliers de prisonniers auraient ainsi été transférés pour être exécutés dans l'une de ces prisons du Bamlag (complexe de camps des régions *Baïkal*-

*Am*our, en Sibérie orientale) au cours des deux années 1937-1938. Ils étaient ligotés ensemble avec du fil de fer comme des bûches, entassés dans des camions, conduits à l'extérieur du camp et fusillés.

Les deux plus grandes colonies de l'empire du NKVD étaient situées dans le nord-ouest de la Russie, dans la république autonome de Komi, et en Extrême-Orient, entre la Lena et la chaîne de montagnes de Kolymskoïé (Guydan), au nord de la baie de Chelikhova. Dans la première, le bassin de la Petchora contenait la plus forte concentration d'individus soumis aux travaux forcés de Russie, avec plus d'un million de prisonniers. Dans le district minier de Vorkouta, la température était inférieure à zéro pendant deux tiers de l'année et rares étaient ceux qui survivaient plus d'un an ou deux. Dans la deuxième, zone dont la superficie égalait quatre fois celle de la France, les camps dépendaient du Dalstroï, le Trust de construction de l'Extrême-Orient, et comptaient environ un demi-million de prisonniers. La principale concentration se trouvait dans les mines d'or (et plus tard d'uranium) de la rivière Kolyma, où la température pouvait descendre à − 70°. Le travail à l'extérieur était obligatoire jusqu'à − 50°. Le taux de mortalité était si élevé que le nombre de prisonniers qui séjournèrent dans ses camps à un moment ou à un autre fut plus élevé que dans n'importe quelle autre colonie.

Bien qu'il fût rarement rentable, l'esclavage dans les camps était une partie admise de l'économie soviétique : un million de personnes étaient employées dans les mines, trois millions et demi dans la construction, telle que celle de chemins de fer et d'usines. Le stimulant matériel utilisé était de faire dépendre l'attribution des maigres rations de nourriture de la réalisation des quotas. On a évalué le taux de mortalité dans les camps en 1 938 à 20 % par an. Seule une petite proportion de ceux qui étaient envoyés en camps en revenaient ; même s'ils survivaient, on leur infligeait une nouvelle peine à l'échéance de la première. Soljenitsyne pense que le maximum qu'un homme pouvait tenir était dix ans, et c'était à une bien meilleure période de l'histoire. Sur l'ensemble des personnes arrêtées en 1936-1938, on estime que le taux de survie a été de 10 %. Andreï Sakharov a calculé que sur les 600 000 membres du parti qui avaient été envoyés en camps, seulement 50 000 avaient survécu.

Toute organisation chargée d'exécuter une opération de cette envergure finit par trouver un rythme de fonctionnement propre qui devient difficile à enrayer. Tout contrôle efficace devient impossible quand, comme c'était le cas avec le NKVD, cet organisme opère en secret, souvent à de très grandes distances du centre, et a constamment l'occasion de se livrer à des abus de pouvoir et de donner libre cours aux comportements criminels et psychopathiques. Pas plus qu'Hitler les camps de concentration, Staline ne visita jamais un seul des camps ni une seule des prisons du NKVD. Il dépendait de ce qu'on lui disait, et peut très bien avoir ignoré l'existence de beaucoup des excès qu'il jugea par la suite de bonne politique de désavouer. Savoir si, en ayant eu connaissance, il serait intervenu, est une autre question.

Mais même si l'on admet qu'une bonne part de la responsabilité de la brutalité avec laquelle le NKVD accomplissait ses tâches incombe aux officiers supérieurs et aux commandants des camps, lesquels eurent les mains libres, la responsabilité de la politique choisie et la décision de la mettre en œuvre incombent à Staline. Par-dessus tout, il fut responsable de l'ampleur de la Terreur et des purges. C'est là un point que l'on ne remet plus en cause en Union soviétique. Après le débat mouvementé de la fin des années 80 qui suivit l'extension de la *glasnost* à l'histoire soviétique, et en particulier à la période des purges, la *Pravda* annonça platement en avril 1988 : « Staline n'était pas seulement au courant, il les organisa, il les dirigea. C'est aujourd'hui un fait, déjà prouvé[85]. »

Mais cela laisse encore sans réponse la question suivante : quel objectif si important put concevoir Staline pour justifier la mort et l'emprisonnement de millions d'hommes et de femmes pour la deuxième fois en dix ans ? La première fois, pendant la période de collectivisation et d'industrialisation, on pouvait au moins arguer du fait que les souffrances et les morts étaient le prix de la modernisation d'un pays arriéré – même si la plupart des historiens remettent aujourd'hui en cause l'idée que ce fut un prix nécessaire. Mais en 1936 la collectivisation était achevée, et les fondements d'une économie industrielle posés. Loin de le consolider, la Terreur de la fin des années 30 menaça de saper ce qui avait été construit, à cause de la liquidation d'un grand nombre de ceux qui y avaient le plus contribué, à tous les niveaux. La seule raison que Staline avança comme justification de son action fut une vaste conspiration destinée à renverser le régime, dans laquelle auraient été impliqués, non seulement l'organisation du parti dans tout le pays mais les autres élites et réseaux – y compris le NKVD lui-même ainsi que les forces armées – qui étaient apparus au sommet de la Russie post-révolutionnaire.

La situation internationale inquiétante et le risque de guerre furent mis à contribution pour ajouter un peu de substance à la menace ; pourtant il n'existe pas un seul cas de vrai traître ni d'espion qui ait pu être identifié parmi les milliers de victimes dont les noms ont été répertoriés. Et il n'y eut pas un secteur dont l'efficacité souffrit plus de la Iejovchina que les forces armées sur lesquelles le régime devait pouvoir compter en cas de guerre.

J'ai déjà signalé les traits psychologiques et l'expérience de la conspiration qui aidèrent Staline à se persuader qu'il existait une menace potentielle contre le régime, et la lumière qu'ils jettent sur l'importance qu'il attacha aux aveux et à la reconnaissance de la culpabilité. Mais l'élément de calcul ne doit jamais être écarté des explications du comportement de Staline. C'est la combinaison et la convergence des deux, ses besoins psychologiques et politiques, qui firent de lui un personnage si redoutable.

Dans ce cas, l'élément politique est facile à identifier si l'on retourne la question de départ et si l'on cesse de se demander quel objectif fut suffisamment important pour que le prix à payer ait été la liquidation de tant d'individus capables et expérimentés, et qu'on admet que, pour Staline, ce ne fut pas le prix mais l'objectif lui-même. La raison devient claire si l'on replace la période de 1936-1939 dans le contexte de l'histoire soviétique de l'après-1917.

La révolution de Staline de 1929-1933 a été présentée au chapitre 8 comme une révolution économique et sociale, venue étayer et compléter la révolution politique de Lénine, la prise du pouvoir, en 1917-1921. Mais à mesure qu'on avançait dans les années 30, Staline en vint à considérer que sa révolution serait incomplète sans une nouvelle phase politique, une purge radicale également imposée d'en haut. Elle ne suivit pas immédiatement : il y eut une période de détente en 1933-1934, puis une période de préparation en 1934-1935, avant qu'on n'en sente toute la force en 1936-1939. Elle commença par l'élimination des anciens opposants ; elle s'élargit pour englober les staliniens qui avaient mené à bien les transformations révolutionnaires de 1929-1933, mais recherché ensuite une politique de détente et de réconciliation ; et elle se poursuivit par la liquidation quasi totale de l'ancien parti de Lénine, non seulement au sein de l'organisation du parti proprement dite mais chez tous les gens de cette génération, qu'ils aient appartenu au parti ou non, dans tous les secteurs de l'élite soviétique, l'armée, les entreprises, la culture et, finalement, le NKVD lui-même. Le critère ne fut plus seulement l'opposition ou même le doute mais il s'étendit aussi à ceux que Staline appela « les silencieux », ceux qui s'étaient constitué une base de pouvoir ou un « cercle de famille » à eux ou chez qui il y avait encore des traces d'indépendance d'esprit. Beaucoup, qui n'avaient pas été réellement soupçonnés par ceux qui dirigeaient les purges, tombèrent victimes de dénonciations.

Psychologiquement, les purges diminuèrent chez Staline la crainte omniprésente de la conspiration, du coup d'État et de l'assassinat, et satisfirent son désir de revanche qui resta toujours aussi fort dans cette nature où ne se manifesta jamais la moindre trace de magnanimité ou de sentiment humain et dans laquelle le calcul était renforcé par une cruauté instinctive. Politiquement, elles réduisirent la dissidence au silence une fois pour toutes et ouvrirent la voie à une forme de gouvernement autocratique. Elles y parvinrent en éliminant ce qui restait de l'ancien parti bolchevique, où étaient encore vivaces à peine vingt ans plus tard les souvenirs de la révolution de 1917 et de la guerre civile, du style de commandement de Lénine et de démocratie interne du parti, ainsi que du marxisme-léninisme en tant qu'idéologie qui donnait au parti son identité et liait ses membres entre eux dans une foi commune.

Il n'y a nul besoin d'idéaliser ce parti des débuts ni d'oublier les souffrances qu'il avait imposées au peuple russe sans autre mandat que la certitude de sa propre infaillibilité. La continuité avec lui fut maintenue par la rhétorique, la revendication d'une tradition révolutionnaire et l'héritage par Staline de l'autorité de Lénine. Cela joua un rôle important dans la dissimulation des transformations radicales que Staline opérait, laquelle servit à préserver la fidélité des partis communistes et des sympathisants de gauche à l'étranger. Mais derrière cette façade, Staline avait créé un parti très différent de celui à l'intérieur duquel il s'était hissé au pouvoir.

Staline avait déjà pris des mesures pour fournir sa propre version de la manière dont ce développement avait eu lieu. Sous sa direction, on commença à travailler en 1935 à la rédaction d'une *Histoire du parti communiste de toute l'Union*, connue par commodité sous le nom de *Précis d'histoire*. Peu satisfait du résultat, il donna en 1937 les lignes directrices du livre qu'il désirait, indiquant sa division en douze chapitres et en donnant comme source évidente ses propres écrits et discours. Quand le brouillon fut prêt, Staline prit une part active à sa relecture et à sa correction, et ajouta un chapitre idéologique entièrement de son cru sur « le matérialisme dialectique et historique ».

Le texte qui en résultat présentait Staline comme le codirigeant du parti avec Lénine à partir de la conférence de Prague de 1912, remplaçant Trotski dans le rôle de l'organisateur qui avait dirigé la prise du pouvoir en 1917 et fixé la stratégie de la guerre civile. Ensemble, Staline et Lénine avaient fait échouer les menées subversives de Trotski, Zinoviev, Boukharine et Rykov, que les procès de la fin des années 30 avaient permis de démasquer en tant « qu'ennemis de la révolution à double visage » depuis le début. Rien n'était dit du désaccord entre Lénine et Staline et, par précaution, une décision du politburo (qui ne fut connue qu'en 1957) interdit la publication de tous autres études ou mémoires de Lénine.

Selon le *Précis d'histoire*, à la mort de Lénine, Staline prit sa place en tant que dirigeant indiscuté qui mena à bien l'industrialisation et la collectivisation de la Russie grâce à un puissant soutien populaire (aucune allusion au coût humain) et malgré la collaboration entre les puissances étrangères hostiles et les espions et saboteurs de l'intérieur. La victoire du socialisme en URSS avait été confirmée par une constitution démocratique en 1936 et scellée par l'extermination des ennemis du pouvoir soviétique, le « gang Boukharine-Trotski », avec l'approbation du peuple soviétique.

Staline prit soin de ne pas apparaître comme auteur ni comme responsable du *Précis d'histoire* ; la page de titre indiquait qu'il avait été rédigé par une commission du comité central. Mais il s'assura par un décret du comité central de novembre 1938 qu'il deviendrait désormais la base de tout l'enseignement politique soviétique, le texte central que devrait maîtriser quiconque avait l'ambition de trouver sa place parmi les cadres dirigeants du parti, de l'État ou de l'économie. A sa mort il avait été réédité 300 fois, et tiré à plus de quarante-deux millions d'exemplaires dans soixante-sept langues différentes. C'était là la seule source d'où la génération montante qui était désormais appelée à prendre la relève de la direction de l'Union soviétique devait tirer la connaissance de ses origines et de son histoire.

Entre 1934 et 1939, environ un million d'administrateurs, d'ingénieurs, de gestionnaires, d'économistes et autres spécialistes étaient sortis des grandes écoles et des universités et désiraient prendre les place laissées vacantes. Leur force résidait dans leur jeunesse, et dans leur capacité de répondre à la mobilité ascendante de la société soviétique ; leur faiblesse corollaire résidait dans leur inexpérience. Au XVIIIᵉ congrès du parti, Staline annonça qu'un demi-million de membres du parti, issus en grande partie de cette nouvelle intelligentsia, avaient été promus à des postes clés au sein du parti et de l'État pendant la même période. (Brejnev et Kossyguine furent tous deux diplômés en 1935 ; en 1939, le premier était commissaire du peuple aux textiles, l'autre premier secrétaire d'une région.) Le processus se poursuivit : plus de 70 % des recrues du parti dans les années qui suivirent étaient issues du même vivier.

Les délégués au XVIIIᵉ congrès représentaient déjà cette élite nouvellement formée : ils avaient rarement plus de cinquante ans, plus des trois quarts avaient moins de quarante ans, et la moitié moins de trente-cinq ans. Ils n'avaient connu aucun autre dirigeant que Staline, aucun autre monde en tant qu'adultes que le régime soviétique, et leur connaissance de son histoire antérieure et de son idéologie marxiste-léniniste proviendrait désormais entièrement de la version stalinienne de l'une et de l'autre. Ils n'avaient aucune fidélité au parti ou à une idéologie indépendante de ses dirigeants. Ils ne risquaient pas de causer le moindre ennui. L'avenir leur appartenait, mais ils savaient que s'ils causaient des ennuis ou ne parvenaient pas à atteindre les objectifs fixés, ils risquaient autant la dénonciation, le licenciement ou l'arrestation que leurs prédécesseurs. Le mécanisme des purges était désormais maîtrisé et avait été régularisé ; il n'avait pas été aboli.

1918 annulé

Hitler : 1934-1938 *(44 à 49 ans)*
Staline : 1934-1938 *(54 à 59 ans)*

I

Les années 1933 et 1934 ont représenté une phase transitoire dans la politique étrangère de l'Allemagne nazie et de l'Union soviétique. Ce fut toutefois pour des raisons différentes. Le présupposé fondamental d'Hitler était que l'Allemagne devait éviter le risque de guerre... jusqu'à ce qu'elle ait rétabli son pouvoir militaire. Il parlait de manière émouvante, en ancien combattant, des horreurs de la guerre, et le désir de paix du nouveau régime devint un des thèmes principaux de la propagande qui visait à impressionner l'opinion publique en Grande-Bretagne, en France et dans les petits pays européens. Pendant ce temps, il poussait en avant ses plans de réarmement.

Pour l'heure, Hitler découragea les nazis d'Autriche et de Danzig, et les minorités allemandes de Tchécoslovaquie et de Pologne, de susciter l'inquiétude en demandant à être incorporés au Reich. Il préférait présenter une Allemagne forte comme le rempart de la civilisation européenne contre la menace bolchevique. Mais quand on le pressa de participer à l'effort commun pour garantir un règlement européen, il évita tout engagement qui pourrait lui lier les mains. Les seuls accords qu'il était disposé à passer étaient bilatéraux – le pacte de 1934 avec la Pologne, ou l'accord maritime anglo-allemand de 1935 – et il restait libre de les désavouer quand ils ne serviraient plus ses desseins.

Staline aussi, en 1933-1934, s'orientait vers une réévaluation de la situation internationale et de la politique étrangère soviétique. L'image d'une Russie encerclée de puissances hostiles avait longtemps été un article de foi pour les communistes alors qu'en fait, depuis la guerre civile et l'interventions des Alliés, aucune menace n'avait pesé sur l'Union soviétique, qui avait été laissée libre de poursuivre son développement à partir du début des années 30. Une fois établies les relations diplomatiques avec les États-Unis en novembre 1933, on put dire que toutes les grandes puissances et la plupart des autres États reconnaissaient le gouvernement soviétique comme gouvernement légitime de la Russie et étaient entrés dans des relations commerciales avec lui. Néanmoins, le gouvernement communiste n'abandonnait pas son rôle de base du Komintern, organisation vouée à la révolution mondiale, et cela continuait de

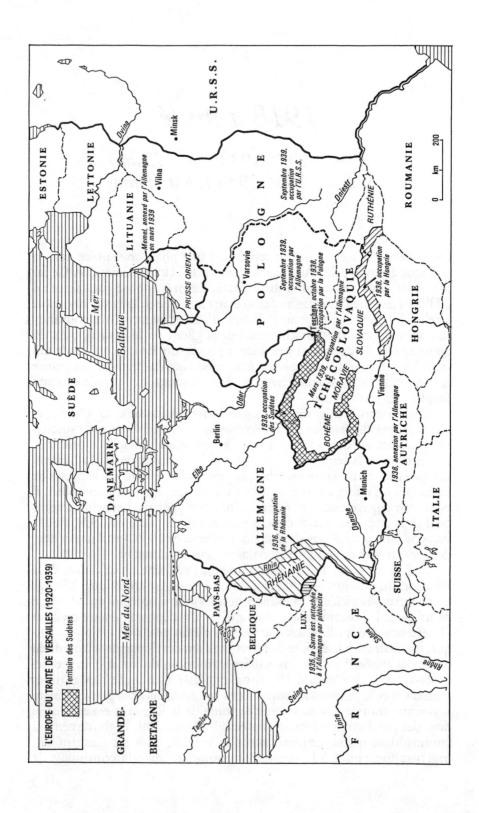

L'EUROPE DU TRAITÉ DE VERSAILLES (1920-1939)

Territoire des Sudètes

GRANDE-BRETAGNE

Mer du Nord

PAYS-BAS

BELGIQUE

LUX.

FRANCE

Seine

Loire

Sèvre

Rhône

SUISSE

ITALIE

SUÈDE

Mer
Baltique

DANEMARK

Elbe

Berlin

ALLEMAGNE

Oder

1936, réoccupation
de la Rhénanie

Rhin

RHÉNANIE

Danube

Munich

1935, la Sarre est rattachée
à l'Allemagne par plébiscite

1938, annexion par l'Allemagne

AUTRICHE

Vienne

ESTONIE

LETTONIE

LITUANIE

Memel, annexé par l'Allemagne
en mars 1939

Vilna

PRUSSE ORIENT.

Varsovie

P O L O G N E

Septembre 1939,
occupation par
l'Allemagne

Septembre 1939,
occupation
par l'U.R.S.S.

U.R.S.S.

Dvina

Minsk

Dniestr

RUTHÉNIE

1938, occupation
par la Hongrie

ROUMANIE

km   200

Teschen, octobre 1938,
occupation par la Pologne

Mars 1939, occupation par l'Allemagne

TCHÉCOSLOVAQUIE

BOHÊME

MORAVIE

SLOVAQUIE

1938, occupation
des Sudètes

HONGRIE

Tamise

constituer un obstacle à la normalisation des relations. Mais au VIᵉ congrès du Komintern, en 1928, l'organisation acheva de se mettre sous une dépendance complète à l'égard du pouvoir soviétique, bien illustrée par l'acceptation de l'appel de Staline à faire partout des partis socialistes la cible principale.

La préoccupation constante de Staline était de mener à bien sa révolution en Russie. L'Union soviétique devait être prête à se défendre, et la création d'une puissante industrie de l'armement était une priorité du programme d'industrialisation. Mais son principal objectif était d'éviter la guerre et cela ne présenta pas de problème jusqu'en 1931-1932.

La faible priorité accordée à la politique étrangère était visible dans le fait que Georges Chicherine, et Maxim Litvinov, qui le remplaça en 1930 comme commissaire aux Affaires étrangères, étaient seulement membres du comité central et n'appartenaient pas au politburo. La réputation que, dans les années 30, Litvinov se gagna à l'étranger comme ministre des Affaires étrangères de la Russie, constituait un acquis que Staline reconnut, mais Litvinov ne faisait pas la politique soviétique, se contentant d'exposer des points de vue et des décisions qu'il pouvait espérer influencer mais qui étaient prises par le politburo. Quand on en venait à discuter des affaires étrangères, Litvinov était présent. Mais Staline avait d'autres sources d'informations que celles de son ministère – par exemple, le NKVD – et il pouvait choisir d'intervenir à tout instant. Quand il le faisait, ses opinions étaient décisives.

La réaction soviétique à l'essor d'un Japon agressif se caractérisa par un ensemble de tactiques semblables à celles qui furent employées plus tard en Europe. La première, à la suite de l'occupation japonaise de la Mandchourie en 1931, fut d'offrir aux Japonais un traité de non-agression, une politique d'apaisement (comprenant la vente des chemins de fer chinois d'Orient) que les Russes continuèrent de respecter jusqu'en 1941. La seconde consistait à renforcer l'armée soviétique d'Extrême-Orient sous les ordres du maréchal Blioukher et, dans les années 30, à travers une série d'incidents de frontières impliquant parfois un grand nombre de soldats, de convaincre les Japonais que la conquête de l'Extrême-Orient soviétique serait un choix beaucoup plus coûteux qu'une nouvelle expansion aux dépens de la Chine.

Une troisième démarche fut, en 1932, d'utiliser les communistes chinois pour faire pression sur le chef nationaliste chinois, Tchang Kaï-chek, afin qu'il relève le défi japonais et accepte de renouer des relations avec la Russie après la rupture de 1928, empêchant ainsi tout accord entre la Chine et les Japonais dirigé contre l'URSS.

Les dirigeants russes eurent beaucoup plus de mal à apprécier l'importance du danger de guerre en Europe et à décider de la manière d'y faire face. Quoique considérées comme des puissances capitalistes, donc hostiles, ni la Grande-Bretagne, ni la France ne semblaient constituer une menace immédiate. Et pas davantage l'Allemagne, plus frappée que quiconque par la crise économique. L'énorme étendue de territoire russe occupée par les Allemands durant la Première Guerre mondiale et l'humiliation du traité de Brest-Litovsk n'avaient certainement pas été oubliées mais elles furent compensées par le désarmement de l'Allemagne et par l'étroite coopération entre les deux pays dans les domaines économique et militaire, tout au long des années 20.

L'essor du national-socialisme, accompagné d'un accroissement égal des résultats électoraux communistes, fut pris pour la preuve que l'Allemagne capitaliste était au bord de l'effondrement. Considéré, d'un point de vue marxiste, comme l'homme de paille des banquiers et des industriels, Hitler ne fut pas, au début, pris au sérieux ; la ligne soviétique officielle était que tout gouvernement qu'il formerait représenterait un simple interlude, offrant à la classe ouvrière allemande, unie derrière la direction communiste, une occasion unique de s'emparer du pouvoir. Même quand il s'avéra que c'était une illusion, les Russes calculèrent qu'il faudrait des années avant que le réarmement atteignît le point où l'armée allemande serait assez forte pour les attaquer.

En même temps, en dépit de la violence des attaques d'Hitler contre le communisme, et d'incidents au cours desquels des citoyens soviétiques étaient maltraités en Allemagne, Staline ne désespérait pas de maintenir des relations amicales et la coopération entre les deux États, espoir partagé par les Affaires étrangères et l'armée allemandes. En mai 1933, alors qu'Hitler s'inquiétait toujours de l'isolement et de la vulnérabilité de son pays, les Russes obtinrent son accord pour ratifier l'extension de 1931 du traité d'amitié et de neutralité originellement signé en 1926 à Berlin. Même après qu'eut pris fin, en 1933, la longue coopération entre la Reichswehr et l'Armée rouge – avec des témoignages d'estime mutuelle – Staline déclara qu'il n'y avait aucune raison pour que l'existence d'un gouvernement fasciste en Allemagne empêchât les deux pays de rester en bons termes et de commercer l'un avec l'autre, ce qui était également valable dans le cas de l'Italie.

Une nette division avait toujours existé à Berlin, en particulier au ministère des Affaires étrangères, entre les partisans de l'Est, d'accord avec les chefs de l'armée pour voir dans la relation avec la Russie un avantage essentiel pour appuyer les visées révisionnistes, et les tenants de l'Ouest, qui jugeaient que les intérêts de l'Allemagne seraient mieux servis par une coopération avec l'Occident. Durant la période de Weimar, les ambassadeurs d'Allemagne à Moscou, Ulrich von Brockdorff-Rantzau et son successeur Herbert von Dirksen, avaient été d'ardents partisans de l'Est et cette tradition ne s'était pas interrompue quand Hitler était devenu chancelier. Nommé ambassadeur à Moscou en novembre 1933, Rudolf Nadolny était un disciple de von Brockdorff-Rantzau, et son successeur de 1934 à 1941, Friedrich Werner von der Schulenburg, devait finir par prendre part aux négociations du pacte germano-soviétique de 1939.

Mais l'attitude d'Hitler, si elle n'était pas inamicale, restait neutre. Tant que la puissance militaire allemande n'aurait pas été restaurée, il n'avait aucune raison et nul désir de provoquer une rupture ouverte avec la Russie – ou, à l'inverse, de trop resserrer les relations. Elles demeurèrent correctes, mais les efforts de diplomates allemands pour les améliorer, ou les ballons d'essai lancés dans ce sens depuis Moscou par Staline, ne menèrent à rien. Le commerce entre les deux pays continua d'une manière chaotique, mais à un niveau bien inférieur à celui de la période de Weimar.

Staline ne perdit jamais de vue qu'il était souhaitable de trouver un accord avec l'Allemagne, en particulier si cela encourageait Hitler à se brouiller avec les puissances occidentales. Les avances soviétiques se poursuivirent, à Berlin et à travers l'ambassade allemande à Moscou. Mais Staline, tout insistant et patient qu'il fût, ne plaçait pas trop d'espoirs dans cette direction. Des mesures importantes furent prises pour développer et réarmer les forces armées soviétiques. En 1933, les dépenses pour l'Armée rouge et la marine avaient atteint 1 milliard 500 millions de roubles ; en 1934, le commissariat à la défense reçut cinq milliards. Les années 1934-1935 constituent une brève période de calme durant laquelle furent accomplies la modernisation et la réorganisation de l'Armée rouge sous la direction de Toukhatchevski. Parmi les décisions finalement adoptées, figure celle de séparer les fronts orientaux et occidentaux en formant deux forces différentes qui pouvaient agir indépendamment l'une de l'autre.

En même temps, on continua de chercher une autre approche diplomatique du problème, permettant d'éviter la guerre. Le premier signe clair de cette démarche apparut dans un discours de Litvinov prononcé devant l'exécutif central du congrès des soviets à la fin de 1933. « Si l'on peut parler d'ères diplomatiques », dit-il, « alors nous nous tenons sans aucun doute à la jonction entre deux ères... » Une nouvelle période des guerres impérialistes venait à peine de commencer, et Litvinov fit allusion à l'intention d'Hitler, proclamée dans *Mein Kampf*, « de s'ouvrir une route d'expansion à l'Est par le fer et par le feu... et de réduire à l'esclavage les peuples soviétiques ». Il exprimait toujours l'espoir que les relations germano-soviétiques s'amélioreraient, mais l'Union soviétique devait être particulièrement attentive à nouer des relations plus étroites « avec les États qui, comme nous, donnent des preuves de leur désir sincère de maintenir la paix, et sont prêts à résister à ceux qui la rompent[1] ».

Le discours de Litvinov annonçait un changement radical de ligne conduisant à l'entrée de l'Union dans la Société des nations (septembre 1934), jusque-là qualifiée dans la presse soviétique de « société des voleurs », où pendant les quatre années suivantes, la Russie poursuivit une politique de sécurité collective. Le principal avocat et symbole de cette nouvelle approche était Litvinov lui-même, un vieux bolchevik marié à une Anglaise, et dont les origines juives ne laissaient aucun doute sur ses sentiments antinazis. A Genève, il était si utile à Staline qu'il survécut aux purges et revint au premier plan après l'attaque d'Hitler contre la Russie, avant de mourir dans son lit.

Le partenaire que l'Union soviétique devait à l'évidence choisir était la France, qui avait été l'alliée de la Russie avant la Première Guerre mondiale. A la suite du retrait de l'Allemagne de la Société des nations (octobre 1933), et du pacte de non-agression signé par Hitler avec la Pologne, Louis Barthou, ministre des Affaires étrangères français qui avait lu *Mein Kampf*, déploya des efforts vigoureux pour ranimer le système d'alliance français. Durant des entretiens qui se déroulèrent à Genève à l'été 1934, Litvinov et lui s'accordèrent sur deux projets de traités.

Par le pacte de Locarno en 1925, négocié par Stresemann pour poursuivre une politique d'« accomplissement » dénoncée par Hitler, l'Allemagne s'accordait avec la France et la Belgique pour maintenir les frontières occidentales établies par le traité de Versailles, y compris la zone démilitarisée de la Rhénanie. L'accord était garanti par la Grande-Bretagne et l'Italie. Les Allemands, toutefois, avaient refusé d'accepter un pacte similaire qui signifierait l'acceptation des frontières d'après-guerre à l'Est. Le premier des deux projets Barthou-Litvinov relançait l'idée d'un Locarno de l'Est proposant un pacte d'assistance mutuelle comprenant l'URSS, l'Allemagne, les pays baltes, la Pologne et la Tchécoslovaquie. La Russie adhérerait à la Société des nations, et l'Allemagne aussi bien que l'URSS seraient protégées contre toute attaque de leurs voisins. L'Allemagne retournerait peut-être au sein de la SDN, et la France reconnaîtrait son réarmement. En retour, chacun devrait renoncer à tout acte d'agression en Europe de l'Est, ou s'exposait à une coalition des puissances engagées à se porter mutuelle assistance. Le second traité était un pacte franco-soviétique séparé, par lequel la France s'engagerait à protéger l'Union soviétique contre l'agression d'un signataire du futur Locarno de l'Est, et les Russes assumaient les obligations d'un signataire du Locarno original envers la France.

Du point de vue de Staline, les deux projets lui auraient donné ce qu'il voulait : un retour de la Russie dans la politique européenne, mettant fin au danger d'isolement ; des garanties contre une agression allemande ou polonaise, avec une garantie correspondante à ces deux pays contre une attaque soviétique. Du point de vue d'Hitler, ces traités auraient été la dernière chose qu'il désirait : ils auraient entraîné l'abandon de ses plans à long terme de conquête d'un *Lebensraum* aux dépens de la Russie et lui auraient lié les mains à l'avance avec un de ces pactes multilatéraux auxquels il était totalement opposé. L'Allemagne et la Pologne rejetèrent ces projets en septembre 1934, le mois même où l'Union soviétique adhérait à la Société des nations.

Barthou s'était évidemment attendu à ce que l'Allemagne réagisse ainsi, car il déclara au cabinet français qu'il poursuivrait la mise sur pied des deux traités même si Hitler refusait d'y adhérer. Mais il fut tué en octobre 1934, lors de l'attentat perpétré par un terroriste croate contre le roi Alexandre de Yougoslavie en visite en France. Le maroquin des Affaires étrangères fut alors confié à Pierre Laval, le seul membre du cabinet français opposé à ses plans.

Laval n'abandonna pas ouvertement le pacte oriental de Barthou mais le vida de sa substance. Au lieu de chercher à contenir l'Allemagne comme Barthou en avait eu l'intention, Laval entreprit de réaliser un accord franco-allemand durable. Les Allemands lui fournirent tous les encouragements possibles sans s'engager à rien et virent avec satisfaction la proposition Barthou se dissoudre dans une discussion sans issue sur un accord européen général, pendant qu'eux-mêmes accéléraient leur réarmement. Le caractère fallacieux de l'apaisement obtenu fut illustré par la préparation du plébiscite de la Sarre prévu pour janvier 1935. Les Sarrois auraient à choisir entre l'unification avec l'Allemagne, l'annexion par la France ou le maintien sous mandat de la SDN. Alors qu'Hitler mobilisait pour remporter un succès éclatant, Laval faisait tout pour éviter des incidents, dans l'espoir qu'un vote nombreux en faveur de l'Allemagne lèverait un obstacle à l'amélioration des relations franco-germaniques.

Plus Hitler apprenait à connaître le comportement des gouvernements français et britannique, plus il se convainquait qu'en adoptant une ligne plus audacieuse, il soulèverait certes leurs protestations, mais sans courir de grands risques qu'ils s'opposent à lui. Avant même le plébiscite de la Sarre, il déclara à une réunion de ministres : « Les Français ont définitivement laissé passer l'occasion d'une guerre préventive. Ceci explique aussi les efforts de rapprochement de la France[2]. » La stratégie allemande face aux approches britanniques et françaises fut reconfirmée en janvier 1935 ; des négociations étaient possibles, mais il n'y aurait pas d'accord limitant de quelque manière que ce soit le réarmement allemand ou engageant l'Allemagne dans un règlement général. Les négociations serviraient seulement à gagner du temps pendant que l'Allemagne réarmait. La vraie question pour Hitler était de savoir s'il ne devait pas aller plus loin et prendre lui-même l'initiative.

Devant les résultats du plébiscite dans la Sarre – 90 % en faveur de la réunification avec l'Allemagne – les nazis proclamèrent aussitôt que la première des chaînes de Versailles était brisée. Hitler poursuivit le mouvement avec l'abolition unilatérale de l'interdiction la plus importante imposée à l'Allemagne vaincue. Le 9 mars 1935, Berlin annonçait que l'aviation allemande existait déjà, et puis, une semaine plus tard – après une pause pour voir les réactions – que le gouvernement allemand se proposait de réintroduire la conscription et de créer une armée de temps de paix de 36 divisions rassemblant 550 000 hommes.

Prévue pour coïncider avec le week-end de l'Anniversaire des héros, cette dénonciation du traité de Versailles haï, assortie de l'annonce de la renaissance de l'armée allemande fut saluée par une explosion d'enthousiasme patriotique. Cela, on pouvait s'y attendre : mais quelle serait la réaction des Britanniques et des Français ? Le gouvernement anglais publia une protestation solennelle – puis demanda si Hitler était toujours désireux de recevoir son ministre des Affaires étrangères, sir John Simon.

Les Français en appelèrent à la SDN et convoquèrent une conférence des signataires du pacte de Locarno – Grande-Bretagne, Italie et France – à Stresa, mais parlèrent de rechercher des moyens de conciliation et du besoin de dissiper la tension. Ce n'était pas le langage de gens déterminés à appuyer leurs protestations sur des actes.

Quand le secrétaire aux Affaires étrangères britannique, accompagné d'Anthony Eden, arriva à Berlin – ce qui, en soit, était déjà un triomphe pour la diplomatie d'Hitler – ils furent poliment reçus mais trouvèrent le Führer inflexible : il ne signerait jamais un pacte d'assistance mutuelle incluant l'Union soviétique. La carte de l'anticommunisme était habilement utilisée pour éviter la principale question. L'Allemagne, déclara-t-il, rendait un grand service en réarmant pour protéger l'Europe contre la menace communiste.

En avril, les trois signataires de Locarno se réunirent comme prévu à Stresa, condamnèrent l'action de l'Allemagne, réaffirmèrent leur engagement dans le traité et répétèrent leur soutien à l'indépendance de l'Autriche. Puis il y eut une réunion du conseil de la SDN (auquel l'URSS avait désormais un siège), qui à son tour désigna une commission pour considérer quelles mesures devraient être prises *la prochaine fois* qu'un État mettrait en danger la paix en dénonçant ses obligations. Finalement, comme c'était tout ce qui restait du grand dessein de Barthou, Laval accepta à contrecœur de signer le traité franco-soviétique d'assistance mutuelle le 2 mai, jour où il accédait au poste de Premier ministre.

Bien qu'il dût apparaître bientôt clairement que le dit Front de Stresa n'était qu'un château de cartes, Hitler devait tenir compte du risque que la condamnation unanime de la SDN n'isolât l'Allemagne. Le 21 mai, jour où il signa la deuxième loi de défense du Reich qui le nommait commandant suprême et lui donnait le pouvoir de déclarer la guerre et de décréter la mobilisation, Hitler prononça un discours au Reichstag qui montra de la manière la plus convaincante sa capacité à combiner l'action arbitraire unilatérale avec une compréhension intuitive du besoin de paix des démocraties occidentales – le même talent qu'il avait montré en jouant sur les illusions des Allemands.

> Le sang versé sur le continent européen au cours des 300 dernières années est sans commune mesure avec le résultat de l'événement pour la nation. A la fin, la France est restée la France, l'Allemagne, l'Allemagne, la Pologne, la Pologne et l'Italie, l'Italie. Ce que l'égoïsme dynastique, la passion politique et l'aveuglement patriotique, dans la recherche de changements politiques apparemment profonds, ont atteint en versant des fleuves de sang, n'a fait pour ce qui regarde le sentiment national, qu'effleurer à peine la peau des nations... Le principal effet de toute guerre est de détruire la fleur des nations... L'Allemagne a besoin de paix et désire la paix. Et quand j'entends des lèvres d'un chef d'État britannique que ces assurances ne sont rien, et que la seule preuve de la sincérité est la signature de pactes collectifs, je dois demander à M. Eden

de se rappeler... qu'il est quelquefois plus facile de signer des traités avec la réserve mentale qu'on reconsidérera son attitude à l'heure décisive, que de déclarer, devant une nation entière et très publiquement, son adhésion à une politique qui sert la cause de la paix parce qu'elle rejette tout ce qui peut conduire à la guerre [3].

La sécurité collective, remarqua Hitler, était une idée wilsonnienne, mais la confiance de l'Allemagne dans les idées wilsonniennes avait été détruite par la manière dont elle avait été traitée après la guerre. On avait refusé l'égalité à l'Allemagne et on s'était comporté avec elle comme avec une nation aux droits de deuxième classe. Les autres puissances s'abstenant de désarmer, elle avait été poussée à réarmer. Malgré cette expérience, elle était toujours prête à coopérer à la recherche de la sécurité. Mais elle n'avait que faire de pactes multilatéraux : c'était un moyen d'étendre la guerre, et non de la localiser. Et il existait un État, la Russie soviétique, engagé dans la destruction de l'indépendance de l'Europe, avec lequel l'Allemagne nationale-socialiste ne s'accorderait jamais. Au lieu de traités multilatéraux, l'Allemagne offrait des pactes de non-agression à tous ses voisins. L'amélioration de ses relations avec la Pologne à la suite d'un de ces pactes montrait combien ces derniers pouvaient contribuer à la cause de la pix.
Hitler appuya son offre d'une très convaincante démonstration de bonne volonté. Comme l'Allemagne avait répudié les clauses de désarmement du traité de Versailles, cela ne signifiait pas qu'elle ne respectait pas à la lettre les autres clauses du traité – y compris la démilitarisation de la Rhénanie – ou les autres obligations de Locarno. Elle n'avait aucune intention d'annexer l'Autriche, et était prête à renforcer le pacte de Locarno par un accord sur l'attaque aérienne, comme les Anglais et les Français l'avaient suggéré. Hitler insista particulièrement sur sa volonté de limiter la puissance navale de l'Allemagne à 35 % de celle de la Grande-Bretagne. L'Allemagne était prête à accepter l'abolition des armes lourdes – telles que les chars lourds et l'artillerie – et à limiter l'usage des bombardiers et des gaz par une convention internationale. Elle était également prête à accepter une limitation générale des armements, pourvu qu'elle s'appliquât aussi aux autres puissances.
Voilà ce qu'Hitler avait en tête quand il avait déclaré à Rauschning, après le retrait de la SDN, qu'à présent il parlerait plus que jamais le langage de Genève, ajoutant : « Et mes camarades de parti ne manqueront pas de me comprendre quand ils m'entendront parler de paix universelle, de désarmement et de pactes de sécurité mutuelle [4] ! »
Même Hitler ne s'attendait sans doute guère à recevoir dans les trois semaines une réponse décisive à son discours. Dans *Mein Kampf,* il insistait beaucoup sur l'importance d'une alliance avec la Grande-Bretagne. L'avenir de l'Allemagne était à l'Est, c'était un avenir continental, et la Grande-Bretagne, puissance coloniale, commerciale et navale, donc dépourvue d'intérêt sur le continent européen, était un allié naturel.

Il considérait que la plus grande bévue du gouvernement du Kaiser avait été de ne pas comprendre cela, et de ne pas avoir su éviter, à la fois, les querelles avec la Russie et l'Angleterre.

Hitler s'était déjà mis d'accord avec l'amiral Raeder en novembre 1934 pour que la construction navale allemande se poursuive à la limite des capacités des chantiers navals et des ressources en matière première. Mais cela prendrait plus longtemps que le développement de l'armée, et durant cette période, il jugeait avantageux de gagner la bonne volonté britannique en échange de la fixation d'une limite – arbitrairement établie à un tiers de la puissance navale britannique – que la marine allemande n'atteindrait pas en tout cas avant plusieurs années. Ce chiffre, et l'intérêt de l'Allemagne pour des négociations maritimes furent communiqués aux Britanniques en novembre 1934, et mentionnés de nouveau dans des entretiens avec le secrétaire au Foreign Office, Sir John Simon, et avec Eden, en mars de l'année suivante. Hitler prétendait que la reconnaissance de la suprématie navale britannique était une grande concession, et à la fin de mars 1935, il offrit à l'ambitieux Ribbentrop l'occasion d'aller négocier un accord, si les Britanniques s'intéressaient à son offre.

Sans se laisser troubler par le fait qu'il venait à peine de se joindre aux Français et aux Italiens pour condamner le réarmement allemand, et sans rien dire aux autres puissances de ce qui était maintenant proposé, le cabinet britannique accepta de rencontrer Ribbentrop le 4 juin. Le lendemain soir, il n'avait pas seulement accepté le principe du réarmement naval, mais donné aussi son agrément à la formule allemande de 35 % de la force navale britannique, sur laquelle Ribbentrop revenait avec insistance pour en demander d'abord l'acceptation, avant de discuter de tout autre détail. En fait, les Britanniques allèrent jusqu'à accepter le chiffre de 45 % de leur puissance de feu sous-marine – alors que les submersibles s'étaient révélés une arme fatale pour eux en 1917. Le chiffre serait porté finalement à 100 % et à ce point (atteint en fait en 1938), le traité fournirait une légitimation rétrospective de sa propre violation.

C'est seulement quand ce triomphe de la diplomatie bilatérale d'Hitler fut un fait accompli que les Britanniques consultèrent les puissances intéressées. Les Français étaient furieux et amers de ce qu'ils considéraient, avec quelque raison, comme un acte de mauvaise foi d'un allié de guerre, après les efforts qu'ils avaient fait pour marcher au même pas dans les négociations avec l'Allemagne. Le Front de Stresa était rompu, confirmant les estimations de Mussolini aussi bien que d'Hitler, quant à la faiblesse des Britanniques. Français et Anglais se retrouvaient divisés, alors qu'ils étaient confrontés à une nouvelle crise avec le projet mussolinien de conquête de l'Éthiopie.

A la conférence de Stresa, pour préserver un front uni contre l'Allemagne, le secrétaire au Foreign Office et le Premier ministre britannique avaient délibérément évité de soulever le sujet de l'Éthiopie.

Même quand Mussolini inséra une expression restrictive – « en Europe » – dans la formule traitant du maintien de la paix, il n'y eut pas d'objection et ceci semble avoir été pris par le dirigeant italien comme un acquiescement tacite à son projet. Laval était prêt à accepter l'aventure africaine de Mussolini plutôt que de courir le risque de perdre le soutien italien dans la recherche d'un accord avec l'Allemagne et dans la volonté d'empêcher l'annexion de l'Autriche. Un appel éthiopien à la Société des nations, en mars 1935, avait été traité avec prudence. Toutefois, une large partie de l'opinion britannique regardait la résistance à Mussolini comme la pierre de touche de la sécurité collective, et quand la SDN se réunit en septembre, le gouvernement anglais mit le Duce en fureur et étonna le monde pour la deuxième fois en quatre mois, en prenant une position en pointe pour réclamer, et obtenir des sanctions contre l'Italie.

La démarche des Britanniques ne pouvait être défendue que dans l'hypothèse où ils étaient prêts à soutenir les sanctions jusqu'à la guerre, rendant ainsi la sécurité collective crédible, dans sa capacité à mettre en échec l'agression, qu'elle vînt de l'Allemagne ou de l'Italie. En octobre, l'éclatement de la guerre entre l'Italie et l'Éthiopie mit les intentions britanniques à l'épreuve et conduisit le gouvernement Baldwin à adopter la pire des solutions. En insistant en premier lieu sur l'imposition de sanctions, les Britanniques se firent un ennemi de Mussolini et mirent fin à tout espoir de front uni contre l'agression allemande. En s'abstenant ensuite de rendre les sanctions efficaces, face au coup d'éclat de Mussolini, ils en vinrent à porter un coup fatal aux espoirs placés dans la sécurité collective et à l'autorité de la SDN.

Hitler, qui suivit une politique de stricte neutralité tout au long de la crise éthiopienne, fut prompt à saisir les avantages qu'il pouvait en tirer. Les regards des puissances occidentales et de l'Italie se tournant vers la Méditerranée, l'attention était donc détournée du réarmement allemand, et les différentes propositions de pacte multilatéral étaient abandonnées sans que l'Allemagne ait eu à intervenir. Si l'Italie sortait vaincue de l'épreuve de force, cela affaiblirait sa capacité à organiser la résistance aux ambitions allemandes en Europe centrale et sud-orientale, y compris à l'annexion de l'Autriche. Si elle en sortait vainqueur, cela discréditerait la SDN et saperait la croyance en la capacité de la France et de la Grande-Bretagne de s'opposer à de nouveaux actes d'agression. La seule crainte d'Hitler était que l'on s'arrangeât grâce à un compromis du type de l'accord Hoare-Laval*. L'issue finale laissait Mussolini victorieux mais isolé, furieux contre les puissances occidentales et disposé pour la première fois à écouter les suggestions d'alliance des Allemands.

---

* Après un impressionnant appel à l'unité contre l'agression italienne, le nouveau secrétaire au Foreign Office, sir Samuel Hoare, négocia secrètement avec Laval un plan de médiation qui permettrait à Mussolini de conserver la plus grande partie du territoire éthiopien que les Italiens avaient occupé. Quand ceci filtra dans la presse, les protestations forcèrent les deux hommes à démissionner en décembre 1935.

Dans *Mein Kampf*, Hitler cite l'Italie et la Grande-Bretagne comme les deux pays dont l'Allemagne devait s'efforcer de faire des alliés dans sa recherche d'un *Lebensraum*. Jusque-là, la garantie de Mussolini à l'indépendance autrichienne et son ambition de créer une sphère d'influence italienne en Europe du Sud-Est, avaient constitué un obstacle. Comme il le reconnut plus tard, ce fut en cet automne 1935, durant la crise éthiopienne, qu'est née l'idée de l'axe Rome-Berlin.

II

L'entrée de l'URSS dans la Société des nations signifiait la fin de son isolement, qui durait depuis que les bolcheviks avaient pris le pouvoir en 1917 et avaient publié les traités secrets du gouvernement tsariste avec les alliés. Toutefois les dirigeants russes avaient besoin de temps pour s'adapter aux changements survenus dans le monde depuis qu'ils s'étaient formé la vision stéréotypée de la Grande-Bretagne et de la France en puissances impérialistes dont l'Union soviétique avait le plus à redouter, s'agissant des deux pays les plus puissants de l'après-guerre. Il fallut l'échec de la SDN dans la crise éthiopienne, il fallut les faiblesses et les divisions des deux nations dans leur rôle dirigeant, pour que les Russes s'aperçoivent enfin que ce n'était plus les deux démocraties occidentales, mais les « puissances agressives », l'Allemagne, le Japon et l'Italie qui menaient la course. La consolation était que les puissances capitalistes apparaissaient si divisées que s'apaisait la vieille peur des communistes (brièvement ranimée par la formation du Front de Stresa) de les voir s'unir pour une attaque contre l'Union soviétique.

Le pacte franco-soviétique d'assistance mutuelle, signé finalement et à regret avec un gouvernement de droite sous Laval en mai 1935, avait peu de valeur en lui-même pour garantir la sécurité de l'URSS. A la différence de l'alliance franco-russe, son célèbre précédent des années 1890, le pacte ne comportait aucun accord militaire spécifique, aucun arrangement pour la collaboration entre les commandements des armées, aucune disposition pour la mise en œuvre automatique. L'acte d'agression devait d'abord être établi par la Société des nations avant que le pacte entre en action. Il ne prévoyait pas que la France aiderait la Russie en cas d'attaque japonaise et, en l'absence d'une frontière commune telle que celle qu'avaient partagé la Russie et l'Allemagne avant 1917, il ne disait pas comment la Russie viendrait à aider la France si l'Allemagne l'attaquait. Dans un télégramme à Moscou (22 avril 1935), Litvinov l'admettait franchement :

> On ne devrait pas placer d'espoirs sérieux dans le pacte, dans le sens d'une aide militaire en cas de guerre. Notre sécurité restera exclusivement aux mains de l'Armée rouge. Pour nous, le pacte a essentiellement une signification politique[5].

Comme le pacte tchéco-soviétique signé le même mois, il symbolisait le retour de la Russie sur la scène politique européenne et amenait à Moscou le Premier ministre de ce qui était encore considéré comme la plus grande puissance militaire en Europe. Staline était suffisamment impressionné pour donner à Laval, en retour, une approbation publique du budget de défense nationale français, auquel le parti communiste français s'était jusque-là opposé.

Aucune des deux parties ne jugeait le pacte incompatible avec des tentatives d'amélioration des relations avec l'Allemagne, bien que chacun espérât qu'il constituerait un obstacle pour l'autre. Après l'avoir signé, Laval consacra beaucoup d'efforts, jusqu'à la fin de l'année 1935, à essayer de trouver un accord avec l'Allemagne. Les dirigeants soviétiques en firent autant. L'ambassadeur allemand à Moscou avait reçu des assurances répétées sur le fait qu'aux yeux des Russes, le pacte avec la France n'excluait pas les autres possibilités. Durant l'été 1935, les négociations pour un nouveau traité commercial entre la Russie et l'Allemagne pouvaient passer pour un encouragement.

Le négociateur soviétique était le chef géorgien de la mission commerciale soviétique à Berlin, David Kandelaki, qui fit savoir qu'il disposait d'une ligne directe avec Staline et avait sa confiance. Schacht, qui s'était d'abord montré peu coopératif, tira de sa poche en juin 1935 l'offre d'un crédit général de 500 millions de marks, somme beaucoup plus importante que celle qui avait été mentionnée auparavant, sur une période de dix ans. Les Russes essayèrent d'étendre les négociations commerciales aux questions politiques aussi bien qu'économiques, en suggérant en décembre 1935 qu'un pacte de non-agression fût ajouté au traité de Berlin de 1926. Mais ces avances, bien que répétées en 1936, ne reçurent pas de réponse, et tout ce qui sortit des négociations fut un accord de commerce et de paiements classique. Avec les Russes comme avec les Français, l'opposition vint d'Hitler lui-même. Tout en étant disposé à laisser les discussions s'éterniser, et à gagner ainsi encore du temps pour le réarmement, il n'avait aucune intention de se lier les mains par un engagement. Faute de mieux, en février 1936, Français et Russes se mirent en devoir de ratifier leur pacte, ce qui donna aussitôt à Hitler une justification à son initiative suivante.

Un facteur essentiel du refus d'Hitler de resserrer les liens avec les Russes était le bénéfice idéologique qu'il gagnait à poser l'Allemagne nazie en défenseur de l'Europe contre le communisme. Staline n'avait aucune intention d'abandonner le pendant de cette position, le Front populaire contre le fascisme, nouvelle ligne de la politique soviétique à laquelle les partis communistes s'adaptaient non sans mal et qui avait reçu la bénédiction formelle du Ier congrès du Komintern réuni depuis sept ans (Moscou, juillet-août 1935). Dimitrov, le communiste bulgare qui avait été arrêté en relation avec l'incendie du Reichstag et avait alors accédé à la célébrité mondiale en faisant perdre son sang-froid à Goering lors du procès qui suivit, fut élu secrétaire général.

Staline montra le peu de cas qu'il faisait de l'Internationale en restant sur la mer Noire pendant les six semaines que dura le congrès, en se contentant de laisser Molotov et Manouilski s'occuper d'obtenir le prévisible assentiment des délégués à tout ce qu'on leur demandait. Le Komintern ne devait plus jamais se réunir. Néanmoins, le Front populaire contre le fascisme, comme ses contreparties, le soutien russe à la sécurité collective et à la cause républicaine dans la guerre d'Espagne, réussit davantage que les précédents appels à la révolution mondiale, à gagner des sympathies et des soutiens à l'Union soviétique en Europe et en Amérique dans le milieu des années 30.

Comme les partis communistes *in partibus infidelium*, les populations germanophones hors du Reich étaient un actif qui pouvait être manipulé en fonction de ce qui convenait le mieux, selon Hitler, aux besoins de la patrie. Hitler était naturellement attaché à l'annexion de l'Autriche. La clé en était Mussolini, dont l'intervention avait été décisive en 1934 pour la prévenir. En janvier 1935, Hitler déclara à un groupe de dirigeants nazis autrichiens que l'action devait être reculée de trois à cinq ans, jusqu'à ce que l'Allemagne eût réarmé. En attendant, la légion autrichienne, formée d'émigrés nazis, fut déplacée hors de la Bavière, la presse allemande se vit interdire de publier des informations sur l'Autriche et les nazis autrichiens reçurent pour consigne de se faire aussi discrets que possible.

L'aventure éthiopienne de Mussolini et sa querelle avec la France et l'Angleterre promettaient de changer radicalement la situation. Hitler n'était pas pressé ; il attendit d'abord de voir ce qui allait se passer en Méditerranée et en Afrique de l'Est. Il suivit la même politique à Vienne, autorisant von Papen à poursuivre des conversations informelles avec le chancelier autrichien, Schuschnigg, sur un éventuel accord germano-autrichien, et même à rédiger un projet, mais pour ensuite repousser toute nouvelle démarche jusqu'au moment où l'issue de la guerre éthiopienne serait plus claire.

La large variété des tactiques suivies par Hitler pour traiter la question des minorités ailleurs en Europe est bien illustrée par la comparaison de son traitement de la situation au Tyrol du Sud, en Tchécoslovaquie et en Pologne. Le Tyrol du Sud avait fait partie du territoire des Habsbourg depuis le XIVe siècle. Son transfert à l'Italie en 1918 entraîna une lutte continuelle de la minorité germanophone. On pouvait s'attendre à ce qu'Hitler, homme politique nationaliste, la soutienne. Mais dès 1926, il adopta la position opposée, très impopulaire. Le Tyrol du Sud devait être sacrifié à une alliance italo-allemande, bien plus importante. Pour parvenir à cette dernière, il était disposé à déplacer la minorité allemande pour l'installer ailleurs.

L'hostilité d'Hitler envers les Tchèques remontait à son séjour à Vienne. Il considérait la Tchécoslovaquie comme une création artificielle, un satellite de la France qu'il décrivit, après la signature du traité tchéco-soviétique, comme le porte-avions de l'URSS en Europe centrale. Les trois millions et demi d'Allemands constituaient la plus importante minorité allemande, plus de 22 % de la population totale de Tchécoslovaquie en 1930. Aux élections de mai 1935, le Front allemand des Sudètes de Konrad Henlein, déjà largement subventionné par Berlin, capta la majorité des voix allemandes. Hitler garda cette carte comme une arme permettant d'attaquer un jour l'État tchèque de l'intérieur. Les efforts de Benes, le président tchèque, pour trouver un accord direct avec Hitler en 1936-1937, n'aboutirent pas : quand le moment serait venu, Hitler tirerait sa carte, jusque-là, il n'avait rien à dire aux Tchèques.

La minorité allemande de Pologne (à l'exclusion de Danzig) comptait plus de 744 000 membres, soit 2,3 % de la population. Mais à la différence des Allemands des Sudètes, qui n'avaient jamais fait partie de l'empire allemand, ceux de Pologne y étaient intégrés avant 1918. Dans ce cas, ce fut Hitler qui prit l'initiative de rechercher un règlement de la question avec le gouvernement de Varsovie, qui allait à l'encontre de la revendication de retour des provinces perdues, soutenue depuis longtemps par les nationalistes allemands. La lutte de la minorité allemande pour conserver sa position en haute Silésie, en particulier dans le domaine économique, et la pression constante des nazis de Danzig sous la direction du Gauleiter local, l'agressif Albert Forster, en faveur de l'annexion au Reich, continuèrent de troubler les relations germano-polonaises. Mais Hitler se montra déterminé à ne pas laisser de tels problèmes interférer dans la politique de coopération avec les Polonais qu'il avait lancée. Les intérêts des habitants de Danzig et de la minorité allemande devaient passer au second plan, au moins pour quelques années, devant la nécessité de neutraliser le principal allié de la France en Europe orientale, la Pologne, et de l'empêcher de participer à une coalition avec la Russie et la France, qui pourrait bloquer la marche à l'Est qu'Hitler avait toujours en tête.

Durant l'automne et l'hiver 1935-1936, l'attention était concentrée sur l'effet à venir des sanctions imposées à l'Italie et sur une éventuelle demande d'extension de celles-ci au pétrole, qui pourrait émaner des Français et des Britanniques, et précipiterait la rupture finale avec les Italiens. La possibilité qu'Hitler profitât de ces préoccupations pour remilitariser la Rhénanie, d'où les troupes allemandes étaient exclues par le traité de Versailles, était déjà discutée à Paris et à Londres.

Les documents français ne laissent aucun doute. En dépit des avertissements qu'ils reçurent, en France, ni le gouvernement (celui de Laval fut remplacé en janvier 1936 par un cabinet bouche-trou sous l'autorité d'Albert Sarraut), ni les hauts fonctionnaires, ni les généraux ne furent capables de dresser un plan pour faire face à l'une ou l'autre possibilité. Les Anglais n'étaient pas plus prêts que les Français à affronter une situation dont ils continuaient d'espérer qu'elle ne se présenterait pas.

Chacun attendait de l'autre une confirmation à sa propre faiblesse plutôt que la confrontation d'une forte détermination, et les deux furent satisfaits [6].

Le meilleur moment pour agir fut, pour Hitler, celui où l'issue du défi de Mussolini était encore incertaine, avant qu'il eût à admettre sa défaite devant l'embargo sur le pétrole – ce qui serait une victoire pour la SDN – à moins qu'il ne remportât une victoire éclatante en Afrique et qu'il ouvrît la voie à un possible rapprochement avec la Grande-Bretagne et la France. Hitler était bien conscient que l'occupation de la zone démilitarisée serait une brèche dans le pacte de Locarno comme dans le traité de Versailles. Il prit soin d'opérer quelques sondages pour prévoir les réactions vraisemblables, y compris celles de Mussolini, signataire de Locarno. Le Duce était encore incertain quant à l'embargo sur le pétrole, et promit de ne pas agir si l'Allemagne contrevenait au pacte. Hitler commença d'envisager les concessions éventuelles qu'il pourrait offrir en même temps, et décida de quelle affaire il se servirait pour justifier son action. Ce serait la ratification du traité franco-soviétique par la chambre française le 11 février, car il savait que celle-ci diviserait et polariserait l'opinion française. Les ordres furent donnés à l'armée allemande le 2 mars, et la date fut fixée au samedi 7, dans l'espoir de gagner un week-end de délai pour toute contre-action qui serait entreprise.

La nouvelle de la réoccupation avait à peine atteint Londres et Paris, qu'elle était surpassée par l'annonce de nouvelles propositions de paix allemandes qui allaient fort loin. A la place du traité de Locarno qu'il avait mis au rebut, Hitler offrait un pacte de non-agression de vingt-cinq ans à la France et à la Belgique, augmenté du pacte aérien auquel les Britanniques attachaient tant d'importance. Le nouvel accord serait garanti par la Grande-Bretagne et l'Italie, ainsi que par la Hollande si elle le souhaitait. Une nouvelle zone démilitarisée devait être créée des deux côtés de la frontière, plaçant la France et l'Allemagne sur un pied d'égalité, tandis que cette dernière offrirait des pactes de non-agression à ses voisins de l'Est, sur le modèle de celui qu'elle avait déjà conclu avec la Pologne. Pour finir, maintenant que l'égalité des droits avait été restaurée, l'Allemagne offrait de revenir dans la SDN pour discuter de la réforme de ses statuts et de la récupération éventuelle de ses anciennes colonies.

Hitler admit plus tard :

> Les 48 heures qui suivirent l'entrée en Rhénanie furent pour mes nerfs les plus éprouvantes de ma vie. Si les Français avaient à leur tour marché sur la Rhénanie, nous aurions dû nous retirer la queue entre les jambes, car les forces militaires à notre disposition auraient été totalement inadaptées, même devant une résistance modérée [7].

Selon les déclarations du général Jodl au procès de Nuremberg, les forces en question étaient réduites à une division, mais celle-ci fut rejointe par quatre divisions de police armée déjà présentes dans la zone démilitarisée, et qui avaient reçu un entraînement intensif de sorte qu'elles purent se transformer sur-le-champ en divisions d'infanterie.

Les Français disposaient encore d'une supériorité militaire absolue du point de vue des effectifs, mais ils manquaient de volonté et même d'un plan opérationnel pour une éventualité qui avait été clairement prévue. Il y eut des consultations inquiètes entre Paris et Londres, et des protestations – toujours accompagnées, néanmoins, d'appels au calme et à la raison. Après tout, disait-on, la Rhénanie faisait partie de l'Allemagne ; les Allemands n'avaient pas touché à la frontière française et ils ne faisaient qu'« occuper leur arrière-cour ». Le *Times* titrait en une : « Une occasion de rebâtir ». Il y eut un bref moment, quand les autres puissances de Locarno se réunirent à Londres, durant le week-end qui suivit l'occupation, où il sembla que leur réaction allait se durcir. Des informations dans ce sens parvinrent à Berlin et le haut commandement allemand, par la voix de von Blomberg, pressa Hitler de faire un geste de conciliation, comme retirer les trois bataillons qui avaient en fait traversé le Rhin, et s'abstenir de bâtir des fortifications sur la rive ouest du fleuve. Après quelques hésitations, Hitler refusa et même, après cela, retint contre les chefs de l'armée qu'ils avaient flanché quand lui était resté ferme. Des années plus tard, en évoquant l'épisode après dîner, il se félicitait :

> Que serait-il advenu le 13 mars, si n'importe qui d'autre que moi avait été à la tête du Reich ! N'importe lequel de ceux qu'on songerait à mentionner aurait perdu son sang-froid. J'ai été obligé de mentir, ce qui nous a sauvés, ce fut mon inébranlable obstination et incroyable aplomb. J'ai menacé, si la situation ne se détendait pas dans les 24 heures, d'envoyer 6 divisions supplémentaires en Rhénanie. Le fait est que je n'avais que 4 brigades [8].

Que les chiffres d'Hitler soient ou non exacts, il ne fait aucun doute que ce fut sa détermination, et non celle des généraux, qui fut décisive. Il s'avéra qu'il avait raison sur les deux points qui comptaient. Après toutes les discussions, personne n'envoya de troupes – hormis les Allemands. Et une fois que ses « propositions de paix » eurent atteint leur but – troubler l'opinion publique en Allemagne comme ailleurs – il put éviter qu'elles donnent le moindre résultat, en refusant avec indignation de répondre à un « questionnaire » à leur sujet que lui présentaient les Britanniques.

Avant la fin du mois de mars, Hitler dissolvait le Reichstag et se présentait devant le peuple. De nouveau, il se présenta en artisan de la paix :

> Nous tous, et tous les peuples [déclara-t-il à Breslau] avons le sentiment d'être au tournant d'une époque... Nous, les vaincus d'hier, mais avec nous aussi les vainqueurs, nous avons tous la conviction intime que

quelque chose n'allait pas comme il aurait fallu, que la raison semblait avoir déserté les hommes... Les peuples doivent trouver une nouvelle relation entre eux, une nouvelle forme doit être créée... Mais au-dessus de ce nouvel ordre qui doit être instauré, se dressent les mots : Raison et Logique, Compréhension et Considération mutuelle. Ils commettent une erreur, ceux qui croient qu'au-dessus de l'entrée de ce nouvel ordre peut figurer le mot « Versailles ». Ce serait, non pas la première pierre du nouvel ordre, mais sa pierre tombale[9].

Les chiffres de l'élection montrèrent une unanimité suspecte : 99 % des 45 millions d'électeurs avaient officiellement participé au vote et 98,8 % avaient donné leurs voix à la seule liste de candidats qu'on leur présentait. Néanmoins, nul ne pouvait sérieusement douter que, comme dans le plébiscite qui avait suivi le retrait de la SDN en 1933, une majorité du peuple allemand approuvait l'action d'Hitler, beaucoup en raison de la démonstration de force allemande et de l'audacieuse dénonciation de Versailles, les autres par soulagement de voir repousser la perspective de la guerre par un chef qui de nouveau avait eu raison.

A posteriori, la remilitarisation de la Rhénanie a été considérée comme le tournant de l'entre-deux-guerres marquant l'effondrement du système de sécurité d'après 1918. Mais la descente aux enfers n'eut rien de spectaculaire. Pendant encore deux ans et demi, l'illusion subsista dans les démocraties occidentales que, d'une manière ou d'une autre, il serait possible de satisfaire Hitler en répondant à ses revendications par un accord qui éviterait la guerre. Pendant un moment après Munich (octobre 1938), Chamberlain crut avoir trouvé la clé de cet arrangement avec la déclaration anglo-allemande ; ce n'est qu'après l'occupation de Prague (mars 1939), trois ans après la crise de la Rhénanie, que les illusions se dissipèrent enfin.

Hitler avait remporté un grand succès et, après avoir testé par trois fois la détermination des autres dirigeants européens, il tenait pour assuré qu'il n'existait plus de danger de guerre préventive. Mais il avait besoin de temps pour le réarmement allemand, pour être prêt à relever les défis : ce n'est qu'en novembre 1937 qu'il présenta aux chefs des armées et au ministre des Affaires étrangères le programme d'expansion par la menace du recours à la force et le calendrier qu'il avait en tête. D'importants événements survinrent entre mars 1936 et novembre 1937 – le rapprochement avec l'Italie, l'éclatement de la guerre civile espagnole, le pacte antikomintern – mais leur dénouement n'apparaîtrait qu'en 1938-1939.

L'histoire diplomatique de 1936-1937 reste donc sans conclusion, fournissant des indications pour l'avenir, non des règlements. Hitler désigna Ribbentrop comme ambassadeur à Londres durant l'été 1936. S'il pouvait répéter son triomphe du traité maritime et revenir avec une alliance britannique – dans les termes allemands – nul ne serait plus heureux qu'Hitler. Même quand Ribbentrop échoua, et revint convaincu que les intérêts allemands et britanniques étaient irréconciliables, Hitler laissa ouverte la possibilité pour les Britanniques d'adopter une nouvelle conception de leurs intérêts ; mais pour le restant de la période 1936-1937, il se contenta de laisser les discussions se poursuivre interminablement sans aboutir jamais à aucune conclusion. En France, le gouvernement de Front populaire de Léon Blum, qui succéda en 1936 à celui de Laval, fit aussi un certain nombre d'avances à Berlin, mais sans effet. Hitler préféra utiliser le fait que la France, alliée de l'Union soviétique, avait maintenant un ministre juif et socialiste, comme une nouvelle arme dans la campagne anticommuniste qu'il intensifia en 1936.

Von Papen fut certes capable de conclure ses négociations avec Schuschnigg par l'accord germano-autrichien de juillet 1936, autre victoire de la diplomatie bilatérale sur la diplomatie multilatérale. Mais si l'accord était important, ce n'était pas tant pour la reconnaissance de l'indépendance autrichienne, qu'Hitler considérait comme un expédient temporaire, que pour l'ouverture qu'il y voyait – la disparition d'un obstacle au rapprochement avec Mussolini, ouvrant la voie à l'acquiescement ultérieur du Duce, en 1938, à la fin de l'indépendance autrichienne.

En 1931, la position de la France en Europe avait été assez forte pour contraindre le gouvernement allemand à retirer sa proposition d'union douanière germano-autrichienne ; en 1938, les Français, comme les Italiens, jugèrent n'avoir pas d'autre choix que d'accepter l'Anschluss et renier leur alliance avec les Tchèques par les accords de Munich. L'attaque des fondements du système de sécurité français en Europe centrale et orientale, déjà entamé en 1934, fut la conséquence la plus sérieuse de la remilitarisation de la Rhénanie, plus importante que n'importe quel effet sur la sécurité de la France à l'Ouest. Une fois que les Allemands eurent fortifié la Rhénanie, les Français ne pouvaient plus venir en aide à leurs alliés d'Europe orientale par une invasion immédiate du territoire allemand à travers la zone démilitarisée. Le fait que la France n'eût pas répondu à cette atteinte aux traités de Versailles et de Locarno en envoyant son armée, alors qu'elle avait encore une supériorité évidente sur l'Allemagne et que la Rhénanie était grande ouverte, renforçait les doutes sur la sûreté des engagements de la France en cas de crise.

Le gouvernement de Front populaire fit deux nouvelles tentatives pour restaurer la confiance des alliés de la France. L'une fut le prêt de deux milliards de francs à la Pologne, dont 800 millions pour l'achat d'armes françaises. L'autre fut une offre d'alliance défensive complète avec la Petite Entente*, à condition que ses membres se soutiennent mutuellement contre l'agression de n'importe quelle puissance, et non de la Hongrie seule. Ces deux démarches n'aboutirent à rien, la première parce que l'industrie d'armement française ne produisit pas les armes ; la

---

* La Petite Entente fut formée après l'accord de paix de 1919 par la Tchécoslovaquie, la Roumanie et la Yougoslavie pour résister aux revendications révisionnistes de la Hongrie. Ses membres comptaient sur la France pour qu'elle les soutienne, en tant que garante du règlement d'après-guerre.

seconde en raison de la répugnance de la Yougoslavie à s'impliquer dans un conflit avec l'Allemagne ou l'Italie, et de la pression britannique sur la France pour qu'elle ne s'engage pas trop en Europe orientale – tendance constante des relations de l'Angleterre avec son voisin d'outre-Manche tout au long des années 30.

Le résultat fut que les nazis eurent tout loisir d'exploiter l'impression laissée par l'épisode de la Rhénanie, celle de la puissance allemande contrastant avec la faiblesse des puissances occidentales.

Hitler, d'ores et déjà, désirait utiliser Danzig comme un moyen de voir jusqu'où il pouvait aller. En juin 1936, le Gauleiter Albert Forster lança une campagne d'intimidation pour contraindre les partis allemands survivants à accepter la *Gleichschaltung*, et la transforma en revendication allemande pour le départ du haut commissaire de la Société des nations pour la ville libre de Danzig, Sean Lester. Devant le manque de soutien des puissances de la SDN, Lester démissionna. S'ils se souciaient peu des droits des opposants allemands aux nazis, les Polonais étaient très intéressés à la protection de leurs propres droits. Ils firent savoir clairement qu'ils n'accepteraient pas l'abolition du statut de Danzig, ville libre sous la protection de la Société des nations, et un nouveau haut commissaire (Carl Burckhardt), acceptable à la fois par les Allemands et par les Polonais, fut désigné. Néanmoins Forster réussit à obtenir l'approbation d'Hitler à la mise hors-la-loi des socialistes de Danzig et puis, encouragé par la démission forcée de Lester, il alla trop loin. Dans un discours aux militants de son parti, il déclara que le nouveau plan de quatre ans signifiait que l'Allemagne se préparait à la guerre, qu'Hitler entrerait à Danzig dans quelques mois et que les Polonais aussi bien que la Société des nations seraient éliminés. Face au tollé suscité, l'Allemagne assura à la Pologne qu'elle continuerait de respecter ses droits à Danzig, et Forster fut invité à se calmer. Le moment n'était pas encore venu de parler publiquement des buts futurs de l'Allemagne ; le traité de 1934 n'avait pas épuisé son utilité. Mais Hitler n'était sans doute pas mécontent de laisser les Polonais se demander si Forster avait laissé échapper prématurément la vérité sur ses intentions.

Plus au sud, bien avant qu'Hitler vienne au pouvoir, les ministères allemands des Affaires étrangères et de l'Économie avaient mis beaucoup d'empressement à développer des relations économiques et politiques avec les pays du Sud-Est de l'Europe*. Au début, Hitler n'était pas particulièrement intéressé. Cependant, des accords commerciaux avec eux pouvaient aider à combler la pénurie intérieure de blé et de beurre, et à fournir des matières premières nécessaires pour l'armement, comme la bauxite, le cuivre et le pétrole. Il n'était pas non plus indifférent au fait

---

* Il y avait des minorités germanophones dans ces trois pays, mais c'étaient des descendants de colons de périodes anciennes – les Saxons de Transylvanie s'y étaient installés au XIIIe siècle – et elles ne figuraient pas sur les plans d'expansion à long terme d'Hitler, qui étaient dirigés non vers le Sud-Est mais vers l'Est et le Nord, vers les territoires brièvement garantis par le traité de Brest-Litovsk en 1918.

qu'attirer la Yougoslavie, la Roumanie et la Hongrie dans l'orbite alle-mande affaiblirait la Petite Entente et aiderait à isoler les Tchèques.

En 1934, le nouveau plan de Schacht replaçait le commerce extérieur dans le cadre d'accords bilatéraux visant à égaliser importations et exportations avec chaque partenaire. On n'achèterait qu'aux pays qui accepteraient d'acheter des biens allemands en retour. Par ce moyen, les importations des États du Sud-Est furent augmentées de manière substantielle, les achats de viande à la Hongrie doublant entre 1934 et 1936, et les marchandises venues de Yougoslavie quintuplant. Il y eut des augmentations similaires dans les quelques importations de matière première que pouvaient assurer les pays du Sud-Est, notamment un accroissement de 50 % du pétrole fourni par la Roumanie.

Mais, au fur et à mesure que le redressement économique et le réarmement commençaient d'absorber une quantité croissante de la production industrielle, il devint plus difficile de garder au même niveau les exportations de produits que voulaient acheter les partenaires, avec les besoins toujours plus grands d'importations. Ce problème affectait l'ensemble du commerce extérieur de l'Allemagne, et fit partie de la crise économique générale de 1936. Le résultat fut le plan de quatre ans et le remplacement de Schacht par Goering. La priorité fut donnée au réarme-ment, et aux importations, à n'importe quel prix, des matières premières et des produits alimentaires nécessaires pour le soutenir. Les Allemands trouvèrent les fonds nécessaires dans l'exportation d'armes, activité bénéfique pour une nation qui avait besoin de maintenir une forte demande dans ce secteur, afin de garder la production au sommet de son efficacité. Dans les faits, l'Allemagne tirait un avantage économique de l'inquiétude politique qu'elle avait créée.

III

Lorsque le conseil de la Société des nations se réunit à Londres pour débattre de la remilitarisation de la Rhénanie, la position de Litvinov fut que l'Allemagne avait violé ses obligations et que la SDN deviendrait un objet de risée si elle ne passait pas à l'action. Lorsqu'on en vint à demander : quelle action ? il laissa aux signataires de Locarno le soin de répondre ; l'URSS adhérerait à toute démarche que le conseil déciderait de suivre. Mais il invita avec insistance les autres puissances à ne pas se laisser abuser par les propositions de nouveaux traités d'Hitler, alors qu'il venait de déchirer l'ancien, et ajouta un avertissement que Maisky, ambassadeur soviétique à Londres, réitéra le 19 mars :

> Je sais qu'il y a des gens qui pensent que la guerre peut être conte-nue sur un territoire restreint. Ces gens croient que, une fois certains accords précis passés, la guerre pourrait éclater (le dirons-nous ?) à l'Est ou au Sud-Est de l'Europe, mais qu'elle se déroulera sans affecter les

pays d'Europe occidentale... C'est la plus grande des illusions... La paix est indivisible [10].

Il est assez facile de soutenir, à la lumière du pacte germano-soviétique qui devait suivre, que le plaidoyer russe en faveur de la sécurité collective ne devait pas être pris au sérieux. Mais on pourrait en dire tout autant de la Grande-Bretagne et de la France en songeant à leur comportement postérieur à propos de l'Éthiopie et de la Tchécoslovaquie, et à leurs tentatives d'accord avec l'Allemagne. Toutes les puissances « jouaient sur les deux tableaux ». Plus réalistes que les Français ou les Britanniques sur la menace représentée par Hitler et sur le danger de guerre, les Russes voyaient un avantage évident à ne pas les affronter seuls. Mais Français et Anglais leur paraissaient peu sûrs, et ceux-ci en avaient autant à leur encontre. La Russie était prête à s'engager aussi loin que les autres puissances, mais peu soucieuse de s'exposer avant que les autres se fussent engagés – quand ce serait le cas, elle déciderait alors si elle devait se joindre à elles, ou rester à l'écart. Molotov fournit des commentaires équilibrés sur la politique soviétique, qui laissait tous les choix disponibles : l'URSS se réjouirait de collaborer avec l'Allemagne d'Hitler, pourvu que cette dernière fût liée par un accord international, par exemple, en retournant dans la SDN ; et l'URSS se tiendrait aux côtés de la France si elle était attaquée, en accord avec le traité franco-soviétique et « avec la situation politique dans son ensemble ». Quant à savoir si l'aide que les Soviétiques apporteraient à la France, *si elle était attaquée*, couvrait l'action militaire française contre la remilitarisation de la Rhénanie, et si oui, quelle aide pouvait être apportée par l'URSS alors qu'elle n'avait pas de frontière commune avec l'Allemagne, ces questions là demeurèrent sans réponse.

Enfin, à l'intention de qui voudrait l'entendre à Berlin, Molotov ajouta :

> Dans certains secteurs du public soviétique, il existe une tendance en faveur d'une attitude d'hostilité radicale envers les actuels dirigeants de l'Allemagne, en particulier à cause des discours hostiles que les chefs allemands répètent à satiété contre l'Union soviétique. Mais la principale tendance, et celle qui détermine la politique du gouvernement soviétique, juge possible une amélioration des relations germano-soviétiques [11].

1936 vit le début des purges en Russie ; les exécutions qui éliminèrent quasiment tout le haut commandement allemand commencèrent en juin 1937. A l'étranger, elles eurent pour effet de réduire considérablement l'impact de l'Union soviétique sur la situation internationale. Si les accusations de plus en plus fantastiques qui se succédaient étaient vraies, le régime devait être rongé par la trahison et vulnérable à la contre-révolution ; si elles n'étaient pas vraies, comment était-il possible de prendre au sérieux un gouvernement qui publiait de telles allégations contre ses dirigeants politiques et militaires récents, et prenait même la peine de traduire les procès et de les publier à l'étranger ? La fiabilité de l'allié russe était gravement mise en doute à Paris, de même que sa crédibilité, comme adversaire, à Berlin.

Les interventions respectives d'Hitler et de Staline dans la guerre d'Espagne fournissent un point de comparaison de leurs politiques étrangères en 1936-1938. Avant 1936, ni l'un ni l'autre n'avait manifesté un intérêt particulier pour l'Espagne. Hitler assistait au festival Wagner à Bayreuth en juillet quand Hess lui présenta deux Allemands du Maroc, fonctionnaires locaux de la Auslandsorganisation (AO) nazie, qui avaient bâti un réseau étendu dans la colonie allemande en Espagne. L'un d'eux, Joahnnes Bernhardt, était un ami de Franco, alors à la tête de l'armée espagnole en Afrique, et il apportait une lettre demandant de manière pressante une aide pour le transport des troupes de Franco sur le continent. Une rébellion militaire de droite contre le gouvernement républicain de gauche élu en février 1936 était sur le point d'échouer ; la seule chance de la sauver était du côté de Franco et des soldats sous ses ordres, mais la marine et l'aviation espagnoles s'étant déclarées en faveur du gouvernement, il n'avait aucun moyen de traverser le détroit si l'Allemagne ou l'Italie ne lui fournissaient pas un transport aérien.

Hitler ne tint aucun compte de l'avis du ministère des Affaires étrangères, qui était opposé à un engagement en Espagne. Après avoir consulté Goering, von Blomberg et l'amiral Canaris, chef des services secrets de l'armée et bon connaisseur de l'Espagne, il décida d'envoyer des secours. Deux jours plus tard, des avions allemands commençaient l'opération de transport, et à la fin de la première semaine d'août, l'avant-garde d'un petit corps expéditionnaire allemand opérait en Espagne. Un commandement spécial au ministère de la Guerre à Berlin, et un quartier général en Espagne, furent assortis de deux pseudo-sociétés de transports, Hisma, dans la péninsule, et sa contrepartie, Rowak, en Allemagne. Elles prenaient en charge le mouvement des troupes et des approvisionnements militaires, l'exportation de matières brutes en retour vers l'Allemagne, et les arrangements financiers nécessaires. Mais l'aide militaire allemande ne fut jamais au niveau de celle des forces italiennes, qui à leur maximum en 1937 comptaient de 40 000 à 50 000 hommes. Les troupes allemandes atteignirent le chiffre de 10 000 soldats à l'automne 1936, autour de la légion Condor, la meilleure aviation présente en Espagne, avec huit escadrilles et un effectif moyen de 5 600 hommes (ce fut la légion Condor qui bombarda la ville basque de Guernica), accompagnés d'unités anti-aériennes et antichars et de blindés.

On supposait à l'origine que la guerre serait vite terminée. En novembre 1936, l'Allemagne et l'Italie reconnurent Franco et les nationalistes comme le gouvernement légal de l'Espagne, pour voir peu après échouer la tentative de Franco sur Madrid. Les alliés du caudillo se trouvèrent alors confrontés à la perspective d'une guerre prolongée, dont ils ne pourraient se désengager qu'au prix d'une perte de prestige. Le général Faupel, représentant allemand auprès de Franco, demanda instamment la mise à disposition de trois divisions, mais à la conférence du 21 décembre, Hitler s'opposa à l'envoi d'une force de cette importance et au cours de la discussion fixa les lignes directrices de la politique allemande pour le reste de la guerre.

L'éclatement de la guerre d'Espagne si peu de temps après la fin de celle d'Éthiopie était un remarquable coup de chance pour Hitler, qui pouvait voir les autres puissances poursuivre leur querelle méditerranéenne pendant que l'Allemagne concentrait ses efforts sur le réarmement. L'intérêt du Reich était donc d'attirer sur l'Espagne l'attention de l'Europe, en particulier de la France, de la Grande-Bretagne et de l'Italie, pendant encore une longue période, mais pas d'assurer une prompte victoire à Franco. L'Allemagne devait s'assurer que Franco ne serait pas battu, mais devait laisser la charge principale du soutien militaire à l'Italie. Plus les Italiens s'engageraient profondément dans l'intervention, plus il leur deviendrait difficile de rétablir des relations avec la France et la Grande-Bretagne, et plus ils seraient obligés de poursuivre le processus de rapprochement avec l'Allemagne entamé durant la guerre d'Éthiopie.

Staline avait une décision beaucoup plus difficile à prendre. Son premier mouvement fut d'abandonner à la France le soutien au gouvernement républicain. En raison de sa frontière commune avec l'Espagne, l'issue de la guerre affecterait l'hexagone plus que toute autre puissance. Mais du fait des divisions politiques et des affrontements de classes, exacerbés par l'arrivée au pouvoir du Front populaire de Blum, il était dangereux pour le gouvernement français de prendre parti ouvertement. Les Anglais, comme toujours, invitaient les Français à la prudence. Ensemble ils mirent sur pied un comité de non-intervention.

Le Komintern avait déjà été mobilisé pour organiser le soutien et collecter des fonds, sur une plate-forme non partisane antifasciste qui rassemblait des sympathisants dans le monde entier. Les syndicats soviétiques offrirent une importante subvention pour lancer la collecte. Mais envoyer des armes et des hommes pour intervenir directement dans une guerre civile à l'autre bout de l'Europe, c'était une tout autre affaire. Staline devait tenir compte de trois considérations : garder la Russie hors de la guerre ; ne pas se couper de la France et des autres puissances de la SDN ; et éviter de raviver le spectre de la Russie exportatrice de révolution. D'un autre côté, il était difficile de refuser de soutenir une cause qui exerçait un attrait unique sur l'opinion progressiste internationale*, et de laisser battre le gouvernement républicain.

---

* Dans son étude sur la guerre civile espagnole, Hugh Thomas remarque que « en regard de l'intensité des émotions, la Deuxième Guerre mondiale ne semble pas un événement aussi important que la guerre d'Espagne. Cette dernière passait pour une "guerre juste", comme le sont les guerres civiles aux yeux des intellectuels, dépourvues qu'elles sont de l'apparente vulgarité des conflits nationaux. » *The Spanish Civil War* (Londres, 1961).

En août, Staline rejoignit les autres puissances en adhérant aux côtés de l'Italie et de l'Allemagne, au pacte de non-intervention, mais en même temps, il établit officiellement des relations diplomatiques avec le gouvernement républicain espagnol et envoya une mission soviétique à Madrid. Vladimir Antonov-Ovseïenko, qui avait commandé les gardes rouges lors de la prise du palais d'hiver en 1917 et avait ensuite fait partie du premier gouvernement de Lénine, prit le poste de consul général à Barcelone, forteresse anarchiste et « trotskiste » à laquelle Staline portait un intérêt spécial. En attendant de voir comment fonctionnait la non-intervention, le Komintern reçut pour instruction d'aller au-delà d'une aide non-militaire et de mettre sur pied une organisation d'approvisionnement en armes.

En septembre, Staline donna son accord à l'entrée de deux communistes espagnols dans le nouveau gouvernement formé par Largo Caballero. Le parti espagnol s'était déjà plaint de l'absence d'aide russe et s'était entendu répondre par l'Italien Togliatti, représentant du Komintern : « La Russie considère sa sécurité comme la prunelle de ses yeux. Un faux mouvement de sa part pourrait rompre l'équilibre des pouvoirs et déchaîner la guerre en Europe orientale [12]. » Le même mois, un certain nombre de personnalités russes et kominterniennes apparurent en Espagne, parmi lesquelles Alexandre Orlov, ancien chef de la section économique du NKVD, envoyé pour surveiller les activités du Komintern et des communistes étrangers. Mais Staline hésitait à aller plus loin.

Ses doutes semblent avoir été dissipés par l'un des chefs du Komintern, le Français Maurice Thorez qui, en visite à Moscou le 22 septembre, lui suggéra un moyen d'envoyer une aide par l'intermédiaire de l'Internationale sans impliquer ostensiblement le gouvernement ou les soldats soviétiques. Thorez proposa que le Komintern lève des brigades internationales de volontaires étrangers, y compris parmi les émigrés communistes qui avaient trouvé refuge en Russie. Celles-ci, placées sous commandement communiste, seraient les principales bénéficiaires de l'aide militaire soviétique, qu'on pourrait acheminer grâce à l'organisation déjà mise sur pied par le NKVD pour le Komintern. Il s'agissait d'une chaîne de firmes d'import-export réparties dans huit capitales européennes (avec à chaque fois un homme du NKVD en commanditaire contrôlant les finances), bien placées pour se procurer des armes auprès de diverses sources, y compris en Allemagne.

Mais Staline était toujours prudent et il imposa des conditions rigoureuses. Aucune arme soviétique ne fut effectivement utilisée en Espagne avant que la plus grande partie des réserves d'or de la république, évaluées à 500 millions de dollars, n'eût été transportée de Carthagène à Odessa comme avance. Outre l'or, les républicains envoyèrent des masses de matières premières en Russie, comme le firent les nationalistes avec l'Allemagne. On estime le nombre de Russes qui servirent comme officiers de commandement ou comme instructeurs à 2 000 en tout – probablement pas plus de 500 à la fois. L'Armée rouge était aussi intéressée que l'Allemagne à l'expérimentation des matériels sur le champ de bataille. Durant l'hiver 1936-1937, la plupart des avions russes en Espagne eurent des pilotes soviétiques, et l'attaque visant à repousser les nationalistes de Madrid commença le 29 octobre par une offensive de chars russes dirigée par le spécialiste des chars, le général Pavlov, et soutenue par des avions russes. Une campagne de bombardement intense de la capitale fut lancée par l'autre camp, le même jour, en partie pour satisfaire les conseillers allemands de Franco, qui étaient curieux de voir la réaction des civils.

Le nombre d'étrangers qui combattirent dans les brigades internationales a été beaucoup exagéré. Le chiffre vraisemblable tourne autour de 40 000, bien qu'il n'y en ait jamais eu plus de 18 000 à la fois. Le plus gros contingent était constitué par les Français, 10 000 en tout, dont 3 000 furent tués ; ensuite venaient les Allemands et les Autrichiens, 5 000, qui eurent 2 000 morts. Ils étaient recrutés par le Komintern par l'intermédiaires des partis membres – Josip Broz, futur maréchal Tito, fut l'un de ceux qui s'occupa de les faire passer en Espagne à partir d'un petit hôtel de la Rive gauche parisienne. Sur le champ de bataille, ils passaient sous les ordres du général Kléber, nom de guerre de Lazare Stern. Né en Bukovine, ce capitaine de l'armée autrichienne avait été fait prisonnier par les Russes et était passé du côté des bolcheviks.

L'aide soviétique à la république fut nettement moindre que celle promise par l'Allemagne et l'Italie à Franco [13]. Néanmoins, le soutien soviétique fut décisif à l'automne 1936, empêchant les nationalistes de gagner la guerre en quelques mois. Les conseillers russes et les brigades internationales introduisirent l'ordre et la discipline dans l'armée républicaine. Les brigades jouèrent le rôle le plus important aux batailles de Jarama et de Guadalajara durant l'été 1937. L'arrêt des approvisionnements fournis par les Soviétiques et le Komintern scella le sort de la république. Comme le remarque l'historien britannique, spécialiste de l'Espagne, Raymond Carr : « C'est une erreur de traiter de l'approvisionnement en termes quantitatifs... A long terme, ce fut la *continuité* de l'aide allemande et italienne, et la régularité avec laquelle les fournitures de l'Axe correspondaient à chaque crise des armées de Franco, qui décida de la guerre [14]. »

Le Comité de non-intervention passa une grande partie de son temps à écouter les accusations et les contre-accusations des partisans des deux bords, parmi lesquels Ribbentrop, Ciano (Italie) et Maisky (URSS) rivalisèrent d'indignation vertueuse devant l'intervention effrontée des autres. Staline ne reconnut jamais publiquement l'aide apportée à la république espagnole, pourtant manifeste et se contenta de laisser les autres présenter l'Union soviétique comme le seul pays qui prenait au sérieux la cause antifasciste et venait en aide à la démocratie espagnole. Cela fournissait un contrepoids valable, chez les nombreux sympathisants de la cause républicaine, à la désastreuse impression laissée par les purges en Russie.

Staline insista pour que le soutien du Komintern au gouvernement républicain fût toujours justifié par des raisons non partisanes, anti-fascistes, telles que « la défense de la république démocratique, parlementaire, la république du Front populaire qui garantit les droits et les libertés du peuple espagnol... la cause de la paix et la cause commune de toute l'humanité avancée et progressiste [15] ». Ces phrases sont extraites d'une résolution de l'exécutif du Komintern prise en décembre 1936. Une semaine auparavant, Staline avait envoyé une lettre au Premier ministre espagnol, Largo Caballero, où les signatures de Molotov et de Vorochilov figuraient à côté de la sienne, et dans laquelle il pressait le gouvernement espagnol d'éviter le radicalisme social, de se gagner le soutien de la classe moyenne et d'élargir la base de son gouvernement « afin d'empêcher les ennemis de l'Espagne de la présenter comme une république communiste [16] ».

Le fait que l'Union soviétique fût, à travers le Komintern, la seule source sûre d'approvisionnement en armes donnait à Staline le pouvoir d'intervenir dans la politique espagnole aussi bien que dans la guerre. Ce fut l'usage qu'il fit de ce pouvoir, plus que tout autre chose, qui ternit le bilan soviétique et communiste en Espagne, et laissa d'amers souvenirs. La gauche espagnole était depuis longtemps divisée par des désaccords idéologiques et politiques. Les chefs du parti communiste acceptèrent la ligne moscovite d'union pour la défense de la république et repoussèrent à plus tard tout discours sur la révolution. Mais il y avait un grand nombre d'Espagnols engagés qui ne le faisaient pas, et qui accusaient le gouvernement républicain et les communistes de trahir la révolution. Les anarchistes, qui étaient plus nombreux en Espagne que n'importe où ailleurs, étaient de vieux ennemis idéologiques des communistes, leur querelle avec eux remontant aux affrontements de Bakounine et de Marx au XIXᵉ siècle. L'autre groupe contre lequel était dirigé le venin de Staline était le POUM (Partido Obrero de Unificación Marxista), parti marxiste non-communiste que Staline identifiait à une organisation trotskiste, et qui avait osé proposer que Trotski vienne en Espagne. Le POUM dénonçait les procès de Moscou et, en utilisant un langage trotskiste, parlait des « thermidoriens staliniens » qui avaient établi en Russie le « régime bureaucratique d'un dictateur perverti ». Les partisans les plus nombreux du POUM se trouvaient aussi à Barcelone et en Catalogne, et Staline était déterminé à les éliminer. Un article de la *Pravda* du 17 novembre 1936 indiquait la voie : « Pour ce qui concerne la Catalogne, l'élimination des trotskistes et des anarchistes a commencé, et elle sera menée à bien avec la même énergie qu'en URSS [17]. » En mai 1937, la tension à Barcelone avait atteint un tel point que, durant quatre jours, des batailles de rue opposèrent communistes et policiers d'un côté, aux anarchistes et au POUM de l'autre. Il y eut 400 morts et 1 000 blessés.

Cette crise de mai entraîna la chute de Caballero, qui refusa de suivre la ligne de Moscou et de dissoudre le POUM. Le NKVD, responsable devant Staline seul, et agissant de sa propre autorité, arrêta les quarante

membres du comité central du POUM, assassina Andres Nin, dirigeant
du POUM qui avait été ministre dans le gouvernement de Caballero, et
brisa les reins de l'opposition révolutionnaire par les mêmes méthodes
qu'en Union soviétique. Peu après, de nombreux Russes qui se trouvaient
en Espagne, dont Antonov-Ovseïenko, le général Ion Berzine, commandant le groupe de l'Armée rouge, et Marcel Rosenberg, ambassadeur et
chef de la mission russe, furent rappelés en Russie et disparurent dans les
purges.

Après Munich, Staline décida qu'il n'y avait plus aucun avantage à
poursuivre l'aide soviétique à l'Espagne. La dernière action des brigades
internationales eut lieu le 22 septembre 1938 et la guerre se termina par la
victoire de Franco au printemps 1939. A côté des conseillers russes qui
périrent dans les purges, beaucoup de communistes non-russes souffrirent
aussi de leur participation à la guerre d'Espagne. A la fin des années 40, la
plupart des communistes d'Europe orientale anciens combattants des
brigades s'attirèrent la suspicion de Staline. Après le procès et l'exécution
de Lázló Rajk, en 1949, presque tous furent arrêtés et beaucoup abattus.
Rajk lui-même, à l'époque ministre des Affaires étrangères hongrois, avait
été commissaire du bataillon Rákosi dans la XIIIᵉ brigade internationale.
Il « avoua » être allé en Espagne pour saboter l'efficacité militaire du
bataillon et s'adonner à la propagande trotskiste. L'ombre des purges se
projetait loin dans l'avenir.

IV

Bien qu'Hitler ait soutenu les vainqueurs de la guerre d'Espagne et
Staline les vaincus, il existe des parallèles entre leurs attitudes et leurs
expériences. En novembre 1937, dans un examen secret de l'avenir de la
politique allemande Hitler déclarait que, du point de vue des Allemands,
une victoire totale de Franco n'était pas souhaitable. « Notre intérêt est
que la guerre se poursuive et que la tension en Méditerranée se
maintienne [18]. » Les deux dictateurs avaient mesuré l'effet de diversion de
la guerre. Elle permettait à Hitler de poursuivre le réarmement, et à
Staline de garder les puissances européennes divisées, ce qui lui laissait
tout loisir de poursuivre ses purges sans crainte d'une menace extérieure.
L'un et l'autre surent utiliser leur participation à des fins de propagande
– Hitler pour sa croisade antibolchevique, Staline pour l'identification de
la Russie à la cause antifasciste. Allemands et Russes eurent là une
excellente occasion d'essayer leurs armes et de donner à leurs pilotes et
leurs officiers une expérience des combats – même si les Allemands
profitèrent mieux de la leçon que les Russes. Les deux pays bénéficièrent
aussi des transports de matières premières espagnoles. Enfin, il y eut dans
les deux cas, une éclipse des Affaires étrangères. Ce fut à l'Auslandsorganisation que revint l'initiative de convaincre le Führer d'intervenir,
en dépit de l'opposition des diplomates professionnels. L'AO continua

d'être impliqué dans les aspects économiques, comme Goering en tant que responsable du plan quadriennal et chef de la Luftwaffe, Canaris, patron du service de renseignement militaire, et Ribbentrop, au comité de non-intervention. Les instruments de Staline furent le Komintern, le NKVD et l'Armée rouge, Litvinov et Maisky étant employés principalement au comité et à la SDN.

La remarque d'Hitler montrait sa perspicacité. Tous les bénéfices de la guerre dérivaient de sa poursuite. Une fois vainqueur, Franco se montra le plus exaspérant et le plus fuyant des alliés. Mais le plus important des bénéfices pour Hitler – dont il n'existait pas d'équivalent dans le cas de Staline – était la relation de travail instaurée avec les Italiens, qui posait les bases de leur future alliance. Comme Hitler l'avait prévu, les ambitions africaines et méditerranéennes de Mussolini, en le brouillant avec les Britanniques et les Français, l'obligèrent à se rapprocher de l'Allemagne.

La nomination par Mussolini de son gendre, Ciano, aux Affaires étrangères assurait la promotion d'un ministre plus favorable que son prédécesseur à la coopération avec l'Allemagne. Les discussions italo-allemandes durant l'été 1936 couvrirent la totalité du champ des intérêts communs – et des divergences – des deux puissances. Elles préludèrent à une visite qu'effectua Ciano en Allemagne en octobre, au cours de laquelle Hitler se mit en frais pour plaire, et tous deux tombèrent d'accord sur l'établissement d'un front commun que Mussolini baptisa l'axe Rome-Berlin. Son fondement était une hostilité commune à la Grande-Bretagne et l'exploitation de la campagne anticommuniste. Derrière cet écran, l'Allemagne et l'Italie pouvaient continuer de réarmer, et Ciano raconta qu'à Berchtesgaden, Hitler lui avait déclaré : « Dans trois ans, l'Allemagne sera prête, dans quatre ans plus que prête ; si nous avons cinq ans, ce sera encore mieux [19]. »

Du côté italien, il fallait vaincre un vieux fond de méfiance et de jalousie, méfiance en particulier devant les intentions allemandes à l'égard de l'Autriche. Néanmoins, les ambitions méditerranéennes de Mussolini, son désir pressant d'être du côté des vainqueurs et de plumer lui aussi les démocraties décadentes, son ressentiment contre les Britanniques et les Français à propos des sanctions, et la vanité blessée d'un dictateur affecté d'un mauvais sentiment d'infériorité dans les relations internationales, tout cela mettait en valeur les avantages de l'association qu'Hitler lui proposait avec empressement. L'alliance fut scellée en septembre 1937, quand Mussolini, dans un nouvel uniforme spécialement conçu pour l'occasion, effectua une visite d'État en Allemagne.

Hitler reçut le Duce à Munich et, avec le sens de la mise en scène dans lequel les nazis excellaient, fit une grande démonstration de la puissance allemande – défilés, manœuvres militaires, visite chez Krupp, l'ensemble culminant dans une manifestation de masse en son honneur à Berlin – qui enchanta l'Italien, lui laissant une impression indélébile, dont il ne se défit jamais. Ce fut un pas fatal pour le Duce, le début de cet abandon de son indépendance qui conduisit son régime au désastre et lui-même au gibet de la piazza Loreto à Milan. Cependant, les sentiments de camaraderie d'Hitler pour Mussolini n'étaient pas feints. Comme lui – et comme Staline, pour lequel Hitler à l'occasion avait aussi exprimé de l'admiration – Mussolini était un homme du peuple, avec lequel Hitler pouvait se sentir à son aise, comme il ne l'avait jamais été avec les membres des classes dirigeantes traditionnelles, et moins que tout avec la famille royale italienne. En dépit des désillusions postérieures d'Hitler devant les performances guerrières italiennes, il ne trahit et n'abandonna jamais Mussolini, même quand il fut renversé – c'était plus qu'on n'en pouvait dire de Staline, qui ne se conduisit jamais ainsi avec personne.

Peu après la visite du Duce en novembre 1937, Ribbentrop vint à Rome pour le persuader d'apposer sa signature sur le pacte antikomintern dont il s'était fait l'avocat*. Ribbentrop fit plaisir au Duce et le soulagea quand il lui déclara qu'il avait échoué dans sa mission à Londres et que les intérêts britanniques et allemands étaient irréconciliables. Hitler fut également enchanté par les remarques de Mussolini sur l'Autriche que Ribbentrop lui rapporta. Selon les minutes tenues par Ciano, Mussolini dit qu'il était las de monter la garde devant l'indépendance de l'Autriche, en particulier si les Autrichiens n'en voulaient plus :

> L'Autriche est l'État allemand n° 2. Elle ne pourra jamais rien faire sans l'Allemagne, encore moins contre elle. L'intérêt italien n'est plus aussi vif qu'il le fut voilà quelques années, pour une part en raison du développement de l'Italie, qui concentre ses intérêts sur la Méditerranée et les colonies...
>
> La meilleure méthode est de laisser les événements suivre leur cours naturel. On ne doit pas aggraver la situation... D'un autre côté, la France sait que si une crise devait éclater à propos de l'Autriche, l'Italie ne ferait rien. Ceci a été dit également à Schuschnigg à Venise. Nous ne pouvons imposer l'indépendance à l'Autriche [20].

Tout ce que Mussolini demandait, c'était que rien ne fût fait sans un échange préalable d'informations : en l'occurrence, même cela fit défaut.

L'autre alliance sur laquelle Hitler avait placé ses espoirs dans *Mein Kampf* – avec la Grande-Bretagne – se dérobait toujours. Du côté britannique, ce n'était certes pas faute de rechercher un accord. Fin mai 1937, Neville Chamberlain succédait à Baldwin au poste de Premier ministre. « Son souhait le plus cher », écrivit Churchill, « était de passer à l'histoire comme le grand artisan de la paix ; et pour cela, il était déterminé à essayer en dépit des faits, et à courir de grands risques pour lui-même et pour son pays [21]. » Il n'est nul besoin de suivre le cours des discussions que Chamberlain entama avec l'Allemagne, y compris la visite, en novembre 1937, à

---

* Voir ci-dessous p. 592.

Berchtesgaden du secrétaire au Foreign Office, Lord Halifax. Ce qui importe, c'est de préciser les raisons de l'échec de Chamberlain.

1937 ramena au premier plan la question du retour des anciennes colonies allemandes confisquées par les alliés après la Première Guerre mondiale. Une agitation coloniale avait été suscitée en Allemagne, comparable à la propagande de la Flottenverein, la ligue maritime, au début du siècle. Schacht, par exemple, était de ceux qui regardaient l'expansion coloniale comme un moyen de répondre aux problèmes économiques allemands et de fournir une solution de rechange aux plans de conquête orientales d'Hitler. Ce dernier ne décourageait pas l'agitation, qui maintenait la pression sur l'Angleterre et sur la France ; et il était prêt à accepter le retour des colonies, pourvu que ce fût un acte unilatéral, qui ne le liât en rien. Mais il refusa d'être détourné de sa stratégie continentale par l'offre de concessions coloniales ou économiques.

L'objectif britannique, comme Hitler le comprit parfaitement, était d'intégrer le retour des colonies à un accord général, auquel l'Allemagne contribuerait par l'abandon des visées hitlériennes sur l'Europe orientale, la réintégration de la SDN et l'engagement de recourir à la négociation pacifique pour régler tous les problèmes. Le seul résultat des démarches britanniques fut néanmoins de confirmer Hitler dans sa conviction que, tout opposés qu'ils fussent à l'expansion continentale de l'Allemagne, les Anglais ne courraient jamais le risque d'une guerre pour l'en empêcher. Mais ils ne donneraient pas non plus à l'Allemagne carte blanche en Europe, seule base d'un accord qui eût intéressé le Führer.

Dans une note à Hitler (2 janvier 1938), Ribbentrop écrivit que l'Allemagne devait abandonner tout espoir de s'entendre avec les Britanniques et se concentrer plutôt sur la constitution d'un réseau d'alliances contre eux, en commençant par les accords existant déjà avec le Japon et l'Italie. A la suite de discussions durant l'été 1935 avec Hiroshi Oshima, ambassadeur du Japon, un accord avait d'abord été proposé à ce pays par Ribbentrop, sur son initiative privée. Il fut ensuite conçu comme un pacte antikomintern dirigé contre l'Union soviétique. Il rencontra une forte opposition de la part des Affaires étrangères et de l'armée allemandes, qui avaient construit une relation durable avec la Chine, aussi bien à travers le commerce, que par l'intermédiaire des conseillers militaires allemands auprès de Tchang Kaï-chek. Néanmoins, au bout d'un an de délai, Ribbentrop réussit à obtenir l'approbation d'Hitler.

Le pacte, qui était ouvert à l'adhésion des autres puissances, fut signé le 25 novembre 1936 et considéré avec une fierté spéciale par Ribbentrop comme son enfant. Il prévoyait une coopération entre les deux nations pour s'opposer à l'Internationale communiste – réponse habile à l'utilisation par Staline du Komintern pour couvrir l'intervention soviétique en Espagne. Son annonce fit sensation. Malgré les dénégations, tout le monde était sûr de l'existence de clauses secrètes. Tel était le cas, chacun promettant de ne pas assister la Russie si elle se lançait dans une attaque non-provoquée ou proférait des menaces contre l'une des parties. Mais cet engagement fut modifié par des réserves également secrètes, « sur la base de l'accord, [les partenaires] pourraient agir conjointement ; sur la base des réserves, chacun pourrait suivre sa propre voie [22] ».

Un obstacle permanent était constitué par le conflit continuel entre ceux qui jugeaient de l'intérêt de l'Allemagne de conserver les bonnes relations construites avec la Chine depuis plus de vingt ans, et ceux qui étaient disposés à les sacrifier sur l'autel d'une alliance avec un Japon en plein essor. Goering, par exemple, qui était fortement attiré par le Japon, commença à réfléchir quand la HAPRO, l'agence allemande pour le commerce avec la Chine nationaliste, fut transférée du ministère de la Guerre au Plan, et qu'il réalisa la valeur des matières premières (par exemple, le tungstène) et des devises que la Chine offrait en échange de fournitures militaires et industrielles. Mais Ribbentrop insistait et en novembre 1937, il persuada Mussolini d'ajouter la signature de l'Italie sur le pacte, qu'il présenta comme « l'alliance des nations agressives contre les pays satisfaits ». Les Italiens y virent un moyen de pression sur les intérêts britanniques et français en Extrême-Orient, et Ribbentrop parla désormais de sa politique de « Triangle mondial », écrivant dans un rapport de fin d'année à destination d'Hitler : « L'Angleterre voit maintenant ses possessions d'Asie orientale menacées par le Japon, sa route vers l'Inde par la Méditerranée menacée par l'Italie, le sol natal, les îles Britanniques, menacé par l'Allemagne [23]. »

La réalité historique n'a jamais donné vie aux espérances et aux craintes suscitées par le pacte antikomintern. Comme le démontrèrent la signature du pacte germano-soviétique en 1939 et l'attaque japonaise de Pearl Harbor – l'une et l'autre cachées jusqu'au dernier moment aux autres partenaires – en pratique, ce fut la liberté pour chacun de suivre sa propre voie qui compta plus que la possibilité d'agir ensemble. Sachant cela, nous pouvons facilement sous-estimer l'importance de cet accord à la fin des années 30 et au début des années 40, quand il contraignit les autres puissances à tenir compte de la possibilité d'une coopération globale entre les trois signataires, éventualité alarmante pour la Grande-Bretagne et pour la France, puissances impériales, autant que pour l'URSS.

Le pacte aida à renforcer l'impression qu'en moins de cinq ans, l'Allemagne était devenue le pays le plus puissant et Hitler le dirigeant qui remportait le plus de succès en Europe. L'importance de son réarmement était peut-être exagérée, mais c'était un tribut à l'impression de confiance et de force que la nation et son chef exsudaient dans un monde où tous les autres s'inquiétaient et demandaient : Que va faire l'Allemagne ? Quand les avions allemands bombardèrent Guernica et que les navires allemands pilonnèrent Almeria*, partout l'on fut choqué, mais aussi impressionné.

---

* En mai 1937, à la suite d'une attaque républicaine contre le navire de guerre *Deutschland*, au cours de laquelle trente et un membres de l'équipage trouvèrent la mort.

Par contraste, la Russie semblait isolée et ses chefs déchirés par les accusations de trahison et les purges. En mai 1937, Litvinov se rendit à Paris pour presser les Français d'établir des relations plus étroites avec l'Armée rouge et de nouer les contacts techniques nécessaires qui n'étaient toujours pas mis en place deux ans après la conclusion du pacte. A peine était-il parti que les Français apprenaient que presque toute la structure de commandement de l'Armée rouge avait été détruite sur l'ordre de Staline. En mars 1938, l'ambassadeur des États-Unis à Moscou rapporta le point de vue de Litvinov selon lequel la « France n'a pas confiance en l'Union soviétique et l'Union soviétique n'a pas confiance en la France [24] ».

Le pacte antikomintern semblait souligner combien Staline avait perdu du terrain par rapport à Hitler. Mais quand il fut mis à l'épreuve, il ne produisit pas l'alignement promis des politiques japonaise et allemande, et son architecte, Ribbentrop, connut la première de nombreuses déceptions, tandis que Staline remportait un de ses rares succès de politique étrangère.

Pendant près de dix ans, durant lesquels les Japonais avaient conquis la Mandchourie, les relations entre les Russes et Tchang Kaï-chek étaient restées aigries par la liquidation des communistes chinois à laquelle ce dernier avait procédé en 1928. Cette année-là, les Russes furent troublés par des informations faisant état de négociations en vue d'une trêve entre Tchang Kaï-chek et les Japonais. Cela laisserait ces derniers libres d'essayer de trouver les faiblesses de la sécurité des territoires de l'Extrême-Orient soviétique, tandis que le généralissime se concentrerait sur la destruction de la place-forte communiste créée dans le nord-est de la Chine à la suite de la « Longue Marche ». Des tentatives de persuader Tchang Kaï-chek de se joindre aux Russes dans un front commun contre les Japonais avaient été repoussées, et il avait déjà désigné les troupes qui devraient mener l'attaque contre l'ennemi intérieur.

Mais leur commandant, un ancien seigneur de la guerre de Mandchourie, Chang Hsueh-ling, refusa de suivre le plan et quand Tchang Kaï-chek vint le trouver en décembre 1936 pour le persuader, Chang l'emprisonna – c'est ce qu'on appela l'incident de Xi'an. Dans les négociations qui suivirent, Chou En-lai, bras droit du chef communiste, Mao Tsé-tung, joua un rôle crucial pour persuader Tchang de renverser sa politique et de faire cause commune avec les communistes chinois contre le Japon.

Le 7 juillet 1937, sans attendre que la nouvelle alliance eût pris effet, les Japonais attaquèrent et, en dépit des tentatives de médiation allemandes entre Nankin et Tokyo, le Japon s'engagea toujours plus pour battre et renverser Tchang. Comme les Allemands le firent observer à leurs partenaires japonais du pacte antikomintern, la relance du conflit en Chine contribua à répandre le communisme au lieu de le gêner. En août, les Russes signèrent un traité de non-agression et d'amitié avec Tchang Kaï-chek et commencèrent à mettre à sa disposition des armes, des crédits et des instructeurs soviétiques, mais jamais sur une large échelle. Staline n'y gagnait pas seulement un retour d'influence russe en Chine après le désastre de 1928, mais aussi le détournement des énergies japonaises des territoires extrême-orientaux des Russes. Finalement, la menace de guerre avec le Japon ne fut pas repoussée jusqu'à Pearl Harbor ; mais le danger qui paraissait imminent par moment durant les années 30, à la suite d'incidents de frontières, fut grandement réduit.

V

Le principal souci d'Hitler dans la conduite de la politique étrangère en 1936 et 1937 restait de gagner pour l'Allemagne du temps et la liberté de réarmer. Toutefois, durant les derniers mois de 1937, il commença à songer à renverser l'ordre des priorités et à utiliser la puissance croissante de l'Allemagne et la menace implicite du recours à la force pour donner plus de poids à une attitude agressive dans les relations internationales. En retour, cela contribua à créer la conviction très répandue parmi les autres puissances, qui a duré jusqu'après la guerre, que l'Allemagne faisait des progrès bien plus rapide qu'aucun autre pays dans la mobilisation pour la guerre de son économie aussi bien que de ses forces armées.

En fait, ce ne fut pas avant le début de 1942 que les Allemands commencèrent à mettre leur économie en état de guerre totale et mirent à la disposition de la production d'armes des ressources industrielles jusque-là inexploitées, ce qui leur permit d'atteindre en 1943-1944 – années où les bombardements anglo-américains atteignirent leur apogée – les plus importants accroissements de productivité. Si l'on indexe la production d'armes en 1942-1944, sur les chiffres de janvier-février 1942, on obtient des résultats surprenants :

Janvier-février 1942	100
juillet 1942	153
juillet 1943	229
juillet 1944	322

Ces chiffres surprirent beaucoup les Américains et les Anglais lorsqu'ils les découvrirent après la guerre. On peut les expliquer en considérant que le reste du monde avait été abusé par la propagande allemande, qui a réussi à la fin des années 30 à diffuser l'impression d'une puissance militaire et à donner du tranchant à la diplomatie d'Hitler. De la même manière, quand les combats commencèrent, la propagande fut utilisée avec la même efficacité pour renforcer la Blitzkrieg et répandre panique et défaitisme.

Mais cette explication, à elle seule, est trop simple. Car, une fois qu'on a opéré toutes les réductions des estimations enflées de la puissance allemande que la propagande a produites, le fait demeure que les réalisations qui leur ont servi de support existent bel et bien. En six ans et demi, les forces armées allemandes sont passées des 100 000 hommes (sept divisions) autorisés par le traité de Versailles – sans aviation – aux 2 750 000 hommes mobilisés à l'automne de 1939, avec 103 divisions, dont pas moins de six étaient blindées et quatre entièrement motorisées. A la même époque, l'aviation, créée à partir de rien, disposait de plus de 4 000 appareils de combat de conception moderne, dont 90 % immédiatement opérationnels.

L'erreur commise par les autres puissances fut, non pas tant d'avoir exagéré en 1939 la préparation à la guerre de l'Allemagne, que de s'être mépris sur son caractère. Elles supposaient que la mobilisation *militaire* était accompagnée, à un degré comparable, d'une mobilisation *économique*. Elles ne surent pas distinguer entre « réarmement en largeur » (que les Allemands avaient mené à bien) et « réarmement en profondeur » (dans lequel les Britanniques s'engagèrent à contrecœur en 1938, en supposant à tort que les Allemands avaient fait de même). Les Allemands se concentrèrent sur le maintien d'un haut niveau de production d'armements pour faire face aux besoins immédiats – avec souvent des réserves dangereusement basses d'armes, de munitions et de carburant – sans entreprendre, comme les Anglais avaient déjà commencé à le faire, de développer l'investissement de base dans de nouvelles entreprises ou de réorienter l'industrie vers la production de masse subventionnée nécessaire durant une longue guerre.

La leçon de la Première Guerre mondiale était que l'Allemagne devait éviter une longue guerre qui révélerait son manque de matières premières stratégiques – à l'exception du charbon – et son incapacité à nourrir sa propre population, la rendant ainsi vulnérable à un nouveau blocus économique des alliés. Déterminé à ne pas se retrouver dans l'impasse d'une guerre des tranchées, Hitler s'appropria le concept de Blitzkrieg, la « guerre éclair », dirigée contre un seul opposant à la fois, diplomatiquement isolé et assommé du premier coup grâce à une concentration de forces armées, une guerre qui prenait l'ennemi par surprise et conduisait à une prompte victoire.

Il n'est pas difficile de voir l'attraction que la guerre éclair exerçait sur Hitler. Une courte guerre intensive, même une succession de courtes campagnes comme celles de 1939-1941, pouvaient être soutenues sans convertir la totalité de l'économie à la production de guerre. En évitant d'entraîner l'Allemagne dans une longue guerre, et de réclamer trop de matières premières rares ou d'imposer des sacrifices trop lourds à la population civile (point clé pour un régime toujours sensible à l'opinion publique), Hitler croyait pouvoir éviter les erreurs qui avaient conduit à la défaite de la Première Guerre mondiale.

Mais qu'arriverait-il si les Allemands s'engageaient, contre leur volonté, dans une longue guerre ? Un homme se posa cette question, le colonel (et futur général) Georg Thomas, qui joua un rôle dirigeant dans la planification du réarmement et en 1939, devint chef de la direction économique au ministère de la Guerre, avant de passer à l'OKW (le haut commandement des forces armées) comme chef de ce qui devint en 1939 le Bureau de l'économie de guerre et du réarmement (connu sous le nom de WiRüAmt).

Ce fut Thomas qui, le premier, en 1936, opéra la distinction entre « armement en largeur » et « armement en profondeur ». Selon lui, si, en dépit d'une mobilisation militaire exemplaire et des performances accomplies sur le terrain, les victoires allemandes dans la Première Guerre mondiale avaient été réduites à rien, c'était parce qu'on n'avait pas reconnu à temps la nécessité de l'armement en profondeur, et de la préparation économique requise. Thomas soutenait aussi qu'Hitler faisait la même erreur et il fut démis de ses fonctions en 1943 pour avoir eu raison. Immédiatement après la défaite de l'Allemagne, il écrivit :

> Je ne puis que répéter que dans ce qu'on appelle l'État autoritaire d'Hitler, il existait, dans les affaires économiques, une complète absence d'autorité et une indescriptible duplication des efforts et un enchevêtrement des objectifs. Car Hitler fermait les yeux sur le besoin de planification précise, à long terme, Goering ne connaissait rien à l'économie et les responsables professionnels n'avaient pas de pouvoir exécutif[25].

La recherche historique depuis la guerre a confirmé l'opinion de Thomas et fait apparaître clairement que les chefs militaires portaient autant de responsabilité qu'Hitler et Goering dans les failles du programme[26].

Le programme de réarmement pour l'expansion de l'armée de temps de paix était déjà approuvé en 1932 avant qu'Hitler n'accédât au pouvoir ; mais il n'y avait pas de programme comparable pour la fourniture et l'équipement d'une armée de guerre beaucoup plus importante.

L'objectif finalement fixé par Hitler, une armée sur le pied de guerre beaucoup plus grande que celle avec laquelle l'Allemagne s'était battue contre la France, la Russie et l'Angleterre en 1914, fut effectivement atteint à l'échéance prévue, octobre 1939, mais il manquait toujours un programme économique à long terme adapté pour la soutenir et pourvoir à son approvisionnement.

En dépit des sommes énormes consacrées au programme de réarmement – en 1938, elles étaient supérieures à celles de n'importe quelle autre puissance, représentant 52 % du budget et 17 % du produit national brut – aucun programme national cohérent ne fut jamais élaboré pour adapter sa cadence et ses dimensions aux capacités économiques de l'Allemagne et pour établir des priorités entre les revendications des différents services. Au lieu de quoi, chaque arme fixait et poursuivait ses propres buts, sans égard pour ceux des deux autres, jouant des coudes et organisant ses pressions pour obtenir les investissements et les matières premières dont l'Allemagne manquait énormément. En tant que chef suprême de l'économie, on pouvait s'attendre à ce que Goering insistât dans le sens de la coordination mais, en sa qualité seconde de commandant en chef d'une Luftwaffe nouveau-née, il était déterminé à l'empêcher.

La question de la coordination entre les différents services a toujours tracassé les gouvernements et bien peu, sinon aucun, n'a trouvé une réponse satisfaisante. Dans les années 30 et 40, il était communément – mais naïvement – admis que les dictatures surmontaient mieux ce problème que les démocraties. Au contraire, en ce qui concerne Hitler, c'est là qu'apparaissait le plus nettement son insuffisance à assumer les responsabilités administratives d'un dictateur. A la différence du travail quotidien de gouvernement dans lequel il refusait de s'impliquer, le succès du réarmement était le cœur de son programme. Hitler était passionné de technique militaire : il saisit d'un coup le concept, présenté par le général Guderian, de la panzer division, division blindée indépendante dans l'action, et lui apporta son soutien total. Il aurait aussi suggéré la conversion du canon antiaérien de 88 mm pour doter les chars et les unités antichars de l'une des armes les plus efficaces de la guerre. En ce domaine plus qu'en tout autre, on pouvait s'attendre à ce qu'il donne des directives décisives, et il aurait pu le faire en secouant le cocotier et en insistant pour qu'un plan général cohérent d'allocation des ressources et de la production fût mis sur pied. Au lieu de quoi, en l'absence de claire définition des priorités et des responsabilités, avec chaque secteur, civil et militaire, en compétition pour s'approprier des matières premières, de la main-d'œuvre qualifiée et des fonds, l'économie demeurait l'exemple le plus frappant de l'« anarchie autoritaire » et du « chaos administratif » qui, en pratique, caractérisait la dictature tant louée. En bref, la Blitzkrieg était beaucoup plus le produit d'un échec à résoudre les problèmes du réarmement qu'une révolution de la pensée stratégique.

En disant qu'il voulait qu'on lui épargne le plus possible le tracas des décisions à prendre, Hitler plaça la responsabilité de l'économie de guerre entre les mains de Goering. Mais ce dernier était le dernier homme capable de compenser les manques d'Hitler. Le Führer et lui considéraient son ignorance en matière économique et son manque d'expérience dans les affaires industrielles comme un avantage pour entreprendre la création d'une nouvelle économie. La volonté, comme Hitler n'était jamais las de le répéter, était ce qu'il fallait pour vaincre les difficultés économiques. Si l'ambition était une mesure de la volonté, Goering en était abondamment pourvu. Anxieux de se créer une position où il n'aurait au-dessus de lui qu'Hitler, il accumulait les responsabilités au-delà de ses capacités et puis, pour défendre sa position, insistait pour monopoliser la prise de décision sans avoir les compétences techniques nécessaires pour se former un jugement. Pour préserver son crédit auprès de Hitler, il était prêt à supprimer les informations et à truquer délibérément les chiffres permettant de comparer les niveaux de production de l'Allemagne et de l'ennemi, exemple que ses subordonnés s'empressèrent de suivre.

La position de Goering comme commandant en chef de la Luftwaffe, et la part disproportionnée de ressources qu'il réclamait pour elle, a déjà été mentionnée comme un obstacle essentiel à la coordination mais on pouvait au moins attendre que le succès du programme de réarmement aérien allemand en découle. Au contraire, son échec est l'exemple le plus frappant de l'inefficacité de Goering. Jaloux de ceux qui avaient la connaissance et l'expérience qui lui manquaient, Goering préférait désigner des adjoints qu'il pouvait dominer ou qui ne feraient pas apparaître son ignorance.

Mais l'incapacité d'Hitler à réaliser les espoirs du quatrième plan et du suivant était due à des causes plus profondes que les défauts personnels de Goering. Le problème réel était structurel. Une partie considérable du temps des différentes bureaucraties militaires se passait à résister aux revendications des autres services réclamant des matières premières, de la main-d'œuvre, et d'autres ressources économiques, et à défendre les leurs. En 1941, 60 % des dépenses de l'armée étaient consacrées à son administration et, en 1940, 8 % seulement du budget militaire servait à l'achat d'armes [27]. Hitler n'était pas plus disposé à intervenir pour régler la question que dans le cas des rivalités de pouvoirs qui divisaient l'administration. Outre tout cela, l'armée toujours grossissante des fonctionnaires militaires et civils était en grande partie recrutée parmi les membres du parti.

L'armée et l'aviation n'avaient que mépris pour la production de masse, le travail en équipe et la standardisation des pièces, auxquels elles préféraient, et de loin, les petits ateliers d'ouvriers hautement qualifiés qui s'adaptaient aux changements de dessin. Même durant la guerre, quand de grands nombres d'appareils furent produits, l'habitude de les fabriquer par unités persista. Un exemple entre tant d'autres doit suffire. La standardisation des pièces n'était pas terminée à la fin du conflit : les Junker 88, bombardiers moyens, étaient conçus avec 4 000 différents types d'écrous et de vis, et devaient être rivetés à la main, sans recourir à la machine-outil automatique, pourtant disponible. De telles pratiques conservatrices gaspillaient beaucoup de matières premières et de travail qualifié.

Autant que les forces armées, le parti nazi se rendait coupable de résistance aux mesures qui auraient permis de commencer plus tôt la rationalisation. Les Gauleiter se considéraient comme les gardiens de la vie économique de leur région et remettaient immédiatement en question tout changement visant à une plus grande concentration de la production de guerre qui laisserait leur *Gau* sur la touche. Suivant l'exemple d'Hitler, les chefs du parti résistaient avec entêtement à toute coupure dans les grandioses projets de construction que Thomas considérait comme un gaspillage de ressources. Ils poussaient également les hauts cris contre les coupures dans la production de biens de consommation, contre le rationnement alimentaire, le travail obligatoire et tout ce qui menaçait le niveau de vie de la population ordinaire. Alors que la Grande-Bretagne commençait à embaucher les femmes dans les industries de l'armement et qu'elle finit par les enrôler pour des tâches de guerre, Hitler lui-même interdit que l'Allemagne suive le même chemin, et deux millions et demi de femmes qui auraient pu être versées dans l'armée se trouvaient toujours dans la fonction publique à la fin de la guerre.

Dans l'esprit d'Hitler, le plan quadriennal et les Reichswerke de Hermann Goering étaient la réponse des nazis aux patrons et aux industriels qui croyaient que le réarmement allemand ne pourrait être réalisé sans leur coopération. Dans les faits, il signifia la fin de l'alliance avec le patronat qui avait permis le rétablissement économique de 1933-1935 et le Nouveau Plan de Schacht.

A quelques notables exceptions près, telles celles de Carl Krauch et IG Farben, les principaux patrons et industriels allemands furent exclus de tout rôle dans la planification et l'exécution du réarmement allemand. Beaucoup de ceux que Goering recruta pour mener à bien le Plan et construire le Reichswerke venaient de l'aile anticapitaliste du parti, favorable aux petites entreprises, et hostiles aux grandes sociétés. Les grosses firmes obtinrent certes des contrats qu'elles remplirent correctement, mais l'expérience gestionnaire et le savoir technique des hommes responsables de l'un des plus larges secteurs industriels du monde étaient largement ignorés. Peu impressionnés par le mélange d'ignorance et d'arrogance qu'affichait Goering, la majorité d'entre eux se replia dans ses usines et ses bureaux. Ils firent ce qu'on leur demandait de faire, mais sans aucune incitation à l'innovation et à la rationalisation, en veillant sur les intérêts de leurs sociétés et en tirant de larges profits d'une administration inefficace et dispendieuse.

On vit l'importance de l'effort de guerre ainsi gaspillé quand Hitler, durant l'hiver 1941-1942, finit par se résoudre à écarter Goering et à confier d'abord à Todt, puis à Speer, la responsabilité du développement et de la production d'armes. Inversant l'attitude officielle, ils commencèrent par instaurer ce que Todt appela « l'autoresponsabilité de l'industrie d'armement », faisant participer les industriels – souvent en qualité de présidents – au travail des comités créés pour rationaliser et améliorer la production de chaque secteur. Ce fut grâce à ce renversement de politique et au fait que le peuple allemand prit conscience de ce qui le menaçait, que la mobilisation totale de l'économie fut enfin réalisée, et que les chiffres de la production connurent un gonflement spectaculaire. C'était après l'échec de la Blitzkrieg contre la Russie, trop tard pour changer l'issue de la guerre. Si les mesures nécessaires avaient été prises plus tôt, affirma plus tard Speer, à la mi-41, quand les Allemands entamaient l'invasion de la Russie, « Hitler aurait pu aisément disposer d'une armée équipée deux fois plus puissamment qu'elle ne l'était[28] ».

Mais il est important de se rappeler, tout autant que ses faiblesses, les très réelles réussites du programme de réarmement allemand. Le vrai test de tout programme de cette sorte est son efficacité militaire, et peu de forces armées en ont donné une démonstration aussi claire que celles des

Allemands en 1939-1940. D'autres éléments que la restauration de la puissance militaire permettent de l'expliquer, à commencer par ces facteurs politiques et psychologiques qu'Hitler savait traiter aussi brillamment qu'il savait se montrer terne dans les matières économiques. Mais la capacité de tirer avantage des occasions qu'il créait dépendait de l'efficacité de l'instrument que les soldats allemands avaient créé, et de leur efficacité à le manier. Il en résulta une suite ininterrompue de succès entre l'occupation de l'Autriche en février 1938 et l'automne 1941, ponctuée d'une seule défaite, celle de la Luftwaffe dans la bataille d'Angleterre, et arrêtée seulement par la contre-attaque russe devant Moscou en décembre 1941. La carte pp. 190-191 (vol. 2) montre quelle étendue de l'Europe et de l'Afrique du Nord – comprenant l'Ukraine et une grande partie de la Russie occidentale ainsi que la France, la Pologne et les Balkans – avait été placée sous le contrôle, d'une manière ou d'une autre, des Allemands et de leurs alliés italiens – pour un coût en vies humaines très inférieur à celui de la Première Guerre mondiale.

La comparaison avec le réarmement des autres puissances européennes dans les années 1930 confirme que, quelles qu'aient été les erreurs sur le long terme, le réarmement allemand avait donné au Reich un avantage initial. Celui-ci, Hitler le reconnaissait, pouvait être réduit dès que les autres auraient compris mais, le Führer était prêt à le parier, avant que cela arrive, le dit avantage pourrait se révéler décisif.

C'est avec la Russie que la comparaison est la plus intéressante. A la fin des années 30, l'Union soviétique était beaucoup plus faible qu'elle ne l'avait été quatre ou cinq ans plus tôt. Au début des années 30, les Russes produisaient plus d'avions et de chars que n'importe quelle autre puissance. Bien que les dépenses de la défense eussent baissé durant le premier plan quinquennal, elles augmentèrent nettement durant le deuxième, passant de 1 milliard 420 millions de roubles en 1933 à 23 milliards 200 millions en 1938. Le programme industriel du plan mettait spécialement l'accent sur le développement d'une industrie de l'armement autosuffisante et la création de nouvelles usines d'armes au-delà de l'Oural, hors de portée des Allemands et des Japonais.

Les années 1934-1935 furent la meilleure époque de l'Armée rouge. Poussé par la crise mandchoue et l'accession d'Hitler au pouvoir, Staline accepta d'augmenter les effectifs de 600 000 à 934 000 hommes en 1934 et 1,3 million en 1935, appuyés par une milice de réserve deux fois plus nombreuse, mais d'une efficacité douteuse. Ses officiers, conduits par le groupe de Toukhatchevski, étudiaient et discutaient vigoureusement les nouvelles idées des théoriciens occidentaux sur la guerre future, développant leur propre version des formations mécanisées, le conflit chimique, la coopération entre les troupes au sol et l'aviation et l'usage des parachutistes, ainsi que la création d'unités indépendantes de bombardiers.

Là, au milieu des années 30, était la force qui pouvait défier la Wehrmacht, appuyée par l'industrie d'armes propre à la Russie, l'autosuffisance virtuelle de l'Union soviétique en matières premières et les plus grandes réserves de main-d'œuvre du monde. On voit à quel point Hitler prenait tout cela au sérieux dans son mémoire de juillet 1936 sur le plan de quatre ans.

> *Le marxisme, à travers sa victoire en Russie, a installé une énorme machine, qui est le fer de lance de ses futures opérations**...
>
> Les ressources militaires de cette volonté agressive sont en train de grossir d'année en année. Il suffit de comparer l'Armée rouge qui existe aujourd'hui avec les estimations des militaires voilà dix ou quinze ans sur la menaçante étendue de ce développement. Considérez seulement les résultats d'un futur développement dans dix, quinze ou vingt ans et songez aux conditions qui prévaudront alors...
>
> *Face à la nécessité de se garder contre ce danger, toutes les autres considérations doivent être reléguées à l'arrière-plan comme complètement hors de propos...*
>
> *L'importance du développement militaire de nos ressources ne peut pas être trop grand, ni son rythme trop rapide.* C'est une grave erreur de croire qu'on peut les comparer à d'autres nécessités vitales [29].

Dans son mémorandum, Hitler fondait toute la question du réarmement de l'Allemagne et de la mobilisation de l'économie sur la puissance militaire de l'Union soviétique. Il choisit de la présenter sous la forme d'une menace contre la civilisation européenne, et l'on ne pouvait se fier qu'à l'Allemagne pour lui résister ; mais il évoquait avec une égale force la menace qu'une Russie forte représentait pour la réalisation de ses propres projets de conquête d'un *Lebensraum* à l'Est. L'évaluation qu'Hitler faisait de l'Armée rouge en 1936 souligne ce qu'eut d'extraordinaire, en 1937-1938, la décision de Staline de liquider son haut commandement et la moitié du corps des officiers, décision prise apparemment sans égard pour ses conséquences internationales. Elle doit être mesurée non seulement d'après le nombre d'officiers expérimentés qui furent éliminés, et qui se monte à plusieurs milliers, mais en fonction du coup dévastateur porté à la qualité de la direction militaire soviétique. Les première victimes de la purge étaient ceux qui avaient été les plus actifs pour adopter les nouvelles idées – éveillant ainsi le soupçon de Staline. Leur retrait laissa les forces armées aux mains de chefs caractérisés par l'historien Paul Kennedy comme « politiquement sûrs mais intellectuellement retardés ».

Staline continua d'injecter des ressources dans l'extension et le réarmement de ses forces, portant les dépenses de défense de 16,5 % du budget total en 1937, à 32,6 % en 1940. Mais l'esprit innovateur que les commandants de l'Armée rouge avaient encouragé avant les purges fut tué et remplacé par l'obéissance aveugle. A l'exception de Chapochnikov, nommé chef de l'état-major en mai 1937, le nouveau commandement était « marqué soit par la médiocrité, soit par le manque d'expérience »

---

* C'est Hitler qui souligne.

(John Erickson). On en a la démonstration dans l'évaluation incorrecte des leçons de la guerre d'Espagne, conduisant à la dissolution des sept corps mécanisés et à un abandon similaire du développement de la plus puissante force de bombardiers stratégique existante.

Les conséquences de la dégradation par Staline des forces armées soviétiques affectèrent la politique des deux dictateurs. Staline comprit – sans jamais, bien sûr, l'admettre – qu'il faudrait du temps, le plus de temps qu'il pourrait gagner, pour que l'armée se reconstitue, et pour que l'investissement accru produise des résultats en termes d'efficacité militaire. Cette prise de conscience joua un rôle important dans sa politique étrangère en 1938-1939 et dans le choix du pacte germano-soviétique. L'effet sur Hitler fut à l'opposé. Quand il s'adressa aux dirigeants militaires allemands à la réunion secrète de novembre 1937, l'insistance mise en juillet 1936 sur le développement de la puissance militaire soviétique avait complètement disparu. La seule mention de la Russie était en rapport avec une éventuelle attaque allemande de la Tchécoslovaquie : « L'intervention militaire de la Russie peut être contrée par la rapidité de nos opérations ; mais au vu de l'attitude du Japon, l'hypothèse d'une telle intervention est douteuse[30]. »

Ce changement de l'appréciation par Hitler de la puissance russe était le résultat direct de la purge de Staline chez les chefs de l'Armée rouge. Il reçut confirmation avec la piètre figure que firent les Russes contre les Finnois dans la guerre de l'hiver 1939-1940 et joua un rôle essentiel dans l'erreur de calcul sur laquelle se fondèrent ses plans d'invasion de 1941. Ils prévoyaient de défaire l'Armée rouge en une seule campagne, en ne prenant aucune disposition pour sa prolongation durant l'hiver, et en rejetant la possibilité d'exploiter le mécontentement suscité par le régime de Staline en Ukraine et dans d'autres parties de la Russie occupée. Ce fut l'erreur dont Hitler et l'armée allemande ne se remirent jamais.

VI

Le programme militaire allemand d'août 1936 marqua un changement décisif en passant du réarmement défensif à un réarmement explicitement offensif. Mais le programme avait été fixé et approuvé sans que les chefs militaires eussent compris quand et dans quelles circonstances les forces qu'ils créaient devaient servir. La directive finale n'alla pas au-delà de la déclaration générale de la phrase introductive : « Selon le Führer, une puissante armée doit être créée dans le plus court laps de temps possible[31]. »

En novembre 1937, Hitler était prêt à révéler ses pensées, du moins en partie. Le 5 de ce mois, il convoqua une réunion restreinte à la chancellerie du Reich, à laquelle il appela les chefs des trois armes, armée de terre (von Fritsch), marine (Raeder), et aviation (Goering), ainsi que le ministre de la Défense (von Blomberg) et celui des Affaires étrangères (von Neurath). Outre le Führer, la seule autre personne présente était le colonel Hossbach, qui tint le procès-verbal de la discussion[32].

La raison affichée de la réunion était la nécessité de prendre une décision sur l'attribution d'acier pour répondre à la demande de la marine qui en réclamait pour terminer son programme de construction. Mais il fut tout de suite clair qu'Hitler avait beaucoup plus en tête. Il rompit avec ses habitudes pour insister sur l'importance du moment, en déclarant que :

> Ce qu'il allait exposer était le fruit de réflexions approfondies et de son expérience de quatre ans et demi de pouvoir. Il désirait expliquer ses idées de base concernant les possibilités de développement de notre position dans les Affaires étrangères et de ce qu'elles exigeaient. Il demanda que ce qui allait suivre soit considéré, au cas où il mourrait, comme ses dernières volontés et son testament.

Hitler commença par réaffirmer son point de vue habituel, que la participation accrue dans le commerce mondial ne pouvait résoudre les problèmes de l'Allemagne. Il était également sceptique – beaucoup plus que dans son mémorandum du plan quadriennal, dix-huit mois plus tôt – sur l'autarcie et aussi sur les colonies. Selon lui, la question était celle d'une communauté raciale de 85 millions d'Allemands plus à l'étroit dans leurs territoires existants que n'importe quel peuple (« ce qui impliquait le droit à un espace vital plus grand ») et souffrant du fait qu'« à la suite de siècles de développement historique, il n'existait pas de résultat politique, en termes de territoire, correspondant à ce centre racial allemand », une manière de dire, typiquement entortillée, que l'unification allemande dans un Grand Reich allemand n'avait pas encore été terminée. « Le seul remède, qu'on pourrait trouver visionnaire, est l'acquisition d'un espace vital plus grand – une quête qui, à toutes les époques, a été à l'origine de la formation des États et de la migration des peuples. »

Le problème devait être affronté immédiatement et un *Lebensraum* supplémentaire devait être cherché non pas outre-mer mais en Europe.

> Il n'y a jamais eu d'espaces sans maître, et il n'y en a pas davantage aujourd'hui... Le problème de l'Allemagne ne peut être résolu que par la force, et ce ne sera jamais sans les risques concomitants.
>
> S'il vivait jusque-là, il avait pris l'inaltérable résolution de résoudre le problème d'espace vital de l'Allemagne au plus tard en 1943-1945.
>
> La solution ainsi obtenue doit suffire pour une ou deux générations. Tout ce qui par ailleurs pourrait se révéler nécessaire doit être laissé aux générations à venir.

La date était fixée par les progrès comparés de l'Allemagne et des autres nations. Après 1943-1945, le relatif avantage du réarmement allemand diminuerait ; l'équipement allemand commencerait à dater et les autres nations qui auraient commencé à réarmer plus tard dépasseraient le Reich.

Le premier objectif défini par Hitler était de « défaire simultanément la Tchécoslovaquie et l'Autriche afin d'ôter la menace de notre flanc pour toute opération possible à l'Ouest ». Outre qu'elle apporterait de meilleures frontières, plus courtes, ainsi que du personnel pour douze divisions supplémentaires, l'absorption des deux États centre-européens signifierait « l'acquisition de productions alimentaires pour 5 à 6 millions de personnes, dans l'hypothèse où l'émigration forcée de 2 millions de personnes de Tchécoslovaquie et de 1 million de personnes d'Autriche était prévisible ». A aucun moment, Hitler ne fit référence à la « libération des Allemands des Sudètes de l'intolérable persécution des Tchèques » qui servit de justification à ses actions dans la crise tchèque de 1938 ; il parla seulement d'« abattre » la Tchécoslovaquie en tant qu'État, d'« écraser les Tchèques ».

Hitler, toutefois, n'alla pas plus loin dans cet aperçu de l'avenir. Il fit à peine référence à l'Europe de l'Est, où la conquête du *Lebensraum* devait avoir lieu, ou à la Russie et à la Pologne, et se cantonna à la phrase préliminaire, « la nécessité d'agir qui pourrait apparaître avant 1943-1945 » et les deux « adversaires haineux, la Grande-Bretagne et la France... qui étaient opposés à tout renforcement de la position de l'Allemagne en Europe et outre-mer ». Il voyait surgir l'occasion d'agir dans deux cas : si la tension intérieure en France débouchait sur une guerre civile qui mettait ce pays dans l'incapacité de faire la guerre, ou si la France se trouvait entraînée dans une guerre avec un autre pays et devenait ainsi incapable d'agir contre l'Allemagne. Dans l'une ou l'autre circonstance, l'occasion de détruire l'Autriche et la Tchécoslovaquie devait être saisie. Hitler parla de la seconde « beaucoup plus proche », qui découlerait peut-être des tensions en Méditerranée, « même dès 1938 », en particulier si Mussolini choisissait de rester dans les îles Baléares et d'entrer en guerre contre l'Angleterre et la France. Cela donnerait une splendide occasion à l'Allemagne de lancer « l'assaut sur la Tchécoslovaquie... avec la rapidité de l'éclair ». La politique allemande devait donc être désormais de prolonger la guerre d'Espagne et d'encourager les Italiens à établir une occupation permanente des Baléares.

Rien de tout cela ne surprit les auditeurs d'Hitler. Aucun ne formula de désaccord sur le fait que les objectifs de la politique allemande étaient l'annexion de l'Autriche et la destruction de la Tchécoslovaquie. Nul ne mit non plus en question l'idée que, si les opérations allemandes étaient victorieuses et rapidement conclues, le risque d'une intervention militaire de la Russie ou de la Pologne n'avait pas à être pris au sérieux. Mais Hitler exprima l'opinion que « la Grande-Bretagne, presque certainement et la France, probablement aussi, avaient déjà tacitement passé les Tchèques par pertes et profits » et poursuivait :

Des difficultés en rapport avec l'Empire, et la perspective d'être entraînée dans une guerre européenne prolongée, étaient pour la Grande-

Bretagne des raisons décisives de ne pas participer à une guerre contre l'Allemagne... Une attaque de la France sans le soutien britannique et avec la perspective d'une offensive bloquée contre nos fortifications occidentales était peu probable.

Avant la réunion, Hitler dit à Goering qu'il avait l'intention de mettre von Blomberg et von Fritsch « sur le gril » parce qu'il était insatisfait des progrès du réarmement. Il y réussit. Les deux généraux réagirent vivement et soutinrent qu'il était faux de prétendre que la Grande-Bretagne et la France resteraient à l'écart de tout conflit que l'Allemagne déclencherait en Europe centrale, et que les Allemands pourraient bien se trouver confrontés à une guerre générale qu'ils n'étaient pas prêts à mener. Ils argumentèrent leurs doutes en signalant que les fortifications occidentales n'étaient pas terminées, en insistant sur la puissance militaire française et la solidité des défenses tchèques. Von Neurath exprima à son tour des doutes sur la vraisemblance d'une guerre en Méditerranée, entre les puissances occidentales et l'Italie, sur laquelle Hitler semblait compter. Rader ne dit rien. Il s'intéressait surtout à l'allocation d'acier de la marine, qui devait venir sur le tapis dans la deuxième partie de la réunion – et il obtint ce qu'il voulait.

Hitler laissa largement Goering mener la discussion sur les risques, qui s'échauffa et se termina sans conclusion. Quatre jours plus tard, von Fritsch demanda un nouvel entretien et renouvela ses objections. Von Neurath aussi demanda à voir Hitler pour essayer de le dissuader de suivre la ligne qu'il proposait, mais cette fois, Hitler fut profondément irrité et quitta Berlin brusquement pour Berchtesgaden. Ce ne fut qu'à la mi-janvier que le ministre des Affaires étrangères put le voir, et alors, le Führer avait arrêté sa décision.

La réunion du 5 novembre ne marque pas un tournant après lequel il n'y aurait pas de retour en arrière. Aucune décision ne suivit ; Hitler conserva sa souplesse, l'action contre l'Autriche cinq mois plus tard fut hâtivement improvisée et la crise tchèque ne suivit pas le cours qu'Hitler avait prévu. L'importance de la réunion réside non dans ce qui fut décidé, mais dans le moment que le Führer choisit pour la convoquer, dans ce qui fut dit, et dans les conclusions qu'Hitler en tira.

En 1933, une semaine après avoir pris ses fonctions, Hitler avait déclaré au cabinet que la priorité des quatre ou cinq années à venir devait être de réarmer et de développer les forces armées. Ce fut présenté, bien entendu, comme partie du programme nationaliste de renversement du traité de Versailles ; ce n'est qu'à la première réunion avec les généraux qu'il mentionna, en passant, la possibilité, parmi d'autres, que la puissance militaire de l'Allemagne, une fois recréée, put servir « à la conquête du *Lebensraum* à l'Est et à sa germanisation brutale ». En maintenant ses objectifs dans le flou, Hitler s'était assuré auprès de l'armée, de la fonction publique et des patrons, un maximum de soutien pour le réarmement.

Mais le moment était venu. Il était prêt à aller au-delà de généralisations comme la restauration de la position militaire de grande puissance de l'Allemagne, et à adopter une politique plus radicale et plus agressive. L'importance qu'Hitler attachait à la réunion du 5 novembre suggère qu'il y voyait un test. Elle devait lui permettre de voir jusqu'où les dirigeants militaires et le ministre des Affaires étrangères étaient prêts à le suivre.

Dans la première partie de son exposé, Hitler soutenait que le but à long terme, « résoudre le problème allemand d'espace vital » devrait être prévu pour 1943-1945. Il fit clairement comprendre que cela signifierait recourir à la force, mais ne développa pas davantage ce que cela impliquait – la conquête du *Lebensraum* en Europe de l'Est et en Russie – et se cantonna à la première étape, l'amélioration de la situation de l'armée et de l'économie par l'annexion de l'Autriche et de la Tchécoslovaquie.

Une telle possibilité était depuis des années un lieu commun des discussions aux Affaires étrangères et dans l'armée, et ni les deux généraux, ni von Neurath ne furent pris par surprise – et ils ne s'opposèrent pas sur le principe – quand il commença à parler d'incorporer les deux pays dans un grand Reich allemand. Ce qu'ils objectèrent était qu'Hitler sous-estimait les risques encourus. Pour lui, cela suffisait : s'ils hésitaient devant ce premier pas qui s'imposait de lui-même, il n'avait pas besoin d'autres preuves qu'avec de tels hommes, il ne pouvait espérer gagner le bien plus grand pari qu'il croyait nécessaire pour assurer l'avenir de l'Allemagne. Toute espèce de critique raisonnée l'avait toujours mis en fureur et dans les jours qui suivirent, il se convainquit qu'ils devaient partir et qu'il pouvait prendre le risque de les démettre.

L'hiver de 1937-1938 marqua ainsi à la fois un début et une fin. Le début fut un changement, non dans les objectifs d'Hitler, qui demeuraient ce qu'ils avaient toujours été, mais dans l'évaluation des risques qu'il pouvait se permettre de prendre. Dans les cinq premières années de son pouvoir, il avait été prudent, et s'était fié à ses talents d'homme politique pour remporter une série de succès diplomatiques sans même aucune démonstration de force, excepté la remilitarisation de la Rhénanie. Mais à l'automne 1937, alors que le réarmement allemand était à présent chose connue, et que sa confiance avait été fortifiée par le succès, il était prêt à franchir la deuxième étape et à passer de l'annulation des restrictions imposées par le traité de Versailles, à la création de la Grande Allemagne, en ouvrant enfin la route vers l'Est. Il était prêt à prendre les plus gros risques dans la menace et l'usage éventuel de la force, tout en espérant toujours tirer le maximum d'avantage de la diplomatie sans recours effectif à la guerre.

Ce même hiver marqua aussi une fin – la fin de l'alliance avec les élites traditionnelles sur les termes renouvelés par la dénonciation en 1934 de la « seconde révolution ». L'alliance avait atteint son but dans la sphère économique, et l'accord tacite sur lequel elle était fondée avait déjà été abandonné avec le lancement du plan quadriennal et l'éclipse de

Schacht au profit de Goering. Hitler avait été réticent à laisser partir Schacht, mais le 8 décembre, il finit par accepter sa démission de son poste de ministre de l'Économie. Il n'y eut pas de rupture publique. Schacht ne fut pas démis, et Hitler insista, afin de préserver les apparences, pour qu'il restât ministre du Reich sans portefeuille et président de la Reichsbank. Il ne fut pas arrêté et abattu comme il l'eût été en Russie, mais autorisé à retourner tranquillement à sa vie privée.

Son successeur au ministère de l'Économie fut Walther Funk, journaliste économique, qui avait été l'un des « hommes relais » d'Hitler dans le monde des affaires. La façon, fort peu protocolaire, dont il fut désigné illustre le peu d'autorité qu'il pouvait s'attendre à posséder. Un soir à l'opéra, durant l'entracte, Hitler le prit à part et lui dit qu'il devait prendre la place de Schacht, et l'envoya chercher ses instructions auprès de Goering. Le ministère ne fut pas transmis avant février 1938. Entretemps, il avait été dépouillé de ses pouvoirs et entièrement subordonné à Goering, plénipotentiaire pour le plan de quatre ans.

Il y avait deux autres institutions importantes de l'État qui devaient être *gleichgeschaltet* (« coordonnées ») : les Affaires étrangères et l'armée. L'une et l'autre étaient des bastions de ce conservatisme des classes supérieures qu'Hitler détestait. Il avait d'abord accepté l'idée que leur coopération lui était indispensable, mais il en vint bientôt à considérer leurs traditions politiques et sociales comme trop limitées et trop passéistes pour la tactique de demi-révolutionnaire et demi-gangster qu'il prétendait appliquer en politique étrangère. Von Neurath, comme von Blomberg, était l'un des hommes nommés par Hindenburg et il avait été mis à la Wilhelmstrasse pour freiner l'impétuosité nazie ; il conservait encore une certaine indépendance, assez pour discuter avec Hitler le 5 novembre.

Avec Ribbentrop, Hitler avait un ministre des Affaires étrangères potentiel, qui brûlait d'entamer la nazification des Affaires étrangères. Le 2 février 1938, quand von Neurath atteignit son soixante-cinquième anniversaire, le Führer lui assura qu'il garderait son maroquin. Mais deux jours plus tard, le 4 février, il le lui retirait. Parmi les changements diplomatiques survenus à la même époque figurait le retrait de von Papen de Vienne. Comme Schacht, von Neurath ne fut pas renvoyé, mais au début de 1938, il fut nommé président d'un Conseil privé nouvellement créé qui ne se réunit jamais. En 1939, il fut le premier Protecteur de Bohême et de Moravie, pour achever sa carrière dans le box des accusés de Nuremberg.

Mais la relation critique était avec l'armée, qui possédait une tradition unique d'indépendance par rapport à l'État. Hitler l'avait acceptée en 1933-1934, quand le soutien tacite des militaires avait été un facteur décisif pour prendre et conserver le pouvoir. Cependant, une fréquentation plus assidue des généraux avait depuis longtemps réduit le respect exagéré qu'il avait autrefois éprouvé pour eux.

A la différence de Staline, Hitler ne tenta pas d'opérer une purge complète du haut commandement. Il devait plus tard le regretter, mais il ne partageait pas la suspicion paranoïaque de Staline envers l'armée, et envers son rôle éventuel de centre oppositionnel. Il la considérait encore comme un élément essentiel à son dessein de conquêtes territoriales. Toutefois, il était déterminé à mettre fin une fois pour toute à la prétention du haut commandement à exprimer des vues indépendantes comme l'avaient fait von Fritsch et de von Blomberg. Une série d'événements apparemment sans lien lui en fournit l'occasion.

Le piège fut tendu par Goering et par Himmler. Von Blomberg était veuf, et tenait à se marier, avec une dame dont les origines sociales étaient obscures, et qui avait un « passé ». Il était conscient du choc qu'il pouvait provoquer dans un corps d'officiers qui avait une conception rigide du genre d'épouse convenant à un maréchal et ministre de la Guerre. Imprudemment, il consulta Goering, qui non seulement l'encouragea, mais aussi l'aida à embarquer un incommode rival sur un bateau en partance pour l'Amérique du Sud. Quand le mariage eut lieu, très discrètement, le 12 janvier 1938, Hitler et Goering furent les principaux témoins.

Peu après, on découvrit que la femme du maréchal figurait comme prostituée dans les dossiers de la police et qu'elle avait posé pour des photographies indécentes, ce qui lui avait valu une condamnation. Von Blomberg était impopulaire parmi ses compagnons d'arme, qui détestaient son attitude complaisante envers Hitler. Avec le soutien de Goering, qui fit office d'intermédiaire, von Fritsch demanda une entrevue à Hitler et présenta la protestation de l'armée : von Blomberg devait partir. Hitler semble avoir pensé qu'on s'était moqué de lui, et inclinait à accepter la protestation. La question alors surgit de savoir qui succéderait à von Blomberg comme ministre de la Guerre et commandant en chef des forces armées.

Von Fritsch était le candidat évident, mais il avait de puissants détracteurs. L'un d'eux était Goering, qui voulait la position pour lui-même et avait peut-être joué pour cela le double rôle qu'on sait. Himmler voyait en von Fritsch l'homme qui avait mis en échec ses tentatives d'étendre le pouvoir des SS sur l'armée. Enfin, Hitler lui-même considérait von Fritsch comme l'incarnation des traits qu'il détestait dans le corps des officiers et il ne lui avait pas pardonné son opposition à la réunion de Hossbach. Pour régler la question, Himmler et Goering, agissant de concert comme ils l'avaient fait contre Röhm, produirent un autre dossier de police et des témoignages tendant à prouver que le commandant en chef de l'armée avait été coupable de pratiques homosexuelles. Le temps de démontrer que l'homme en question n'était pas von Fritsch, mais un homonyme, officier de cavalerie en retraite – ce que la Gestapo savait depuis le début – et le subterfuge avait atteint son but.

Quelle que fût la participation d'Hitler au complot – s'il en eût une – il montra son habileté en le tournant à son avantage. Von Blomberg ne devait pas avoir de successeur qui risquerait de représenter les opinions de l'armée opposées aux siennes. Déjà successeur de Hindenburg à la charge de commandant suprême des armées, Hitler prit alors à von Blomberg le commandement direct de la Wehrmacht (c'est-à-dire en qualité de commandant en chef de toutes les forces armées, armée de terre, marine, aviation) et en même temps abolit le ministère de la Guerre. L'ancien bureau de la Wehrmacht au dit ministère devint le haut commandement des forces armées (Oberkommando der Wehrmacht, l'OKW), agissant comme état-major d'Hitler, totalement séparé et rival du haut commandement de l'armée (Oberkommando des Heeres, l'OKH), qui avait traditionnellement conseillé les dirigeants de Prusse et d'Allemagne.

Mais cela ne signifiait pas qu'Hitler avait l'intention de permettre à l'OKW d'accéder à la position indépendante et au prestige dont avait joui le haut commandement de l'armée et son quartier général. Il le fit clairement comprendre en plaçant à la tête de l'OKW le général Wilhelm Keitel, homme qui devait se révéler incapable de lui tenir tête. Comme Hitler lui demandait si Keitel conviendrait à ce poste, von Blomberg répondit : « Oh, Keitel, il n'est pas question de lui, ce n'est que l'homme qui s'occupe de mon bureau. » A quoi le Führer rétorqua :« C'est exactement l'homme que je cherche [33]. » Le général Walter Warlimont, affecté à l'OKW de septembre 1939 à septembre 1944, écrivit dans ses mémoires que « Hitler par nature travaillait de manière désordonnée et avait en aversion tout ce qui était institutionnalisé [34] ». Celui-ci utilisa ses nouvelles attributions et l'OKW pour étendre à la sphère militaire la division des pouvoirs et la dispersion d'activité à tous les niveaux au-dessous de lui, qu'il avait déjà créées dans la politique et l'économie.

Avec le général von Brauchitsch, Hitler trouva quelqu'un d'acceptable aux yeux du corps des officiers pour remplacer von Fritsch dans la fonction de commandant en chef de l'armée, tout en montrant son flair pour dénicher des hommes qui ne le troubleraient pas par leur indépendance. Il saisit l'occasion pour mettre seize généraux à la retraite et en transférer quarante-quatre à différents commandements. Pour consoler Goering de sa déception, Hitler le nomma feld-maréchal, ce qui flattait la vanité de Goering en lui donnant la préséance sur les commandants en chef de l'armée et de la marine, et en faisait le plus haut officier allemand sans ajouter à la large accumulation de ses charges.

Hitler annonça ces changements le 4 février 1938, lors de ce qui devait s'avérer la dernière réunion de cabinet du IIIe Reich. D'un seul coup, en remplaçant von Blomberg et von Fritsch, von Neurath et Schacht par ses créatures, Keitel et von Brauchitsch, Ribbentrop et Goering, tout en concentrant un peu plus de pouvoir dans ses mains en assumant le contrôle direct des forces armées, il avait écarté les ultimes contrôles pesant encore sur sa liberté d'action. Pour faire une concession au corps des officiers, Hitler accepta que l'affaire von Fritsch soit examinée par un tribunal militaire. La réputation de von Fritsch fut lavée mais il ne fut pas rétabli dans ses fonctions et se retira dans la vie privée comme von Schacht, avec pour seule distinction le titre de commandant en chef de son ancien régime.

Au moment où le tribunal prononçait son verdict, l'Autriche avait été annexée et le régime était inébranlable. Von Fritsch lui-même approuva le résultat. L'ex-ambassadeur Ulrich von Hassell, qui perdit son poste à Rome à la même époque, nota sur son journal le commentaire de l'ex-commandant en chef : « Cet homme, Hitler, est le destin de l'Allemagne pour le meilleur et pour le pire. S'il marche maintenant à l'abîme [ce que Fritsch croyait], il nous y entraînera avec lui. Il n'y a rien à faire[35]. » L'affaire von Fritsch, bientôt oubliée dans le triomphe de l'Anschluss, marqua la fin de la première partie de la révolution d'Hitler, la fin, pour les conservateurs, de l'espoir de le contenir, et le début d'une nouvelle phase menant à la deuxième partie de la révolution nazie, dans la guerre d'Hitler.

Notes

Abréviations utilisées pour les notes.

*   Traductions anglaises

DBFP   *Documents on British Foreign Policy* (Documents sur la politique étrangère britannique), 1919-1939

DGFP   *Documents on German Foreign Policy* (Documents sur la politique étrangère allemande), 1918-1945

DN   Documents de Nuremberg présentés au procès international des principaux criminels de guerre de Nuremberg

VB   *Völkischer Beobachter,* journal du parti nazi

VFZ   *Vierteljahresheft für Zeitgeschichte* (Munich)

FRUS   *Papers relating to the Foreign relations of the United States* (Papiers relatifs aux relations extérieures des États-Unis)

PRO   Public Record Office, Kew, Londres

RIIA   Royal Institute of International Affairs

TF   Traduction française.

Introduction

1. Allan Bullock, *Ernest Bevin : Foreign Secretary, 1945-51* (Londres, 1983).
2. Voir Carl J. Friedrich et Z. K. Brzezinski, *Totalitarian Dictatorship and Autocracy,* 2ᵉ éd. (New York, 1966) ; Hannah Arendt, *The Origins of Totalitarianism* (New York, 1968) ; et Carl J. Friedrich, M. R. Curtis et B. R. Barber, *Totalitarianism in Perspective : Three Views* (New York, 1969).
3. Voir Leonard Schapiro, *Totalitarianism* (Londres, 1972).

CHAPITRE 1 :
Les origines

1. Cité par Robert C. Tucker, *Stalin as Revolutionary* (New York, 1973), p. 73 ; TF, *Staline révolutionnaire*

1879-1929, trad. de l'anglais par Eric Diacon (Paris, Fayard, 1975). Les souvenirs d'Iremachvili furent publiés dès 1932, après qu'il eut émigré en Allemagne : Joseph Iremachvili, *Stalin und die Tragödie Georgiens* (Berlin, 1932), pp. 11-12. La plupart des biographes de Staline les ont utilisés, avec des réserves variables quant à leur crédibilité.

2. Cité par Tucker, *Stalin as Revolutionary,* p. 80
3. August Kubizek, *Young Hitler* (Londres, 1954), ch. 8. Voir aussi Bradley F. Smith, *Adolf Hitler : His Family, Childhood and Youth* (Stanford, 1967).
4. *Mein Kampf,* trad. J. Murphy ; TF, *Mon combat,* traduit par J. Gaudefroy-Demonbynes et

A. Calmettes, Paris, Nouvelles éditions latines, 1982, p. 8.

5. *Ibid.*, p. 31

6. Sigmund Freud, *Collected Papers*, vol. IV (Londres, 1952) ; cité par Tucker, *Staline révolutionnaire*, p. 76

7. Voir, par exemple, J. Brosse, *Hitler avant Hitler, essai d'interprétation psychanalytique* (Paris, Fayard, 1972) ; R.G.L. Waite, *The psychopathic God :Adolf Hitler* (New York, 1977) ; et Rudolph Binion, *Hitler among the Germans* (New York, 1977).

8. Erik H. Erickson, *Childhood and Society,* (3ᵉ édition, New York, 1963), p. 337.

9. Voir Erich Fromm, *The Anatomy of Human Destructivness* (Londres, 1977), pp. 498-515.

10. *Ibid.*, pp. 271-279.

11 Robert C. Tucker, *Stalin in Power : The Revolution from Above, 1928-1941* (New York, 1990), p. 4, et Karen Horney, *Neurosis and Human Growth* (New York, 1950).

12 Alex de Jonge, *Stalin and the Shaping of the Soviet Union* (Londres, 1986), p. 33 ; cf. Adam Ulam, *Stalin : The Man and His Era* (2ᵉ éd. Londres, 1989), p. 24 : « Sa formation est clairement discernable dans son art oratoire, marqué par la répétition de la forme caractéristique question-réponse ("Peut-on dire que les nationaux-socialistes sont socialistes ? Non !") » ; TF, *Staline, l'homme et son temps*, trad. de l'anglais par M.F. de Palomera, Paris, Calmann Lévy/Gallimard, 1977.

13. Svetlana Allilouïeva, *Only One Year* (*New York, 1969) ; TF, *Une Seule Année*, trad. du russe par Nina Nidermiller, Paris, Albin Michel, 1971, p. 310. Elle se trompe en disant que Staline passa dix ans au séminaire. Il n'y resta que cinq ans.

14. Tucker, *op. cit.*

15. Le nom de Messame Dassy (Troisième groupe) fut adopté pour le distinguer de Meori Dassy (Deuxième groupe), organisation libérale progressiste des années 1880, et de la Pirvali Dassy, plus ancienne, qui avait défendu l'abolition du servage. Pour le développement du marxisme russe, voir Leopold H. Haimson, *The Russian Marxists and the Origins of Bolshevism* (Cambridge, Mass., 1955).

16. Iremachvili, *Stalin*, p. 24.

CHAPITRE 2 :
L'expérience

1. Bradley F. Smith, *Adolf Hitler : His Family, Childhood and Youth* (Stanford 1967), p. 145, citant le récit tiré par Honisch des NDSAP Hauptarchiv en 1938.

2. *Mein Kampf,* TF, p. 33.

3. *Ibid.*, p. 40.

4. *Ibid.*, p. 47.

5. *Ibid.*, p. 48.

6. *Ibid.*, p. 68.

7. *Ibid.*, p. 43.

8. Ce fut reconnu pour la première fois par Hugh Trevor-Roper dans un essai, « The Mind of Adolf Hitler », publié en introduction à la traduction anglaise des *Propos de table d'Hitler : Hitler's Table Talk, 1941-1944* (Londres, 1953).

9. *Mein Kampf,* trad. Murphy, pp. 59-60.

10. Voir A. G. Whiteside, *Austrian National Socialism before 1918* (La Haye, 1962).

11. Voir la discussion dans Alec Nove, *An Economic History of the USSR* (2ᵉ éd., Londres 1989), ch. 1.

12. Cité d'après Alex de Jonge, qui l'a traduit d'Arsenizde, *Novyi Zhurnal.* Voir son *Stalin and the Shaping of the Soviet Union* (Londres, 1986), pp. 55-56.

13. *Khrushchev Remembers*, trad. et éd. par Strobey Talbot (Londres,

1971) ; TF, *Khrouchtchev, Souvenirs*, trad. de l'anglais par Paul Chwat, Pierre Girard et Raymond Olcina, Paris, le Club français du Livre, 1971. Voir *Khrushchev on Khrushchev* (Baron, 1990) par Serguéï Khrouchtchev (fils de Nikita), qui fournit des documents à l'appui des souvenirs. TF, *Khrouchtchev par Khrouchtchev*, récit de Serguéï Khrouchtchev traduit de l'américain par Yvon Bouin et Frank Straschitz, Paris, Plon, 1991.

14. J. Staline, *Collected Works* (Moscou 1952-1955), vol. I, pp. 62-73 ; TF, *Staline, Œuvres complètes*, traduction établie sous le contrôle de Jean Fréville, 1953-1955, Paris, Editions sociales.

15. Pour l'histoire des origines de la tradition révolutionnaire russe, voir Franco Venturini, *Roots of Revolution* (*Londres, 1960) ; TF, *Les Intellectuels, le peuple et la révolution. Histoire du populisme russe*, traduit de l'italien par Viviana Paques, Paris, Gallimard, 1972 ; et Tibor Szamuely, *The Russian Tradition* (Londres, 1974), 2ᵉ partie ; TF, *La Tradition russe*, trad. de l'anglais par Anne Laurens, Paris, Stock 1976.

16. Cité par Bertram Wolfe, *Three who Made a Revolution* (Londres, 1956), p. 193.

17. Entretien avec Emil Ludwig cité par Issac Deutscher, *Stalin : A Political Biography* (Londres 1949), p. 19 ; TF, *Staline*, trad. de l'anglais par J.-P. Herbert, Paris, le Club du meilleur livre, 1961.

18. *Ibid.* pp. 25-26.

19. Tucker, *op. cit.* p. 140 ; TF, *cit.* p. 19.

20. Dates établies par Rober H. McNeal, *Stalin : Man and Ruler* (Londres, 1988), p. 339, notes 36 et 39.

21. Joseph Iremachvili, *op. cit.* pp. 39-40, cité par Ronald Hingley, *Joseph Stalin : Man and Legend* (Londres, 1974) p. 32.

22. Cité par Tucker, *op. cit.,* pp. 133-134.

23. Cité par Deutscher, *op. cit.* p. 98.

24. *Ibid.* p. 104.

25. Ce fut la controverse entre Bogdanov et Lounacharsky qui poussa Lénine à abandonner pour un temps l'activité politique afin d'écrire *Matérialisme et empirio-criticisme*, pour essayer d'anéantir ses adversaires. Pour une brève explication du matérialisme dialectique et d'autres termes qui pourraient être peu familiers, voir *The Fontana/Harper Dictionary of Modern Thought*, éd. par Alan Bullock et Stephen Trombley (2ᵉ éd., Londres, 1989), p. 123.

26. Cité par Isaac Deutscher, *Stalin*, p. 110.

27. Cité par Adam Ulam, *Stalin : The Man and His Era* (2ᵉ éd., Londres, 1989), p. 123 ; TF *cit.*

28. Cité par Hingley, *Stalin*, p. 76.

29. Cité, d'après des mémoires non publiés, par Roy Medvedev, *Let History Judge*, (2ᵉ éd., Oxford, 1989), p. 36 ; TF, *Le Stalinisme*, Paris, Le Seuil, 1972.

30. Discours de Hambourg, 17 août 1934. *The Speeches of Adolf Hitler*, trad. et éd. Norman H. Baynes (Londres, 1942), vol. 1, p. 97.

31. *Mein Kampf,* TF, p. 161.

32. *Ibid.,* TF, p. 162.

33. Description de l'un des compagnons de régiment d'Hitler, citée par Konrad Heiden, *Der Führer* (*réédité à Londres, 1967), p. 74. Heiden a suivi de près les activités d'Hitler et des nazis à partir des années 20 et a publié sa première monographie sur le parti (traduite *A History of National Socialism*) en 1932. *Der Führer*, publié à l'origine en 1944, est une remarquable étude du mouvement et de son chef jusqu'à la purge de Röhm en 1934. Elle est toujours d'une lecture profitable.

34. Joachim Fest, *Hitler* (Londres, 1974), pp. 69-70 ; TF, *Hitler*, trad. de l'allemand par Guy Fritsch-Estrangin avec la collaboration de Marie-Louise Audiberti, Michel Dermet et Lily Jumel, Paris, Gallimard, 1973.
35. *Mein Kampf*, TF, p. 164.

CHAPITRE 3 :
La révolution d'Octobre, le putsch de Novembre

1. Merle Fainsod, *How Russia is ruled* (Cambridge, Mass., 1953), pp. 85-86.
2. Évoqué par Raskolnikov et cité par Robert M. Slusser, *Stalin in October : The Man Who Missed the Revolution* (Baltimore, 1987), p. 49.
3. Les « Thèses d'avril » de Lénine, présentées à la conférence du 4 avril, furent imprimées par la *Pravda* sous le titre « Les tâches du prolétariat dans la révolution présente ». *The Essentials of Leninism* (*Londres, 1947), vol. II, pp. 17-21.
4. E. Yaroslavsky, Landmarks in the Life of Staline (*Moscou, 1940), p. 94.
5. Discours de Lénine sur la dissolution de l'Assemblée constituante, prononcé à une réunion du Comité exécutif central des soviets, le 6 janvier 1918 : *Essentials of Leninism*, vol. II, p. 250.
6. Cité dans George Legget, *The Cheka : Lenin's Political Police* (Oxford, 1981), p. 17.
7. Cité in *ibid.*, p. XXXII.
8. Voir appendice, *ibid.*, p. 468, avec les estimations de Robert Conquest.
9. *The Bolcheviks and the October Revolution : Central Committee Minutes of the RSDLP (Bolsheviks), 1917-1918* (Londres, 1974), pp. 173-178.
10. Legget, *Cheka*, p. 111.
11. Alexis de Toqueville, *Œuvres complètes*, éd. définitive publiée sous la direction de J.-P. Mayer, tome IX (correspondance A. de Toqueville et A. de Gobineau), Paris, NRF, Gallimard, 1959, p. 267 ; Cité par K. D. Bracher, *The German Dictatorship* (*Londres, 1971), p. 30.
12. K. A. von Müller, *Im Wandel einer Welt : Errinerungen, 1919-1932* (Munich, 1966), cité par Joachim Fest, *Hitler*, *op. cit.* p. 113 ; TF *cit.*
13. Le texte complet de la lettre d'Hitler est reproduit par Ernst Deuerlein dans *VfZ* (1959), 2, pp. 201 et suivantes.
14. Le Testament politique d'Hitler, dans Max Domarus (édité par), *Hitler, Reden un Proklamationen, 1932-1945* (Würzburg, 1963), vol. II, pp. 2236-2239 ; TF, *Le Testament politique d'Hitler, notes recueillies par Martin Bormann*, traduit de l'anglais par Jacques Brécard, Paris, Fayard, 1959.
15. *Mein Kampf, op. cit.*, pp. 394-395 ; TF, p. 354.
16. *Ibid.* pp. 391-392 ; TF, p. 50.
17. Cité par J.-P. Stern, *Hitler : The Führer and the People* (Londres, 1975) p. 35.
18. *Mein Kampf, op. cit.*, pp. 394-395 ; TF, p. 472-473.
19. *Ibid.* pp. 391-392 ; TF, p. 468.
20. *Ibid.* pp. 403 ; TF, p. 483.
21. Pour l'histoire des Protocoles, voir Norman Cohn, *Warrant for Genocide* (Londres, 1967) ; TF, *Histoire d'un mythe*, trad. de l'anglais par Léon Poliakov.
22. Fest, *op. cit.*, pp. 128-129.
23. Hermann Rauschning, *Hitler Speaks* (Londres, 1939), p. 89 ; TF, *Hitler m'a dit, confidences du Führer sur son plan de conquête du monde*, trad. de l'allemand par Albert Lehman, Paris, Coopération, 1939.
24. Voir Martin Broszat, *The Hitler State* (*Londres, 1981), ch. 2 ; TF, *L'État hitlérien : l'origine et l'évolution des structures du IIIᵉ Reich*, trad. de l'allemand par Patrick Moreau.

25. Les deux citations sont juxtaposées dans Aryeh L. Unger, *The Totalitarian Party : Party and People in Nazi Germany and Soviet Russia* (Cambridge, 1974), pp. 8-9.

26. Maurice Duverger, *Les Partis politiques*, Paris, Armand Colin, 1951, p. 2.

27. Voir Michael Kater, *The Nazi Party : A Social Profile of Members and Leaders, 1919-1945* (Oxford, 1983), ch. 1 et 7.

28. Konrad Heiden, *Hitler : A Biography*, (*Londres, 1936), pp. 102-103.

29. Friedelin Wagner, *The Royal Family of Bayreuth* (Londres, 1948), p. 8.

30. *Hitler's Table Talk, 1941-1944*, (*Londres, 1953), p. 107.

31. Cité d'après la transcription du procès, *Der Hitler-Prozess*, (Munich, 1924).

32. Voir Henry Ashby Turner Jr, *German Big Business and the Rise of Hitler* (New York, 1985), pp. 47-60, pour la période 1919-1923.

33. *Ibid.*, p. 60.

34. *Adolf Hitlers Reden* (Munich, 1933), pp. 89-93.

35. Voir Albrecht Tyrell, *Vom Trommler zum Führer* (Munich, 1975).

36. Dietrich Orlow, *The History of the Nazi Party*, vol. I : 1919-1933 (Newton Abbot, 1971), p. 45.

CHAPITRE 4 :
Le Secrétaire général

1. Cité par Merle Fainsod, *How Russia Is Ruled, op. cit.*, 1953, p. 303.

2. Cité par Robert C. Tucker, *Stalin as Revolutionary, op. cit.*, pp. 184-186.

3. Cité par Ronald Hingley, *Joseph Stalin : Man and Legend, op. cit.*, p. 117 ; Isaac Deutscher, *Stalin : A Political Biography, op. cit.* pp. 196-197 ; TF *cit.* p. 202.

4. Cité par Tucker, *Stalin as Revolutionary, op. cit.* pp. 192-193 ; TF *cit.* p. 165.

5. Cité par D. A. Volkogonov, *Stalin : Triumph and Tragedy* (*Londres, 1991), p. 57 ; TF *Staline : triomphe et tragédie*, traduit du russe par Yves Mignot, Paris, Flammarion, 1971.

6. Cité par Tucker, *Stalin as Revolutionary*, p. 201 ; TF *cit.* p. 171-172.

7. Cité par Roy Medvedev, *Let History Judge, op. cit.*, p. 61, d'après des notes non publiées par Trotski datées du 4 janvier 1937 ; TF citée.

8. Dans un discours du 17 octobre 1921, cité par Lezlek Kolakowski, *Main Currents of Marxism*, vol. II : *The Golden Age* (*Oxford, 1978), p. 484 ; TF, *Histoire du marxisme*, trad. de l'allemand par F. Laroche, Paris, Fayard, 1987.

9. Pp. 122-17 de la version anglaise publiée en 1921.

10. *The Essentials of Leninism* (*Londres, 1947), vol. I, p. 177.

11. Cité par Deutscher, *Stalin*, p. 221 ; TF *cit.* p. 227.

12. Cité par Leonard Schapiro, *The Communist Party of the Soviet Union, op. cit.*, p. 221 ; TF, *De Lénine à Staline*, trad. de l'anglais par Aanda Golem, Paris, Gallimard, 1967.

13. Cité par R. V. Daniels, *The Conscience of the Revolution : Communist Opposition in Soviet Russia* (Cambridge, Mass. 1960) pp. 211-212.

14. Section 3 de la résolution : *Essentials of Leninism*, vol. II, p. 684.

15. Cité par Schapiro, *Communist Party, op. cit.*, p. 212 ; TF *cit.*

16. Cité dans Aryeh L. Unger, *The Totalitarian Party... op. cit.* p. 15.

17. 13 novembre 1922 : *Essentials of Leninism*, vol. II, p. 819.

18. Cité par Tucker, *Stalin as Revolutionary, op. cit.*, p. 208. Preobrajenski fut l'un des deux secrétaires du parti privés de leur charge après le Xᵉ congrès en 1921. Il fut plus tard abattu, sans procès

public, pour avoir refusé d'avouer les crimes dont il était accusé (Schapiro, *Communist Party*, p. 426).

19. L. Trotski, *Stalin* (*Londres, 1947), p. 357 ; TF, *Staline*, traduit du manuscrit russe par Van Heijenoort, Paris, UGE, 1979.

20. Cité par Alex de Jonge, *Stalin and the Shaping of the Soviet Union op. cit.*, p. 157.

21. Cité par Tucker, *Stalin as Revolutionary*, pp. 252-253 ; TF *cit.*

22. *Ibid.*

23. Publié pour la première fois en Russie en 1963, et cité par Adam Ulam, *Stalin : The Man and His Era, op. cit.*, p. 216 ; TF *cit.*

24. Trotski, *Stalin*, p. 365 ; TF *cit.*

25. Cité en entier dans Medvedev, *Let... , op. cit.* pp. 79-81 ; TF *cit.*

26. Cité *ibid.* p. 81, p. 72.

27. *Ibid.* pp. 84-85.

28. Lénine, *Collected Works, op. cit.*, vol. XXXVI, pp. 605-610.

29. Les trois articles sont réimprimés dans *Essentials of Leninism*, vol. II, pp. 840-855.

30. Lénine à Mdivani, 6 mars 1923 : L. Trotski, *The Stalin School of Falsification* (* New York, 1937), p. 69.

31. Cité en entier par Khrouchtchev dans son discours de 1956. Voir *The Anti-Stalin Campaign and International Communism* (New York, 1956), pp. 8-9.

32. Cité par R. W. Davies dans l'*Observer*, 22 avril 1990.

33. Cité par Deutscher, *Stalin, op. cit.* p. 258 ; TF *cit.*

34. L'article a été publié dans le périodique *Questions of Soviet Economy and Administration*, janvier 1924, cité par Daniels, *Conscience of the Revolution*, p. 167.

35. Trotski, *My Life* (*New York, 1931), pp. 481 ; TF, *Ma Vie*, trad. du russe par Maurice Parijanine, Paris, Gallimard, 1973, p. 488.

36. Rapport de Staline au XIVe congrès du parti, 1927 (Sténographie, Moscou, 1928).

37. Cité par Daniels, *Conscience of the Revolution*, p. 212.

38. La lettre est reproduite dans L. Trotski, *The New Course* (*New York, 1943), pp. 153-156.

39. Une traduction de la « Déclaration des 46 » se trouve dans E. H. Carr, *A History of Soviet Russia*, vol. IV : *The Interregnum, 1923-1924* (Londres, 1954), pp. 369-373.

40. Citations données par Daniels, *Conscience..., op. cit.*, pp. 220-21.

41. La lettre de Trotski est réimprimée dans Trotski, *The New Course*, pp. 89-98.

42. XIIIe conférence du parti, J. Staline, *Collected Works*, vol. VI, pp. 5-46.

43. Bajanov travailla au secrétariat de Staline et pour le politburo d'août 1923 à la fin de 1925. Il a quitté l'Union soviétique en 1928 et a publié ses mémoires *Avec Staline au Kremlin* (Paris 1930, édition allemande : *Stalin : Der Rote Diktator*, Berlin, 1931). Une nouvelle version a été publiée en russe et en français sous le titre *Bajanov révèle Staline* (Gallimard, p. 83) en 1979. Une version plus complète a été publiée en 1979 ; il en existe une traduction anglaise, *Bazhanov and the Damnation of Stalin* (Ohio U.P. 1990).Cette citation est tirée d'un entretien radiophonique publié dans G. R. Urban (éd.), *Stalinism : Its Impact on Russia and the World* (Aldershot, 1985), p. 26.

44. Nadejda Mandelstam, *Hope Abandoned* (*Londres, 1975), pp. 237-288.

45. Cité par Walter Duranty, *I Write as I Please* (New York, 1935), pp. 225-226.

46. La phrase est de Ronald Hingley, *Stalin*, p. 155.

47. Stalin, *Collected Works* (Moscou, 1952-1955), vol. VI, pp. 47-53.

48. Cette suggestion est avancée par Robert Tucker dans *Stalin...*, *op. cit.*, pp. 279-88.

CHAPITRE 5 :
La création du parti nazi

1. Toutes les citations sont tirées de la transcription du procès, *Der Hitler-Prozess* (Munich, 1924).
2. Cité par Joachim Fest, *Hitler* (Londres, 1974), p. 195.
3. Hitler dans un discours à la *Bürgerbräukeller* le 8 novembre 1933. Max Domarus (édité par), *Hitler Reden... op. cit.*, vol. I, p. 327.
4. Discours d'Hitler en novembre 1934, après que la perspective d'une « deuxième révolution » eut été rejetée par l'action contre Röhm et les autres dirigeants des SA. VB, 10 novembre 1934.
5. Introduction de D.C. Watt à la traduction anglaise de *Mein Kampf* par Ralph Mannheim, *op. cit.*, pp. XII-XIV.
6. *Mein Kampf*, trad. Murphy, *op. cit.* p. 183 ; TF, p. 211.
7. Discours à Chemnitz, 2 avril 1938 : *Hitler's Words*, discours 1922-1943, éd. Gordon W. Prange (*Washington DC, 1944), pp. 8-9.
8. *Mein Kampf*, trad. Murphy, *op. cit.* p. 242 ; TF, p. 288.
9. *Ibid.*, p. 243 ; TF, p. 289.
10. *Ibid.* p. 242 ; TF, p. 288.
11. *Mein Kampf*, trad. Mannheim, p. 598 ; TF, p. 652-653.
12. *Mein Kampf*, trad. Murphy, p. 330 ; TF, p. 389.
13. *Hitler's secret Book*, trad. anglaise d'*Hitlers Zweites Buch* (New York, 1961), p. 24.
14. *Ibid.* p. 27.
15. H. Preiss (édité par), *Adolf Hitler in Franken. Reden auf Kampfzeit* (Munich, 1939), p. 81.
16. *Hitler's Secret Book*, pp. 212-213.
17. *Mein Kampf*, édit. allemande (Munich, 1930), p. 225.

18. L'entretien a été publié dans un magazine de Leipzig, *Der National-Sozialist*, 17 août 1924, et il est cité par Eberhard Jackel, *Hitler's World View* (*Middletown, 1972), p. 57.
19. *Mein Kampf*, trad. Murphy, *op. cit.*, p. 392.
20. *Ibid.*, p. 32 ; TF, p. 32.
21. Otto Strasser, *Hitler and I* (*Londres, 1940), pp. 76-77 ; TF *Hitler et moi*, Paris, Bernard Grasset, 1940.
22. *Mein Kampf*, trad. Murphy, p. 392 ; TF, p. 469.
23. *Ibid.* pp. 160-161 ; TF, p. 183.
24. *Ibid.* p. 161 ; TF, p. 184.
25. *Ibid.* p. 437 ; TF, p. 529.
26. *Ibid.* p. 438 ; TF, p. 529-530.
27. Kurt G. W. Lüdecke, *I Knew Hitler* (*Londres, 1938), p. 214.
28. Récit dans VB, 7 mars 1925, cité par Fest, *Hitler*, p. 227.
29. Cité par Dietrich Orlow, *The History of the Nazi Party*, vol. I : *1919-1933* (Newton Abbot, 1971), p. 70.
30. *Ibid.* p. 69.
31. A cause d'un accident de la route dans lequel il fut blessé, Strasser n'occupa cette fonction qu'à partir de septembre 1926 et jusqu'à la fin de 1927.
32. Cité par Fest, *Hitler*, p. 241. Voir Joseph L. Nyomarkay, « Travail fractionnel dans le NSDAP, 1925-1926 : La fraction du Nord, mythe et réalité », dans Henry Ashby Turner Jr (édité par), *Nazism and the Third Reich* (New York, 1972), pp. 21-44.
33. Cité par Henry Ashby Turner Jr, *German...*, *op. cit.* (New York, 1985), p. 65.
34. Cité par Orlow, *Nazi party*, vol. I, p. 87, n. 43.
35. Voir Michael Kater, *The Nazi Party* (Oxford, 1983), pp. 34-38.
36. Voir Turner, *German Big Business*, pp. 65-68.
37. Voir *ibid.* pp. 83-99, à partir de comptes rendus de discours d'Hitler

devant des publics sélectionnés à Essen, en 1926-1927 ; son adresse au Club national de Hambourg en février 1928 ; et son discours devant un public d'hommes d'affaires invités en mars 1928 à Heidelberg.

38. Untersuchungs-und-Schlichtungs-Ausschuss (Commission d'enquête et d'installation). Son président était un général en retraite, Heinemann, auquel succéda au début de 1928, un officier en retraite plus jeune, Walter Buch, membre du parti depuis 1921.

39. Orlow, *Nazi Party*, vol. I, p. 80.

40. Voir Horst Gies, « The NSDAP and Agrarian Organization in the Final Phase of the Weimar Republic », dans Turner (édité par), *Nazism and the Third Reich,* pp. 45-88.

41. Cité *ibid.*

42. Voir Turner, *Big Business,* pp. 111-124. Les recherches du professeur Turner ont été généralement reconnues comme concluantes en ce qui concerne les contributions du grand patronat allemand (il s'agit bien du *grand*) avant la venue au pouvoir d'Hitler. Mais cette reconnaissance ne s'étend pas à l'opinion du professeur Turner, selon laquelle ses recherches disculperaient pour une bonne part le patronat de l'accusation d'avoir sapé la république de Weimar et d'avoir volontiers accepté la venue d'Hitler à la chancellerie.

43. Le seul récit que nous possédions de la discussion est d'Otto Strasser, mais il ne fait guère de doute qu'il peut être considéré comme exact pour l'essentiel. Il a été publié très peu de temps après, n'a jamais été remis en cause ni désavoué par Hitler – bien qu'il ait dû lui faire beaucoup de mal dans certains secteurs – et tout ce qui est rapporté des propos d'Hitler concorde avec ses opinions connues. Le récit qui suit est pris dans Otto Strasser, *Ministersessel oder Revolution ?*

version qu'il publia à l'époque (1930) sous forme de brochure et dont une version abrégée se trouve dans *Hitler and I*, pp. 109-127.

44. Cité, en même temps que la rupture avec Tucholsky, dans Fest, *Hitler,* p. 277.

CHAPITRE 6 :
Le successeur de Lénine

1. Leonard Schapiro, *The Communist Party...*, *op. cit.*, p. 314 ; TF *cit.*

2. D'après une interview à la radio en 1979 : G. R. Urban (éd.), *Stalinism : Its Impact on Russia and the World* (Aldershot, 1982), p. 18 ; cf. le récit de B. Bajanov, *Avec Staline au Kremlin* (Paris, 1930), pp. 43-45. Roy Medvedev, tout en remarquant que le portrait de Staline par Bajanov sonne vrai, dit que le testament de Lénine ne fut pas lu devant le plénum (*Let...*, *op. cit.*, p. 84 TF *cit.*) ; Volkogonov, *op. cit.* p. 92, cite néanmoins la résolution du comité central disant que « ces documents lus au plénum » devaient être communiqués au Congrès de la manière qu'il décrit.

3. Bajanov, *Avec Staline*, p. 21, cité par Isaac Deutscher, *Stalin* (Londres, 1949), p. 274.

4. Ruth Fischer, *Stalin and German Communism* (*Cambridge, Mass. 1948), p. 366.

5. *Ibid.* p. 369.

6. *Ibid.* p. 368.

7. Bajanov, *Avec Staline*, p. 21.

8. Cité par Robert C. Tucker, *Stalin...*, *op. cit.*, p. 310 ; TF, p. 263.

9. Mémoires de A. I. Mikoyan (Moscou, 1970), pp. 136-139, cité *ibid.*, p. 298.

10. Cité par Deutscher, *Stalin*, p. 290.

11. Tucker, *Stalin...*, p. 313 ; TF, p. 265.

12. Voir la discussion dans Medvedev, *Let History...*, pp. 821-822 et dans Tucker, *Stalin..*, pp. 324-329. Ce Ksenofontov doit être distingué

de I. K. Ksenofontov, qui fut membre du secrétariat de Staline.

13. Au moment de la mort de Staline, plus de 17 millions d'exemplaires des *Fondements,* constamment remis à jour et augmentés, avaient été publiés. Les citations du texte ont été prises dans la traduction anglaise de la collection des discours et des publications de Staline : J. Staline (sous la direction de), *Leninism* (*Londres, 1940), pp. 1-85.

14. Tiré d'un récit d'une conversation entre Zinoviev et Trotski en 1926 chez Kamenev, après que tous trois se furent réconciliés dans l'Opposition unifiée. Les notes de la conversation ont été publiées en 1929, en exil, par Trotski, *The Stalin School of Falsification* (*New York, 1962), pp. 89-95.

15. *Ibid.*

16. Voir note 13 ci-dessus.

17. La première défense du « socialisme dans un seul pays » publiée par Staline est parue dans « La révolution d'octobre et la tactique des communistes russes », écrit en décembre 1924 pour servir de préface à une collection d'articles, *Sur la route d'octobre,* publiée au début de 1925. Une traduction anglaise est disponible dans Staline, *Leninism,* pp. 86-117.

18. Cité par Tucker, *Stalin..., op. cit.* p. 379 ; TF, p. 322.

19. R. V. Daniels, *The Conscience of the Revolution : Communist Opposition in Soviet Russia* (Cambridge, Mass. 1960), p. 252.

20. J. Staline, *Collected Works* (Moscou, 1952-1955), vol. VI, p. 246.

21. Fischer, *Stalin,* p. 405. Au nombre des délégués que Staline recruta figurait Heinz Neumann, qui parlait le russe et devint son confident. Il en fit bon usage, non seulement en Allemagne mais aussi en Chine, jusqu'à ce qu'il se rebellât contre la politique de tolérance de Staline envers les nazis au début des années 30. Il fut alors rejeté, arrêté en 1937, et éliminé dans les purges (*ibid.* pp. 446-447).

22. 17 avril 1925 : *Bolchevik*, n° 8 (1925).

23. Pour le débat Boukharine-Preobrajenski, voir Stephen F. Cohen, *Bukharin and the Bolshevik Revolution, 1888-1938* (New York 1974), ch. 6 ; TF, *Nicolas Boukharine : la Vie d'un bolchevik* et Daniels, *Conscience...,* *op. cit.*, pp. 288-295.

24. La question est discutée par Medvedev, *Let..., op. cit.* pp. 115-119 ; TF, *cit.* En 1926, l'écrivain Boris Pilnyak publia un récit dans *Novy Mir*, « Conte de la lune non éteinte » qui sous des déguisements transparents (Staline était appelé Numéro Un), fournissait un compte rendu de la mort de Frounze et y faisait apparaître la responsabilité de Staline. Tous les exemplaires de la publication furent aussitôt confisqués.

25. Citations d'après le compte rendu sténographique du XIVe congrès donné par Daniels, *Conscience...,* pp. 268-269.

26. J. Staline, *Problèmes du léninisme* (Moscou, 1931), pp. 306-310.

27. Daniels, *Conscience...*, p. 266.

28. Cité *ibid.* p. 278.

29. Cité par Isaac Deutscher, *The Prophet Unarmed : Trotsky, 1921-1929* (Londres, 1959), pp. 296-297 ; TF, *Trotsky, le prophète désarmé, 1879-1921,* trad. de l'anglais par Paulette Péju et Ernest Bolo, Paris, Julliard, 1962.

30. Les discours au XVe congrès sont reproduits dans la *Pravda* entre le 5 et le 12 novembre 1926.

31. Cité par Cohen, *Bukharin,* p. 240.

32. Cité par Daniels, *Conscience...,* p. 315.

33. *Ibid.*

34. *Khrushchev remembers, op. cit.* p. 25-26 ; TF *cit.* p. 48-49.

35. Cité dans Medvedev, *Let History...*, p. 183.
36. Robert C. Tucker, *Stalin in Power : The Revolution from Above. 1928-1941* (New York, 1990), p. 80, citant deux articles publiés en août 1988 par Vladimir Tikhonov, de l'Académie des sciences agricoles de Moscou.
37. Cité par Medvedev, *Let History...*, 2ᵉ éd. p. 217 ; TF, p. 126.
38. Cité par Tucker, *Stalin...*, p. 407.
39. Staline, *Collected Works*, vol. XI, p. 5. Les discours de Staline n'étaient pas publiés à l'époque et ils ne furent imprimés que vingt-cinq ans plus tard, et sous une forme condensée.
40. Cité dans Moshé Lewin, *Political Undercurrents in Soviet Economic Debate* (Princeton, 1974), p. 74.
41. Cité dans Cohen, *Bukharin*, pp. 190-191 ; TF *cit.*
42. Cité par Leonard E. Hubbard, *The Economy of Soviet Agriculture* (Londres, 1939), p. 100. Les chiffres de ce paragraphe sont tirés de Tucker, *Stalin in Power*, p. 72. Voir aussi Moshé Lewin, « Who Was the Soviet Kulak ? » dans le volume d'essais, *The Making of the Soviet System : Essays in the Social History of Inter-War Russia* (Londres, 1985).
43. Cité par Daniels, *Conscience of the Revolution*, p. 326.
44. Discours de Staline d'avril 1928 dans *Collected Works*, vol. XI, pp. 160-206.
45. Récit de Kamenev dans les archives de Trotski à Harvard. Cité par Daniels, *Conscience...*, p. 332.
46. Staline, *Collected Works*, vol. X, p. 57.
47. Publié dans la *Pravda* le 30 septembre 1928.
48. « L'industrialisation de l'URSS et les épigones du populisme » cité par Daniels, *Conscience of the Revolution*, p. 349.
49. Cité par Cohen, *Bukharin*, p. 296 ; TF *cit.*

50. *Ibid.*, pp. 305-307.
51. J. Staline (édité par), *Leninism* (Moscou, 1940), pp. 240-293, présenté comme un extrait.

CHAPITRE 7 :
Hitler en vue du pouvoir

1. Ce résumé s'appuie sur un large échantillonnage des articles publiés et sur quatre études détaillées de H. A. Winckler, *Mittelstand, Demokratie und Nationalsozialismus* (Cologne, 1972) ; Richard F. Hamilton, *Who Voted for Hitler ?* (Princeton, 1982) ; Michael Kater, *The Nazi Party : A Social Profile of Members and Leaders, 1919-1945* (Oxford : 1983) ; Thomas Childers, *The Nazi Voters : The Social Foundations of Fascism in Germany, 1919-33* (Chapel Hill, NC, 1984). Si j'ai beaucoup appris des recherches détaillées du professeur Hamilton, je ne suis pas convaincu par ses conclusions générales, qui me semblent trop entachées par l'obsession d'invalider la thèse sur la « classe moyenne-inférieure ». (Voir l'article de Jeremy Noakes sur les livres de Childers et de Hamilton dans le *Times Literary Supplement*, 21 septembre 1984.) Les ouvrages de Kater, Childers et Hamilton contiennent des références bibliographiques complètes sur la littérature parue dans les périodiques et sur les études régionales en allemand et en anglais.
2. Martin Broszat, *Hitler and the Collapse of Weimar Germany* (*Leaminton, 1987), p. 86.
3. L'article de Mierendorff, « Was ist Nationalsozialismus ? » a été publié dans *Neue Blätter für Sozialismus*, vol. II, n° 4, et est cité par J. Fest, *The Face of the Third Reich* (*Londres, 1970), p. 221.
4. Childers, *Nazi voters*, p. 178.
5. Hamilton, *Who Voted ?* p. 499.
6. *Ibid.* pp. 37-38.

7. W. S. Allen, *The Nazi Seizure of Power : The Experience of a Single Town, 1930-1935*, (Chicago, 1965), p. 133 ; TF, *Une Petite ville nazie (1930-1935)*, traduit de l'anglais par René Rosenthal, Paris, Robert Laffont, 1967.

8. Une importante source d'informations est fournie par la collection constituée par Theodore Abel à partir de quelque 600 récits écrits en 1934 par des membres du parti nazi qui avaient adhéré durant la période de Weimar. Cette collection est maintenant aux Hoover Institution Archives. Voir Peter H. Merkl, *Political Violence under the Swastika : 581 Early Nazis* (Princeton, 1975), pour le réexamen des récits dans la collection Abel.

9. Je dois la référence à la biographie d'Hitler par Deuerlein, à Fred Weinstein, *The Dynamics of Nazism* (New York, 1980), p. 81.

10. La suggestion est faite dans deux essais de Fritz Stern, « Germany 1933 : Fifty Years Later » et « National-Socialism as Temptation » dans *Dreams and Illusions : The Drama of German History* (Londres, 1988). La citation est du premier, p. 145.

11. La citation est tirée de « Thought for the Time of War and Death », de Freud, et c'est Fritz Stern qui la fait, *ibid.* pp. 168-169.

12. Rapporté dans le *Berliner Tageblatt*, 8 septembre 1932.

13. Gregor Strasser, cité par Joachim Fest, *Hitler* (*Londres, 1974), p. 289 ; TF *cit.*

14. Childers, *Nazi Voter*, p. 325, n° 7.

15. Cité par R. W. M. Kempner, « Blue Print of the Nazi Underground », (*Research Studies of the State College of Washington*, vol. XIII, n° 2, p. 121).

16. Le procès a été raconté par la*Frankfurter Zeitung*, 26 septembre 1930.

17. Cité par K. D. Bracher, *The German Dictatorship* (*Londres, 1971), p. 189.

18. H. Brüning, *Memoiren, 1878-1934* (Stuttgart, 1970), pp. 247 et suiv.

19. Cité dans F. L. Carsten, *The Reichswehr and Politics, 1918-1933* (Oxford, 1966), pp. 334-335.

20. F. Meinecke, *Die Deutsche Katastrophe* (Wiesbaden, 1947), p. 74.

21. Journal de Goebbels, 5 janvier 1932 ; trad. anglaise sous le titre *My Part of Germany's Fight* (Londres, 1935) p. 15.

22. Les chiffres sont de 129 563 adhérents en septembre 1930 ; 849 009 le 30 janvier 1933 (Kater, *Nazi Party*, p. 365). Dietrich Orlow, *The History of the Nazi Party*, vol. I : *1919-1933* (Newton Abbot, 1971) qui donne un chiffre inférieur pour 1933 (719 446) jugeait raisonnable le chiffre de 450 000 pour le début de 1932 (p. 239). Selon Orlow (p. 236), il y a eu 53 000 nouveaux adhérents pour le seul mois de novembre, mais il y eut des pertes qui compensèrent cet afflux.

23. Cité par Fest, *Hitler*, p. 336.

24. Journal de Goebbels, 11 juin 1932, p. 105.

25. 3 août 1932 : DGFP, 1919-1939, 2ᵉ série, 1930-1937 (Londres, 1949-1957), vol. IV, n° 8.

26. Journal de Goebbels, 8 août 1932, p. 133.

27. Discours du 4 septembre : H. Preiss (sous la direction de), *Adolf Hitler in Franken...*, *op. cit.*, p. 194.

28. La ligne adoptée par Hitler assura la commutation de leurs peines en prison à vie, peu après la venue d'Hitler au pouvoir, ils furent relâchés et salués comme des combattants de la liberté.

29. Journal de Goebbels, 4 octobre 1932, p. 167 de la traduction anglaise.

30. *Ibid.*, 15 octobre 1932, p. 172.
31. Henry Ashby Turner Jr., *German Big...*, *op. cit.*, pp. 293-295.
32. Journal de Goebbels, 5 novembre 1932, p. 184.
33. *Ibid.*, 9 décembre 1932, p. 209.
34. *Ibid.*, 23 décembre 1932, p. 215.
35. Pour un récit concis, bénéficiant de travaux très récents, voir Borszat, *Hitler and the Collapse...*, ch. 4.
36. Cité par Bracher, *German Dictatorship*, p. 193.
37. *Hitlers Auseinandersetzung mit Brüning* (Munich, 1932), pp. 49-51.

CHAPITRE 8 :
La révolution de Staline

1. Cité par Adam Ulam, *Stalin...*, *op. cit.*, p. 291.
2. Voir Sephen F. Cohen, *Bukharin...*, *op. cit.*, pp. 327-329 ; TF *cit.*
3. Cité *ibid.*, p. 328.
4. *Ibid.*, p. 295.
5. Robert Conquest, *The Harvest of Sorrow* (Londres, 1986), p. 74.
6. E. H. Carr, *A History of Soviet Russia : Socialism in One Country, 1924-1926*, vol. I (Londres, 1958) ; p. 99.
7. Voir Robert C. Tucker, *Stalin in Power...*, *op. cit.*, p. 131.
8. Discours de Staline au plénum du comité central, 9 juillet 1928, cité *ibid.*, p. 84.
9. *Pravda*, 7 novembre 1929, réédité dans Staline (édité par), *Leninism*, *op. cit.*, pp. 294-305.
10. « Adresse à la Conférence des étudiants marxistes de la question agraire » par Staline, in *ibid.*, pp. 306-327.
11. Voir Tucker, *Stalin in Power*, p. 176.
12. Réédité dans Staline (édité par), *Leninism*, pp. 333-339. Voir aussi pp. 339-358, « Réponse aux camarades de la ferme collective », tiré de la *Pravda*, 3 avril 1930.
13. Cité par Tucker, *Stalin...*, *op. cit.*, p. 147.
14. Cité par Moshé Lewin dans « Society, State and Ideology », dans *The Making of...*, *op. cit.*, p. 219.
15. Les chiffres sont fournis à partir de sources soviétiques par Alec Nove, *An Economic History of the USSR* (2e éd., Londres 1989), pp. 230-231.
16. Cité par Conquest, *Harvest..*, *op. cit.* p. 184.
17. Voir R. W. Davies, *Soviet History in the Gorbachev Revolution* (Londres, 1989), pp. 184 et 217, note 18.
18. Conquest, *Harvest...*, p. 219.
19. *Ibid.*
20. Petro D. Grigorenko, *Memoirs*, (Londres, 1983), p. 36, cité par Conquest, *Harvest...*, p. 221 ; TF, p. 130.
21. Conquest, *Harvest...*, p. 223.
22. Traduction anglaise (New York, 1977), citée *ibid.* p. 232-233.
23. Le récit de Terekhov a été publié dans la *Pravda*, 26 mai 1964, et est cité par Conquest, *Harvest...*, p. 324-325.
24. Cité par Moshé Lewin, « Taking Grain », in *The Making...*, *op. cit.* p. 155.
25. Viktor Kravtchenko, *I Chose Freedom*, (New York, 1946), p. 130 ; TF *J'ai choisi la liberté*, trad. de l'américain par Jean de Kerdeland, Paris, Éd. Self, 1947, p. 133.
26. *Pravda*, 24 juin 1933, cité par Conquest, *Harvest...*, p. 261.
27. Cité par Conquest, *Harvest...*, p. 260.
28. *Ibid.* p. 264.
29. *Ibid.* p. 263.
30. *Testimony : The Memoirs of Shostakovich*, éd. Solomon Volkov (*Londres, 1979), p. 165.
31. Pour ces deux paragraphes, voir Conquest, *Harvest...*, pp. 266-271.
32. *Khrushchev Remembers*, trad. et éd. Strobe Talbot (*Londres, 1971), p. 120 ; TF *cit.*
33. Cité par Tucker, *Stalin...*, pp. 180-181.

34. Wolfgang Leonhard, *Child of the Revolution* (Londres, 1957), p. 136.

35. Voir Conquest, *Harvest of Sorrow*, ch. 9. A la fin des années 20, le Kazakhstan avait une population de 4 millions d'habitants, dont les deux tiers, nomades, vivaient d'élevage plutôt que de culture du blé. La tentative d'imposer la collectivisation entraîna une réduction des foyers kazakhs de 1 233 000 en 1929 à 565 000 en 1936, et la mort d'un quart de la population. Il y eut une chute encore plus catastrophique du bétail, qui passa de 7,4 millions de bovins en 1929 à 1,6 million en 1933, et de 22 millions de moutons à 1,7 million.

36. Conquest, *Harvest...*, ch. 16. Pour des références à d'autres sources occidentales et soviétiques, voir Tucker, *Stalin...*, p. 639 n. 68 et Roy Medvedev, dans *Moscow News*, n. 48 (1988). Les chiffres de Medvedev ne sont pas très différents de ceux de Conquest : dix millions de déportés contre dix à douze millions chez Conquest, deux ou trois millions d'entre eux morts, contre trois millions chez Conquest, six millions de morts dans les famines contre sept (ou contre huit en incluant les chiffres du Kazakhstan). Pour le total des victimes de la famine, Vestnik Statistiki (n° 7, 1990) donne le chiffre d'environ trois millions de morts de plus en URSS en 1933 qu'en 1934.

37. Ronald Hingley, *Joseph Stalin*, *op. cit.*, p. 210.

38. Roy Medvedev, *Let...*, *op. cit.* pp. 101-102 ; TF *cit.*

39. John Scott, *Behind the Urals* (Londres, 1942), p. 9 ; TF *Au-delà de l'Oural : un travailleur américain dans la cité russe de l'acier*, trad. de l'anglais par Géo. H. Blanc.

40. Le discours est en entier dans Staline, (édité par), *Leninism*, pp. 359-367.

41. Ulam, *Stalin*, p. 341.

42. Cité *ibid.* p. 312.

43. Parmi les livres décrivant ce processus, citons : Lynne Viola, *The Best Sons of the Fatherland : Workers in the Vanguard of Soviet Collectivisation* (New York, 1987) ; Sheila Fitzpatrick (éd.), *Cultural Revolution in Russia, 1928-1931* (Bloomington, 1978) , et Hiroaki Kuromiya, *Stalin's Industrial Revolution : Politics and Workers* 1928-1932 (Cambridge, 1988).

44. D'après un récit de K. Vorbei, publié à Leningrad en 1961, et cité dans Kuromiya, p. 110.

45. Sheila Fitzpatrick, « Cultural Revolution as Class War » dans *Cultural...*, *op. cit.* p. 368-387.

46. Cité par Medvedev, *Let...*, *op. cit.* 1re éd., p. 113 ; TF *cit.* p. 162.

47. Staline (sous la dir.), *Leninism*, pp. 368-387.

48. *Ibid.*

49. J. Staline, *Problems of Leninism* (Moscou, 1953), p. 530.

50. Soutenue au XVIIe congrès du parti en janvier 1934.

51. Winston S. Churchill, *The Second World War*, vol. IV : *The Hinge of Fate* (Londres, 1951), pp. 447-448 , TF *La Deuxième Guerre mondiale*, Paris, Plon, 1948-1954.

52. Lewin, *The Making...*, *op. cit.*, p. 271, citant Marc Bloch, *La Société féodale* (Paris, 1968), p. 347

53. Chiffres tirés de Alec Nove, *Stalinism and After* (2e éd., Londres, 1981), p. 44.

54. Par exemple, par Moshé Lewin, *The Making...*, *op. cit.* « The Immediate Background of Soviet Collectivisation » (Londres, 1985), et aussi par Stephen Cohen et Roy Medvedev.

55. Leonard Schapiro, *The Communist Party...*, *op. cit.* p. 464 ; TF *cit.*

56. *Ibid.* p. 387.
57. Roy Medvedev, *Let History...*, *op. cit.* pp. 253-254 ; TF *cit.*
58. Stephen F. Cohen, *Re-thinking the Soviet Experience : Politics and History since 1917* (Oxford, 1985), ch. 3.
59. Rapport de Staline au XVIIe congrès : Staline (édité par), *Leninism*, pp. 470-539.
60. *Pravda*, 27 mai 1930.
61. Cité dans Cohen, *Bukharin*, p. 348 ; TF *cit.*
62. Voir Medvedev, *Let History...*, *op. cit.* p. 142 ; TF, *cit.* ; Robert Conquest, *The Great Terror : A Re-Assessment* (Londres, 1990) p. 51 ; et Cohen, *Bukharin*, pp. 342-343, avec les références.
63. Alexandre Barmine, *One Who Survived : The Life Story of a Russian under the Soviets* (New York, 1945), pp. 101-102, cité par Conquest, *The Great Terror...*, *op. cit.*, p. 60.
64. Résolution du comité central citée par Conquest, *The Great Terror...*, *op. cit.*, p. 54.
65. Davies, *Soviet History*, pp. 83-85 ; Medvedev, *Let History...*, *op. cit.*, pp. 296-298 ; TF *cit.*
66. Cité par Medvedev, *Let History...*, *op. cit.*, p. 329.
67. Schapiro, *Communist Party*, pp. 459-464.
68. Boris Nicolaïevski, *Power and the Soviet Elite : « The Letter of an Old Bolshevik' and Other Essay »*, éd. Janet D. Zagoria (*Londres, 1966), pp. 31-32 et 76.
69. Cité par Tucker, *Stalin...*, *op. cit.* p. 248.
70. Rapport de Staline au XVIIe congrès : Staline (édité par) *Leninism*, pp. 507 et 516.
71. *History of the CPSU* (2e éd. rév., *Moscou, 1962), p. 486.
72. Medvedev, *Let History...*, p. 331.
73. Publié dans *Ogonek*, n° 50, 1987.
74. Ulam, *Stalin*, pp. 372-373.
75. *Ibid.* p. 373, citant le rapport du congrès*.
76. *Ibid.* pp. 371-372.
77. Cité par Tucker, *Stalin in Power*, p. 251.
78. Staline (sous la dir.), *Leninism*, pp. 517-518.
79. Voir Medvedev, *Let History...*, *op. cit.* pp. 331-33.
80. Tucker, *Stalin...*, *op. cit.*, p. 240.
81. Cité *ibid.*, p. 240.
82. *Ibid.* p. 212.

CHAPITRE 9 :
La révolution d'Hitler

1. Jeremy Noakes and Geoffrey Pridham (sous la dir.), *Nazism, 1919-1945 : A Documentary Reader*, vol. I : *the Rise to Power, 1919-1934* (Exeter, 1983), n° 87.
2. *Ibid.*
3. *Ibid.* n° 90.
4. La phrase est de K. D. Bracher. Voir la discussion dans son livre *The German Dictatorship* (*Londres, 1971), pp. 191-198.
5. Noakes et Pridham, *Nazism, op. cit.* vol. I, pp. 150-151.
6. Rudolph Diels, *Lucifer ante Portas* (Stuttgart, 1950), p. 200.
7. On a longtemps cru à une version habilement créée par Willi Münzenberg et le centre de propagande du Komintern à Paris, selon laquelle les nazis étaient eux-mêmes responsables de l'incendie. Cette conviction a été battue en brèche pour la première fois par Fritz Tobias, *The Reichstag Fire* (*Londres, 1964). Aujourd'hui, la plupart des historiens considèrent comme corrects les points de vue de Tobias et de Diels. Les spéculations sur l'identité du ou des incendiaires détournent l'attention de l'usage que les nazis firent de l'incendie.
8. Diels, *Lucifer*, pp. 142-144.
9. Noakes et Pridham, *Nazism*, vol. I, n° 95.
10. Ces informations, ainsi que celles collectées par la direction en exil du parti social-démocrate à Prague

(Sopade), ont été systématiquement étudiées par Ian Kershaw dans *Popular Opinion and Political Dissent in the Third Reich* (Oxford, 1983) et dans *The Hitler Myth : Image and Reality in the Third Reich* (Oxford, 1987).

11. *Deutsche Allgemeine Zeitung*, 5 mars 1933.

12. Cité par Martin Broszat, *The Hitler State, op. cit.*, p. 79 ; TF, *cit.*

13. Cité par Joachim Fest, *Hitler, op. cit.*, p. 415, TF *cit.*

14. 21 mars 1933 : Max Domarus (sous la dir.) *Hitler..., op. cit.*, vol. I, p. 228.

15. 23 mars 1933, *ibid.* pp. 229-237.

16. *Ibid.* pp. 239-246.

17. Citation tirée de l'un des meilleurs exposés de la controverse historiographique : John Hiden et John Farquharson, *Explaining Hitler's Germany : Historians and the Third Reich,* (Londres, 1983), p. 59.

18. *Documents on German Foreign Policy,*, série C, vol. I, n° 16.

19. Jeremy Noakes and Geoffrey Pridham, *Nazism...*, 1919-1945 : *A Documentary Reader,* vol. II : *State, Economy and Society,* 1933-1939 (Exeter : 1984) n° 266.

20. *Ibid.*, n° 282.

21. *Mein Kampf,* trad. James Murphy, *op. cit.* p. 506.

22. Fest, *Hitler,* p. 428-429.

23. Déclaration officielle de 1937 : Noakes et Pridham, *Nazism,* vol. II, n° 311.

24. Martin Heidegger, *Die Selbstbehauptung der deutschen Universität* (Breslau, 1934), p. 22 et sq., éd bilingue allemand-français : *L'Auto-affirmation de l'université allemande.* Fribourg-en-Brisgau, 1933, S.L. Trans-Europe-Express, 1982.

25. Noakes et Pridham, *Nazism,* vol. III, *Foreign Policy, War and Racial Extermination,* n° 485.

26. *Ibid.* n° 484.

27. *Ibid.* n° 485.

28. Harold W. James, *The German Slump : Politics and Economics, 1924-1936* (Oxford, 1986), p. 347.

29. Noakes et Pridham, *Nazism,* vol. I, n° 117.

30. *Die Deutsche Volkswirtschaft,* 8, 1933-1934, cité par James, *German Slump,* p. 355.

31. 20 mai 1937 : Noakes et Pridham, *Nazism,* vol. II, n° 178.

32. *Ibid.* vol. III, n° 472.

33. Domarus, *Hitler, op. cit.,* vol. I, pp. 270-278.

34. *Daily Mail,* 6 août 1934.

35. Broszat, *The Hitler State,* p. 234.

36. Bracher, *German Dictatorship,* p. 230.

37. Goering, à ce moment ministre-président de Prusse, dans une discussion ministérielle sur les directives pour l'application de la loi, 25 avril 1933. Noakes et Pridham, *Nazism,* vol. II, n° 152.

38. Hans Kerrl fut le cinquième ministre de l'Église du Reich en 1935.

39. Noakes et Pridham, *Nazism,* vol. I, n° 115.

40. Discours d'Hitler à la conférence des gouverneurs du Reich, 6 juillet 1933, *ibid.* n° 117.

41. Ce paragraphe s'appuie sur l'étude de ces informations (confirmées par celles du parti social-démocrate en exil) par Ian Kershaw dans *The Hitler Myth,* ch. 2 et 3.

42. Les nazis donnèrent au procès un maximum de publicité mais l'accusation ne réussit pas à prouver la moindre relation entre les prévenus communistes et van der Lubbe, et la cour suprême de Leipzig ordonna la libération des communistes.

43. Kershaw, *The Hitler Myth,* p. 85.

44. Diels, *Lucifer,* p. 278.

45. Anthony Eden a raconté sa visite à Berlin, en février 1934, dans ses mémoires, *Facing the Dictators* (Londres, 1962), pp. 69-75.

46. 7 juin 1934 : Noakes et Pridham, *Nazism,* vol. I, n° 120.

47. Domarus, vol. I, pp. 410-424.
48. Kershaw, *op. cit.*, p. 92 et en général ch. 2 et 3.
49. Cité dans Bracher, *German Dictatorship*, p. 241.
50. ND 1919-PS.
51. Broszat, *The Hitler State*, p. 214 ; TF *cit.*
52. Noakes et Pridham, *Nazism,* vol. II, p. 236.
53. Déclaration de Frick, novembre 1934 : *ibid.*, n° 158.

CHAPITRE 10 :
Staline et Hitler comparés

1. G. W. F. Hegel, *Leçons sur la philosophie de l'histoire,* trad. par Jean Gibelin, Paris, Vrin, 1967, p. 35.
2. *Ibid.,* pp. 58-59.
3. *Ibid.* p. 37.
4. Cité dans G. R. Urban (éd.) *Stalinism : Its Impact...*, *op. cit.* p. 133.
5. J. P. Stern, *Hitler, op. cit.* p. 43, livre auquel je dois beaucoup.
6. Friedrich Nietzsche, *Zur Genealogie der Moral* (1887), 2ᵉ éd. par. 17, cité par J. P. Stern, *Hitler,* p. 45 ; TF, *La Généalogie de la morale,* trad. de l'allemand par Isabelle Hildebrand et Jean Gratien, Paris, NRF, 1971, pp. 277-278.
7. Mussolini (1) d'après un entretien avec Emil Ludwig, (2) tiré des *Collected Works* de Mussolini, vol. XX, p. 93, cité par J. P. Stern, *Hitler,* p. 45.
8. Cité par K. D. Bracher, *The German Dictatorship* (*Londres, 1971), pp. 141-142.
9. Hermann Rauschning, *Hitler Speaks, op. cit.* p. 257 ; TF *cit.*
10. *Hitler's Table Talk, op. cit.*, pp. 76-79 (21 octobre 1941).
11. Theodore Abel, *Why Hitler Came to Power* (New York, 1938), p. 244.
12. Les controverses et la confusion qui se sont développées autour de l'utilisation du terme par Weber ont été heureusement réglées et clarifiées par Ann Ruth Willner dans *The Spellbinders : Charismatic Political Leadership* (New Haven, 1984), en particulier aux ch. 1 et 2 et dans l'appendice. Les six exemples qu'elle sélectionne pour la discussion sont Castro, Gandhi, Hitler, Mussolini, F. D. Roosevelt, Sukarno. D'autres au XXᵉ siècle peuvent prétendre au titre : Atatürk, Khomeyni, Lénine, Mao, Nasser, Nkrumah, Peron.
13. Otto Strasser, *Hitler...*, *op. cit.* pp. 74-77.
14. Friedrich Nietzsche, *Humain, trop humain,* par. 52, cité par J. P. Stern, p. 35 ; NRF, 1968, p. 73.
15. Albert Speer, *Inside the Third Reich,* (Londres, 1970) p. 75 ; TF *Au cœur du Troisième Reich,* trad. de l'allemand par Michel Brottier, Paris, Fayard, 1971, p. 95.
16. *Khrushchev remembers, op. cit.* pp. 41-42 ; TF *cit.* p. 65-66.
17. Harold Lasswell, *Psychopathology and Politics* (New York, 1960), p. 173.
18. Cité par R. W. Davies, *Soviet History in the Gorbachev Revolution* (Londres, 1989), p. 61, tiré de la *Literatournaya Gazeta,* 3 août 1988.
19 Robert C. Tucker, *Stalin...*, *op. cit.* ch. 12.
20. Discours de Staline au comité central, 23 octobre 1927.
21. Svetlana Allilouïeva, *Twenty Letters to a Friend* (Londres, 1967), p. 86 ; TF *Vingt Lettres à un ami,* trad. du russe par Jean-Jacques et Nadine Marie, Le Seuil, 1967, p. 92.
22. Lydia Dan, « Bukharin to Staline », *Novy Zhurnal,* n° 75 (1964), cité par Tucker, *Stalin...*, *op. cit.* pp. 424-425
23. Hjalmar Schacht, *Account Settled* (*Londres, 1948), p. 219.
24. *Ibid.* p. 220.
25. Les deux citations sont de K. Sontheimer, *Anti-Demokratisches Denken in der Weimarer Republik,*

cité par Ian Kershaw dans son étude très éclairante, *The Hitler Myth : Image and Reality in the Third Reich* (Oxford, 1987), pp. 19-20.

26. Discours d'Hitler à Munich, 14 mars 1936 : Max Domarus (éd.), *Hitler... 1932-1945, op. cit.* vol. I, p. 606.

27. Cité par Robert H. McNeal, *Stalin : Man and Ruler* (Londres, 1988), p. 151.

28. Cité par Kershaw, *The Hitler Myth*, pp. 26-27, d'après Albrecht Tyrrell, *Führer befehl !* (Düsseldorf, 1969).

29. Kershaw, *The Hitler Myth*, pp. 94-95.

30. Texte de la lettre de Jodl dans P. E. Schramm, *Hitler : The Man and the Military Leader* (*Londres, 1972), appendice II, p. 205.

31. Roy Medvedev, *Let..., op. cit.*, p. 303 ; TF *cit.*

31a. D. A. Volkogonov, *Stalin : Triumph and Tragedy* (Londres, 1990), p. 146, citant A. N. Chelepine, pendant un temps chef du KGB.

32. Allilouïeva, *Twenty letters, op. cit.*, p. 217 ; TF *cit.*, et *Only One Year* (*New York, 1969) pp. 381-382.

33. Allilouïeva, *Twenty...*, p. 155 ; TF *cit.* p. 160.

34. *Ibid.*, TF *cit.* p. 169.

35. Speer, *Inside..., op. cit.*, p. 129 ; TF *cit.* p. 195.

36. Heinrich Hoffmann, *Hitler Was My Friend* (*Londres, 1955), p. 162.

37. Speer, *Inside..., op. cit.*, p. 92 ; TF *cit.* p. 133.

38. Ernst (« Putzi ») Hanfstaengl, *Hitler : The Missing Years* (Londres, 1957), p. 52.

39. Erich Fromm, *The Anatomy...*, *op. cit.*, p. 546.

40. Article d'Ignatius Payre dans *Current History*, juillet 1936, cité par John Toland, *Adolf Hitler* (New York, 1976), p. 394.

41. Speer, *Inside..., op. cit.*, p. 119 ; TF *cit.* p. 170.

42. *Ibid.* p. 129 ; TF *cit.* p. 185.

43. *Ibid.* ch. 7 ; TF p. 187.

44. *Ibid.* p. 131.

45. Rauschning, *Hitler Speaks*, p. 220 ; TF *cit.*

46. *Khrushchev Remembers*, p. 111 ; TF *cit.*

47. D. A. Volkogonov, p. 225-228.

48. Voir Hildegard Brenner, *Die Kunstpolitik der National Sozialismus* (Reinbek, 1963).

49. Speer, *Inside...*, p. 42 ; TF *cit.*, pp.

50. *Ibid.*, p. 31 ; TF, *cit.* pp.

51. *Ibid.*, p. 55 ; TF, *cit.* pp.

52. *Ibid.*, p. 56 ; TF, *cit.* pp.

53. Rauschning, *Hitler Speaks*, p. 62.

54. *Hitler's Table Talk*, p. 51.

55. *Ibid.* p. 87.

56. Jane Degras (édité par), *The Communist International, 1919-1943 : Documents* vol. II : *1923-1928* (Londres, 1960), p. 525.

57. Rapport au XVIIᵉ congrès : J. Staline (édité par), *Leninism* (Moscou, 1940), p. 484.

58. *Ibid.* p. 486.

59. Discours pour le jour du Stahlhelm, 23 septembre 1933 : reproduit dans le *Völkischer Beobachter*, 25 septembre 1936.

60. *Hitler's Table Talk*, p. 497.

61. Fabian von Schlabrendorff, *Offiziere gegen Hitler* (Zurich, 1946), pp. 47-48.

62. Nadejda Mandelstam, *Hope against Hope : A Memoir* (*Londres, 1975), ch. 9.

63. *Der Kongress zu Nürnberg von 5-6 Sept. 1934*, p. 134.

64. Cité par Aryeh L. Unger, *The Totalitarian..., op. cit.*, p. 170.

65. D'après le procès-verbal de réunion cité par Ievgueny Frelov, ami et confident de Jan Sten, et reproduit par Medvedev, *Let History...*, *op. cit.*, p. 438-439.

66. Cité dans Robert C. Tucker, « The Rise of Stalin's Personality Cult », *American Historical Review*, 84 (1979), pp. 347-366.

67. Voir Bracher, *The German Dictatorship*, pp. 256-259.

68. John Willets, article « Socialist

Realism » dans *The Fontana/Harper dictionary of Modern Thought*, éd. par Alan Bullock et Stephen Trombley, *op. cit.*

69. Voir Jeffrey Herf, *Reactionary Modernism : Technology, Culture and Politics in Weimar and the Third Reich* (Cambridge, 1984), p. 196, étude très éclairante et documentée.

70. Otto Wagener, *Hitler : Memoirs of a Confidant*, éd. Henry Ashby Turner Jr. (*New Haven, 1985), p. 213.

71. Rauschning, *Hitler Speaks*, ch. 3 ; TF *cit.*

72. Cité par Alexandre Dallin, *German Rule in Russia* (éd. rév., Londres, 1981), p. 9.

73. Arthur Schweitzer, *The Age of Charisma*, (Chicago, 1984) pp. 106-107.

74. Dans un entretien avec G. R. Urban, dans Urban (éd. par), *Stalinism*, pp. 264-265.

75. Lezlek Kolakowski, *Main Currents...*, *op. cit.* vol. III, p. 38 ; TF *cit.*

76. Le slogan a été inventé par Boukharine, mais ce fut Staline qui le reprit et développa ses implications nationalistes. Voir Stephen F. Cohen, *Bukharin...*, *op. cit.* ch. 6 en particulier, pp. 186-188 ; TF *cit.*

77. Staline, « La déviation de droite au PCUS », discours au plénum du comité central, avril 1929 : Staline (éd. par), *Leninism*, pp. 257-260.

78. *Mein Kampf*, trad. James Murphy, *op. cit.*, p. 110 ; TF, p. 122.

79. Discours de Staline aux cadres de sociétés, 23 juin 1931 : Staline (éd. par), *Leninism*, p. 372.

80. Cité par Medvedev, *Let History...*, p. 601 ; TF *cit.*

81. Robert C. Tucker, « Stalinism as Revolution from Above », dans Robert C. Tucker (éd. par), *Stalinism : Essays in Historical Interpretation* (New York, 1977), p. 95.

82. Cité par Merle Fainsod, *How Russia...*, p. 111, *op. cit.* Selon Kolakowski (*Main Currents*, vol. 3, p. 101), cet argument, répété par Staline au plénum du comité central de janvier 1933, n'était pas original, mais avait déjà été formulé par Trotski durant la guerre civile.

83. Rapport de Staline au XVIIᵉ congrès : Staline (éd. par) *Leninism*, pp. 470-539.

CHAPITRE 11 :
L'État-Führer

1. Noakes et Pridham, *Nazism...*, *op. cit.*, vol. II, n° 170-173.

2. Les deux citations sont tirées d'une lettre non datée de Frick à Hitler, reproduite dans Martin Broszat, *The Hitler State*, *op. cit.*, pp. 257-258 ; TF *cit.* Les deux premières sections de ce chapitre doivent beaucoup, de manière évidente, au livre du professeur Broszat.

3. Broszat, *The Hitler State*, pp. 284 et 286.

4. Hans Frank, *In Angesicht des Galgens* (Neuhaus bei Schliersee, 1955), pp. 122-123, cité par Noakes et Pridham, *Nazism*, vol. II, n° 140.

5. E. R. Huber, *Verfassungsrecht der Grossdeutschen Reiches*, (Hambourg, 1939), p. 142, cité dans H. Krausnick et alii, *Anatomy...*, *op. cit.*, p. 128.

6. Statistiques fournies par Broszat, *The Hitler State*, pp. 331-332.

7. Max Domarus, *Hitler...*, *op. cit.*, vol. I, pp. 229-237.

8. *Mein Kampf*, trad. J. Murphy, *op. cit.*, p. 330 ; TF p. 391-392.

9. Dans cette section et dans la suivante, données et chiffres sont tirés de l'examen des matériaux par Harold W. James, *The German Slump...*, *op. cit.* Pour une discussion complète de la question, voir son chapitre 10. Pour les données sur l'agriculture et la terre, je suis aussi

redevable à David Schoenbaum, *Hitler's Social Revolution : Class and Status in nazi Germany* (*Londres, 1966), ch. 5.

10. Les estimations varient. Un rapport du Reichsnährstand datant du début de 1938 estime le nombre de ceux qui ont quitté la campagne pour la ville à 650 000 depuis 1933. L'exposé déjà cité (Josef Müller, *Deutsches Bauerntum* (Würzburg, 1940), cité par Shoenbaum, *Hitler..., op. cit.* ch. 5), le fixe à 800 000 en 1940 – ou un million, si on inclut les membres de la famille.

11. 20 748 fermes sur une zone totale de 325 611 hectares contre 38 771 dans une zone de 429 934 hectares.

12. Les années 1933-1939, qui connurent une croissance soutenue de la population urbaine – spectaculaire dans des villes d'industrie chimique de l'Allemagne centrale comme Magdeburg et Halle – virent la population rurale tomber d'un peu plus de 21 % à 18 % de la population, et la proportion d'ouvriers dans l'agriculture et les exploitations forestières, d'un peu plus de 29 % à 26 % de la main-d'œuvre totale.

13. Voir R. H. Overy, *The Nazi Economic Recovery* (Londres, 1982), ch. 1 et 2.

14. James, *German Slump*, pp. 380-384.

15. Les deux citations dans *ibid.*, p. 353.

16. Les deux citations sont tirées de R. J. Overy, *Goering : The « Iron Man »* (Londres, 1984), pp. 42-43.

17. Compte rendu de la réunion du cabinet du 4 septembre 1936 : Noakes et Pridham, *Nazism*, vol. II, n° 186.

18. Cité dans Overy, *Goering*, p. 47.

19. Références *ibid.* p. 251, n. 19.

20. Traduction anglaise dans Noakes et Pridham, *Nazism*, vol. II, n° 185.

21. Voir ci-dessus pp. 363-364.

22. Overy, *Goering*, p. 60.

23. Hjalmar Schacht, *Account Settled,* *op. cit.*, p. 103.

24. *Ibid.*, p. 104.

25. DN 1301-PS.

26. Peter Hayes, *Industry and Ideology : IG Farben in the nazi Era* (Cambridge, 1987), p. 161. Parmi eux figuraient les chefs de trois des principaux départements du Plan : Keppler (graisses industrielles), Köhler (distribution des matières premières), Josef Wagner (contrôle des prix). Trois autres devaient s'élever fort haut dans l'empire économique de Goering. C'étaient Paul Pleiger (minerai de fer à faible teneur et Hermann Goering Werke), Hans Kehrl (fibres synthétiques) et Paul Körner (adjoint à la direction du Plan).

27. John R. Gillingham, *Industry and Politics in the Third Reich : Ruhr Coal, Hitler and Europe* (Londres, 1985), p. 5.

28. En 1929, la production de charbon de la Ruhr se montait à 123 603 000 tonnes sur un total de 163 441 000 tonnes. En 1937, elle s'élevait à 127 752 000 tonnes sur un total de 184 489 000 tonnes. Les seules nouvelles usines de pétrole synthétique avaient besoin de 6,5 millions de tonnes par an. La Reichswerke Hermann Goering en construction à Salzgitter avait, elle, besoin de 5,7 millions de tonnes pour l'exploitation de ses gisements de minerai à faible teneur en fer.

29. Gillingham, *Industry and Politics,* pp. 58-59.

30. Overy, *Goering*, p. 64.

31. En 1914, l'Allemagne avait encore accès aux riches ressources de minerai de fer de la Lorraine et du Luxembourg ainsi qu'au charbon de Silésie et de la Sarre qu'elle perdit dans les accords de paix de 1919-1921.

32. Overy, *Goering*, p. 64.

33. *Ibid.*, p. 65.

34. Hayes, *Industry and Ideology,* pp. 165-166.

35. Les principales dispositions de la loi
du 20 janvier 1934 sont traduites
dans Noakes et Pridham, *Nazism*,
vol. II, n° 227.
36. *Ibid.*, n° 445.
37. Article 3 de la loi sur le service du
travail du Reich passée le 26
juin 1935 : *ibid.*, p. 355.
38. Schoenbaum, *Hitler's Social
Revolution*, p. 79. La révolution
sociale qui détruisit la structure de
la société allemande fut la guerre
déclenchée et perdue par Hitler.
39. Voir la discussion dans Ian Kershaw,
The Hitler Myth..., *op. cit.*,
pp. 6-8.
40. Noakes and Pridham, *Nazism*,
vol. II, n° 446.
41. Cité dans le compte rendu par
Bormann des propos de table
d'Hitler, *The Testament of
Adolf Hitler : The Hitler Borman
Documents* (*Londres, 1961) ;
TF *Le Testament politique d'Hitler*,
notes recueillies par Martin
Bormann, trad. de l'anglais par J.
Brécard, Paris, Fayard 1959.
42. Cité par Hans Buchheim dans
Krausnick, Buchheim, Broszat et
Jacobsen, *Anatomy of the SS State*,
p. 197.
43. Cité par Schacht, *Account Settled*,
p. 102.
44. Broszat, *The Hitler State*, p. 353 ;
TF *cit.*
45. Domarus, *Hitler Reden...*, *op. cit.*,
vol. I, pp. 973-977.
46. Cité par Joachim Fest, *Hitler*
(*Londres, 1974), p. 536.
47. Discours à une réunion de la vieille
garde nazie à Augsbourg,
le 21 novembre 1937 : Domarus,
Hitler Reden, vol. I, pp. 759-760.

CHAPITRE 12 :
La révolution dévore
ses enfants

1. Vergniaud fut le principal orateur
des Girondins, tendance modérée
de la Révolution française.

Ses craintes se vérifièrent avant
la fin de 1793 ; attaqués par
les Jacobins, plus extrémistes,
ses amis et lui furent condamnés
par le tribunal révolutionnaire
et guillotinés.
2. Voir K. Z. Brzezinski,
*The Permanent Purge : Politics in
Soviet Totalitarianism*
(Cambridge, Mass., 1956).
3. *Khrushchev remembers*, *op. cit.* ;
TF *cit.*
4. La phrase est de Merle Fainsod dans
How Russia..., *op. cit.*, ch. 13.
Fainsod était président de l'école
des études russes à Harvard.
5. Pour les analyses les plus récentes,
voir, de Robert Conquest, *Stalin
and the Kirov Murder* (Londres,
1989), auquel je dois beaucoup,
ainsi qu'à *The Great Terror...*, *op. cit*
6. *Pravda*, 5 décembre 1934, cité par
Robert C. Tucker, *Stalin...*, *op. cit.*,
p. 298.
7. Ces détails supplémentaires ont été
fournis en 1961 par Khrouchtchev
au XXIIᵉ congrès du parti.
8. *Khrushchev Remembers*, p. 518 ;
le discours secret de Khrouchtchev
de 1956 a été publié en URSS pour
la première fois durant l'été 1989,
trente ans après l'avoir été à
l'étranger ; TF *Souvenirs*, p. 534.
9. N. S. Khrouchtchev,
« Vospominaniia », *Ogonek*,
n° 28, 1989.
10. La remarque de Staline a été faite à
une conférence de
300 stakhanovistes réunis au
Kremlin le 17 novembre 1935 :
J. Staline, *Problems of Leninism*
(*éd. de 1940), p. 670.
11. Durant l'été de 1936, Boukharine
eut une série d'entretiens avec
Boris Nicolaïevski, historien
menchevique émigré. Ceux-ci
servirent de base à la *Letter of an Old
Bolshevik*, publiée anonymement
en 1936-1937 et reprise par
Nicolaïevski dans *Power and
the Soviet Elite* (New York, 1965).

Voir Stephen F. Cohen, *Bukharin...* *op. cit.* pp. 471-472, n. 143 ; TF *cit.*

12. Le 25 novembre 1936 : Staline, *Problems..., op. cit.*, p. 571.

13. *Ibid.*, p. 589, *Œuvres* ; TF. IV, Nouveau bureau d'édition, 1977, pp. 126-127.

14. Les inestimables archives du parti à Smolensk fournissent des détails pour un district (*raion*). En application d'une circulaire secrète du 13 mai 1935 demandant une nouvelle « vérification » des effectifs, 455 des 4 100 ont été exclus – après 700 dénonciations orales et 200 écrites. Le 1er août, un rapport de Iejov et de Malenkov notait que 23 % des cartes du parti dans la région avaient été retirées ou suspendues pour enquête.

15. Il s'agissait du Département politique secret ; du Département économique, responsable de la sécurité dans l'industrie et l'agriculture ; du Département des opérations, responsable entre autres, de la garde de Staline, opération essentielle, qui employait 3 000 fonctionnaires ; le Département spécial, qui dirigeait les réseaux de police secrète ; le Département étranger, qui s'occupait d'espionnage et de terrorisme à l'étranger ; et le Département des transports, qui s'occupait de la sécurité et du sabotage des voies ferrées, lignes de communications de loin les plus importantes en Russie.

16. Le récit dans ce chapitre suit celui de Conquest, *The Great Terror...*, *op. cit.*, ch. 4.

17. *Khrushchev remembers*, p. 510 ; TF p. 525.

18. G. R. Urban (éd. par), *Stalinism...*, *op. cit.*, pp. 218-219.

19. Robert C. Tucker, « Stalin, Bukharin an History as Conspiracy », dans *The Soviet Political Mind* (New York, 1971), pp. 70-71.

20. *Khrushchev remembers*, p. 510.

21. Alexandre Orlov, *The Secret History of Stalin's Crimes* (Londres, 1954) pp. 129-130. Voir Conquest, *Stalin and the Kirov murder*, ch. 13, pour une défense vigoureuse d'Orlov et de Nicolaïevski comme sources dignes de foi.

22. Orlov, *Secret History*, pp. 131-132.

23. *Pravda*, 21 août 1936, cité par Conquest, *The Great Terror*, p. 99.

24. *Report of the Court Proceedings : The Case of the Trotskyite-Zinovievite Center* (*Moscou, 1936), p. 119 ; TF *Procès du centre antisoviétique trotskiste devant le tribunal militaire de la cour suprême de l'URSS,* compte rendu sténographique des débats, 23/30 janvier 1937, Moscou, publié par le commissariat du peuple de la justice de l'URSS, 1937.

25. *Ibid.*, pp. 171.

26. Nicolaïevski, *Power and the Soviet Elite*, p. 63.

27. *Pravda*, 10 septembre 1936.

28. Dans une conversation avec N. Valentinov, citée dans Leonard Schapiro, *The communist party...*, *op. cit.*, pp. 384-385 ; TF *cit.*

29. Orlov, *Secret History*, p. 190.

30. *Ibid.*, p. 207.

31. *Report of the Court Proceedings...*, *op. cit.*, pp. 127 et 135 ; TF *cit.*

32. *Ibid.*, pp. 463-516.

33. *Ibid.*, pp. 541.

34. Cité par Robert Conquest, *The Great Terror : Stalin's Purges of the Thirties* (Londres, 1968), p. 266 ; TF *La grande terreur : les purges staliniennes des années 30,* trad. de l'anglais par M. A. Revellat, Paris, Le cercle du nouveau livre d'histoire, 1970.

35. Cité par Robert Conquest, *The Great Terror : A Re-Assessment,* p. 168 ; TF p. 182.

36. *Ibid.*, citant *Izvestia*, 22 novembre 1963 ; TF p. 183.

37. *Ibid.*, p. 169, citant l'article à son sujet dans la *Grande Encyclopédie Soviétique* (2e éd., Moscou, 1949-1958).

38. *Khrushchev Remembers*, p. 548. Aux sources citées ici, on peut maintenant ajouter le témoignage du frère cadet d'Ordjonikidze, Konstantin, qui était présent dans l'appartement lors de la visite de Staline et qui purgea seize ans de relégation. Voir Roy Medvedev, *Let History...*, (éd. rév., Oxford 1989), pp. 590-591.

39. Medvedev, *Let History...*, pp. 362-365, citant les mémoires de Larina, épouse de Boukharine ; TF p. 222.

40. *Ibid.* ; TF p. 222.

41. Publié *ibid.*, pp. 366-367 ; TF pp. 230-231.

42. Discours de Staline publié dans la *Pravda*, 29 mars 1937.

43. Cité dans *The Moscow Trial*, éd. W. P. et Z. P. Coates (Londres, 1937), pp. 275-276.

44. Conquest, *The Great Terror : A Re-Assessment*, ch. 7.

45. *Testimony : The Memoirs of Shostakovich*, éd. Solomon Volkov (*Londres, 1979), pp. 72-79.

46. Tucker, *Stalin in Power*, p. 436, citant des transcriptions publiées pour la première fois en 1989 dans les *Izvestia*.

47. Conquest, *The Great Terror : A Re-Assessment*, p. 450, citant deux numéros de *Ogonek*, les n°ˢ 28, 1987, et 25, 1989.

48. Medvedev, *Let History...*, *op. cit.*, p. 424.

49. *Khrushchev Remembers*, pp. 526-527. Le récit de Khrouchtchev sur ce que disait Zakovsky a été tiré de la déposition que fit Rosemblum en 1955, lors d'une enquête.

50. « Ivanovo 1937 », souvenirs de Mikhaïl Schreider, agent du NKVD à l'époque d'Ivanovo, publiés dans *Moscow News*, n° 48 (1988).

51. Conquest, *The Great Terror : A Re-Assessment*, p. 223.

52. Z. T. Serpyouk, discours au XXIIᵉ congrès du parti, 30 octobre 1961, cité *ibid.*, p. 235, in Medvedev ; TF p. 343.

53. D. A. Volkogonov, *Stalin...*, *op. cit.*, p. 339.

54. Publié dans *Ogonek,* n° 16, 1988, cité dans R. W. Davies, *Soviet History in the Gorbachev Revolution* (Londres, 1989), p. 67.

55. *Proceedings in the Case of the Anti-Soviet « Bloc of Rights and Trotskyites »* (*Moscou, 1938), p. 36 ; TF *Le procès du bloc des « droitiers et trotskistes » devant le collège militaire de la cour suprême de l'URSS*, 1938 ; Compte rendu sténographique des débats (2/13 mars 1938), Moscou, Commissariat du peuple de la justice de l'URSS, 1938, p. 37.

56. Fitzroy Maclean, *Eastern Approaches* (Londres, 1941), p. 86 ; TF *Diplomate et franc-tireur*, trad. de l'anglais par Andrée Martinerie, Paris, Gallimard, 1952.

57. *Proceedings*, pp. 49-59 ; TF *cit.* p. 62.

58. Maclean, *Eastern Approaches*, p. 87.

59. *Proceedings*, pp. 157-158 ; TF *cit.* p. 169.

60. Maclean, *Escape to Adventure* (Londres, 1950), pp. 61-83.

61. Cohen, p. 376.

62. *Proceedings,* p. 370 ; TF *cit.* p. 394.

63. *Ibid.*, p. 413 ; TF p. 4.

64. *Ibid.*, p. 474.

65. Dans un message de Moscou au Foreign Office : PRO FO 371.N1291/26/38.

66. *Proceedings*, p. 626 ; TF p. 663.

67. Cité par Cohen, *Bukharin*, p. 380 ; TF *cit.*

68. *Proceedings*, p. 77-778 ; TF p. 825.

69. Cité par Medvedev, *Let History...*, p. 375 ; TF *cit.*

70. *Ibid.*, p. 458-459

71. *Ibid.*, p. 460.
72. Khrouchtchev donne ces chiffres dans son discours secret de 1956 : *Khrushchev Remembers,* pp. 516-517. Voir aussi Medvedev, *Let...*, p. 396.
73. Staline, *Problems of Leninism* (éd. de 1945), p. 625.
74. Conquest, *The Great Terror : A Re-Assessment,* pp. 485-486.
75. Alexandre Soljenitsyne, *L'Archipel du Goulag,* traduit par Jacqueline Lafon et alii, Le Seuil, 1974.
76. *Ibid.* pp. 12-13.
77. Aristote, *Politique.*
78. Leszek Kolakowski, *Main Currents..., op. cit.,* vol. III, p. 96.
79. Cité par Boris Souvarine, *Staline,* Champ Libre, 1977.
80. Cité par Conquest, *The Great Terror : A Re-Assessment,* p. 113.
81. *Ibid.* p. 112.
82. *Proceedings,* pp. 777-778 ; TF p. 825.
83. Cité par Conquest, *The Great Terror : A Re-Assessment,* p. 125.
84. Discours de Khrouchtchev au XXᵉ congrès du parti en 1956.
85. *Pravda,* 5 avril 1988. Voir Davies, *Soviet History,* en particulier les ch. 5 et 10.

CHAPITRE 13 :
1918 annulé

1. Jane Degras (éd. par), *Soviet Documents on Foreign Policy,* vol. III (Londres, 1953), pp. 48-61.
2. DGFP, série C, vol. III, n° 373.
3. Max Domarus *Hitler Reden..., op. cit.* vol. I, pp. 505-514.
4. Hermann Rauschning, *Hitler Speaks, op. cit.,* p. 116.
5. cité par Geoffrey Roberts, *The Unholy Alliance* (Londres, 1989), p. 70.
6. Gerhard L. Weinberg, *The Foreign Policy of Hitler's Germany : Diplomatic Revolution in Europe, 1933-1936* (Chicago, 1970), p. 245.
7. cité par Paul Schmidt, *Statist auf diplomatischer Bühne* (Bonn, 1949), p. 320.
8. *Hitler's Table Talk, 1941-1944* (*Londres, 1953), pp. 258-259 (27 janvier 1942).
9. Le 22 mars 1936 : Domarus (éd. par), *Hitler, Reden...* vol. I, pp. 609-610.
10. Degras (éd. par) *Soviet Documents,* vol. III, p. 179.
11. *Ibid.*
12. Cité par Hugh Thomas, *The Spanish Civil War* (3ᵉ éd., Londres, 1977), p. 232.
13. Les chiffres suivant ont été publiés à Moscou dans *Istoriya SSSR* en janvier 1988 et ont été cités par Roberts, p. 78 :

	URSS	Allem.	Italie
Avions	648	593	656
Chars	347	250	950
Voitures blindées	120		
Pièces d'artillerie	1 186	700	1 930
Mitrailleuses	20 486	31 000	3 436
Fusils	497 813	157 306	240 747
Mortiers	340	6 174	1 426

14. Raymond Carr, *Spain, 1808-1975* (2ᵉ éd., Oxford, 1982), p. 683.
15. Jane Degras, *The Communist International, op. cit.* vol. III (Londres, 1965), p. 398.
16. *Ibid.* p. 396.
17. Cité par Thomas, *Spanish Civil War,* p. 363.
18. DGFP, Série D, vol. I, n° 19.
19. *Ciano's Diplomatic Papers,* éd. Malcolm Muggeridge (Londres, 1948), p. 58.
20. *Ibid.,* p. 146.
21. Winston Churchill, *The Second World War,* vol. I, *op. cit.* p. 174 ; TF *cit.*
22. Weinberg, *Foreign Policy 1933-1936,* p. 347.
23. « Rapport sur les relations anglo-allemandes et le moyen de traiter l'initiative de Chamberlain »

de Ribbentrop, 28 décembre 1937 :
Noakes et Pridham, *Nazism,
op. cit.*, vol. III, n° 507.

24. Cité par John Erickson, *The Soviet
High Command : A Military-
Political History, 1918-1941*
(Londres, 1962), n° 489.

25. 16 août 1945, cité par Berenice
Carroll, *Design for Total War*
(La Haye, 1968), p. 73.

26. Voir Wilhelm Deist, *The Wehrmacht
and German Re-armament*
(Oxford, 1981) et la totalité de
la bibliographie qui y est donnée,
pp. 129-143.

27. Chiffres dans R. J. Overy,
Goering..., op. cit., p. 151.

28. Cité *ibid.*, pp. 148-149.

29. DGFP, série C, vol. V, n° 490.

30. *Ibid.*, série D, vol. I, n° 19.

31. Voir Deist, *op. cit.*, pp. 48-52.

32. DGFP, série D, vol. I n° 19.

33. Cité par le général Walter
Warlimont, *Inside Hitler's
Headquarters, 1939-1945*
(*Londres, 1964), p. 13 ; TF
Cinq ans au CQG. d'Hitler,
Éd. abrégée, adaptation française
du colonel Balderuns et de
Roger Gheysens, Paris, Bruxelles,
Elsevier Sequoia, 1975.

34. *Ibid.* p. 14.

35. Ulrich von Hassel, *The Von Hassel
Diaries, 1938-1944*
(*Londres, 1948), p. 28 ;
TF, *D'une autre Allemagne,* traduit
de l'allemand par Emile Villard,
Neuchâtel, Éd. de la Baconnière, s.d.

Table des cartes

Un index général
des deux volumes de
HITLER ET STALINE
se trouve à la fin du tome II

La composition de ce livre
a été effectuée par Charente-Photogravure
l'impression et le brochage ont été effectués
sur presse Cameron
dans les ateliers de la BCA à Saint-Amand-Montrond
pour les éditions Albin Michel

Achevé d'imprimer en janvier 1994
N° d'édition : 13091. N° d'impression : 94.
Dépôt légal : février 1994.